天文 컴퓨터 萬歲曆

공학박사 **權 甲 鉉** 編

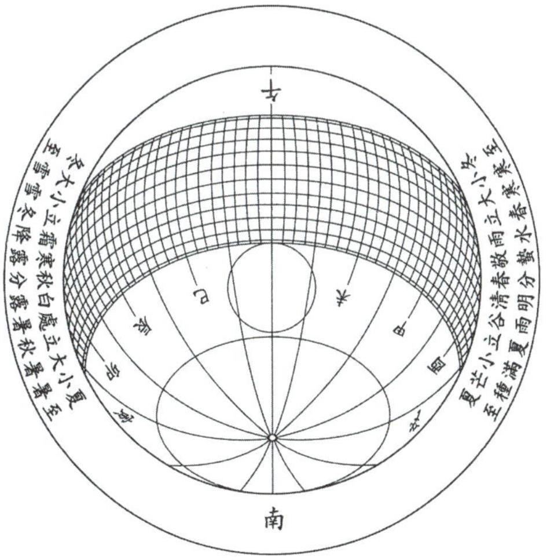

明文堂

序 文

지금은 대부분 양력을 사용하지만 110여 년 전인 서기 1895년까지만 해도 전적으로 음력을 사용하였다. 그 뒤에도 민간에서는 생일이나 제삿날 등은 음력으로 나타내는 경우가 많았다. 따라서 자신의 음력 생일이 양력으로 언제인지 알고 싶은 경우 등 음력을 양력으로 바꾸어야 할 경우가 종종 있는 게 사실이다.

이 책은 서기 1900년부터 서기 2100년까지 총 201년 동안의 연력(年曆)을 수록한 것이다. 이 연력(年曆)에는 양력 날짜에 대한 음력 날짜는 물론 그 날의 일진(日辰)과 남녀 대운(大運), 그리고 24절기의 시간까지 포함되어 있다.

이런 연력(年曆)을 오류없이 정확하게 수작업으로 만든다는 것은 거의 불가능하며, 만든다 해도 시간이 많이 걸리게 된다. 이에 편자(編者)는 컴퓨터 프로그램을 개발하여 자동으로 연력을 만들었다.

음력은 양력과 달리 간단한 규칙이 없으므로 컴퓨터 프로그램을 작성하려면 각 달의 대소(大小), 그리고 윤달이 어느 달인지에 대한 자료가 필요하다. 그리하여 한국천문연구원이 편찬하여 한국학술정보㈜에서 펴낸 『한국표준 연력표』와 명문당(明文堂)에서 펴낸 『한국천문대 만세력』을 참조하여 음력 관련 자료를 구하였다.

이 책력을 출판함에 있어서 여러 가지 어려운 상황에서도 쾌히 출판을 승낙해 준 명문당(明文堂) 김동구 사장님과 관련 자료를 구해준 배인준 전무님께 감사드리며, 편집하느라 고생한 편집부 관계자께도 감사드린다.

2015년 8월 30일 權甲鉉

차 례

◆ 일러두기

1. 이 책은 서기 1900년부터 2100년까지의 총 201년에 대한 연력(年曆)으로서 두 페이지에 한 해의 연력을 배치하였다.

2. 한 해의 연력은 양력 달의 명칭 아래에 양력으로 그 달의 1일부터 말일까지에 대해 "양력 날짜, 요일, 음력 월일, 일진(日辰)"을 나타내었다. 예로서 어느 해 1월에서 **"1 木 11/16 壬子"**라는 내용은 "양력 1월 1일은 목요일, 음력 11월 16일, 일진은 壬子"라는 것이다.

3. 음력 윤달[閏月]의 경우는 음력 달의 이름을 '윤'으로 나타내었다. 예로서 어느 해 10월에서 **"1 木 윤16 壬子"**는 "양력 10월 1일은 목요일, 음력 윤달 16일, 일진은 壬子"라는 것이다. 그리고 하단에 "▶윤달-0월"로 표기하였다.

양력과 음력

양력(陽曆, solar calendar)은 지구가 태양을 한 바퀴 도는 주기를 기준으로 만든 달력이다. 율리우스 케사르(Julius Caesar)는 로마력(Roman calendar)을 개정하여 평년(平年)을 365일로 하고 4년에 1회씩 윤년(閏年)을 두어 366일로 하였는데, 이것이 BC 46년 1월 1일에 실시된 태양력(太陽曆)의 시초인 율리우스력(Julian calendar)이다. 이 율리우스력의 평균 1년은 365.25일이므로 춘분에서 다음 춘분까지의 시간인 태양년(solar year)과 매년 365.25일-365.2422일=0.0078일=11분 14초만큼 차이가 생겨 128년이 지나면 하루의 차이가 생긴다. 그래서 1582년에 그레고리우스 13세(Gregorius XIII)가 율리우스력을 개정하여 서기 연도가 100으로 나누어지지 않으면서 4로 나누어지는 해와, 100으로 나누어지면서 400으로 나누어지는 해를 윤년으로 하는 그레고리오력(Gregorian calendar)을 만들었다. 그레고리오력은 따라서 400년에 대해 1년의 평균 길이가 365.2425일이 되어, 태양년과의 차이는 365.2425일-365.2422일=0.0003일=26초로서 3300년 후에야 하루의 차이가 생기게 된다.

한편, 음력(陰曆, lunar calendar)에서는 1개월을 합삭(合朔)으로부터 다음 합삭까지로 하고 합삭일을 초하루로 한다. 합삭은 달이 전혀 보이지 않는 상태를 말한다. 달의 합삭 주기는 약 29.53088일이므로 음력 1개월은 대체로 29일과 30일이 반복된다. 한 달의 길이가 29일인 달을 '작은달'이라 하고, 30일인 달을 '큰달'이라 한다. 따라서 음력 12개월은 354.3671일이 되며, 12개의 태음월(太陰月)을 1년으로 한 것이 태음력(太陰曆)이다. 태음력 1년의 길이는 태양력 1년의 길이인 365.2422일에 비해 10.8751일이 짧아서 3년이 지나면 음력 날짜는 양력 날짜와 약 33일 즉 한 달 이상의 차이가 나게 되고, 이렇게 되면 날짜와 계절 사이에 차이가 나게 된다. 그래서 음력에서는 이 차이를 없애기 위해 19년마다 7회씩 윤달을 두어 윤년인 경우는 1년을 13개월로 하고 있다. 이러한 음력을 태음태양력(太陰太陽曆)이라 하며 현재 우리가 사용하고 있는 음력이 바로 태음태양력이다.

24절기

계절	절기	황경	태양 고도	현상
봄	입춘(立春) 2월 4일경	315°	40.75°	봄 시작
	우수(雨水) 2월 19일경	330°	44.667°	봄비 내리고 싹 틈
	경칩(驚蟄) 3월 6일경	345°	48.583°	개구리가 잠에서 깸
	춘분(春分) 3월 21일경	0°	52.5°	낮이 길어지기 시작
	청명(淸明) 4월 5, 6일	15°	56.417°	봄 농사 준비
	곡우(穀雨) 4월 20일경	30°	60.33°	농사비 내림
여름	입하(立夏) 5월 5·6일경	45°	64.25°	여름 시작
	소만(小滿) 5월 21일경	60°	68.16°	농사 본격화
	망종(芒種) 6월 6·7일경	75°	72.083°	씨뿌리기
	하지(夏至) 6월 21일경	90°	76°	낮이 가장 길다
	소서(小暑) 7월 7·8일경	105°	72.083°	더위 시작
	대서(大暑) 7월 23일경	120°	68.16°	더위 최고
가을	입추(立秋) 8월 6~9일경	135°	64.25°	가을 시작
	처서(處暑) 8월 23일경	150°	60.33°	더위 가고, 일교차 커짐
	백로(白露) 9월 9일경	165°	56.417°	이슬 내리는 시작
	추분(秋分) 9월 23일경	180°	52.5°	밤이 길어지는 시작
	한로(寒露) 10월 8일경	195°	48.583°	찬이슬 내리기 시작
	상강(霜降) 10월 23일경	210°	44.667°	서리 내리기 시작
겨울	입동(立冬) 11월 7·8일경	225°	40.75°	겨울 시작
	소설(小雪) 11월 23·24일경	240°	36.834°	얼음 얼기 시작
	대설(大雪) 12월 7·8일경	255°	32.917°	큰 눈이 옴
	동지(冬至) 12월 22일경	270°	29°	밤이 가장 길다
	소한(小寒) 1월 5일경	285°	32.917°	가장 춥다
	대한(大寒) 1월 20일경	300°	36.834°	큰 추위

- 농부(農夫)는 태양을 보고 들에 나가고,
어부(漁夫)는 달을 보고 바다에 나간다 -

달의 운행과 변화를 보고 만든 달력, 즉 순태음력(純太陰曆)은 태양의 운행과 무관하기 때문에 계절의 주기와 맞지 않아 불편하다. 즉, 태양의 움직임에 따른 일조량, 강수량, 기온 등을 보고 농사를 짓는데는 순태음력이 그다지 유용하지 않다. 그래서 태양의 운행, 즉 지구가 태양의 둘레를 도는 길, 즉 황도(黃道)를 15° 돌 때마다 황하유역의 기상과 동식물의 변화 등을 나타내는 명칭을 붙인 것이 24절기이다.

천상과 역학상의 계절 구분 - 춘분, 하지, 추분, 동지
역학상의 계절 구분 - 입춘, 입하, 입추, 입동
기온 - 소서, 대서, 처서, 소한, 대한
기후 - 우수, 백로, 한로, 상강, 소설, 대설
자연 - 경칩, 청명, 소만
농사 - 곡우, 망종

한 달에서 5일을 1후(候), 3후인 15일을 1기(氣)라 하여 이것이 기후를 나타내는 기초가 된다. 1년을 12절기(節氣)와 12중기(中氣)로 나누고 이를 보통 24절기라고 하는데, 절기는 한 달 중 월초(月初)에 해당하며, 중기는 월중(月中)에 해당한다.

태양력에 의하면 절기는 매월 4~8일 사이에 오고, 중기는 19~23일 사이에 온다. 천문학적으로는 태양의 황경이 0°인 날을 춘분으로 하여 15° 이동했을 때를 청명 등으로 구분해 15° 간격으로 24절기를 나누었다. 따라서 90°인 날이 하지, 180°인 날이 추분, 270°인 날이 동지이며, 춘분에서 하지 사이를 봄, 하지에서 추분 사이를 여름, 추분에서 동지 사이를 가을, 동지에서 춘분 사이를 겨울이라 하여 4계절의 기본으로 삼는다.

서기 1900년 [단기 4233년]

양력 1월 소한절(丁丑月) 小寒 1월6일 3시4분 大寒 1월20일 20시33분

양력	1	2	3	4	5	6	7	8	9	10	11	12	13	14	15	16	17	18	19	20	21	22	23	24	25	26	27	28	29	30	31
요일	月	火	水	木	金	土	日	月	火	水	木	金	土	日	月	火	水	木	金	土	日	月	火	水	木	金	土	日	月	火	水
음력	12/1	2	3	4	5	6	7	8	9	10	11	12	13	14	15	16	17	18	19	20	21	22	23	24	25	26	27	28	29	30	1/1
일진	甲戌	乙亥	丙子	丁丑	戊寅	己卯	庚辰	辛巳	壬午	癸未	甲申	乙酉	丙戌	丁亥	戊子	己丑	庚寅	辛卯	壬辰	癸巳	甲午	乙未	丙申	丁酉	戊戌	己亥	庚子	辛丑	壬寅	癸卯	甲辰
대운 남	8	8	9	9	9	소한	1	1	1	1	2	2	2	3	3	3	4	4	4	대한	5	5	6	6	6	7	7	7	8	8	8
대운 여	2	1	1	1	1		9	9	9	8	8	8	7	7	7	6	6	6	5		5	4	4	4	3	3	3	2	2	2	1

양력 2월 입춘절(戊寅月) 立春 2월4일 14시52분 雨水 2월19일 11시1분

양력	1	2	3	4	5	6	7	8	9	10	11	12	13	14	15	16	17	18	19	20	21	22	23	24	25	26	27	28			
요일	木	金	土	日	月	火	水	木	金	土	日	月	火	水	木	金	土	日	月	火	水	木	金	土	日	月	火	水			
음력	1/2	3	4	5	6	7	8	9	10	11	12	13	14	15	16	17	18	19	20	21	22	23	24	25	26	27	28	29			
일진	乙巳	丙午	丁未	戊申	己酉	庚戌	辛亥	壬子	癸丑	甲寅	乙卯	丙辰	丁巳	戊午	己未	庚申	辛酉	壬戌	癸亥	甲子	乙丑	丙寅	丁卯	戊辰	己巳	庚午	辛未	壬申			
대운 남	9	9	9	입춘	10	9	9	9	8	8	8	7	7	7	6	6	6	5	우수	5	4	4	4	3	3	3	2	2			
대운 여	1	1	1		1	1	1	1	2	2	2	3	3	3	4	4	4	5		5	6	6	6	7	7	7	8	8			

양력 3월 경칩절(己卯月) 驚蟄 3월6일 9시22분 春分 3월21일 10시39분

양력	1	2	3	4	5	6	7	8	9	10	11	12	13	14	15	16	17	18	19	20	21	22	23	24	25	26	27	28	29	30	31
요일	木	金	土	日	月	火	水	木	金	土	日	月	火	水	木	金	土	日	月	火	水	木	金	土	日	月	火	水	木	金	土
음력	2/1	2	3	4	5	6	7	8	9	10	11	12	13	14	15	16	17	18	19	20	21	22	23	24	25	26	27	28	29	30	3/1
일진	癸酉	甲戌	乙亥	丙子	丁丑	戊寅	己卯	庚辰	辛巳	壬午	癸未	甲申	乙酉	丙戌	丁亥	戊子	己丑	庚寅	辛卯	壬辰	癸巳	甲午	乙未	丙申	丁酉	戊戌	己亥	庚子	辛丑	壬寅	癸卯
대운 남	2	1	1	1	1	경칩	10	9	9	9	8	8	8	7	7	7	6	6	6	5	춘분	5	4	4	4	3	3	3	2	2	2
대운 여	8	9	9	9	10		1	1	1	1	2	2	2	3	3	3	4	4	4	5		5	6	6	6	7	7	7	8	8	8

양력 4월 청명절(庚辰月) 清明 4월5일 14시53분 穀雨 4월20일 22시27분

양력	1	2	3	4	5	6	7	8	9	10	11	12	13	14	15	16	17	18	19	20	21	22	23	24	25	26	27	28	29	30	
요일	日	月	火	水	木	金	土	日	月	火	水	木	金	土	日	月	火	水	木	金	土	日	月	火	水	木	金	土	日	月	
음력	3/2	3	4	5	6	7	8	9	10	11	12	13	14	15	16	17	18	19	20	21	22	23	24	25	26	27	28	29	4/1	2	
일진	甲辰	乙巳	丙午	丁未	戊申	己酉	庚戌	辛亥	壬子	癸丑	甲寅	乙卯	丙辰	丁巳	戊午	己未	庚申	辛酉	壬戌	癸亥	甲子	乙丑	丙寅	丁卯	戊辰	己巳	庚午	辛未	壬申	癸酉	
대운 남	1	1	1	1	청명	10	10	9	9	9	8	8	8	7	7	7	6	6	6	곡우	5	5	4	4	4	3	3	3	2	2	
대운 여	9	9	9	10		1	1	1	1	2	2	2	3	3	3	4	4	4	5		5	6	6	6	7	7	7	8	8	8	

양력 5월 입하절(辛巳月) 立夏 5월6일 8시55분 小滿 5월21일 22시17분

양력	1	2	3	4	5	6	7	8	9	10	11	12	13	14	15	16	17	18	19	20	21	22	23	24	25	26	27	28	29	30	31
요일	火	水	木	金	土	日	月	火	水	木	金	土	日	月	火	水	木	金	土	日	月	火	水	木	金	土	日	月	火	水	木
음력	4/3	4	5	6	7	8	9	10	11	12	13	14	15	16	17	18	19	20	21	22	23	24	25	26	27	28	29	5/1	2	3	4
일진	甲戌	乙亥	丙子	丁丑	戊寅	己卯	庚辰	辛巳	壬午	癸未	甲申	乙酉	丙戌	丁亥	戊子	己丑	庚寅	辛卯	壬辰	癸巳	甲午	乙未	丙申	丁酉	戊戌	己亥	庚子	辛丑	壬寅	癸卯	甲辰
대운 남	2	1	1	1	1	입하	10	10	9	9	9	8	8	8	7	7	7	6	6	6	소만	5	5	4	4	4	3	3	3	2	2
대운 여	9	9	9	10	10		1	1	1	1	2	2	2	3	3	3	4	4	4	5		5	6	6	6	7	7	7	8	8	8

양력 6월 망종절(壬午月) 芒種 6월6일 13시39분 夏至 6월22일 6시40분

양력	1	2	3	4	5	6	7	8	9	10	11	12	13	14	15	16	17	18	19	20	21	22	23	24	25	26	27	28	29	30	
요일	金	土	日	月	火	水	木	金	土	日	月	火	水	木	金	土	日	月	火	水	木	金	土	日	月	火	水	木	金	土	
음력	5/5	6	7	8	9	10	11	12	13	14	15	16	17	18	19	20	21	22	23	24	25	26	27	28	29	30	6/1	2	3	4	
일진	乙巳	丙午	丁未	戊申	己酉	庚戌	辛亥	壬子	癸丑	甲寅	乙卯	丙辰	丁巳	戊午	己未	庚申	辛酉	壬戌	癸亥	甲子	乙丑	丙寅	丁卯	戊辰	己巳	庚午	辛未	壬申	癸酉	甲戌	
대운 남	2	1	1	1	1	망종	10	10	10	9	9	9	8	8	8	7	7	7	6	6	6	하지	5	5	4	4	4	3	3	3	
대운 여	9	9	9	10	10		1	1	1	1	2	2	2	3	3	3	4	4	4	5	5		6	6	6	7	7	7	8	8	

庚子年

양력 7월 소서절(癸未月) 小暑 7월8일 0시10분 大暑 7월23일 17시36분

양력	1	2	3	4	5	6	7	8	9	10	11	12	13	14	15	16	17	18	19	20	21	22	23	24	25	26	27	28	29	30	31
요일	日	月	火	水	木	金	土	日	月	火	水	木	金	土	日	月	火	水	木	金	土	日	月	火	水	木	金	土	日	月	火
음력	6/5	6	7	8	9	10	11	12	13	14	15	16	17	18	19	20	21	22	23	24	25	26	27	28	29	7/1	2	3	4	5	6
일진	乙亥	丙子	丁丑	戊寅	己卯	庚辰	辛巳	壬午	癸未	甲申	乙酉	丙戌	丁亥	戊子	己丑	庚寅	辛卯	壬辰	癸巳	甲午	乙未	丙申	丁酉	戊戌	己亥	庚子	辛丑	壬寅	癸卯	甲辰	乙巳
대운 남	2	2	2	1	1	1	1	소	10	10	9	9	9	8	8	8	7	7	7	6	6	6	대	5	5	4	4	4	3	3	3
대운 여	8	9	9	9	10	10	10	서	1	1	1	1	2	2	2	3	3	3	4	4	4	5	서	5	6	6	6	7	7	7	8

양력 8월 입추절(甲申月) 立秋 8월8일 9시51분 處暑 8월24일 0시20분

양력	1	2	3	4	5	6	7	8	9	10	11	12	13	14	15	16	17	18	19	20	21	22	23	24	25	26	27	28	29	30	31
요일	水	木	金	土	日	月	火	水	木	金	土	日	月	火	水	木	金	土	日	月	火	水	木	金	土	日	月	火	水	木	金
음력	7/7	8	9	10	11	12	13	14	15	16	17	18	19	20	21	22	23	24	25	26	27	28	29	30	8/1	2	3	4	5	6	7
일진	丙午	丁未	戊申	己酉	庚戌	辛亥	壬子	癸丑	甲寅	乙卯	丙辰	丁巳	戊午	己未	庚申	辛酉	壬戌	癸亥	甲子	乙丑	丙寅	丁卯	戊辰	己巳	庚午	辛未	壬申	癸酉	甲戌	乙亥	丙子
대운 남	2	2	2	1	1	1	1	입	10	10	9	9	9	8	8	8	7	7	7	6	6	6	5	처	5	4	4	4	3	3	3
대운 여	8	8	9	9	9	10	10	추	1	1	1	1	2	2	2	3	3	3	4	4	4	5	5	서	6	6	6	7	7	7	8

양력 9월 백로절(乙酉月) 白露 9월8일 12시17분 秋分 9월23일 21시20분

양력	1	2	3	4	5	6	7	8	9	10	11	12	13	14	15	16	17	18	19	20	21	22	23	24	25	26	27	28	29	30
요일	土	日	月	火	水	木	金	土	日	月	火	水	木	金	土	日	月	火	水	木	金	土	日	月	火	水	木	金	土	日
음력	8/8	9	10	11	12	13	14	15	16	17	18	19	20	21	22	23	24	25	26	27	28	29	30	윤1	2	3	4	5	6	7
일진	丁丑	戊寅	己卯	庚辰	辛巳	壬午	癸未	甲申	乙酉	丙戌	丁亥	戊子	己丑	庚寅	辛卯	壬辰	癸巳	甲午	乙未	丙申	丁酉	戊戌	己亥	庚子	辛丑	壬寅	癸卯	甲辰	乙巳	丙午
대운 남	2	2	2	1	1	1	1	백	10	10	9	9	9	8	8	8	7	7	7	6	6	6	추	5	5	4	4	4	3	3
대운 여	8	8	9	9	9	10	10	로	1	1	1	1	2	2	2	3	3	3	4	4	4	5	분	5	6	6	6	7	7	7

양력 10월 한로절(丙戌月) 寒露 10월9일 3시13분 霜降 10월24일 5시55분

양력	1	2	3	4	5	6	7	8	9	10	11	12	13	14	15	16	17	18	19	20	21	22	23	24	25	26	27	28	29	30	31
요일	月	火	水	木	金	土	日	月	火	水	木	金	土	日	月	火	水	木	金	土	日	月	火	水	木	金	土	日	月	火	水
음력	윤8	9	10	11	12	13	14	15	16	17	18	19	20	21	22	23	24	25	26	27	28	29	9/1	2	3	4	5	6	7	8	9
일진	丁未	戊申	己酉	庚戌	辛亥	壬子	癸丑	甲寅	乙卯	丙辰	丁巳	戊午	己未	庚申	辛酉	壬戌	癸亥	甲子	乙丑	丙寅	丁卯	戊辰	己巳	庚午	辛未	壬申	癸酉	甲戌	乙亥	丙子	丁丑
대운 남	3	2	2	2	1	1	1	1	한	10	9	9	9	8	8	8	7	7	7	6	6	6	5	상	5	4	4	4	3	3	3
대운 여	8	8	8	9	9	9	10	10	로	1	1	1	1	2	2	2	3	3	3	4	4	4	5	강	5	6	6	6	7	7	7

양력 11월 입동절(丁亥月) 立冬 11월8일 5시40분 小雪 11월23일 2시48분

양력	1	2	3	4	5	6	7	8	9	10	11	12	13	14	15	16	17	18	19	20	21	22	23	24	25	26	27	28	29	30
요일	木	金	土	日	月	火	水	木	金	土	日	月	火	水	木	金	土	日	月	火	水	木	金	土	日	月	火	水	木	金
음력	9/10	11	12	13	14	15	16	17	18	19	20	21	22	23	24	25	26	27	28	29	30	10/1	2	3	4	5	6	7	8	9
일진	戊寅	己卯	庚辰	辛巳	壬午	癸未	甲申	乙酉	丙戌	丁亥	戊子	己丑	庚寅	辛卯	壬辰	癸巳	甲午	乙未	丙申	丁酉	戊戌	己亥	庚子	辛丑	壬寅	癸卯	甲辰	乙巳	丙午	丁未
대운 남	2	2	2	1	1	1	1	입	9	9	9	8	8	8	7	7	7	6	6	6	5	5	소	4	4	4	3	3	3	2
대운 여	8	8	8	9	9	9	10	동	1	1	1	1	2	2	2	3	3	3	4	4	4	5	설	5	6	6	6	7	7	7

양력 12월 대설절(戊子月) 大雪 12월7일 21시56분 冬至 12월22일 15시42분

양력	1	2	3	4	5	6	7	8	9	10	11	12	13	14	15	16	17	18	19	20	21	22	23	24	25	26	27	28	29	30	31
요일	土	日	月	火	水	木	金	土	日	月	火	水	木	金	土	日	月	火	水	木	金	土	日	月	火	水	木	金	土	日	月
음력	10/10	11	12	13	14	15	16	17	18	19	20	21	22	23	24	25	26	27	28	29	30	11/1	2	3	4	5	6	7	8	9	10
일진	戊申	己酉	庚戌	辛亥	壬子	癸丑	甲寅	乙卯	丙辰	丁巳	戊午	己未	庚申	辛酉	壬戌	癸亥	甲子	乙丑	丙寅	丁卯	戊辰	己巳	庚午	辛未	壬申	癸酉	甲戌	乙亥	丙子	丁丑	戊寅
대운 남	2	2	1	1	1	1	대	10	9	9	9	8	8	8	7	7	7	6	6	6	5	동	5	4	4	4	3	3	3	2	2
대운 여	8	8	8	9	9	9	설	1	1	1	1	2	2	2	3	3	3	4	4	4	5	지	5	6	6	6	7	7	7	8	8

▶윤달-8월

서기 1901년 [단기 4234년]

양력 1월 소한절(己丑月) 小寒 1월6일 8시53분 大寒 1월21일 2시17분

양력	1	2	3	4	5	6	7	8	9	10	11	12	13	14	15	16	17	18	19	20	21	22	23	24	25	26	27	28	29	30	31
요일	火	水	木	金	土	日	月	火	水	木	金	土	日	月	火	水	木	金	土	日	月	火	水	木	金	土	日	月	火	水	木
음력	11/11	12	13	14	15	16	17	18	19	20	21	22	23	24	25	26	27	28	29	12/1	2	3	4	5	6	7	8	9	10	11	12
일진	己卯	庚辰	辛巳	壬午	癸未	甲申	乙酉	丙戌	丁亥	戊子	己丑	庚寅	辛卯	壬辰	癸巳	甲午	乙未	丙申	丁酉	戊戌	己亥	庚子	辛丑	壬寅	癸卯	甲辰	乙巳	丙午	丁未	戊申	己酉
대운 남	2	1	1	1	1	소	9	9	9	8	8	8	7	7	7	6	6	6	5	5	대	4	4	4	3	3	3	2	2	2	1
대운 여	8	9	9	9	10	한	1	1	1	1	2	2	2	3	3	3	4	4	4	5	한	5	6	6	6	7	7	7	8	8	8

양력 2월 입춘절(庚寅月) 立春 2월4일 20시40분 雨水 2월19일 16시45분

양력	1	2	3	4	5	6	7	8	9	10	11	12	13	14	15	16	17	18	19	20	21	22	23	24	25	26	27	28			
요일	金	土	日	月	火	水	木	金	土	日	月	火	水	木	金	土	日	月	火	水	木	金	土	日	月	火	水	木			
음력	12/13	14	15	16	17	18	19	20	21	22	23	24	25	26	27	28	29	30	1/1	2	3	4	5	6	7	8	9	10			
일진	庚戌	辛亥	壬子	癸丑	甲寅	乙卯	丙辰	丁巳	戊午	己未	庚申	辛酉	壬戌	癸亥	甲子	乙丑	丙寅	丁卯	戊辰	己巳	庚午	辛未	壬申	癸酉	甲戌	乙亥	丙子	丁丑			
대운 남	1	1	1	입	1	1	1	1	2	2	2	3	3	3	4	4	4	5	우	5	6	6	6	7	7	7	8	8			
대운 여	9	9	9	춘	10	9	9	9	8	8	8	7	7	7	6	6	6	5	수	5	4	4	4	3	3	3	2	2			

양력 3월 경칩절(辛卯月) 驚蟄 3월6일 15시11분 春分 3월21일 16시24분

양력	1	2	3	4	5	6	7	8	9	10	11	12	13	14	15	16	17	18	19	20	21	22	23	24	25	26	27	28	29	30	31
요일	金	土	日	月	火	水	木	金	土	日	月	火	水	木	金	土	日	月	火	水	木	金	土	日	月	火	水	木	金	土	日
음력	1/11	12	13	14	15	16	17	18	19	20	21	22	23	24	25	26	27	28	29	2/1	2	3	4	5	6	7	8	9	10	11	12
일진	戊寅	己卯	庚辰	辛巳	壬午	癸未	甲申	乙酉	丙戌	丁亥	戊子	己丑	庚寅	辛卯	壬辰	癸巳	甲午	乙未	丙申	丁酉	戊戌	己亥	庚子	辛丑	壬寅	癸卯	甲辰	乙巳	丙午	丁未	戊申
대운 남	8	9	9	9	10	경	1	1	1	1	2	2	2	3	3	3	4	4	4	5	춘	5	6	6	6	7	7	7	8	8	8
대운 여	2	1	1	1	1	칩	10	9	9	9	8	8	8	7	7	7	6	6	6	5	분	5	4	4	4	3	3	3	2	2	2

양력 4월 청명절(壬辰月) 淸明 4월5일 20시44분 穀雨 4월21일 4시14분

양력	1	2	3	4	5	6	7	8	9	10	11	12	13	14	15	16	17	18	19	20	21	22	23	24	25	26	27	28	29	30	
요일	月	火	水	木	金	土	日	月	火	水	木	金	土	日	月	火	水	木	金	土	日	月	火	水	木	金	土	日	月	火	
음력	2/13	14	15	16	17	18	19	20	21	22	23	24	25	26	27	28	29	30	3/1	2	3	4	5	6	7	8	9	10	11	12	
일진	己酉	庚戌	辛亥	壬子	癸丑	甲寅	乙卯	丙辰	丁巳	戊午	己未	庚申	辛酉	壬戌	癸亥	甲子	乙丑	丙寅	丁卯	戊辰	己巳	庚午	辛未	壬申	癸酉	甲戌	乙亥	丙子	丁丑	戊寅	
대운 남	9	9	9	10	청	1	1	1	1	2	2	2	3	3	3	4	4	4	5	5	곡	6	6	6	7	7	7	8	8	8	
대운 여	1	1	1	1	명	10	10	9	9	9	8	8	8	7	7	7	6	6	6	5	우	5	4	4	4	3	3	3	2	2	

양력 5월 입하절(癸巳月) 立夏 5월6일 14시50분 小滿 5월22일 4시5분

양력	1	2	3	4	5	6	7	8	9	10	11	12	13	14	15	16	17	18	19	20	21	22	23	24	25	26	27	28	29	30	31
요일	水	木	金	土	日	月	火	水	木	金	土	日	月	火	水	木	金	土	日	月	火	水	木	金	土	日	月	火	水	木	金
음력	3/13	14	15	16	17	18	19	20	21	22	23	24	25	26	27	28	29	4/1	2	3	4	5	6	7	8	9	10	11	12	13	14
일진	己卯	庚辰	辛巳	壬午	癸未	甲申	乙酉	丙戌	丁亥	戊子	己丑	庚寅	辛卯	壬辰	癸巳	甲午	乙未	丙申	丁酉	戊戌	己亥	庚子	辛丑	壬寅	癸卯	甲辰	乙巳	丙午	丁未	戊申	己酉
대운 남	9	9	9	10	10	입	1	1	1	1	2	2	2	3	3	3	4	4	4	5	5	소	6	6	6	7	7	7	8	8	8
대운 여	2	1	1	1	1	하	10	10	9	9	9	8	8	8	7	7	7	6	6	6	5	만	5	4	4	4	3	3	3	2	2

양력 6월 망종절(甲午月) 芒種 6월6일 19시37분 夏至 6월22일 12시28분

양력	1	2	3	4	5	6	7	8	9	10	11	12	13	14	15	16	17	18	19	20	21	22	23	24	25	26	27	28	29	30	
요일	土	日	月	火	水	木	金	土	日	月	火	水	木	金	土	日	月	火	水	木	金	土	日	月	火	水	木	金	土	日	
음력	4/15	16	17	18	19	20	21	22	23	24	25	26	27	28	29	5/1	2	3	4	5	6	7	8	9	10	11	12	13	14	15	
일진	庚戌	辛亥	壬子	癸丑	甲寅	乙卯	丙辰	丁巳	戊午	己未	庚申	辛酉	壬戌	癸亥	甲子	乙丑	丙寅	丁卯	戊辰	己巳	庚午	辛未	壬申	癸酉	甲戌	乙亥	丙子	丁丑	戊寅	己卯	
대운 남	9	9	9	10	10	망	1	1	1	1	2	2	2	3	3	3	4	4	4	5	5	하	6	6	6	7	7	7	8	8	
대운 여	2	1	1	1	1	종	10	10	10	9	9	9	8	8	8	7	7	7	6	6	6	지	5	5	4	4	4	3	3	3	

辛丑年

양력 7월 소서절(乙未月) 小暑 7월8일 6시8분 大暑 7월23일 23시24분

양력		1	2	3	4	5	6	7	8	9	10	11	12	13	14	15	16	17	18	19	20	21	22	23	24	25	26	27	28	29	30	31
요일		月	火	水	木	金	土	日	月	火	水	木	金	土	日	月	火	水	木	金	土	日	月	火	水	木	金	土	日	月	火	水
음력		5/16	17	18	19	20	21	22	23	24	25	26	27	28	29	30	6/1	2	3	4	5	6	7	8	9	10	11	12	13	14	15	16
일진		庚辰	辛巳	壬午	癸未	甲申	乙酉	丙戌	丁亥	戊子	己丑	庚寅	辛卯	壬辰	癸巳	甲午	乙未	丙申	丁酉	戊戌	己亥	庚子	辛丑	壬寅	癸卯	甲辰	乙巳	丙午	丁未	戊申	己酉	庚戌
대운	남	8	9	9	9	10	10	10	소서	1	1	1	1	2	2	2	3	3	3	4	4	4	5	5	대서	6	6	6	7	7	7	8
	여	2	2	2	1	1	1	1		10	10	9	9	9	8	8	8	7	7	7	6	6	6	5		5	4	4	4	3	3	3

양력 8월 입추절(丙申月) 立秋 8월8일 15시46분 處暑 8월24일 6시8분

양력		1	2	3	4	5	6	7	8	9	10	11	12	13	14	15	16	17	18	19	20	21	22	23	24	25	26	27	28	29	30	31
요일		木	金	土	日	月	火	水	木	金	土	日	月	火	水	木	金	土	日	月	火	水	木	金	土	日	月	火	水	木	金	土
음력		6/17	18	19	20	21	22	23	24	25	26	27	28	29	7/1	2	3	4	5	6	7	8	9	10	11	12	13	14	15	16	17	18
일진		辛亥	壬子	癸丑	甲寅	乙卯	丙辰	丁巳	戊午	己未	庚申	辛酉	壬戌	癸亥	甲子	乙丑	丙寅	丁卯	戊辰	己巳	庚午	辛未	壬申	癸酉	甲戌	乙亥	丙子	丁丑	戊寅	己卯	庚辰	辛巳
대운	남	8	8	9	9	9	10	10	입추	1	1	1	1	2	2	2	3	3	3	4	4	4	5	5	처서	6	6	6	7	7	7	8
	여	2	2	2	1	1	1	1		10	10	9	9	9	8	8	8	7	7	7	6	6	6	5		5	4	4	4	3	3	3

양력 9월 백로절(丁酉月) 白露 9월8일 18시10분 秋分 9월24일 3시9분

양력		1	2	3	4	5	6	7	8	9	10	11	12	13	14	15	16	17	18	19	20	21	22	23	24	25	26	27	28	29	30	
요일		日	月	火	水	木	金	土	日	月	火	水	木	金	土	日	月	火	水	木	金	土	日	月	火	水	木	金	土	日	月	
음력		7/19	20	21	22	23	24	25	26	27	28	29	30	8/1	2	3	4	5	6	7	8	9	10	11	12	13	14	15	16	17	18	
일진		壬午	癸未	甲申	乙酉	丙戌	丁亥	戊子	己丑	庚寅	辛卯	壬辰	癸巳	甲午	乙未	丙申	丁酉	戊戌	己亥	庚子	辛丑	壬寅	癸卯	甲辰	乙巳	丙午	丁未	戊申	己酉	庚戌	辛亥	
대운	남	8	8	9	9	9	10	10	백로	1	1	1	1	2	2	2	3	3	3	4	4	4	5	5	추분	6	6	6	7	7	7	
	여	2	2	2	1	1	1	1		10	10	9	9	9	8	8	8	7	7	7	6	6	6	5		5	4	4	4	3	3	

양력 10월 한로절(戊戌月) 寒露 10월9일 9시7분 霜降 10월24일 11시46분

양력		1	2	3	4	5	6	7	8	9	10	11	12	13	14	15	16	17	18	19	20	21	22	23	24	25	26	27	28	29	30	31
요일		火	水	木	金	土	日	月	火	水	木	金	土	日	月	火	水	木	金	土	日	月	火	水	木	金	土	日	月	火	水	木
음력		8/19	20	21	22	23	24	25	26	27	28	29	9/1	2	3	4	5	6	7	8	9	10	11	12	13	14	15	16	17	18	19	20
일진		壬子	癸丑	甲寅	乙卯	丙辰	丁巳	戊午	己未	庚申	辛酉	壬戌	癸亥	甲子	乙丑	丙寅	丁卯	戊辰	己巳	庚午	辛未	壬申	癸酉	甲戌	乙亥	丙子	丁丑	戊寅	己卯	庚辰	辛巳	壬午
대운	남	8	8	8	9	9	9	10	10	한로	1	1	1	1	2	2	2	3	3	3	4	4	4	5	상강	5	6	6	6	7	7	7
	여	3	2	2	2	1	1	1	1		10	9	9	9	8	8	8	7	7	7	6	6	6	5		5	4	4	4	3	3	3

양력 11월 입동절(己亥月) 立冬 11월8일 11시35분 小雪 11월23일 8시41분

양력		1	2	3	4	5	6	7	8	9	10	11	12	13	14	15	16	17	18	19	20	21	22	23	24	25	26	27	28	29	30	
요일		金	土	日	月	火	水	木	金	土	日	月	火	水	木	金	土	日	月	火	水	木	金	土	日	月	火	水	木	金	土	
음력		9/21	22	23	24	25	26	27	28	29	30	10/1	2	3	4	5	6	7	8	9	10	11	12	13	14	15	16	17	18	19	20	
일진		癸未	甲申	乙酉	丙戌	丁亥	戊子	己丑	庚寅	辛卯	壬辰	癸巳	甲午	乙未	丙申	丁酉	戊戌	己亥	庚子	辛丑	壬寅	癸卯	甲辰	乙巳	丙午	丁未	戊申	己酉	庚戌	辛亥	壬子	
대운	남	8	8	8	9	9	9	10	입동	1	1	1	1	2	2	2	3	3	3	4	4	4	5	소설	5	6	6	6	7	7	7	
	여	2	2	2	1	1	1	1		10	9	9	9	8	8	8	7	7	7	6	6	6	5		5	4	4	4	3	3	3	

양력 12월 대설절(庚子月) 大雪 12월8일 3시53분 冬至 12월22일 21시37분

양력		1	2	3	4	5	6	7	8	9	10	11	12	13	14	15	16	17	18	19	20	21	22	23	24	25	26	27	28	29	30	31
요일		日	月	火	水	木	金	土	日	月	火	水	木	金	土	日	月	火	水	木	金	土	日	月	火	水	木	金	土	日	月	火
음력		10/21	22	23	24	25	26	27	28	29	30	11/1	2	3	4	5	6	7	8	9	10	11	12	13	14	15	16	17	18	19	20	21
일진		癸丑	甲寅	乙卯	丙辰	丁巳	戊午	己未	庚申	辛酉	壬戌	癸亥	甲子	乙丑	丙寅	丁卯	戊辰	己巳	庚午	辛未	壬申	癸酉	甲戌	乙亥	丙子	丁丑	戊寅	己卯	庚辰	辛巳	壬午	癸未
대운	남	8	8	8	9	9	9	10	대설	1	1	1	1	2	2	2	3	3	3	4	4	4	동지	5	5	6	6	6	7	7	7	8
	여	2	2	2	1	1	1	1		9	9	9	8	8	8	7	7	7	6	6	6	5		5	4	4	4	3	3	3	2	2

서기 1902년 [단기 4235년]

양력 1월 소한절(辛丑月) 小寒 1월6일 14시52분 大寒 1월21일 8시12분

양력	1	2	3	4	5	6	7	8	9	10	11	12	13	14	15	16	17	18	19	20	21	22	23	24	25	26	27	28	29	30	31
요일	水	木	金	土	日	月	火	水	木	金	土	日	月	火	水	木	金	土	日	月	火	水	木	金	土	日	月	火	水	木	金
음력	11/22	23	24	25	26	27	28	29	30	12/1	2	3	4	5	6	7	8	9	10	11	12	13	14	15	16	17	18	19	20	21	22
일진	甲申	乙酉	丙戌	丁亥	戊子	己丑	庚寅	辛卯	壬辰	癸巳	甲午	乙未	丙申	丁酉	戊戌	己亥	庚子	辛丑	壬寅	癸卯	甲辰	乙巳	丙午	丁未	戊申	己酉	庚戌	辛亥	壬子	癸丑	甲寅
대운 남	8	8	9	9	9	소	1	1	1	1	2	2	2	3	3	3	4	4	4	5	대	5	6	6	6	7	7	7	8	8	8
대운 여	2	1	1	1	1	한	10	9	9	9	8	8	8	7	7	7	6	6	6	5	한	5	4	4	4	3	3	3	2	2	2

양력 2월 입춘절(壬寅月) 立春 2월5일 2시38분 雨水 2월19일 22시40분

양력	1	2	3	4	5	6	7	8	9	10	11	12	13	14	15	16	17	18	19	20	21	22	23	24	25	26	27	28			
요일	土	日	月	火	水	木	金	土	日	月	火	水	木	金	土	日	月	火	水	木	金	土	日	月	火	水	木	金			
음력	12/23	24	25	26	27	28	29	1/1	2	3	4	5	6	7	8	9	10	11	12	13	14	15	16	17	18	19	20	21			
일진	乙卯	丙辰	丁巳	戊午	己未	庚申	辛酉	壬戌	癸亥	甲子	乙丑	丙寅	丁卯	戊辰	己巳	庚午	辛未	壬申	癸酉	甲戌	乙亥	丙子	丁丑	戊寅	己卯	庚辰	辛巳	壬午			
대운 남	9	9	9	10	입	9	9	9	8	8	8	7	7	7	6	6	6	5	우	5	4	4	4	3	3	3	2	2			
대운 여	1	1	1	1	춘	1	1	1	1	2	2	2	3	3	3	4	4	4	수	5	5	6	6	6	7	7	7	8			

양력 3월 경칩절(癸卯月) 驚蟄 3월6일 21시8분 春分 3월21일 22시17분

양력	1	2	3	4	5	6	7	8	9	10	11	12	13	14	15	16	17	18	19	20	21	22	23	24	25	26	27	28	29	30	31
요일	土	日	月	火	水	木	金	土	日	月	火	水	木	金	土	日	月	火	水	木	金	土	日	月	火	水	木	金	土	日	月
음력	1/22	23	24	25	26	27	28	29	30	2/1	2	3	4	5	6	7	8	9	10	11	12	13	14	15	16	17	18	19	20	21	22
일진	癸未	甲申	乙酉	丙戌	丁亥	戊子	己丑	庚寅	辛卯	壬辰	癸巳	甲午	乙未	丙申	丁酉	戊戌	己亥	庚子	辛丑	壬寅	癸卯	甲辰	乙巳	丙午	丁未	戊申	己酉	庚戌	辛亥	壬子	癸丑
대운 남	2	1	1	1	1	경	10	10	9	9	9	8	8	8	7	7	7	6	6	6	춘	5	5	4	4	4	3	3	3	2	2
대운 여	8	8	9	9	9	칩	1	1	1	1	2	2	2	3	3	3	4	4	4	5	분	5	6	6	6	7	7	7	8	8	8

양력 4월 청명절(甲辰月) 清明 4월6일 2시38분 穀雨 4월21일 10시4분

양력	1	2	3	4	5	6	7	8	9	10	11	12	13	14	15	16	17	18	19	20	21	22	23	24	25	26	27	28	29	30	
요일	火	水	木	金	土	日	月	火	水	木	金	土	日	月	火	水	木	金	土	日	月	火	水	木	金	土	日	月	火	水	
음력	2/23	24	25	26	27	28	29	3/1	2	3	4	5	6	7	8	9	10	11	12	13	14	15	16	17	18	19	20	21	22	23	
일진	甲寅	乙卯	丙辰	丁巳	戊午	己未	庚申	辛酉	壬戌	癸亥	甲子	乙丑	丙寅	丁卯	戊辰	己巳	庚午	辛未	壬申	癸酉	甲戌	乙亥	丙子	丁丑	戊寅	己卯	庚辰	辛巳	壬午	癸未	
대운 남	2	1	1	1	1	청	10	9	9	9	8	8	8	7	7	7	6	6	6	5	곡	5	4	4	4	3	3	3	2	2	
대운 여	9	9	9	10	10	명	1	1	1	1	2	2	2	3	3	3	4	4	4	5	우	5	6	6	6	7	7	7	8	8	

양력 5월 입하절(乙巳月) 立夏 5월6일 20시39분 小滿 5월22일 9시54분

양력	1	2	3	4	5	6	7	8	9	10	11	12	13	14	15	16	17	18	19	20	21	22	23	24	25	26	27	28	29	30	31
요일	木	金	土	日	月	火	水	木	金	土	日	月	火	水	木	金	土	日	月	火	水	木	金	土	日	月	火	水	木	金	土
음력	3/24	25	26	27	28	29	30	4/1	2	3	4	5	6	7	8	9	10	11	12	13	14	15	16	17	18	19	20	21	22	23	24
일진	甲申	乙酉	丙戌	丁亥	戊子	己丑	庚寅	辛卯	壬辰	癸巳	甲午	乙未	丙申	丁酉	戊戌	己亥	庚子	辛丑	壬寅	癸卯	甲辰	乙巳	丙午	丁未	戊申	己酉	庚戌	辛亥	壬子	癸丑	甲寅
대운 남	2	1	1	1	1	입	10	10	10	9	9	9	8	8	8	7	7	7	6	6	6	소	5	5	4	4	4	3	3	3	2
대운 여	8	9	9	9	10	하	1	1	1	1	2	2	2	3	3	3	4	4	4	5	5	만	6	6	6	7	7	7	8	8	8

양력 6월 망종절(丙午月) 芒種 6월7일 1시20분 夏至 6월22일 18시15분

양력	1	2	3	4	5	6	7	8	9	10	11	12	13	14	15	16	17	18	19	20	21	22	23	24	25	26	27	28	29	30	
요일	日	月	火	水	木	金	土	日	月	火	水	木	金	土	日	月	火	水	木	金	土	日	月	火	水	木	金	土	日	月	
음력	4/25	26	27	28	29	5/1	2	3	4	5	6	7	8	9	10	11	12	13	14	15	16	17	18	19	20	21	22	23	24	25	
일진	乙卯	丙辰	丁巳	戊午	己未	庚申	辛酉	壬戌	癸亥	甲子	乙丑	丙寅	丁卯	戊辰	己巳	庚午	辛未	壬申	癸酉	甲戌	乙亥	丙子	丁丑	戊寅	己卯	庚辰	辛巳	壬午	癸未	甲申	
대운 남	2	2	1	1	1	1	망	10	10	9	9	9	8	8	8	7	7	7	6	6	6	하	5	5	4	4	4	3	3	3	
대운 여	9	9	9	10	10	10	종	1	1	1	1	2	2	2	3	3	3	4	4	4	5	지	5	6	6	6	7	7	7	8	

壬寅年

양력 7월 소서절(丁未月) 小暑 7월8일 11시46분 大暑 7월24일 5시10분

양력		1	2	3	4	5	6	7	8	9	10	11	12	13	14	15	16	17	18	19	20	21	22	23	24	25	26	27	28	29	30	31
요일		火	水	木	金	土	日	月	火	水	木	金	土	日	月	火	水	木	金	土	日	月	火	水	木	金	土	日	月	火	水	木
음력		5/26	27	28	29	6/1	2	3	4	5	6	7	8	9	10	11	12	13	14	15	16	17	18	19	20	21	22	23	24	25	26	27
일진		乙酉	丙戌	丁亥	戊子	己丑	庚寅	辛卯	壬辰	癸巳	甲午	乙未	丙申	丁酉	戊戌	己亥	庚子	辛丑	壬寅	癸卯	甲辰	乙巳	丙午	丁未	戊申	己酉	庚戌	辛亥	壬子	癸丑	甲寅	乙卯
대운	남	2	2	2	1	1	1	1	소	10	10	9	9	9	8	8	8	7	7	7	6	6	6	5	대	5	4	4	4	3	3	3
	여	8	8	9	9	9	10	10	서	1	1	1	1	2	2	2	3	3	3	4	4	4	5	5	서	6	6	6	7	7	7	8

양력 8월 입추절(戊申月) 立秋 8월8일 21시22분 處暑 8월24일 11시53분

양력		1	2	3	4	5	6	7	8	9	10	11	12	13	14	15	16	17	18	19	20	21	22	23	24	25	26	27	28	29	30	31
요일		金	土	日	月	火	水	木	金	土	日	月	火	水	木	金	土	日	月	火	水	木	金	土	日	月	火	水	木	金	土	日
음력		6/28	29	30	7/1	2	3	4	5	6	7	8	9	10	11	12	13	14	15	16	17	18	19	20	21	22	23	24	25	26	27	28
일진		丙辰	丁巳	戊午	己未	庚申	辛酉	壬戌	癸亥	甲子	乙丑	丙寅	丁卯	戊辰	己巳	庚午	辛未	壬申	癸酉	甲戌	乙亥	丙子	丁丑	戊寅	己卯	庚辰	辛巳	壬午	癸未	甲申	乙酉	丙戌
대운	남	2	2	2	1	1	1	1	입	10	10	9	9	9	8	8	8	7	7	7	6	6	6	5	처	5	4	4	4	3	3	3
	여	8	8	9	9	9	10	10	추	1	1	1	1	2	2	2	3	3	3	4	4	4	5	5	서	6	6	6	7	7	7	8

양력 9월 백로절(己酉月) 白露 9월8일 23시47분 秋分 9월24일 8시55분

양력		1	2	3	4	5	6	7	8	9	10	11	12	13	14	15	16	17	18	19	20	21	22	23	24	25	26	27	28	29	30	
요일		月	火	水	木	金	土	日	月	火	水	木	金	土	日	月	火	水	木	金	土	日	月	火	水	木	金	土	日	月	火	
음력		7/29	8/1	2	3	4	5	6	7	8	9	10	11	12	13	14	15	16	17	18	19	20	21	22	23	24	25	26	27	28	29	
일진		丁亥	戊子	己丑	庚寅	辛卯	壬辰	癸巳	甲午	乙未	丙申	丁酉	戊戌	己亥	庚子	辛丑	壬寅	癸卯	甲辰	乙巳	丙午	丁未	戊申	己酉	庚戌	辛亥	壬子	癸丑	甲寅	乙卯	丙辰	
대운	남	2	2	2	1	1	1	1	백	10	10	9	9	9	8	8	8	7	7	7	6	6	6	5	추	5	4	4	4	3	3	
	여	8	8	9	9	9	10	10	로	1	1	1	1	2	2	2	3	3	3	4	4	4	5	5	분	6	6	6	7	7	7	

양력 10월 한로절(庚戌月) 寒露 10월9일 14시45분 霜降 10월24일 17시36분

양력		1	2	3	4	5	6	7	8	9	10	11	12	13	14	15	16	17	18	19	20	21	22	23	24	25	26	27	28	29	30	31
요일		水	木	金	土	日	月	火	水	木	金	土	日	月	火	水	木	金	土	日	月	火	水	木	金	土	日	月	火	水	木	金
음력		8/30	9/1	2	3	4	5	6	7	8	9	10	11	12	13	14	15	16	17	18	19	20	21	22	23	24	25	26	27	28	29	10/1
일진		丁巳	戊午	己未	庚申	辛酉	壬戌	癸亥	甲子	乙丑	丙寅	丁卯	戊辰	己巳	庚午	辛未	壬申	癸酉	甲戌	乙亥	丙子	丁丑	戊寅	己卯	庚辰	辛巳	壬午	癸未	甲申	乙酉	丙戌	丁亥
대운	남	3	2	2	2	1	1	1	1	한	10	9	9	9	8	8	8	7	7	7	6	6	6	5	상	5	4	4	4	3	3	3
	여	8	8	8	9	9	9	10	10	로	1	1	1	1	2	2	2	3	3	3	4	4	4	5	강	5	6	6	6	7	7	7

양력 11월 입동절(辛亥月) 立冬 11월8일 17시18분 小雪 11월23일 14시36분

양력		1	2	3	4	5	6	7	8	9	10	11	12	13	14	15	16	17	18	19	20	21	22	23	24	25	26	27	28	29	30	
요일		土	日	月	火	水	木	金	土	日	月	火	水	木	金	土	日	月	火	水	木	金	土	日	月	火	水	木	金	土	日	
음력		10/2	3	4	5	6	7	8	9	10	11	12	13	14	15	16	17	18	19	20	21	22	23	24	25	26	27	28	29	30	11/1	
일진		戊子	己丑	庚寅	辛卯	壬辰	癸巳	甲午	乙未	丙申	丁酉	戊戌	己亥	庚子	辛丑	壬寅	癸卯	甲辰	乙巳	丙午	丁未	戊申	己酉	庚戌	辛亥	壬子	癸丑	甲寅	乙卯	丙辰	丁巳	
대운	남	2	2	2	1	1	1	1	입	10	9	9	9	8	8	8	7	7	7	6	6	6	소	5	5	4	4	4	3	3	3	
	여	8	8	8	9	9	9	10	동	1	1	1	1	2	2	2	3	3	3	4	4	4	설	5	5	6	6	6	7	7	7	

양력 12월 대설절(壬子月) 大雪 12월8일 9시41분 冬至 12월23일 3시36분

양력		1	2	3	4	5	6	7	8	9	10	11	12	13	14	15	16	17	18	19	20	21	22	23	24	25	26	27	28	29	30	31
요일		月	火	水	木	金	土	日	月	火	水	木	金	土	日	月	火	水	木	金	土	日	月	火	水	木	金	土	日	月	火	水
음력		11/2	3	4	5	6	7	8	9	10	11	12	13	14	15	16	17	18	19	20	21	22	23	24	25	26	27	28	29	30	12/1	2
일진		戊午	己未	庚申	辛酉	壬戌	癸亥	甲子	乙丑	丙寅	丁卯	戊辰	己巳	庚午	辛未	壬申	癸酉	甲戌	乙亥	丙子	丁丑	戊寅	己卯	庚辰	辛巳	壬午	癸未	甲申	乙酉	丙戌	丁亥	戊子
대운	남	2	2	2	1	1	1	1	대	9	9	9	8	8	8	7	7	7	6	6	6	5	5	동	4	4	4	3	3	3	2	2
	여	8	8	8	9	9	9	10	설	1	1	1	1	2	2	2	3	3	3	4	4	4	5	지	5	6	6	6	7	7	7	8

서기 1903년 [단기 4236년]

양력 1월 소한절(癸丑月) 小寒 1월6일 20시44분 大寒 1월21일 14시14분

양력	1	2	3	4	5	6	7	8	9	10	11	12	13	14	15	16	17	18	19	20	21	22	23	24	25	26	27	28	29	30	31
요일	木	金	土	日	月	火	水	木	金	土	日	月	火	水	木	金	土	日	月	火	水	木	金	土	日	月	火	水	木	金	土
음력	12/3	4	5	6	7	8	9	10	11	12	13	14	15	16	17	18	19	20	21	22	23	24	25	26	27	28	29	30	1/1	2	3
일진	己丑	庚寅	辛卯	壬辰	癸巳	甲午	乙未	丙申	丁酉	戊戌	己亥	庚子	辛丑	壬寅	癸卯	甲辰	乙巳	丙午	丁未	戊申	己酉	庚戌	辛亥	壬子	癸丑	甲寅	乙卯	丙辰	丁巳	戊午	己未
대운 남	2	1	1	1	1	소	10	9	9	9	8	8	8	7	7	7	6	6	6	5	대	5	4	4	4	3	3	3	2	2	2
대운 여	8	8	9	9	9	한	1	1	1	1	2	2	2	3	3	3	4	4	4	5	한	5	6	6	6	7	7	7	8	8	8

양력 2월 입춘절(甲寅月) 立春 2월5일 8시31분 雨水 2월20일 4시41분

양력	1	2	3	4	5	6	7	8	9	10	11	12	13	14	15	16	17	18	19	20	21	22	23	24	25	26	27	28
요일	日	月	火	水	木	金	土	日	月	火	水	木	金	土	日	月	火	水	木	金	土	日	月	火	水	木	金	土
음력	1/4	5	6	7	8	9	10	11	12	13	14	15	16	17	18	19	20	21	22	23	24	25	26	27	28	29	2/1	2
일진	庚申	辛酉	壬戌	癸亥	甲子	乙丑	丙寅	丁卯	戊辰	己巳	庚午	辛未	壬申	癸酉	甲戌	乙亥	丙子	丁丑	戊寅	己卯	庚辰	辛巳	壬午	癸未	甲申	乙酉	丙戌	丁亥
대운 남	1	1	1	1	입	1	1	1	1	2	2	2	3	3	3	4	4	4	5	우	5	6	6	6	7	7	7	8
대운 여	9	9	9	10	춘	10	9	9	9	8	8	8	7	7	7	6	6	6	5	수	5	4	4	4	3	3	3	2

양력 3월 경칩절(乙卯月) 驚蟄 3월7일 2시59분 春分 3월22일 4시15분

양력	1	2	3	4	5	6	7	8	9	10	11	12	13	14	15	16	17	18	19	20	21	22	23	24	25	26	27	28	29	30	31
요일	日	月	火	水	木	金	土	日	月	火	水	木	金	土	日	月	火	水	木	金	土	日	月	火	水	木	金	土	日	月	火
음력	2/3	4	5	6	7	8	9	10	11	12	13	14	15	16	17	18	19	20	21	22	23	24	25	26	27	28	29	30	3/1	2	3
일진	戊子	己丑	庚寅	辛卯	壬辰	癸巳	甲午	乙未	丙申	丁酉	戊戌	己亥	庚子	辛丑	壬寅	癸卯	甲辰	乙巳	丙午	丁未	戊申	己酉	庚戌	辛亥	壬子	癸丑	甲寅	乙卯	丙辰	丁巳	戊午
대운 남	8	8	9	9	9	10	경	1	1	1	1	2	2	2	3	3	3	4	4	4	5	춘	5	6	6	6	7	7	7	8	8
대운 여	2	2	1	1	1	1	칩	10	9	9	9	8	8	8	7	7	7	6	6	6	5	분	5	4	4	4	3	3	3	2	2

양력 4월 청명절(丙辰月) 淸明 4월6일 8시26분 穀雨 4월21일 15시59분

양력	1	2	3	4	5	6	7	8	9	10	11	12	13	14	15	16	17	18	19	20	21	22	23	24	25	26	27	28	29	30
요일	水	木	金	土	日	月	火	水	木	金	土	日	月	火	水	木	金	土	日	月	火	水	木	金	土	日	月	火	水	木
음력	3/4	5	6	7	8	9	10	11	12	13	14	15	16	17	18	19	20	21	22	23	24	25	26	27	28	29	4/1	2	3	4
일진	己未	庚申	辛酉	壬戌	癸亥	甲子	乙丑	丙寅	丁卯	戊辰	己巳	庚午	辛未	壬申	癸酉	甲戌	乙亥	丙子	丁丑	戊寅	己卯	庚辰	辛巳	壬午	癸未	甲申	乙酉	丙戌	丁亥	戊子
대운 남	8	9	9	9	10	청	1	1	1	1	2	2	2	3	3	3	4	4	4	5	곡	5	6	6	6	7	7	7	8	8
대운 여	2	1	1	1	1	명	10	10	9	9	9	8	8	8	7	7	7	6	6	6	우	5	5	4	4	4	3	3	3	2

양력 5월 입하절(丁巳月) 立夏 5월7일 2시25분 小滿 5월22일 15시45분

양력	1	2	3	4	5	6	7	8	9	10	11	12	13	14	15	16	17	18	19	20	21	22	23	24	25	26	27	28	29	30	31
요일	金	土	日	月	火	水	木	金	土	日	月	火	水	木	金	土	日	月	火	水	木	金	土	日	月	火	水	木	金	土	日
음력	4/5	6	7	8	9	10	11	12	13	14	15	16	17	18	19	20	21	22	23	24	25	26	27	28	29	30	5/1	2	3	4	5
일진	己丑	庚寅	辛卯	壬辰	癸巳	甲午	乙未	丙申	丁酉	戊戌	己亥	庚子	辛丑	壬寅	癸卯	甲辰	乙巳	丙午	丁未	戊申	己酉	庚戌	辛亥	壬子	癸丑	甲寅	乙卯	丙辰	丁巳	戊午	己未
대운 남	8	9	9	9	10	10	입	1	1	1	1	2	2	2	3	3	3	4	4	4	5	소	5	6	6	6	7	7	7	8	8
대운 여	2	2	1	1	1	1	하	10	10	9	9	9	8	8	8	7	7	7	6	6	6	만	5	5	4	4	4	3	3	3	2

양력 6월 망종절(戊午月) 芒種 6월7일 7시7분 夏至 6월23일 0시5분

양력	1	2	3	4	5	6	7	8	9	10	11	12	13	14	15	16	17	18	19	20	21	22	23	24	25	26	27	28	29	30
요일	月	火	水	木	金	土	日	月	火	水	木	金	土	日	月	火	水	木	金	土	日	月	火	水	木	金	土	日	月	火
음력	5/6	7	8	9	10	11	12	13	14	15	16	17	18	19	20	21	22	23	24	25	26	27	28	29	윤1	2	3	4	5	6
일진	庚申	辛酉	壬戌	癸亥	甲子	乙丑	丙寅	丁卯	戊辰	己巳	庚午	辛未	壬申	癸酉	甲戌	乙亥	丙子	丁丑	戊寅	己卯	庚辰	辛巳	壬午	癸未	甲申	乙酉	丙戌	丁亥	戊子	己丑
대운 남	8	9	9	9	10	10	망	1	1	1	1	2	2	2	3	3	3	4	4	4	5	5	하	6	6	6	7	7	7	8
대운 여	2	2	1	1	1	1	종	10	10	9	9	9	8	8	8	7	7	7	6	6	6	5	지	5	4	4	4	3	3	3

▶윤달-5월

癸卯年

양력 7월 소서절(己未月) 小暑 7월8일 17시37분 大暑 7월24일 10시59분

양력	1	2	3	4	5	6	7	8	9	10	11	12	13	14	15	16	17	18	19	20	21	22	23	24	25	26	27	28	29	30	31
요일	水	木	金	土	日	月	火	水	木	金	土	日	月	火	水	木	金	土	日	月	火	水	木	金	土	日	月	火	水	木	金
음력	윤7	8	9	10	11	12	13	14	15	16	17	18	19	20	21	22	23	24	25	26	27	28	29	6/1	2	3	4	5	6	7	8
일진	庚寅	辛卯	壬辰	癸巳	甲午	乙未	丙申	丁酉	戊戌	己亥	庚子	辛丑	壬寅	癸卯	甲辰	乙巳	丙午	丁未	戊申	己酉	庚戌	辛亥	壬子	癸丑	甲寅	乙卯	丙辰	丁巳	戊午	己未	庚申
대운 남	8	8	9	9	9	10	10	소	1	1	1	1	2	2	2	3	3	3	4	4	4	5	5	대	6	6	6	7	7	7	8
대운 여	2	2	2	1	1	1	1	서	10	10	10	9	9	9	8	8	8	7	7	7	6	6	6	서	5	5	4	4	4	3	3

양력 8월 입추절(庚申月) 立秋 8월9일 3시16분 處暑 8월24일 17시42분

양력	1	2	3	4	5	6	7	8	9	10	11	12	13	14	15	16	17	18	19	20	21	22	23	24	25	26	27	28	29	30	31
요일	土	日	月	火	水	木	金	土	日	月	火	水	木	金	土	日	月	火	水	木	金	土	日	月	火	水	木	金	土	日	月
음력	6/9	10	11	12	13	14	15	16	17	18	19	20	21	22	23	24	25	26	27	28	29	30	7/1	2	3	4	5	6	7	8	9
일진	辛酉	壬戌	癸亥	甲子	乙丑	丙寅	丁卯	戊辰	己巳	庚午	辛未	壬申	癸酉	甲戌	乙亥	丙子	丁丑	戊寅	己卯	庚辰	辛巳	壬午	癸未	甲申	乙酉	丙戌	丁亥	戊子	己丑	庚寅	辛卯
대운 남	8	8	9	9	9	10	10	10	입	1	1	1	1	2	2	2	3	3	3	4	4	4	5	처	5	6	6	6	7	7	7
대운 여	3	2	2	2	1	1	1	1	추	10	10	9	9	9	8	8	8	7	7	7	6	6	6	서	5	5	4	4	4	3	3

양력 9월 백로절(辛酉月) 白露 9월9일 5시42분 秋分 9월24일 14시44분

양력	1	2	3	4	5	6	7	8	9	10	11	12	13	14	15	16	17	18	19	20	21	22	23	24	25	26	27	28	29	30	
요일	火	水	木	金	土	日	月	火	水	木	金	土	日	月	火	水	木	金	土	日	月	火	水	木	金	土	日	月	火	水	
음력	7/10	11	12	13	14	15	16	17	18	19	20	21	22	23	24	25	26	27	28	29	8/1	2	3	4	5	6	7	8	9	10	
일진	壬辰	癸巳	甲午	乙未	丙申	丁酉	戊戌	己亥	庚子	辛丑	壬寅	癸卯	甲辰	乙巳	丙午	丁未	戊申	己酉	庚戌	辛亥	壬子	癸丑	甲寅	乙卯	丙辰	丁巳	戊午	己未	庚申	辛酉	
대운 남	8	8	8	9	9	9	10	10	백	1	1	1	1	2	2	2	3	3	3	4	4	4	5	추	5	6	6	6	7	7	
대운 여	3	2	2	2	1	1	1	1	로	10	9	9	9	8	8	8	7	7	7	6	6	6	5	분	5	4	4	4	3	3	

양력 10월 한로절(壬戌月) 寒露 10월9일 20시42분 霜降 10월24일 23시23분

양력	1	2	3	4	5	6	7	8	9	10	11	12	13	14	15	16	17	18	19	20	21	22	23	24	25	26	27	28	29	30	31
요일	木	金	土	日	月	火	水	木	金	土	日	月	火	水	木	金	土	日	月	火	水	木	金	土	日	月	火	水	木	金	土
음력	8/11	12	13	14	15	16	17	18	19	20	21	22	23	24	25	26	27	28	29	9/1	2	3	4	5	6	7	8	9	10	11	12
일진	壬戌	癸亥	甲子	乙丑	丙寅	丁卯	戊辰	己巳	庚午	辛未	壬申	癸酉	甲戌	乙亥	丙子	丁丑	戊寅	己卯	庚辰	辛巳	壬午	癸未	甲申	乙酉	丙戌	丁亥	戊子	己丑	庚寅	辛卯	壬辰
대운 남	7	8	8	8	9	9	9	10	한	1	1	1	1	2	2	2	3	3	3	4	4	4	5	상	5	6	6	6	7	7	7
대운 여	3	2	2	2	1	1	1	1	로	10	9	9	9	8	8	8	7	7	7	6	6	6	5	강	5	4	4	4	3	3	3

양력 11월 입동절(癸亥月) 立冬 11월8일 23시13분 小雪 11월23일 20시22분

양력	1	2	3	4	5	6	7	8	9	10	11	12	13	14	15	16	17	18	19	20	21	22	23	24	25	26	27	28	29	30	
요일	日	月	火	水	木	金	土	日	月	火	水	木	金	土	日	月	火	水	木	金	土	日	月	火	水	木	金	土	日	月	
음력	9/13	14	15	16	17	18	19	20	21	22	23	24	25	26	27	28	29	30	10/1	2	3	4	5	6	7	8	9	10	11	12	
일진	癸巳	甲午	乙未	丙申	丁酉	戊戌	己亥	庚子	辛丑	壬寅	癸卯	甲辰	乙巳	丙午	丁未	戊申	己酉	庚戌	辛亥	壬子	癸丑	甲寅	乙卯	丙辰	丁巳	戊午	己未	庚申	辛酉	壬戌	
대운 남	8	8	8	9	9	9	10	입	1	1	1	1	2	2	2	3	3	3	4	4	4	5	소	5	6	6	6	7	7	7	
대운 여	2	2	2	1	1	1	1	동	10	9	9	9	8	8	8	7	7	7	6	6	6	5	설	5	4	4	4	3	3	3	

양력 12월 대설절(甲子月) 大雪 12월8일 15시35분 冬至 12월23일 9시21분

양력	1	2	3	4	5	6	7	8	9	10	11	12	13	14	15	16	17	18	19	20	21	22	23	24	25	26	27	28	29	30	31
요일	火	水	木	金	土	日	月	火	水	木	金	土	日	月	火	水	木	金	土	日	月	火	水	木	金	土	日	月	火	水	木
음력	10/13	14	15	16	17	18	19	20	21	22	23	24	25	26	27	28	29	30	11/1	2	3	4	5	6	7	8	9	10	11	12	13
일진	癸亥	甲子	乙丑	丙寅	丁卯	戊辰	己巳	庚午	辛未	壬申	癸酉	甲戌	乙亥	丙子	丁丑	戊寅	己卯	庚辰	辛巳	壬午	癸未	甲申	乙酉	丙戌	丁亥	戊子	己丑	庚寅	辛卯	壬辰	癸巳
대운 남	8	8	8	9	9	9	10	대	1	1	1	1	2	2	2	3	3	3	4	4	4	5	동	5	6	6	6	7	7	7	8
대운 여	2	2	2	1	1	1	1	설	10	9	9	9	8	8	8	7	7	7	6	6	6	5	지	5	4	4	4	3	3	3	2

서기 1904년 [단기 4237년]

양력 1월 소한절(乙丑月) 小寒 1월7일 2시37분 大寒 1월21일 19시58분

양력	1	2	3	4	5	6	7	8	9	10	11	12	13	14	15	16	17	18	19	20	21	22	23	24	25	26	27	28	29	30	31
요일	金	土	日	月	火	水	木	金	土	日	月	火	水	木	金	土	日	月	火	水	木	金	土	日	月	火	水	木	金	土	日
음력	11/14	15	16	17	18	19	20	21	22	23	24	25	26	27	28	29	12/1	2	3	4	5	6	7	8	9	10	11	12	13	14	15
일진	甲午	乙未	丙申	丁酉	戊戌	己亥	庚子	辛丑	壬寅	癸卯	甲辰	乙巳	丙午	丁未	戊申	己酉	庚戌	辛亥	壬子	癸丑	甲寅	乙卯	丙辰	丁巳	戊午	己未	庚申	辛酉	壬戌	癸亥	甲子
대운 남	8	8	9	9	9	10	소	1	1	1	1	2	2	2	3	3	3	4	4	4	대	5	5	6	6	6	7	7	7	8	8
대운 여	2	2	1	1	1	1	한	9	9	9	8	8	8	7	7	7	6	6	6	5	한	5	4	4	4	3	3	3	2	2	2

양력 2월 입춘절(丙寅月) 立春 2월5일 14시24분 雨水 2월20일 10시25분

양력	1	2	3	4	5	6	7	8	9	10	11	12	13	14	15	16	17	18	19	20	21	22	23	24	25	26	27	28	29		
요일	月	火	水	木	金	土	日	月	火	水	木	金	土	日	月	火	水	木	金	土	日	月	火	水	木	金	土	日	月		
음력	12/16	17	18	19	20	21	22	23	24	25	26	27	28	29	30	1/1	2	3	4	5	6	7	8	9	10	11	12	13	14		
일진	乙丑	丙寅	丁卯	戊辰	己巳	庚午	辛未	壬申	癸酉	甲戌	乙亥	丙子	丁丑	戊寅	己卯	庚辰	辛巳	壬午	癸未	甲申	乙酉	丙戌	丁亥	戊子	己丑	庚寅	辛卯	壬辰	癸巳		
대운 남	8	9	9	9	입	10	9	9	9	8	8	8	7	7	7	6	6	6	5	우	5	4	4	4	3	3	3	2	2		
대운 여	1	1	1	1	춘	1	1	1	1	2	2	2	3	3	3	4	4	4	5	수	5	6	6	6	7	7	7	8	8		

양력 3월 경칩절(丁卯月) 驚蟄 3월6일 8시52분 春分 3월21일 9시59분

양력	1	2	3	4	5	6	7	8	9	10	11	12	13	14	15	16	17	18	19	20	21	22	23	24	25	26	27	28	29	30	31
요일	火	水	木	金	土	日	月	火	水	木	金	土	日	月	火	水	木	金	土	日	月	火	水	木	金	土	日	月	火	水	木
음력	1/15	16	17	18	19	20	21	22	23	24	25	26	27	28	29	30	2/1	2	3	4	5	6	7	8	9	10	11	12	13	14	15
일진	甲午	乙未	丙申	丁酉	戊戌	己亥	庚子	辛丑	壬寅	癸卯	甲辰	乙巳	丙午	丁未	戊申	己酉	庚戌	辛亥	壬子	癸丑	甲寅	乙卯	丙辰	丁巳	戊午	己未	庚申	辛酉	壬戌	癸亥	甲子
대운 남	2	1	1	1	1	경	10	9	9	9	8	8	8	7	7	7	6	6	6	5	춘	5	4	4	4	3	3	3	2	2	2
대운 여	8	9	9	9	10	칩	1	1	1	1	2	2	2	3	3	3	4	4	4	5	분	5	6	6	6	7	7	7	8	8	8

양력 4월 청명절(戊辰月) 清明 4월5일 14시19분 穀雨 4월20일 21시42분

양력	1	2	3	4	5	6	7	8	9	10	11	12	13	14	15	16	17	18	19	20	21	22	23	24	25	26	27	28	29	30	
요일	金	土	日	月	火	水	木	金	土	日	月	火	水	木	金	土	日	月	火	水	木	金	土	日	月	火	水	木	金	土	
음력	2/16	17	18	19	20	21	22	23	24	25	26	27	28	29	30	3/1	2	3	4	5	6	7	8	9	10	11	12	13	14	15	
일진	乙丑	丙寅	丁卯	戊辰	己巳	庚午	辛未	壬申	癸酉	甲戌	乙亥	丙子	丁丑	戊寅	己卯	庚辰	辛巳	壬午	癸未	甲申	乙酉	丙戌	丁亥	戊子	己丑	庚寅	辛卯	壬辰	癸巳	甲午	
대운 남	1	1	1	1	청	10	10	9	9	9	8	8	8	7	7	7	6	6	6	곡	5	5	4	4	4	3	3	3	2	2	
대운 여	9	9	9	10	명	1	1	1	1	2	2	2	3	3	3	4	4	4	5	우	5	6	6	6	7	7	7	8	8	8	

양력 5월 입하절(己巳月) 立夏 5월6일 8시19분 小滿 5월21일 21시29분

양력	1	2	3	4	5	6	7	8	9	10	11	12	13	14	15	16	17	18	19	20	21	22	23	24	25	26	27	28	29	30	31
요일	日	月	火	水	木	金	土	日	月	火	水	木	金	土	日	月	火	水	木	金	土	日	月	火	水	木	金	土	日	月	火
음력	3/16	17	18	19	20	21	22	23	24	25	26	27	28	29	4/1	2	3	4	5	6	7	8	9	10	11	12	13	14	15	16	17
일진	乙未	丙申	丁酉	戊戌	己亥	庚子	辛丑	壬寅	癸卯	甲辰	乙巳	丙午	丁未	戊申	己酉	庚戌	辛亥	壬子	癸丑	甲寅	乙卯	丙辰	丁巳	戊午	己未	庚申	辛酉	壬戌	癸亥	甲子	乙丑
대운 남	2	1	1	1	1	입	10	10	9	9	9	8	8	8	7	7	7	6	6	6	소	5	5	4	4	4	3	3	3	2	2
대운 여	9	9	9	10	10	하	1	1	1	1	2	2	2	3	3	3	4	4	4	5	만	5	6	6	6	7	7	7	8	8	8

양력 6월 망종절(庚午月) 芒種 6월6일 13시1분 夏至 6월22일 5시51분

양력	1	2	3	4	5	6	7	8	9	10	11	12	13	14	15	16	17	18	19	20	21	22	23	24	25	26	27	28	29	30	
요일	水	木	金	土	日	月	火	水	木	金	土	日	月	火	水	木	金	土	日	月	火	水	木	金	土	日	月	火	水	木	
음력	4/18	19	20	21	22	23	24	25	26	27	28	29	30	5/1	2	3	4	5	6	7	8	9	10	11	12	13	14	15	16	17	
일진	丙寅	丁卯	戊辰	己巳	庚午	辛未	壬申	癸酉	甲戌	乙亥	丙子	丁丑	戊寅	己卯	庚辰	辛巳	壬午	癸未	甲申	乙酉	丙戌	丁亥	戊子	己丑	庚寅	辛卯	壬辰	癸巳	甲午	乙未	
대운 남	2	1	1	1	1	망	10	10	9	9	9	8	8	8	7	7	7	6	6	6	5	하	5	4	4	4	3	3	3	2	
대운 여	9	9	9	10	10	종	1	1	1	1	2	2	2	3	3	3	4	4	4	5	5	지	6	6	6	7	7	7	8	8	

甲辰年

양력 7월 소서절(辛未月) 小暑 7월7일 23시32분 大暑 7월23일 16시50분

양력	1	2	3	4	5	6	7	8	9	10	11	12	13	14	15	16	17	18	19	20	21	22	23	24	25	26	27	28	29	30	31
요일	金	土	日	月	火	水	木	金	土	日	月	火	水	木	金	土	日	月	火	水	木	金	土	日	月	火	水	木	金	土	日
음력	5/18	19	20	21	22	23	24	25	26	27	28	29	6/1	2	3	4	5	6	7	8	9	10	11	12	13	14	15	16	17	18	19
일진	丙申	丁酉	戊戌	己亥	庚子	辛丑	壬寅	癸卯	甲辰	乙巳	丙午	丁未	戊申	己酉	庚戌	辛亥	壬子	癸丑	甲寅	乙卯	丙辰	丁巳	戊午	己未	庚申	辛酉	壬戌	癸亥	甲子	乙丑	丙寅
대운 남	2	2	1	1	1	1	소	10	10	10	9	9	9	8	8	8	7	7	7	6	6	6	대	5	5	4	4	4	3	3	3
대운 여	8	9	9	9	10	10	서	1	1	1	1	2	2	2	3	3	3	4	4	4	5	5	서	6	6	6	7	7	7	8	8

양력 8월 입추절(壬申月) 立秋 8월8일 9시12분 處暑 8월23일 23시36분

양력	1	2	3	4	5	6	7	8	9	10	11	12	13	14	15	16	17	18	19	20	21	22	23	24	25	26	27	28	29	30	31
요일	月	火	水	木	金	土	日	月	火	水	木	金	土	日	月	火	水	木	金	土	日	月	火	水	木	金	土	日	月	火	水
음력	6/20	21	22	23	24	25	26	27	28	29	7/1	2	3	4	5	6	7	8	9	10	11	12	13	14	15	16	17	18	19	20	21
일진	丁卯	戊辰	己巳	庚午	辛未	壬申	癸酉	甲戌	乙亥	丙子	丁丑	戊寅	己卯	庚辰	辛巳	壬午	癸未	甲申	乙酉	丙戌	丁亥	戊子	己丑	庚寅	辛卯	壬辰	癸巳	甲午	乙未	丙申	丁酉
대운 남	2	2	2	1	1	1	1	입	10	10	9	9	9	8	8	8	7	7	7	6	6	6	처	5	5	4	4	4	3	3	3
대운 여	8	9	9	9	10	10	10	추	1	1	1	1	2	2	2	3	3	3	4	4	4	5	서	5	6	6	6	7	7	7	8

양력 9월 백로절(癸酉月) 白露 9월8일 11시38분 秋分 9월23일 20시40분

양력	1	2	3	4	5	6	7	8	9	10	11	12	13	14	15	16	17	18	19	20	21	22	23	24	25	26	27	28	29	30
요일	木	金	土	日	月	火	水	木	金	土	日	月	火	水	木	金	土	日	月	火	水	木	金	土	日	月	火	水	木	金
음력	7/22	23	24	25	26	27	28	29	30	8/1	2	3	4	5	6	7	8	9	10	11	12	13	14	15	16	17	18	19	20	21
일진	戊戌	己亥	庚子	辛丑	壬寅	癸卯	甲辰	乙巳	丙午	丁未	戊申	己酉	庚戌	辛亥	壬子	癸丑	甲寅	乙卯	丙辰	丁巳	戊午	己未	庚申	辛酉	壬戌	癸亥	甲子	乙丑	丙寅	丁卯
대운 남	2	2	2	1	1	1	1	백	10	10	9	9	9	8	8	8	7	7	7	6	6	6	추	5	5	4	4	4	3	3
대운 여	8	8	9	9	9	10	10	로	1	1	1	1	2	2	2	3	3	3	4	4	4	5	분	5	6	6	6	7	7	7

양력 10월 한로절(甲戌月) 寒露 10월9일 2시36분 霜降 10월24일 5시19분

양력	1	2	3	4	5	6	7	8	9	10	11	12	13	14	15	16	17	18	19	20	21	22	23	24	25	26	27	28	29	30	31
요일	土	日	月	火	水	木	金	土	日	月	火	水	木	金	土	日	月	火	水	木	金	土	日	月	火	水	木	金	土	日	月
음력	8/22	23	24	25	26	27	28	29	9/1	2	3	4	5	6	7	8	9	10	11	12	13	14	15	16	17	18	19	20	21	22	23
일진	戊辰	己巳	庚午	辛未	壬申	癸酉	甲戌	乙亥	丙子	丁丑	戊寅	己卯	庚辰	辛巳	壬午	癸未	甲申	乙酉	丙戌	丁亥	戊子	己丑	庚寅	辛卯	壬辰	癸巳	甲午	乙未	丙申	丁酉	戊戌
대운 남	3	2	2	2	1	1	1	1	한	10	9	9	9	8	8	8	7	7	7	6	6	6	5	상	5	4	4	4	3	3	3
대운 여	8	8	8	9	9	9	10	10	로	1	1	1	1	2	2	2	3	3	3	4	4	4	5	강	5	6	6	6	7	7	7

양력 11월 입동절(乙亥月) 立冬 11월8일 5시5분 小雪 11월23일 2시16분

양력	1	2	3	4	5	6	7	8	9	10	11	12	13	14	15	16	17	18	19	20	21	22	23	24	25	26	27	28	29	30
요일	火	水	木	金	土	日	月	火	水	木	金	土	日	月	火	水	木	金	土	日	月	火	水	木	金	土	日	月	火	水
음력	9/24	25	26	27	28	29	10/1	2	3	4	5	6	7	8	9	10	11	12	13	14	15	16	17	18	19	20	21	22	23	24
일진	己亥	庚子	辛丑	壬寅	癸卯	甲辰	乙巳	丙午	丁未	戊申	己酉	庚戌	辛亥	壬子	癸丑	甲寅	乙卯	丙辰	丁巳	戊午	己未	庚申	辛酉	壬戌	癸亥	甲子	乙丑	丙寅	丁卯	戊辰
대운 남	2	2	2	1	1	1	1	입	9	9	9	8	8	8	7	7	7	6	6	6	5	5	소	4	4	4	3	3	3	2
대운 여	8	8	8	9	9	9	10	동	1	1	1	1	2	2	2	3	3	3	4	4	4	5	설	5	6	6	6	7	7	7

양력 12월 대설절(丙子月) 大雪 12월7일 21시25분 冬至 12월22일 15시14분

양력	1	2	3	4	5	6	7	8	9	10	11	12	13	14	15	16	17	18	19	20	21	22	23	24	25	26	27	28	29	30	31
요일	木	金	土	日	月	火	水	木	金	土	日	月	火	水	木	金	土	日	月	火	水	木	金	土	日	月	火	水	木	金	土
음력	10/25	26	27	28	29	30	11/1	2	3	4	5	6	7	8	9	10	11	12	13	14	15	16	17	18	19	20	21	22	23	24	25
일진	己巳	庚午	辛未	壬申	癸酉	甲戌	乙亥	丙子	丁丑	戊寅	己卯	庚辰	辛巳	壬午	癸未	甲申	乙酉	丙戌	丁亥	戊子	己丑	庚寅	辛卯	壬辰	癸巳	甲午	乙未	丙申	丁酉	戊戌	己亥
대운 남	2	2	1	1	1	1	대	10	9	9	9	8	8	8	7	7	7	6	6	6	5	동	5	4	4	4	3	3	3	2	2
대운 여	8	8	8	9	9	9	설	1	1	1	1	2	2	2	3	3	3	4	4	4	5	지	5	6	6	6	7	7	7	8	8

서기 1905년 [단기 4238년]

양력 1월 소한절(丁丑月) 小寒 1월6일 8시27분 大寒 1월21일 1시52분

양력	1	2	3	4	5	6	7	8	9	10	11	12	13	14	15	16	17	18	19	20	21	22	23	24	25	26	27	28	29	30	31
요일	日	月	火	水	木	金	土	日	月	火	水	木	金	土	日	月	火	水	木	金	土	日	月	火	水	木	金	土	日	月	火
음력	11/26	27	28	29	30	12/1	2	3	4	5	6	7	8	9	10	11	12	13	14	15	16	17	18	19	20	21	22	23	24	25	26
일진	庚子	辛丑	壬寅	癸卯	甲辰	乙巳	丙午	丁未	戊申	己酉	庚戌	辛亥	壬子	癸丑	甲寅	乙卯	丙辰	丁巳	戊午	己未	庚申	辛酉	壬戌	癸亥	甲子	乙丑	丙寅	丁卯	戊辰	己巳	庚午
대운 남	2	1	1	1	1	소한	9	9	9	8	8	8	7	7	7	6	6	6	5	5	대한	4	4	4	3	3	3	2	2	2	1
대운 여	8	9	9	9	10	소한	1	1	1	1	2	2	2	3	3	3	4	4	4	5	대한	5	6	6	6	7	7	7	8	8	8

양력 2월 입춘절(戊寅月) 立春 2월4일 20시16분 雨水 2월19일 16시21분

양력	1	2	3	4	5	6	7	8	9	10	11	12	13	14	15	16	17	18	19	20	21	22	23	24	25	26	27	28			
요일	水	木	金	土	日	月	火	水	木	金	土	日	月	火	水	木	金	土	日	月	火	水	木	金	土	日	月	火			
음력	12/27	28	29	1/1	2	3	4	5	6	7	8	9	10	11	12	13	14	15	16	17	18	19	20	21	22	23	24	25			
일진	辛未	壬申	癸酉	甲戌	乙亥	丙子	丁丑	戊寅	己卯	庚辰	辛巳	壬午	癸未	甲申	乙酉	丙戌	丁亥	戊子	己丑	庚寅	辛卯	壬辰	癸巳	甲午	乙未	丙申	丁酉	戊戌			
대운 남	1	1	1	입춘	1	1	1	1	2	2	2	3	3	3	4	4	4	5	우수	5	6	6	6	7	7	7	8	8			
대운 여	9	9	9	입춘	10	9	9	9	8	8	8	7	7	7	6	6	6	5	우수	5	4	4	4	3	3	3	2	2			

양력 3월 경칩절(己卯月) 驚蟄 3월6일 14시46분 春分 3월21일 15시58분

양력	1	2	3	4	5	6	7	8	9	10	11	12	13	14	15	16	17	18	19	20	21	22	23	24	25	26	27	28	29	30	31
요일	水	木	金	土	日	月	火	水	木	金	土	日	月	火	水	木	金	土	日	月	火	水	木	金	土	日	月	火	水	木	金
음력	1/26	27	28	29	30	2/1	2	3	4	5	6	7	8	9	10	11	12	13	14	15	16	17	18	19	20	21	22	23	24	25	26
일진	己亥	庚子	辛丑	壬寅	癸卯	甲辰	乙巳	丙午	丁未	戊申	己酉	庚戌	辛亥	壬子	癸丑	甲寅	乙卯	丙辰	丁巳	戊午	己未	庚申	辛酉	壬戌	癸亥	甲子	乙丑	丙寅	丁卯	戊辰	己巳
대운 남	8	9	9	9	10	경칩	1	1	1	1	2	2	2	3	3	3	4	4	4	5	춘분	5	6	6	6	7	7	7	8	8	8
대운 여	2	1	1	1	1	경칩	10	9	9	9	8	8	8	7	7	7	6	6	6	5	춘분	5	4	4	4	3	3	3	2	2	2

양력 4월 청명절(庚辰月) 淸明 4월5일 20시15분 穀雨 4월21일 3시44분

양력	1	2	3	4	5	6	7	8	9	10	11	12	13	14	15	16	17	18	19	20	21	22	23	24	25	26	27	28	29	30	
요일	土	日	月	火	水	木	金	土	日	月	火	水	木	金	土	日	月	火	水	木	金	土	日	月	火	水	木	金	土	日	
음력	2/27	28	29	30	3/1	2	3	4	5	6	7	8	9	10	11	12	13	14	15	16	17	18	19	20	21	22	23	24	25	26	
일진	庚午	辛未	壬申	癸酉	甲戌	乙亥	丙子	丁丑	戊寅	己卯	庚辰	辛巳	壬午	癸未	甲申	乙酉	丙戌	丁亥	戊子	己丑	庚寅	辛卯	壬辰	癸巳	甲午	乙未	丙申	丁酉	戊戌	己亥	
대운 남	9	9	9	10	청명	1	1	1	1	2	2	2	3	3	3	4	4	4	5	5	곡우	6	6	6	7	7	7	8	8	8	
대운 여	1	1	1	1	청명	10	10	9	9	9	8	8	8	7	7	7	6	6	6	5	곡우	5	4	4	4	3	3	3	2	2	

양력 5월 입하절(辛巳月) 立夏 5월6일 14시14분 小滿 5월22일 3시31분

양력	1	2	3	4	5	6	7	8	9	10	11	12	13	14	15	16	17	18	19	20	21	22	23	24	25	26	27	28	29	30	31
요일	月	火	水	木	金	土	日	月	火	水	木	金	土	日	月	火	水	木	金	土	日	月	火	水	木	金	土	日	月	火	水
음력	3/27	28	29	4/1	2	3	4	5	6	7	8	9	10	11	12	13	14	15	16	17	18	19	20	21	22	23	24	25	26	27	28
일진	庚子	辛丑	壬寅	癸卯	甲辰	乙巳	丙午	丁未	戊申	己酉	庚戌	辛亥	壬子	癸丑	甲寅	乙卯	丙辰	丁巳	戊午	己未	庚申	辛酉	壬戌	癸亥	甲子	乙丑	丙寅	丁卯	戊辰	己巳	庚午
대운 남	9	9	9	10	10	입하	1	1	1	1	2	2	2	3	3	3	4	4	4	5	5	소만	6	6	6	7	7	7	8	8	8
대운 여	2	1	1	1	1	입하	10	10	9	9	9	8	8	8	7	7	7	6	6	6	5	소만	5	4	4	4	3	3	3	2	2

양력 6월 망종절(壬午月) 芒種 6월6일 18시54분 夏至 6월22일 11시51분

양력	1	2	3	4	5	6	7	8	9	10	11	12	13	14	15	16	17	18	19	20	21	22	23	24	25	26	27	28	29	30	
요일	木	金	土	日	月	火	水	木	金	土	日	月	火	水	木	金	土	日	月	火	水	木	金	土	日	月	火	水	木	金	
음력	4/29	30	5/1	2	3	4	5	6	7	8	9	10	11	12	13	14	15	16	17	18	19	20	21	22	23	24	25	26	27	28	
일진	辛未	壬申	癸酉	甲戌	乙亥	丙子	丁丑	戊寅	己卯	庚辰	辛巳	壬午	癸未	甲申	乙酉	丙戌	丁亥	戊子	己丑	庚寅	辛卯	壬辰	癸巳	甲午	乙未	丙申	丁酉	戊戌	己亥	庚子	
대운 남	9	9	9	10	10	망종	1	1	1	1	2	2	2	3	3	3	4	4	4	5	5	하지	6	6	6	7	7	7	8	8	
대운 여	2	1	1	1	1	망종	10	10	10	9	9	9	8	8	8	7	7	7	6	6	6	하지	5	5	4	4	4	3	3	3	

乙巳年

양력 7월 소서절(癸未月) 小暑 7월8일 5시20분 大暑 7월23일 22시46분

양력	1	2	3	4	5	6	7	8	9	10	11	12	13	14	15	16	17	18	19	20	21	22	23	24	25	26	27	28	29	30	31
요일	土	日	月	火	水	木	金	土	日	月	火	水	木	金	土	日	月	火	水	木	金	土	日	月	火	水	木	金	土	日	月
음력	5/29	30	6/1	2	3	4	5	6	7	8	9	10	11	12	13	14	15	16	17	18	19	20	21	22	23	24	25	26	27	28	29
일진	辛丑	壬寅	癸卯	甲辰	乙巳	丙午	丁未	戊申	己酉	庚戌	辛亥	壬子	癸丑	甲寅	乙卯	丙辰	丁巳	戊午	己未	庚申	辛酉	壬戌	癸亥	甲子	乙丑	丙寅	丁卯	戊辰	己巳	庚午	辛未
대운 남	8	9	9	9	10	10	10	소서	1	1	1	1	2	2	2	3	3	3	4	4	4	5	대서	5	6	6	6	7	7	7	8
대운 여	2	2	2	1	1	1	1		10	10	9	9	9	8	8	8	7	7	7	6	6	6		5	5	4	4	4	3	3	3

양력 8월 입추절(甲申月) 立秋 8월8일 14시57분 處暑 8월24일 5시29분

양력	1	2	3	4	5	6	7	8	9	10	11	12	13	14	15	16	17	18	19	20	21	22	23	24	25	26	27	28	29	30	31
요일	火	水	木	金	土	日	月	火	水	木	金	土	日	月	火	水	木	金	土	日	月	火	水	木	金	土	日	月	火	水	木
음력	7/1	2	3	4	5	6	7	8	9	10	11	12	13	14	15	16	17	18	19	20	21	22	23	24	25	26	27	28	29	8/1	2
일진	壬申	癸酉	甲戌	乙亥	丙子	丁丑	戊寅	己卯	庚辰	辛巳	壬午	癸未	甲申	乙酉	丙戌	丁亥	戊子	己丑	庚寅	辛卯	壬辰	癸巳	甲午	乙未	丙申	丁酉	戊戌	己亥	庚子	辛丑	壬寅
대운 남	8	8	9	9	9	10	10	입추	1	1	1	1	2	2	2	3	3	3	4	4	4	5	5	처서	6	6	6	7	7	7	8
대운 여	2	2	2	1	1	1	1		10	10	9	9	9	8	8	8	7	7	7	6	6	6	5		5	4	4	4	3	3	3

양력 9월 백로절(乙酉月) 白露 9월8일 17시22분 秋分 9월24일 2시30분

양력	1	2	3	4	5	6	7	8	9	10	11	12	13	14	15	16	17	18	19	20	21	22	23	24	25	26	27	28	29	30
요일	金	土	日	月	火	水	木	金	土	日	月	火	水	木	金	土	日	月	火	水	木	金	土	日	月	火	水	木	金	土
음력	8/3	4	5	6	7	8	9	10	11	12	13	14	15	16	17	18	19	20	21	22	23	24	25	26	27	28	29	30	9/1	2
일진	癸卯	甲辰	乙巳	丙午	丁未	戊申	己酉	庚戌	辛亥	壬子	癸丑	甲寅	乙卯	丙辰	丁巳	戊午	己未	庚申	辛酉	壬戌	癸亥	甲子	乙丑	丙寅	丁卯	戊辰	己巳	庚午	辛未	壬申
대운 남	8	8	9	9	9	10	10	백로	1	1	1	1	2	2	2	3	3	3	4	4	4	5	5	추분	6	6	6	7	7	7
대운 여	2	2	2	1	1	1	1		10	10	9	9	9	8	8	8	7	7	7	6	6	6	5		5	4	4	4	3	3

양력 10월 한로절(丙戌月) 寒露 10월9일 8시20분 霜降 10월24일 11시8분

양력	1	2	3	4	5	6	7	8	9	10	11	12	13	14	15	16	17	18	19	20	21	22	23	24	25	26	27	28	29	30	31
요일	日	月	火	水	木	金	土	日	月	火	水	木	金	土	日	月	火	水	木	金	土	日	月	火	水	木	金	土	日	月	火
음력	9/3	4	5	6	7	8	9	10	11	12	13	14	15	16	17	18	19	20	21	22	23	24	25	26	27	28	29	10/1	2	3	4
일진	癸酉	甲戌	乙亥	丙子	丁丑	戊寅	己卯	庚辰	辛巳	壬午	癸未	甲申	乙酉	丙戌	丁亥	戊子	己丑	庚寅	辛卯	壬辰	癸巳	甲午	乙未	丙申	丁酉	戊戌	己亥	庚子	辛丑	壬寅	癸卯
대운 남	8	8	8	9	9	9	10	10	한로	1	1	1	1	2	2	2	3	3	3	4	4	4	5	상강	5	6	6	6	7	7	7
대운 여	3	2	2	2	1	1	1	1		10	9	9	9	8	8	8	7	7	7	6	6	6	5		5	4	4	4	3	3	3

양력 11월 입동절(丁亥月) 立冬 11월8일 10시50분 小雪 11월23일 8시5분

양력	1	2	3	4	5	6	7	8	9	10	11	12	13	14	15	16	17	18	19	20	21	22	23	24	25	26	27	28	29	30
요일	水	木	金	土	日	月	火	水	木	金	土	日	月	火	水	木	金	土	日	月	火	水	木	金	土	日	月	火	水	木
음력	10/5	6	7	8	9	10	11	12	13	14	15	16	17	18	19	20	21	22	23	24	25	26	27	28	29	30	11/1	2	3	4
일진	甲辰	乙巳	丙午	丁未	戊申	己酉	庚戌	辛亥	壬子	癸丑	甲寅	乙卯	丙辰	丁巳	戊午	己未	庚申	辛酉	壬戌	癸亥	甲子	乙丑	丙寅	丁卯	戊辰	己巳	庚午	辛未	壬申	癸酉
대운 남	8	8	8	9	9	9	10	입동	1	1	1	1	2	2	2	3	3	3	4	4	4	5	소설	5	6	6	6	7	7	7
대운 여	2	2	2	1	1	1	1		10	9	9	9	8	8	8	7	7	7	6	6	6	5		5	4	4	4	3	3	3

양력 12월 대설절(戊子月) 大雪 12월8일 3시11분 冬至 12월22일 21시4분

양력	1	2	3	4	5	6	7	8	9	10	11	12	13	14	15	16	17	18	19	20	21	22	23	24	25	26	27	28	29	30	31
요일	金	土	日	月	火	水	木	金	土	日	月	火	水	木	金	土	日	月	火	水	木	金	土	日	月	火	水	木	金	土	日
음력	11/5	6	7	8	9	10	11	12	13	14	15	16	17	18	19	20	21	22	23	24	25	26	27	28	29	12/1	2	3	4	5	6
일진	甲戌	乙亥	丙子	丁丑	戊寅	己卯	庚辰	辛巳	壬午	癸未	甲申	乙酉	丙戌	丁亥	戊子	己丑	庚寅	辛卯	壬辰	癸巳	甲午	乙未	丙申	丁酉	戊戌	己亥	庚子	辛丑	壬寅	癸卯	甲辰
대운 남	8	8	8	9	9	9	10	대설	1	1	1	1	2	2	2	3	3	3	4	4	4	동지	5	5	6	6	6	7	7	7	8
대운 여	2	2	2	1	1	1	1		9	9	9	8	8	8	7	7	7	6	6	6	5		5	4	4	4	3	3	3	2	2

서기 1906년 [단기 4239년]

양력 1월 소한절(己丑月) 小寒 1월6일 14시14분 大寒 1월21일 7시43분

양력		1	2	3	4	5	6	7	8	9	10	11	12	13	14	15	16	17	18	19	20	21	22	23	24	25	26	27	28	29	30	31
요일		月	火	水	木	金	土	日	月	火	水	木	金	土	日	月	火	水	木	金	土	日	月	火	水	木	金	土	日	月	火	水
음력		12/7	8	9	10	11	12	13	14	15	16	17	18	19	20	21	22	23	24	25	26	27	28	29	30	1/1	2	3	4	5	6	7
일진		乙巳	丙午	丁未	戊申	己酉	庚戌	辛亥	壬子	癸丑	甲寅	乙卯	丙辰	丁巳	戊午	己未	庚申	辛酉	壬戌	癸亥	甲子	乙丑	丙寅	丁卯	戊辰	己巳	庚午	辛未	壬申	癸酉	甲戌	乙亥
대운	남	8	8	9	9	9	소	1	1	1	1	2	2	2	3	3	3	4	4	4	5	대	5	6	6	6	7	7	7	8	8	8
	여	2	1	1	1	1	한	10	9	9	9	8	8	8	7	7	7	6	6	6	5	한	5	4	4	4	3	3	3	2	2	2

양력 2월 입춘절(庚寅月) 立春 2월5일 2시4분 雨水 2월19일 22시15분

양력		1	2	3	4	5	6	7	8	9	10	11	12	13	14	15	16	17	18	19	20	21	22	23	24	25	26	27	28			
요일		木	金	土	日	月	火	水	木	金	土	日	月	火	水	木	金	土	日	月	火	水	木	金	土	日	月	火	水			
음력		1/8	9	10	11	12	13	14	15	16	17	18	19	20	21	22	23	24	25	26	27	28	29	2/1	2	3	4	5	6			
일진		丙子	丁丑	戊寅	己卯	庚辰	辛巳	壬午	癸未	甲申	乙酉	丙戌	丁亥	戊子	己丑	庚寅	辛卯	壬辰	癸巳	甲午	乙未	丙申	丁酉	戊戌	己亥	庚子	辛丑	壬寅	癸卯			
대운	남	9	9	9	10	입	9	9	9	8	8	8	7	7	7	6	6	6	5	우	5	4	4	4	3	3	3	2	2			
	여	1	1	1	1	춘	1	1	1	1	2	2	2	3	3	3	4	4	4	수	5	5	6	6	6	7	7	7	8			

양력 3월 경칩절(辛卯月) 驚蟄 3월6일 20시36분 春分 3월21일 21시53분

양력		1	2	3	4	5	6	7	8	9	10	11	12	13	14	15	16	17	18	19	20	21	22	23	24	25	26	27	28	29	30	31
요일		木	金	土	日	月	火	水	木	金	土	日	月	火	水	木	金	土	日	月	火	水	木	金	土	日	月	火	水	木	金	土
음력		2/7	8	9	10	11	12	13	14	15	16	17	18	19	20	21	22	23	24	25	26	27	28	29	30	3/1	2	3	4	5	6	7
일진		甲辰	乙巳	丙午	丁未	戊申	己酉	庚戌	辛亥	壬子	癸丑	甲寅	乙卯	丙辰	丁巳	戊午	己未	庚申	辛酉	壬戌	癸亥	甲子	乙丑	丙寅	丁卯	戊辰	己巳	庚午	辛未	壬申	癸酉	甲戌
대운	남	2	1	1	1	1	경	10	10	9	9	9	8	8	8	7	7	7	6	6	6	춘	5	5	4	4	4	3	3	3	2	2
	여	8	8	9	9	9	칩	1	1	1	1	2	2	2	3	3	3	4	4	4	5	분	5	6	6	6	7	7	7	8	8	8

양력 4월 청명절(壬辰月) 清明 4월6일 2시7분 穀雨 4월21일 9시39분

양력		1	2	3	4	5	6	7	8	9	10	11	12	13	14	15	16	17	18	19	20	21	22	23	24	25	26	27	28	29	30	
요일		日	月	火	水	木	金	土	日	月	火	水	木	金	土	日	月	火	水	木	金	土	日	月	火	水	木	金	土	日	月	
음력		3/8	9	10	11	12	13	14	15	16	17	18	19	20	21	22	23	24	25	26	27	28	29	30	4/1	2	3	4	5	6	7	
일진		乙亥	丙子	丁丑	戊寅	己卯	庚辰	辛巳	壬午	癸未	甲申	乙酉	丙戌	丁亥	戊子	己丑	庚寅	辛卯	壬辰	癸巳	甲午	乙未	丙申	丁酉	戊戌	己亥	庚子	辛丑	壬寅	癸卯	甲辰	
대운	남	2	1	1	1	1	청	10	9	9	9	8	8	8	7	7	7	6	6	6	5	곡	5	4	4	4	3	3	3	2	2	
	여	9	9	9	10	10	명	1	1	1	1	2	2	2	3	3	3	4	4	4	5	우	5	6	6	6	7	7	7	8	8	

양력 5월 입하절(癸巳月) 立夏 5월6일 20시9분 小滿 5월22일 9시25분

양력		1	2	3	4	5	6	7	8	9	10	11	12	13	14	15	16	17	18	19	20	21	22	23	24	25	26	27	28	29	30	31
요일		火	水	木	金	土	日	月	火	水	木	金	土	日	月	火	水	木	金	土	日	月	火	水	木	金	土	日	月	火	水	木
음력		4/8	9	10	11	12	13	14	15	16	17	18	19	20	21	22	23	24	25	26	27	28	29	윤1	2	3	4	5	6	7	8	9
일진		乙巳	丙午	丁未	戊申	己酉	庚戌	辛亥	壬子	癸丑	甲寅	乙卯	丙辰	丁巳	戊午	己未	庚申	辛酉	壬戌	癸亥	甲子	乙丑	丙寅	丁卯	戊辰	己巳	庚午	辛未	壬申	癸酉	甲戌	乙亥
대운	남	2	1	1	1	1	입	10	10	10	9	9	9	8	8	8	7	7	7	6	6	6	소	5	5	4	4	4	3	3	3	2
	여	8	9	9	9	10	하	1	1	1	1	2	2	2	3	3	3	4	4	4	5	5	만	6	6	6	7	7	7	8	8	8

양력 6월 망종절(甲午月) 芒種 6월7일 0시49분 夏至 6월22일 17시42분

양력		1	2	3	4	5	6	7	8	9	10	11	12	13	14	15	16	17	18	19	20	21	22	23	24	25	26	27	28	29	30	
요일		金	土	日	月	火	水	木	金	土	日	月	火	水	木	金	土	日	月	火	水	木	金	土	日	月	火	水	木	金	土	
음력		윤10	11	12	13	14	15	16	17	18	19	20	21	22	23	24	25	26	27	28	29	30	5/1	2	3	4	5	6	7	8	9	
일진		丙子	丁丑	戊寅	己卯	庚辰	辛巳	壬午	癸未	甲申	乙酉	丙戌	丁亥	戊子	己丑	庚寅	辛卯	壬辰	癸巳	甲午	乙未	丙申	丁酉	戊戌	己亥	庚子	辛丑	壬寅	癸卯	甲辰	乙巳	
대운	남	2	2	1	1	1	1	망	10	10	9	9	9	8	8	8	7	7	7	6	6	6	하	5	5	4	4	4	3	3	3	
	여	9	9	9	10	10	10	종	1	1	1	1	2	2	2	3	3	3	4	4	4	5	지	5	6	6	6	7	7	7	8	

▶ 윤달-4월

丙午年

양력 7월 소서절(乙未月) 小暑 7월8일 11시15분 大暑 7월24일 4시33분

양력	1	2	3	4	5	6	7	8	9	10	11	12	13	14	15	16	17	18	19	20	21	22	23	24	25	26	27	28	29	30	31
요일	日	月	火	水	木	金	土	日	月	火	水	木	金	土	日	月	火	水	木	金	土	日	月	火	水	木	金	土	日	月	火
음력	5/10	11	12	13	14	15	16	17	18	19	20	21	22	23	24	25	26	27	28	29	6/1	2	3	4	5	6	7	8	9	10	11
일진	丙午	丁未	戊申	己酉	庚戌	辛亥	壬子	癸丑	甲寅	乙卯	丙辰	丁巳	戊午	己未	庚申	辛酉	壬戌	癸亥	甲子	乙丑	丙寅	丁卯	戊辰	己巳	庚午	辛未	壬申	癸酉	甲戌	乙亥	丙子
대운 남	2	2	2	1	1	1	1	소	10	10	9	9	9	8	8	8	7	7	7	6	6	6	5	대	5	4	4	4	3	3	3
대운 여	8	8	9	9	9	10	10	서	1	1	1	1	2	2	2	3	3	3	4	4	4	5	5	서	6	6	6	7	7	7	8

양력 8월 입추절(丙申月) 立秋 8월8일 20시52분 處暑 8월24일 11시14분

양력	1	2	3	4	5	6	7	8	9	10	11	12	13	14	15	16	17	18	19	20	21	22	23	24	25	26	27	28	29	30	31
요일	水	木	金	土	日	月	火	水	木	金	土	日	月	火	水	木	金	土	日	月	火	水	木	金	土	日	月	火	水	木	金
음력	6/12	13	14	15	16	17	18	19	20	21	22	23	24	25	26	27	28	29	30	7/1	2	3	4	5	6	7	8	9	10	11	12
일진	丁丑	戊寅	己卯	庚辰	辛巳	壬午	癸未	甲申	乙酉	丙戌	丁亥	戊子	己丑	庚寅	辛卯	壬辰	癸巳	甲午	乙未	丙申	丁酉	戊戌	己亥	庚子	辛丑	壬寅	癸卯	甲辰	乙巳	丙午	丁未
대운 남	2	2	2	1	1	1	1	입	10	10	9	9	9	8	8	8	7	7	7	6	6	6	5	처	5	4	4	4	3	3	3
대운 여	8	8	9	9	9	10	10	추	1	1	1	1	2	2	2	3	3	3	4	4	4	5	5	서	6	6	6	7	7	7	8

양력 9월 백로절(丁酉月) 白露 9월8일 23시16분 秋分 9월24일 8시15분

양력	1	2	3	4	5	6	7	8	9	10	11	12	13	14	15	16	17	18	19	20	21	22	23	24	25	26	27	28	29	30	
요일	土	日	月	火	水	木	金	土	日	月	火	水	木	金	土	日	月	火	水	木	金	土	日	月	火	水	木	金	土	日	
음력	7/13	14	15	16	17	18	19	20	21	22	23	24	25	26	27	28	29	8/1	2	3	4	5	6	7	8	9	10	11	12	13	
일진	戊申	己酉	庚戌	辛亥	壬子	癸丑	甲寅	乙卯	丙辰	丁巳	戊午	己未	庚申	辛酉	壬戌	癸亥	甲子	乙丑	丙寅	丁卯	戊辰	己巳	庚午	辛未	壬申	癸酉	甲戌	乙亥	丙子	丁丑	
대운 남	2	2	2	1	1	1	1	백	10	10	9	9	9	8	8	8	7	7	7	6	6	6	5	추	5	4	4	4	3	3	
대운 여	8	8	9	9	9	10	10	로	1	1	1	1	2	2	2	3	3	3	4	4	4	5	5	분	6	6	6	7	7	7	

양력 10월 한로절(戊戌月) 寒露 10월9일 14시15분 霜降 10월24일 16시55분

양력	1	2	3	4	5	6	7	8	9	10	11	12	13	14	15	16	17	18	19	20	21	22	23	24	25	26	27	28	29	30	31
요일	月	火	水	木	金	土	日	月	火	水	木	金	土	日	月	火	水	木	金	土	日	月	火	水	木	金	土	日	月	火	水
음력	8/14	15	16	17	18	19	20	21	22	23	24	25	26	27	28	29	30	9/1	2	3	4	5	6	7	8	9	10	11	12	13	14
일진	戊寅	己卯	庚辰	辛巳	壬午	癸未	甲申	乙酉	丙戌	丁亥	戊子	己丑	庚寅	辛卯	壬辰	癸巳	甲午	乙未	丙申	丁酉	戊戌	己亥	庚子	辛丑	壬寅	癸卯	甲辰	乙巳	丙午	丁未	戊申
대운 남	3	2	2	2	1	1	1	1	한	10	9	9	9	8	8	8	7	7	7	6	6	6	5	상	5	4	4	4	3	3	3
대운 여	8	8	8	9	9	9	10	10	로	1	1	1	1	2	2	2	3	3	3	4	4	4	5	강	5	6	6	6	7	7	7

양력 11월 입동절(己亥月) 立冬 11월8일 16시47분 小雪 11월23일 13시54분

양력	1	2	3	4	5	6	7	8	9	10	11	12	13	14	15	16	17	18	19	20	21	22	23	24	25	26	27	28	29	30	
요일	木	金	土	日	月	火	水	木	金	土	日	月	火	水	木	金	土	日	月	火	水	木	金	土	日	月	火	水	木	金	
음력	9/15	16	17	18	19	20	21	22	23	24	25	26	27	28	29	10/1	2	3	4	5	6	7	8	9	10	11	12	13	14	15	
일진	己酉	庚戌	辛亥	壬子	癸丑	甲寅	乙卯	丙辰	丁巳	戊午	己未	庚申	辛酉	壬戌	癸亥	甲子	乙丑	丙寅	丁卯	戊辰	己巳	庚午	辛未	壬申	癸酉	甲戌	乙亥	丙子	丁丑	戊寅	
대운 남	2	2	2	1	1	1	1	입	10	9	9	9	8	8	8	7	7	7	6	6	6	5	소	5	4	4	4	3	3	3	
대운 여	8	8	8	9	9	9	10	동	1	1	1	1	2	2	2	3	3	3	4	4	4	5	설	5	6	6	6	7	7	7	

양력 12월 대설절(庚子月) 大雪 12월8일 9시10분 冬至 12월23일 2시53분

양력	1	2	3	4	5	6	7	8	9	10	11	12	13	14	15	16	17	18	19	20	21	22	23	24	25	26	27	28	29	30	31
요일	土	日	月	火	水	木	金	土	日	月	火	水	木	金	土	日	月	火	水	木	金	土	日	月	火	水	木	金	土	日	月
음력	10/16	17	18	19	20	21	22	23	24	25	26	27	28	29	30	11/1	2	3	4	5	6	7	8	9	10	11	12	13	14	15	16
일진	己卯	庚辰	辛巳	壬午	癸未	甲申	乙酉	丙戌	丁亥	戊子	己丑	庚寅	辛卯	壬辰	癸巳	甲午	乙未	丙申	丁酉	戊戌	己亥	庚子	辛丑	壬寅	癸卯	甲辰	乙巳	丙午	丁未	戊申	己酉
대운 남	2	2	2	1	1	1	1	대	9	9	9	8	8	8	7	7	7	6	6	6	5	5	동	4	4	4	3	3	3	2	2
대운 여	8	8	8	9	9	9	10	설	1	1	1	1	2	2	2	3	3	3	4	4	4	5	지	5	6	6	6	7	7	7	8

서기 1907년 [단기 4240년]

양력 1월 소한절(辛丑月) 小寒 1월6일 20시11분 大寒 1월21일 13시31분

양력	1	2	3	4	5	6	7	8	9	10	11	12	13	14	15	16	17	18	19	20	21	22	23	24	25	26	27	28	29	30	31
요일	火	水	木	金	土	日	月	火	水	木	金	土	日	月	火	水	木	金	土	日	月	火	水	木	金	土	日	月	火	水	木
음력	11/17	18	19	20	21	22	23	24	25	26	27	28	29	12/1	2	3	4	5	6	7	8	9	10	11	12	13	14	15	16	17	18
일진	庚戌	辛亥	壬子	癸丑	甲寅	乙卯	丙辰	丁巳	戊午	己未	庚申	辛酉	壬戌	癸亥	甲子	乙丑	丙寅	丁卯	戊辰	己巳	庚午	辛未	壬申	癸酉	甲戌	乙亥	丙子	丁丑	戊寅	己卯	庚辰
대운 남	2	1	1	1	1	소	10	9	9	9	8	8	8	7	7	7	6	6	6	5	대	5	4	4	4	3	3	3	2	2	2
대운 여	8	8	9	9	9	한	1	1	1	1	2	2	2	3	3	3	4	4	4	5	한	5	6	6	6	7	7	7	8	8	8

양력 2월 입춘절(壬寅月) 立春 2월5일 7시59분 雨水 2월20일 3시58분

양력	1	2	3	4	5	6	7	8	9	10	11	12	13	14	15	16	17	18	19	20	21	22	23	24	25	26	27	28			
요일	金	土	日	月	火	水	木	金	土	日	月	火	水	木	金	土	日	月	火	水	木	金	土	日	月	火	水	木			
음력	12/19	20	21	22	23	24	25	26	27	28	29	30	1/1	2	3	4	5	6	7	8	9	10	11	12	13	14	15	16			
일진	辛巳	壬午	癸未	甲申	乙酉	丙戌	丁亥	戊子	己丑	庚寅	辛卯	壬辰	癸巳	甲午	乙未	丙申	丁酉	戊戌	己亥	庚子	辛丑	壬寅	癸卯	甲辰	乙巳	丙午	丁未	戊申			
대운 남	1	1	1	1	입	1	1	1	1	2	2	2	3	3	3	4	4	4	5	우	5	6	6	6	7	7	7	8			
대운 여	9	9	9	10	춘	10	9	9	9	8	8	8	7	7	7	6	6	6	5	수	5	4	4	4	3	3	3	2			

양력 3월 경칩절(癸卯月) 驚蟄 3월7일 2시27분 春分 3월22일 3시33분

양력	1	2	3	4	5	6	7	8	9	10	11	12	13	14	15	16	17	18	19	20	21	22	23	24	25	26	27	28	29	30	31
요일	金	土	日	月	火	水	木	金	土	日	月	火	水	木	金	土	日	月	火	水	木	金	土	日	月	火	水	木	金	土	日
음력	1/17	18	19	20	21	22	23	24	25	26	27	28	29	2/1	2	3	4	5	6	7	8	9	10	11	12	13	14	15	16	17	18
일진	己酉	庚戌	辛亥	壬子	癸丑	甲寅	乙卯	丙辰	丁巳	戊午	己未	庚申	辛酉	壬戌	癸亥	甲子	乙丑	丙寅	丁卯	戊辰	己巳	庚午	辛未	壬申	癸酉	甲戌	乙亥	丙子	丁丑	戊寅	己卯
대운 남	8	8	9	9	9	10	경	1	1	1	1	2	2	2	3	3	3	4	4	4	5	춘	5	6	6	6	7	7	7	8	8
대운 여	2	2	1	1	1	1	칩	10	9	9	9	8	8	8	7	7	7	6	6	6	5	분	5	4	4	4	3	3	3	2	2

양력 4월 청명절(甲辰月) 清明 4월6일 7시55분 穀雨 4월21일 15시17분

양력	1	2	3	4	5	6	7	8	9	10	11	12	13	14	15	16	17	18	19	20	21	22	23	24	25	26	27	28	29	30	
요일	月	火	水	木	金	土	日	月	火	水	木	金	土	日	月	火	水	木	金	土	日	月	火	水	木	金	土	日	月	火	
음력	2/19	20	21	22	23	24	25	26	27	28	29	30	3/1	2	3	4	5	6	7	8	9	10	11	12	13	14	15	16	17	18	
일진	庚辰	辛巳	壬午	癸未	甲申	乙酉	丙戌	丁亥	戊子	己丑	庚寅	辛卯	壬辰	癸巳	甲午	乙未	丙申	丁酉	戊戌	己亥	庚子	辛丑	壬寅	癸卯	甲辰	乙巳	丙午	丁未	戊申	己酉	
대운 남	8	9	9	9	10	청	1	1	1	1	2	2	2	3	3	3	4	4	4	5	곡	5	6	6	6	7	7	7	8	8	
대운 여	2	1	1	1	1	명	10	10	9	9	9	8	8	8	7	7	7	6	6	6	우	5	5	4	4	4	3	3	3	2	

양력 5월 입하절(乙巳月) 立夏 5월7일 1시54분 小滿 5월22일 15시3분

양력	1	2	3	4	5	6	7	8	9	10	11	12	13	14	15	16	17	18	19	20	21	22	23	24	25	26	27	28	29	30	31
요일	水	木	金	土	日	月	火	水	木	金	土	日	月	火	水	木	金	土	日	月	火	水	木	金	土	日	月	火	水	木	金
음력	3/19	20	21	22	23	24	25	26	27	28	29	4/1	2	3	4	5	6	7	8	9	10	11	12	13	14	15	16	17	18	19	20
일진	庚戌	辛亥	壬子	癸丑	甲寅	乙卯	丙辰	丁巳	戊午	己未	庚申	辛酉	壬戌	癸亥	甲子	乙丑	丙寅	丁卯	戊辰	己巳	庚午	辛未	壬申	癸酉	甲戌	乙亥	丙子	丁丑	戊寅	己卯	庚辰
대운 남	8	9	9	9	10	10	입	1	1	1	1	2	2	2	3	3	3	4	4	4	5	소	5	6	6	6	7	7	7	8	8
대운 여	2	2	1	1	1	1	하	10	10	9	9	9	8	8	8	7	7	7	6	6	6	만	5	5	4	4	4	3	3	3	2

양력 6월 망종절(丙午月) 芒種 6월7일 6시33분 夏至 6월22일 23시23분

양력	1	2	3	4	5	6	7	8	9	10	11	12	13	14	15	16	17	18	19	20	21	22	23	24	25	26	27	28	29	30	
요일	土	日	月	火	水	木	金	土	日	月	火	水	木	金	土	日	月	火	水	木	金	土	日	月	火	水	木	金	土	日	
음력	4/21	22	23	24	25	26	27	28	29	30	5/1	2	3	4	5	6	7	8	9	10	11	12	13	14	15	16	17	18	19	20	
일진	辛巳	壬午	癸未	甲申	乙酉	丙戌	丁亥	戊子	己丑	庚寅	辛卯	壬辰	癸巳	甲午	乙未	丙申	丁酉	戊戌	己亥	庚子	辛丑	壬寅	癸卯	甲辰	乙巳	丙午	丁未	戊申	己酉	庚戌	
대운 남	8	9	9	9	10	10	망	1	1	1	1	2	2	2	3	3	3	4	4	4	5	하	5	6	6	6	7	7	7	8	
대운 여	2	2	1	1	1	1	종	10	10	9	9	9	8	8	8	7	7	7	6	6	6	지	5	5	4	4	4	3	3	3	

丁未年

양력 7월 소서절(丁未月) 小暑 7월8일 16시59분 大暑 7월24일 10시18분

양력		1	2	3	4	5	6	7	8	9	10	11	12	13	14	15	16	17	18	19	20	21	22	23	24	25	26	27	28	29	30	31
요일		月	火	水	木	金	土	日	月	火	水	木	金	土	日	月	火	水	木	金	土	日	月	火	水	木	金	土	日	月	火	水
음력		5/21	22	23	24	25	26	27	28	29	6/1	2	3	4	5	6	7	8	9	10	11	12	13	14	15	16	17	18	19	20	21	22
일진		辛亥	壬子	癸丑	甲寅	乙卯	丙辰	丁巳	戊午	己未	庚申	辛酉	壬戌	癸亥	甲子	乙丑	丙寅	丁卯	戊辰	己巳	庚午	辛未	壬申	癸酉	甲戌	乙亥	丙子	丁丑	戊寅	己卯	庚辰	辛巳
대운	남	8	8	9	9	9	10	10	소	1	1	1	1	2	2	2	3	3	3	4	4	4	5	5	대	6	6	6	7	7	7	8
	여	2	2	2	1	1	1	1	서	10	10	10	9	9	9	8	8	8	7	7	7	6	6	6	서	5	5	4	4	4	3	3

양력 8월 입추절(戊申月) 立秋 8월9일 2시36분 處暑 8월24일 17시3분

양력		1	2	3	4	5	6	7	8	9	10	11	12	13	14	15	16	17	18	19	20	21	22	23	24	25	26	27	28	29	30	31
요일		木	金	土	日	月	火	水	木	金	土	日	月	火	水	木	金	土	日	月	火	水	木	金	土	日	月	火	水	木	金	土
음력		6/23	24	25	26	27	28	29	30	7/1	2	3	4	5	6	7	8	9	10	11	12	13	14	15	16	17	18	19	20	21	22	23
일진		壬午	癸未	甲申	乙酉	丙戌	丁亥	戊子	己丑	庚寅	辛卯	壬辰	癸巳	甲午	乙未	丙申	丁酉	戊戌	己亥	庚子	辛丑	壬寅	癸卯	甲辰	乙巳	丙午	丁未	戊申	己酉	庚戌	辛亥	壬子
대운	남	8	8	9	9	9	10	10	10	입	1	1	1	1	2	2	2	3	3	3	4	4	4	5	처	5	6	6	6	7	7	7
	여	3	2	2	2	1	1	1	1	추	10	10	9	9	9	8	8	8	7	7	7	6	6	6	서	5	5	4	4	4	3	3

양력 9월 백로절(己酉月) 白露 9월9일 5시2분 秋分 9월24일 14시9분

양력		1	2	3	4	5	6	7	8	9	10	11	12	13	14	15	16	17	18	19	20	21	22	23	24	25	26	27	28	29	30	
요일		日	月	火	水	木	金	土	日	月	火	水	木	金	土	日	月	火	水	木	金	土	日	月	火	水	木	金	土	日	月	
음력		7/24	25	26	27	28	29	30	8/1	2	3	4	5	6	7	8	9	10	11	12	13	14	15	16	17	18	19	20	21	22	23	
일진		癸丑	甲寅	乙卯	丙辰	丁巳	戊午	己未	庚申	辛酉	壬戌	癸亥	甲子	乙丑	丙寅	丁卯	戊辰	己巳	庚午	辛未	壬申	癸酉	甲戌	乙亥	丙子	丁丑	戊寅	己卯	庚辰	辛巳	壬午	
대운	남	8	8	8	9	9	9	10	10	백	1	1	1	1	2	2	2	3	3	3	4	4	4	5	추	5	6	6	6	7	7	
	여	3	2	2	2	1	1	1	1	로	10	9	9	9	8	8	8	7	7	7	6	6	6	5	분	5	4	4	4	3	3	

양력 10월 한로절(庚戌月) 寒露 10월9일 20시3분 霜降 10월24일 22시52분

양력		1	2	3	4	5	6	7	8	9	10	11	12	13	14	15	16	17	18	19	20	21	22	23	24	25	26	27	28	29	30	31
요일		火	水	木	金	土	日	月	火	水	木	金	土	日	月	火	水	木	金	土	日	月	火	水	木	金	土	日	月	火	水	木
음력		8/24	25	26	27	28	29	9/1	2	3	4	5	6	7	8	9	10	11	12	13	14	15	16	17	18	19	20	21	22	23	24	25
일진		癸未	甲申	乙酉	丙戌	丁亥	戊子	己丑	庚寅	辛卯	壬辰	癸巳	甲午	乙未	丙申	丁酉	戊戌	己亥	庚子	辛丑	壬寅	癸卯	甲辰	乙巳	丙午	丁未	戊申	己酉	庚戌	辛亥	壬子	癸丑
대운	남	7	8	8	8	9	9	9	10	한	1	1	1	1	2	2	2	3	3	3	4	4	4	5	상	5	6	6	6	7	7	7
	여	3	2	2	2	1	1	1	1	로	10	9	9	9	8	8	8	7	7	7	6	6	6	5	강	5	4	4	4	3	3	3

양력 11월 입동절(辛亥月) 立冬 11월8일 22시36분 小雪 11월23일 19시52분

양력		1	2	3	4	5	6	7	8	9	10	11	12	13	14	15	16	17	18	19	20	21	22	23	24	25	26	27	28	29	30	
요일		金	土	日	月	火	水	木	金	土	日	月	火	水	木	金	土	日	月	火	水	木	金	土	日	月	火	水	木	金	土	
음력		9/26	27	28	29	30	10/1	2	3	4	5	6	7	8	9	10	11	12	13	14	15	16	17	18	19	20	21	22	23	24	25	
일진		甲寅	乙卯	丙辰	丁巳	戊午	己未	庚申	辛酉	壬戌	癸亥	甲子	乙丑	丙寅	丁卯	戊辰	己巳	庚午	辛未	壬申	癸酉	甲戌	乙亥	丙子	丁丑	戊寅	己卯	庚辰	辛巳	壬午	癸未	
대운	남	8	8	8	9	9	9	10	입	1	1	1	1	2	2	2	3	3	3	4	4	4	5	소	5	6	6	6	7	7	7	
	여	2	2	2	1	1	1	1	동	10	9	9	9	8	8	8	7	7	7	6	6	6	5	설	5	4	4	4	3	3	3	

양력 12월 대설절(壬子月) 大雪 12월8일 15시0분 冬至 12월23일 8시52분

양력		1	2	3	4	5	6	7	8	9	10	11	12	13	14	15	16	17	18	19	20	21	22	23	24	25	26	27	28	29	30	31
요일		日	月	火	水	木	金	土	日	月	火	水	木	金	土	日	月	火	水	木	金	土	日	月	火	水	木	金	土	日	月	火
음력		10/26	27	28	29	11/1	2	3	4	5	6	7	8	9	10	11	12	13	14	15	16	17	18	19	20	21	22	23	24	25	26	27
일진		甲申	乙酉	丙戌	丁亥	戊子	己丑	庚寅	辛卯	壬辰	癸巳	甲午	乙未	丙申	丁酉	戊戌	己亥	庚子	辛丑	壬寅	癸卯	甲辰	乙巳	丙午	丁未	戊申	己酉	庚戌	辛亥	壬子	癸丑	甲寅
대운	남	8	8	8	9	9	9	10	대	1	1	1	1	2	2	2	3	3	3	4	4	4	5	동	5	6	6	6	7	7	7	8
	여	2	2	2	1	1	1	1	설	10	9	9	9	8	8	8	7	7	7	6	6	6	5	지	5	4	4	4	3	3	3	2

서기 1908년 [단기 4241년]

양력 1월 소한절(癸丑月) 小寒 1월7일 2시1분 大寒 1월21일 19시28분

양력	1	2	3	4	5	6	7	8	9	10	11	12	13	14	15	16	17	18	19	20	21	22	23	24	25	26	27	28	29	30	31
요일	水	木	金	土	日	月	火	水	木	金	土	日	月	火	水	木	金	土	日	月	火	水	木	金	土	日	月	火	水	木	金
음력	11/28	29	30	12/1	2	3	4	5	6	7	8	9	10	11	12	13	14	15	16	17	18	19	20	21	22	23	24	25	26	27	28
일진	乙卯	丙辰	丁巳	戊午	己未	庚申	辛酉	壬戌	癸亥	甲子	乙丑	丙寅	丁卯	戊辰	己巳	庚午	辛未	壬申	癸酉	甲戌	乙亥	丙子	丁丑	戊寅	己卯	庚辰	辛巳	壬午	癸未	甲申	乙酉
대운 남	8	8	9	9	9	10	소한	1	1	1	1	2	2	2	3	3	3	4	4	4	대한	5	5	6	6	6	7	7	7	8	8
대운 여	2	2	1	1	1	1		9	9	9	8	8	8	7	7	7	6	6	6	5		5	4	4	4	3	3	3	2	2	2

양력 2월 입춘절(甲寅月) 立春 2월5일 13시47분 雨水 2월20일 9시54분

양력	1	2	3	4	5	6	7	8	9	10	11	12	13	14	15	16	17	18	19	20	21	22	23	24	25	26	27	28	29		
요일	土	日	月	火	水	木	金	土	日	月	火	水	木	金	土	日	月	火	水	木	金	土	日	月	火	水	木	金	土		
음력	12/29	1/1	2	3	4	5	6	7	8	9	10	11	12	13	14	15	16	17	18	19	20	21	22	23	24	25	26	27	28		
일진	丙戌	丁亥	戊子	己丑	庚寅	辛卯	壬辰	癸巳	甲午	乙未	丙申	丁酉	戊戌	己亥	庚子	辛丑	壬寅	癸卯	甲辰	乙巳	丙午	丁未	戊申	己酉	庚戌	辛亥	壬子	癸丑	甲寅		
대운 남	8	9	9	9	입춘	10	9	9	9	8	8	8	7	7	7	6	6	6	5	우수	5	4	4	4	3	3	3	2	2		
대운 여	1	1	1	1		1	1	1	1	2	2	2	3	3	3	4	4	4	5		5	6	6	6	7	7	7	8	8		

양력 3월 경칩절(乙卯月) 驚蟄 3월6일 8시14분 春分 3월21일 9시27분

양력	1	2	3	4	5	6	7	8	9	10	11	12	13	14	15	16	17	18	19	20	21	22	23	24	25	26	27	28	29	30	31
요일	日	月	火	水	木	金	土	日	月	火	水	木	金	土	日	月	火	水	木	金	土	日	月	火	水	木	金	土	日	月	火
음력	1/29	30	2/1	2	3	4	5	6	7	8	9	10	11	12	13	14	15	16	17	18	19	20	21	22	23	24	25	26	27	28	29
일진	乙卯	丙辰	丁巳	戊午	己未	庚申	辛酉	壬戌	癸亥	甲子	乙丑	丙寅	丁卯	戊辰	己巳	庚午	辛未	壬申	癸酉	甲戌	乙亥	丙子	丁丑	戊寅	己卯	庚辰	辛巳	壬午	癸未	甲申	乙酉
대운 남	2	1	1	1	1	경칩	10	9	9	9	8	8	8	7	7	7	6	6	6	5	춘분	5	4	4	4	3	3	3	2	2	2
대운 여	8	9	9	9	10		1	1	1	1	2	2	2	3	3	3	4	4	4	5		5	6	6	6	7	7	7	8	8	8

양력 4월 청명절(丙辰月) 清明 4월5일 13시40분 穀雨 4월20일 21시11분

양력	1	2	3	4	5	6	7	8	9	10	11	12	13	14	15	16	17	18	19	20	21	22	23	24	25	26	27	28	29	30	
요일	水	木	金	土	日	月	火	水	木	金	土	日	月	火	水	木	金	土	日	月	火	水	木	金	土	日	月	火	水	木	
음력	3/1	2	3	4	5	6	7	8	9	10	11	12	13	14	15	16	17	18	19	20	21	22	23	24	25	26	27	28	29	4/1	
일진	丙戌	丁亥	戊子	己丑	庚寅	辛卯	壬辰	癸巳	甲午	乙未	丙申	丁酉	戊戌	己亥	庚子	辛丑	壬寅	癸卯	甲辰	乙巳	丙午	丁未	戊申	己酉	庚戌	辛亥	壬子	癸丑	甲寅	乙卯	
대운 남	1	1	1	1	청명	10	10	9	9	9	8	8	8	7	7	7	6	6	6	곡우	5	5	4	4	4	3	3	3	2	2	
대운 여	9	9	9	10		1	1	1	1	2	2	2	3	3	3	4	4	4	5		5	6	6	6	7	7	7	8	8	8	

양력 5월 입하절(丁巳月) 立夏 5월6일 7시38분 小滿 5월21일 20시58분

양력	1	2	3	4	5	6	7	8	9	10	11	12	13	14	15	16	17	18	19	20	21	22	23	24	25	26	27	28	29	30	31
요일	金	土	日	月	火	水	木	金	土	日	月	火	水	木	金	土	日	月	火	水	木	金	土	日	月	火	水	木	金	土	日
음력	4/2	3	4	5	6	7	8	9	10	11	12	13	14	15	16	17	18	19	20	21	22	23	24	25	26	27	28	29	30	5/1	2
일진	丙辰	丁巳	戊午	己未	庚申	辛酉	壬戌	癸亥	甲子	乙丑	丙寅	丁卯	戊辰	己巳	庚午	辛未	壬申	癸酉	甲戌	乙亥	丙子	丁丑	戊寅	己卯	庚辰	辛巳	壬午	癸未	甲申	乙酉	丙戌
대운 남	2	1	1	1	1	입하	10	10	9	9	9	8	8	8	7	7	7	6	6	6	소만	5	5	4	4	4	3	3	3	2	2
대운 여	9	9	9	10	10		1	1	1	1	2	2	2	3	3	3	4	4	4	5		5	6	6	6	7	7	7	8	8	8

양력 6월 망종절(戊午月) 芒種 6월6일 12시19분 夏至 6월22일 5시19분

양력	1	2	3	4	5	6	7	8	9	10	11	12	13	14	15	16	17	18	19	20	21	22	23	24	25	26	27	28	29	30	
요일	月	火	水	木	金	土	日	月	火	水	木	金	土	日	月	火	水	木	金	土	日	月	火	水	木	金	土	日	月	火	
음력	5/3	4	5	6	7	8	9	10	11	12	13	14	15	16	17	18	19	20	21	22	23	24	25	26	27	28	29	30	6/1	2	
일진	丁亥	戊子	己丑	庚寅	辛卯	壬辰	癸巳	甲午	乙未	丙申	丁酉	戊戌	己亥	庚子	辛丑	壬寅	癸卯	甲辰	乙巳	丙午	丁未	戊申	己酉	庚戌	辛亥	壬子	癸丑	甲寅	乙卯	丙辰	
대운 남	2	1	1	1	1	망종	10	10	9	9	9	8	8	8	7	7	7	6	6	6	5	하지	5	4	4	4	3	3	3	2	
대운 여	9	9	9	10	10		1	1	1	1	2	2	2	3	3	3	4	4	4	5	5		6	6	6	7	7	7	8	8	

戊申年

양력 7월 소서절(己未月) 小暑 7월7일 22시48분 大暑 7월23일 16시14분

양력	1	2	3	4	5	6	7	8	9	10	11	12	13	14	15	16	17	18	19	20	21	22	23	24	25	26	27	28	29	30	31
요일	水	木	金	土	日	月	火	水	木	金	土	日	月	火	水	木	金	土	日	月	火	水	木	金	土	日	月	火	水	木	金
음력	6/3	4	5	6	7	8	9	10	11	12	13	14	15	16	17	18	19	20	21	22	23	24	25	26	27	28	29	7/1	2	3	4
일진	丁巳	戊午	己未	庚申	辛酉	壬戌	癸亥	甲子	乙丑	丙寅	丁卯	戊辰	己巳	庚午	辛未	壬申	癸酉	甲戌	乙亥	丙子	丁丑	戊寅	己卯	庚辰	辛巳	壬午	癸未	甲申	乙酉	丙戌	丁亥
대운 남	2	2	1	1	1	1	소	10	10	10	9	9	9	8	8	8	7	7	7	6	6	6	대	5	5	4	4	4	3	3	3
대운 여	8	9	9	9	10	10	서	1	1	1	1	2	2	2	3	3	3	4	4	4	5	5	서	6	6	6	7	7	7	8	8

양력 8월 입추절(庚申月) 立秋 8월8일 8시27분 處暑 8월23일 22시57분

양력	1	2	3	4	5	6	7	8	9	10	11	12	13	14	15	16	17	18	19	20	21	22	23	24	25	26	27	28	29	30	31
요일	土	日	月	火	水	木	金	土	日	月	火	水	木	金	土	日	月	火	水	木	金	土	日	月	火	水	木	金	土	日	月
음력	7/5	6	7	8	9	10	11	12	13	14	15	16	17	18	19	20	21	22	23	24	25	26	27	28	29	30	8/1	2	3	4	5
일진	戊子	己丑	庚寅	辛卯	壬辰	癸巳	甲午	乙未	丙申	丁酉	戊戌	己亥	庚子	辛丑	壬寅	癸卯	甲辰	乙巳	丙午	丁未	戊申	己酉	庚戌	辛亥	壬子	癸丑	甲寅	乙卯	丙辰	丁巳	戊午
대운 남	2	2	2	1	1	1	1	입	10	10	9	9	9	8	8	8	7	7	7	6	6	6	처	5	5	4	4	4	3	3	3
대운 여	8	9	9	9	10	10	10	추	1	1	1	1	2	2	2	3	3	3	4	4	4	5	서	5	6	6	6	7	7	7	8

양력 9월 백로절(辛酉月) 白露 9월8일 10시52분 秋分 9월23일 19시58분

양력	1	2	3	4	5	6	7	8	9	10	11	12	13	14	15	16	17	18	19	20	21	22	23	24	25	26	27	28	29	30	
요일	火	水	木	金	土	日	月	火	水	木	金	土	日	月	火	水	木	金	土	日	月	火	水	木	金	土	日	月	火	水	
음력	8/6	7	8	9	10	11	12	13	14	15	16	17	18	19	20	21	22	23	24	25	26	27	28	29	9/1	2	3	4	5	6	
일진	己未	庚申	辛酉	壬戌	癸亥	甲子	乙丑	丙寅	丁卯	戊辰	己巳	庚午	辛未	壬申	癸酉	甲戌	乙亥	丙子	丁丑	戊寅	己卯	庚辰	辛巳	壬午	癸未	甲申	乙酉	丙戌	丁亥	戊子	
대운 남	2	2	2	1	1	1	1	백	10	10	9	9	9	8	8	8	7	7	7	6	6	6	추	5	5	4	4	4	3	3	
대운 여	8	8	9	9	9	10	10	로	1	1	1	1	2	2	2	3	3	3	4	4	4	5	분	5	6	6	6	7	7	7	

양력 10월 한로절(壬戌月) 寒露 10월9일 1시51분 霜降 10월24일 4시37분

양력	1	2	3	4	5	6	7	8	9	10	11	12	13	14	15	16	17	18	19	20	21	22	23	24	25	26	27	28	29	30	31
요일	木	金	土	日	月	火	水	木	金	土	日	月	火	水	木	金	土	日	月	火	水	木	金	土	日	月	火	水	木	金	土
음력	9/7	8	9	10	11	12	13	14	15	16	17	18	19	20	21	22	23	24	25	26	27	28	29	30	10/1	2	3	4	5	6	7
일진	己丑	庚寅	辛卯	壬辰	癸巳	甲午	乙未	丙申	丁酉	戊戌	己亥	庚子	辛丑	壬寅	癸卯	甲辰	乙巳	丙午	丁未	戊申	己酉	庚戌	辛亥	壬子	癸丑	甲寅	乙卯	丙辰	丁巳	戊午	己未
대운 남	3	2	2	2	1	1	1	1	한	10	9	9	9	8	8	8	7	7	7	6	6	6	5	상	5	4	4	4	3	3	3
대운 여	8	8	8	9	9	9	10	10	로	1	1	1	1	2	2	2	3	3	3	4	4	4	5	강	5	6	6	6	7	7	7

양력 11월 입동절(癸亥月) 立冬 11월8일 4시22분 小雪 11월23일 1시35분

양력	1	2	3	4	5	6	7	8	9	10	11	12	13	14	15	16	17	18	19	20	21	22	23	24	25	26	27	28	29	30	
요일	日	月	火	水	木	金	土	日	月	火	水	木	金	土	日	月	火	水	木	金	土	日	月	火	水	木	金	土	日	月	
음력	10/8	9	10	11	12	13	14	15	16	17	18	19	20	21	22	23	24	25	26	27	28	29	30	11/1	2	3	4	5	6	7	
일진	庚申	辛酉	壬戌	癸亥	甲子	乙丑	丙寅	丁卯	戊辰	己巳	庚午	辛未	壬申	癸酉	甲戌	乙亥	丙子	丁丑	戊寅	己卯	庚辰	辛巳	壬午	癸未	甲申	乙酉	丙戌	丁亥	戊子	己丑	
대운 남	2	2	2	1	1	1	1	입	9	9	9	8	8	8	7	7	7	6	6	6	5	5	소	4	4	4	3	3	3	2	
대운 여	8	8	8	9	9	9	10	동	1	1	1	1	2	2	2	3	3	3	4	4	4	5	설	5	6	6	6	7	7	7	

양력 12월 대설절(甲子月) 大雪 12월7일 20시44분 冬至 12월22일 14시34분

양력	1	2	3	4	5	6	7	8	9	10	11	12	13	14	15	16	17	18	19	20	21	22	23	24	25	26	27	28	29	30	31
요일	火	水	木	金	土	日	月	火	水	木	金	土	日	月	火	水	木	金	土	日	月	火	水	木	金	土	日	月	火	水	木
음력	11/8	9	10	11	12	13	14	15	16	17	18	19	20	21	22	23	24	25	26	27	28	29	12/1	2	3	4	5	6	7	8	9
일진	庚寅	辛卯	壬辰	癸巳	甲午	乙未	丙申	丁酉	戊戌	己亥	庚子	辛丑	壬寅	癸卯	甲辰	乙巳	丙午	丁未	戊申	己酉	庚戌	辛亥	壬子	癸丑	甲寅	乙卯	丙辰	丁巳	戊午	己未	庚申
대운 남	2	2	1	1	1	1	대	10	9	9	9	8	8	8	7	7	7	6	6	6	5	동	5	4	4	4	3	3	3	2	2
대운 여	8	8	8	9	9	9	설	1	1	1	1	2	2	2	3	3	3	4	4	4	5	지	5	6	6	6	7	7	7	8	8

서기 1909년 [단기 4242년]

양력 1월 소한절(乙丑月) 小寒 1월6일 7시45분 大寒 1월21일 1시11분

양력	1	2	3	4	5	6	7	8	9	10	11	12	13	14	15	16	17	18	19	20	21	22	23	24	25	26	27	28	29	30	31
요일	金	土	日	月	火	水	木	金	土	日	月	火	水	木	金	土	日	月	火	水	木	金	土	日	月	火	水	木	金	土	日
음력	12/10	11	12	13	14	15	16	17	18	19	20	21	22	23	24	25	26	27	28	29	30	1/1	2	3	4	5	6	7	8	9	10
일진	辛酉	壬戌	癸亥	甲子	乙丑	丙寅	丁卯	戊辰	己巳	庚午	辛未	壬申	癸酉	甲戌	乙亥	丙子	丁丑	戊寅	己卯	庚辰	辛巳	壬午	癸未	甲申	乙酉	丙戌	丁亥	戊子	己丑	庚寅	辛卯
대운 남	2	1	1	1	1	소한	9	9	9	8	8	8	7	7	7	6	6	6	5	5	대한	4	4	4	3	3	3	2	2	2	1
대운 여	8	9	9	9	10		1	1	1	1	2	2	2	3	3	3	4	4	4	5		5	6	6	6	7	7	7	8	8	8

양력 2월 입춘절(丙寅月) 立春 2월4일 19시33분 雨水 2월19일 15시38분

양력	1	2	3	4	5	6	7	8	9	10	11	12	13	14	15	16	17	18	19	20	21	22	23	24	25	26	27	28			
요일	月	火	水	木	金	土	日	月	火	水	木	金	土	日	月	火	水	木	金	土	日	月	火	水	木	金	土	日			
음력	1/11	12	13	14	15	16	17	18	19	20	21	22	23	24	25	26	27	28	29	2/1	2	3	4	5	6	7	8	9			
일진	壬辰	癸巳	甲午	乙未	丙申	丁酉	戊戌	己亥	庚子	辛丑	壬寅	癸卯	甲辰	乙巳	丙午	丁未	戊申	己酉	庚戌	辛亥	壬子	癸丑	甲寅	乙卯	丙辰	丁巳	戊午	己未			
대운 남	1	1	1	입춘	1	1	1	1	2	2	2	3	3	3	4	4	4	5	우수	5	6	6	6	7	7	7	8	8			
대운 여	9	9	9		10	9	9	9	8	8	8	7	7	7	6	6	6	5		5	4	4	4	3	3	3	2	2			

양력 3월 경칩절(丁卯月) 驚蟄 3월6일 14시1분 春分 3월21일 15시13분

양력	1	2	3	4	5	6	7	8	9	10	11	12	13	14	15	16	17	18	19	20	21	22	23	24	25	26	27	28	29	30	31
요일	月	火	水	木	金	土	日	月	火	水	木	金	土	日	月	火	水	木	金	土	日	月	火	水	木	金	土	日	月	火	水
음력	2/10	11	12	13	14	15	16	17	18	19	20	21	22	23	24	25	26	27	28	29	30	윤1	2	3	4	5	6	7	8	9	10
일진	庚申	辛酉	壬戌	癸亥	甲子	乙丑	丙寅	丁卯	戊辰	己巳	庚午	辛未	壬申	癸酉	甲戌	乙亥	丙子	丁丑	戊寅	己卯	庚辰	辛巳	壬午	癸未	甲申	乙酉	丙戌	丁亥	戊子	己丑	庚寅
대운 남	8	9	9	9	10	경칩	1	1	1	1	2	2	2	3	3	3	4	4	4	5	춘분	5	6	6	6	7	7	7	8	8	8
대운 여	2	1	1	1	1		10	9	9	9	8	8	8	7	7	7	6	6	6	5		5	4	4	4	3	3	3	2	2	2

양력 4월 청명절(戊辰月) 清明 4월5일 19시30분 穀雨 4월21일 2시58분

양력	1	2	3	4	5	6	7	8	9	10	11	12	13	14	15	16	17	18	19	20	21	22	23	24	25	26	27	28	29	30	
요일	木	金	土	日	月	火	水	木	金	土	日	月	火	水	木	金	土	日	月	火	水	木	金	土	日	月	火	水	木	金	
음력	윤11	12	13	14	15	16	17	18	19	20	21	22	23	24	25	26	27	28	29	3/1	2	3	4	5	6	7	8	9	10	11	
일진	辛卯	壬辰	癸巳	甲午	乙未	丙申	丁酉	戊戌	己亥	庚子	辛丑	壬寅	癸卯	甲辰	乙巳	丙午	丁未	戊申	己酉	庚戌	辛亥	壬子	癸丑	甲寅	乙卯	丙辰	丁巳	戊午	己未	庚申	
대운 남	9	9	9	10	청명	1	1	1	1	2	2	2	3	3	3	4	4	4	5	5	곡우	6	6	6	7	7	7	8	8	8	
대운 여	1	1	1	1		10	10	9	9	9	8	8	8	7	7	7	6	6	6	5		5	4	4	4	3	3	3	2	2	

양력 5월 입하절(己巳月) 立夏 5월6일 13시31분 小滿 5월22일 2시45분

양력	1	2	3	4	5	6	7	8	9	10	11	12	13	14	15	16	17	18	19	20	21	22	23	24	25	26	27	28	29	30	31
요일	土	日	月	火	水	木	金	土	日	月	火	水	木	金	土	日	月	火	水	木	金	土	日	月	火	水	木	金	土	日	月
음력	3/12	13	14	15	16	17	18	19	20	21	22	23	24	25	26	27	28	29	4/1	2	3	4	5	6	7	8	9	10	11	12	13
일진	辛酉	壬戌	癸亥	甲子	乙丑	丙寅	丁卯	戊辰	己巳	庚午	辛未	壬申	癸酉	甲戌	乙亥	丙子	丁丑	戊寅	己卯	庚辰	辛巳	壬午	癸未	甲申	乙酉	丙戌	丁亥	戊子	己丑	庚寅	辛卯
대운 남	9	9	9	10	10	입하	1	1	1	1	2	2	2	3	3	3	4	4	4	5	5	소만	6	6	6	7	7	7	8	8	8
대운 여	2	1	1	1	1		10	10	9	9	9	8	8	8	7	7	7	6	6	6	5		5	4	4	4	3	3	3	2	2

양력 6월 망종절(庚午月) 芒種 6월6일 18시14분 夏至 6월22일 11시6분

양력	1	2	3	4	5	6	7	8	9	10	11	12	13	14	15	16	17	18	19	20	21	22	23	24	25	26	27	28	29	30	
요일	火	水	木	金	土	日	月	火	水	木	金	土	日	月	火	水	木	金	土	日	月	火	水	木	金	土	日	月	火	水	
음력	4/14	15	16	17	18	19	20	21	22	23	24	25	26	27	28	29	30	5/1	2	3	4	5	6	7	8	9	10	11	12	13	
일진	壬辰	癸巳	甲午	乙未	丙申	丁酉	戊戌	己亥	庚子	辛丑	壬寅	癸卯	甲辰	乙巳	丙午	丁未	戊申	己酉	庚戌	辛亥	壬子	癸丑	甲寅	乙卯	丙辰	丁巳	戊午	己未	庚申	辛酉	
대운 남	9	9	9	10	10	망종	1	1	1	1	2	2	2	3	3	3	4	4	4	5	5	하지	6	6	6	7	7	7	8	8	
대운 여	2	1	1	1	1		10	10	10	9	9	9	8	8	8	7	7	7	6	6	6		5	5	4	4	4	3	3	3	

▶윤달-2월

己酉年

양력 7월 소서절(辛未月) 小暑 7월8일 4시44분 大暑 7월23일 22시1분

양력	1	2	3	4	5	6	7	8	9	10	11	12	13	14	15	16	17	18	19	20	21	22	23	24	25	26	27	28	29	30	31
요일	木	金	土	日	月	火	水	木	金	土	日	月	火	水	木	金	土	日	月	火	水	木	金	土	日	月	火	水	木	金	土
음력	5/14	15	16	17	18	19	20	21	22	23	24	25	26	27	28	29	6/1	2	3	4	5	6	7	8	9	10	11	12	13	14	15
일진	壬戌	癸亥	甲子	乙丑	丙寅	丁卯	戊辰	己巳	庚午	辛未	壬申	癸酉	甲戌	乙亥	丙子	丁丑	戊寅	己卯	庚辰	辛巳	壬午	癸未	甲申	乙酉	丙戌	丁亥	戊子	己丑	庚寅	辛卯	壬辰
대운 남	8	9	9	9	10	10	10	소	1	1	1	1	2	2	2	3	3	3	4	4	4	5	대	5	6	6	6	7	7	7	8
대운 여	2	2	2	1	1	1	1	서	10	10	9	9	9	8	8	8	7	7	7	6	6	6	서	5	5	4	4	4	3	3	3

양력 8월 입추절(壬申月) 立秋 8월8일 14시23분 處暑 8월24일 4시44분

양력	1	2	3	4	5	6	7	8	9	10	11	12	13	14	15	16	17	18	19	20	21	22	23	24	25	26	27	28	29	30	31
요일	日	月	火	水	木	金	土	日	月	火	水	木	金	土	日	月	火	水	木	金	土	日	月	火	水	木	金	土	日	月	火
음력	6/16	17	18	19	20	21	22	23	24	25	26	27	28	29	30	7/1	2	3	4	5	6	7	8	9	10	11	12	13	14	15	16
일진	癸巳	甲午	乙未	丙申	丁酉	戊戌	己亥	庚子	辛丑	壬寅	癸卯	甲辰	乙巳	丙午	丁未	戊申	己酉	庚戌	辛亥	壬子	癸丑	甲寅	乙卯	丙辰	丁巳	戊午	己未	庚申	辛酉	壬戌	癸亥
대운 남	8	8	9	9	9	10	10	입	1	1	1	1	2	2	2	3	3	3	4	4	4	5	5	처	6	6	6	7	7	7	8
대운 여	2	2	2	1	1	1	1	추	10	10	9	9	9	8	8	8	7	7	7	6	6	6	5	서	5	4	4	4	3	3	3

양력 9월 백로절(癸酉月) 白露 9월8일 16시47분 秋分 9월24일 1시45분

양력	1	2	3	4	5	6	7	8	9	10	11	12	13	14	15	16	17	18	19	20	21	22	23	24	25	26	27	28	29	30
요일	水	木	金	土	日	月	火	水	木	金	土	日	月	火	水	木	金	土	日	月	火	水	木	金	土	日	月	火	水	木
음력	7/17	18	19	20	21	22	23	24	25	26	27	28	29	8/1	2	3	4	5	6	7	8	9	10	11	12	13	14	15	16	17
일진	甲子	乙丑	丙寅	丁卯	戊辰	己巳	庚午	辛未	壬申	癸酉	甲戌	乙亥	丙子	丁丑	戊寅	己卯	庚辰	辛巳	壬午	癸未	甲申	乙酉	丙戌	丁亥	戊子	己丑	庚寅	辛卯	壬辰	癸巳
대운 남	8	8	9	9	9	10	10	백	1	1	1	1	2	2	2	3	3	3	4	4	4	5	5	추	6	6	6	7	7	7
대운 여	2	2	2	1	1	1	1	로	10	10	9	9	9	8	8	8	7	7	7	6	6	6	5	분	5	4	4	4	3	3

양력 10월 한로절(甲戌月) 寒露 10월9일 7시43분 霜降 10월24일 10시23분

양력	1	2	3	4	5	6	7	8	9	10	11	12	13	14	15	16	17	18	19	20	21	22	23	24	25	26	27	28	29	30	31
요일	金	土	日	月	火	水	木	金	土	日	月	火	水	木	金	土	日	月	火	水	木	金	土	日	月	火	水	木	金	土	日
음력	8/18	19	20	21	22	23	24	25	26	27	28	29	30	9/1	2	3	4	5	6	7	8	9	10	11	12	13	14	15	16	17	18
일진	甲午	乙未	丙申	丁酉	戊戌	己亥	庚子	辛丑	壬寅	癸卯	甲辰	乙巳	丙午	丁未	戊申	己酉	庚戌	辛亥	壬子	癸丑	甲寅	乙卯	丙辰	丁巳	戊午	己未	庚申	辛酉	壬戌	癸亥	甲子
대운 남	8	8	8	9	9	9	10	10	한	1	1	1	1	2	2	2	3	3	3	4	4	4	5	상	5	6	6	6	7	7	7
대운 여	3	2	2	2	1	1	1	1	로	10	9	9	9	8	8	8	7	7	7	6	6	6	5	강	5	4	4	4	3	3	3

양력 11월 입동절(乙亥月) 立冬 11월8일 10시13분 小雪 11월23일 7시20분

양력	1	2	3	4	5	6	7	8	9	10	11	12	13	14	15	16	17	18	19	20	21	22	23	24	25	26	27	28	29	30
요일	月	火	水	木	金	土	日	月	火	水	木	金	土	日	月	火	水	木	金	土	日	月	火	水	木	金	土	日	月	火
음력	9/19	20	21	22	23	24	25	26	27	28	29	30	10/1	2	3	4	5	6	7	8	9	10	11	12	13	14	15	16	17	18
일진	乙丑	丙寅	丁卯	戊辰	己巳	庚午	辛未	壬申	癸酉	甲戌	乙亥	丙子	丁丑	戊寅	己卯	庚辰	辛巳	壬午	癸未	甲申	乙酉	丙戌	丁亥	戊子	己丑	庚寅	辛卯	壬辰	癸巳	甲午
대운 남	8	8	8	9	9	9	10	입	1	1	1	1	2	2	2	3	3	3	4	4	4	5	소	5	6	6	6	7	7	7
대운 여	2	2	2	1	1	1	1	동	10	9	9	9	8	8	8	7	7	7	6	6	6	5	설	5	4	4	4	3	3	3

양력 12월 대설절(丙子月) 大雪 12월8일 2시35분 冬至 12월22일 20시20분

양력	1	2	3	4	5	6	7	8	9	10	11	12	13	14	15	16	17	18	19	20	21	22	23	24	25	26	27	28	29	30	31
요일	水	木	金	土	日	月	火	水	木	金	土	日	月	火	水	木	金	土	日	月	火	水	木	金	土	日	月	火	水	木	金
음력	10/19	20	21	22	23	24	25	26	27	28	29	30	11/1	2	3	4	5	6	7	8	9	10	11	12	13	14	15	16	17	18	19
일진	乙未	丙申	丁酉	戊戌	己亥	庚子	辛丑	壬寅	癸卯	甲辰	乙巳	丙午	丁未	戊申	己酉	庚戌	辛亥	壬子	癸丑	甲寅	乙卯	丙辰	丁巳	戊午	己未	庚申	辛酉	壬戌	癸亥	甲子	乙丑
대운 남	8	8	8	9	9	9	10	대	1	1	1	1	2	2	2	3	3	3	4	4	4	동	5	5	6	6	6	7	7	7	8
대운 여	2	2	2	1	1	1	1	설	9	9	9	8	8	8	7	7	7	6	6	6	5	지	5	4	4	4	3	3	3	2	2

서기 1910년 [단기 4243년]

양력 1월 소한절(丁丑月) 小寒 1월6일 13시38분 大寒 1월21일 6시59분

양력	1	2	3	4	5	6	7	8	9	10	11	12	13	14	15	16	17	18	19	20	21	22	23	24	25	26	27	28	29	30	31
요일	土	日	月	火	水	木	金	土	日	月	火	水	木	金	土	日	月	火	水	木	金	土	日	月	火	水	木	金	土	日	月
음력	11/20	21	22	23	24	25	26	27	28	29	12/1	2	3	4	5	6	7	8	9	10	11	12	13	14	15	16	17	18	19	20	21
일진	丙寅	丁卯	戊辰	己巳	庚午	辛未	壬申	癸酉	甲戌	乙亥	丙子	丁丑	戊寅	己卯	庚辰	辛巳	壬午	癸未	甲申	乙酉	丙戌	丁亥	戊子	己丑	庚寅	辛卯	壬辰	癸巳	甲午	乙未	丙申
대 남	8	8	9	9	9	소	1	1	1	1	2	2	2	3	3	3	4	4	4	5	대	5	6	6	6	7	7	7	8	8	8
운 여	2	1	1	1	1	한	10	9	9	9	8	8	8	7	7	7	6	6	6	5	한	5	4	4	4	3	3	3	2	2	2

양력 2월 입춘절(戊寅月) 立春 2월5일 1시27분 雨水 2월19일 21시28분

양력	1	2	3	4	5	6	7	8	9	10	11	12	13	14	15	16	17	18	19	20	21	22	23	24	25	26	27	28			
요일	火	水	木	金	土	日	月	火	水	木	金	土	日	月	火	水	木	金	土	日	月	火	水	木	金	土	日	月			
음력	12/22	23	24	25	26	27	28	29	30	1/1	2	3	4	5	6	7	8	9	10	11	12	13	14	15	16	17	18	19			
일진	丁酉	戊戌	己亥	庚子	辛丑	壬寅	癸卯	甲辰	乙巳	丙午	丁未	戊申	己酉	庚戌	辛亥	壬子	癸丑	甲寅	乙卯	丙辰	丁巳	戊午	己未	庚申	辛酉	壬戌	癸亥	甲子			
대 남	9	9	9	10	입	9	9	9	8	8	8	7	7	7	6	6	6	5	우	5	4	4	4	3	3	3	2	2			
운 여	1	1	1	1	춘	1	1	1	1	2	2	2	3	3	3	4	4	4	수	5	5	6	6	6	7	7	7	8			

양력 3월 경칩절(己卯月) 驚蟄 3월6일 19시57분 春分 3월21일 21시3분

양력	1	2	3	4	5	6	7	8	9	10	11	12	13	14	15	16	17	18	19	20	21	22	23	24	25	26	27	28	29	30	31
요일	火	水	木	金	土	日	月	火	水	木	金	土	日	月	火	水	木	金	土	日	月	火	水	木	金	土	日	月	火	水	木
음력	1/20	21	22	23	24	25	26	27	28	29	2/1	2	3	4	5	6	7	8	9	10	11	12	13	14	15	16	17	18	19	20	21
일진	乙丑	丙寅	丁卯	戊辰	己巳	庚午	辛未	壬申	癸酉	甲戌	乙亥	丙子	丁丑	戊寅	己卯	庚辰	辛巳	壬午	癸未	甲申	乙酉	丙戌	丁亥	戊子	己丑	庚寅	辛卯	壬辰	癸巳	甲午	乙未
대 남	2	1	1	1	1	경	10	10	9	9	9	8	8	8	7	7	7	6	6	6	춘	5	5	4	4	4	3	3	3	2	2
운 여	8	8	9	9	9	칩	1	1	1	1	2	2	2	3	3	3	4	4	4	5	분	5	6	6	6	7	7	7	8	8	8

양력 4월 청명절(庚辰月) 清明 4월6일 1시23분 穀雨 4월21일 8시46분

양력	1	2	3	4	5	6	7	8	9	10	11	12	13	14	15	16	17	18	19	20	21	22	23	24	25	26	27	28	29	30	
요일	金	土	日	月	火	水	木	金	土	日	月	火	水	木	金	土	日	月	火	水	木	金	土	日	月	火	水	木	金	土	
음력	2/22	23	24	25	26	27	28	29	30	3/1	2	3	4	5	6	7	8	9	10	11	12	13	14	15	16	17	18	19	20	21	
일진	丙申	丁酉	戊戌	己亥	庚子	辛丑	壬寅	癸卯	甲辰	乙巳	丙午	丁未	戊申	己酉	庚戌	辛亥	壬子	癸丑	甲寅	乙卯	丙辰	丁巳	戊午	己未	庚申	辛酉	壬戌	癸亥	甲子	乙丑	
대 남	2	1	1	1	1	청	10	9	9	9	8	8	8	7	7	7	6	6	6	5	곡	5	4	4	4	3	3	3	2	2	
운 여	9	9	9	10	10	명	1	1	1	1	2	2	2	3	3	3	4	4	4	5	우	5	6	6	6	7	7	7	8	8	

양력 5월 입하절(辛巳月) 立夏 5월6일 19시19분 小滿 5월22일 8시30분

양력	1	2	3	4	5	6	7	8	9	10	11	12	13	14	15	16	17	18	19	20	21	22	23	24	25	26	27	28	29	30	31
요일	日	月	火	水	木	金	土	日	月	火	水	木	金	土	日	月	火	水	木	金	土	日	月	火	水	木	金	土	日	月	火
음력	3/22	23	24	25	26	27	28	29	4/1	2	3	4	5	6	7	8	9	10	11	12	13	14	15	16	17	18	19	20	21	22	23
일진	丙寅	丁卯	戊辰	己巳	庚午	辛未	壬申	癸酉	甲戌	乙亥	丙子	丁丑	戊寅	己卯	庚辰	辛巳	壬午	癸未	甲申	乙酉	丙戌	丁亥	戊子	己丑	庚寅	辛卯	壬辰	癸巳	甲午	乙未	丙申
대 남	2	1	1	1	1	입	10	10	9	9	9	8	8	8	7	7	7	6	6	6	5	소	5	4	4	4	3	3	3	2	2
운 여	8	9	9	9	10	하	1	1	1	1	2	2	2	3	3	3	4	4	4	5	5	만	6	6	6	7	7	7	8	8	8

양력 6월 망종절(壬午月) 芒種 6월6일 23시56분 夏至 6월22일 16시49분

양력	1	2	3	4	5	6	7	8	9	10	11	12	13	14	15	16	17	18	19	20	21	22	23	24	25	26	27	28	29	30	
요일	水	木	金	土	日	月	火	水	木	金	土	日	月	火	水	木	金	土	日	月	火	水	木	金	土	日	月	火	水	木	
음력	4/24	25	26	27	28	29	5/1	2	3	4	5	6	7	8	9	10	11	12	13	14	15	16	17	18	19	20	21	22	23	24	
일진	丁酉	戊戌	己亥	庚子	辛丑	壬寅	癸卯	甲辰	乙巳	丙午	丁未	戊申	己酉	庚戌	辛亥	壬子	癸丑	甲寅	乙卯	丙辰	丁巳	戊午	己未	庚申	辛酉	壬戌	癸亥	甲子	乙丑	丙寅	
대 남	2	1	1	1	1	망	10	10	10	9	9	9	8	8	8	7	7	7	6	6	6	하	5	5	4	4	4	3	3	3	
운 여	9	9	9	10	10	종	1	1	1	1	2	2	2	3	3	3	4	4	4	5	5	지	6	6	6	7	7	7	8	8	

庚戌年

양력 7월 소서절(癸未月) 小暑 7월8일 10시21분 大暑 7월24일 3시43분

양력	1	2	3	4	5	6	7	8	9	10	11	12	13	14	15	16	17	18	19	20	21	22	23	24	25	26	27	28	29	30	31
요일	金	土	日	月	火	水	木	金	土	日	月	火	水	木	金	土	日	月	火	水	木	金	土	日	月	火	水	木	金	土	日
음력	5/25	26	27	28	29	30	6/1	2	3	4	5	6	7	8	9	10	11	12	13	14	15	16	17	18	19	20	21	22	23	24	25
일진	丁卯	戊辰	己巳	庚午	辛未	壬申	癸酉	甲戌	乙亥	丙子	丁丑	戊寅	己卯	庚辰	辛巳	壬午	癸未	甲申	乙酉	丙戌	丁亥	戊子	己丑	庚寅	辛卯	壬辰	癸巳	甲午	乙未	丙申	丁酉
대운 남	2	2	2	1	1	1	1	소	10	10	9	9	9	8	8	8	7	7	7	6	6	6	5	대	5	4	4	4	3	3	3
대운 여	8	9	9	9	10	10	10	서	1	1	1	1	2	2	2	3	3	3	4	4	4	5	5	서	6	6	6	7	7	7	8

양력 8월 입추절(甲申月) 立秋 8월8일 19시57분 處暑 8월24일 10시27분

양력	1	2	3	4	5	6	7	8	9	10	11	12	13	14	15	16	17	18	19	20	21	22	23	24	25	26	27	28	29	30	31
요일	月	火	水	木	金	土	日	月	火	水	木	金	土	日	月	火	水	木	金	土	日	月	火	水	木	金	土	日	月	火	水
음력	6/26	27	28	29	7/1	2	3	4	5	6	7	8	9	10	11	12	13	14	15	16	17	18	19	20	21	22	23	24	25	26	27
일진	戊戌	己亥	庚子	辛丑	壬寅	癸卯	甲辰	乙巳	丙午	丁未	戊申	己酉	庚戌	辛亥	壬子	癸丑	甲寅	乙卯	丙辰	丁巳	戊午	己未	庚申	辛酉	壬戌	癸亥	甲子	乙丑	丙寅	丁卯	戊辰
대운 남	2	2	2	1	1	1	1	입	10	10	9	9	9	8	8	8	7	7	7	6	6	6	5	처	5	4	4	4	3	3	3
대운 여	8	8	9	9	9	10	10	추	1	1	1	1	2	2	2	3	3	3	4	4	4	5	5	서	6	6	6	7	7	7	8

양력 9월 백로절(乙酉月) 白露 9월8일 22시22분 秋分 9월24일 7시31분

양력	1	2	3	4	5	6	7	8	9	10	11	12	13	14	15	16	17	18	19	20	21	22	23	24	25	26	27	28	29	30
요일	木	金	土	日	月	火	水	木	金	土	日	月	火	水	木	金	土	日	月	火	水	木	金	土	日	月	火	水	木	金
음력	7/28	29	30	8/1	2	3	4	5	6	7	8	9	10	11	12	13	14	15	16	17	18	19	20	21	22	23	24	25	26	27
일진	己巳	庚午	辛未	壬申	癸酉	甲戌	乙亥	丙子	丁丑	戊寅	己卯	庚辰	辛巳	壬午	癸未	甲申	乙酉	丙戌	丁亥	戊子	己丑	庚寅	辛卯	壬辰	癸巳	甲午	乙未	丙申	丁酉	戊戌
대운 남	2	2	2	1	1	1	1	백	10	10	9	9	9	8	8	8	7	7	7	6	6	6	5	추	5	4	4	4	3	3
대운 여	8	8	9	9	9	10	10	로	1	1	1	1	2	2	2	3	3	3	4	4	4	5	5	분	6	6	6	7	7	7

양력 10월 한로절(丙戌月) 寒露 10월9일 13시21분 霜降 10월24일 16시11분

양력	1	2	3	4	5	6	7	8	9	10	11	12	13	14	15	16	17	18	19	20	21	22	23	24	25	26	27	28	29	30	31
요일	土	日	月	火	水	木	金	土	日	月	火	水	木	金	土	日	月	火	水	木	金	土	日	月	火	水	木	金	土	日	月
음력	8/28	29	9/1	2	3	4	5	6	7	8	9	10	11	12	13	14	15	16	17	18	19	20	21	22	23	24	25	26	27	28	29
일진	己亥	庚子	辛丑	壬寅	癸卯	甲辰	乙巳	丙午	丁未	戊申	己酉	庚戌	辛亥	壬子	癸丑	甲寅	乙卯	丙辰	丁巳	戊午	己未	庚申	辛酉	壬戌	癸亥	甲子	乙丑	丙寅	丁卯	戊辰	己巳
대운 남	3	2	2	2	1	1	1	1	한	10	9	9	9	8	8	8	7	7	7	6	6	6	5	상	5	4	4	4	3	3	3
대운 여	8	8	8	9	9	9	10	10	로	1	1	1	1	2	2	2	3	3	3	4	4	4	5	강	5	6	6	6	7	7	7

양력 11월 입동절(丁亥月) 立冬 11월8일 15시54분 小雪 11월23일 13시11분

양력	1	2	3	4	5	6	7	8	9	10	11	12	13	14	15	16	17	18	19	20	21	22	23	24	25	26	27	28	29	30
요일	火	水	木	金	土	日	月	火	水	木	金	土	日	月	火	水	木	金	土	日	月	火	水	木	金	土	日	月	火	水
음력	9/30	10/1	2	3	4	5	6	7	8	9	10	11	12	13	14	15	16	17	18	19	20	21	22	23	24	25	26	27	28	29
일진	庚午	辛未	壬申	癸酉	甲戌	乙亥	丙子	丁丑	戊寅	己卯	庚辰	辛巳	壬午	癸未	甲申	乙酉	丙戌	丁亥	戊子	己丑	庚寅	辛卯	壬辰	癸巳	甲午	乙未	丙申	丁酉	戊戌	己亥
대운 남	2	2	2	1	1	1	1	입	10	9	9	9	8	8	8	7	7	7	6	6	6	5	소	5	4	4	4	3	3	3
대운 여	8	8	8	9	9	9	10	동	1	1	1	1	2	2	2	3	3	3	4	4	4	5	설	5	6	6	6	7	7	7

양력 12월 대설절(戊子月) 大雪 12월8일 8시17분 冬至 12월23일 2시12분

양력	1	2	3	4	5	6	7	8	9	10	11	12	13	14	15	16	17	18	19	20	21	22	23	24	25	26	27	28	29	30	31
요일	木	金	土	日	月	火	水	木	金	土	日	月	火	水	木	金	土	日	月	火	水	木	金	土	日	月	火	水	木	金	土
음력	10/30	11/1	2	3	4	5	6	7	8	9	10	11	12	13	14	15	16	17	18	19	20	21	22	23	24	25	26	27	28	29	30
일진	庚子	辛丑	壬寅	癸卯	甲辰	乙巳	丙午	丁未	戊申	己酉	庚戌	辛亥	壬子	癸丑	甲寅	乙卯	丙辰	丁巳	戊午	己未	庚申	辛酉	壬戌	癸亥	甲子	乙丑	丙寅	丁卯	戊辰	己巳	庚午
대운 남	2	2	2	1	1	1	1	대	9	9	9	8	8	8	7	7	7	6	6	6	5	5	동	4	4	4	3	3	3	2	2
대운 여	8	8	8	9	9	9	10	설	1	1	1	1	2	2	2	3	3	3	4	4	4	5	지	5	6	6	6	7	7	7	8

서기 1911년 [단기 4244년]

양력 1월　소한절(己丑月)　小寒 1월6일 19시21분　大寒 1월21일 12시51분

양력	1	2	3	4	5	6	7	8	9	10	11	12	13	14	15	16	17	18	19	20	21	22	23	24	25	26	27	28	29	30	31
요일	日	月	火	水	木	金	土	日	月	火	水	木	金	土	日	月	火	水	木	金	土	日	月	火	水	木	金	土	日	月	火
음력	12/1	2	3	4	5	6	7	8	9	10	11	12	13	14	15	16	17	18	19	20	21	22	23	24	25	26	27	28	29	1/1	2
일진	辛未	壬申	癸酉	甲戌	乙亥	丙子	丁丑	戊寅	己卯	庚辰	辛巳	壬午	癸未	甲申	乙酉	丙戌	丁亥	戊子	己丑	庚寅	辛卯	壬辰	癸巳	甲午	乙未	丙申	丁酉	戊戌	己亥	庚子	辛丑
대운 남	2	1	1	1	1	소	10	9	9	9	8	8	8	7	7	7	6	6	6	5	대	5	4	4	4	3	3	3	2	2	2
대운 여	8	8	9	9	9	한	1	1	1	1	2	2	2	3	3	3	4	4	4	5	한	5	6	6	6	7	7	7	8	8	8

양력 2월　입춘절(庚寅月)　立春 2월5일 7시10분　雨水 2월20일 3시20분

양력	1	2	3	4	5	6	7	8	9	10	11	12	13	14	15	16	17	18	19	20	21	22	23	24	25	26	27	28			
요일	水	木	金	土	日	月	火	水	木	金	土	日	月	火	水	木	金	土	日	月	火	水	木	金	土	日	月	火			
음력	1/3	4	5	6	7	8	9	10	11	12	13	14	15	16	17	18	19	20	21	22	23	24	25	26	27	28	29	30			
일진	壬寅	癸卯	甲辰	乙巳	丙午	丁未	戊申	己酉	庚戌	辛亥	壬子	癸丑	甲寅	乙卯	丙辰	丁巳	戊午	己未	庚申	辛酉	壬戌	癸亥	甲子	乙丑	丙寅	丁卯	戊辰	己巳			
대운 남	1	1	1	1	입	1	1	1	1	2	2	2	3	3	3	4	4	4	5	우	5	6	6	6	7	7	7	8			
대운 여	9	9	9	10	춘	10	9	9	9	8	8	8	7	7	7	6	6	6	5	수	5	4	4	4	3	3	3	2			

양력 3월　경칩절(辛卯月)　驚蟄 3월7일 1시39분　春分 3월22일 2시54분

양력	1	2	3	4	5	6	7	8	9	10	11	12	13	14	15	16	17	18	19	20	21	22	23	24	25	26	27	28	29	30	31
요일	水	木	金	土	日	月	火	水	木	金	土	日	月	火	水	木	金	土	日	月	火	水	木	金	土	日	月	火	水	木	金
음력	2/1	2	3	4	5	6	7	8	9	10	11	12	13	14	15	16	17	18	19	20	21	22	23	24	25	26	27	28	29	3/1	2
일진	庚午	辛未	壬申	癸酉	甲戌	乙亥	丙子	丁丑	戊寅	己卯	庚辰	辛巳	壬午	癸未	甲申	乙酉	丙戌	丁亥	戊子	己丑	庚寅	辛卯	壬辰	癸巳	甲午	乙未	丙申	丁酉	戊戌	己亥	庚子
대운 남	8	8	9	9	9	10	경	1	1	1	1	2	2	2	3	3	3	4	4	4	5	춘	5	6	6	6	7	7	7	8	8
대운 여	2	2	1	1	1	1	칩	10	9	9	9	8	8	8	7	7	7	6	6	6	5	분	5	4	4	4	3	3	3	2	2

양력 4월　청명절(壬辰月)　清明 4월6일 7시5분　穀雨 4월21일 14시36분

양력	1	2	3	4	5	6	7	8	9	10	11	12	13	14	15	16	17	18	19	20	21	22	23	24	25	26	27	28	29	30	
요일	土	日	月	火	水	木	金	土	日	月	火	水	木	金	土	日	月	火	水	木	金	土	日	月	火	水	木	金	土	日	
음력	3/3	4	5	6	7	8	9	10	11	12	13	14	15	16	17	18	19	20	21	22	23	24	25	26	27	28	29	30	4/1	2	
일진	辛丑	壬寅	癸卯	甲辰	乙巳	丙午	丁未	戊申	己酉	庚戌	辛亥	壬子	癸丑	甲寅	乙卯	丙辰	丁巳	戊午	己未	庚申	辛酉	壬戌	癸亥	甲子	乙丑	丙寅	丁卯	戊辰	己巳	庚午	
대운 남	8	9	9	9	10	청	1	1	1	1	2	2	2	3	3	3	4	4	4	5	곡	5	6	6	6	7	7	7	8	8	
대운 여	2	1	1	1	1	명	10	10	9	9	9	8	8	8	7	7	7	6	6	6	우	5	5	4	4	4	3	3	3	2	

양력 5월　입하절(癸巳月)　立夏 5월7일 1시0분　小滿 5월22일 14시19분

양력	1	2	3	4	5	6	7	8	9	10	11	12	13	14	15	16	17	18	19	20	21	22	23	24	25	26	27	28	29	30	31
요일	月	火	水	木	金	土	日	月	火	水	木	金	土	日	月	火	水	木	金	土	日	月	火	水	木	金	土	日	月	火	水
음력	4/3	4	5	6	7	8	9	10	11	12	13	14	15	16	17	18	19	20	21	22	23	24	25	26	27	28	29	5/1	2	3	4
일진	辛未	壬申	癸酉	甲戌	乙亥	丙子	丁丑	戊寅	己卯	庚辰	辛巳	壬午	癸未	甲申	乙酉	丙戌	丁亥	戊子	己丑	庚寅	辛卯	壬辰	癸巳	甲午	乙未	丙申	丁酉	戊戌	己亥	庚子	辛丑
대운 남	8	9	9	9	10	10	입	1	1	1	1	2	2	2	3	3	3	4	4	4	5	소	5	6	6	6	7	7	7	8	8
대운 여	2	2	1	1	1	1	하	10	10	9	9	9	8	8	8	7	7	7	6	6	6	만	5	5	4	4	4	3	3	3	2

양력 6월　망종절(甲午月)　芒種 6월7일 5시38분　夏至 6월22일 22시36분

양력	1	2	3	4	5	6	7	8	9	10	11	12	13	14	15	16	17	18	19	20	21	22	23	24	25	26	27	28	29	30	
요일	木	金	土	日	月	火	水	木	金	土	日	月	火	水	木	金	土	日	月	火	水	木	金	土	日	月	火	水	木	金	
음력	5/5	6	7	8	9	10	11	12	13	14	15	16	17	18	19	20	21	22	23	24	25	26	27	28	29	6/1	2	3	4	5	
일진	壬寅	癸卯	甲辰	乙巳	丙午	丁未	戊申	己酉	庚戌	辛亥	壬子	癸丑	甲寅	乙卯	丙辰	丁巳	戊午	己未	庚申	辛酉	壬戌	癸亥	甲子	乙丑	丙寅	丁卯	戊辰	己巳	庚午	辛未	
대운 남	8	9	9	9	10	10	망	1	1	1	1	2	2	2	3	3	3	4	4	4	5	하	5	6	6	6	7	7	7	8	
대운 여	2	2	1	1	1	1	종	10	10	9	9	9	8	8	8	7	7	7	6	6	6	지	5	5	4	4	4	3	3	3	

辛亥年

양력 7월 소서절(乙未月) 小暑 7월8일 16시5분 大暑 7월24일 9시29분

양력	1	2	3	4	5	6	7	8	9	10	11	12	13	14	15	16	17	18	19	20	21	22	23	24	25	26	27	28	29	30	31
요일	土	日	月	火	水	木	金	土	日	月	火	水	木	金	土	日	月	火	水	木	金	土	日	月	火	水	木	金	土	日	月
음력	6/6	7	8	9	10	11	12	13	14	15	16	17	18	19	20	21	22	23	24	25	26	27	28	29	30	윤1	2	3	4	5	6
일진	壬申	癸酉	甲戌	乙亥	丙子	丁丑	戊寅	己卯	庚辰	辛巳	壬午	癸未	甲申	乙酉	丙戌	丁亥	戊子	己丑	庚寅	辛卯	壬辰	癸巳	甲午	乙未	丙申	丁酉	戊戌	己亥	庚子	辛丑	壬寅
대운 남	8	8	9	9	9	10	10	소서	1	1	1	1	2	2	2	3	3	3	4	4	4	5	5	대서	6	6	6	7	7	7	8
대운 여	2	2	2	1	1	1	1		10	10	10	9	9	9	8	8	8	7	7	7	6	6	6		5	5	4	4	4	3	3

양력 8월 입추절(丙申月) 立秋 8월9일 1시44분 處暑 8월24일 16시13분

양력	1	2	3	4	5	6	7	8	9	10	11	12	13	14	15	16	17	18	19	20	21	22	23	24	25	26	27	28	29	30	31
요일	火	水	木	金	土	日	月	火	水	木	金	土	日	月	火	水	木	金	土	日	月	火	水	木	金	土	日	月	火	水	木
음력	윤7	8	9	10	11	12	13	14	15	16	17	18	19	20	21	22	23	24	25	26	27	28	29	7/1	2	3	4	5	6	7	8
일진	癸卯	甲辰	乙巳	丙午	丁未	戊申	己酉	庚戌	辛亥	壬子	癸丑	甲寅	乙卯	丙辰	丁巳	戊午	己未	庚申	辛酉	壬戌	癸亥	甲子	乙丑	丙寅	丁卯	戊辰	己巳	庚午	辛未	壬申	癸酉
대운 남	8	8	9	9	9	10	10	10	입추	1	1	1	1	2	2	2	3	3	3	4	4	4	5	처서	5	6	6	6	7	7	7
대운 여	3	2	2	2	1	1	1	1		10	10	9	9	9	8	8	8	7	7	7	6	6	6		5	5	4	4	4	3	3

양력 9월 백로절(丁酉月) 白露 9월9일 4시13분 秋分 9월24일 13시18분

양력	1	2	3	4	5	6	7	8	9	10	11	12	13	14	15	16	17	18	19	20	21	22	23	24	25	26	27	28	29	30
요일	金	土	日	月	火	水	木	金	土	日	月	火	水	木	金	土	日	月	火	水	木	金	土	日	月	火	水	木	金	土
음력	7/9	10	11	12	13	14	15	16	17	18	19	20	21	22	23	24	25	26	27	28	29	8/1	2	3	4	5	6	7	8	9
일진	甲戌	乙亥	丙子	丁丑	戊寅	己卯	庚辰	辛巳	壬午	癸未	甲申	乙酉	丙戌	丁亥	戊子	己丑	庚寅	辛卯	壬辰	癸巳	甲午	乙未	丙申	丁酉	戊戌	己亥	庚子	辛丑	壬寅	癸卯
대운 남	8	8	8	9	9	9	10	10	백로	1	1	1	1	2	2	2	3	3	3	4	4	4	5	추분	5	6	6	6	7	7
대운 여	3	2	2	2	1	1	1	1		10	9	9	9	8	8	8	7	7	7	6	6	6	5		5	4	4	4	3	3

양력 10월 한로절(戊戌月) 寒露 10월9일 19시15분 霜降 10월24일 21시58분

양력	1	2	3	4	5	6	7	8	9	10	11	12	13	14	15	16	17	18	19	20	21	22	23	24	25	26	27	28	29	30	31
요일	日	月	火	水	木	金	土	日	月	火	水	木	金	土	日	月	火	水	木	金	土	日	月	火	水	木	金	土	日	月	火
음력	8/10	11	12	13	14	15	16	17	18	19	20	21	22	23	24	25	26	27	28	29	30	9/1	2	3	4	5	6	7	8	9	10
일진	甲辰	乙巳	丙午	丁未	戊申	己酉	庚戌	辛亥	壬子	癸丑	甲寅	乙卯	丙辰	丁巳	戊午	己未	庚申	辛酉	壬戌	癸亥	甲子	乙丑	丙寅	丁卯	戊辰	己巳	庚午	辛未	壬申	癸酉	甲戌
대운 남	7	8	8	8	9	9	9	10	한로	1	1	1	1	2	2	2	3	3	3	4	4	4	5	상강	5	6	6	6	7	7	7
대운 여	3	2	2	2	1	1	1	1		10	9	9	9	8	8	8	7	7	7	6	6	6	5		5	4	4	4	3	3	3

양력 11월 입동절(己亥月) 立冬 11월8일 21시47분 小雪 11월23일 18시56분

양력	1	2	3	4	5	6	7	8	9	10	11	12	13	14	15	16	17	18	19	20	21	22	23	24	25	26	27	28	29	30
요일	水	木	金	土	日	月	火	水	木	金	土	日	月	火	水	木	金	土	日	月	火	水	木	金	土	日	月	火	水	木
음력	9/11	12	13	14	15	16	17	18	19	20	21	22	23	24	25	26	27	28	29	30	10/1	2	3	4	5	6	7	8	9	10
일진	乙亥	丙子	丁丑	戊寅	己卯	庚辰	辛巳	壬午	癸未	甲申	乙酉	丙戌	丁亥	戊子	己丑	庚寅	辛卯	壬辰	癸巳	甲午	乙未	丙申	丁酉	戊戌	己亥	庚子	辛丑	壬寅	癸卯	甲辰
대운 남	8	8	8	9	9	9	10	입동	1	1	1	1	2	2	2	3	3	3	4	4	4	5	소설	5	6	6	6	7	7	7
대운 여	2	2	2	1	1	1	1		10	9	9	9	8	8	8	7	7	7	6	6	6	5		5	4	4	4	3	3	3

양력 12월 대설절(庚子月) 大雪 12월8일 14시8분 冬至 12월23일 7시53분

양력	1	2	3	4	5	6	7	8	9	10	11	12	13	14	15	16	17	18	19	20	21	22	23	24	25	26	27	28	29	30	31
요일	金	土	日	月	火	水	木	金	土	日	月	火	水	木	金	土	日	月	火	水	木	金	土	日	月	火	水	木	金	土	日
음력	10/11	12	13	14	15	16	17	18	19	20	21	22	23	24	25	26	27	28	29	11/1	2	3	4	5	6	7	8	9	10	11	12
일진	乙巳	丙午	丁未	戊申	己酉	庚戌	辛亥	壬子	癸丑	甲寅	乙卯	丙辰	丁巳	戊午	己未	庚申	辛酉	壬戌	癸亥	甲子	乙丑	丙寅	丁卯	戊辰	己巳	庚午	辛未	壬申	癸酉	甲戌	乙亥
대운 남	8	8	8	9	9	9	10	대설	1	1	1	1	2	2	2	3	3	3	4	4	4	5	동지	5	6	6	6	7	7	7	8
대운 여	2	2	2	1	1	1	1		10	9	9	9	8	8	8	7	7	7	6	6	6	5		5	4	4	4	3	3	3	2

▶윤달−6월

서기 1912년 [단기 4245년]

양력 1월 소한절(辛丑月) 小寒 1월7일 1시8분 大寒 1월21일 18시29분

양력	1	2	3	4	5	6	7	8	9	10	11	12	13	14	15	16	17	18	19	20	21	22	23	24	25	26	27	28	29	30	31
요일	月	火	水	木	金	土	日	月	火	水	木	金	土	日	月	火	水	木	金	土	日	月	火	水	木	金	土	日	月	火	水
음력	11/13	14	15	16	17	18	19	20	21	22	23	24	25	26	27	28	29	30	12/1	2	3	4	5	6	7	8	9	10	11	12	13
일진	丙子	丁丑	戊寅	己卯	庚辰	辛巳	壬午	癸未	甲申	乙酉	丙戌	丁亥	戊子	己丑	庚寅	辛卯	壬辰	癸巳	甲午	乙未	丙申	丁酉	戊戌	己亥	庚子	辛丑	壬寅	癸卯	甲辰	乙巳	丙午
대운 남	8	8	9	9	9	10	소한	1	1	1	1	2	2	2	3	3	3	4	4	4	대한	5	5	6	6	6	7	7	7	8	8
대운 여	2	2	1	1	1	1		9	9	9	8	8	8	7	7	7	6	6	6	5		5	4	4	4	3	3	3	2	2	2

양력 2월 입춘절(壬寅月) 立春 2월5일 12시54분 雨水 2월20일 8시56분

양력	1	2	3	4	5	6	7	8	9	10	11	12	13	14	15	16	17	18	19	20	21	22	23	24	25	26	27	28	29		
요일	木	金	土	日	月	火	水	木	金	土	日	月	火	水	木	金	土	日	月	火	水	木	金	土	日	月	火	水	木		
음력	12/14	15	16	17	18	19	20	21	22	23	24	25	26	27	28	29	30	1/1	2	3	4	5	6	7	8	9	10	11	12		
일진	丁未	戊申	己酉	庚戌	辛亥	壬子	癸丑	甲寅	乙卯	丙辰	丁巳	戊午	己未	庚申	辛酉	壬戌	癸亥	甲子	乙丑	丙寅	丁卯	戊辰	己巳	庚午	辛未	壬申	癸酉	甲戌	乙亥		
대운 남	8	9	9	9	입춘	10	9	9	9	8	8	8	7	7	7	6	6	6	5	우수	5	4	4	4	3	3	3	2	2		
대운 여	1	1	1	1		1	1	1	1	2	2	2	3	3	3	4	4	4	5		5	6	6	6	7	7	7	8	8		

양력 3월 경칩절(癸卯月) 驚蟄 3월6일 7시21분 春分 3월21일 8시29분

양력	1	2	3	4	5	6	7	8	9	10	11	12	13	14	15	16	17	18	19	20	21	22	23	24	25	26	27	28	29	30	31
요일	金	土	日	月	火	水	木	金	土	日	月	火	水	木	金	土	日	月	火	水	木	金	土	日	月	火	水	木	金	土	日
음력	1/13	14	15	16	17	18	19	20	21	22	23	24	25	26	27	28	29	30	2/1	2	3	4	5	6	7	8	9	10	11	12	13
일진	丙子	丁丑	戊寅	己卯	庚辰	辛巳	壬午	癸未	甲申	乙酉	丙戌	丁亥	戊子	己丑	庚寅	辛卯	壬辰	癸巳	甲午	乙未	丙申	丁酉	戊戌	己亥	庚子	辛丑	壬寅	癸卯	甲辰	乙巳	丙午
대운 남	2	1	1	1	1	경칩	10	9	9	9	8	8	8	7	7	7	6	6	6	5	춘분	5	4	4	4	3	3	3	2	2	2
대운 여	8	9	9	9	10		1	1	1	1	2	2	2	3	3	3	4	4	4	5		5	6	6	6	7	7	7	8	8	8

양력 4월 청명절(甲辰月) 淸明 4월5일 12시48분 穀雨 4월20일 20시12분

양력	1	2	3	4	5	6	7	8	9	10	11	12	13	14	15	16	17	18	19	20	21	22	23	24	25	26	27	28	29	30
요일	月	火	水	木	金	土	日	月	火	水	木	金	土	日	月	火	水	木	金	土	日	月	火	水	木	金	土	日	月	火
음력	2/14	15	16	17	18	19	20	21	22	23	24	25	26	27	28	29	3/1	2	3	4	5	6	7	8	9	10	11	12	13	14
일진	丁未	戊申	己酉	庚戌	辛亥	壬子	癸丑	甲寅	乙卯	丙辰	丁巳	戊午	己未	庚申	辛酉	壬戌	癸亥	甲子	乙丑	丙寅	丁卯	戊辰	己巳	庚午	辛未	壬申	癸酉	甲戌	乙亥	丙子
대운 남	1	1	1	1	청명	10	10	9	9	9	8	8	8	7	7	7	6	6	6	곡우	5	5	4	4	4	3	3	3	2	2
대운 여	9	9	9	10		1	1	1	1	2	2	2	3	3	3	4	4	4	5		5	6	6	6	7	7	7	8	8	8

양력 5월 입하절(乙巳月) 立夏 5월6일 6시47분 小滿 5월21일 19시57분

양력	1	2	3	4	5	6	7	8	9	10	11	12	13	14	15	16	17	18	19	20	21	22	23	24	25	26	27	28	29	30	31
요일	水	木	金	土	日	月	火	水	木	金	土	日	月	火	水	木	金	土	日	月	火	水	木	金	土	日	月	火	水	木	金
음력	3/15	16	17	18	19	20	21	22	23	24	25	26	27	28	29	30	4/1	2	3	4	5	6	7	8	9	10	11	12	13	14	15
일진	丁丑	戊寅	己卯	庚辰	辛巳	壬午	癸未	甲申	乙酉	丙戌	丁亥	戊子	己丑	庚寅	辛卯	壬辰	癸巳	甲午	乙未	丙申	丁酉	戊戌	己亥	庚子	辛丑	壬寅	癸卯	甲辰	乙巳	丙午	丁未
대운 남	2	1	1	1	1	입하	10	10	9	9	9	8	8	8	7	7	7	6	6	6	소만	5	5	4	4	4	3	3	3	2	2
대운 여	9	9	9	10	10		1	1	1	1	2	2	2	3	3	3	4	4	4	5		5	6	6	6	7	7	7	8	8	8

양력 6월 망종절(丙午月) 芒種 6월6일 11시28분 夏至 6월22일 4시17분

양력	1	2	3	4	5	6	7	8	9	10	11	12	13	14	15	16	17	18	19	20	21	22	23	24	25	26	27	28	29	30
요일	土	日	月	火	水	木	金	土	日	月	火	水	木	金	土	日	月	火	水	木	金	土	日	月	火	水	木	金	土	日
음력	4/16	17	18	19	20	21	22	23	24	25	26	27	28	29	5/1	2	3	4	5	6	7	8	9	10	11	12	13	14	15	16
일진	戊申	己酉	庚戌	辛亥	壬子	癸丑	甲寅	乙卯	丙辰	丁巳	戊午	己未	庚申	辛酉	壬戌	癸亥	甲子	乙丑	丙寅	丁卯	戊辰	己巳	庚午	辛未	壬申	癸酉	甲戌	乙亥	丙子	丁丑
대운 남	2	1	1	1	1	망종	10	10	9	9	9	8	8	8	7	7	7	6	6	6	5	하지	5	4	4	4	3	3	3	2
대운 여	9	9	9	10	10		1	1	1	1	2	2	2	3	3	3	4	4	4	5	5		6	6	6	7	7	7	8	8

壬子年

양력 7월 소서절(丁未月) 小暑 7월7일 21시57분 大暑 7월23일 15시14분

양력	1	2	3	4	5	6	7	8	9	10	11	12	13	14	15	16	17	18	19	20	21	22	23	24	25	26	27	28	29	30	31
요일	月	火	水	木	金	土	日	月	火	水	木	金	土	日	月	火	水	木	金	土	日	月	火	水	木	金	土	日	月	火	水
음력	5/17	18	19	20	21	22	23	24	25	26	27	28	29	6/1	2	3	4	5	6	7	8	9	10	11	12	13	14	15	16	17	18
일진	戊寅	己卯	庚辰	辛巳	壬午	癸未	甲申	乙酉	丙戌	丁亥	戊子	己丑	庚寅	辛卯	壬辰	癸巳	甲午	乙未	丙申	丁酉	戊戌	己亥	庚子	辛丑	壬寅	癸卯	甲辰	乙巳	丙午	丁未	戊申
대운 남	2	2	1	1	1	1	소	10	10	10	9	9	9	8	8	8	7	7	7	6	6	6	대	5	5	4	4	4	3	3	3
대운 여	8	9	9	9	10	10	서	1	1	1	1	2	2	2	3	3	3	4	4	4	5	5	서	6	6	6	7	7	7	8	8

양력 8월 입추절(戊申月) 立秋 8월8일 7시37분 處暑 8월23일 22시1분

양력	1	2	3	4	5	6	7	8	9	10	11	12	13	14	15	16	17	18	19	20	21	22	23	24	25	26	27	28	29	30	31
요일	木	金	土	日	月	火	水	木	金	土	日	月	火	水	木	金	土	日	月	火	水	木	金	土	日	月	火	水	木	金	土
음력	6/19	20	21	22	23	24	25	26	27	28	29	30	7/1	2	3	4	5	6	7	8	9	10	11	12	13	14	15	16	17	18	19
일진	己酉	庚戌	辛亥	壬子	癸丑	甲寅	乙卯	丙辰	丁巳	戊午	己未	庚申	辛酉	壬戌	癸亥	甲子	乙丑	丙寅	丁卯	戊辰	己巳	庚午	辛未	壬申	癸酉	甲戌	乙亥	丙子	丁丑	戊寅	己卯
대운 남	2	2	2	1	1	1	1	입	10	10	9	9	9	8	8	8	7	7	7	6	6	6	처	5	5	4	4	4	3	3	3
대운 여	8	9	9	9	10	10	10	추	1	1	1	1	2	2	2	3	3	3	4	4	4	5	서	5	6	6	6	7	7	7	8

양력 9월 백로절(己酉月) 白露 9월8일 10시6분 秋分 9월23일 19시8분

양력	1	2	3	4	5	6	7	8	9	10	11	12	13	14	15	16	17	18	19	20	21	22	23	24	25	26	27	28	29	30
요일	日	月	火	水	木	金	土	日	月	火	水	木	金	土	日	月	火	水	木	金	土	日	月	火	水	木	金	土	日	月
음력	7/20	21	22	23	24	25	26	27	28	29	8/1	2	3	4	5	6	7	8	9	10	11	12	13	14	15	16	17	18	19	20
일진	庚辰	辛巳	壬午	癸未	甲申	乙酉	丙戌	丁亥	戊子	己丑	庚寅	辛卯	壬辰	癸巳	甲午	乙未	丙申	丁酉	戊戌	己亥	庚子	辛丑	壬寅	癸卯	甲辰	乙巳	丙午	丁未	戊申	己酉
대운 남	2	2	2	1	1	1	1	백	10	10	9	9	9	8	8	8	7	7	7	6	6	6	추	5	5	4	4	4	3	3
대운 여	8	8	9	9	9	10	10	로	1	1	1	1	2	2	2	3	3	3	4	4	4	5	분	5	6	6	6	7	7	7

양력 10월 한로절(庚戌月) 寒露 10월9일 1시7분 霜降 10월24일 3시50분

양력	1	2	3	4	5	6	7	8	9	10	11	12	13	14	15	16	17	18	19	20	21	22	23	24	25	26	27	28	29	30	31
요일	火	水	木	金	土	日	月	火	水	木	金	土	日	月	火	水	木	金	土	日	月	火	水	木	金	土	日	月	火	水	木
음력	8/21	22	23	24	25	26	27	28	29	9/1	2	3	4	5	6	7	8	9	10	11	12	13	14	15	16	17	18	19	20	21	22
일진	庚戌	辛亥	壬子	癸丑	甲寅	乙卯	丙辰	丁巳	戊午	己未	庚申	辛酉	壬戌	癸亥	甲子	乙丑	丙寅	丁卯	戊辰	己巳	庚午	辛未	壬申	癸酉	甲戌	乙亥	丙子	丁丑	戊寅	己卯	庚辰
대운 남	3	2	2	2	1	1	1	1	한	10	9	9	9	8	8	8	7	7	7	6	6	6	5	상	5	4	4	4	3	3	3
대운 여	8	8	8	9	9	9	10	10	로	1	1	1	1	2	2	2	3	3	3	4	4	4	5	강	5	6	6	6	7	7	7

양력 11월 입동절(辛亥月) 立冬 11월8일 3시39분 小雪 11월23일 0시48분

양력	1	2	3	4	5	6	7	8	9	10	11	12	13	14	15	16	17	18	19	20	21	22	23	24	25	26	27	28	29	30
요일	金	土	日	月	火	水	木	金	土	日	月	火	水	木	金	土	日	月	火	水	木	金	土	日	月	火	水	木	金	土
음력	9/23	24	25	26	27	28	29	30	10/1	2	3	4	5	6	7	8	9	10	11	12	13	14	15	16	17	18	19	20	21	22
일진	辛巳	壬午	癸未	甲申	乙酉	丙戌	丁亥	戊子	己丑	庚寅	辛卯	壬辰	癸巳	甲午	乙未	丙申	丁酉	戊戌	己亥	庚子	辛丑	壬寅	癸卯	甲辰	乙巳	丙午	丁未	戊申	己酉	庚戌
대운 남	2	2	2	1	1	1	1	입	9	9	9	8	8	8	7	7	7	6	6	6	5	5	소	4	4	4	3	3	3	2
대운 여	8	8	8	9	9	9	10	동	1	1	1	1	2	2	2	3	3	3	4	4	4	5	설	5	6	6	6	7	7	7

양력 12월 대설절(壬子月) 大雪 12월7일 19시59분 冬至 12월22일 13시45분

양력	1	2	3	4	5	6	7	8	9	10	11	12	13	14	15	16	17	18	19	20	21	22	23	24	25	26	27	28	29	30	31
요일	日	月	火	水	木	金	土	日	月	火	水	木	金	土	日	月	火	水	木	金	土	日	月	火	水	木	金	土	日	月	火
음력	10/23	24	25	26	27	28	29	30	11/1	2	3	4	5	6	7	8	9	10	11	12	13	14	15	16	17	18	19	20	21	22	23
일진	辛亥	壬子	癸丑	甲寅	乙卯	丙辰	丁巳	戊午	己未	庚申	辛酉	壬戌	癸亥	甲子	乙丑	丙寅	丁卯	戊辰	己巳	庚午	辛未	壬申	癸酉	甲戌	乙亥	丙子	丁丑	戊寅	己卯	庚辰	辛巳
대운 남	2	2	1	1	1	1	대	10	9	9	9	8	8	8	7	7	7	6	6	6	5	동	5	4	4	4	3	3	3	2	2
대운 여	8	8	8	9	9	9	설	1	1	1	1	2	2	2	3	3	3	4	4	4	5	지	5	6	6	6	7	7	7	8	8

서기 1913년 [단기 4246년]

양력 1월 소한절(癸丑月) 小寒 1월6일 6시58분 大寒 1월21일 0시19분

양력	1	2	3	4	5	6	7	8	9	10	11	12	13	14	15	16	17	18	19	20	21	22	23	24	25	26	27	28	29	30	31
요일	水	木	金	土	日	月	火	水	木	金	土	日	月	火	水	木	金	土	日	月	火	水	木	金	土	日	月	火	水	木	金
음력	11/24	25	26	27	28	29	12/1	2	3	4	5	6	7	8	9	10	11	12	13	14	15	16	17	18	19	20	21	22	23	24	25
일진	壬午	癸未	甲申	乙酉	丙戌	丁亥	戊子	己丑	庚寅	辛卯	壬辰	癸巳	甲午	乙未	丙申	丁酉	戊戌	己亥	庚子	辛丑	壬寅	癸卯	甲辰	乙巳	丙午	丁未	戊申	己酉	庚戌	辛亥	壬子
대운 남	2	1	1	1	1	소한	9	9	9	8	8	8	7	7	7	6	6	6	5	5	대한	4	4	4	3	3	3	2	2	2	1
대운 여	8	9	9	9	10		1	1	1	1	2	2	2	3	3	3	4	4	4	5		5	6	6	6	7	7	7	8	8	8

양력 2월 입춘절(甲寅月) 立春 2월4일 18시43분 雨水 2월19일 14시44분

양력	1	2	3	4	5	6	7	8	9	10	11	12	13	14	15	16	17	18	19	20	21	22	23	24	25	26	27	28			
요일	土	日	月	火	水	木	金	土	日	月	火	水	木	金	土	日	月	火	水	木	金	土	日	月	火	水	木	金			
음력	12/26	27	28	29	30	1/1	2	3	4	5	6	7	8	9	10	11	12	13	14	15	16	17	18	19	20	21	22	23			
일진	癸丑	甲寅	乙卯	丙辰	丁巳	戊午	己未	庚申	辛酉	壬戌	癸亥	甲子	乙丑	丙寅	丁卯	戊辰	己巳	庚午	辛未	壬申	癸酉	甲戌	乙亥	丙子	丁丑	戊寅	己卯	庚辰			
대운 남	1	1	1	입춘	1	1	1	1	2	2	2	3	3	3	4	4	4	5	우수	5	6	6	6	7	7	7	8	8			
대운 여	9	9	9		10	9	9	9	8	8	8	7	7	7	6	6	6	5		5	4	4	4	3	3	3	2	2			

양력 3월 경칩절(乙卯月) 驚蟄 3월6일 13시9분 春分 3월21일 14시18분

양력	1	2	3	4	5	6	7	8	9	10	11	12	13	14	15	16	17	18	19	20	21	22	23	24	25	26	27	28	29	30	31
요일	土	日	月	火	水	木	金	土	日	月	火	水	木	金	土	日	月	火	水	木	金	土	日	月	火	水	木	金	土	日	月
음력	1/24	25	26	27	28	29	30	2/1	2	3	4	5	6	7	8	9	10	11	12	13	14	15	16	17	18	19	20	21	22	23	24
일진	辛巳	壬午	癸未	甲申	乙酉	丙戌	丁亥	戊子	己丑	庚寅	辛卯	壬辰	癸巳	甲午	乙未	丙申	丁酉	戊戌	己亥	庚子	辛丑	壬寅	癸卯	甲辰	乙巳	丙午	丁未	戊申	己酉	庚戌	辛亥
대운 남	8	9	9	9	10	경칩	1	1	1	1	2	2	2	3	3	3	4	4	4	5	춘분	5	6	6	6	7	7	7	8	8	8
대운 여	2	1	1	1	1		10	9	9	9	8	8	8	7	7	7	6	6	6	5		5	4	4	4	3	3	3	2	2	2

양력 4월 청명절(丙辰月) 清明 4월5일 18시36분 穀雨 4월21일 2시3분

양력	1	2	3	4	5	6	7	8	9	10	11	12	13	14	15	16	17	18	19	20	21	22	23	24	25	26	27	28	29	30	
요일	火	水	木	金	土	日	月	火	水	木	金	土	日	月	火	水	木	金	土	日	月	火	水	木	金	土	日	月	火	水	
음력	2/25	26	27	28	29	30	3/1	2	3	4	5	6	7	8	9	10	11	12	13	14	15	16	17	18	19	20	21	22	23	24	
일진	壬子	癸丑	甲寅	乙卯	丙辰	丁巳	戊午	己未	庚申	辛酉	壬戌	癸亥	甲子	乙丑	丙寅	丁卯	戊辰	己巳	庚午	辛未	壬申	癸酉	甲戌	乙亥	丙子	丁丑	戊寅	己卯	庚辰	辛巳	
대운 남	9	9	9	10	청명	1	1	1	1	2	2	2	3	3	3	4	4	4	5	5	곡우	6	6	6	7	7	7	8	8	8	
대운 여	1	1	1	1		10	10	9	9	9	8	8	8	7	7	7	6	6	6	5		5	4	4	4	3	3	3	2	2	

양력 5월 입하절(丁巳月) 立夏 5월6일 12시35분 小滿 5월22일 1시50분

양력	1	2	3	4	5	6	7	8	9	10	11	12	13	14	15	16	17	18	19	20	21	22	23	24	25	26	27	28	29	30	31
요일	木	金	土	日	月	火	水	木	金	土	日	月	火	水	木	金	土	日	月	火	水	木	金	土	日	月	火	水	木	金	土
음력	3/25	26	27	28	29	4/1	2	3	4	5	6	7	8	9	10	11	12	13	14	15	16	17	18	19	20	21	22	23	24	25	26
일진	壬午	癸未	甲申	乙酉	丙戌	丁亥	戊子	己丑	庚寅	辛卯	壬辰	癸巳	甲午	乙未	丙申	丁酉	戊戌	己亥	庚子	辛丑	壬寅	癸卯	甲辰	乙巳	丙午	丁未	戊申	己酉	庚戌	辛亥	壬子
대운 남	9	9	9	10	10	입하	1	1	1	1	2	2	2	3	3	3	4	4	4	5	5	소만	6	6	6	7	7	7	8	8	8
대운 여	2	1	1	1	1		10	10	9	9	9	8	8	8	7	7	7	6	6	6	5		5	4	4	4	3	3	3	2	2

양력 6월 망종절(戊午月) 芒種 6월6일 17시14분 夏至 6월22일 10시10분

양력	1	2	3	4	5	6	7	8	9	10	11	12	13	14	15	16	17	18	19	20	21	22	23	24	25	26	27	28	29	30	
요일	日	月	火	水	木	金	土	日	月	火	水	木	金	土	日	月	火	水	木	金	土	日	月	火	水	木	金	土	日	月	
음력	4/27	28	29	30	5/1	2	3	4	5	6	7	8	9	10	11	12	13	14	15	16	17	18	19	20	21	22	23	24	25	26	
일진	癸丑	甲寅	乙卯	丙辰	丁巳	戊午	己未	庚申	辛酉	壬戌	癸亥	甲子	乙丑	丙寅	丁卯	戊辰	己巳	庚午	辛未	壬申	癸酉	甲戌	乙亥	丙子	丁丑	戊寅	己卯	庚辰	辛巳	壬午	
대운 남	9	9	9	10	10	망종	1	1	1	1	2	2	2	3	3	3	4	4	4	5	5	하지	6	6	6	7	7	7	8	8	
대운 여	2	1	1	1	1		10	10	10	9	9	9	8	8	8	7	7	7	6	6	6		5	5	4	4	4	3	3	3	

癸丑年

양력 7월 소서절(己未月) 小暑 7월8일 3시39분 大暑 7월23일 21시4분

양력	1	2	3	4	5	6	7	8	9	10	11	12	13	14	15	16	17	18	19	20	21	22	23	24	25	26	27	28	29	30	31
요일	火	水	木	金	土	日	月	火	水	木	金	土	日	月	火	水	木	金	土	日	月	火	水	木	金	土	日	月	火	水	木
음력	5/27	28	29	6/1	2	3	4	5	6	7	8	9	10	11	12	13	14	15	16	17	18	19	20	21	22	23	24	25	26	27	28
일진	癸未	甲申	乙酉	丙戌	丁亥	戊子	己丑	庚寅	辛卯	壬辰	癸巳	甲午	乙未	丙申	丁酉	戊戌	己亥	庚子	辛丑	壬寅	癸卯	甲辰	乙巳	丙午	丁未	戊申	己酉	庚戌	辛亥	壬子	癸丑
대운 남	8	9	9	9	10	10	10	소서	1	1	1	1	2	2	2	3	3	3	4	4	4	5	대서	5	6	6	6	7	7	7	8
대운 여	2	2	2	1	1	1	1		10	10	9	9	9	8	8	8	7	7	7	6	6	6		5	5	4	4	4	3	3	3

양력 8월 입추절(庚申月) 立秋 8월8일 13시16분 處暑 8월24일 3시48분

양력	1	2	3	4	5	6	7	8	9	10	11	12	13	14	15	16	17	18	19	20	21	22	23	24	25	26	27	28	29	30	31
요일	金	土	日	月	火	水	木	金	土	日	月	火	水	木	金	土	日	月	火	水	木	金	土	日	月	火	水	木	金	土	日
음력	6/29	7/1	2	3	4	5	6	7	8	9	10	11	12	13	14	15	16	17	18	19	20	21	22	23	24	25	26	27	28	29	30
일진	甲寅	乙卯	丙辰	丁巳	戊午	己未	庚申	辛酉	壬戌	癸亥	甲子	乙丑	丙寅	丁卯	戊辰	己巳	庚午	辛未	壬申	癸酉	甲戌	乙亥	丙子	丁丑	戊寅	己卯	庚辰	辛巳	壬午	癸未	甲申
대운 남	8	8	9	9	9	10	10	입추	1	1	1	1	2	2	2	3	3	3	4	4	4	5	5	처서	6	6	6	7	7	7	8
대운 여	2	2	2	1	1	1	1		10	10	9	9	9	8	8	8	7	7	7	6	6	6	5		5	4	4	4	3	3	3

양력 9월 백로절(辛酉月) 白露 9월8일 15시42분 秋分 9월24일 0시53분

양력	1	2	3	4	5	6	7	8	9	10	11	12	13	14	15	16	17	18	19	20	21	22	23	24	25	26	27	28	29	30
요일	月	火	水	木	金	土	日	月	火	水	木	金	土	日	月	火	水	木	金	土	日	月	火	水	木	金	土	日	月	火
음력	8/1	2	3	4	5	6	7	8	9	10	11	12	13	14	15	16	17	18	19	20	21	22	23	24	25	26	27	28	29	9/1
일진	乙酉	丙戌	丁亥	戊子	己丑	庚寅	辛卯	壬辰	癸巳	甲午	乙未	丙申	丁酉	戊戌	己亥	庚子	辛丑	壬寅	癸卯	甲辰	乙巳	丙午	丁未	戊申	己酉	庚戌	辛亥	壬子	癸丑	甲寅
대운 남	8	8	9	9	9	10	10	백로	1	1	1	1	2	2	2	3	3	3	4	4	4	5	5	추분	6	6	6	7	7	7
대운 여	2	2	2	1	1	1	1		10	10	9	9	9	8	8	8	7	7	7	6	6	6	5		5	4	4	4	3	3

양력 10월 한로절(壬戌月) 寒露 10월9일 6시44분 霜降 10월24일 9시35분

양력	1	2	3	4	5	6	7	8	9	10	11	12	13	14	15	16	17	18	19	20	21	22	23	24	25	26	27	28	29	30	31
요일	水	木	金	土	日	月	火	水	木	金	土	日	月	火	水	木	金	土	日	月	火	水	木	金	土	日	月	火	水	木	金
음력	9/2	3	4	5	6	7	8	9	10	11	12	13	14	15	16	17	18	19	20	21	22	23	24	25	26	27	28	29	10/1	2	3
일진	乙卯	丙辰	丁巳	戊午	己未	庚申	辛酉	壬戌	癸亥	甲子	乙丑	丙寅	丁卯	戊辰	己巳	庚午	辛未	壬申	癸酉	甲戌	乙亥	丙子	丁丑	戊寅	己卯	庚辰	辛巳	壬午	癸未	甲申	乙酉
대운 남	8	8	8	9	9	9	10	10	한로	1	1	1	1	2	2	2	3	3	3	4	4	4	5	상강	5	6	6	6	7	7	7
대운 여	3	2	2	2	1	1	1	1		10	9	9	9	8	8	8	7	7	7	6	6	6	5		5	4	4	4	3	3	3

양력 11월 입동절(癸亥月) 立冬 11월8일 9시18분 小雪 11월23일 6시35분

양력	1	2	3	4	5	6	7	8	9	10	11	12	13	14	15	16	17	18	19	20	21	22	23	24	25	26	27	28	29	30
요일	土	日	月	火	水	木	金	土	日	月	火	水	木	金	土	日	月	火	水	木	金	土	日	月	火	水	木	金	土	日
음력	10/4	5	6	7	8	9	10	11	12	13	14	15	16	17	18	19	20	21	22	23	24	25	26	27	28	29	30	11/1	2	3
일진	丙戌	丁亥	戊子	己丑	庚寅	辛卯	壬辰	癸巳	甲午	乙未	丙申	丁酉	戊戌	己亥	庚子	辛丑	壬寅	癸卯	甲辰	乙巳	丙午	丁未	戊申	己酉	庚戌	辛亥	壬子	癸丑	甲寅	乙卯
대운 남	8	8	8	9	9	9	10	입동	1	1	1	1	2	2	2	3	3	3	4	4	4	5	소설	5	6	6	6	7	7	7
대운 여	2	2	2	1	1	1	1		10	9	9	9	8	8	8	7	7	7	6	6	6	5		5	4	4	4	3	3	3

양력 12월 대설절(甲子月) 大雪 12월8일 1시41분 冬至 12월22일 19시35분

양력	1	2	3	4	5	6	7	8	9	10	11	12	13	14	15	16	17	18	19	20	21	22	23	24	25	26	27	28	29	30	31
요일	月	火	水	木	金	土	日	月	火	水	木	金	土	日	月	火	水	木	金	土	日	月	火	水	木	金	土	日	月	火	水
음력	11/4	5	6	7	8	9	10	11	12	13	14	15	16	17	18	19	20	21	22	23	24	25	26	27	28	29	12/1	2	3	4	5
일진	丙辰	丁巳	戊午	己未	庚申	辛酉	壬戌	癸亥	甲子	乙丑	丙寅	丁卯	戊辰	己巳	庚午	辛未	壬申	癸酉	甲戌	乙亥	丙子	丁丑	戊寅	己卯	庚辰	辛巳	壬午	癸未	甲申	乙酉	丙戌
대운 남	8	8	8	9	9	9	10	대설	1	1	1	1	2	2	2	3	3	3	4	4	4	동지	5	5	6	6	6	7	7	7	8
대운 여	2	2	2	1	1	1	1		9	9	9	8	8	8	7	7	7	6	6	6	5		5	4	4	4	3	3	3	2	2

서기 1914년 [단기 4247년]

양력 1월 소한절(乙丑月) 小寒 1월6일 12시43분 大寒 1월21일 6시12분

양력	1	2	3	4	5	6	7	8	9	10	11	12	13	14	15	16	17	18	19	20	21	22	23	24	25	26	27	28	29	30	31
요일	木	金	土	日	月	火	水	木	金	土	日	月	火	水	木	金	土	日	月	火	水	木	金	土	日	月	火	水	木	金	土
음력	12/6	7	8	9	10	11	12	13	14	15	16	17	18	19	20	21	22	23	24	25	26	27	28	29	30	1/1	2	3	4	5	6
일진	丁亥	戊子	己丑	庚寅	辛卯	壬辰	癸巳	甲午	乙未	丙申	丁酉	戊戌	己亥	庚子	辛丑	壬寅	癸卯	甲辰	乙巳	丙午	丁未	戊申	己酉	庚戌	辛亥	壬子	癸丑	甲寅	乙卯	丙辰	丁巳
대운 남	8	8	9	9	9	소	1	1	1	1	2	2	2	3	3	3	4	4	4	5	대	5	6	6	6	7	7	7	8	8	8
대운 여	2	1	1	1	1	한	10	9	9	9	8	8	8	7	7	7	6	6	6	5	한	5	4	4	4	3	3	3	2	2	2

양력 2월 입춘절(丙寅月) 立春 2월5일 0시29분 雨水 2월19일 20시38분

양력	1	2	3	4	5	6	7	8	9	10	11	12	13	14	15	16	17	18	19	20	21	22	23	24	25	26	27	28			
요일	日	月	火	水	木	金	土	日	月	火	水	木	金	土	日	月	火	水	木	金	土	日	月	火	水	木	金	土			
음력	1/7	8	9	10	11	12	13	14	15	16	17	18	19	20	21	22	23	24	25	26	27	28	29	30	2/1	2	3	4			
일진	戊午	己未	庚申	辛酉	壬戌	癸亥	甲子	乙丑	丙寅	丁卯	戊辰	己巳	庚午	辛未	壬申	癸酉	甲戌	乙亥	丙子	丁丑	戊寅	己卯	庚辰	辛巳	壬午	癸未	甲申	乙酉			
대운 남	9	9	9	10	입	9	9	9	8	8	8	7	7	7	6	6	6	5	우	5	4	4	4	3	3	3	2	2			
대운 여	1	1	1	1	춘	1	1	1	1	2	2	2	3	3	3	4	4	4	수	5	5	6	6	6	7	7	7	8			

양력 3월 경칩절(丁卯月) 驚蟄 3월6일 18시56분 春分 3월21일 20시11분

양력	1	2	3	4	5	6	7	8	9	10	11	12	13	14	15	16	17	18	19	20	21	22	23	24	25	26	27	28	29	30	31
요일	日	月	火	水	木	金	土	日	月	火	水	木	金	土	日	月	火	水	木	金	土	日	月	火	水	木	金	土	日	月	火
음력	2/5	6	7	8	9	10	11	12	13	14	15	16	17	18	19	20	21	22	23	24	25	26	27	28	29	30	3/1	2	3	4	5
일진	丙戌	丁亥	戊子	己丑	庚寅	辛卯	壬辰	癸巳	甲午	乙未	丙申	丁酉	戊戌	己亥	庚子	辛丑	壬寅	癸卯	甲辰	乙巳	丙午	丁未	戊申	己酉	庚戌	辛亥	壬子	癸丑	甲寅	乙卯	丙辰
대운 남	2	1	1	1	1	경	10	10	9	9	9	8	8	8	7	7	7	6	6	6	춘	5	5	4	4	4	3	3	3	2	2
대운 여	8	8	9	9	9	칩	1	1	1	1	2	2	2	3	3	3	4	4	4	5	분	5	6	6	6	7	7	7	8	8	8

양력 4월 청명절(戊辰月) 淸明 4월6일 0시22분 穀雨 4월21일 7시53분

양력	1	2	3	4	5	6	7	8	9	10	11	12	13	14	15	16	17	18	19	20	21	22	23	24	25	26	27	28	29	30	
요일	水	木	金	土	日	月	火	水	木	金	土	日	月	火	水	木	金	土	日	月	火	水	木	金	土	日	月	火	水	木	
음력	3/6	7	8	9	10	11	12	13	14	15	16	17	18	19	20	21	22	23	24	25	26	27	28	29	4/1	2	3	4	5	6	
일진	丁巳	戊午	己未	庚申	辛酉	壬戌	癸亥	甲子	乙丑	丙寅	丁卯	戊辰	己巳	庚午	辛未	壬申	癸酉	甲戌	乙亥	丙子	丁丑	戊寅	己卯	庚辰	辛巳	壬午	癸未	甲申	乙酉	丙戌	
대운 남	2	1	1	1	1	청	10	9	9	9	8	8	8	7	7	7	6	6	6	5	곡	5	4	4	4	3	3	3	2	2	
대운 여	9	9	9	10	10	명	1	1	1	1	2	2	2	3	3	3	4	4	4	5	우	5	6	6	6	7	7	7	8	8	

양력 5월 입하절(己巳月) 立夏 5월6일 18시20분 小滿 5월22일 7시38분

양력	1	2	3	4	5	6	7	8	9	10	11	12	13	14	15	16	17	18	19	20	21	22	23	24	25	26	27	28	29	30	31
요일	金	土	日	月	火	水	木	金	土	日	月	火	水	木	金	土	日	月	火	水	木	金	土	日	月	火	水	木	金	土	日
음력	4/7	8	9	10	11	12	13	14	15	16	17	18	19	20	21	22	23	24	25	26	27	28	29	30	5/1	2	3	4	5	6	7
일진	丁亥	戊子	己丑	庚寅	辛卯	壬辰	癸巳	甲午	乙未	丙申	丁酉	戊戌	己亥	庚子	辛丑	壬寅	癸卯	甲辰	乙巳	丙午	丁未	戊申	己酉	庚戌	辛亥	壬子	癸丑	甲寅	乙卯	丙辰	丁巳
대운 남	2	1	1	1	1	입	10	10	9	9	9	8	8	8	7	7	7	6	6	6	5	소	5	4	4	4	3	3	3	2	2
대운 여	8	9	9	9	10	하	1	1	1	1	2	2	2	3	3	3	4	4	4	5	5	만	6	6	6	7	7	7	8	8	8

양력 6월 망종절(庚午月) 芒種 6월6일 23시0분 夏至 6월22일 15시55분

양력	1	2	3	4	5	6	7	8	9	10	11	12	13	14	15	16	17	18	19	20	21	22	23	24	25	26	27	28	29	30	
요일	月	火	水	木	金	土	日	月	火	水	木	金	土	日	月	火	水	木	金	土	日	月	火	水	木	金	土	日	月	火	
음력	5/8	9	10	11	12	13	14	15	16	17	18	19	20	21	22	23	24	25	26	27	28	29	30	윤1	2	3	4	5	6	7	
일진	戊午	己未	庚申	辛酉	壬戌	癸亥	甲子	乙丑	丙寅	丁卯	戊辰	己巳	庚午	辛未	壬申	癸酉	甲戌	乙亥	丙子	丁丑	戊寅	己卯	庚辰	辛巳	壬午	癸未	甲申	乙酉	丙戌	丁亥	
대운 남	2	1	1	1	1	망	10	10	10	9	9	9	8	8	8	7	7	7	6	6	6	하	5	5	4	4	4	3	3	3	
대운 여	9	9	9	10	10	종	1	1	1	1	2	2	2	3	3	3	4	4	4	5	5	지	6	6	6	7	7	7	8	8	

▶윤달-5월

甲寅年

양력 7월 소서절(辛未月) 小暑 7월8일 9시27분 大暑 7월24일 2시47분

양력		1	2	3	4	5	6	7	8	9	10	11	12	13	14	15	16	17	18	19	20	21	22	23	24	25	26	27	28	29	30	31
요일		水	木	金	土	日	月	火	水	木	金	土	日	月	火	水	木	金	土	日	月	火	水	木	金	土	日	月	火	水	木	金
음력		윤8	9	10	11	12	13	14	15	16	17	18	19	20	21	22	23	24	25	26	27	28	29	6/1	2	3	4	5	6	7	8	9
일진		戊子	己丑	庚寅	辛卯	壬辰	癸巳	甲午	乙未	丙申	丁酉	戊戌	己亥	庚子	辛丑	壬寅	癸卯	甲辰	乙巳	丙午	丁未	戊申	己酉	庚戌	辛亥	壬子	癸丑	甲寅	乙卯	丙辰	丁巳	戊午
대운	남	2	2	2	1	1	1	1	소	10	10	9	9	9	8	8	8	7	7	7	6	6	6	5	대	5	4	4	4	3	3	3
	여	8	9	9	9	10	10	10	서	1	1	1	1	2	2	2	3	3	3	4	4	4	5	5	서	6	6	6	7	7	7	8

양력 8월 입추절(壬申月) 立秋 8월8일 19시5분 處暑 8월24일 9시30분

양력		1	2	3	4	5	6	7	8	9	10	11	12	13	14	15	16	17	18	19	20	21	22	23	24	25	26	27	28	29	30	31
요일		土	日	月	火	水	木	金	土	日	月	火	水	木	金	土	日	月	火	水	木	金	土	日	月	火	水	木	金	土	日	月
음력		6/10	11	12	13	14	15	16	17	18	19	20	21	22	23	24	25	26	27	28	29	7/1	2	3	4	5	6	7	8	9	10	11
일진		己未	庚申	辛酉	壬戌	癸亥	甲子	乙丑	丙寅	丁卯	戊辰	己巳	庚午	辛未	壬申	癸酉	甲戌	乙亥	丙子	丁丑	戊寅	己卯	庚辰	辛巳	壬午	癸未	甲申	乙酉	丙戌	丁亥	戊子	己丑
대운	남	2	2	2	1	1	1	1	입	10	10	9	9	9	8	8	8	7	7	7	6	6	6	5	처	5	4	4	4	3	3	3
	여	8	8	9	9	9	10	10	추	1	1	1	1	2	2	2	3	3	3	4	4	4	5	5	서	6	6	6	7	7	7	8

양력 9월 백로절(癸酉月) 白露 9월8일 21시33분 秋分 9월24일 6시34분

양력		1	2	3	4	5	6	7	8	9	10	11	12	13	14	15	16	17	18	19	20	21	22	23	24	25	26	27	28	29	30	
요일		火	水	木	金	土	日	月	火	水	木	金	土	日	月	火	水	木	金	土	日	月	火	水	木	金	土	日	月	火	水	
음력		7/12	13	14	15	16	17	18	19	20	21	22	23	24	25	26	27	28	29	30	8/1	2	3	4	5	6	7	8	9	10	11	
일진		庚寅	辛卯	壬辰	癸巳	甲午	乙未	丙申	丁酉	戊戌	己亥	庚子	辛丑	壬寅	癸卯	甲辰	乙巳	丙午	丁未	戊申	己酉	庚戌	辛亥	壬子	癸丑	甲寅	乙卯	丙辰	丁巳	戊午	己未	
대운	남	2	2	2	1	1	1	1	백	10	10	9	9	9	8	8	8	7	7	7	6	6	6	5	추	5	4	4	4	3	3	
	여	8	8	9	9	9	10	10	로	1	1	1	1	2	2	2	3	3	3	4	4	4	5	5	분	6	6	6	7	7	7	

양력 10월 한로절(甲戌月) 寒露 10월9일 12시35분 霜降 10월24일 15시17분

양력		1	2	3	4	5	6	7	8	9	10	11	12	13	14	15	16	17	18	19	20	21	22	23	24	25	26	27	28	29	30	31
요일		木	金	土	日	月	火	水	木	金	土	日	月	火	水	木	金	土	日	月	火	水	木	金	土	日	月	火	水	木	金	土
음력		8/12	13	14	15	16	17	18	19	20	21	22	23	24	25	26	27	28	29	9/1	2	3	4	5	6	7	8	9	10	11	12	13
일진		庚申	辛酉	壬戌	癸亥	甲子	乙丑	丙寅	丁卯	戊辰	己巳	庚午	辛未	壬申	癸酉	甲戌	乙亥	丙子	丁丑	戊寅	己卯	庚辰	辛巳	壬午	癸未	甲申	乙酉	丙戌	丁亥	戊子	己丑	庚寅
대운	남	3	2	2	2	1	1	1	1	한	10	9	9	9	8	8	8	7	7	7	6	6	6	5	상	5	4	4	4	3	3	3
	여	8	8	8	9	9	9	10	10	로	1	1	1	1	2	2	2	3	3	3	4	4	4	5	강	5	6	6	6	7	7	7

양력 11월 입동절(乙亥月) 立冬 11월8일 15시11분 小雪 11월23일 12시20분

양력		1	2	3	4	5	6	7	8	9	10	11	12	13	14	15	16	17	18	19	20	21	22	23	24	25	26	27	28	29	30	
요일		日	月	火	水	木	金	土	日	月	火	水	木	金	土	日	月	火	水	木	金	土	日	月	火	水	木	金	土	日	月	
음력		9/14	15	16	17	18	19	20	21	22	23	24	25	26	27	28	29	30	10/1	2	3	4	5	6	7	8	9	10	11	12	13	
일진		辛卯	壬辰	癸巳	甲午	乙未	丙申	丁酉	戊戌	己亥	庚子	辛丑	壬寅	癸卯	甲辰	乙巳	丙午	丁未	戊申	己酉	庚戌	辛亥	壬子	癸丑	甲寅	乙卯	丙辰	丁巳	戊午	己未	庚申	
대운	남	2	2	2	1	1	1	1	입	10	9	9	9	8	8	8	7	7	7	6	6	6	5	소	5	4	4	4	3	3	3	
	여	8	8	8	9	9	9	10	동	1	1	1	1	2	2	2	3	3	3	4	4	4	5	설	5	6	6	6	7	7	7	

양력 12월 대설절(丙子月) 大雪 12월8일 7시37분 冬至 12월23일 1시22분

양력		1	2	3	4	5	6	7	8	9	10	11	12	13	14	15	16	17	18	19	20	21	22	23	24	25	26	27	28	29	30	31
요일		火	水	木	金	土	日	月	火	水	木	金	土	日	月	火	水	木	金	土	日	月	火	水	木	金	土	日	月	火	水	木
음력		10/14	15	16	17	18	19	20	21	22	23	24	25	26	27	28	29	11/1	2	3	4	5	6	7	8	9	10	11	12	13	14	15
일진		辛酉	壬戌	癸亥	甲子	乙丑	丙寅	丁卯	戊辰	己巳	庚午	辛未	壬申	癸酉	甲戌	乙亥	丙子	丁丑	戊寅	己卯	庚辰	辛巳	壬午	癸未	甲申	乙酉	丙戌	丁亥	戊子	己丑	庚寅	辛卯
대운	남	2	2	2	1	1	1	1	대	9	9	9	8	8	8	7	7	7	6	6	6	5	5	동	4	4	4	3	3	3	2	2
	여	8	8	8	9	9	9	10	설	1	1	1	1	2	2	2	3	3	3	4	4	4	5	지	5	6	6	6	7	7	7	8

서기 1915년 [단기 4248년]

양력 1월 소한절(丁丑月) 小寒 1월6일 18시40분 大寒 1월21일 12시0분

양력	1	2	3	4	5	6	7	8	9	10	11	12	13	14	15	16	17	18	19	20	21	22	23	24	25	26	27	28	29	30	31
요일	金	土	日	月	火	水	木	金	土	日	月	火	水	木	金	土	日	月	火	水	木	金	土	日	月	火	水	木	金	土	日
음력	11/16	17	18	19	20	21	22	23	24	25	26	27	28	29	12/1	2	3	4	5	6	7	8	9	10	11	12	13	14	15	16	17
일진	壬辰	癸巳	甲午	乙未	丙申	丁酉	戊戌	己亥	庚子	辛丑	壬寅	癸卯	甲辰	乙巳	丙午	丁未	戊申	己酉	庚戌	辛亥	壬子	癸丑	甲寅	乙卯	丙辰	丁巳	戊午	己未	庚申	辛酉	壬戌
대운 남	2	1	1	1	1	소	10	9	9	9	8	8	8	7	7	7	6	6	6	5	대	5	4	4	4	3	3	3	2	2	2
대운 여	8	8	9	9	9	한	1	1	1	1	2	2	2	3	3	3	4	4	4	5	한	5	6	6	6	7	7	7	8	8	8

양력 2월 입춘절(戊寅月) 立春 2월5일 6시25분 雨水 2월20일 2시23분

양력	1	2	3	4	5	6	7	8	9	10	11	12	13	14	15	16	17	18	19	20	21	22	23	24	25	26	27	28
요일	月	火	水	木	金	土	日	月	火	水	木	金	土	日	月	火	水	木	金	土	日	月	火	水	木	金	土	日
음력	12/18	19	20	21	22	23	24	25	26	27	28	29	30	1/1	2	3	4	5	6	7	8	9	10	11	12	13	14	15
일진	癸亥	甲子	乙丑	丙寅	丁卯	戊辰	己巳	庚午	辛未	壬申	癸酉	甲戌	乙亥	丙子	丁丑	戊寅	己卯	庚辰	辛巳	壬午	癸未	甲申	乙酉	丙戌	丁亥	戊子	己丑	庚寅
대운 남	1	1	1	1	입	1	1	1	1	2	2	2	3	3	3	4	4	4	5	우	5	6	6	6	7	7	7	8
대운 여	9	9	9	10	춘	10	9	9	9	8	8	8	7	7	7	6	6	6	5	수	5	4	4	4	3	3	3	2

양력 3월 경칩절(己卯月) 驚蟄 3월7일 0시48분 春分 3월22일 1시51분

양력	1	2	3	4	5	6	7	8	9	10	11	12	13	14	15	16	17	18	19	20	21	22	23	24	25	26	27	28	29	30	31
요일	月	火	水	木	金	土	日	月	火	水	木	金	土	日	月	火	水	木	金	土	日	月	火	水	木	金	土	日	月	火	水
음력	1/16	17	18	19	20	21	22	23	24	25	26	27	28	29	30	2/1	2	3	4	5	6	7	8	9	10	11	12	13	14	15	16
일진	辛卯	壬辰	癸巳	甲午	乙未	丙申	丁酉	戊戌	己亥	庚子	辛丑	壬寅	癸卯	甲辰	乙巳	丙午	丁未	戊申	己酉	庚戌	辛亥	壬子	癸丑	甲寅	乙卯	丙辰	丁巳	戊午	己未	庚申	辛酉
대운 남	8	8	9	9	9	10	경	1	1	1	1	2	2	2	3	3	3	4	4	4	5	춘	5	6	6	6	7	7	7	8	8
대운 여	2	2	1	1	1	1	칩	10	9	9	9	8	8	8	7	7	7	6	6	6	5	분	5	4	4	4	3	3	3	2	2

양력 4월 청명절(庚辰月) 清明 4월6일 6시9분 穀雨 4월21일 13시29분

양력	1	2	3	4	5	6	7	8	9	10	11	12	13	14	15	16	17	18	19	20	21	22	23	24	25	26	27	28	29	30
요일	木	金	土	日	月	火	水	木	金	土	日	月	火	水	木	金	土	日	月	火	水	木	金	土	日	月	火	水	木	金
음력	2/17	18	19	20	21	22	23	24	25	26	27	28	29	3/1	2	3	4	5	6	7	8	9	10	11	12	13	14	15	16	17
일진	壬戌	癸亥	甲子	乙丑	丙寅	丁卯	戊辰	己巳	庚午	辛未	壬申	癸酉	甲戌	乙亥	丙子	丁丑	戊寅	己卯	庚辰	辛巳	壬午	癸未	甲申	乙酉	丙戌	丁亥	戊子	己丑	庚寅	辛卯
대운 남	8	9	9	9	10	청	1	1	1	1	2	2	2	3	3	3	4	4	4	5	곡	5	6	6	6	7	7	7	8	8
대운 여	2	1	1	1	1	명	10	10	9	9	9	8	8	8	7	7	7	6	6	6	우	5	5	4	4	4	3	3	3	2

양력 5월 입하절(辛巳月) 立夏 5월7일 0시3분 小滿 5월22일 13시10분

양력	1	2	3	4	5	6	7	8	9	10	11	12	13	14	15	16	17	18	19	20	21	22	23	24	25	26	27	28	29	30	31
요일	土	日	月	火	水	木	金	土	日	月	火	水	木	金	土	日	月	火	水	木	金	土	日	月	火	水	木	金	土	日	月
음력	3/18	19	20	21	22	23	24	25	26	27	28	29	30	4/1	2	3	4	5	6	7	8	9	10	11	12	13	14	15	16	17	18
일진	壬辰	癸巳	甲午	乙未	丙申	丁酉	戊戌	己亥	庚子	辛丑	壬寅	癸卯	甲辰	乙巳	丙午	丁未	戊申	己酉	庚戌	辛亥	壬子	癸丑	甲寅	乙卯	丙辰	丁巳	戊午	己未	庚申	辛酉	壬戌
대운 남	8	9	9	9	10	10	입	1	1	1	1	2	2	2	3	3	3	4	4	4	5	소	5	6	6	6	7	7	7	8	8
대운 여	2	2	1	1	1	1	하	10	10	9	9	9	8	8	8	7	7	7	6	6	6	만	5	5	4	4	4	3	3	3	2

양력 6월 망종절(壬午月) 芒種 6월7일 4시40분 夏至 6월22일 21시29분

양력	1	2	3	4	5	6	7	8	9	10	11	12	13	14	15	16	17	18	19	20	21	22	23	24	25	26	27	28	29	30
요일	火	水	木	金	土	日	月	火	水	木	金	土	日	月	火	水	木	金	土	日	月	火	水	木	金	土	日	月	火	水
음력	4/19	20	21	22	23	24	25	26	27	28	29	30	5/1	2	3	4	5	6	7	8	9	10	11	12	13	14	15	16	17	18
일진	癸亥	甲子	乙丑	丙寅	丁卯	戊辰	己巳	庚午	辛未	壬申	癸酉	甲戌	乙亥	丙子	丁丑	戊寅	己卯	庚辰	辛巳	壬午	癸未	甲申	乙酉	丙戌	丁亥	戊子	己丑	庚寅	辛卯	壬辰
대운 남	8	9	9	9	10	10	망	1	1	1	1	2	2	2	3	3	3	4	4	4	5	하	5	6	6	6	7	7	7	8
대운 여	2	2	1	1	1	1	종	10	10	9	9	9	8	8	8	7	7	7	6	6	6	지	5	5	4	4	4	3	3	3

乙卯年

양력 7월 소서절(癸未月) 小暑 7월8일 15시8분 大暑 7월24일 8시26분

양력	1	2	3	4	5	6	7	8	9	10	11	12	13	14	15	16	17	18	19	20	21	22	23	24	25	26	27	28	29	30	31
요일	木	金	土	日	月	火	水	木	金	土	日	月	火	水	木	金	土	日	月	火	水	木	金	土	日	月	火	水	木	金	土
음력	5/19	20	21	22	23	24	25	26	27	28	29	6/1	2	3	4	5	6	7	8	9	10	11	12	13	14	15	16	17	18	19	20
일진	癸巳	甲午	乙未	丙申	丁酉	戊戌	己亥	庚子	辛丑	壬寅	癸卯	甲辰	乙巳	丙午	丁未	戊申	己酉	庚戌	辛亥	壬子	癸丑	甲寅	乙卯	丙辰	丁巳	戊午	己未	庚申	辛酉	壬戌	癸亥
대운 남	8	8	9	9	9	10	10	소서	1	1	1	1	2	2	2	3	3	3	4	4	4	5	5	대서	6	6	6	7	7	7	8
대운 여	2	2	2	1	1	1	1		10	10	10	9	9	9	8	8	8	7	7	7	6	6	6		5	5	4	4	4	3	3

양력 8월 입추절(甲申月) 立秋 8월9일 0시48분 處暑 8월24일 15시15분

양력	1	2	3	4	5	6	7	8	9	10	11	12	13	14	15	16	17	18	19	20	21	22	23	24	25	26	27	28	29	30	31
요일	日	月	火	水	木	金	土	日	月	火	水	木	金	土	日	月	火	水	木	金	土	日	月	火	水	木	金	土	日	月	火
음력	6/21	22	23	24	25	26	27	28	29	30	7/1	2	3	4	5	6	7	8	9	10	11	12	13	14	15	16	17	18	19	20	21
일진	甲子	乙丑	丙寅	丁卯	戊辰	己巳	庚午	辛未	壬申	癸酉	甲戌	乙亥	丙子	丁丑	戊寅	己卯	庚辰	辛巳	壬午	癸未	甲申	乙酉	丙戌	丁亥	戊子	己丑	庚寅	辛卯	壬辰	癸巳	甲午
대운 남	8	8	9	9	9	10	10	10	입추	1	1	1	1	2	2	2	3	3	3	4	4	4	5	처서	5	6	6	6	7	7	7
대운 여	3	2	2	2	1	1	1	1		10	10	9	9	9	8	8	8	7	7	7	6	6	6		5	5	4	4	4	3	3

양력 9월 백로절(乙酉月) 白露 9월9일 3시17분 秋分 9월24일 12시24분

양력	1	2	3	4	5	6	7	8	9	10	11	12	13	14	15	16	17	18	19	20	21	22	23	24	25	26	27	28	29	30	
요일	水	木	金	土	日	月	火	水	木	金	土	日	月	火	水	木	金	土	日	月	火	水	木	金	土	日	月	火	水	木	
음력	7/22	23	24	25	26	27	28	29	8/1	2	3	4	5	6	7	8	9	10	11	12	13	14	15	16	17	18	19	20	21	22	
일진	乙未	丙申	丁酉	戊戌	己亥	庚子	辛丑	壬寅	癸卯	甲辰	乙巳	丙午	丁未	戊申	己酉	庚戌	辛亥	壬子	癸丑	甲寅	乙卯	丙辰	丁巳	戊午	己未	庚申	辛酉	壬戌	癸亥	甲子	
대운 남	8	8	8	9	9	9	10	10	백로	1	1	1	1	2	2	2	3	3	3	4	4	4	5	추분	5	6	6	6	7	7	
대운 여	3	2	2	2	1	1	1	1		10	9	9	9	8	8	8	7	7	7	6	6	6	5		5	4	4	4	3	3	

양력 10월 한로절(丙戌月) 寒露 10월9일 18시21분 霜降 10월24일 21시10분

양력	1	2	3	4	5	6	7	8	9	10	11	12	13	14	15	16	17	18	19	20	21	22	23	24	25	26	27	28	29	30	31
요일	金	土	日	月	火	水	木	金	土	日	月	火	水	木	金	土	日	月	火	水	木	金	土	日	月	火	水	木	金	土	日
음력	8/23	24	25	26	27	28	29	30	9/1	2	3	4	5	6	7	8	9	10	11	12	13	14	15	16	17	18	19	20	21	22	23
일진	乙丑	丙寅	丁卯	戊辰	己巳	庚午	辛未	壬申	癸酉	甲戌	乙亥	丙子	丁丑	戊寅	己卯	庚辰	辛巳	壬午	癸未	甲申	乙酉	丙戌	丁亥	戊子	己丑	庚寅	辛卯	壬辰	癸巳	甲午	乙未
대운 남	7	8	8	8	9	9	9	10	한로	1	1	1	1	2	2	2	3	3	3	4	4	4	5	상강	5	6	6	6	7	7	7
대운 여	3	2	2	2	1	1	1	1		10	9	9	9	8	8	8	7	7	7	6	6	6	5		5	4	4	4	3	3	3

양력 11월 입동절(丁亥月) 立冬 11월8일 20시58분 小雪 11월23일 18시14분

양력	1	2	3	4	5	6	7	8	9	10	11	12	13	14	15	16	17	18	19	20	21	22	23	24	25	26	27	28	29	30	
요일	月	火	水	木	金	土	日	月	火	水	木	金	土	日	月	火	水	木	金	土	日	月	火	水	木	金	土	日	月	火	
음력	9/24	25	26	27	28	29	10/1	2	3	4	5	6	7	8	9	10	11	12	13	14	15	16	17	18	19	20	21	22	23	24	
일진	丙申	丁酉	戊戌	己亥	庚子	辛丑	壬寅	癸卯	甲辰	乙巳	丙午	丁未	戊申	己酉	庚戌	辛亥	壬子	癸丑	甲寅	乙卯	丙辰	丁巳	戊午	己未	庚申	辛酉	壬戌	癸亥	甲子	乙丑	
대운 남	8	8	8	9	9	9	10	입동	1	1	1	1	2	2	2	3	3	3	4	4	4	5	소설	5	6	6	6	7	7	7	
대운 여	2	2	2	1	1	1	1		10	9	9	9	8	8	8	7	7	7	6	6	6	5		5	4	4	4	3	3	3	

양력 12월 대설절(戊子月) 大雪 12월8일 13시24분 冬至 12월23일 7시16분

양력	1	2	3	4	5	6	7	8	9	10	11	12	13	14	15	16	17	18	19	20	21	22	23	24	25	26	27	28	29	30	31
요일	水	木	金	土	日	月	火	水	木	金	土	日	月	火	水	木	金	土	日	月	火	水	木	金	土	日	月	火	水	木	金
음력	10/25	26	27	28	29	30	11/1	2	3	4	5	6	7	8	9	10	11	12	13	14	15	16	17	18	19	20	21	22	23	24	25
일진	丙寅	丁卯	戊辰	己巳	庚午	辛未	壬申	癸酉	甲戌	乙亥	丙子	丁丑	戊寅	己卯	庚辰	辛巳	壬午	癸未	甲申	乙酉	丙戌	丁亥	戊子	己丑	庚寅	辛卯	壬辰	癸巳	甲午	乙未	丙申
대운 남	8	8	8	9	9	9	10	대설	1	1	1	1	2	2	2	3	3	3	4	4	4	5	동지	5	6	6	6	7	7	7	8
대운 여	2	2	2	1	1	1	1		10	9	9	9	8	8	8	7	7	7	6	6	6	5		5	4	4	4	3	3	3	2

서기 1916년 [단기 4249년]

양력 1월 소한절(己丑月) 小寒 1월7일 0시28분 大寒 1월21일 17시54분

양력	1	2	3	4	5	6	7	8	9	10	11	12	13	14	15	16	17	18	19	20	21	22	23	24	25	26	27	28	29	30	31
요일	土	日	月	火	水	木	金	土	日	月	火	水	木	金	土	日	月	火	水	木	金	土	日	月	火	水	木	金	土	日	月
음력	11/26	27	28	29	12/1	2	3	4	5	6	7	8	9	10	11	12	13	14	15	16	17	18	19	20	21	22	23	24	25	26	27
일진	丁酉	戊戌	己亥	庚子	辛丑	壬寅	癸卯	甲辰	乙巳	丙午	丁未	戊申	己酉	庚戌	辛亥	壬子	癸丑	甲寅	乙卯	丙辰	丁巳	戊午	己未	庚申	辛酉	壬戌	癸亥	甲子	乙丑	丙寅	丁卯
대운 남	8	8	9	9	9	10	소	1	1	1	1	2	2	2	3	3	3	4	4	4	대	5	5	6	6	6	7	7	7	8	8
대운 여	2	2	1	1	1	1	한	9	9	9	8	8	8	7	7	7	6	6	6	5	한	5	4	4	4	3	3	3	2	2	2

양력 2월 입춘절(庚寅月) 立春 2월5일 12시14분 雨水 2월20일 8시18분

양력	1	2	3	4	5	6	7	8	9	10	11	12	13	14	15	16	17	18	19	20	21	22	23	24	25	26	27	28	29		
요일	火	水	木	金	土	日	月	火	水	木	金	土	日	月	火	水	木	金	土	日	月	火	水	木	金	土	日	月	火		
음력	12/28	29	30	1/1	2	3	4	5	6	7	8	9	10	11	12	13	14	15	16	17	18	19	20	21	22	23	24	25	26		
일진	戊辰	己巳	庚午	辛未	壬申	癸酉	甲戌	乙亥	丙子	丁丑	戊寅	己卯	庚辰	辛巳	壬午	癸未	甲申	乙酉	丙戌	丁亥	戊子	己丑	庚寅	辛卯	壬辰	癸巳	甲午	乙未	丙申		
대운 남	8	9	9	9	입	10	9	9	9	8	8	8	7	7	7	6	6	6	5	우	5	4	4	4	3	3	3	2	2		
대운 여	1	1	1	1	춘	1	1	1	1	2	2	2	3	3	3	4	4	4	5	수	5	6	6	6	7	7	7	8	8		

양력 3월 경칩절(辛卯月) 驚蟄 3월6일 6시37분 春分 3월21일 7시47분

양력	1	2	3	4	5	6	7	8	9	10	11	12	13	14	15	16	17	18	19	20	21	22	23	24	25	26	27	28	29	30	31
요일	水	木	金	土	日	月	火	水	木	金	土	日	月	火	水	木	金	土	日	月	火	水	木	金	土	日	月	火	水	木	金
음력	1/27	28	29	2/1	2	3	4	5	6	7	8	9	10	11	12	13	14	15	16	17	18	19	20	21	22	23	24	25	26	27	28
일진	丁酉	戊戌	己亥	庚子	辛丑	壬寅	癸卯	甲辰	乙巳	丙午	丁未	戊申	己酉	庚戌	辛亥	壬子	癸丑	甲寅	乙卯	丙辰	丁巳	戊午	己未	庚申	辛酉	壬戌	癸亥	甲子	乙丑	丙寅	丁卯
대운 남	2	1	1	1	1	경	10	9	9	9	8	8	8	7	7	7	6	6	6	5	춘	5	4	4	4	3	3	3	2	2	2
대운 여	8	9	9	9	10	칩	1	1	1	1	2	2	2	3	3	3	4	4	4	5	분	5	6	6	6	7	7	7	8	8	8

양력 4월 청명절(壬辰月) 淸明 4월5일 11시58분 穀雨 4월20일 19시25분

양력	1	2	3	4	5	6	7	8	9	10	11	12	13	14	15	16	17	18	19	20	21	22	23	24	25	26	27	28	29	30	
요일	土	日	月	火	水	木	金	土	日	月	火	水	木	金	土	日	月	火	水	木	金	土	日	月	火	水	木	金	土	日	
음력	2/29	30	3/1	2	3	4	5	6	7	8	9	10	11	12	13	14	15	16	17	18	19	20	21	22	23	24	25	26	27	28	
일진	戊辰	己巳	庚午	辛未	壬申	癸酉	甲戌	乙亥	丙子	丁丑	戊寅	己卯	庚辰	辛巳	壬午	癸未	甲申	乙酉	丙戌	丁亥	戊子	己丑	庚寅	辛卯	壬辰	癸巳	甲午	乙未	丙申	丁酉	
대운 남	1	1	1	1	청	10	10	9	9	9	8	8	8	7	7	7	6	6	6	곡	5	5	4	4	4	3	3	3	2	2	
대운 여	9	9	9	10	명	1	1	1	1	2	2	2	3	3	3	4	4	4	5	우	5	6	6	6	7	7	7	8	8	8	

양력 5월 입하절(癸巳月) 立夏 5월6일 5시50분 小滿 5월21일 19시6분

양력	1	2	3	4	5	6	7	8	9	10	11	12	13	14	15	16	17	18	19	20	21	22	23	24	25	26	27	28	29	30	31
요일	月	火	水	木	金	土	日	月	火	水	木	金	土	日	月	火	水	木	金	土	日	月	火	水	木	金	土	日	月	火	水
음력	3/29	4/1	2	3	4	5	6	7	8	9	10	11	12	13	14	15	16	17	18	19	20	21	22	23	24	25	26	27	28	29	30
일진	戊戌	己亥	庚子	辛丑	壬寅	癸卯	甲辰	乙巳	丙午	丁未	戊申	己酉	庚戌	辛亥	壬子	癸丑	甲寅	乙卯	丙辰	丁巳	戊午	己未	庚申	辛酉	壬戌	癸亥	甲子	乙丑	丙寅	丁卯	戊辰
대운 남	2	1	1	1	1	입	10	10	9	9	9	8	8	8	7	7	7	6	6	6	소	5	5	4	4	4	3	3	3	2	2
대운 여	9	9	9	10	10	하	1	1	1	1	2	2	2	3	3	3	4	4	4	5	만	5	6	6	6	7	7	7	8	8	8

양력 6월 망종절(甲午月) 芒種 6월6일 10시26분 夏至 6월22일 3시24분

양력	1	2	3	4	5	6	7	8	9	10	11	12	13	14	15	16	17	18	19	20	21	22	23	24	25	26	27	28	29	30	
요일	木	金	土	日	月	火	水	木	金	土	日	月	火	水	木	金	土	日	月	火	水	木	金	土	日	月	火	水	木	金	
음력	5/1	2	3	4	5	6	7	8	9	10	11	12	13	14	15	16	17	18	19	20	21	22	23	24	25	26	27	28	29	6/1	
일진	己巳	庚午	辛未	壬申	癸酉	甲戌	乙亥	丙子	丁丑	戊寅	己卯	庚辰	辛巳	壬午	癸未	甲申	乙酉	丙戌	丁亥	戊子	己丑	庚寅	辛卯	壬辰	癸巳	甲午	乙未	丙申	丁酉	戊戌	
대운 남	2	1	1	1	1	망	10	10	9	9	9	8	8	8	7	7	7	6	6	6	5	하	5	4	4	4	3	3	3	2	
대운 여	9	9	9	10	10	종	1	1	1	1	2	2	2	3	3	3	4	4	4	5	5	지	6	6	6	7	7	7	8	8	

丙辰年

양력 7월 소서절(乙未月) 小暑 7월7일 20시54분 大暑 7월23일 14시21분

양력	1	2	3	4	5	6	7	8	9	10	11	12	13	14	15	16	17	18	19	20	21	22	23	24	25	26	27	28	29	30	31
요일	土	日	月	火	水	木	金	土	日	月	火	水	木	金	土	日	月	火	水	木	金	土	日	月	火	水	木	金	土	日	月
음력	6/2	3	4	5	6	7	8	9	10	11	12	13	14	15	16	17	18	19	20	21	22	23	24	25	26	27	28	29	30	7/1	2
일진	己亥	庚子	辛丑	壬寅	癸卯	甲辰	乙巳	丙午	丁未	戊申	己酉	庚戌	辛亥	壬子	癸丑	甲寅	乙卯	丙辰	丁巳	戊午	己未	庚申	辛酉	壬戌	癸亥	甲子	乙丑	丙寅	丁卯	戊辰	己巳
대운 남	2	2	1	1	1	1	소	10	10	10	9	9	9	8	8	8	7	7	7	6	6	6	대	5	5	4	4	4	3	3	3
대운 여	8	9	9	9	10	10	서	1	1	1	1	2	2	2	3	3	3	4	4	4	5	5	서	6	6	6	7	7	7	8	8

양력 8월 입추절(丙申月) 立秋 8월8일 6시35분 處暑 8월23일 21시9분

양력	1	2	3	4	5	6	7	8	9	10	11	12	13	14	15	16	17	18	19	20	21	22	23	24	25	26	27	28	29	30	31
요일	火	水	木	金	土	日	月	火	水	木	金	土	日	月	火	水	木	金	土	日	月	火	水	木	金	土	日	月	火	水	木
음력	7/3	4	5	6	7	8	9	10	11	12	13	14	15	16	17	18	19	20	21	22	23	24	25	26	27	28	29	30	8/1	2	3
일진	庚午	辛未	壬申	癸酉	甲戌	乙亥	丙子	丁丑	戊寅	己卯	庚辰	辛巳	壬午	癸未	甲申	乙酉	丙戌	丁亥	戊子	己丑	庚寅	辛卯	壬辰	癸巳	甲午	乙未	丙申	丁酉	戊戌	己亥	庚子
대운 남	2	2	2	1	1	1	1	입	10	10	9	9	9	8	8	8	7	7	7	6	6	6	처	5	5	4	4	4	3	3	3
대운 여	8	9	9	9	10	10	10	추	1	1	1	1	2	2	2	3	3	3	4	4	4	5	서	5	6	6	6	7	7	7	8

양력 9월 백로절(丁酉月) 白露 9월8일 9시5분 秋分 9월23일 18시15분

양력	1	2	3	4	5	6	7	8	9	10	11	12	13	14	15	16	17	18	19	20	21	22	23	24	25	26	27	28	29	30
요일	金	土	日	月	火	水	木	金	土	日	月	火	水	木	金	土	日	月	火	水	木	金	土	日	月	火	水	木	金	土
음력	8/4	5	6	7	8	9	10	11	12	13	14	15	16	17	18	19	20	21	22	23	24	25	26	27	28	29	9/1	2	3	4
일진	辛丑	壬寅	癸卯	甲辰	乙巳	丙午	丁未	戊申	己酉	庚戌	辛亥	壬子	癸丑	甲寅	乙卯	丙辰	丁巳	戊午	己未	庚申	辛酉	壬戌	癸亥	甲子	乙丑	丙寅	丁卯	戊辰	己巳	庚午
대운 남	2	2	2	1	1	1	1	백	10	10	9	9	9	8	8	8	7	7	7	6	6	6	추	5	5	4	4	4	3	3
대운 여	8	8	9	9	9	10	10	로	1	1	1	1	2	2	2	3	3	3	4	4	4	5	분	5	6	6	6	7	7	7

양력 10월 한로절(戊戌月) 寒露 10월9일 0시8분 霜降 10월24일 2시57분

양력	1	2	3	4	5	6	7	8	9	10	11	12	13	14	15	16	17	18	19	20	21	22	23	24	25	26	27	28	29	30	31
요일	日	月	火	水	木	金	土	日	月	火	水	木	金	土	日	月	火	水	木	金	土	日	月	火	水	木	金	土	日	月	火
음력	9/5	6	7	8	9	10	11	12	13	14	15	16	17	18	19	20	21	22	23	24	25	26	27	28	29	30	10/1	2	3	4	5
일진	辛未	壬申	癸酉	甲戌	乙亥	丙子	丁丑	戊寅	己卯	庚辰	辛巳	壬午	癸未	甲申	乙酉	丙戌	丁亥	戊子	己丑	庚寅	辛卯	壬辰	癸巳	甲午	乙未	丙申	丁酉	戊戌	己亥	庚子	辛丑
대운 남	3	2	2	2	1	1	1	1	한	10	9	9	9	8	8	8	7	7	7	6	6	6	5	상	5	4	4	4	3	3	3
대운 여	8	8	8	9	9	9	10	10	로	1	1	1	1	2	2	2	3	3	3	4	4	4	5	강	5	6	6	6	7	7	7

양력 11월 입동절(己亥月) 立冬 11월8일 2시42분 小雪 11월22일 23시58분

양력	1	2	3	4	5	6	7	8	9	10	11	12	13	14	15	16	17	18	19	20	21	22	23	24	25	26	27	28	29	30
요일	水	木	金	土	日	月	火	水	木	金	土	日	月	火	水	木	金	土	日	月	火	水	木	金	土	日	月	火	水	木
음력	10/6	7	8	9	10	11	12	13	14	15	16	17	18	19	20	21	22	23	24	25	26	27	28	29	11/1	2	3	4	5	6
일진	壬寅	癸卯	甲辰	乙巳	丙午	丁未	戊申	己酉	庚戌	辛亥	壬子	癸丑	甲寅	乙卯	丙辰	丁巳	戊午	己未	庚申	辛酉	壬戌	癸亥	甲子	乙丑	丙寅	丁卯	戊辰	己巳	庚午	辛未
대운 남	2	2	2	1	1	1	1	입	9	9	9	8	8	8	7	7	7	6	6	6	5	소	5	4	4	4	3	3	3	2
대운 여	8	8	8	9	9	9	10	동	1	1	1	1	2	2	2	3	3	3	4	4	4	설	5	5	6	6	6	7	7	7

양력 12월 대설절(庚子月) 大雪 12월7일 19시6분 冬至 12월22일 12시59분

양력	1	2	3	4	5	6	7	8	9	10	11	12	13	14	15	16	17	18	19	20	21	22	23	24	25	26	27	28	29	30	31
요일	金	土	日	月	火	水	木	金	土	日	月	火	水	木	金	土	日	月	火	水	木	金	土	日	月	火	水	木	金	土	日
음력	11/7	8	9	10	11	12	13	14	15	16	17	18	19	20	21	22	23	24	25	26	27	28	29	30	12/1	2	3	4	5	6	7
일진	壬申	癸酉	甲戌	乙亥	丙子	丁丑	戊寅	己卯	庚辰	辛巳	壬午	癸未	甲申	乙酉	丙戌	丁亥	戊子	己丑	庚寅	辛卯	壬辰	癸巳	甲午	乙未	丙申	丁酉	戊戌	己亥	庚子	辛丑	壬寅
대운 남	2	2	1	1	1	1	대	10	9	9	9	8	8	8	7	7	7	6	6	6	5	동	5	4	4	4	3	3	3	2	2
대운 여	8	8	8	9	9	9	설	1	1	1	1	2	2	2	3	3	3	4	4	4	5	지	5	6	6	6	7	7	7	8	8

서기 1917년 [단기 4250년]

양력 1월 소한절(辛丑月) 小寒 1월6일 6시10분 大寒 1월20일 23시37분

양력	1	2	3	4	5	6	7	8	9	10	11	12	13	14	15	16	17	18	19	20	21	22	23	24	25	26	27	28	29	30	31
요일	月	火	水	木	金	土	日	月	火	水	木	金	土	日	月	火	水	木	金	土	日	月	火	水	木	金	土	日	月	火	水
음력	12/8	9	10	11	12	13	14	15	16	17	18	19	20	21	22	23	24	25	26	27	28	29	1/1	2	3	4	5	6	7	8	9
일진	癸卯	甲辰	乙巳	丙午	丁未	戊申	己酉	庚戌	辛亥	壬子	癸丑	甲寅	乙卯	丙辰	丁巳	戊午	己未	庚申	辛酉	壬戌	癸亥	甲子	乙丑	丙寅	丁卯	戊辰	己巳	庚午	辛未	壬申	癸酉
대운 남	2	1	1	1	1	소한	9	9	9	8	8	8	7	7	7	6	6	6	5	대한	5	4	4	4	3	3	3	2	2	2	1
대운 여	8	9	9	9	10		1	1	1	1	2	2	2	3	3	3	4	4	4		5	5	6	6	6	7	7	7	8	8	8

양력 2월 입춘절(壬寅月) 立春 2월4일 17시58분 雨水 2월19일 14시5분

양력	1	2	3	4	5	6	7	8	9	10	11	12	13	14	15	16	17	18	19	20	21	22	23	24	25	26	27	28			
요일	木	金	土	日	月	火	水	木	金	土	日	月	火	水	木	金	土	日	月	火	水	木	金	土	日	月	火	水			
음력	1/10	11	12	13	14	15	16	17	18	19	20	21	22	23	24	25	26	27	28	29	30	2/1	2	3	4	5	6	7			
일진	甲戌	乙亥	丙子	丁丑	戊寅	己卯	庚辰	辛巳	壬午	癸未	甲申	乙酉	丙戌	丁亥	戊子	己丑	庚寅	辛卯	壬辰	癸巳	甲午	乙未	丙申	丁酉	戊戌	己亥	庚子	辛丑			
대운 남	1	1	1	입춘	1	1	1	1	2	2	2	3	3	3	4	4	4	5	우수	5	6	6	6	7	7	7	8	8			
대운 여	9	9	9		10	9	9	9	8	8	8	7	7	7	6	6	6	5		5	4	4	4	3	3	3	2	2			

양력 3월 경칩절(癸卯月) 驚蟄 3월6일 12시25분 春分 3월21일 13시37분

양력	1	2	3	4	5	6	7	8	9	10	11	12	13	14	15	16	17	18	19	20	21	22	23	24	25	26	27	28	29	30	31
요일	木	金	土	日	月	火	水	木	金	土	日	月	火	水	木	金	土	日	月	火	水	木	金	土	日	月	火	水	木	金	土
음력	2/8	9	10	11	12	13	14	15	16	17	18	19	20	21	22	23	24	25	26	27	28	29	윤1	2	3	4	5	6	7	8	9
일진	壬寅	癸卯	甲辰	乙巳	丙午	丁未	戊申	己酉	庚戌	辛亥	壬子	癸丑	甲寅	乙卯	丙辰	丁巳	戊午	己未	庚申	辛酉	壬戌	癸亥	甲子	乙丑	丙寅	丁卯	戊辰	己巳	庚午	辛未	壬申
대운 남	8	9	9	9	10	경칩	1	1	1	1	2	2	2	3	3	3	4	4	4	5	춘분	5	6	6	6	7	7	7	8	8	8
대운 여	2	1	1	1	1		10	9	9	9	8	8	8	7	7	7	6	6	6	5		5	4	4	4	3	3	3	2	2	2

양력 4월 청명절(甲辰月) 淸明 4월5일 17시50분 穀雨 4월21일 1시17분

양력	1	2	3	4	5	6	7	8	9	10	11	12	13	14	15	16	17	18	19	20	21	22	23	24	25	26	27	28	29	30	
요일	日	月	火	水	木	金	土	日	月	火	水	木	金	土	日	月	火	水	木	金	土	日	月	火	水	木	金	土	日	月	
음력	윤10	11	12	13	14	15	16	17	18	19	20	21	22	23	24	25	26	27	28	29	3/1	2	3	4	5	6	7	8	9	10	
일진	癸酉	甲戌	乙亥	丙子	丁丑	戊寅	己卯	庚辰	辛巳	壬午	癸未	甲申	乙酉	丙戌	丁亥	戊子	己丑	庚寅	辛卯	壬辰	癸巳	甲午	乙未	丙申	丁酉	戊戌	己亥	庚子	辛丑	壬寅	
대운 남	9	9	9	10	청명	1	1	1	1	2	2	2	3	3	3	4	4	4	5	5	곡우	6	6	6	7	7	7	8	8	8	
대운 여	1	1	1	1		10	10	9	9	9	8	8	8	7	7	7	6	6	6	5		5	4	4	4	3	3	3	2	2	

양력 5월 입하절(乙巳月) 立夏 5월6일 11시46분 小滿 5월22일 0시59분

양력	1	2	3	4	5	6	7	8	9	10	11	12	13	14	15	16	17	18	19	20	21	22	23	24	25	26	27	28	29	30	31
요일	火	水	木	金	土	日	月	火	水	木	金	土	日	月	火	水	木	金	土	日	月	火	水	木	金	土	日	月	火	水	木
음력	3/11	12	13	14	15	16	17	18	19	20	21	22	23	24	25	26	27	28	29	30	4/1	2	3	4	5	6	7	8	9	10	11
일진	癸卯	甲辰	乙巳	丙午	丁未	戊申	己酉	庚戌	辛亥	壬子	癸丑	甲寅	乙卯	丙辰	丁巳	戊午	己未	庚申	辛酉	壬戌	癸亥	甲子	乙丑	丙寅	丁卯	戊辰	己巳	庚午	辛未	壬申	癸酉
대운 남	9	9	9	10	10	입하	1	1	1	1	2	2	2	3	3	3	4	4	4	5	5	소만	6	6	6	7	7	7	8	8	8
대운 여	2	1	1	1	1		10	10	9	9	9	8	8	8	7	7	7	6	6	6	5		5	4	4	4	3	3	3	2	2

양력 6월 망종절(丙午月) 芒種 6월6일 16시23분 夏至 6월22일 9시14분

양력	1	2	3	4	5	6	7	8	9	10	11	12	13	14	15	16	17	18	19	20	21	22	23	24	25	26	27	28	29	30	
요일	金	土	日	月	火	水	木	金	土	日	月	火	水	木	金	土	日	月	火	水	木	金	土	日	月	火	水	木	金	土	
음력	4/12	13	14	15	16	17	18	19	20	21	22	23	24	25	26	27	28	29	5/1	2	3	4	5	6	7	8	9	10	11	12	
일진	甲戌	乙亥	丙子	丁丑	戊寅	己卯	庚辰	辛巳	壬午	癸未	甲申	乙酉	丙戌	丁亥	戊子	己丑	庚寅	辛卯	壬辰	癸巳	甲午	乙未	丙申	丁酉	戊戌	己亥	庚子	辛丑	壬寅	癸卯	
대운 남	9	9	9	10	10	망종	1	1	1	1	2	2	2	3	3	3	4	4	4	5	5	하지	6	6	6	7	7	7	8	8	
대운 여	2	1	1	1	1		10	10	10	9	9	9	8	8	8	7	7	7	6	6	6		5	5	4	4	4	3	3	3	

▶윤달-2월

丁巳年

양력 7월 소서절(丁未月) 小暑 7월8일 2시50분 大暑 7월23일 20시8분

양력	1	2	3	4	5	6	7	8	9	10	11	12	13	14	15	16	17	18	19	20	21	22	23	24	25	26	27	28	29	30	31
요일	日	月	火	水	木	金	土	日	月	火	水	木	金	土	日	月	火	水	木	金	土	日	月	火	水	木	金	土	日	月	火
음력	5/13	14	15	16	17	18	19	20	21	22	23	24	25	26	27	28	29	30	6/1	2	3	4	5	6	7	8	9	10	11	12	13
일진	甲辰	乙巳	丙午	丁未	戊申	己酉	庚戌	辛亥	壬子	癸丑	甲寅	乙卯	丙辰	丁巳	戊午	己未	庚申	辛酉	壬戌	癸亥	甲子	乙丑	丙寅	丁卯	戊辰	己巳	庚午	辛未	壬申	癸酉	甲戌
대운 남	8	9	9	9	10	10	10	소	1	1	1	1	2	2	2	3	3	3	4	4	4	5	대	5	6	6	6	7	7	7	8
대운 여	2	2	2	1	1	1	1	서	10	10	9	9	9	8	8	8	7	7	7	6	6	6	서	5	5	4	4	4	3	3	3

양력 8월 입추절(戊申月) 立秋 8월8일 12시30분 處暑 8월24일 2시54분

양력	1	2	3	4	5	6	7	8	9	10	11	12	13	14	15	16	17	18	19	20	21	22	23	24	25	26	27	28	29	30	31
요일	水	木	金	土	日	月	火	水	木	金	土	日	月	火	水	木	金	土	日	月	火	水	木	金	土	日	月	火	水	木	金
음력	6/14	15	16	17	18	19	20	21	22	23	24	25	26	27	28	29	30	7/1	2	3	4	5	6	7	8	9	10	11	12	13	14
일진	乙亥	丙子	丁丑	戊寅	己卯	庚辰	辛巳	壬午	癸未	甲申	乙酉	丙戌	丁亥	戊子	己丑	庚寅	辛卯	壬辰	癸巳	甲午	乙未	丙申	丁酉	戊戌	己亥	庚子	辛丑	壬寅	癸卯	甲辰	乙巳
대운 남	8	8	9	9	9	10	10	입	1	1	1	1	2	2	2	3	3	3	4	4	4	5	5	처	6	6	6	7	7	7	8
대운 여	2	2	2	1	1	1	1	추	10	10	9	9	9	8	8	8	7	7	7	6	6	6	5	서	5	4	4	4	3	3	3

양력 9월 백로절(己酉月) 白露 9월8일 14시59분 秋分 9월24일 0시0분

양력	1	2	3	4	5	6	7	8	9	10	11	12	13	14	15	16	17	18	19	20	21	22	23	24	25	26	27	28	29	30
요일	土	日	月	火	水	木	金	土	日	月	火	水	木	金	土	日	月	火	水	木	金	土	日	月	火	水	木	金	土	日
음력	7/15	16	17	18	19	20	21	22	23	24	25	26	27	28	29	8/1	2	3	4	5	6	7	8	9	10	11	12	13	14	15
일진	丙午	丁未	戊申	己酉	庚戌	辛亥	壬子	癸丑	甲寅	乙卯	丙辰	丁巳	戊午	己未	庚申	辛酉	壬戌	癸亥	甲子	乙丑	丙寅	丁卯	戊辰	己巳	庚午	辛未	壬申	癸酉	甲戌	乙亥
대운 남	8	8	9	9	9	10	10	백	1	1	1	1	2	2	2	3	3	3	4	4	4	5	5	추	6	6	6	7	7	7
대운 여	2	2	2	1	1	1	1	로	10	10	9	9	9	8	8	8	7	7	7	6	6	6	5	분	5	4	4	4	3	3

양력 10월 한로절(庚戌月) 寒露 10월9일 6시2분 霜降 10월24일 8시44분

양력	1	2	3	4	5	6	7	8	9	10	11	12	13	14	15	16	17	18	19	20	21	22	23	24	25	26	27	28	29	30	31
요일	月	火	水	木	金	土	日	月	火	水	木	金	土	日	月	火	水	木	金	土	日	月	火	水	木	金	土	日	月	火	水
음력	8/16	17	18	19	20	21	22	23	24	25	26	27	28	29	30	9/1	2	3	4	5	6	7	8	9	10	11	12	13	14	15	16
일진	丙子	丁丑	戊寅	己卯	庚辰	辛巳	壬午	癸未	甲申	乙酉	丙戌	丁亥	戊子	己丑	庚寅	辛卯	壬辰	癸巳	甲午	乙未	丙申	丁酉	戊戌	己亥	庚子	辛丑	壬寅	癸卯	甲辰	乙巳	丙午
대운 남	8	8	8	9	9	9	10	10	한	1	1	1	1	2	2	2	3	3	3	4	4	4	5	상	5	6	6	6	7	7	7
대운 여	3	2	2	2	1	1	1	1	로	10	9	9	9	8	8	8	7	7	7	6	6	6	5	강	5	4	4	4	3	3	3

양력 11월 입동절(辛亥月) 立冬 11월8일 8시37분 小雪 11월23일 5시45분

양력	1	2	3	4	5	6	7	8	9	10	11	12	13	14	15	16	17	18	19	20	21	22	23	24	25	26	27	28	29	30
요일	木	金	土	日	月	火	水	木	金	土	日	月	火	水	木	金	土	日	月	火	水	木	金	土	日	月	火	水	木	金
음력	9/17	18	19	20	21	22	23	24	25	26	27	28	29	30	10/1	2	3	4	5	6	7	8	9	10	11	12	13	14	15	16
일진	丁未	戊申	己酉	庚戌	辛亥	壬子	癸丑	甲寅	乙卯	丙辰	丁巳	戊午	己未	庚申	辛酉	壬戌	癸亥	甲子	乙丑	丙寅	丁卯	戊辰	己巳	庚午	辛未	壬申	癸酉	甲戌	乙亥	丙子
대운 남	8	8	8	9	9	9	10	입	1	1	1	1	2	2	2	3	3	3	4	4	4	5	소	5	6	6	6	7	7	7
대운 여	2	2	2	1	1	1	1	동	10	9	9	9	8	8	8	7	7	7	6	6	6	5	설	5	4	4	4	3	3	3

양력 12월 대설절(壬子月) 大雪 12월8일 1시1분 冬至 12월22일 18시46분

양력	1	2	3	4	5	6	7	8	9	10	11	12	13	14	15	16	17	18	19	20	21	22	23	24	25	26	27	28	29	30	31
요일	土	日	月	火	水	木	金	土	日	月	火	水	木	金	土	日	月	火	水	木	金	土	日	月	火	水	木	金	土	日	月
음력	10/17	18	19	20	21	22	23	24	25	26	27	28	29	11/1	2	3	4	5	6	7	8	9	10	11	12	13	14	15	16	17	18
일진	丁丑	戊寅	己卯	庚辰	辛巳	壬午	癸未	甲申	乙酉	丙戌	丁亥	戊子	己丑	庚寅	辛卯	壬辰	癸巳	甲午	乙未	丙申	丁酉	戊戌	己亥	庚子	辛丑	壬寅	癸卯	甲辰	乙巳	丙午	丁未
대운 남	8	8	8	9	9	9	10	대	1	1	1	1	2	2	2	3	3	3	4	4	4	동	5	5	6	6	6	7	7	7	8
대운 여	2	2	2	1	1	1	1	설	9	9	9	8	8	8	7	7	7	6	6	6	5	지	5	4	4	4	3	3	3	2	2

서기 1918년 [단기 4251년]

양력 1월 소한절(癸丑月) 小寒 1월6일 12시4분 大寒 1월21일 5시25분

양력		1	2	3	4	5	6	7	8	9	10	11	12	13	14	15	16	17	18	19	20	21	22	23	24	25	26	27	28	29	30	31
요일		火	水	木	金	土	日	月	火	水	木	金	土	日	月	火	水	木	金	土	日	月	火	水	木	金	土	日	月	火	水	木
음력		11/19	20	21	22	23	24	25	26	27	28	29	30	12/1	2	3	4	5	6	7	8	9	10	11	12	13	14	15	16	17	18	19
일진		戊申	己酉	庚戌	辛亥	壬子	癸丑	甲寅	乙卯	丙辰	丁巳	戊午	己未	庚申	辛酉	壬戌	癸亥	甲子	乙丑	丙寅	丁卯	戊辰	己巳	庚午	辛未	壬申	癸酉	甲戌	乙亥	丙子	丁丑	戊寅
대운	남	8	8	9	9	9	소	1	1	1	1	2	2	2	3	3	3	4	4	4	5	대	5	6	6	6	7	7	7	8	8	8
	여	2	1	1	1	1	한	9	9	9	8	8	8	7	7	7	6	6	6	5	5	한	4	4	4	3	3	3	2	2	2	1

양력 2월 입춘절(甲寅月) 立春 2월4일 23시53분 雨水 2월19일 19시53분

양력		1	2	3	4	5	6	7	8	9	10	11	12	13	14	15	16	17	18	19	20	21	22	23	24	25	26	27	28			
요일		金	土	日	月	火	水	木	金	土	日	月	火	水	木	金	土	日	月	火	水	木	金	土	日	月	火	水	木			
음력		12/20	21	22	23	24	25	26	27	28	29	1/1	2	3	4	5	6	7	8	9	10	11	12	13	14	15	16	17	18			
일진		己卯	庚辰	辛巳	壬午	癸未	甲申	乙酉	丙戌	丁亥	戊子	己丑	庚寅	辛卯	壬辰	癸巳	甲午	乙未	丙申	丁酉	戊戌	己亥	庚子	辛丑	壬寅	癸卯	甲辰	乙巳	丙午			
대운	남	9	9	9	입	10	9	9	9	8	8	8	7	7	7	6	6	6	5	우	5	4	4	4	3	3	3	2	2			
	여	1	1	1	춘	1	1	1	1	2	2	2	3	3	3	4	4	4	5	수	5	6	6	6	7	7	7	8	8			

양력 3월 경칩절(乙卯月) 驚蟄 3월6일 18시21분 春分 3월21일 19시26분

양력		1	2	3	4	5	6	7	8	9	10	11	12	13	14	15	16	17	18	19	20	21	22	23	24	25	26	27	28	29	30	31
요일		金	土	日	月	火	水	木	金	土	日	月	火	水	木	金	土	日	月	火	水	木	金	土	日	月	火	水	木	金	土	日
음력		1/19	20	21	22	23	24	25	26	27	28	29	30	2/1	2	3	4	5	6	7	8	9	10	11	12	13	14	15	16	17	18	19
일진		丁未	戊申	己酉	庚戌	辛亥	壬子	癸丑	甲寅	乙卯	丙辰	丁巳	戊午	己未	庚申	辛酉	壬戌	癸亥	甲子	乙丑	丙寅	丁卯	戊辰	己巳	庚午	辛未	壬申	癸酉	甲戌	乙亥	丙子	丁丑
대운	남	2	1	1	1	1	경	10	9	9	9	8	8	8	7	7	7	6	6	6	5	춘	5	4	4	4	3	3	3	2	2	2
	여	8	9	9	9	10	칩	1	1	1	1	2	2	2	3	3	3	4	4	4	5	분	5	6	6	6	7	7	7	8	8	8

양력 4월 청명절(丙辰月) 淸明 4월5일 23시45분 穀雨 4월21일 7시5분

양력		1	2	3	4	5	6	7	8	9	10	11	12	13	14	15	16	17	18	19	20	21	22	23	24	25	26	27	28	29	30	
요일		月	火	水	木	金	土	日	月	火	水	木	金	土	日	月	火	水	木	金	土	日	月	火	水	木	金	土	日	月	火	
음력		2/20	21	22	23	24	25	26	27	28	29	3/1	2	3	4	5	6	7	8	9	10	11	12	13	14	15	16	17	18	19	20	
일진		戊寅	己卯	庚辰	辛巳	壬午	癸未	甲申	乙酉	丙戌	丁亥	戊子	己丑	庚寅	辛卯	壬辰	癸巳	甲午	乙未	丙申	丁酉	戊戌	己亥	庚子	辛丑	壬寅	癸卯	甲辰	乙巳	丙午	丁未	
대운	남	1	1	1	1	청	10	10	9	9	9	8	8	8	7	7	7	6	6	6	5	곡	5	4	4	4	3	3	3	2	2	
	여	9	9	9	10	명	1	1	1	1	2	2	2	3	3	3	4	4	4	5	5	우	6	6	6	7	7	7	8	8	8	

양력 5월 입하절(丁巳月) 立夏 5월6일 17시38분 小滿 5월22일 6시46분

양력		1	2	3	4	5	6	7	8	9	10	11	12	13	14	15	16	17	18	19	20	21	22	23	24	25	26	27	28	29	30	31
요일		水	木	金	土	日	月	火	水	木	金	土	日	月	火	水	木	金	土	日	月	火	水	木	金	土	日	月	火	水	木	金
음력		3/21	22	23	24	25	26	27	28	29	4/1	2	3	4	5	6	7	8	9	10	11	12	13	14	15	16	17	18	19	20	21	22
일진		戊申	己酉	庚戌	辛亥	壬子	癸丑	甲寅	乙卯	丙辰	丁巳	戊午	己未	庚申	辛酉	壬戌	癸亥	甲子	乙丑	丙寅	丁卯	戊辰	己巳	庚午	辛未	壬申	癸酉	甲戌	乙亥	丙子	丁丑	戊寅
대운	남	2	1	1	1	1	입	10	10	9	9	9	8	8	8	7	7	7	6	6	6	5	소	5	4	4	4	3	3	3	2	2
	여	9	9	9	10	10	하	1	1	1	1	2	2	2	3	3	3	4	4	4	5	5	만	6	6	6	7	7	7	8	8	8

양력 6월 망종절(戊午月) 芒種 6월6일 22시11분 夏至 6월22일 15시0분

양력		1	2	3	4	5	6	7	8	9	10	11	12	13	14	15	16	17	18	19	20	21	22	23	24	25	26	27	28	29	30	
요일		土	日	月	火	水	木	金	土	日	月	火	水	木	金	土	日	月	火	水	木	金	土	日	月	火	水	木	金	土	日	
음력		4/23	24	25	26	27	28	29	30	5/1	2	3	4	5	6	7	8	9	10	11	12	13	14	15	16	17	18	19	20	21	22	
일진		己卯	庚辰	辛巳	壬午	癸未	甲申	乙酉	丙戌	丁亥	戊子	己丑	庚寅	辛卯	壬辰	癸巳	甲午	乙未	丙申	丁酉	戊戌	己亥	庚子	辛丑	壬寅	癸卯	甲辰	乙巳	丙午	丁未	戊申	
대운	남	2	1	1	1	1	망	10	10	10	9	9	9	8	8	8	7	7	7	6	6	6	하	5	5	4	4	4	3	3	3	
	여	9	9	9	10	10	종	1	1	1	1	2	2	2	3	3	3	4	4	4	5	5	지	6	6	6	7	7	7	8	8	

戊午年

양력 7월 소서절(己未月) 小暑 7월8일 8시32분 大暑 7월24일 1시51분

양력	1	2	3	4	5	6	7	8	9	10	11	12	13	14	15	16	17	18	19	20	21	22	23	24	25	26	27	28	29	30	31
요일	月	火	水	木	金	土	日	月	火	水	木	金	土	日	月	火	水	木	金	土	日	月	火	水	木	金	土	日	月	火	水
음력	5/23	24	25	26	27	28	29	6/1	2	3	4	5	6	7	8	9	10	11	12	13	14	15	16	17	18	19	20	21	22	23	24
일진	己酉	庚戌	辛亥	壬子	癸丑	甲寅	乙卯	丙辰	丁巳	戊午	己未	庚申	辛酉	壬戌	癸亥	甲子	乙丑	丙寅	丁卯	戊辰	己巳	庚午	辛未	壬申	癸酉	甲戌	乙亥	丙子	丁丑	戊寅	己卯
대운 남	2	2	2	1	1	1	1	소서	10	10	9	9	9	8	8	8	7	7	7	6	6	6	5	대서	5	4	4	4	3	3	3
대운 여	8	9	9	9	10	10	10		1	1	1	1	2	2	2	3	3	3	4	4	4	5	5		6	6	6	7	7	7	8

양력 8월 입추절(庚申月) 立秋 8월8일 18시8분 處暑 8월24일 8시37분

양력	1	2	3	4	5	6	7	8	9	10	11	12	13	14	15	16	17	18	19	20	21	22	23	24	25	26	27	28	29	30	31
요일	木	金	土	日	月	火	水	木	金	土	日	月	火	水	木	金	土	日	月	火	水	木	金	土	日	月	火	水	木	金	土
음력	6/25	26	27	28	29	30	7/1	2	3	4	5	6	7	8	9	10	11	12	13	14	15	16	17	18	19	20	21	22	23	24	25
일진	庚辰	辛巳	壬午	癸未	甲申	乙酉	丙戌	丁亥	戊子	己丑	庚寅	辛卯	壬辰	癸巳	甲午	乙未	丙申	丁酉	戊戌	己亥	庚子	辛丑	壬寅	癸卯	甲辰	乙巳	丙午	丁未	戊申	己酉	庚戌
대운 남	2	2	2	1	1	1	1	입추	10	10	9	9	9	8	8	8	7	7	7	6	6	6	5	처서	5	4	4	4	3	3	3
대운 여	8	8	9	9	9	10	10		1	1	1	1	2	2	2	3	3	3	4	4	4	5	5		6	6	6	7	7	7	8

양력 9월 백로절(辛酉月) 白露 9월8일 20시36분 秋分 9월24일 5시46분

양력	1	2	3	4	5	6	7	8	9	10	11	12	13	14	15	16	17	18	19	20	21	22	23	24	25	26	27	28	29	30	
요일	日	月	火	水	木	金	土	日	月	火	水	木	金	土	日	月	火	水	木	金	土	日	月	火	水	木	金	土	日	月	
음력	7/26	27	28	29	8/1	2	3	4	5	6	7	8	9	10	11	12	13	14	15	16	17	18	19	20	21	22	23	24	25	26	
일진	辛亥	壬子	癸丑	甲寅	乙卯	丙辰	丁巳	戊午	己未	庚申	辛酉	壬戌	癸亥	甲子	乙丑	丙寅	丁卯	戊辰	己巳	庚午	辛未	壬申	癸酉	甲戌	乙亥	丙子	丁丑	戊寅	己卯	庚辰	
대운 남	2	2	2	1	1	1	1	백로	10	10	9	9	9	8	8	8	7	7	7	6	6	6	5	추분	5	4	4	4	3	3	
대운 여	8	8	9	9	9	10	10		1	1	1	1	2	2	2	3	3	3	4	4	4	5	5		6	6	6	7	7	7	

양력 10월 한로절(壬戌月) 寒露 10월9일 11시40분 霜降 10월24일 14시33분

양력	1	2	3	4	5	6	7	8	9	10	11	12	13	14	15	16	17	18	19	20	21	22	23	24	25	26	27	28	29	30	31
요일	火	水	木	金	土	日	月	火	水	木	金	土	日	月	火	水	木	金	土	日	月	火	水	木	金	土	日	月	火	水	木
음력	8/27	28	29	30	9/1	2	3	4	5	6	7	8	9	10	11	12	13	14	15	16	17	18	19	20	21	22	23	24	25	26	27
일진	辛巳	壬午	癸未	甲申	乙酉	丙戌	丁亥	戊子	己丑	庚寅	辛卯	壬辰	癸巳	甲午	乙未	丙申	丁酉	戊戌	己亥	庚子	辛丑	壬寅	癸卯	甲辰	乙巳	丙午	丁未	戊申	己酉	庚戌	辛亥
대운 남	3	2	2	2	1	1	1	1	한로	10	9	9	9	8	8	8	7	7	7	6	6	6	5	상강	5	4	4	4	3	3	3
대운 여	8	8	8	9	9	9	10	10		1	1	1	1	2	2	2	3	3	3	4	4	4	5		5	6	6	6	7	7	7

양력 11월 입동절(癸亥月) 立冬 11월8일 14시19분 小雪 11월23일 11시38분

양력	1	2	3	4	5	6	7	8	9	10	11	12	13	14	15	16	17	18	19	20	21	22	23	24	25	26	27	28	29	30	
요일	金	土	日	月	火	水	木	金	土	日	月	火	水	木	金	土	日	月	火	水	木	金	土	日	月	火	水	木	金	土	
음력	9/28	29	30	10/1	2	3	4	5	6	7	8	9	10	11	12	13	14	15	16	17	18	19	20	21	22	23	24	25	26	27	
일진	壬子	癸丑	甲寅	乙卯	丙辰	丁巳	戊午	己未	庚申	辛酉	壬戌	癸亥	甲子	乙丑	丙寅	丁卯	戊辰	己巳	庚午	辛未	壬申	癸酉	甲戌	乙亥	丙子	丁丑	戊寅	己卯	庚辰	辛巳	
대운 남	2	2	2	1	1	1	1	입동	10	9	9	9	8	8	8	7	7	7	6	6	6	5	소설	5	4	4	4	3	3	3	
대운 여	8	8	8	9	9	9	10		1	1	1	1	2	2	2	3	3	3	4	4	4	5		5	6	6	6	7	7	7	

양력 12월 대설절(甲子月) 大雪 12월8일 6시47분 冬至 12월23일 0시42분

양력	1	2	3	4	5	6	7	8	9	10	11	12	13	14	15	16	17	18	19	20	21	22	23	24	25	26	27	28	29	30	31
요일	日	月	火	水	木	金	土	日	月	火	水	木	金	土	日	月	火	水	木	金	土	日	月	火	水	木	金	土	日	月	火
음력	10/28	29	30	11/1	2	3	4	5	6	7	8	9	10	11	12	13	14	15	16	17	18	19	20	21	22	23	24	25	26	27	28
일진	壬午	癸未	甲申	乙酉	丙戌	丁亥	戊子	己丑	庚寅	辛卯	壬辰	癸巳	甲午	乙未	丙申	丁酉	戊戌	己亥	庚子	辛丑	壬寅	癸卯	甲辰	乙巳	丙午	丁未	戊申	己酉	庚戌	辛亥	壬子
대운 남	2	2	2	1	1	1	1	대설	9	9	9	8	8	8	7	7	7	6	6	6	5	5	동지	4	4	4	3	3	3	2	2
대운 여	8	8	8	9	9	9	10		1	1	1	1	2	2	2	3	3	3	4	4	4	5		5	6	6	6	7	7	7	8

서기 1919년 [단기 4252년]

양력 1월 소한절(乙丑月) 小寒 1월6일 17시52분 大寒 1월21일 11시21분

양력	1	2	3	4	5	6	7	8	9	10	11	12	13	14	15	16	17	18	19	20	21	22	23	24	25	26	27	28	29	30	31
요일	水	木	金	土	日	月	火	水	木	金	土	日	月	火	水	木	金	土	日	月	火	水	木	金	土	日	月	火	水	木	金
음력	11/29	12/1	2	3	4	5	6	7	8	9	10	11	12	13	14	15	16	17	18	19	20	21	22	23	24	25	26	27	28	29	30
일진	癸丑	甲寅	乙卯	丙辰	丁巳	戊午	己未	庚申	辛酉	壬戌	癸亥	甲子	乙丑	丙寅	丁卯	戊辰	己巳	庚午	辛未	壬申	癸酉	甲戌	乙亥	丙子	丁丑	戊寅	己卯	庚辰	辛巳	壬午	癸未
대운 남	2	1	1	1	1	소	10	9	9	9	8	8	8	7	7	7	6	6	6	5	대	5	4	4	4	3	3	3	2	2	2
대운 여	8	8	9	9	9	한	1	1	1	1	2	2	2	3	3	3	4	4	4	5	한	5	6	6	6	7	7	7	8	8	8

양력 2월 입춘절(丙寅月) 立春 2월5일 5시39분 雨水 2월20일 1시48분

양력	1	2	3	4	5	6	7	8	9	10	11	12	13	14	15	16	17	18	19	20	21	22	23	24	25	26	27	28			
요일	土	日	月	火	水	木	金	土	日	月	火	水	木	金	土	日	月	火	水	木	金	土	日	月	火	水	木	金			
음력	1/1	2	3	4	5	6	7	8	9	10	11	12	13	14	15	16	17	18	19	20	21	22	23	24	25	26	27	28			
일진	甲申	乙酉	丙戌	丁亥	戊子	己丑	庚寅	辛卯	壬辰	癸巳	甲午	乙未	丙申	丁酉	戊戌	己亥	庚子	辛丑	壬寅	癸卯	甲辰	乙巳	丙午	丁未	戊申	己酉	庚戌	辛亥			
대운 남	1	1	1	1	입	1	1	1	1	2	2	2	3	3	3	4	4	4	5	우	5	6	6	6	7	7	7	8			
대운 여	9	9	9	10	춘	10	9	9	9	8	8	8	7	7	7	6	6	6	5	수	5	4	4	4	3	3	3	2			

양력 3월 경칩절(丁卯月) 驚蟄 3월7일 0시6분 春分 3월22일 1시19분

양력	1	2	3	4	5	6	7	8	9	10	11	12	13	14	15	16	17	18	19	20	21	22	23	24	25	26	27	28	29	30	31
요일	土	日	月	火	水	木	金	土	日	月	火	水	木	金	土	日	月	火	水	木	金	土	日	月	火	水	木	金	土	日	月
음력	1/29	2/1	2	3	4	5	6	7	8	9	10	11	12	13	14	15	16	17	18	19	20	21	22	23	24	25	26	27	28	29	30
일진	壬子	癸丑	甲寅	乙卯	丙辰	丁巳	戊午	己未	庚申	辛酉	壬戌	癸亥	甲子	乙丑	丙寅	丁卯	戊辰	己巳	庚午	辛未	壬申	癸酉	甲戌	乙亥	丙子	丁丑	戊寅	己卯	庚辰	辛巳	壬午
대운 남	8	8	9	9	9	10	경	1	1	1	1	2	2	2	3	3	3	4	4	4	5	춘	5	6	6	6	7	7	7	8	8
대운 여	2	2	1	1	1	1	칩	10	9	9	9	8	8	8	7	7	7	6	6	6	5	분	5	4	4	4	3	3	3	2	2

양력 4월 청명절(戊辰月) 清明 4월6일 5시29분 穀雨 4월21일 12시59분

양력	1	2	3	4	5	6	7	8	9	10	11	12	13	14	15	16	17	18	19	20	21	22	23	24	25	26	27	28	29	30	
요일	火	水	木	金	土	日	月	火	水	木	金	土	日	月	火	水	木	金	土	日	月	火	水	木	金	土	日	月	火	水	
음력	3/1	2	3	4	5	6	7	8	9	10	11	12	13	14	15	16	17	18	19	20	21	22	23	24	25	26	27	28	29	4/1	
일진	癸未	甲申	乙酉	丙戌	丁亥	戊子	己丑	庚寅	辛卯	壬辰	癸巳	甲午	乙未	丙申	丁酉	戊戌	己亥	庚子	辛丑	壬寅	癸卯	甲辰	乙巳	丙午	丁未	戊申	己酉	庚戌	辛亥	壬子	
대운 남	8	9	9	9	10	청	1	1	1	1	2	2	2	3	3	3	4	4	4	5	곡	5	6	6	6	7	7	7	8	8	
대운 여	2	1	1	1	1	명	10	9	9	9	8	8	8	7	7	7	6	6	6	5	우	5	4	4	4	3	3	3	2	2	

양력 5월 입하절(己巳月) 立夏 5월6일 23시22분 小滿 5월22일 12시39분

양력	1	2	3	4	5	6	7	8	9	10	11	12	13	14	15	16	17	18	19	20	21	22	23	24	25	26	27	28	29	30	31
요일	木	金	土	日	月	火	水	木	金	土	日	月	火	水	木	金	土	日	月	火	水	木	金	土	日	月	火	水	木	金	土
음력	4/2	3	4	5	6	7	8	9	10	11	12	13	14	15	16	17	18	19	20	21	22	23	24	25	26	27	28	29	5/1	2	3
일진	癸丑	甲寅	乙卯	丙辰	丁巳	戊午	己未	庚申	辛酉	壬戌	癸亥	甲子	乙丑	丙寅	丁卯	戊辰	己巳	庚午	辛未	壬申	癸酉	甲戌	乙亥	丙子	丁丑	戊寅	己卯	庚辰	辛巳	壬午	癸未
대운 남	8	9	9	9	10	입	1	1	1	1	2	2	2	3	3	3	4	4	4	5	5	소	6	6	6	7	7	7	8	8	8
대운 여	2	1	1	1	1	하	10	10	10	9	9	9	8	8	8	7	7	7	6	6	6	만	5	5	4	4	4	3	3	3	2

양력 6월 망종절(庚午月) 芒種 6월7일 3시57분 夏至 6월22일 20시54분

양력	1	2	3	4	5	6	7	8	9	10	11	12	13	14	15	16	17	18	19	20	21	22	23	24	25	26	27	28	29	30	
요일	日	月	火	水	木	金	土	日	月	火	水	木	金	土	日	月	火	水	木	金	土	日	月	火	水	木	金	土	日	月	
음력	5/4	5	6	7	8	9	10	11	12	13	14	15	16	17	18	19	20	21	22	23	24	25	26	27	28	29	30	6/1	2	3	
일진	甲申	乙酉	丙戌	丁亥	戊子	己丑	庚寅	辛卯	壬辰	癸巳	甲午	乙未	丙申	丁酉	戊戌	己亥	庚子	辛丑	壬寅	癸卯	甲辰	乙巳	丙午	丁未	戊申	己酉	庚戌	辛亥	壬子	癸丑	
대운 남	9	9	9	10	10	10	망	1	1	1	1	2	2	2	3	3	3	4	4	4	5	하	5	6	6	6	7	7	7	8	
대운 여	2	2	1	1	1	1	종	10	10	9	9	9	8	8	8	7	7	7	6	6	6	지	5	5	4	4	4	3	3	3	

己未年

양력 7월 소서절(辛未月) 小暑 7월8일 14시21분 大暑 7월24일 7시45분

양력		1	2	3	4	5	6	7	8	9	10	11	12	13	14	15	16	17	18	19	20	21	22	23	24	25	26	27	28	29	30	31
요일		火	水	木	金	土	日	月	火	水	木	金	土	日	月	火	水	木	金	土	日	月	火	水	木	金	土	日	月	火	水	木
음력		6/4	5	6	7	8	9	10	11	12	13	14	15	16	17	18	19	20	21	22	23	24	25	26	27	28	29	7/1	2	3	4	5
일진		甲寅	乙卯	丙辰	丁巳	戊午	己未	庚申	辛酉	壬戌	癸亥	甲子	乙丑	丙寅	丁卯	戊辰	己巳	庚午	辛未	壬申	癸酉	甲戌	乙亥	丙子	丁丑	戊寅	己卯	庚辰	辛巳	壬午	癸未	甲申
대운	남	8	8	9	9	9	10	10	소서	1	1	1	1	2	2	2	3	3	3	4	4	4	5	5	대서	6	6	6	7	7	7	8
	여	2	2	2	1	1	1	1		10	10	9	9	9	8	8	8	7	7	7	6	6	6	5		5	4	4	4	3	3	3

양력 8월 입추절(壬申月) 立秋 8월8일 23시58분 處暑 8월24일 14시28분

양력		1	2	3	4	5	6	7	8	9	10	11	12	13	14	15	16	17	18	19	20	21	22	23	24	25	26	27	28	29	30	31
요일		金	土	日	月	火	水	木	金	土	日	月	火	水	木	金	土	日	月	火	水	木	金	土	日	月	火	水	木	金	土	日
음력		7/6	7	8	9	10	11	12	13	14	15	16	17	18	19	20	21	22	23	24	25	26	27	28	29	30	윤1	2	3	4	5	6
일진		乙酉	丙戌	丁亥	戊子	己丑	庚寅	辛卯	壬辰	癸巳	甲午	乙未	丙申	丁酉	戊戌	己亥	庚子	辛丑	壬寅	癸卯	甲辰	乙巳	丙午	丁未	戊申	己酉	庚戌	辛亥	壬子	癸丑	甲寅	乙卯
대운	남	8	8	9	9	9	10	10	입추	1	1	1	1	2	2	2	3	3	3	4	4	4	5	5	처서	6	6	6	7	7	7	8
	여	2	2	2	1	1	1	1		10	10	10	9	9	9	8	8	8	7	7	7	6	6	6		5	5	4	4	4	3	3

양력 9월 백로절(癸酉月) 白露 9월9일 2시28분 秋分 9월24일 11시35분

양력		1	2	3	4	5	6	7	8	9	10	11	12	13	14	15	16	17	18	19	20	21	22	23	24	25	26	27	28	29	30
요일		月	火	水	木	金	土	日	月	火	水	木	金	土	日	月	火	水	木	金	土	日	月	火	水	木	金	土	日	月	火
음력		윤7	8	9	10	11	12	13	14	15	16	17	18	19	20	21	22	23	24	25	26	27	28	29	8/1	2	3	4	5	6	7
일진		丙辰	丁巳	戊午	己未	庚申	辛酉	壬戌	癸亥	甲子	乙丑	丙寅	丁卯	戊辰	己巳	庚午	辛未	壬申	癸酉	甲戌	乙亥	丙子	丁丑	戊寅	己卯	庚辰	辛巳	壬午	癸未	甲申	乙酉
대운	남	8	8	9	9	9	10	10	10	백로	1	1	1	1	2	2	2	3	3	3	4	4	4	5	추분	5	6	6	6	7	7
	여	3	2	2	2	1	1	1	1		10	9	9	9	8	8	8	7	7	7	6	6	6	5		5	4	4	4	3	3

양력 10월 한로절(甲戌月) 寒露 10월9일 17시33분 霜降 10월24일 20시21분

양력		1	2	3	4	5	6	7	8	9	10	11	12	13	14	15	16	17	18	19	20	21	22	23	24	25	26	27	28	29	30	31
요일		水	木	金	土	日	月	火	水	木	金	土	日	月	火	水	木	金	土	日	月	火	水	木	金	土	日	月	火	水	木	金
음력		8/8	9	10	11	12	13	14	15	16	17	18	19	20	21	22	23	24	25	26	27	28	29	30	9/1	2	3	4	5	6	7	8
일진		丙戌	丁亥	戊子	己丑	庚寅	辛卯	壬辰	癸巳	甲午	乙未	丙申	丁酉	戊戌	己亥	庚子	辛丑	壬寅	癸卯	甲辰	乙巳	丙午	丁未	戊申	己酉	庚戌	辛亥	壬子	癸丑	甲寅	乙卯	丙辰
대운	남	7	8	8	8	9	9	9	10	한로	1	1	1	1	2	2	2	3	3	3	4	4	4	5	상강	5	6	6	6	7	7	7
	여	3	2	2	2	1	1	1	1		10	9	9	9	8	8	8	7	7	7	6	6	6	5		5	4	4	4	3	3	3

양력 11월 입동절(乙亥月) 立冬 11월8일 20시12분 小雪 11월23일 17시25분

양력		1	2	3	4	5	6	7	8	9	10	11	12	13	14	15	16	17	18	19	20	21	22	23	24	25	26	27	28	29	30
요일		土	日	月	火	水	木	金	土	日	月	火	水	木	金	土	日	月	火	水	木	金	土	日	月	火	水	木	金	土	日
음력		9/9	10	11	12	13	14	15	16	17	18	19	20	21	22	23	24	25	26	27	28	29	30	10/1	2	3	4	5	6	7	8
일진		丁巳	戊午	己未	庚申	辛酉	壬戌	癸亥	甲子	乙丑	丙寅	丁卯	戊辰	己巳	庚午	辛未	壬申	癸酉	甲戌	乙亥	丙子	丁丑	戊寅	己卯	庚辰	辛巳	壬午	癸未	甲申	乙酉	丙戌
대운	남	8	8	8	9	9	9	10	입동	1	1	1	1	2	2	2	3	3	3	4	4	4	5	소설	5	6	6	6	7	7	7
	여	2	2	2	1	1	1	1		10	9	9	9	8	8	8	7	7	7	6	6	6	5		5	4	4	4	3	3	3

양력 12월 대설절(丙子月) 大雪 12월8일 12시38분 冬至 12월23일 6시27분

양력		1	2	3	4	5	6	7	8	9	10	11	12	13	14	15	16	17	18	19	20	21	22	23	24	25	26	27	28	29	30	31
요일		月	火	水	木	金	土	日	月	火	水	木	金	土	日	月	火	水	木	金	土	日	月	火	水	木	金	土	日	月	火	水
음력		10/9	10	11	12	13	14	15	16	17	18	19	20	21	22	23	24	25	26	27	28	29	11/1	2	3	4	5	6	7	8	9	10
일진		丁亥	戊子	己丑	庚寅	辛卯	壬辰	癸巳	甲午	乙未	丙申	丁酉	戊戌	己亥	庚子	辛丑	壬寅	癸卯	甲辰	乙巳	丙午	丁未	戊申	己酉	庚戌	辛亥	壬子	癸丑	甲寅	乙卯	丙辰	丁巳
대운	남	8	8	8	9	9	9	10	대설	1	1	1	1	2	2	2	3	3	3	4	4	4	5	동지	5	6	6	6	7	7	7	8
	여	2	2	2	1	1	1	1		9	9	9	8	8	8	7	7	7	6	6	6	5	5		4	4	4	3	3	3	2	2

▶윤달-7월

서기 1920년 [단기 4253년]

양력 1월 소한절(丁丑月) 小寒 1월6일 23시41분 大寒 1월21일 17시4분

양력	1	2	3	4	5	6	7	8	9	10	11	12	13	14	15	16	17	18	19	20	21	22	23	24	25	26	27	28	29	30	31
요일	木	金	土	日	月	火	水	木	金	土	日	月	火	水	木	金	土	日	月	火	水	木	金	土	日	月	火	水	木	金	土
음력	11/11	12	13	14	15	16	17	18	19	20	21	22	23	24	25	26	27	28	29	30	12/1	2	3	4	5	6	7	8	9	10	11
일진	戊午	己未	庚申	辛酉	壬戌	癸亥	甲子	乙丑	丙寅	丁卯	戊辰	己巳	庚午	辛未	壬申	癸酉	甲戌	乙亥	丙子	丁丑	戊寅	己卯	庚辰	辛巳	壬午	癸未	甲申	乙酉	丙戌	丁亥	戊子
대운 남	8	8	9	9	9	소한	1	1	1	1	2	2	2	3	3	3	4	4	4	5	대한	5	6	6	6	7	7	7	8	8	8
대운 여	2	1	1	1	1		10	9	9	9	8	8	8	7	7	7	6	6	6	5		5	4	4	4	3	3	3	2	2	2

양력 2월 입춘절(戊寅月) 立春 2월5일 11시27분 雨水 2월20일 7시29분

양력	1	2	3	4	5	6	7	8	9	10	11	12	13	14	15	16	17	18	19	20	21	22	23	24	25	26	27	28	29		
요일	日	月	火	水	木	金	土	日	月	火	水	木	金	土	日	月	火	水	木	金	土	日	月	火	水	木	金	土	日		
음력	12/12	13	14	15	16	17	18	19	20	21	22	23	24	25	26	27	28	29	30	1/1	2	3	4	5	6	7	8	9	10		
일진	己丑	庚寅	辛卯	壬辰	癸巳	甲午	乙未	丙申	丁酉	戊戌	己亥	庚子	辛丑	壬寅	癸卯	甲辰	乙巳	丙午	丁未	戊申	己酉	庚戌	辛亥	壬子	癸丑	甲寅	乙卯	丙辰	丁巳		
대운 남	9	9	9	10	입춘	10	9	9	9	8	8	8	7	7	7	6	6	6	5	우수	5	4	4	4	3	3	3	2	2		
대운 여	1	1	1	1		1	1	1	1	2	2	2	3	3	3	4	4	4	5		5	6	6	6	7	7	7	8	8		

양력 3월 경칩절(己卯月) 驚蟄 3월6일 5시51분 春分 3월21일 6시59분

양력	1	2	3	4	5	6	7	8	9	10	11	12	13	14	15	16	17	18	19	20	21	22	23	24	25	26	27	28	29	30	31
요일	月	火	水	木	金	土	日	月	火	水	木	金	土	日	月	火	水	木	金	土	日	月	火	水	木	金	土	日	月	火	水
음력	1/11	12	13	14	15	16	17	18	19	20	21	22	23	24	25	26	27	28	29	2/1	2	3	4	5	6	7	8	9	10	11	12
일진	戊午	己未	庚申	辛酉	壬戌	癸亥	甲子	乙丑	丙寅	丁卯	戊辰	己巳	庚午	辛未	壬申	癸酉	甲戌	乙亥	丙子	丁丑	戊寅	己卯	庚辰	辛巳	壬午	癸未	甲申	乙酉	丙戌	丁亥	戊子
대운 남	2	1	1	1	1	경칩	10	9	9	9	8	8	8	7	7	7	6	6	6	5	춘분	5	4	4	4	3	3	3	2	2	2
대운 여	8	9	9	9	10		1	1	1	1	2	2	2	3	3	3	4	4	4	5		5	6	6	6	7	7	7	8	8	8

양력 4월 청명절(庚辰月) 淸明 4월5일 11시15분 穀雨 4월20일 18시39분

양력	1	2	3	4	5	6	7	8	9	10	11	12	13	14	15	16	17	18	19	20	21	22	23	24	25	26	27	28	29	30	
요일	木	金	土	日	月	火	水	木	金	土	日	月	火	水	木	金	土	日	月	火	水	木	金	土	日	月	火	水	木	金	
음력	2/13	14	15	16	17	18	19	20	21	22	23	24	25	26	27	28	29	30	3/1	2	3	4	5	6	7	8	9	10	11	12	
일진	己丑	庚寅	辛卯	壬辰	癸巳	甲午	乙未	丙申	丁酉	戊戌	己亥	庚子	辛丑	壬寅	癸卯	甲辰	乙巳	丙午	丁未	戊申	己酉	庚戌	辛亥	壬子	癸丑	甲寅	乙卯	丙辰	丁巳	戊午	
대운 남	1	1	1	1	청명	10	10	9	9	9	8	8	8	7	7	7	6	6	6	곡우	5	5	4	4	4	3	3	3	2	2	
대운 여	9	9	9	10		1	1	1	1	2	2	2	3	3	3	4	4	4	5		5	6	6	6	7	7	7	8	8	8	

양력 5월 입하절(辛巳月) 立夏 5월6일 5시11분 小滿 5월21일 18시22분

양력	1	2	3	4	5	6	7	8	9	10	11	12	13	14	15	16	17	18	19	20	21	22	23	24	25	26	27	28	29	30	31
요일	土	日	月	火	水	木	金	土	日	月	火	水	木	金	土	日	月	火	水	木	金	土	日	月	火	水	木	金	土	日	月
음력	3/13	14	15	16	17	18	19	20	21	22	23	24	25	26	27	28	29	4/1	2	3	4	5	6	7	8	9	10	11	12	13	14
일진	己未	庚申	辛酉	壬戌	癸亥	甲子	乙丑	丙寅	丁卯	戊辰	己巳	庚午	辛未	壬申	癸酉	甲戌	乙亥	丙子	丁丑	戊寅	己卯	庚辰	辛巳	壬午	癸未	甲申	乙酉	丙戌	丁亥	戊子	己丑
대운 남	2	1	1	1	1	입하	10	10	9	9	9	8	8	8	7	7	7	6	6	6	소만	5	5	4	4	4	3	3	3	2	2
대운 여	9	9	9	10	10		1	1	1	1	2	2	2	3	3	3	4	4	4	5		5	6	6	6	7	7	7	8	8	8

양력 6월 망종절(壬午月) 芒種 6월6일 9시50분 夏至 6월22일 2시40분

양력	1	2	3	4	5	6	7	8	9	10	11	12	13	14	15	16	17	18	19	20	21	22	23	24	25	26	27	28	29	30	
요일	火	水	木	金	土	日	月	火	水	木	金	土	日	月	火	水	木	金	土	日	月	火	水	木	金	土	日	月	火	水	
음력	4/15	16	17	18	19	20	21	22	23	24	25	26	27	28	29	5/1	2	3	4	5	6	7	8	9	10	11	12	13	14	15	
일진	庚寅	辛卯	壬辰	癸巳	甲午	乙未	丙申	丁酉	戊戌	己亥	庚子	辛丑	壬寅	癸卯	甲辰	乙巳	丙午	丁未	戊申	己酉	庚戌	辛亥	壬子	癸丑	甲寅	乙卯	丙辰	丁巳	戊午	己未	
대운 남	2	1	1	1	1	망종	10	10	9	9	9	8	8	8	7	7	7	6	6	6	5	하지	5	4	4	4	3	3	3	2	
대운 여	9	9	9	10	10		1	1	1	1	2	2	2	3	3	3	4	4	4	5	5		6	6	6	7	7	7	8	8	

庚申年

양력 7월 소서절(癸未月) 小暑 7월7일 20시19분 大暑 7월23일 13시35분

양력		1	2	3	4	5	6	7	8	9	10	11	12	13	14	15	16	17	18	19	20	21	22	23	24	25	26	27	28	29	30	31
요일		木	金	土	日	月	火	水	木	金	土	日	月	火	水	木	金	土	日	月	火	水	木	金	土	日	月	火	水	木	金	土
음력		5/16	17	18	19	20	21	22	23	24	25	26	27	28	29	30	6/1	2	3	4	5	6	7	8	9	10	11	12	13	14	15	16
일진		庚申	辛酉	壬戌	癸亥	甲子	乙丑	丙寅	丁卯	戊辰	己巳	庚午	辛未	壬申	癸酉	甲戌	乙亥	丙子	丁丑	戊寅	己卯	庚辰	辛巳	壬午	癸未	甲申	乙酉	丙戌	丁亥	戊子	己丑	庚寅
대운	남	2	2	1	1	1	1	소	10	10	10	9	9	9	8	8	8	7	7	7	6	6	6	대	5	5	4	4	4	3	3	3
	여	8	9	9	9	10	10	서	1	1	1	1	2	2	2	3	3	3	4	4	4	5	5	서	6	6	6	7	7	7	8	8

양력 8월 입추절(甲申月) 立秋 8월8일 5시58분 處暑 8월23일 20시21분

양력		1	2	3	4	5	6	7	8	9	10	11	12	13	14	15	16	17	18	19	20	21	22	23	24	25	26	27	28	29	30	31
요일		日	月	火	水	木	金	土	日	月	火	水	木	金	土	日	月	火	水	木	金	土	日	月	火	水	木	金	土	日	月	火
음력		6/17	18	19	20	21	22	23	24	25	26	27	28	29	7/1	2	3	4	5	6	7	8	9	10	11	12	13	14	15	16	17	18
일진		辛卯	壬辰	癸巳	甲午	乙未	丙申	丁酉	戊戌	己亥	庚子	辛丑	壬寅	癸卯	甲辰	乙巳	丙午	丁未	戊申	己酉	庚戌	辛亥	壬子	癸丑	甲寅	乙卯	丙辰	丁巳	戊午	己未	庚申	辛酉
대운	남	2	2	2	1	1	1	1	입	10	10	9	9	9	8	8	8	7	7	7	6	6	6	처	5	5	4	4	4	3	3	3
	여	8	9	9	9	10	10	10	추	1	1	1	1	2	2	2	3	3	3	4	4	4	5	서	5	6	6	6	7	7	7	8

양력 9월 백로절(乙酉月) 白露 9월8일 8시27분 秋分 9월23일 17시28분

양력		1	2	3	4	5	6	7	8	9	10	11	12	13	14	15	16	17	18	19	20	21	22	23	24	25	26	27	28	29	30
요일		水	木	金	土	日	月	火	水	木	金	土	日	月	火	水	木	金	土	日	月	火	水	木	金	土	日	月	火	水	木
음력		7/19	20	21	22	23	24	25	26	27	28	29	8/1	2	3	4	5	6	7	8	9	10	11	12	13	14	15	16	17	18	19
일진		壬戌	癸亥	甲子	乙丑	丙寅	丁卯	戊辰	己巳	庚午	辛未	壬申	癸酉	甲戌	乙亥	丙子	丁丑	戊寅	己卯	庚辰	辛巳	壬午	癸未	甲申	乙酉	丙戌	丁亥	戊子	己丑	庚寅	辛卯
대운	남	2	2	2	1	1	1	1	백	10	9	9	9	8	8	8	7	7	7	6	6	6	5	추	5	4	4	4	3	3	3
	여	8	8	9	9	9	10	10	로	1	1	1	1	2	2	2	3	3	3	4	4	4	5	분	5	6	6	6	7	7	7

양력 10월 한로절(丙戌月) 寒露 10월8일 23시29분 霜降 10월24일 2시13분

양력		1	2	3	4	5	6	7	8	9	10	11	12	13	14	15	16	17	18	19	20	21	22	23	24	25	26	27	28	29	30	31
요일		金	土	日	月	火	水	木	金	土	日	月	火	水	木	金	土	日	月	火	水	木	金	土	日	月	火	水	木	金	土	日
음력		8/20	21	22	23	24	25	26	27	28	29	30	9/1	2	3	4	5	6	7	8	9	10	11	12	13	14	15	16	17	18	19	20
일진		壬辰	癸巳	甲午	乙未	丙申	丁酉	戊戌	己亥	庚子	辛丑	壬寅	癸卯	甲辰	乙巳	丙午	丁未	戊申	己酉	庚戌	辛亥	壬子	癸丑	甲寅	乙卯	丙辰	丁巳	戊午	己未	庚申	辛酉	壬戌
대운	남	2	2	2	1	1	1	1	한	10	10	9	9	9	8	8	8	7	7	7	6	6	6	5	상	5	4	4	4	3	3	3
	여	8	8	8	9	9	9	10	로	1	1	1	1	2	2	2	3	3	3	4	4	4	5	5	강	6	6	6	7	7	7	8

양력 11월 입동절(丁亥月) 立冬 11월8일 2시5분 小雪 11월22일 23시15분

양력		1	2	3	4	5	6	7	8	9	10	11	12	13	14	15	16	17	18	19	20	21	22	23	24	25	26	27	28	29	30
요일		月	火	水	木	金	土	日	月	火	水	木	金	土	日	月	火	水	木	金	土	日	月	火	水	木	金	土	日	月	火
음력		9/21	22	23	24	25	26	27	28	29	30	10/1	2	3	4	5	6	7	8	9	10	11	12	13	14	15	16	17	18	19	20
일진		癸亥	甲子	乙丑	丙寅	丁卯	戊辰	己巳	庚午	辛未	壬申	癸酉	甲戌	乙亥	丙子	丁丑	戊寅	己卯	庚辰	辛巳	壬午	癸未	甲申	乙酉	丙戌	丁亥	戊子	己丑	庚寅	辛卯	壬辰
대운	남	2	2	2	1	1	1	1	입	9	9	9	8	8	8	7	7	7	6	6	6	5	소	5	4	4	4	3	3	3	2
	여	8	8	9	9	9	10	10	동	1	1	1	1	2	2	2	3	3	3	4	4	4	설	5	5	6	6	6	7	7	7

양력 12월 대설절(戊子月) 大雪 12월7일 18시30분 冬至 12월22일 12시17분

양력		1	2	3	4	5	6	7	8	9	10	11	12	13	14	15	16	17	18	19	20	21	22	23	24	25	26	27	28	29	30	31
요일		水	木	金	土	日	月	火	水	木	金	土	日	月	火	水	木	金	土	日	月	火	水	木	金	土	日	月	火	水	木	金
음력		10/21	22	23	24	25	26	27	28	29	11/1	2	3	4	5	6	7	8	9	10	11	12	13	14	15	16	17	18	19	20	21	22
일진		癸巳	甲午	乙未	丙申	丁酉	戊戌	己亥	庚子	辛丑	壬寅	癸卯	甲辰	乙巳	丙午	丁未	戊申	己酉	庚戌	辛亥	壬子	癸丑	甲寅	乙卯	丙辰	丁巳	戊午	己未	庚申	辛酉	壬戌	癸亥
대운	남	2	2	1	1	1	1	대	10	9	9	9	8	8	8	7	7	7	6	6	6	5	동	5	4	4	4	3	3	3	2	2
	여	8	8	8	9	9	9	설	1	1	1	1	2	2	2	3	3	3	4	4	4	5	지	5	6	6	6	7	7	7	8	8

서기 1921년 [단기 4254년]

양력 1월 소한절(己丑月) 小寒 1월6일 5시34분 大寒 1월20일 22시55분

양력	1	2	3	4	5	6	7	8	9	10	11	12	13	14	15	16	17	18	19	20	21	22	23	24	25	26	27	28	29	30	31
요일	土	日	月	火	水	木	金	土	日	月	火	水	木	金	土	日	月	火	水	木	金	土	日	月	火	水	木	金	土	日	月
음력	11/23	24	25	26	27	28	29	30	12/1	2	3	4	5	6	7	8	9	10	11	12	13	14	15	16	17	18	19	20	21	22	23
일진	甲子	乙丑	丙寅	丁卯	戊辰	己巳	庚午	辛未	壬申	癸酉	甲戌	乙亥	丙子	丁丑	戊寅	己卯	庚辰	辛巳	壬午	癸未	甲申	乙酉	丙戌	丁亥	戊子	己丑	庚寅	辛卯	壬辰	癸巳	甲午
대운 남	2	1	1	1	1	소	9	9	9	8	8	8	7	7	7	6	6	6	5	대	5	4	4	4	3	3	3	2	2	2	1
대운 여	8	9	9	9	10	한	1	1	1	1	2	2	2	3	3	3	4	4	4	한	5	5	6	6	6	7	7	7	8	8	8

양력 2월 입춘절(庚寅月) 立春 2월4일 17시20분 雨水 2월19일 13시20분

양력	1	2	3	4	5	6	7	8	9	10	11	12	13	14	15	16	17	18	19	20	21	22	23	24	25	26	27	28			
요일	火	水	木	金	土	日	月	火	水	木	金	土	日	月	火	水	木	金	土	日	月	火	水	木	金	土	日	月			
음력	12/24	25	26	27	28	29	30	1/1	2	3	4	5	6	7	8	9	10	11	12	13	14	15	16	17	18	19	20	21			
일진	乙未	丙申	丁酉	戊戌	己亥	庚子	辛丑	壬寅	癸卯	甲辰	乙巳	丙午	丁未	戊申	己酉	庚戌	辛亥	壬子	癸丑	甲寅	乙卯	丙辰	丁巳	戊午	己未	庚申	辛酉	壬戌			
대운 남	1	1	1	입	1	1	1	1	2	2	2	3	3	3	4	4	4	5	우	5	6	6	6	7	7	7	8	8			
대운 여	9	9	9	춘	10	9	9	9	8	8	8	7	7	7	6	6	6	5	수	5	4	4	4	3	3	3	2	2			

양력 3월 경칩절(辛卯月) 驚蟄 3월6일 11시45분 春分 3월21일 12시51분

양력	1	2	3	4	5	6	7	8	9	10	11	12	13	14	15	16	17	18	19	20	21	22	23	24	25	26	27	28	29	30	31
요일	火	水	木	金	土	日	月	火	水	木	金	土	日	月	火	水	木	金	土	日	月	火	水	木	金	土	日	月	火	水	木
음력	1/22	23	24	25	26	27	28	29	30	2/1	2	3	4	5	6	7	8	9	10	11	12	13	14	15	16	17	18	19	20	21	22
일진	癸亥	甲子	乙丑	丙寅	丁卯	戊辰	己巳	庚午	辛未	壬申	癸酉	甲戌	乙亥	丙子	丁丑	戊寅	己卯	庚辰	辛巳	壬午	癸未	甲申	乙酉	丙戌	丁亥	戊子	己丑	庚寅	辛卯	壬辰	癸巳
대운 남	8	9	9	9	10	경	1	1	1	1	2	2	2	3	3	3	4	4	4	5	춘	5	6	6	6	7	7	7	8	8	8
대운 여	2	1	1	1	1	칩	10	9	9	9	8	8	8	7	7	7	6	6	6	5	분	5	4	4	4	3	3	3	2	2	2

양력 4월 청명절(壬辰月) 清明 4월5일 17시9분 穀雨 4월21일 0시32분

양력	1	2	3	4	5	6	7	8	9	10	11	12	13	14	15	16	17	18	19	20	21	22	23	24	25	26	27	28	29	30	
요일	金	土	日	月	火	水	木	金	土	日	月	火	水	木	金	土	日	月	火	水	木	金	土	日	月	火	水	木	金	土	
음력	2/23	24	25	26	27	28	29	3/1	2	3	4	5	6	7	8	9	10	11	12	13	14	15	16	17	18	19	20	21	22	23	
일진	甲午	乙未	丙申	丁酉	戊戌	己亥	庚子	辛丑	壬寅	癸卯	甲辰	乙巳	丙午	丁未	戊申	己酉	庚戌	辛亥	壬子	癸丑	甲寅	乙卯	丙辰	丁巳	戊午	己未	庚申	辛酉	壬戌	癸亥	
대운 남	9	9	9	10	청	1	1	1	1	2	2	2	3	3	3	4	4	4	5	5	곡	6	6	6	7	7	7	8	8	8	
대운 여	1	1	1	1	명	10	10	9	9	9	8	8	8	7	7	7	6	6	6	5	우	5	4	4	4	3	3	3	2	2	

양력 5월 입하절(癸巳月) 立夏 5월6일 11시4분 小滿 5월22일 0시17분

양력	1	2	3	4	5	6	7	8	9	10	11	12	13	14	15	16	17	18	19	20	21	22	23	24	25	26	27	28	29	30	31
요일	日	月	火	水	木	金	土	日	月	火	水	木	金	土	日	月	火	水	木	金	土	日	月	火	水	木	金	土	日	月	火
음력	3/24	25	26	27	28	29	30	4/1	2	3	4	5	6	7	8	9	10	11	12	13	14	15	16	17	18	19	20	21	22	23	24
일진	甲子	乙丑	丙寅	丁卯	戊辰	己巳	庚午	辛未	壬申	癸酉	甲戌	乙亥	丙子	丁丑	戊寅	己卯	庚辰	辛巳	壬午	癸未	甲申	乙酉	丙戌	丁亥	戊子	己丑	庚寅	辛卯	壬辰	癸巳	甲午
대운 남	9	9	9	10	10	입	1	1	1	1	2	2	2	3	3	3	4	4	4	5	5	소	6	6	6	7	7	7	8	8	8
대운 여	2	1	1	1	1	하	10	10	9	9	9	8	8	8	7	7	7	6	6	6	5	만	5	4	4	4	3	3	3	2	2

양력 6월 망종절(甲午月) 芒種 6월6일 15시42분 夏至 6월22일 8시36분

양력	1	2	3	4	5	6	7	8	9	10	11	12	13	14	15	16	17	18	19	20	21	22	23	24	25	26	27	28	29	30	
요일	水	木	金	土	日	月	火	水	木	金	土	日	月	火	水	木	金	土	日	月	火	水	木	金	土	日	月	火	水	木	
음력	4/25	26	27	28	29	5/1	2	3	4	5	6	7	8	9	10	11	12	13	14	15	16	17	18	19	20	21	22	23	24	25	
일진	乙未	丙申	丁酉	戊戌	己亥	庚子	辛丑	壬寅	癸卯	甲辰	乙巳	丙午	丁未	戊申	己酉	庚戌	辛亥	壬子	癸丑	甲寅	乙卯	丙辰	丁巳	戊午	己未	庚申	辛酉	壬戌	癸亥	甲子	
대운 남	9	9	9	10	10	망	1	1	1	1	2	2	2	3	3	3	4	4	4	5	5	하	6	6	6	7	7	7	8	8	
대운 여	2	1	1	1	1	종	10	10	10	9	9	9	8	8	8	7	7	7	6	6	6	지	5	5	4	4	4	3	3	3	

辛酉年

양력 7월 소서절(乙未月) 小暑 7월8일 2시7분 大暑 7월23일 19시30분

양력	1	2	3	4	5	6	7	8	9	10	11	12	13	14	15	16	17	18	19	20	21	22	23	24	25	26	27	28	29	30	31
요일	金	土	日	月	火	水	木	金	土	日	月	火	水	木	金	土	日	月	火	水	木	金	土	日	月	火	水	木	金	土	日
음력	5/26	27	28	29	6/1	2	3	4	5	6	7	8	9	10	11	12	13	14	15	16	17	18	19	20	21	22	23	24	25	26	27
일진	乙丑	丙寅	丁卯	戊辰	己巳	庚午	辛未	壬申	癸酉	甲戌	乙亥	丙子	丁丑	戊寅	己卯	庚辰	辛巳	壬午	癸未	甲申	乙酉	丙戌	丁亥	戊子	己丑	庚寅	辛卯	壬辰	癸巳	甲午	乙未
대운 남	8	9	9	9	10	10	10	소	1	1	1	1	2	2	2	3	3	3	4	4	4	5	대	5	6	6	6	7	7	7	8
대운 여	2	2	2	1	1	1	1	서	10	10	9	9	9	8	8	8	7	7	7	6	6	6	서	5	5	4	4	4	3	3	3

양력 8월 입추절(丙申月) 立秋 8월8일 11시44분 處暑 8월24일 2시15분

양력	1	2	3	4	5	6	7	8	9	10	11	12	13	14	15	16	17	18	19	20	21	22	23	24	25	26	27	28	29	30	31
요일	月	火	水	木	金	土	日	月	火	水	木	金	土	日	月	火	水	木	金	土	日	月	火	水	木	金	土	日	月	火	水
음력	6/28	29	30	7/1	2	3	4	5	6	7	8	9	10	11	12	13	14	15	16	17	18	19	20	21	22	23	24	25	26	27	28
일진	丙申	丁酉	戊戌	己亥	庚子	辛丑	壬寅	癸卯	甲辰	乙巳	丙午	丁未	戊申	己酉	庚戌	辛亥	壬子	癸丑	甲寅	乙卯	丙辰	丁巳	戊午	己未	庚申	辛酉	壬戌	癸亥	甲子	乙丑	丙寅
대운 남	8	8	9	9	9	10	10	입	1	1	1	1	2	2	2	3	3	3	4	4	4	5	5	처	6	6	6	7	7	7	8
대운 여	2	2	2	1	1	1	1	추	10	10	9	9	9	8	8	8	7	7	7	6	6	6	5.	서	5	4	4	4	3	3	3

양력 9월 백로절(丁酉月) 白露 9월8일 14시10분 秋分 9월23일 23시20분

양력	1	2	3	4	5	6	7	8	9	10	11	12	13	14	15	16	17	18	19	20	21	22	23	24	25	26	27	28	29	30	
요일	木	金	土	日	月	火	水	木	金	土	日	月	火	水	木	金	土	日	月	火	水	木	金	土	日	月	火	水	木	金	
음력	7/29	8/1	2	3	4	5	6	7	8	9	10	11	12	13	14	15	16	17	18	19	20	21	22	23	24	25	26	27	28	29	
일진	丁卯	戊辰	己巳	庚午	辛未	壬申	癸酉	甲戌	乙亥	丙子	丁丑	戊寅	己卯	庚辰	辛巳	壬午	癸未	甲申	乙酉	丙戌	丁亥	戊子	己丑	庚寅	辛卯	壬辰	癸巳	甲午	乙未	丙申	
대운 남	8	8	9	9	9	10	10	백	1	1	1	1	2	2	2	3	3	3	4	4	4	5	추	5	6	6	6	7	7	7	
대운 여	2	2	2	1	1	1	1	로	10	10	9	9	9	8	8	8	7	7	7	6	6	6	분	5	5	4	4	4	3	3	

양력 10월 한로절(戊戌月) 寒露 10월9일 5시11분 霜降 10월24일 8시2분

양력	1	2	3	4	5	6	7	8	9	10	11	12	13	14	15	16	17	18	19	20	21	22	23	24	25	26	27	28	29	30	31
요일	土	日	月	火	水	木	金	土	日	月	火	水	木	金	土	日	月	火	水	木	金	土	日	月	火	水	木	金	土	日	月
음력	9/1	2	3	4	5	6	7	8	9	10	11	12	13	14	15	16	17	18	19	20	21	22	23	24	25	26	27	28	29	30	10/1
일진	丁酉	戊戌	己亥	庚子	辛丑	壬寅	癸卯	甲辰	乙巳	丙午	丁未	戊申	己酉	庚戌	辛亥	壬子	癸丑	甲寅	乙卯	丙辰	丁巳	戊午	己未	庚申	辛酉	壬戌	癸亥	甲子	乙丑	丙寅	丁卯
대운 남	8	8	8	9	9	9	10	10	한	1	1	1	1	2	2	2	3	3	3	4	4	4	5	상	5	6	6	6	7	7	7
대운 여	3	2	2	2	1	1	1	1	로	10	9	9	9	8	8	8	7	7	7	6	6	6	5	강	5	4	4	4	3	3	3

양력 11월 입동절(己亥月) 立冬 11월8일 7시46분 小雪 11월23일 5시5분

양력	1	2	3	4	5	6	7	8	9	10	11	12	13	14	15	16	17	18	19	20	21	22	23	24	25	26	27	28	29	30	
요일	火	水	木	金	土	日	月	火	水	木	金	土	日	月	火	水	木	金	土	日	月	火	水	木	金	土	日	月	火	水	
음력	10/2	3	4	5	6	7	8	9	10	11	12	13	14	15	16	17	18	19	20	21	22	23	24	25	26	27	28	29	11/1	2	
일진	戊辰	己巳	庚午	辛未	壬申	癸酉	甲戌	乙亥	丙子	丁丑	戊寅	己卯	庚辰	辛巳	壬午	癸未	甲申	乙酉	丙戌	丁亥	戊子	己丑	庚寅	辛卯	壬辰	癸巳	甲午	乙未	丙申	丁酉	
대운 남	8	8	8	9	9	9	10	입	1	1	1	1	2	2	2	3	3	3	4	4	4	5	소	5	6	6	6	7	7	7	
대운 여	2	2	2	1	1	1	1	동	10	9	9	9	8	8	8	7	7	7	6	6	6	5	설	5	4	4	4	3	3	3	

양력 12월 대설절(庚子月) 大雪 12월8일 0시12분 冬至 12월22일 18시7분

양력	1	2	3	4	5	6	7	8	9	10	11	12	13	14	15	16	17	18	19	20	21	22	23	24	25	26	27	28	29	30	31
요일	木	金	土	日	月	火	水	木	金	土	日	月	火	水	木	金	土	日	月	火	水	木	金	土	日	月	火	水	木	金	土
음력	11/3	4	5	6	7	8	9	10	11	12	13	14	15	16	17	18	19	20	21	22	23	24	25	26	27	28	29	30	12/1	2	3
일진	戊戌	己亥	庚子	辛丑	壬寅	癸卯	甲辰	乙巳	丙午	丁未	戊申	己酉	庚戌	辛亥	壬子	癸丑	甲寅	乙卯	丙辰	丁巳	戊午	己未	庚申	辛酉	壬戌	癸亥	甲子	乙丑	丙寅	丁卯	戊辰
대운 남	8	8	8	9	9	9	10	대	1	1	1	1	2	2	2	3	3	3	4	4	4	동	5	5	6	6	6	7	7	7	8
대운 여	2	2	2	1	1	1	1	설	9	9	9	8	8	8	7	7	7	6	6	6	5	지	5	4	4	4	3	3	3	2	2

서기 1922년 [단기 4255년]

양력 1월 소한절(辛丑月) 小寒 1월6일 11시17분 大寒 1월21일 4시48분

양력		1	2	3	4	5	6	7	8	9	10	11	12	13	14	15	16	17	18	19	20	21	22	23	24	25	26	27	28	29	30	31
요일		日	月	火	水	木	金	土	日	月	火	水	木	金	土	日	月	火	水	木	金	土	日	月	火	水	木	金	土	日	月	火
음력		12/4	5	6	7	8	9	10	11	12	13	14	15	16	17	18	19	20	21	22	23	24	25	26	27	28	29	30	1/1	2	3	4
일진		己巳	庚午	辛未	壬申	癸酉	甲戌	乙亥	丙子	丁丑	戊寅	己卯	庚辰	辛巳	壬午	癸未	甲申	乙酉	丙戌	丁亥	戊子	己丑	庚寅	辛卯	壬辰	癸巳	甲午	乙未	丙申	丁酉	戊戌	己亥
대운	남	8	8	9	9	9	소	1	1	1	1	2	2	2	3	3	3	4	4	4	5	대	5	6	6	6	7	7	7	8	8	8
	여	2	1	1	1	1	한	9	9	9	8	8	8	7	7	7	6	6	6	5	5	한	4	4	4	3	3	3	2	2	2	1

양력 2월 입춘절(壬寅月) 立春 2월4일 23시6분 雨水 2월19일 19시16분

양력		1	2	3	4	5	6	7	8	9	10	11	12	13	14	15	16	17	18	19	20	21	22	23	24	25	26	27	28			
요일		水	木	金	土	日	月	火	水	木	金	土	日	月	火	水	木	金	土	日	月	火	水	木	金	土	日	月	火			
음력		1/5	6	7	8	9	10	11	12	13	14	15	16	17	18	19	20	21	22	23	24	25	26	27	28	29	30	2/1	2			
일진		庚子	辛丑	壬寅	癸卯	甲辰	乙巳	丙午	丁未	戊申	己酉	庚戌	辛亥	壬子	癸丑	甲寅	乙卯	丙辰	丁巳	戊午	己未	庚申	辛酉	壬戌	癸亥	甲子	乙丑	丙寅	丁卯			
대운	남	9	9	9	입	10	9	9	9	8	8	8	7	7	7	6	6	6	5	우	5	4	4	4	3	3	3	2	2			
	여	1	1	1	춘	1	1	1	1	2	2	2	3	3	3	4	4	4	5	수	5	6	6	6	7	7	7	8	8			

양력 3월 경칩절(癸卯月) 驚蟄 3월6일 17시34분 春分 3월21일 18시49분

양력		1	2	3	4	5	6	7	8	9	10	11	12	13	14	15	16	17	18	19	20	21	22	23	24	25	26	27	28	29	30	31
요일		水	木	金	土	日	月	火	水	木	金	土	日	月	火	水	木	金	土	日	月	火	水	木	金	土	日	月	火	水	木	金
음력		2/3	4	5	6	7	8	9	10	11	12	13	14	15	16	17	18	19	20	21	22	23	24	25	26	27	28	29	3/1	2	3	4
일진		戊辰	己巳	庚午	辛未	壬申	癸酉	甲戌	乙亥	丙子	丁丑	戊寅	己卯	庚辰	辛巳	壬午	癸未	甲申	乙酉	丙戌	丁亥	戊子	己丑	庚寅	辛卯	壬辰	癸巳	甲午	乙未	丙申	丁酉	戊戌
대운	남	2	1	1	1	1	경	10	9	9	9	8	8	8	7	7	7	6	6	6	5	춘	5	4	4	4	3	3	3	2	2	2
	여	8	9	9	9	10	칩	1	1	1	1	2	2	2	3	3	3	4	4	4	5	분	5	6	6	6	7	7	7	8	8	8

양력 4월 청명절(甲辰月) 清明 4월5일 22시58분 穀雨 4월21일 6시29분

양력		1	2	3	4	5	6	7	8	9	10	11	12	13	14	15	16	17	18	19	20	21	22	23	24	25	26	27	28	29	30	
요일		土	日	月	火	水	木	金	土	日	月	火	水	木	金	土	日	月	火	水	木	金	土	日	月	火	水	木	金	土	日	
음력		3/5	6	7	8	9	10	11	12	13	14	15	16	17	18	19	20	21	22	23	24	25	26	27	28	29	30	4/1	2	3	4	
일진		己亥	庚子	辛丑	壬寅	癸卯	甲辰	乙巳	丙午	丁未	戊申	己酉	庚戌	辛亥	壬子	癸丑	甲寅	乙卯	丙辰	丁巳	戊午	己未	庚申	辛酉	壬戌	癸亥	甲子	乙丑	丙寅	丁卯	戊辰	
대운	남	1	1	1	1	청	10	10	9	9	9	8	8	8	7	7	7	6	6	6	5	곡	5	4	4	4	3	3	3	2	2	
	여	9	9	9	10	명	1	1	1	1	2	2	2	3	3	3	4	4	4	5	5	우	6	6	6	7	7	7	8	8	8	

양력 5월 입하절(乙巳月) 立夏 5월6일 16시53분 小滿 5월22일 6시10분

양력		1	2	3	4	5	6	7	8	9	10	11	12	13	14	15	16	17	18	19	20	21	22	23	24	25	26	27	28	29	30	31
요일		月	火	水	木	金	土	日	月	火	水	木	金	土	日	月	火	水	木	金	土	日	月	火	水	木	金	土	日	月	火	水
음력		4/5	6	7	8	9	10	11	12	13	14	15	16	17	18	19	20	21	22	23	24	25	26	27	28	29	30	5/1	2	3	4	5
일진		己巳	庚午	辛未	壬申	癸酉	甲戌	乙亥	丙子	丁丑	戊寅	己卯	庚辰	辛巳	壬午	癸未	甲申	乙酉	丙戌	丁亥	戊子	己丑	庚寅	辛卯	壬辰	癸巳	甲午	乙未	丙申	丁酉	戊戌	己亥
대운	남	2	1	1	1	1	입	10	10	9	9	9	8	8	8	7	7	7	6	6	6	5	소	5	4	4	4	3	3	3	2	2
	여	9	9	9	10	10	하	1	1	1	1	2	2	2	3	3	3	4	4	4	5	5	만	6	6	6	7	7	7	8	8	8

양력 6월 망종절(丙午月) 芒種 6월6일 21시30분 夏至 6월22일 14시27분

양력		1	2	3	4	5	6	7	8	9	10	11	12	13	14	15	16	17	18	19	20	21	22	23	24	25	26	27	28	29	30	
요일		木	金	土	日	月	火	水	木	金	土	日	月	火	水	木	金	土	日	月	火	水	木	金	土	日	月	火	水	木	金	
음력		5/6	7	8	9	10	11	12	13	14	15	16	17	18	19	20	21	22	23	24	25	26	27	28	29	윤1	2	3	4	5	6	
일진		庚子	辛丑	壬寅	癸卯	甲辰	乙巳	丙午	丁未	戊申	己酉	庚戌	辛亥	壬子	癸丑	甲寅	乙卯	丙辰	丁巳	戊午	己未	庚申	辛酉	壬戌	癸亥	甲子	乙丑	丙寅	丁卯	戊辰	己巳	
대운	남	2	1	1	1	1	망	10	10	10	9	9	9	8	8	8	7	7	7	6	6	6	하	5	5	4	4	4	3	3	3	
	여	9	9	9	10	10	종	1	1	1	1	2	2	2	3	3	3	4	4	4	5	5	지	6	6	6	7	7	7	8	8	

▶ 윤달-5월

壬戌年

양력 7월 소서절(丁未月) 小暑 7월8일 7시58분 大暑 7월24일 1시20분

양력		1	2	3	4	5	6	7	8	9	10	11	12	13	14	15	16	17	18	19	20	21	22	23	24	25	26	27	28	29	30	31
요일		土	日	月	火	水	木	金	土	日	月	火	水	木	金	土	日	月	火	水	木	金	土	日	月	火	水	木	金	土	日	月
음력		윤7	8	9	10	11	12	13	14	15	16	17	18	19	20	21	22	23	24	25	26	27	28	29	6/1	2	3	4	5	6	7	8
일진		庚午	辛未	壬申	癸酉	甲戌	乙亥	丙子	丁丑	戊寅	己卯	庚辰	辛巳	壬午	癸未	甲申	乙酉	丙戌	丁亥	戊子	己丑	庚寅	辛卯	壬辰	癸巳	甲午	乙未	丙申	丁酉	戊戌	己亥	庚子
대운	남	2	2	2	1	1	1	1	소	10	10	9	9	9	8	8	8	7	7	7	6	6	6	5	대	5	4	4	4	3	3	3
	여	8	9	9	9	10	10	10	서	1	1	1	1	2	2	2	3	3	3	4	4	4	5	5	서	6	6	6	7	7	7	8

양력 8월 입추절(戊申月) 立秋 8월8일 17시37분 處暑 8월24일 8시4분

양력		1	2	3	4	5	6	7	8	9	10	11	12	13	14	15	16	17	18	19	20	21	22	23	24	25	26	27	28	29	30	31
요일		火	水	木	金	土	日	月	火	水	木	金	土	日	月	火	水	木	金	土	日	月	火	水	木	金	土	日	月	火	水	木
음력		6/9	10	11	12	13	14	15	16	17	18	19	20	21	22	23	24	25	26	27	28	29	30	7/1	2	3	4	5	6	7	8	9
일진		辛丑	壬寅	癸卯	甲辰	乙巳	丙午	丁未	戊申	己酉	庚戌	辛亥	壬子	癸丑	甲寅	乙卯	丙辰	丁巳	戊午	己未	庚申	辛酉	壬戌	癸亥	甲子	乙丑	丙寅	丁卯	戊辰	己巳	庚午	辛未
대운	남	2	2	2	1	1	1	1	입	10	10	9	9	9	8	8	8	7	7	7	6	6	6	5	처	5	4	4	4	3	3	3
	여	8	8	9	9	9	10	10	추	1	1	1	1	2	2	2	3	3	3	4	4	4	5	5	서	6	6	6	7	7	7	8

양력 9월 백로절(己酉月) 白露 9월8일 20시6분 秋分 9월24일 5시10분

양력		1	2	3	4	5	6	7	8	9	10	11	12	13	14	15	16	17	18	19	20	21	22	23	24	25	26	27	28	29	30
요일		金	土	日	月	火	水	木	金	土	日	月	火	水	木	金	土	日	月	火	水	木	金	土	日	月	火	水	木	金	土
음력		7/10	11	12	13	14	15	16	17	18	19	20	21	22	23	24	25	26	27	28	29	8/1	2	3	4	5	6	7	8	9	10
일진		壬申	癸酉	甲戌	乙亥	丙子	丁丑	戊寅	己卯	庚辰	辛巳	壬午	癸未	甲申	乙酉	丙戌	丁亥	戊子	己丑	庚寅	辛卯	壬辰	癸巳	甲午	乙未	丙申	丁酉	戊戌	己亥	庚子	辛丑
대운	남	2	2	2	1	1	1	1	백	10	10	9	9	9	8	8	8	7	7	7	6	6	6	5	추	5	4	4	4	3	3
	여	8	8	9	9	9	10	10	로	1	1	1	1	2	2	2	3	3	3	4	4	4	5	5	분	6	6	6	7	7	7

양력 10월 한로절(庚戌月) 寒露 10월9일 11시9분 霜降 10월24일 13시53분

양력		1	2	3	4	5	6	7	8	9	10	11	12	13	14	15	16	17	18	19	20	21	22	23	24	25	26	27	28	29	30	31
요일		日	月	火	水	木	金	土	日	月	火	水	木	金	土	日	月	火	水	木	金	土	日	月	火	水	木	金	土	日	月	火
음력		8/11	12	13	14	15	16	17	18	19	20	21	22	23	24	25	26	27	28	29	9/1	2	3	4	5	6	7	8	9	10	11	12
일진		壬寅	癸卯	甲辰	乙巳	丙午	丁未	戊申	己酉	庚戌	辛亥	壬子	癸丑	甲寅	乙卯	丙辰	丁巳	戊午	己未	庚申	辛酉	壬戌	癸亥	甲子	乙丑	丙寅	丁卯	戊辰	己巳	庚午	辛未	壬申
대운	남	3	2	2	2	1	1	1	1	한	10	9	9	9	8	8	8	7	7	7	6	6	6	5	상	5	4	4	4	3	3	3
	여	8	8	8	9	9	9	10	10	로	1	1	1	1	2	2	2	3	3	3	4	4	4	5	강	5	6	6	6	7	7	7

양력 11월 입동절(辛亥月) 立冬 11월8일 13시45분 小雪 11월23일 10시55분

양력		1	2	3	4	5	6	7	8	9	10	11	12	13	14	15	16	17	18	19	20	21	22	23	24	25	26	27	28	29	30
요일		水	木	金	土	日	月	火	水	木	金	土	日	月	火	水	木	金	土	日	月	火	水	木	金	土	日	月	火	水	木
음력		9/13	14	15	16	17	18	19	20	21	22	23	24	25	26	27	28	29	30	10/1	2	3	4	5	6	7	8	9	10	11	12
일진		癸酉	甲戌	乙亥	丙子	丁丑	戊寅	己卯	庚辰	辛巳	壬午	癸未	甲申	乙酉	丙戌	丁亥	戊子	己丑	庚寅	辛卯	壬辰	癸巳	甲午	乙未	丙申	丁酉	戊戌	己亥	庚子	辛丑	壬寅
대운	남	2	2	2	1	1	1	1	입	10	9	9	9	8	8	8	7	7	7	6	6	6	5	소	5	4	4	4	3	3	3
	여	8	8	8	9	9	9	10	동	1	1	1	1	2	2	2	3	3	3	4	4	4	5	설	5	6	6	6	7	7	7

양력 12월 대설절(壬子月) 大雪 12월8일 6시11분 冬至 12월22일 23시57분

양력		1	2	3	4	5	6	7	8	9	10	11	12	13	14	15	16	17	18	19	20	21	22	23	24	25	26	27	28	29	30	31
요일		金	土	日	月	火	水	木	金	土	日	月	火	水	木	金	土	日	月	火	水	木	金	土	日	月	火	水	木	金	土	日
음력		10/13	14	15	16	17	18	19	20	21	22	23	24	25	26	27	28	29	11/1	2	3	4	5	6	7	8	9	10	11	12	13	14
일진		癸卯	甲辰	乙巳	丙午	丁未	戊申	己酉	庚戌	辛亥	壬子	癸丑	甲寅	乙卯	丙辰	丁巳	戊午	己未	庚申	辛酉	壬戌	癸亥	甲子	乙丑	丙寅	丁卯	戊辰	己巳	庚午	辛未	壬申	癸酉
대운	남	2	2	2	1	1	1	1	대	9	9	9	8	8	8	7	7	7	6	6	6	5	동	5	4	4	4	3	3	3	2	2
	여	8	8	8	9	9	9	10	설	1	1	1	1	2	2	2	3	3	3	4	4	4	지	5	5	6	6	6	7	7	7	8

서기 1923년 [단기 4256년]

양력 1월 소한절(癸丑月) 小寒 1월6일 17시14분 大寒 1월21일 10시35분

양력		1	2	3	4	5	6	7	8	9	10	11	12	13	14	15	16	17	18	19	20	21	22	23	24	25	26	27	28	29	30	31
요일		月	火	水	木	金	土	日	月	火	水	木	金	土	日	月	火	水	木	金	土	日	月	火	水	木	金	土	日	月	火	水
음력		11/15	16	17	18	19	20	21	22	23	24	25	26	27	28	29	30	12/1	2	3	4	5	6	7	8	9	10	11	12	13	14	15
일진		甲戌	乙亥	丙子	丁丑	戊寅	己卯	庚辰	辛巳	壬午	癸未	甲申	乙酉	丙戌	丁亥	戊子	己丑	庚寅	辛卯	壬辰	癸巳	甲午	乙未	丙申	丁酉	戊戌	己亥	庚子	辛丑	壬寅	癸卯	甲辰
대운	남	2	1	1	1	1	소	10	9	9	9	8	8	8	7	7	7	6	6	6	5	대	5	4	4	4	3	3	3	2	2	2
	여	8	8	9	9	9	한	1	1	1	1	2	2	2	3	3	3	4	4	4	5	한	5	6	6	6	7	7	7	8	8	8

양력 2월 입춘절(甲寅月) 立春 2월5일 5시0분 雨水 2월20일 1시0분

양력		1	2	3	4	5	6	7	8	9	10	11	12	13	14	15	16	17	18	19	20	21	22	23	24	25	26	27	28			
요일		木	金	土	日	月	火	水	木	金	土	日	月	火	水	木	金	土	日	月	火	水	木	金	土	日	月	火	水			
음력		12/16	17	18	19	20	21	22	23	24	25	26	27	28	29	30	1/1	2	3	4	5	6	7	8	9	10	11	12	13			
일진		乙巳	丙午	丁未	戊申	己酉	庚戌	辛亥	壬子	癸丑	甲寅	乙卯	丙辰	丁巳	戊午	己未	庚申	辛酉	壬戌	癸亥	甲子	乙丑	丙寅	丁卯	戊辰	己巳	庚午	辛未	壬申			
대운	남	1	1	1	1	입	1	1	1	1	2	2	2	3	3	3	4	4	4	5	우	5	6	6	6	7	7	7	8			
	여	9	9	9	10	춘	9	9	9	8	8	8	7	7	7	6	6	6	5	5	수	4	4	4	3	3	3	2	2			

양력 3월 경칩절(乙卯月) 驚蟄 3월6일 23시25분 春分 3월22일 0시29분

양력		1	2	3	4	5	6	7	8	9	10	11	12	13	14	15	16	17	18	19	20	21	22	23	24	25	26	27	28	29	30	31
요일		木	金	土	日	月	火	水	木	金	土	日	月	火	水	木	金	土	日	月	火	水	木	金	土	日	月	火	水	木	金	土
음력		1/14	15	16	17	18	19	20	21	22	23	24	25	26	27	28	29	2/1	2	3	4	5	6	7	8	9	10	11	12	13	14	15
일진		癸酉	甲戌	乙亥	丙子	丁丑	戊寅	己卯	庚辰	辛巳	壬午	癸未	甲申	乙酉	丙戌	丁亥	戊子	己丑	庚寅	辛卯	壬辰	癸巳	甲午	乙未	丙申	丁酉	戊戌	己亥	庚子	辛丑	壬寅	癸卯
대운	남	8	8	9	9	9	경	1	1	1	1	2	2	2	3	3	3	4	4	4	5	5	춘	6	6	6	7	7	7	8	8	8
	여	2	1	1	1	1	칩	10	10	9	9	9	8	8	8	7	7	7	6	6	6	5	분	5	4	4	4	3	3	3	2	2

양력 4월 청명절(丙辰月) 清明 4월6일 4시46분 穀雨 4월21일 12시6분

양력		1	2	3	4	5	6	7	8	9	10	11	12	13	14	15	16	17	18	19	20	21	22	23	24	25	26	27	28	29	30	
요일		日	月	火	水	木	金	土	日	月	火	水	木	金	土	日	月	火	水	木	金	土	日	月	火	水	木	金	土	日	月	
음력		2/16	17	18	19	20	21	22	23	24	25	26	27	28	29	30	3/1	2	3	4	5	6	7	8	9	10	11	12	13	14	15	
일진		甲辰	乙巳	丙午	丁未	戊申	己酉	庚戌	辛亥	壬子	癸丑	甲寅	乙卯	丙辰	丁巳	戊午	己未	庚申	辛酉	壬戌	癸亥	甲子	乙丑	丙寅	丁卯	戊辰	己巳	庚午	辛未	壬申	癸酉	
대운	남	9	9	9	10	10	청	1	1	1	1	2	2	2	3	3	3	4	4	4	5	곡	5	6	6	6	7	7	7	8	8	
	여	2	1	1	1	1	명	10	9	9	9	8	8	8	7	7	7	6	6	6	5	우	5	4	4	4	3	3	3	2	2	

양력 5월 입하절(丁巳月) 立夏 5월6일 22시38분 小滿 5월22일 11시45분

양력		1	2	3	4	5	6	7	8	9	10	11	12	13	14	15	16	17	18	19	20	21	22	23	24	25	26	27	28	29	30	31
요일		火	水	木	金	土	日	月	火	水	木	金	土	日	月	火	水	木	金	土	日	月	火	水	木	金	土	日	月	火	水	木
음력		3/16	17	18	19	20	21	22	23	24	25	26	27	28	29	30	4/1	2	3	4	5	6	7	8	9	10	11	12	13	14	15	16
일진		甲戌	乙亥	丙子	丁丑	戊寅	己卯	庚辰	辛巳	壬午	癸未	甲申	乙酉	丙戌	丁亥	戊子	己丑	庚寅	辛卯	壬辰	癸巳	甲午	乙未	丙申	丁酉	戊戌	己亥	庚子	辛丑	壬寅	癸卯	甲辰
대운	남	8	9	9	9	10	입	1	1	1	1	2	2	2	3	3	3	4	4	4	5	5	소	6	6	6	7	7	7	8	8	8
	여	2	1	1	1	1	하	10	10	10	9	9	9	8	8	8	7	7	7	6	6	6	만	5	5	4	4	4	3	3	3	2

양력 6월 망종절(戊午月) 芒種 6월7일 3시14분 夏至 6월22일 20시3분

양력		1	2	3	4	5	6	7	8	9	10	11	12	13	14	15	16	17	18	19	20	21	22	23	24	25	26	27	28	29	30	
요일		金	土	日	月	火	水	木	金	土	日	月	火	水	木	金	土	日	月	火	水	木	金	土	日	月	火	水	木	金	土	
음력		4/17	18	19	20	21	22	23	24	25	26	27	28	29	5/1	2	3	4	5	6	7	8	9	10	11	12	13	14	15	16	17	
일진		乙巳	丙午	丁未	戊申	己酉	庚戌	辛亥	壬子	癸丑	甲寅	乙卯	丙辰	丁巳	戊午	己未	庚申	辛酉	壬戌	癸亥	甲子	乙丑	丙寅	丁卯	戊辰	己巳	庚午	辛未	壬申	癸酉	甲戌	
대운	남	9	9	9	10	10	10	망	1	1	1	1	2	2	2	3	3	3	4	4	4	5	하	5	6	6	6	7	7	7	8	
	여	2	2	1	1	1	1	종	10	10	9	9	9	8	8	8	7	7	7	6	6	6	지	5	5	4	4	4	3	3	3	

癸亥年

양력 7월　소서절(己未月)　小暑 7월8일 13시42분　大暑 7월24일 7시1분

양력	1	2	3	4	5	6	7	8	9	10	11	12	13	14	15	16	17	18	19	20	21	22	23	24	25	26	27	28	29	30	31
요일	日	月	火	水	木	金	土	日	月	火	水	木	金	土	日	月	火	水	木	金	土	日	月	火	水	木	金	土	日	月	火
음력	5/18	19	20	21	22	23	24	25	26	27	28	29	30	6/1	2	3	4	5	6	7	8	9	10	11	12	13	14	15	16	17	18
일진	乙亥	丙子	丁丑	戊寅	己卯	庚辰	辛巳	壬午	癸未	甲申	乙酉	丙戌	丁亥	戊子	己丑	庚寅	辛卯	壬辰	癸巳	甲午	乙未	丙申	丁酉	戊戌	己亥	庚子	辛丑	壬寅	癸卯	甲辰	乙巳
대운 남	8	8	9	9	9	10	10	소	1	1	1	1	2	2	2	3	3	3	4	4	4	5	5	대	6	6	6	7	7	7	8
대운 여	2	2	2	1	1	1	1	서	10	10	9	9	9	8	8	8	7	7	7	6	6	6	5	서	5	4	4	4	3	3	3

양력 8월　입추절(庚申月)　立秋 8월8일 23시25분　處暑 8월24일 13시52분

양력	1	2	3	4	5	6	7	8	9	10	11	12	13	14	15	16	17	18	19	20	21	22	23	24	25	26	27	28	29	30	31
요일	水	木	金	土	日	月	火	水	木	金	土	日	月	火	水	木	金	土	日	月	火	水	木	金	土	日	月	火	水	木	金
음력	6/19	20	21	22	23	24	25	26	27	28	29	7/1	2	3	4	5	6	7	8	9	10	11	12	13	14	15	16	17	18	19	20
일진	丙午	丁未	戊申	己酉	庚戌	辛亥	壬子	癸丑	甲寅	乙卯	丙辰	丁巳	戊午	己未	庚申	辛酉	壬戌	癸亥	甲子	乙丑	丙寅	丁卯	戊辰	己巳	庚午	辛未	壬申	癸酉	甲戌	乙亥	丙子
대운 남	8	8	9	9	9	10	10	입	1	1	1	1	2	2	2	3	3	3	4	4	4	5	5	처	6	6	6	7	7	7	8
대운 여	2	2	2	1	1	1	1	추	10	10	10	9	9	9	8	8	8	7	7	7	6	6	6	서	5	5	4	4	4	3	3

양력 9월　백로절(辛酉月)　白露 9월9일 1시57분　秋分 9월24일 11시4분

양력	1	2	3	4	5	6	7	8	9	10	11	12	13	14	15	16	17	18	19	20	21	22	23	24	25	26	27	28	29	30
요일	土	日	月	火	水	木	金	土	日	月	火	水	木	金	土	日	月	火	水	木	金	土	日	月	火	水	木	金	土	日
음력	7/21	22	23	24	25	26	27	28	29	30	8/1	2	3	4	5	6	7	8	9	10	11	12	13	14	15	16	17	18	19	20
일진	丁丑	戊寅	己卯	庚辰	辛巳	壬午	癸未	甲申	乙酉	丙戌	丁亥	戊子	己丑	庚寅	辛卯	壬辰	癸巳	甲午	乙未	丙申	丁酉	戊戌	己亥	庚子	辛丑	壬寅	癸卯	甲辰	乙巳	丙午
대운 남	8	8	9	9	9	10	10	10	백	1	1	1	1	2	2	2	3	3	3	4	4	4	5	추	5	6	6	6	7	7
대운 여	3	2	2	2	1	1	1	1	로	10	9	9	9	8	8	8	7	7	7	6	6	6	5	분	5	4	4	4	3	3

양력 10월　한로절(壬戌月)　寒露 10월9일 17시3분　霜降 10월24일 19시51분

양력	1	2	3	4	5	6	7	8	9	10	11	12	13	14	15	16	17	18	19	20	21	22	23	24	25	26	27	28	29	30	31
요일	月	火	水	木	金	土	日	月	火	水	木	金	土	日	月	火	水	木	金	土	日	月	火	水	木	金	土	日	月	火	水
음력	8/21	22	23	24	25	26	27	28	29	9/1	2	3	4	5	6	7	8	9	10	11	12	13	14	15	16	17	18	19	20	21	22
일진	丁未	戊申	己酉	庚戌	辛亥	壬子	癸丑	甲寅	乙卯	丙辰	丁巳	戊午	己未	庚申	辛酉	壬戌	癸亥	甲子	乙丑	丙寅	丁卯	戊辰	己巳	庚午	辛未	壬申	癸酉	甲戌	乙亥	丙子	丁丑
대운 남	7	8	8	8	9	9	9	10	한	1	1	1	1	2	2	2	3	3	3	4	4	4	5	상	5	6	6	6	7	7	7
대운 여	3	2	2	2	1	1	1	1	로	10	9	9	9	8	8	8	7	7	7	6	6	6	5	강	5	4	4	4	3	3	3

양력 11월　입동절(癸亥月)　立冬 11월8일 19시40분　小雪 11월23일 16시54분

양력	1	2	3	4	5	6	7	8	9	10	11	12	13	14	15	16	17	18	19	20	21	22	23	24	25	26	27	28	29	30
요일	木	金	土	日	月	火	水	木	金	土	日	月	火	水	木	金	土	日	月	火	水	木	金	土	日	月	火	水	木	金
음력	9/23	24	25	26	27	28	29	30	10/1	2	3	4	5	6	7	8	9	10	11	12	13	14	15	16	17	18	19	20	21	22
일진	戊寅	己卯	庚辰	辛巳	壬午	癸未	甲申	乙酉	丙戌	丁亥	戊子	己丑	庚寅	辛卯	壬辰	癸巳	甲午	乙未	丙申	丁酉	戊戌	己亥	庚子	辛丑	壬寅	癸卯	甲辰	乙巳	丙午	丁未
대운 남	8	8	8	9	9	9	10	입	1	1	1	1	2	2	2	3	3	3	4	4	4	5	소	5	6	6	6	7	7	7
대운 여	2	2	2	1	1	1	1	동	10	9	9	9	8	8	8	7	7	7	6	6	6	5	설	5	4	4	4	3	3	3

양력 12월　대설절(甲子月)　大雪 12월8일 12시5분　冬至 12월23일 5시53분

양력	1	2	3	4	5	6	7	8	9	10	11	12	13	14	15	16	17	18	19	20	21	22	23	24	25	26	27	28	29	30	31
요일	土	日	月	火	水	木	金	土	日	月	火	水	木	金	土	日	月	火	水	木	金	土	日	月	火	水	木	金	土	日	月
음력	10/23	24	25	26	27	28	29	11/1	2	3	4	5	6	7	8	9	10	11	12	13	14	15	16	17	18	19	20	21	22	23	24
일진	戊申	己酉	庚戌	辛亥	壬子	癸丑	甲寅	乙卯	丙辰	丁巳	戊午	己未	庚申	辛酉	壬戌	癸亥	甲子	乙丑	丙寅	丁卯	戊辰	己巳	庚午	辛未	壬申	癸酉	甲戌	乙亥	丙子	丁丑	戊寅
대운 남	8	8	8	9	9	9	10	대	1	1	1	1	2	2	2	3	3	3	4	4	4	5	동	5	6	6	6	7	7	7	8
대운 여	2	2	2	1	1	1	1	설	9	9	9	8	8	8	7	7	7	6	6	6	5	5	지	4	4	4	3	3	3	2	2

서기 1924년 [단기 4257년]

양력 1월 소한절(乙丑月) 小寒 1월6일 23시6분 大寒 1월21일 16시28분

양력		1	2	3	4	5	6	7	8	9	10	11	12	13	14	15	16	17	18	19	20	21	22	23	24	25	26	27	28	29	30	31
요일		火	水	木	金	土	日	月	火	水	木	金	土	日	月	火	水	木	金	土	日	月	火	水	木	金	土	日	月	火	水	木
음력		11/25	26	27	28	29	12/1	2	3	4	5	6	7	8	9	10	11	12	13	14	15	16	17	18	19	20	21	22	23	24	25	26
일진		己卯	庚辰	辛巳	壬午	癸未	甲申	乙酉	丙戌	丁亥	戊子	己丑	庚寅	辛卯	壬辰	癸巳	甲午	乙未	丙申	丁酉	戊戌	己亥	庚子	辛丑	壬寅	癸卯	甲辰	乙巳	丙午	丁未	戊申	己酉
대운	남	8	8	9	9	9	소	1	1	1	1	2	2	2	3	3	3	4	4	4	5	대	5	6	6	6	7	7	7	8	8	8
	여	2	1	1	1	1	한	10	9	9	9	8	8	8	7	7	7	6	6	6	5	한	5	4	4	4	3	3	3	2	2	2

양력 2월 입춘절(丙寅月) 立春 2월5일 10시50분 雨水 2월20일 6시51분

양력		1	2	3	4	5	6	7	8	9	10	11	12	13	14	15	16	17	18	19	20	21	22	23	24	25	26	27	28	29		
요일		金	土	日	月	火	水	木	金	土	日	月	火	水	木	金	土	日	月	火	水	木	金	土	日	月	火	水	木	金		
음력		12/27	28	29	30	1/1	2	3	4	5	6	7	8	9	10	11	12	13	14	15	16	17	18	19	20	21	22	23	24	25		
일진		庚戌	辛亥	壬子	癸丑	甲寅	乙卯	丙辰	丁巳	戊午	己未	庚申	辛酉	壬戌	癸亥	甲子	乙丑	丙寅	丁卯	戊辰	己巳	庚午	辛未	壬申	癸酉	甲戌	乙亥	丙子	丁丑	戊寅		
대운	남	9	9	9	10	입	10	9	9	9	8	8	8	7	7	7	6	6	6	5	우	5	4	4	4	3	3	3	2	2		
	여	1	1	1	1	춘	1	1	1	1	2	2	2	3	3	3	4	4	4	5	수	5	6	6	6	7	7	7	8	8		

양력 3월 경칩절(丁卯月) 驚蟄 3월6일 5시12분 春分 3월21일 6시20분

양력		1	2	3	4	5	6	7	8	9	10	11	12	13	14	15	16	17	18	19	20	21	22	23	24	25	26	27	28	29	30	31
요일		土	日	月	火	水	木	金	土	日	月	火	水	木	金	土	日	月	火	水	木	金	土	日	月	火	水	木	金	土	日	月
음력		1/26	27	28	29	30	2/1	2	3	4	5	6	7	8	9	10	11	12	13	14	15	16	17	18	19	20	21	22	23	24	25	26
일진		己卯	庚辰	辛巳	壬午	癸未	甲申	乙酉	丙戌	丁亥	戊子	己丑	庚寅	辛卯	壬辰	癸巳	甲午	乙未	丙申	丁酉	戊戌	己亥	庚子	辛丑	壬寅	癸卯	甲辰	乙巳	丙午	丁未	戊申	己酉
대운	남	2	1	1	1	1	경	10	9	9	9	8	8	8	7	7	7	6	6	6	5	춘	5	4	4	4	3	3	3	2	2	2
	여	8	9	9	9	10	칩	1	1	1	1	2	2	2	3	3	3	4	4	4	5	분	5	6	6	6	7	7	7	8	8	8

양력 4월 청명절(戊辰月) 清明 4월5일 10시33분 穀雨 4월20일 17시59분

양력		1	2	3	4	5	6	7	8	9	10	11	12	13	14	15	16	17	18	19	20	21	22	23	24	25	26	27	28	29	30	
요일		火	水	木	金	土	日	月	火	水	木	金	土	日	月	火	水	木	金	土	日	月	火	水	木	金	土	日	月	火	水	
음력		2/27	28	29	3/1	2	3	4	5	6	7	8	9	10	11	12	13	14	15	16	17	18	19	20	21	22	23	24	25	26	27	
일진		庚戌	辛亥	壬子	癸丑	甲寅	乙卯	丙辰	丁巳	戊午	己未	庚申	辛酉	壬戌	癸亥	甲子	乙丑	丙寅	丁卯	戊辰	己巳	庚午	辛未	壬申	癸酉	甲戌	乙亥	丙子	丁丑	戊寅	己卯	
대운	남	1	1	1	1	청	10	10	9	9	9	8	8	8	7	7	7	6	6	6	곡	5	5	4	4	4	3	3	3	2	2	
	여	9	9	9	10	명	1	1	1	1	2	2	2	3	3	3	4	4	4	5	우	5	6	6	6	7	7	7	8	8	8	

양력 5월 입하절(己巳月) 立夏 5월6일 4시26분 小滿 5월21일 17시40분

양력		1	2	3	4	5	6	7	8	9	10	11	12	13	14	15	16	17	18	19	20	21	22	23	24	25	26	27	28	29	30	31
요일		木	金	土	日	月	火	水	木	金	土	日	月	火	水	木	金	土	日	月	火	水	木	金	土	日	月	火	水	木	金	土
음력		3/28	29	30	4/1	2	3	4	5	6	7	8	9	10	11	12	13	14	15	16	17	18	19	20	21	22	23	24	25	26	27	28
일진		庚辰	辛巳	壬午	癸未	甲申	乙酉	丙戌	丁亥	戊子	己丑	庚寅	辛卯	壬辰	癸巳	甲午	乙未	丙申	丁酉	戊戌	己亥	庚子	辛丑	壬寅	癸卯	甲辰	乙巳	丙午	丁未	戊申	己酉	庚戌
대운	남	2	1	1	1	1	입	10	10	9	9	9	8	8	8	7	7	7	6	6	6	소	5	5	4	4	4	3	3	3	2	2
	여	9	9	9	10	10	하	1	1	1	1	2	2	2	3	3	3	4	4	4	5	만	5	6	6	6	7	7	7	8	8	8

양력 6월 망종절(庚午月) 芒種 6월6일 9시2분 夏至 6월22일 1시59분

양력		1	2	3	4	5	6	7	8	9	10	11	12	13	14	15	16	17	18	19	20	21	22	23	24	25	26	27	28	29	30	
요일		日	月	火	水	木	金	土	日	月	火	水	木	金	土	日	月	火	水	木	金	土	日	月	火	水	木	金	土	日	月	
음력		4/29	5/1	2	3	4	5	6	7	8	9	10	11	12	13	14	15	16	17	18	19	20	21	22	23	24	25	26	27	28	29	
일진		辛亥	壬子	癸丑	甲寅	乙卯	丙辰	丁巳	戊午	己未	庚申	辛酉	壬戌	癸亥	甲子	乙丑	丙寅	丁卯	戊辰	己巳	庚午	辛未	壬申	癸酉	甲戌	乙亥	丙子	丁丑	戊寅	己卯	庚辰	
대운	남	2	1	1	1	1	망	10	10	9	9	9	8	8	8	7	7	7	6	6	6	5	하	5	4	4	4	3	3	3	2	
	여	9	9	9	10	10	종	1	1	1	1	2	2	2	3	3	3	4	4	4	5	5	지	6	6	6	7	7	7	8	8	

甲子年

양력 7월 소서절(辛未月) 小暑 7월7일 19시30분 大暑 7월23일 12시58분

양력	1	2	3	4	5	6	7	8	9	10	11	12	13	14	15	16	17	18	19	20	21	22	23	24	25	26	27	28	29	30	31
요일	火	水	木	金	土	日	月	火	水	木	金	土	日	月	火	水	木	金	土	日	月	火	水	木	金	土	日	月	火	水	木
음력	5/30	6/1	2	3	4	5	6	7	8	9	10	11	12	13	14	15	16	17	18	19	20	21	22	23	24	25	26	27	28	29	30
일진	辛巳	壬午	癸未	甲申	乙酉	丙戌	丁亥	戊子	己丑	庚寅	辛卯	壬辰	癸巳	甲午	乙未	丙申	丁酉	戊戌	己亥	庚子	辛丑	壬寅	癸卯	甲辰	乙巳	丙午	丁未	戊申	己酉	庚戌	辛亥
대운 남	2	2	1	1	1	1	소	10	10	10	9	9	9	8	8	8	7	7	7	6	6	6	대	5	5	4	4	4	3	3	3
대운 여	8	9	9	9	10	10	서	1	1	1	1	2	2	2	3	3	3	4	4	4	5	5	서	6	6	6	7	7	7	8	8

양력 8월 입추절(壬申月) 立秋 8월8일 5시12분 處暑 8월23일 19시48분

양력	1	2	3	4	5	6	7	8	9	10	11	12	13	14	15	16	17	18	19	20	21	22	23	24	25	26	27	28	29	30	31
요일	金	土	日	月	火	水	木	金	土	日	月	火	水	木	金	土	日	月	火	水	木	金	土	日	月	火	水	木	金	土	日
음력	7/1	2	3	4	5	6	7	8	9	10	11	12	13	14	15	16	17	18	19	20	21	22	23	24	25	26	27	28	29	8/1	2
일진	壬子	癸丑	甲寅	乙卯	丙辰	丁巳	戊午	己未	庚申	辛酉	壬戌	癸亥	甲子	乙丑	丙寅	丁卯	戊辰	己巳	庚午	辛未	壬申	癸酉	甲戌	乙亥	丙子	丁丑	戊寅	己卯	庚辰	辛巳	壬午
대운 남	2	2	2	1	1	1	1	입	10	10	9	9	9	8	8	8	7	7	7	6	6	6	처	5	5	4	4	4	3	3	3
대운 여	8	9	9	9	10	10	10	추	1	1	1	1	2	2	2	3	3	3	4	4	4	5	서	5	6	6	6	7	7	7	8

양력 9월 백로절(癸酉月) 白露 9월8일 7시46분 秋分 9월23일 16시58분

양력	1	2	3	4	5	6	7	8	9	10	11	12	13	14	15	16	17	18	19	20	21	22	23	24	25	26	27	28	29	30	
요일	月	火	水	木	金	土	日	月	火	水	木	金	土	日	月	火	水	木	金	土	日	月	火	水	木	金	土	日	月	火	
음력	8/3	4	5	6	7	8	9	10	11	12	13	14	15	16	17	18	19	20	21	22	23	24	25	26	27	28	29	30	9/1	2	
일진	癸未	甲申	乙酉	丙戌	丁亥	戊子	己丑	庚寅	辛卯	壬辰	癸巳	甲午	乙未	丙申	丁酉	戊戌	己亥	庚子	辛丑	壬寅	癸卯	甲辰	乙巳	丙午	丁未	戊申	己酉	庚戌	辛亥	壬子	
대운 남	2	2	2	1	1	1	1	백	10	9	9	9	8	8	8	7	7	7	6	6	6	5	추	5	4	4	4	3	3	3	
대운 여	8	8	9	9	9	10	10	로	1	1	1	1	2	2	2	3	3	3	4	4	4	5	분	5	6	6	6	7	7	7	

양력 10월 한로절(甲戌月) 寒露 10월8일 22시52분 霜降 10월24일 1시44분

양력	1	2	3	4	5	6	7	8	9	10	11	12	13	14	15	16	17	18	19	20	21	22	23	24	25	26	27	28	29	30	31
요일	水	木	金	土	日	月	火	水	木	金	土	日	月	火	水	木	金	土	日	月	火	水	木	金	土	日	月	火	水	木	金
음력	9/3	4	5	6	7	8	9	10	11	12	13	14	15	16	17	18	19	20	21	22	23	24	25	26	27	28	29	10/1	2	3	4
일진	癸丑	甲寅	乙卯	丙辰	丁巳	戊午	己未	庚申	辛酉	壬戌	癸亥	甲子	乙丑	丙寅	丁卯	戊辰	己巳	庚午	辛未	壬申	癸酉	甲戌	乙亥	丙子	丁丑	戊寅	己卯	庚辰	辛巳	壬午	癸未
대운 남	2	2	2	1	1	1	1	한	10	10	9	9	9	8	8	8	7	7	7	6	6	6	5	상	5	4	4	4	3	3	3
대운 여	8	8	8	9	9	9	10	로	1	1	1	1	2	2	2	3	3	3	4	4	4	5	5	강	6	6	6	7	7	7	8

양력 11월 입동절(乙亥月) 立冬 11월8일 1시29분 小雪 11월22일 22시46분

양력	1	2	3	4	5	6	7	8	9	10	11	12	13	14	15	16	17	18	19	20	21	22	23	24	25	26	27	28	29	30	
요일	土	日	月	火	水	木	金	土	日	月	火	水	木	金	土	日	月	火	水	木	金	土	日	月	火	水	木	金	土	日	
음력	10/5	6	7	8	9	10	11	12	13	14	15	16	17	18	19	20	21	22	23	24	25	26	27	28	29	30	11/1	2	3	4	
일진	甲申	乙酉	丙戌	丁亥	戊子	己丑	庚寅	辛卯	壬辰	癸巳	甲午	乙未	丙申	丁酉	戊戌	己亥	庚子	辛丑	壬寅	癸卯	甲辰	乙巳	丙午	丁未	戊申	己酉	庚戌	辛亥	壬子	癸丑	
대운 남	2	2	2	1	1	1	1	입	9	9	9	8	8	8	7	7	7	6	6	6	5	소	5	4	4	4	3	3	3	2	
대운 여	8	8	9	9	9	10	10	동	1	1	1	1	2	2	2	3	3	3	4	4	4	설	5	5	6	6	6	7	7	7	

양력 12월 대설절(丙子月) 大雪 12월7일 17시53분 冬至 12월22일 11시46분

양력	1	2	3	4	5	6	7	8	9	10	11	12	13	14	15	16	17	18	19	20	21	22	23	24	25	26	27	28	29	30	31
요일	月	火	水	木	金	土	日	月	火	水	木	金	土	日	月	火	水	木	金	土	日	月	火	水	木	金	土	日	月	火	水
음력	11/5	6	7	8	9	10	11	12	13	14	15	16	17	18	19	20	21	22	23	24	25	26	27	28	29	12/1	2	3	4	5	6
일진	甲寅	乙卯	丙辰	丁巳	戊午	己未	庚申	辛酉	壬戌	癸亥	甲子	乙丑	丙寅	丁卯	戊辰	己巳	庚午	辛未	壬申	癸酉	甲戌	乙亥	丙子	丁丑	戊寅	己卯	庚辰	辛巳	壬午	癸未	甲申
대운 남	2	2	1	1	1	1	대	10	9	9	9	8	8	8	7	7	7	6	6	6	5	동	5	4	4	4	3	3	3	2	2
대운 여	8	8	8	9	9	9	설	1	1	1	1	2	2	2	3	3	3	4	4	4	5	지	5	6	6	6	7	7	7	8	8

서기 1925년 [단기 4258년]

양력 1월 소한절(丁丑月) 小寒 1월6일 4시53분 大寒 1월20일 22시20분

양력	1	2	3	4	5	6	7	8	9	10	11	12	13	14	15	16	17	18	19	20	21	22	23	24	25	26	27	28	29	30	31
요일	木	金	土	日	月	火	水	木	金	土	日	月	火	水	木	金	土	日	月	火	水	木	金	土	日	月	火	水	木	金	土
음력	12/7	8	9	10	11	12	13	14	15	16	17	18	19	20	21	22	23	24	25	26	27	28	29	1/1	2	3	4	5	6	7	8
일진	乙酉	丙戌	丁亥	戊子	己丑	庚寅	辛卯	壬辰	癸巳	甲午	乙未	丙申	丁酉	戊戌	己亥	庚子	辛丑	壬寅	癸卯	甲辰	乙巳	丙午	丁未	戊申	己酉	庚戌	辛亥	壬子	癸丑	甲寅	乙卯
대운 남	2	1	1	1	1	소	9	9	9	8	8	8	7	7	7	6	6	6	5	대	5	4	4	4	3	3	3	2	2	2	1
대운 여	8	9	9	9	10	한	1	1	1	1	2	2	2	3	3	3	4	4	4	한	5	5	6	6	6	7	7	7	8	8	8

양력 2월 입춘절(戊寅月) 立春 2월4일 16시37분 雨水 2월19일 12시43분

양력	1	2	3	4	5	6	7	8	9	10	11	12	13	14	15	16	17	18	19	20	21	22	23	24	25	26	27	28			
요일	日	月	火	水	木	金	土	日	月	火	水	木	金	土	日	月	火	水	木	金	土	日	月	火	水	木	金	土			
음력	1/9	10	11	12	13	14	15	16	17	18	19	20	21	22	23	24	25	26	27	28	29	30	2/1	2	3	4	5	6			
일진	丙辰	丁巳	戊午	己未	庚申	辛酉	壬戌	癸亥	甲子	乙丑	丙寅	丁卯	戊辰	己巳	庚午	辛未	壬申	癸酉	甲戌	乙亥	丙子	丁丑	戊寅	己卯	庚辰	辛巳	壬午	癸未			
대운 남	1	1	1	입	1	1	1	1	2	2	2	3	3	3	4	4	4	5	우	5	6	6	6	7	7	7	8	8			
대운 여	9	9	9	춘	10	9	9	9	8	8	8	7	7	7	6	6	6	5	수	5	4	4	4	3	3	3	2	2			

양력 3월 경칩절(己卯月) 驚蟄 3월6일 11시0분 春分 3월21일 12시12분

양력	1	2	3	4	5	6	7	8	9	10	11	12	13	14	15	16	17	18	19	20	21	22	23	24	25	26	27	28	29	30	31
요일	日	月	火	水	木	金	土	日	月	火	水	木	金	土	日	月	火	水	木	金	土	日	月	火	水	木	金	土	日	月	火
음력	2/7	8	9	10	11	12	13	14	15	16	17	18	19	20	21	22	23	24	25	26	27	28	29	3/1	2	3	4	5	6	7	8
일진	甲申	乙酉	丙戌	丁亥	戊子	己丑	庚寅	辛卯	壬辰	癸巳	甲午	乙未	丙申	丁酉	戊戌	己亥	庚子	辛丑	壬寅	癸卯	甲辰	乙巳	丙午	丁未	戊申	己酉	庚戌	辛亥	壬子	癸丑	甲寅
대운 남	8	9	9	9	10	경	1	1	1	1	2	2	2	3	3	3	4	4	4	5	춘	5	6	6	6	7	7	7	8	8	8
대운 여	2	1	1	1	1	칩	10	9	9	9	8	8	8	7	7	7	6	6	6	5	분	5	4	4	4	3	3	3	2	2	2

양력 4월 청명절(庚辰月) 淸明 4월5일 16시23분 穀雨 4월20일 23시51분

양력	1	2	3	4	5	6	7	8	9	10	11	12	13	14	15	16	17	18	19	20	21	22	23	24	25	26	27	28	29	30	
요일	水	木	金	土	日	月	火	水	木	金	土	日	月	火	水	木	金	土	日	月	火	水	木	金	土	日	月	火	水	木	
음력	3/9	10	11	12	13	14	15	16	17	18	19	20	21	22	23	24	25	26	27	28	29	30	4/1	2	3	4	5	6	7	8	
일진	乙卯	丙辰	丁巳	戊午	己未	庚申	辛酉	壬戌	癸亥	甲子	乙丑	丙寅	丁卯	戊辰	己巳	庚午	辛未	壬申	癸酉	甲戌	乙亥	丙子	丁丑	戊寅	己卯	庚辰	辛巳	壬午	癸未	甲申	
대운 남	9	9	9	10	청	1	1	1	1	2	2	2	3	3	3	4	4	4	5	곡	5	6	6	6	7	7	7	8	8	8	
대운 여	1	1	1	1	명	10	10	9	9	9	8	8	8	7	7	7	6	6	6	우	5	5	4	4	4	3	3	3	2	2	

양력 5월 입하절(辛巳月) 立夏 5월6일 10시18분 小滿 5월21일 23시33분

양력	1	2	3	4	5	6	7	8	9	10	11	12	13	14	15	16	17	18	19	20	21	22	23	24	25	26	27	28	29	30	31
요일	金	土	日	月	火	水	木	金	土	日	月	火	水	木	金	土	日	月	火	水	木	金	土	日	月	火	水	木	金	土	日
음력	4/9	10	11	12	13	14	15	16	17	18	19	20	21	22	23	24	25	26	27	28	29	30	윤1	2	3	4	5	6	7	8	9
일진	乙酉	丙戌	丁亥	戊子	己丑	庚寅	辛卯	壬辰	癸巳	甲午	乙未	丙申	丁酉	戊戌	己亥	庚子	辛丑	壬寅	癸卯	甲辰	乙巳	丙午	丁未	戊申	己酉	庚戌	辛亥	壬子	癸丑	甲寅	乙卯
대운 남	9	9	9	10	10	입	1	1	1	1	2	2	2	3	3	3	4	4	4	5	소	5	6	6	6	7	7	7	8	8	8
대운 여	2	1	1	1	1	하	10	10	9	9	9	8	8	8	7	7	7	6	6	6	만	5	5	4	4	4	3	3	3	2	2

양력 6월 망종절(壬午月) 芒種 6월6일 14시56분 夏至 6월22일 7시50분

양력	1	2	3	4	5	6	7	8	9	10	11	12	13	14	15	16	17	18	19	20	21	22	23	24	25	26	27	28	29	30	
요일	月	火	水	木	金	土	日	月	火	水	木	金	土	日	月	火	水	木	金	土	日	月	火	水	木	金	土	日	月	火	
음력	윤10	11	12	13	14	15	16	17	18	19	20	21	22	23	24	25	26	27	28	29	5/1	2	3	4	5	6	7	8	9	10	
일진	丙辰	丁巳	戊午	己未	庚申	辛酉	壬戌	癸亥	甲子	乙丑	丙寅	丁卯	戊辰	己巳	庚午	辛未	壬申	癸酉	甲戌	乙亥	丙子	丁丑	戊寅	己卯	庚辰	辛巳	壬午	癸未	甲申	乙酉	
대운 남	9	9	9	10	10	망	1	1	1	1	2	2	2	3	3	3	4	4	4	5	5	하	6	6	6	7	7	7	8	8	
대운 여	2	1	1	1	1	종	10	10	10	9	9	9	8	8	8	7	7	7	6	6	6	지	5	5	4	4	4	3	3	3	

▶윤달-4월

乙丑年

양력 7월 소서절(癸未月) 小暑 7월8일 1시25분 大暑 7월23일 18시45분

양력	1	2	3	4	5	6	7	8	9	10	11	12	13	14	15	16	17	18	19	20	21	22	23	24	25	26	27	28	29	30	31
요일	水	木	金	土	日	月	火	水	木	金	土	日	月	火	水	木	金	土	日	月	火	水	木	金	土	日	月	火	水	木	金
음력	5/11	12	13	14	15	16	17	18	19	20	21	22	23	24	25	26	27	28	29	30	6/1	2	3	4	5	6	7	8	9	10	11
일진	丙戌	丁亥	戊子	己丑	庚寅	辛卯	壬辰	癸巳	甲午	乙未	丙申	丁酉	戊戌	己亥	庚子	辛丑	壬寅	癸卯	甲辰	乙巳	丙午	丁未	戊申	己酉	庚戌	辛亥	壬子	癸丑	甲寅	乙卯	丙辰
대운 남	8	9	9	9	10	10	10	소서	1	1	1	1	2	2	2	3	3	3	4	4	4	5	대서	5	6	6	6	7	7	7	8
대운 여	2	2	2	1	1	1	1		10	10	9	9	9	8	8	8	7	7	7	6	6	6		5	5	4	4	4	3	3	3

양력 8월 입추절(甲申月) 立秋 8월8일 11시7분 處暑 8월24일 1시33분

양력	1	2	3	4	5	6	7	8	9	10	11	12	13	14	15	16	17	18	19	20	21	22	23	24	25	26	27	28	29	30	31
요일	土	日	月	火	水	木	金	土	日	月	火	水	木	金	土	日	月	火	水	木	金	土	日	月	火	水	木	金	土	日	月
음력	6/12	13	14	15	16	17	18	19	20	21	22	23	24	25	26	27	28	29	7/1	2	3	4	5	6	7	8	9	10	11	12	13
일진	丁巳	戊午	己未	庚申	辛酉	壬戌	癸亥	甲子	乙丑	丙寅	丁卯	戊辰	己巳	庚午	辛未	壬申	癸酉	甲戌	乙亥	丙子	丁丑	戊寅	己卯	庚辰	辛巳	壬午	癸未	甲申	乙酉	丙戌	丁亥
대운 남	8	8	9	9	9	10	10	입추	1	1	1	1	2	2	2	3	3	3	4	4	4	5	5	처서	6	6	6	7	7	7	8
대운 여	2	2	2	1	1	1	1		10	10	9	9	9	8	8	8	7	7	7	6	6	6	5		5	4	4	4	3	3	3

양력 9월 백로절(乙酉月) 白露 9월8일 13시40분 秋分 9월23일 22시43분

양력	1	2	3	4	5	6	7	8	9	10	11	12	13	14	15	16	17	18	19	20	21	22	23	24	25	26	27	28	29	30
요일	火	水	木	金	土	日	月	火	水	木	金	土	日	月	火	水	木	金	土	日	月	火	水	木	金	土	日	月	火	水
음력	7/14	15	16	17	18	19	20	21	22	23	24	25	26	27	28	29	30	8/1	2	3	4	5	6	7	8	9	10	11	12	13
일진	戊子	己丑	庚寅	辛卯	壬辰	癸巳	甲午	乙未	丙申	丁酉	戊戌	己亥	庚子	辛丑	壬寅	癸卯	甲辰	乙巳	丙午	丁未	戊申	己酉	庚戌	辛亥	壬子	癸丑	甲寅	乙卯	丙辰	丁巳
대운 남	8	8	9	9	9	10	10	백로	1	1	1	1	2	2	2	3	3	3	4	4	4	5	추분	5	6	6	6	7	7	7
대운 여	2	2	2	1	1	1	1		10	10	9	9	9	8	8	8	7	7	7	6	6	6		5	5	4	4	4	3	3

양력 10월 한로절(丙戌月) 寒露 10월9일 4시47분 霜降 10월24일 7시31분

양력	1	2	3	4	5	6	7	8	9	10	11	12	13	14	15	16	17	18	19	20	21	22	23	24	25	26	27	28	29	30	31
요일	木	金	土	日	月	火	水	木	金	土	日	月	火	水	木	金	土	日	月	火	水	木	金	土	日	月	火	水	木	金	土
음력	8/14	15	16	17	18	19	20	21	22	23	24	25	26	27	28	29	30	9/1	2	3	4	5	6	7	8	9	10	11	12	13	14
일진	戊午	己未	庚申	辛酉	壬戌	癸亥	甲子	乙丑	丙寅	丁卯	戊辰	己巳	庚午	辛未	壬申	癸酉	甲戌	乙亥	丙子	丁丑	戊寅	己卯	庚辰	辛巳	壬午	癸未	甲申	乙酉	丙戌	丁亥	戊子
대운 남	8	8	8	9	9	9	10	10	한로	1	1	1	1	2	2	2	3	3	3	4	4	4	5	상강	5	6	6	6	7	7	7
대운 여	3	2	2	2	1	1	1	1		10	9	9	9	8	8	8	7	7	7	6	6	6	5		5	4	4	4	3	3	3

양력 11월 입동절(丁亥月) 立冬 11월8일 7시26분 小雪 11월23일 4시35분

양력	1	2	3	4	5	6	7	8	9	10	11	12	13	14	15	16	17	18	19	20	21	22	23	24	25	26	27	28	29	30
요일	日	月	火	水	木	金	土	日	月	火	水	木	金	土	日	月	火	水	木	金	土	日	月	火	水	木	金	土	日	月
음력	9/15	16	17	18	19	20	21	22	23	24	25	26	27	28	29	10/1	2	3	4	5	6	7	8	9	10	11	12	13	14	15
일진	己丑	庚寅	辛卯	壬辰	癸巳	甲午	乙未	丙申	丁酉	戊戌	己亥	庚子	辛丑	壬寅	癸卯	甲辰	乙巳	丙午	丁未	戊申	己酉	庚戌	辛亥	壬子	癸丑	甲寅	乙卯	丙辰	丁巳	戊午
대운 남	8	8	8	9	9	9	10	입동	1	1	1	1	2	2	2	3	3	3	4	4	4	5	소설	5	6	6	6	7	7	7
대운 여	2	2	2	1	1	1	1		9	9	9	8	8	8	7	7	7	6	6	6	5	5		4	4	4	3	3	3	2

양력 12월 대설절(戊子月) 大雪 12월7일 23시52분 冬至 12월22일 17시37분

양력	1	2	3	4	5	6	7	8	9	10	11	12	13	14	15	16	17	18	19	20	21	22	23	24	25	26	27	28	29	30	31
요일	火	水	木	金	土	日	月	火	水	木	金	土	日	月	火	水	木	金	土	日	月	火	水	木	金	土	日	月	火	水	木
음력	10/16	17	18	19	20	21	22	23	24	25	26	27	28	29	30	11/1	2	3	4	5	6	7	8	9	10	11	12	13	14	15	16
일진	己未	庚申	辛酉	壬戌	癸亥	甲子	乙丑	丙寅	丁卯	戊辰	己巳	庚午	辛未	壬申	癸酉	甲戌	乙亥	丙子	丁丑	戊寅	己卯	庚辰	辛巳	壬午	癸未	甲申	乙酉	丙戌	丁亥	戊子	己丑
대운 남	8	8	8	9	9	9	대설	1	1	1	1	2	2	2	3	3	3	4	4	4	5	동지	5	6	6	6	7	7	7	8	8
대운 여	2	2	1	1	1	1		10	9	9	9	8	8	8	7	7	7	6	6	6	5		5	4	4	4	3	3	3	2	2

서기 1926년 [단기 4259년]

양력 1월　소한절(己丑月)　小寒 1월6일 10시54분　大寒 1월21일 4시12분

양력	1	2	3	4	5	6	7	8	9	10	11	12	13	14	15	16	17	18	19	20	21	22	23	24	25	26	27	28	29	30	31
요일	金	土	日	月	火	水	木	金	土	日	月	火	水	木	金	土	日	月	火	水	木	金	土	日	月	火	水	木	金	土	日
음력	11/17	18	19	20	21	22	23	24	25	26	27	28	29	12/1	2	3	4	5	6	7	8	9	10	11	12	13	14	15	16	17	18
일진	庚寅	辛卯	壬辰	癸巳	甲午	乙未	丙申	丁酉	戊戌	己亥	庚子	辛丑	壬寅	癸卯	甲辰	乙巳	丙午	丁未	戊申	己酉	庚戌	辛亥	壬子	癸丑	甲寅	乙卯	丙辰	丁巳	戊午	己未	庚申
대운 남	8	9	9	9	10	소	1	1	1	1	2	2	2	3	3	3	4	4	4	5	대	5	6	6	6	7	7	7	8	8	8
대운 여	2	1	1	1	1	한	9	9	9	8	8	8	7	7	7	6	6	6	5	5	한	4	4	4	3	3	3	2	2	2	1

양력 2월　입춘절(庚寅月)　立春 2월4일 22시38분　雨水 2월19일 18시35분

양력	1	2	3	4	5	6	7	8	9	10	11	12	13	14	15	16	17	18	19	20	21	22	23	24	25	26	27	28			
요일	月	火	水	木	金	土	日	月	火	水	木	金	土	日	月	火	水	木	金	土	日	月	火	水	木	金	土	日			
음력	12/19	20	21	22	23	24	25	26	27	28	29	30	1/1	2	3	4	5	6	7	8	9	10	11	12	13	14	15	16			
일진	辛酉	壬戌	癸亥	甲子	乙丑	丙寅	丁卯	戊辰	己巳	庚午	辛未	壬申	癸酉	甲戌	乙亥	丙子	丁丑	戊寅	己卯	庚辰	辛巳	壬午	癸未	甲申	乙酉	丙戌	丁亥	戊子			
대운 남	9	9	9	입	10	9	9	9	8	8	8	7	7	7	6	6	6	5	우	5	4	4	4	3	3	3	2	2			
대운 여	1	1	1	춘	1	1	1	1	2	2	2	3	3	3	4	4	4	5	수	5	6	6	6	7	7	7	8	8			

양력 3월　경칩절(辛卯月)　驚蟄 3월6일 17시0분　春分 3월21일 18시1분

양력	1	2	3	4	5	6	7	8	9	10	11	12	13	14	15	16	17	18	19	20	21	22	23	24	25	26	27	28	29	30	31
요일	月	火	水	木	金	土	日	月	火	水	木	金	土	日	月	火	水	木	金	土	日	月	火	水	木	金	土	日	月	火	水
음력	1/17	18	19	20	21	22	23	24	25	26	27	28	29	2/1	2	3	4	5	6	7	8	9	10	11	12	13	14	15	16	17	18
일진	己丑	庚寅	辛卯	壬辰	癸巳	甲午	乙未	丙申	丁酉	戊戌	己亥	庚子	辛丑	壬寅	癸卯	甲辰	乙巳	丙午	丁未	戊申	己酉	庚戌	辛亥	壬子	癸丑	甲寅	乙卯	丙辰	丁巳	戊午	己未
대운 남	2	1	1	1	1	경	10	9	9	9	8	8	8	7	7	7	6	6	6	5	춘	5	4	4	4	3	3	3	2	2	2
대운 여	8	9	9	9	10	칩	1	1	1	1	2	2	2	3	3	3	4	4	4	5	분	5	6	6	6	7	7	7	8	8	8

양력 4월　청명절(壬辰月)　清明 4월5일 22시18분　穀雨 4월21일 5시36분

양력	1	2	3	4	5	6	7	8	9	10	11	12	13	14	15	16	17	18	19	20	21	22	23	24	25	26	27	28	29	30	
요일	木	金	土	日	月	火	水	木	金	土	日	月	火	水	木	金	土	日	月	火	水	木	金	土	日	月	火	水	木	金	
음력	2/19	20	21	22	23	24	25	26	27	28	29	3/1	2	3	4	5	6	7	8	9	10	11	12	13	14	15	16	17	18	19	
일진	庚申	辛酉	壬戌	癸亥	甲子	乙丑	丙寅	丁卯	戊辰	己巳	庚午	辛未	壬申	癸酉	甲戌	乙亥	丙子	丁丑	戊寅	己卯	庚辰	辛巳	壬午	癸未	甲申	乙酉	丙戌	丁亥	戊子	己丑	
대운 남	1	1	1	1	청	10	10	9	9	9	8	8	8	7	7	7	6	6	6	5	곡	5	4	4	4	3	3	3	2	2	
대운 여	9	9	9	10	명	1	1	1	1	2	2	2	3	3	3	4	4	4	5	5	우	6	6	6	7	7	7	8	8	8	

양력 5월　입하절(癸巳月)　立夏 5월6일 16시8분　小滿 5월22일 5시15분

양력	1	2	3	4	5	6	7	8	9	10	11	12	13	14	15	16	17	18	19	20	21	22	23	24	25	26	27	28	29	30	31
요일	土	日	月	火	水	木	金	土	日	月	火	水	木	金	土	日	月	火	水	木	金	土	日	月	火	水	木	金	土	日	月
음력	3/20	21	22	23	24	25	26	27	28	29	30	4/1	2	3	4	5	6	7	8	9	10	11	12	13	14	15	16	17	18	19	20
일진	庚寅	辛卯	壬辰	癸巳	甲午	乙未	丙申	丁酉	戊戌	己亥	庚子	辛丑	壬寅	癸卯	甲辰	乙巳	丙午	丁未	戊申	己酉	庚戌	辛亥	壬子	癸丑	甲寅	乙卯	丙辰	丁巳	戊午	己未	庚申
대운 남	2	1	1	1	1	입	10	10	9	9	9	8	8	8	7	7	7	6	6	6	5	소	5	4	4	4	3	3	3	2	2
대운 여	9	9	9	10	10	하	1	1	1	1	2	2	2	3	3	3	4	4	4	5	5	만	6	6	6	7	7	7	8	8	8

양력 6월　망종절(甲午月)　芒種 6월6일 20시42분　夏至 6월22일 13시30분

양력	1	2	3	4	5	6	7	8	9	10	11	12	13	14	15	16	17	18	19	20	21	22	23	24	25	26	27	28	29	30	
요일	火	水	木	金	土	日	月	火	水	木	金	土	日	月	火	水	木	金	土	日	月	火	水	木	金	土	日	月	火	水	
음력	4/21	22	23	24	25	26	27	28	29	5/1	2	3	4	5	6	7	8	9	10	11	12	13	14	15	16	17	18	19	20	21	
일진	辛酉	壬戌	癸亥	甲子	乙丑	丙寅	丁卯	戊辰	己巳	庚午	辛未	壬申	癸酉	甲戌	乙亥	丙子	丁丑	戊寅	己卯	庚辰	辛巳	壬午	癸未	甲申	乙酉	丙戌	丁亥	戊子	己丑	庚寅	
대운 남	2	1	1	1	1	망	10	10	10	9	9	9	8	8	8	7	7	7	6	6	6	하	5	5	4	4	4	3	3	3	
대운 여	9	9	9	10	10	종	1	1	1	1	2	2	2	3	3	3	4	4	4	5	5	지	6	6	6	7	7	7	8	8	

丙寅年

양력 7월 소서절(乙未月) 小暑 7월8일 7시6분 大暑 7월24일 0시25분

양력	1	2	3	4	5	6	7	8	9	10	11	12	13	14	15	16	17	18	19	20	21	22	23	24	25	26	27	28	29	30	31
요일	木	金	土	日	月	火	水	木	金	土	日	月	火	水	木	金	土	日	月	火	水	木	金	土	日	月	火	水	木	金	土
음력	5/22	23	24	25	26	27	28	29	30	6/1	2	3	4	5	6	7	8	9	10	11	12	13	14	15	16	17	18	19	20	21	22
일진	辛卯	壬辰	癸巳	甲午	乙未	丙申	丁酉	戊戌	己亥	庚子	辛丑	壬寅	癸卯	甲辰	乙巳	丙午	丁未	戊申	己酉	庚戌	辛亥	壬子	癸丑	甲寅	乙卯	丙辰	丁巳	戊午	己未	庚申	辛酉
대운 남	2	2	2	1	1	1	1	소서	10	10	9	9	9	8	8	8	7	7	7	6	6	6	5	대서	5	4	4	4	3	3	3
대운 여	8	9	9	9	10	10	10		1	1	1	1	2	2	2	3	3	3	4	4	4	5	5		6	6	6	7	7	7	8

양력 8월 입추절(丙申月) 立秋 8월8일 16시44분 處暑 8월24일 7시14분

양력	1	2	3	4	5	6	7	8	9	10	11	12	13	14	15	16	17	18	19	20	21	22	23	24	25	26	27	28	29	30	31
요일	日	月	火	水	木	金	土	日	月	火	水	木	金	土	日	月	火	水	木	金	土	日	月	火	水	木	金	土	日	月	火
음력	6/23	24	25	26	27	28	29	7/1	2	3	4	5	6	7	8	9	10	11	12	13	14	15	16	17	18	19	20	21	22	23	24
일진	壬戌	癸亥	甲子	乙丑	丙寅	丁卯	戊辰	己巳	庚午	辛未	壬申	癸酉	甲戌	乙亥	丙子	丁丑	戊寅	己卯	庚辰	辛巳	壬午	癸未	甲申	乙酉	丙戌	丁亥	戊子	己丑	庚寅	辛卯	壬辰
대운 남	2	2	2	1	1	1	1	입추	10	10	9	9	9	8	8	8	7	7	7	6	6	6	5	처서	5	4	4	4	3	3	3
대운 여	8	8	9	9	9	10	10		1	1	1	1	2	2	2	3	3	3	4	4	4	5	5		6	6	6	7	7	7	8

양력 9월 백로절(丁酉月) 白露 9월8일 19시16분 秋分 9월24일 4시27분

양력	1	2	3	4	5	6	7	8	9	10	11	12	13	14	15	16	17	18	19	20	21	22	23	24	25	26	27	28	29	30
요일	水	木	金	土	日	月	火	水	木	金	土	日	月	火	水	木	金	土	日	月	火	水	木	金	土	日	月	火	水	木
음력	7/25	26	27	28	29	30	8/1	2	3	4	5	6	7	8	9	10	11	12	13	14	15	16	17	18	19	20	21	22	23	24
일진	癸巳	甲午	乙未	丙申	丁酉	戊戌	己亥	庚子	辛丑	壬寅	癸卯	甲辰	乙巳	丙午	丁未	戊申	己酉	庚戌	辛亥	壬子	癸丑	甲寅	乙卯	丙辰	丁巳	戊午	己未	庚申	辛酉	壬戌
대운 남	2	2	2	1	1	1	1	백로	10	10	9	9	9	8	8	8	7	7	7	6	6	6	5	추분	5	4	4	4	3	3
대운 여	8	8	9	9	9	10	10		1	1	1	1	2	2	2	3	3	3	4	4	4	5	5		6	6	6	7	7	7

양력 10월 한로절(戊戌月) 寒露 10월9일 10시25분 霜降 10월24일 13시18분

양력	1	2	3	4	5	6	7	8	9	10	11	12	13	14	15	16	17	18	19	20	21	22	23	24	25	26	27	28	29	30	31
요일	金	土	日	月	火	水	木	金	土	日	月	火	水	木	金	土	日	月	火	水	木	金	土	日	月	火	水	木	金	土	日
음력	8/25	26	27	28	29	30	9/1	2	3	4	5	6	7	8	9	10	11	12	13	14	15	16	17	18	19	20	21	22	23	24	25
일진	癸亥	甲子	乙丑	丙寅	丁卯	戊辰	己巳	庚午	辛未	壬申	癸酉	甲戌	乙亥	丙子	丁丑	戊寅	己卯	庚辰	辛巳	壬午	癸未	甲申	乙酉	丙戌	丁亥	戊子	己丑	庚寅	辛卯	壬辰	癸巳
대운 남	3	2	2	2	1	1	1	1	한로	10	9	9	9	8	8	8	7	7	7	6	6	6	5	상강	5	4	4	4	3	3	3
대운 여	8	8	8	9	9	9	10	10		1	1	1	1	2	2	2	3	3	3	4	4	4	5		5	6	6	6	7	7	7

양력 11월 입동절(己亥月) 立冬 11월8일 13시8분 小雪 11월23일 10시28분

양력	1	2	3	4	5	6	7	8	9	10	11	12	13	14	15	16	17	18	19	20	21	22	23	24	25	26	27	28	29	30
요일	月	火	水	木	金	土	日	月	火	水	木	金	土	日	月	火	水	木	金	土	日	月	火	水	木	金	土	日	月	火
음력	9/26	27	28	29	10/1	2	3	4	5	6	7	8	9	10	11	12	13	14	15	16	17	18	19	20	21	22	23	24	25	26
일진	甲午	乙未	丙申	丁酉	戊戌	己亥	庚子	辛丑	壬寅	癸卯	甲辰	乙巳	丙午	丁未	戊申	己酉	庚戌	辛亥	壬子	癸丑	甲寅	乙卯	丙辰	丁巳	戊午	己未	庚申	辛酉	壬戌	癸亥
대운 남	2	2	2	1	1	1	1	입동	10	9	9	9	8	8	8	7	7	7	6	6	6	5	소설	5	4	4	4	3	3	3
대운 여	8	8	8	9	9	9	10		1	1	1	1	2	2	2	3	3	3	4	4	4	5		5	6	6	6	7	7	7

양력 12월 대설절(庚子月) 大雪 12월8일 5시39분 冬至 12월22일 23시33분

양력	1	2	3	4	5	6	7	8	9	10	11	12	13	14	15	16	17	18	19	20	21	22	23	24	25	26	27	28	29	30	31
요일	水	木	金	土	日	月	火	水	木	金	土	日	月	火	水	木	金	土	日	月	火	水	木	金	土	日	月	火	水	木	金
음력	10/27	28	29	30	11/1	2	3	4	5	6	7	8	9	10	11	12	13	14	15	16	17	18	19	20	21	22	23	24	25	26	27
일진	甲子	乙丑	丙寅	丁卯	戊辰	己巳	庚午	辛未	壬申	癸酉	甲戌	乙亥	丙子	丁丑	戊寅	己卯	庚辰	辛巳	壬午	癸未	甲申	乙酉	丙戌	丁亥	戊子	己丑	庚寅	辛卯	壬辰	癸巳	甲午
대운 남	2	2	2	1	1	1	1	대설	9	9	9	8	8	8	7	7	7	6	6	6	5	동지	5	4	4	4	3	3	3	2	2
대운 여	8	8	8	9	9	9	10		1	1	1	1	2	2	2	3	3	3	4	4	4		5	5	6	6	6	7	7	7	8

서기 1927년 [단기 4260년]

양력 1월 소한절(辛丑月) 小寒 1월6일 16시45분 大寒 1월21일 10시12분

양력		1	2	3	4	5	6	7	8	9	10	11	12	13	14	15	16	17	18	19	20	21	22	23	24	25	26	27	28	29	30	31
요일		土	日	月	火	水	木	金	土	日	月	火	水	木	金	土	日	月	火	水	木	金	土	日	月	火	水	木	金	土	日	月
음력		11/28	29	30	12/1	2	3	4	5	6	7	8	9	10	11	12	13	14	15	16	17	18	19	20	21	22	23	24	25	26	27	28
일진		乙未	丙申	丁酉	戊戌	己亥	庚子	辛丑	壬寅	癸卯	甲辰	乙巳	丙午	丁未	戊申	己酉	庚戌	辛亥	壬子	癸丑	甲寅	乙卯	丙辰	丁巳	戊午	己未	庚申	辛酉	壬戌	癸亥	甲子	乙丑
대운	남	2	1	1	1	1	소	10	9	9	9	8	8	8	7	7	7	6	6	6	5	대	5	4	4	4	3	3	3	2	2	2
	여	8	8	9	9	9	한	1	1	1	1	2	2	2	3	3	3	4	4	4	5	한	5	6	6	6	7	7	7	8	8	8

양력 2월 입춘절(壬寅月) 立春 2월5일 4시30분 雨水 2월20일 0시34분

양력		1	2	3	4	5	6	7	8	9	10	11	12	13	14	15	16	17	18	19	20	21	22	23	24	25	26	27	28			
요일		火	水	木	金	土	日	月	火	水	木	金	土	日	月	火	水	木	金	土	日	月	火	水	木	金	土	日	月			
음력		12/29	1/1	2	3	4	5	6	7	8	9	10	11	12	13	14	15	16	17	18	19	20	21	22	23	24	25	26	27			
일진		丙寅	丁卯	戊辰	己巳	庚午	辛未	壬申	癸酉	甲戌	乙亥	丙子	丁丑	戊寅	己卯	庚辰	辛巳	壬午	癸未	甲申	乙酉	丙戌	丁亥	戊子	己丑	庚寅	辛卯	壬辰	癸巳			
대운	남	1	1	1	1	입	1	1	1	1	2	2	2	3	3	3	4	4	4	5	우	5	6	6	6	7	7	7	8			
	여	9	9	9	10	춘	9	9	9	8	8	8	7	7	7	6	6	6	5	5	수	4	4	4	3	3	3	2	2			

양력 3월 경칩절(癸卯月) 驚蟄 3월6일 22시50분 春分 3월21일 23시59분

양력		1	2	3	4	5	6	7	8	9	10	11	12	13	14	15	16	17	18	19	20	21	22	23	24	25	26	27	28	29	30	31
요일		火	水	木	金	土	日	月	火	水	木	金	土	日	月	火	水	木	金	土	日	月	火	水	木	金	土	日	月	火	水	木
음력		1/28	29	30	2/1	2	3	4	5	6	7	8	9	10	11	12	13	14	15	16	17	18	19	20	21	22	23	24	25	26	27	28
일진		甲午	乙未	丙申	丁酉	戊戌	己亥	庚子	辛丑	壬寅	癸卯	甲辰	乙巳	丙午	丁未	戊申	己酉	庚戌	辛亥	壬子	癸丑	甲寅	乙卯	丙辰	丁巳	戊午	己未	庚申	辛酉	壬戌	癸亥	甲子
대운	남	8	8	9	9	9	경	1	1	1	1	2	2	2	3	3	3	4	4	4	5	춘	5	6	6	6	7	7	7	8	8	8
	여	2	1	1	1	1	칩	10	10	9	9	9	8	8	8	7	7	7	6	6	6	분	5	5	4	4	4	3	3	3	2	2

양력 4월 청명절(甲辰月) 清明 4월6일 4시6분 穀雨 4월21일 11시32분

양력		1	2	3	4	5	6	7	8	9	10	11	12	13	14	15	16	17	18	19	20	21	22	23	24	25	26	27	28	29	30	
요일		金	土	日	月	火	水	木	金	土	日	月	火	水	木	金	土	日	月	火	水	木	金	土	日	月	火	水	木	金	土	
음력		2/29	3/1	2	3	4	5	6	7	8	9	10	11	12	13	14	15	16	17	18	19	20	21	22	23	24	25	26	27	28	29	
일진		乙丑	丙寅	丁卯	戊辰	己巳	庚午	辛未	壬申	癸酉	甲戌	乙亥	丙子	丁丑	戊寅	己卯	庚辰	辛巳	壬午	癸未	甲申	乙酉	丙戌	丁亥	戊子	己丑	庚寅	辛卯	壬辰	癸巳	甲午	
대운	남	9	9	9	10	10	청	1	1	1	1	2	2	2	3	3	3	4	4	4	5	곡	5	6	6	6	7	7	7	8	8	
	여	2	1	1	1	1	명	10	9	9	9	8	8	8	7	7	7	6	6	6	5	우	5	4	4	4	3	3	3	2	2	

양력 5월 입하절(乙巳月) 立夏 5월6일 21시53분 小滿 5월22일 11시8분

양력		1	2	3	4	5	6	7	8	9	10	11	12	13	14	15	16	17	18	19	20	21	22	23	24	25	26	27	28	29	30	31
요일		日	月	火	水	木	金	土	日	月	火	水	木	金	土	日	月	火	水	木	金	土	日	月	火	水	木	金	土	日	月	火
음력		4/1	2	3	4	5	6	7	8	9	10	11	12	13	14	15	16	17	18	19	20	21	22	23	24	25	26	27	28	29	30	5/1
일진		乙未	丙申	丁酉	戊戌	己亥	庚子	辛丑	壬寅	癸卯	甲辰	乙巳	丙午	丁未	戊申	己酉	庚戌	辛亥	壬子	癸丑	甲寅	乙卯	丙辰	丁巳	戊午	己未	庚申	辛酉	壬戌	癸亥	甲子	乙丑
대운	남	8	9	9	9	10	입	1	1	1	1	2	2	2	3	3	3	4	4	4	5	5	소	6	6	6	7	7	7	8	8	8
	여	2	1	1	1	1	하	10	10	10	9	9	9	8	8	8	7	7	7	6	6	6	만	5	5	4	4	4	3	3	3	2

양력 6월 망종절(丙午月) 芒種 6월7일 2시25분 夏至 6월22일 19시22분

양력		1	2	3	4	5	6	7	8	9	10	11	12	13	14	15	16	17	18	19	20	21	22	23	24	25	26	27	28	29	30	
요일		水	木	金	土	日	月	火	水	木	金	土	日	月	火	水	木	金	土	日	月	火	水	木	金	土	日	月	火	水	木	
음력		5/2	3	4	5	6	7	8	9	10	11	12	13	14	15	16	17	18	19	20	21	22	23	24	25	26	27	28	29	6/1	2	
일진		丙寅	丁卯	戊辰	己巳	庚午	辛未	壬申	癸酉	甲戌	乙亥	丙子	丁丑	戊寅	己卯	庚辰	辛巳	壬午	癸未	甲申	乙酉	丙戌	丁亥	戊子	己丑	庚寅	辛卯	壬辰	癸巳	甲午	乙未	
대운	남	9	9	9	10	10	10	망	1	1	1	1	2	2	2	3	3	3	4	4	4	5	하	5	6	6	6	7	7	7	8	
	여	2	2	1	1	1	1	종	10	10	9	9	9	8	8	8	7	7	7	6	6	6	지	5	5	4	4	4	3	3	3	

丁卯年

양력 7월 소서절(丁未月) 小暑 7월8일 12시50분 大暑 7월24일 6시17분

양력	1	2	3	4	5	6	7	8	9	10	11	12	13	14	15	16	17	18	19	20	21	22	23	24	25	26	27	28	29	30	31
요일	金	土	日	月	火	水	木	金	土	日	月	火	水	木	金	土	日	月	火	水	木	金	土	日	月	火	水	木	金	土	日
음력	6/3	4	5	6	7	8	9	10	11	12	13	14	15	16	17	18	19	20	21	22	23	24	25	26	27	28	29	30	7/1	2	3
일진	丙申	丁酉	戊戌	己亥	庚子	辛丑	壬寅	癸卯	甲辰	乙巳	丙午	丁未	戊申	己酉	庚戌	辛亥	壬子	癸丑	甲寅	乙卯	丙辰	丁巳	戊午	己未	庚申	辛酉	壬戌	癸亥	甲子	乙丑	丙寅
대운 남	8	8	9	9	9	10	10	소	1	1	1	1	2	2	2	3	3	3	4	4	4	5	5	대	6	6	6	7	7	7	8
대운 여	2	2	2	1	1	1	1	서	10	10	9	9	9	8	8	8	7	7	7	6	6	6	5	서	5	4	4	4	3	3	3

양력 8월 입추절(戊申月) 立秋 8월8일 22시31분 處暑 8월24일 13시5분

양력	1	2	3	4	5	6	7	8	9	10	11	12	13	14	15	16	17	18	19	20	21	22	23	24	25	26	27	28	29	30	31
요일	月	火	水	木	金	土	日	月	火	水	木	金	土	日	月	火	水	木	金	土	日	月	火	水	木	金	土	日	月	火	水
음력	7/4	5	6	7	8	9	10	11	12	13	14	15	16	17	18	19	20	21	22	23	24	25	26	27	28	29	8/1	2	3	4	5
일진	丁卯	戊辰	己巳	庚午	辛未	壬申	癸酉	甲戌	乙亥	丙子	丁丑	戊寅	己卯	庚辰	辛巳	壬午	癸未	甲申	乙酉	丙戌	丁亥	戊子	己丑	庚寅	辛卯	壬辰	癸巳	甲午	乙未	丙申	丁酉
대운 남	8	8	9	9	9	10	10	입	1	1	1	1	2	2	2	3	3	3	4	4	4	5	5	처	6	6	6	7	7	7	8
대운 여	2	2	2	1	1	1	1	추	10	10	10	9	9	9	8	8	8	7	7	7	6	6	6	서	5	5	4	4	4	3	3

양력 9월 백로절(己酉月) 白露 9월9일 1시6분 秋分 9월24일 10시17분

양력	1	2	3	4	5	6	7	8	9	10	11	12	13	14	15	16	17	18	19	20	21	22	23	24	25	26	27	28	29	30
요일	木	金	土	日	月	火	水	木	金	土	日	月	火	水	木	金	土	日	月	火	水	木	金	土	日	月	火	水	木	金
음력	8/6	7	8	9	10	11	12	13	14	15	16	17	18	19	20	21	22	23	24	25	26	27	28	29	30	9/1	2	3	4	5
일진	戊戌	己亥	庚子	辛丑	壬寅	癸卯	甲辰	乙巳	丙午	丁未	戊申	己酉	庚戌	辛亥	壬子	癸丑	甲寅	乙卯	丙辰	丁巳	戊午	己未	庚申	辛酉	壬戌	癸亥	甲子	乙丑	丙寅	丁卯
대운 남	8	8	9	9	9	10	10	10	백	1	1	1	1	2	2	2	3	3	3	4	4	4	5	추	5	6	6	6	7	7
대운 여	3	2	2	2	1	1	1	1	로	10	9	9	9	8	8	8	7	7	7	6	6	6	5	분	5	4	4	4	3	3

양력 10월 한로절(庚戌月) 寒露 10월9일 16시15분 霜降 10월24일 19시7분

양력	1	2	3	4	5	6	7	8	9	10	11	12	13	14	15	16	17	18	19	20	21	22	23	24	25	26	27	28	29	30	31
요일	土	日	月	火	水	木	金	土	日	月	火	水	木	金	土	日	月	火	水	木	金	土	日	月	火	水	木	金	土	日	月
음력	9/6	7	8	9	10	11	12	13	14	15	16	17	18	19	20	21	22	23	24	25	26	27	28	29	30	10/1	2	3	4	5	6
일진	戊辰	己巳	庚午	辛未	壬申	癸酉	甲戌	乙亥	丙子	丁丑	戊寅	己卯	庚辰	辛巳	壬午	癸未	甲申	乙酉	丙戌	丁亥	戊子	己丑	庚寅	辛卯	壬辰	癸巳	甲午	乙未	丙申	丁酉	戊戌
대운 남	7	8	8	8	9	9	9	10	한	1	1	1	1	2	2	2	3	3	3	4	4	4	5	상	5	6	6	6	7	7	7
대운 여	3	2	2	2	1	1	1	1	로	10	9	9	9	8	8	8	7	7	7	6	6	6	5	강	5	4	4	4	3	3	3

양력 11월 입동절(辛亥月) 立冬 11월8일 18시57분 小雪 11월23일 16시14분

양력	1	2	3	4	5	6	7	8	9	10	11	12	13	14	15	16	17	18	19	20	21	22	23	24	25	26	27	28	29	30
요일	火	水	木	金	土	日	月	火	水	木	金	土	日	月	火	水	木	金	土	日	月	火	水	木	金	土	日	月	火	水
음력	10/7	8	9	10	11	12	13	14	15	16	17	18	19	20	21	22	23	24	25	26	27	28	29	11/1	2	3	4	5	6	7
일진	己亥	庚子	辛丑	壬寅	癸卯	甲辰	乙巳	丙午	丁未	戊申	己酉	庚戌	辛亥	壬子	癸丑	甲寅	乙卯	丙辰	丁巳	戊午	己未	庚申	辛酉	壬戌	癸亥	甲子	乙丑	丙寅	丁卯	戊辰
대운 남	8	8	8	9	9	9	10	입	1	1	1	1	2	2	2	3	3	3	4	4	4	5	소	5	6	6	6	7	7	7
대운 여	2	2	2	1	1	1	1	동	10	9	9	9	8	8	8	7	7	7	6	6	6	5	설	5	4	4	4	3	3	3

양력 12월 대설절(壬子月) 大雪 12월8일 11시26분 冬至 12월23일 5시19분

양력	1	2	3	4	5	6	7	8	9	10	11	12	13	14	15	16	17	18	19	20	21	22	23	24	25	26	27	28	29	30	31
요일	木	金	土	日	月	火	水	木	金	土	日	月	火	水	木	金	土	日	月	火	水	木	金	土	日	月	火	水	木	金	土
음력	11/8	9	10	11	12	13	14	15	16	17	18	19	20	21	22	23	24	25	26	27	28	29	30	12/1	2	3	4	5	6	7	8
일진	己巳	庚午	辛未	壬申	癸酉	甲戌	乙亥	丙子	丁丑	戊寅	己卯	庚辰	辛巳	壬午	癸未	甲申	乙酉	丙戌	丁亥	戊子	己丑	庚寅	辛卯	壬辰	癸巳	甲午	乙未	丙申	丁酉	戊戌	己亥
대운 남	8	8	8	9	9	9	10	대	1	1	1	1	2	2	2	3	3	3	4	4	4	5	동	5	6	6	6	7	7	7	8
대운 여	2	2	2	1	1	1	1	설	9	9	9	8	8	8	7	7	7	6	6	6	5	5	지	4	4	4	3	3	3	2	2

서기 1928년 [단기 4261년]

양력 1월 소한절(癸丑月) 小寒 1월6일 22시31분 大寒 1월21일 15시57분

양력	1	2	3	4	5	6	7	8	9	10	11	12	13	14	15	16	17	18	19	20	21	22	23	24	25	26	27	28	29	30	31
요일	日	月	火	水	木	金	土	日	月	火	水	木	金	土	日	月	火	水	木	金	土	日	月	火	水	木	金	土	日	月	火
음력	12/9	10	11	12	13	14	15	16	17	18	19	20	21	22	23	24	25	26	27	28	29	30	1/1	2	3	4	5	6	7	8	9
일진	庚子	辛丑	壬寅	癸卯	甲辰	乙巳	丙午	丁未	戊申	己酉	庚戌	辛亥	壬子	癸丑	甲寅	乙卯	丙辰	丁巳	戊午	己未	庚申	辛酉	壬戌	癸亥	甲子	乙丑	丙寅	丁卯	戊辰	己巳	庚午
대운 남	8	8	9	9	9	소	1	1	1	1	2	2	2	3	3	3	4	4	4	5	대	5	6	6	6	7	7	7	8	8	8
대운 여	2	1	1	1	1	한	10	9	9	9	8	8	8	7	7	7	6	6	6	5	한	5	4	4	4	3	3	3	2	2	2

양력 2월 입춘절(甲寅月) 立春 2월5일 10시16분 雨水 2월20일 6시19분

양력	1	2	3	4	5	6	7	8	9	10	11	12	13	14	15	16	17	18	19	20	21	22	23	24	25	26	27	28	29		
요일	水	木	金	土	日	月	火	水	木	金	土	日	月	火	水	木	金	土	日	月	火	水	木	金	土	日	月	火	水		
음력	1/10	11	12	13	14	15	16	17	18	19	20	21	22	23	24	25	26	27	28	29	2/1	2	3	4	5	6	7	8	9		
일진	辛未	壬申	癸酉	甲戌	乙亥	丙子	丁丑	戊寅	己卯	庚辰	辛巳	壬午	癸未	甲申	乙酉	丙戌	丁亥	戊子	己丑	庚寅	辛卯	壬辰	癸巳	甲午	乙未	丙申	丁酉	戊戌	己亥		
대운 남	9	9	9	10	입	10	9	9	9	8	8	8	7	7	7	6	6	6	5	우	5	4	4	4	3	3	3	2	2		
대운 여	1	1	1	1	춘	1	1	1	1	2	2	2	3	3	3	4	4	4	5	수	5	6	6	6	7	7	7	8	8		

양력 3월 경칩절(乙卯月) 驚蟄 3월6일 4시37분 春分 3월21일 5시44분

양력	1	2	3	4	5	6	7	8	9	10	11	12	13	14	15	16	17	18	19	20	21	22	23	24	25	26	27	28	29	30	31
요일	木	金	土	日	月	火	水	木	金	土	日	月	火	水	木	金	土	日	月	火	水	木	金	土	日	月	火	水	木	金	土
음력	2/10	11	12	13	14	15	16	17	18	19	20	21	22	23	24	25	26	27	28	29	30	윤1	2	3	4	5	6	7	8	9	10
일진	庚子	辛丑	壬寅	癸卯	甲辰	乙巳	丙午	丁未	戊申	己酉	庚戌	辛亥	壬子	癸丑	甲寅	乙卯	丙辰	丁巳	戊午	己未	庚申	辛酉	壬戌	癸亥	甲子	乙丑	丙寅	丁卯	戊辰	己巳	庚午
대운 남	2	1	1	1	1	경	10	9	9	9	8	8	8	7	7	7	6	6	6	5	춘	5	4	4	4	3	3	3	2	2	2
대운 여	8	9	9	9	10	칩	1	1	1	1	2	2	2	3	3	3	4	4	4	5	분	5	6	6	6	7	7	7	8	8	8

양력 4월 청명절(丙辰月) 清明 4월5일 9시55분 穀雨 4월20일 17시17분

양력	1	2	3	4	5	6	7	8	9	10	11	12	13	14	15	16	17	18	19	20	21	22	23	24	25	26	27	28	29	30	
요일	日	月	火	水	木	金	土	日	月	火	水	木	金	土	日	月	火	水	木	金	土	日	月	火	水	木	金	土	日	月	
음력	윤11	12	13	14	15	16	17	18	19	20	21	22	23	24	25	26	27	28	29	3/1	2	3	4	5	6	7	8	9	10	11	
일진	辛未	壬申	癸酉	甲戌	乙亥	丙子	丁丑	戊寅	己卯	庚辰	辛巳	壬午	癸未	甲申	乙酉	丙戌	丁亥	戊子	己丑	庚寅	辛卯	壬辰	癸巳	甲午	乙未	丙申	丁酉	戊戌	己亥	庚子	
대운 남	1	1	1	1	청	10	10	9	9	9	8	8	8	7	7	7	6	6	6	곡	5	5	4	4	4	3	3	3	2	2	
대운 여	9	9	9	10	명	1	1	1	1	2	2	2	3	3	3	4	4	4	5	우	5	6	6	6	7	7	7	8	8	8	

양력 5월 입하절(丁巳月) 立夏 5월6일 3시44분 小滿 5월21일 16시52분

양력	1	2	3	4	5	6	7	8	9	10	11	12	13	14	15	16	17	18	19	20	21	22	23	24	25	26	27	28	29	30	31
요일	火	水	木	金	土	日	月	火	水	木	金	土	日	月	火	水	木	金	土	日	月	火	水	木	金	土	日	月	火	水	木
음력	3/12	13	14	15	16	17	18	19	20	21	22	23	24	25	26	27	28	29	4/1	2	3	4	5	6	7	8	9	10	11	12	13
일진	辛丑	壬寅	癸卯	甲辰	乙巳	丙午	丁未	戊申	己酉	庚戌	辛亥	壬子	癸丑	甲寅	乙卯	丙辰	丁巳	戊午	己未	庚申	辛酉	壬戌	癸亥	甲子	乙丑	丙寅	丁卯	戊辰	己巳	庚午	辛未
대운 남	2	1	1	1	1	입	10	10	9	9	9	8	8	8	7	7	7	6	6	6	소	5	5	4	4	4	3	3	3	2	2
대운 여	9	9	9	10	10	하	1	1	1	1	2	2	2	3	3	3	4	4	4	5	만	5	6	6	6	7	7	7	8	8	8

양력 6월 망종절(戊午月) 芒種 6월6일 8시17분 夏至 6월22일 1시6분

양력	1	2	3	4	5	6	7	8	9	10	11	12	13	14	15	16	17	18	19	20	21	22	23	24	25	26	27	28	29	30	
요일	金	土	日	月	火	水	木	金	土	日	月	火	水	木	金	土	日	月	火	水	木	金	土	日	月	火	水	木	金	土	
음력	4/14	15	16	17	18	19	20	21	22	23	24	25	26	27	28	29	30	5/1	2	3	4	5	6	7	8	9	10	11	12	13	
일진	壬申	癸酉	甲戌	乙亥	丙子	丁丑	戊寅	己卯	庚辰	辛巳	壬午	癸未	甲申	乙酉	丙戌	丁亥	戊子	己丑	庚寅	辛卯	壬辰	癸巳	甲午	乙未	丙申	丁酉	戊戌	己亥	庚子	辛丑	
대운 남	2	1	1	1	1	망	10	10	9	9	9	8	8	8	7	7	7	6	6	6	5	하	5	4	4	4	3	3	3	2	
대운 여	9	9	9	10	10	종	1	1	1	1	2	2	2	3	3	3	4	4	4	5	5	지	6	6	6	7	7	7	8	8	

▶윤달-2월

戊辰年

양력 7월 소서절(己未月) 小暑 7월7일 18시44분 大暑 7월23일 12시2분

양력	1	2	3	4	5	6	7	8	9	10	11	12	13	14	15	16	17	18	19	20	21	22	23	24	25	26	27	28	29	30	31
요일	日	月	火	水	木	金	土	日	月	火	水	木	金	土	日	月	火	水	木	金	土	日	月	火	水	木	金	土	日	月	火
음력	5/14	15	16	17	18	19	20	21	22	23	24	25	26	27	28	29	6/1	2	3	4	5	6	7	8	9	10	11	12	13	14	15
일진	壬寅	癸卯	甲辰	乙巳	丙午	丁未	戊申	己酉	庚戌	辛亥	壬子	癸丑	甲寅	乙卯	丙辰	丁巳	戊午	己未	庚申	辛酉	壬戌	癸亥	甲子	乙丑	丙寅	丁卯	戊辰	己巳	庚午	辛未	壬申
대운 남	2	2	1	1	1	1	소	10	10	10	9	9	9	8	8	8	7	7	7	6	6	6	대	5	5	4	4	4	3	3	3
대운 여	8	9	9	9	10	10	서	1	1	1	1	2	2	2	3	3	3	4	4	4	5	5	서	6	6	6	7	7	7	8	8

양력 8월 입추절(庚申月) 立秋 8월8일 4시28분 處暑 8월23일 18시53분

양력	1	2	3	4	5	6	7	8	9	10	11	12	13	14	15	16	17	18	19	20	21	22	23	24	25	26	27	28	29	30	31
요일	水	木	金	土	日	月	火	水	木	金	土	日	月	火	水	木	金	土	日	月	火	水	木	金	土	日	月	火	水	木	金
음력	6/16	17	18	19	20	21	22	23	24	25	26	27	28	29	7/1	2	3	4	5	6	7	8	9	10	11	12	13	14	15	16	17
일진	癸酉	甲戌	乙亥	丙子	丁丑	戊寅	己卯	庚辰	辛巳	壬午	癸未	甲申	乙酉	丙戌	丁亥	戊子	己丑	庚寅	辛卯	壬辰	癸巳	甲午	乙未	丙申	丁酉	戊戌	己亥	庚子	辛丑	壬寅	癸卯
대운 남	2	2	2	1	1	1	1	입	10	10	9	9	9	8	8	8	7	7	7	6	6	6	처	5	5	4	4	4	3	3	3
대운 여	8	9	9	9	10	10	10	추	1	1	1	1	2	2	2	3	3	3	4	4	4	5	서	5	6	6	6	7	7	7	8

양력 9월 백로절(辛酉月) 白露 9월8일 7시2분 秋分 9월23일 16시6분

양력	1	2	3	4	5	6	7	8	9	10	11	12	13	14	15	16	17	18	19	20	21	22	23	24	25	26	27	28	29	30
요일	土	日	月	火	水	木	金	土	日	月	火	水	木	金	土	日	月	火	水	木	金	土	日	月	火	水	木	金	土	日
음력	7/18	19	20	21	22	23	24	25	26	27	28	29	30	8/1	2	3	4	5	6	7	8	9	10	11	12	13	14	15	16	17
일진	甲辰	乙巳	丙午	丁未	戊申	己酉	庚戌	辛亥	壬子	癸丑	甲寅	乙卯	丙辰	丁巳	戊午	己未	庚申	辛酉	壬戌	癸亥	甲子	乙丑	丙寅	丁卯	戊辰	己巳	庚午	辛未	壬申	癸酉
대운 남	2	2	2	1	1	1	1	백	10	9	9	9	8	8	8	7	7	7	6	6	6	5	추	5	4	4	4	3	3	3
대운 여	8	8	9	9	9	10	10	로	1	1	1	1	2	2	2	3	3	3	4	4	4	5	분	5	6	6	6	7	7	7

양력 10월 한로절(壬戌月) 寒露 10월8일 22시10분 霜降 10월24일 0시55분

양력	1	2	3	4	5	6	7	8	9	10	11	12	13	14	15	16	17	18	19	20	21	22	23	24	25	26	27	28	29	30	31
요일	月	火	水	木	金	土	日	月	火	水	木	金	土	日	月	火	水	木	金	土	日	月	火	水	木	金	土	日	月	火	水
음력	8/18	19	20	21	22	23	24	25	26	27	28	29	30	9/1	2	3	4	5	6	7	8	9	10	11	12	13	14	15	16	17	18
일진	甲戌	乙亥	丙子	丁丑	戊寅	己卯	庚辰	辛巳	壬午	癸未	甲申	乙酉	丙戌	丁亥	戊子	己丑	庚寅	辛卯	壬辰	癸巳	甲午	乙未	丙申	丁酉	戊戌	己亥	庚子	辛丑	壬寅	癸卯	甲辰
대운 남	2	2	2	1	1	1	1	한	10	10	9	9	9	8	8	8	7	7	7	6	6	6	5	상	5	4	4	4	3	3	3
대운 여	8	8	8	9	9	9	10	로	1	1	1	1	2	2	2	3	3	3	4	4	4	5	5	강	6	6	6	7	7	7	8

양력 11월 입동절(癸亥月) 立冬 11월8일 0시50분 小雪 11월22일 22시0분

양력	1	2	3	4	5	6	7	8	9	10	11	12	13	14	15	16	17	18	19	20	21	22	23	24	25	26	27	28	29	30
요일	木	金	土	日	月	火	水	木	金	土	日	月	火	水	木	金	土	日	月	火	水	木	金	土	日	月	火	水	木	金
음력	9/19	20	21	22	23	24	25	26	27	28	29	10/1	2	3	4	5	6	7	8	9	10	11	12	13	14	15	16	17	18	19
일진	乙巳	丙午	丁未	戊申	己酉	庚戌	辛亥	壬子	癸丑	甲寅	乙卯	丙辰	丁巳	戊午	己未	庚申	辛酉	壬戌	癸亥	甲子	乙丑	丙寅	丁卯	戊辰	己巳	庚午	辛未	壬申	癸酉	甲戌
대운 남	2	2	2	1	1	1	1	입	9	9	9	8	8	8	7	7	7	6	6	6	5	소	5	4	4	4	3	3	3	2
대운 여	8	8	9	9	9	10	10	동	1	1	1	1	2	2	2	3	3	3	4	4	4	설	5	5	6	6	6	7	7	7

양력 12월 대설절(甲子月) 大雪 12월7일 17시17분 冬至 12월22일 11시4분

양력	1	2	3	4	5	6	7	8	9	10	11	12	13	14	15	16	17	18	19	20	21	22	23	24	25	26	27	28	29	30	31
요일	土	日	月	火	水	木	金	土	日	月	火	水	木	金	土	日	月	火	水	木	金	土	日	月	火	水	木	金	土	日	月
음력	10/20	21	22	23	24	25	26	27	28	29	30	11/1	2	3	4	5	6	7	8	9	10	11	12	13	14	15	16	17	18	19	20
일진	乙亥	丙子	丁丑	戊寅	己卯	庚辰	辛巳	壬午	癸未	甲申	乙酉	丙戌	丁亥	戊子	己丑	庚寅	辛卯	壬辰	癸巳	甲午	乙未	丙申	丁酉	戊戌	己亥	庚子	辛丑	壬寅	癸卯	甲辰	乙巳
대운 남	2	2	1	1	1	1	대	10	9	9	9	8	8	8	7	7	7	6	6	6	5	동	5	4	4	4	3	3	3	2	2
대운 여	8	8	8	9	9	9	설	1	1	1	1	2	2	2	3	3	3	4	4	4	5	지	5	6	6	6	7	7	7	8	8

서기 1929년 [단기 4262년]

양력 1월 소한절(乙丑月) 小寒 1월6일 4시22분 大寒 1월20일 21시42분

양력	1	2	3	4	5	6	7	8	9	10	11	12	13	14	15	16	17	18	19	20	21	22	23	24	25	26	27	28	29	30	31
요일	火	水	木	金	土	日	月	火	水	木	金	土	日	月	火	水	木	金	土	日	月	火	水	木	金	土	日	月	火	水	木
음력	11/21	22	23	24	25	26	27	28	29	30	12/1	2	3	4	5	6	7	8	9	10	11	12	13	14	15	16	17	18	19	20	21
일진	丙午	丁未	戊申	己酉	庚戌	辛亥	壬子	癸丑	甲寅	乙卯	丙辰	丁巳	戊午	己未	庚申	辛酉	壬戌	癸亥	甲子	乙丑	丙寅	丁卯	戊辰	己巳	庚午	辛未	壬申	癸酉	甲戌	乙亥	丙子
대운 남	2	1	1	1	1	소	9	9	9	8	8	8	7	7	7	6	6	6	5	대	5	4	4	4	3	3	3	2	2	2	1
대운 여	8	9	9	9	10	한	1	1	1	1	2	2	2	3	3	3	4	4	4	한	5	5	6	6	6	7	7	7	8	8	8

양력 2월 입춘절(丙寅月) 立春 2월4일 16시9분 雨水 2월19일 12시7분

양력	1	2	3	4	5	6	7	8	9	10	11	12	13	14	15	16	17	18	19	20	21	22	23	24	25	26	27	28			
요일	金	土	日	月	火	水	木	金	土	日	月	火	水	木	金	土	日	月	火	水	木	金	土	日	月	火	水	木			
음력	12/22	23	24	25	26	27	28	29	30	1/1	2	3	4	5	6	7	8	9	10	11	12	13	14	15	16	17	18	19			
일진	丁丑	戊寅	己卯	庚辰	辛巳	壬午	癸未	甲申	乙酉	丙戌	丁亥	戊子	己丑	庚寅	辛卯	壬辰	癸巳	甲午	乙未	丙申	丁酉	戊戌	己亥	庚子	辛丑	壬寅	癸卯	甲辰			
대운 남	1	1	1	입	1	1	1	1	2	2	2	3	3	3	4	4	4	5	우	5	6	6	6	7	7	7	8	8			
대운 여	9	9	9	춘	10	9	9	9	8	8	8	7	7	7	6	6	6	5	수	5	4	4	4	3	3	3	2	2			

양력 3월 경칩절(丁卯月) 驚蟄 3월6일 10시32분 春分 3월21일 11시35분

양력	1	2	3	4	5	6	7	8	9	10	11	12	13	14	15	16	17	18	19	20	21	22	23	24	25	26	27	28	29	30	31
요일	金	土	日	月	火	水	木	金	土	日	月	火	水	木	金	土	日	月	火	水	木	金	土	日	月	火	水	木	金	土	日
음력	1/20	21	22	23	24	25	26	27	28	29	2/1	2	3	4	5	6	7	8	9	10	11	12	13	14	15	16	17	18	19	20	21
일진	乙巳	丙午	丁未	戊申	己酉	庚戌	辛亥	壬子	癸丑	甲寅	乙卯	丙辰	丁巳	戊午	己未	庚申	辛酉	壬戌	癸亥	甲子	乙丑	丙寅	丁卯	戊辰	己巳	庚午	辛未	壬申	癸酉	甲戌	乙亥
대운 남	8	9	9	9	10	경	1	1	1	1	2	2	2	3	3	3	4	4	4	5	춘	5	6	6	6	7	7	7	8	8	8
대운 여	2	1	1	1	1	칩	10	9	9	9	8	8	8	7	7	7	6	6	6	5	분	5	4	4	4	3	3	3	2	2	2

양력 4월 청명절(戊辰月) 淸明 4월5일 15시51분 穀雨 4월20일 23시10분

양력	1	2	3	4	5	6	7	8	9	10	11	12	13	14	15	16	17	18	19	20	21	22	23	24	25	26	27	28	29	30	
요일	月	火	水	木	金	土	日	月	火	水	木	金	土	日	月	火	水	木	金	土	日	月	火	水	木	金	土	日	月	火	
음력	2/22	23	24	25	26	27	28	29	30	3/1	2	3	4	5	6	7	8	9	10	11	12	13	14	15	16	17	18	19	20	21	
일진	丙子	丁丑	戊寅	己卯	庚辰	辛巳	壬午	癸未	甲申	乙酉	丙戌	丁亥	戊子	己丑	庚寅	辛卯	壬辰	癸巳	甲午	乙未	丙申	丁酉	戊戌	己亥	庚子	辛丑	壬寅	癸卯	甲辰	乙巳	
대운 남	9	9	9	10	청	1	1	1	1	2	2	2	3	3	3	4	4	4	5	곡	5	6	6	6	7	7	7	8	8	8	
대운 여	1	1	1	1	명	10	10	9	9	9	8	8	8	7	7	7	6	6	6	우	5	5	4	4	4	3	3	3	2	2	

양력 5월 입하절(己巳月) 立夏 5월6일 9시40분 小滿 5월21일 22시48분

양력	1	2	3	4	5	6	7	8	9	10	11	12	13	14	15	16	17	18	19	20	21	22	23	24	25	26	27	28	29	30	31
요일	水	木	金	土	日	月	火	水	木	金	土	日	月	火	水	木	金	土	日	月	火	水	木	金	土	日	月	火	水	木	金
음력	3/22	23	24	25	26	27	28	29	4/1	2	3	4	5	6	7	8	9	10	11	12	13	14	15	16	17	18	19	20	21	22	23
일진	丙午	丁未	戊申	己酉	庚戌	辛亥	壬子	癸丑	甲寅	乙卯	丙辰	丁巳	戊午	己未	庚申	辛酉	壬戌	癸亥	甲子	乙丑	丙寅	丁卯	戊辰	己巳	庚午	辛未	壬申	癸酉	甲戌	乙亥	丙子
대운 남	9	9	9	10	10	입	1	1	1	1	2	2	2	3	3	3	4	4	4	5	소	5	6	6	6	7	7	7	8	8	8
대운 여	2	1	1	1	1	하	10	10	9	9	9	8	8	8	7	7	7	6	6	6	만	5	5	4	4	4	3	3	3	2	2

양력 6월 망종절(庚午月) 芒種 6월6일 14시11분 夏至 6월22일 7시1분

양력	1	2	3	4	5	6	7	8	9	10	11	12	13	14	15	16	17	18	19	20	21	22	23	24	25	26	27	28	29	30	
요일	土	日	月	火	水	木	金	土	日	月	火	水	木	金	土	日	月	火	水	木	金	土	日	月	火	水	木	金	土	日	
음력	4/24	25	26	27	28	29	5/1	2	3	4	5	6	7	8	9	10	11	12	13	14	15	16	17	18	19	20	21	22	23	24	
일진	丁丑	戊寅	己卯	庚辰	辛巳	壬午	癸未	甲申	乙酉	丙戌	丁亥	戊子	己丑	庚寅	辛卯	壬辰	癸巳	甲午	乙未	丙申	丁酉	戊戌	己亥	庚子	辛丑	壬寅	癸卯	甲辰	乙巳	丙午	
대운 남	9	9	9	10	10	망	1	1	1	1	2	2	2	3	3	3	4	4	4	5	5	하	6	6	6	7	7	7	8	8	
대운 여	2	1	1	1	1	종	10	10	10	9	9	9	8	8	8	7	7	7	6	6	6	지	5	5	4	4	4	3	3	3	

己巳年

양력 7월 소서절(辛未月) 小暑 7월8일 0시32분 大暑 7월23일 17시53분

양력	1	2	3	4	5	6	7	8	9	10	11	12	13	14	15	16	17	18	19	20	21	22	23	24	25	26	27	28	29	30	31
요일	月	火	水	木	金	土	日	月	火	水	木	金	土	日	月	火	水	木	金	土	日	月	火	水	木	金	土	日	月	火	水
음력	5/25	26	27	28	29	30	6/1	2	3	4	5	6	7	8	9	10	11	12	13	14	15	16	17	18	19	20	21	22	23	24	25
일진	丁未	戊申	己酉	庚戌	辛亥	壬子	癸丑	甲寅	乙卯	丙辰	丁巳	戊午	己未	庚申	辛酉	壬戌	癸亥	甲子	乙丑	丙寅	丁卯	戊辰	己巳	庚午	辛未	壬申	癸酉	甲戌	乙亥	丙子	丁丑
대운 남	8	9	9	9	10	10	10	소	1	1	1	1	2	2	2	3	3	3	4	4	4	5	대	5	6	6	6	7	7	7	8
대운 여	2	2	2	1	1	1	1	서	10	10	9	9	9	8	8	8	7	7	7	6	6	6	서	5	5	4	4	4	3	3	3

양력 8월 입추절(壬申月) 立秋 8월8일 10시9분 處暑 8월24일 0시41분

양력	1	2	3	4	5	6	7	8	9	10	11	12	13	14	15	16	17	18	19	20	21	22	23	24	25	26	27	28	29	30	31
요일	木	金	土	日	月	火	水	木	金	土	日	月	火	水	木	金	土	日	月	火	水	木	金	土	日	月	火	水	木	金	土
음력	6/26	27	28	29	7/1	2	3	4	5	6	7	8	9	10	11	12	13	14	15	16	17	18	19	20	21	22	23	24	25	26	27
일진	戊寅	己卯	庚辰	辛巳	壬午	癸未	甲申	乙酉	丙戌	丁亥	戊子	己丑	庚寅	辛卯	壬辰	癸巳	甲午	乙未	丙申	丁酉	戊戌	己亥	庚子	辛丑	壬寅	癸卯	甲辰	乙巳	丙午	丁未	戊申
대운 남	8	8	9	9	9	10	10	입	1	1	1	1	2	2	2	3	3	3	4	4	4	5	5	처	6	6	6	7	7	7	8
대운 여	2	2	2	1	1	1	1	추	10	10	9	9	9	8	8	8	7	7	7	6	6	6	5	서	5	4	4	4	3	3	3

양력 9월 백로절(癸酉月) 白露 9월8일 12시40분 秋分 9월23일 21시52분

양력	1	2	3	4	5	6	7	8	9	10	11	12	13	14	15	16	17	18	19	20	21	22	23	24	25	26	27	28	29	30
요일	日	月	火	水	木	金	土	日	月	火	水	木	金	土	日	月	火	水	木	金	土	日	月	火	水	木	金	土	日	月
음력	7/28	29	8/1	2	3	4	5	6	7	8	9	10	11	12	13	14	15	16	17	18	19	20	21	22	23	24	25	26	27	28
일진	己酉	庚戌	辛亥	壬子	癸丑	甲寅	乙卯	丙辰	丁巳	戊午	己未	庚申	辛酉	壬戌	癸亥	甲子	乙丑	丙寅	丁卯	戊辰	己巳	庚午	辛未	壬申	癸酉	甲戌	乙亥	丙子	丁丑	戊寅
대운 남	8	8	9	9	9	10	10	백	1	1	1	1	2	2	2	3	3	3	4	4	4	5	추	5	6	6	6	7	7	7
대운 여	2	2	2	1	1	1	1	로	10	10	9	9	9	8	8	8	7	7	7	6	6	6	분	5	5	4	4	4	3	3

양력 10월 한로절(甲戌月) 寒露 10월9일 3시47분 霜降 10월24일 6시41분

양력	1	2	3	4	5	6	7	8	9	10	11	12	13	14	15	16	17	18	19	20	21	22	23	24	25	26	27	28	29	30	31
요일	火	水	木	金	土	日	月	火	水	木	金	土	日	月	火	水	木	金	土	日	月	火	水	木	金	土	日	月	火	水	木
음력	8/29	30	9/1	2	3	4	5	6	7	8	9	10	11	12	13	14	15	16	17	18	19	20	21	22	23	24	25	26	27	28	29
일진	己卯	庚辰	辛巳	壬午	癸未	甲申	乙酉	丙戌	丁亥	戊子	己丑	庚寅	辛卯	壬辰	癸巳	甲午	乙未	丙申	丁酉	戊戌	己亥	庚子	辛丑	壬寅	癸卯	甲辰	乙巳	丙午	丁未	戊申	己酉
대운 남	8	8	8	9	9	9	10	10	한	1	1	1	1	2	2	2	3	3	3	4	4	4	5	상	5	6	6	6	7	7	7
대운 여	3	2	2	2	1	1	1	1	로	10	9	9	9	8	8	8	7	7	7	6	6	6	5	강	5	4	4	4	3	3	3

양력 11월 입동절(乙亥月) 立冬 11월8일 6시28분 小雪 11월23일 3시48분

양력	1	2	3	4	5	6	7	8	9	10	11	12	13	14	15	16	17	18	19	20	21	22	23	24	25	26	27	28	29	30
요일	金	土	日	月	火	水	木	金	土	日	月	火	水	木	金	土	日	月	火	水	木	金	土	日	月	火	水	木	金	土
음력	10/1	2	3	4	5	6	7	8	9	10	11	12	13	14	15	16	17	18	19	20	21	22	23	24	25	26	27	28	29	30
일진	庚戌	辛亥	壬子	癸丑	甲寅	乙卯	丙辰	丁巳	戊午	己未	庚申	辛酉	壬戌	癸亥	甲子	乙丑	丙寅	丁卯	戊辰	己巳	庚午	辛未	壬申	癸酉	甲戌	乙亥	丙子	丁丑	戊寅	己卯
대운 남	8	8	8	9	9	9	10	입	1	1	1	1	2	2	2	3	3	3	4	4	4	5	소	5	6	6	6	7	7	7
대운 여	2	2	2	1	1	1	1	동	9	9	9	8	8	8	7	7	7	6	6	6	5	5	설	4	4	4	3	3	3	2

양력 12월 대설절(丙子月) 大雪 12월7일 22시56분 冬至 12월22일 16시53분

양력	1	2	3	4	5	6	7	8	9	10	11	12	13	14	15	16	17	18	19	20	21	22	23	24	25	26	27	28	29	30	31
요일	日	月	火	水	木	金	土	日	月	火	水	木	金	土	日	月	火	水	木	金	土	日	月	火	水	木	金	土	日	月	火
음력	11/1	2	3	4	5	6	7	8	9	10	11	12	13	14	15	16	17	18	19	20	21	22	23	24	25	26	27	28	29	30	12/1
일진	庚辰	辛巳	壬午	癸未	甲申	乙酉	丙戌	丁亥	戊子	己丑	庚寅	辛卯	壬辰	癸巳	甲午	乙未	丙申	丁酉	戊戌	己亥	庚子	辛丑	壬寅	癸卯	甲辰	乙巳	丙午	丁未	戊申	己酉	庚戌
대운 남	8	8	8	9	9	9	대	1	1	1	1	2	2	2	3	3	3	4	4	4	5	동	5	6	6	6	7	7	7	8	8
대운 여	2	2	1	1	1	1	설	10	9	9	9	8	8	8	7	7	7	6	6	6	5	지	5	4	4	4	3	3	3	2	2

서기 1930년 [단기 4263년]

양력 1월 소한절(丁丑月) 小寒 1월6일 10시3분 大寒 1월21일 3시33분

양력	1	2	3	4	5	6	7	8	9	10	11	12	13	14	15	16	17	18	19	20	21	22	23	24	25	26	27	28	29	30	31
요일	水	木	金	土	日	月	火	水	木	金	土	日	月	火	水	木	金	土	日	月	火	水	木	金	土	日	月	火	水	木	金
음력	12/2	3	4	5	6	7	8	9	10	11	12	13	14	15	16	17	18	19	20	21	22	23	24	25	26	27	28	29	30	1/1	2
일진	辛亥	壬子	癸丑	甲寅	乙卯	丙辰	丁巳	戊午	己未	庚申	辛酉	壬戌	癸亥	甲子	乙丑	丙寅	丁卯	戊辰	己巳	庚午	辛未	壬申	癸酉	甲戌	乙亥	丙子	丁丑	戊寅	己卯	庚辰	辛巳
대운 남	8	9	9	9	10	소	1	1	1	1	2	2	2	3	3	3	4	4	4	5	대	5	6	6	6	7	7	7	8	8	8
대운 여	2	1	1	1	1	한	9	9	9	8	8	8	7	7	7	6	6	6	5	5	한	4	4	4	3	3	3	2	2	2	1

양력 2월 입춘절(戊寅月) 立春 2월4일 21시51분 雨水 2월19일 18시0분

양력	1	2	3	4	5	6	7	8	9	10	11	12	13	14	15	16	17	18	19	20	21	22	23	24	25	26	27	28			
요일	土	日	月	火	水	木	金	土	日	月	火	水	木	金	土	日	月	火	水	木	金	土	日	月	火	水	木	金			
음력	1/3	4	5	6	7	8	9	10	11	12	13	14	15	16	17	18	19	20	21	22	23	24	25	26	27	28	29	2/1			
일진	壬午	癸未	甲申	乙酉	丙戌	丁亥	戊子	己丑	庚寅	辛卯	壬辰	癸巳	甲午	乙未	丙申	丁酉	戊戌	己亥	庚子	辛丑	壬寅	癸卯	甲辰	乙巳	丙午	丁未	戊申	己酉			
대운 남	9	9	9	입	10	9	9	9	8	8	8	7	7	7	6	6	6	5	우	5	4	4	4	3	3	3	2	2			
대운 여	1	1	1	춘	1	1	1	1	2	2	2	3	3	3	4	4	4	5	수	5	6	6	6	7	7	7	8	8			

양력 3월 경칩절(己卯月) 驚蟄 3월6일 16시17분 春分 3월21일 17시30분

양력	1	2	3	4	5	6	7	8	9	10	11	12	13	14	15	16	17	18	19	20	21	22	23	24	25	26	27	28	29	30	31
요일	土	日	月	火	水	木	金	土	日	月	火	水	木	金	土	日	月	火	水	木	金	土	日	月	火	水	木	金	土	日	月
음력	2/2	3	4	5	6	7	8	9	10	11	12	13	14	15	16	17	18	19	20	21	22	23	24	25	26	27	28	29	30	3/1	2
일진	庚戌	辛亥	壬子	癸丑	甲寅	乙卯	丙辰	丁巳	戊午	己未	庚申	辛酉	壬戌	癸亥	甲子	乙丑	丙寅	丁卯	戊辰	己巳	庚午	辛未	壬申	癸酉	甲戌	乙亥	丙子	丁丑	戊寅	己卯	庚辰
대운 남	2	1	1	1	1	경	10	9	9	9	8	8	8	7	7	7	6	6	6	5	춘	5	4	4	4	3	3	3	2	2	2
대운 여	8	9	9	9	10	칩	1	1	1	1	2	2	2	3	3	3	4	4	4	5	분	5	6	6	6	7	7	7	8	8	8

양력 4월 청명절(庚辰月) 清明 4월5일 21시37분 穀雨 4월21일 5시6분

양력	1	2	3	4	5	6	7	8	9	10	11	12	13	14	15	16	17	18	19	20	21	22	23	24	25	26	27	28	29	30	
요일	火	水	木	金	土	日	月	火	水	木	金	土	日	月	火	水	木	金	土	日	月	火	水	木	金	土	日	月	火	水	
음력	3/3	4	5	6	7	8	9	10	11	12	13	14	15	16	17	18	19	20	21	22	23	24	25	26	27	28	29	30	4/1	2	
일진	辛巳	壬午	癸未	甲申	乙酉	丙戌	丁亥	戊子	己丑	庚寅	辛卯	壬辰	癸巳	甲午	乙未	丙申	丁酉	戊戌	己亥	庚子	辛丑	壬寅	癸卯	甲辰	乙巳	丙午	丁未	戊申	己酉	庚戌	
대운 남	1	1	1	1	청	10	10	9	9	9	8	8	8	7	7	7	6	6	6	5	곡	5	4	4	4	3	3	3	2	2	
대운 여	9	9	9	10	명	1	1	1	1	2	2	2	3	3	3	4	4	4	5	5	우	6	6	6	7	7	7	8	8	8	

양력 5월 입하절(辛巳月) 立夏 5월6일 15시27분 小滿 5월22일 4시42분

양력	1	2	3	4	5	6	7	8	9	10	11	12	13	14	15	16	17	18	19	20	21	22	23	24	25	26	27	28	29	30	31
요일	木	金	土	日	月	火	水	木	金	土	日	月	火	水	木	金	土	日	月	火	水	木	金	土	日	月	火	水	木	金	土
음력	4/3	4	5	6	7	8	9	10	11	12	13	14	15	16	17	18	19	20	21	22	23	24	25	26	27	28	29	5/1	2	3	4
일진	辛亥	壬子	癸丑	甲寅	乙卯	丙辰	丁巳	戊午	己未	庚申	辛酉	壬戌	癸亥	甲子	乙丑	丙寅	丁卯	戊辰	己巳	庚午	辛未	壬申	癸酉	甲戌	乙亥	丙子	丁丑	戊寅	己卯	庚辰	辛巳
대운 남	2	1	1	1	1	입	10	10	9	9	9	8	8	8	7	7	7	6	6	6	5	소	5	4	4	4	3	3	3	2	2
대운 여	9	9	9	10	10	하	1	1	1	1	2	2	2	3	3	3	4	4	4	5	5	만	6	6	6	7	7	7	8	8	8

양력 6월 망종절(壬午月) 芒種 6월6일 19시58분 夏至 6월22일 12시53분

양력	1	2	3	4	5	6	7	8	9	10	11	12	13	14	15	16	17	18	19	20	21	22	23	24	25	26	27	28	29	30	
요일	日	月	火	水	木	金	土	日	月	火	水	木	金	土	日	月	火	水	木	金	土	日	月	火	水	木	金	土	日	月	
음력	5/5	6	7	8	9	10	11	12	13	14	15	16	17	18	19	20	21	22	23	24	25	26	27	28	29	6/1	2	3	4	5	
일진	壬午	癸未	甲申	乙酉	丙戌	丁亥	戊子	己丑	庚寅	辛卯	壬辰	癸巳	甲午	乙未	丙申	丁酉	戊戌	己亥	庚子	辛丑	壬寅	癸卯	甲辰	乙巳	丙午	丁未	戊申	己酉	庚戌	辛亥	
대운 남	2	1	1	1	1	망	10	10	10	9	9	9	8	8	8	7	7	7	6	6	6	하	5	5	4	4	4	3	3	3	
대운 여	9	9	9	10	10	종	1	1	1	1	2	2	2	3	3	3	4	4	4	5	5	지	6	6	6	7	7	7	8	8	

庚午年

양력 7월 소서절(癸未月) 小暑 7월8일 6시20분 大暑 7월23일 23시42분

양력		1	2	3	4	5	6	7	8	9	10	11	12	13	14	15	16	17	18	19	20	21	22	23	24	25	26	27	28	29	30	31
요일		火	水	木	金	土	日	月	火	水	木	金	土	日	月	火	水	木	金	土	日	月	火	水	木	金	土	日	月	火	水	木
음력		6/6	7	8	9	10	11	12	13	14	15	16	17	18	19	20	21	22	23	24	25	26	27	28	29	30	윤1	2	3	4	5	6
일진		壬子	癸丑	甲寅	乙卯	丙辰	丁巳	戊午	己未	庚申	辛酉	壬戌	癸亥	甲子	乙丑	丙寅	丁卯	戊辰	己巳	庚午	辛未	壬申	癸酉	甲戌	乙亥	丙子	丁丑	戊寅	己卯	庚辰	辛巳	壬午
대운	남	2	2	2	1	1	1	1	소	10	10	9	9	9	8	8	8	7	7	7	6	6	6	대	5	5	4	4	4	3	3	3
	여	8	9	9	9	10	10	10	서	1	1	1	1	2	2	2	3	3	3	4	4	4	5	서	5	6	6	6	7	7	7	8

양력 8월 입추절(甲申月) 立秋 8월8일 15시57분 處暑 8월24일 6시26분

양력		1	2	3	4	5	6	7	8	9	10	11	12	13	14	15	16	17	18	19	20	21	22	23	24	25	26	27	28	29	30	31
요일		金	土	日	月	火	水	木	金	土	日	月	火	水	木	金	土	日	月	火	水	木	金	土	日	月	火	水	木	金	土	日
음력		윤7	8	9	10	11	12	13	14	15	16	17	18	19	20	21	22	23	24	25	26	27	28	29	7/1	2	3	4	5	6	7	8
일진		癸未	甲申	乙酉	丙戌	丁亥	戊子	己丑	庚寅	辛卯	壬辰	癸巳	甲午	乙未	丙申	丁酉	戊戌	己亥	庚子	辛丑	壬寅	癸卯	甲辰	乙巳	丙午	丁未	戊申	己酉	庚戌	辛亥	壬子	癸丑
대운	남	2	2	2	1	1	1	1	입	10	10	9	9	9	8	8	8	7	7	7	6	6	6	5	처	5	4	4	4	3	3	3
	여	8	8	9	9	9	10	10	추	1	1	1	1	2	2	2	3	3	3	4	4	4	5	5	서	6	6	6	7	7	7	8

양력 9월 백로절(乙酉月) 白露 9월8일 18시28분 秋分 9월24일 3시36분

양력		1	2	3	4	5	6	7	8	9	10	11	12	13	14	15	16	17	18	19	20	21	22	23	24	25	26	27	28	29	30
요일		月	火	水	木	金	土	日	月	火	水	木	金	土	日	月	火	水	木	金	土	日	月	火	水	木	金	土	日	月	火
음력		7/9	10	11	12	13	14	15	16	17	18	19	20	21	22	23	24	25	26	27	28	29	8/1	2	3	4	5	6	7	8	9
일진		甲寅	乙卯	丙辰	丁巳	戊午	己未	庚申	辛酉	壬戌	癸亥	甲子	乙丑	丙寅	丁卯	戊辰	己巳	庚午	辛未	壬申	癸酉	甲戌	乙亥	丙子	丁丑	戊寅	己卯	庚辰	辛巳	壬午	癸未
대운	남	2	2	2	1	1	1	1	백	10	10	9	9	9	8	8	8	7	7	7	6	6	6	5	추	5	4	4	4	3	3
	여	8	8	9	9	9	10	10	로	1	1	1	1	2	2	2	3	3	3	4	4	4	5	5	분	6	6	6	7	7	7

양력 10월 한로절(丙戌月) 寒露 10월9일 9시38분 霜降 10월24일 12시26분

양력		1	2	3	4	5	6	7	8	9	10	11	12	13	14	15	16	17	18	19	20	21	22	23	24	25	26	27	28	29	30	31
요일		水	木	金	土	日	月	火	水	木	金	土	日	月	火	水	木	金	土	日	月	火	水	木	金	土	日	月	火	水	木	金
음력		8/10	11	12	13	14	15	16	17	18	19	20	21	22	23	24	25	26	27	28	29	30	9/1	2	3	4	5	6	7	8	9	10
일진		甲申	乙酉	丙戌	丁亥	戊子	己丑	庚寅	辛卯	壬辰	癸巳	甲午	乙未	丙申	丁酉	戊戌	己亥	庚子	辛丑	壬寅	癸卯	甲辰	乙巳	丙午	丁未	戊申	己酉	庚戌	辛亥	壬子	癸丑	甲寅
대운	남	3	2	2	2	1	1	1	1	한	10	9	9	9	8	8	8	7	7	7	6	6	6	5	상	5	4	4	4	3	3	3
	여	8	8	8	9	9	9	10	10	로	1	1	1	1	2	2	2	3	3	3	4	4	4	5	강	5	6	6	6	7	7	7

양력 11월 입동절(丁亥月) 立冬 11월8일 12시20분 小雪 11월23일 9시34분

양력		1	2	3	4	5	6	7	8	9	10	11	12	13	14	15	16	17	18	19	20	21	22	23	24	25	26	27	28	29	30
요일		土	日	月	火	水	木	金	土	日	月	火	水	木	金	土	日	月	火	水	木	金	土	日	月	火	水	木	金	土	日
음력		9/11	12	13	14	15	16	17	18	19	20	21	22	23	24	25	26	27	28	29	10/1	2	3	4	5	6	7	8	9	10	11
일진		乙卯	丙辰	丁巳	戊午	己未	庚申	辛酉	壬戌	癸亥	甲子	乙丑	丙寅	丁卯	戊辰	己巳	庚午	辛未	壬申	癸酉	甲戌	乙亥	丙子	丁丑	戊寅	己卯	庚辰	辛巳	壬午	癸未	甲申
대운	남	2	2	2	1	1	1	1	입	10	9	9	9	8	8	8	7	7	7	6	6	6	5	소	5	4	4	4	3	3	3
	여	8	8	8	9	9	9	10	동	1	1	1	1	2	2	2	3	3	3	4	4	4	5	설	5	6	6	6	7	7	7

양력 12월 대설절(戊子月) 大雪 12월8일 4시51분 冬至 12월22일 22시40분

양력		1	2	3	4	5	6	7	8	9	10	11	12	13	14	15	16	17	18	19	20	21	22	23	24	25	26	27	28	29	30	31
요일		月	火	水	木	金	土	日	月	火	水	木	金	土	日	月	火	水	木	金	土	日	月	火	水	木	金	土	日	月	火	水
음력		10/12	13	14	15	16	17	18	19	20	21	22	23	24	25	26	27	28	29	30	11/1	2	3	4	5	6	7	8	9	10	11	12
일진		乙酉	丙戌	丁亥	戊子	己丑	庚寅	辛卯	壬辰	癸巳	甲午	乙未	丙申	丁酉	戊戌	己亥	庚子	辛丑	壬寅	癸卯	甲辰	乙巳	丙午	丁未	戊申	己酉	庚戌	辛亥	壬子	癸丑	甲寅	乙卯
대운	남	2	2	2	1	1	1	1	대	9	9	9	8	8	8	7	7	7	6	6	6	5	동	5	4	4	4	3	3	3	2	2
	여	8	8	8	9	9	9	10	설	1	1	1	1	2	2	2	3	3	3	4	4	4	지	5	5	6	6	6	7	7	7	8

▶ 윤달-6월

서기 1931년 [단기 4264년]

양력 1월 소한절(己丑月) 小寒 1월6일 15시56분 大寒 1월21일 9시18분

양력	1	2	3	4	5	6	7	8	9	10	11	12	13	14	15	16	17	18	19	20	21	22	23	24	25	26	27	28	29	30	31
요일	木	金	土	日	月	火	水	木	金	土	日	月	火	水	木	金	土	日	月	火	水	木	金	土	日	月	火	水	木	金	土
음력	11/13	14	15	16	17	18	19	20	21	22	23	24	25	26	27	28	29	30	12/1	2	3	4	5	6	7	8	9	10	11	12	13
일진	丙辰	丁巳	戊午	己未	庚申	辛酉	壬戌	癸亥	甲子	乙丑	丙寅	丁卯	戊辰	己巳	庚午	辛未	壬申	癸酉	甲戌	乙亥	丙子	丁丑	戊寅	己卯	庚辰	辛巳	壬午	癸未	甲申	乙酉	丙戌
대운 남	2	1	1	1	1	소	10	9	9	9	8	8	8	7	7	7	6	6	6	5	대	5	4	4	4	3	3	3	2	2	2
대운 여	8	8	9	9	9	한	1	1	1	1	2	2	2	3	3	3	4	4	4	5	한	5	6	6	6	7	7	7	8	8	8

양력 2월 입춘절(庚寅月) 立春 2월5일 3시41분 雨水 2월19일 23시40분

양력	1	2	3	4	5	6	7	8	9	10	11	12	13	14	15	16	17	18	19	20	21	22	23	24	25	26	27	28			
요일	日	月	火	水	木	金	土	日	月	火	水	木	金	土	日	月	火	水	木	金	土	日	月	火	水	木	金	土			
음력	12/14	15	16	17	18	19	20	21	22	23	24	25	26	27	28	29	1/1	2	3	4	5	6	7	8	9	10	11	12			
일진	丁亥	戊子	己丑	庚寅	辛卯	壬辰	癸巳	甲午	乙未	丙申	丁酉	戊戌	己亥	庚子	辛丑	壬寅	癸卯	甲辰	乙巳	丙午	丁未	戊申	己酉	庚戌	辛亥	壬子	癸丑	甲寅			
대운 남	1	1	1	1	입	1	1	1	1	2	2	2	3	3	3	4	4	4	우	5	5	6	6	6	7	7	7	8			
대운 여	9	9	9	10	춘	9	9	9	8	8	8	7	7	7	6	6	6	5	수	5	4	4	4	3	3	3	2	2			

양력 3월 경칩절(辛卯月) 驚蟄 3월6일 22시2분 春分 3월21일 23시6분

양력	1	2	3	4	5	6	7	8	9	10	11	12	13	14	15	16	17	18	19	20	21	22	23	24	25	26	27	28	29	30	31
요일	日	月	火	水	木	金	土	日	月	火	水	木	金	土	日	月	火	水	木	金	土	日	月	火	水	木	金	土	日	月	火
음력	1/13	14	15	16	17	18	19	20	21	22	23	24	25	26	27	28	29	30	2/1	2	3	4	5	6	7	8	9	10	11	12	13
일진	乙卯	丙辰	丁巳	戊午	己未	庚申	辛酉	壬戌	癸亥	甲子	乙丑	丙寅	丁卯	戊辰	己巳	庚午	辛未	壬申	癸酉	甲戌	乙亥	丙子	丁丑	戊寅	己卯	庚辰	辛巳	壬午	癸未	甲申	乙酉
대운 남	8	8	9	9	9	경	1	1	1	1	2	2	2	3	3	3	4	4	4	5	춘	5	6	6	6	7	7	7	8	8	8
대운 여	2	1	1	1	1	칩	10	10	9	9	9	8	8	8	7	7	7	6	6	6	분	5	5	4	4	4	3	3	3	2	2

양력 4월 청명절(壬辰月) 清明 4월6일 3시20분 穀雨 4월21일 10시40분

양력	1	2	3	4	5	6	7	8	9	10	11	12	13	14	15	16	17	18	19	20	21	22	23	24	25	26	27	28	29	30	
요일	水	木	金	土	日	月	火	水	木	金	土	日	月	火	水	木	金	土	日	月	火	水	木	金	土	日	月	火	水	木	
음력	2/14	15	16	17	18	19	20	21	22	23	24	25	26	27	28	29	30	3/1	2	3	4	5	6	7	8	9	10	11	12	13	
일진	丙戌	丁亥	戊子	己丑	庚寅	辛卯	壬辰	癸巳	甲午	乙未	丙申	丁酉	戊戌	己亥	庚子	辛丑	壬寅	癸卯	甲辰	乙巳	丙午	丁未	戊申	己酉	庚戌	辛亥	壬子	癸丑	甲寅	乙卯	
대운 남	9	9	9	10	10	청	1	1	1	1	2	2	2	3	3	3	4	4	4	5	곡	5	6	6	6	7	7	7	8	8	
대운 여	2	1	1	1	1	명	10	9	9	9	8	8	8	7	7	7	6	6	6	5	우	5	4	4	4	3	3	3	2	2	

양력 5월 입하절(癸巳月) 立夏 5월6일 21시10분 小滿 5월22일 10시15분

양력	1	2	3	4	5	6	7	8	9	10	11	12	13	14	15	16	17	18	19	20	21	22	23	24	25	26	27	28	29	30	31
요일	金	土	日	月	火	水	木	金	土	日	月	火	水	木	金	土	日	月	火	水	木	金	土	日	月	火	水	木	金	土	日
음력	3/14	15	16	17	18	19	20	21	22	23	24	25	26	27	28	29	30	4/1	2	3	4	5	6	7	8	9	10	11	12	13	14
일진	丙辰	丁巳	戊午	己未	庚申	辛酉	壬戌	癸亥	甲子	乙丑	丙寅	丁卯	戊辰	己巳	庚午	辛未	壬申	癸酉	甲戌	乙亥	丙子	丁丑	戊寅	己卯	庚辰	辛巳	壬午	癸未	甲申	乙酉	丙戌
대운 남	8	9	9	9	10	입	1	1	1	1	2	2	2	3	3	3	4	4	4	5	5	소	6	6	6	7	7	7	8	8	8
대운 여	2	1	1	1	1	하	10	10	10	9	9	9	8	8	8	7	7	7	6	6	6	만	5	5	4	4	4	3	3	3	2

양력 6월 망종절(甲午月) 芒種 6월7일 1시42분 夏至 6월22일 18시28분

양력	1	2	3	4	5	6	7	8	9	10	11	12	13	14	15	16	17	18	19	20	21	22	23	24	25	26	27	28	29	30	
요일	月	火	水	木	金	土	日	月	火	水	木	金	土	日	月	火	水	木	金	土	日	月	火	水	木	金	土	日	月	火	
음력	4/15	16	17	18	19	20	21	22	23	24	25	26	27	28	29	5/1	2	3	4	5	6	7	8	9	10	11	12	13	14	15	
일진	丁亥	戊子	己丑	庚寅	辛卯	壬辰	癸巳	甲午	乙未	丙申	丁酉	戊戌	己亥	庚子	辛丑	壬寅	癸卯	甲辰	乙巳	丙午	丁未	戊申	己酉	庚戌	辛亥	壬子	癸丑	甲寅	乙卯	丙辰	
대운 남	9	9	9	10	10	10	망	1	1	1	1	2	2	2	3	3	3	4	4	4	5	하	5	6	6	6	7	7	7	8	
대운 여	2	2	1	1	1	1	종	10	10	9	9	9	8	8	8	7	7	7	6	6	6	지	5	5	4	4	4	3	3	3	

辛未年

양력 7월 소서절(乙未月) 小暑 7월8일 12시6분 大暑 7월24일 5시21분

양력	1	2	3	4	5	6	7	8	9	10	11	12	13	14	15	16	17	18	19	20	21	22	23	24	25	26	27	28	29	30	31
요일	水	木	金	土	日	月	火	水	木	金	土	日	月	火	水	木	金	土	日	月	火	水	木	金	土	日	月	火	水	木	金
음력	5/16	17	18	19	20	21	22	23	24	25	26	27	28	29	6/1	2	3	4	5	6	7	8	9	10	11	12	13	14	15	16	17
일진	丁巳	戊午	己未	庚申	辛酉	壬戌	癸亥	甲子	乙丑	丙寅	丁卯	戊辰	己巳	庚午	辛未	壬申	癸酉	甲戌	乙亥	丙子	丁丑	戊寅	己卯	庚辰	辛巳	壬午	癸未	甲申	乙酉	丙戌	丁亥
대운 남	8	8	9	9	9	10	10	소	1	1	1	1	2	2	2	3	3	3	4	4	4	5	5	대	6	6	6	7	7	7	8
대운 여	2	2	2	1	1	1	1	서	10	10	9	9	9	8	8	8	7	7	7	6	6	6	5	서	5	4	4	4	3	3	3

양력 8월 입추절(丙申月) 立秋 8월8일 21시45분 處暑 8월24일 12시10분

양력	1	2	3	4	5	6	7	8	9	10	11	12	13	14	15	16	17	18	19	20	21	22	23	24	25	26	27	28	29	30	31
요일	土	日	月	火	水	木	金	土	日	月	火	水	木	金	土	日	月	火	水	木	金	土	日	月	火	水	木	金	土	日	月
음력	6/18	19	20	21	22	23	24	25	26	27	28	29	30	7/1	2	3	4	5	6	7	8	9	10	11	12	13	14	15	16	17	18
일진	戊子	己丑	庚寅	辛卯	壬辰	癸巳	甲午	乙未	丙申	丁酉	戊戌	己亥	庚子	辛丑	壬寅	癸卯	甲辰	乙巳	丙午	丁未	戊申	己酉	庚戌	辛亥	壬子	癸丑	甲寅	乙卯	丙辰	丁巳	戊午
대운 남	8	8	9	9	9	10	10	입	1	1	1	1	2	2	2	3	3	3	4	4	4	5	5	처	6	6	6	7	7	7	8
대운 여	2	2	2	1	1	1	1	추	10	10	10	9	9	9	8	8	8	7	7	7	6	6	6	서	5	5	4	4	4	3	3

양력 9월 백로절(丁酉月) 白露 9월9일 0시17분 秋分 9월24일 9시23분

양력	1	2	3	4	5	6	7	8	9	10	11	12	13	14	15	16	17	18	19	20	21	22	23	24	25	26	27	28	29	30
요일	火	水	木	金	土	日	月	火	水	木	金	土	日	月	火	水	木	金	土	日	月	火	水	木	金	土	日	月	火	水
음력	7/19	20	21	22	23	24	25	26	27	28	29	8/1	2	3	4	5	6	7	8	9	10	11	12	13	14	15	16	17	18	19
일진	己未	庚申	辛酉	壬戌	癸亥	甲子	乙丑	丙寅	丁卯	戊辰	己巳	庚午	辛未	壬申	癸酉	甲戌	乙亥	丙子	丁丑	戊寅	己卯	庚辰	辛巳	壬午	癸未	甲申	乙酉	丙戌	丁亥	戊子
대운 남	8	8	9	9	9	10	10	10	백	1	1	1	1	2	2	2	3	3	3	4	4	4	5	추	5	6	6	6	7	7
대운 여	3	2	2	2	1	1	1	1	로	10	9	9	9	8	8	8	7	7	7	6	6	6	5	분	5	4	4	4	3	3

양력 10월 한로절(戊戌月) 寒露 10월9일 15시27분 霜降 10월24일 18시16분

양력	1	2	3	4	5	6	7	8	9	10	11	12	13	14	15	16	17	18	19	20	21	22	23	24	25	26	27	28	29	30	31
요일	木	金	土	日	月	火	水	木	金	土	日	月	火	水	木	金	土	日	月	火	水	木	金	土	日	月	火	水	木	金	土
음력	8/20	21	22	23	24	25	26	27	28	29	9/1	2	3	4	5	6	7	8	9	10	11	12	13	14	15	16	17	18	19	20	21
일진	己丑	庚寅	辛卯	壬辰	癸巳	甲午	乙未	丙申	丁酉	戊戌	己亥	庚子	辛丑	壬寅	癸卯	甲辰	乙巳	丙午	丁未	戊申	己酉	庚戌	辛亥	壬子	癸丑	甲寅	乙卯	丙辰	丁巳	戊午	己未
대운 남	7	8	8	8	9	9	9	10	한	1	1	1	1	2	2	2	3	3	3	4	4	4	5	상	5	6	6	6	7	7	7
대운 여	3	2	2	2	1	1	1	1	로	10	9	9	9	8	8	8	7	7	7	6	6	6	5	강	5	4	4	4	3	3	3

양력 11월 입동절(己亥月) 立冬 11월8일 18시10분 小雪 11월23일 15시25분

양력	1	2	3	4	5	6	7	8	9	10	11	12	13	14	15	16	17	18	19	20	21	22	23	24	25	26	27	28	29	30
요일	日	月	火	水	木	金	土	日	月	火	水	木	金	土	日	月	火	水	木	金	土	日	月	火	水	木	金	土	日	月
음력	9/22	23	24	25	26	27	28	29	30	10/1	2	3	4	5	6	7	8	9	10	11	12	13	14	15	16	17	18	19	20	21
일진	庚申	辛酉	壬戌	癸亥	甲子	乙丑	丙寅	丁卯	戊辰	己巳	庚午	辛未	壬申	癸酉	甲戌	乙亥	丙子	丁丑	戊寅	己卯	庚辰	辛巳	壬午	癸未	甲申	乙酉	丙戌	丁亥	戊子	己丑
대운 남	8	8	8	9	9	9	10	입	1	1	1	1	2	2	2	3	3	3	4	4	4	5	소	5	6	6	6	7	7	7
대운 여	2	2	2	1	1	1	1	동	10	9	9	9	8	8	8	7	7	7	6	6	6	5	설	5	4	4	4	3	3	3

양력 12월 대설절(庚子月) 大雪 12월8일 10시40분 冬至 12월23일 4시30분

양력	1	2	3	4	5	6	7	8	9	10	11	12	13	14	15	16	17	18	19	20	21	22	23	24	25	26	27	28	29	30	31
요일	火	水	木	金	土	日	月	火	水	木	金	土	日	月	火	水	木	金	土	日	月	火	水	木	金	土	日	月	火	水	木
음력	10/22	23	24	25	26	27	28	29	11/1	2	3	4	5	6	7	8	9	10	11	12	13	14	15	16	17	18	19	20	21	22	23
일진	庚寅	辛卯	壬辰	癸巳	甲午	乙未	丙申	丁酉	戊戌	己亥	庚子	辛丑	壬寅	癸卯	甲辰	乙巳	丙午	丁未	戊申	己酉	庚戌	辛亥	壬子	癸丑	甲寅	乙卯	丙辰	丁巳	戊午	己未	庚申
대운 남	8	8	8	9	9	9	10	대	1	1	1	1	2	2	2	3	3	3	4	4	4	5	동	5	6	6	6	7	7	7	8
대운 여	2	2	2	1	1	1	1	설	9	9	9	8	8	8	7	7	7	6	6	6	5	5	지	4	4	4	3	3	3	2	2

서기 1932년 [단기 4265년]

양력 1월 소한절(辛丑月) 小寒 1월6일 21시45분 大寒 1월21일 15시7분

양력	1	2	3	4	5	6	7	8	9	10	11	12	13	14	15	16	17	18	19	20	21	22	23	24	25	26	27	28	29	30	31
요일	金	土	日	月	火	水	木	金	土	日	月	火	水	木	金	土	日	月	火	水	木	金	土	日	月	火	水	木	金	土	日
음력	11/24	25	26	27	28	29	30	12/1	2	3	4	5	6	7	8	9	10	11	12	13	14	15	16	17	18	19	20	21	22	23	24
일진	辛酉	壬戌	癸亥	甲子	乙丑	丙寅	丁卯	戊辰	己巳	庚午	辛未	壬申	癸酉	甲戌	乙亥	丙子	丁丑	戊寅	己卯	庚辰	辛巳	壬午	癸未	甲申	乙酉	丙戌	丁亥	戊子	己丑	庚寅	辛卯
대운 남	8	8	9	9	9	소	1	1	1	1	2	2	2	3	3	3	4	4	4	5	대	5	6	6	6	7	7	7	8	8	8
대운 여	2	1	1	1	1	한	10	9	9	9	8	8	8	7	7	7	6	6	6	5	한	5	4	4	4	3	3	3	2	2	2

양력 2월 입춘절(壬寅月) 立春 2월5일 9시29분 雨水 2월20일 5시28분

양력	1	2	3	4	5	6	7	8	9	10	11	12	13	14	15	16	17	18	19	20	21	22	23	24	25	26	27	28	29		
요일	月	火	水	木	金	土	日	月	火	水	木	金	土	日	月	火	水	木	金	土	日	月	火	水	木	金	土	日	月		
음력	12/25	26	27	28	29	1/1	2	3	4	5	6	7	8	9	10	11	12	13	14	15	16	17	18	19	20	21	22	23	24		
일진	壬辰	癸巳	甲午	乙未	丙申	丁酉	戊戌	己亥	庚子	辛丑	壬寅	癸卯	甲辰	乙巳	丙午	丁未	戊申	己酉	庚戌	辛亥	壬子	癸丑	甲寅	乙卯	丙辰	丁巳	戊午	己未	庚申		
대운 남	9	9	9	10	입	10	9	9	9	8	8	8	7	7	7	6	6	6	5	우	5	4	4	4	3	3	3	2	2		
대운 여	1	1	1	1	춘	1	1	1	1	2	2	2	3	3	3	4	4	4	5	수	5	6	6	6	7	7	7	8	8		

양력 3월 경칩절(癸卯月) 驚蟄 3월6일 3시49분 春分 3월21일 4시54분

양력	1	2	3	4	5	6	7	8	9	10	11	12	13	14	15	16	17	18	19	20	21	22	23	24	25	26	27	28	29	30	31
요일	火	水	木	金	土	日	月	火	水	木	金	土	日	月	火	水	木	金	土	日	月	火	水	木	金	土	日	月	火	水	木
음력	1/25	26	27	28	29	30	2/1	2	3	4	5	6	7	8	9	10	11	12	13	14	15	16	17	18	19	20	21	22	23	24	25
일진	辛酉	壬戌	癸亥	甲子	乙丑	丙寅	丁卯	戊辰	己巳	庚午	辛未	壬申	癸酉	甲戌	乙亥	丙子	丁丑	戊寅	己卯	庚辰	辛巳	壬午	癸未	甲申	乙酉	丙戌	丁亥	戊子	己丑	庚寅	辛卯
대운 남	2	1	1	1	1	경	10	9	9	9	8	8	8	7	7	7	6	6	6	5	춘	5	4	4	4	3	3	3	2	2	2
대운 여	8	9	9	9	10	칩	1	1	1	1	2	2	2	3	3	3	4	4	4	5	분	5	6	6	6	7	7	7	8	8	8

양력 4월 청명절(甲辰月) 清明 4월5일 9시6분 穀雨 4월20일 16시28분

양력	1	2	3	4	5	6	7	8	9	10	11	12	13	14	15	16	17	18	19	20	21	22	23	24	25	26	27	28	29	30	
요일	金	土	日	月	火	水	木	金	土	日	月	火	水	木	金	土	日	月	火	水	木	金	土	日	月	火	水	木	金	土	
음력	2/26	27	28	29	30	3/1	2	3	4	5	6	7	8	9	10	11	12	13	14	15	16	17	18	19	20	21	22	23	24	25	
일진	壬辰	癸巳	甲午	乙未	丙申	丁酉	戊戌	己亥	庚子	辛丑	壬寅	癸卯	甲辰	乙巳	丙午	丁未	戊申	己酉	庚戌	辛亥	壬子	癸丑	甲寅	乙卯	丙辰	丁巳	戊午	己未	庚申	辛酉	
대운 남	1	1	1	1	청	10	10	9	9	9	8	8	8	7	7	7	6	6	6	곡	5	5	4	4	4	3	3	3	2	2	
대운 여	9	9	9	10	명	1	1	1	1	2	2	2	3	3	3	4	4	4	5	우	5	6	6	6	7	7	7	8	8	8	

양력 5월 입하절(乙巳月) 立夏 5월6일 2시55분 小滿 5월21일 16시7분

양력	1	2	3	4	5	6	7	8	9	10	11	12	13	14	15	16	17	18	19	20	21	22	23	24	25	26	27	28	29	30	31
요일	日	月	火	水	木	金	土	日	月	火	水	木	金	土	日	月	火	水	木	金	土	日	月	火	水	木	金	土	日	月	火
음력	3/26	27	28	29	30	4/1	2	3	4	5	6	7	8	9	10	11	12	13	14	15	16	17	18	19	20	21	22	23	24	25	26
일진	壬戌	癸亥	甲子	乙丑	丙寅	丁卯	戊辰	己巳	庚午	辛未	壬申	癸酉	甲戌	乙亥	丙子	丁丑	戊寅	己卯	庚辰	辛巳	壬午	癸未	甲申	乙酉	丙戌	丁亥	戊子	己丑	庚寅	辛卯	壬辰
대운 남	2	1	1	1	1	입	10	10	9	9	9	8	8	8	7	7	7	6	6	6	소	5	5	4	4	4	3	3	3	2	2
대운 여	9	9	9	10	10	하	1	1	1	1	2	2	2	3	3	3	4	4	4	5	만	5	6	6	6	7	7	7	8	8	8

양력 6월 망종절(丙午月) 芒種 6월6일 7시28분 夏至 6월22일 0시23분

양력	1	2	3	4	5	6	7	8	9	10	11	12	13	14	15	16	17	18	19	20	21	22	23	24	25	26	27	28	29	30	
요일	水	木	金	土	日	月	火	水	木	金	土	日	月	火	水	木	金	土	日	月	火	水	木	金	土	日	月	火	水	木	
음력	4/27	28	29	5/1	2	3	4	5	6	7	8	9	10	11	12	13	14	15	16	17	18	19	20	21	22	23	24	25	26	27	
일진	癸巳	甲午	乙未	丙申	丁酉	戊戌	己亥	庚子	辛丑	壬寅	癸卯	甲辰	乙巳	丙午	丁未	戊申	己酉	庚戌	辛亥	壬子	癸丑	甲寅	乙卯	丙辰	丁巳	戊午	己未	庚申	辛酉	壬戌	
대운 남	2	1	1	1	1	망	10	10	9	9	9	8	8	8	7	7	7	6	6	6	5	하	5	4	4	4	3	3	3	2	
대운 여	9	9	9	10	10	종	1	1	1	1	2	2	2	3	3	3	4	4	4	5	5	지	6	6	6	7	7	7	8	8	

壬申年

양력 7월 소서절(丁未月) 小暑 7월7일 17시52분 大暑 7월23일 11시18분

양력	1	2	3	4	5	6	7	8	9	10	11	12	13	14	15	16	17	18	19	20	21	22	23	24	25	26	27	28	29	30	31
요일	金	土	日	月	火	水	木	金	土	日	月	火	水	木	金	土	日	月	火	水	木	金	土	日	月	火	水	木	金	土	日
음력	5/28	29	30	6/1	2	3	4	5	6	7	8	9	10	11	12	13	14	15	16	17	18	19	20	21	22	23	24	25	26	27	28
일진	癸亥	甲子	乙丑	丙寅	丁卯	戊辰	己巳	庚午	辛未	壬申	癸酉	甲戌	乙亥	丙子	丁丑	戊寅	己卯	庚辰	辛巳	壬午	癸未	甲申	乙酉	丙戌	丁亥	戊子	己丑	庚寅	辛卯	壬辰	癸巳
대운 남	2	2	1	1	1	1	소	10	10	10	9	9	9	8	8	8	7	7	7	6	6	6	대	5	5	4	4	4	3	3	3
대운 여	8	9	9	9	10	10	서	1	1	1	1	2	2	2	3	3	3	4	4	4	5	5	서	6	6	6	7	7	7	8	8

양력 8월 입추절(戊申月) 立秋 8월8일 3시32분 處暑 8월23일 18시6분

양력	1	2	3	4	5	6	7	8	9	10	11	12	13	14	15	16	17	18	19	20	21	22	23	24	25	26	27	28	29	30	31
요일	月	火	水	木	金	土	日	月	火	水	木	金	土	日	月	火	水	木	金	土	日	月	火	水	木	金	土	日	月	火	水
음력	6/29	7/1	2	3	4	5	6	7	8	9	10	11	12	13	14	15	16	17	18	19	20	21	22	23	24	25	26	27	28	29	30
일진	甲午	乙未	丙申	丁酉	戊戌	己亥	庚子	辛丑	壬寅	癸卯	甲辰	乙巳	丙午	丁未	戊申	己酉	庚戌	辛亥	壬子	癸丑	甲寅	乙卯	丙辰	丁巳	戊午	己未	庚申	辛酉	壬戌	癸亥	甲子
대운 남	2	2	2	1	1	1	1	입	10	10	9	9	9	8	8	8	7	7	7	6	6	6	처	5	5	4	4	4	3	3	3
대운 여	8	9	9	9	10	10	10	추	1	1	1	1	2	2	2	3	3	3	4	4	4	5	서	5	6	6	6	7	7	7	8

양력 9월 백로절(己酉月) 白露 9월8일 6시3분 秋分 9월23일 15시16분

양력	1	2	3	4	5	6	7	8	9	10	11	12	13	14	15	16	17	18	19	20	21	22	23	24	25	26	27	28	29	30	
요일	木	金	土	日	月	火	水	木	金	土	日	月	火	水	木	金	土	日	月	火	水	木	金	土	日	月	火	水	木	金	
음력	8/1	2	3	4	5	6	7	8	9	10	11	12	13	14	15	16	17	18	19	20	21	22	23	24	25	26	27	28	29	9/1	
일진	乙丑	丙寅	丁卯	戊辰	己巳	庚午	辛未	壬申	癸酉	甲戌	乙亥	丙子	丁丑	戊寅	己卯	庚辰	辛巳	壬午	癸未	甲申	乙酉	丙戌	丁亥	戊子	己丑	庚寅	辛卯	壬辰	癸巳	甲午	
대운 남	2	2	2	1	1	1	1	백	10	9	9	9	8	8	8	7	7	7	6	6	6	5	추	5	4	4	4	3	3	3	
대운 여	8	8	9	9	9	10	10	로	1	1	1	1	2	2	2	3	3	3	4	4	4	5	분	5	6	6	6	7	7	7	

양력 10월 한로절(庚戌月) 寒露 10월8일 21시10분 霜降 10월24일 0시4분

양력	1	2	3	4	5	6	7	8	9	10	11	12	13	14	15	16	17	18	19	20	21	22	23	24	25	26	27	28	29	30	31
요일	土	日	月	火	水	木	金	土	日	月	火	水	木	金	土	日	月	火	水	木	金	土	日	月	火	水	木	金	土	日	月
음력	9/2	3	4	5	6	7	8	9	10	11	12	13	14	15	16	17	18	19	20	21	22	23	24	25	26	27	28	29	10/1	2	3
일진	乙未	丙申	丁酉	戊戌	己亥	庚子	辛丑	壬寅	癸卯	甲辰	乙巳	丙午	丁未	戊申	己酉	庚戌	辛亥	壬子	癸丑	甲寅	乙卯	丙辰	丁巳	戊午	己未	庚申	辛酉	壬戌	癸亥	甲子	乙丑
대운 남	2	2	2	1	1	1	1	한	10	9	9	9	8	8	8	7	7	7	6	6	6	5	5	상	4	4	4	3	3	3	2
대운 여	8	8	8	9	9	9	10	로	1	1	1	1	2	2	2	3	3	3	4	4	4	5	5	강	6	6	6	7	7	7	8

양력 11월 입동절(辛亥月) 立冬 11월7일 23시50분 小雪 11월22일 21시10분

양력	1	2	3	4	5	6	7	8	9	10	11	12	13	14	15	16	17	18	19	20	21	22	23	24	25	26	27	28	29	30	
요일	火	水	木	金	土	日	月	火	水	木	金	土	日	月	火	水	木	金	土	日	月	火	水	木	金	土	日	月	火	水	
음력	10/4	5	6	7	8	9	10	11	12	13	14	15	16	17	18	19	20	21	22	23	24	25	26	27	28	29	30	11/1	2	3	
일진	丙寅	丁卯	戊辰	己巳	庚午	辛未	壬申	癸酉	甲戌	乙亥	丙子	丁丑	戊寅	己卯	庚辰	辛巳	壬午	癸未	甲申	乙酉	丙戌	丁亥	戊子	己丑	庚寅	辛卯	壬辰	癸巳	甲午	乙未	
대운 남	2	2	1	1	1	1	입	10	9	9	9	8	8	8	7	7	7	6	6	6	5	소	5	4	4	4	3	3	3	2	
대운 여	8	8	9	9	9	10	동	1	1	1	1	2	2	2	3	3	3	4	4	4	5	설	5	6	6	6	7	7	7	8	

양력 12월 대설절(壬子月) 大雪 12월7일 16시18분 冬至 12월22일 10시14분

양력	1	2	3	4	5	6	7	8	9	10	11	12	13	14	15	16	17	18	19	20	21	22	23	24	25	26	27	28	29	30	31
요일	木	金	土	日	月	火	水	木	金	土	日	月	火	水	木	金	土	日	月	火	水	木	金	土	日	月	火	水	木	金	土
음력	11/4	5	6	7	8	9	10	11	12	13	14	15	16	17	18	19	20	21	22	23	24	25	26	27	28	29	12/1	2	3	4	5
일진	丙申	丁酉	戊戌	己亥	庚子	辛丑	壬寅	癸卯	甲辰	乙巳	丙午	丁未	戊申	己酉	庚戌	辛亥	壬子	癸丑	甲寅	乙卯	丙辰	丁巳	戊午	己未	庚申	辛酉	壬戌	癸亥	甲子	乙丑	丙寅
대운 남	2	2	1	1	1	1	대	10	9	9	9	8	8	8	7	7	7	6	6	6	5	동	5	4	4	4	3	3	3	2	2
대운 여	8	8	9	9	9	10	설	1	1	1	1	2	2	2	3	3	3	4	4	4	5	지	5	6	6	6	7	7	7	8	8

서기 1933년 [단기 4266년]

양력 1월 소한절(癸丑月) 小寒 1월6일 3시23분 大寒 1월20일 20시53분

양력	1	2	3	4	5	6	7	8	9	10	11	12	13	14	15	16	17	18	19	20	21	22	23	24	25	26	27	28	29	30	31
요일	日	月	火	水	木	金	土	日	月	火	水	木	金	土	日	月	火	水	木	金	土	日	月	火	水	木	金	土	日	月	火
음력	12/6	7	8	9	10	11	12	13	14	15	16	17	18	19	20	21	22	23	24	25	26	27	28	29	30	1/1	2	3	4	5	6
일진	丁卯	戊辰	己巳	庚午	辛未	壬申	癸酉	甲戌	乙亥	丙子	丁丑	戊寅	己卯	庚辰	辛巳	壬午	癸未	甲申	乙酉	丙戌	丁亥	戊子	己丑	庚寅	辛卯	壬辰	癸巳	甲午	乙未	丙申	丁酉
대운 남	2	1	1	1	1	소한	9	9	9	8	8	8	7	7	7	6	6	6	5	대한	5	4	4	4	3	3	3	2	2	2	1
대운 여	8	9	9	9	10	소한	1	1	1	1	2	2	2	3	3	3	4	4	4	대한	5	5	6	6	6	7	7	7	8	8	8

양력 2월 입춘절(甲寅月) 立春 2월4일 15시9분 雨水 2월19일 11시16분

양력	1	2	3	4	5	6	7	8	9	10	11	12	13	14	15	16	17	18	19	20	21	22	23	24	25	26	27	28			
요일	水	木	金	土	日	月	火	水	木	金	土	日	月	火	水	木	金	土	日	月	火	水	木	金	土	日	月	火			
음력	1/7	8	9	10	11	12	13	14	15	16	17	18	19	20	21	22	23	24	25	26	27	28	29	2/1	2	3	4	5			
일진	戊戌	己亥	庚子	辛丑	壬寅	癸卯	甲辰	乙巳	丙午	丁未	戊申	己酉	庚戌	辛亥	壬子	癸丑	甲寅	乙卯	丙辰	丁巳	戊午	己未	庚申	辛酉	壬戌	癸亥	甲子	乙丑			
대운 남	1	1	1	입춘	1	1	1	1	2	2	2	3	3	3	4	4	4	5	우수	5	6	6	6	7	7	7	8	8			
대운 여	9	9	9	입춘	10	9	9	9	8	8	8	7	7	7	6	6	6	5	우수	5	4	4	4	3	3	3	2	2			

양력 3월 경칩절(乙卯月) 驚蟄 3월6일 9시31분 春分 3월21일 10시43분

양력	1	2	3	4	5	6	7	8	9	10	11	12	13	14	15	16	17	18	19	20	21	22	23	24	25	26	27	28	29	30	31
요일	水	木	金	土	日	月	火	水	木	金	土	日	月	火	水	木	金	土	日	月	火	水	木	金	土	日	月	火	水	木	金
음력	2/6	7	8	9	10	11	12	13	14	15	16	17	18	19	20	21	22	23	24	25	26	27	28	29	30	3/1	2	3	4	5	6
일진	丙寅	丁卯	戊辰	己巳	庚午	辛未	壬申	癸酉	甲戌	乙亥	丙子	丁丑	戊寅	己卯	庚辰	辛巳	壬午	癸未	甲申	乙酉	丙戌	丁亥	戊子	己丑	庚寅	辛卯	壬辰	癸巳	甲午	乙未	丙申
대운 남	8	9	9	9	10	경칩	1	1	1	1	2	2	2	3	3	3	4	4	4	5	춘분	5	6	6	6	7	7	7	8	8	8
대운 여	2	1	1	1	1	경칩	10	9	9	9	8	8	8	7	7	7	6	6	6	5	춘분	5	4	4	4	3	3	3	2	2	2

양력 4월 청명절(丙辰月) 清明 4월5일 14시51분 穀雨 4월20일 22시18분

양력	1	2	3	4	5	6	7	8	9	10	11	12	13	14	15	16	17	18	19	20	21	22	23	24	25	26	27	28	29	30	
요일	土	日	月	火	水	木	金	土	日	月	火	水	木	金	土	日	月	火	水	木	金	土	日	月	火	水	木	金	土	日	
음력	3/7	8	9	10	11	12	13	14	15	16	17	18	19	20	21	22	23	24	25	26	27	28	29	30	4/1	2	3	4	5	6	
일진	丁酉	戊戌	己亥	庚子	辛丑	壬寅	癸卯	甲辰	乙巳	丙午	丁未	戊申	己酉	庚戌	辛亥	壬子	癸丑	甲寅	乙卯	丙辰	丁巳	戊午	己未	庚申	辛酉	壬戌	癸亥	甲子	乙丑	丙寅	
대운 남	9	9	9	10	청명	1	1	1	1	2	2	2	3	3	3	4	4	4	5	곡우	5	6	6	6	7	7	7	8	8	8	
대운 여	1	1	1	1	청명	10	10	9	9	9	8	8	8	7	7	7	6	6	6	곡우	5	5	4	4	4	3	3	3	2	2	

양력 5월 입하절(丁巳月) 立夏 5월6일 8시42분 小滿 5월21일 21시57분

양력	1	2	3	4	5	6	7	8	9	10	11	12	13	14	15	16	17	18	19	20	21	22	23	24	25	26	27	28	29	30	31
요일	月	火	水	木	金	土	日	月	火	水	木	金	土	日	月	火	水	木	金	土	日	月	火	水	木	金	土	日	月	火	水
음력	4/7	8	9	10	11	12	13	14	15	16	17	18	19	20	21	22	23	24	25	26	27	28	29	5/1	2	3	4	5	6	7	8
일진	丁卯	戊辰	己巳	庚午	辛未	壬申	癸酉	甲戌	乙亥	丙子	丁丑	戊寅	己卯	庚辰	辛巳	壬午	癸未	甲申	乙酉	丙戌	丁亥	戊子	己丑	庚寅	辛卯	壬辰	癸巳	甲午	乙未	丙申	丁酉
대운 남	9	9	9	10	10	입하	1	1	1	1	2	2	2	3	3	3	4	4	4	5	소만	5	6	6	6	7	7	7	8	8	8
대운 여	2	1	1	1	1	입하	10	10	9	9	9	8	8	8	7	7	7	6	6	6	소만	5	5	4	4	4	3	3	3	2	2

양력 6월 망종절(戊午月) 芒種 6월6일 13시17분 夏至 6월22일 6시12분

양력	1	2	3	4	5	6	7	8	9	10	11	12	13	14	15	16	17	18	19	20	21	22	23	24	25	26	27	28	29	30	
요일	木	金	土	日	月	火	水	木	金	土	日	月	火	水	木	金	土	日	月	火	水	木	金	土	日	月	火	水	木	金	
음력	5/9	10	11	12	13	14	15	16	17	18	19	20	21	22	23	24	25	26	27	28	29	30	윤1	2	3	4	5	6	7	8	
일진	戊戌	己亥	庚子	辛丑	壬寅	癸卯	甲辰	乙巳	丙午	丁未	戊申	己酉	庚戌	辛亥	壬子	癸丑	甲寅	乙卯	丙辰	丁巳	戊午	己未	庚申	辛酉	壬戌	癸亥	甲子	乙丑	丙寅	丁卯	
대운 남	9	9	9	10	10	망종	1	1	1	1	2	2	2	3	3	3	4	4	4	5	5	하지	6	6	6	7	7	7	8	8	
대운 여	2	1	1	1	1	망종	10	10	9	9	9	8	8	8	7	7	7	6	6	6	5	하지	5	4	4	4	3	3	3	2	

▶윤달－5월

癸酉年

양력 7월 소서절(己未月) 小暑 7월7일 23시44분 大暑 7월23일 17시5분

양력	1	2	3	4	5	6	7	8	9	10	11	12	13	14	15	16	17	18	19	20	21	22	23	24	25	26	27	28	29	30	31
요일	土	日	月	火	水	木	金	土	日	月	火	水	木	金	土	日	月	火	水	木	金	土	日	月	火	水	木	金	土	日	月
음력	윤9	10	11	12	13	14	15	16	17	18	19	20	21	22	23	24	25	26	27	28	29	30	6/1	2	3	4	5	6	7	8	9
일진	戊辰	己巳	庚午	辛未	壬申	癸酉	甲戌	乙亥	丙子	丁丑	戊寅	己卯	庚辰	辛巳	壬午	癸未	甲申	乙酉	丙戌	丁亥	戊子	己丑	庚寅	辛卯	壬辰	癸巳	甲午	乙未	丙申	丁酉	戊戌
대운 남	8	9	9	9	10	10	소	1	1	1	1	2	2	2	3	3	3	4	4	4	5	5	대	6	6	6	7	7	7	8	8
대운 여	2	2	1	1	1	1	서	10	10	10	9	9	9	8	8	8	7	7	7	6	6	6	서	5	5	4	4	4	3	3	3

양력 8월 입추절(庚申月) 立秋 8월8일 9시26분 處暑 8월23일 23시52분

양력	1	2	3	4	5	6	7	8	9	10	11	12	13	14	15	16	17	18	19	20	21	22	23	24	25	26	27	28	29	30	31
요일	火	水	木	金	土	日	月	火	水	木	金	土	日	月	火	水	木	金	土	日	月	火	水	木	金	土	日	月	火	水	木
음력	6/10	11	12	13	14	15	16	17	18	19	20	21	22	23	24	25	26	27	28	29	7/1	2	3	4	5	6	7	8	9	10	11
일진	己亥	庚子	辛丑	壬寅	癸卯	甲辰	乙巳	丙午	丁未	戊申	己酉	庚戌	辛亥	壬子	癸丑	甲寅	乙卯	丙辰	丁巳	戊午	己未	庚申	辛酉	壬戌	癸亥	甲子	乙丑	丙寅	丁卯	戊辰	己巳
대운 남	8	9	9	9	10	10	10	입	1	1	1	1	2	2	2	3	3	3	4	4	4	5	처	5	6	6	6	7	7	7	8
대운 여	2	2	2	1	1	1	1	추	10	10	9	9	9	8	8	8	7	7	7	6	6	6	서	5	5	4	4	4	3	3	3

양력 9월 백로절(辛酉月) 白露 9월8일 11시58분 秋分 9월23일 21시1분

양력	1	2	3	4	5	6	7	8	9	10	11	12	13	14	15	16	17	18	19	20	21	22	23	24	25	26	27	28	29	30	
요일	金	土	日	月	火	水	木	金	土	日	月	火	水	木	金	土	日	月	火	水	木	金	土	日	月	火	水	木	金	土	
음력	7/12	13	14	15	16	17	18	19	20	21	22	23	24	25	26	27	28	29	30	8/1	2	3	4	5	6	7	8	9	10	11	
일진	庚午	辛未	壬申	癸酉	甲戌	乙亥	丙子	丁丑	戊寅	己卯	庚辰	辛巳	壬午	癸未	甲申	乙酉	丙戌	丁亥	戊子	己丑	庚寅	辛卯	壬辰	癸巳	甲午	乙未	丙申	丁酉	戊戌	己亥	
대운 남	8	8	9	9	9	10	10	백	1	1	1	1	2	2	2	3	3	3	4	4	4	5	추	5	6	6	6	7	7	7	
대운 여	2	2	2	1	1	1	1	로	10	10	9	9	9	8	8	8	7	7	7	6	6	6	분	5	5	4	4	4	3	3	

양력 10월 한로절(壬戌月) 寒露 10월9일 3시4분 霜降 10월24일 5시48분

양력	1	2	3	4	5	6	7	8	9	10	11	12	13	14	15	16	17	18	19	20	21	22	23	24	25	26	27	28	29	30	31
요일	日	月	火	水	木	金	土	日	月	火	水	木	金	土	日	月	火	水	木	金	土	日	月	火	水	木	金	土	日	月	火
음력	8/12	13	14	15	16	17	18	19	20	21	22	23	24	25	26	27	28	29	9/1	2	3	4	5	6	7	8	9	10	11	12	13
일진	庚子	辛丑	壬寅	癸卯	甲辰	乙巳	丙午	丁未	戊申	己酉	庚戌	辛亥	壬子	癸丑	甲寅	乙卯	丙辰	丁巳	戊午	己未	庚申	辛酉	壬戌	癸亥	甲子	乙丑	丙寅	丁卯	戊辰	己巳	庚午
대운 남	8	8	8	9	9	9	10	10	한	1	1	1	1	2	2	2	3	3	3	4	4	4	5	상	5	6	6	6	7	7	7
대운 여	3	2	2	2	1	1	1	1	로	10	9	9	9	8	8	8	7	7	7	6	6	6	5	강	5	4	4	4	3	3	3

양력 11월 입동절(癸亥月) 立冬 11월8일 5시43분 小雪 11월23일 2시53분

양력	1	2	3	4	5	6	7	8	9	10	11	12	13	14	15	16	17	18	19	20	21	22	23	24	25	26	27	28	29	30	
요일	水	木	金	土	日	月	火	水	木	金	土	日	月	火	水	木	金	土	日	月	火	水	木	金	土	日	月	火	水	木	
음력	9/14	15	16	17	18	19	20	21	22	23	24	25	26	27	28	29	30	10/1	2	3	4	5	6	7	8	9	10	11	12	13	
일진	辛未	壬申	癸酉	甲戌	乙亥	丙子	丁丑	戊寅	己卯	庚辰	辛巳	壬午	癸未	甲申	乙酉	丙戌	丁亥	戊子	己丑	庚寅	辛卯	壬辰	癸巳	甲午	乙未	丙申	丁酉	戊戌	己亥	庚子	
대운 남	8	8	8	9	9	9	10	입	1	1	1	1	2	2	2	3	3	3	4	4	4	5	소	5	6	6	6	7	7	7	
대운 여	2	2	2	1	1	1	1	동	9	9	9	8	8	8	7	7	7	6	6	6	5	5	설	4	4	4	3	3	3	2	

양력 12월 대설절(甲子月) 大雪 12월7일 22시11분 冬至 12월22일 15시58분

양력	1	2	3	4	5	6	7	8	9	10	11	12	13	14	15	16	17	18	19	20	21	22	23	24	25	26	27	28	29	30	31
요일	金	土	日	月	火	水	木	金	土	日	月	火	水	木	金	土	日	月	火	水	木	金	土	日	月	火	水	木	金	土	日
음력	10/14	15	16	17	18	19	20	21	22	23	24	25	26	27	28	29	11/1	2	3	4	5	6	7	8	9	10	11	12	13	14	15
일진	辛丑	壬寅	癸卯	甲辰	乙巳	丙午	丁未	戊申	己酉	庚戌	辛亥	壬子	癸丑	甲寅	乙卯	丙辰	丁巳	戊午	己未	庚申	辛酉	壬戌	癸亥	甲子	乙丑	丙寅	丁卯	戊辰	己巳	庚午	辛未
대운 남	8	8	8	9	9	9	대	1	1	1	1	2	2	2	3	3	3	4	4	4	5	동	5	6	6	6	7	7	7	8	8
대운 여	2	2	1	1	1	1	설	10	9	9	9	8	8	8	7	7	7	6	6	6	5	지	5	4	4	4	3	3	3	2	2

서기 1934년 [단기 4267년]

양력 1월 소한절(乙丑月) 小寒 1월6일 9시17분 大寒 1월21일 2시37분

양력		1	2	3	4	5	6	7	8	9	10	11	12	13	14	15	16	17	18	19	20	21	22	23	24	25	26	27	28	29	30	31
요일		月	火	水	木	金	土	日	月	火	水	木	金	土	日	月	火	水	木	金	土	日	月	火	水	木	金	土	日	月	火	水
음력		11/16	17	18	19	20	21	22	23	24	25	26	27	28	29	12/1	2	3	4	5	6	7	8	9	10	11	12	13	14	15	16	17
일진		壬申	癸酉	甲戌	乙亥	丙子	丁丑	戊寅	己卯	庚辰	辛巳	壬午	癸未	甲申	乙酉	丙戌	丁亥	戊子	己丑	庚寅	辛卯	壬辰	癸巳	甲午	乙未	丙申	丁酉	戊戌	己亥	庚子	辛丑	壬寅
대운	남	8	9	9	9	10	소한	1	1	1	1	2	2	2	3	3	3	4	4	4	5	대한	5	6	6	6	7	7	7	8	8	8
	여	2	1	1	1	1		9	9	9	8	8	8	7	7	7	6	6	6	5	5		4	4	4	3	3	3	2	2	2	1

양력 2월 입춘절(丙寅月) 立春 2월4일 21시4분 雨水 2월19일 17시2분

양력		1	2	3	4	5	6	7	8	9	10	11	12	13	14	15	16	17	18	19	20	21	22	23	24	25	26	27	28			
요일		木	金	土	日	月	火	水	木	金	土	日	月	火	水	木	金	土	日	月	火	水	木	金	土	日	月	火	水			
음력		12/18	19	20	21	22	23	24	25	26	27	28	29	30	1/1	2	3	4	5	6	7	8	9	10	11	12	13	14	15			
일진		癸卯	甲辰	乙巳	丙午	丁未	戊申	己酉	庚戌	辛亥	壬子	癸丑	甲寅	乙卯	丙辰	丁巳	戊午	己未	庚申	辛酉	壬戌	癸亥	甲子	乙丑	丙寅	丁卯	戊辰	己巳	庚午			
대운	남	9	9	9	입춘	10	9	9	9	8	8	8	7	7	7	6	6	6	5	우수	5	4	4	4	3	3	3	2	2			
	여	1	1	1		1	1	1	1	2	2	2	3	3	3	4	4	4	5		5	6	6	6	7	7	7	8	8			

양력 3월 경칩절(丁卯月) 驚蟄 3월6일 15시26분 春分 3월21일 16시28분

양력		1	2	3	4	5	6	7	8	9	10	11	12	13	14	15	16	17	18	19	20	21	22	23	24	25	26	27	28	29	30	31
요일		木	金	土	日	月	火	水	木	金	土	日	月	火	水	木	金	土	日	月	火	水	木	金	土	日	月	火	水	木	金	土
음력		1/16	17	18	19	20	21	22	23	24	25	26	27	28	29	2/1	2	3	4	5	6	7	8	9	10	11	12	13	14	15	16	17
일진		辛未	壬申	癸酉	甲戌	乙亥	丙子	丁丑	戊寅	己卯	庚辰	辛巳	壬午	癸未	甲申	乙酉	丙戌	丁亥	戊子	己丑	庚寅	辛卯	壬辰	癸巳	甲午	乙未	丙申	丁酉	戊戌	己亥	庚子	辛丑
대운	남	2	1	1	1	1	경칩	10	9	9	9	8	8	8	7	7	7	6	6	6	5	춘분	5	4	4	4	3	3	3	2	2	2
	여	8	9	9	9	10		1	1	1	1	2	2	2	3	3	3	4	4	4	5		5	6	6	6	7	7	7	8	8	8

양력 4월 청명절(戊辰月) 清明 4월5일 20시44분 穀雨 4월21일 4시0분

양력		1	2	3	4	5	6	7	8	9	10	11	12	13	14	15	16	17	18	19	20	21	22	23	24	25	26	27	28	29	30
요일		日	月	火	水	木	金	土	日	月	火	水	木	金	土	日	月	火	水	木	金	土	日	月	火	水	木	金	土	日	月
음력		2/18	19	20	21	22	23	24	25	26	27	28	29	30	3/1	2	3	4	5	6	7	8	9	10	11	12	13	14	15	16	17
일진		壬寅	癸卯	甲辰	乙巳	丙午	丁未	戊申	己酉	庚戌	辛亥	壬子	癸丑	甲寅	乙卯	丙辰	丁巳	戊午	己未	庚申	辛酉	壬戌	癸亥	甲子	乙丑	丙寅	丁卯	戊辰	己巳	庚午	辛未
대운	남	1	1	1	1	청명	10	10	9	9	9	8	8	8	7	7	7	6	6	6	5	곡우	5	4	4	4	3	3	3	2	2
	여	9	9	9	10		1	1	1	1	2	2	2	3	3	3	4	4	4	5	5		6	6	6	7	7	7	8	8	8

양력 5월 입하절(己巳月) 立夏 5월6일 14시31분 小滿 5월22일 3시35분

양력		1	2	3	4	5	6	7	8	9	10	11	12	13	14	15	16	17	18	19	20	21	22	23	24	25	26	27	28	29	30	31
요일		火	水	木	金	土	日	月	火	水	木	金	土	日	月	火	水	木	金	土	日	月	火	水	木	金	土	日	月	火	水	木
음력		3/18	19	20	21	22	23	24	25	26	27	28	29	4/1	2	3	4	5	6	7	8	9	10	11	12	13	14	15	16	17	18	19
일진		壬申	癸酉	甲戌	乙亥	丙子	丁丑	戊寅	己卯	庚辰	辛巳	壬午	癸未	甲申	乙酉	丙戌	丁亥	戊子	己丑	庚寅	辛卯	壬辰	癸巳	甲午	乙未	丙申	丁酉	戊戌	己亥	庚子	辛丑	壬寅
대운	남	2	1	1	1	1	입하	10	10	9	9	9	8	8	8	7	7	7	6	6	6	5	소만	5	4	4	4	3	3	3	2	2
	여	9	9	9	10	10		1	1	1	1	2	2	2	3	3	3	4	4	4	5	5		6	6	6	7	7	7	8	8	8

양력 6월 망종절(庚午月) 芒種 6월6일 19시1분 夏至 6월22일 11시48분

양력		1	2	3	4	5	6	7	8	9	10	11	12	13	14	15	16	17	18	19	20	21	22	23	24	25	26	27	28	29	30
요일		金	土	日	月	火	水	木	金	土	日	月	火	水	木	金	土	日	月	火	水	木	金	土	日	月	火	水	木	金	土
음력		4/20	21	22	23	24	25	26	27	28	29	30	5/1	2	3	4	5	6	7	8	9	10	11	12	13	14	15	16	17	18	19
일진		癸卯	甲辰	乙巳	丙午	丁未	戊申	己酉	庚戌	辛亥	壬子	癸丑	甲寅	乙卯	丙辰	丁巳	戊午	己未	庚申	辛酉	壬戌	癸亥	甲子	乙丑	丙寅	丁卯	戊辰	己巳	庚午	辛未	壬申
대운	남	2	1	1	1	1	망종	10	10	10	9	9	9	8	8	8	7	7	7	6	6	6	하지	5	5	4	4	4	3	3	3
	여	9	9	9	10	10		1	1	1	1	2	2	2	3	3	3	4	4	4	5	5		6	6	6	7	7	7	8	8

甲戌年

양력 7월 소서절(辛未月) 小暑 7월8일 5시24분 大暑 7월23일 22시42분

양력		1	2	3	4	5	6	7	8	9	10	11	12	13	14	15	16	17	18	19	20	21	22	23	24	25	26	27	28	29	30	31
요일		日	月	火	水	木	金	土	日	月	火	水	木	金	土	日	月	火	水	木	金	土	日	月	火	水	木	金	土	日	月	火
음력		5/20	21	22	23	24	25	26	27	28	29	30	6/1	2	3	4	5	6	7	8	9	10	11	12	13	14	15	16	17	18	19	20
일진		癸酉	甲戌	乙亥	丙子	丁丑	戊寅	己卯	庚辰	辛巳	壬午	癸未	甲申	乙酉	丙戌	丁亥	戊子	己丑	庚寅	辛卯	壬辰	癸巳	甲午	乙未	丙申	丁酉	戊戌	己亥	庚子	辛丑	壬寅	癸卯
대운	남	2	2	2	1	1	1	1	소서	10	10	9	9	9	8	8	8	7	7	7	6	6	6	대서	5	5	4	4	4	3	3	3
	여	8	9	9	9	10	10	10		1	1	1	1	2	2	2	3	3	3	4	4	4	5		5	6	6	6	7	7	7	8

양력 8월 입추절(壬申月) 立秋 8월8일 15시4분 處暑 8월24일 5시32분

양력		1	2	3	4	5	6	7	8	9	10	11	12	13	14	15	16	17	18	19	20	21	22	23	24	25	26	27	28	29	30	31
요일		水	木	金	土	日	月	火	水	木	金	土	日	月	火	水	木	金	土	日	月	火	水	木	金	土	日	月	火	水	木	金
음력		6/21	22	23	24	25	26	27	28	29	7/1	2	3	4	5	6	7	8	9	10	11	12	13	14	15	16	17	18	19	20	21	22
일진		甲辰	乙巳	丙午	丁未	戊申	己酉	庚戌	辛亥	壬子	癸丑	甲寅	乙卯	丙辰	丁巳	戊午	己未	庚申	辛酉	壬戌	癸亥	甲子	乙丑	丙寅	丁卯	戊辰	己巳	庚午	辛未	壬申	癸酉	甲戌
대운	남	2	2	2	1	1	1	1	입추	10	10	9	9	9	8	8	8	7	7	7	6	6	6	5	처서	5	4	4	4	3	3	3
	여	8	8	9	9	9	10	10		1	1	1	1	2	2	2	3	3	3	4	4	4	5	5		6	6	6	7	7	7	8

양력 9월 백로절(癸酉月) 白露 9월8일 17시36분 秋分 9월24일 2시45분

양력		1	2	3	4	5	6	7	8	9	10	11	12	13	14	15	16	17	18	19	20	21	22	23	24	25	26	27	28	29	30	
요일		土	日	月	火	水	木	金	土	日	月	火	水	木	金	土	日	月	火	水	木	金	土	日	月	火	水	木	金	土	日	
음력		7/23	24	25	26	27	28	29	30	8/1	2	3	4	5	6	7	8	9	10	11	12	13	14	15	16	17	18	19	20	21	22	
일진		乙亥	丙子	丁丑	戊寅	己卯	庚辰	辛巳	壬午	癸未	甲申	乙酉	丙戌	丁亥	戊子	己丑	庚寅	辛卯	壬辰	癸巳	甲午	乙未	丙申	丁酉	戊戌	己亥	庚子	辛丑	壬寅	癸卯	甲辰	
대운	남	2	2	2	1	1	1	1	백로	10	10	9	9	9	8	8	8	7	7	7	6	6	6	5	추분	5	4	4	4	3	3	
	여	8	8	9	9	9	10	10		1	1	1	1	2	2	2	3	3	3	4	4	4	5	5		6	6	6	7	7	7	

양력 10월 한로절(甲戌月) 寒露 10월9일 8시45분 霜降 10월24일 11시36분

양력		1	2	3	4	5	6	7	8	9	10	11	12	13	14	15	16	17	18	19	20	21	22	23	24	25	26	27	28	29	30	31
요일		月	火	水	木	金	土	日	月	火	水	木	金	土	日	月	火	水	木	金	土	日	月	火	水	木	金	土	日	月	火	水
음력		8/23	24	25	26	27	28	29	30	9/1	2	3	4	5	6	7	8	9	10	11	12	13	14	15	16	17	18	19	20	21	22	23
일진		乙巳	丙午	丁未	戊申	己酉	庚戌	辛亥	壬子	癸丑	甲寅	乙卯	丙辰	丁巳	戊午	己未	庚申	辛酉	壬戌	癸亥	甲子	乙丑	丙寅	丁卯	戊辰	己巳	庚午	辛未	壬申	癸酉	甲戌	乙亥
대운	남	3	2	2	2	1	1	1	1	한로	10	9	9	9	8	8	8	7	7	7	6	6	6	5	상강	5	4	4	4	3	3	3
	여	8	8	8	9	9	9	10	10		1	1	1	1	2	2	2	3	3	3	4	4	4	5		5	6	6	6	7	7	7

양력 11월 입동절(乙亥月) 立冬 11월8일 11시27분 小雪 11월23일 8시44분

양력		1	2	3	4	5	6	7	8	9	10	11	12	13	14	15	16	17	18	19	20	21	22	23	24	25	26	27	28	29	30	
요일		木	金	土	日	月	火	水	木	金	土	日	月	火	水	木	金	土	日	月	火	水	木	金	土	日	月	火	水	木	金	
음력		9/24	25	26	27	28	29	10/1	2	3	4	5	6	7	8	9	10	11	12	13	14	15	16	17	18	19	20	21	22	23	24	
일진		丙子	丁丑	戊寅	己卯	庚辰	辛巳	壬午	癸未	甲申	乙酉	丙戌	丁亥	戊子	己丑	庚寅	辛卯	壬辰	癸巳	甲午	乙未	丙申	丁酉	戊戌	己亥	庚子	辛丑	壬寅	癸卯	甲辰	乙巳	
대운	남	2	2	2	1	1	1	1	입동	10	9	9	9	8	8	8	7	7	7	6	6	6	5	소설	5	4	4	4	3	3	3	
	여	8	8	8	9	9	9	10		1	1	1	1	2	2	2	3	3	3	4	4	4	5		5	6	6	6	7	7	7	

양력 12월 대설절(丙子月) 大雪 12월8일 3시57분 冬至 12월22일 21시49분

양력		1	2	3	4	5	6	7	8	9	10	11	12	13	14	15	16	17	18	19	20	21	22	23	24	25	26	27	28	29	30	31
요일		土	日	月	火	水	木	金	土	日	月	火	水	木	金	土	日	月	火	水	木	金	土	日	月	火	水	木	金	土	日	月
음력		10/25	26	27	28	29	30	11/1	2	3	4	5	6	7	8	9	10	11	12	13	14	15	16	17	18	19	20	21	22	23	24	25
일진		丙午	丁未	戊申	己酉	庚戌	辛亥	壬子	癸丑	甲寅	乙卯	丙辰	丁巳	戊午	己未	庚申	辛酉	壬戌	癸亥	甲子	乙丑	丙寅	丁卯	戊辰	己巳	庚午	辛未	壬申	癸酉	甲戌	乙亥	丙子
대운	남	2	2	2	1	1	1	1	대설	9	9	9	8	8	8	7	7	7	6	6	6	5	동지	5	4	4	4	3	3	3	2	2
	여	8	8	8	9	9	9	10		1	1	1	1	2	2	2	3	3	3	4	4	4		5	5	6	6	6	7	7	7	8

서기 1935년 [단기 4268년]

양력 1월 소한절(丁丑月) 小寒 1월6일 15시2분 大寒 1월21일 8시28분

양력	1	2	3	4	5	6	7	8	9	10	11	12	13	14	15	16	17	18	19	20	21	22	23	24	25	26	27	28	29	30	31
요일	火	水	木	金	土	日	月	火	水	木	金	土	日	月	火	水	木	金	土	日	月	火	水	木	金	土	日	月	火	水	木
음력	11/26	27	28	29	12/1	2	3	4	5	6	7	8	9	10	11	12	13	14	15	16	17	18	19	20	21	22	23	24	25	26	27
일진	丁丑	戊寅	己卯	庚辰	辛巳	壬午	癸未	甲申	乙酉	丙戌	丁亥	戊子	己丑	庚寅	辛卯	壬辰	癸巳	甲午	乙未	丙申	丁酉	戊戌	己亥	庚子	辛丑	壬寅	癸卯	甲辰	乙巳	丙午	丁未
대운 남	2	1	1	1	1	소	10	9	9	9	8	8	8	7	7	7	6	6	6	5	대	5	4	4	4	3	3	3	2	2	2
대운 여	8	8	9	9	9	한	1	1	1	1	2	2	2	3	3	3	4	4	4	5	한	5	6	6	6	7	7	7	8	8	8

양력 2월 입춘절(戊寅月) 立春 2월5일 2시49분 雨水 2월19일 22시52분

양력	1	2	3	4	5	6	7	8	9	10	11	12	13	14	15	16	17	18	19	20	21	22	23	24	25	26	27	28			
요일	金	土	日	月	火	水	木	金	土	日	月	火	水	木	金	土	日	月	火	水	木	金	土	日	月	火	水	木			
음력	12/28	29	30	1/1	2	3	4	5	6	7	8	9	10	11	12	13	14	15	16	17	18	19	20	21	22	23	24	25			
일진	戊申	己酉	庚戌	辛亥	壬子	癸丑	甲寅	乙卯	丙辰	丁巳	戊午	己未	庚申	辛酉	壬戌	癸亥	甲子	乙丑	丙寅	丁卯	戊辰	己巳	庚午	辛未	壬申	癸酉	甲戌	乙亥			
대운 남	1	1	1	1	입	1	1	1	1	2	2	2	3	3	3	4	4	4	우	5	5	6	6	6	7	7	7	8			
대운 여	9	9	9	10	춘	9	9	9	8	8	8	7	7	7	6	6	6	5	수	5	4	4	4	3	3	3	2	2			

양력 3월 경칩절(己卯月) 驚蟄 3월6일 21시10분 春分 3월21일 22시18분

양력	1	2	3	4	5	6	7	8	9	10	11	12	13	14	15	16	17	18	19	20	21	22	23	24	25	26	27	28	29	30	31
요일	金	土	日	月	火	水	木	金	土	日	月	火	水	木	金	土	日	月	火	水	木	金	土	日	月	火	水	木	金	土	日
음력	1/26	27	28	29	2/1	2	3	4	5	6	7	8	9	10	11	12	13	14	15	16	17	18	19	20	21	22	23	24	25	26	27
일진	丙子	丁丑	戊寅	己卯	庚辰	辛巳	壬午	癸未	甲申	乙酉	丙戌	丁亥	戊子	己丑	庚寅	辛卯	壬辰	癸巳	甲午	乙未	丙申	丁酉	戊戌	己亥	庚子	辛丑	壬寅	癸卯	甲辰	乙巳	丙午
대운 남	8	8	9	9	9	경	1	1	1	1	2	2	2	3	3	3	4	4	4	5	춘	5	6	6	6	7	7	7	8	8	8
대운 여	2	1	1	1	1	칩	10	10	9	9	9	8	8	8	7	7	7	6	6	6	분	5	5	4	4	4	3	3	3	2	2

양력 4월 청명절(庚辰月) 淸明 4월6일 2시26분 穀雨 4월21일 9시50분

양력	1	2	3	4	5	6	7	8	9	10	11	12	13	14	15	16	17	18	19	20	21	22	23	24	25	26	27	28	29	30	
요일	月	火	水	木	金	土	日	月	火	水	木	金	土	日	月	火	水	木	金	土	日	月	火	水	木	金	土	日	月	火	
음력	2/28	29	3/1	2	3	4	5	6	7	8	9	10	11	12	13	14	15	16	17	18	19	20	21	22	23	24	25	26	27	28	
일진	丁未	戊申	己酉	庚戌	辛亥	壬子	癸丑	甲寅	乙卯	丙辰	丁巳	戊午	己未	庚申	辛酉	壬戌	癸亥	甲子	乙丑	丙寅	丁卯	戊辰	己巳	庚午	辛未	壬申	癸酉	甲戌	乙亥	丙子	
대운 남	9	9	9	10	10	청	1	1	1	1	2	2	2	3	3	3	4	4	4	5	곡	5	6	6	6	7	7	7	8	8	
대운 여	2	1	1	1	1	명	10	9	9	9	8	8	8	7	7	7	6	6	6	5	우	5	4	4	4	3	3	3	2	2	

양력 5월 입하절(辛巳月) 立夏 5월6일 20시12분 小滿 5월22일 9시25분

양력	1	2	3	4	5	6	7	8	9	10	11	12	13	14	15	16	17	18	19	20	21	22	23	24	25	26	27	28	29	30	31
요일	水	木	金	土	日	月	火	水	木	金	土	日	月	火	水	木	金	土	日	月	火	水	木	金	土	日	月	火	水	木	金
음력	3/29	30	4/1	2	3	4	5	6	7	8	9	10	11	12	13	14	15	16	17	18	19	20	21	22	23	24	25	26	27	28	29
일진	丁丑	戊寅	己卯	庚辰	辛巳	壬午	癸未	甲申	乙酉	丙戌	丁亥	戊子	己丑	庚寅	辛卯	壬辰	癸巳	甲午	乙未	丙申	丁酉	戊戌	己亥	庚子	辛丑	壬寅	癸卯	甲辰	乙巳	丙午	丁未
대운 남	8	9	9	9	10	입	1	1	1	1	2	2	2	3	3	3	4	4	4	5	5	소	6	6	6	7	7	7	8	8	8
대운 여	2	1	1	1	1	하	10	10	10	9	9	9	8	8	8	7	7	7	6	6	6	만	5	5	4	4	4	3	3	3	2

양력 6월 망종절(壬午月) 芒種 6월7일 0시42분 夏至 6월22일 17시38분

양력	1	2	3	4	5	6	7	8	9	10	11	12	13	14	15	16	17	18	19	20	21	22	23	24	25	26	27	28	29	30	
요일	土	日	月	火	水	木	金	土	日	月	火	水	木	金	土	日	月	火	水	木	金	土	日	月	火	水	木	金	土	日	
음력	5/1	2	3	4	5	6	7	8	9	10	11	12	13	14	15	16	17	18	19	20	21	22	23	24	25	26	27	28	29	30	
일진	戊申	己酉	庚戌	辛亥	壬子	癸丑	甲寅	乙卯	丙辰	丁巳	戊午	己未	庚申	辛酉	壬戌	癸亥	甲子	乙丑	丙寅	丁卯	戊辰	己巳	庚午	辛未	壬申	癸酉	甲戌	乙亥	丙子	丁丑	
대운 남	9	9	9	10	10	10	망	1	1	1	1	2	2	2	3	3	3	4	4	4	5	하	5	6	6	6	7	7	7	8	
대운 여	2	2	1	1	1	1	종	10	10	9	9	9	8	8	8	7	7	7	6	6	6	지	5	5	4	4	4	3	3	3	

乙亥年

양력 7월 소서절(癸未月) 小暑 7월8일 11시6분 大暑 7월24일 4시33분

양력	1	2	3	4	5	6	7	8	9	10	11	12	13	14	15	16	17	18	19	20	21	22	23	24	25	26	27	28	29	30	31
요일	月	火	水	木	金	土	日	月	火	水	木	金	土	日	月	火	水	木	金	土	日	月	火	水	木	金	土	日	月	火	水
음력	6/1	2	3	4	5	6	7	8	9	10	11	12	13	14	15	16	17	18	19	20	21	22	23	24	25	26	27	28	29	7/1	2
일진	戊寅	己卯	庚辰	辛巳	壬午	癸未	甲申	乙酉	丙戌	丁亥	戊子	己丑	庚寅	辛卯	壬辰	癸巳	甲午	乙未	丙申	丁酉	戊戌	己亥	庚子	辛丑	壬寅	癸卯	甲辰	乙巳	丙午	丁未	戊申
대운 남	8	8	9	9	9	10	10	소	1	1	1	1	2	2	2	3	3	3	4	4	4	5	5	대	6	6	6	7	7	7	8
대운 여	2	2	2	1	1	1	1	서	10	10	9	9	9	8	8	8	7	7	7	6	6	6	5	서	5	4	4	4	3	3	3

양력 8월 입추절(甲申月) 立秋 8월8일 20시48분 處暑 8월24일 11시24분

양력	1	2	3	4	5	6	7	8	9	10	11	12	13	14	15	16	17	18	19	20	21	22	23	24	25	26	27	28	29	30	31
요일	木	金	土	日	月	火	水	木	金	土	日	月	火	水	木	金	土	日	月	火	水	木	金	土	日	月	火	水	木	金	土
음력	7/3	4	5	6	7	8	9	10	11	12	13	14	15	16	17	18	19	20	21	22	23	24	25	26	27	28	29	30	8/1	2	3
일진	己酉	庚戌	辛亥	壬子	癸丑	甲寅	乙卯	丙辰	丁巳	戊午	己未	庚申	辛酉	壬戌	癸亥	甲子	乙丑	丙寅	丁卯	戊辰	己巳	庚午	辛未	壬申	癸酉	甲戌	乙亥	丙子	丁丑	戊寅	己卯
대운 남	8	8	9	9	9	10	10	입	1	1	1	1	2	2	2	3	3	3	4	4	4	5	5	처	6	6	6	7	7	7	8
대운 여	2	2	2	1	1	1	1	추	10	10	9	9	9	8	8	8	7	7	7	6	6	6	5	서	5	4	4	4	3	3	3

양력 9월 백로절(乙酉月) 白露 9월8일 23시24분 秋分 9월24일 8시38분

양력	1	2	3	4	5	6	7	8	9	10	11	12	13	14	15	16	17	18	19	20	21	22	23	24	25	26	27	28	29	30
요일	日	月	火	水	木	金	土	日	月	火	水	木	金	土	日	月	火	水	木	金	土	日	月	火	水	木	金	土	日	月
음력	8/4	5	6	7	8	9	10	11	12	13	14	15	16	17	18	19	20	21	22	23	24	25	26	27	28	29	30	9/1	2	3
일진	庚辰	辛巳	壬午	癸未	甲申	乙酉	丙戌	丁亥	戊子	己丑	庚寅	辛卯	壬辰	癸巳	甲午	乙未	丙申	丁酉	戊戌	己亥	庚子	辛丑	壬寅	癸卯	甲辰	乙巳	丙午	丁未	戊申	己酉
대운 남	8	8	9	9	9	10	10	백	1	1	1	1	2	2	2	3	3	3	4	4	4	5	5	추	6	6	6	7	7	7
대운 여	2	2	2	1	1	1	1	로	10	10	9	9	9	8	8	8	7	7	7	6	6	6	5	분	5	4	4	4	3	3

양력 10월 한로절(丙戌月) 寒露 10월9일 14시36분 霜降 10월24일 17시29분

양력	1	2	3	4	5	6	7	8	9	10	11	12	13	14	15	16	17	18	19	20	21	22	23	24	25	26	27	28	29	30	31
요일	火	水	木	金	土	日	月	火	水	木	金	土	日	月	火	水	木	金	土	日	月	火	水	木	金	土	日	月	火	水	木
음력	9/4	5	6	7	8	9	10	11	12	13	14	15	16	17	18	19	20	21	22	23	24	25	26	27	28	29	10/1	2	3	4	5
일진	庚戌	辛亥	壬子	癸丑	甲寅	乙卯	丙辰	丁巳	戊午	己未	庚申	辛酉	壬戌	癸亥	甲子	乙丑	丙寅	丁卯	戊辰	己巳	庚午	辛未	壬申	癸酉	甲戌	乙亥	丙子	丁丑	戊寅	己卯	庚辰
대운 남	8	8	8	9	9	9	10	10	한	1	1	1	1	2	2	2	3	3	3	4	4	4	5	상	5	6	6	6	7	7	7
대운 여	3	2	2	2	1	1	1	1	로	10	9	9	9	8	8	8	7	7	7	6	6	6	5	강	5	4	4	4	3	3	3

양력 11월 입동절(丁亥月) 立冬 11월8일 17시18분 小雪 11월23일 14시35분

양력	1	2	3	4	5	6	7	8	9	10	11	12	13	14	15	16	17	18	19	20	21	22	23	24	25	26	27	28	29	30
요일	金	土	日	月	火	水	木	金	土	日	月	火	水	木	金	土	日	月	火	水	木	金	土	日	月	火	水	木	金	土
음력	10/6	7	8	9	10	11	12	13	14	15	16	17	18	19	20	21	22	23	24	25	26	27	28	29	30	11/1	2	3	4	5
일진	辛巳	壬午	癸未	甲申	乙酉	丙戌	丁亥	戊子	己丑	庚寅	辛卯	壬辰	癸巳	甲午	乙未	丙申	丁酉	戊戌	己亥	庚子	辛丑	壬寅	癸卯	甲辰	乙巳	丙午	丁未	戊申	己酉	庚戌
대운 남	8	8	8	9	9	9	10	입	1	1	1	1	2	2	2	3	3	3	4	4	4	5	소	5	6	6	6	7	7	7
대운 여	2	2	2	1	1	1	1	동	10	9	9	9	8	8	8	7	7	7	6	6	6	5	설	5	4	4	4	3	3	3

양력 12월 대설절(戊子月) 大雪 12월8일 9시45분 冬至 12월23일 3시37분

양력	1	2	3	4	5	6	7	8	9	10	11	12	13	14	15	16	17	18	19	20	21	22	23	24	25	26	27	28	29	30	31
요일	日	月	火	水	木	金	土	日	月	火	水	木	金	土	日	月	火	水	木	金	土	日	月	火	水	木	金	土	日	月	火
음력	11/6	7	8	9	10	11	12	13	14	15	16	17	18	19	20	21	22	23	24	25	26	27	28	29	30	12/1	2	3	4	5	6
일진	辛亥	壬子	癸丑	甲寅	乙卯	丙辰	丁巳	戊午	己未	庚申	辛酉	壬戌	癸亥	甲子	乙丑	丙寅	丁卯	戊辰	己巳	庚午	辛未	壬申	癸酉	甲戌	乙亥	丙子	丁丑	戊寅	己卯	庚辰	辛巳
대운 남	8	8	8	9	9	9	10	대	1	1	1	1	2	2	2	3	3	3	4	4	4	5	동	5	6	6	6	7	7	7	8
대운 여	2	2	2	1	1	1	1	설	9	9	9	8	8	8	7	7	7	6	6	6	5	5	지	4	4	4	3	3	3	2	2

서기 1936년 [단기 4269년]

양력 1월 소한절(己丑月) 小寒 1월6일 20시47분 大寒 1월21일 14시12분

양력	1	2	3	4	5	6	7	8	9	10	11	12	13	14	15	16	17	18	19	20	21	22	23	24	25	26	27	28	29	30	31
요일	水	木	金	土	日	月	火	水	木	金	土	日	月	火	水	木	金	土	日	月	火	水	木	金	土	日	月	火	水	木	金
음력	12/7	8	9	10	11	12	13	14	15	16	17	18	19	20	21	22	23	24	25	26	27	28	29	1/1	2	3	4	5	6	7	8
일진	壬午	癸未	甲申	乙酉	丙戌	丁亥	戊子	己丑	庚寅	辛卯	壬辰	癸巳	甲午	乙未	丙申	丁酉	戊戌	己亥	庚子	辛丑	壬寅	癸卯	甲辰	乙巳	丙午	丁未	戊申	己酉	庚戌	辛亥	壬子
대운 남	8	8	9	9	9	소	1	1	1	1	2	2	2	3	3	3	4	4	4	5	대	5	6	6	6	7	7	7	8	8	8
대운 여	2	1	1	1	1	한	10	9	9	9	8	8	8	7	7	7	6	6	6	5	한	5	4	4	4	3	3	3	2	2	2

양력 2월 입춘절(庚寅月) 立春 2월5일 8시29분 雨水 2월20일 4시33분

양력	1	2	3	4	5	6	7	8	9	10	11	12	13	14	15	16	17	18	19	20	21	22	23	24	25	26	27	28	29		
요일	土	日	月	火	水	木	金	土	日	月	火	水	木	金	土	日	月	火	水	木	金	土	日	月	火	水	木	金	土		
음력	1/9	10	11	12	13	14	15	16	17	18	19	20	21	22	23	24	25	26	27	28	29	30	2/1	2	3	4	5	6	7		
일진	癸丑	甲寅	乙卯	丙辰	丁巳	戊午	己未	庚申	辛酉	壬戌	癸亥	甲子	乙丑	丙寅	丁卯	戊辰	己巳	庚午	辛未	壬申	癸酉	甲戌	乙亥	丙子	丁丑	戊寅	己卯	庚辰	辛巳		
대운 남	9	9	9	10	입	10	9	9	9	8	8	8	7	7	7	6	6	6	5	우	5	4	4	4	3	3	3	2	2		
대운 여	1	1	1	1	춘	1	1	1	1	2	2	2	3	3	3	4	4	4	5	수	5	6	6	6	7	7	7	8	8		

양력 3월 경칩절(辛卯月) 驚蟄 3월6일 2시49분 春分 3월21일 3시58분

양력	1	2	3	4	5	6	7	8	9	10	11	12	13	14	15	16	17	18	19	20	21	22	23	24	25	26	27	28	29	30	31
요일	日	月	火	水	木	金	土	日	月	火	水	木	金	土	日	月	火	水	木	金	土	日	月	火	水	木	金	土	日	月	火
음력	2/8	9	10	11	12	13	14	15	16	17	18	19	20	21	22	23	24	25	26	27	28	29	3/1	2	3	4	5	6	7	8	9
일진	壬午	癸未	甲申	乙酉	丙戌	丁亥	戊子	己丑	庚寅	辛卯	壬辰	癸巳	甲午	乙未	丙申	丁酉	戊戌	己亥	庚子	辛丑	壬寅	癸卯	甲辰	乙巳	丙午	丁未	戊申	己酉	庚戌	辛亥	壬子
대운 남	2	1	1	1	1	경	10	9	9	9	8	8	8	7	7	7	6	6	6	5	춘	5	4	4	4	3	3	3	2	2	2
대운 여	8	9	9	9	10	칩	1	1	1	1	2	2	2	3	3	3	4	4	4	5	분	5	6	6	6	7	7	7	8	8	8

양력 4월 청명절(壬辰月) 淸明 4월5일 8시7분 穀雨 4월20일 15시31분

양력	1	2	3	4	5	6	7	8	9	10	11	12	13	14	15	16	17	18	19	20	21	22	23	24	25	26	27	28	29	30	
요일	水	木	金	土	日	月	火	水	木	金	土	日	月	火	水	木	金	土	日	月	火	水	木	金	土	日	月	火	水	木	
음력	3/10	11	12	13	14	15	16	17	18	19	20	21	22	23	24	25	26	27	28	29	윤1	2	3	4	5	6	7	8	9	10	
일진	癸丑	甲寅	乙卯	丙辰	丁巳	戊午	己未	庚申	辛酉	壬戌	癸亥	甲子	乙丑	丙寅	丁卯	戊辰	己巳	庚午	辛未	壬申	癸酉	甲戌	乙亥	丙子	丁丑	戊寅	己卯	庚辰	辛巳	壬午	
대운 남	1	1	1	1	청	10	10	9	9	9	8	8	8	7	7	7	6	6	6	곡	5	5	4	4	4	3	3	3	2	2	
대운 여	9	9	9	10	명	1	1	1	1	2	2	2	3	3	3	4	4	4	5	우	5	6	6	6	7	7	7	8	8	8	

양력 5월 입하절(癸巳月) 立夏 5월6일 1시57분 小滿 5월21일 15시7분

양력	1	2	3	4	5	6	7	8	9	10	11	12	13	14	15	16	17	18	19	20	21	22	23	24	25	26	27	28	29	30	31
요일	金	土	日	月	火	水	木	金	土	日	月	火	水	木	金	土	日	月	火	水	木	金	土	日	月	火	水	木	金	土	日
음력	윤11	12	13	14	15	16	17	18	19	20	21	22	23	24	25	26	27	28	29	30	4/1	2	3	4	5	6	7	8	9	10	11
일진	癸未	甲申	乙酉	丙戌	丁亥	戊子	己丑	庚寅	辛卯	壬辰	癸巳	甲午	乙未	丙申	丁酉	戊戌	己亥	庚子	辛丑	壬寅	癸卯	甲辰	乙巳	丙午	丁未	戊申	己酉	庚戌	辛亥	壬子	癸丑
대운 남	2	1	1	1	1	입	10	10	9	9	9	8	8	8	7	7	7	6	6	6	소	5	5	4	4	4	3	3	3	2	2
대운 여	9	9	9	10	10	하	1	1	1	1	2	2	2	3	3	3	4	4	4	5	만	5	6	6	6	7	7	7	8	8	8

양력 6월 망종절(甲午月) 芒種 6월6일 6시31분 夏至 6월21일 23시22분

양력	1	2	3	4	5	6	7	8	9	10	11	12	13	14	15	16	17	18	19	20	21	22	23	24	25	26	27	28	29	30	
요일	月	火	水	木	金	土	日	月	火	水	木	金	土	日	月	火	水	木	金	土	日	月	火	水	木	金	土	日	月	火	
음력	4/12	13	14	15	16	17	18	19	20	21	22	23	24	25	26	27	28	29	5/1	2	3	4	5	6	7	8	9	10	11	12	
일진	甲寅	乙卯	丙辰	丁巳	戊午	己未	庚申	辛酉	壬戌	癸亥	甲子	乙丑	丙寅	丁卯	戊辰	己巳	庚午	辛未	壬申	癸酉	甲戌	乙亥	丙子	丁丑	戊寅	己卯	庚辰	辛巳	壬午	癸未	
대운 남	2	1	1	1	1	망	10	10	9	9	9	8	8	8	7	7	7	6	6	6	하	5	5	4	4	4	3	3	3	2	
대운 여	9	9	9	10	10	종	1	1	1	1	2	2	2	3	3	3	4	4	4	5	지	5	6	6	6	7	7	7	8	8	

▶윤달-3월

丙子年

양력 7월 소서절(乙未月) 小暑 7월7일 16시58분 大暑 7월23일 10시18분

양력	1	2	3	4	5	6	7	8	9	10	11	12	13	14	15	16	17	18	19	20	21	22	23	24	25	26	27	28	29	30	31
요일	水	木	金	土	日	月	火	水	木	金	土	日	月	火	水	木	金	土	日	月	火	水	木	金	土	日	月	火	水	木	金
음력	5/13	14	15	16	17	18	19	20	21	22	23	24	25	26	27	28	29	30	6/1	2	3	4	5	6	7	8	9	10	11	12	13
일진	甲申	乙酉	丙戌	丁亥	戊子	己丑	庚寅	辛卯	壬辰	癸巳	甲午	乙未	丙申	丁酉	戊戌	己亥	庚子	辛丑	壬寅	癸卯	甲辰	乙巳	丙午	丁未	戊申	己酉	庚戌	辛亥	壬子	癸丑	甲寅
대운 남	2	2	1	1	1	1	소서	10	10	10	9	9	9	8	8	8	7	7	7	6	6	6	대서	5	5	4	4	4	3	3	3
대운 여	8	9	9	9	10	10		1	1	1	1	2	2	2	3	3	3	4	4	4	5	5		6	6	6	7	7	7	8	8

양력 8월 입추절(丙申月) 立秋 8월8일 2시43분 處暑 8월23일 17시11분

양력	1	2	3	4	5	6	7	8	9	10	11	12	13	14	15	16	17	18	19	20	21	22	23	24	25	26	27	28	29	30	31
요일	土	日	月	火	水	木	金	土	日	月	火	水	木	金	土	日	月	火	水	木	金	土	日	月	火	水	木	金	土	日	月
음력	6/14	15	16	17	18	19	20	21	22	23	24	25	26	27	28	29	7/1	2	3	4	5	6	7	8	9	10	11	12	13	14	15
일진	乙卯	丙辰	丁巳	戊午	己未	庚申	辛酉	壬戌	癸亥	甲子	乙丑	丙寅	丁卯	戊辰	己巳	庚午	辛未	壬申	癸酉	甲戌	乙亥	丙子	丁丑	戊寅	己卯	庚辰	辛巳	壬午	癸未	甲申	乙酉
대운 남	2	2	2	1	1	1	1	입추	10	10	9	9	9	8	8	8	7	7	7	6	6	6	처서	5	5	4	4	4	3	3	3
대운 여	8	9	9	9	10	10	10		1	1	1	1	2	2	2	3	3	3	4	4	4	5		5	6	6	6	7	7	7	8

양력 9월 백로절(丁酉月) 白露 9월8일 5시21분 秋分 9월23일 14시26분

양력	1	2	3	4	5	6	7	8	9	10	11	12	13	14	15	16	17	18	19	20	21	22	23	24	25	26	27	28	29	30
요일	火	水	木	金	土	日	月	火	水	木	金	土	日	月	火	水	木	金	土	日	月	火	水	木	金	土	日	月	火	水
음력	7/16	17	18	19	20	21	22	23	24	25	26	27	28	29	30	8/1	2	3	4	5	6	7	8	9	10	11	12	13	14	15
일진	丙戌	丁亥	戊子	己丑	庚寅	辛卯	壬辰	癸巳	甲午	乙未	丙申	丁酉	戊戌	己亥	庚子	辛丑	壬寅	癸卯	甲辰	乙巳	丙午	丁未	戊申	己酉	庚戌	辛亥	壬子	癸丑	甲寅	乙卯
대운 남	2	2	2	1	1	1	1	백로	10	9	9	9	8	8	8	7	7	7	6	6	6	5	추분	5	4	4	4	3	3	3
대운 여	8	8	9	9	9	10	10		1	1	1	1	2	2	2	3	3	3	4	4	4	5		5	6	6	6	7	7	7

양력 10월 한로절(戊戌月) 寒露 10월8일 20시32분 霜降 10월23일 23시18분

양력	1	2	3	4	5	6	7	8	9	10	11	12	13	14	15	16	17	18	19	20	21	22	23	24	25	26	27	28	29	30	31
요일	木	金	土	日	月	火	水	木	金	土	日	月	火	水	木	金	土	日	月	火	水	木	金	土	日	月	火	水	木	金	土
음력	8/16	17	18	19	20	21	22	23	24	25	26	27	28	29	9/1	2	3	4	5	6	7	8	9	10	11	12	13	14	15	16	17
일진	丙辰	丁巳	戊午	己未	庚申	辛酉	壬戌	癸亥	甲子	乙丑	丙寅	丁卯	戊辰	己巳	庚午	辛未	壬申	癸酉	甲戌	乙亥	丙子	丁丑	戊寅	己卯	庚辰	辛巳	壬午	癸未	甲申	乙酉	丙戌
대운 남	2	2	2	1	1	1	1	한로	10	9	9	9	8	8	8	7	7	7	6	6	6	5	상강	5	4	4	4	3	3	3	2
대운 여	8	8	8	9	9	9	10		1	1	1	1	2	2	2	3	3	3	4	4	4	5		5	6	6	6	7	7	7	8

양력 11월 입동절(己亥月) 立冬 11월7일 23시15분 小雪 11월22일 20시25분

양력	1	2	3	4	5	6	7	8	9	10	11	12	13	14	15	16	17	18	19	20	21	22	23	24	25	26	27	28	29	30
요일	日	月	火	水	木	金	土	日	月	火	水	木	金	土	日	月	火	水	木	金	土	日	月	火	水	木	金	土	日	月
음력	9/18	19	20	21	22	23	24	25	26	27	28	29	30	10/1	2	3	4	5	6	7	8	9	10	11	12	13	14	15	16	17
일진	丁亥	戊子	己丑	庚寅	辛卯	壬辰	癸巳	甲午	乙未	丙申	丁酉	戊戌	己亥	庚子	辛丑	壬寅	癸卯	甲辰	乙巳	丙午	丁未	戊申	己酉	庚戌	辛亥	壬子	癸丑	甲寅	乙卯	丙辰
대운 남	2	2	1	1	1	1	입동	10	9	9	9	8	8	8	7	7	7	6	6	6	5	소설	5	4	4	4	3	3	3	2
대운 여	8	8	9	9	9	10		1	1	1	1	2	2	2	3	3	3	4	4	4	5		5	6	6	6	7	7	7	8

양력 12월 대설절(庚子月) 大雪 12월7일 15시42분 冬至 12월22일 9시27분

양력	1	2	3	4	5	6	7	8	9	10	11	12	13	14	15	16	17	18	19	20	21	22	23	24	25	26	27	28	29	30	31
요일	火	水	木	金	土	日	月	火	水	木	金	土	日	月	火	水	木	金	土	日	月	火	水	木	金	土	日	月	火	水	木
음력	10/18	19	20	21	22	23	24	25	26	27	28	29	30	11/1	2	3	4	5	6	7	8	9	10	11	12	13	14	15	16	17	18
일진	丁巳	戊午	己未	庚申	辛酉	壬戌	癸亥	甲子	乙丑	丙寅	丁卯	戊辰	己巳	庚午	辛未	壬申	癸酉	甲戌	乙亥	丙子	丁丑	戊寅	己卯	庚辰	辛巳	壬午	癸未	甲申	乙酉	丙戌	丁亥
대운 남	2	2	1	1	1	1	대설	10	9	9	9	8	8	8	7	7	7	6	6	6	5	동지	5	4	4	4	3	3	3	2	2
대운 여	8	8	9	9	9	10		1	1	1	1	2	2	2	3	3	3	4	4	4	5		5	6	6	6	7	7	7	8	8

서기 1937년 [단기 4270년]

양력 1월 소한절(辛丑月) 小寒 1월6일 2시44분 大寒 1월20일 20시1분

양력	1	2	3	4	5	6	7	8	9	10	11	12	13	14	15	16	17	18	19	20	21	22	23	24	25	26	27	28	29	30	31
요일	金	土	日	月	火	水	木	金	土	日	月	火	水	木	金	土	日	月	火	水	木	金	土	日	月	火	水	木	金	土	日
음력	11/19	20	21	22	23	24	25	26	27	28	29	30	12/1	2	3	4	5	6	7	8	9	10	11	12	13	14	15	16	17	18	19
일진	戊子	己丑	庚寅	辛卯	壬辰	癸巳	甲午	乙未	丙申	丁酉	戊戌	己亥	庚子	辛丑	壬寅	癸卯	甲辰	乙巳	丙午	丁未	戊申	己酉	庚戌	辛亥	壬子	癸丑	甲寅	乙卯	丙辰	丁巳	戊午
대운 남	2	1	1	1	1	소한	9	9	9	8	8	8	7	7	7	6	6	6	5	대한	5	4	4	4	3	3	3	2	2	2	1
대운 여	8	9	9	9	10		1	1	1	1	2	2	2	3	3	3	4	4	4		5	5	6	6	6	7	7	7	8	8	8

양력 2월 입춘절(壬寅月) 立春 2월4일 14시26분 雨水 2월19일 10시21분

양력	1	2	3	4	5	6	7	8	9	10	11	12	13	14	15	16	17	18	19	20	21	22	23	24	25	26	27	28			
요일	月	火	水	木	金	土	日	月	火	水	木	金	土	日	月	火	水	木	金	土	日	月	火	水	木	金	土	日			
음력	12/20	21	22	23	24	25	26	27	28	29	1/1	2	3	4	5	6	7	8	9	10	11	12	13	14	15	16	17	18			
일진	己未	庚申	辛酉	壬戌	癸亥	甲子	乙丑	丙寅	丁卯	戊辰	己巳	庚午	辛未	壬申	癸酉	甲戌	乙亥	丙子	丁丑	戊寅	己卯	庚辰	辛巳	壬午	癸未	甲申	乙酉	丙戌			
대운 남	1	1	1	입춘	1	1	1	1	2	2	2	3	3	3	4	4	4	5	우수	5	6	6	6	7	7	7	8	8			
대운 여	9	9	9		10	9	9	9	8	8	8	7	7	7	6	6	6	5		5	4	4	4	3	3	3	2	2			

양력 3월 경칩절(癸卯月) 驚蟄 3월6일 8시44분 春分 3월21일 9시45분

양력	1	2	3	4	5	6	7	8	9	10	11	12	13	14	15	16	17	18	19	20	21	22	23	24	25	26	27	28	29	30	31
요일	月	火	水	木	金	土	日	月	火	水	木	金	土	日	月	火	水	木	金	土	日	月	火	水	木	金	土	日	月	火	水
음력	1/19	20	21	22	23	24	25	26	27	28	29	30	2/1	2	3	4	5	6	7	8	9	10	11	12	13	14	15	16	17	18	19
일진	丁亥	戊子	己丑	庚寅	辛卯	壬辰	癸巳	甲午	乙未	丙申	丁酉	戊戌	己亥	庚子	辛丑	壬寅	癸卯	甲辰	乙巳	丙午	丁未	戊申	己酉	庚戌	辛亥	壬子	癸丑	甲寅	乙卯	丙辰	丁巳
대운 남	8	9	9	9	10	경칩	1	1	1	1	2	2	2	3	3	3	4	4	4	5	춘분	5	6	6	6	7	7	7	8	8	8
대운 여	2	1	1	1	1		10	9	9	9	8	8	8	7	7	7	6	6	6	5		5	4	4	4	3	3	3	2	2	2

양력 4월 청명절(甲辰月) 清明 4월5일 14시1분 穀雨 4월20일 21시19분

양력	1	2	3	4	5	6	7	8	9	10	11	12	13	14	15	16	17	18	19	20	21	22	23	24	25	26	27	28	29	30	
요일	木	金	土	日	月	火	水	木	金	土	日	月	火	水	木	金	土	日	月	火	水	木	金	土	日	月	火	水	木	金	
음력	2/20	21	22	23	24	25	26	27	28	29	3/1	2	3	4	5	6	7	8	9	10	11	12	13	14	15	16	17	18	19	20	
일진	戊午	己未	庚申	辛酉	壬戌	癸亥	甲子	乙丑	丙寅	丁卯	戊辰	己巳	庚午	辛未	壬申	癸酉	甲戌	乙亥	丙子	丁丑	戊寅	己卯	庚辰	辛巳	壬午	癸未	甲申	乙酉	丙戌	丁亥	
대운 남	9	9	9	10	청명	1	1	1	1	2	2	2	3	3	3	4	4	4	5	곡우	5	6	6	6	7	7	7	8	8	8	
대운 여	1	1	1	1		10	10	9	9	9	8	8	8	7	7	7	6	6	6		5	5	4	4	4	3	3	3	2	2	

양력 5월 입하절(乙巳月) 立夏 5월6일 7시51분 小滿 5월21일 20시57분

양력	1	2	3	4	5	6	7	8	9	10	11	12	13	14	15	16	17	18	19	20	21	22	23	24	25	26	27	28	29	30	31
요일	土	日	月	火	水	木	金	土	日	月	火	水	木	金	土	日	月	火	水	木	金	土	日	月	火	水	木	金	土	日	月
음력	3/21	22	23	24	25	26	27	28	29	4/1	2	3	4	5	6	7	8	9	10	11	12	13	14	15	16	17	18	19	20	21	22
일진	戊子	己丑	庚寅	辛卯	壬辰	癸巳	甲午	乙未	丙申	丁酉	戊戌	己亥	庚子	辛丑	壬寅	癸卯	甲辰	乙巳	丙午	丁未	戊申	己酉	庚戌	辛亥	壬子	癸丑	甲寅	乙卯	丙辰	丁巳	戊午
대운 남	9	9	9	10	10	입하	1	1	1	1	2	2	2	3	3	3	4	4	4	5	소만	5	6	6	6	7	7	7	8	8	8
대운 여	2	1	1	1	1		10	10	9	9	9	8	8	8	7	7	7	6	6	6		5	5	4	4	4	3	3	3	2	2

양력 6월 망종절(丙午月) 芒種 6월6일 12시23분 夏至 6월22일 5시12분

양력	1	2	3	4	5	6	7	8	9	10	11	12	13	14	15	16	17	18	19	20	21	22	23	24	25	26	27	28	29	30	
요일	火	水	木	金	土	日	月	火	水	木	金	土	日	月	火	水	木	金	土	日	月	火	水	木	金	土	日	月	火	水	
음력	4/23	24	25	26	27	28	29	30	5/1	2	3	4	5	6	7	8	9	10	11	12	13	14	15	16	17	18	19	20	21	22	
일진	己未	庚申	辛酉	壬戌	癸亥	甲子	乙丑	丙寅	丁卯	戊辰	己巳	庚午	辛未	壬申	癸酉	甲戌	乙亥	丙子	丁丑	戊寅	己卯	庚辰	辛巳	壬午	癸未	甲申	乙酉	丙戌	丁亥	戊子	
대운 남	9	9	9	10	10	망종	1	1	1	1	2	2	2	3	3	3	4	4	4	5	5	하지	6	6	6	7	7	7	8	8	
대운 여	2	1	1	1	1		10	10	9	9	9	8	8	8	7	7	7	6	6	6	5		5	4	4	4	3	3	3	2	

丁丑年

양력 7월 소서절(丁未月) 小暑 7월7일 22시46분 大暑 7월23일 16시7분

양력	1	2	3	4	5	6	7	8	9	10	11	12	13	14	15	16	17	18	19	20	21	22	23	24	25	26	27	28	29	30	31
요일	木	金	土	日	月	火	水	木	金	土	日	月	火	水	木	金	土	日	月	火	水	木	金	土	日	月	火	水	木	金	土
음력	5/23	24	25	26	27	28	29	6/1	2	3	4	5	6	7	8	9	10	11	12	13	14	15	16	17	18	19	20	21	22	23	24
일진	己丑	庚寅	辛卯	壬辰	癸巳	甲午	乙未	丙申	丁酉	戊戌	己亥	庚子	辛丑	壬寅	癸卯	甲辰	乙巳	丙午	丁未	戊申	己酉	庚戌	辛亥	壬子	癸丑	甲寅	乙卯	丙辰	丁巳	戊午	己未
대운 남	8	9	9	9	10	10	소서	1	1	1	1	2	2	2	3	3	3	4	4	4	5	5	대서	6	6	6	7	7	7	8	8
대운 여	2	2	1	1	1	1		10	10	10	9	9	9	8	8	8	7	7	7	6	6	6		5	5	4	4	4	3	3	3

양력 8월 입추절(戊申月) 立秋 8월8일 8시25분 處暑 8월23일 22시58분

양력	1	2	3	4	5	6	7	8	9	10	11	12	13	14	15	16	17	18	19	20	21	22	23	24	25	26	27	28	29	30	31
요일	日	月	火	水	木	金	土	日	月	火	水	木	金	土	日	月	火	水	木	金	土	日	月	火	水	木	金	土	日	月	火
음력	6/25	26	27	28	29	7/1	2	3	4	5	6	7	8	9	10	11	12	13	14	15	16	17	18	19	20	21	22	23	24	25	26
일진	庚申	辛酉	壬戌	癸亥	甲子	乙丑	丙寅	丁卯	戊辰	己巳	庚午	辛未	壬申	癸酉	甲戌	乙亥	丙子	丁丑	戊寅	己卯	庚辰	辛巳	壬午	癸未	甲申	乙酉	丙戌	丁亥	戊子	己丑	庚寅
대운 남	8	9	9	9	10	10	10	입추	1	1	1	1	2	2	2	3	3	3	4	4	4	5	처서	5	6	6	6	7	7	7	8
대운 여	2	2	2	1	1	1	1		10	10	9	9	9	8	8	8	7	7	7	6	6	6		5	5	4	4	4	3	3	3

양력 9월 백로절(己酉月) 白露 9월8일 10시59분 秋分 9월23일 20시13분

양력	1	2	3	4	5	6	7	8	9	10	11	12	13	14	15	16	17	18	19	20	21	22	23	24	25	26	27	28	29	30
요일	水	木	金	土	日	月	火	水	木	金	土	日	月	火	水	木	金	土	日	月	火	水	木	金	土	日	月	火	水	木
음력	7/27	28	29	30	8/1	2	3	4	5	6	7	8	9	10	11	12	13	14	15	16	17	18	19	20	21	22	23	24	25	26
일진	辛卯	壬辰	癸巳	甲午	乙未	丙申	丁酉	戊戌	己亥	庚子	辛丑	壬寅	癸卯	甲辰	乙巳	丙午	丁未	戊申	己酉	庚戌	辛亥	壬子	癸丑	甲寅	乙卯	丙辰	丁巳	戊午	己未	庚申
대운 남	8	8	9	9	9	10	10	백로	1	1	1	1	2	2	2	3	3	3	4	4	4	5	추분	5	6	6	6	7	7	7
대운 여	2	2	2	1	1	1	1		10	10	9	9	9	8	8	8	7	7	7	6	6	6		5	5	4	4	4	3	3

양력 10월 한로절(庚戌月) 寒露 10월9일 2시11분 霜降 10월24일 5시7분

양력	1	2	3	4	5	6	7	8	9	10	11	12	13	14	15	16	17	18	19	20	21	22	23	24	25	26	27	28	29	30	31
요일	金	土	日	月	火	水	木	金	土	日	月	火	水	木	金	土	日	月	火	水	木	金	土	日	月	火	水	木	金	土	日
음력	8/27	28	29	9/1	2	3	4	5	6	7	8	9	10	11	12	13	14	15	16	17	18	19	20	21	22	23	24	25	26	27	28
일진	辛酉	壬戌	癸亥	甲子	乙丑	丙寅	丁卯	戊辰	己巳	庚午	辛未	壬申	癸酉	甲戌	乙亥	丙子	丁丑	戊寅	己卯	庚辰	辛巳	壬午	癸未	甲申	乙酉	丙戌	丁亥	戊子	己丑	庚寅	辛卯
대운 남	8	8	8	9	9	9	10	10	한로	1	1	1	1	2	2	2	3	3	3	4	4	4	5	상강	5	6	6	6	7	7	7
대운 여	3	2	2	2	1	1	1	1		10	9	9	9	8	8	8	7	7	7	6	6	6	5		5	4	4	4	3	3	3

양력 11월 입동절(辛亥月) 立冬 11월8일 4시55분 小雪 11월23일 2시17분

양력	1	2	3	4	5	6	7	8	9	10	11	12	13	14	15	16	17	18	19	20	21	22	23	24	25	26	27	28	29	30
요일	月	火	水	木	金	土	日	月	火	水	木	金	土	日	月	火	水	木	金	土	日	月	火	水	木	金	土	日	月	火
음력	9/29	30	10/1	2	3	4	5	6	7	8	9	10	11	12	13	14	15	16	17	18	19	20	21	22	23	24	25	26	27	28
일진	壬辰	癸巳	甲午	乙未	丙申	丁酉	戊戌	己亥	庚子	辛丑	壬寅	癸卯	甲辰	乙巳	丙午	丁未	戊申	己酉	庚戌	辛亥	壬子	癸丑	甲寅	乙卯	丙辰	丁巳	戊午	己未	庚申	辛酉
대운 남	8	8	8	9	9	9	10	입동	1	1	1	1	2	2	2	3	3	3	4	4	4	5	소설	5	6	6	6	7	7	7
대운 여	2	2	2	1	1	1	1		9	9	9	8	8	8	7	7	7	6	6	6	5	5		4	4	4	3	3	3	2

양력 12월 대설절(壬子月) 大雪 12월7일 21시26분 冬至 12월22일 15시22분

양력	1	2	3	4	5	6	7	8	9	10	11	12	13	14	15	16	17	18	19	20	21	22	23	24	25	26	27	28	29	30	31
요일	水	木	金	土	日	月	火	水	木	金	土	日	月	火	水	木	金	土	日	月	火	水	木	金	土	日	月	火	水	木	金
음력	10/29	30	11/1	2	3	4	5	6	7	8	9	10	11	12	13	14	15	16	17	18	19	20	21	22	23	24	25	26	27	28	29
일진	壬戌	癸亥	甲子	乙丑	丙寅	丁卯	戊辰	己巳	庚午	辛未	壬申	癸酉	甲戌	乙亥	丙子	丁丑	戊寅	己卯	庚辰	辛巳	壬午	癸未	甲申	乙酉	丙戌	丁亥	戊子	己丑	庚寅	辛卯	壬辰
대운 남	8	8	8	9	9	9	대설	1	1	1	1	2	2	2	3	3	3	4	4	4	5	동지	5	6	6	6	7	7	7	8	8
대운 여	2	2	1	1	1	1		10	9	9	9	8	8	8	7	7	7	6	6	6	5		5	4	4	4	3	3	3	2	2

서기 1938년 [단기 4271년]

양력 1월 소한절(癸丑月) 小寒 1월6일 8시31분 大寒 1월21일 1시59분

양력	1	2	3	4	5	6	7	8	9	10	11	12	13	14	15	16	17	18	19	20	21	22	23	24	25	26	27	28	29	30	31
요일	土	日	月	火	水	木	金	土	日	月	火	水	木	金	土	日	月	火	水	木	金	土	日	月	火	水	木	金	土	日	月
음력	11/30	12/1	2	3	4	5	6	7	8	9	10	11	12	13	14	15	16	17	18	19	20	21	22	23	24	25	26	27	28	29	1/1
일진	癸巳	甲午	乙未	丙申	丁酉	戊戌	己亥	庚子	辛丑	壬寅	癸卯	甲辰	乙巳	丙午	丁未	戊申	己酉	庚戌	辛亥	壬子	癸丑	甲寅	乙卯	丙辰	丁巳	戊午	己未	庚申	辛酉	壬戌	癸亥
대운 남	8	9	9	9	10	소	1	1	1	1	2	2	2	3	3	3	4	4	4	5	대	5	6	6	6	7	7	7	8	8	8
대운 여	2	1	1	1	1	한	9	9	9	8	8	8	7	7	7	6	6	6	5	5	한	4	4	4	3	3	3	2	2	2	1

양력 2월 입춘절(甲寅月) 立春 2월4일 20시15분 雨水 2월19일 16시20분

양력	1	2	3	4	5	6	7	8	9	10	11	12	13	14	15	16	17	18	19	20	21	22	23	24	25	26	27	28			
요일	火	水	木	金	土	日	月	火	水	木	金	土	日	月	火	水	木	金	土	日	月	火	水	木	金	土	日	月			
음력	1/2	3	4	5	6	7	8	9	10	11	12	13	14	15	16	17	18	19	20	21	22	23	24	25	26	27	28	29			
일진	甲子	乙丑	丙寅	丁卯	戊辰	己巳	庚午	辛未	壬申	癸酉	甲戌	乙亥	丙子	丁丑	戊寅	己卯	庚辰	辛巳	壬午	癸未	甲申	乙酉	丙戌	丁亥	戊子	己丑	庚寅	辛卯			
대운 남	9	9	9	입	10	9	9	9	8	8	8	7	7	7	6	6	6	5	우	5	4	4	4	3	3	3	2	2			
대운 여	1	1	1	춘	1	1	1	1	2	2	2	3	3	3	4	4	4	5	수	5	6	6	6	7	7	7	8	8			

양력 3월 경칩절(乙卯月) 驚蟄 3월6일 14시34분 春分 3월21일 15시43분

양력	1	2	3	4	5	6	7	8	9	10	11	12	13	14	15	16	17	18	19	20	21	22	23	24	25	26	27	28	29	30	31
요일	火	水	木	金	土	日	月	火	水	木	金	土	日	月	火	水	木	金	土	日	月	火	水	木	金	土	日	月	火	水	木
음력	1/30	2/1	2	3	4	5	6	7	8	9	10	11	12	13	14	15	16	17	18	19	20	21	22	23	24	25	26	27	28	29	30
일진	壬辰	癸巳	甲午	乙未	丙申	丁酉	戊戌	己亥	庚子	辛丑	壬寅	癸卯	甲辰	乙巳	丙午	丁未	戊申	己酉	庚戌	辛亥	壬子	癸丑	甲寅	乙卯	丙辰	丁巳	戊午	己未	庚申	辛酉	壬戌
대운 남	2	1	1	1	1	경	10	9	9	9	8	8	8	7	7	7	6	6	6	5	춘	5	4	4	4	3	3	3	2	2	2
대운 여	8	9	9	9	10	칩	1	1	1	1	2	2	2	3	3	3	4	4	4	5	분	5	6	6	6	7	7	7	8	8	8

양력 4월 청명절(丙辰月) 清明 4월5일 19시49분 穀雨 4월21일 3시15분

양력	1	2	3	4	5	6	7	8	9	10	11	12	13	14	15	16	17	18	19	20	21	22	23	24	25	26	27	28	29	30	
요일	金	土	日	月	火	水	木	金	土	日	月	火	水	木	金	土	日	月	火	水	木	金	土	日	月	火	水	木	金	土	
음력	3/1	2	3	4	5	6	7	8	9	10	11	12	13	14	15	16	17	18	19	20	21	22	23	24	25	26	27	28	29	4/1	
일진	癸亥	甲子	乙丑	丙寅	丁卯	戊辰	己巳	庚午	辛未	壬申	癸酉	甲戌	乙亥	丙子	丁丑	戊寅	己卯	庚辰	辛巳	壬午	癸未	甲申	乙酉	丙戌	丁亥	戊子	己丑	庚寅	辛卯	壬辰	
대운 남	1	1	1	1	청	10	10	9	9	9	8	8	8	7	7	7	6	6	6	5	곡	5	4	4	4	3	3	3	2	2	
대운 여	9	9	9	10	명	1	1	1	1	2	2	2	3	3	3	4	4	4	5	5	우	6	6	6	7	7	7	8	8	8	

양력 5월 입하절(丁巳月) 立夏 5월6일 13시35분 小滿 5월22일 2시50분

양력	1	2	3	4	5	6	7	8	9	10	11	12	13	14	15	16	17	18	19	20	21	22	23	24	25	26	27	28	29	30	31
요일	日	月	火	水	木	金	土	日	月	火	水	木	金	土	日	月	火	水	木	金	土	日	月	火	水	木	金	土	日	月	火
음력	4/2	3	4	5	6	7	8	9	10	11	12	13	14	15	16	17	18	19	20	21	22	23	24	25	26	27	28	29	5/1	2	3
일진	癸巳	甲午	乙未	丙申	丁酉	戊戌	己亥	庚子	辛丑	壬寅	癸卯	甲辰	乙巳	丙午	丁未	戊申	己酉	庚戌	辛亥	壬子	癸丑	甲寅	乙卯	丙辰	丁巳	戊午	己未	庚申	辛酉	壬戌	癸亥
대운 남	2	1	1	1	1	입	10	10	9	9	9	8	8	8	7	7	7	6	6	6	5	소	5	4	4	4	3	3	3	2	2
대운 여	9	9	9	10	10	하	1	1	1	1	2	2	2	3	3	3	4	4	4	5	5	만	6	6	6	7	7	7	8	8	8

양력 6월 망종절(戊午月) 芒種 6월6일 18시7분 夏至 6월22일 11시4분

양력	1	2	3	4	5	6	7	8	9	10	11	12	13	14	15	16	17	18	19	20	21	22	23	24	25	26	27	28	29	30	
요일	水	木	金	土	日	月	火	水	木	金	土	日	月	火	水	木	金	土	日	月	火	水	木	金	土	日	月	火	水	木	
음력	5/4	5	6	7	8	9	10	11	12	13	14	15	16	17	18	19	20	21	22	23	24	25	26	27	28	29	30	6/1	2	3	
일진	甲子	乙丑	丙寅	丁卯	戊辰	己巳	庚午	辛未	壬申	癸酉	甲戌	乙亥	丙子	丁丑	戊寅	己卯	庚辰	辛巳	壬午	癸未	甲申	乙酉	丙戌	丁亥	戊子	己丑	庚寅	辛卯	壬辰	癸巳	
대운 남	2	1	1	1	1	망	10	10	10	9	9	9	8	8	8	7	7	7	6	6	6	하	5	5	4	4	4	3	3	3	
대운 여	9	9	9	10	10	종	1	1	1	1	2	2	2	3	3	3	4	4	4	5	5	지	6	6	6	7	7	7	8	8	

戊寅年

양력 7월 소서절(己未月) 小暑 7월8일 4시31분 大暑 7월23일 21시57분

양력	1	2	3	4	5	6	7	8	9	10	11	12	13	14	15	16	17	18	19	20	21	22	23	24	25	26	27	28	29	30	31
요일	金	土	日	月	火	水	木	金	土	日	月	火	水	木	金	土	日	月	火	水	木	金	土	日	月	火	水	木	金	土	日
음력	6/4	5	6	7	8	9	10	11	12	13	14	15	16	17	18	19	20	21	22	23	24	25	26	27	28	29	7/1	2	3	4	5
일진	甲午	乙未	丙申	丁酉	戊戌	己亥	庚子	辛丑	壬寅	癸卯	甲辰	乙巳	丙午	丁未	戊申	己酉	庚戌	辛亥	壬子	癸丑	甲寅	乙卯	丙辰	丁巳	戊午	己未	庚申	辛酉	壬戌	癸亥	甲子
대운 남	2	2	2	1	1	1	1	소	10	10	9	9	9	8	8	8	7	7	7	6	6	6	대	5	5	4	4	4	3	3	3
대운 여	8	9	9	9	10	10	10	서	1	1	1	1	2	2	2	3	3	3	4	4	4	5	서	5	6	6	6	7	7	7	8

양력 8월 입추절(庚申月) 立秋 8월8일 14시13분 處暑 8월24일 4시46분

양력	1	2	3	4	5	6	7	8	9	10	11	12	13	14	15	16	17	18	19	20	21	22	23	24	25	26	27	28	29	30	31
요일	月	火	水	木	金	土	日	月	火	水	木	金	土	日	月	火	水	木	金	土	日	月	火	水	木	金	土	日	月	火	水
음력	7/6	7	8	9	10	11	12	13	14	15	16	17	18	19	20	21	22	23	24	25	26	27	28	29	윤1	2	3	4	5	6	7
일진	乙丑	丙寅	丁卯	戊辰	己巳	庚午	辛未	壬申	癸酉	甲戌	乙亥	丙子	丁丑	戊寅	己卯	庚辰	辛巳	壬午	癸未	甲申	乙酉	丙戌	丁亥	戊子	己丑	庚寅	辛卯	壬辰	癸巳	甲午	乙未
대운 남	2	2	2	1	1	1	1	입	10	10	9	9	9	8	8	8	7	7	7	6	6	6	5	처	5	4	4	4	3	3	3
대운 여	8	8	9	9	9	10	10	추	1	1	1	1	2	2	2	3	3	3	4	4	4	5	5	서	6	6	6	7	7	7	8

양력 9월 백로절(辛酉月) 白露 9월8일 16시48분 秋分 9월24일 2시0분

양력	1	2	3	4	5	6	7	8	9	10	11	12	13	14	15	16	17	18	19	20	21	22	23	24	25	26	27	28	29	30
요일	木	金	土	日	月	火	水	木	金	土	日	月	火	水	木	金	土	日	月	火	水	木	金	土	日	月	火	水	木	金
음력	윤8	9	10	11	12	13	14	15	16	17	18	19	20	21	22	23	24	25	26	27	28	29	30	8/1	2	3	4	5	6	7
일진	丙申	丁酉	戊戌	己亥	庚子	辛丑	壬寅	癸卯	甲辰	乙巳	丙午	丁未	戊申	己酉	庚戌	辛亥	壬子	癸丑	甲寅	乙卯	丙辰	丁巳	戊午	己未	庚申	辛酉	壬戌	癸亥	甲子	乙丑
대운 남	2	2	2	1	1	1	1	백	10	10	9	9	9	8	8	8	7	7	7	6	6	6	5	추	5	4	4	4	3	3
대운 여	8	8	9	9	9	10	10	로	1	1	1	1	2	2	2	3	3	3	4	4	4	5	5	분	6	6	6	7	7	7

양력 10월 한로절(壬戌月) 寒露 10월9일 8시1분 霜降 10월24일 10시54분

양력	1	2	3	4	5	6	7	8	9	10	11	12	13	14	15	16	17	18	19	20	21	22	23	24	25	26	27	28	29	30	31
요일	土	日	月	火	水	木	金	土	日	月	火	水	木	金	土	日	月	火	水	木	金	土	日	月	火	水	木	金	土	日	月
음력	8/8	9	10	11	12	13	14	15	16	17	18	19	20	21	22	23	24	25	26	27	28	29	9/1	2	3	4	5	6	7	8	9
일진	丙寅	丁卯	戊辰	己巳	庚午	辛未	壬申	癸酉	甲戌	乙亥	丙子	丁丑	戊寅	己卯	庚辰	辛巳	壬午	癸未	甲申	乙酉	丙戌	丁亥	戊子	己丑	庚寅	辛卯	壬辰	癸巳	甲午	乙未	丙申
대운 남	3	2	2	2	1	1	1	1	한	10	9	9	9	8	8	8	7	7	7	6	6	6	5	상	5	4	4	4	3	3	3
대운 여	8	8	8	9	9	9	10	10	로	1	1	1	1	2	2	2	3	3	3	4	4	4	5	강	5	6	6	6	7	7	7

양력 11월 입동절(癸亥月) 立冬 11월8일 10시48분 小雪 11월23일 8시6분

양력	1	2	3	4	5	6	7	8	9	10	11	12	13	14	15	16	17	18	19	20	21	22	23	24	25	26	27	28	29	30
요일	火	水	木	金	土	日	月	火	水	木	金	土	日	月	火	水	木	金	土	日	月	火	水	木	金	土	日	月	火	水
음력	9/10	11	12	13	14	15	16	17	18	19	20	21	22	23	24	25	26	27	28	29	30	10/1	2	3	4	5	6	7	8	9
일진	丁酉	戊戌	己亥	庚子	辛丑	壬寅	癸卯	甲辰	乙巳	丙午	丁未	戊申	己酉	庚戌	辛亥	壬子	癸丑	甲寅	乙卯	丙辰	丁巳	戊午	己未	庚申	辛酉	壬戌	癸亥	甲子	乙丑	丙寅
대운 남	2	2	2	1	1	1	1	입	10	9	9	9	8	8	8	7	7	7	6	6	6	5	소	5	4	4	4	3	3	3
대운 여	8	8	8	9	9	9	10	동	1	1	1	1	2	2	2	3	3	3	4	4	4	5	설	5	6	6	6	7	7	7

양력 12월 대설절(甲子月) 大雪 12월8일 3시22분 冬至 12월22일 21시13분

양력	1	2	3	4	5	6	7	8	9	10	11	12	13	14	15	16	17	18	19	20	21	22	23	24	25	26	27	28	29	30	31
요일	木	金	土	日	月	火	水	木	金	土	日	月	火	水	木	金	土	日	月	火	水	木	金	土	日	月	火	水	木	金	土
음력	10/10	11	12	13	14	15	16	17	18	19	20	21	22	23	24	25	26	27	28	29	30	11/1	2	3	4	5	6	7	8	9	10
일진	丁卯	戊辰	己巳	庚午	辛未	壬申	癸酉	甲戌	乙亥	丙子	丁丑	戊寅	己卯	庚辰	辛巳	壬午	癸未	甲申	乙酉	丙戌	丁亥	戊子	己丑	庚寅	辛卯	壬辰	癸巳	甲午	乙未	丙申	丁酉
대운 남	2	2	2	1	1	1	1	대	9	9	9	8	8	8	7	7	7	6	6	6	5	동	5	4	4	4	3	3	3	2	2
대운 여	8	8	8	9	9	9	10	설	1	1	1	1	2	2	2	3	3	3	4	4	4	지	5	5	6	6	6	7	7	7	8

▶윤달-7월

서기 1939년 [단기 4272년]

양력 1월 소한절(乙丑月) 小寒 1월6일 14시28분 大寒 1월21일 7시51분

양력		1	2	3	4	5	6	7	8	9	10	11	12	13	14	15	16	17	18	19	20	21	22	23	24	25	26	27	28	29	30	31
요일		日	月	火	水	木	金	土	日	月	火	水	木	金	土	日	月	火	水	木	金	土	日	月	火	水	木	金	土	日	月	火
음력		11/11	12	13	14	15	16	17	18	19	20	21	22	23	24	25	26	27	28	29	12/1	2	3	4	5	6	7	8	9	10	11	12
일진		戊戌	己亥	庚子	辛丑	壬寅	癸卯	甲辰	乙巳	丙午	丁未	戊申	己酉	庚戌	辛亥	壬子	癸丑	甲寅	乙卯	丙辰	丁巳	戊午	己未	庚申	辛酉	壬戌	癸亥	甲子	乙丑	丙寅	丁卯	戊辰
대운	남	2	1	1	1	1	소한	10	9	9	9	8	8	8	7	7	7	6	6	6	5	대한	5	4	4	4	3	3	3	2	2	2
	여	8	8	9	9	9		1	1	1	1	2	2	2	3	3	3	4	4	4	5		5	6	6	6	7	7	7	8	8	8

양력 2월 입춘절(丙寅月) 立春 2월5일 2시10분 雨水 2월19일 22시9분

양력		1	2	3	4	5	6	7	8	9	10	11	12	13	14	15	16	17	18	19	20	21	22	23	24	25	26	27	28			
요일		水	木	金	土	日	月	火	水	木	金	土	日	月	火	水	木	金	土	日	月	火	水	木	金	土	日	月	火			
음력		12/13	14	15	16	17	18	19	20	21	22	23	24	25	26	27	28	29	30	1/1	2	3	4	5	6	7	8	9	10			
일진		己巳	庚午	辛未	壬申	癸酉	甲戌	乙亥	丙子	丁丑	戊寅	己卯	庚辰	辛巳	壬午	癸未	甲申	乙酉	丙戌	丁亥	戊子	己丑	庚寅	辛卯	壬辰	癸巳	甲午	乙未	丙申			
대운	남	1	1	1	1	입춘	1	1	1	1	2	2	2	3	3	3	4	4	4	우수	5	5	6	6	6	7	7	7	8			
	여	9	9	9	10		9	9	9	8	8	8	7	7	7	6	6	6	5		5	4	4	4	3	3	3	2	2			

양력 3월 경칩절(丁卯月) 驚蟄 3월6일 20시26분 春分 3월21일 21시28분

양력		1	2	3	4	5	6	7	8	9	10	11	12	13	14	15	16	17	18	19	20	21	22	23	24	25	26	27	28	29	30	31
요일		水	木	金	土	日	月	火	水	木	金	土	日	月	火	水	木	金	土	日	月	火	水	木	金	土	日	月	火	水	木	金
음력		1/11	12	13	14	15	16	17	18	19	20	21	22	23	24	25	26	27	28	29	30	2/1	2	3	4	5	6	7	8	9	10	11
일진		丁酉	戊戌	己亥	庚子	辛丑	壬寅	癸卯	甲辰	乙巳	丙午	丁未	戊申	己酉	庚戌	辛亥	壬子	癸丑	甲寅	乙卯	丙辰	丁巳	戊午	己未	庚申	辛酉	壬戌	癸亥	甲子	乙丑	丙寅	丁卯
대운	남	8	8	9	9	9	경칩	1	1	1	1	2	2	2	3	3	3	4	4	4	5	춘분	5	6	6	6	7	7	7	8	8	8
	여	2	1	1	1	1		10	10	9	9	9	8	8	8	7	7	7	6	6	6		5	5	4	4	4	3	3	3	2	2

양력 4월 청명절(戊辰月) 淸明 4월6일 1시37분 穀雨 4월21일 8시55분

양력		1	2	3	4	5	6	7	8	9	10	11	12	13	14	15	16	17	18	19	20	21	22	23	24	25	26	27	28	29	30	
요일		土	日	月	火	水	木	金	土	日	月	火	水	木	金	土	日	月	火	水	木	金	土	日	月	火	水	木	金	土	日	
음력		2/12	13	14	15	16	17	18	19	20	21	22	23	24	25	26	27	28	29	30	3/1	2	3	4	5	6	7	8	9	10	11	
일진		戊辰	己巳	庚午	辛未	壬申	癸酉	甲戌	乙亥	丙子	丁丑	戊寅	己卯	庚辰	辛巳	壬午	癸未	甲申	乙酉	丙戌	丁亥	戊子	己丑	庚寅	辛卯	壬辰	癸巳	甲午	乙未	丙申	丁酉	
대운	남	9	9	9	10	10	청명	1	1	1	1	2	2	2	3	3	3	4	4	4	5	곡우	5	6	6	6	7	7	7	8	8	
	여	2	1	1	1	1		10	9	9	9	8	8	8	7	7	7	6	6	6	5		5	4	4	4	3	3	3	2	2	

양력 5월 입하절(己巳月) 立夏 5월6일 19시21분 小滿 5월22일 8시27분

양력		1	2	3	4	5	6	7	8	9	10	11	12	13	14	15	16	17	18	19	20	21	22	23	24	25	26	27	28	29	30	31
요일		月	火	水	木	金	土	日	月	火	水	木	金	土	日	月	火	水	木	金	土	日	月	火	水	木	金	土	日	月	火	水
음력		3/12	13	14	15	16	17	18	19	20	21	22	23	24	25	26	27	28	29	4/1	2	3	4	5	6	7	8	9	10	11	12	13
일진		戊戌	己亥	庚子	辛丑	壬寅	癸卯	甲辰	乙巳	丙午	丁未	戊申	己酉	庚戌	辛亥	壬子	癸丑	甲寅	乙卯	丙辰	丁巳	戊午	己未	庚申	辛酉	壬戌	癸亥	甲子	乙丑	丙寅	丁卯	戊辰
대운	남	8	9	9	9	10	입하	1	1	1	1	2	2	2	3	3	3	4	4	4	5	5	소만	6	6	6	7	7	7	8	8	8
	여	2	1	1	1	1		10	10	9	9	9	8	8	8	7	7	7	6	6	6	5		5	4	4	4	3	3	3	2	2

양력 6월 망종절(庚午月) 芒種 6월6일 23시52분 夏至 6월22일 16시39분

양력		1	2	3	4	5	6	7	8	9	10	11	12	13	14	15	16	17	18	19	20	21	22	23	24	25	26	27	28	29	30	
요일		木	金	土	日	月	火	水	木	金	土	日	月	火	水	木	金	土	日	月	火	水	木	金	土	日	月	火	水	木	金	
음력		4/14	15	16	17	18	19	20	21	22	23	24	25	26	27	28	29	5/1	2	3	4	5	6	7	8	9	10	11	12	13	14	
일진		己巳	庚午	辛未	壬申	癸酉	甲戌	乙亥	丙子	丁丑	戊寅	己卯	庚辰	辛巳	壬午	癸未	甲申	乙酉	丙戌	丁亥	戊子	己丑	庚寅	辛卯	壬辰	癸巳	甲午	乙未	丙申	丁酉	戊戌	
대운	남	9	9	9	10	10	망종	1	1	1	1	2	2	2	3	3	3	4	4	4	5	5	하지	6	6	6	7	7	7	8	8	
	여	2	1	1	1	1		10	10	10	9	9	9	8	8	8	7	7	7	6	6	6		5	5	4	4	4	3	3	3	

己卯年

양력 7월 소서절(辛未月) 小暑 7월8일 10시18분 大暑 7월24일 3시37분

양력	1	2	3	4	5	6	7	8	9	10	11	12	13	14	15	16	17	18	19	20	21	22	23	24	25	26	27	28	29	30	31
요일	土	日	月	火	水	木	金	土	日	月	火	水	木	金	土	日	月	火	水	木	金	土	日	月	火	水	木	金	土	日	月
음력	5/15	16	17	18	19	20	21	22	23	24	25	26	27	28	29	30	6/1	2	3	4	5	6	7	8	9	10	11	12	13	14	15
일진	己亥	庚子	辛丑	壬寅	癸卯	甲辰	乙巳	丙午	丁未	戊申	己酉	庚戌	辛亥	壬子	癸丑	甲寅	乙卯	丙辰	丁巳	戊午	己未	庚申	辛酉	壬戌	癸亥	甲子	乙丑	丙寅	丁卯	戊辰	己巳
대운 남	8	9	9	9	10	10	10	소	1	1	1	1	2	2	2	3	3	3	4	4	4	5	5	대	6	6	6	7	7	7	8
대운 여	2	2	2	1	1	1	1	서	10	10	9	9	9	8	8	8	7	7	7	6	6	6	5	서	5	4	4	4	3	3	3

양력 8월 입추절(壬申月) 立秋 8월8일 20시4분 處暑 8월24일 10시31분

양력	1	2	3	4	5	6	7	8	9	10	11	12	13	14	15	16	17	18	19	20	21	22	23	24	25	26	27	28	29	30	31
요일	火	水	木	金	土	日	月	火	水	木	金	土	日	月	火	水	木	金	土	日	月	火	水	木	金	土	日	月	火	水	木
음력	6/16	17	18	19	20	21	22	23	24	25	26	27	28	29	7/1	2	3	4	5	6	7	8	9	10	11	12	13	14	15	16	17
일진	庚午	辛未	壬申	癸酉	甲戌	乙亥	丙子	丁丑	戊寅	己卯	庚辰	辛巳	壬午	癸未	甲申	乙酉	丙戌	丁亥	戊子	己丑	庚寅	辛卯	壬辰	癸巳	甲午	乙未	丙申	丁酉	戊戌	己亥	庚子
대운 남	8	8	9	9	9	10	10	입	1	1	1	1	2	2	2	3	3	3	4	4	4	5	5	처	6	6	6	7	7	7	8
대운 여	2	2	2	1	1	1	1	추	10	10	9	9	9	8	8	8	7	7	7	6	6	6	5	서	5	4	4	4	3	3	3

양력 9월 백로절(癸酉月) 白露 9월8일 22시42분 秋分 9월24일 7시49분

양력	1	2	3	4	5	6	7	8	9	10	11	12	13	14	15	16	17	18	19	20	21	22	23	24	25	26	27	28	29	30	
요일	金	土	日	月	火	水	木	金	土	日	月	火	水	木	金	土	日	月	火	水	木	金	土	日	月	火	水	木	金	土	
음력	7/18	19	20	21	22	23	24	25	26	27	28	29	8/1	2	3	4	5	6	7	8	9	10	11	12	13	14	15	16	17	18	
일진	辛丑	壬寅	癸卯	甲辰	乙巳	丙午	丁未	戊申	己酉	庚戌	辛亥	壬子	癸丑	甲寅	乙卯	丙辰	丁巳	戊午	己未	庚申	辛酉	壬戌	癸亥	甲子	乙丑	丙寅	丁卯	戊辰	己巳	庚午	
대운 남	8	8	9	9	9	10	10	백	1	1	1	1	2	2	2	3	3	3	4	4	4	5	5	추	6	6	6	7	7	7	
대운 여	2	2	2	1	1	1	1	로	10	10	9	9	9	8	8	8	7	7	7	6	6	6	5	분	5	4	4	4	3	3	

양력 10월 한로절(甲戌月) 寒露 10월9일 13시57분 霜降 10월24일 16시46분

양력	1	2	3	4	5	6	7	8	9	10	11	12	13	14	15	16	17	18	19	20	21	22	23	24	25	26	27	28	29	30	31
요일	日	月	火	水	木	金	土	日	月	火	水	木	金	土	日	月	火	水	木	金	土	日	月	火	水	木	金	土	日	月	火
음력	8/19	20	21	22	23	24	25	26	27	28	29	30	9/1	2	3	4	5	6	7	8	9	10	11	12	13	14	15	16	17	18	19
일진	辛未	壬申	癸酉	甲戌	乙亥	丙子	丁丑	戊寅	己卯	庚辰	辛巳	壬午	癸未	甲申	乙酉	丙戌	丁亥	戊子	己丑	庚寅	辛卯	壬辰	癸巳	甲午	乙未	丙申	丁酉	戊戌	己亥	庚子	辛丑
대운 남	8	8	8	9	9	9	10	10	한	1	1	1	1	2	2	2	3	3	3	4	4	4	5	상	5	6	6	6	7	7	7
대운 여	3	2	2	2	1	1	1	1	로	10	9	9	9	8	8	8	7	7	7	6	6	6	5	강	5	4	4	4	3	3	3

양력 11월 입동절(乙亥月) 立冬 11월8일 16시44분 小雪 11월23일 13시59분

양력	1	2	3	4	5	6	7	8	9	10	11	12	13	14	15	16	17	18	19	20	21	22	23	24	25	26	27	28	29	30	
요일	水	木	金	土	日	月	火	水	木	金	土	日	月	火	水	木	金	土	日	月	火	水	木	金	土	日	月	火	水	木	
음력	9/20	21	22	23	24	25	26	27	28	29	10/1	2	3	4	5	6	7	8	9	10	11	12	13	14	15	16	17	18	19	20	
일진	壬寅	癸卯	甲辰	乙巳	丙午	丁未	戊申	己酉	庚戌	辛亥	壬子	癸丑	甲寅	乙卯	丙辰	丁巳	戊午	己未	庚申	辛酉	壬戌	癸亥	甲子	乙丑	丙寅	丁卯	戊辰	己巳	庚午	辛未	
대운 남	8	8	8	9	9	9	10	입	1	1	1	1	2	2	2	3	3	3	4	4	4	5	소	5	6	6	6	7	7	7	
대운 여	2	2	2	1	1	1	1	동	10	9	9	9	8	8	8	7	7	7	6	6	6	5	설	5	4	4	4	3	3	3	

양력 12월 대설절(丙子月) 大雪 12월8일 9시17분 冬至 12월23일 3시6분

양력	1	2	3	4	5	6	7	8	9	10	11	12	13	14	15	16	17	18	19	20	21	22	23	24	25	26	27	28	29	30	31
요일	金	土	日	月	火	水	木	金	土	日	月	火	水	木	金	土	日	月	火	水	木	金	土	日	月	火	水	木	金	土	日
음력	10/21	22	23	24	25	26	27	28	29	30	11/1	2	3	4	5	6	7	8	9	10	11	12	13	14	15	16	17	18	19	20	21
일진	壬申	癸酉	甲戌	乙亥	丙子	丁丑	戊寅	己卯	庚辰	辛巳	壬午	癸未	甲申	乙酉	丙戌	丁亥	戊子	己丑	庚寅	辛卯	壬辰	癸巳	甲午	乙未	丙申	丁酉	戊戌	己亥	庚子	辛丑	壬寅
대운 남	8	8	8	9	9	9	10	대	1	1	1	1	2	2	2	3	3	3	4	4	4	5	동	5	6	6	6	7	7	7	8
대운 여	2	2	2	1	1	1	1	설	9	9	9	8	8	8	7	7	7	6	6	6	5	5	지	4	4	4	3	3	3	2	2

서기 1940년 [단기 4273년]

양력 1월 소한절(丁丑月) 小寒 1월6일 20시24분 大寒 1월21일 13시44분

양력	1	2	3	4	5	6	7	8	9	10	11	12	13	14	15	16	17	18	19	20	21	22	23	24	25	26	27	28	29	30	31
요일	月	火	水	木	金	土	日	月	火	水	木	金	土	日	月	火	水	木	金	土	日	月	火	水	木	金	土	日	月	火	水
음력	11/22	23	24	25	26	27	28	29	12/1	2	3	4	5	6	7	8	9	10	11	12	13	14	15	16	17	18	19	20	21	22	23
일진	癸卯	甲辰	乙巳	丙午	丁未	戊申	己酉	庚戌	辛亥	壬子	癸丑	甲寅	乙卯	丙辰	丁巳	戊午	己未	庚申	辛酉	壬戌	癸亥	甲子	乙丑	丙寅	丁卯	戊辰	己巳	庚午	辛未	壬申	癸酉
대운 남	8	8	9	9	9	소	1	1	1	1	2	2	2	3	3	3	4	4	4	5	대	5	6	6	6	7	7	7	8	8	8
대운 여	2	1	1	1	1	한	10	9	9	9	8	8	8	7	7	7	6	6	6	5	한	5	4	4	4	3	3	3	2	2	2

양력 2월 입춘절(戊寅月) 立春 2월5일 8시8분 雨水 2월20일 4시4분

양력	1	2	3	4	5	6	7	8	9	10	11	12	13	14	15	16	17	18	19	20	21	22	23	24	25	26	27	28	29
요일	木	金	土	日	月	火	水	木	金	土	日	月	火	水	木	金	土	日	月	火	水	木	金	土	日	月	火	水	木
음력	12/24	25	26	27	28	29	30	1/1	2	3	4	5	6	7	8	9	10	11	12	13	14	15	16	17	18	19	20	21	22
일진	甲戌	乙亥	丙子	丁丑	戊寅	己卯	庚辰	辛巳	壬午	癸未	甲申	乙酉	丙戌	丁亥	戊子	己丑	庚寅	辛卯	壬辰	癸巳	甲午	乙未	丙申	丁酉	戊戌	己亥	庚子	辛丑	壬寅
대운 남	9	9	9	10	입	10	9	9	9	8	8	8	7	7	7	6	6	6	5	우	5	4	4	4	3	3	3	2	2
대운 여	1	1	1	1	춘	1	1	1	1	2	2	2	3	3	3	4	4	4	5	수	5	6	6	6	7	7	7	8	8

양력 3월 경칩절(己卯月) 驚蟄 3월6일 2시24분 春分 3월21일 3시24분

양력	1	2	3	4	5	6	7	8	9	10	11	12	13	14	15	16	17	18	19	20	21	22	23	24	25	26	27	28	29	30	31
요일	金	土	日	月	火	水	木	金	土	日	月	火	水	木	金	土	日	月	火	水	木	金	土	日	月	火	水	木	金	土	日
음력	1/23	24	25	26	27	28	29	30	2/1	2	3	4	5	6	7	8	9	10	11	12	13	14	15	16	17	18	19	20	21	22	23
일진	癸卯	甲辰	乙巳	丙午	丁未	戊申	己酉	庚戌	辛亥	壬子	癸丑	甲寅	乙卯	丙辰	丁巳	戊午	己未	庚申	辛酉	壬戌	癸亥	甲子	乙丑	丙寅	丁卯	戊辰	己巳	庚午	辛未	壬申	癸酉
대운 남	2	1	1	1	1	경	10	9	9	9	8	8	8	7	7	7	6	6	6	5	춘	5	4	4	4	3	3	3	2	2	2
대운 여	8	9	9	9	10	칩	1	1	1	1	2	2	2	3	3	3	4	4	4	5	분	5	6	6	6	7	7	7	8	8	8

양력 4월 청명절(庚辰月) 淸明 4월5일 7시35분 穀雨 4월20일 14시51분

양력	1	2	3	4	5	6	7	8	9	10	11	12	13	14	15	16	17	18	19	20	21	22	23	24	25	26	27	28	29	30
요일	月	火	水	木	金	土	日	月	火	水	木	金	土	日	月	火	水	木	金	土	日	月	火	水	木	金	土	日	月	火
음력	2/24	25	26	27	28	29	30	3/1	2	3	4	5	6	7	8	9	10	11	12	13	14	15	16	17	18	19	20	21	22	23
일진	甲戌	乙亥	丙子	丁丑	戊寅	己卯	庚辰	辛巳	壬午	癸未	甲申	乙酉	丙戌	丁亥	戊子	己丑	庚寅	辛卯	壬辰	癸巳	甲午	乙未	丙申	丁酉	戊戌	己亥	庚子	辛丑	壬寅	癸卯
대운 남	1	1	1	1	청	10	10	9	9	9	8	8	8	7	7	7	6	6	6	곡	5	5	4	4	4	3	3	3	2	2
대운 여	9	9	9	10	명	1	1	1	1	2	2	2	3	3	3	4	4	4	5	우	5	6	6	6	7	7	7	8	8	8

양력 5월 입하절(辛巳月) 立夏 5월6일 1시16분 小滿 5월21일 14시23분

양력	1	2	3	4	5	6	7	8	9	10	11	12	13	14	15	16	17	18	19	20	21	22	23	24	25	26	27	28	29	30	31
요일	水	木	金	土	日	月	火	水	木	金	土	日	月	火	水	木	金	土	日	月	火	水	木	金	土	日	月	火	水	木	金
음력	3/24	25	26	27	28	29	4/1	2	3	4	5	6	7	8	9	10	11	12	13	14	15	16	17	18	19	20	21	22	23	24	25
일진	甲辰	乙巳	丙午	丁未	戊申	己酉	庚戌	辛亥	壬子	癸丑	甲寅	乙卯	丙辰	丁巳	戊午	己未	庚申	辛酉	壬戌	癸亥	甲子	乙丑	丙寅	丁卯	戊辰	己巳	庚午	辛未	壬申	癸酉	甲戌
대운 남	2	1	1	1	1	입	10	10	9	9	9	8	8	8	7	7	7	6	6	6	소	5	5	4	4	4	3	3	3	2	2
대운 여	9	9	9	10	10	하	1	1	1	1	2	2	2	3	3	3	4	4	4	5	만	5	6	6	6	7	7	7	8	8	8

양력 6월 망종절(壬午月) 芒種 6월6일 5시44분 夏至 6월21일 22시36분

양력	1	2	3	4	5	6	7	8	9	10	11	12	13	14	15	16	17	18	19	20	21	22	23	24	25	26	27	28	29	30
요일	土	日	月	火	水	木	金	土	日	月	火	水	木	金	土	日	月	火	水	木	金	土	日	月	火	水	木	金	土	日
음력	4/26	27	28	29	30	5/1	2	3	4	5	6	7	8	9	10	11	12	13	14	15	16	17	18	19	20	21	22	23	24	25
일진	乙亥	丙子	丁丑	戊寅	己卯	庚辰	辛巳	壬午	癸未	甲申	乙酉	丙戌	丁亥	戊子	己丑	庚寅	辛卯	壬辰	癸巳	甲午	乙未	丙申	丁酉	戊戌	己亥	庚子	辛丑	壬寅	癸卯	甲辰
대운 남	2	1	1	1	1	망	10	10	9	9	9	8	8	8	7	7	7	6	6	6	하	5	5	4	4	4	3	3	3	2
대운 여	9	9	9	10	10	종	1	1	1	1	2	2	2	3	3	3	4	4	4	5	지	5	6	6	6	7	7	7	8	8

庚辰年

양력 7월 소서절(癸未月) 小暑 7월7일 16시8분 大暑 7월23일 9시34분

양력	1	2	3	4	5	6	7	8	9	10	11	12	13	14	15	16	17	18	19	20	21	22	23	24	25	26	27	28	29	30	31
요일	月	火	水	木	金	土	日	月	火	水	木	金	土	日	月	火	水	木	金	土	日	月	火	水	木	金	土	日	月	火	水
음력	5/26	27	28	29	6/1	2	3	4	5	6	7	8	9	10	11	12	13	14	15	16	17	18	19	20	21	22	23	24	25	26	27
일진	乙巳	丙午	丁未	戊申	己酉	庚戌	辛亥	壬子	癸丑	甲寅	乙卯	丙辰	丁巳	戊午	己未	庚申	辛酉	壬戌	癸亥	甲子	乙丑	丙寅	丁卯	戊辰	己巳	庚午	辛未	壬申	癸酉	甲戌	乙亥
대운 남	2	2	1	1	1	1	소	10	10	10	9	9	9	8	8	8	7	7	7	6	6	6	대	5	5	4	4	4	3	3	3
대운 여	8	9	9	9	10	10	서	1	1	1	1	2	2	2	3	3	3	4	4	4	5	5	서	6	6	6	7	7	7	8	8

양력 8월 입추절(甲申月) 立秋 8월8일 1시52분 處暑 8월23일 16시29분

양력	1	2	3	4	5	6	7	8	9	10	11	12	13	14	15	16	17	18	19	20	21	22	23	24	25	26	27	28	29	30	31
요일	木	金	土	日	月	火	水	木	金	土	日	月	火	水	木	金	土	日	月	火	水	木	金	土	日	月	火	水	木	金	土
음력	6/28	29	30	7/1	2	3	4	5	6	7	8	9	10	11	12	13	14	15	16	17	18	19	20	21	22	23	24	25	26	27	28
일진	丙子	丁丑	戊寅	己卯	庚辰	辛巳	壬午	癸未	甲申	乙酉	丙戌	丁亥	戊子	己丑	庚寅	辛卯	壬辰	癸巳	甲午	乙未	丙申	丁酉	戊戌	己亥	庚子	辛丑	壬寅	癸卯	甲辰	乙巳	丙午
대운 남	2	2	2	1	1	1	1	입	10	10	9	9	9	8	8	8	7	7	7	6	6	6	처	5	5	4	4	4	3	3	3
대운 여	8	9	9	9	10	10	10	추	1	1	1	1	2	2	2	3	3	3	4	4	4	5	서	5	6	6	6	7	7	7	8

양력 9월 백로절(乙酉月) 白露 9월8일 4시29분 秋分 9월23일 13시46분

양력	1	2	3	4	5	6	7	8	9	10	11	12	13	14	15	16	17	18	19	20	21	22	23	24	25	26	27	28	29	30
요일	日	月	火	水	木	金	土	日	月	火	水	木	金	土	日	月	火	水	木	金	土	日	月	火	水	木	金	土	日	月
음력	7/29	8/1	2	3	4	5	6	7	8	9	10	11	12	13	14	15	16	17	18	19	20	21	22	23	24	25	26	27	28	29
일진	丁未	戊申	己酉	庚戌	辛亥	壬子	癸丑	甲寅	乙卯	丙辰	丁巳	戊午	己未	庚申	辛酉	壬戌	癸亥	甲子	乙丑	丙寅	丁卯	戊辰	己巳	庚午	辛未	壬申	癸酉	甲戌	乙亥	丙子
대운 남	2	2	2	1	1	1	1	백	10	9	9	9	8	8	8	7	7	7	6	6	6	5	추	5	4	4	4	3	3	3
대운 여	8	8	9	9	9	10	10	로	1	1	1	1	2	2	2	3	3	3	4	4	4	5	분	5	6	6	6	7	7	7

양력 10월 한로절(丙戌月) 寒露 10월8일 19시42분 霜降 10월23일 22시39분

양력	1	2	3	4	5	6	7	8	9	10	11	12	13	14	15	16	17	18	19	20	21	22	23	24	25	26	27	28	29	30	31
요일	火	水	木	金	土	日	月	火	水	木	金	土	日	月	火	水	木	金	土	日	月	火	水	木	金	土	日	月	火	水	木
음력	9/1	2	3	4	5	6	7	8	9	10	11	12	13	14	15	16	17	18	19	20	21	22	23	24	25	26	27	28	29	30	10/1
일진	丁丑	戊寅	己卯	庚辰	辛巳	壬午	癸未	甲申	乙酉	丙戌	丁亥	戊子	己丑	庚寅	辛卯	壬辰	癸巳	甲午	乙未	丙申	丁酉	戊戌	己亥	庚子	辛丑	壬寅	癸卯	甲辰	乙巳	丙午	丁未
대운 남	2	2	2	1	1	1	1	한	10	9	9	9	8	8	8	7	7	7	6	6	6	5	상	5	4	4	4	3	3	3	2
대운 여	8	8	8	9	9	9	10	로	1	1	1	1	2	2	2	3	3	3	4	4	4	5	강	5	6	6	6	7	7	7	8

양력 11월 입동절(丁亥月) 立冬 11월7일 22시27분 小雪 11월22일 19시49분

양력	1	2	3	4	5	6	7	8	9	10	11	12	13	14	15	16	17	18	19	20	21	22	23	24	25	26	27	28	29	30
요일	金	土	日	月	火	水	木	金	土	日	月	火	水	木	金	土	日	月	火	水	木	金	土	日	月	火	水	木	金	土
음력	10/2	3	4	5	6	7	8	9	10	11	12	13	14	15	16	17	18	19	20	21	22	23	24	25	26	27	28	29	11/1	2
일진	戊申	己酉	庚戌	辛亥	壬子	癸丑	甲寅	乙卯	丙辰	丁巳	戊午	己未	庚申	辛酉	壬戌	癸亥	甲子	乙丑	丙寅	丁卯	戊辰	己巳	庚午	辛未	壬申	癸酉	甲戌	乙亥	丙子	丁丑
대운 남	2	2	1	1	1	1	입	10	9	9	9	8	8	8	7	7	7	6	6	6	5	소	5	4	4	4	3	3	3	2
대운 여	8	8	9	9	9	10	동	1	1	1	1	2	2	2	3	3	3	4	4	4	5	설	5	6	6	6	7	7	7	8

양력 12월 대설절(戊子月) 大雪 12월7일 14시58분 冬至 12월22일 8시55분

양력	1	2	3	4	5	6	7	8	9	10	11	12	13	14	15	16	17	18	19	20	21	22	23	24	25	26	27	28	29	30	31
요일	日	月	火	水	木	金	土	日	月	火	水	木	金	土	日	月	火	水	木	金	土	日	月	火	水	木	金	土	日	月	火
음력	11/3	4	5	6	7	8	9	10	11	12	13	14	15	16	17	18	19	20	21	22	23	24	25	26	27	28	29	30	12/1	2	3
일진	戊寅	己卯	庚辰	辛巳	壬午	癸未	甲申	乙酉	丙戌	丁亥	戊子	己丑	庚寅	辛卯	壬辰	癸巳	甲午	乙未	丙申	丁酉	戊戌	己亥	庚子	辛丑	壬寅	癸卯	甲辰	乙巳	丙午	丁未	戊申
대운 남	2	2	1	1	1	1	대	10	9	9	9	8	8	8	7	7	7	6	6	6	5	동	5	4	4	4	3	3	3	2	2
대운 여	8	8	9	9	9	10	설	1	1	1	1	2	2	2	3	3	3	4	4	4	5	지	5	6	6	6	7	7	7	8	8

서기 1941년 [단기 4274년]

양력 1월 소한절(己丑月) 小寒 1월6일 2시4분 大寒 1월20일 19시34분

양력	1	2	3	4	5	6	7	8	9	10	11	12	13	14	15	16	17	18	19	20	21	22	23	24	25	26	27	28	29	30	31
요일	水	木	金	土	日	月	火	水	木	金	土	日	月	火	水	木	金	土	日	月	火	水	木	金	土	日	月	火	水	木	金
음력	12/4	5	6	7	8	9	10	11	12	13	14	15	16	17	18	19	20	21	22	23	24	25	26	27	28	29	1/1	2	3	4	5
일진	己酉	庚戌	辛亥	壬子	癸丑	甲寅	乙卯	丙辰	丁巳	戊午	己未	庚申	辛酉	壬戌	癸亥	甲子	乙丑	丙寅	丁卯	戊辰	己巳	庚午	辛未	壬申	癸酉	甲戌	乙亥	丙子	丁丑	戊寅	己卯
대운 남	2	1	1	1	1	소	9	9	9	8	8	8	7	7	7	6	6	6	5	대	5	4	4	4	3	3	3	2	2	2	1
대운 여	8	9	9	9	10	한	1	1	1	1	2	2	2	3	3	3	4	4	4	한	5	5	6	6	6	7	7	7	8	8	8

양력 2월 입춘절(庚寅月) 立春 2월4일 13시50분 雨水 2월19일 9시56분

양력	1	2	3	4	5	6	7	8	9	10	11	12	13	14	15	16	17	18	19	20	21	22	23	24	25	26	27	28			
요일	土	日	月	火	水	木	金	土	日	月	火	水	木	金	土	日	月	火	水	木	金	土	日	月	火	水	木	金			
음력	1/6	7	8	9	10	11	12	13	14	15	16	17	18	19	20	21	22	23	24	25	26	27	28	29	30	2/1	2	3			
일진	庚辰	辛巳	壬午	癸未	甲申	乙酉	丙戌	丁亥	戊子	己丑	庚寅	辛卯	壬辰	癸巳	甲午	乙未	丙申	丁酉	戊戌	己亥	庚子	辛丑	壬寅	癸卯	甲辰	乙巳	丙午	丁未			
대운 남	1	1	1	입	1	1	1	1	2	2	2	3	3	3	4	4	4	5	우	5	6	6	6	7	7	7	8	8			
대운 여	9	9	9	춘	10	9	9	9	8	8	8	7	7	7	6	6	6	5	수	5	4	4	4	3	3	3	2	2			

양력 3월 경칩절(辛卯月) 驚蟄 3월6일 8시10분 春分 3월21일 9시20분

양력	1	2	3	4	5	6	7	8	9	10	11	12	13	14	15	16	17	18	19	20	21	22	23	24	25	26	27	28	29	30	31
요일	土	日	月	火	水	木	金	土	日	月	火	水	木	金	土	日	月	火	水	木	金	土	日	月	火	水	木	金	土	日	月
음력	2/4	5	6	7	8	9	10	11	12	13	14	15	16	17	18	19	20	21	22	23	24	25	26	27	28	29	30	3/1	2	3	4
일진	戊申	己酉	庚戌	辛亥	壬子	癸丑	甲寅	乙卯	丙辰	丁巳	戊午	己未	庚申	辛酉	壬戌	癸亥	甲子	乙丑	丙寅	丁卯	戊辰	己巳	庚午	辛未	壬申	癸酉	甲戌	乙亥	丙子	丁丑	戊寅
대운 남	8	9	9	9	10	경	1	1	1	1	2	2	2	3	3	3	4	4	4	5	춘	5	6	6	6	7	7	7	8	8	8
대운 여	2	1	1	1	1	칩	10	9	9	9	8	8	8	7	7	7	6	6	6	5	분	5	4	4	4	3	3	3	2	2	2

양력 4월 청명절(壬辰月) 淸明 4월5일 13시25분 穀雨 4월20일 20시50분

양력	1	2	3	4	5	6	7	8	9	10	11	12	13	14	15	16	17	18	19	20	21	22	23	24	25	26	27	28	29	30	
요일	火	水	木	金	土	日	月	火	水	木	金	土	日	月	火	水	木	金	土	日	月	火	水	木	金	土	日	月	火	水	
음력	3/5	6	7	8	9	10	11	12	13	14	15	16	17	18	19	20	21	22	23	24	25	26	27	28	29	4/1	2	3	4	5	
일진	己卯	庚辰	辛巳	壬午	癸未	甲申	乙酉	丙戌	丁亥	戊子	己丑	庚寅	辛卯	壬辰	癸巳	甲午	乙未	丙申	丁酉	戊戌	己亥	庚子	辛丑	壬寅	癸卯	甲辰	乙巳	丙午	丁未	戊申	
대운 남	9	9	9	10	청	1	1	1	1	2	2	2	3	3	3	4	4	4	5	곡	5	6	6	6	7	7	7	8	8	8	
대운 여	1	1	1	1	명	10	10	9	9	9	8	8	8	7	7	7	6	6	6	우	5	5	4	4	4	3	3	3	2	2	

양력 5월 입하절(癸巳月) 立夏 5월6일 7시10분 小滿 5월21일 20시23분

양력	1	2	3	4	5	6	7	8	9	10	11	12	13	14	15	16	17	18	19	20	21	22	23	24	25	26	27	28	29	30	31
요일	木	金	土	日	月	火	水	木	金	土	日	月	火	水	木	金	土	日	月	火	水	木	金	土	日	月	火	水	木	金	土
음력	4/6	7	8	9	10	11	12	13	14	15	16	17	18	19	20	21	22	23	24	25	26	27	28	29	30	5/1	2	3	4	5	6
일진	己酉	庚戌	辛亥	壬子	癸丑	甲寅	乙卯	丙辰	丁巳	戊午	己未	庚申	辛酉	壬戌	癸亥	甲子	乙丑	丙寅	丁卯	戊辰	己巳	庚午	辛未	壬申	癸酉	甲戌	乙亥	丙子	丁丑	戊寅	己卯
대운 남	9	9	9	10	10	입	1	1	1	1	2	2	2	3	3	3	4	4	4	5	소	5	6	6	6	7	7	7	8	8	8
대운 여	2	1	1	1	1	하	10	10	9	9	9	8	8	8	7	7	7	6	6	6	만	5	5	4	4	4	3	3	3	2	2

양력 6월 망종절(甲午月) 芒種 6월6일 11시39분 夏至 6월22일 4시33분

양력	1	2	3	4	5	6	7	8	9	10	11	12	13	14	15	16	17	18	19	20	21	22	23	24	25	26	27	28	29	30	
요일	日	月	火	水	木	金	土	日	月	火	水	木	金	土	日	月	火	水	木	金	土	日	月	火	水	木	金	土	日	月	
음력	5/7	8	9	10	11	12	13	14	15	16	17	18	19	20	21	22	23	24	25	26	27	28	29	30	6/1	2	3	4	5	6	
일진	庚辰	辛巳	壬午	癸未	甲申	乙酉	丙戌	丁亥	戊子	己丑	庚寅	辛卯	壬辰	癸巳	甲午	乙未	丙申	丁酉	戊戌	己亥	庚子	辛丑	壬寅	癸卯	甲辰	乙巳	丙午	丁未	戊申	己酉	
대운 남	9	9	9	10	10	망	1	1	1	1	2	2	2	3	3	3	4	4	4	5	5	하	6	6	6	7	7	7	8	8	
대운 여	2	1	1	1	1	종	10	10	9	9	9	8	8	8	7	7	7	6	6	6	5	지	5	4	4	4	3	3	3	2	

辛巳年

양력 7월 소서절(乙未月) 小暑 7월7일 22시3분 大暑 7월23일 15시26분

양력	1	2	3	4	5	6	7	8	9	10	11	12	13	14	15	16	17	18	19	20	21	22	23	24	25	26	27	28	29	30	31
요일	火	水	木	金	土	日	月	火	水	木	金	土	日	月	火	水	木	金	土	日	月	火	水	木	金	土	日	月	火	水	木
음력	6/7	8	9	10	11	12	13	14	15	16	17	18	19	20	21	22	23	24	25	26	27	28	29	윤1	2	3	4	5	6	7	8
일진	庚戌	辛亥	壬子	癸丑	甲寅	乙卯	丙辰	丁巳	戊午	己未	庚申	辛酉	壬戌	癸亥	甲子	乙丑	丙寅	丁卯	戊辰	己巳	庚午	辛未	壬申	癸酉	甲戌	乙亥	丙子	丁丑	戊寅	己卯	庚辰
대운 남	8	9	9	9	10	10	소	1	1	1	1	2	2	2	3	3	3	4	4	4	5	5	대	6	6	6	7	7	7	8	8
대운 여	2	2	1	1	1	1	서	10	10	10	9	9	9	8	8	8	7	7	7	6	6	6	서	5	5	4	4	4	3	3	3

양력 8월 입추절(丙申月) 立秋 8월8일 7시46분 處暑 8월23일 22시17분

양력	1	2	3	4	5	6	7	8	9	10	11	12	13	14	15	16	17	18	19	20	21	22	23	24	25	26	27	28	29	30	31
요일	金	土	日	月	火	水	木	金	土	日	月	火	水	木	金	土	日	月	火	水	木	金	土	日	月	火	水	木	金	土	日
음력	윤9	10	11	12	13	14	15	16	17	18	19	20	21	22	23	24	25	26	27	28	29	30	7/1	2	3	4	5	6	7	8	9
일진	辛巳	壬午	癸未	甲申	乙酉	丙戌	丁亥	戊子	己丑	庚寅	辛卯	壬辰	癸巳	甲午	乙未	丙申	丁酉	戊戌	己亥	庚子	辛丑	壬寅	癸卯	甲辰	乙巳	丙午	丁未	戊申	己酉	庚戌	辛亥
대운 남	8	9	9	9	10	10	10	입	1	1	1	1	2	2	2	3	3	3	4	4	4	5	처	5	6	6	6	7	7	7	8
대운 여	2	2	2	1	1	1	1	추	10	10	9	9	9	8	8	8	7	7	7	6	6	6	서	5	5	4	4	4	3	3	3

양력 9월 백로절(丁酉月) 白露 9월8일 10시24분 秋分 9월23일 19시33분

양력	1	2	3	4	5	6	7	8	9	10	11	12	13	14	15	16	17	18	19	20	21	22	23	24	25	26	27	28	29	30
요일	月	火	水	木	金	土	日	月	火	水	木	金	土	日	月	火	水	木	金	土	日	月	火	水	木	金	土	日	月	火
음력	7/10	11	12	13	14	15	16	17	18	19	20	21	22	23	24	25	26	27	28	29	8/1	2	3	4	5	6	7	8	9	10
일진	壬子	癸丑	甲寅	乙卯	丙辰	丁巳	戊午	己未	庚申	辛酉	壬戌	癸亥	甲子	乙丑	丙寅	丁卯	戊辰	己巳	庚午	辛未	壬申	癸酉	甲戌	乙亥	丙子	丁丑	戊寅	己卯	庚辰	辛巳
대운 남	8	8	9	9	9	10	10	백	1	1	1	1	2	2	2	3	3	3	4	4	4	5	추	5	6	6	6	7	7	7
대운 여	2	2	2	1	1	1	1	로	10	10	9	9	9	8	8	8	7	7	7	6	6	6	분	5	5	4	4	4	3	3

양력 10월 한로절(戊戌月) 寒露 10월9일 1시38분 霜降 10월24일 4시27분

양력	1	2	3	4	5	6	7	8	9	10	11	12	13	14	15	16	17	18	19	20	21	22	23	24	25	26	27	28	29	30	31
요일	水	木	金	土	日	月	火	水	木	金	土	日	月	火	水	木	金	土	日	月	火	水	木	金	土	日	月	火	水	木	金
음력	8/11	12	13	14	15	16	17	18	19	20	21	22	23	24	25	26	27	28	29	9/1	2	3	4	5	6	7	8	9	10	11	12
일진	壬午	癸未	甲申	乙酉	丙戌	丁亥	戊子	己丑	庚寅	辛卯	壬辰	癸巳	甲午	乙未	丙申	丁酉	戊戌	己亥	庚子	辛丑	壬寅	癸卯	甲辰	乙巳	丙午	丁未	戊申	己酉	庚戌	辛亥	壬子
대운 남	8	8	8	9	9	9	10	10	한	1	1	1	1	2	2	2	3	3	3	4	4	4	5	상	5	6	6	6	7	7	7
대운 여	3	2	2	2	1	1	1	1	로	10	9	9	9	8	8	8	7	7	7	6	6	6	5	강	5	4	4	4	3	3	3

양력 11월 입동절(己亥月) 立冬 11월8일 4시24분 小雪 11월23일 1시38분

양력	1	2	3	4	5	6	7	8	9	10	11	12	13	14	15	16	17	18	19	20	21	22	23	24	25	26	27	28	29	30
요일	土	日	月	火	水	木	金	土	日	月	火	水	木	金	土	日	月	火	水	木	金	土	日	月	火	水	木	金	土	日
음력	9/13	14	15	16	17	18	19	20	21	22	23	24	25	26	27	28	29	30	10/1	2	3	4	5	6	7	8	9	10	11	12
일진	癸丑	甲寅	乙卯	丙辰	丁巳	戊午	己未	庚申	辛酉	壬戌	癸亥	甲子	乙丑	丙寅	丁卯	戊辰	己巳	庚午	辛未	壬申	癸酉	甲戌	乙亥	丙子	丁丑	戊寅	己卯	庚辰	辛巳	壬午
대운 남	8	8	8	9	9	9	10	입	1	1	1	1	2	2	2	3	3	3	4	4	4	5	소	5	6	6	6	7	7	7
대운 여	2	2	2	1	1	1	1	동	9	9	9	8	8	8	7	7	7	6	6	6	5	5	설	4	4	4	3	3	3	2

양력 12월 대설절(庚子月) 大雪 12월7일 20시56분 冬至 12월22일 14시44분

양력	1	2	3	4	5	6	7	8	9	10	11	12	13	14	15	16	17	18	19	20	21	22	23	24	25	26	27	28	29	30	31
요일	月	火	水	木	金	土	日	月	火	水	木	金	土	日	月	火	水	木	金	土	日	月	火	水	木	金	土	日	月	火	水
음력	10/13	14	15	16	17	18	19	20	21	22	23	24	25	26	27	28	29	11/1	2	3	4	5	6	7	8	9	10	11	12	13	14
일진	癸未	甲申	乙酉	丙戌	丁亥	戊子	己丑	庚寅	辛卯	壬辰	癸巳	甲午	乙未	丙申	丁酉	戊戌	己亥	庚子	辛丑	壬寅	癸卯	甲辰	乙巳	丙午	丁未	戊申	己酉	庚戌	辛亥	壬子	癸丑
대운 남	8	8	8	9	9	9	대	1	1	1	1	2	2	2	3	3	3	4	4	4	5	동	5	6	6	6	7	7	7	8	8
대운 여	2	2	1	1	1	1	설	10	9	9	9	8	8	8	7	7	7	6	6	6	5	지	5	4	4	4	3	3	3	2	2

▶윤달-6월

서기 1942년 [단기 4275년]

양력 1월 소한절(辛丑月) 小寒 1월6일 8시2분 大寒 1월21일 1시24분

양력	1	2	3	4	5	6	7	8	9	10	11	12	13	14	15	16	17	18	19	20	21	22	23	24	25	26	27	28	29	30	31
요일	木	金	土	日	月	火	水	木	金	土	日	月	火	水	木	金	土	日	月	火	水	木	金	土	日	月	火	水	木	金	土
음력	11/15	16	17	18	19	20	21	22	23	24	25	26	27	28	29	30	12/1	2	3	4	5	6	7	8	9	10	11	12	13	14	15
일진	甲寅	乙卯	丙辰	丁巳	戊午	己未	庚申	辛酉	壬戌	癸亥	甲子	乙丑	丙寅	丁卯	戊辰	己巳	庚午	辛未	壬申	癸酉	甲戌	乙亥	丙子	丁丑	戊寅	己卯	庚辰	辛巳	壬午	癸未	甲申
대운 남	8	9	9	9	10	소	1	1	1	1	2	2	2	3	3	3	4	4	4	5	대	5	6	6	6	7	7	7	8	8	8
대운 여	2	1	1	1	1	한	9	9	9	8	8	8	7	7	7	6	6	6	5	5	한	4	4	4	3	3	3	2	2	2	1

양력 2월 입춘절(壬寅月) 立春 2월4일 19시49분 雨水 2월19일 15시47분

양력	1	2	3	4	5	6	7	8	9	10	11	12	13	14	15	16	17	18	19	20	21	22	23	24	25	26	27	28			
요일	日	月	火	水	木	金	土	日	月	火	水	木	金	土	日	月	火	水	木	金	土	日	月	火	水	木	金	土			
음력	12/16	17	18	19	20	21	22	23	24	25	26	27	28	29	1/1	2	3	4	5	6	7	8	9	10	11	12	13	14			
일진	乙酉	丙戌	丁亥	戊子	己丑	庚寅	辛卯	壬辰	癸巳	甲午	乙未	丙申	丁酉	戊戌	己亥	庚子	辛丑	壬寅	癸卯	甲辰	乙巳	丙午	丁未	戊申	己酉	庚戌	辛亥	壬子			
대운 남	9	9	9	입	10	9	9	9	8	8	8	7	7	7	6	6	6	5	우	5	4	4	4	3	3	3	2	2			
대운 여	1	1	1	춘	1	1	1	1	2	2	2	3	3	3	4	4	4	5	수	5	6	6	6	7	7	7	8	8			

양력 3월 경칩절(癸卯月) 驚蟄 3월6일 14시9분 春分 3월21일 15시11분

양력	1	2	3	4	5	6	7	8	9	10	11	12	13	14	15	16	17	18	19	20	21	22	23	24	25	26	27	28	29	30	31
요일	日	月	火	水	木	金	土	日	月	火	水	木	金	土	日	月	火	水	木	金	土	日	月	火	水	木	金	土	日	月	火
음력	1/15	16	17	18	19	20	21	22	23	24	25	26	27	28	29	30	2/1	2	3	4	5	6	7	8	9	10	11	12	13	14	15
일진	癸丑	甲寅	乙卯	丙辰	丁巳	戊午	己未	庚申	辛酉	壬戌	癸亥	甲子	乙丑	丙寅	丁卯	戊辰	己巳	庚午	辛未	壬申	癸酉	甲戌	乙亥	丙子	丁丑	戊寅	己卯	庚辰	辛巳	壬午	癸未
대운 남	2	1	1	1	1	경	10	9	9	9	8	8	8	7	7	7	6	6	6	5	춘	5	4	4	4	3	3	3	2	2	2
대운 여	8	9	9	9	10	칩	1	1	1	1	2	2	2	3	3	3	4	4	4	5	분	5	6	6	6	7	7	7	8	8	8

양력 4월 청명절(甲辰月) 清明 4월5일 19시24분 穀雨 4월21일 2시39분

양력	1	2	3	4	5	6	7	8	9	10	11	12	13	14	15	16	17	18	19	20	21	22	23	24	25	26	27	28	29	30	
요일	水	木	金	土	日	月	火	水	木	金	土	日	月	火	水	木	金	土	日	月	火	水	木	金	土	日	月	火	水	木	
음력	2/16	17	18	19	20	21	22	23	24	25	26	27	28	29	3/1	2	3	4	5	6	7	8	9	10	11	12	13	14	15	16	
일진	甲申	乙酉	丙戌	丁亥	戊子	己丑	庚寅	辛卯	壬辰	癸巳	甲午	乙未	丙申	丁酉	戊戌	己亥	庚子	辛丑	壬寅	癸卯	甲辰	乙巳	丙午	丁未	戊申	己酉	庚戌	辛亥	壬子	癸丑	
대운 남	1	1	1	1	청	10	10	9	9	9	8	8	8	7	7	7	6	6	6	5	곡	5	4	4	4	3	3	3	2	2	
대운 여	9	9	9	10	명	1	1	1	1	2	2	2	3	3	3	4	4	4	5	5	우	6	6	6	7	7	7	8	8	8	

양력 5월 입하절(乙巳月) 立夏 5월6일 13시7분 小滿 5월22일 2시9분

양력	1	2	3	4	5	6	7	8	9	10	11	12	13	14	15	16	17	18	19	20	21	22	23	24	25	26	27	28	29	30	31
요일	金	土	日	月	火	水	木	金	土	日	月	火	水	木	金	土	日	月	火	水	木	金	土	日	月	火	水	木	金	土	日
음력	3/17	18	19	20	21	22	23	24	25	26	27	28	29	30	4/1	2	3	4	5	6	7	8	9	10	11	12	13	14	15	16	17
일진	甲寅	乙卯	丙辰	丁巳	戊午	己未	庚申	辛酉	壬戌	癸亥	甲子	乙丑	丙寅	丁卯	戊辰	己巳	庚午	辛未	壬申	癸酉	甲戌	乙亥	丙子	丁丑	戊寅	己卯	庚辰	辛巳	壬午	癸未	甲申
대운 남	2	1	1	1	1	입	10	10	9	9	9	8	8	8	7	7	7	6	6	6	5	소	5	4	4	4	3	3	3	2	2
대운 여	9	9	9	10	10	하	1	1	1	1	2	2	2	3	3	3	4	4	4	5	5	만	6	6	6	7	7	7	8	8	8

양력 6월 망종절(丙午月) 芒種 6월6일 17시33분 夏至 6월22일 10시16분

양력	1	2	3	4	5	6	7	8	9	10	11	12	13	14	15	16	17	18	19	20	21	22	23	24	25	26	27	28	29	30	
요일	月	火	水	木	金	土	日	月	火	水	木	金	土	日	月	火	水	木	金	土	日	月	火	水	木	金	土	日	月	火	
음력	4/18	19	20	21	22	23	24	25	26	27	28	29	30	5/1	2	3	4	5	6	7	8	9	10	11	12	13	14	15	16	17	
일진	乙酉	丙戌	丁亥	戊子	己丑	庚寅	辛卯	壬辰	癸巳	甲午	乙未	丙申	丁酉	戊戌	己亥	庚子	辛丑	壬寅	癸卯	甲辰	乙巳	丙午	丁未	戊申	己酉	庚戌	辛亥	壬子	癸丑	甲寅	
대운 남	2	1	1	1	1	망	10	10	10	9	9	9	8	8	8	7	7	7	6	6	6	하	5	5	4	4	4	3	3	3	
대운 여	9	9	9	10	10	종	1	1	1	1	2	2	2	3	3	3	4	4	4	5	5	지	6	6	6	7	7	7	8	8	

壬午年

양력 7월 소서절(丁未月) 小暑 7월8일 3시52분 大暑 7월23일 21시7분

양력		1	2	3	4	5	6	7	8	9	10	11	12	13	14	15	16	17	18	19	20	21	22	23	24	25	26	27	28	29	30	31
요일		水	木	金	土	日	月	火	水	木	金	土	日	月	火	水	木	金	土	日	月	火	水	木	金	土	日	月	火	水	木	金
음력		5/18	19	20	21	22	23	24	25	26	27	28	29	6/1	2	3	4	5	6	7	8	9	10	11	12	13	14	15	16	17	18	19
일진		乙卯	丙辰	丁巳	戊午	己未	庚申	辛酉	壬戌	癸亥	甲子	乙丑	丙寅	丁卯	戊辰	己巳	庚午	辛未	壬申	癸酉	甲戌	乙亥	丙子	丁丑	戊寅	己卯	庚辰	辛巳	壬午	癸未	甲申	乙酉
대운	남	2	2	2	1	1	1	1	소서	10	10	9	9	9	8	8	8	7	7	7	6	6	6	대서	5	5	4	4	4	3	3	3
	여	8	9	9	9	10	10	10		1	1	1	1	2	2	2	3	3	3	4	4	4	5		5	6	6	6	7	7	7	8

양력 8월 입추절(戊申月) 立秋 8월8일 13시30분 處暑 8월24일 3시58분

양력		1	2	3	4	5	6	7	8	9	10	11	12	13	14	15	16	17	18	19	20	21	22	23	24	25	26	27	28	29	30	31
요일		土	日	月	火	水	木	金	土	日	月	火	水	木	金	土	日	月	火	水	木	金	土	日	月	火	水	木	金	土	日	月
음력		6/20	21	22	23	24	25	26	27	28	29	30	7/1	2	3	4	5	6	7	8	9	10	11	12	13	14	15	16	17	18	19	20
일진		丙戌	丁亥	戊子	己丑	庚寅	辛卯	壬辰	癸巳	甲午	乙未	丙申	丁酉	戊戌	己亥	庚子	辛丑	壬寅	癸卯	甲辰	乙巳	丙午	丁未	戊申	己酉	庚戌	辛亥	壬子	癸丑	甲寅	乙卯	丙辰
대운	남	2	2	2	1	1	1	1	입추	10	10	9	9	9	8	8	8	7	7	7	6	6	6	5	처서	5	4	4	4	3	3	3
	여	8	8	9	9	9	10	10		1	1	1	1	2	2	2	3	3	3	4	4	4	5	5		6	6	6	7	7	7	8

양력 9월 백로절(己酉月) 白露 9월8일 16시6분 秋分 9월24일 1시16분

양력		1	2	3	4	5	6	7	8	9	10	11	12	13	14	15	16	17	18	19	20	21	22	23	24	25	26	27	28	29	30
요일		火	水	木	金	土	日	月	火	水	木	金	土	日	月	火	水	木	金	土	日	月	火	水	木	金	土	日	月	火	水
음력		7/21	22	23	24	25	26	27	28	29	30	8/1	2	3	4	5	6	7	8	9	10	11	12	13	14	15	16	17	18	19	20
일진		丁巳	戊午	己未	庚申	辛酉	壬戌	癸亥	甲子	乙丑	丙寅	丁卯	戊辰	己巳	庚午	辛未	壬申	癸酉	甲戌	乙亥	丙子	丁丑	戊寅	己卯	庚辰	辛巳	壬午	癸未	甲申	乙酉	丙戌
대운	남	2	2	2	1	1	1	1	백로	10	10	9	9	9	8	8	8	7	7	7	6	6	6	5	추분	5	4	4	4	3	3
	여	8	8	9	9	9	10	10		1	1	1	1	2	2	2	3	3	3	4	4	4	5	5		6	6	6	7	7	7

양력 10월 한로절(庚戌月) 寒露 10월9일 7시22분 霜降 10월24일 10시15분

양력		1	2	3	4	5	6	7	8	9	10	11	12	13	14	15	16	17	18	19	20	21	22	23	24	25	26	27	28	29	30	31
요일		木	金	土	日	月	火	水	木	金	土	日	月	火	水	木	金	土	日	月	火	水	木	金	土	日	月	火	水	木	金	土
음력		8/21	22	23	24	25	26	27	28	29	9/1	2	3	4	5	6	7	8	9	10	11	12	13	14	15	16	17	18	19	20	21	22
일진		丁亥	戊子	己丑	庚寅	辛卯	壬辰	癸巳	甲午	乙未	丙申	丁酉	戊戌	己亥	庚子	辛丑	壬寅	癸卯	甲辰	乙巳	丙午	丁未	戊申	己酉	庚戌	辛亥	壬子	癸丑	甲寅	乙卯	丙辰	丁巳
대운	남	3	2	2	2	1	1	1	1	한로	10	9	9	9	8	8	8	7	7	7	6	6	6	5	상강	5	4	4	4	3	3	3
	여	8	8	8	9	9	9	10	10		1	1	1	1	2	2	2	3	3	3	4	4	4	5		5	6	6	6	7	7	7

양력 11월 입동절(辛亥月) 立冬 11월8일 10시11분 小雪 11월23일 7시30분

양력		1	2	3	4	5	6	7	8	9	10	11	12	13	14	15	16	17	18	19	20	21	22	23	24	25	26	27	28	29	30
요일		日	月	火	水	木	金	土	日	月	火	水	木	金	土	日	月	火	水	木	金	土	日	月	火	水	木	金	土	日	月
음력		9/23	24	25	26	27	28	29	30	10/1	2	3	4	5	6	7	8	9	10	11	12	13	14	15	16	17	18	19	20	21	22
일진		戊午	己未	庚申	辛酉	壬戌	癸亥	甲子	乙丑	丙寅	丁卯	戊辰	己巳	庚午	辛未	壬申	癸酉	甲戌	乙亥	丙子	丁丑	戊寅	己卯	庚辰	辛巳	壬午	癸未	甲申	乙酉	丙戌	丁亥
대운	남	2	2	2	1	1	1	1	입동	10	9	9	9	8	8	8	7	7	7	6	6	6	5	소설	5	4	4	4	3	3	3
	여	8	8	8	9	9	9	10		1	1	1	1	2	2	2	3	3	3	4	4	4	5		5	6	6	6	7	7	7

양력 12월 대설절(壬子月) 大雪 12월8일 2시47분 冬至 12월22일 20시40분

양력		1	2	3	4	5	6	7	8	9	10	11	12	13	14	15	16	17	18	19	20	21	22	23	24	25	26	27	28	29	30	31
요일		火	水	木	金	土	日	月	火	水	木	金	土	日	月	火	水	木	金	土	日	月	火	水	木	金	土	日	月	火	水	木
음력		10/23	24	25	26	27	28	29	11/1	2	3	4	5	6	7	8	9	10	11	12	13	14	15	16	17	18	19	20	21	22	23	24
일진		戊子	己丑	庚寅	辛卯	壬辰	癸巳	甲午	乙未	丙申	丁酉	戊戌	己亥	庚子	辛丑	壬寅	癸卯	甲辰	乙巳	丙午	丁未	戊申	己酉	庚戌	辛亥	壬子	癸丑	甲寅	乙卯	丙辰	丁巳	戊午
대운	남	2	2	2	1	1	1	1	대설	9	9	9	8	8	8	7	7	7	6	6	6	5	동지	5	4	4	4	3	3	3	2	2
	여	8	8	8	9	9	9	10		1	1	1	1	2	2	2	3	3	3	4	4	4		5	5	6	6	6	7	7	7	8

서기 1943년 [단기 4276년]

양력 1월　소한절(癸丑月)　小寒 1월6일 13시55분　大寒 1월21일 7시19분

양력	1	2	3	4	5	6	7	8	9	10	11	12	13	14	15	16	17	18	19	20	21	22	23	24	25	26	27	28	29	30	31
요일	金	土	日	月	火	水	木	金	土	日	月	火	水	木	金	土	日	月	火	水	木	金	土	日	月	火	水	木	金	土	日
음력	11/25	26	27	28	29	12/1	2	3	4	5	6	7	8	9	10	11	12	13	14	15	16	17	18	19	20	21	22	23	24	25	26
일진	己未	庚申	辛酉	壬戌	癸亥	甲子	乙丑	丙寅	丁卯	戊辰	己巳	庚午	辛未	壬申	癸酉	甲戌	乙亥	丙子	丁丑	戊寅	己卯	庚辰	辛巳	壬午	癸未	甲申	乙酉	丙戌	丁亥	戊子	己丑
대운 남	2	1	1	1	1	소한	10	9	9	9	8	8	8	7	7	7	6	6	6	5	대한	5	4	4	4	3	3	3	2	2	2
대운 여	8	8	9	9	9		1	1	1	1	2	2	2	3	3	3	4	4	4	5		5	6	6	6	7	7	7	8	8	8

양력 2월　입춘절(甲寅月)　立春 2월5일 1시40분　雨水 2월19일 21시40분

양력	1	2	3	4	5	6	7	8	9	10	11	12	13	14	15	16	17	18	19	20	21	22	23	24	25	26	27	28			
요일	月	火	水	木	金	土	日	月	火	水	木	金	土	日	月	火	水	木	金	土	日	月	火	水	木	金	土	日			
음력	12/27	28	29	30	1/1	2	3	4	5	6	7	8	9	10	11	12	13	14	15	16	17	18	19	20	21	22	23	24			
일진	庚寅	辛卯	壬辰	癸巳	甲午	乙未	丙申	丁酉	戊戌	己亥	庚子	辛丑	壬寅	癸卯	甲辰	乙巳	丙午	丁未	戊申	己酉	庚戌	辛亥	壬子	癸丑	甲寅	乙卯	丙辰	丁巳			
대운 남	1	1	1	1	입춘	1	1	1	1	2	2	2	3	3	3	4	4	4	우수	5	5	6	6	6	7	7	7	8			
대운 여	9	9	9	10		9	9	9	8	8	8	7	7	7	6	6	6	5		5	4	4	4	3	3	3	2	2			

양력 3월　경칩절(乙卯月)　驚蟄 3월6일 19시59분　春分 3월21일 21시3분

양력	1	2	3	4	5	6	7	8	9	10	11	12	13	14	15	16	17	18	19	20	21	22	23	24	25	26	27	28	29	30	31
요일	月	火	水	木	金	土	日	月	火	水	木	金	土	日	月	火	水	木	金	土	日	月	火	水	木	金	土	日	月	火	水
음력	1/25	26	27	28	29	2/1	2	3	4	5	6	7	8	9	10	11	12	13	14	15	16	17	18	19	20	21	22	23	24	25	26
일진	戊午	己未	庚申	辛酉	壬戌	癸亥	甲子	乙丑	丙寅	丁卯	戊辰	己巳	庚午	辛未	壬申	癸酉	甲戌	乙亥	丙子	丁丑	戊寅	己卯	庚辰	辛巳	壬午	癸未	甲申	乙酉	丙戌	丁亥	戊子
대운 남	8	8	9	9	9	경칩	1	1	1	1	2	2	2	3	3	3	4	4	4	5	춘분	5	6	6	6	7	7	7	8	8	8
대운 여	2	1	1	1	1		10	10	9	9	9	8	8	8	7	7	7	6	6	6		5	5	4	4	4	3	3	3	2	2

양력 4월　청명절(丙辰月)　清明 4월6일 1시11분　穀雨 4월21일 8시32분

양력	1	2	3	4	5	6	7	8	9	10	11	12	13	14	15	16	17	18	19	20	21	22	23	24	25	26	27	28	29	30	
요일	木	金	土	日	月	火	水	木	金	土	日	月	火	水	木	金	土	日	月	火	水	木	金	土	日	月	火	水	木	金	
음력	2/27	28	29	30	3/1	2	3	4	5	6	7	8	9	10	11	12	13	14	15	16	17	18	19	20	21	22	23	24	25	26	
일진	己丑	庚寅	辛卯	壬辰	癸巳	甲午	乙未	丙申	丁酉	戊戌	己亥	庚子	辛丑	壬寅	癸卯	甲辰	乙巳	丙午	丁未	戊申	己酉	庚戌	辛亥	壬子	癸丑	甲寅	乙卯	丙辰	丁巳	戊午	
대운 남	9	9	9	10	10	청명	1	1	1	1	2	2	2	3	3	3	4	4	4	5	곡우	5	6	6	6	7	7	7	8	8	
대운 여	2	1	1	1	1		10	9	9	9	8	8	8	7	7	7	6	6	6	5		5	4	4	4	3	3	3	2	2	

양력 5월　입하절(丁巳月)　立夏 5월6일 18시53분　小滿 5월22일 8시3분

양력	1	2	3	4	5	6	7	8	9	10	11	12	13	14	15	16	17	18	19	20	21	22	23	24	25	26	27	28	29	30	31
요일	土	日	月	火	水	木	金	土	日	月	火	水	木	金	土	日	月	火	水	木	金	土	日	月	火	水	木	金	土	日	月
음력	3/27	28	29	4/1	2	3	4	5	6	7	8	9	10	11	12	13	14	15	16	17	18	19	20	21	22	23	24	25	26	27	28
일진	己未	庚申	辛酉	壬戌	癸亥	甲子	乙丑	丙寅	丁卯	戊辰	己巳	庚午	辛未	壬申	癸酉	甲戌	乙亥	丙子	丁丑	戊寅	己卯	庚辰	辛巳	壬午	癸未	甲申	乙酉	丙戌	丁亥	戊子	己丑
대운 남	8	9	9	9	10	입하	1	1	1	1	2	2	2	3	3	3	4	4	4	5	5	소만	6	6	6	7	7	7	8	8	8
대운 여	2	1	1	1	1		10	10	9	9	9	8	8	8	7	7	7	6	6	6	5		5	4	4	4	3	3	3	2	2

양력 6월　망종절(戊午月)　芒種 6월6일 23시19분　夏至 6월22일 16시12분

양력	1	2	3	4	5	6	7	8	9	10	11	12	13	14	15	16	17	18	19	20	21	22	23	24	25	26	27	28	29	30	
요일	火	水	木	金	土	日	月	火	水	木	金	土	日	月	火	水	木	金	土	日	月	火	水	木	金	土	日	月	火	水	
음력	4/29	30	5/1	2	3	4	5	6	7	8	9	10	11	12	13	14	15	16	17	18	19	20	21	22	23	24	25	26	27	28	
일진	庚寅	辛卯	壬辰	癸巳	甲午	乙未	丙申	丁酉	戊戌	己亥	庚子	辛丑	壬寅	癸卯	甲辰	乙巳	丙午	丁未	戊申	己酉	庚戌	辛亥	壬子	癸丑	甲寅	乙卯	丙辰	丁巳	戊午	己未	
대운 남	9	9	9	10	10	망종	1	1	1	1	2	2	2	3	3	3	4	4	4	5	5	하지	6	6	6	7	7	7	8	8	
대운 여	2	1	1	1	1		10	10	10	9	9	9	8	8	8	7	7	7	6	6	6		5	5	4	4	4	3	3	3	

癸未年

양력 7월 소서절(己未月) 小暑 7월8일 9시39분 大暑 7월24일 3시5분

양력	1	2	3	4	5	6	7	8	9	10	11	12	13	14	15	16	17	18	19	20	21	22	23	24	25	26	27	28	29	30	31
요일	木	金	土	日	月	火	水	木	金	土	日	月	火	水	木	金	土	日	月	火	水	木	金	土	日	月	火	水	木	金	土
음력	5/29	6/1	2	3	4	5	6	7	8	9	10	11	12	13	14	15	16	17	18	19	20	21	22	23	24	25	26	27	28	29	30
일진	庚申	辛酉	壬戌	癸亥	甲子	乙丑	丙寅	丁卯	戊辰	己巳	庚午	辛未	壬申	癸酉	甲戌	乙亥	丙子	丁丑	戊寅	己卯	庚辰	辛巳	壬午	癸未	甲申	乙酉	丙戌	丁亥	戊子	己丑	庚寅
대운 남	8	9	9	9	10	10	10	소	1	1	1	1	2	2	2	3	3	3	4	4	4	5	5	대	6	6	6	7	7	7	8
대운 여	2	2	2	1	1	1	1	서	10	10	9	9	9	8	8	8	7	7	7	6	6	6	5	서	5	4	4	4	3	3	3

양력 8월 입추절(庚申月) 立秋 8월8일 19시19분 處暑 8월24일 9시55분

양력	1	2	3	4	5	6	7	8	9	10	11	12	13	14	15	16	17	18	19	20	21	22	23	24	25	26	27	28	29	30	31
요일	日	月	火	水	木	金	土	日	月	火	水	木	金	土	日	月	火	水	木	金	土	日	月	火	水	木	金	土	日	月	火
음력	7/1	2	3	4	5	6	7	8	9	10	11	12	13	14	15	16	17	18	19	20	21	22	23	24	25	26	27	28	29	30	8/1
일진	辛卯	壬辰	癸巳	甲午	乙未	丙申	丁酉	戊戌	己亥	庚子	辛丑	壬寅	癸卯	甲辰	乙巳	丙午	丁未	戊申	己酉	庚戌	辛亥	壬子	癸丑	甲寅	乙卯	丙辰	丁巳	戊午	己未	庚申	辛酉
대운 남	8	8	9	9	9	10	10	입	1	1	1	1	2	2	2	3	3	3	4	4	4	5	5	처	6	6	6	7	7	7	8
대운 여	2	2	2	1	1	1	1	추	10	10	9	9	9	8	8	8	7	7	7	6	6	6	5	서	5	4	4	4	3	3	3

양력 9월 백로절(辛酉月) 白露 9월8일 21시55분 秋分 9월24일 7시12분

양력	1	2	3	4	5	6	7	8	9	10	11	12	13	14	15	16	17	18	19	20	21	22	23	24	25	26	27	28	29	30
요일	水	木	金	土	日	月	火	水	木	金	土	日	月	火	水	木	金	土	日	月	火	水	木	金	土	日	月	火	水	木
음력	8/2	3	4	5	6	7	8	9	10	11	12	13	14	15	16	17	18	19	20	21	22	23	24	25	26	27	28	29	9/1	2
일진	壬戌	癸亥	甲子	乙丑	丙寅	丁卯	戊辰	己巳	庚午	辛未	壬申	癸酉	甲戌	乙亥	丙子	丁丑	戊寅	己卯	庚辰	辛巳	壬午	癸未	甲申	乙酉	丙戌	丁亥	戊子	己丑	庚寅	辛卯
대운 남	8	8	9	9	9	10	10	백	1	1	1	1	2	2	2	3	3	3	4	4	4	5	5	추	6	6	6	7	7	7
대운 여	2	2	2	1	1	1	1	로	10	10	9	9	9	8	8	8	7	7	7	6	6	6	5	분	5	4	4	4	3	3

양력 10월 한로절(壬戌月) 寒露 10월9일 13시11분 霜降 10월24일 16시8분

양력	1	2	3	4	5	6	7	8	9	10	11	12	13	14	15	16	17	18	19	20	21	22	23	24	25	26	27	28	29	30	31
요일	金	土	日	月	火	水	木	金	土	日	月	火	水	木	金	土	日	月	火	水	木	金	土	日	月	火	水	木	金	土	日
음력	9/3	4	5	6	7	8	9	10	11	12	13	14	15	16	17	18	19	20	21	22	23	24	25	26	27	28	29	30	10/1	2	3
일진	壬辰	癸巳	甲午	乙未	丙申	丁酉	戊戌	己亥	庚子	辛丑	壬寅	癸卯	甲辰	乙巳	丙午	丁未	戊申	己酉	庚戌	辛亥	壬子	癸丑	甲寅	乙卯	丙辰	丁巳	戊午	己未	庚申	辛酉	壬戌
대운 남	8	8	8	9	9	9	10	10	한	1	1	1	1	2	2	2	3	3	3	4	4	4	5	상	5	6	6	6	7	7	7
대운 여	3	2	2	2	1	1	1	1	로	10	9	9	9	8	8	8	7	7	7	6	6	6	5	강	5	4	4	4	3	3	3

양력 11월 입동절(癸亥月) 立冬 11월8일 15시59분 小雪 11월23일 13시22분

양력	1	2	3	4	5	6	7	8	9	10	11	12	13	14	15	16	17	18	19	20	21	22	23	24	25	26	27	28	29	30
요일	月	火	水	木	金	土	日	月	火	水	木	金	土	日	月	火	水	木	金	土	日	月	火	水	木	金	土	日	月	火
음력	10/4	5	6	7	8	9	10	11	12	13	14	15	16	17	18	19	20	21	22	23	24	25	26	27	28	29	30	11/1	2	3
일진	癸亥	甲子	乙丑	丙寅	丁卯	戊辰	己巳	庚午	辛未	壬申	癸酉	甲戌	乙亥	丙子	丁丑	戊寅	己卯	庚辰	辛巳	壬午	癸未	甲申	乙酉	丙戌	丁亥	戊子	己丑	庚寅	辛卯	壬辰
대운 남	8	8	8	9	9	9	10	입	1	1	1	1	2	2	2	3	3	3	4	4	4	5	소	5	6	6	6	7	7	7
대운 여	2	2	2	1	1	1	1	동	10	9	9	9	8	8	8	7	7	7	6	6	6	5	설	5	4	4	4	3	3	3

양력 12월 대설절(甲子月) 大雪 12월8일 8시33분 冬至 12월23일 2시29분

양력	1	2	3	4	5	6	7	8	9	10	11	12	13	14	15	16	17	18	19	20	21	22	23	24	25	26	27	28	29	30	31
요일	水	木	金	土	日	月	火	水	木	金	土	日	月	火	水	木	金	土	日	月	火	水	木	金	土	日	月	火	水	木	金
음력	11/4	5	6	7	8	9	10	11	12	13	14	15	16	17	18	19	20	21	22	23	24	25	26	27	28	29	12/1	2	3	4	5
일진	癸巳	甲午	乙未	丙申	丁酉	戊戌	己亥	庚子	辛丑	壬寅	癸卯	甲辰	乙巳	丙午	丁未	戊申	己酉	庚戌	辛亥	壬子	癸丑	甲寅	乙卯	丙辰	丁巳	戊午	己未	庚申	辛酉	壬戌	癸亥
대운 남	8	8	8	9	9	9	10	대	1	1	1	1	2	2	2	3	3	3	4	4	4	5	동	5	6	6	6	7	7	7	8
대운 여	2	2	2	1	1	1	1	설	9	9	9	8	8	8	7	7	7	6	6	6	5	5	지	4	4	4	3	3	3	2	2

서기 1944년 [단기 4277년]

양력 1월 소한절(乙丑月) 小寒 1월6일 19시39분 大寒 1월21일 13시7분

양력	1	2	3	4	5	6	7	8	9	10	11	12	13	14	15	16	17	18	19	20	21	22	23	24	25	26	27	28	29	30	31
요일	土	日	月	火	水	木	金	土	日	月	火	水	木	金	土	日	月	火	水	木	金	土	日	月	火	水	木	金	土	日	月
음력	12/6	7	8	9	10	11	12	13	14	15	16	17	18	19	20	21	22	23	24	25	26	27	28	29	30	1/1	2	3	4	5	6
일진	甲子	乙丑	丙寅	丁卯	戊辰	己巳	庚午	辛未	壬申	癸酉	甲戌	乙亥	丙子	丁丑	戊寅	己卯	庚辰	辛巳	壬午	癸未	甲申	乙酉	丙戌	丁亥	戊子	己丑	庚寅	辛卯	壬辰	癸巳	甲午
대운 남	8	8	9	9	9	소한	1	1	1	1	2	2	2	3	3	3	4	4	4	5	대한	5	6	6	6	7	7	7	8	8	8
대운 여	2	1	1	1	1	소한	10	9	9	9	8	8	8	7	7	7	6	6	6	5	대한	5	4	4	4	3	3	3	2	2	2

양력 2월 입춘절(丙寅月) 立春 2월5일 7시23분 雨水 2월20일 3시27분

양력	1	2	3	4	5	6	7	8	9	10	11	12	13	14	15	16	17	18	19	20	21	22	23	24	25	26	27	28	29		
요일	火	水	木	金	土	日	月	火	水	木	金	土	日	月	火	水	木	金	土	日	月	火	水	木	金	土	日	月	火		
음력	1/7	8	9	10	11	12	13	14	15	16	17	18	19	20	21	22	23	24	25	26	27	28	29	2/1	2	3	4	5	6		
일진	乙未	丙申	丁酉	戊戌	己亥	庚子	辛丑	壬寅	癸卯	甲辰	乙巳	丙午	丁未	戊申	己酉	庚戌	辛亥	壬子	癸丑	甲寅	乙卯	丙辰	丁巳	戊午	己未	庚申	辛酉	壬戌	癸亥		
대운 남	9	9	9	10	입춘	10	9	9	9	8	8	8	7	7	7	6	6	6	5	우수	5	4	4	4	3	3	3	2	2		
대운 여	1	1	1	1	입춘	1	1	1	1	2	2	2	3	3	3	4	4	4	5	우수	5	6	6	6	7	7	7	8	8		

양력 3월 경칩절(丁卯月) 驚蟄 3월6일 1시40분 春分 3월21일 2시49분

양력	1	2	3	4	5	6	7	8	9	10	11	12	13	14	15	16	17	18	19	20	21	22	23	24	25	26	27	28	29	30	31
요일	水	木	金	土	日	月	火	水	木	金	土	日	月	火	水	木	金	土	日	月	火	水	木	金	土	日	月	火	水	木	金
음력	2/7	8	9	10	11	12	13	14	15	16	17	18	19	20	21	22	23	24	25	26	27	28	29	3/1	2	3	4	5	6	7	8
일진	甲子	乙丑	丙寅	丁卯	戊辰	己巳	庚午	辛未	壬申	癸酉	甲戌	乙亥	丙子	丁丑	戊寅	己卯	庚辰	辛巳	壬午	癸未	甲申	乙酉	丙戌	丁亥	戊子	己丑	庚寅	辛卯	壬辰	癸巳	甲午
대운 남	2	1	1	1	1	경칩	10	9	9	9	8	8	8	7	7	7	6	6	6	5	춘분	5	4	4	4	3	3	3	2	2	2
대운 여	8	9	9	9	10	경칩	1	1	1	1	2	2	2	3	3	3	4	4	4	5	춘분	5	6	6	6	7	7	7	8	8	8

양력 4월 청명절(戊辰月) 淸明 4월5일 6시54분 穀雨 4월20일 14시18분

양력	1	2	3	4	5	6	7	8	9	10	11	12	13	14	15	16	17	18	19	20	21	22	23	24	25	26	27	28	29	30	
요일	土	日	月	火	水	木	金	土	日	月	火	水	木	金	土	日	月	火	水	木	金	土	日	月	火	水	木	金	土	日	
음력	3/9	10	11	12	13	14	15	16	17	18	19	20	21	22	23	24	25	26	27	28	29	30	4/1	2	3	4	5	6	7	8	
일진	乙未	丙申	丁酉	戊戌	己亥	庚子	辛丑	壬寅	癸卯	甲辰	乙巳	丙午	丁未	戊申	己酉	庚戌	辛亥	壬子	癸丑	甲寅	乙卯	丙辰	丁巳	戊午	己未	庚申	辛酉	壬戌	癸亥	甲子	
대운 남	1	1	1	1	청명	10	10	9	9	9	8	8	8	7	7	7	6	6	6	곡우	5	5	4	4	4	3	3	3	2	2	
대운 여	9	9	9	10	청명	1	1	1	1	2	2	2	3	3	3	4	4	4	5	곡우	5	6	6	6	7	7	7	8	8	8	

양력 5월 입하절(己巳月) 立夏 5월6일 0시40분 小滿 5월21일 13시51분

양력	1	2	3	4	5	6	7	8	9	10	11	12	13	14	15	16	17	18	19	20	21	22	23	24	25	26	27	28	29	30	31
요일	月	火	水	木	金	土	日	月	火	水	木	金	土	日	月	火	水	木	金	土	日	月	火	水	木	金	土	日	月	火	水
음력	4/9	10	11	12	13	14	15	16	17	18	19	20	21	22	23	24	25	26	27	28	29	윤1	2	3	4	5	6	7	8	9	10
일진	乙丑	丙寅	丁卯	戊辰	己巳	庚午	辛未	壬申	癸酉	甲戌	乙亥	丙子	丁丑	戊寅	己卯	庚辰	辛巳	壬午	癸未	甲申	乙酉	丙戌	丁亥	戊子	己丑	庚寅	辛卯	壬辰	癸巳	甲午	乙未
대운 남	2	1	1	1	1	입하	10	10	9	9	9	8	8	8	7	7	7	6	6	6	소만	5	5	4	4	4	3	3	3	2	2
대운 여	9	9	9	10	10	입하	1	1	1	1	2	2	2	3	3	3	4	4	4	5	소만	5	6	6	6	7	7	7	8	8	8

양력 6월 망종절(庚午月) 芒種 6월6일 5시11분 夏至 6월21일 22시2분

양력	1	2	3	4	5	6	7	8	9	10	11	12	13	14	15	16	17	18	19	20	21	22	23	24	25	26	27	28	29	30	
요일	木	金	土	日	月	火	水	木	金	土	日	月	火	水	木	金	土	日	月	火	水	木	金	土	日	月	火	水	木	金	
음력	윤11	12	13	14	15	16	17	18	19	20	21	22	23	24	25	26	27	28	29	30	5/1	2	3	4	5	6	7	8	9	10	
일진	丙申	丁酉	戊戌	己亥	庚子	辛丑	壬寅	癸卯	甲辰	乙巳	丙午	丁未	戊申	己酉	庚戌	辛亥	壬子	癸丑	甲寅	乙卯	丙辰	丁巳	戊午	己未	庚申	辛酉	壬戌	癸亥	甲子	乙丑	
대운 남	2	1	1	1	1	망종	10	10	9	9	9	8	8	8	7	7	7	6	6	6	하지	5	5	4	4	4	3	3	3	2	
대운 여	9	9	9	10	10	망종	1	1	1	1	2	2	2	3	3	3	4	4	4	5	하지	5	6	6	6	7	7	7	8	8	

▶윤달-4월

甲申年

양력 7월 소서절(辛未月) 小暑 7월7일 15시36분 大暑 7월23일 8시56분

양력	1	2	3	4	5	6	7	8	9	10	11	12	13	14	15	16	17	18	19	20	21	22	23	24	25	26	27	28	29	30	31
요일	土	日	月	火	水	木	金	土	日	月	火	水	木	金	土	日	月	火	水	木	金	土	日	月	火	水	木	金	土	日	月
음력	5/11	12	13	14	15	16	17	18	19	20	21	22	23	24	25	26	27	28	29	6/1	2	3	4	5	6	7	8	9	10	11	12
일진	丙寅	丁卯	戊辰	己巳	庚午	辛未	壬申	癸酉	甲戌	乙亥	丙子	丁丑	戊寅	己卯	庚辰	辛巳	壬午	癸未	甲申	乙酉	丙戌	丁亥	戊子	己丑	庚寅	辛卯	壬辰	癸巳	甲午	乙未	丙申
대운 남	2	2	1	1	1	1	소	10	10	10	9	9	9	8	8	8	7	7	7	6	6	6	대	5	5	4	4	4	3	3	3
대운 여	8	9	9	9	10	10	서	1	1	1	1	2	2	2	3	3	3	4	4	4	5	5	서	6	6	6	7	7	7	8	8

양력 8월 입추절(壬申月) 立秋 8월8일 1시19분 處暑 8월23일 15시46분

양력	1	2	3	4	5	6	7	8	9	10	11	12	13	14	15	16	17	18	19	20	21	22	23	24	25	26	27	28	29	30	31
요일	火	水	木	金	土	日	月	火	水	木	金	土	日	月	火	水	木	金	土	日	月	火	水	木	金	土	日	月	火	水	木
음력	6/13	14	15	16	17	18	19	20	21	22	23	24	25	26	27	28	29	30	7/1	2	3	4	5	6	7	8	9	10	11	12	13
일진	丁酉	戊戌	己亥	庚子	辛丑	壬寅	癸卯	甲辰	乙巳	丙午	丁未	戊申	己酉	庚戌	辛亥	壬子	癸丑	甲寅	乙卯	丙辰	丁巳	戊午	己未	庚申	辛酉	壬戌	癸亥	甲子	乙丑	丙寅	丁卯
대운 남	2	2	2	1	1	1	1	입	10	10	9	9	9	8	8	8	7	7	7	6	6	6	처	5	5	4	4	4	3	3	3
대운 여	8	9	9	9	10	10	10	추	1	1	1	1	2	2	2	3	3	3	4	4	4	5	서	5	6	6	6	7	7	7	8

양력 9월 백로절(癸酉月) 白露 9월8일 3시56분 秋分 9월23일 13시2분

양력	1	2	3	4	5	6	7	8	9	10	11	12	13	14	15	16	17	18	19	20	21	22	23	24	25	26	27	28	29	30	
요일	金	土	日	月	火	水	木	金	土	日	月	火	水	木	金	土	日	月	火	水	木	金	土	日	月	火	水	木	金	土	
음력	7/14	15	16	17	18	19	20	21	22	23	24	25	26	27	28	29	8/1	2	3	4	5	6	7	8	9	10	11	12	13	14	
일진	戊辰	己巳	庚午	辛未	壬申	癸酉	甲戌	乙亥	丙子	丁丑	戊寅	己卯	庚辰	辛巳	壬午	癸未	甲申	乙酉	丙戌	丁亥	戊子	己丑	庚寅	辛卯	壬辰	癸巳	甲午	乙未	丙申	丁酉	
대운 남	2	2	2	1	1	1	1	백	10	9	9	9	8	8	8	7	7	7	6	6	6	5	추	5	4	4	4	3	3	3	
대운 여	8	8	9	9	9	10	10	로	1	1	1	1	2	2	2	3	3	3	4	4	4	5	분	5	6	6	6	7	7	7	

양력 10월 한로절(甲戌月) 寒露 10월8일 19시9분 霜降 10월23일 21시56분

양력	1	2	3	4	5	6	7	8	9	10	11	12	13	14	15	16	17	18	19	20	21	22	23	24	25	26	27	28	29	30	31
요일	日	月	火	水	木	金	土	日	月	火	水	木	金	土	日	月	火	水	木	金	土	日	月	火	水	木	金	土	日	月	火
음력	8/15	16	17	18	19	20	21	22	23	24	25	26	27	28	29	30	9/1	2	3	4	5	6	7	8	9	10	11	12	13	14	15
일진	戊戌	己亥	庚子	辛丑	壬寅	癸卯	甲辰	乙巳	丙午	丁未	戊申	己酉	庚戌	辛亥	壬子	癸丑	甲寅	乙卯	丙辰	丁巳	戊午	己未	庚申	辛酉	壬戌	癸亥	甲子	乙丑	丙寅	丁卯	戊辰
대운 남	2	2	2	1	1	1	1	한	10	9	9	9	8	8	8	7	7	7	6	6	6	5	상	5	4	4	4	3	3	3	2
대운 여	8	8	8	9	9	9	10	로	1	1	1	1	2	2	2	3	3	3	4	4	4	5	강	5	6	6	6	7	7	7	8

양력 11월 입동절(乙亥月) 立冬 11월7일 21시55분 小雪 11월22일 19시8분

양력	1	2	3	4	5	6	7	8	9	10	11	12	13	14	15	16	17	18	19	20	21	22	23	24	25	26	27	28	29	30	
요일	水	木	金	土	日	月	火	水	木	金	土	日	月	火	水	木	金	土	日	月	火	水	木	金	土	日	月	火	水	木	
음력	9/16	17	18	19	20	21	22	23	24	25	26	27	28	29	30	10/1	2	3	4	5	6	7	8	9	10	11	12	13	14	15	
일진	己巳	庚午	辛未	壬申	癸酉	甲戌	乙亥	丙子	丁丑	戊寅	己卯	庚辰	辛巳	壬午	癸未	甲申	乙酉	丙戌	丁亥	戊子	己丑	庚寅	辛卯	壬辰	癸巳	甲午	乙未	丙申	丁酉	戊戌	
대운 남	2	2	1	1	1	1	입	10	9	9	9	8	8	8	7	7	7	6	6	6	5	소	5	4	4	4	3	3	3	2	
대운 여	8	8	9	9	9	10	동	1	1	1	1	2	2	2	3	3	3	4	4	4	5	설	5	6	6	6	7	7	7	8	

양력 12월 대설절(丙子月) 大雪 12월7일 14시28분 冬至 12월22일 8시15분

양력	1	2	3	4	5	6	7	8	9	10	11	12	13	14	15	16	17	18	19	20	21	22	23	24	25	26	27	28	29	30	31
요일	金	土	日	月	火	水	木	金	土	日	月	火	水	木	金	土	日	月	火	水	木	金	土	日	月	火	水	木	金	土	日
음력	10/16	17	18	19	20	21	22	23	24	25	26	27	28	29	11/1	2	3	4	5	6	7	8	9	10	11	12	13	14	15	16	17
일진	己亥	庚子	辛丑	壬寅	癸卯	甲辰	乙巳	丙午	丁未	戊申	己酉	庚戌	辛亥	壬子	癸丑	甲寅	乙卯	丙辰	丁巳	戊午	己未	庚申	辛酉	壬戌	癸亥	甲子	乙丑	丙寅	丁卯	戊辰	己巳
대운 남	2	2	1	1	1	1	대	10	9	9	9	8	8	8	7	7	7	6	6	6	5	동	5	4	4	4	3	3	3	2	2
대운 여	8	8	9	9	9	10	설	1	1	1	1	2	2	2	3	3	3	4	4	4	5	지	5	6	6	6	7	7	7	8	8

서기 1945년 [단기 4278년]

양력 1월 소한절(丁丑月) 小寒 1월6일 1시34분 大寒 1월20일 18시54분

양력		1	2	3	4	5	6	7	8	9	10	11	12	13	14	15	16	17	18	19	20	21	22	23	24	25	26	27	28	29	30	31
요일		月	火	水	木	金	土	日	月	火	水	木	金	土	日	月	火	水	木	金	土	日	月	火	水	木	金	土	日	月	火	水
음력		11/18	19	20	21	22	23	24	25	26	27	28	29	30	12/1	2	3	4	5	6	7	8	9	10	11	12	13	14	15	16	17	18
일진		庚午	辛未	壬申	癸酉	甲戌	乙亥	丙子	丁丑	戊寅	己卯	庚辰	辛巳	壬午	癸未	甲申	乙酉	丙戌	丁亥	戊子	己丑	庚寅	辛卯	壬辰	癸巳	甲午	乙未	丙申	丁酉	戊戌	己亥	庚子
대운	남	2	1	1	1	1	소한	9	9	9	8	8	8	7	7	7	6	6	6	5	대한	5	4	4	4	3	3	3	2	2	2	1
	여	8	9	9	9	10		1	1	1	1	2	2	2	3	3	3	4	4	4		5	5	6	6	6	7	7	7	8	8	8

양력 2월 입춘절(戊寅月) 立春 2월4일 13시19분 雨水 2월19일 9시15분

양력		1	2	3	4	5	6	7	8	9	10	11	12	13	14	15	16	17	18	19	20	21	22	23	24	25	26	27	28			
요일		木	金	土	日	月	火	水	木	金	土	日	月	火	水	木	金	土	日	月	火	水	木	金	土	日	月	火	水			
음력		12/19	20	21	22	23	24	25	26	27	28	29	30	1/1	2	3	4	5	6	7	8	9	10	11	12	13	14	15	16			
일진		辛丑	壬寅	癸卯	甲辰	乙巳	丙午	丁未	戊申	己酉	庚戌	辛亥	壬子	癸丑	甲寅	乙卯	丙辰	丁巳	戊午	己未	庚申	辛酉	壬戌	癸亥	甲子	乙丑	丙寅	丁卯	戊辰			
대운	남	1	1	1	입춘	1	1	1	1	2	2	2	3	3	3	4	4	4	5	우수	5	6	6	6	7	7	7	8	8			
	여	9	9	9		10	9	9	9	8	8	8	7	7	7	6	6	6	5		5	4	4	4	3	3	3	2	2			

양력 3월 경칩절(己卯月) 驚蟄 3월6일 7시38분 春分 3월21일 8시37분

양력		1	2	3	4	5	6	7	8	9	10	11	12	13	14	15	16	17	18	19	20	21	22	23	24	25	26	27	28	29	30	31
요일		木	金	土	日	月	火	水	木	金	土	日	月	火	水	木	金	土	日	月	火	水	木	金	土	日	月	火	水	木	金	土
음력		1/17	18	19	20	21	22	23	24	25	26	27	28	29	2/1	2	3	4	5	6	7	8	9	10	11	12	13	14	15	16	17	18
일진		己巳	庚午	辛未	壬申	癸酉	甲戌	乙亥	丙子	丁丑	戊寅	己卯	庚辰	辛巳	壬午	癸未	甲申	乙酉	丙戌	丁亥	戊子	己丑	庚寅	辛卯	壬辰	癸巳	甲午	乙未	丙申	丁酉	戊戌	己亥
대운	남	8	9	9	9	10	경칩	1	1	1	1	2	2	2	3	3	3	4	4	4	5	춘분	5	6	6	6	7	7	7	8	8	8
	여	2	1	1	1	1		10	9	9	9	8	8	8	7	7	7	6	6	6	5		5	4	4	4	3	3	3	2	2	2

양력 4월 청명절(庚辰月) 清明 4월5일 12시52분 穀雨 4월20일 20시7분

양력		1	2	3	4	5	6	7	8	9	10	11	12	13	14	15	16	17	18	19	20	21	22	23	24	25	26	27	28	29	30	
요일		日	月	火	水	木	金	土	日	月	火	水	木	金	土	日	月	火	水	木	金	土	日	月	火	水	木	金	土	日	月	
음력		2/19	20	21	22	23	24	25	26	27	28	29	3/1	2	3	4	5	6	7	8	9	10	11	12	13	14	15	16	17	18	19	
일진		庚子	辛丑	壬寅	癸卯	甲辰	乙巳	丙午	丁未	戊申	己酉	庚戌	辛亥	壬子	癸丑	甲寅	乙卯	丙辰	丁巳	戊午	己未	庚申	辛酉	壬戌	癸亥	甲子	乙丑	丙寅	丁卯	戊辰	己巳	
대운	남	9	9	9	10	청명	1	1	1	1	2	2	2	3	3	3	4	4	4	5	곡우	5	6	6	6	7	7	7	8	8	8	
	여	1	1	1	1		10	10	9	9	9	8	8	8	7	7	7	6	6	6		5	5	4	4	4	3	3	3	2	2	

양력 5월 입하절(辛巳月) 立夏 5월6일 6시37분 小滿 5월21일 19시40분

양력		1	2	3	4	5	6	7	8	9	10	11	12	13	14	15	16	17	18	19	20	21	22	23	24	25	26	27	28	29	30	31
요일		火	水	木	金	土	日	月	火	水	木	金	土	日	月	火	水	木	金	土	日	月	火	水	木	金	土	日	月	火	水	木
음력		3/20	21	22	23	24	25	26	27	28	29	30	4/1	2	3	4	5	6	7	8	9	10	11	12	13	14	15	16	17	18	19	20
일진		庚午	辛未	壬申	癸酉	甲戌	乙亥	丙子	丁丑	戊寅	己卯	庚辰	辛巳	壬午	癸未	甲申	乙酉	丙戌	丁亥	戊子	己丑	庚寅	辛卯	壬辰	癸巳	甲午	乙未	丙申	丁酉	戊戌	己亥	庚子
대운	남	9	9	9	10	10	입하	1	1	1	1	2	2	2	3	3	3	4	4	4	5	소만	5	6	6	6	7	7	7	8	8	8
	여	2	1	1	1	1		10	10	9	9	9	8	8	8	7	7	7	6	6	6		5	5	4	4	4	3	3	3	2	2

양력 6월 망종절(壬午月) 芒種 6월6일 11시5분 夏至 6월22일 3시52분

양력		1	2	3	4	5	6	7	8	9	10	11	12	13	14	15	16	17	18	19	20	21	22	23	24	25	26	27	28	29	30	
요일		金	土	日	月	火	水	木	金	土	日	月	火	水	木	金	土	日	月	火	水	木	金	土	日	月	火	水	木	金	土	
음력		4/21	22	23	24	25	26	27	28	29	5/1	2	3	4	5	6	7	8	9	10	11	12	13	14	15	16	17	18	19	20	21	
일진		辛丑	壬寅	癸卯	甲辰	乙巳	丙午	丁未	戊申	己酉	庚戌	辛亥	壬子	癸丑	甲寅	乙卯	丙辰	丁巳	戊午	己未	庚申	辛酉	壬戌	癸亥	甲子	乙丑	丙寅	丁卯	戊辰	己巳	庚午	
대운	남	9	9	9	10	10	망종	1	1	1	1	2	2	2	3	3	3	4	4	4	5	5	하지	6	6	6	7	7	7	8	8	
	여	2	1	1	1	1		10	10	9	9	9	8	8	8	7	7	7	6	6	6	5		5	4	4	4	3	3	3	2	

乙酉年

양력 7월 소서절(癸未月) 小暑 7월7일 21시27분 大暑 7월23일 14시45분

양력	1	2	3	4	5	6	7	8	9	10	11	12	13	14	15	16	17	18	19	20	21	22	23	24	25	26	27	28	29	30	31
요일	日	月	火	水	木	金	土	日	月	火	水	木	金	土	日	月	火	水	木	金	土	日	月	火	水	木	金	土	日	月	火
음력	5/22	23	24	25	26	27	28	29	6/1	2	3	4	5	6	7	8	9	10	11	12	13	14	15	16	17	18	19	20	21	22	23
일진	辛未	壬申	癸酉	甲戌	乙亥	丙子	丁丑	戊寅	己卯	庚辰	辛巳	壬午	癸未	甲申	乙酉	丙戌	丁亥	戊子	己丑	庚寅	辛卯	壬辰	癸巳	甲午	乙未	丙申	丁酉	戊戌	己亥	庚子	辛丑
대운 남	8	9	9	9	10	10	소	1	1	1	1	2	2	2	3	3	3	4	4	4	5	5	대	6	6	6	7	7	7	8	8
대운 여	2	2	1	1	1	1	서	10	10	10	9	9	9	8	8	8	7	7	7	6	6	6	서	5	5	4	4	4	3	3	3

양력 8월 입추절(甲申月) 立秋 8월8일 7시5분 處暑 8월23일 21시35분

양력	1	2	3	4	5	6	7	8	9	10	11	12	13	14	15	16	17	18	19	20	21	22	23	24	25	26	27	28	29	30	31
요일	水	木	金	土	日	月	火	水	木	金	土	日	月	火	水	木	金	土	日	月	火	水	木	金	土	日	月	火	水	木	金
음력	6/24	25	26	27	28	29	30	7/1	2	3	4	5	6	7	8	9	10	11	12	13	14	15	16	17	18	19	20	21	22	23	24
일진	壬寅	癸卯	甲辰	乙巳	丙午	丁未	戊申	己酉	庚戌	辛亥	壬子	癸丑	甲寅	乙卯	丙辰	丁巳	戊午	己未	庚申	辛酉	壬戌	癸亥	甲子	乙丑	丙寅	丁卯	戊辰	己巳	庚午	辛未	壬申
대운 남	8	9	9	9	10	10	10	입	1	1	1	1	2	2	2	3	3	3	4	4	4	5	처	5	6	6	6	7	7	7	8
대운 여	2	2	2	1	1	1	1	추	10	10	9	9	9	8	8	8	7	7	7	6	6	6	서	5	5	4	4	4	3	3	3

양력 9월 백로절(乙酉月) 白露 9월8일 9시38분 秋分 9월23일 18시50분

양력	1	2	3	4	5	6	7	8	9	10	11	12	13	14	15	16	17	18	19	20	21	22	23	24	25	26	27	28	29	30
요일	土	日	月	火	水	木	金	土	日	月	火	水	木	金	土	日	月	火	水	木	金	土	日	月	火	水	木	金	土	日
음력	7/25	26	27	28	29	8/1	2	3	4	5	6	7	8	9	10	11	12	13	14	15	16	17	18	19	20	21	22	23	24	25
일진	癸酉	甲戌	乙亥	丙子	丁丑	戊寅	己卯	庚辰	辛巳	壬午	癸未	甲申	乙酉	丙戌	丁亥	戊子	己丑	庚寅	辛卯	壬辰	癸巳	甲午	乙未	丙申	丁酉	戊戌	己亥	庚子	辛丑	壬寅
대운 남	8	8	9	9	9	10	10	백	1	1	1	1	2	2	2	3	3	3	4	4	4	5	추	5	6	6	6	7	7	7
대운 여	2	2	2	1	1	1	1	로	10	10	9	9	9	8	8	8	7	7	7	6	6	6	분	5	5	4	4	4	3	3

양력 10월 한로절(丙戌月) 寒露 10월9일 0시49분 霜降 10월24일 3시44분

양력	1	2	3	4	5	6	7	8	9	10	11	12	13	14	15	16	17	18	19	20	21	22	23	24	25	26	27	28	29	30	31
요일	月	火	水	木	金	土	日	月	火	水	木	金	土	日	月	火	水	木	金	土	日	月	火	水	木	金	土	日	月	火	水
음력	8/26	27	28	29	30	9/1	2	3	4	5	6	7	8	9	10	11	12	13	14	15	16	17	18	19	20	21	22	23	24	25	26
일진	癸卯	甲辰	乙巳	丙午	丁未	戊申	己酉	庚戌	辛亥	壬子	癸丑	甲寅	乙卯	丙辰	丁巳	戊午	己未	庚申	辛酉	壬戌	癸亥	甲子	乙丑	丙寅	丁卯	戊辰	己巳	庚午	辛未	壬申	癸酉
대운 남	8	8	8	9	9	9	10	10	한	1	1	1	1	2	2	2	3	3	3	4	4	4	5	상	5	6	6	6	7	7	7
대운 여	3	2	2	2	1	1	1	1	로	10	9	9	9	8	8	8	7	7	7	6	6	6	5	강	5	4	4	4	3	3	3

양력 11월 입동절(丁亥月) 立冬 11월8일 3시34분 小雪 11월23일 0시55분

양력	1	2	3	4	5	6	7	8	9	10	11	12	13	14	15	16	17	18	19	20	21	22	23	24	25	26	27	28	29	30
요일	木	金	土	日	月	火	水	木	金	土	日	月	火	水	木	金	土	日	月	火	水	木	金	土	日	月	火	水	木	金
음력	9/27	28	29	30	10/1	2	3	4	5	6	7	8	9	10	11	12	13	14	15	16	17	18	19	20	21	22	23	24	25	26
일진	甲戌	乙亥	丙子	丁丑	戊寅	己卯	庚辰	辛巳	壬午	癸未	甲申	乙酉	丙戌	丁亥	戊子	己丑	庚寅	辛卯	壬辰	癸巳	甲午	乙未	丙申	丁酉	戊戌	己亥	庚子	辛丑	壬寅	癸卯
대운 남	8	8	8	9	9	9	10	입	1	1	1	1	2	2	2	3	3	3	4	4	4	5	소	5	6	6	6	7	7	7
대운 여	2	2	2	1	1	1	1	동	9	9	9	8	8	8	7	7	7	6	6	6	5	5	설	4	4	4	3	3	3	2

양력 12월 대설절(戊子月) 大雪 12월7일 20시8분 冬至 12월22일 14시4분

양력	1	2	3	4	5	6	7	8	9	10	11	12	13	14	15	16	17	18	19	20	21	22	23	24	25	26	27	28	29	30	31
요일	土	日	月	火	水	木	金	土	日	月	火	水	木	金	土	日	月	火	水	木	金	土	日	月	火	水	木	金	土	日	月
음력	10/27	28	29	30	11/1	2	3	4	5	6	7	8	9	10	11	12	13	14	15	16	17	18	19	20	21	22	23	24	25	26	27
일진	甲辰	乙巳	丙午	丁未	戊申	己酉	庚戌	辛亥	壬子	癸丑	甲寅	乙卯	丙辰	丁巳	戊午	己未	庚申	辛酉	壬戌	癸亥	甲子	乙丑	丙寅	丁卯	戊辰	己巳	庚午	辛未	壬申	癸酉	甲戌
대운 남	8	8	8	9	9	9	대	1	1	1	1	2	2	2	3	3	3	4	4	4	5	동	5	6	6	6	7	7	7	8	8
대운 여	2	2	1	1	1	1	설	10	9	9	9	8	8	8	7	7	7	6	6	6	5	지	5	4	4	4	3	3	3	2	2

서기 1946년 [단기 4279년]

양력 1월 소한절(己丑月) 小寒 1월6일 7시16분 大寒 1월21일 0시45분

양력	1	2	3	4	5	6	7	8	9	10	11	12	13	14	15	16	17	18	19	20	21	22	23	24	25	26	27	28	29	30	31
요일	火	水	木	金	土	日	月	火	水	木	金	土	日	月	火	水	木	金	土	日	月	火	水	木	金	土	日	月	火	水	木
음력	11/28	29	12/1	2	3	4	5	6	7	8	9	10	11	12	13	14	15	16	17	18	19	20	21	22	23	24	25	26	27	28	29
일진	乙亥	丙子	丁丑	戊寅	己卯	庚辰	辛巳	壬午	癸未	甲申	乙酉	丙戌	丁亥	戊子	己丑	庚寅	辛卯	壬辰	癸巳	甲午	乙未	丙申	丁酉	戊戌	己亥	庚子	辛丑	壬寅	癸卯	甲辰	乙巳
대운 남	8	9	9	9	10	소한	1	1	1	1	2	2	2	3	3	3	4	4	4	5	대한	5	6	6	6	7	7	7	8	8	8
대운 여	2	1	1	1	1		9	9	9	8	8	8	7	7	7	6	6	6	5	5		4	4	4	3	3	3	2	2	2	1

양력 2월 입춘절(庚寅月) 立春 2월4일 19시4분 雨水 2월19일 15시9분

양력	1	2	3	4	5	6	7	8	9	10	11	12	13	14	15	16	17	18	19	20	21	22	23	24	25	26	27	28			
요일	金	土	日	月	火	水	木	金	土	日	月	火	水	木	金	土	日	月	火	水	木	金	土	日	月	火	水	木			
음력	12/30	1/1	2	3	4	5	6	7	8	9	10	11	12	13	14	15	16	17	18	19	20	21	22	23	24	25	26	27			
일진	丙午	丁未	戊申	己酉	庚戌	辛亥	壬子	癸丑	甲寅	乙卯	丙辰	丁巳	戊午	己未	庚申	辛酉	壬戌	癸亥	甲子	乙丑	丙寅	丁卯	戊辰	己巳	庚午	辛未	壬申	癸酉			
대운 남	9	9	9	입춘	10	9	9	9	8	8	8	7	7	7	6	6	6	5	우수	5	4	4	4	3	3	3	2	2			
대운 여	1	1	1		1	1	1	1	2	2	2	3	3	3	4	4	4	5		5	6	6	6	7	7	7	8	8			

양력 3월 경칩절(辛卯月) 驚蟄 3월6일 13시25분 春分 3월21일 14시33분

양력	1	2	3	4	5	6	7	8	9	10	11	12	13	14	15	16	17	18	19	20	21	22	23	24	25	26	27	28	29	30	31
요일	金	土	日	月	火	水	木	金	土	日	月	火	水	木	金	土	日	月	火	水	木	金	土	日	月	火	水	木	金	土	日
음력	1/28	29	30	2/1	2	3	4	5	6	7	8	9	10	11	12	13	14	15	16	17	18	19	20	21	22	23	24	25	26	27	28
일진	甲戌	乙亥	丙子	丁丑	戊寅	己卯	庚辰	辛巳	壬午	癸未	甲申	乙酉	丙戌	丁亥	戊子	己丑	庚寅	辛卯	壬辰	癸巳	甲午	乙未	丙申	丁酉	戊戌	己亥	庚子	辛丑	壬寅	癸卯	甲辰
대운 남	2	1	1	1	1	경칩	10	9	9	9	8	8	8	7	7	7	6	6	6	5	춘분	5	4	4	4	3	3	3	2	2	2
대운 여	8	9	9	9	10		1	1	1	1	2	2	2	3	3	3	4	4	4	5		5	6	6	6	7	7	7	8	8	8

양력 4월 청명절(壬辰月) 清明 4월5일 18시39분 穀雨 4월21일 2시2분

양력	1	2	3	4	5	6	7	8	9	10	11	12	13	14	15	16	17	18	19	20	21	22	23	24	25	26	27	28	29	30	
요일	月	火	水	木	金	土	日	月	火	水	木	金	土	日	月	火	水	木	金	土	日	月	火	水	木	金	土	日	月	火	
음력	2/29	3/1	2	3	4	5	6	7	8	9	10	11	12	13	14	15	16	17	18	19	20	21	22	23	24	25	26	27	28	29	
일진	乙巳	丙午	丁未	戊申	己酉	庚戌	辛亥	壬子	癸丑	甲寅	乙卯	丙辰	丁巳	戊午	己未	庚申	辛酉	壬戌	癸亥	甲子	乙丑	丙寅	丁卯	戊辰	己巳	庚午	辛未	壬申	癸酉	甲戌	
대운 남	1	1	1	1	청명	10	10	9	9	9	8	8	8	7	7	7	6	6	6	5	곡우	5	4	4	4	3	3	3	2	2	
대운 여	9	9	9	10		1	1	1	1	2	2	2	3	3	3	4	4	4	5	5		6	6	6	7	7	7	8	8	8	

양력 5월 입하절(癸巳月) 立夏 5월6일 12시22분 小滿 5월22일 1시34분

양력	1	2	3	4	5	6	7	8	9	10	11	12	13	14	15	16	17	18	19	20	21	22	23	24	25	26	27	28	29	30	31
요일	水	木	金	土	日	月	火	水	木	金	土	日	月	火	水	木	金	土	日	月	火	水	木	金	土	日	月	火	水	木	金
음력	4/1	2	3	4	5	6	7	8	9	10	11	12	13	14	15	16	17	18	19	20	21	22	23	24	25	26	27	28	29	30	5/1
일진	乙亥	丙子	丁丑	戊寅	己卯	庚辰	辛巳	壬午	癸未	甲申	乙酉	丙戌	丁亥	戊子	己丑	庚寅	辛卯	壬辰	癸巳	甲午	乙未	丙申	丁酉	戊戌	己亥	庚子	辛丑	壬寅	癸卯	甲辰	乙巳
대운 남	2	1	1	1	1	입하	10	10	9	9	9	8	8	8	7	7	7	6	6	6	5	소만	5	4	4	4	3	3	3	2	2
대운 여	9	9	9	10	10		1	1	1	1	2	2	2	3	3	3	4	4	4	5	5		6	6	6	7	7	7	8	8	8

양력 6월 망종절(甲午月) 芒種 6월6일 16시49분 夏至 6월22일 9시44분

양력	1	2	3	4	5	6	7	8	9	10	11	12	13	14	15	16	17	18	19	20	21	22	23	24	25	26	27	28	29	30	
요일	土	日	月	火	水	木	金	土	日	月	火	水	木	金	土	日	月	火	水	木	金	土	日	月	火	水	木	金	土	日	
음력	5/2	3	4	5	6	7	8	9	10	11	12	13	14	15	16	17	18	19	20	21	22	23	24	25	26	27	28	29	6/1	2	
일진	丙午	丁未	戊申	己酉	庚戌	辛亥	壬子	癸丑	甲寅	乙卯	丙辰	丁巳	戊午	己未	庚申	辛酉	壬戌	癸亥	甲子	乙丑	丙寅	丁卯	戊辰	己巳	庚午	辛未	壬申	癸酉	甲戌	乙亥	
대운 남	2	1	1	1	1	망종	10	10	10	9	9	9	8	8	8	7	7	7	6	6	6	하지	5	5	4	4	4	3	3	3	
대운 여	9	9	9	10	10		1	1	1	1	2	2	2	3	3	3	4	4	4	5	5		6	6	6	7	7	7	8	8	

丙戌年

양력 7월 소서절(乙未月) 小暑 7월8일 3시11분 大暑 7월23일 20시37분

양력		1	2	3	4	5	6	7	8	9	10	11	12	13	14	15	16	17	18	19	20	21	22	23	24	25	26	27	28	29	30	31
요일		月	火	水	木	金	土	日	月	火	水	木	金	土	日	月	火	水	木	金	土	日	月	火	水	木	金	土	日	月	火	水
음력		6/3	4	5	6	7	8	9	10	11	12	13	14	15	16	17	18	19	20	21	22	23	24	25	26	27	28	29	7/1	2	3	4
일진		丙子	丁丑	戊寅	己卯	庚辰	辛巳	壬午	癸未	甲申	乙酉	丙戌	丁亥	戊子	己丑	庚寅	辛卯	壬辰	癸巳	甲午	乙未	丙申	丁酉	戊戌	己亥	庚子	辛丑	壬寅	癸卯	甲辰	乙巳	丙午
대운	남	2	2	2	1	1	1	1	소	10	10	9	9	9	8	8	8	7	7	7	6	6	6	대	5	5	4	4	4	3	3	3
	여	8	9	9	9	10	10	10	서	1	1	1	1	2	2	2	3	3	3	4	4	4	5	서	5	6	6	6	7	7	7	8

양력 8월 입추절(丙申月) 立秋 8월8일 12시52분 處暑 8월24일 3시26분

양력		1	2	3	4	5	6	7	8	9	10	11	12	13	14	15	16	17	18	19	20	21	22	23	24	25	26	27	28	29	30	31
요일		木	金	土	日	月	火	水	木	金	土	日	月	火	水	木	金	土	日	月	火	水	木	金	土	日	月	火	水	木	金	土
음력		7/5	6	7	8	9	10	11	12	13	14	15	16	17	18	19	20	21	22	23	24	25	26	27	28	29	30	8/1	2	3	4	5
일진		丁未	戊申	己酉	庚戌	辛亥	壬子	癸丑	甲寅	乙卯	丙辰	丁巳	戊午	己未	庚申	辛酉	壬戌	癸亥	甲子	乙丑	丙寅	丁卯	戊辰	己巳	庚午	辛未	壬申	癸酉	甲戌	乙亥	丙子	丁丑
대운	남	2	2	2	1	1	1	1	입	10	10	9	9	9	8	8	8	7	7	7	6	6	6	5	처	5	4	4	4	3	3	3
	여	8	8	9	9	9	10	10	추	1	1	1	1	2	2	2	3	3	3	4	4	4	5	5	서	6	6	6	7	7	7	8

양력 9월 백로절(丁酉月) 白露 9월8일 15시27분 秋分 9월24일 0시41분

양력		1	2	3	4	5	6	7	8	9	10	11	12	13	14	15	16	17	18	19	20	21	22	23	24	25	26	27	28	29	30
요일		日	月	火	水	木	金	土	日	月	火	水	木	金	土	日	月	火	水	木	金	土	日	月	火	水	木	金	土	日	月
음력		8/6	7	8	9	10	11	12	13	14	15	16	17	18	19	20	21	22	23	24	25	26	27	28	29	9/1	2	3	4	5	6
일진		戊寅	己卯	庚辰	辛巳	壬午	癸未	甲申	乙酉	丙戌	丁亥	戊子	己丑	庚寅	辛卯	壬辰	癸巳	甲午	乙未	丙申	丁酉	戊戌	己亥	庚子	辛丑	壬寅	癸卯	甲辰	乙巳	丙午	丁未
대운	남	2	2	2	1	1	1	1	백	10	10	9	9	9	8	8	8	7	7	7	6	6	6	5	추	5	4	4	4	3	3
	여	8	8	9	9	9	10	10	로	1	1	1	1	2	2	2	3	3	3	4	4	4	5	5	분	6	6	6	7	7	7

양력 10월 한로절(戊戌月) 寒露 10월9일 6시41분 霜降 10월24일 9시35분

양력		1	2	3	4	5	6	7	8	9	10	11	12	13	14	15	16	17	18	19	20	21	22	23	24	25	26	27	28	29	30	31
요일		火	水	木	金	土	日	月	火	水	木	金	土	日	月	火	水	木	金	土	日	月	火	水	木	金	土	日	月	火	水	木
음력		9/7	8	9	10	11	12	13	14	15	16	17	18	19	20	21	22	23	24	25	26	27	28	29	30	10/1	2	3	4	5	6	7
일진		戊申	己酉	庚戌	辛亥	壬子	癸丑	甲寅	乙卯	丙辰	丁巳	戊午	己未	庚申	辛酉	壬戌	癸亥	甲子	乙丑	丙寅	丁卯	戊辰	己巳	庚午	辛未	壬申	癸酉	甲戌	乙亥	丙子	丁丑	戊寅
대운	남	3	2	2	2	1	1	1	1	한	10	9	9	9	8	8	8	7	7	7	6	6	6	5	상	5	4	4	4	3	3	3
	여	8	8	8	9	9	9	10	10	로	1	1	1	1	2	2	2	3	3	3	4	4	4	5	강	5	6	6	6	7	7	7

양력 11월 입동절(己亥月) 立冬 11월8일 9시27분 小雪 11월23일 6시46분

양력		1	2	3	4	5	6	7	8	9	10	11	12	13	14	15	16	17	18	19	20	21	22	23	24	25	26	27	28	29	30
요일		金	土	日	月	火	水	木	金	土	日	月	火	水	木	金	土	日	月	火	水	木	金	土	日	月	火	水	木	金	土
음력		10/8	9	10	11	12	13	14	15	16	17	18	19	20	21	22	23	24	25	26	27	28	29	30	11/1	2	3	4	5	6	7
일진		己卯	庚辰	辛巳	壬午	癸未	甲申	乙酉	丙戌	丁亥	戊子	己丑	庚寅	辛卯	壬辰	癸巳	甲午	乙未	丙申	丁酉	戊戌	己亥	庚子	辛丑	壬寅	癸卯	甲辰	乙巳	丙午	丁未	戊申
대운	남	2	2	2	1	1	1	1	입	10	9	9	9	8	8	8	7	7	7	6	6	6	5	소	5	4	4	4	3	3	3
	여	8	8	8	9	9	9	10	동	1	1	1	1	2	2	2	3	3	3	4	4	4	5	설	5	6	6	6	7	7	7

양력 12월 대설절(庚子月) 大雪 12월8일 2시0분 冬至 12월22일 19시53분

양력		1	2	3	4	5	6	7	8	9	10	11	12	13	14	15	16	17	18	19	20	21	22	23	24	25	26	27	28	29	30	31
요일		日	月	火	水	木	金	土	日	月	火	水	木	金	土	日	月	火	水	木	金	土	日	月	火	水	木	金	土	日	月	火
음력		11/8	9	10	11	12	13	14	15	16	17	18	19	20	21	22	23	24	25	26	27	28	29	12/1	2	3	4	5	6	7	8	9
일진		己酉	庚戌	辛亥	壬子	癸丑	甲寅	乙卯	丙辰	丁巳	戊午	己未	庚申	辛酉	壬戌	癸亥	甲子	乙丑	丙寅	丁卯	戊辰	己巳	庚午	辛未	壬申	癸酉	甲戌	乙亥	丙子	丁丑	戊寅	己卯
대운	남	2	2	2	1	1	1	1	대	9	9	9	8	8	8	7	7	7	6	6	6	5	동	5	4	4	4	3	3	3	2	2
	여	8	8	8	9	9	9	10	설	1	1	1	1	2	2	2	3	3	3	4	4	4	지	5	5	6	6	6	7	7	7	8

서기 1947년 [단기 4280년]

양력 1월 소한절(辛丑月) 小寒 1월6일 13시6분 大寒 1월21일 6시32분

양력	1	2	3	4	5	6	7	8	9	10	11	12	13	14	15	16	17	18	19	20	21	22	23	24	25	26	27	28	29	30	31
요일	水	木	金	土	日	月	火	水	木	金	土	日	月	火	水	木	金	土	日	月	火	水	木	金	土	日	月	火	水	木	金
음력	12/10	11	12	13	14	15	16	17	18	19	20	21	22	23	24	25	26	27	28	29	30	1/1	2	3	4	5	6	7	8	9	10
일진	庚辰	辛巳	壬午	癸未	甲申	乙酉	丙戌	丁亥	戊子	己丑	庚寅	辛卯	壬辰	癸巳	甲午	乙未	丙申	丁酉	戊戌	己亥	庚子	辛丑	壬寅	癸卯	甲辰	乙巳	丙午	丁未	戊申	己酉	庚戌
대운 남	2	1	1	1	1	소	10	9	9	9	8	8	8	7	7	7	6	6	6	5	대	5	4	4	4	3	3	3	2	2	2
대운 여	8	8	9	9	9	한	1	1	1	1	2	2	2	3	3	3	4	4	4	5	한	5	6	6	6	7	7	7	8	8	8

양력 2월 입춘절(壬寅月) 立春 2월5일 0시50분 雨水 2월19일 20시52분

양력	1	2	3	4	5	6	7	8	9	10	11	12	13	14	15	16	17	18	19	20	21	22	23	24	25	26	27	28			
요일	土	日	月	火	水	木	金	土	日	月	火	水	木	金	土	日	月	火	水	木	金	土	日	月	火	水	木	金			
음력	1/11	12	13	14	15	16	17	18	19	20	21	22	23	24	25	26	27	28	29	30	2/1	2	3	4	5	6	7	8			
일진	辛亥	壬子	癸丑	甲寅	乙卯	丙辰	丁巳	戊午	己未	庚申	辛酉	壬戌	癸亥	甲子	乙丑	丙寅	丁卯	戊辰	己巳	庚午	辛未	壬申	癸酉	甲戌	乙亥	丙子	丁丑	戊寅			
대운 남	1	1	1	1	입	1	1	1	1	2	2	2	3	3	3	4	4	4	우	5	5	6	6	6	7	7	7	8			
대운 여	9	9	9	10	춘	9	9	9	8	8	8	7	7	7	6	6	6	5	수	5	4	4	4	3	3	3	2	2			

양력 3월 경칩절(癸卯月) 驚蟄 3월6일 19시8분 春分 3월21일 20시13분

양력	1	2	3	4	5	6	7	8	9	10	11	12	13	14	15	16	17	18	19	20	21	22	23	24	25	26	27	28	29	30	31
요일	土	日	月	火	水	木	金	土	日	月	火	水	木	金	土	日	月	火	水	木	金	土	日	月	火	水	木	金	土	日	月
음력	2/9	10	11	12	13	14	15	16	17	18	19	20	21	22	23	24	25	26	27	28	29	30	윤1	2	3	4	5	6	7	8	9
일진	己卯	庚辰	辛巳	壬午	癸未	甲申	乙酉	丙戌	丁亥	戊子	己丑	庚寅	辛卯	壬辰	癸巳	甲午	乙未	丙申	丁酉	戊戌	己亥	庚子	辛丑	壬寅	癸卯	甲辰	乙巳	丙午	丁未	戊申	己酉
대운 남	8	8	9	9	9	경	1	1	1	1	2	2	2	3	3	3	4	4	4	5	춘	5	6	6	6	7	7	7	8	8	8
대운 여	2	1	1	1	1	칩	10	10	9	9	9	8	8	8	7	7	7	6	6	6	분	5	5	4	4	4	3	3	3	2	2

양력 4월 청명절(甲辰月) 淸明 4월6일 0시20분 穀雨 4월21일 7시39분

양력	1	2	3	4	5	6	7	8	9	10	11	12	13	14	15	16	17	18	19	20	21	22	23	24	25	26	27	28	29	30	
요일	火	水	木	金	土	日	月	火	水	木	金	土	日	月	火	水	木	金	土	日	月	火	水	木	金	土	日	月	火	水	
음력	윤10	11	12	13	14	15	16	17	18	19	20	21	22	23	24	25	26	27	28	29	3/1	2	3	4	5	6	7	8	9	10	
일진	庚戌	辛亥	壬子	癸丑	甲寅	乙卯	丙辰	丁巳	戊午	己未	庚申	辛酉	壬戌	癸亥	甲子	乙丑	丙寅	丁卯	戊辰	己巳	庚午	辛未	壬申	癸酉	甲戌	乙亥	丙子	丁丑	戊寅	己卯	
대운 남	9	9	9	10	10	청	1	1	1	1	2	2	2	3	3	3	4	4	4	5	곡	5	6	6	6	7	7	7	8	8	
대운 여	2	1	1	1	1	명	10	9	9	9	8	8	8	7	7	7	6	6	6	5	우	5	4	4	4	3	3	3	2	2	

양력 5월 입하절(乙巳月) 立夏 5월6일 18시3분 小滿 5월22일 7시9분

양력	1	2	3	4	5	6	7	8	9	10	11	12	13	14	15	16	17	18	19	20	21	22	23	24	25	26	27	28	29	30	31
요일	木	金	土	日	月	火	水	木	金	土	日	月	火	水	木	金	土	日	月	火	水	木	金	土	日	月	火	水	木	金	土
음력	3/11	12	13	14	15	16	17	18	19	20	21	22	23	24	25	26	27	28	29	4/1	2	3	4	5	6	7	8	9	10	11	12
일진	庚辰	辛巳	壬午	癸未	甲申	乙酉	丙戌	丁亥	戊子	己丑	庚寅	辛卯	壬辰	癸巳	甲午	乙未	丙申	丁酉	戊戌	己亥	庚子	辛丑	壬寅	癸卯	甲辰	乙巳	丙午	丁未	戊申	己酉	庚戌
대운 남	8	9	9	9	10	입	1	1	1	1	2	2	2	3	3	3	4	4	4	5	5	소	6	6	6	7	7	7	8	8	8
대운 여	2	1	1	1	1	하	10	10	9	9	9	8	8	8	7	7	7	6	6	6	5	만	5	4	4	4	3	3	3	2	2

양력 6월 망종절(丙午月) 芒種 6월6일 22시31분 夏至 6월22일 15시19분

양력	1	2	3	4	5	6	7	8	9	10	11	12	13	14	15	16	17	18	19	20	21	22	23	24	25	26	27	28	29	30	
요일	日	月	火	水	木	金	土	日	月	火	水	木	金	土	日	月	火	水	木	金	土	日	月	火	水	木	金	土	日	月	
음력	4/13	14	15	16	17	18	19	20	21	22	23	24	25	26	27	28	29	30	5/1	2	3	4	5	6	7	8	9	10	11	12	
일진	辛亥	壬子	癸丑	甲寅	乙卯	丙辰	丁巳	戊午	己未	庚申	辛酉	壬戌	癸亥	甲子	乙丑	丙寅	丁卯	戊辰	己巳	庚午	辛未	壬申	癸酉	甲戌	乙亥	丙子	丁丑	戊寅	己卯	庚辰	
대운 남	9	9	9	10	10	망	1	1	1	1	2	2	2	3	3	3	4	4	4	5	5	하	6	6	6	7	7	7	8	8	
대운 여	2	1	1	1	1	종	10	10	10	9	9	9	8	8	8	7	7	7	6	6	6	지	5	5	4	4	4	3	3	3	

▶윤달–2월

丁亥年

양력 7월 소서절(丁未月) 小暑 7월8일 8시56분 大暑 7월24일 2시14분

양력	1	2	3	4	5	6	7	8	9	10	11	12	13	14	15	16	17	18	19	20	21	22	23	24	25	26	27	28	29	30	31
요일	火	水	木	金	土	日	月	火	水	木	金	土	日	月	火	水	木	金	土	日	月	火	水	木	金	土	日	月	火	水	木
음력	5/13	14	15	16	17	18	19	20	21	22	23	24	25	26	27	28	29	6/1	2	3	4	5	6	7	8	9	10	11	12	13	14
일진	辛巳	壬午	癸未	甲申	乙酉	丙戌	丁亥	戊子	己丑	庚寅	辛卯	壬辰	癸巳	甲午	乙未	丙申	丁酉	戊戌	己亥	庚子	辛丑	壬寅	癸卯	甲辰	乙巳	丙午	丁未	戊申	己酉	庚戌	辛亥
대운 남	8	9	9	9	10	10	10	소서	1	1	1	1	2	2	2	3	3	3	4	4	4	5	5	대서	6	6	6	7	7	7	8
대운 여	2	2	2	1	1	1	1		10	10	9	9	9	8	8	8	7	7	7	6	6	6	5		5	4	4	4	3	3	3

양력 8월 입추절(戊申月) 立秋 8월8일 18시41분 處暑 8월24일 9시9분

양력	1	2	3	4	5	6	7	8	9	10	11	12	13	14	15	16	17	18	19	20	21	22	23	24	25	26	27	28	29	30	31
요일	金	土	日	月	火	水	木	金	土	日	月	火	水	木	金	土	日	月	火	水	木	金	土	日	月	火	水	木	金	土	日
음력	6/15	16	17	18	19	20	21	22	23	24	25	26	27	28	29	7/1	2	3	4	5	6	7	8	9	10	11	12	13	14	15	16
일진	壬子	癸丑	甲寅	乙卯	丙辰	丁巳	戊午	己未	庚申	辛酉	壬戌	癸亥	甲子	乙丑	丙寅	丁卯	戊辰	己巳	庚午	辛未	壬申	癸酉	甲戌	乙亥	丙子	丁丑	戊寅	己卯	庚辰	辛巳	壬午
대운 남	8	8	9	9	9	10	10	입추	1	1	1	1	2	2	2	3	3	3	4	4	4	5	5	처서	6	6	6	7	7	7	8
대운 여	2	2	2	1	1	1	1		10	10	9	9	9	8	8	8	7	7	7	6	6	6	5		5	4	4	4	3	3	3

양력 9월 백로절(己酉月) 白露 9월8일 21시21분 秋分 9월24일 6시29분

양력	1	2	3	4	5	6	7	8	9	10	11	12	13	14	15	16	17	18	19	20	21	22	23	24	25	26	27	28	29	30
요일	月	火	水	木	金	土	日	月	火	水	木	金	土	日	月	火	水	木	金	土	日	月	火	水	木	金	土	日	月	火
음력	7/17	18	19	20	21	22	23	24	25	26	27	28	29	30	8/1	2	3	4	5	6	7	8	9	10	11	12	13	14	15	16
일진	癸未	甲申	乙酉	丙戌	丁亥	戊子	己丑	庚寅	辛卯	壬辰	癸巳	甲午	乙未	丙申	丁酉	戊戌	己亥	庚子	辛丑	壬寅	癸卯	甲辰	乙巳	丙午	丁未	戊申	己酉	庚戌	辛亥	壬子
대운 남	8	8	9	9	9	10	10	백로	1	1	1	1	2	2	2	3	3	3	4	4	4	5	5	추분	6	6	6	7	7	7
대운 여	2	2	2	1	1	1	1		10	10	9	9	9	8	8	8	7	7	7	6	6	6	5		5	4	4	4	3	3

양력 10월 한로절(庚戌月) 寒露 10월9일 12시37분 霜降 10월24일 15시26분

양력	1	2	3	4	5	6	7	8	9	10	11	12	13	14	15	16	17	18	19	20	21	22	23	24	25	26	27	28	29	30	31
요일	水	木	金	土	日	月	火	水	木	金	土	日	月	火	水	木	金	土	日	月	火	水	木	金	土	日	月	火	水	木	金
음력	8/17	18	19	20	21	22	23	24	25	26	27	28	29	9/1	2	3	4	5	6	7	8	9	10	11	12	13	14	15	16	17	18
일진	癸丑	甲寅	乙卯	丙辰	丁巳	戊午	己未	庚申	辛酉	壬戌	癸亥	甲子	乙丑	丙寅	丁卯	戊辰	己巳	庚午	辛未	壬申	癸酉	甲戌	乙亥	丙子	丁丑	戊寅	己卯	庚辰	辛巳	壬午	癸未
대운 남	8	8	8	9	9	9	10	10	한로	1	1	1	1	2	2	2	3	3	3	4	4	4	5	상강	5	6	6	6	7	7	7
대운 여	3	2	2	2	1	1	1	1		10	9	9	9	8	8	8	7	7	7	6	6	6	5		5	4	4	4	3	3	3

양력 11월 입동절(辛亥月) 立冬 11월8일 15시24분 小雪 11월23일 12시38분

양력	1	2	3	4	5	6	7	8	9	10	11	12	13	14	15	16	17	18	19	20	21	22	23	24	25	26	27	28	29	30
요일	土	日	月	火	水	木	金	土	日	月	火	水	木	金	土	日	月	火	水	木	金	土	日	月	火	水	木	金	土	日
음력	9/19	20	21	22	23	24	25	26	27	28	29	30	10/1	2	3	4	5	6	7	8	9	10	11	12	13	14	15	16	17	18
일진	甲申	乙酉	丙戌	丁亥	戊子	己丑	庚寅	辛卯	壬辰	癸巳	甲午	乙未	丙申	丁酉	戊戌	己亥	庚子	辛丑	壬寅	癸卯	甲辰	乙巳	丙午	丁未	戊申	己酉	庚戌	辛亥	壬子	癸丑
대운 남	8	8	8	9	9	9	10	입동	1	1	1	1	2	2	2	3	3	3	4	4	4	5	소설	5	6	6	6	7	7	7
대운 여	2	2	2	1	1	1	1		10	9	9	9	8	8	8	7	7	7	6	6	6	5		5	4	4	4	3	3	3

양력 12월 대설절(壬子月) 大雪 12월8일 7시56분 冬至 12월23일 1시43분

양력	1	2	3	4	5	6	7	8	9	10	11	12	13	14	15	16	17	18	19	20	21	22	23	24	25	26	27	28	29	30	31
요일	月	火	水	木	金	土	日	月	火	水	木	金	土	日	月	火	水	木	金	土	日	月	火	水	木	金	土	日	月	火	水
음력	10/19	20	21	22	23	24	25	26	27	28	29	11/1	2	3	4	5	6	7	8	9	10	11	12	13	14	15	16	17	18	19	20
일진	甲寅	乙卯	丙辰	丁巳	戊午	己未	庚申	辛酉	壬戌	癸亥	甲子	乙丑	丙寅	丁卯	戊辰	己巳	庚午	辛未	壬申	癸酉	甲戌	乙亥	丙子	丁丑	戊寅	己卯	庚辰	辛巳	壬午	癸未	甲申
대운 남	8	8	8	9	9	9	10	대설	1	1	1	1	2	2	2	3	3	3	4	4	4	5	동지	5	6	6	6	7	7	7	8
대운 여	2	2	2	1	1	1	1		9	9	9	8	8	8	7	7	7	6	6	6	5	5		4	4	4	3	3	3	2	2

서기 1948년 [단기 4281년]

양력 1월 소한절(癸丑月) 小寒 1월6일 19시0분 大寒 1월21일 12시18분

양력	1	2	3	4	5	6	7	8	9	10	11	12	13	14	15	16	17	18	19	20	21	22	23	24	25	26	27	28	29	30	31
요일	木	金	土	日	月	火	水	木	金	土	日	月	火	水	木	金	土	日	月	火	水	木	金	土	日	月	火	水	木	金	土
음력	11/21	22	23	24	25	26	27	28	29	30	12/1	2	3	4	5	6	7	8	9	10	11	12	13	14	15	16	17	18	19	20	21
일진	乙酉	丙戌	丁亥	戊子	己丑	庚寅	辛卯	壬辰	癸巳	甲午	乙未	丙申	丁酉	戊戌	己亥	庚子	辛丑	壬寅	癸卯	甲辰	乙巳	丙午	丁未	戊申	己酉	庚戌	辛亥	壬子	癸丑	甲寅	乙卯
대운 남	8	8	9	9	9	소	1	1	1	1	2	2	2	3	3	3	4	4	4	5	대	5	6	6	6	7	7	7	8	8	8
대운 여	2	1	1	1	1	한	10	9	9	9	8	8	8	7	7	7	6	6	6	5	한	5	4	4	4	3	3	3	2	2	2

양력 2월 입춘절(甲寅月) 立春 2월5일 6시42분 雨水 2월20일 2시37분

양력	1	2	3	4	5	6	7	8	9	10	11	12	13	14	15	16	17	18	19	20	21	22	23	24	25	26	27	28	29		
요일	日	月	火	水	木	金	土	日	月	火	水	木	金	土	日	月	火	水	木	金	土	日	月	火	水	木	金	土	日		
음력	12/22	23	24	25	26	27	28	29	30	1/1	2	3	4	5	6	7	8	9	10	11	12	13	14	15	16	17	18	19	20		
일진	丙辰	丁巳	戊午	己未	庚申	辛酉	壬戌	癸亥	甲子	乙丑	丙寅	丁卯	戊辰	己巳	庚午	辛未	壬申	癸酉	甲戌	乙亥	丙子	丁丑	戊寅	己卯	庚辰	辛巳	壬午	癸未	甲申		
대운 남	9	9	9	10	입	10	9	9	9	8	8	8	7	7	7	6	6	6	5	우	5	4	4	4	3	3	3	2	2		
대운 여	1	1	1	1	춘	1	1	1	1	2	2	2	3	3	3	4	4	4	5	수	5	6	6	6	7	7	7	8	8		

양력 3월 경칩절(乙卯月) 驚蟄 3월6일 0시58분 春分 3월21일 1시57분

양력	1	2	3	4	5	6	7	8	9	10	11	12	13	14	15	16	17	18	19	20	21	22	23	24	25	26	27	28	29	30	31
요일	月	火	水	木	金	土	日	月	火	水	木	金	土	日	月	火	水	木	金	土	日	月	火	水	木	金	土	日	月	火	水
음력	1/21	22	23	24	25	26	27	28	29	30	2/1	2	3	4	5	6	7	8	9	10	11	12	13	14	15	16	17	18	19	20	21
일진	乙酉	丙戌	丁亥	戊子	己丑	庚寅	辛卯	壬辰	癸巳	甲午	乙未	丙申	丁酉	戊戌	己亥	庚子	辛丑	壬寅	癸卯	甲辰	乙巳	丙午	丁未	戊申	己酉	庚戌	辛亥	壬子	癸丑	甲寅	乙卯
대운 남	2	1	1	1	1	경	10	9	9	9	8	8	8	7	7	7	6	6	6	5	춘	5	4	4	4	3	3	3	2	2	2
대운 여	8	9	9	9	10	칩	1	1	1	1	2	2	2	3	3	3	4	4	4	5	분	5	6	6	6	7	7	7	8	8	8

양력 4월 청명절(丙辰月) 清明 4월5일 6시9분 穀雨 4월20일 13시25분

양력	1	2	3	4	5	6	7	8	9	10	11	12	13	14	15	16	17	18	19	20	21	22	23	24	25	26	27	28	29	30	
요일	木	金	土	日	月	火	水	木	金	土	日	月	火	水	木	金	土	日	月	火	水	木	金	土	日	月	火	水	木	金	
음력	2/22	23	24	25	26	27	28	29	3/1	2	3	4	5	6	7	8	9	10	11	12	13	14	15	16	17	18	19	20	21	22	
일진	丙辰	丁巳	戊午	己未	庚申	辛酉	壬戌	癸亥	甲子	乙丑	丙寅	丁卯	戊辰	己巳	庚午	辛未	壬申	癸酉	甲戌	乙亥	丙子	丁丑	戊寅	己卯	庚辰	辛巳	壬午	癸未	甲申	乙酉	
대운 남	1	1	1	1	청	10	9	9	9	8	8	8	7	7	7	6	6	6	5	곡	5	4	4	4	3	3	3	2	2	2	
대운 여	9	9	9	10	명	1	1	1	1	2	2	2	3	3	3	4	4	4	5	우	5	6	6	6	7	7	7	8	8	8	

양력 5월 입하절(丁巳月) 立夏 5월5일 23시52분 小滿 5월21일 12시58분

양력	1	2	3	4	5	6	7	8	9	10	11	12	13	14	15	16	17	18	19	20	21	22	23	24	25	26	27	28	29	30	31
요일	土	日	月	火	水	木	金	土	日	月	火	水	木	金	土	日	月	火	水	木	金	土	日	月	火	水	木	金	土	日	月
음력	3/23	24	25	26	27	28	29	30	4/1	2	3	4	5	6	7	8	9	10	11	12	13	14	15	16	17	18	19	20	21	22	23
일진	丙戌	丁亥	戊子	己丑	庚寅	辛卯	壬辰	癸巳	甲午	乙未	丙申	丁酉	戊戌	己亥	庚子	辛丑	壬寅	癸卯	甲辰	乙巳	丙午	丁未	戊申	己酉	庚戌	辛亥	壬子	癸丑	甲寅	乙卯	丙辰
대운 남	1	1	1	1	입	10	10	10	9	9	9	8	8	8	7	7	7	6	6	6	소	5	5	4	4	4	3	3	3	2	2
대운 여	9	9	9	10	하	1	1	1	1	2	2	2	3	3	3	4	4	4	5	5	만	6	6	6	7	7	7	8	8	8	9

양력 6월 망종절(戊午月) 芒種 6월6일 4시20분 夏至 6월21일 21시11분

양력	1	2	3	4	5	6	7	8	9	10	11	12	13	14	15	16	17	18	19	20	21	22	23	24	25	26	27	28	29	30	
요일	火	水	木	金	土	日	月	火	水	木	金	土	日	月	火	水	木	金	土	日	月	火	水	木	金	土	日	月	火	水	
음력	4/24	25	26	27	28	29	5/1	2	3	4	5	6	7	8	9	10	11	12	13	14	15	16	17	18	19	20	21	22	23	24	
일진	丁巳	戊午	己未	庚申	辛酉	壬戌	癸亥	甲子	乙丑	丙寅	丁卯	戊辰	己巳	庚午	辛未	壬申	癸酉	甲戌	乙亥	丙子	丁丑	戊寅	己卯	庚辰	辛巳	壬午	癸未	甲申	乙酉	丙戌	
대운 남	2	1	1	1	1	망	10	10	9	9	9	8	8	8	7	7	7	6	6	6	하	5	5	4	4	4	3	3	3	2	
대운 여	9	9	10	10	10	종	1	1	1	1	2	2	2	3	3	3	4	4	4	5	지	5	6	6	6	7	7	7	8	8	

戊子年

양력 7월 소서절(己未月) 小暑 7월7일 14시44분 大暑 7월23일 8시8분

양력	1	2	3	4	5	6	7	8	9	10	11	12	13	14	15	16	17	18	19	20	21	22	23	24	25	26	27	28	29	30	31
요일	木	金	土	日	月	火	水	木	金	土	日	月	火	水	木	金	土	日	月	火	水	木	金	土	日	月	火	水	木	金	土
음력	5/25	26	27	28	29	30	6/1	2	3	4	5	6	7	8	9	10	11	12	13	14	15	16	17	18	19	20	21	22	23	24	25
일진	丁亥	戊子	己丑	庚寅	辛卯	壬辰	癸巳	甲午	乙未	丙申	丁酉	戊戌	己亥	庚子	辛丑	壬寅	癸卯	甲辰	乙巳	丙午	丁未	戊申	己酉	庚戌	辛亥	壬子	癸丑	甲寅	乙卯	丙辰	丁巳
대운 남	2	2	1	1	1	1	소	10	10	10	9	9	9	8	8	8	7	7	7	6	6	6	대	5	5	4	4	4	3	3	3
대운 여	8	9	9	9	10	10	서	1	1	1	1	2	2	2	3	3	3	4	4	4	5	5	서	6	6	6	7	7	7	8	8

양력 8월 입추절(庚申月) 立秋 8월8일 0시26분 處暑 8월23일 15시3분

양력	1	2	3	4	5	6	7	8	9	10	11	12	13	14	15	16	17	18	19	20	21	22	23	24	25	26	27	28	29	30	31
요일	日	月	火	水	木	金	土	日	月	火	水	木	金	土	日	月	火	水	木	金	土	日	月	火	水	木	金	土	日	月	火
음력	6/26	27	28	29	7/1	2	3	4	5	6	7	8	9	10	11	12	13	14	15	16	17	18	19	20	21	22	23	24	25	26	27
일진	戊午	己未	庚申	辛酉	壬戌	癸亥	甲子	乙丑	丙寅	丁卯	戊辰	己巳	庚午	辛未	壬申	癸酉	甲戌	乙亥	丙子	丁丑	戊寅	己卯	庚辰	辛巳	壬午	癸未	甲申	乙酉	丙戌	丁亥	戊子
대운 남	2	2	2	1	1	1	1	입	10	10	9	9	9	8	8	8	7	7	7	6	6	6	처	5	5	4	4	4	3	3	3
대운 여	8	9	9	9	10	10	10	추	1	1	1	1	2	2	2	3	3	3	4	4	4	5	서	5	6	6	6	7	7	7	8

양력 9월 백로절(辛酉月) 白露 9월8일 3시5분 秋分 9월23일 12시22분

양력	1	2	3	4	5	6	7	8	9	10	11	12	13	14	15	16	17	18	19	20	21	22	23	24	25	26	27	28	29	30
요일	水	木	金	土	日	月	火	水	木	金	土	日	月	火	水	木	金	土	日	月	火	水	木	金	土	日	月	火	水	木
음력	7/28	29	8/1	2	3	4	5	6	7	8	9	10	11	12	13	14	15	16	17	18	19	20	21	22	23	24	25	26	27	28
일진	己丑	庚寅	辛卯	壬辰	癸巳	甲午	乙未	丙申	丁酉	戊戌	己亥	庚子	辛丑	壬寅	癸卯	甲辰	乙巳	丙午	丁未	戊申	己酉	庚戌	辛亥	壬子	癸丑	甲寅	乙卯	丙辰	丁巳	戊午
대운 남	2	2	2	1	1	1	1	백	10	9	9	9	8	8	8	7	7	7	6	6	6	5	추	5	4	4	4	3	3	3
대운 여	8	8	9	9	9	10	10	로	1	1	1	1	2	2	2	3	3	3	4	4	4	5	분	5	6	6	6	7	7	7

양력 10월 한로절(壬戌月) 寒露 10월8일 18시20분 霜降 10월23일 21시18분

양력	1	2	3	4	5	6	7	8	9	10	11	12	13	14	15	16	17	18	19	20	21	22	23	24	25	26	27	28	29	30	31
요일	金	土	日	月	火	水	木	金	土	日	月	火	水	木	金	土	日	月	火	水	木	金	土	日	月	火	水	木	金	土	日
음력	8/29	30	9/1	2	3	4	5	6	7	8	9	10	11	12	13	14	15	16	17	18	19	20	21	22	23	24	25	26	27	28	29
일진	己未	庚申	辛酉	壬戌	癸亥	甲子	乙丑	丙寅	丁卯	戊辰	己巳	庚午	辛未	壬申	癸酉	甲戌	乙亥	丙子	丁丑	戊寅	己卯	庚辰	辛巳	壬午	癸未	甲申	乙酉	丙戌	丁亥	戊子	己丑
대운 남	2	2	2	1	1	1	1	한	10	9	9	9	8	8	8	7	7	7	6	6	6	5	상	5	4	4	4	3	3	3	2
대운 여	8	8	8	9	9	9	10	로	1	1	1	1	2	2	2	3	3	3	4	4	4	5	강	5	6	6	6	7	7	7	8

양력 11월 입동절(癸亥月) 立冬 11월7일 21시7분 小雪 11월22일 18시29분

양력	1	2	3	4	5	6	7	8	9	10	11	12	13	14	15	16	17	18	19	20	21	22	23	24	25	26	27	28	29	30
요일	月	火	水	木	金	土	日	月	火	水	木	金	土	日	月	火	水	木	金	土	日	月	火	水	木	金	土	日	月	火
음력	10/1	2	3	4	5	6	7	8	9	10	11	12	13	14	15	16	17	18	19	20	21	22	23	24	25	26	27	28	29	30
일진	庚寅	辛卯	壬辰	癸巳	甲午	乙未	丙申	丁酉	戊戌	己亥	庚子	辛丑	壬寅	癸卯	甲辰	乙巳	丙午	丁未	戊申	己酉	庚戌	辛亥	壬子	癸丑	甲寅	乙卯	丙辰	丁巳	戊午	己未
대운 남	2	2	1	1	1	1	입	10	9	9	9	8	8	8	7	7	7	6	6	6	5	소	5	4	4	4	3	3	3	2
대운 여	8	8	9	9	9	10	동	1	1	1	1	2	2	2	3	3	3	4	4	4	5	설	5	6	6	6	7	7	7	8

양력 12월 대설절(甲子月) 大雪 12월7일 13시38분 冬至 12월22일 7시33분

양력	1	2	3	4	5	6	7	8	9	10	11	12	13	14	15	16	17	18	19	20	21	22	23	24	25	26	27	28	29	30	31
요일	水	木	金	土	日	月	火	水	木	金	土	日	月	火	水	木	金	土	日	月	火	水	木	金	土	日	月	火	水	木	金
음력	11/1	2	3	4	5	6	7	8	9	10	11	12	13	14	15	16	17	18	19	20	21	22	23	24	25	26	27	28	29	12/1	2
일진	庚申	辛酉	壬戌	癸亥	甲子	乙丑	丙寅	丁卯	戊辰	己巳	庚午	辛未	壬申	癸酉	甲戌	乙亥	丙子	丁丑	戊寅	己卯	庚辰	辛巳	壬午	癸未	甲申	乙酉	丙戌	丁亥	戊子	己丑	庚寅
대운 남	2	2	1	1	1	1	대	10	9	9	9	8	8	8	7	7	7	6	6	6	5	동	5	4	4	4	3	3	3	2	2
대운 여	8	8	9	9	9	10	설	1	1	1	1	2	2	2	3	3	3	4	4	4	5	지	5	6	6	6	7	7	7	8	8

서기 1949년 [단기 4282년]

양력 1월 소한절(乙丑月) 小寒 1월6일 0시41분 大寒 1월20일 18시9분

양력	1	2	3	4	5	6	7	8	9	10	11	12	13	14	15	16	17	18	19	20	21	22	23	24	25	26	27	28	29	30	31
요일	土	日	月	火	水	木	金	土	日	月	火	水	木	金	土	日	月	火	水	木	金	土	日	月	火	水	木	金	土	日	月
음력	12/3	4	5	6	7	8	9	10	11	12	13	14	15	16	17	18	19	20	21	22	23	24	25	26	27	28	29	30	1/1	2	3
일진	辛卯	壬辰	癸巳	甲午	乙未	丙申	丁酉	戊戌	己亥	庚子	辛丑	壬寅	癸卯	甲辰	乙巳	丙午	丁未	戊申	己酉	庚戌	辛亥	壬子	癸丑	甲寅	乙卯	丙辰	丁巳	戊午	己未	庚申	辛酉
대운 남	2	1	1	1	1	소한	9	9	9	8	8	8	7	7	7	6	6	6	5	대한	5	4	4	4	3	3	3	2	2	2	1
대운 여	8	9	9	9	10		1	1	1	1	2	2	2	3	3	3	4	4	4		5	5	6	6	6	7	7	7	8	8	8

양력 2월 입춘절(丙寅月) 立春 2월4일 12시23분 雨水 2월19일 8시27분

양력	1	2	3	4	5	6	7	8	9	10	11	12	13	14	15	16	17	18	19	20	21	22	23	24	25	26	27	28			
요일	火	水	木	金	土	日	月	火	水	木	金	土	日	月	火	水	木	金	土	日	月	火	水	木	金	土	日	月			
음력	1/4	5	6	7	8	9	10	11	12	13	14	15	16	17	18	19	20	21	22	23	24	25	26	27	28	29	30	2/1			
일진	壬戌	癸亥	甲子	乙丑	丙寅	丁卯	戊辰	己巳	庚午	辛未	壬申	癸酉	甲戌	乙亥	丙子	丁丑	戊寅	己卯	庚辰	辛巳	壬午	癸未	甲申	乙酉	丙戌	丁亥	戊子	己丑			
대운 남	1	1	1	입춘	1	1	1	1	2	2	2	3	3	3	4	4	4	5	우수	5	6	6	6	7	7	7	8	8			
대운 여	9	9	9		10	9	9	9	8	8	8	7	7	7	6	6	6	5		5	4	4	4	3	3	3	2	2			

양력 3월 경칩절(丁卯月) 驚蟄 3월6일 6시39분 春分 3월21일 7시48분

양력	1	2	3	4	5	6	7	8	9	10	11	12	13	14	15	16	17	18	19	20	21	22	23	24	25	26	27	28	29	30	31
요일	火	水	木	金	土	日	月	火	水	木	金	土	日	月	火	水	木	金	土	日	月	火	水	木	金	土	日	月	火	水	木
음력	2/2	3	4	5	6	7	8	9	10	11	12	13	14	15	16	17	18	19	20	21	22	23	24	25	26	27	28	29	30	3/1	2
일진	庚寅	辛卯	壬辰	癸巳	甲午	乙未	丙申	丁酉	戊戌	己亥	庚子	辛丑	壬寅	癸卯	甲辰	乙巳	丙午	丁未	戊申	己酉	庚戌	辛亥	壬子	癸丑	甲寅	乙卯	丙辰	丁巳	戊午	己未	庚申
대운 남	8	9	9	9	10	경칩	1	1	1	1	2	2	2	3	3	3	4	4	4	5	춘분	5	6	6	6	7	7	7	8	8	8
대운 여	2	1	1	1	1		10	9	9	9	8	8	8	7	7	7	6	6	6	5		5	4	4	4	3	3	3	2	2	2

양력 4월 청명절(戊辰月) 清明 4월5일 11시52분 穀雨 4월20일 19시17분

양력	1	2	3	4	5	6	7	8	9	10	11	12	13	14	15	16	17	18	19	20	21	22	23	24	25	26	27	28	29	30	
요일	金	土	日	月	火	水	木	金	土	日	月	火	水	木	金	土	日	月	火	水	木	金	土	日	月	火	水	木	金	土	
음력	3/3	4	5	6	7	8	9	10	11	12	13	14	15	16	17	18	19	20	21	22	23	24	25	26	27	28	29	4/1	2	3	
일진	辛酉	壬戌	癸亥	甲子	乙丑	丙寅	丁卯	戊辰	己巳	庚午	辛未	壬申	癸酉	甲戌	乙亥	丙子	丁丑	戊寅	己卯	庚辰	辛巳	壬午	癸未	甲申	乙酉	丙戌	丁亥	戊子	己丑	庚寅	
대운 남	9	9	9	10	청명	1	1	1	1	2	2	2	3	3	3	4	4	4	5	곡우	5	6	6	6	7	7	7	8	8	8	
대운 여	1	1	1	1		10	10	9	9	9	8	8	8	7	7	7	6	6	6		5	5	4	4	4	3	3	3	2	2	

양력 5월 입하절(己巳月) 立夏 5월6일 5시37분 小滿 5월21일 18시51분

양력	1	2	3	4	5	6	7	8	9	10	11	12	13	14	15	16	17	18	19	20	21	22	23	24	25	26	27	28	29	30	31
요일	日	月	火	水	木	金	土	日	月	火	水	木	金	土	日	月	火	水	木	金	土	日	月	火	水	木	金	土	日	月	火
음력	4/4	5	6	7	8	9	10	11	12	13	14	15	16	17	18	19	20	21	22	23	24	25	26	27	28	29	30	5/1	2	3	4
일진	辛卯	壬辰	癸巳	甲午	乙未	丙申	丁酉	戊戌	己亥	庚子	辛丑	壬寅	癸卯	甲辰	乙巳	丙午	丁未	戊申	己酉	庚戌	辛亥	壬子	癸丑	甲寅	乙卯	丙辰	丁巳	戊午	己未	庚申	辛酉
대운 남	9	9	9	10	10	입하	1	1	1	1	2	2	2	3	3	3	4	4	4	5	소만	5	6	6	6	7	7	7	8	8	8
대운 여	2	1	1	1	1		10	10	9	9	9	8	8	8	7	7	7	6	6	6		5	5	4	4	4	3	3	3	2	2

양력 6월 망종절(庚午月) 芒種 6월6일 10시7분 夏至 6월22일 3시3분

양력	1	2	3	4	5	6	7	8	9	10	11	12	13	14	15	16	17	18	19	20	21	22	23	24	25	26	27	28	29	30	
요일	水	木	金	土	日	月	火	水	木	金	土	日	月	火	水	木	金	土	日	月	火	水	木	金	土	日	月	火	水	木	
음력	5/5	6	7	8	9	10	11	12	13	14	15	16	17	18	19	20	21	22	23	24	25	26	27	28	29	6/1	2	3	4	5	
일진	壬戌	癸亥	甲子	乙丑	丙寅	丁卯	戊辰	己巳	庚午	辛未	壬申	癸酉	甲戌	乙亥	丙子	丁丑	戊寅	己卯	庚辰	辛巳	壬午	癸未	甲申	乙酉	丙戌	丁亥	戊子	己丑	庚寅	辛卯	
대운 남	9	9	9	10	10	망종	1	1	1	1	2	2	2	3	3	3	4	4	4	5	5	하지	6	6	6	7	7	7	8	8	
대운 여	2	1	1	1	1		10	10	9	9	9	8	8	8	7	7	7	6	6	6	5		5	4	4	4	3	3	3	2	

己丑年

양력 7월 소서절(辛未月) 小暑 7월7일 20시32분 大暑 7월23일 13시57분

양력		1	2	3	4	5	6	7	8	9	10	11	12	13	14	15	16	17	18	19	20	21	22	23	24	25	26	27	28	29	30	31
요일		金	土	日	月	火	水	木	金	土	日	月	火	水	木	金	土	日	月	火	水	木	金	土	日	月	火	水	木	金	土	日
음력		6/6	7	8	9	10	11	12	13	14	15	16	17	18	19	20	21	22	23	24	25	26	27	28	29	30	7/1	2	3	4	5	6
일진		壬辰	癸巳	甲午	乙未	丙申	丁酉	戊戌	己亥	庚子	辛丑	壬寅	癸卯	甲辰	乙巳	丙午	丁未	戊申	己酉	庚戌	辛亥	壬子	癸丑	甲寅	乙卯	丙辰	丁巳	戊午	己未	庚申	辛酉	壬戌
대운	남	8	9	9	9	10	10	소	1	1	1	1	2	2	2	3	3	3	4	4	4	5	5	대	6	6	6	7	7	7	8	8
	여	2	2	1	1	1	1	서	10	10	10	9	9	9	8	8	8	7	7	7	6	6	6	서	5	5	4	4	4	3	3	3

양력 8월 입추절(壬申月) 立秋 8월8일 6시15분 處暑 8월23일 20시48분

양력		1	2	3	4	5	6	7	8	9	10	11	12	13	14	15	16	17	18	19	20	21	22	23	24	25	26	27	28	29	30	31
요일		月	火	水	木	金	土	日	月	火	水	木	金	土	日	月	火	水	木	金	土	日	月	火	水	木	金	土	日	月	火	水
음력		7/7	8	9	10	11	12	13	14	15	16	17	18	19	20	21	22	23	24	25	26	27	28	29	윤1	2	3	4	5	6	7	8
일진		癸亥	甲子	乙丑	丙寅	丁卯	戊辰	己巳	庚午	辛未	壬申	癸酉	甲戌	乙亥	丙子	丁丑	戊寅	己卯	庚辰	辛巳	壬午	癸未	甲申	乙酉	丙戌	丁亥	戊子	己丑	庚寅	辛卯	壬辰	癸巳
대운	남	8	9	9	9	10	10	10	입	1	1	1	1	2	2	2	3	3	3	4	4	4	5	처	5	6	6	6	7	7	7	8
	여	2	2	2	1	1	1	1	추	10	10	9	9	9	8	8	8	7	7	7	6	6	6	서	5	5	4	4	4	3	3	3

양력 9월 백로절(癸酉月) 白露 9월8일 8시54분 秋分 9월23일 18시6분

양력		1	2	3	4	5	6	7	8	9	10	11	12	13	14	15	16	17	18	19	20	21	22	23	24	25	26	27	28	29	30
요일		木	金	土	日	月	火	水	木	金	土	日	月	火	水	木	金	土	日	月	火	水	木	金	土	日	月	火	水	木	金
음력		윤9	10	11	12	13	14	15	16	17	18	19	20	21	22	23	24	25	26	27	28	29	8/1	2	3	4	5	6	7	8	9
일진		甲午	乙未	丙申	丁酉	戊戌	己亥	庚子	辛丑	壬寅	癸卯	甲辰	乙巳	丙午	丁未	戊申	己酉	庚戌	辛亥	壬子	癸丑	甲寅	乙卯	丙辰	丁巳	戊午	己未	庚申	辛酉	壬戌	癸亥
대운	남	8	8	9	9	9	10	10	백	1	1	1	1	2	2	2	3	3	3	4	4	4	5	추	5	6	6	6	7	7	7
	여	2	2	2	1	1	1	1	로	10	10	9	9	9	8	8	8	7	7	7	6	6	6	분	5	5	4	4	4	3	3

양력 10월 한로절(甲戌月) 寒露 10월9일 0시11분 霜降 10월24일 3시3분

양력		1	2	3	4	5	6	7	8	9	10	11	12	13	14	15	16	17	18	19	20	21	22	23	24	25	26	27	28	29	30	31
요일		土	日	月	火	水	木	金	土	日	月	火	水	木	金	土	日	月	火	水	木	金	土	日	月	火	水	木	金	土	日	月
음력		8/10	11	12	13	14	15	16	17	18	19	20	21	22	23	24	25	26	27	28	29	30	9/1	2	3	4	5	6	7	8	9	10
일진		甲子	乙丑	丙寅	丁卯	戊辰	己巳	庚午	辛未	壬申	癸酉	甲戌	乙亥	丙子	丁丑	戊寅	己卯	庚辰	辛巳	壬午	癸未	甲申	乙酉	丙戌	丁亥	戊子	己丑	庚寅	辛卯	壬辰	癸巳	甲午
대운	남	8	8	8	9	9	9	10	10	한	1	1	1	1	2	2	2	3	3	3	4	4	4	5	상	5	6	6	6	7	7	7
	여	3	2	2	2	1	1	1	1	로	10	9	9	9	8	8	8	7	7	7	6	6	6	5	강	5	4	4	4	3	3	3

양력 11월 입동절(乙亥月) 立冬 11월8일 3시0분 小雪 11월23일 0시16분

양력		1	2	3	4	5	6	7	8	9	10	11	12	13	14	15	16	17	18	19	20	21	22	23	24	25	26	27	28	29	30
요일		火	水	木	金	土	日	月	火	水	木	金	土	日	月	火	水	木	金	土	日	月	火	水	木	金	土	日	月	火	水
음력		9/11	12	13	14	15	16	17	18	19	20	21	22	23	24	25	26	27	28	29	10/1	2	3	4	5	6	7	8	9	10	11
일진		乙未	丙申	丁酉	戊戌	己亥	庚子	辛丑	壬寅	癸卯	甲辰	乙巳	丙午	丁未	戊申	己酉	庚戌	辛亥	壬子	癸丑	甲寅	乙卯	丙辰	丁巳	戊午	己未	庚申	辛酉	壬戌	癸亥	甲子
대운	남	8	8	8	9	9	9	10	입	1	1	1	1	2	2	2	3	3	3	4	4	4	5	소	5	6	6	6	7	7	7
	여	2	2	2	1	1	1	1	동	9	9	9	8	8	8	7	7	7	6	6	6	5	5	설	4	4	4	3	3	3	2

양력 12월 대설절(丙子月) 大雪 12월7일 19시33분 冬至 12월22일 13시23분

양력		1	2	3	4	5	6	7	8	9	10	11	12	13	14	15	16	17	18	19	20	21	22	23	24	25	26	27	28	29	30	31
요일		木	金	土	日	月	火	水	木	金	土	日	月	火	水	木	金	土	日	月	火	水	木	金	土	日	月	火	水	木	金	土
음력		10/12	13	14	15	16	17	18	19	20	21	22	23	24	25	26	27	28	29	30	11/1	2	3	4	5	6	7	8	9	10	11	12
일진		乙丑	丙寅	丁卯	戊辰	己巳	庚午	辛未	壬申	癸酉	甲戌	乙亥	丙子	丁丑	戊寅	己卯	庚辰	辛巳	壬午	癸未	甲申	乙酉	丙戌	丁亥	戊子	己丑	庚寅	辛卯	壬辰	癸巳	甲午	乙未
대운	남	8	8	8	9	9	9	대	1	1	1	1	2	2	2	3	3	3	4	4	4	5	동	5	6	6	6	7	7	7	8	8
	여	2	2	1	1	1	1	설	10	9	9	9	8	8	8	7	7	7	6	6	6	5	지	5	4	4	4	3	3	3	2	2

▶윤달-7월

서기 1950년 [단기 4283년]

양력 1월 소한절(丁丑月) 小寒 1월6일 6시39분 大寒 1월20일 24시0분

양력	1	2	3	4	5	6	7	8	9	10	11	12	13	14	15	16	17	18	19	20	21	22	23	24	25	26	27	28	29	30	31
요일	日	月	火	水	木	金	土	日	月	火	水	木	金	土	日	月	火	水	木	金	土	日	月	火	水	木	金	土	日	月	火
음력	11/13	14	15	16	17	18	19	20	21	22	23	24	25	26	27	28	29	12/1	2	3	4	5	6	7	8	9	10	11	12	13	14
일진	丙申	丁酉	戊戌	己亥	庚子	辛丑	壬寅	癸卯	甲辰	乙巳	丙午	丁未	戊申	己酉	庚戌	辛亥	壬子	癸丑	甲寅	乙卯	丙辰	丁巳	戊午	己未	庚申	辛酉	壬戌	癸亥	甲子	乙丑	丙寅
대운 남	8	9	9	9	10	소	1	1	1	1	2	2	2	3	3	3	4	4	4	대	5	5	6	6	6	7	7	7	8	8	8
대운 여	2	1	1	1	1	한	9	9	9	8	8	8	7	7	7	6	6	6	5	한	5	4	4	4	3	3	3	2	2	2	1

양력 2월 입춘절(戊寅月) 立春 2월4일 18시21분 雨水 2월19일 14시18분

양력	1	2	3	4	5	6	7	8	9	10	11	12	13	14	15	16	17	18	19	20	21	22	23	24	25	26	27	28			
요일	水	木	金	土	日	月	火	水	木	金	土	日	月	火	水	木	金	土	日	月	火	水	木	金	土	日	月	火			
음력	12/15	16	17	18	19	20	21	22	23	24	25	26	27	28	29	30	1/1	2	3	4	5	6	7	8	9	10	11	12			
일진	丁卯	戊辰	己巳	庚午	辛未	壬申	癸酉	甲戌	乙亥	丙子	丁丑	戊寅	己卯	庚辰	辛巳	壬午	癸未	甲申	乙酉	丙戌	丁亥	戊子	己丑	庚寅	辛卯	壬辰	癸巳	甲午			
대운 남	9	9	9	입	10	9	9	9	8	8	8	7	7	7	6	6	6	5	우	5	4	4	4	3	3	3	2	2			
대운 여	1	1	1	춘	1	1	1	1	2	2	2	3	3	3	4	4	4	5	수	5	6	6	6	7	7	7	8	8			

양력 3월 경칩절(己卯月) 驚蟄 3월6일 12시35분 春分 3월21일 13시35분

양력	1	2	3	4	5	6	7	8	9	10	11	12	13	14	15	16	17	18	19	20	21	22	23	24	25	26	27	28	29	30	31
요일	水	木	金	土	日	月	火	水	木	金	土	日	月	火	水	木	金	土	日	月	火	水	木	金	土	日	月	火	水	木	金
음력	1/13	14	15	16	17	18	19	20	21	22	23	24	25	26	27	28	29	30	2/1	2	3	4	5	6	7	8	9	10	11	12	13
일진	乙未	丙申	丁酉	戊戌	己亥	庚子	辛丑	壬寅	癸卯	甲辰	乙巳	丙午	丁未	戊申	己酉	庚戌	辛亥	壬子	癸丑	甲寅	乙卯	丙辰	丁巳	戊午	己未	庚申	辛酉	壬戌	癸亥	甲子	乙丑
대운 남	2	1	1	1	1	경	10	9	9	9	8	8	8	7	7	7	6	6	6	5	춘	5	4	4	4	3	3	3	2	2	2
대운 여	8	9	9	9	10	칩	1	1	1	1	2	2	2	3	3	3	4	4	4	5	분	5	6	6	6	7	7	7	8	8	8

양력 4월 청명절(庚辰月) 淸明 4월5일 17시44분 穀雨 4월21일 0시59분

양력	1	2	3	4	5	6	7	8	9	10	11	12	13	14	15	16	17	18	19	20	21	22	23	24	25	26	27	28	29	30	
요일	土	日	月	火	水	木	金	土	日	月	火	水	木	金	土	日	月	火	水	木	金	土	日	月	火	水	木	金	土	日	
음력	2/14	15	16	17	18	19	20	21	22	23	24	25	26	27	28	29	3/1	2	3	4	5	6	7	8	9	10	11	12	13	14	
일진	丙寅	丁卯	戊辰	己巳	庚午	辛未	壬申	癸酉	甲戌	乙亥	丙子	丁丑	戊寅	己卯	庚辰	辛巳	壬午	癸未	甲申	乙酉	丙戌	丁亥	戊子	己丑	庚寅	辛卯	壬辰	癸巳	甲午	乙未	
대운 남	1	1	1	1	청	10	10	9	9	9	8	8	8	7	7	7	6	6	6	5	곡	5	4	4	4	3	3	3	2	2	
대운 여	9	9	9	10	명	1	1	1	1	2	2	2	3	3	3	4	4	4	5	5	우	6	6	6	7	7	7	8	8	8	

양력 5월 입하절(辛巳月) 立夏 5월6일 11시25분 小滿 5월22일 0시27분

양력	1	2	3	4	5	6	7	8	9	10	11	12	13	14	15	16	17	18	19	20	21	22	23	24	25	26	27	28	29	30	31
요일	月	火	水	木	金	土	日	月	火	水	木	金	土	日	月	火	水	木	金	土	日	月	火	水	木	金	土	日	月	火	水
음력	3/15	16	17	18	19	20	21	22	23	24	25	26	27	28	29	30	4/1	2	3	4	5	6	7	8	9	10	11	12	13	14	15
일진	丙申	丁酉	戊戌	己亥	庚子	辛丑	壬寅	癸卯	甲辰	乙巳	丙午	丁未	戊申	己酉	庚戌	辛亥	壬子	癸丑	甲寅	乙卯	丙辰	丁巳	戊午	己未	庚申	辛酉	壬戌	癸亥	甲子	乙丑	丙寅
대운 남	2	1	1	1	1	입	10	10	9	9	9	8	8	8	7	7	7	6	6	6	5	소	5	4	4	4	3	3	3	2	2
대운 여	9	9	9	10	10	하	1	1	1	1	2	2	2	3	3	3	4	4	4	5	5	만	6	6	6	7	7	7	8	8	8

양력 6월 망종절(壬午月) 芒種 6월6일 15시51분 夏至 6월22일 8시36분

양력	1	2	3	4	5	6	7	8	9	10	11	12	13	14	15	16	17	18	19	20	21	22	23	24	25	26	27	28	29	30	
요일	木	金	土	日	月	火	水	木	金	土	日	月	火	水	木	金	土	日	月	火	水	木	金	土	日	月	火	水	木	金	
음력	4/16	17	18	19	20	21	22	23	24	25	26	27	28	29	30	5/1	2	3	4	5	6	7	8	9	10	11	12	13	14	15	
일진	丁卯	戊辰	己巳	庚午	辛未	壬申	癸酉	甲戌	乙亥	丙子	丁丑	戊寅	己卯	庚辰	辛巳	壬午	癸未	甲申	乙酉	丙戌	丁亥	戊子	己丑	庚寅	辛卯	壬辰	癸巳	甲午	乙未	丙申	
대운 남	2	1	1	1	1	망	10	10	10	9	9	9	8	8	8	7	7	7	6	6	6	하	5	5	4	4	4	3	3	3	
대운 여	9	9	9	10	10	종	1	1	1	1	2	2	2	3	3	3	4	4	4	5	5	지	6	6	6	7	7	7	8	8	

庚寅年

양력 7월 소서절(癸未月) 小暑 7월8일 2시13분 大暑 7월23일 19시30분

양력	1	2	3	4	5	6	7	8	9	10	11	12	13	14	15	16	17	18	19	20	21	22	23	24	25	26	27	28	29	30	31
요일	土	日	月	火	水	木	金	土	日	月	火	水	木	金	土	日	月	火	水	木	金	土	日	月	火	水	木	金	土	日	月
음력	5/16	17	18	19	20	21	22	23	24	25	26	27	28	29	6/1	2	3	4	5	6	7	8	9	10	11	12	13	14	15	16	17
일진	丁酉	戊戌	己亥	庚子	辛丑	壬寅	癸卯	甲辰	乙巳	丙午	丁未	戊申	己酉	庚戌	辛亥	壬子	癸丑	甲寅	乙卯	丙辰	丁巳	戊午	己未	庚申	辛酉	壬戌	癸亥	甲子	乙丑	丙寅	丁卯
대운 남	2	2	2	1	1	1	1	소	10	10	9	9	9	8	8	8	7	7	7	6	6	6	대	5	5	4	4	4	3	3	3
대운 여	8	9	9	9	10	10	10	서	1	1	1	1	2	2	2	3	3	3	4	4	4	5	서	5	6	6	6	7	7	7	8

양력 8월 입추절(甲申月) 立秋 8월8일 11시55분 處暑 8월24일 2시23분

양력	1	2	3	4	5	6	7	8	9	10	11	12	13	14	15	16	17	18	19	20	21	22	23	24	25	26	27	28	29	30	31
요일	火	水	木	金	土	日	月	火	水	木	金	土	日	月	火	水	木	金	土	日	月	火	水	木	金	土	日	月	火	水	木
음력	6/18	19	20	21	22	23	24	25	26	27	28	29	30	7/1	2	3	4	5	6	7	8	9	10	11	12	13	14	15	16	17	18
일진	戊辰	己巳	庚午	辛未	壬申	癸酉	甲戌	乙亥	丙子	丁丑	戊寅	己卯	庚辰	辛巳	壬午	癸未	甲申	乙酉	丙戌	丁亥	戊子	己丑	庚寅	辛卯	壬辰	癸巳	甲午	乙未	丙申	丁酉	戊戌
대운 남	2	2	2	1	1	1	1	입	10	10	9	9	9	8	8	8	7	7	7	6	6	6	5	처	5	4	4	4	3	3	3
대운 여	8	8	9	9	9	10	10	추	1	1	1	1	2	2	2	3	3	3	4	4	4	5	5	서	6	6	6	7	7	7	8

양력 9월 백로절(乙酉月) 白露 9월8일 14시34분 秋分 9월23일 23시44분

양력	1	2	3	4	5	6	7	8	9	10	11	12	13	14	15	16	17	18	19	20	21	22	23	24	25	26	27	28	29	30	
요일	金	土	日	月	火	水	木	金	土	日	月	火	水	木	金	土	日	月	火	水	木	金	土	日	月	火	水	木	金	土	
음력	7/19	20	21	22	23	24	25	26	27	28	29	8/1	2	3	4	5	6	7	8	9	10	11	12	13	14	15	16	17	18	19	
일진	己亥	庚子	辛丑	壬寅	癸卯	甲辰	乙巳	丙午	丁未	戊申	己酉	庚戌	辛亥	壬子	癸丑	甲寅	乙卯	丙辰	丁巳	戊午	己未	庚申	辛酉	壬戌	癸亥	甲子	乙丑	丙寅	丁卯	戊辰	
대운 남	2	2	2	1	1	1	1	백	10	10	9	9	9	8	8	8	7	7	7	6	6	6	추	5	5	4	4	4	3	3	
대운 여	8	8	9	9	9	10	10	로	1	1	1	1	2	2	2	3	3	3	4	4	4	5	분	5	6	6	6	7	7	7	

양력 10월 한로절(丙戌月) 寒露 10월9일 5시52분 霜降 10월24일 8시45분

양력	1	2	3	4	5	6	7	8	9	10	11	12	13	14	15	16	17	18	19	20	21	22	23	24	25	26	27	28	29	30	31
요일	日	月	火	水	木	金	土	日	月	火	水	木	金	土	日	月	火	水	木	金	土	日	月	火	水	木	金	土	日	月	火
음력	8/20	21	22	23	24	25	26	27	28	29	9/1	2	3	4	5	6	7	8	9	10	11	12	13	14	15	16	17	18	19	20	21
일진	己巳	庚午	辛未	壬申	癸酉	甲戌	乙亥	丙子	丁丑	戊寅	己卯	庚辰	辛巳	壬午	癸未	甲申	乙酉	丙戌	丁亥	戊子	己丑	庚寅	辛卯	壬辰	癸巳	甲午	乙未	丙申	丁酉	戊戌	己亥
대운 남	3	2	2	2	1	1	1	1	한	10	9	9	9	8	8	8	7	7	7	6	6	6	5	상	5	4	4	4	3	3	3
대운 여	8	8	8	9	9	9	10	10	로	1	1	1	1	2	2	2	3	3	3	4	4	4	5	강	5	6	6	6	7	7	7

양력 11월 입동절(丁亥月) 立冬 11월8일 8시44분 小雪 11월23일 6시3분

양력	1	2	3	4	5	6	7	8	9	10	11	12	13	14	15	16	17	18	19	20	21	22	23	24	25	26	27	28	29	30	
요일	水	木	金	土	日	月	火	水	木	金	土	日	月	火	水	木	金	土	日	月	火	水	木	金	土	日	月	火	水	木	
음력	9/22	23	24	25	26	27	28	29	30	10/1	2	3	4	5	6	7	8	9	10	11	12	13	14	15	16	17	18	19	20	21	
일진	庚子	辛丑	壬寅	癸卯	甲辰	乙巳	丙午	丁未	戊申	己酉	庚戌	辛亥	壬子	癸丑	甲寅	乙卯	丙辰	丁巳	戊午	己未	庚申	辛酉	壬戌	癸亥	甲子	乙丑	丙寅	丁卯	戊辰	己巳	
대운 남	2	2	2	1	1	1	1	입	10	9	9	9	8	8	8	7	7	7	6	6	6	5	소	5	4	4	4	3	3	3	
대운 여	8	8	8	9	9	9	10	동	1	1	1	1	2	2	2	3	3	3	4	4	4	5	설	5	6	6	6	7	7	7	

양력 12월 대설절(戊子月) 大雪 12월8일 1시22분 冬至 12월22일 19시13분

양력	1	2	3	4	5	6	7	8	9	10	11	12	13	14	15	16	17	18	19	20	21	22	23	24	25	26	27	28	29	30	31
요일	金	土	日	月	火	水	木	金	土	日	月	火	水	木	金	土	日	月	火	水	木	金	土	日	月	火	水	木	金	上	日
음력	10/22	23	24	25	26	27	28	29	11/1	2	3	4	5	6	7	8	9	10	11	12	13	14	15	16	17	18	19	20	21	22	23
일진	庚午	辛未	壬申	癸酉	甲戌	乙亥	丙子	丁丑	戊寅	己卯	庚辰	辛巳	壬午	癸未	甲申	乙酉	丙戌	丁亥	戊子	己丑	庚寅	辛卯	壬辰	癸巳	甲午	乙未	丙申	丁酉	戊戌	己亥	庚子
대운 남	2	2	2	1	1	1	1	대	9	9	9	8	8	8	7	7	7	6	6	6	5	동	5	4	4	4	3	3	3	2	2
대운 여	8	8	8	9	9	9	10	설	1	1	1	1	2	2	2	3	3	3	4	4	4	지	5	5	6	6	6	7	7	7	8

서기 1951년 [단기 4284년]

양력 1월 소한절(己丑月) 小寒 1월6일 12시30분 大寒 1월21일 5시52분

양력		1	2	3	4	5	6	7	8	9	10	11	12	13	14	15	16	17	18	19	20	21	22	23	24	25	26	27	28	29	30	31
요일		月	火	水	木	金	土	日	月	火	水	木	金	土	日	月	火	水	木	金	土	日	月	火	水	木	金	土	日	月	火	水
음력		11/24	25	26	27	28	29	30	12/1	2	3	4	5	6	7	8	9	10	11	12	13	14	15	16	17	18	19	20	21	22	23	24
일진		辛丑	壬寅	癸卯	甲辰	乙巳	丙午	丁未	戊申	己酉	庚戌	辛亥	壬子	癸丑	甲寅	乙卯	丙辰	丁巳	戊午	己未	庚申	辛酉	壬戌	癸亥	甲子	乙丑	丙寅	丁卯	戊辰	己巳	庚午	辛未
대운	남	2	1	1	1	1	소	10	9	9	9	8	8	8	7	7	7	6	6	6	5	대	5	4	4	4	3	3	3	2	2	2
	여	8	8	9	9	9	한	1	1	1	1	2	2	2	3	3	3	4	4	4	5	한	5	6	6	6	7	7	7	8	8	8

양력 2월 입춘절(庚寅月) 立春 2월5일 0시13분 雨水 2월19일 20시10분

양력		1	2	3	4	5	6	7	8	9	10	11	12	13	14	15	16	17	18	19	20	21	22	23	24	25	26	27	28			
요일		木	金	土	日	月	火	水	木	金	土	日	月	火	水	木	金	土	日	月	火	水	木	金	土	日	月	火	水			
음력		12/25	26	27	28	29	1/1	2	3	4	5	6	7	8	9	10	11	12	13	14	15	16	17	18	19	20	21	22	23			
일진		壬申	癸酉	甲戌	乙亥	丙子	丁丑	戊寅	己卯	庚辰	辛巳	壬午	癸未	甲申	乙酉	丙戌	丁亥	戊子	己丑	庚寅	辛卯	壬辰	癸巳	甲午	乙未	丙申	丁酉	戊戌	己亥			
대운	남	1	1	1	1	입	1	1	1	1	2	2	2	3	3	3	4	4	4	우	5	5	6	6	6	7	7	7	8			
	여	9	9	9	10	춘	9	9	9	8	8	8	7	7	7	6	6	6	5	수	5	4	4	4	3	3	3	2	2			

양력 3월 경칩절(辛卯月) 驚蟄 3월6일 18시27분 春分 3월21일 19시26분

양력		1	2	3	4	5	6	7	8	9	10	11	12	13	14	15	16	17	18	19	20	21	22	23	24	25	26	27	28	29	30	31
요일		木	金	土	日	月	火	水	木	金	土	日	月	火	水	木	金	土	日	月	火	水	木	金	土	日	月	火	水	木	金	土
음력		1/24	25	26	27	28	29	30	2/1	2	3	4	5	6	7	8	9	10	11	12	13	14	15	16	17	18	19	20	21	22	23	24
일진		庚子	辛丑	壬寅	癸卯	甲辰	乙巳	丙午	丁未	戊申	己酉	庚戌	辛亥	壬子	癸丑	甲寅	乙卯	丙辰	丁巳	戊午	己未	庚申	辛酉	壬戌	癸亥	甲子	乙丑	丙寅	丁卯	戊辰	己巳	庚午
대운	남	8	8	9	9	9	경	1	1	1	1	2	2	2	3	3	3	4	4	4	5	춘	5	6	6	6	7	7	7	8	8	8
	여	2	1	1	1	1	칩	10	9	9	9	8	8	8	7	7	7	6	6	6	5	분	5	4	4	4	3	3	3	2	2	2

양력 4월 청명절(壬辰月) 淸明 4월5일 23시33분 穀雨 4월21일 6시48분

양력		1	2	3	4	5	6	7	8	9	10	11	12	13	14	15	16	17	18	19	20	21	22	23	24	25	26	27	28	29	30	
요일		日	月	火	水	木	金	土	日	月	火	水	木	金	土	日	月	火	水	木	金	土	日	月	火	水	木	金	土	日	月	
음력		2/25	26	27	28	29	3/1	2	3	4	5	6	7	8	9	10	11	12	13	14	15	16	17	18	19	20	21	22	23	24	25	
일진		辛未	壬申	癸酉	甲戌	乙亥	丙子	丁丑	戊寅	己卯	庚辰	辛巳	壬午	癸未	甲申	乙酉	丙戌	丁亥	戊子	己丑	庚寅	辛卯	壬辰	癸巳	甲午	乙未	丙申	丁酉	戊戌	己亥	庚子	
대운	남	9	9	9	10	청	1	1	1	1	2	2	2	3	3	3	4	4	4	5	5	곡	6	6	6	7	7	7	8	8	8	
	여	1	1	1	1	명	10	10	9	9	9	8	8	8	7	7	7	6	6	6	5	우	5	4	4	4	3	3	3	2	2	

양력 5월 입하절(癸巳月) 立夏 5월6일 17시9분 小滿 5월22일 6시15분

양력		1	2	3	4	5	6	7	8	9	10	11	12	13	14	15	16	17	18	19	20	21	22	23	24	25	26	27	28	29	30	31
요일		火	水	木	金	土	日	月	火	水	木	金	土	日	月	火	水	木	金	土	日	月	火	水	木	金	土	日	月	火	水	木
음력		3/26	27	28	29	30	4/1	2	3	4	5	6	7	8	9	10	11	12	13	14	15	16	17	18	19	20	21	22	23	24	25	26
일진		辛丑	壬寅	癸卯	甲辰	乙巳	丙午	丁未	戊申	己酉	庚戌	辛亥	壬子	癸丑	甲寅	乙卯	丙辰	丁巳	戊午	己未	庚申	辛酉	壬戌	癸亥	甲子	乙丑	丙寅	丁卯	戊辰	己巳	庚午	辛未
대운	남	9	9	9	10	10	입	1	1	1	1	2	2	2	3	3	3	4	4	4	5	5	소	6	6	6	7	7	7	8	8	8
	여	2	1	1	1	1	하	10	10	9	9	9	8	8	8	7	7	7	6	6	6	5	만	5	4	4	4	3	3	3	2	2

양력 6월 망종절(甲午月) 芒種 6월6일 21시33분 夏至 6월22일 14시25분

양력		1	2	3	4	5	6	7	8	9	10	11	12	13	14	15	16	17	18	19	20	21	22	23	24	25	26	27	28	29	30	
요일		金	土	日	月	火	水	木	金	土	日	月	火	水	木	金	土	日	月	火	水	木	金	土	日	月	火	水	木	金	土	
음력		4/27	28	29	30	5/1	2	3	4	5	6	7	8	9	10	11	12	13	14	15	16	17	18	19	20	21	22	23	24	25	26	
일진		壬申	癸酉	甲戌	乙亥	丙子	丁丑	戊寅	己卯	庚辰	辛巳	壬午	癸未	甲申	乙酉	丙戌	丁亥	戊子	己丑	庚寅	辛卯	壬辰	癸巳	甲午	乙未	丙申	丁酉	戊戌	己亥	庚子	辛丑	
대운	남	9	9	9	10	10	망	1	1	1	1	2	2	2	3	3	3	4	4	4	5	5	하	6	6	6	7	7	7	8	8	
	여	2	1	1	1	1	종	10	10	10	9	9	9	8	8	8	7	7	7	6	6	6	지	5	5	4	4	4	3	3	3	

辛卯年

양력 7월 소서절(乙未月) 小暑 7월8일 7시54분 大暑 7월24일 1시21분

양력	1	2	3	4	5	6	7	8	9	10	11	12	13	14	15	16	17	18	19	20	21	22	23	24	25	26	27	28	29	30	31
요일	日	月	火	水	木	金	土	日	月	火	水	木	金	土	日	月	火	水	木	金	土	日	月	火	水	木	金	土	日	月	火
음력	5/27	28	29	6/1	2	3	4	5	6	7	8	9	10	11	12	13	14	15	16	17	18	19	20	21	22	23	24	25	26	27	28
일진	壬寅	癸卯	甲辰	乙巳	丙午	丁未	戊申	己酉	庚戌	辛亥	壬子	癸丑	甲寅	乙卯	丙辰	丁巳	戊午	己未	庚申	辛酉	壬戌	癸亥	甲子	乙丑	丙寅	丁卯	戊辰	己巳	庚午	辛未	壬申
대운 남	8	9	9	9	10	10	10	소서	1	1	1	1	2	2	2	3	3	3	4	4	4	5	5	대서	6	6	6	7	7	7	8
대운 여	2	2	2	1	1	1	1		10	10	9	9	9	8	8	8	7	7	7	6	6	6	5		5	4	4	4	3	3	3

양력 8월 입추절(丙申月) 立秋 8월8일 17시37분 處暑 8월24일 8시16분

양력	1	2	3	4	5	6	7	8	9	10	11	12	13	14	15	16	17	18	19	20	21	22	23	24	25	26	27	28	29	30	31
요일	水	木	金	土	日	月	火	水	木	金	土	日	月	火	水	木	金	土	日	月	火	水	木	金	土	日	月	火	水	木	金
음력	6/29	30	7/1	2	3	4	5	6	7	8	9	10	11	12	13	14	15	16	17	18	19	20	21	22	23	24	25	26	27	28	29
일진	癸酉	甲戌	乙亥	丙子	丁丑	戊寅	己卯	庚辰	辛巳	壬午	癸未	甲申	乙酉	丙戌	丁亥	戊子	己丑	庚寅	辛卯	壬辰	癸巳	甲午	乙未	丙申	丁酉	戊戌	己亥	庚子	辛丑	壬寅	癸卯
대운 남	8	8	9	9	9	10	10	입추	1	1	1	1	2	2	2	3	3	3	4	4	4	5	5	처서	6	6	6	7	7	7	8
대운 여	2	2	2	1	1	1	1		10	10	9	9	9	8	8	8	7	7	7	6	6	6	5		5	4	4	4	3	3	3

양력 9월 백로절(丁酉月) 白露 9월8일 20시18분 秋分 9월24일 5시37분

양력	1	2	3	4	5	6	7	8	9	10	11	12	13	14	15	16	17	18	19	20	21	22	23	24	25	26	27	28	29	30	
요일	土	日	月	火	水	木	金	土	日	月	火	水	木	金	土	日	月	火	水	木	金	土	日	月	火	水	木	金	土	日	
음력	8/1	2	3	4	5	6	7	8	9	10	11	12	13	14	15	16	17	18	19	20	21	22	23	24	25	26	27	28	29	30	
일진	甲辰	乙巳	丙午	丁未	戊申	己酉	庚戌	辛亥	壬子	癸丑	甲寅	乙卯	丙辰	丁巳	戊午	己未	庚申	辛酉	壬戌	癸亥	甲子	乙丑	丙寅	丁卯	戊辰	己巳	庚午	辛未	壬申	癸酉	
대운 남	8	8	9	9	9	10	10	백로	1	1	1	1	2	2	2	3	3	3	4	4	4	5	5	추분	6	6	6	7	7	7	
대운 여	2	2	2	1	1	1	1		10	10	9	9	9	8	8	8	7	7	7	6	6	6	5		5	4	4	4	3	3	

양력 10월 한로절(戊戌月) 寒露 10월9일 11시36분 霜降 10월24일 14시36분

양력	1	2	3	4	5	6	7	8	9	10	11	12	13	14	15	16	17	18	19	20	21	22	23	24	25	26	27	28	29	30	31
요일	月	火	水	木	金	土	日	月	火	水	木	金	土	日	月	火	水	木	金	土	日	月	火	水	木	金	土	日	月	火	水
음력	9/1	2	3	4	5	6	7	8	9	10	11	12	13	14	15	16	17	18	19	20	21	22	23	24	25	26	27	28	29	10/1	2
일진	甲戌	乙亥	丙子	丁丑	戊寅	己卯	庚辰	辛巳	壬午	癸未	甲申	乙酉	丙戌	丁亥	戊子	己丑	庚寅	辛卯	壬辰	癸巳	甲午	乙未	丙申	丁酉	戊戌	己亥	庚子	辛丑	壬寅	癸卯	甲辰
대운 남	8	8	8	9	9	9	10	10	한로	1	1	1	1	2	2	2	3	3	3	4	4	4	5	상강	5	6	6	6	7	7	7
대운 여	3	2	2	2	1	1	1	1		10	9	9	9	8	8	8	7	7	7	6	6	6	5		5	4	4	4	3	3	3

양력 11월 입동절(己亥月) 立冬 11월8일 14시27분 小雪 11월23일 11시51분

양력	1	2	3	4	5	6	7	8	9	10	11	12	13	14	15	16	17	18	19	20	21	22	23	24	25	26	27	28	29	30	
요일	木	金	土	日	月	火	水	木	金	土	日	月	火	水	木	金	土	日	月	火	水	木	金	土	日	月	火	水	木	金	
음력	10/3	4	5	6	7	8	9	10	11	12	13	14	15	16	17	18	19	20	21	22	23	24	25	26	27	28	29	30	11/1	2	
일진	乙巳	丙午	丁未	戊申	己酉	庚戌	辛亥	壬子	癸丑	甲寅	乙卯	丙辰	丁巳	戊午	己未	庚申	辛酉	壬戌	癸亥	甲子	乙丑	丙寅	丁卯	戊辰	己巳	庚午	辛未	壬申	癸酉	甲戌	
대운 남	8	8	8	9	9	9	10	입동	1	1	1	1	2	2	2	3	3	3	4	4	4	5	소설	5	6	6	6	7	7	7	
대운 여	2	2	2	1	1	1	1		10	9	9	9	8	8	8	7	7	7	6	6	6	5		5	4	4	4	3	3	3	

양력 12월 대설절(庚子月) 大雪 12월8일 7시2분 冬至 12월23일 1시0분

양력	1	2	3	4	5	6	7	8	9	10	11	12	13	14	15	16	17	18	19	20	21	22	23	24	25	26	27	28	29	30	31
요일	土	日	月	火	水	木	金	土	日	月	火	水	木	金	土	口	月	火	水	木	金	土	日	月	火	水	木	金	土	日	月
음력	11/3	4	5	6	7	8	9	10	11	12	13	14	15	16	17	18	19	20	21	22	23	24	25	26	27	28	29	12/1	2	3	4
일진	乙亥	丙子	丁丑	戊寅	己卯	庚辰	辛巳	壬午	癸未	甲申	乙酉	丙戌	丁亥	戊子	己丑	庚寅	辛卯	壬辰	癸巳	甲午	乙未	丙申	丁酉	戊戌	己亥	庚子	辛丑	壬寅	癸卯	甲辰	乙巳
대운 남	8	8	8	9	9	9	10	대설	1	1	1	1	2	2	2	3	3	3	4	4	4	5	동지	5	6	6	6	7	7	7	8
대운 여	2	2	2	1	1	1	1		9	9	9	8	8	8	7	7	7	6	6	6	5	5		4	4	4	3	3	3	2	2

서기 1952년 [단기 4285년]

양력 1월 소한절(辛丑月) 小寒 1월6일 18시10분 大寒 1월21일 11시38분

양력	1	2	3	4	5	6	7	8	9	10	11	12	13	14	15	16	17	18	19	20	21	22	23	24	25	26	27	28	29	30	31
요일	火	水	木	金	土	日	月	火	水	木	金	土	日	月	火	水	木	金	土	日	月	火	水	木	金	土	日	月	火	水	木
음력	12/5	6	7	8	9	10	11	12	13	14	15	16	17	18	19	20	21	22	23	24	25	26	27	28	29	30	1/1	2	3	4	5
일진	丙午	丁未	戊申	己酉	庚戌	辛亥	壬子	癸丑	甲寅	乙卯	丙辰	丁巳	戊午	己未	庚申	辛酉	壬戌	癸亥	甲子	乙丑	丙寅	丁卯	戊辰	己巳	庚午	辛未	壬申	癸酉	甲戌	乙亥	丙子
대운 남	8	8	9	9	9	소	1	1	1	1	2	2	2	3	3	3	4	4	4	5	대	5	6	6	6	7	7	7	8	8	8
대운 여	2	1	1	1	1	한	10	9	9	9	8	8	8	7	7	7	6	6	6	5	한	5	4	4	4	3	3	3	2	2	2

양력 2월 입춘절(壬寅月) 立春 2월5일 5시53분 雨水 2월20일 1시57분

양력	1	2	3	4	5	6	7	8	9	10	11	12	13	14	15	16	17	18	19	20	21	22	23	24	25	26	27	28	29		
요일	金	土	日	月	火	水	木	金	土	日	月	火	水	木	金	土	日	月	火	水	木	金	土	日	月	火	水	木	金		
음력	1/6	7	8	9	10	11	12	13	14	15	16	17	18	19	20	21	22	23	24	25	26	27	28	29	2/1	2	3	4	5		
일진	丁丑	戊寅	己卯	庚辰	辛巳	壬午	癸未	甲申	乙酉	丙戌	丁亥	戊子	己丑	庚寅	辛卯	壬辰	癸巳	甲午	乙未	丙申	丁酉	戊戌	己亥	庚子	辛丑	壬寅	癸卯	甲辰	乙巳		
대운 남	9	9	9	10	입	10	9	9	9	8	8	8	7	7	7	6	6	6	5	우	5	4	4	4	3	3	3	2	2		
대운 여	1	1	1	1	춘	1	1	1	1	2	2	2	3	3	3	4	4	4	5	수	5	6	6	6	7	7	7	8	8		

양력 3월 경칩절(癸卯月) 驚蟄 3월6일 0시7분 春分 3월21일 1시14분

양력	1	2	3	4	5	6	7	8	9	10	11	12	13	14	15	16	17	18	19	20	21	22	23	24	25	26	27	28	29	30	31
요일	土	日	月	火	水	木	金	土	日	月	火	水	木	金	土	日	月	火	水	木	金	土	日	月	火	水	木	金	土	日	月
음력	2/6	7	8	9	10	11	12	13	14	15	16	17	18	19	20	21	22	23	24	25	26	27	28	29	30	3/1	2	3	4	5	6
일진	丙午	丁未	戊申	己酉	庚戌	辛亥	壬子	癸丑	甲寅	乙卯	丙辰	丁巳	戊午	己未	庚申	辛酉	壬戌	癸亥	甲子	乙丑	丙寅	丁卯	戊辰	己巳	庚午	辛未	壬申	癸酉	甲戌	乙亥	丙子
대운 남	2	1	1	1	1	경	10	9	9	9	8	8	8	7	7	7	6	6	6	5	춘	5	4	4	4	3	3	3	2	2	2
대운 여	8	9	9	9	10	칩	1	1	1	1	2	2	2	3	3	3	4	4	4	5	분	5	6	6	6	7	7	7	8	8	8

양력 4월 청명절(甲辰月) 清明 4월5일 5시15분 穀雨 4월20일 12시37분

양력	1	2	3	4	5	6	7	8	9	10	11	12	13	14	15	16	17	18	19	20	21	22	23	24	25	26	27	28	29	30	
요일	火	水	木	金	土	日	月	火	水	木	金	土	日	月	火	水	木	金	土	日	月	火	水	木	金	土	日	月	火	水	
음력	3/7	8	9	10	11	12	13	14	15	16	17	18	19	20	21	22	23	24	25	26	27	28	29	4/1	2	3	4	5	6	7	
일진	丁丑	戊寅	己卯	庚辰	辛巳	壬午	癸未	甲申	乙酉	丙戌	丁亥	戊子	己丑	庚寅	辛卯	壬辰	癸巳	甲午	乙未	丙申	丁酉	戊戌	己亥	庚子	辛丑	壬寅	癸卯	甲辰	乙巳	丙午	
대운 남	1	1	1	1	청	10	9	9	9	8	8	8	7	7	7	6	6	6	5	곡	5	4	4	4	3	3	3	2	2	2	
대운 여	9	9	9	10	명	1	1	1	1	2	2	2	3	3	3	4	4	4	5	우	5	6	6	6	7	7	7	8	8	8	

양력 5월 입하절(乙巳月) 立夏 5월5일 22시54분 小滿 5월21일 12시4분

양력	1	2	3	4	5	6	7	8	9	10	11	12	13	14	15	16	17	18	19	20	21	22	23	24	25	26	27	28	29	30	31
요일	木	金	土	日	月	火	水	木	金	土	日	月	火	水	木	金	土	日	月	火	水	木	金	土	日	月	火	水	木	金	土
음력	4/8	9	10	11	12	13	14	15	16	17	18	19	20	21	22	23	24	25	26	27	28	29	30	5/1	2	3	4	5	6	7	8
일진	丁未	戊申	己酉	庚戌	辛亥	壬子	癸丑	甲寅	乙卯	丙辰	丁巳	戊午	己未	庚申	辛酉	壬戌	癸亥	甲子	乙丑	丙寅	丁卯	戊辰	己巳	庚午	辛未	壬申	癸酉	甲戌	乙亥	丙子	丁丑
대운 남	1	1	1	1	입	10	10	10	9	9	9	8	8	8	7	7	7	6	6	6	소	5	5	4	4	4	3	3	3	2	2
대운 여	9	9	9	10	하	1	1	1	1	2	2	2	3	3	3	4	4	4	5	5	만	6	6	6	7	7	7	8	8	8	9

양력 6월 망종절(丙午月) 芒種 6월6일 3시20분 夏至 6월21일 20시13분

양력	1	2	3	4	5	6	7	8	9	10	11	12	13	14	15	16	17	18	19	20	21	22	23	24	25	26	27	28	29	30	
요일	日	月	火	水	木	金	土	日	月	火	水	木	金	土	日	月	火	水	木	金	土	日	月	火	水	木	金	土	日	月	
음력	5/9	10	11	12	13	14	15	16	17	18	19	20	21	22	23	24	25	26	27	28	29	윤1	2	3	4	5	6	7	8	9	
일진	戊寅	己卯	庚辰	辛巳	壬午	癸未	甲申	乙酉	丙戌	丁亥	戊子	己丑	庚寅	辛卯	壬辰	癸巳	甲午	乙未	丙申	丁酉	戊戌	己亥	庚子	辛丑	壬寅	癸卯	甲辰	乙巳	丙午	丁未	
대운 남	2	1	1	1	1	망	10	10	9	9	9	8	8	8	7	7	7	6	6	6	하	5	5	4	4	4	3	3	3	2	
대운 여	9	9	10	10	10	종	1	1	1	1	2	2	2	3	3	3	4	4	4	5	지	5	6	6	6	7	7	7	8	8	

▶ 윤달-5월

壬辰年

양력 7월 소서절(丁未月) 小暑 7월7일 13시45분 大暑 7월23일 7시7분

양력	1	2	3	4	5	6	7	8	9	10	11	12	13	14	15	16	17	18	19	20	21	22	23	24	25	26	27	28	29	30	31
요일	火	水	木	金	土	日	月	火	水	木	金	土	日	月	火	水	木	金	土	日	月	火	水	木	金	土	日	月	火	水	木
음력	윤10	11	12	13	14	15	16	17	18	19	20	21	22	23	24	25	26	27	28	29	30	6/1	2	3	4	5	6	7	8	9	10
일진	戊申	己酉	庚戌	辛亥	壬子	癸丑	甲寅	乙卯	丙辰	丁巳	戊午	己未	庚申	辛酉	壬戌	癸亥	甲子	乙丑	丙寅	丁卯	戊辰	己巳	庚午	辛未	壬申	癸酉	甲戌	乙亥	丙子	丁丑	戊寅
대운 남	2	2	1	1	1	1	소서	10	10	9	9	9	8	8	8	7	7	7	6	6	6	5	대서	5	4	4	4	3	3	3	2
대운 여	8	9	9	9	10	10	소서	1	1	1	1	2	2	2	3	3	3	4	4	4	5	5	대서	6	6	6	7	7	7	8	8

양력 8월 입추절(戊申月) 立秋 8월7일 23시31분 處暑 8월23일 14시3분

양력	1	2	3	4	5	6	7	8	9	10	11	12	13	14	15	16	17	18	19	20	21	22	23	24	25	26	27	28	29	30	31
요일	金	土	日	月	火	水	木	金	土	日	月	火	水	木	金	土	日	月	火	水	木	金	土	日	月	火	水	木	金	土	日
음력	6/11	12	13	14	15	16	17	18	19	20	21	22	23	24	25	26	27	28	29	30	7/1	2	3	4	5	6	7	8	9	10	11
일진	己卯	庚辰	辛巳	壬午	癸未	甲申	乙酉	丙戌	丁亥	戊子	己丑	庚寅	辛卯	壬辰	癸巳	甲午	乙未	丙申	丁酉	戊戌	己亥	庚子	辛丑	壬寅	癸卯	甲辰	乙巳	丙午	丁未	戊申	己酉
대운 남	2	2	1	1	1	1	입추	10	10	10	9	9	9	8	8	8	7	7	7	6	6	6	처서	5	5	4	4	4	3	3	3
대운 여	8	9	9	9	10	10	입추	1	1	1	1	2	2	2	3	3	3	4	4	4	5	5	처서	6	6	6	7	7	7	8	8

양력 9월 백로절(己酉月) 白露 9월8일 2시14분 秋分 9월23일 11시24분

양력	1	2	3	4	5	6	7	8	9	10	11	12	13	14	15	16	17	18	19	20	21	22	23	24	25	26	27	28	29	30
요일	月	火	水	木	金	土	日	月	火	水	木	金	土	日	月	火	水	木	金	土	日	月	火	水	木	金	土	日	月	火
음력	7/12	13	14	15	16	17	18	19	20	21	22	23	24	25	26	27	28	29	8/1	2	3	4	5	6	7	8	9	10	11	12
일진	庚戌	辛亥	壬子	癸丑	甲寅	乙卯	丙辰	丁巳	戊午	己未	庚申	辛酉	壬戌	癸亥	甲子	乙丑	丙寅	丁卯	戊辰	己巳	庚午	辛未	壬申	癸酉	甲戌	乙亥	丙子	丁丑	戊寅	己卯
대운 남	2	2	2	1	1	1	1	백로	10	9	9	9	8	8	8	7	7	7	6	6	6	5	추분	5	4	4	4	3	3	3
대운 여	8	9	9	9	10	10	10	백로	1	1	1	1	2	2	2	3	3	3	4	4	4	5	추분	5	6	6	6	7	7	7

양력 10월 한로절(庚戌月) 寒露 10월8일 17시32분 霜降 10월23일 20시22분

양력	1	2	3	4	5	6	7	8	9	10	11	12	13	14	15	16	17	18	19	20	21	22	23	24	25	26	27	28	29	30	31
요일	水	木	金	土	日	月	火	水	木	金	土	日	月	火	水	木	金	土	日	月	火	水	木	金	土	日	月	火	水	木	金
음력	8/13	14	15	16	17	18	19	20	21	22	23	24	25	26	27	28	29	30	9/1	2	3	4	5	6	7	8	9	10	11	12	13
일진	庚辰	辛巳	壬午	癸未	甲申	乙酉	丙戌	丁亥	戊子	己丑	庚寅	辛卯	壬辰	癸巳	甲午	乙未	丙申	丁酉	戊戌	己亥	庚子	辛丑	壬寅	癸卯	甲辰	乙巳	丙午	丁未	戊申	己酉	庚戌
대운 남	2	2	2	1	1	1	1	한로	10	9	9	9	8	8	8	7	7	7	6	6	6	5	상강	5	4	4	4	3	3	3	2
대운 여	8	8	8	9	9	9	10	한로	1	1	1	1	2	2	2	3	3	3	4	4	4	5	상강	5	6	6	6	7	7	7	8

양력 11월 입동절(辛亥月) 立冬 11월7일 20시22분 小雪 11월22일 17시36분

양력	1	2	3	4	5	6	7	8	9	10	11	12	13	14	15	16	17	18	19	20	21	22	23	24	25	26	27	28	29	30
요일	土	日	月	火	水	木	金	土	日	月	火	水	木	金	土	日	月	火	水	木	金	土	日	月	火	水	木	金	土	日
음력	9/14	15	16	17	18	19	20	21	22	23	24	25	26	27	28	29	10/1	2	3	4	5	6	7	8	9	10	11	12	13	14
일진	辛亥	壬子	癸丑	甲寅	乙卯	丙辰	丁巳	戊午	己未	庚申	辛酉	壬戌	癸亥	甲子	乙丑	丙寅	丁卯	戊辰	己巳	庚午	辛未	壬申	癸酉	甲戌	乙亥	丙子	丁丑	戊寅	己卯	庚辰
대운 남	2	2	1	1	1	1	입동	10	9	9	9	8	8	8	7	7	7	6	6	6	5	소설	5	4	4	4	3	3	3	2
대운 여	8	8	9	9	9	10	입동	1	1	1	1	2	2	2	3	3	3	4	4	4	5	소설	5	6	6	6	7	7	7	8

양력 12월 대설절(壬子月) 大雪 12월7일 12시56분 冬至 12월22일 6시43분

양력	1	2	3	4	5	6	7	8	9	10	11	12	13	14	15	16	17	18	19	20	21	22	23	24	25	26	27	28	29	30	31
요일	月	火	水	木	金	土	日	月	火	水	木	金	土	口	月	火	水	木	金	土	日	月	火	水	木	金	土	日	月	火	水
음력	10/15	16	17	18	19	20	21	22	23	24	25	26	27	28	29	30	11/1	2	3	4	5	6	7	8	9	10	11	12	13	14	15
일진	辛巳	壬午	癸未	甲申	乙酉	丙戌	丁亥	戊子	己丑	庚寅	辛卯	壬辰	癸巳	甲午	乙未	丙申	丁酉	戊戌	己亥	庚子	辛丑	壬寅	癸卯	甲辰	乙巳	丙午	丁未	戊申	己酉	庚戌	辛亥
대운 남	2	2	1	1	1	1	대설	10	9	9	9	8	8	8	7	7	7	6	6	6	5	동지	5	4	4	4	3	3	3	2	2
대운 여	8	8	9	9	9	10	대설	1	1	1	1	2	2	2	3	3	3	4	4	4	5	동지	5	6	6	6	7	7	7	8	8

서기 1953년 [단기 4286년]

양력 1월 소한절(癸丑月) 小寒 1월6일 0시2분 大寒 1월20일 17시21분

양력		1	2	3	4	5	6	7	8	9	10	11	12	13	14	15	16	17	18	19	20	21	22	23	24	25	26	27	28	29	30	31
요일		木	金	土	日	月	火	水	木	金	土	日	月	火	水	木	金	土	日	月	火	水	木	金	土	日	月	火	水	木	金	土
음력		11/16	17	18	19	20	21	22	23	24	25	26	27	28	29	12/1	2	3	4	5	6	7	8	9	10	11	12	13	14	15	16	17
일진		壬子	癸丑	甲寅	乙卯	丙辰	丁巳	戊午	己未	庚申	辛酉	壬戌	癸亥	甲子	乙丑	丙寅	丁卯	戊辰	己巳	庚午	辛未	壬申	癸酉	甲戌	乙亥	丙子	丁丑	戊寅	己卯	庚辰	辛巳	壬午
대운	남	2	1	1	1	1	소한	9	9	9	8	8	8	7	7	7	6	6	6	5	대한	5	4	4	4	3	3	3	2	2	2	1
	여	8	9	9	9	10		1	1	1	1	2	2	2	3	3	3	4	4	4		5	5	6	6	6	7	7	7	8	8	8

양력 2월 입춘절(甲寅月) 立春 2월4일 11시46분 雨水 2월19일 7시41분

양력		1	2	3	4	5	6	7	8	9	10	11	12	13	14	15	16	17	18	19	20	21	22	23	24	25	26	27	28			
요일		日	月	火	水	木	金	土	日	月	火	水	木	金	土	日	月	火	水	木	金	土	日	月	火	水	木	金	土			
음력		12/18	19	20	21	22	23	24	25	26	27	28	29	30	1/1	2	3	4	5	6	7	8	9	10	11	12	13	14	15			
일진		癸未	甲申	乙酉	丙戌	丁亥	戊子	己丑	庚寅	辛卯	壬辰	癸巳	甲午	乙未	丙申	丁酉	戊戌	己亥	庚子	辛丑	壬寅	癸卯	甲辰	乙巳	丙午	丁未	戊申	己酉	庚戌			
대운	남	1	1	1	입춘	1	1	1	1	2	2	2	3	3	3	4	4	4	5	우수	5	6	6	6	7	7	7	8	8			
	여	9	9	9		10	9	9	9	8	8	8	7	7	7	6	6	6	5		5	4	4	4	3	3	3	2	2			

양력 3월 경칩절(乙卯月) 驚蟄 3월6일 6시2분 春分 3월21일 7시1분

양력		1	2	3	4	5	6	7	8	9	10	11	12	13	14	15	16	17	18	19	20	21	22	23	24	25	26	27	28	29	30	31
요일		日	月	火	水	木	金	土	日	月	火	水	木	金	土	日	月	火	水	木	金	土	日	月	火	水	木	金	土	日	月	火
음력		1/16	17	18	19	20	21	22	23	24	25	26	27	28	29	2/1	2	3	4	5	6	7	8	9	10	11	12	13	14	15	16	17
일진		辛亥	壬子	癸丑	甲寅	乙卯	丙辰	丁巳	戊午	己未	庚申	辛酉	壬戌	癸亥	甲子	乙丑	丙寅	丁卯	戊辰	己巳	庚午	辛未	壬申	癸酉	甲戌	乙亥	丙子	丁丑	戊寅	己卯	庚辰	辛巳
대운	남	8	9	9	9	10	경칩	1	1	1	1	2	2	2	3	3	3	4	4	4	5	춘분	5	6	6	6	7	7	7	8	8	8
	여	2	1	1	1	1		10	9	9	9	8	8	8	7	7	7	6	6	6	5		5	4	4	4	3	3	3	2	2	2

양력 4월 청명절(丙辰月) 清明 4월5일 11시13분 穀雨 4월20일 18시25분

양력		1	2	3	4	5	6	7	8	9	10	11	12	13	14	15	16	17	18	19	20	21	22	23	24	25	26	27	28	29	30	
요일		水	木	金	土	日	月	火	水	木	金	土	日	月	火	水	木	金	土	日	月	火	水	木	金	土	日	月	火	水	木	
음력		2/18	19	20	21	22	23	24	25	26	27	28	29	30	3/1	2	3	4	5	6	7	8	9	10	11	12	13	14	15	16	17	
일진		壬午	癸未	甲申	乙酉	丙戌	丁亥	戊子	己丑	庚寅	辛卯	壬辰	癸巳	甲午	乙未	丙申	丁酉	戊戌	己亥	庚子	辛丑	壬寅	癸卯	甲辰	乙巳	丙午	丁未	戊申	己酉	庚戌	辛亥	
대운	남	9	9	9	10	청명	1	1	1	1	2	2	2	3	3	3	4	4	4	5	곡우	5	6	6	6	7	7	7	8	8	8	
	여	1	1	1	1		10	10	9	9	9	8	8	8	7	7	7	6	6	6		5	5	4	4	4	3	3	3	2	2	

양력 5월 입하절(丁巳月) 立夏 5월6일 4시52분 小滿 5월21일 17시53분

양력		1	2	3	4	5	6	7	8	9	10	11	12	13	14	15	16	17	18	19	20	21	22	23	24	25	26	27	28	29	30	31
요일		金	土	日	月	火	水	木	金	土	日	月	火	水	木	金	土	日	月	火	水	木	金	土	日	月	火	水	木	金	土	日
음력		3/18	19	20	21	22	23	24	25	26	27	28	29	4/1	2	3	4	5	6	7	8	9	10	11	12	13	14	15	16	17	18	19
일진		壬子	癸丑	甲寅	乙卯	丙辰	丁巳	戊午	己未	庚申	辛酉	壬戌	癸亥	甲子	乙丑	丙寅	丁卯	戊辰	己巳	庚午	辛未	壬申	癸酉	甲戌	乙亥	丙子	丁丑	戊寅	己卯	庚辰	辛巳	壬午
대운	남	9	9	9	10	10	입하	1	1	1	1	2	2	2	3	3	3	4	4	4	5	소만	5	6	6	6	7	7	7	8	8	8
	여	2	1	1	1	1		10	10	9	9	9	8	8	8	7	7	7	6	6	6		5	5	4	4	4	3	3	3	2	2

양력 6월 망종절(戊午月) 芒種 6월6일 9시16분 夏至 6월22일 2시0분

양력		1	2	3	4	5	6	7	8	9	10	11	12	13	14	15	16	17	18	19	20	21	22	23	24	25	26	27	28	29	30	
요일		月	火	水	木	金	土	日	月	火	水	木	金	土	日	月	火	水	木	金	土	日	月	火	水	木	金	土	日	月	火	
음력		4/20	21	22	23	24	25	26	27	28	29	5/1	2	3	4	5	6	7	8	9	10	11	12	13	14	15	16	17	18	19	20	
일진		癸未	甲申	乙酉	丙戌	丁亥	戊子	己丑	庚寅	辛卯	壬辰	癸巳	甲午	乙未	丙申	丁酉	戊戌	己亥	庚子	辛丑	壬寅	癸卯	甲辰	乙巳	丙午	丁未	戊申	己酉	庚戌	辛亥	壬子	
대운	남	9	9	9	10	10	망종	1	1	1	1	2	2	2	3	3	3	4	4	4	5	5	하지	6	6	6	7	7	7	8	8	
	여	2	1	1	1	1		10	10	9	9	9	8	8	8	7	7	7	6	6	6	5		5	4	4	4	3	3	3	2	

癸巳年

양력 7월 소서절(己未月) 小暑 7월7일 19시35분 大暑 7월23일 12시52분

양력		1	2	3	4	5	6	7	8	9	10	11	12	13	14	15	16	17	18	19	20	21	22	23	24	25	26	27	28	29	30	31
요일		水	木	金	土	日	月	火	水	木	金	土	日	月	火	水	木	金	土	日	月	火	水	木	金	土	日	月	火	水	木	金
음력		5/21	22	23	24	25	26	27	28	29	30	6/1	2	3	4	5	6	7	8	9	10	11	12	13	14	15	16	17	18	19	20	21
일진		癸丑	甲寅	乙卯	丙辰	丁巳	戊午	己未	庚申	辛酉	壬戌	癸亥	甲子	乙丑	丙寅	丁卯	戊辰	己巳	庚午	辛未	壬申	癸酉	甲戌	乙亥	丙子	丁丑	戊寅	己卯	庚辰	辛巳	壬午	癸未
대운	남	8	9	9	9	10	10	소	1	1	1	1	2	2	2	3	3	3	4	4	4	5	5	대	6	6	6	7	7	7	8	8
	여	2	2	1	1	1	1	서	10	10	10	9	9	9	8	8	8	7	7	7	6	6	6	서	5	5	4	4	4	3	3	3

양력 8월 입추절(庚申月) 立秋 8월8일 5시15분 處暑 8월23일 19시45분

양력		1	2	3	4	5	6	7	8	9	10	11	12	13	14	15	16	17	18	19	20	21	22	23	24	25	26	27	28	29	30	31
요일		土	日	月	火	水	木	金	土	日	月	火	水	木	金	土	日	月	火	水	木	金	土	日	月	火	水	木	金	土	日	月
음력		6/22	23	24	25	26	27	28	29	30	7/1	2	3	4	5	6	7	8	9	10	11	12	13	14	15	16	17	18	19	20	21	22
일진		甲申	乙酉	丙戌	丁亥	戊子	己丑	庚寅	辛卯	壬辰	癸巳	甲午	乙未	丙申	丁酉	戊戌	己亥	庚子	辛丑	壬寅	癸卯	甲辰	乙巳	丙午	丁未	戊申	己酉	庚戌	辛亥	壬子	癸丑	甲寅
대운	남	8	9	9	9	10	10	10	입	1	1	1	1	2	2	2	3	3	3	4	4	4	5	처	5	6	6	6	7	7	7	8
	여	2	2	2	1	1	1	1	추	10	10	9	9	9	8	8	8	7	7	7	6	6	6	서	5	5	4	4	4	3	3	3

양력 9월 백로절(辛酉月) 白露 9월8일 7시53분 秋分 9월23일 17시6분

양력		1	2	3	4	5	6	7	8	9	10	11	12	13	14	15	16	17	18	19	20	21	22	23	24	25	26	27	28	29	30
요일		火	水	木	金	土	日	月	火	水	木	金	土	日	月	火	水	木	金	土	日	月	火	水	木	金	土	日	月	火	水
음력		7/23	24	25	26	27	28	29	8/1	2	3	4	5	6	7	8	9	10	11	12	13	14	15	16	17	18	19	20	21	22	23
일진		乙卯	丙辰	丁巳	戊午	己未	庚申	辛酉	壬戌	癸亥	甲子	乙丑	丙寅	丁卯	戊辰	己巳	庚午	辛未	壬申	癸酉	甲戌	乙亥	丙子	丁丑	戊寅	己卯	庚辰	辛巳	壬午	癸未	甲申
대운	남	8	8	9	9	9	10	10	백	1	1	1	1	2	2	2	3	3	3	4	4	4	5	추	5	6	6	6	7	7	7
	여	2	2	2	1	1	1	1	로	10	9	9	9	8	8	8	7	7	7	6	6	6	5	분	5	4	4	4	3	3	3

양력 10월 한로절(壬戌月) 寒露 10월8일 23시10분 霜降 10월24일 2시6분

양력		1	2	3	4	5	6	7	8	9	10	11	12	13	14	15	16	17	18	19	20	21	22	23	24	25	26	27	28	29	30	31
요일		木	金	土	日	月	火	水	木	金	土	日	月	火	水	木	金	土	日	月	火	水	木	金	土	日	月	火	水	木	金	土
음력		8/24	25	26	27	28	29	30	9/1	2	3	4	5	6	7	8	9	10	11	12	13	14	15	16	17	18	19	20	21	22	23	24
일진		乙酉	丙戌	丁亥	戊子	己丑	庚寅	辛卯	壬辰	癸巳	甲午	乙未	丙申	丁酉	戊戌	己亥	庚子	辛丑	壬寅	癸卯	甲辰	乙巳	丙午	丁未	戊申	己酉	庚戌	辛亥	壬子	癸丑	甲寅	乙卯
대운	남	8	8	8	9	9	9	10	한	1	1	1	1	2	2	2	3	3	3	4	4	4	5	5	상	6	6	6	7	7	7	8
	여	2	2	2	1	1	1	1	로	10	10	9	9	9	8	8	8	7	7	7	6	6	6	5	강	5	4	4	4	3	3	3

양력 11월 입동절(癸亥月) 立冬 11월8일 2시1분 小雪 11월22일 23시22분

양력		1	2	3	4	5	6	7	8	9	10	11	12	13	14	15	16	17	18	19	20	21	22	23	24	25	26	27	28	29	30
요일		日	月	火	水	木	金	土	日	月	火	水	木	金	土	日	月	火	水	木	金	土	日	月	火	水	木	金	土	日	月
음력		9/25	26	27	28	29	30	10/1	2	3	4	5	6	7	8	9	10	11	12	13	14	15	16	17	18	19	20	21	22	23	24
일진		丙辰	丁巳	戊午	己未	庚申	辛酉	壬戌	癸亥	甲子	乙丑	丙寅	丁卯	戊辰	己巳	庚午	辛未	壬申	癸酉	甲戌	乙亥	丙子	丁丑	戊寅	己卯	庚辰	辛巳	壬午	癸未	甲申	乙酉
대운	남	8	8	9	9	9	10	10	입	1	1	1	1	2	2	2	3	3	3	4	4	4	소	5	5	6	6	6	7	7	7
	여	2	2	2	1	1	1	1	동	9	9	9	8	8	8	7	7	7	6	6	6	5	설	5	4	4	4	3	3	3	2

양력 12월 대설절(甲子月) 大雪 12월7일 18시37분 冬至 12월22일 12시31분

양력		1	2	3	4	5	6	7	8	9	10	11	12	13	14	15	16	17	18	19	20	21	22	23	24	25	26	27	28	29	30	31
요일		火	水	木	金	土	日	月	火	水	木	金	土	日	月	火	水	木	金	土	日	月	火	水	木	金	土	日	月	火	水	木
음력		10/25	26	27	28	29	11/1	2	3	4	5	6	7	8	9	10	11	12	13	14	15	16	17	18	19	20	21	22	23	24	25	26
일진		丙戌	丁亥	戊子	己丑	庚寅	辛卯	壬辰	癸巳	甲午	乙未	丙申	丁酉	戊戌	己亥	庚子	辛丑	壬寅	癸卯	甲辰	乙巳	丙午	丁未	戊申	己酉	庚戌	辛亥	壬子	癸丑	甲寅	乙卯	丙辰
대운	남	8	8	8	9	9	9	대	1	1	1	1	2	2	2	3	3	3	4	4	4	5	동	5	6	6	6	7	7	7	8	8
	여	2	2	1	1	1	1	설	10	9	9	9	8	8	8	7	7	7	6	6	6	5	지	5	4	4	4	3	3	3	2	2

서기 1954년 [단기 4287년]

양력 1월 소한절(乙丑月) 小寒 1월6일 5시45분 大寒 1월20일 23시11분

양력	1	2	3	4	5	6	7	8	9	10	11	12	13	14	15	16	17	18	19	20	21	22	23	24	25	26	27	28	29	30	31
요일	金	土	日	月	火	水	木	金	土	日	月	火	水	木	金	土	日	月	火	水	木	金	土	日	月	火	水	木	金	土	日
음력	11/27	28	29	30	12/1	2	3	4	5	6	7	8	9	10	11	12	13	14	15	16	17	18	19	20	21	22	23	24	25	26	27
일진	丁巳	戊午	己未	庚申	辛酉	壬戌	癸亥	甲子	乙丑	丙寅	丁卯	戊辰	己巳	庚午	辛未	壬申	癸酉	甲戌	乙亥	丙子	丁丑	戊寅	己卯	庚辰	辛巳	壬午	癸未	甲申	乙酉	丙戌	丁亥
대운 남	8	9	9	9	10	소한	1	1	1	1	2	2	2	3	3	3	4	4	4	대한	5	5	6	6	6	7	7	7	8	8	8
대운 여	2	1	1	1	1		9	9	9	8	8	8	7	7	7	6	6	6	5		5	4	4	4	3	3	3	2	2	2	1

양력 2월 입춘절(丙寅月) 立春 2월4일 17시31분 雨水 2월19일 13시32분

양력	1	2	3	4	5	6	7	8	9	10	11	12	13	14	15	16	17	18	19	20	21	22	23	24	25	26	27	28			
요일	月	火	水	木	金	土	日	月	火	水	木	金	土	日	月	火	水	木	金	土	日	月	火	水	木	金	土	日			
음력	12/28	29	30	1/1	2	3	4	5	6	7	8	9	10	11	12	13	14	15	16	17	18	19	20	21	22	23	24	25			
일진	戊子	己丑	庚寅	辛卯	壬辰	癸巳	甲午	乙未	丙申	丁酉	戊戌	己亥	庚子	辛丑	壬寅	癸卯	甲辰	乙巳	丙午	丁未	戊申	己酉	庚戌	辛亥	壬子	癸丑	甲寅	乙卯			
대운 남	9	9	9	입춘	10	9	9	9	8	8	8	7	7	7	6	6	6	5	우수	5	4	4	4	3	3	3	2	2			
대운 여	1	1	1		1	1	1	1	2	2	2	3	3	3	4	4	4	5		5	6	6	6	7	7	7	8	8			

양력 3월 경칩절(丁卯月) 驚蟄 3월6일 11시49분 春分 3월21일 12시53분

양력	1	2	3	4	5	6	7	8	9	10	11	12	13	14	15	16	17	18	19	20	21	22	23	24	25	26	27	28	29	30	31
요일	月	火	水	木	金	土	日	月	火	水	木	金	土	日	月	火	水	木	金	土	日	月	火	水	木	金	土	日	月	火	水
음력	1/26	27	28	29	2/1	2	3	4	5	6	7	8	9	10	11	12	13	14	15	16	17	18	19	20	21	22	23	24	25	26	27
일진	丙辰	丁巳	戊午	己未	庚申	辛酉	壬戌	癸亥	甲子	乙丑	丙寅	丁卯	戊辰	己巳	庚午	辛未	壬申	癸酉	甲戌	乙亥	丙子	丁丑	戊寅	己卯	庚辰	辛巳	壬午	癸未	甲申	乙酉	丙戌
대운 남	2	1	1	1	1	경칩	10	9	9	9	8	8	8	7	7	7	6	6	6	5	춘분	5	4	4	4	3	3	3	2	2	2
대운 여	8	9	9	9	10		1	1	1	1	2	2	2	3	3	3	4	4	4	5		5	6	6	6	7	7	7	8	8	8

양력 4월 청명절(戊辰月) 清明 4월5일 16시59분 穀雨 4월21일 0시20분

양력	1	2	3	4	5	6	7	8	9	10	11	12	13	14	15	16	17	18	19	20	21	22	23	24	25	26	27	28	29	30	
요일	木	金	土	日	月	火	水	木	金	土	日	月	火	水	木	金	土	日	月	火	水	木	金	土	日	月	火	水	木	金	
음력	2/28	29	3/1	2	3	4	5	6	7	8	9	10	11	12	13	14	15	16	17	18	19	20	21	22	23	24	25	26	27	28	
일진	丁亥	戊子	己丑	庚寅	辛卯	壬辰	癸巳	甲午	乙未	丙申	丁酉	戊戌	己亥	庚子	辛丑	壬寅	癸卯	甲辰	乙巳	丙午	丁未	戊申	己酉	庚戌	辛亥	壬子	癸丑	甲寅	乙卯	丙辰	
대운 남	1	1	1	1	청명	10	10	9	9	9	8	8	8	7	7	7	6	6	6	5	곡우	5	4	4	4	3	3	3	2	2	
대운 여	9	9	9	10		1	1	1	1	2	2	2	3	3	3	4	4	4	5	5		6	6	6	7	7	7	8	8	8	

양력 5월 입하절(己巳月) 立夏 5월6일 10시38분 小滿 5월21일 23시47분

양력	1	2	3	4	5	6	7	8	9	10	11	12	13	14	15	16	17	18	19	20	21	22	23	24	25	26	27	28	29	30	31
요일	土	日	月	火	水	木	金	土	日	月	火	水	木	金	土	日	月	火	水	木	金	土	日	月	火	水	木	金	土	日	月
음력	3/29	30	4/1	2	3	4	5	6	7	8	9	10	11	12	13	14	15	16	17	18	19	20	21	22	23	24	25	26	27	28	29
일진	丁巳	戊午	己未	庚申	辛酉	壬戌	癸亥	甲子	乙丑	丙寅	丁卯	戊辰	己巳	庚午	辛未	壬申	癸酉	甲戌	乙亥	丙子	丁丑	戊寅	己卯	庚辰	辛巳	壬午	癸未	甲申	乙酉	丙戌	丁亥
대운 남	2	1	1	1	1	입하	10	10	9	9	9	8	8	8	7	7	7	6	6	6	소만	5	5	4	4	4	3	3	3	2	2
대운 여	9	9	9	10	10		1	1	1	1	2	2	2	3	3	3	4	4	4	5		5	6	6	6	7	7	7	8	8	8

양력 6월 망종절(庚午月) 芒種 6월6일 15시1분 夏至 6월22일 7시54분

양력	1	2	3	4	5	6	7	8	9	10	11	12	13	14	15	16	17	18	19	20	21	22	23	24	25	26	27	28	29	30	
요일	火	水	木	金	土	日	月	火	水	木	金	土	日	月	火	水	木	金	土	日	月	火	水	木	金	土	日	月	火	水	
음력	5/1	2	3	4	5	6	7	8	9	10	11	12	13	14	15	16	17	18	19	20	21	22	23	24	25	26	27	28	29	6/1	
일진	戊子	己丑	庚寅	辛卯	壬辰	癸巳	甲午	乙未	丙申	丁酉	戊戌	己亥	庚子	辛丑	壬寅	癸卯	甲辰	乙巳	丙午	丁未	戊申	己酉	庚戌	辛亥	壬子	癸丑	甲寅	乙卯	丙辰	丁巳	
대운 남	2	1	1	1	1	망종	10	10	10	9	9	9	8	8	8	7	7	7	6	6	6	하지	5	5	4	4	4	3	3	3	
대운 여	9	9	9	10	10		1	1	1	1	2	2	2	3	3	3	4	4	4	5	5		6	6	6	7	7	7	8	8	

甲午年

양력 7월 소서절(辛未月) 小暑 7월8일 1시19분 大暑 7월23일 18시45분

양력	1	2	3	4	5	6	7	8	9	10	11	12	13	14	15	16	17	18	19	20	21	22	23	24	25	26	27	28	29	30	31
요일	木	金	土	日	月	火	水	木	金	土	日	月	火	水	木	金	土	日	月	火	水	木	金	土	日	月	火	水	木	金	土
음력	6/2	3	4	5	6	7	8	9	10	11	12	13	14	15	16	17	18	19	20	21	22	23	24	25	26	27	28	29	30	7/1	2
일진	戊午	己未	庚申	辛酉	壬戌	癸亥	甲子	乙丑	丙寅	丁卯	戊辰	己巳	庚午	辛未	壬申	癸酉	甲戌	乙亥	丙子	丁丑	戊寅	己卯	庚辰	辛巳	壬午	癸未	甲申	乙酉	丙戌	丁亥	戊子
대운 남	2	2	2	1	1	1	1	소	10	10	9	9	9	8	8	8	7	7	7	6	6	6	대	5	5	4	4	4	3	3	3
대운 여	8	9	9	9	10	10	10	서	1	1	1	1	2	2	2	3	3	3	4	4	4	5	서	5	6	6	6	7	7	7	8

양력 8월 입추절(壬申月) 立秋 8월8일 10시59분 處暑 8월24일 1시36분

양력	1	2	3	4	5	6	7	8	9	10	11	12	13	14	15	16	17	18	19	20	21	22	23	24	25	26	27	28	29	30	31
요일	日	月	火	水	木	金	土	日	月	火	水	木	金	土	日	月	火	水	木	金	土	日	月	火	水	木	金	土	日	月	火
음력	7/3	4	5	6	7	8	9	10	11	12	13	14	15	16	17	18	19	20	21	22	23	24	25	26	27	28	29	8/1	2	3	4
일진	己丑	庚寅	辛卯	壬辰	癸巳	甲午	乙未	丙申	丁酉	戊戌	己亥	庚子	辛丑	壬寅	癸卯	甲辰	乙巳	丙午	丁未	戊申	己酉	庚戌	辛亥	壬子	癸丑	甲寅	乙卯	丙辰	丁巳	戊午	己未
대운 남	2	2	2	1	1	1	1	입	10	10	9	9	9	8	8	8	7	7	7	6	6	6	5	처	5	4	4	4	3	3	3
대운 여	8	8	9	9	9	10	10	추	1	1	1	1	2	2	2	3	3	3	4	4	4	5	5	서	6	6	6	7	7	7	8

양력 9월 백로절(癸酉月) 白露 9월8일 13시38분 秋分 9월23일 22시55분

양력	1	2	3	4	5	6	7	8	9	10	11	12	13	14	15	16	17	18	19	20	21	22	23	24	25	26	27	28	29	30
요일	水	木	金	土	日	月	火	水	木	金	土	日	月	火	水	木	金	土	日	月	火	水	木	金	土	日	月	火	水	木
음력	8/5	6	7	8	9	10	11	12	13	14	15	16	17	18	19	20	21	22	23	24	25	26	27	28	29	30	9/1	2	3	4
일진	庚申	辛酉	壬戌	癸亥	甲子	乙丑	丙寅	丁卯	戊辰	己巳	庚午	辛未	壬申	癸酉	甲戌	乙亥	丙子	丁丑	戊寅	己卯	庚辰	辛巳	壬午	癸未	甲申	乙酉	丙戌	丁亥	戊子	己丑
대운 남	2	2	2	1	1	1	1	백	10	10	9	9	9	8	8	8	7	7	7	6	6	6	추	5	5	4	4	4	3	3
대운 여	8	8	9	9	9	10	10	로	1	1	1	1	2	2	2	3	3	3	4	4	4	5	분	5	6	6	6	7	7	7

양력 10월 한로절(甲戌月) 寒露 10월9일 4시57분 霜降 10월24일 7시56분

양력	1	2	3	4	5	6	7	8	9	10	11	12	13	14	15	16	17	18	19	20	21	22	23	24	25	26	27	28	29	30	31
요일	金	土	日	月	火	水	木	金	土	日	月	火	水	木	金	土	日	月	火	水	木	金	土	日	月	火	水	木	金	土	日
음력	9/5	6	7	8	9	10	11	12	13	14	15	16	17	18	19	20	21	22	23	24	25	26	27	28	29	30	10/1	2	3	4	5
일진	庚寅	辛卯	壬辰	癸巳	甲午	乙未	丙申	丁酉	戊戌	己亥	庚子	辛丑	壬寅	癸卯	甲辰	乙巳	丙午	丁未	戊申	己酉	庚戌	辛亥	壬子	癸丑	甲寅	乙卯	丙辰	丁巳	戊午	己未	庚申
대운 남	3	2	2	2	1	1	1	1	한	10	9	9	9	8	8	8	7	7	7	6	6	6	5	상	5	4	4	4	3	3	3
대운 여	8	8	8	9	9	9	10	10	로	1	1	1	1	2	2	2	3	3	3	4	4	4	5	강	5	6	6	6	7	7	7

양력 11월 입동절(乙亥月) 立冬 11월8일 7시51분 小雪 11월23일 5시14분

양력	1	2	3	4	5	6	7	8	9	10	11	12	13	14	15	16	17	18	19	20	21	22	23	24	25	26	27	28	29	30
요일	月	火	水	木	金	土	日	月	火	水	木	金	土	日	月	火	水	木	金	土	日	月	火	水	木	金	土	日	月	火
음력	10/6	7	8	9	10	11	12	13	14	15	16	17	18	19	20	21	22	23	24	25	26	27	28	29	11/1	2	3	4	5	6
일진	辛酉	壬戌	癸亥	甲子	乙丑	丙寅	丁卯	戊辰	己巳	庚午	辛未	壬申	癸酉	甲戌	乙亥	丙子	丁丑	戊寅	己卯	庚辰	辛巳	壬午	癸未	甲申	乙酉	丙戌	丁亥	戊子	己丑	庚寅
대운 남	2	2	2	1	1	1	1	입	10	9	9	9	8	8	8	7	7	7	6	6	6	5	소	5	4	4	4	3	3	3
대운 여	8	8	8	9	9	9	10	동	1	1	1	1	2	2	2	3	3	3	4	4	4	5	설	5	6	6	6	7	7	7

양력 12월 대설절(丙子月) 大雪 12월8일 0시29분 冬至 12월22일 18시24분

양력	1	2	3	4	5	6	7	8	9	10	11	12	13	14	15	16	17	18	19	20	21	22	23	24	25	26	27	28	29	30	31
요일	水	木	金	土	日	月	火	水	木	金	土	日	月	火	水	木	金	土	日	月	火	水	木	金	土	日	月	火	水	木	金
음력	11/7	8	9	10	11	12	13	14	15	16	17	18	19	20	21	22	23	24	25	26	27	28	29	30	12/1	2	3	4	5	6	7
일진	辛卯	壬辰	癸巳	甲午	乙未	丙申	丁酉	戊戌	己亥	庚子	辛丑	壬寅	癸卯	甲辰	乙巳	丙午	丁未	戊申	己酉	庚戌	辛亥	壬子	癸丑	甲寅	乙卯	丙辰	丁巳	戊午	己未	庚申	辛酉
대운 남	2	2	2	1	1	1	1	대	9	9	9	8	8	8	7	7	7	6	6	6	5	동	5	4	4	4	3	3	3	2	2
대운 여	8	8	8	9	9	9	10	설	1	1	1	1	2	2	2	3	3	3	4	4	4	지	5	5	6	6	6	7	7	7	8

서기 1955년 [단기 4288년]

양력 1월 소한절(丁丑月) 小寒 1월6일 11시36분 大寒 1월21일 5시2분

양력	1	2	3	4	5	6	7	8	9	10	11	12	13	14	15	16	17	18	19	20	21	22	23	24	25	26	27	28	29	30	31
요일	土	日	月	火	水	木	金	土	日	月	火	水	木	金	土	日	月	火	水	木	金	土	日	月	火	水	木	金	土	日	月
음력	12/8	9	10	11	12	13	14	15	16	17	18	19	20	21	22	23	24	25	26	27	28	29	30	1/1	2	3	4	5	6	7	8
일진	壬戌	癸亥	甲子	乙丑	丙寅	丁卯	戊辰	己巳	庚午	辛未	壬申	癸酉	甲戌	乙亥	丙子	丁丑	戊寅	己卯	庚辰	辛巳	壬午	癸未	甲申	乙酉	丙戌	丁亥	戊子	己丑	庚寅	辛卯	壬辰
대운 남	2	1	1	1	1	소한	9	9	9	8	8	8	7	7	7	6	6	6	5	5	대한	4	4	4	3	3	3	2	2	2	1
대운 여	8	8	9	9	9		1	1	1	1	2	2	2	3	3	3	4	4	4	5		5	6	6	6	7	7	7	8	8	8

양력 2월 입춘절(戊寅月) 立春 2월4일 23시18분 雨水 2월19일 19시19분

양력	1	2	3	4	5	6	7	8	9	10	11	12	13	14	15	16	17	18	19	20	21	22	23	24	25	26	27	28			
요일	火	水	木	金	土	日	月	火	水	木	金	土	日	月	火	水	木	金	土	日	月	火	水	木	金	土	日	月			
음력	1/9	10	11	12	13	14	15	16	17	18	19	20	21	22	23	24	25	26	27	28	29	30	2/1	2	3	4	5	6			
일진	癸巳	甲午	乙未	丙申	丁酉	戊戌	己亥	庚子	辛丑	壬寅	癸卯	甲辰	乙巳	丙午	丁未	戊申	己酉	庚戌	辛亥	壬子	癸丑	甲寅	乙卯	丙辰	丁巳	戊午	己未	庚申			
대운 남	1	1	1	입춘	1	1	1	1	2	2	2	3	3	3	4	4	4	5	우수	5	6	6	6	7	7	7	8	8			
대운 여	9	9	9		10	9	9	9	8	8	8	7	7	7	6	6	6	5		5	4	4	4	3	3	3	2	2			

양력 3월 경칩절(己卯月) 驚蟄 3월6일 17시31분 春分 3월21일 18시35분

양력	1	2	3	4	5	6	7	8	9	10	11	12	13	14	15	16	17	18	19	20	21	22	23	24	25	26	27	28	29	30	31
요일	火	水	木	金	土	日	月	火	水	木	金	土	日	月	火	水	木	金	土	日	月	火	水	木	金	土	日	月	火	水	木
음력	2/7	8	9	10	11	12	13	14	15	16	17	18	19	20	21	22	23	24	25	26	27	28	29	3/1	2	3	4	5	6	7	8
일진	辛酉	壬戌	癸亥	甲子	乙丑	丙寅	丁卯	戊辰	己巳	庚午	辛未	壬申	癸酉	甲戌	乙亥	丙子	丁丑	戊寅	己卯	庚辰	辛巳	壬午	癸未	甲申	乙酉	丙戌	丁亥	戊子	己丑	庚寅	辛卯
대운 남	8	9	9	9	10	경칩	1	1	1	1	2	2	2	3	3	3	4	4	4	5	춘분	5	6	6	6	7	7	7	8	8	8
대운 여	2	1	1	1	1		10	9	9	9	8	8	8	7	7	7	6	6	6	5		5	4	4	4	3	3	3	2	2	2

양력 4월 청명절(庚辰月) 清明 4월5일 22시39분 穀雨 4월21일 5시58분

양력	1	2	3	4	5	6	7	8	9	10	11	12	13	14	15	16	17	18	19	20	21	22	23	24	25	26	27	28	29	30	
요일	金	土	日	月	火	水	木	金	土	日	月	火	水	木	金	土	日	月	火	水	木	金	土	日	月	火	水	木	金	土	
음력	3/9	10	11	12	13	14	15	16	17	18	19	20	21	22	23	24	25	26	27	28	29	윤1	2	3	4	5	6	7	8	9	
일진	壬辰	癸巳	甲午	乙未	丙申	丁酉	戊戌	己亥	庚子	辛丑	壬寅	癸卯	甲辰	乙巳	丙午	丁未	戊申	己酉	庚戌	辛亥	壬子	癸丑	甲寅	乙卯	丙辰	丁巳	戊午	己未	庚申	辛酉	
대운 남	9	9	9	10	청명	1	1	1	1	2	2	2	3	3	3	4	4	4	5	5	곡우	6	6	6	7	7	7	8	8	8	
대운 여	1	1	1	1		10	10	9	9	9	8	8	8	7	7	7	6	6	6	5		5	4	4	4	3	3	3	2	2	

양력 5월 입하절(辛巳月) 立夏 5월6일 16시18분 小滿 5월22일 5시24분

양력	1	2	3	4	5	6	7	8	9	10	11	12	13	14	15	16	17	18	19	20	21	22	23	24	25	26	27	28	29	30	31
요일	日	月	火	水	木	金	土	日	月	火	水	木	金	土	日	月	火	水	木	金	土	日	月	火	水	木	金	土	日	月	火
음력	윤10	11	12	13	14	15	16	17	18	19	20	21	22	23	24	25	26	27	28	29	30	4/1	2	3	4	5	6	7	8	9	10
일진	壬戌	癸亥	甲子	乙丑	丙寅	丁卯	戊辰	己巳	庚午	辛未	壬申	癸酉	甲戌	乙亥	丙子	丁丑	戊寅	己卯	庚辰	辛巳	壬午	癸未	甲申	乙酉	丙戌	丁亥	戊子	己丑	庚寅	辛卯	壬辰
대운 남	9	9	9	10	10	입하	1	1	1	1	2	2	2	3	3	3	4	4	4	5	5	소만	6	6	6	7	7	7	8	8	8
대운 여	2	1	1	1	1		10	10	9	9	9	8	8	8	7	7	7	6	6	6	5		5	4	4	4	3	3	3	2	2

양력 6월 망종절(壬午月) 芒種 6월6일 20시43분 夏至 6월22일 13시31분

양력	1	2	3	4	5	6	7	8	9	10	11	12	13	14	15	16	17	18	19	20	21	22	23	24	25	26	27	28	29	30	
요일	水	木	金	土	日	月	火	水	木	金	土	日	月	火	水	木	金	土	日	月	火	水	木	金	土	日	月	火	水	木	
음력	4/11	12	13	14	15	16	17	18	19	20	21	22	23	24	25	26	27	28	29	5/1	2	3	4	5	6	7	8	9	10	11	
일진	癸巳	甲午	乙未	丙申	丁酉	戊戌	己亥	庚子	辛丑	壬寅	癸卯	甲辰	乙巳	丙午	丁未	戊申	己酉	庚戌	辛亥	壬子	癸丑	甲寅	乙卯	丙辰	丁巳	戊午	己未	庚申	辛酉	壬戌	
대운 남	9	9	9	10	10	망종	1	1	1	1	2	2	2	3	3	3	4	4	4	5	5	하지	6	6	6	7	7	7	8	8	
대운 여	2	1	1	1	1		10	10	10	9	9	9	8	8	8	7	7	7	6	6	6		5	5	4	4	4	3	3	3	

▶윤달-3월

乙未年

양력 7월 소서절(癸未月) 小暑 7월8일 7시6분 大暑 7월24일 0시25분

양력	1	2	3	4	5	6	7	8	9	10	11	12	13	14	15	16	17	18	19	20	21	22	23	24	25	26	27	28	29	30	31
요일	金	土	日	月	火	水	木	金	土	日	月	火	水	木	金	土	日	月	火	水	木	金	土	日	月	火	水	木	金	土	日
음력	5/12	13	14	15	16	17	18	19	20	21	22	23	24	25	26	27	28	29	6/1	2	3	4	5	6	7	8	9	10	11	12	13
일진	癸亥	甲子	乙丑	丙寅	丁卯	戊辰	己巳	庚午	辛未	壬申	癸酉	甲戌	乙亥	丙子	丁丑	戊寅	己卯	庚辰	辛巳	壬午	癸未	甲申	乙酉	丙戌	丁亥	戊子	己丑	庚寅	辛卯	壬辰	癸巳
대운 남	8	9	9	9	10	10	10	소	1	1	1	1	2	2	2	3	3	3	4	4	4	5	5	대	6	6	6	7	7	7	8
대운 여	2	2	2	1	1	1	1	서	10	10	9	9	9	8	8	8	7	7	7	6	6	6	5	서	5	4	4	4	3	3	3

양력 8월 입추절(甲申月) 立秋 8월8일 16시50분 處暑 8월24일 7시19분

양력	1	2	3	4	5	6	7	8	9	10	11	12	13	14	15	16	17	18	19	20	21	22	23	24	25	26	27	28	29	30	31
요일	月	火	水	木	金	土	日	月	火	水	木	金	土	日	月	火	水	木	金	土	日	月	火	水	木	金	土	日	月	火	水
음력	6/14	15	16	17	18	19	20	21	22	23	24	25	26	27	28	29	30	7/1	2	3	4	5	6	7	8	9	10	11	12	13	14
일진	甲午	乙未	丙申	丁酉	戊戌	己亥	庚子	辛丑	壬寅	癸卯	甲辰	乙巳	丙午	丁未	戊申	己酉	庚戌	辛亥	壬子	癸丑	甲寅	乙卯	丙辰	丁巳	戊午	己未	庚申	辛酉	壬戌	癸亥	甲子
대운 남	8	8	9	9	9	10	10	입	1	1	1	1	2	2	2	3	3	3	4	4	4	5	5	처	6	6	6	7	7	7	8
대운 여	2	2	2	1	1	1	1	추	10	10	9	9	9	8	8	8	7	7	7	6	6	6	5	서	5	4	4	4	3	3	3

양력 9월 백로절(乙酉月) 白露 9월8일 19시32분 秋分 9월24일 4시41분

양력	1	2	3	4	5	6	7	8	9	10	11	12	13	14	15	16	17	18	19	20	21	22	23	24	25	26	27	28	29	30	
요일	木	金	土	日	月	火	水	木	金	土	日	月	火	水	木	金	土	日	月	火	水	木	金	土	日	月	火	水	木	金	
음력	7/15	16	17	18	19	20	21	22	23	24	25	26	27	28	29	8/1	2	3	4	5	6	7	8	9	10	11	12	13	14	15	
일진	乙丑	丙寅	丁卯	戊辰	己巳	庚午	辛未	壬申	癸酉	甲戌	乙亥	丙子	丁丑	戊寅	己卯	庚辰	辛巳	壬午	癸未	甲申	乙酉	丙戌	丁亥	戊子	己丑	庚寅	辛卯	壬辰	癸巳	甲午	
대운 남	8	8	9	9	9	10	10	백	1	1	1	1	2	2	2	3	3	3	4	4	4	5	5	추	6	6	6	7	7	7	
대운 여	2	2	2	1	1	1	1	로	10	10	9	9	9	8	8	8	7	7	7	6	6	6	5	분	5	4	4	4	3	3	

양력 10월 한로절(丙戌月) 寒露 10월9일 10시52분 霜降 10월24일 13시43분

양력	1	2	3	4	5	6	7	8	9	10	11	12	13	14	15	16	17	18	19	20	21	22	23	24	25	26	27	28	29	30	31
요일	土	日	月	火	水	木	金	土	日	月	火	水	木	金	土	日	月	火	水	木	金	土	日	月	火	水	木	金	土	日	月
음력	8/16	17	18	19	20	21	22	23	24	25	26	27	28	29	30	9/1	2	3	4	5	6	7	8	9	10	11	12	13	14	15	16
일진	乙未	丙申	丁酉	戊戌	己亥	庚子	辛丑	壬寅	癸卯	甲辰	乙巳	丙午	丁未	戊申	己酉	庚戌	辛亥	壬子	癸丑	甲寅	乙卯	丙辰	丁巳	戊午	己未	庚申	辛酉	壬戌	癸亥	甲子	乙丑
대운 남	8	8	8	9	9	9	10	10	한	1	1	1	1	2	2	2	3	3	3	4	4	4	5	상	5	6	6	6	7	7	7
대운 여	3	2	2	2	1	1	1	1	로	10	9	9	9	8	8	8	7	7	7	6	6	6	5	강	5	4	4	4	3	3	3

양력 11월 입동절(丁亥月) 立冬 11월8일 13시45분 小雪 11월23일 11시1분

양력	1	2	3	4	5	6	7	8	9	10	11	12	13	14	15	16	17	18	19	20	21	22	23	24	25	26	27	28	29	30	
요일	火	水	木	金	土	日	月	火	水	木	金	土	日	月	火	水	木	金	土	日	月	火	水	木	金	土	日	月	火	水	
음력	9/17	18	19	20	21	22	23	24	25	26	27	28	29	10/1	2	3	4	5	6	7	8	9	10	11	12	13	14	15	16	17	
일진	丙寅	丁卯	戊辰	己巳	庚午	辛未	壬申	癸酉	甲戌	乙亥	丙子	丁丑	戊寅	己卯	庚辰	辛巳	壬午	癸未	甲申	乙酉	丙戌	丁亥	戊子	己丑	庚寅	辛卯	壬辰	癸巳	甲午	乙未	
대운 남	8	8	8	9	9	9	10	입	1	1	1	1	2	2	2	3	3	3	4	4	4	5	소	5	6	6	6	7	7	7	
대운 여	2	2	2	1	1	1	1	동	10	9	9	9	8	8	8	7	7	7	6	6	6	5	설	5	4	4	4	3	3	3	

양력 12월 대설절(戊子月) 大雪 12월8일 6시23분 冬至 12월23일 0시11분

양력	1	2	3	4	5	6	7	8	9	10	11	12	13	14	15	16	17	18	19	20	21	22	23	24	25	26	27	28	29	30	31
요일	木	金	土	日	月	火	水	木	金	土	日	月	火	水	木	金	土	日	月	火	水	木	金	土	日	月	火	水	木	金	土
음력	10/18	19	20	21	22	23	24	25	26	27	28	29	30	11/1	2	3	4	5	6	7	8	9	10	11	12	13	14	15	16	17	18
일진	丙申	丁酉	戊戌	己亥	庚子	辛丑	壬寅	癸卯	甲辰	乙巳	丙午	丁未	戊申	己酉	庚戌	辛亥	壬子	癸丑	甲寅	乙卯	丙辰	丁巳	戊午	己未	庚申	辛酉	壬戌	癸亥	甲子	乙丑	丙寅
대운 남	8	8	8	9	9	9	10	대	1	1	1	1	2	2	2	3	3	3	4	4	4	5	동	5	6	6	6	7	7	7	8
대운 여	2	2	2	1	1	1	1	설	9	9	9	8	8	8	7	7	7	6	6	6	5	5	지	4	4	4	3	3	3	2	2

서기 1956년 [단기 4289년]

양력 1월 소한절(己丑月) 小寒 1월6일 17시30분 大寒 1월21일 10시48분

양력		1	2	3	4	5	6	7	8	9	10	11	12	13	14	15	16	17	18	19	20	21	22	23	24	25	26	27	28	29	30	31
요일		日	月	火	水	木	金	土	日	月	火	水	木	金	土	日	月	火	水	木	金	土	日	月	火	水	木	金	土	日	月	火
음력		11/19	20	21	22	23	24	25	26	27	28	29	30	12/1	2	3	4	5	6	7	8	9	10	11	12	13	14	15	16	17	18	19
일진		丁卯	戊辰	己巳	庚午	辛未	壬申	癸酉	甲戌	乙亥	丙子	丁丑	戊寅	己卯	庚辰	辛巳	壬午	癸未	甲申	乙酉	丙戌	丁亥	戊子	己丑	庚寅	辛卯	壬辰	癸巳	甲午	乙未	丙申	丁酉
대운	남	8	8	9	9	9	소	1	1	1	1	2	2	2	3	3	3	4	4	4	5	대	5	6	6	6	7	7	7	8	8	8
	여	2	1	1	1	1	한	10	9	9	9	8	8	8	7	7	7	6	6	6	5	한	5	4	4	4	3	3	3	2	2	2

양력 2월 입춘절(庚寅月) 立春 2월5일 5시12분 雨水 2월20일 1시5분

양력		1	2	3	4	5	6	7	8	9	10	11	12	13	14	15	16	17	18	19	20	21	22	23	24	25	26	27	28	29		
요일		水	木	金	土	日	月	火	水	木	金	土	日	月	火	水	木	金	土	日	月	火	水	木	金	土	日	月	火	水		
음력		12/20	21	22	23	24	25	26	27	28	29	30	1/1	2	3	4	5	6	7	8	9	10	11	12	13	14	15	16	17	18		
일진		戊戌	己亥	庚子	辛丑	壬寅	癸卯	甲辰	乙巳	丙午	丁未	戊申	己酉	庚戌	辛亥	壬子	癸丑	甲寅	乙卯	丙辰	丁巳	戊午	己未	庚申	辛酉	壬戌	癸亥	甲子	乙丑	丙寅		
대운	남	9	9	9	10	입	9	9	9	8	8	8	7	7	7	6	6	6	5	5	우	4	4	4	3	3	3	2	2	2		
	여	1	1	1	1	춘	1	1	1	1	2	2	2	3	3	3	4	4	4	5	수	5	6	6	6	7	7	7	8	8		

양력 3월 경칩절(辛卯月) 驚蟄 3월5일 23시24분 春分 3월21일 0시20분

양력		1	2	3	4	5	6	7	8	9	10	11	12	13	14	15	16	17	18	19	20	21	22	23	24	25	26	27	28	29	30	31
요일		木	金	土	日	月	火	水	木	金	土	日	月	火	水	木	金	土	日	月	火	水	木	金	土	日	月	火	水	木	金	土
음력		1/19	20	21	22	23	24	25	26	27	28	29	2/1	2	3	4	5	6	7	8	9	10	11	12	13	14	15	16	17	18	19	20
일진		丁卯	戊辰	己巳	庚午	辛未	壬申	癸酉	甲戌	乙亥	丙子	丁丑	戊寅	己卯	庚辰	辛巳	壬午	癸未	甲申	乙酉	丙戌	丁亥	戊子	己丑	庚寅	辛卯	壬辰	癸巳	甲午	乙未	丙申	丁酉
대운	남	1	1	1	1	경	10	10	9	9	9	8	8	8	7	7	7	6	6	6	5	춘	5	4	4	4	3	3	3	2	2	2
	여	8	9	9	9	칩	1	1	1	1	2	2	2	3	3	3	4	4	4	5	5	분	6	6	6	7	7	7	8	8	8	9

양력 4월 청명절(壬辰月) 清明 4월5일 4시31분 穀雨 4월20일 11시43분

양력		1	2	3	4	5	6	7	8	9	10	11	12	13	14	15	16	17	18	19	20	21	22	23	24	25	26	27	28	29	30	
요일		日	月	火	水	木	金	土	日	月	火	水	木	金	土	日	月	火	水	木	金	土	日	月	火	水	木	金	土	日	月	
음력		2/21	22	23	24	25	26	27	28	29	30	3/1	2	3	4	5	6	7	8	9	10	11	12	13	14	15	16	17	18	19	20	
일진		戊戌	己亥	庚子	辛丑	壬寅	癸卯	甲辰	乙巳	丙午	丁未	戊申	己酉	庚戌	辛亥	壬子	癸丑	甲寅	乙卯	丙辰	丁巳	戊午	己未	庚申	辛酉	壬戌	癸亥	甲子	乙丑	丙寅	丁卯	
대운	남	1	1	1	1	청	10	9	9	9	8	8	8	7	7	7	6	6	6	5	곡	5	4	4	4	3	3	3	2	2	2	
	여	9	9	10	10	명	1	1	1	1	2	2	2	3	3	3	4	4	4	5	우	5	6	6	6	7	7	7	8	8	8	

양력 5월 입하절(癸巳月) 立夏 5월5일 22시10분 小滿 5월21일 11시13분

양력		1	2	3	4	5	6	7	8	9	10	11	12	13	14	15	16	17	18	19	20	21	22	23	24	25	26	27	28	29	30	31
요일		火	水	木	金	土	日	月	火	水	木	金	土	日	月	火	水	木	金	土	日	月	火	水	木	金	土	日	月	火	水	木
음력		3/21	22	23	24	25	26	27	28	29	4/1	2	3	4	5	6	7	8	9	10	11	12	13	14	15	16	17	18	19	20	21	22
일진		戊辰	己巳	庚午	辛未	壬申	癸酉	甲戌	乙亥	丙子	丁丑	戊寅	己卯	庚辰	辛巳	壬午	癸未	甲申	乙酉	丙戌	丁亥	戊子	己丑	庚寅	辛卯	壬辰	癸巳	甲午	乙未	丙申	丁酉	戊戌
대운	남	1	1	1	1	입	10	10	10	9	9	9	8	8	8	7	7	7	6	6	6	소	5	5	4	4	4	3	3	3	2	2
	여	9	9	9	10	하	1	1	1	1	2	2	2	3	3	3	4	4	4	5	5	만	6	6	6	7	7	7	8	8	8	9

양력 6월 망종절(甲午月) 芒種 6월6일 2시36분 夏至 6월21일 19시24분

양력		1	2	3	4	5	6	7	8	9	10	11	12	13	14	15	16	17	18	19	20	21	22	23	24	25	26	27	28	29	30	
요일		金	土	日	月	火	水	木	金	土	日	月	火	水	木	金	土	日	月	火	水	木	金	土	日	月	火	水	木	金	土	
음력		4/23	24	25	26	27	28	29	30	5/1	2	3	4	5	6	7	8	9	10	11	12	13	14	15	16	17	18	19	20	21	22	
일진		己亥	庚子	辛丑	壬寅	癸卯	甲辰	乙巳	丙午	丁未	戊申	己酉	庚戌	辛亥	壬子	癸丑	甲寅	乙卯	丙辰	丁巳	戊午	己未	庚申	辛酉	壬戌	癸亥	甲子	乙丑	丙寅	丁卯	戊辰	
대운	남	2	1	1	1	1	망	10	10	9	9	9	8	8	8	7	7	7	6	6	6	하	5	5	4	4	4	3	3	3	2	
	여	9	9	10	10	10	종	1	1	1	1	2	2	2	3	3	3	4	4	4	5	지	5	6	6	6	7	7	7	8	8	

丙申年

양력 7월 소서절(乙未月) 小暑 7월7일 12시58분 大暑 7월23일 6시20분

양력	1	2	3	4	5	6	7	8	9	10	11	12	13	14	15	16	17	18	19	20	21	22	23	24	25	26	27	28	29	30	31
요일	日	月	火	水	木	金	土	日	月	火	水	木	金	土	日	月	火	水	木	金	土	日	月	火	水	木	金	土	日	月	火
음력	5/23	24	25	26	27	28	29	6/1	2	3	4	5	6	7	8	9	10	11	12	13	14	15	16	17	18	19	20	21	22	23	24
일진	己巳	庚午	辛未	壬申	癸酉	甲戌	乙亥	丙子	丁丑	戊寅	己卯	庚辰	辛巳	壬午	癸未	甲申	乙酉	丙戌	丁亥	戊子	己丑	庚寅	辛卯	壬辰	癸巳	甲午	乙未	丙申	丁酉	戊戌	己亥
대운 남	2	2	1	1	1	1	소서	10	10	9	9	9	8	8	8	7	7	7	6	6	6	5	대서	5	4	4	4	3	3	3	2
대운 여	8	9	9	9	10	10		1	1	1	1	2	2	2	3	3	3	4	4	4	5	5		6	6	6	7	7	7	8	8

양력 8월 입추절(丙申月) 立秋 8월7일 22시40분 處暑 8월23일 13시15분

양력	1	2	3	4	5	6	7	8	9	10	11	12	13	14	15	16	17	18	19	20	21	22	23	24	25	26	27	28	29	30	31
요일	水	木	金	土	日	月	火	水	木	金	土	日	月	火	水	木	金	土	日	月	火	水	木	金	土	日	月	火	水	木	金
음력	6/25	26	27	28	29	7/1	2	3	4	5	6	7	8	9	10	11	12	13	14	15	16	17	18	19	20	21	22	23	24	25	26
일진	庚子	辛丑	壬寅	癸卯	甲辰	乙巳	丙午	丁未	戊申	己酉	庚戌	辛亥	壬子	癸丑	甲寅	乙卯	丙辰	丁巳	戊午	己未	庚申	辛酉	壬戌	癸亥	甲子	乙丑	丙寅	丁卯	戊辰	己巳	庚午
대운 남	2	2	1	1	1	1	입추	10	10	10	9	9	9	8	8	8	7	7	7	6	6	6	처서	5	5	4	4	4	3	3	3
대운 여	8	9	9	9	10	10		1	1	1	1	2	2	2	3	3	3	4	4	4	5	5		6	6	6	7	7	7	8	8

양력 9월 백로절(丁酉月) 白露 9월8일 1시19분 秋分 9월23일 10시35분

양력	1	2	3	4	5	6	7	8	9	10	11	12	13	14	15	16	17	18	19	20	21	22	23	24	25	26	27	28	29	30	
요일	土	日	月	火	水	木	金	土	日	月	火	水	木	金	土	日	月	火	水	木	金	土	日	月	火	水	木	金	土	日	
음력	7/27	28	29	30	8/1	2	3	4	5	6	7	8	9	10	11	12	13	14	15	16	17	18	19	20	21	22	23	24	25	26	
일진	辛未	壬申	癸酉	甲戌	乙亥	丙子	丁丑	戊寅	己卯	庚辰	辛巳	壬午	癸未	甲申	乙酉	丙戌	丁亥	戊子	己丑	庚寅	辛卯	壬辰	癸巳	甲午	乙未	丙申	丁酉	戊戌	己亥	庚子	
대운 남	2	2	2	1	1	1	1	백로	10	9	9	9	8	8	8	7	7	7	6	6	6	5	추분	5	4	4	4	3	3	3	
대운 여	8	9	9	9	10	10	10		1	1	1	1	2	2	2	3	3	3	4	4	4	5		5	6	6	6	7	7	7	

양력 10월 한로절(戊戌月) 寒露 10월8일 16시36분 霜降 10월23일 19시34분

양력	1	2	3	4	5	6	7	8	9	10	11	12	13	14	15	16	17	18	19	20	21	22	23	24	25	26	27	28	29	30	31
요일	月	火	水	木	金	土	日	月	火	水	木	金	土	日	月	火	水	木	金	土	日	月	火	水	木	金	土	日	月	火	水
음력	8/27	28	29	9/1	2	3	4	5	6	7	8	9	10	11	12	13	14	15	16	17	18	19	20	21	22	23	24	25	26	27	28
일진	辛丑	壬寅	癸卯	甲辰	乙巳	丙午	丁未	戊申	己酉	庚戌	辛亥	壬子	癸丑	甲寅	乙卯	丙辰	丁巳	戊午	己未	庚申	辛酉	壬戌	癸亥	甲子	乙丑	丙寅	丁卯	戊辰	己巳	庚午	辛未
대운 남	2	2	2	1	1	1	1	한로	10	9	9	9	8	8	8	7	7	7	6	6	6	5	상강	5	4	4	4	3	3	3	2
대운 여	8	8	8	9	9	9	10		1	1	1	1	2	2	2	3	3	3	4	4	4	5		5	6	6	6	7	7	7	8

양력 11월 입동절(己亥月) 立冬 11월7일 19시26분 小雪 11월22일 16시50분

양력	1	2	3	4	5	6	7	8	9	10	11	12	13	14	15	16	17	18	19	20	21	22	23	24	25	26	27	28	29	30	
요일	木	金	土	日	月	火	水	木	金	土	日	月	火	水	木	金	土	日	月	火	水	木	金	土	日	月	火	水	木	金	
음력	9/29	30	10/1	2	3	4	5	6	7	8	9	10	11	12	13	14	15	16	17	18	19	20	21	22	23	24	25	26	27	28	
일진	壬申	癸酉	甲戌	乙亥	丙子	丁丑	戊寅	己卯	庚辰	辛巳	壬午	癸未	甲申	乙酉	丙戌	丁亥	戊子	己丑	庚寅	辛卯	壬辰	癸巳	甲午	乙未	丙申	丁酉	戊戌	己亥	庚子	辛丑	
대운 남	2	2	1	1	1	1	입동	10	9	9	9	8	8	8	7	7	7	6	6	6	5	소설	5	4	4	4	3	3	3	2	
대운 여	8	8	9	9	9	10		1	1	1	1	2	2	2	3	3	3	4	4	4	5		5	6	6	6	7	7	7	8	

양력 12월 대설절(庚子月) 大雪 12월7일 12시2분 冬至 12월22일 5시59분

양력	1	2	3	4	5	6	7	8	9	10	11	12	13	14	15	16	17	18	19	20	21	22	23	24	25	26	27	28	29	30	31
요일	土	日	月	火	水	木	金	土	日	月	火	水	木	金	土	日	月	火	水	木	金	土	日	月	火	水	木	金	土	日	月
음력	10/29	11/1	2	3	4	5	6	7	8	9	10	11	12	13	14	15	16	17	18	19	20	21	22	23	24	25	26	27	28	29	30
일진	壬寅	癸卯	甲辰	乙巳	丙午	丁未	戊申	己酉	庚戌	辛亥	壬子	癸丑	甲寅	乙卯	丙辰	丁巳	戊午	己未	庚申	辛酉	壬戌	癸亥	甲子	乙丑	丙寅	丁卯	戊辰	己巳	庚午	辛未	壬申
대운 남	2	2	1	1	1	1	대설	9	9	9	8	8	8	7	7	7	6	6	6	5	5	동지	4	4	4	3	3	3	2	2	2
대운 여	8	8	9	9	9	10		1	1	1	1	2	2	2	3	3	3	4	4	4	5		5	6	6	6	7	7	7	8	8

서기 1957년 [단기 4290년]

양력 1월 소한절(辛丑月) 小寒 1월5일 23시10분 大寒 1월20일 16시39분

양력	1	2	3	4	5	6	7	8	9	10	11	12	13	14	15	16	17	18	19	20	21	22	23	24	25	26	27	28	29	30	31
요일	火	水	木	金	土	日	月	火	水	木	金	土	日	月	火	水	木	金	土	日	月	火	水	木	金	土	日	月	火	水	木
음력	12/1	2	3	4	5	6	7	8	9	10	11	12	13	14	15	16	17	18	19	20	21	22	23	24	25	26	27	28	29	30	1/1
일진	癸酉	甲戌	乙亥	丙子	丁丑	戊寅	己卯	庚辰	辛巳	壬午	癸未	甲申	乙酉	丙戌	丁亥	戊子	己丑	庚寅	辛卯	壬辰	癸巳	甲午	乙未	丙申	丁酉	戊戌	己亥	庚子	辛丑	壬寅	癸卯
대운 남	1	1	1	1	소한	10	9	9	9	8	8	8	7	7	7	6	6	6	5	대한	5	4	4	4	3	3	3	2	2	2	1
대운 여	8	9	9	9	소한	1	1	1	1	2	2	2	3	3	3	4	4	4	5	대한	5	6	6	6	7	7	7	8	8	8	9

양력 2월 입춘절(壬寅月) 立春 2월4일 10시55분 雨水 2월19일 6시58분

양력	1	2	3	4	5	6	7	8	9	10	11	12	13	14	15	16	17	18	19	20	21	22	23	24	25	26	27	28			
요일	金	土	日	月	火	水	木	金	土	日	月	火	水	木	金	土	日	月	火	水	木	金	土	日	月	火	水	木			
음력	1/2	3	4	5	6	7	8	9	10	11	12	13	14	15	16	17	18	19	20	21	22	23	24	25	26	27	28	29			
일진	甲辰	乙巳	丙午	丁未	戊申	己酉	庚戌	辛亥	壬子	癸丑	甲寅	乙卯	丙辰	丁巳	戊午	己未	庚申	辛酉	壬戌	癸亥	甲子	乙丑	丙寅	丁卯	戊辰	己巳	庚午	辛未			
대운 남	1	1	1	입춘	1	1	1	1	2	2	2	3	3	3	4	4	4	5	우수	5	6	6	6	7	7	7	8	8			
대운 여	9	9	10	입춘	10	9	9	9	8	8	8	7	7	7	6	6	6	5	우수	5	4	4	4	3	3	3	2	2			

양력 3월 경칩절(癸卯月) 驚蟄 3월6일 5시10분 春分 3월21일 6시16분

양력	1	2	3	4	5	6	7	8	9	10	11	12	13	14	15	16	17	18	19	20	21	22	23	24	25	26	27	28	29	30	31
요일	金	土	日	月	火	水	木	金	土	日	月	火	水	木	金	土	日	月	火	水	木	金	土	日	月	火	水	木	金	土	日
음력	1/30	2/1	2	3	4	5	6	7	8	9	10	11	12	13	14	15	16	17	18	19	20	21	22	23	24	25	26	27	28	29	3/1
일진	壬申	癸酉	甲戌	乙亥	丙子	丁丑	戊寅	己卯	庚辰	辛巳	壬午	癸未	甲申	乙酉	丙戌	丁亥	戊子	己丑	庚寅	辛卯	壬辰	癸巳	甲午	乙未	丙申	丁酉	戊戌	己亥	庚子	辛丑	壬寅
대운 남	8	9	9	9	10	경칩	1	1	1	1	2	2	2	3	3	3	4	4	4	5	춘분	5	6	6	6	7	7	7	8	8	8
대운 여	2	1	1	1	1	경칩	10	9	9	9	8	8	8	7	7	7	6	6	6	5	춘분	5	4	4	4	3	3	3	2	2	2

양력 4월 청명절(甲辰月) 淸明 4월5일 10시19분 穀雨 4월20일 17시41분

양력	1	2	3	4	5	6	7	8	9	10	11	12	13	14	15	16	17	18	19	20	21	22	23	24	25	26	27	28	29	30	
요일	月	火	水	木	金	土	日	月	火	水	木	金	土	日	月	火	水	木	金	土	日	月	火	水	木	金	土	日	月	火	
음력	3/2	3	4	5	6	7	8	9	10	11	12	13	14	15	16	17	18	19	20	21	22	23	24	25	26	27	28	29	30	4/1	
일진	癸卯	甲辰	乙巳	丙午	丁未	戊申	己酉	庚戌	辛亥	壬子	癸丑	甲寅	乙卯	丙辰	丁巳	戊午	己未	庚申	辛酉	壬戌	癸亥	甲子	乙丑	丙寅	丁卯	戊辰	己巳	庚午	辛未	壬申	
대운 남	9	9	9	10	청명	1	1	1	1	2	2	2	3	3	3	4	4	4	5	곡우	5	6	6	6	7	7	7	8	8	8	
대운 여	1	1	1	1	청명	10	10	9	9	9	8	8	8	7	7	7	6	6	6	곡우	5	5	4	4	4	3	3	3	2	2	

양력 5월 입하절(乙巳月) 立夏 5월6일 3시58분 小滿 5월21일 17시10분

양력	1	2	3	4	5	6	7	8	9	10	11	12	13	14	15	16	17	18	19	20	21	22	23	24	25	26	27	28	29	30	31
요일	水	木	金	土	日	月	火	水	木	金	土	日	月	火	水	木	金	土	日	月	火	水	木	金	土	日	月	火	水	木	金
음력	4/2	3	4	5	6	7	8	9	10	11	12	13	14	15	16	17	18	19	20	21	22	23	24	25	26	27	28	29	5/1	2	3
일진	癸酉	甲戌	乙亥	丙子	丁丑	戊寅	己卯	庚辰	辛巳	壬午	癸未	甲申	乙酉	丙戌	丁亥	戊子	己丑	庚寅	辛卯	壬辰	癸巳	甲午	乙未	丙申	丁酉	戊戌	己亥	庚子	辛丑	壬寅	癸卯
대운 남	9	9	9	10	10	입하	1	1	1	1	2	2	2	3	3	3	4	4	4	5	소만	5	6	6	6	7	7	7	8	8	8
대운 여	2	1	1	1	1	입하	10	10	9	9	9	8	8	8	7	7	7	6	6	6	소만	5	5	4	4	4	3	3	3	2	2

양력 6월 망종절(丙午月) 芒種 6월6일 8시25분 夏至 6월22일 1시21분

양력	1	2	3	4	5	6	7	8	9	10	11	12	13	14	15	16	17	18	19	20	21	22	23	24	25	26	27	28	29	30	
요일	土	日	月	火	水	木	金	土	日	月	火	水	木	金	土	日	月	火	水	木	金	土	日	月	火	水	木	金	土	日	
음력	5/4	5	6	7	8	9	10	11	12	13	14	15	16	17	18	19	20	21	22	23	24	25	26	27	28	29	30	6/1	2	3	
일진	甲辰	乙巳	丙午	丁未	戊申	己酉	庚戌	辛亥	壬子	癸丑	甲寅	乙卯	丙辰	丁巳	戊午	己未	庚申	辛酉	壬戌	癸亥	甲子	乙丑	丙寅	丁卯	戊辰	己巳	庚午	辛未	壬申	癸酉	
대운 남	9	9	9	10	10	망종	1	1	1	1	2	2	2	3	3	3	4	4	4	5	5	하지	6	6	6	7	7	7	8	8	
대운 여	2	1	1	1	1	망종	10	10	9	9	9	8	8	8	7	7	7	6	6	6	5	하지	5	4	4	4	3	3	3	2	

丁酉年

양력 7월 소서절(丁未月) 小暑 7월7일 18시48분 大暑 7월23일 12시15분

양력	1	2	3	4	5	6	7	8	9	10	11	12	13	14	15	16	17	18	19	20	21	22	23	24	25	26	27	28	29	30	31
요일	月	火	水	木	金	土	日	月	火	水	木	金	土	日	月	火	水	木	金	土	日	月	火	水	木	金	土	日	月	火	水
음력	6/4	5	6	7	8	9	10	11	12	13	14	15	16	17	18	19	20	21	22	23	24	25	26	27	28	29	7/1	2	3	4	5
일진	甲戌	乙亥	丙子	丁丑	戊寅	己卯	庚辰	辛巳	壬午	癸未	甲申	乙酉	丙戌	丁亥	戊子	己丑	庚寅	辛卯	壬辰	癸巳	甲午	乙未	丙申	丁酉	戊戌	己亥	庚子	辛丑	壬寅	癸卯	甲辰
대운 남	8	9	9	9	10	10	소	1	1	1	1	2	2	2	3	3	3	4	4	4	5	5	대	6	6	6	7	7	7	8	8
대운 여	2	2	1	1	1	1	서	10	10	10	9	9	9	8	8	8	7	7	7	6	6	6	서	5	5	4	4	4	3	3	3

양력 8월 입추절(戊申月) 立秋 8월8일 4시32분 處暑 8월23일 19시8분

양력	1	2	3	4	5	6	7	8	9	10	11	12	13	14	15	16	17	18	19	20	21	22	23	24	25	26	27	28	29	30	31
요일	木	金	土	日	月	火	水	木	金	土	日	月	火	水	木	金	土	日	月	火	水	木	金	土	日	月	火	水	木	金	土
음력	7/6	7	8	9	10	11	12	13	14	15	16	17	18	19	20	21	22	23	24	25	26	27	28	29	8/1	2	3	4	5	6	7
일진	乙巳	丙午	丁未	戊申	己酉	庚戌	辛亥	壬子	癸丑	甲寅	乙卯	丙辰	丁巳	戊午	己未	庚申	辛酉	壬戌	癸亥	甲子	乙丑	丙寅	丁卯	戊辰	己巳	庚午	辛未	壬申	癸酉	甲戌	乙亥
대운 남	8	9	9	9	10	10	10	입	1	1	1	1	2	2	2	3	3	3	4	4	4	5	처	5	6	6	6	7	7	7	8
대운 여	2	2	2	1	1	1	1	추	10	10	9	9	9	8	8	8	7	7	7	6	6	6	서	5	5	4	4	4	3	3	3

양력 9월 백로절(己酉月) 白露 9월8일 7시12분 秋分 9월23일 16시26분

양력	1	2	3	4	5	6	7	8	9	10	11	12	13	14	15	16	17	18	19	20	21	22	23	24	25	26	27	28	29	30
요일	日	月	火	水	木	金	土	日	月	火	水	木	金	土	日	月	火	水	木	金	土	日	月	火	水	木	金	土	日	月
음력	8/8	9	10	11	12	13	14	15	16	17	18	19	20	21	22	23	24	25	26	27	28	29	30	윤1	2	3	4	5	6	7
일진	丙子	丁丑	戊寅	己卯	庚辰	辛巳	壬午	癸未	甲申	乙酉	丙戌	丁亥	戊子	己丑	庚寅	辛卯	壬辰	癸巳	甲午	乙未	丙申	丁酉	戊戌	己亥	庚子	辛丑	壬寅	癸卯	甲辰	乙巳
대운 남	8	8	9	9	9	10	10	백	1	1	1	1	2	2	2	3	3	3	4	4	4	5	추	5	6	6	6	7	7	7
대운 여	2	2	2	1	1	1	1	로	10	9	9	9	8	8	8	7	7	7	6	6	6	5	분	5	4	4	4	3	3	3

양력 10월 한로절(庚戌月) 寒露 10월8일 22시30분 霜降 10월24일 1시24분

양력	1	2	3	4	5	6	7	8	9	10	11	12	13	14	15	16	17	18	19	20	21	22	23	24	25	26	27	28	29	30	31
요일	火	水	木	金	土	日	月	火	水	木	金	土	日	月	火	水	木	金	土	日	月	火	水	木	金	土	日	月	火	水	木
음력	윤8	9	10	11	12	13	14	15	16	17	18	19	20	21	22	23	24	25	26	27	28	29	9/1	2	3	4	5	6	7	8	9
일진	丙午	丁未	戊申	己酉	庚戌	辛亥	壬子	癸丑	甲寅	乙卯	丙辰	丁巳	戊午	己未	庚申	辛酉	壬戌	癸亥	甲子	乙丑	丙寅	丁卯	戊辰	己巳	庚午	辛未	壬申	癸酉	甲戌	乙亥	丙子
대운 남	8	8	8	9	9	9	10	한	1	1	1	1	2	2	2	3	3	3	4	4	4	5	5	상	6	6	6	7	7	7	8
대운 여	2	2	2	1	1	1	1	로	10	10	9	9	9	8	8	8	7	7	7	6	6	6	5	강	5	4	4	4	3	3	3

양력 11월 입동절(辛亥月) 立冬 11월8일 1시20분 小雪 11월22일 22시39분

양력	1	2	3	4	5	6	7	8	9	10	11	12	13	14	15	16	17	18	19	20	21	22	23	24	25	26	27	28	29	30
요일	金	土	日	月	火	水	木	金	土	日	月	火	水	木	金	土	日	月	火	水	木	金	土	日	月	火	水	木	金	土
음력	9/10	11	12	13	14	15	16	17	18	19	20	21	22	23	24	25	26	27	28	29	30	10/1	2	3	4	5	6	7	8	9
일진	丁丑	戊寅	己卯	庚辰	辛巳	壬午	癸未	甲申	乙酉	丙戌	丁亥	戊子	己丑	庚寅	辛卯	壬辰	癸巳	甲午	乙未	丙申	丁酉	戊戌	己亥	庚子	辛丑	壬寅	癸卯	甲辰	乙巳	丙午
대운 남	8	8	9	9	9	10	10	입	1	1	1	1	2	2	2	3	3	3	4	4	4	소	5	5	6	6	6	7	7	7
대운 여	2	2	2	1	1	1	1	동	9	9	9	8	8	8	7	7	7	6	6	6	5	설	5	4	4	4	3	3	3	2

양력 12월 대설절(壬子月) 大雪 12월7일 17시56분 冬至 12월22일 11시49분

양력	1	2	3	4	5	6	7	8	9	10	11	12	13	14	15	16	17	18	19	20	21	22	23	24	25	26	27	28	29	30	31
요일	日	月	火	水	木	金	土	日	月	火	水	木	金	土	日	月	火	水	木	金	土	日	月	火	水	木	金	土	日	月	火
음력	10/10	11	12	13	14	15	16	17	18	19	20	21	22	23	24	25	26	27	28	29	11/1	2	3	4	5	6	7	8	9	10	11
일진	丁未	戊申	己酉	庚戌	辛亥	壬子	癸丑	甲寅	乙卯	丙辰	丁巳	戊午	己未	庚申	辛酉	壬戌	癸亥	甲子	乙丑	丙寅	丁卯	戊辰	己巳	庚午	辛未	壬申	癸酉	甲戌	乙亥	丙子	丁丑
대운 남	8	8	8	9	9	9	대	1	1	1	1	2	2	2	3	3	3	4	4	4	5	동	5	6	6	6	7	7	7	8	8
대운 여	2	2	1	1	1	1	설	10	9	9	9	8	8	8	7	7	7	6	6	6	5	지	5	4	4	4	3	3	3	2	2

▶윤달-8월

서기 1958년 [단기 4291년]

양력 1월 소한절(癸丑月) 小寒 1월6일 5시4분 大寒 1월20일 22시28분

양력	1	2	3	4	5	6	7	8	9	10	11	12	13	14	15	16	17	18	19	20	21	22	23	24	25	26	27	28	29	30	31
요일	水	木	金	土	日	月	火	水	木	金	土	日	月	火	水	木	金	土	日	月	火	水	木	金	土	日	月	火	水	木	金
음력	11/12	13	14	15	16	17	18	19	20	21	22	23	24	25	26	27	28	29	30	12/1	2	3	4	5	6	7	8	9	10	11	12
일진	戊寅	己卯	庚辰	辛巳	壬午	癸未	甲申	乙酉	丙戌	丁亥	戊子	己丑	庚寅	辛卯	壬辰	癸巳	甲午	乙未	丙申	丁酉	戊戌	己亥	庚子	辛丑	壬寅	癸卯	甲辰	乙巳	丙午	丁未	戊申
대운 남	8	9	9	9	10	소	1	1	1	1	2	2	2	3	3	3	4	4	4	대	5	5	6	6	6	7	7	7	8	8	8
대운 여	2	1	1	1	1	한	9	9	9	8	8	8	7	7	7	6	6	6	5	한	5	4	4	4	3	3	3	2	2	2	1

양력 2월 입춘절(甲寅月) 立春 2월4일 16시49분 雨水 2월19일 12시48분

양력	1	2	3	4	5	6	7	8	9	10	11	12	13	14	15	16	17	18	19	20	21	22	23	24	25	26	27	28			
요일	土	日	月	火	水	木	金	土	日	月	火	水	木	金	土	日	月	火	水	木	金	土	日	月	火	水	木	金			
음력	12/13	14	15	16	17	18	19	20	21	22	23	24	25	26	27	28	29	30	1/1	2	3	4	5	6	7	8	9	10			
일진	己酉	庚戌	辛亥	壬子	癸丑	甲寅	乙卯	丙辰	丁巳	戊午	己未	庚申	辛酉	壬戌	癸亥	甲子	乙丑	丙寅	丁卯	戊辰	己巳	庚午	辛未	壬申	癸酉	甲戌	乙亥	丙子			
대운 남	9	9	9	입	10	9	9	9	8	8	8	7	7	7	6	6	6	5	우	5	4	4	4	3	3	3	2	2			
대운 여	1	1	1	춘	1	1	1	1	2	2	2	3	3	3	4	4	4	5	수	5	6	6	6	7	7	7	8	8			

양력 3월 경칩절(乙卯月) 驚蟄 3월6일 11시5분 春分 3월21일 12시6분

양력	1	2	3	4	5	6	7	8	9	10	11	12	13	14	15	16	17	18	19	20	21	22	23	24	25	26	27	28	29	30	31
요일	土	日	月	火	水	木	金	土	日	月	火	水	木	金	土	日	月	火	水	木	金	土	日	月	火	水	木	金	土	日	月
음력	1/11	12	13	14	15	16	17	18	19	20	21	22	23	24	25	26	27	28	29	2/1	2	3	4	5	6	7	8	9	10	11	12
일진	丁丑	戊寅	己卯	庚辰	辛巳	壬午	癸未	甲申	乙酉	丙戌	丁亥	戊子	己丑	庚寅	辛卯	壬辰	癸巳	甲午	乙未	丙申	丁酉	戊戌	己亥	庚子	辛丑	壬寅	癸卯	甲辰	乙巳	丙午	丁未
대운 남	2	1	1	1	1	경	10	9	9	9	8	8	8	7	7	7	6	6	6	5	춘	5	4	4	4	3	3	3	2	2	2
대운 여	8	9	9	9	10	칩	1	1	1	1	2	2	2	3	3	3	4	4	4	5	분	5	6	6	6	7	7	7	8	8	8

양력 4월 청명절(丙辰月) 淸明 4월5일 16시12분 穀雨 4월20일 23시27분

양력	1	2	3	4	5	6	7	8	9	10	11	12	13	14	15	16	17	18	19	20	21	22	23	24	25	26	27	28	29	30	
요일	火	水	木	金	土	日	月	火	水	木	金	土	日	月	火	水	木	金	土	日	月	火	水	木	金	土	日	月	火	水	
음력	2/13	14	15	16	17	18	19	20	21	22	23	24	25	26	27	28	29	30	3/1	2	3	4	5	6	7	8	9	10	11	12	
일진	戊申	己酉	庚戌	辛亥	壬子	癸丑	甲寅	乙卯	丙辰	丁巳	戊午	己未	庚申	辛酉	壬戌	癸亥	甲子	乙丑	丙寅	丁卯	戊辰	己巳	庚午	辛未	壬申	癸酉	甲戌	乙亥	丙子	丁丑	
대운 남	1	1	1	1	청	10	10	9	9	9	8	8	8	7	7	7	6	6	6	곡	5	5	4	4	4	3	3	3	2	2	
대운 여	9	9	9	10	명	1	1	1	1	2	2	2	3	3	3	4	4	4	5	우	5	6	6	6	7	7	7	8	8	8	

양력 5월 입하절(丁巳月) 立夏 5월6일 9시49분 小滿 5월21일 22시51분

양력	1	2	3	4	5	6	7	8	9	10	11	12	13	14	15	16	17	18	19	20	21	22	23	24	25	26	27	28	29	30	31
요일	木	金	土	日	月	火	水	木	金	土	日	月	火	水	木	金	土	日	月	火	水	木	金	土	日	月	火	水	木	金	土
음력	3/13	14	15	16	17	18	19	20	21	22	23	24	25	26	27	28	29	30	4/1	2	3	4	5	6	7	8	9	10	11	12	13
일진	戊寅	己卯	庚辰	辛巳	壬午	癸未	甲申	乙酉	丙戌	丁亥	戊子	己丑	庚寅	辛卯	壬辰	癸巳	甲午	乙未	丙申	丁酉	戊戌	己亥	庚子	辛丑	壬寅	癸卯	甲辰	乙巳	丙午	丁未	戊申
대운 남	2	1	1	1	1	입	10	10	9	9	9	8	8	8	7	7	7	6	6	6	소	5	5	4	4	4	3	3	3	2	2
대운 여	9	9	9	10	10	하	1	1	1	1	2	2	2	3	3	3	4	4	4	5	만	5	6	6	6	7	7	7	8	8	8

양력 6월 망종절(戊午月) 芒種 6월6일 14시12분 夏至 6월22일 6시57분

양력	1	2	3	4	5	6	7	8	9	10	11	12	13	14	15	16	17	18	19	20	21	22	23	24	25	26	27	28	29	30	
요일	日	月	火	水	木	金	土	日	月	火	水	木	金	土	日	月	火	水	木	金	土	日	月	火	水	木	金	土	日	月	
음력	4/14	15	16	17	18	19	20	21	22	23	24	25	26	27	28	29	5/1	2	3	4	5	6	7	8	9	10	11	12	13	14	
일진	己酉	庚戌	辛亥	壬子	癸丑	甲寅	乙卯	丙辰	丁巳	戊午	己未	庚申	辛酉	壬戌	癸亥	甲子	乙丑	丙寅	丁卯	戊辰	己巳	庚午	辛未	壬申	癸酉	甲戌	乙亥	丙子	丁丑	戊寅	
대운 남	2	1	1	1	1	망	10	10	10	9	9	9	8	8	8	7	7	7	6	6	6	하	5	5	4	4	4	3	3	3	
대운 여	9	9	9	10	10	종	1	1	1	1	2	2	2	3	3	3	4	4	4	5	5	지	6	6	6	7	7	7	8	8	

戊戌年

양력 7월 소서절(己未月) 小暑 7월8일 0시33분 大暑 7월23일 17시50분

양력	1	2	3	4	5	6	7	8	9	10	11	12	13	14	15	16	17	18	19	20	21	22	23	24	25	26	27	28	29	30	31
요일	火	水	木	金	土	日	月	火	水	木	金	土	日	月	火	水	木	金	土	日	月	火	水	木	金	土	日	月	火	水	木
음력	5/15	16	17	18	19	20	21	22	23	24	25	26	27	28	29	30	6/1	2	3	4	5	6	7	8	9	10	11	12	13	14	15
일진	己卯	庚辰	辛巳	壬午	癸未	甲申	乙酉	丙戌	丁亥	戊子	己丑	庚寅	辛卯	壬辰	癸巳	甲午	乙未	丙申	丁酉	戊戌	己亥	庚子	辛丑	壬寅	癸卯	甲辰	乙巳	丙午	丁未	戊申	己酉
대 남	2	2	2	1	1	1	1	소	10	10	9	9	9	8	8	8	7	7	7	6	6	6	대	5	5	4	4	4	3	3	3
운 여	8	9	9	9	10	10	10	서	1	1	1	1	2	2	2	3	3	3	4	4	4	5	서	5	6	6	6	7	7	7	8

양력 8월 입추절(庚申月) 立秋 8월8일 10시17분 處暑 8월24일 0시46분

양력	1	2	3	4	5	6	7	8	9	10	11	12	13	14	15	16	17	18	19	20	21	22	23	24	25	26	27	28	29	30	31
요일	金	土	日	月	火	水	木	金	土	日	月	火	水	木	金	土	日	月	火	水	木	金	土	日	月	火	水	木	金	土	日
음력	6/16	17	18	19	20	21	22	23	24	25	26	27	28	29	7/1	2	3	4	5	6	7	8	9	10	11	12	13	14	15	16	17
일진	庚戌	辛亥	壬子	癸丑	甲寅	乙卯	丙辰	丁巳	戊午	己未	庚申	辛酉	壬戌	癸亥	甲子	乙丑	丙寅	丁卯	戊辰	己巳	庚午	辛未	壬申	癸酉	甲戌	乙亥	丙子	丁丑	戊寅	己卯	庚辰
대 남	2	2	2	1	1	1	1	입	10	10	9	9	9	8	8	8	7	7	7	6	6	6	5	처	5	4	4	4	3	3	3
운 여	8	8	9	9	9	10	10	추	1	1	1	1	2	2	2	3	3	3	4	4	4	5	5	서	6	6	6	7	7	7	8

양력 9월 백로절(辛酉月) 白露 9월8일 12시59분 秋分 9월23일 22시9분

양력	1	2	3	4	5	6	7	8	9	10	11	12	13	14	15	16	17	18	19	20	21	22	23	24	25	26	27	28	29	30	
요일	月	火	水	木	金	土	日	月	火	水	木	金	土	日	月	火	水	木	金	土	日	月	火	水	木	金	土	日	月	火	
음력	7/18	19	20	21	22	23	24	25	26	27	28	29	8/1	2	3	4	5	6	7	8	9	10	11	12	13	14	15	16	17	18	
일진	辛巳	壬午	癸未	甲申	乙酉	丙戌	丁亥	戊子	己丑	庚寅	辛卯	壬辰	癸巳	甲午	乙未	丙申	丁酉	戊戌	己亥	庚子	辛丑	壬寅	癸卯	甲辰	乙巳	丙午	丁未	戊申	己酉	庚戌	
대 남	2	2	2	1	1	1	1	백	10	10	9	9	9	8	8	8	7	7	7	6	6	6	추	5	5	4	4	4	3	3	
운 여	8	8	9	9	9	10	10	로	1	1	1	1	2	2	2	3	3	3	4	4	4	5	분	5	6	6	6	7	7	7	

양력 10월 한로절(壬戌月) 寒露 10월9일 4시19분 霜降 10월24일 7시11분

양력	1	2	3	4	5	6	7	8	9	10	11	12	13	14	15	16	17	18	19	20	21	22	23	24	25	26	27	28	29	30	31
요일	水	木	金	土	日	月	火	水	木	金	土	日	月	火	水	木	金	土	日	月	火	水	木	金	土	日	月	火	水	木	金
음력	8/19	20	21	22	23	24	25	26	27	28	29	30	9/1	2	3	4	5	6	7	8	9	10	11	12	13	14	15	16	17	18	19
일진	辛亥	壬子	癸丑	甲寅	乙卯	丙辰	丁巳	戊午	己未	庚申	辛酉	壬戌	癸亥	甲子	乙丑	丙寅	丁卯	戊辰	己巳	庚午	辛未	壬申	癸酉	甲戌	乙亥	丙子	丁丑	戊寅	己卯	庚辰	辛巳
대 남	3	2	2	2	1	1	1	1	한	10	9	9	9	8	8	8	7	7	7	6	6	6	5	상	5	4	4	4	3	3	3
운 여	8	8	8	9	9	9	10	10	로	1	1	1	1	2	2	2	3	3	3	4	4	4	5	강	5	6	6	6	7	7	7

양력 11월 입동절(癸亥月) 立冬 11월8일 7시12분 小雪 11월23일 4시29분

양력	1	2	3	4	5	6	7	8	9	10	11	12	13	14	15	16	17	18	19	20	21	22	23	24	25	26	27	28	29	30	
요일	土	日	月	火	水	木	金	土	日	月	火	水	木	金	土	日	月	火	水	木	金	土	日	月	火	水	木	金	土	日	
음력	9/20	21	22	23	24	25	26	27	28	29	10/1	2	3	4	5	6	7	8	9	10	11	12	13	14	15	16	17	18	19	20	
일진	壬午	癸未	甲申	乙酉	丙戌	丁亥	戊子	己丑	庚寅	辛卯	壬辰	癸巳	甲午	乙未	丙申	丁酉	戊戌	己亥	庚子	辛丑	壬寅	癸卯	甲辰	乙巳	丙午	丁未	戊申	己酉	庚戌	辛亥	
대 남	2	2	2	1	1	1	1	입	9	9	9	8	8	8	7	7	7	6	6	6	5	5	소	4	4	4	3	3	3	2	
운 여	8	8	8	9	9	9	10	동	1	1	1	1	2	2	2	3	3	3	4	4	4	5	설	5	6	6	6	7	7	7	

양력 12월 대설절(甲子月) 大雪 12월7일 23시50분 冬至 12월22일 17시40분

양력	1	2	3	4	5	6	7	8	9	10	11	12	13	14	15	16	17	18	19	20	21	22	23	24	25	26	27	28	29	30	31
요일	月	火	水	木	金	土	日	月	火	水	木	金	土	日	月	火	水	木	金	土	日	月	火	水	木	金	土	日	月	火	水
음력	10/21	22	23	24	25	26	27	28	29	30	11/1	2	3	4	5	6	7	8	9	10	11	12	13	14	15	16	17	18	19	20	21
일진	壬子	癸丑	甲寅	乙卯	丙辰	丁巳	戊午	己未	庚申	辛酉	壬戌	癸亥	甲子	乙丑	丙寅	丁卯	戊辰	己巳	庚午	辛未	壬申	癸酉	甲戌	乙亥	丙子	丁丑	戊寅	己卯	庚辰	辛巳	壬午
대 남	2	2	1	1	1	1	대	10	9	9	9	8	8	8	7	7	7	6	6	6	5	동	5	4	4	4	3	3	3	2	2
운 여	8	8	8	9	9	9	설	1	1	1	1	2	2	2	3	3	3	4	4	4	5	지	5	6	6	6	7	7	7	8	8

서기 1959년 [단기 4292년]

양력 1월　소한절(乙丑月)　小寒 1월6일 10시58분　大寒 1월21일 4시19분

양력	1	2	3	4	5	6	7	8	9	10	11	12	13	14	15	16	17	18	19	20	21	22	23	24	25	26	27	28	29	30	31
요일	木	金	土	日	月	火	水	木	金	土	日	月	火	水	木	金	土	日	月	火	水	木	金	土	日	月	火	水	木	金	土
음력	11/22	23	24	25	26	27	28	29	12/1	2	3	4	5	6	7	8	9	10	11	12	13	14	15	16	17	18	19	20	21	22	23
일진	癸未	甲申	乙酉	丙戌	丁亥	戊子	己丑	庚寅	辛卯	壬辰	癸巳	甲午	乙未	丙申	丁酉	戊戌	己亥	庚子	辛丑	壬寅	癸卯	甲辰	乙巳	丙午	丁未	戊申	己酉	庚戌	辛亥	壬子	癸丑
대운 남	2	1	1	1	1	소한	9	9	9	8	8	8	7	7	7	6	6	6	5	5	대한	4	4	4	3	3	3	2	2	2	1
대운 여	8	9	9	9	10		1	1	1	1	2	2	2	3	3	3	4	4	4	5		5	6	6	6	7	7	7	8	8	8

양력 2월　입춘절(丙寅月)　立春 2월4일 22시42분　雨水 2월19일 18시38분

양력	1	2	3	4	5	6	7	8	9	10	11	12	13	14	15	16	17	18	19	20	21	22	23	24	25	26	27	28			
요일	日	月	火	水	木	金	土	日	月	火	水	木	金	土	日	月	火	水	木	金	土	日	月	火	水	木	金	土			
음력	12/24	25	26	27	28	29	30	1/1	2	3	4	5	6	7	8	9	10	11	12	13	14	15	16	17	18	19	20	21			
일진	甲寅	乙卯	丙辰	丁巳	戊午	己未	庚申	辛酉	壬戌	癸亥	甲子	乙丑	丙寅	丁卯	戊辰	己巳	庚午	辛未	壬申	癸酉	甲戌	乙亥	丙子	丁丑	戊寅	己卯	庚辰	辛巳			
대운 남	1	1	1	입춘	1	1	1	1	2	2	2	3	3	3	4	4	4	5	우수	5	6	6	6	7	7	7	8	8			
대운 여	9	9	9		10	9	9	9	8	8	8	7	7	7	6	6	6	5		5	4	4	4	3	3	3	2	2			

양력 3월　경칩절(丁卯月)　驚蟄 3월6일 16시57분　春分 3월21일 17시55분

양력	1	2	3	4	5	6	7	8	9	10	11	12	13	14	15	16	17	18	19	20	21	22	23	24	25	26	27	28	29	30	31
요일	日	月	火	水	木	金	土	日	月	火	水	木	金	土	日	月	火	水	木	金	土	日	月	火	水	木	金	土	日	月	火
음력	1/22	23	24	25	26	27	28	29	2/1	2	3	4	5	6	7	8	9	10	11	12	13	14	15	16	17	18	19	20	21	22	23
일진	壬午	癸未	甲申	乙酉	丙戌	丁亥	戊子	己丑	庚寅	辛卯	壬辰	癸巳	甲午	乙未	丙申	丁酉	戊戌	己亥	庚子	辛丑	壬寅	癸卯	甲辰	乙巳	丙午	丁未	戊申	己酉	庚戌	辛亥	壬子
대운 남	8	9	9	9	10	경칩	1	1	1	1	2	2	2	3	3	3	4	4	4	5	춘분	5	6	6	6	7	7	7	8	8	8
대운 여	2	1	1	1	1		10	9	9	9	8	8	8	7	7	7	6	6	6	5		5	4	4	4	3	3	3	2	2	2

양력 4월　청명절(戊辰月)　清明 4월5일 22시3분　穀雨 4월21일 5시16분

양력	1	2	3	4	5	6	7	8	9	10	11	12	13	14	15	16	17	18	19	20	21	22	23	24	25	26	27	28	29	30	
요일	水	木	金	土	日	月	火	水	木	金	土	日	月	火	水	木	金	土	日	月	火	水	木	金	土	日	月	火	水	木	
음력	2/24	25	26	27	28	29	30	3/1	2	3	4	5	6	7	8	9	10	11	12	13	14	15	16	17	18	19	20	21	22	23	
일진	癸丑	甲寅	乙卯	丙辰	丁巳	戊午	己未	庚申	辛酉	壬戌	癸亥	甲子	乙丑	丙寅	丁卯	戊辰	己巳	庚午	辛未	壬申	癸酉	甲戌	乙亥	丙子	丁丑	戊寅	己卯	庚辰	辛巳	壬午	
대운 남	9	9	9	10	청명	1	1	1	1	2	2	2	3	3	3	4	4	4	5	5	곡우	6	6	6	7	7	7	8	8	8	
대운 여	1	1	1	1		10	10	9	9	9	8	8	8	7	7	7	6	6	6	5		5	4	4	4	3	3	3	2	2	

양력 5월　입하절(己巳月)　立夏 5월6일 15시39분　小滿 5월22일 4시42분

양력	1	2	3	4	5	6	7	8	9	10	11	12	13	14	15	16	17	18	19	20	21	22	23	24	25	26	27	28	29	30	31
요일	金	土	日	月	火	水	木	金	土	日	月	火	水	木	金	土	日	月	火	水	木	金	土	日	月	火	水	木	金	土	日
음력	3/24	25	26	27	28	29	30	4/1	2	3	4	5	6	7	8	9	10	11	12	13	14	15	16	17	18	19	20	21	22	23	24
일진	癸未	甲申	乙酉	丙戌	丁亥	戊子	己丑	庚寅	辛卯	壬辰	癸巳	甲午	乙未	丙申	丁酉	戊戌	己亥	庚子	辛丑	壬寅	癸卯	甲辰	乙巳	丙午	丁未	戊申	己酉	庚戌	辛亥	壬子	癸丑
대운 남	9	9	9	10	10	입하	1	1	1	1	2	2	2	3	3	3	4	4	4	5	5	소만	6	6	6	7	7	7	8	8	8
대운 여	2	1	1	1	1		10	10	9	9	9	8	8	8	7	7	7	6	6	6	5		5	4	4	4	3	3	3	2	2

양력 6월　망종절(庚午月)　芒種 6월6일 20시0분　夏至 6월22일 12시50분

양력	1	2	3	4	5	6	7	8	9	10	11	12	13	14	15	16	17	18	19	20	21	22	23	24	25	26	27	28	29	30	
요일	月	火	水	木	金	土	日	月	火	水	木	金	土	日	月	火	水	木	金	土	日	月	火	水	木	金	土	日	月	火	
음력	4/25	26	27	28	29	5/1	2	3	4	5	6	7	8	9	10	11	12	13	14	15	16	17	18	19	20	21	22	23	24	25	
일진	甲寅	乙卯	丙辰	丁巳	戊午	己未	庚申	辛酉	壬戌	癸亥	甲子	乙丑	丙寅	丁卯	戊辰	己巳	庚午	辛未	壬申	癸酉	甲戌	乙亥	丙子	丁丑	戊寅	己卯	庚辰	辛巳	壬午	癸未	
대운 남	9	9	9	10	10	망종	1	1	1	1	2	2	2	3	3	3	4	4	4	5	5	하지	6	6	6	7	7	7	8	8	
대운 여	2	1	1	1	1		10	10	10	9	9	9	8	8	8	7	7	7	6	6	6		5	5	4	4	4	3	3	3	

己亥年

양력 7월 소서절(辛未月) 小暑 7월8일 6시20분 大暑 7월23일 23시45분

양력	1	2	3	4	5	6	7	8	9	10	11	12	13	14	15	16	17	18	19	20	21	22	23	24	25	26	27	28	29	30	31
요일	水	木	金	土	日	月	火	水	木	金	土	日	月	火	水	木	金	土	日	月	火	水	木	金	土	日	月	火	水	木	金
음력	5/26	27	28	29	30	6/1	2	3	4	5	6	7	8	9	10	11	12	13	14	15	16	17	18	19	20	21	22	23	24	25	26
일진	甲申	乙酉	丙戌	丁亥	戊子	己丑	庚寅	辛卯	壬辰	癸巳	甲午	乙未	丙申	丁酉	戊戌	己亥	庚子	辛丑	壬寅	癸卯	甲辰	乙巳	丙午	丁未	戊申	己酉	庚戌	辛亥	壬子	癸丑	甲寅
대운 남	8	9	9	9	10	10	10	소서	1	1	1	1	2	2	2	3	3	3	4	4	4	5	대서	5	6	6	6	7	7	7	8
대운 여	2	2	2	1	1	1	1		10	10	9	9	9	8	8	8	7	7	7	6	6	6		5	5	4	4	4	3	3	3

양력 8월 입추절(壬申月) 立秋 8월8일 16시4분 處暑 8월24일 6시44분

양력	1	2	3	4	5	6	7	8	9	10	11	12	13	14	15	16	17	18	19	20	21	22	23	24	25	26	27	28	29	30	31
요일	土	日	月	火	水	木	金	土	日	月	火	水	木	金	土	日	月	火	水	木	金	土	日	月	火	水	木	金	土	日	月
음력	6/27	28	29	7/1	2	3	4	5	6	7	8	9	10	11	12	13	14	15	16	17	18	19	20	21	22	23	24	25	26	27	28
일진	乙卯	丙辰	丁巳	戊午	己未	庚申	辛酉	壬戌	癸亥	甲子	乙丑	丙寅	丁卯	戊辰	己巳	庚午	辛未	壬申	癸酉	甲戌	乙亥	丙子	丁丑	戊寅	己卯	庚辰	辛巳	壬午	癸未	甲申	乙酉
대운 남	8	8	9	9	9	10	10	입추	1	1	1	1	2	2	2	3	3	3	4	4	4	5	5	처서	6	6	6	7	7	7	8
대운 여	2	2	2	1	1	1	1		10	10	9	9	9	8	8	8	7	7	7	6	6	6	5		5	4	4	4	3	3	3

양력 9월 백로절(癸酉月) 白露 9월8일 18시48분 秋分 9월24일 4시8분

양력	1	2	3	4	5	6	7	8	9	10	11	12	13	14	15	16	17	18	19	20	21	22	23	24	25	26	27	28	29	30
요일	火	水	木	金	土	日	月	火	水	木	金	土	日	月	火	水	木	金	土	日	月	火	水	木	金	土	日	月	火	水
음력	7/29	30	8/1	2	3	4	5	6	7	8	9	10	11	12	13	14	15	16	17	18	19	20	21	22	23	24	25	26	27	28
일진	丙戌	丁亥	戊子	己丑	庚寅	辛卯	壬辰	癸巳	甲午	乙未	丙申	丁酉	戊戌	己亥	庚子	辛丑	壬寅	癸卯	甲辰	乙巳	丙午	丁未	戊申	己酉	庚戌	辛亥	壬子	癸丑	甲寅	乙卯
대운 남	8	8	9	9	9	10	10	백로	1	1	1	1	2	2	2	3	3	3	4	4	4	5	5	추분	6	6	6	7	7	7
대운 여	2	2	2	1	1	1	1		10	10	9	9	9	8	8	8	7	7	7	6	6	6	5		5	4	4	4	3	3

양력 10월 한로절(甲戌月) 寒露 10월9일 10시10분 霜降 10월24일 13시11분

양력	1	2	3	4	5	6	7	8	9	10	11	12	13	14	15	16	17	18	19	20	21	22	23	24	25	26	27	28	29	30	31
요일	木	金	土	日	月	火	水	木	金	土	日	月	火	水	木	金	土	日	月	火	水	木	金	土	日	月	火	水	木	金	土
음력	8/29	9/1	2	3	4	5	6	7	8	9	10	11	12	13	14	15	16	17	18	19	20	21	22	23	24	25	26	27	28	29	30
일진	丙辰	丁巳	戊午	己未	庚申	辛酉	壬戌	癸亥	甲子	乙丑	丙寅	丁卯	戊辰	己巳	庚午	辛未	壬申	癸酉	甲戌	乙亥	丙子	丁丑	戊寅	己卯	庚辰	辛巳	壬午	癸未	甲申	乙酉	丙戌
대운 남	8	8	8	9	9	9	10	10	한로	1	1	1	1	2	2	2	3	3	3	4	4	4	5	상강	5	6	6	6	7	7	7
대운 여	3	2	2	2	1	1	1	1		10	9	9	9	8	8	8	7	7	7	6	6	6	5		5	4	4	4	3	3	3

양력 11월 입동절(乙亥月) 立冬 11월8일 13시2분 小雪 11월23일 10시27분

양력	1	2	3	4	5	6	7	8	9	10	11	12	13	14	15	16	17	18	19	20	21	22	23	24	25	26	27	28	29	30
요일	日	月	火	水	木	金	土	日	月	火	水	木	金	土	日	月	火	水	木	金	土	日	月	火	水	木	金	土	日	月
음력	10/1	2	3	4	5	6	7	8	9	10	11	12	13	14	15	16	17	18	19	20	21	22	23	24	25	26	27	28	29	11/1
일진	丁亥	戊子	己丑	庚寅	辛卯	壬辰	癸巳	甲午	乙未	丙申	丁酉	戊戌	己亥	庚子	辛丑	壬寅	癸卯	甲辰	乙巳	丙午	丁未	戊申	己酉	庚戌	辛亥	壬子	癸丑	甲寅	乙卯	丙辰
대운 남	8	8	8	9	9	9	10	입동	1	1	1	1	2	2	2	3	3	3	4	4	4	5	소설	5	6	6	6	7	7	7
대운 여	2	2	2	1	1	1	1		10	9	9	9	8	8	8	7	7	7	6	6	6	5		5	4	4	4	3	3	3

양력 12월 대설절(丙子月) 大雪 12월8일 5시37분 冬至 12월22일 23시34분

양력	1	2	3	4	5	6	7	8	9	10	11	12	13	14	15	16	17	18	19	20	21	22	23	24	25	26	27	28	29	30	31
요일	火	水	木	金	土	日	月	火	水	木	金	土	日	月	火	水	木	金	土	日	月	火	水	木	金	土	日	月	火	水	木
음력	11/2	3	4	5	6	7	8	9	10	11	12	13	14	15	16	17	18	19	20	21	22	23	24	25	26	27	28	29	30	12/1	2
일진	丁巳	戊午	己未	庚申	辛酉	壬戌	癸亥	甲子	乙丑	丙寅	丁卯	戊辰	己巳	庚午	辛未	壬申	癸酉	甲戌	乙亥	丙子	丁丑	戊寅	己卯	庚辰	辛巳	壬午	癸未	甲申	乙酉	丙戌	丁亥
대운 남	8	8	8	9	9	9	10	대설	1	1	1	1	2	2	2	3	3	3	4	4	4	동지	5	5	6	6	6	7	7	7	8
대운 여	2	2	2	1	1	1	1		9	9	9	8	8	8	7	7	7	6	6	6	5		5	4	4	4	3	3	3	2	2

서기 1960년 [단기 4293년]

양력 1월 소한절(丁丑月) 小寒 1월6일 16시42분 大寒 1월21일 10시10분

양력	1	2	3	4	5	6	7	8	9	10	11	12	13	14	15	16	17	18	19	20	21	22	23	24	25	26	27	28	29	30	31
요일	金	土	日	月	火	水	木	金	土	日	月	火	水	木	金	土	日	月	火	水	木	金	土	日	月	火	水	木	金	土	日
음력	12/3	4	5	6	7	8	9	10	11	12	13	14	15	16	17	18	19	20	21	22	23	24	25	26	27	28	29	1/1	2	3	4
일진	戊子	己丑	庚寅	辛卯	壬辰	癸巳	甲午	乙未	丙申	丁酉	戊戌	己亥	庚子	辛丑	壬寅	癸卯	甲辰	乙巳	丙午	丁未	戊申	己酉	庚戌	辛亥	壬子	癸丑	甲寅	乙卯	丙辰	丁巳	戊午
대운 남	8	8	9	9	9	소	1	1	1	1	2	2	2	3	3	3	4	4	4	5	대	5	6	6	6	7	7	7	8	8	8
대운 여	2	1	1	1	1	한	10	9	9	9	8	8	8	7	7	7	6	6	6	5	한	5	4	4	4	3	3	3	2	2	2

양력 2월 입춘절(戊寅月) 立春 2월5일 4시23분 雨水 2월20일 0시26분

양력	1	2	3	4	5	6	7	8	9	10	11	12	13	14	15	16	17	18	19	20	21	22	23	24	25	26	27	28	29
요일	月	火	水	木	金	土	日	月	火	水	木	金	土	日	月	火	水	木	金	土	日	月	火	水	木	金	土	日	月
음력	1/5	6	7	8	9	10	11	12	13	14	15	16	17	18	19	20	21	22	23	24	25	26	27	28	29	30	2/1	2	3
일진	己未	庚申	辛酉	壬戌	癸亥	甲子	乙丑	丙寅	丁卯	戊辰	己巳	庚午	辛未	壬申	癸酉	甲戌	乙亥	丙子	丁丑	戊寅	己卯	庚辰	辛巳	壬午	癸未	甲申	乙酉	丙戌	丁亥
대운 남	9	9	9	10	입	9	9	9	8	8	8	7	7	7	6	6	6	5	5	우	4	4	4	3	3	3	2	2	2
대운 여	1	1	1	1	춘	1	1	1	1	2	2	2	3	3	3	4	4	4	5	수	5	6	6	6	7	7	7	8	8

양력 3월 경칩절(己卯月) 驚蟄 3월5일 22시36분 春分 3월20일 23시43분

양력	1	2	3	4	5	6	7	8	9	10	11	12	13	14	15	16	17	18	19	20	21	22	23	24	25	26	27	28	29	30	31
요일	火	水	木	金	土	日	月	火	水	木	金	土	日	月	火	水	木	金	土	日	月	火	水	木	金	土	日	月	火	水	木
음력	2/4	5	6	7	8	9	10	11	12	13	14	15	16	17	18	19	20	21	22	23	24	25	26	27	28	29	3/1	2	3	4	5
일진	戊子	己丑	庚寅	辛卯	壬辰	癸巳	甲午	乙未	丙申	丁酉	戊戌	己亥	庚子	辛丑	壬寅	癸卯	甲辰	乙巳	丙午	丁未	戊申	己酉	庚戌	辛亥	壬子	癸丑	甲寅	乙卯	丙辰	丁巳	戊午
대운 남	1	1	1	1	경	10	10	9	9	9	8	8	8	7	7	7	6	6	6	춘	5	5	4	4	4	3	3	3	2	2	2
대운 여	8	9	9	9	칩	1	1	1	1	2	2	2	3	3	3	4	4	4	5	분	5	6	6	6	7	7	7	8	8	8	9

양력 4월 청명절(庚辰月) 清明 4월5일 3시44분 穀雨 4월20일 11시6분

양력	1	2	3	4	5	6	7	8	9	10	11	12	13	14	15	16	17	18	19	20	21	22	23	24	25	26	27	28	29	30
요일	金	土	日	月	火	水	木	金	土	日	月	火	水	木	金	土	日	月	火	水	木	金	土	日	月	火	水	木	金	土
음력	3/6	7	8	9	10	11	12	13	14	15	16	17	18	19	20	21	22	23	24	25	26	27	28	29	30	4/1	2	3	4	5
일진	己未	庚申	辛酉	壬戌	癸亥	甲子	乙丑	丙寅	丁卯	戊辰	己巳	庚午	辛未	壬申	癸酉	甲戌	乙亥	丙子	丁丑	戊寅	己卯	庚辰	辛巳	壬午	癸未	甲申	乙酉	丙戌	丁亥	戊子
대운 남	1	1	1	1	청	10	9	9	9	8	8	8	7	7	7	6	6	6	5	곡	5	4	4	4	3	3	3	2	2	2
대운 여	9	9	10	10	명	1	1	1	1	2	2	2	3	3	3	4	4	4	5	우	5	6	6	6	7	7	7	8	8	8

양력 5월 입하절(辛巳月) 立夏 5월5일 21시23분 小滿 5월21일 10시34분

양력	1	2	3	4	5	6	7	8	9	10	11	12	13	14	15	16	17	18	19	20	21	22	23	24	25	26	27	28	29	30	31
요일	日	月	火	水	木	金	土	日	月	火	水	木	金	土	日	月	火	水	木	金	土	日	月	火	水	木	金	土	日	月	火
음력	4/6	7	8	9	10	11	12	13	14	15	16	17	18	19	20	21	22	23	24	25	26	27	28	29	5/1	2	3	4	5	6	7
일진	己丑	庚寅	辛卯	壬辰	癸巳	甲午	乙未	丙申	丁酉	戊戌	己亥	庚子	辛丑	壬寅	癸卯	甲辰	乙巳	丙午	丁未	戊申	己酉	庚戌	辛亥	壬子	癸丑	甲寅	乙卯	丙辰	丁巳	戊午	己未
대운 남	1	1	1	1	입	10	10	10	9	9	9	8	8	8	7	7	7	6	6	6	소	5	5	4	4	4	3	3	3	2	2
대운 여	9	9	9	10	하	1	1	1	1	2	2	2	3	3	3	4	4	4	5	5	만	6	6	6	7	7	7	8	8	8	9

양력 6월 망종절(壬午月) 芒種 6월6일 1시49분 夏至 6월21일 18시42분

양력	1	2	3	4	5	6	7	8	9	10	11	12	13	14	15	16	17	18	19	20	21	22	23	24	25	26	27	28	29	30
요일	水	木	金	土	日	月	火	水	木	金	土	日	月	火	水	木	金	土	日	月	火	水	木	金	土	日	月	火	水	木
음력	5/8	9	10	11	12	13	14	15	16	17	18	19	20	21	22	23	24	25	26	27	28	29	30	6/1	2	3	4	5	6	7
일진	庚申	辛酉	壬戌	癸亥	甲子	乙丑	丙寅	丁卯	戊辰	己巳	庚午	辛未	壬申	癸酉	甲戌	乙亥	丙子	丁丑	戊寅	己卯	庚辰	辛巳	壬午	癸未	甲申	乙酉	丙戌	丁亥	戊子	己丑
대운 남	2	1	1	1	1	망	10	10	9	9	9	8	8	8	7	7	7	6	6	6	하	5	5	4	4	4	3	3	3	2
대운 여	9	9	10	10	10	종	1	1	1	1	2	2	2	3	3	3	4	4	4	5	지	5	6	6	6	7	7	7	8	8

庚子年

양력 7월 소서절(癸未月) 小暑 7월7일 12시13분 大暑 7월23일 5시37분

양력	1	2	3	4	5	6	7	8	9	10	11	12	13	14	15	16	17	18	19	20	21	22	23	24	25	26	27	28	29	30	31
요일	金	土	日	月	火	水	木	金	土	日	月	火	水	木	金	土	日	月	火	水	木	金	土	日	月	火	水	木	金	土	日
음력	6/8	9	10	11	12	13	14	15	16	17	18	19	20	21	22	23	24	25	26	27	28	29	30	윤1	2	3	4	5	6	7	8
일진	庚寅	辛卯	壬辰	癸巳	甲午	乙未	丙申	丁酉	戊戌	己亥	庚子	辛丑	壬寅	癸卯	甲辰	乙巳	丙午	丁未	戊申	己酉	庚戌	辛亥	壬子	癸丑	甲寅	乙卯	丙辰	丁巳	戊午	己未	庚申
대운 남	2	2	1	1	1	1	소	10	10	9	9	9	8	8	8	7	7	7	6	6	6	5	대	5	4	4	4	3	3	3	2
대운 여	8	9	9	9	10	10	서	1	1	1	1	2	2	2	3	3	3	4	4	4	5	5	서	6	6	6	7	7	7	8	8

양력 8월 입추절(甲申月) 立秋 8월7일 22시0분 處暑 8월23일 12시34분

양력	1	2	3	4	5	6	7	8	9	10	11	12	13	14	15	16	17	18	19	20	21	22	23	24	25	26	27	28	29	30	31
요일	月	火	水	木	金	土	日	月	火	水	木	金	土	日	月	火	水	木	金	土	日	月	火	水	木	金	土	日	月	火	水
음력	윤9	10	11	12	13	14	15	16	17	18	19	20	21	22	23	24	25	26	27	28	29	7/1	2	3	4	5	6	7	8	9	10
일진	辛酉	壬戌	癸亥	甲子	乙丑	丙寅	丁卯	戊辰	己巳	庚午	辛未	壬申	癸酉	甲戌	乙亥	丙子	丁丑	戊寅	己卯	庚辰	辛巳	壬午	癸未	甲申	乙酉	丙戌	丁亥	戊子	己丑	庚寅	辛卯
대운 남	2	2	1	1	1	1	입	10	10	10	9	9	9	8	8	8	7	7	7	6	6	6	처	5	5	4	4	4	3	3	3
대운 여	8	9	9	9	10	10	추	1	1	1	1	2	2	2	3	3	3	4	4	4	5	5	서	6	6	6	7	7	7	8	8

양력 9월 백로절(乙酉月) 白露 9월8일 0시45분 秋分 9월23일 9시59분

양력	1	2	3	4	5	6	7	8	9	10	11	12	13	14	15	16	17	18	19	20	21	22	23	24	25	26	27	28	29	30
요일	木	金	土	日	月	火	水	木	金	土	日	月	火	水	木	金	土	日	月	火	水	木	金	土	日	月	火	水	木	金
음력	7/11	12	13	14	15	16	17	18	19	20	21	22	23	24	25	26	27	28	29	30	8/1	2	3	4	5	6	7	8	9	10
일진	壬辰	癸巳	甲午	乙未	丙申	丁酉	戊戌	己亥	庚子	辛丑	壬寅	癸卯	甲辰	乙巳	丙午	丁未	戊申	己酉	庚戌	辛亥	壬子	癸丑	甲寅	乙卯	丙辰	丁巳	戊午	己未	庚申	辛酉
대운 남	2	2	2	1	1	1	1	백	10	9	9	9	8	8	8	7	7	7	6	6	6	5	추	5	4	4	4	3	3	3
대운 여	8	9	9	9	10	10	10	로	1	1	1	1	2	2	2	3	3	3	4	4	4	5	분	5	6	6	6	7	7	7

양력 10월 한로절(丙戌月) 寒露 10월8일 16시9분 霜降 10월23일 19시2분

양력	1	2	3	4	5	6	7	8	9	10	11	12	13	14	15	16	17	18	19	20	21	22	23	24	25	26	27	28	29	30	31
요일	土	日	月	火	水	木	金	土	日	月	火	水	木	金	土	日	月	火	水	木	金	土	日	月	火	水	木	金	土	日	月
음력	8/11	12	13	14	15	16	17	18	19	20	21	22	23	24	25	26	27	28	29	9/1	2	3	4	5	6	7	8	9	10	11	12
일진	壬戌	癸亥	甲子	乙丑	丙寅	丁卯	戊辰	己巳	庚午	辛未	壬申	癸酉	甲戌	乙亥	丙子	丁丑	戊寅	己卯	庚辰	辛巳	壬午	癸未	甲申	乙酉	丙戌	丁亥	戊子	己丑	庚寅	辛卯	壬辰
대운 남	2	2	2	1	1	1	1	한	10	9	9	9	8	8	8	7	7	7	6	6	6	5	상	5	4	4	4	3	3	3	2
대운 여	8	8	8	9	9	9	10	로	1	1	1	1	2	2	2	3	3	3	4	4	4	5	강	5	6	6	6	7	7	7	8

양력 11월 입동절(丁亥月) 立冬 11월7일 19시2분 小雪 11월22일 16시18분

양력	1	2	3	4	5	6	7	8	9	10	11	12	13	14	15	16	17	18	19	20	21	22	23	24	25	26	27	28	29	30
요일	火	水	木	金	土	日	月	火	水	木	金	土	日	月	火	水	木	金	土	日	月	火	水	木	金	土	日	月	火	水
음력	9/13	14	15	16	17	18	19	20	21	22	23	24	25	26	27	28	29	30	10/1	2	3	4	5	6	7	8	9	10	11	12
일진	癸巳	甲午	乙未	丙申	丁酉	戊戌	己亥	庚子	辛丑	壬寅	癸卯	甲辰	乙巳	丙午	丁未	戊申	己酉	庚戌	辛亥	壬子	癸丑	甲寅	乙卯	丙辰	丁巳	戊午	己未	庚申	辛酉	壬戌
대운 남	2	2	1	1	1	1	입	10	9	9	9	8	8	8	7	7	7	6	6	6	5	소	5	4	4	4	3	3	3	2
대운 여	8	8	9	9	9	10	동	1	1	1	1	2	2	2	3	3	3	4	4	4	5	설	5	6	6	6	7	7	7	8

양력 12월 대설절(戊子月) 大雪 12월7일 11시38분 冬至 12월22일 5시26분

양력	1	2	3	4	5	6	7	8	9	10	11	12	13	14	15	16	17	18	19	20	21	22	23	24	25	26	27	28	29	30	31
요일	木	金	土	日	月	火	水	木	金	土	日	月	火	水	木	金	土	日	月	火	水	木	金	土	日	月	火	水	木	金	土
음력	10/13	14	15	16	17	18	19	20	21	22	23	24	25	26	27	28	29	11/1	2	3	4	5	6	7	8	9	10	11	12	13	14
일진	癸亥	甲子	乙丑	丙寅	丁卯	戊辰	己巳	庚午	辛未	壬申	癸酉	甲戌	乙亥	丙子	丁丑	戊寅	己卯	庚辰	辛巳	壬午	癸未	甲申	乙酉	丙戌	丁亥	戊子	己丑	庚寅	辛卯	壬辰	癸巳
대운 남	2	2	1	1	1	1	대	9	9	9	8	8	8	7	7	7	6	6	6	5	5	동	4	4	4	3	3	3	2	2	2
대운 여	8	8	9	9	9	10	설	1	1	1	1	2	2	2	3	3	3	4	4	4	5	지	5	6	6	6	7	7	7	8	8

▶윤달-6월

서기 1961년 [단기 4294년]

양력 1월 소한절(己丑月) 小寒 1월5일 22시43분 大寒 1월20일 16시1분

양력	1	2	3	4	5	6	7	8	9	10	11	12	13	14	15	16	17	18	19	20	21	22	23	24	25	26	27	28	29	30	31
요일	日	月	火	水	木	金	土	日	月	火	水	木	金	土	日	月	火	水	木	金	土	日	月	火	水	木	金	土	日	月	火
음력	11/15	16	17	18	19	20	21	22	23	24	25	26	27	28	29	30	12/1	2	3	4	5	6	7	8	9	10	11	12	13	14	15
일진	甲午	乙未	丙申	丁酉	戊戌	己亥	庚子	辛丑	壬寅	癸卯	甲辰	乙巳	丙午	丁未	戊申	己酉	庚戌	辛亥	壬子	癸丑	甲寅	乙卯	丙辰	丁巳	戊午	己未	庚申	辛酉	壬戌	癸亥	甲子
대운 남	1	1	1	1	소한	10	9	9	9	8	8	8	7	7	7	6	6	6	5	대한	5	4	4	4	3	3	3	2	2	2	1
대운 여	8	9	9	9		1	1	1	1	2	2	2	3	3	3	4	4	4	5		5	6	6	6	7	7	7	8	8	8	9

양력 2월 입춘절(庚寅月) 立春 2월4일 10시22분 雨水 2월19일 6시16분

양력	1	2	3	4	5	6	7	8	9	10	11	12	13	14	15	16	17	18	19	20	21	22	23	24	25	26	27	28			
요일	水	木	金	土	日	月	火	水	木	金	土	日	月	火	水	木	金	土	日	月	火	水	木	金	土	日	月	火			
음력	12/16	17	18	19	20	21	22	23	24	25	26	27	28	29	1/1	2	3	4	5	6	7	8	9	10	11	12	13	14			
일진	乙丑	丙寅	丁卯	戊辰	己巳	庚午	辛未	壬申	癸酉	甲戌	乙亥	丙子	丁丑	戊寅	己卯	庚辰	辛巳	壬午	癸未	甲申	乙酉	丙戌	丁亥	戊子	己丑	庚寅	辛卯	壬辰			
대운 남	1	1	1	입춘	1	1	1	1	2	2	2	3	3	3	4	4	4	5	우수	5	6	6	6	7	7	7	8	8			
대운 여	9	9	10		10	9	9	9	8	8	8	7	7	7	6	6	6	5		5	4	4	4	3	3	3	2	2			

양력 3월 경칩절(辛卯月) 驚蟄 3월6일 4시35분 春分 3월21일 5시32분

양력	1	2	3	4	5	6	7	8	9	10	11	12	13	14	15	16	17	18	19	20	21	22	23	24	25	26	27	28	29	30	31
요일	水	木	金	土	日	月	火	水	木	金	土	日	月	火	水	木	金	土	日	月	火	水	木	金	土	日	月	火	水	木	金
음력	1/15	16	17	18	19	20	21	22	23	24	25	26	27	28	29	30	2/1	2	3	4	5	6	7	8	9	10	11	12	13	14	15
일진	癸巳	甲午	乙未	丙申	丁酉	戊戌	己亥	庚子	辛丑	壬寅	癸卯	甲辰	乙巳	丙午	丁未	戊申	己酉	庚戌	辛亥	壬子	癸丑	甲寅	乙卯	丙辰	丁巳	戊午	己未	庚申	辛酉	壬戌	癸亥
대운 남	8	9	9	9	10	경칩	1	1	1	1	2	2	2	3	3	3	4	4	4	5	춘분	5	6	6	6	7	7	7	8	8	8
대운 여	2	1	1	1	1		10	9	9	9	8	8	8	7	7	7	6	6	6	5		5	4	4	4	3	3	3	2	2	2

양력 4월 청명절(壬辰月) 淸明 4월5일 9시42분 穀雨 4월20일 16시55분

양력	1	2	3	4	5	6	7	8	9	10	11	12	13	14	15	16	17	18	19	20	21	22	23	24	25	26	27	28	29	30	
요일	土	日	月	火	水	木	金	土	日	月	火	水	木	金	土	日	月	火	水	木	金	土	日	月	火	水	木	金	土	日	
음력	2/16	17	18	19	20	21	22	23	24	25	26	27	28	29	3/1	2	3	4	5	6	7	8	9	10	11	12	13	14	15	16	
일진	甲子	乙丑	丙寅	丁卯	戊辰	己巳	庚午	辛未	壬申	癸酉	甲戌	乙亥	丙子	丁丑	戊寅	己卯	庚辰	辛巳	壬午	癸未	甲申	乙酉	丙戌	丁亥	戊子	己丑	庚寅	辛卯	壬辰	癸巳	
대운 남	9	9	9	10	청명	1	1	1	1	2	2	2	3	3	3	4	4	4	5	곡우	5	6	6	6	7	7	7	8	8	8	
대운 여	1	1	1	1		10	10	9	9	9	8	8	8	7	7	7	6	6	6		5	5	4	4	4	3	3	3	2	2	

양력 5월 입하절(癸巳月) 立夏 5월6일 3시21분 小滿 5월21일 16시22분

양력	1	2	3	4	5	6	7	8	9	10	11	12	13	14	15	16	17	18	19	20	21	22	23	24	25	26	27	28	29	30	31
요일	月	火	水	木	金	土	日	月	火	水	木	金	土	日	月	火	水	木	金	土	日	月	火	水	木	金	土	日	月	火	水
음력	3/17	18	19	20	21	22	23	24	25	26	27	28	29	30	4/1	2	3	4	5	6	7	8	9	10	11	12	13	14	15	16	17
일진	甲午	乙未	丙申	丁酉	戊戌	己亥	庚子	辛丑	壬寅	癸卯	甲辰	乙巳	丙午	丁未	戊申	己酉	庚戌	辛亥	壬子	癸丑	甲寅	乙卯	丙辰	丁巳	戊午	己未	庚申	辛酉	壬戌	癸亥	甲子
대운 남	9	9	9	10	10	입하	1	1	1	1	2	2	2	3	3	3	4	4	4	5	소만	5	6	6	6	7	7	7	8	8	8
대운 여	2	1	1	1	1		10	10	9	9	9	8	8	8	7	7	7	6	6	6		5	5	4	4	4	3	3	3	2	2

양력 6월 망종절(甲午月) 芒種 6월6일 7시46분 夏至 6월22일 0시30분

양력	1	2	3	4	5	6	7	8	9	10	11	12	13	14	15	16	17	18	19	20	21	22	23	24	25	26	27	28	29	30	
요일	木	金	土	日	月	火	水	木	金	土	日	月	火	水	木	金	土	日	月	火	水	木	金	土	日	月	火	水	木	金	
음력	4/18	19	20	21	22	23	24	25	26	27	28	29	5/1	2	3	4	5	6	7	8	9	10	11	12	13	14	15	16	17	18	
일진	乙丑	丙寅	丁卯	戊辰	己巳	庚午	辛未	壬申	癸酉	甲戌	乙亥	丙子	丁丑	戊寅	己卯	庚辰	辛巳	壬午	癸未	甲申	乙酉	丙戌	丁亥	戊子	己丑	庚寅	辛卯	壬辰	癸巳	甲午	
대운 남	9	9	9	10	10	망종	1	1	1	1	2	2	2	3	3	3	4	4	4	5	5	하지	6	6	6	7	7	7	8	8	
대운 여	2	1	1	1	1		10	10	9	9	9	8	8	8	7	7	7	6	6	6	5		5	4	4	4	3	3	3	2	

辛丑年

양력 7월　소서절(乙未月)　小暑 7월7일 18시7분　大暑 7월23일 11시24분

양력	1	2	3	4	5	6	7	8	9	10	11	12	13	14	15	16	17	18	19	20	21	22	23	24	25	26	27	28	29	30	31
요일	土	日	月	火	水	木	金	土	日	月	火	水	木	金	土	日	月	火	水	木	金	土	日	月	火	水	木	金	土	日	月
음력	5/19	20	21	22	23	24	25	26	27	28	29	30	6/1	2	3	4	5	6	7	8	9	10	11	12	13	14	15	16	17	18	19
일진	乙未	丙申	丁酉	戊戌	己亥	庚子	辛丑	壬寅	癸卯	甲辰	乙巳	丙午	丁未	戊申	己酉	庚戌	辛亥	壬子	癸丑	甲寅	乙卯	丙辰	丁巳	戊午	己未	庚申	辛酉	壬戌	癸亥	甲子	乙丑
대운 남	8	9	9	9	10	10	소	1	1	1	1	2	2	2	3	3	3	4	4	4	5	5	대	6	6	6	7	7	7	8	8
대운 여	2	2	1	1	1	1	서	10	10	10	9	9	9	8	8	8	7	7	7	6	6	6	서	5	5	4	4	4	3	3	3

양력 8월　입추절(丙申月)　立秋 8월8일 3시48분　處暑 8월23일 18시19분

양력	1	2	3	4	5	6	7	8	9	10	11	12	13	14	15	16	17	18	19	20	21	22	23	24	25	26	27	28	29	30	31
요일	火	水	木	金	土	日	月	火	水	木	金	土	日	月	火	水	木	金	土	日	月	火	水	木	金	土	日	月	火	水	木
음력	6/20	21	22	23	24	25	26	27	28	29	7/1	2	3	4	5	6	7	8	9	10	11	12	13	14	15	16	17	18	19	20	21
일진	丙寅	丁卯	戊辰	己巳	庚午	辛未	壬申	癸酉	甲戌	乙亥	丙子	丁丑	戊寅	己卯	庚辰	辛巳	壬午	癸未	甲申	乙酉	丙戌	丁亥	戊子	己丑	庚寅	辛卯	壬辰	癸巳	甲午	乙未	丙申
대운 남	8	9	9	9	10	10	10	입	1	1	1	1	2	2	2	3	3	3	4	4	4	5	처	5	6	6	6	7	7	7	8
대운 여	2	2	2	1	1	1	1	추	10	10	9	9	9	8	8	8	7	7	7	6	6	6	서	5	5	4	4	4	3	3	3

양력 9월　백로절(丁酉月)　白露 9월8일 6시29분　秋分 9월23일 15시42분

양력	1	2	3	4	5	6	7	8	9	10	11	12	13	14	15	16	17	18	19	20	21	22	23	24	25	26	27	28	29	30
요일	金	土	日	月	火	水	木	金	土	日	月	火	水	木	金	土	日	月	火	水	木	金	土	日	月	火	水	木	金	土
음력	7/22	23	24	25	26	27	28	29	30	8/1	2	3	4	5	6	7	8	9	10	11	12	13	14	15	16	17	18	19	20	21
일진	丁酉	戊戌	己亥	庚子	辛丑	壬寅	癸卯	甲辰	乙巳	丙午	丁未	戊申	己酉	庚戌	辛亥	壬子	癸丑	甲寅	乙卯	丙辰	丁巳	戊午	己未	庚申	辛酉	壬戌	癸亥	甲子	乙丑	丙寅
대운 남	8	8	9	9	9	10	10	백	1	1	1	1	2	2	2	3	3	3	4	4	4	5	추	5	6	6	6	7	7	7
대운 여	2	2	2	1	1	1	1	로	10	9	9	9	8	8	8	7	7	7	6	6	6	5	분	5	4	4	4	3	3	3

양력 10월　한로절(戊戌月)　寒露 10월8일 21시51분　霜降 10월24일 0시47분

양력	1	2	3	4	5	6	7	8	9	10	11	12	13	14	15	16	17	18	19	20	21	22	23	24	25	26	27	28	29	30	31
요일	日	月	火	水	木	金	土	日	月	火	水	木	金	土	日	月	火	水	木	金	土	日	月	火	水	木	金	土	日	月	火
음력	8/22	23	24	25	26	27	28	29	30	9/1	2	3	4	5	6	7	8	9	10	11	12	13	14	15	16	17	18	19	20	21	22
일진	丁卯	戊辰	己巳	庚午	辛未	壬申	癸酉	甲戌	乙亥	丙子	丁丑	戊寅	己卯	庚辰	辛巳	壬午	癸未	甲申	乙酉	丙戌	丁亥	戊子	己丑	庚寅	辛卯	壬辰	癸巳	甲午	乙未	丙申	丁酉
대운 남	8	8	8	9	9	9	10	한	1	1	1	1	2	2	2	3	3	3	4	4	4	5	5	상	6	6	6	7	7	7	8
대운 여	2	2	2	1	1	1	1	로	10	10	9	9	9	8	8	8	7	7	7	6	6	6	5	강	5	4	4	4	3	3	3

양력 11월　입동절(己亥月)　立冬 11월8일 0시46분　小雪 11월22일 22시8분

양력	1	2	3	4	5	6	7	8	9	10	11	12	13	14	15	16	17	18	19	20	21	22	23	24	25	26	27	28	29	30
요일	水	木	金	土	日	月	火	水	木	金	土	日	月	火	水	木	金	土	日	月	火	水	木	金	土	日	月	火	水	木
음력	9/23	24	25	26	27	28	29	10/1	2	3	4	5	6	7	8	9	10	11	12	13	14	15	16	17	18	19	20	21	22	23
일진	戊戌	己亥	庚子	辛丑	壬寅	癸卯	甲辰	乙巳	丙午	丁未	戊申	己酉	庚戌	辛亥	壬子	癸丑	甲寅	乙卯	丙辰	丁巳	戊午	己未	庚申	辛酉	壬戌	癸亥	甲子	乙丑	丙寅	丁卯
대운 남	8	8	9	9	9	10	10	입	1	1	1	1	2	2	2	3	3	3	4	4	4	소	5	5	6	6	6	7	7	7
대운 여	2	2	2	1	1	1	1	동	9	9	9	8	8	8	7	7	7	6	6	6	5	설	5	4	4	4	3	3	3	2

양력 12월　대설절(庚子月)　大雪 12월7일 17시26분　冬至 12월22일 11시19분

양력	1	2	3	4	5	6	7	8	9	10	11	12	13	14	15	16	17	18	19	20	21	22	23	24	25	26	27	28	29	30	31
요일	金	土	日	月	火	水	木	金	土	日	月	火	水	木	金	土	日	月	火	水	木	金	土	日	月	火	水	木	金	土	日
음력	10/24	25	26	27	28	29	30	11/1	2	3	4	5	6	7	8	9	10	11	12	13	14	15	16	17	18	19	20	21	22	23	24
일진	戊辰	己巳	庚午	辛未	壬申	癸酉	甲戌	乙亥	丙子	丁丑	戊寅	己卯	庚辰	辛巳	壬午	癸未	甲申	乙酉	丙戌	丁亥	戊子	己丑	庚寅	辛卯	壬辰	癸巳	甲午	乙未	丙申	丁酉	戊戌
대운 남	8	8	8	9	9	9	대	1	1	1	1	2	2	2	3	3	3	4	4	4	5	동	5	6	6	6	7	7	7	8	8
대운 여	2	2	1	1	1	1	설	10	9	9	9	8	8	8	7	7	7	6	6	6	5	지	5	4	4	4	3	3	3	2	2

서기 1962년 [단기 4295년]

양력 1월 소한절(辛丑月) 小寒 1월6일 4시35분 大寒 1월20일 21시58분

양력		1	2	3	4	5	6	7	8	9	10	11	12	13	14	15	16	17	18	19	20	21	22	23	24	25	26	27	28	29	30	31
요일		月	火	水	木	金	土	日	月	火	水	木	金	土	日	月	火	水	木	金	土	日	月	火	水	木	金	土	日	月	火	水
음력		11/25	26	27	28	29	12/1	2	3	4	5	6	7	8	9	10	11	12	13	14	15	16	17	18	19	20	21	22	23	24	25	26
일진		己亥	庚子	辛丑	壬寅	癸卯	甲辰	乙巳	丙午	丁未	戊申	己酉	庚戌	辛亥	壬子	癸丑	甲寅	乙卯	丙辰	丁巳	戊午	己未	庚申	辛酉	壬戌	癸亥	甲子	乙丑	丙寅	丁卯	戊辰	己巳
대	남	8	9	9	9	10	소	1	1	1	1	2	2	2	3	3	3	4	4	4	대	5	5	6	6	6	7	7	7	8	8	8
운	여	2	1	1	1	1	한	9	9	9	8	8	8	7	7	7	6	6	6	5	한	5	4	4	4	3	3	3	2	2	2	1

양력 2월 입춘절(壬寅月) 立春 2월4일 16시17분 雨水 2월19일 12시15분

양력		1	2	3	4	5	6	7	8	9	10	11	12	13	14	15	16	17	18	19	20	21	22	23	24	25	26	27	28			
요일		木	金	土	日	月	火	水	木	金	土	日	月	火	水	木	金	土	日	月	火	水	木	金	土	日	月	火	水			
음력		12/27	28	29	30	1/1	2	3	4	5	6	7	8	9	10	11	12	13	14	15	16	17	18	19	20	21	22	23	24			
일진		庚午	辛未	壬申	癸酉	甲戌	乙亥	丙子	丁丑	戊寅	己卯	庚辰	辛巳	壬午	癸未	甲申	乙酉	丙戌	丁亥	戊子	己丑	庚寅	辛卯	壬辰	癸巳	甲午	乙未	丙申	丁酉			
대	남	9	9	9	입	10	9	9	9	8	8	8	7	7	7	6	6	6	5	우	5	4	4	4	3	3	3	2	2			
운	여	1	1	1	춘	1	1	1	1	2	2	2	3	3	3	4	4	4	5	수	5	6	6	6	7	7	7	8	8			

양력 3월 경칩절(癸卯月) 驚蟄 3월6일 10시30분 春分 3월21일 11시30분

양력		1	2	3	4	5	6	7	8	9	10	11	12	13	14	15	16	17	18	19	20	21	22	23	24	25	26	27	28	29	30	31
요일		木	金	土	日	月	火	水	木	金	土	日	月	火	水	木	金	土	日	月	火	水	木	金	土	日	月	火	水	木	金	土
음력		1/25	26	27	28	29	2/1	2	3	4	5	6	7	8	9	10	11	12	13	14	15	16	17	18	19	20	21	22	23	24	25	26
일진		戊戌	己亥	庚子	辛丑	壬寅	癸卯	甲辰	乙巳	丙午	丁未	戊申	己酉	庚戌	辛亥	壬子	癸丑	甲寅	乙卯	丙辰	丁巳	戊午	己未	庚申	辛酉	壬戌	癸亥	甲子	乙丑	丙寅	丁卯	戊辰
대	남	2	1	1	1	1	경	10	9	9	9	8	8	8	7	7	7	6	6	6	5	춘	5	4	4	4	3	3	3	2	2	2
운	여	8	9	9	9	10	칩	1	1	1	1	2	2	2	3	3	3	4	4	4	5	분	5	6	6	6	7	7	7	8	8	8

양력 4월 청명절(甲辰月) 淸明 4월5일 15시34분 穀雨 4월20일 22시51분

양력		1	2	3	4	5	6	7	8	9	10	11	12	13	14	15	16	17	18	19	20	21	22	23	24	25	26	27	28	29	30	
요일		日	月	火	水	木	金	土	日	月	火	水	木	金	土	日	月	火	水	木	金	土	日	月	火	水	木	金	土	日	月	
음력		2/27	28	29	30	3/1	2	3	4	5	6	7	8	9	10	11	12	13	14	15	16	17	18	19	20	21	22	23	24	25	26	
일진		己巳	庚午	辛未	壬申	癸酉	甲戌	乙亥	丙子	丁丑	戊寅	己卯	庚辰	辛巳	壬午	癸未	甲申	乙酉	丙戌	丁亥	戊子	己丑	庚寅	辛卯	壬辰	癸巳	甲午	乙未	丙申	丁酉	戊戌	
대	남	1	1	1	1	청	10	10	9	9	9	8	8	8	7	7	7	6	6	6	곡	5	5	4	4	4	3	3	3	2	2	
운	여	9	9	9	10	명	1	1	1	1	2	2	2	3	3	3	4	4	4	5	우	5	6	6	6	7	7	7	8	8	8	

양력 5월 입하절(乙巳月) 立夏 5월6일 9시10분 小滿 5월21일 22시17분

양력		1	2	3	4	5	6	7	8	9	10	11	12	13	14	15	16	17	18	19	20	21	22	23	24	25	26	27	28	29	30	31
요일		火	水	木	金	土	日	月	火	水	木	金	土	日	月	火	水	木	金	土	日	月	火	水	木	金	土	日	月	火	水	木
음력		3/27	28	29	4/1	2	3	4	5	6	7	8	9	10	11	12	13	14	15	16	17	18	19	20	21	22	23	24	25	26	27	28
일진		己亥	庚子	辛丑	壬寅	癸卯	甲辰	乙巳	丙午	丁未	戊申	己酉	庚戌	辛亥	壬子	癸丑	甲寅	乙卯	丙辰	丁巳	戊午	己未	庚申	辛酉	壬戌	癸亥	甲子	乙丑	丙寅	丁卯	戊辰	己巳
대	남	2	1	1	1	1	입	10	10	9	9	9	8	8	8	7	7	7	6	6	6	소	5	5	4	4	4	3	3	3	2	2
운	여	9	9	9	10	10	하	1	1	1	1	2	2	2	3	3	3	4	4	4	5	만	5	6	6	6	7	7	7	8	8	8

양력 6월 망종절(丙午月) 芒種 6월6일 13시31분 夏至 6월22일 6시24분

양력		1	2	3	4	5	6	7	8	9	10	11	12	13	14	15	16	17	18	19	20	21	22	23	24	25	26	27	28	29	30	
요일		金	土	日	月	火	水	木	金	土	日	月	火	水	木	金	土	日	月	火	水	木	金	土	日	月	火	水	木	金	土	
음력		4/29	5/1	2	3	4	5	6	7	8	9	10	11	12	13	14	15	16	17	18	19	20	21	22	23	24	25	26	27	28	29	
일진		庚午	辛未	壬申	癸酉	甲戌	乙亥	丙子	丁丑	戊寅	己卯	庚辰	辛巳	壬午	癸未	甲申	乙酉	丙戌	丁亥	戊子	己丑	庚寅	辛卯	壬辰	癸巳	甲午	乙未	丙申	丁酉	戊戌	己亥	
대	남	2	1	1	1	1	망	10	10	9	9	9	8	8	8	7	7	7	6	6	6	5	하	5	4	4	4	3	3	3	2	
운	여	9	9	9	10	10	종	1	1	1	1	2	2	2	3	3	3	4	4	4	5	5	지	6	6	6	7	7	7	8	8	

壬寅年

양력 7월 소서절(丁未月) 小暑 7월7일 23시51분 大暑 7월23일 17시18분

양력	1	2	3	4	5	6	7	8	9	10	11	12	13	14	15	16	17	18	19	20	21	22	23	24	25	26	27	28	29	30	31
요일	日	月	火	水	木	金	土	日	月	火	水	木	金	土	日	月	火	水	木	金	土	日	月	火	水	木	金	土	日	月	火
음력	5/30	6/1	2	3	4	5	6	7	8	9	10	11	12	13	14	15	16	17	18	19	20	21	22	23	24	25	26	27	28	29	7/1
일진	庚子	辛丑	壬寅	癸卯	甲辰	乙巳	丙午	丁未	戊申	己酉	庚戌	辛亥	壬子	癸丑	甲寅	乙卯	丙辰	丁巳	戊午	己未	庚申	辛酉	壬戌	癸亥	甲子	乙丑	丙寅	丁卯	戊辰	己巳	庚午
대운 남	2	2	1	1	1	1	소	10	10	10	9	9	9	8	8	8	7	7	7	6	6	6	대	5	5	4	4	4	3	3	3
대운 여	8	9	9	9	10	10	서	1	1	1	1	2	2	2	3	3	3	4	4	4	5	5	서	6	6	6	7	7	7	8	8

양력 8월 입추절(戊申月) 立秋 8월8일 9시34분 處暑 8월24일 0시12분

양력	1	2	3	4	5	6	7	8	9	10	11	12	13	14	15	16	17	18	19	20	21	22	23	24	25	26	27	28	29	30	31
요일	水	木	金	土	日	月	火	水	木	金	土	日	月	火	水	木	金	土	日	月	火	水	木	金	土	日	月	火	水	木	金
음력	7/2	3	4	5	6	7	8	9	10	11	12	13	14	15	16	17	18	19	20	21	22	23	24	25	26	27	28	29	30	8/1	2
일진	辛未	壬申	癸酉	甲戌	乙亥	丙子	丁丑	戊寅	己卯	庚辰	辛巳	壬午	癸未	甲申	乙酉	丙戌	丁亥	戊子	己丑	庚寅	辛卯	壬辰	癸巳	甲午	乙未	丙申	丁酉	戊戌	己亥	庚子	辛丑
대운 남	2	2	2	1	1	1	1	입	10	10	9	9	9	8	8	8	7	7	7	6	6	6	5	처	5	4	4	4	3	3	3
대운 여	8	9	9	9	10	10	10	추	1	1	1	1	2	2	2	3	3	3	4	4	4	5	5	서	6	6	6	7	7	7	8

양력 9월 백로절(己酉月) 白露 9월8일 12시15분 秋分 9월23일 21시35분

양력	1	2	3	4	5	6	7	8	9	10	11	12	13	14	15	16	17	18	19	20	21	22	23	24	25	26	27	28	29	30
요일	土	日	月	火	水	木	金	土	日	月	火	水	木	金	土	日	月	火	水	木	金	土	日	月	火	水	木	金	土	日
음력	8/3	4	5	6	7	8	9	10	11	12	13	14	15	16	17	18	19	20	21	22	23	24	25	26	27	28	29	30	9/1	2
일진	壬寅	癸卯	甲辰	乙巳	丙午	丁未	戊申	己酉	庚戌	辛亥	壬子	癸丑	甲寅	乙卯	丙辰	丁巳	戊午	己未	庚申	辛酉	壬戌	癸亥	甲子	乙丑	丙寅	丁卯	戊辰	己巳	庚午	辛未
대운 남	2	2	2	1	1	1	1	백	10	10	9	9	9	8	8	8	7	7	7	6	6	6	추	5	5	4	4	4	3	3
대운 여	8	8	9	9	9	10	10	로	1	1	1	1	2	2	2	3	3	3	4	4	4	5	분	5	6	6	6	7	7	7

양력 10월 한로절(庚戌月) 寒露 10월9일 3시38분 霜降 10월24일 6시40분

양력	1	2	3	4	5	6	7	8	9	10	11	12	13	14	15	16	17	18	19	20	21	22	23	24	25	26	27	28	29	30	31
요일	月	火	水	木	金	土	日	月	火	水	木	金	土	日	月	火	水	木	金	土	日	月	火	水	木	金	土	日	月	火	水
음력	9/3	4	5	6	7	8	9	10	11	12	13	14	15	16	17	18	19	20	21	22	23	24	25	26	27	28	29	10/1	2	3	4
일진	壬申	癸酉	甲戌	乙亥	丙子	丁丑	戊寅	己卯	庚辰	辛巳	壬午	癸未	甲申	乙酉	丙戌	丁亥	戊子	己丑	庚寅	辛卯	壬辰	癸巳	甲午	乙未	丙申	丁酉	戊戌	己亥	庚子	辛丑	壬寅
대운 남	3	2	2	2	1	1	1	1	한	10	9	9	9	8	8	8	7	7	7	6	6	6	5	상	5	4	4	4	3	3	3
대운 여	8	8	8	9	9	9	10	10	로	1	1	1	1	2	2	2	3	3	3	4	4	4	5	강	5	6	6	6	7	7	7

양력 11월 입동절(辛亥月) 立冬 11월8일 6시35분 小雪 11월23일 4시2분

양력	1	2	3	4	5	6	7	8	9	10	11	12	13	14	15	16	17	18	19	20	21	22	23	24	25	26	27	28	29	30
요일	木	金	土	日	月	火	水	木	金	土	日	月	火	水	木	金	土	日	月	火	水	木	金	土	日	月	火	水	木	金
음력	10/5	6	7	8	9	10	11	12	13	14	15	16	17	18	19	20	21	22	23	24	25	26	27	28	29	30	11/1	2	3	4
일진	癸卯	甲辰	乙巳	丙午	丁未	戊申	己酉	庚戌	辛亥	壬子	癸丑	甲寅	乙卯	丙辰	丁巳	戊午	己未	庚申	辛酉	壬戌	癸亥	甲子	乙丑	丙寅	丁卯	戊辰	己巳	庚午	辛未	壬申
대운 남	2	2	2	1	1	1	1	입	9	9	9	8	8	8	7	7	7	6	6	6	5	5	소	4	4	4	3	3	3	2
대운 여	8	8	8	9	9	9	10	동	1	1	1	1	2	2	2	3	3	3	4	4	4	5	설	5	6	6	6	7	7	7

양력 12월 대설절(壬子月) 大雪 12월7일 23시17분 冬至 12월22일 17시15분

양력	1	2	3	4	5	6	7	8	9	10	11	12	13	14	15	16	17	18	19	20	21	22	23	24	25	26	27	28	29	30	31
요일	土	口	月	火	水	木	金	土	日	月	火	水	木	金	土	日	月	火	水	木	金	土	日	月	火	水	木	金	土	日	月
음력	11/5	6	7	8	9	10	11	12	13	14	15	16	17	18	19	20	21	22	23	24	25	26	27	28	29	30	12/1	2	3	4	5
일진	癸酉	甲戌	乙亥	丙子	丁丑	戊寅	己卯	庚辰	辛巳	壬午	癸未	甲申	乙酉	丙戌	丁亥	戊子	己丑	庚寅	辛卯	壬辰	癸巳	甲午	乙未	丙申	丁酉	戊戌	己亥	庚子	辛丑	壬寅	癸卯
대운 남	2	2	1	1	1	1	대	10	9	9	9	8	8	8	7	7	7	6	6	6	5	동	5	4	4	4	3	3	3	2	2
대운 여	8	8	8	9	9	9	설	1	1	1	1	2	2	2	3	3	3	4	4	4	5	지	5	6	6	6	7	7	7	8	8

서기 1963년 [단기 4296년]

양력 1월 소한절(癸丑月) 小寒 1월6일 10시26분 大寒 1월21일 3시54분

양력	1	2	3	4	5	6	7	8	9	10	11	12	13	14	15	16	17	18	19	20	21	22	23	24	25	26	27	28	29	30	31
요일	火	水	木	金	土	日	月	火	水	木	金	土	日	月	火	水	木	金	土	日	月	火	水	木	金	土	日	月	火	水	木
음력	12/6	7	8	9	10	11	12	13	14	15	16	17	18	19	20	21	22	23	24	25	26	27	28	29	1/1	2	3	4	5	6	7
일진	甲辰	乙巳	丙午	丁未	戊申	己酉	庚戌	辛亥	壬子	癸丑	甲寅	乙卯	丙辰	丁巳	戊午	己未	庚申	辛酉	壬戌	癸亥	甲子	乙丑	丙寅	丁卯	戊辰	己巳	庚午	辛未	壬申	癸酉	甲戌
대운 남	2	1	1	1	1	소	9	9	9	8	8	8	7	7	7	6	6	6	5	5	대	4	4	4	3	3	3	2	2	2	1
대운 여	8	9	9	9	10	한	1	1	1	1	2	2	2	3	3	3	4	4	4	5	한	5	6	6	6	7	7	7	8	8	8

양력 2월 입춘절(甲寅月) 立春 2월4일 22시8분 雨水 2월19일 18시9분

양력	1	2	3	4	5	6	7	8	9	10	11	12	13	14	15	16	17	18	19	20	21	22	23	24	25	26	27	28			
요일	金	土	日	月	火	水	木	金	土	日	月	火	水	木	金	土	日	月	火	水	木	金	土	日	月	火	水	木			
음력	1/8	9	10	11	12	13	14	15	16	17	18	19	20	21	22	23	24	25	26	27	28	29	30	2/1	2	3	4	5			
일진	乙亥	丙子	丁丑	戊寅	己卯	庚辰	辛巳	壬午	癸未	甲申	乙酉	丙戌	丁亥	戊子	己丑	庚寅	辛卯	壬辰	癸巳	甲午	乙未	丙申	丁酉	戊戌	己亥	庚子	辛丑	壬寅			
대운 남	1	1	1	입	1	1	1	1	2	2	2	3	3	3	4	4	4	5	우	5	6	6	6	7	7	7	8	8			
대운 여	9	9	9	춘	10	9	9	9	8	8	8	7	7	7	6	6	6	5	수	5	4	4	4	3	3	3	2	2			

양력 3월 경칩절(乙卯月) 驚蟄 3월6일 16시17분 春分 3월21일 17시20분

양력	1	2	3	4	5	6	7	8	9	10	11	12	13	14	15	16	17	18	19	20	21	22	23	24	25	26	27	28	29	30	31
요일	金	土	日	月	火	水	木	金	土	日	月	火	水	木	金	土	日	月	火	水	木	金	土	日	月	火	水	木	金	土	日
음력	2/6	7	8	9	10	11	12	13	14	15	16	17	18	19	20	21	22	23	24	25	26	27	28	29	3/1	2	3	4	5	6	7
일진	癸卯	甲辰	乙巳	丙午	丁未	戊申	己酉	庚戌	辛亥	壬子	癸丑	甲寅	乙卯	丙辰	丁巳	戊午	己未	庚申	辛酉	壬戌	癸亥	甲子	乙丑	丙寅	丁卯	戊辰	己巳	庚午	辛未	壬申	癸酉
대운 남	8	9	9	9	10	경	1	1	1	1	2	2	2	3	3	3	4	4	4	5	춘	5	6	6	6	7	7	7	8	8	8
대운 여	2	1	1	1	1	칩	10	9	9	9	8	8	8	7	7	7	6	6	6	5	분	5	4	4	4	3	3	3	2	2	2

양력 4월 청명절(丙辰月) 清明 4월5일 21시19분 穀雨 4월21일 4시36분

양력	1	2	3	4	5	6	7	8	9	10	11	12	13	14	15	16	17	18	19	20	21	22	23	24	25	26	27	28	29	30	
요일	月	火	水	木	金	土	日	月	火	水	木	金	土	日	月	火	水	木	金	土	日	月	火	水	木	金	土	日	月	火	
음력	3/8	9	10	11	12	13	14	15	16	17	18	19	20	21	22	23	24	25	26	27	28	29	30	4/1	2	3	4	5	6	7	
일진	甲戌	乙亥	丙子	丁丑	戊寅	己卯	庚辰	辛巳	壬午	癸未	甲申	乙酉	丙戌	丁亥	戊子	己丑	庚寅	辛卯	壬辰	癸巳	甲午	乙未	丙申	丁酉	戊戌	己亥	庚子	辛丑	壬寅	癸卯	
대운 남	9	9	9	10	청	1	1	1	1	2	2	2	3	3	3	4	4	4	5	5	곡	6	6	6	7	7	7	8	8	8	
대운 여	1	1	1	1	명	10	10	9	9	9	8	8	8	7	7	7	6	6	6	5	우	5	4	4	4	3	3	3	2	2	

양력 5월 입하절(丁巳月) 立夏 5월6일 14시52분 小滿 5월22일 3시58분

양력	1	2	3	4	5	6	7	8	9	10	11	12	13	14	15	16	17	18	19	20	21	22	23	24	25	26	27	28	29	30	31
요일	水	木	金	土	日	月	火	水	木	金	土	日	月	火	水	木	金	土	日	月	火	水	木	金	土	日	月	火	水	木	金
음력	4/8	9	10	11	12	13	14	15	16	17	18	19	20	21	22	23	24	25	26	27	28	29	윤1	2	3	4	5	6	7	8	9
일진	甲辰	乙巳	丙午	丁未	戊申	己酉	庚戌	辛亥	壬子	癸丑	甲寅	乙卯	丙辰	丁巳	戊午	己未	庚申	辛酉	壬戌	癸亥	甲子	乙丑	丙寅	丁卯	戊辰	己巳	庚午	辛未	壬申	癸酉	甲戌
대운 남	9	9	9	10	10	입	1	1	1	1	2	2	2	3	3	3	4	4	4	5	5	소	6	6	6	7	7	7	8	8	8
대운 여	2	1	1	1	1	하	10	10	9	9	9	8	8	8	7	7	7	6	6	6	5	만	5	4	4	4	3	3	3	2	2

양력 6월 망종절(戊午月) 芒種 6월6일 19시14분 夏至 6월22일 12시4분

양력	1	2	3	4	5	6	7	8	9	10	11	12	13	14	15	16	17	18	19	20	21	22	23	24	25	26	27	28	29	30	
요일	土	日	月	火	水	木	金	土	日	月	火	水	木	金	土	日	月	火	水	木	金	土	日	月	火	水	木	金	土	日	
음력	윤10	11	12	13	14	15	16	17	18	19	20	21	22	23	24	25	26	27	28	29	5/1	2	3	4	5	6	7	8	9	10	
일진	乙亥	丙子	丁丑	戊寅	己卯	庚辰	辛巳	壬午	癸未	甲申	乙酉	丙戌	丁亥	戊子	己丑	庚寅	辛卯	壬辰	癸巳	甲午	乙未	丙申	丁酉	戊戌	己亥	庚子	辛丑	壬寅	癸卯	甲辰	
대운 남	9	9	9	10	10	망	1	1	1	1	2	2	2	3	3	3	4	4	4	5	5	하	6	6	6	7	7	7	8	8	
대운 여	2	1	1	1	1	종	10	10	10	9	9	9	8	8	8	7	7	7	6	6	6	지	5	5	4	4	4	3	3	3	

▶ 윤달-4월

癸卯年

양력 7월 소서절(己未月) 小暑 7월8일 5시38분 大暑 7월23일 22시59분

양력		1	2	3	4	5	6	7	8	9	10	11	12	13	14	15	16	17	18	19	20	21	22	23	24	25	26	27	28	29	30	31
요일		月	火	水	木	金	土	日	月	火	水	木	金	土	日	月	火	水	木	金	土	日	月	火	水	木	金	土	日	月	火	水
음력		5/11	12	13	14	15	16	17	18	19	20	21	22	23	24	25	26	27	28	29	30	6/1	2	3	4	5	6	7	8	9	10	11
일진		乙巳	丙午	丁未	戊申	己酉	庚戌	辛亥	壬子	癸丑	甲寅	乙卯	丙辰	丁巳	戊午	己未	庚申	辛酉	壬戌	癸亥	甲子	乙丑	丙寅	丁卯	戊辰	己巳	庚午	辛未	壬申	癸酉	甲戌	乙亥
대운	남	8	9	9	9	10	10	10	소서	1	1	1	1	2	2	2	3	3	3	4	4	4	5	대서	5	6	6	6	7	7	7	8
	여	2	2	2	1	1	1	1		10	10	9	9	9	8	8	8	7	7	7	6	6	6		5	5	4	4	4	3	3	3

양력 8월 입추절(庚申月) 立秋 8월8일 15시25분 處暑 8월24일 5시58분

양력		1	2	3	4	5	6	7	8	9	10	11	12	13	14	15	16	17	18	19	20	21	22	23	24	25	26	27	28	29	30	31
요일		木	金	土	日	月	火	水	木	金	土	日	月	火	水	木	金	土	日	月	火	水	木	金	土	日	月	火	水	木	金	土
음력		6/12	13	14	15	16	17	18	19	20	21	22	23	24	25	26	27	28	29	7/1	2	3	4	5	6	7	8	9	10	11	12	13
일진		丙子	丁丑	戊寅	己卯	庚辰	辛巳	壬午	癸未	甲申	乙酉	丙戌	丁亥	戊子	己丑	庚寅	辛卯	壬辰	癸巳	甲午	乙未	丙申	丁酉	戊戌	己亥	庚子	辛丑	壬寅	癸卯	甲辰	乙巳	丙午
대운	남	8	8	9	9	9	10	10	입추	1	1	1	1	2	2	2	3	3	3	4	4	4	5	5	처서	6	6	6	7	7	7	8
	여	2	2	2	1	1	1	1		10	10	9	9	9	8	8	8	7	7	7	6	6	6	5		5	4	4	4	3	3	3

양력 9월 백로절(辛酉月) 白露 9월8일 18시12분 秋分 9월24일 3시24분

양력		1	2	3	4	5	6	7	8	9	10	11	12	13	14	15	16	17	18	19	20	21	22	23	24	25	26	27	28	29	30
요일		日	月	火	水	木	金	土	日	月	火	水	木	金	土	日	月	火	水	木	金	土	日	月	火	水	木	金	土	日	月
음력		7/14	15	16	17	18	19	20	21	22	23	24	25	26	27	28	29	30	8/1	2	3	4	5	6	7	8	9	10	11	12	13
일진		丁未	戊申	己酉	庚戌	辛亥	壬子	癸丑	甲寅	乙卯	丙辰	丁巳	戊午	己未	庚申	辛酉	壬戌	癸亥	甲子	乙丑	丙寅	丁卯	戊辰	己巳	庚午	辛未	壬申	癸酉	甲戌	乙亥	丙子
대운	남	8	8	9	9	9	10	10	백로	1	1	1	1	2	2	2	3	3	3	4	4	4	5	5	추분	6	6	6	7	7	7
	여	2	2	2	1	1	1	1		10	10	9	9	9	8	8	8	7	7	7	6	6	6	5		5	4	4	4	3	3

양력 10월 한로절(壬戌月) 寒露 10월9일 9시36분 霜降 10월24일 12시29분

양력		1	2	3	4	5	6	7	8	9	10	11	12	13	14	15	16	17	18	19	20	21	22	23	24	25	26	27	28	29	30	31
요일		火	水	木	金	土	日	月	火	水	木	金	土	日	月	火	水	木	金	土	日	月	火	水	木	金	土	日	月	火	水	木
음력		8/14	15	16	17	18	19	20	21	22	23	24	25	26	27	28	29	9/1	2	3	4	5	6	7	8	9	10	11	12	13	14	15
일진		丁丑	戊寅	己卯	庚辰	辛巳	壬午	癸未	甲申	乙酉	丙戌	丁亥	戊子	己丑	庚寅	辛卯	壬辰	癸巳	甲午	乙未	丙申	丁酉	戊戌	己亥	庚子	辛丑	壬寅	癸卯	甲辰	乙巳	丙午	丁未
대운	남	8	8	8	9	9	9	10	10	한로	1	1	1	1	2	2	2	3	3	3	4	4	4	5	상강	5	6	6	6	7	7	7
	여	3	2	2	2	1	1	1	1		10	9	9	9	8	8	8	7	7	7	6	6	6	5		5	4	4	4	3	3	3

양력 11월 입동절(癸亥月) 立冬 11월8일 12시32분 小雪 11월23일 9시49분

양력		1	2	3	4	5	6	7	8	9	10	11	12	13	14	15	16	17	18	19	20	21	22	23	24	25	26	27	28	29	30
요일		金	土	日	月	火	水	木	金	土	日	月	火	水	木	金	土	日	月	火	水	木	金	土	日	月	火	水	木	金	土
음력		9/16	17	18	19	20	21	22	23	24	25	26	27	28	29	30	10/1	2	3	4	5	6	7	8	9	10	11	12	13	14	15
일진		戊申	己酉	庚戌	辛亥	壬子	癸丑	甲寅	乙卯	丙辰	丁巳	戊午	己未	庚申	辛酉	壬戌	癸亥	甲子	乙丑	丙寅	丁卯	戊辰	己巳	庚午	辛未	壬申	癸酉	甲戌	乙亥	丙子	丁丑
대운	남	8	8	8	9	9	9	10	입동	1	1	1	1	2	2	2	3	3	3	4	4	4	5	소설	5	6	6	6	7	7	7
	여	2	2	2	1	1	1	1		10	9	9	9	8	8	8	7	7	7	6	6	6	5		5	4	4	4	3	3	3

양력 12월 대설절(甲子月) 大雪 12월8일 5시13분 冬至 12월22일 23시2분

양력		1	2	3	4	5	6	7	8	9	10	11	12	13	14	15	16	17	18	19	20	21	22	23	24	25	26	27	28	29	30	31
요일		日	月	火	水	木	金	土	日	月	火	水	木	金	土	日	月	火	水	木	金	土	日	月	火	水	木	金	土	日	月	火
음력		10/16	17	18	19	20	21	22	23	24	25	26	27	28	29	30	11/1	2	3	4	5	6	7	8	9	10	11	12	13	14	15	16
일진		戊寅	己卯	庚辰	辛巳	壬午	癸未	甲申	乙酉	丙戌	丁亥	戊子	己丑	庚寅	辛卯	壬辰	癸巳	甲午	乙未	丙申	丁酉	戊戌	己亥	庚子	辛丑	壬寅	癸卯	甲辰	乙巳	丙午	丁未	戊申
대운	남	8	8	8	9	9	9	10	대설	1	1	1	1	2	2	2	3	3	3	4	4	4	동지	5	5	6	6	6	7	7	7	8
	여	2	2	2	1	1	1	1		9	9	9	8	8	8	7	7	7	6	6	6	5		5	4	4	4	3	3	3	2	2

서기 1964년 [단기 4297년]

양력 1월 소한절(乙丑月) 小寒 1월6일 16시22분 大寒 1월21일 9시41분

양력		1	2	3	4	5	6	7	8	9	10	11	12	13	14	15	16	17	18	19	20	21	22	23	24	25	26	27	28	29	30	31
요일		水	木	金	土	日	月	火	水	木	金	土	日	月	火	水	木	金	土	日	月	火	水	木	金	土	日	月	火	水	木	金
음력		11/17	18	19	20	21	22	23	24	25	26	27	28	29	30	12/1	2	3	4	5	6	7	8	9	10	11	12	13	14	15	16	17
일진		己酉	庚戌	辛亥	壬子	癸丑	甲寅	乙卯	丙辰	丁巳	戊午	己未	庚申	辛酉	壬戌	癸亥	甲子	乙丑	丙寅	丁卯	戊辰	己巳	庚午	辛未	壬申	癸酉	甲戌	乙亥	丙子	丁丑	戊寅	己卯
대운	남	8	8	9	9	9	소	1	1	1	1	2	2	2	3	3	3	4	4	4	5	대	5	6	6	6	7	7	7	8	8	8
	여	2	1	1	1	1	한	10	9	9	9	8	8	8	7	7	7	6	6	6	5	한	5	4	4	4	3	3	3	2	2	2

양력 2월 입춘절(丙寅月) 立春 2월5일 4시5분 雨水 2월19일 23시57분

양력		1	2	3	4	5	6	7	8	9	10	11	12	13	14	15	16	17	18	19	20	21	22	23	24	25	26	27	28	29
요일		土	日	月	火	水	木	金	土	日	月	火	水	木	金	土	日	月	火	水	木	金	土	日	月	火	水	木	金	土
음력		12/18	19	20	21	22	23	24	25	26	27	28	29	1/1	2	3	4	5	6	7	8	9	10	11	12	13	14	15	16	17
일진		庚辰	辛巳	壬午	癸未	甲申	乙酉	丙戌	丁亥	戊子	己丑	庚寅	辛卯	壬辰	癸巳	甲午	乙未	丙申	丁酉	戊戌	己亥	庚子	辛丑	壬寅	癸卯	甲辰	乙巳	丙午	丁未	戊申
대운	남	9	9	9	10	입	9	9	9	8	8	8	7	7	7	6	6	6	5	우	5	4	4	4	3	3	3	2	2	2
	여	1	1	1	1	춘	1	1	1	1	2	2	2	3	3	3	4	4	4	수	5	5	6	6	6	7	7	7	8	8

양력 3월 경칩절(丁卯月) 驚蟄 3월5일 22시16분 春分 3월20일 23시10분

양력		1	2	3	4	5	6	7	8	9	10	11	12	13	14	15	16	17	18	19	20	21	22	23	24	25	26	27	28	29	30	31
요일		日	月	火	水	木	金	土	日	月	火	水	木	金	土	日	月	火	水	木	金	土	日	月	火	水	木	金	土	日	月	火
음력		1/18	19	20	21	22	23	24	25	26	27	28	29	30	2/1	2	3	4	5	6	7	8	9	10	11	12	13	14	15	16	17	18
일진		己酉	庚戌	辛亥	壬子	癸丑	甲寅	乙卯	丙辰	丁巳	戊午	己未	庚申	辛酉	壬戌	癸亥	甲子	乙丑	丙寅	丁卯	戊辰	己巳	庚午	辛未	壬申	癸酉	甲戌	乙亥	丙子	丁丑	戊寅	己卯
대운	남	1	1	1	1	경	10	10	9	9	9	8	8	8	7	7	7	6	6	6	춘	5	5	4	4	4	3	3	3	2	2	2
	여	8	9	9	9	칩	1	1	1	1	2	2	2	3	3	3	4	4	4	5	분	5	6	6	6	7	7	7	8	8	8	9

양력 4월 청명절(戊辰月) 清明 4월5일 3시18분 穀雨 4월20일 10시27분

양력		1	2	3	4	5	6	7	8	9	10	11	12	13	14	15	16	17	18	19	20	21	22	23	24	25	26	27	28	29	30
요일		水	木	金	土	日	月	火	水	木	金	土	日	月	火	水	木	金	土	日	月	火	水	木	金	土	日	月	火	水	木
음력		2/19	20	21	22	23	24	25	26	27	28	29	3/1	2	3	4	5	6	7	8	9	10	11	12	13	14	15	16	17	18	19
일진		庚辰	辛巳	壬午	癸未	甲申	乙酉	丙戌	丁亥	戊子	己丑	庚寅	辛卯	壬辰	癸巳	甲午	乙未	丙申	丁酉	戊戌	己亥	庚子	辛丑	壬寅	癸卯	甲辰	乙巳	丙午	丁未	戊申	己酉
대운	남	1	1	1	1	청	10	9	9	9	8	8	8	7	7	7	6	6	6	5	곡	5	4	4	4	3	3	3	2	2	2
	여	9	9	10	10	명	1	1	1	1	2	2	2	3	3	3	4	4	4	5	우	5	6	6	6	7	7	7	8	8	8

양력 5월 입하절(己巳月) 立夏 5월5일 20시51분 小滿 5월21일 9시50분

양력		1	2	3	4	5	6	7	8	9	10	11	12	13	14	15	16	17	18	19	20	21	22	23	24	25	26	27	28	29	30	31
요일		金	土	日	月	火	水	木	金	土	日	月	火	水	木	金	土	日	月	火	水	木	金	土	日	月	火	水	木	金	土	日
음력		3/20	21	22	23	24	25	26	27	28	29	30	4/1	2	3	4	5	6	7	8	9	10	11	12	13	14	15	16	17	18	19	20
일진		庚戌	辛亥	壬子	癸丑	甲寅	乙卯	丙辰	丁巳	戊午	己未	庚申	辛酉	壬戌	癸亥	甲子	乙丑	丙寅	丁卯	戊辰	己巳	庚午	辛未	壬申	癸酉	甲戌	乙亥	丙子	丁丑	戊寅	己卯	庚辰
대운	남	1	1	1	1	입	10	10	10	9	9	9	8	8	8	7	7	7	6	6	6	소	5	5	4	4	4	3	3	3	2	2
	여	9	9	9	10	하	1	1	1	1	2	2	2	3	3	3	4	4	4	5	5	만	6	6	6	7	7	7	8	8	8	9

양력 6월 망종절(庚午月) 芒種 6월6일 1시12분 夏至 6월21일 17시57분

양력		1	2	3	4	5	6	7	8	9	10	11	12	13	14	15	16	17	18	19	20	21	22	23	24	25	26	27	28	29	30
요일		月	火	水	木	金	土	日	月	火	水	木	金	土	日	月	火	水	木	金	土	日	月	火	水	木	金	土	日	月	火
음력		4/21	22	23	24	25	26	27	28	29	5/1	2	3	4	5	6	7	8	9	10	11	12	13	14	15	16	17	18	19	20	21
일진		辛巳	壬午	癸未	甲申	乙酉	丙戌	丁亥	戊子	己丑	庚寅	辛卯	壬辰	癸巳	甲午	乙未	丙申	丁酉	戊戌	己亥	庚子	辛丑	壬寅	癸卯	甲辰	乙巳	丙午	丁未	戊申	己酉	庚戌
대운	남	2	1	1	1	1	망	10	10	9	9	9	8	8	8	7	7	7	6	6	6	하	5	5	4	4	4	3	3	3	2
	여	9	9	10	10	10	종	1	1	1	1	2	2	2	3	3	3	4	4	4	5	지	5	6	6	6	7	7	7	8	8

甲辰年

양력 7월 소서절(辛未月) 小暑 7월7일 11시32분 大暑 7월23일 4시53분

양력	1	2	3	4	5	6	7	8	9	10	11	12	13	14	15	16	17	18	19	20	21	22	23	24	25	26	27	28	29	30	31
요일	水	木	金	土	日	月	火	水	木	金	土	日	月	火	水	木	金	土	日	月	火	水	木	金	土	日	月	火	水	木	金
음력	5/22	23	24	25	26	27	28	29	6/1	2	3	4	5	6	7	8	9	10	11	12	13	14	15	16	17	18	19	20	21	22	23
일진	辛亥	壬子	癸丑	甲寅	乙卯	丙辰	丁巳	戊午	己未	庚申	辛酉	壬戌	癸亥	甲子	乙丑	丙寅	丁卯	戊辰	己巳	庚午	辛未	壬申	癸酉	甲戌	乙亥	丙子	丁丑	戊寅	己卯	庚辰	辛巳
대운 남	2	2	1	1	1	1	소서	10	10	9	9	9	8	8	8	7	7	7	6	6	6	5	대서	5	4	4	4	3	3	3	2
대운 여	8	9	9	9	10	10		1	1	1	1	2	2	2	3	3	3	4	4	4	5	5		6	6	6	7	7	7	8	8

양력 8월 입추절(壬申月) 立秋 8월7일 21시16분 處暑 8월23일 11시51분

양력	1	2	3	4	5	6	7	8	9	10	11	12	13	14	15	16	17	18	19	20	21	22	23	24	25	26	27	28	29	30	31
요일	土	日	月	火	水	木	金	土	日	月	火	水	木	金	土	日	月	火	水	木	金	土	日	月	火	水	木	金	土	日	月
음력	6/24	25	26	27	28	29	30	7/1	2	3	4	5	6	7	8	9	10	11	12	13	14	15	16	17	18	19	20	21	22	23	24
일진	壬午	癸未	甲申	乙酉	丙戌	丁亥	戊子	己丑	庚寅	辛卯	壬辰	癸巳	甲午	乙未	丙申	丁酉	戊戌	己亥	庚子	辛丑	壬寅	癸卯	甲辰	乙巳	丙午	丁未	戊申	己酉	庚戌	辛亥	壬子
대운 남	2	2	1	1	1	1	입추	10	10	9	9	9	8	8	8	7	7	7	6	6	6	5	처서	5	4	4	4	3	3	3	2
대운 여	8	9	9	9	10	10		1	1	1	1	2	2	2	3	3	3	4	4	4	5	5		6	6	6	7	7	7	8	8

양력 9월 백로절(癸酉月) 白露 9월7일 23시59분 秋分 9월23일 9시17분

양력	1	2	3	4	5	6	7	8	9	10	11	12	13	14	15	16	17	18	19	20	21	22	23	24	25	26	27	28	29	30	
요일	火	水	木	金	土	日	月	火	水	木	金	土	日	月	火	水	木	金	土	日	月	火	水	木	金	土	日	月	火	水	
음력	7/25	26	27	28	29	8/1	2	3	4	5	6	7	8	9	10	11	12	13	14	15	16	17	18	19	20	21	22	23	24	25	
일진	癸丑	甲寅	乙卯	丙辰	丁巳	戊午	己未	庚申	辛酉	壬戌	癸亥	甲子	乙丑	丙寅	丁卯	戊辰	己巳	庚午	辛未	壬申	癸酉	甲戌	乙亥	丙子	丁丑	戊寅	己卯	庚辰	辛巳	壬午	
대운 남	2	2	1	1	1	1	백로	10	10	9	9	9	8	8	8	7	7	7	6	6	6	5	추분	5	4	4	4	3	3	3	
대운 여	8	9	9	9	10	10		1	1	1	1	2	2	2	3	3	3	4	4	4	5	5		6	6	6	7	7	7	8	

양력 10월 한로절(甲戌月) 寒露 10월8일 15시22분 霜降 10월23일 18시21분

양력	1	2	3	4	5	6	7	8	9	10	11	12	13	14	15	16	17	18	19	20	21	22	23	24	25	26	27	28	29	30	31
요일	木	金	土	日	月	火	水	木	金	土	日	月	火	水	木	金	土	日	月	火	水	木	金	土	日	月	火	水	木	金	土
음력	8/26	27	28	29	30	9/1	2	3	4	5	6	7	8	9	10	11	12	13	14	15	16	17	18	19	20	21	22	23	24	25	26
일진	癸未	甲申	乙酉	丙戌	丁亥	戊子	己丑	庚寅	辛卯	壬辰	癸巳	甲午	乙未	丙申	丁酉	戊戌	己亥	庚子	辛丑	壬寅	癸卯	甲辰	乙巳	丙午	丁未	戊申	己酉	庚戌	辛亥	壬子	癸丑
대운 남	2	2	2	1	1	1	1	한로	10	9	9	9	8	8	8	7	7	7	6	6	6	5	상강	5	4	4	4	3	3	3	2
대운 여	8	8	9	9	9	10	10		1	1	1	1	2	2	2	3	3	3	4	4	4	5		5	6	6	6	7	7	7	8

양력 11월 입동절(乙亥月) 立冬 11월7일 18시15분 小雪 11월22일 15시39분

양력	1	2	3	4	5	6	7	8	9	10	11	12	13	14	15	16	17	18	19	20	21	22	23	24	25	26	27	28	29	30	
요일	日	月	火	水	木	金	土	日	月	火	水	木	金	土	日	月	火	水	木	金	土	日	月	火	水	木	金	土	日	月	
음력	9/27	28	29	10/1	2	3	4	5	6	7	8	9	10	11	12	13	14	15	16	17	18	19	20	21	22	23	24	25	26	27	
일진	甲寅	乙卯	丙辰	丁巳	戊午	己未	庚申	辛酉	壬戌	癸亥	甲子	乙丑	丙寅	丁卯	戊辰	己巳	庚午	辛未	壬申	癸酉	甲戌	乙亥	丙子	丁丑	戊寅	己卯	庚辰	辛巳	壬午	癸未	
대운 남	2	2	1	1	1	1	입동	10	9	9	9	8	8	8	7	7	7	6	6	6	5	소설	5	4	4	4	3	3	3	2	
대운 여	8	8	9	9	9	10		1	1	1	1	2	2	2	3	3	3	4	4	4	5		5	6	6	6	7	7	7	8	

양력 12월 대설절(丙子月) 大雪 12월7일 10시53분 冬至 12월22일 4시50분

양력	1	2	3	4	5	6	7	8	9	10	11	12	13	14	15	16	17	18	19	20	21	22	23	24	25	26	27	28	29	30	31
요일	火	水	木	金	土	日	月	火	水	木	金	土	日	月	火	水	木	金	土	日	月	火	水	木	金	土	日	月	火	水	木
음력	10/28	29	30	11/1	2	3	4	5	6	7	8	9	10	11	12	13	14	15	16	17	18	19	20	21	22	23	24	25	26	27	28
일진	甲申	乙酉	丙戌	丁亥	戊子	己丑	庚寅	辛卯	壬辰	癸巳	甲午	乙未	丙申	丁酉	戊戌	己亥	庚子	辛丑	壬寅	癸卯	甲辰	乙巳	丙午	丁未	戊申	己酉	庚戌	辛亥	壬子	癸丑	甲寅
대운 남	2	2	1	1	1	1	대설	9	9	9	8	8	8	7	7	7	6	6	6	5	5	동지	4	4	4	3	3	3	2	2	2
대운 여	8	8	9	9	9	10		1	1	1	1	2	2	2	3	3	3	4	4	4	5		5	6	6	6	7	7	7	8	8

서기 1965년 [단기 4298년]

양력 1월 소한절(丁丑月) 小寒 1월5일 22시2분 大寒 1월20일 15시29분

양력	1	2	3	4	5	6	7	8	9	10	11	12	13	14	15	16	17	18	19	20	21	22	23	24	25	26	27	28	29	30	31
요일	金	土	日	月	火	水	木	金	土	日	月	火	水	木	金	土	日	月	火	水	木	金	土	日	月	火	水	木	金	土	日
음력	11/29	30	12/1	2	3	4	5	6	7	8	9	10	11	12	13	14	15	16	17	18	19	20	21	22	23	24	25	26	27	28	29
일진	乙卯	丙辰	丁巳	戊午	己未	庚申	辛酉	壬戌	癸亥	甲子	乙丑	丙寅	丁卯	戊辰	己巳	庚午	辛未	壬申	癸酉	甲戌	乙亥	丙子	丁丑	戊寅	己卯	庚辰	辛巳	壬午	癸未	甲申	乙酉
대운 남	1	1	1	1	소한	10	9	9	9	8	8	8	7	7	7	6	6	6	5	대한	5	4	4	4	3	3	3	2	2	2	1
대운 여	8	9	9	9		1	1	1	1	2	2	2	3	3	3	4	4	4	5		5	6	6	6	7	7	7	8	8	8	9

양력 2월 입춘절(戊寅月) 立春 2월4일 9시46분 雨水 2월19일 5시48분

양력	1	2	3	4	5	6	7	8	9	10	11	12	13	14	15	16	17	18	19	20	21	22	23	24	25	26	27	28			
요일	月	火	水	木	金	土	日	月	火	水	木	金	土	日	月	火	水	木	金	土	日	月	火	水	木	金	土	日			
음력	12/30	1/1	2	3	4	5	6	7	8	9	10	11	12	13	14	15	16	17	18	19	20	21	22	23	24	25	26	27			
일진	丙戌	丁亥	戊子	己丑	庚寅	辛卯	壬辰	癸巳	甲午	乙未	丙申	丁酉	戊戌	己亥	庚子	辛丑	壬寅	癸卯	甲辰	乙巳	丙午	丁未	戊申	己酉	庚戌	辛亥	壬子	癸丑			
대운 남	1	1	1	입춘	1	1	1	1	2	2	2	3	3	3	4	4	4	5	우수	5	6	6	6	7	7	7	8	8			
대운 여	9	9	10		10	9	9	9	8	8	8	7	7	7	6	6	6	5		5	4	4	4	3	3	3	2	2			

양력 3월 경칩절(己卯月) 驚蟄 3월6일 4시1분 春分 3월21일 5시5분

양력	1	2	3	4	5	6	7	8	9	10	11	12	13	14	15	16	17	18	19	20	21	22	23	24	25	26	27	28	29	30	31
요일	月	火	水	木	金	土	日	月	火	水	木	金	土	日	月	火	水	木	金	土	日	月	火	水	木	金	土	日	月	火	水
음력	1/28	29	2/1	2	3	4	5	6	7	8	9	10	11	12	13	14	15	16	17	18	19	20	21	22	23	24	25	26	27	28	29
일진	甲寅	乙卯	丙辰	丁巳	戊午	己未	庚申	辛酉	壬戌	癸亥	甲子	乙丑	丙寅	丁卯	戊辰	己巳	庚午	辛未	壬申	癸酉	甲戌	乙亥	丙子	丁丑	戊寅	己卯	庚辰	辛巳	壬午	癸未	甲申
대운 남	8	9	9	9	10	경칩	1	1	1	1	2	2	2	3	3	3	4	4	4	5	춘분	5	6	6	6	7	7	7	8	8	8
대운 여	2	1	1	1	1		10	9	9	9	8	8	8	7	7	7	6	6	6	5		5	4	4	4	3	3	3	2	2	2

양력 4월 청명절(庚辰月) 清明 4월5일 9시7분 穀雨 4월20일 16시26분

양력	1	2	3	4	5	6	7	8	9	10	11	12	13	14	15	16	17	18	19	20	21	22	23	24	25	26	27	28	29	30	
요일	木	金	土	日	月	火	水	木	金	土	日	月	火	水	木	金	土	日	月	火	水	木	金	土	日	月	火	水	木	金	
음력	2/30	3/1	2	3	4	5	6	7	8	9	10	11	12	13	14	15	16	17	18	19	20	21	22	23	24	25	26	27	28	29	
일진	乙酉	丙戌	丁亥	戊子	己丑	庚寅	辛卯	壬辰	癸巳	甲午	乙未	丙申	丁酉	戊戌	己亥	庚子	辛丑	壬寅	癸卯	甲辰	乙巳	丙午	丁未	戊申	己酉	庚戌	辛亥	壬子	癸丑	甲寅	
대운 남	9	9	9	10	청명	1	1	1	1	2	2	2	3	3	3	4	4	4	5	곡우	5	6	6	6	7	7	7	8	8	8	
대운 여	1	1	1	1		10	10	9	9	9	8	8	8	7	7	7	6	6	6		5	5	4	4	4	3	3	3	2	2	

양력 5월 입하절(辛巳月) 立夏 5월6일 2시42분 小滿 5월21일 15시50분

양력	1	2	3	4	5	6	7	8	9	10	11	12	13	14	15	16	17	18	19	20	21	22	23	24	25	26	27	28	29	30	31
요일	土	日	月	火	水	木	金	土	日	月	火	水	木	金	土	日	月	火	水	木	金	土	日	月	火	水	木	金	土	日	月
음력	4/1	2	3	4	5	6	7	8	9	10	11	12	13	14	15	16	17	18	19	20	21	22	23	24	25	26	27	28	29	30	5/1
일진	乙卯	丙辰	丁巳	戊午	己未	庚申	辛酉	壬戌	癸亥	甲子	乙丑	丙寅	丁卯	戊辰	己巳	庚午	辛未	壬申	癸酉	甲戌	乙亥	丙子	丁丑	戊寅	己卯	庚辰	辛巳	壬午	癸未	甲申	乙酉
대운 남	9	9	9	10	10	입하	1	1	1	1	2	2	2	3	3	3	4	4	4	5	소만	5	6	6	6	7	7	7	8	8	8
대운 여	2	1	1	1	1		10	10	9	9	9	8	8	8	7	7	7	6	6	6		5	5	4	4	4	3	3	3	2	2

양력 6월 망종절(壬午月) 芒種 6월6일 7시2분 夏至 6월21일 23시56분

양력	1	2	3	4	5	6	7	8	9	10	11	12	13	14	15	16	17	18	19	20	21	22	23	24	25	26	27	28	29	30	
요일	火	水	木	金	土	日	月	火	水	木	金	土	日	月	火	水	木	金	土	日	月	火	水	木	金	土	日	月	火	水	
음력	5/2	3	4	5	6	7	8	9	10	11	12	13	14	15	16	17	18	19	20	21	22	23	24	25	26	27	28	29	6/1	2	
일진	丙戌	丁亥	戊子	己丑	庚寅	辛卯	壬辰	癸巳	甲午	乙未	丙申	丁酉	戊戌	己亥	庚子	辛丑	壬寅	癸卯	甲辰	乙巳	丙午	丁未	戊申	己酉	庚戌	辛亥	壬子	癸丑	甲寅	乙卯	
대운 남	9	9	9	10	10	망종	1	1	1	1	2	2	2	3	3	3	4	4	4	5	하지	5	6	6	6	7	7	7	8	8	
대운 여	2	1	1	1	1		10	10	9	9	9	8	8	8	7	7	7	6	6	6		5	5	4	4	4	3	3	3	2	

乙巳年

양력 7월 소서절(癸未月) 小暑 7월7일 17시21분 大暑 7월23일 10시48분

양력	1	2	3	4	5	6	7	8	9	10	11	12	13	14	15	16	17	18	19	20	21	22	23	24	25	26	27	28	29	30	31
요일	木	金	土	日	月	火	水	木	金	土	日	月	火	水	木	金	土	日	月	火	水	木	金	土	日	月	火	水	木	金	土
음력	6/3	4	5	6	7	8	9	10	11	12	13	14	15	16	17	18	19	20	21	22	23	24	25	26	27	28	29	7/1	2	3	4
일진	丙辰	丁巳	戊午	己未	庚申	辛酉	壬戌	癸亥	甲子	乙丑	丙寅	丁卯	戊辰	己巳	庚午	辛未	壬申	癸酉	甲戌	乙亥	丙子	丁丑	戊寅	己卯	庚辰	辛巳	壬午	癸未	甲申	乙酉	丙戌
대운 남	8	9	9	9	10	10	소	1	1	1	1	2	2	2	3	3	3	4	4	4	5	5	대	6	6	6	7	7	7	8	8
대운 여	2	2	1	1	1	1	서	10	10	10	9	9	9	8	8	8	7	7	7	6	6	6	서	5	5	4	4	4	3	3	3

양력 8월 입추절(甲申月) 立秋 8월8일 3시5분 處暑 8월23일 17시43분

양력	1	2	3	4	5	6	7	8	9	10	11	12	13	14	15	16	17	18	19	20	21	22	23	24	25	26	27	28	29	30	31
요일	日	月	火	水	木	金	土	日	月	火	水	木	金	土	日	月	火	水	木	金	土	日	月	火	水	木	金	土	日	月	火
음력	7/5	6	7	8	9	10	11	12	13	14	15	16	17	18	19	20	21	22	23	24	25	26	27	28	29	30	8/1	2	3	4	5
일진	丁亥	戊子	己丑	庚寅	辛卯	壬辰	癸巳	甲午	乙未	丙申	丁酉	戊戌	己亥	庚子	辛丑	壬寅	癸卯	甲辰	乙巳	丙午	丁未	戊申	己酉	庚戌	辛亥	壬子	癸丑	甲寅	乙卯	丙辰	丁巳
대운 남	8	9	9	9	10	10	10	입	1	1	1	1	2	2	2	3	3	3	4	4	4	5	처	5	6	6	6	7	7	7	8
대운 여	2	2	2	1	1	1	1	추	10	10	9	9	9	8	8	8	7	7	7	6	6	6	서	5	5	4	4	4	3	3	3

양력 9월 백로절(乙酉月) 白露 9월8일 5시48분 秋分 9월23일 15시6분

양력	1	2	3	4	5	6	7	8	9	10	11	12	13	14	15	16	17	18	19	20	21	22	23	24	25	26	27	28	29	30
요일	水	木	金	土	日	月	火	水	木	金	土	日	月	火	水	木	金	土	日	月	火	水	木	金	土	日	月	火	水	木
음력	8/6	7	8	9	10	11	12	13	14	15	16	17	18	19	20	21	22	23	24	25	26	27	28	29	9/1	2	3	4	5	6
일진	戊午	己未	庚申	辛酉	壬戌	癸亥	甲子	乙丑	丙寅	丁卯	戊辰	己巳	庚午	辛未	壬申	癸酉	甲戌	乙亥	丙子	丁丑	戊寅	己卯	庚辰	辛巳	壬午	癸未	甲申	乙酉	丙戌	丁亥
대운 남	8	8	9	9	9	10	10	백	1	1	1	1	2	2	2	3	3	3	4	4	4	5	추	5	6	6	6	7	7	7
대운 여	2	2	2	1	1	1	1	로	10	9	9	9	8	8	8	7	7	7	6	6	6	5	분	5	4	4	4	3	3	3

양력 10월 한로절(丙戌月) 寒露 10월8일 21시11분 霜降 10월24일 0시10분

양력	1	2	3	4	5	6	7	8	9	10	11	12	13	14	15	16	17	18	19	20	21	22	23	24	25	26	27	28	29	30	31
요일	金	土	日	月	火	水	木	金	土	日	月	火	水	木	金	土	日	月	火	水	木	金	土	日	月	火	水	木	金	土	日
음력	9/7	8	9	10	11	12	13	14	15	16	17	18	19	20	21	22	23	24	25	26	27	28	29	10/1	2	3	4	5	6	7	8
일진	戊子	己丑	庚寅	辛卯	壬辰	癸巳	甲午	乙未	丙申	丁酉	戊戌	己亥	庚子	辛丑	壬寅	癸卯	甲辰	乙巳	丙午	丁未	戊申	己酉	庚戌	辛亥	壬子	癸丑	甲寅	乙卯	丙辰	丁巳	戊午
대운 남	8	8	8	9	9	9	10	한	1	1	1	1	2	2	2	3	3	3	4	4	4	5	5	상	6	6	6	7	7	7	8
대운 여	2	2	2	1	1	1	1	로	10	10	9	9	9	8	8	8	7	7	7	6	6	6	5	강	5	4	4	4	3	3	3

양력 11월 입동절(丁亥月) 立冬 11월8일 0시7분 小雪 11월22일 21시29분

양력	1	2	3	4	5	6	7	8	9	10	11	12	13	14	15	16	17	18	19	20	21	22	23	24	25	26	27	28	29	30
요일	月	火	水	木	金	土	日	月	火	水	木	金	土	日	月	火	水	木	金	土	日	月	火	水	木	金	土	日	月	火
음력	10/9	10	11	12	13	14	15	16	17	18	19	20	21	22	23	24	25	26	27	28	29	30	11/1	2	3	4	5	6	7	8
일진	己未	庚申	辛酉	壬戌	癸亥	甲子	乙丑	丙寅	丁卯	戊辰	己巳	庚午	辛未	壬申	癸酉	甲戌	乙亥	丙子	丁丑	戊寅	己卯	庚辰	辛巳	壬午	癸未	甲申	乙酉	丙戌	丁亥	戊子
대운 남	8	8	9	9	9	10	10	입	1	1	1	1	2	2	2	3	3	3	4	4	4	소	5	5	6	6	6	7	7	7
대운 여	2	2	2	1	1	1	1	동	9	9	9	8	8	8	7	7	7	6	6	6	5	설	5	4	4	4	3	3	3	2

양력 12월 대설절(戊子月) 大雪 12월7일 16시46분 冬至 12월22일 10시40분

양력	1	2	3	4	5	6	7	8	9	10	11	12	13	14	15	16	17	18	19	20	21	22	23	24	25	26	27	28	29	30	31
요일	水	木	金	土	日	月	火	水	木	金	土	日	月	火	水	木	金	土	日	月	火	水	木	金	土	日	月	火	水	木	金
음력	11/9	10	11	12	13	14	15	16	17	18	19	20	21	22	23	24	25	26	27	28	29	30	12/1	2	3	4	5	6	7	8	9
일진	己丑	庚寅	辛卯	壬辰	癸巳	甲午	乙未	丙申	丁酉	戊戌	己亥	庚子	辛丑	壬寅	癸卯	甲辰	乙巳	丙午	丁未	戊申	己酉	庚戌	辛亥	壬子	癸丑	甲寅	乙卯	丙辰	丁巳	戊午	己未
대운 남	8	8	8	9	9	9	대	1	1	1	1	2	2	2	3	3	3	4	4	4	5	동	5	6	6	6	7	7	7	8	8
대운 여	2	2	1	1	1	1	설	10	9	9	9	8	8	8	7	7	7	6	6	6	5	지	5	4	4	4	3	3	3	2	2

서기 1966년 [단기 4299년]

양력 1월　소한절(己丑月)　小寒 1월6일 3시54분　大寒 1월20일 21시20분

양력	1	2	3	4	5	6	7	8	9	10	11	12	13	14	15	16	17	18	19	20	21	22	23	24	25	26	27	28	29	30	31
요일	土	日	月	火	水	木	金	土	日	月	火	水	木	金	土	日	月	火	水	木	金	土	日	月	火	水	木	金	土	日	月
음력	12/10	11	12	13	14	15	16	17	18	19	20	21	22	23	24	25	26	27	28	29	30	1/1	2	3	4	5	6	7	8	9	10
일진	庚申	辛酉	壬戌	癸亥	甲子	乙丑	丙寅	丁卯	戊辰	己巳	庚午	辛未	壬申	癸酉	甲戌	乙亥	丙子	丁丑	戊寅	己卯	庚辰	辛巳	壬午	癸未	甲申	乙酉	丙戌	丁亥	戊子	己丑	庚寅
대운 남	8	9	9	9	10	소한	1	1	1	1	2	2	2	3	3	3	4	4	4	대한	5	5	6	6	6	7	7	7	8	8	8
대운 여	2	1	1	1	1		9	9	9	8	8	8	7	7	7	6	6	6	5		5	4	4	4	3	3	3	2	2	2	1

양력 2월　입춘절(庚寅月)　立春 2월4일 15시38분　雨水 2월19일 11시38분

양력	1	2	3	4	5	6	7	8	9	10	11	12	13	14	15	16	17	18	19	20	21	22	23	24	25	26	27	28
요일	火	水	木	金	土	日	月	火	水	木	金	土	日	月	火	水	木	金	土	日	月	火	水	木	金	土	日	月
음력	1/11	12	13	14	15	16	17	18	19	20	21	22	23	24	25	26	27	28	29	2/1	2	3	4	5	6	7	8	9
일진	辛卯	壬辰	癸巳	甲午	乙未	丙申	丁酉	戊戌	己亥	庚子	辛丑	壬寅	癸卯	甲辰	乙巳	丙午	丁未	戊申	己酉	庚戌	辛亥	壬子	癸丑	甲寅	乙卯	丙辰	丁巳	戊午
대운 남	9	9	9	입춘	10	9	9	9	8	8	8	7	7	7	6	6	6	5	우수	5	4	4	4	3	3	3	2	2
대운 여	1	1	1		1	1	1	1	2	2	2	3	3	3	4	4	4	5		5	6	6	6	7	7	7	8	8

양력 3월　경칩절(辛卯月)　驚蟄 3월6일 9시51분　春分 3월21일 10시53분

양력	1	2	3	4	5	6	7	8	9	10	11	12	13	14	15	16	17	18	19	20	21	22	23	24	25	26	27	28	29	30	31
요일	火	水	木	金	土	日	月	火	水	木	金	土	日	月	火	水	木	金	土	日	月	火	水	木	金	土	日	月	火	水	木
음력	2/10	11	12	13	14	15	16	17	18	19	20	21	22	23	24	25	26	27	28	29	30	3/1	2	3	4	5	6	7	8	9	10
일진	己未	庚申	辛酉	壬戌	癸亥	甲子	乙丑	丙寅	丁卯	戊辰	己巳	庚午	辛未	壬申	癸酉	甲戌	乙亥	丙子	丁丑	戊寅	己卯	庚辰	辛巳	壬午	癸未	甲申	乙酉	丙戌	丁亥	戊子	己丑
대운 남	2	1	1	1	1	경칩	10	9	9	9	8	8	8	7	7	7	6	6	6	5	춘분	5	4	4	4	3	3	3	2	2	2
대운 여	8	9	9	9	10		1	1	1	1	2	2	2	3	3	3	4	4	4	5		5	6	6	6	7	7	7	8	8	8

양력 4월　청명절(壬辰月)　淸明 4월5일 14시57분　穀雨 4월20일 22시12분

양력	1	2	3	4	5	6	7	8	9	10	11	12	13	14	15	16	17	18	19	20	21	22	23	24	25	26	27	28	29	30
요일	金	土	日	月	火	水	木	金	土	日	月	火	水	木	金	土	日	月	火	水	木	金	土	日	月	火	水	木	金	土
음력	3/11	12	13	14	15	16	17	18	19	20	21	22	23	24	25	26	27	28	29	30	윤1	2	3	4	5	6	7	8	9	10
일진	庚寅	辛卯	壬辰	癸巳	甲午	乙未	丙申	丁酉	戊戌	己亥	庚子	辛丑	壬寅	癸卯	甲辰	乙巳	丙午	丁未	戊申	己酉	庚戌	辛亥	壬子	癸丑	甲寅	乙卯	丙辰	丁巳	戊午	己未
대운 남	1	1	1	1	청명	10	10	9	9	9	8	8	8	7	7	7	6	6	6	곡우	5	5	4	4	4	3	3	3	2	2
대운 여	9	9	9	10		1	1	1	1	2	2	2	3	3	3	4	4	4	5		5	6	6	6	7	7	7	8	8	8

양력 5월　입하절(癸巳月)　立夏 5월6일 8시30분　小滿 5월21일 21시32분

양력	1	2	3	4	5	6	7	8	9	10	11	12	13	14	15	16	17	18	19	20	21	22	23	24	25	26	27	28	29	30	31
요일	日	月	火	水	木	金	土	日	月	火	水	木	金	土	日	月	火	水	木	金	土	日	月	火	水	木	金	土	日	月	火
음력	윤11	12	13	14	15	16	17	18	19	20	21	22	23	24	25	26	27	28	29	4/1	2	3	4	5	6	7	8	9	10	11	12
일진	庚申	辛酉	壬戌	癸亥	甲子	乙丑	丙寅	丁卯	戊辰	己巳	庚午	辛未	壬申	癸酉	甲戌	乙亥	丙子	丁丑	戊寅	己卯	庚辰	辛巳	壬午	癸未	甲申	乙酉	丙戌	丁亥	戊子	己丑	庚寅
대운 남	2	1	1	1	1	입하	10	10	9	9	9	8	8	8	7	7	7	6	6	6	소만	5	5	4	4	4	3	3	3	2	2
대운 여	9	9	9	10	10		1	1	1	1	2	2	2	3	3	3	4	4	4	5		5	6	6	6	7	7	7	8	8	8

양력 6월　망종절(甲午月)　芒種 6월6일 12시50분　夏至 6월22일 5시33분

양력	1	2	3	4	5	6	7	8	9	10	11	12	13	14	15	16	17	18	19	20	21	22	23	24	25	26	27	28	29	30
요일	水	木	金	土	日	月	火	水	木	金	土	日	月	火	水	木	金	土	日	月	火	水	木	金	土	日	月	火	水	木
음력	4/13	14	15	16	17	18	19	20	21	22	23	24	25	26	27	28	29	30	5/1	2	3	4	5	6	7	8	9	10	11	12
일진	辛卯	壬辰	癸巳	甲午	乙未	丙申	丁酉	戊戌	己亥	庚子	辛丑	壬寅	癸卯	甲辰	乙巳	丙午	丁未	戊申	己酉	庚戌	辛亥	壬子	癸丑	甲寅	乙卯	丙辰	丁巳	戊午	己未	庚申
대운 남	2	1	1	1	1	망종	10	10	9	9	9	8	8	8	7	7	7	6	6	6	5	하지	5	4	4	4	3	3	3	2
대운 여	9	9	9	10	10		1	1	1	1	2	2	2	3	3	3	4	4	4	5	5		6	6	6	7	7	7	8	8

▶ 윤달-3월

丙午年

양력 7월 소서절(乙未月) 小暑 7월7일 23시7분 大暑 7월23일 16시23분

양력	1	2	3	4	5	6	7	8	9	10	11	12	13	14	15	16	17	18	19	20	21	22	23	24	25	26	27	28	29	30	31
요일	金	土	日	月	火	水	木	金	土	日	月	火	水	木	金	土	日	月	火	水	木	金	土	日	月	火	水	木	金	土	日
음력	5/13	14	15	16	17	18	19	20	21	22	23	24	25	26	27	28	29	6/1	2	3	4	5	6	7	8	9	10	11	12	13	14
일진	辛酉	壬戌	癸亥	甲子	乙丑	丙寅	丁卯	戊辰	己巳	庚午	辛未	壬申	癸酉	甲戌	乙亥	丙子	丁丑	戊寅	己卯	庚辰	辛巳	壬午	癸未	甲申	乙酉	丙戌	丁亥	戊子	己丑	庚寅	辛卯
대운 남	2	2	1	1	1	1	소서	10	10	10	9	9	9	8	8	8	7	7	7	6	6	6	대서	5	5	4	4	4	3	3	3
대운 여	8	9	9	9	10	10		1	1	1	1	2	2	2	3	3	3	4	4	4	5	5		6	6	6	7	7	7	8	8

양력 8월 입추절(丙申月) 立秋 8월8일 8시49분 處暑 8월23일 23시18분

양력	1	2	3	4	5	6	7	8	9	10	11	12	13	14	15	16	17	18	19	20	21	22	23	24	25	26	27	28	29	30	31
요일	月	火	水	木	金	土	日	月	火	水	木	金	土	日	月	火	水	木	金	土	日	月	火	水	木	金	土	日	月	火	水
음력	6/15	16	17	18	19	20	21	22	23	24	25	26	27	28	29	7/1	2	3	4	5	6	7	8	9	10	11	12	13	14	15	16
일진	壬辰	癸巳	甲午	乙未	丙申	丁酉	戊戌	己亥	庚子	辛丑	壬寅	癸卯	甲辰	乙巳	丙午	丁未	戊申	己酉	庚戌	辛亥	壬子	癸丑	甲寅	乙卯	丙辰	丁巳	戊午	己未	庚申	辛酉	壬戌
대운 남	2	2	2	1	1	1	1	입추	10	10	9	9	9	8	8	8	7	7	7	6	6	6	처서	5	5	4	4	4	3	3	3
대운 여	8	9	9	9	10	10	10		1	1	1	1	2	2	2	3	3	3	4	4	4	5		5	6	6	6	7	7	7	8

양력 9월 백로절(丁酉月) 白露 9월8일 11시32분 秋分 9월23일 20시43분

양력	1	2	3	4	5	6	7	8	9	10	11	12	13	14	15	16	17	18	19	20	21	22	23	24	25	26	27	28	29	30
요일	木	金	土	日	月	火	水	木	金	土	日	月	火	水	木	金	土	日	月	火	水	木	金	土	日	月	火	水	木	金
음력	7/17	18	19	20	21	22	23	24	25	26	27	28	29	30	8/1	2	3	4	5	6	7	8	9	10	11	12	13	14	15	16
일진	癸亥	甲子	乙丑	丙寅	丁卯	戊辰	己巳	庚午	辛未	壬申	癸酉	甲戌	乙亥	丙子	丁丑	戊寅	己卯	庚辰	辛巳	壬午	癸未	甲申	乙酉	丙戌	丁亥	戊子	己丑	庚寅	辛卯	壬辰
대운 남	2	2	2	1	1	1	1	백로	10	10	9	9	9	8	8	8	7	7	7	6	6	6	추분	5	5	4	4	4	3	3
대운 여	8	8	9	9	9	10	10		1	1	1	1	2	2	2	3	3	3	4	4	4	5		5	6	6	6	7	7	7

양력 10월 한로절(戊戌月) 寒露 10월9일 2시57분 霜降 10월24일 5시51분

양력	1	2	3	4	5	6	7	8	9	10	11	12	13	14	15	16	17	18	19	20	21	22	23	24	25	26	27	28	29	30	31
요일	土	日	月	火	水	木	金	土	日	月	火	水	木	金	土	日	月	火	水	木	金	土	日	月	火	水	木	金	土	日	月
음력	8/17	18	19	20	21	22	23	24	25	26	27	28	29	9/1	2	3	4	5	6	7	8	9	10	11	12	13	14	15	16	17	18
일진	癸巳	甲午	乙未	丙申	丁酉	戊戌	己亥	庚子	辛丑	壬寅	癸卯	甲辰	乙巳	丙午	丁未	戊申	己酉	庚戌	辛亥	壬子	癸丑	甲寅	乙卯	丙辰	丁巳	戊午	己未	庚申	辛酉	壬戌	癸亥
대운 남	3	2	2	2	1	1	1	1	한로	10	9	9	9	8	8	8	7	7	7	6	6	6	5	상강	5	4	4	4	3	3	3
대운 여	8	8	8	9	9	9	10	10		1	1	1	1	2	2	2	3	3	3	4	4	4	5		5	6	6	6	7	7	7

양력 11월 입동절(己亥月) 立冬 11월8일 5시55분 小雪 11월23일 3시14분

양력	1	2	3	4	5	6	7	8	9	10	11	12	13	14	15	16	17	18	19	20	21	22	23	24	25	26	27	28	29	30
요일	火	水	木	金	土	日	月	火	水	木	金	土	日	月	火	水	木	金	土	日	月	火	水	木	金	土	日	月	火	水
음력	9/19	20	21	22	23	24	25	26	27	28	29	10/1	2	3	4	5	6	7	8	9	10	11	12	13	14	15	16	17	18	19
일진	甲子	乙丑	丙寅	丁卯	戊辰	己巳	庚午	辛未	壬申	癸酉	甲戌	乙亥	丙子	丁丑	戊寅	己卯	庚辰	辛巳	壬午	癸未	甲申	乙酉	丙戌	丁亥	戊子	己丑	庚寅	辛卯	壬辰	癸巳
대운 남	2	2	2	1	1	1	1	입동	9	9	9	8	8	8	7	7	7	6	6	6	5	5	소설	4	4	4	3	3	3	2
대운 여	8	8	8	9	9	9	10		1	1	1	1	2	2	2	3	3	3	4	4	4	5		5	6	6	6	7	7	7

양력 12월 대설절(庚子月) 大雪 12월7일 22시38분 冬至 12월22일 16시28분

양력	1	2	3	4	5	6	7	8	9	10	11	12	13	14	15	16	17	18	19	20	21	22	23	24	25	26	27	28	29	30	31
요일	木	金	土	日	月	火	水	木	金	土	日	月	火	水	木	金	土	日	月	火	水	木	金	土	日	月	火	水	木	金	土
음력	10/20	21	22	23	24	25	26	27	28	29	30	11/1	2	3	4	5	6	7	8	9	10	11	12	13	14	15	16	17	18	19	20
일진	甲午	乙未	丙申	丁酉	戊戌	己亥	庚子	辛丑	壬寅	癸卯	甲辰	乙巳	丙午	丁未	戊申	己酉	庚戌	辛亥	壬子	癸丑	甲寅	乙卯	丙辰	丁巳	戊午	己未	庚申	辛酉	壬戌	癸亥	甲子
대운 남	2	2	1	1	1	1	대설	10	9	9	9	8	8	8	7	7	7	6	6	6	5	동지	5	4	4	4	3	3	3	2	2
대운 여	8	8	8	9	9	9		1	1	1	1	2	2	2	3	3	3	4	4	4	5		5	6	6	6	7	7	7	8	8

서기 1967년 [단기 4300년]

양력 1월 소한절(辛丑月) 小寒 1월6일 9시48분 大寒 1월21일 3시8분

양력	1	2	3	4	5	6	7	8	9	10	11	12	13	14	15	16	17	18	19	20	21	22	23	24	25	26	27	28	29	30	31
요일	日	月	火	水	木	金	土	日	月	火	水	木	金	土	日	月	火	水	木	金	土	日	月	火	水	木	金	土	日	月	火
음력	11/21	22	23	24	25	26	27	28	29	30	12/1	2	3	4	5	6	7	8	9	10	11	12	13	14	15	16	17	18	19	20	21
일진	乙丑	丙寅	丁卯	戊辰	己巳	庚午	辛未	壬申	癸酉	甲戌	乙亥	丙子	丁丑	戊寅	己卯	庚辰	辛巳	壬午	癸未	甲申	乙酉	丙戌	丁亥	戊子	己丑	庚寅	辛卯	壬辰	癸巳	甲午	乙未
대운 남	2	1	1	1	1	소한	9	9	9	8	8	8	7	7	7	6	6	6	5	5	대한	4	4	4	3	3	3	2	2	2	1
대운 여	8	9	9	9	10		1	1	1	1	2	2	2	3	3	3	4	4	4	5		5	6	6	6	7	7	7	8	8	8

양력 2월 입춘절(壬寅月) 立春 2월4일 21시31분 雨水 2월19일 17시24분

양력	1	2	3	4	5	6	7	8	9	10	11	12	13	14	15	16	17	18	19	20	21	22	23	24	25	26	27	28			
요일	水	木	金	土	日	月	火	水	木	金	土	日	月	火	水	木	金	土	日	月	火	水	木	金	土	日	月	火			
음력	12/22	23	24	25	26	27	28	29	1/1	2	3	4	5	6	7	8	9	10	11	12	13	14	15	16	17	18	19	20			
일진	丙申	丁酉	戊戌	己亥	庚子	辛丑	壬寅	癸卯	甲辰	乙巳	丙午	丁未	戊申	己酉	庚戌	辛亥	壬子	癸丑	甲寅	乙卯	丙辰	丁巳	戊午	己未	庚申	辛酉	壬戌	癸亥			
대운 남	1	1	1	입춘	1	1	1	1	2	2	2	3	3	3	4	4	4	5	우수	5	6	6	6	7	7	7	8	8			
대운 여	9	9	9		10	9	9	9	8	8	8	7	7	7	6	6	6	5		5	4	4	4	3	3	3	2	2			

양력 3월 경칩절(癸卯月) 驚蟄 3월6일 15시42분 春分 3월21일 16시37분

양력	1	2	3	4	5	6	7	8	9	10	11	12	13	14	15	16	17	18	19	20	21	22	23	24	25	26	27	28	29	30	31
요일	水	木	金	土	日	月	火	水	木	金	土	日	月	火	水	木	金	土	日	月	火	水	木	金	土	日	月	火	水	木	金
음력	1/21	22	23	24	25	26	27	28	29	30	2/1	2	3	4	5	6	7	8	9	10	11	12	13	14	15	16	17	18	19	20	21
일진	甲子	乙丑	丙寅	丁卯	戊辰	己巳	庚午	辛未	壬申	癸酉	甲戌	乙亥	丙子	丁丑	戊寅	己卯	庚辰	辛巳	壬午	癸未	甲申	乙酉	丙戌	丁亥	戊子	己丑	庚寅	辛卯	壬辰	癸巳	甲午
대운 남	8	9	9	9	10	경칩	1	1	1	1	2	2	2	3	3	3	4	4	4	5	춘분	5	6	6	6	7	7	7	8	8	8
대운 여	2	1	1	1	1		10	9	9	9	8	8	8	7	7	7	6	6	6	5		5	4	4	4	3	3	3	2	2	2

양력 4월 청명절(甲辰月) 淸明 4월5일 20시45분 穀雨 4월21일 3시55분

양력	1	2	3	4	5	6	7	8	9	10	11	12	13	14	15	16	17	18	19	20	21	22	23	24	25	26	27	28	29	30
요일	土	日	月	火	水	木	金	土	日	月	火	水	木	金	土	日	月	火	水	木	金	土	日	月	火	水	木	金	土	日
음력	2/22	23	24	25	26	27	28	29	30	3/1	2	3	4	5	6	7	8	9	10	11	12	13	14	15	16	17	18	19	20	21
일진	乙未	丙申	丁酉	戊戌	己亥	庚子	辛丑	壬寅	癸卯	甲辰	乙巳	丙午	丁未	戊申	己酉	庚戌	辛亥	壬子	癸丑	甲寅	乙卯	丙辰	丁巳	戊午	己未	庚申	辛酉	壬戌	癸亥	甲子
대운 남	9	9	9	10	청명	1	1	1	1	2	2	2	3	3	3	4	4	4	5	5	곡우	6	6	6	7	7	7	8	8	8
대운 여	1	1	1	1		10	10	9	9	9	8	8	8	7	7	7	6	6	6	5		5	4	4	4	3	3	3	2	2

양력 5월 입하절(乙巳月) 立夏 5월6일 14시17분 小滿 5월22일 3시18분

양력	1	2	3	4	5	6	7	8	9	10	11	12	13	14	15	16	17	18	19	20	21	22	23	24	25	26	27	28	29	30	31
요일	月	火	水	木	金	土	日	月	火	水	木	金	土	日	月	火	水	木	金	土	日	月	火	水	木	金	土	日	月	火	水
음력	3/22	23	24	25	26	27	28	29	4/1	2	3	4	5	6	7	8	9	10	11	12	13	14	15	16	17	18	19	20	21	22	23
일진	乙丑	丙寅	丁卯	戊辰	己巳	庚午	辛未	壬申	癸酉	甲戌	乙亥	丙子	丁丑	戊寅	己卯	庚辰	辛巳	壬午	癸未	甲申	乙酉	丙戌	丁亥	戊子	己丑	庚寅	辛卯	壬辰	癸巳	甲午	乙未
대운 남	9	9	9	10	10	입하	1	1	1	1	2	2	2	3	3	3	4	4	4	5	5	소만	6	6	6	7	7	7	8	8	8
대운 여	2	1	1	1	1		10	10	9	9	9	8	8	8	7	7	7	6	6	6	5		5	4	4	4	3	3	3	2	2

양력 6월 망종절(丙午月) 芒種 6월6일 18시36분 夏至 6월22일 11시23분

양력	1	2	3	4	5	6	7	8	9	10	11	12	13	14	15	16	17	18	19	20	21	22	23	24	25	26	27	28	29	30
요일	木	金	土	日	月	火	水	木	金	土	日	月	火	水	木	金	土	日	月	火	水	木	金	土	日	月	火	水	木	金
음력	4/24	25	26	27	28	29	30	5/1	2	3	4	5	6	7	8	9	10	11	12	13	14	15	16	17	18	19	20	21	22	23
일진	丙申	丁酉	戊戌	己亥	庚子	辛丑	壬寅	癸卯	甲辰	乙巳	丙午	丁未	戊申	己酉	庚戌	辛亥	壬子	癸丑	甲寅	乙卯	丙辰	丁巳	戊午	己未	庚申	辛酉	壬戌	癸亥	甲子	乙丑
대운 남	9	9	9	10	10	망종	1	1	1	1	2	2	2	3	3	3	4	4	4	5	5	하지	6	6	6	7	7	7	8	8
대운 여	2	1	1	1	1		10	10	10	9	9	9	8	8	8	7	7	7	6	6	6		5	5	4	4	4	3	3	3

丁未年

양력 7월 소서절(丁未月) 小暑 7월8일 4시53분 大暑 7월23일 22시16분

양력	1	2	3	4	5	6	7	8	9	10	11	12	13	14	15	16	17	18	19	20	21	22	23	24	25	26	27	28	29	30	31
요일	土	日	月	火	水	木	金	土	日	月	火	水	木	金	土	日	月	火	水	木	金	土	日	月	火	水	木	金	土	日	月
음력	5/24	25	26	27	28	29	30	6/1	2	3	4	5	6	7	8	9	10	11	12	13	14	15	16	17	18	19	20	21	22	23	24
일진	丙寅	丁卯	戊辰	己巳	庚午	辛未	壬申	癸酉	甲戌	乙亥	丙子	丁丑	戊寅	己卯	庚辰	辛巳	壬午	癸未	甲申	乙酉	丙戌	丁亥	戊子	己丑	庚寅	辛卯	壬辰	癸巳	甲午	乙未	丙申
대운 남	8	9	9	9	10	10	10	소서	1	1	1	1	2	2	2	3	3	3	4	4	4	5	대서	5	6	6	6	7	7	7	8
대운 여	2	2	2	1	1	1	1		10	10	9	9	9	8	8	8	7	7	7	6	6	6		5	5	4	4	4	3	3	3

양력 8월 입추절(戊申月) 立秋 8월8일 14시35분 處暑 8월24일 5시12분

양력	1	2	3	4	5	6	7	8	9	10	11	12	13	14	15	16	17	18	19	20	21	22	23	24	25	26	27	28	29	30	31
요일	火	水	木	金	土	日	月	火	水	木	金	土	日	月	火	水	木	金	土	日	月	火	水	木	金	土	日	月	火	水	木
음력	6/25	26	27	28	29	7/1	2	3	4	5	6	7	8	9	10	11	12	13	14	15	16	17	18	19	20	21	22	23	24	25	26
일진	丁酉	戊戌	己亥	庚子	辛丑	壬寅	癸卯	甲辰	乙巳	丙午	丁未	戊申	己酉	庚戌	辛亥	壬子	癸丑	甲寅	乙卯	丙辰	丁巳	戊午	己未	庚申	辛酉	壬戌	癸亥	甲子	乙丑	丙寅	丁卯
대운 남	8	8	9	9	9	10	10	입추	1	1	1	1	2	2	2	3	3	3	4	4	4	5	5	처서	6	6	6	7	7	7	8
대운 여	2	2	2	1	1	1	1		10	10	9	9	9	8	8	8	7	7	7	6	6	6	5		5	4	4	4	3	3	3

양력 9월 백로절(己酉月) 白露 9월8일 17시18분 秋分 9월24일 2시38분

양력	1	2	3	4	5	6	7	8	9	10	11	12	13	14	15	16	17	18	19	20	21	22	23	24	25	26	27	28	29	30
요일	金	土	日	月	火	水	木	金	土	日	月	火	水	木	金	土	日	月	火	水	木	金	土	日	月	火	水	木	金	土
음력	7/27	28	29	8/1	2	3	4	5	6	7	8	9	10	11	12	13	14	15	16	17	18	19	20	21	22	23	24	25	26	27
일진	戊辰	己巳	庚午	辛未	壬申	癸酉	甲戌	乙亥	丙子	丁丑	戊寅	己卯	庚辰	辛巳	壬午	癸未	甲申	乙酉	丙戌	丁亥	戊子	己丑	庚寅	辛卯	壬辰	癸巳	甲午	乙未	丙申	丁酉
대운 남	8	8	9	9	9	10	10	백로	1	1	1	1	2	2	2	3	3	3	4	4	4	5	5	추분	6	6	6	7	7	7
대운 여	2	2	2	1	1	1	1		10	10	9	9	9	8	8	8	7	7	7	6	6	6	5		5	4	4	4	3	3

양력 10월 한로절(庚戌月) 寒露 10월9일 8시41분 霜降 10월24일 11시44분

양력	1	2	3	4	5	6	7	8	9	10	11	12	13	14	15	16	17	18	19	20	21	22	23	24	25	26	27	28	29	30	31
요일	日	月	火	水	木	金	土	日	月	火	水	木	金	土	日	月	火	水	木	金	土	日	月	火	水	木	金	土	日	月	火
음력	8/28	29	30	9/1	2	3	4	5	6	7	8	9	10	11	12	13	14	15	16	17	18	19	20	21	22	23	24	25	26	27	28
일진	戊戌	己亥	庚子	辛丑	壬寅	癸卯	甲辰	乙巳	丙午	丁未	戊申	己酉	庚戌	辛亥	壬子	癸丑	甲寅	乙卯	丙辰	丁巳	戊午	己未	庚申	辛酉	壬戌	癸亥	甲子	乙丑	丙寅	丁卯	戊辰
대운 남	8	8	8	9	9	9	10	10	한로	1	1	1	1	2	2	2	3	3	3	4	4	4	5	상강	5	6	6	6	7	7	7
대운 여	3	2	2	2	1	1	1	1		10	9	9	9	8	8	8	7	7	7	6	6	6	5		5	4	4	4	3	3	3

양력 11월 입동절(辛亥月) 立冬 11월8일 11시37분 小雪 11월23일 9시4분

양력	1	2	3	4	5	6	7	8	9	10	11	12	13	14	15	16	17	18	19	20	21	22	23	24	25	26	27	28	29	30
요일	水	木	金	土	日	月	火	水	木	金	土	日	月	火	水	木	金	土	日	月	火	水	木	金	土	日	月	火	水	木
음력	9/29	10/1	2	3	4	5	6	7	8	9	10	11	12	13	14	15	16	17	18	19	20	21	22	23	24	25	26	27	28	29
일진	己巳	庚午	辛未	壬申	癸酉	甲戌	乙亥	丙子	丁丑	戊寅	己卯	庚辰	辛巳	壬午	癸未	甲申	乙酉	丙戌	丁亥	戊子	己丑	庚寅	辛卯	壬辰	癸巳	甲午	乙未	丙申	丁酉	戊戌
대운 남	8	8	8	9	9	9	10	입동	1	1	1	1	2	2	2	3	3	3	4	4	4	5	소설	5	6	6	6	7	7	7
대운 여	2	2	2	1	1	1	1		10	9	9	9	8	8	8	7	7	7	6	6	6	5		5	4	4	4	3	3	3

양력 12월 대설절(壬子月) 大雪 12월8일 4시18분 冬至 12월22일 22시16분

양력	1	2	3	4	5	6	7	8	9	10	11	12	13	14	15	16	17	18	19	20	21	22	23	24	25	26	27	28	29	30	31
요일	金	土	日	月	火	水	木	金	土	日	月	火	水	木	金	土	日	月	火	水	木	金	土	日	月	火	水	木	金	土	日
음력	10/30	11/1	2	3	4	5	6	7	8	9	10	11	12	13	14	15	16	17	18	19	20	21	22	23	24	25	26	27	28	29	12/1
일진	己亥	庚子	辛丑	壬寅	癸卯	甲辰	乙巳	丙午	丁未	戊申	己酉	庚戌	辛亥	壬子	癸丑	甲寅	乙卯	丙辰	丁巳	戊午	己未	庚申	辛酉	壬戌	癸亥	甲子	乙丑	丙寅	丁卯	戊辰	己巳
대운 남	8	8	8	9	9	9	10	대설	1	1	1	1	2	2	2	3	3	3	4	4	4	동지	5	5	6	6	6	7	7	7	8
대운 여	2	2	2	1	1	1	1		9	9	9	8	8	8	7	7	7	6	6	6	5		5	4	4	4	3	3	3	2	2

서기 1968년 [단기 4301년]

양력 1월 소한절(癸丑月) 小寒 1월6일 15시26분 大寒 1월21일 8시54분

양력		1	2	3	4	5	6	7	8	9	10	11	12	13	14	15	16	17	18	19	20	21	22	23	24	25	26	27	28	29	30	31
요일		月	火	水	木	金	土	日	月	火	水	木	金	土	日	月	火	水	木	金	土	日	月	火	水	木	金	土	日	月	火	水
음력		12/2	3	4	5	6	7	8	9	10	11	12	13	14	15	16	17	18	19	20	21	22	23	24	25	26	27	28	29	30	1/1	2
일진		庚午	辛未	壬申	癸酉	甲戌	乙亥	丙子	丁丑	戊寅	己卯	庚辰	辛巳	壬午	癸未	甲申	乙酉	丙戌	丁亥	戊子	己丑	庚寅	辛卯	壬辰	癸巳	甲午	乙未	丙申	丁酉	戊戌	己亥	庚子
대운	남	8	8	9	9	9	소한	1	1	1	1	2	2	2	3	3	3	4	4	4	5	대한	5	6	6	6	7	7	7	8	8	8
	여	2	1	1	1	1		10	9	9	9	8	8	8	7	7	7	6	6	6	5		5	4	4	4	3	3	3	2	2	2

양력 2월 입춘절(甲寅月) 立春 2월5일 3시7분 雨水 2월19일 23시9분

양력		1	2	3	4	5	6	7	8	9	10	11	12	13	14	15	16	17	18	19	20	21	22	23	24	25	26	27	28	29		
요일		木	金	土	日	月	火	水	木	金	土	日	月	火	水	木	金	土	日	月	火	水	木	金	土	日	月	火	水	木		
음력		1/3	4	5	6	7	8	9	10	11	12	13	14	15	16	17	18	19	20	21	22	23	24	25	26	27	28	29	2/1	2		
일진		辛丑	壬寅	癸卯	甲辰	乙巳	丙午	丁未	戊申	己酉	庚戌	辛亥	壬子	癸丑	甲寅	乙卯	丙辰	丁巳	戊午	己未	庚申	辛酉	壬戌	癸亥	甲子	乙丑	丙寅	丁卯	戊辰	己巳		
대운	남	9	9	9	10	입춘	9	9	9	8	8	8	7	7	7	6	6	6	5	우수	5	4	4	4	3	3	3	2	2	2		
	여	1	1	1	1		1	1	1	1	2	2	2	3	3	3	4	4	4		5	5	6	6	6	7	7	7	8	8		

양력 3월 경칩절(乙卯月) 驚蟄 3월5일 21시18분 春分 3월20일 22시22분

양력		1	2	3	4	5	6	7	8	9	10	11	12	13	14	15	16	17	18	19	20	21	22	23	24	25	26	27	28	29	30	31
요일		金	土	日	月	火	水	木	金	土	日	月	火	水	木	金	土	日	月	火	水	木	金	土	日	月	火	水	木	金	土	日
음력		2/3	4	5	6	7	8	9	10	11	12	13	14	15	16	17	18	19	20	21	22	23	24	25	26	27	28	29	30	3/1	2	3
일진		庚午	辛未	壬申	癸酉	甲戌	乙亥	丙子	丁丑	戊寅	己卯	庚辰	辛巳	壬午	癸未	甲申	乙酉	丙戌	丁亥	戊子	己丑	庚寅	辛卯	壬辰	癸巳	甲午	乙未	丙申	丁酉	戊戌	己亥	庚子
대운	남	1	1	1	1	경칩	10	10	9	9	9	8	8	8	7	7	7	6	6	6	춘분	5	5	4	4	4	3	3	3	2	2	2
	여	8	9	9	9		1	1	1	1	2	2	2	3	3	3	4	4	4	5		5	6	6	6	7	7	7	8	8	8	9

양력 4월 청명절(丙辰月) 清明 4월5일 2시21분 穀雨 4월20일 9시41분

양력		1	2	3	4	5	6	7	8	9	10	11	12	13	14	15	16	17	18	19	20	21	22	23	24	25	26	27	28	29	30	
요일		月	火	水	木	金	土	日	月	火	水	木	金	土	日	月	火	水	木	金	土	日	月	火	水	木	金	土	日	月	火	
음력		3/4	5	6	7	8	9	10	11	12	13	14	15	16	17	18	19	20	21	22	23	24	25	26	27	28	29	30	4/1	2	3	
일진		辛丑	壬寅	癸卯	甲辰	乙巳	丙午	丁未	戊申	己酉	庚戌	辛亥	壬子	癸丑	甲寅	乙卯	丙辰	丁巳	戊午	己未	庚申	辛酉	壬戌	癸亥	甲子	乙丑	丙寅	丁卯	戊辰	己巳	庚午	
대운	남	1	1	1	1	청명	10	9	9	9	8	8	8	7	7	7	6	6	6	5	곡우	5	4	4	4	3	3	3	2	2	2	
	여	9	9	10	10		1	1	1	1	2	2	2	3	3	3	4	4	4	5		5	6	6	6	7	7	7	8	8	8	

양력 5월 입하절(丁巳月) 立夏 5월5일 19시56분 小滿 5월21일 9시6분

양력		1	2	3	4	5	6	7	8	9	10	11	12	13	14	15	16	17	18	19	20	21	22	23	24	25	26	27	28	29	30	31
요일		水	木	金	土	日	月	火	水	木	金	土	日	月	火	水	木	金	土	日	月	火	水	木	金	土	日	月	火	水	木	金
음력		4/4	5	6	7	8	9	10	11	12	13	14	15	16	17	18	19	20	21	22	23	24	25	26	27	28	29	5/1	2	3	4	5
일진		辛未	壬申	癸酉	甲戌	乙亥	丙子	丁丑	戊寅	己卯	庚辰	辛巳	壬午	癸未	甲申	乙酉	丙戌	丁亥	戊子	己丑	庚寅	辛卯	壬辰	癸巳	甲午	乙未	丙申	丁酉	戊戌	己亥	庚子	辛丑
대운	남	1	1	1	1	입하	10	10	10	9	9	9	8	8	8	7	7	7	6	6	6	소만	5	5	4	4	4	3	3	3	2	2
	여	9	9	9	10		1	1	1	1	2	2	2	3	3	3	4	4	4	5	5		6	6	6	7	7	7	8	8	8	9

양력 6월 망종절(戊午月) 芒種 6월6일 0시19분 夏至 6월21일 17시13분

양력		1	2	3	4	5	6	7	8	9	10	11	12	13	14	15	16	17	18	19	20	21	22	23	24	25	26	27	28	29	30	
요일		土	日	月	火	水	木	金	土	日	月	火	水	木	金	土	日	月	火	水	木	金	土	日	月	火	水	木	金	土	日	
음력		5/6	7	8	9	10	11	12	13	14	15	16	17	18	19	20	21	22	23	24	25	26	27	28	29	30	6/1	2	3	4	5	
일진		壬寅	癸卯	甲辰	乙巳	丙午	丁未	戊申	己酉	庚戌	辛亥	壬子	癸丑	甲寅	乙卯	丙辰	丁巳	戊午	己未	庚申	辛酉	壬戌	癸亥	甲子	乙丑	丙寅	丁卯	戊辰	己巳	庚午	辛未	
대운	남	2	1	1	1	1	망종	10	10	9	9	9	8	8	8	7	7	7	6	6	6	하지	5	5	4	4	4	3	3	3	2	
	여	9	9	10	10	10		1	1	1	1	2	2	2	3	3	3	4	4	4	5		5	6	6	6	7	7	7	8	8	

戊申年

양력 7월 소서절(己未月) 小暑 7월7일 10시42분 大暑 7월23일 4시7분

양력	1	2	3	4	5	6	7	8	9	10	11	12	13	14	15	16	17	18	19	20	21	22	23	24	25	26	27	28	29	30	31
요일	月	火	水	木	金	土	日	月	火	水	木	金	土	日	月	火	水	木	金	土	日	月	火	水	木	金	土	日	月	火	水
음력	6/6	7	8	9	10	11	12	13	14	15	16	17	18	19	20	21	22	23	24	25	26	27	28	29	7/1	2	3	4	5	6	7
일진	壬申	癸酉	甲戌	乙亥	丙子	丁丑	戊寅	己卯	庚辰	辛巳	壬午	癸未	甲申	乙酉	丙戌	丁亥	戊子	己丑	庚寅	辛卯	壬辰	癸巳	甲午	乙未	丙申	丁酉	戊戌	己亥	庚子	辛丑	壬寅
대운 남	2	2	1	1	1	1	소	10	10	9	9	9	8	8	8	7	7	7	6	6	6	5	대	5	4	4	4	3	3	3	2
대운 여	8	9	9	9	10	10	서	1	1	1	1	2	2	2	3	3	3	4	4	4	5	5	서	6	6	6	7	7	7	8	8

양력 8월 입추절(庚申月) 立秋 8월7일 20시27분 處暑 8월23일 11시3분

양력	1	2	3	4	5	6	7	8	9	10	11	12	13	14	15	16	17	18	19	20	21	22	23	24	25	26	27	28	29	30	31
요일	木	金	土	日	月	火	水	木	金	土	日	月	火	水	木	金	土	日	月	火	水	木	金	土	日	月	火	水	木	金	土
음력	7/8	9	10	11	12	13	14	15	16	17	18	19	20	21	22	23	24	25	26	27	28	29	30	윤1	2	3	4	5	6	7	8
일진	癸卯	甲辰	乙巳	丙午	丁未	戊申	己酉	庚戌	辛亥	壬子	癸丑	甲寅	乙卯	丙辰	丁巳	戊午	己未	庚申	辛酉	壬戌	癸亥	甲子	乙丑	丙寅	丁卯	戊辰	己巳	庚午	辛未	壬申	癸酉
대운 남	2	2	1	1	1	1	입	10	10	9	9	9	8	8	8	7	7	7	6	6	6	5	처	5	4	4	4	3	3	3	2
대운 여	8	9	9	9	10	10	추	1	1	1	1	2	2	2	3	3	3	4	4	4	5	5	서	6	6	6	7	7	7	8	8

양력 9월 백로절(辛酉月) 白露 9월7일 23시11분 秋分 9월23일 8시26분

양력	1	2	3	4	5	6	7	8	9	10	11	12	13	14	15	16	17	18	19	20	21	22	23	24	25	26	27	28	29	30
요일	日	月	火	水	木	金	土	日	月	火	水	木	金	土	日	月	火	水	木	金	土	日	月	火	水	木	金	土	日	月
음력	윤9	10	11	12	13	14	15	16	17	18	19	20	21	22	23	24	25	26	27	28	29	8/1	2	3	4	5	6	7	8	9
일진	甲戌	乙亥	丙子	丁丑	戊寅	己卯	庚辰	辛巳	壬午	癸未	甲申	乙酉	丙戌	丁亥	戊子	己丑	庚寅	辛卯	壬辰	癸巳	甲午	乙未	丙申	丁酉	戊戌	己亥	庚子	辛丑	壬寅	癸卯
대운 남	2	2	1	1	1	1	백	10	10	9	9	9	8	8	8	7	7	7	6	6	6	5	추	5	4	4	4	3	3	3
대운 여	8	9	9	9	10	10	로	1	1	1	1	2	2	2	3	3	3	4	4	4	5	5	분	6	6	6	7	7	7	8

양력 10월 한로절(壬戌月) 寒露 10월8일 14시34분 霜降 10월23일 17시30분

양력	1	2	3	4	5	6	7	8	9	10	11	12	13	14	15	16	17	18	19	20	21	22	23	24	25	26	27	28	29	30	31
요일	火	水	木	金	土	日	月	火	水	木	金	土	日	月	火	水	木	金	土	日	月	火	水	木	金	土	日	月	火	水	木
음력	8/10	11	12	13	14	15	16	17	18	19	20	21	22	23	24	25	26	27	28	29	30	9/1	2	3	4	5	6	7	8	9	10
일진	甲辰	乙巳	丙午	丁未	戊申	己酉	庚戌	辛亥	壬子	癸丑	甲寅	乙卯	丙辰	丁巳	戊午	己未	庚申	辛酉	壬戌	癸亥	甲子	乙丑	丙寅	丁卯	戊辰	己巳	庚午	辛未	壬申	癸酉	甲戌
대운 남	2	2	2	1	1	1	1	한	10	9	9	9	8	8	8	7	7	7	6	6	6	5	상	5	4	4	4	3	3	3	2
대운 여	8	8	9	9	9	10	10	로	1	1	1	1	2	2	2	3	3	3	4	4	4	5	강	5	6	6	6	7	7	7	8

양력 11월 입동절(癸亥月) 立冬 11월7일 17시29분 小雪 11월22일 14시49분

양력	1	2	3	4	5	6	7	8	9	10	11	12	13	14	15	16	17	18	19	20	21	22	23	24	25	26	27	28	29	30
요일	金	土	日	月	火	水	木	金	土	日	月	火	水	木	金	土	日	月	火	水	木	金	土	日	月	火	水	木	金	土
음력	9/11	12	13	14	15	16	17	18	19	20	21	22	23	24	25	26	27	28	29	10/1	2	3	4	5	6	7	8	9	10	11
일진	乙亥	丙子	丁丑	戊寅	己卯	庚辰	辛巳	壬午	癸未	甲申	乙酉	丙戌	丁亥	戊子	己丑	庚寅	辛卯	壬辰	癸巳	甲午	乙未	丙申	丁酉	戊戌	己亥	庚子	辛丑	壬寅	癸卯	甲辰
대운 남	2	2	1	1	1	1	입	10	9	9	9	8	8	8	7	7	7	6	6	6	5	소	5	4	4	4	3	3	3	2
대운 여	8	8	9	9	9	10	동	1	1	1	1	2	2	2	3	3	3	4	4	4	5	설	5	6	6	6	7	7	7	8

양력 12월 대설절(甲子月) 大雪 12월7일 10시8분 冬至 12월22일 4시0분

양력	1	2	3	4	5	6	7	8	9	10	11	12	13	14	15	16	17	18	19	20	21	22	23	24	25	26	27	28	29	30	31
요일	日	月	火	水	木	金	土	日	月	火	水	木	金	土	日	月	火	水	木	金	土	日	月	火	水	木	金	土	日	月	火
음력	10/12	13	14	15	16	17	18	19	20	21	22	23	24	25	26	27	28	29	30	11/1	2	3	4	5	6	7	8	9	10	11	12
일진	乙巳	丙午	丁未	戊申	己酉	庚戌	辛亥	壬子	癸丑	甲寅	乙卯	丙辰	丁巳	戊午	己未	庚申	辛酉	壬戌	癸亥	甲子	乙丑	丙寅	丁卯	戊辰	己巳	庚午	辛未	壬申	癸酉	甲戌	乙亥
대운 남	2	2	1	1	1	1	대	9	9	9	8	8	8	7	7	7	6	6	6	5	5	동	4	4	4	3	3	3	2	2	2
대운 여	8	8	9	9	9	10	설	1	1	1	1	2	2	2	3	3	3	4	4	4	5	지	5	6	6	6	7	7	7	8	8

▶윤달-7월

서기 1969년 [단기 4302년]

양력 1월 소한절(乙丑月) 小寒 1월5일 21시17분 大寒 1월20일 14시38분

양력	1	2	3	4	5	6	7	8	9	10	11	12	13	14	15	16	17	18	19	20	21	22	23	24	25	26	27	28	29	30	31
요일	水	木	金	土	日	月	火	水	木	金	土	日	月	火	水	木	金	土	日	月	火	水	木	金	土	日	月	火	水	木	金
음력	11/13	14	15	16	17	18	19	20	21	22	23	24	25	26	27	28	29	12/1	2	3	4	5	6	7	8	9	10	11	12	13	14
일진	丙子	丁丑	戊寅	己卯	庚辰	辛巳	壬午	癸未	甲申	乙酉	丙戌	丁亥	戊子	己丑	庚寅	辛卯	壬辰	癸巳	甲午	乙未	丙申	丁酉	戊戌	己亥	庚子	辛丑	壬寅	癸卯	甲辰	乙巳	丙午
대운 남	1	1	1	1	소한	10	9	9	9	8	8	8	7	7	7	6	6	6	5	대한	5	4	4	4	3	3	3	2	2	2	1
대운 여	8	9	9	9		1	1	1	1	2	2	2	3	3	3	4	4	4	5		5	6	6	6	7	7	7	8	8	8	9

양력 2월 입춘절(丙寅月) 立春 2월4일 8시59분 雨水 2월19일 4시55분

양력	1	2	3	4	5	6	7	8	9	10	11	12	13	14	15	16	17	18	19	20	21	22	23	24	25	26	27	28			
요일	土	日	月	火	水	木	金	土	日	月	火	水	木	金	土	日	月	火	水	木	金	土	日	月	火	水	木	金			
음력	12/15	16	17	18	19	20	21	22	23	24	25	26	27	28	29	30	1/1	2	3	4	5	6	7	8	9	10	11	12			
일진	丁未	戊申	己酉	庚戌	辛亥	壬子	癸丑	甲寅	乙卯	丙辰	丁巳	戊午	己未	庚申	辛酉	壬戌	癸亥	甲子	乙丑	丙寅	丁卯	戊辰	己巳	庚午	辛未	壬申	癸酉	甲戌			
대운 남	1	1	1	입춘	1	1	1	1	2	2	2	3	3	3	4	4	4	5	우수	5	6	6	6	7	7	7	8	8			
대운 여	9	9	10		10	9	9	9	8	8	8	7	7	7	6	6	6	5		5	4	4	4	3	3	3	2	2			

양력 3월 경칩절(丁卯月) 驚蟄 3월6일 3시11분 春分 3월21일 4시8분

양력	1	2	3	4	5	6	7	8	9	10	11	12	13	14	15	16	17	18	19	20	21	22	23	24	25	26	27	28	29	30	31
요일	土	日	月	火	水	木	金	土	日	月	火	水	木	金	土	日	月	火	水	木	金	土	日	月	火	水	木	金	土	日	月
음력	1/13	14	15	16	17	18	19	20	21	22	23	24	25	26	27	28	29	2/1	2	3	4	5	6	7	8	9	10	11	12	13	14
일진	乙亥	丙子	丁丑	戊寅	己卯	庚辰	辛巳	壬午	癸未	甲申	乙酉	丙戌	丁亥	戊子	己丑	庚寅	辛卯	壬辰	癸巳	甲午	乙未	丙申	丁酉	戊戌	己亥	庚子	辛丑	壬寅	癸卯	甲辰	乙巳
대운 남	8	9	9	9	10	경칩	1	1	1	1	2	2	2	3	3	3	4	4	4	5	춘분	5	6	6	6	7	7	7	8	8	8
대운 여	2	1	1	1	1		10	9	9	9	8	8	8	7	7	7	6	6	6	5		5	4	4	4	3	3	3	2	2	2

양력 4월 청명절(戊辰月) 清明 4월5일 8시15분 穀雨 4월20일 15시27분

양력	1	2	3	4	5	6	7	8	9	10	11	12	13	14	15	16	17	18	19	20	21	22	23	24	25	26	27	28	29	30	
요일	火	水	木	金	土	日	月	火	水	木	金	土	日	月	火	水	木	金	土	日	月	火	水	木	金	土	日	月	火	水	
음력	2/15	16	17	18	19	20	21	22	23	24	25	26	27	28	29	30	3/1	2	3	4	5	6	7	8	9	10	11	12	13	14	
일진	丙午	丁未	戊申	己酉	庚戌	辛亥	壬子	癸丑	甲寅	乙卯	丙辰	丁巳	戊午	己未	庚申	辛酉	壬戌	癸亥	甲子	乙丑	丙寅	丁卯	戊辰	己巳	庚午	辛未	壬申	癸酉	甲戌	乙亥	
대운 남	9	9	9	10	청명	1	1	1	1	2	2	2	3	3	3	4	4	4	5	곡우	5	6	6	6	7	7	7	8	8	8	
대운 여	1	1	1	1		10	10	9	9	9	8	8	8	7	7	7	6	6	6		5	5	4	4	4	3	3	3	2	2	

양력 5월 입하절(己巳月) 立夏 5월6일 1시50분 小滿 5월21일 14시50분

양력	1	2	3	4	5	6	7	8	9	10	11	12	13	14	15	16	17	18	19	20	21	22	23	24	25	26	27	28	29	30	31
요일	木	金	土	日	月	火	水	木	金	土	日	月	火	水	木	金	土	日	月	火	水	木	金	土	日	月	火	水	木	金	土
음력	3/15	16	17	18	19	20	21	22	23	24	25	26	27	28	29	4/1	2	3	4	5	6	7	8	9	10	11	12	13	14	15	16
일진	丙子	丁丑	戊寅	己卯	庚辰	辛巳	壬午	癸未	甲申	乙酉	丙戌	丁亥	戊子	己丑	庚寅	辛卯	壬辰	癸巳	甲午	乙未	丙申	丁酉	戊戌	己亥	庚子	辛丑	壬寅	癸卯	甲辰	乙巳	丙午
대운 남	9	9	9	10	10	입하	1	1	1	1	2	2	2	3	3	3	4	4	4	5	소만	5	6	6	6	7	7	7	8	8	8
대운 여	2	1	1	1	1		10	10	9	9	9	8	8	8	7	7	7	6	6	6		5	5	4	4	4	3	3	3	2	2

양력 6월 망종절(庚午月) 芒種 6월6일 6시12분 夏至 6월21일 22시55분

양력	1	2	3	4	5	6	7	8	9	10	11	12	13	14	15	16	17	18	19	20	21	22	23	24	25	26	27	28	29	30	
요일	日	月	火	水	木	金	土	日	月	火	水	木	金	土	日	月	火	水	木	金	土	日	月	火	水	木	金	土	日	月	
음력	4/17	18	19	20	21	22	23	24	25	26	27	28	29	30	5/1	2	3	4	5	6	7	8	9	10	11	12	13	14	15	16	
일진	丁未	戊申	己酉	庚戌	辛亥	壬子	癸丑	甲寅	乙卯	丙辰	丁巳	戊午	己未	庚申	辛酉	壬戌	癸亥	甲子	乙丑	丙寅	丁卯	戊辰	己巳	庚午	辛未	壬申	癸酉	甲戌	乙亥	丙子	
대운 남	9	9	9	10	10	망종	1	1	1	1	2	2	2	3	3	3	4	4	4	5	하지	5	6	6	6	7	7	7	8	8	
대운 여	2	1	1	1	1		10	10	9	9	9	8	8	8	7	7	7	6	6	6		5	5	4	4	4	3	3	3	2	

己酉年

양력 7월 소서절(辛未月) 小暑 7월7일 16시32분 大暑 7월23일 9시48분

양력	1	2	3	4	5	6	7	8	9	10	11	12	13	14	15	16	17	18	19	20	21	22	23	24	25	26	27	28	29	30	31
요일	火	水	木	金	土	日	月	火	水	木	金	土	日	月	火	水	木	金	土	日	月	火	水	木	金	土	日	月	火	水	木
음력	5/17	18	19	20	21	22	23	24	25	26	27	28	29	6/1	2	3	4	5	6	7	8	9	10	11	12	13	14	15	16	17	18
일진	丁丑	戊寅	己卯	庚辰	辛巳	壬午	癸未	甲申	乙酉	丙戌	丁亥	戊子	己丑	庚寅	辛卯	壬辰	癸巳	甲午	乙未	丙申	丁酉	戊戌	己亥	庚子	辛丑	壬寅	癸卯	甲辰	乙巳	丙午	丁未
대운 남	8	9	9	9	10	10	소	1	1	1	1	2	2	2	3	3	3	4	4	4	5	5	대	6	6	6	7	7	7	8	8
대운 여	2	2	1	1	1	1	서	10	10	10	9	9	9	8	8	8	7	7	7	6	6	6	서	5	5	4	4	4	3	3	3

양력 8월 입추절(壬申月) 立秋 8월8일 2시14분 處暑 8월23일 16시43분

양력	1	2	3	4	5	6	7	8	9	10	11	12	13	14	15	16	17	18	19	20	21	22	23	24	25	26	27	28	29	30	31
요일	金	土	日	月	火	水	木	金	土	日	月	火	水	木	金	土	日	月	火	水	木	金	土	日	月	火	水	木	金	土	日
음력	6/19	20	21	22	23	24	25	26	27	28	29	30	7/1	2	3	4	5	6	7	8	9	10	11	12	13	14	15	16	17	18	19
일진	戊申	己酉	庚戌	辛亥	壬子	癸丑	甲寅	乙卯	丙辰	丁巳	戊午	己未	庚申	辛酉	壬戌	癸亥	甲子	乙丑	丙寅	丁卯	戊辰	己巳	庚午	辛未	壬申	癸酉	甲戌	乙亥	丙子	丁丑	戊寅
대운 남	8	9	9	9	10	10	10	입	1	1	1	1	2	2	2	3	3	3	4	4	4	5	처	5	6	6	6	7	7	7	8
대운 여	2	2	2	1	1	1	1	추	10	10	9	9	9	8	8	8	7	7	7	6	6	6	서	5	5	4	4	4	3	3	3

양력 9월 백로절(癸酉月) 白露 9월8일 4시55분 秋分 9월23일 14시7분

양력	1	2	3	4	5	6	7	8	9	10	11	12	13	14	15	16	17	18	19	20	21	22	23	24	25	26	27	28	29	30
요일	月	火	水	木	金	土	日	月	火	水	木	金	土	日	月	火	水	木	金	土	日	月	火	水	木	金	土	日	月	火
음력	7/20	21	22	23	24	25	26	27	28	29	30	8/1	2	3	4	5	6	7	8	9	10	11	12	13	14	15	16	17	18	19
일진	己卯	庚辰	辛巳	壬午	癸未	甲申	乙酉	丙戌	丁亥	戊子	己丑	庚寅	辛卯	壬辰	癸巳	甲午	乙未	丙申	丁酉	戊戌	己亥	庚子	辛丑	壬寅	癸卯	甲辰	乙巳	丙午	丁未	戊申
대운 남	8	8	9	9	9	10	10	백	1	1	1	1	2	2	2	3	3	3	4	4	4	5	추	5	6	6	6	7	7	7
대운 여	2	2	2	1	1	1	1	로	10	9	9	9	8	8	8	7	7	7	6	6	6	5	분	5	4	4	4	3	3	3

양력 10월 한로절(甲戌月) 寒露 10월8일 20시17분 霜降 10월23일 23시11분

양력	1	2	3	4	5	6	7	8	9	10	11	12	13	14	15	16	17	18	19	20	21	22	23	24	25	26	27	28	29	30	31
요일	水	木	金	土	日	月	火	水	木	金	土	日	月	火	水	木	金	土	日	月	火	水	木	金	土	日	月	火	水	木	金
음력	8/20	21	22	23	24	25	26	27	28	29	9/1	2	3	4	5	6	7	8	9	10	11	12	13	14	15	16	17	18	19	20	21
일진	己酉	庚戌	辛亥	壬子	癸丑	甲寅	乙卯	丙辰	丁巳	戊午	己未	庚申	辛酉	壬戌	癸亥	甲子	乙丑	丙寅	丁卯	戊辰	己巳	庚午	辛未	壬申	癸酉	甲戌	乙亥	丙子	丁丑	戊寅	己卯
대운 남	8	8	8	9	9	9	10	한	1	1	1	1	2	2	2	3	3	3	4	4	4	5	상	5	6	6	6	7	7	7	8
대운 여	2	2	2	1	1	1	1	로	10	9	9	9	8	8	8	7	7	7	6	6	6	5	강	5	4	4	4	3	3	3	2

양력 11월 입동절(乙亥月) 立冬 11월7일 23시11분 小雪 11월22일 20시31분

양력	1	2	3	4	5	6	7	8	9	10	11	12	13	14	15	16	17	18	19	20	21	22	23	24	25	26	27	28	29	30
요일	土	日	月	火	水	木	金	土	日	月	火	水	木	金	土	日	月	火	水	木	金	土	日	月	火	水	木	金	土	日
음력	9/22	23	24	25	26	27	28	29	30	10/1	2	3	4	5	6	7	8	9	10	11	12	13	14	15	16	17	18	19	20	21
일진	庚辰	辛巳	壬午	癸未	甲申	乙酉	丙戌	丁亥	戊子	己丑	庚寅	辛卯	壬辰	癸巳	甲午	乙未	丙申	丁酉	戊戌	己亥	庚子	辛丑	壬寅	癸卯	甲辰	乙巳	丙午	丁未	戊申	己酉
대운 남	8	8	9	9	9	10	입	1	1	1	1	2	2	2	3	3	3	4	4	4	5	소	5	6	6	6	7	7	7	8
대운 여	2	2	1	1	1	1	동	10	9	9	9	8	8	8	7	7	7	6	6	6	5	설	5	4	4	4	3	3	3	2

양력 12월 대설절(丙子月) 大雪 12월7일 15시51분 冬至 12월22일 9시44분

양력	1	2	3	4	5	6	7	8	9	10	11	12	13	14	15	16	17	18	19	20	21	22	23	24	25	26	27	28	29	30	31
요일	月	火	水	木	金	土	日	月	火	水	木	金	土	日	月	火	水	木	金	土	日	月	火	水	木	金	土	日	月	火	水
음력	10/22	23	24	25	26	27	28	29	11/1	2	3	4	5	6	7	8	9	10	11	12	13	14	15	16	17	18	19	20	21	22	23
일진	庚戌	辛亥	壬子	癸丑	甲寅	乙卯	丙辰	丁巳	戊午	己未	庚申	辛酉	壬戌	癸亥	甲子	乙丑	丙寅	丁卯	戊辰	己巳	庚午	辛未	壬申	癸酉	甲戌	乙亥	丙子	丁丑	戊寅	己卯	庚辰
대운 남	8	8	9	9	9	10	대	1	1	1	1	2	2	2	3	3	3	4	4	4	5	동	5	6	6	6	7	7	7	8	8
대운 여	2	2	1	1	1	1	설	10	9	9	9	8	8	8	7	7	7	6	6	6	5	지	5	4	4	4	3	3	3	2	2

서기 1970년 [단기 4303년]

양력 1월 소한절(丁丑月) 小寒 1월6일 3시2분 大寒 1월20일 20시24분

양력	1	2	3	4	5	6	7	8	9	10	11	12	13	14	15	16	17	18	19	20	21	22	23	24	25	26	27	28	29	30	31
요일	木	金	土	日	月	火	水	木	金	土	日	月	火	水	木	金	土	日	月	火	水	木	金	土	日	月	火	水	木	金	土
음력	11/24	25	26	27	28	29	30	12/1	2	3	4	5	6	7	8	9	10	11	12	13	14	15	16	17	18	19	20	21	22	23	24
일진	辛巳	壬午	癸未	甲申	乙酉	丙戌	丁亥	戊子	己丑	庚寅	辛卯	壬辰	癸巳	甲午	乙未	丙申	丁酉	戊戌	己亥	庚子	辛丑	壬寅	癸卯	甲辰	乙巳	丙午	丁未	戊申	己酉	庚戌	辛亥
대운 남	8	9	9	9	10	소한	1	1	1	1	2	2	2	3	3	3	4	4	4	대한	5	5	6	6	6	7	7	7	8	8	8
대운 여	2	1	1	1	1		9	9	9	8	8	8	7	7	7	6	6	6	5		5	4	4	4	3	3	3	2	2	2	1

양력 2월 입춘절(戊寅月) 立春 2월4일 14시46분 雨水 2월19일 10시42분

양력	1	2	3	4	5	6	7	8	9	10	11	12	13	14	15	16	17	18	19	20	21	22	23	24	25	26	27	28			
요일	日	月	火	水	木	金	土	日	月	火	水	木	金	土	日	月	火	水	木	金	土	日	月	火	水	木	金	土			
음력	12/25	26	27	28	29	1/1	2	3	4	5	6	7	8	9	10	11	12	13	14	15	16	17	18	19	20	21	22	23			
일진	壬子	癸丑	甲寅	乙卯	丙辰	丁巳	戊午	己未	庚申	辛酉	壬戌	癸亥	甲子	乙丑	丙寅	丁卯	戊辰	己巳	庚午	辛未	壬申	癸酉	甲戌	乙亥	丙子	丁丑	戊寅	己卯			
대운 남	9	9	9	입춘	10	9	9	9	8	8	8	7	7	7	6	6	6	5	우수	5	4	4	4	3	3	3	2	2			
대운 여	1	1	1		1	1	1	1	2	2	2	3	3	3	4	4	4	5		5	6	6	6	7	7	7	8	8			

양력 3월 경칩절(己卯月) 驚蟄 3월6일 8시58분 春分 3월21일 9시56분

양력	1	2	3	4	5	6	7	8	9	10	11	12	13	14	15	16	17	18	19	20	21	22	23	24	25	26	27	28	29	30	31
요일	日	月	火	水	木	金	土	日	月	火	水	木	金	土	日	月	火	水	木	金	土	日	月	火	水	木	金	土	日	月	火
음력	1/24	25	26	27	28	29	30	2/1	2	3	4	5	6	7	8	9	10	11	12	13	14	15	16	17	18	19	20	21	22	23	24
일진	庚辰	辛巳	壬午	癸未	甲申	乙酉	丙戌	丁亥	戊子	己丑	庚寅	辛卯	壬辰	癸巳	甲午	乙未	丙申	丁酉	戊戌	己亥	庚子	辛丑	壬寅	癸卯	甲辰	乙巳	丙午	丁未	戊申	己酉	庚戌
대운 남	2	1	1	1	1	경칩	10	9	9	9	8	8	8	7	7	7	6	6	6	5	춘분	5	4	4	4	3	3	3	2	2	2
대운 여	8	9	9	9	10		1	1	1	1	2	2	2	3	3	3	4	4	4	5		5	6	6	6	7	7	7	8	8	8

양력 4월 청명절(庚辰月) 清明 4월5일 14시2분 穀雨 4월20일 21시15분

양력	1	2	3	4	5	6	7	8	9	10	11	12	13	14	15	16	17	18	19	20	21	22	23	24	25	26	27	28	29	30	
요일	水	木	金	土	日	月	火	水	木	金	土	日	月	火	水	木	金	土	日	月	火	水	木	金	土	日	月	火	水	木	
음력	2/25	26	27	28	29	3/1	2	3	4	5	6	7	8	9	10	11	12	13	14	15	16	17	18	19	20	21	22	23	24	25	
일진	辛亥	壬子	癸丑	甲寅	乙卯	丙辰	丁巳	戊午	己未	庚申	辛酉	壬戌	癸亥	甲子	乙丑	丙寅	丁卯	戊辰	己巳	庚午	辛未	壬申	癸酉	甲戌	乙亥	丙子	丁丑	戊寅	己卯	庚辰	
대운 남	1	1	1	1	청명	10	10	9	9	9	8	8	8	7	7	7	6	6	6	곡우	5	5	4	4	4	3	3	3	2	2	
대운 여	9	9	9	10		1	1	1	1	2	2	2	3	3	3	4	4	4	5		5	6	6	6	7	7	7	8	8	8	

양력 5월 입하절(辛巳月) 立夏 5월6일 7시34분 小滿 5월21일 20시37분

양력	1	2	3	4	5	6	7	8	9	10	11	12	13	14	15	16	17	18	19	20	21	22	23	24	25	26	27	28	29	30	31
요일	金	土	日	月	火	水	木	金	土	日	月	火	水	木	金	土	日	月	火	水	木	金	土	日	月	火	水	木	金	土	日
음력	3/26	27	28	29	4/1	2	3	4	5	6	7	8	9	10	11	12	13	14	15	16	17	18	19	20	21	22	23	24	25	26	27
일진	辛巳	壬午	癸未	甲申	乙酉	丙戌	丁亥	戊子	己丑	庚寅	辛卯	壬辰	癸巳	甲午	乙未	丙申	丁酉	戊戌	己亥	庚子	辛丑	壬寅	癸卯	甲辰	乙巳	丙午	丁未	戊申	己酉	庚戌	辛亥
대운 남	2	1	1	1	1	입하	10	10	9	9	9	8	8	8	7	7	7	6	6	6	소만	5	5	4	4	4	3	3	3	2	2
대운 여	9	9	9	10	10		1	1	1	1	2	2	2	3	3	3	4	4	4	5		5	6	6	6	7	7	7	8	8	8

양력 6월 망종절(壬午月) 芒種 6월6일 11시52분 夏至 6월22일 4시43분

양력	1	2	3	4	5	6	7	8	9	10	11	12	13	14	15	16	17	18	19	20	21	22	23	24	25	26	27	28	29	30	
요일	月	火	水	木	金	土	日	月	火	水	木	金	土	日	月	火	水	木	金	土	日	月	火	水	木	金	土	日	月	火	
음력	4/28	29	30	5/1	2	3	4	5	6	7	8	9	10	11	12	13	14	15	16	17	18	19	20	21	22	23	24	25	26	27	
일진	壬子	癸丑	甲寅	乙卯	丙辰	丁巳	戊午	己未	庚申	辛酉	壬戌	癸亥	甲子	乙丑	丙寅	丁卯	戊辰	己巳	庚午	辛未	壬申	癸酉	甲戌	乙亥	丙子	丁丑	戊寅	己卯	庚辰	辛巳	
대운 남	2	1	1	1	1	망종	10	10	9	9	9	8	8	8	7	7	7	6	6	6	5	하지	5	4	4	4	3	3	3	2	
대운 여	9	9	9	10	10		1	1	1	1	2	2	2	3	3	3	4	4	4	5	5		6	6	6	7	7	7	8	8	

庚戌年

양력 7월 소서절(癸未月) 小暑 7월7일 22시11분 大暑 7월23일 15시37분

양력	1	2	3	4	5	6	7	8	9	10	11	12	13	14	15	16	17	18	19	20	21	22	23	24	25	26	27	28	29	30	31
요일	水	木	金	土	日	月	火	水	木	金	土	日	月	火	水	木	金	土	日	月	火	水	木	金	土	日	月	火	水	木	金
음력	5/28	29	30	6/1	2	3	4	5	6	7	8	9	10	11	12	13	14	15	16	17	18	19	20	21	22	23	24	25	26	27	28
일진	壬午	癸未	甲申	乙酉	丙戌	丁亥	戊子	己丑	庚寅	辛卯	壬辰	癸巳	甲午	乙未	丙申	丁酉	戊戌	己亥	庚子	辛丑	壬寅	癸卯	甲辰	乙巳	丙午	丁未	戊申	己酉	庚戌	辛亥	壬子
대운 남	2	2	1	1	1	1	소	10	10	10	9	9	9	8	8	8	7	7	7	6	6	6	대	5	5	4	4	4	3	3	3
대운 여	8	9	9	9	10	10	서	1	1	1	1	2	2	2	3	3	3	4	4	4	5	5	서	6	6	6	7	7	7	8	8

양력 8월 입추절(甲申月) 立秋 8월8일 7시54분 處暑 8월23일 22시34분

양력	1	2	3	4	5	6	7	8	9	10	11	12	13	14	15	16	17	18	19	20	21	22	23	24	25	26	27	28	29	30	31
요일	土	日	月	火	水	木	金	土	日	月	火	水	木	金	土	日	月	火	水	木	金	土	日	月	火	水	木	金	土	日	月
음력	6/29	7/1	2	3	4	5	6	7	8	9	10	11	12	13	14	15	16	17	18	19	20	21	22	23	24	25	26	27	28	29	30
일진	癸丑	甲寅	乙卯	丙辰	丁巳	戊午	己未	庚申	辛酉	壬戌	癸亥	甲子	乙丑	丙寅	丁卯	戊辰	己巳	庚午	辛未	壬申	癸酉	甲戌	乙亥	丙子	丁丑	戊寅	己卯	庚辰	辛巳	壬午	癸未
대운 남	2	2	2	1	1	1	1	입	10	10	9	9	9	8	8	8	7	7	7	6	6	6	처	5	5	4	4	4	3	3	3
대운 여	8	9	9	9	10	10	10	추	1	1	1	1	2	2	2	3	3	3	4	4	4	5	서	5	6	6	6	7	7	7	8

양력 9월 백로절(乙酉月) 白露 9월8일 10시38분 秋分 9월23일 19시59분

양력	1	2	3	4	5	6	7	8	9	10	11	12	13	14	15	16	17	18	19	20	21	22	23	24	25	26	27	28	29	30
요일	火	水	木	金	土	日	月	火	水	木	金	土	日	月	火	水	木	金	土	日	月	火	水	木	金	土	日	月	火	水
음력	8/1	2	3	4	5	6	7	8	9	10	11	12	13	14	15	16	17	18	19	20	21	22	23	24	25	26	27	28	29	9/1
일진	甲申	乙酉	丙戌	丁亥	戊子	己丑	庚寅	辛卯	壬辰	癸巳	甲午	乙未	丙申	丁酉	戊戌	己亥	庚子	辛丑	壬寅	癸卯	甲辰	乙巳	丙午	丁未	戊申	己酉	庚戌	辛亥	壬子	癸丑
대운 남	2	2	2	1	1	1	1	백	10	10	9	9	9	8	8	8	7	7	7	6	6	6	추	5	5	4	4	4	3	3
대운 여	8	8	9	9	9	10	10	로	1	1	1	1	2	2	2	3	3	3	4	4	4	5	분	5	6	6	6	7	7	7

양력 10월 한로절(丙戌月) 寒露 10월9일 2시2분 霜降 10월24일 5시4분

양력	1	2	3	4	5	6	7	8	9	10	11	12	13	14	15	16	17	18	19	20	21	22	23	24	25	26	27	28	29	30	31
요일	木	金	土	日	月	火	水	木	金	土	日	月	火	水	木	金	土	日	月	火	水	木	金	土	日	月	火	水	木	金	土
음력	9/2	3	4	5	6	7	8	9	10	11	12	13	14	15	16	17	18	19	20	21	22	23	24	25	26	27	28	29	30	10/1	2
일진	甲寅	乙卯	丙辰	丁巳	戊午	己未	庚申	辛酉	壬戌	癸亥	甲子	乙丑	丙寅	丁卯	戊辰	己巳	庚午	辛未	壬申	癸酉	甲戌	乙亥	丙子	丁丑	戊寅	己卯	庚辰	辛巳	壬午	癸未	甲申
대운 남	3	2	2	2	1	1	1	1	한	10	9	9	9	8	8	8	7	7	7	6	6	6	5	상	5	4	4	4	3	3	3
대운 여	8	8	8	9	9	9	10	10	로	1	1	1	1	2	2	2	3	3	3	4	4	4	5	강	5	6	6	6	7	7	7

양력 11월 입동절(丁亥月) 立冬 11월8일 4시58분 小雪 11월23일 2시25분

양력	1	2	3	4	5	6	7	8	9	10	11	12	13	14	15	16	17	18	19	20	21	22	23	24	25	26	27	28	29	30
요일	日	月	火	水	木	金	土	日	月	火	水	木	金	土	日	月	火	水	木	金	土	日	月	火	水	木	金	土	日	月
음력	10/3	4	5	6	7	8	9	10	11	12	13	14	15	16	17	18	19	20	21	22	23	24	25	26	27	28	29	30	11/1	2
일진	乙酉	丙戌	丁亥	戊子	己丑	庚寅	辛卯	壬辰	癸巳	甲午	乙未	丙申	丁酉	戊戌	己亥	庚子	辛丑	壬寅	癸卯	甲辰	乙巳	丙午	丁未	戊申	己酉	庚戌	辛亥	壬子	癸丑	甲寅
대운 남	2	2	2	1	1	1	1	입	9	9	9	8	8	8	7	7	7	6	6	6	5	5	소	4	4	4	3	3	3	2
대운 여	8	8	8	9	9	9	10	동	1	1	1	1	2	2	2	3	3	3	4	4	4	5	설	5	6	6	6	7	7	7

양력 12월 대설절(戊子月) 大雪 12월7일 21시37분 冬至 12월22일 15시36분

양력	1	2	3	4	5	6	7	8	9	10	11	12	13	14	15	16	17	18	19	20	21	22	23	24	25	26	27	28	29	30	31
요일	火	水	木	金	土	日	月	火	水	木	金	土	日	月	火	水	木	金	土	日	月	火	水	木	金	土	日	月	火	水	木
음력	11/3	4	5	6	7	8	9	10	11	12	13	14	15	16	17	18	19	20	21	22	23	24	25	26	27	28	29	12/1	2	3	4
일진	乙卯	丙辰	丁巳	戊午	己未	庚申	辛酉	壬戌	癸亥	甲子	乙丑	丙寅	丁卯	戊辰	己巳	庚午	辛未	壬申	癸酉	甲戌	乙亥	丙子	丁丑	戊寅	己卯	庚辰	辛巳	壬午	癸未	甲申	乙酉
대운 남	2	2	1	1	1	1	대	10	9	9	9	8	8	8	7	7	7	6	6	6	5	동	5	4	4	4	3	3	3	2	2
대운 여	8	8	8	9	9	9	설	1	1	1	1	2	2	2	3	3	3	4	4	4	5	지	5	6	6	6	7	7	7	8	8

서기 1971년 [단기 4304년]

양력 1월 소한절(己丑月) 小寒 1월6일 8시45분 大寒 1월21일 2시13분

양력		1	2	3	4	5	6	7	8	9	10	11	12	13	14	15	16	17	18	19	20	21	22	23	24	25	26	27	28	29	30	31
요일		金	土	日	月	火	水	木	金	土	日	月	火	水	木	金	土	日	月	火	水	木	金	土	日	月	火	水	木	金	土	日
음력		12/5	6	7	8	9	10	11	12	13	14	15	16	17	18	19	20	21	22	23	24	25	26	27	28	29	30	1/1	2	3	4	5
일진		丙戌	丁亥	戊子	己丑	庚寅	辛卯	壬辰	癸巳	甲午	乙未	丙申	丁酉	戊戌	己亥	庚子	辛丑	壬寅	癸卯	甲辰	乙巳	丙午	丁未	戊申	己酉	庚戌	辛亥	壬子	癸丑	甲寅	乙卯	丙辰
대운	남	2	1	1	1	1	소한	9	9	9	8	8	8	7	7	7	6	6	6	5	5	대한	4	4	4	3	3	3	2	2	2	1
	여	8	9	9	9	10		1	1	1	1	2	2	2	3	3	3	4	4	4	5		5	6	6	6	7	7	7	8	8	8

양력 2월 입춘절(庚寅月) 立春 2월4일 20시25분 雨水 2월19일 16시27분

양력		1	2	3	4	5	6	7	8	9	10	11	12	13	14	15	16	17	18	19	20	21	22	23	24	25	26	27	28			
요일		月	火	水	木	金	土	日	月	火	水	木	金	土	日	月	火	水	木	金	土	日	月	火	水	木	金	土	日			
음력		1/6	7	8	9	10	11	12	13	14	15	16	17	18	19	20	21	22	23	24	25	26	27	28	29	2/1	2	3	4			
일진		丁巳	戊午	己未	庚申	辛酉	壬戌	癸亥	甲子	乙丑	丙寅	丁卯	戊辰	己巳	庚午	辛未	壬申	癸酉	甲戌	乙亥	丙子	丁丑	戊寅	己卯	庚辰	辛巳	壬午	癸未	甲申			
대운	남	1	1	1	입춘	1	1	1	1	2	2	2	3	3	3	4	4	4	5	우수	5	6	6	6	7	7	7	8	8			
	여	9	9	9		10	9	9	9	8	8	8	7	7	7	6	6	6	5		5	4	4	4	3	3	3	2	2			

양력 3월 경칩절(辛卯月) 驚蟄 3월6일 14시35분 春分 3월21일 15시38분

양력		1	2	3	4	5	6	7	8	9	10	11	12	13	14	15	16	17	18	19	20	21	22	23	24	25	26	27	28	29	30	31
요일		月	火	水	木	金	土	日	月	火	水	木	金	土	日	月	火	水	木	金	土	日	月	火	水	木	金	土	日	月	火	水
음력		2/5	6	7	8	9	10	11	12	13	14	15	16	17	18	19	20	21	22	23	24	25	26	27	28	29	30	3/1	2	3	4	5
일진		乙酉	丙戌	丁亥	戊子	己丑	庚寅	辛卯	壬辰	癸巳	甲午	乙未	丙申	丁酉	戊戌	己亥	庚子	辛丑	壬寅	癸卯	甲辰	乙巳	丙午	丁未	戊申	己酉	庚戌	辛亥	壬子	癸丑	甲寅	乙卯
대운	남	8	9	9	9	10	경칩	1	1	1	1	2	2	2	3	3	3	4	4	4	5	춘분	5	6	6	6	7	7	7	8	8	8
	여	2	1	1	1	1		10	9	9	9	8	8	8	7	7	7	6	6	6	5		5	4	4	4	3	3	3	2	2	2

양력 4월 청명절(壬辰月) 淸明 4월5일 19시36분 穀雨 4월21일 2시54분

양력		1	2	3	4	5	6	7	8	9	10	11	12	13	14	15	16	17	18	19	20	21	22	23	24	25	26	27	28	29	30	
요일		木	金	土	日	月	火	水	木	金	土	日	月	火	水	木	金	土	日	月	火	水	木	金	土	日	月	火	水	木	金	
음력		3/6	7	8	9	10	11	12	13	14	15	16	17	18	19	20	21	22	23	24	25	26	27	28	29	4/1	2	3	4	5	6	
일진		丙辰	丁巳	戊午	己未	庚申	辛酉	壬戌	癸亥	甲子	乙丑	丙寅	丁卯	戊辰	己巳	庚午	辛未	壬申	癸酉	甲戌	乙亥	丙子	丁丑	戊寅	己卯	庚辰	辛巳	壬午	癸未	甲申	乙酉	
대운	남	9	9	9	10	청명	1	1	1	1	2	2	2	3	3	3	4	4	4	5	5	곡우	6	6	6	7	7	7	8	8	8	
	여	1	1	1	1		10	10	9	9	9	8	8	8	7	7	7	6	6	6	5		5	4	4	4	3	3	3	2	2	

양력 5월 입하절(癸巳月) 立夏 5월6일 13시8분 小滿 5월22일 2시15분

양력		1	2	3	4	5	6	7	8	9	10	11	12	13	14	15	16	17	18	19	20	21	22	23	24	25	26	27	28	29	30	31
요일		土	日	月	火	水	木	金	土	日	月	火	水	木	金	土	日	月	火	水	木	金	土	日	月	火	水	木	金	土	日	月
음력		4/7	8	9	10	11	12	13	14	15	16	17	18	19	20	21	22	23	24	25	26	27	28	29	5/1	2	3	4	5	6	7	8
일진		丙戌	丁亥	戊子	己丑	庚寅	辛卯	壬辰	癸巳	甲午	乙未	丙申	丁酉	戊戌	己亥	庚子	辛丑	壬寅	癸卯	甲辰	乙巳	丙午	丁未	戊申	己酉	庚戌	辛亥	壬子	癸丑	甲寅	乙卯	丙辰
대운	남	9	9	9	10	10	입하	1	1	1	1	2	2	2	3	3	3	4	4	4	5	5	소만	6	6	6	7	7	7	8	8	8
	여	2	1	1	1	1		10	10	9	9	9	8	8	8	7	7	7	6	6	6	5		5	4	4	4	3	3	3	2	2

양력 6월 망종절(甲午月) 芒種 6월6일 17시29분 夏至 6월22일 10시20분

양력		1	2	3	4	5	6	7	8	9	10	11	12	13	14	15	16	17	18	19	20	21	22	23	24	25	26	27	28	29	30	
요일		火	水	木	金	土	日	月	火	水	木	金	土	日	月	火	水	木	金	土	日	月	火	水	木	金	土	日	月	火	水	
음력		5/9	10	11	12	13	14	15	16	17	18	19	20	21	22	23	24	25	26	27	28	29	30	윤1	2	3	4	5	6	7	8	
일진		丁巳	戊午	己未	庚申	辛酉	壬戌	癸亥	甲子	乙丑	丙寅	丁卯	戊辰	己巳	庚午	辛未	壬申	癸酉	甲戌	乙亥	丙子	丁丑	戊寅	己卯	庚辰	辛巳	壬午	癸未	甲申	乙酉	丙戌	
대운	남	9	9	9	10	10	망종	1	1	1	1	2	2	2	3	3	3	4	4	4	5	5	하지	6	6	6	7	7	7	8	8	
	여	2	1	1	1	1		10	10	10	9	9	9	8	8	8	7	7	7	6	6	6		5	5	4	4	4	3	3	3	

▶윤달-5월

辛亥年

양력 7월 소서절(乙未月) 小暑 7월8일 3시51분 大暑 7월23일 21시15분

양력	1	2	3	4	5	6	7	8	9	10	11	12	13	14	15	16	17	18	19	20	21	22	23	24	25	26	27	28	29	30	31
요일	木	金	土	日	月	火	水	木	金	土	日	月	火	水	木	金	土	日	月	火	水	木	金	土	日	月	火	水	木	金	土
음력	윤9	10	11	12	13	14	15	16	17	18	19	20	21	22	23	24	25	26	27	28	29	6/1	2	3	4	5	6	7	8	9	10
일진	丁亥	戊子	己丑	庚寅	辛卯	壬辰	癸巳	甲午	乙未	丙申	丁酉	戊戌	己亥	庚子	辛丑	壬寅	癸卯	甲辰	乙巳	丙午	丁未	戊申	己酉	庚戌	辛亥	壬子	癸丑	甲寅	乙卯	丙辰	丁巳
대운 남	8	9	9	9	10	10	10	소	1	1	1	1	2	2	2	3	3	3	4	4	4	5	대	5	6	6	6	7	7	7	8
대운 여	2	2	2	1	1	1	1	서	10	10	9	9	9	8	8	8	7	7	7	6	6	6	서	5	5	4	4	4	3	3	3

양력 8월 입추절(丙申月) 立秋 8월8일 13시40분 處暑 8월24일 4시15분

양력	1	2	3	4	5	6	7	8	9	10	11	12	13	14	15	16	17	18	19	20	21	22	23	24	25	26	27	28	29	30	31
요일	日	月	火	水	木	金	土	日	月	火	水	木	金	土	日	月	火	水	木	金	土	日	月	火	水	木	金	土	日	月	火
음력	6/11	12	13	14	15	16	17	18	19	20	21	22	23	24	25	26	27	28	29	30	7/1	2	3	4	5	6	7	8	9	10	11
일진	戊午	己未	庚申	辛酉	壬戌	癸亥	甲子	乙丑	丙寅	丁卯	戊辰	己巳	庚午	辛未	壬申	癸酉	甲戌	乙亥	丙子	丁丑	戊寅	己卯	庚辰	辛巳	壬午	癸未	甲申	乙酉	丙戌	丁亥	戊子
대운 남	8	8	9	9	9	10	10	입	1	1	1	1	2	2	2	3	3	3	4	4	4	5	5	처	6	6	6	7	7	7	8
대운 여	2	2	2	1	1	1	1	추	10	10	9	9	9	8	8	8	7	7	7	6	6	6	5	서	5	4	4	4	3	3	3

양력 9월 백로절(丁酉月) 白露 9월8일 16시30분 秋分 9월24일 1시45분

양력	1	2	3	4	5	6	7	8	9	10	11	12	13	14	15	16	17	18	19	20	21	22	23	24	25	26	27	28	29	30
요일	水	木	金	土	日	月	火	水	木	金	土	日	月	火	水	木	金	土	日	月	火	水	木	金	土	日	月	火	水	木
음력	7/12	13	14	15	16	17	18	19	20	21	22	23	24	25	26	27	28	29	8/1	2	3	4	5	6	7	8	9	10	11	12
일진	己丑	庚寅	辛卯	壬辰	癸巳	甲午	乙未	丙申	丁酉	戊戌	己亥	庚子	辛丑	壬寅	癸卯	甲辰	乙巳	丙午	丁未	戊申	己酉	庚戌	辛亥	壬子	癸丑	甲寅	乙卯	丙辰	丁巳	戊午
대운 남	8	8	9	9	9	10	10	백	1	1	1	1	2	2	2	3	3	3	4	4	4	5	5	추	6	6	6	7	7	7
대운 여	2	2	2	1	1	1	1	로	10	10	9	9	9	8	8	8	7	7	7	6	6	6	5	분	5	4	4	4	3	3

양력 10월 한로절(戊戌月) 寒露 10월9일 7시59분 霜降 10월24일 10시53분

양력	1	2	3	4	5	6	7	8	9	10	11	12	13	14	15	16	17	18	19	20	21	22	23	24	25	26	27	28	29	30	31
요일	金	土	日	月	火	水	木	金	土	日	月	火	水	木	金	土	日	月	火	水	木	金	土	日	月	火	水	木	金	土	日
음력	8/13	14	15	16	17	18	19	20	21	22	23	24	25	26	27	28	29	30	9/1	2	3	4	5	6	7	8	9	10	11	12	13
일진	己未	庚申	辛酉	壬戌	癸亥	甲子	乙丑	丙寅	丁卯	戊辰	己巳	庚午	辛未	壬申	癸酉	甲戌	乙亥	丙子	丁丑	戊寅	己卯	庚辰	辛巳	壬午	癸未	甲申	乙酉	丙戌	丁亥	戊子	己丑
대운 남	8	8	8	9	9	9	10	10	한	1	1	1	1	2	2	2	3	3	3	4	4	4	5	상	5	6	6	6	7	7	7
대운 여	3	2	2	2	1	1	1	1	로	10	9	9	9	8	8	8	7	7	7	6	6	6	5	강	5	4	4	4	3	3	3

양력 11월 입동절(己亥月) 立冬 11월8일 10시57분 小雪 11월23일 8시14분

양력	1	2	3	4	5	6	7	8	9	10	11	12	13	14	15	16	17	18	19	20	21	22	23	24	25	26	27	28	29	30
요일	月	火	水	木	金	土	日	月	火	水	木	金	土	日	月	火	水	木	金	土	日	月	火	水	木	金	土	日	月	火
음력	9/14	15	16	17	18	19	20	21	22	23	24	25	26	27	28	29	30	10/1	2	3	4	5	6	7	8	9	10	11	12	13
일진	庚寅	辛卯	壬辰	癸巳	甲午	乙未	丙申	丁酉	戊戌	己亥	庚子	辛丑	壬寅	癸卯	甲辰	乙巳	丙午	丁未	戊申	己酉	庚戌	辛亥	壬子	癸丑	甲寅	乙卯	丙辰	丁巳	戊午	己未
대운 남	8	8	8	9	9	9	10	입	1	1	1	1	2	2	2	3	3	3	4	4	4	5	소	5	6	6	6	7	7	7
대운 여	2	2	2	1	1	1	1	동	10	9	9	9	8	8	8	7	7	7	6	6	6	5	설	5	4	4	4	3	3	3

양력 12월 대설절(庚子月) 大雪 12월8일 3시36분 冬至 12월22일 21시24분

양력	1	2	3	4	5	6	7	8	9	10	11	12	13	14	15	16	17	18	19	20	21	22	23	24	25	26	27	28	29	30	31
요일	水	木	金	土	日	月	火	水	木	金	土	日	月	火	水	木	金	土	日	月	火	水	木	金	土	日	月	火	水	木	金
음력	10/14	15	16	17	18	19	20	21	22	23	24	25	26	27	28	29	30	11/1	2	3	4	5	6	7	8	9	10	11	12	13	14
일진	庚申	辛酉	壬戌	癸亥	甲子	乙丑	丙寅	丁卯	戊辰	己巳	庚午	辛未	壬申	癸酉	甲戌	乙亥	丙子	丁丑	戊寅	己卯	庚辰	辛巳	壬午	癸未	甲申	乙酉	丙戌	丁亥	戊子	己丑	庚寅
대운 남	8	8	8	9	9	9	10	대	1	1	1	1	2	2	2	3	3	3	4	4	4	동	5	5	6	6	6	7	7	7	8
대운 여	2	2	2	1	1	1	1	설	9	9	9	8	8	8	7	7	7	6	6	6	5	지	5	4	4	4	3	3	3	2	2

서기 1972년 [단기 4305년]

양력 1월 소한절(辛丑月) 小寒 1월6일 14시42분 大寒 1월21일 7시59분

양력	1	2	3	4	5	6	7	8	9	10	11	12	13	14	15	16	17	18	19	20	21	22	23	24	25	26	27	28	29	30	31
요일	土	日	月	火	水	木	金	土	日	月	火	水	木	金	土	日	月	火	水	木	金	土	日	月	火	水	木	金	土	日	月
음력	11/15	16	17	18	19	20	21	22	23	24	25	26	27	28	29	12/1	2	3	4	5	6	7	8	9	10	11	12	13	14	15	16
일진	辛卯	壬辰	癸巳	甲午	乙未	丙申	丁酉	戊戌	己亥	庚子	辛丑	壬寅	癸卯	甲辰	乙巳	丙午	丁未	戊申	己酉	庚戌	辛亥	壬子	癸丑	甲寅	乙卯	丙辰	丁巳	戊午	己未	庚申	辛酉
대 남	8	8	9	9	9	소	1	1	1	1	2	2	2	3	3	3	4	4	4	5	대	5	6	6	6	7	7	7	8	8	8
운 여	2	1	1	1	1	한	10	9	9	9	8	8	8	7	7	7	6	6	6	5	한	5	4	4	4	3	3	3	2	2	2

양력 2월 입춘절(壬寅月) 立春 2월5일 2시20분 雨水 2월19일 22시11분

양력	1	2	3	4	5	6	7	8	9	10	11	12	13	14	15	16	17	18	19	20	21	22	23	24	25	26	27	28	29		
요일	火	水	木	金	土	日	月	火	水	木	金	土	日	月	火	水	木	金	土	日	月	火	水	木	金	土	日	月	火		
음력	12/17	18	19	20	21	22	23	24	25	26	27	28	29	30	1/1	2	3	4	5	6	7	8	9	10	11	12	13	14	15		
일진	壬戌	癸亥	甲子	乙丑	丙寅	丁卯	戊辰	己巳	庚午	辛未	壬申	癸酉	甲戌	乙亥	丙子	丁丑	戊寅	己卯	庚辰	辛巳	壬午	癸未	甲申	乙酉	丙戌	丁亥	戊子	己丑	庚寅		
대 남	9	9	9	10	입	9	9	9	8	8	8	7	7	7	6	6	6	5	우	5	4	4	4	3	3	3	2	2	2		
운 여	1	1	1	1	춘	1	1	1	1	2	2	2	3	3	3	4	4	4	수	5	5	6	6	6	7	7	7	8	8		

양력 3월 경칩절(癸卯月) 驚蟄 3월5일 20시28분 春分 3월20일 21시21분

양력	1	2	3	4	5	6	7	8	9	10	11	12	13	14	15	16	17	18	19	20	21	22	23	24	25	26	27	28	29	30	31
요일	水	木	金	土	日	月	火	水	木	金	土	日	月	火	水	木	金	土	日	月	火	水	木	金	土	日	月	火	水	木	金
음력	1/16	17	18	19	20	21	22	23	24	25	26	27	28	29	2/1	2	3	4	5	6	7	8	9	10	11	12	13	14	15	16	17
일진	辛卯	壬辰	癸巳	甲午	乙未	丙申	丁酉	戊戌	己亥	庚子	辛丑	壬寅	癸卯	甲辰	乙巳	丙午	丁未	戊申	己酉	庚戌	辛亥	壬子	癸丑	甲寅	乙卯	丙辰	丁巳	戊午	己未	庚申	辛酉
대 남	1	1	1	1	경	10	10	9	9	9	8	8	8	7	7	7	6	6	6	춘	5	5	4	4	4	3	3	3	2	2	2
운 여	8	9	9	9	칩	1	1	1	1	2	2	2	3	3	3	4	4	4	5	분	5	6	6	6	7	7	7	8	8	8	9

양력 4월 청명절(甲辰月) 淸明 4월5일 1시29분 穀雨 4월20일 8시37분

양력	1	2	3	4	5	6	7	8	9	10	11	12	13	14	15	16	17	18	19	20	21	22	23	24	25	26	27	28	29	30	
요일	土	日	月	火	水	木	金	土	日	月	火	水	木	金	土	日	月	火	水	木	金	土	日	月	火	水	木	金	土	日	
음력	2/18	19	20	21	22	23	24	25	26	27	28	29	30	3/1	2	3	4	5	6	7	8	9	10	11	12	13	14	15	16	17	
일진	壬戌	癸亥	甲子	乙丑	丙寅	丁卯	戊辰	己巳	庚午	辛未	壬申	癸酉	甲戌	乙亥	丙子	丁丑	戊寅	己卯	庚辰	辛巳	壬午	癸未	甲申	乙酉	丙戌	丁亥	戊子	己丑	庚寅	辛卯	
대 남	1	1	1	1	청	10	9	9	9	8	8	8	7	7	7	6	6	6	5	곡	5	4	4	4	3	3	3	2	2	2	
운 여	9	9	10	10	명	1	1	1	1	2	2	2	3	3	3	4	4	4	5	우	5	6	6	6	7	7	7	8	8	8	

양력 5월 입하절(乙巳月) 立夏 5월5일 19시1분 小滿 5월21일 8시0분

양력	1	2	3	4	5	6	7	8	9	10	11	12	13	14	15	16	17	18	19	20	21	22	23	24	25	26	27	28	29	30	31
요일	月	火	水	木	金	土	日	月	火	水	木	金	土	日	月	火	水	木	金	土	日	月	火	水	木	金	土	日	月	火	水
음력	3/18	19	20	21	22	23	24	25	26	27	28	29	4/1	2	3	4	5	6	7	8	9	10	11	12	13	14	15	16	17	18	19
일진	壬辰	癸巳	甲午	乙未	丙申	丁酉	戊戌	己亥	庚子	辛丑	壬寅	癸卯	甲辰	乙巳	丙午	丁未	戊申	己酉	庚戌	辛亥	壬子	癸丑	甲寅	乙卯	丙辰	丁巳	戊午	己未	庚申	辛酉	壬戌
대 남	1	1	1	1	입	10	10	9	9	9	8	8	8	7	7	7	6	6	6	5	소	5	4	4	4	3	3	3	2	2	2
운 여	9	9	9	10	하	1	1	1	1	2	2	2	3	3	3	4	4	4	5	5	만	6	6	6	7	7	7	8	8	8	9

양력 6월 망종절(丙午月) 芒種 6월5일 23시22분 夏至 6월21일 16시6분

양력	1	2	3	4	5	6	7	8	9	10	11	12	13	14	15	16	17	18	19	20	21	22	23	24	25	26	27	28	29	30	
요일	木	金	土	日	月	火	水	木	金	土	日	月	火	水	木	金	土	日	月	火	水	木	金	土	日	月	火	水	木	金	
음력	4/20	21	22	23	24	25	26	27	28	29	5/1	2	3	4	5	6	7	8	9	10	11	12	13	14	15	16	17	18	19	20	
일진	癸亥	甲子	乙丑	丙寅	丁卯	戊辰	己巳	庚午	辛未	壬申	癸酉	甲戌	乙亥	丙子	丁丑	戊寅	己卯	庚辰	辛巳	壬午	癸未	甲申	乙酉	丙戌	丁亥	戊子	己丑	庚寅	辛卯	壬辰	
대 남	1	1	1	1	망	10	10	10	9	9	9	8	8	8	7	7	7	6	6	6	하	5	5	4	4	4	3	3	3	2	
운 여	9	9	10	10	종	1	1	1	1	2	2	2	3	3	3	4	4	4	5	5	지	6	6	6	7	7	7	8	8	8	

壬子年

양력 7월 소서절(丁未月) 小暑 7월7일 9시43분 大暑 7월23일 3시3분

양력	1	2	3	4	5	6	7	8	9	10	11	12	13	14	15	16	17	18	19	20	21	22	23	24	25	26	27	28	29	30	31
요일	土	日	月	火	水	木	金	土	日	月	火	水	木	金	土	日	月	火	水	木	金	土	日	月	火	水	木	金	土	日	月
음력	5/21	22	23	24	25	26	27	28	29	30	6/1	2	3	4	5	6	7	8	9	10	11	12	13	14	15	16	17	18	19	20	21
일진	癸巳	甲午	乙未	丙申	丁酉	戊戌	己亥	庚子	辛丑	壬寅	癸卯	甲辰	乙巳	丙午	丁未	戊申	己酉	庚戌	辛亥	壬子	癸丑	甲寅	乙卯	丙辰	丁巳	戊午	己未	庚申	辛酉	壬戌	癸亥
대운 남	2	2	1	1	1	1	소	10	10	9	9	9	8	8	8	7	7	7	6	6	6	5	대	5	4	4	4	3	3	3	2
대운 여	9	9	9	10	10	10	서	1	1	1	1	2	2	2	3	3	3	4	4	4	5	5	서	6	6	6	7	7	7	8	8

양력 8월 입추절(戊申月) 立秋 8월7일 19시29분 處暑 8월23일 10시3분

양력	1	2	3	4	5	6	7	8	9	10	11	12	13	14	15	16	17	18	19	20	21	22	23	24	25	26	27	28	29	30	31
요일	火	水	木	金	土	日	月	火	水	木	金	土	日	月	火	水	木	金	土	日	月	火	水	木	金	土	日	月	火	水	木
음력	6/22	23	24	25	26	27	28	29	7/1	2	3	4	5	6	7	8	9	10	11	12	13	14	15	16	17	18	19	20	21	22	23
일진	甲子	乙丑	丙寅	丁卯	戊辰	己巳	庚午	辛未	壬申	癸酉	甲戌	乙亥	丙子	丁丑	戊寅	己卯	庚辰	辛巳	壬午	癸未	甲申	乙酉	丙戌	丁亥	戊子	己丑	庚寅	辛卯	壬辰	癸巳	甲午
대운 남	2	2	1	1	1	1	입	10	10	9	9	9	8	8	8	7	7	7	6	6	6	5	처	5	4	4	4	3	3	3	2
대운 여	8	9	9	9	10	10	추	1	1	1	1	2	2	2	3	3	3	4	4	4	5	5	서	6	6	6	7	7	7	8	8

양력 9월 백로절(己酉月) 白露 9월7일 22시15분 秋分 9월23일 7시33분

양력	1	2	3	4	5	6	7	8	9	10	11	12	13	14	15	16	17	18	19	20	21	22	23	24	25	26	27	28	29	30	
요일	金	土	日	月	火	水	木	金	土	日	月	火	水	木	金	土	日	月	火	水	木	金	土	日	月	火	水	木	金	土	
음력	7/24	25	26	27	28	29	30	8/1	2	3	4	5	6	7	8	9	10	11	12	13	14	15	16	17	18	19	20	21	22	23	
일진	乙未	丙申	丁酉	戊戌	己亥	庚子	辛丑	壬寅	癸卯	甲辰	乙巳	丙午	丁未	戊申	己酉	庚戌	辛亥	壬子	癸丑	甲寅	乙卯	丙辰	丁巳	戊午	己未	庚申	辛酉	壬戌	癸亥	甲子	
대운 남	2	2	1	1	1	1	백	10	10	9	9	9	8	8	8	7	7	7	6	6	6	5	추	5	4	4	4	3	3	3	
대운 여	8	9	9	9	10	10	로	1	1	1	1	2	2	2	3	3	3	4	4	4	5	5	분	6	6	6	7	7	7	8	

양력 10월 한로절(庚戌月) 寒露 10월8일 13시42분 霜降 10월23일 16시41분

양력	1	2	3	4	5	6	7	8	9	10	11	12	13	14	15	16	17	18	19	20	21	22	23	24	25	26	27	28	29	30	31
요일	日	月	火	水	木	金	土	日	月	火	水	木	金	土	日	月	火	水	木	金	土	日	月	火	水	木	金	土	日	月	火
음력	8/24	25	26	27	28	29	9/1	2	3	4	5	6	7	8	9	10	11	12	13	14	15	16	17	18	19	20	21	22	23	24	25
일진	乙丑	丙寅	丁卯	戊辰	己巳	庚午	辛未	壬申	癸酉	甲戌	乙亥	丙子	丁丑	戊寅	己卯	庚辰	辛巳	壬午	癸未	甲申	乙酉	丙戌	丁亥	戊子	己丑	庚寅	辛卯	壬辰	癸巳	甲午	乙未
대운 남	2	2	2	1	1	1	1	한	10	9	9	9	8	8	8	7	7	7	6	6	6	5	상	5	4	4	4	3	3	3	2
대운 여	8	8	9	9	9	10	10	로	1	1	1	1	2	2	2	3	3	3	4	4	4	5	강	5	6	6	6	7	7	7	8

양력 11월 입동절(辛亥月) 立冬 11월7일 16시39분 小雪 11월22일 14시3분

양력	1	2	3	4	5	6	7	8	9	10	11	12	13	14	15	16	17	18	19	20	21	22	23	24	25	26	27	28	29	30	
요일	水	木	金	土	日	月	火	水	木	金	土	日	月	火	水	木	金	土	日	月	火	水	木	金	土	日	月	火	水	木	
음력	9/26	27	28	29	30	10/1	2	3	4	5	6	7	8	9	10	11	12	13	14	15	16	17	18	19	20	21	22	23	24	25	
일진	丙申	丁酉	戊戌	己亥	庚子	辛丑	壬寅	癸卯	甲辰	乙巳	丙午	丁未	戊申	己酉	庚戌	辛亥	壬子	癸丑	甲寅	乙卯	丙辰	丁巳	戊午	己未	庚申	辛酉	壬戌	癸亥	甲子	乙丑	
대운 남	2	2	1	1	1	1	입	10	9	9	9	8	8	8	7	7	7	6	6	6	5	소	5	4	4	4	3	3	3	2	
대운 여	8	8	9	9	9	10	동	1	1	1	1	2	2	2	3	3	3	4	4	4	5	설	5	6	6	6	7	7	7	8	

양력 12월 대설절(壬子月) 大雪 12월7일 9시19분 冬至 12월22일 3시13분

양력	1	2	3	4	5	6	7	8	9	10	11	12	13	14	15	16	17	18	19	20	21	22	23	24	25	26	27	28	29	30	31
요일	金	土	日	月	火	水	木	金	土	日	月	火	水	木	金	土	日	月	火	水	木	金	土	日	月	火	水	木	金	土	日
음력	10/26	27	28	29	30	11/1	2	3	4	5	6	7	8	9	10	11	12	13	14	15	16	17	18	19	20	21	22	23	24	25	26
일진	丙寅	丁卯	戊辰	己巳	庚午	辛未	壬申	癸酉	甲戌	乙亥	丙子	丁丑	戊寅	己卯	庚辰	辛巳	壬午	癸未	甲申	乙酉	丙戌	丁亥	戊子	己丑	庚寅	辛卯	壬辰	癸巳	甲午	乙未	丙申
대운 남	2	2	1	1	1	1	대	9	9	9	8	8	8	7	7	7	6	6	6	5	5	동	4	4	4	3	3	3	2	2	2
대운 여	8	8	9	9	9	10	설	1	1	1	1	2	2	2	3	3	3	4	4	4	5	지	5	6	6	6	7	7	7	8	8

서기 1973년 [단기 4306년]

양력 1월 소한절(癸丑月) 小寒 1월5일 20시25분 大寒 1월20일 13시48분

양력	1	2	3	4	5	6	7	8	9	10	11	12	13	14	15	16	17	18	19	20	21	22	23	24	25	26	27	28	29	30	31
요일	月	火	水	木	金	土	日	月	火	水	木	金	土	日	月	火	水	木	金	土	日	月	火	水	木	金	土	日	月	火	水
음력	11/27	28	29	30	12/1	2	3	4	5	6	7	8	9	10	11	12	13	14	15	16	17	18	19	20	21	22	23	24	25	26	27
일진	丁酉	戊戌	己亥	庚子	辛丑	壬寅	癸卯	甲辰	乙巳	丙午	丁未	戊申	己酉	庚戌	辛亥	壬子	癸丑	甲寅	乙卯	丙辰	丁巳	戊午	己未	庚申	辛酉	壬戌	癸亥	甲子	乙丑	丙寅	丁卯
대운 남	1	1	1	1	소한	10	9	9	9	8	8	8	7	7	7	6	6	6	5	대한	5	4	4	4	3	3	3	2	2	2	1
대운 여	8	9	9	9		1	1	1	1	2	2	2	3	3	3	4	4	4	5		5	6	6	6	7	7	7	8	8	8	9

양력 2월 입춘절(甲寅月) 立春 2월4일 8시4분 雨水 2월19일 4시1분

양력	1	2	3	4	5	6	7	8	9	10	11	12	13	14	15	16	17	18	19	20	21	22	23	24	25	26	27	28			
요일	木	金	土	日	月	火	水	木	金	土	日	月	火	水	木	金	土	日	月	火	水	木	金	土	日	月	火	水			
음력	12/28	29	1/1	2	3	4	5	6	7	8	9	10	11	12	13	14	15	16	17	18	19	20	21	22	23	24	25	26			
일진	戊辰	己巳	庚午	辛未	壬申	癸酉	甲戌	乙亥	丙子	丁丑	戊寅	己卯	庚辰	辛巳	壬午	癸未	甲申	乙酉	丙戌	丁亥	戊子	己丑	庚寅	辛卯	壬辰	癸巳	甲午	乙未			
대운 남	1	1	1	입춘	1	1	1	1	2	2	2	3	3	3	4	4	4	5	우수	5	6	6	6	7	7	7	8	8			
대운 여	9	9	10		10	9	9	9	8	8	8	7	7	7	6	6	6	5		5	4	4	4	3	3	3	2	2			

양력 3월 경칩절(乙卯月) 驚蟄 3월6일 2시13분 春分 3월21일 3시12분

양력	1	2	3	4	5	6	7	8	9	10	11	12	13	14	15	16	17	18	19	20	21	22	23	24	25	26	27	28	29	30	31
요일	木	金	土	日	月	火	水	木	金	土	日	月	火	水	木	金	土	日	月	火	水	木	金	土	日	月	火	水	木	金	土
음력	1/27	28	29	30	2/1	2	3	4	5	6	7	8	9	10	11	12	13	14	15	16	17	18	19	20	21	22	23	24	25	26	27
일진	丙申	丁酉	戊戌	己亥	庚子	辛丑	壬寅	癸卯	甲辰	乙巳	丙午	丁未	戊申	己酉	庚戌	辛亥	壬子	癸丑	甲寅	乙卯	丙辰	丁巳	戊午	己未	庚申	辛酉	壬戌	癸亥	甲子	乙丑	丙寅
대운 남	8	9	9	9	10	경칩	1	1	1	1	2	2	2	3	3	3	4	4	4	5	춘분	5	6	6	6	7	7	7	8	8	8
대운 여	2	1	1	1	1		10	9	9	9	8	8	8	7	7	7	6	6	6	5		5	4	4	4	3	3	3	2	2	2

양력 4월 청명절(丙辰月) 清明 4월5일 7시14분 穀雨 4월20일 14시30분

양력	1	2	3	4	5	6	7	8	9	10	11	12	13	14	15	16	17	18	19	20	21	22	23	24	25	26	27	28	29	30	
요일	日	月	火	水	木	金	土	日	月	火	水	木	金	土	日	月	火	水	木	金	土	日	月	火	水	木	金	土	日	月	
음력	2/28	29	3/1	2	3	4	5	6	7	8	9	10	11	12	13	14	15	16	17	18	19	20	21	22	23	24	25	26	27	28	
일진	丁卯	戊辰	己巳	庚午	辛未	壬申	癸酉	甲戌	乙亥	丙子	丁丑	戊寅	己卯	庚辰	辛巳	壬午	癸未	甲申	乙酉	丙戌	丁亥	戊子	己丑	庚寅	辛卯	壬辰	癸巳	甲午	乙未	丙申	
대운 남	9	9	9	10	청명	1	1	1	1	2	2	2	3	3	3	4	4	4	5	곡우	5	6	6	6	7	7	7	8	8	8	
대운 여	1	1	1	1		10	10	9	9	9	8	8	8	7	7	7	6	6	6		5	5	4	4	4	3	3	3	2	2	

양력 5월 입하절(丁巳月) 立夏 5월6일 0시46분 小滿 5월21일 13시54분

양력	1	2	3	4	5	6	7	8	9	10	11	12	13	14	15	16	17	18	19	20	21	22	23	24	25	26	27	28	29	30	31
요일	火	水	木	金	土	日	月	火	水	木	金	土	日	月	火	水	木	金	土	日	月	火	水	木	金	土	日	月	火	水	木
음력	3/29	30	4/1	2	3	4	5	6	7	8	9	10	11	12	13	14	15	16	17	18	19	20	21	22	23	24	25	26	27	28	29
일진	丁酉	戊戌	己亥	庚子	辛丑	壬寅	癸卯	甲辰	乙巳	丙午	丁未	戊申	己酉	庚戌	辛亥	壬子	癸丑	甲寅	乙卯	丙辰	丁巳	戊午	己未	庚申	辛酉	壬戌	癸亥	甲子	乙丑	丙寅	丁卯
대운 남	9	9	9	10	10	입하	1	1	1	1	2	2	2	3	3	3	4	4	4	5	소만	5	6	6	6	7	7	7	8	8	8
대운 여	2	1	1	1	1		10	10	9	9	9	8	8	8	7	7	7	6	6	6		5	5	4	4	4	3	3	3	2	2

양력 6월 망종절(戊午月) 芒種 6월6일 5시7분 夏至 6월21일 22시1분

양력	1	2	3	4	5	6	7	8	9	10	11	12	13	14	15	16	17	18	19	20	21	22	23	24	25	26	27	28	29	30	
요일	金	土	日	月	火	水	木	金	土	日	月	火	水	木	金	土	日	月	火	水	木	金	土	日	月	火	水	木	金	土	
음력	5/1	2	3	4	5	6	7	8	9	10	11	12	13	14	15	16	17	18	19	20	21	22	23	24	25	26	27	28	29	6/1	
일진	戊辰	己巳	庚午	辛未	壬申	癸酉	甲戌	乙亥	丙子	丁丑	戊寅	己卯	庚辰	辛巳	壬午	癸未	甲申	乙酉	丙戌	丁亥	戊子	己丑	庚寅	辛卯	壬辰	癸巳	甲午	乙未	丙申	丁酉	
대운 남	9	9	9	10	10	망종	1	1	1	1	2	2	2	3	3	3	4	4	4	5	하지	5	6	6	6	7	7	7	8	8	
대운 여	2	1	1	1	1		10	10	9	9	9	8	8	8	7	7	7	6	6	6		5	5	4	4	4	3	3	3	2	

癸丑年

양력 7월 소서절(己未月) 小暑 7월7일 15시27분 大暑 7월23일 8시56분

양력	1	2	3	4	5	6	7	8	9	10	11	12	13	14	15	16	17	18	19	20	21	22	23	24	25	26	27	28	29	30	31
요일	日	月	火	水	木	金	土	日	月	火	水	木	金	土	日	月	火	水	木	金	土	日	月	火	水	木	金	土	日	月	火
음력	6/2	3	4	5	6	7	8	9	10	11	12	13	14	15	16	17	18	19	20	21	22	23	24	25	26	27	28	29	30	7/1	2
일진	戊戌	己亥	庚子	辛丑	壬寅	癸卯	甲辰	乙巳	丙午	丁未	戊申	己酉	庚戌	辛亥	壬子	癸丑	甲寅	乙卯	丙辰	丁巳	戊午	己未	庚申	辛酉	壬戌	癸亥	甲子	乙丑	丙寅	丁卯	戊辰
대운 남	8	9	9	9	10	10	소	1	1	1	1	2	2	2	3	3	3	4	4	4	5	5	대	6	6	6	7	7	7	8	8
대운 여	2	2	1	1	1	1	서	10	10	10	9	9	9	8	8	8	7	7	7	6	6	6	서	5	5	4	4	4	3	3	3

양력 8월 입추절(庚申月) 立秋 8월8일 1시13분 處暑 8월23일 15시53분

양력	1	2	3	4	5	6	7	8	9	10	11	12	13	14	15	16	17	18	19	20	21	22	23	24	25	26	27	28	29	30	31
요일	水	木	金	土	日	月	火	水	木	金	土	日	月	火	水	木	金	土	日	月	火	水	木	金	土	日	月	火	水	木	金
음력	7/3	4	5	6	7	8	9	10	11	12	13	14	15	16	17	18	19	20	21	22	23	24	25	26	27	28	29	8/1	2	3	4
일진	己巳	庚午	辛未	壬申	癸酉	甲戌	乙亥	丙子	丁丑	戊寅	己卯	庚辰	辛巳	壬午	癸未	甲申	乙酉	丙戌	丁亥	戊子	己丑	庚寅	辛卯	壬辰	癸巳	甲午	乙未	丙申	丁酉	戊戌	己亥
대운 남	8	9	9	9	10	10	10	입	1	1	1	1	2	2	2	3	3	3	4	4	4	5	처	5	6	6	6	7	7	7	8
대운 여	2	2	2	1	1	1	1	추	10	10	9	9	9	8	8	8	7	7	7	6	6	6	서	5	5	4	4	4	3	3	3

양력 9월 백로절(辛酉月) 白露 9월8일 3시59분 秋分 9월23일 13시21분

양력	1	2	3	4	5	6	7	8	9	10	11	12	13	14	15	16	17	18	19	20	21	22	23	24	25	26	27	28	29	30
요일	土	日	月	火	水	木	金	土	日	月	火	水	木	金	土	日	月	火	水	木	金	土	日	月	火	水	木	金	土	日
음력	8/5	6	7	8	9	10	11	12	13	14	15	16	17	18	19	20	21	22	23	24	25	26	27	28	29	9/1	2	3	4	5
일진	庚子	辛丑	壬寅	癸卯	甲辰	乙巳	丙午	丁未	戊申	己酉	庚戌	辛亥	壬子	癸丑	甲寅	乙卯	丙辰	丁巳	戊午	己未	庚申	辛酉	壬戌	癸亥	甲子	乙丑	丙寅	丁卯	戊辰	己巳
대운 남	8	8	9	9	9	10	10	백	1	1	1	1	2	2	2	3	3	3	4	4	4	5	추	5	6	6	6	7	7	7
대운 여	2	2	2	1	1	1	1	로	10	9	9	9	8	8	8	7	7	7	6	6	6	5	분	5	4	4	4	3	3	3

양력 10월 한로절(壬戌月) 寒露 10월8일 19시27분 霜降 10월23일 22시30분

양력	1	2	3	4	5	6	7	8	9	10	11	12	13	14	15	16	17	18	19	20	21	22	23	24	25	26	27	28	29	30	31
요일	月	火	水	木	金	土	日	月	火	水	木	金	土	日	月	火	水	木	金	土	日	月	火	水	木	金	土	日	月	火	水
음력	9/6	7	8	9	10	11	12	13	14	15	16	17	18	19	20	21	22	23	24	25	26	27	28	29	30	10/1	2	3	4	5	6
일진	庚午	辛未	壬申	癸酉	甲戌	乙亥	丙子	丁丑	戊寅	己卯	庚辰	辛巳	壬午	癸未	甲申	乙酉	丙戌	丁亥	戊子	己丑	庚寅	辛卯	壬辰	癸巳	甲午	乙未	丙申	丁酉	戊戌	己亥	庚子
대운 남	8	8	8	9	9	9	10	한	1	1	1	1	2	2	2	3	3	3	4	4	4	5	상	5	6	6	6	7	7	7	8
대운 여	2	2	2	1	1	1	1	로	10	9	9	9	8	8	8	7	7	7	6	6	6	5	강	5	4	4	4	3	3	3	2

양력 11월 입동절(癸亥月) 立冬 11월7일 22시28분 小雪 11월22일 19시54분

양력	1	2	3	4	5	6	7	8	9	10	11	12	13	14	15	16	17	18	19	20	21	22	23	24	25	26	27	28	29	30
요일	木	金	土	日	月	火	水	木	金	土	日	月	火	水	木	金	土	日	月	火	水	木	金	土	日	月	火	水	木	金
음력	10/7	8	9	10	11	12	13	14	15	16	17	18	19	20	21	22	23	24	25	26	27	28	29	30	11/1	2	3	4	5	6
일진	辛丑	壬寅	癸卯	甲辰	乙巳	丙午	丁未	戊申	己酉	庚戌	辛亥	壬子	癸丑	甲寅	乙卯	丙辰	丁巳	戊午	己未	庚申	辛酉	壬戌	癸亥	甲子	乙丑	丙寅	丁卯	戊辰	己巳	庚午
대운 남	8	8	9	9	9	10	입	1	1	1	1	2	2	2	3	3	3	4	4	4	5	소	5	6	6	6	7	7	7	8
대운 여	2	2	1	1	1	1	동	10	9	9	9	8	8	8	7	7	7	6	6	6	5	설	5	4	4	4	3	3	3	2

양력 12월 대설절(甲子月) 大雪 12월7일 15시10분 冬至 12월22일 9시8분

양력	1	2	3	4	5	6	7	8	9	10	11	12	13	14	15	16	17	18	19	20	21	22	23	24	25	26	27	28	29	30	31
요일	土	日	月	火	水	木	金	土	日	月	火	水	木	金	土	日	月	火	水	木	金	土	日	月	火	水	木	金	土	日	月
음력	11/7	8	9	10	11	12	13	14	15	16	17	18	19	20	21	22	23	24	25	26	27	28	29	30	12/1	2	3	4	5	6	7
일진	辛未	壬申	癸酉	甲戌	乙亥	丙子	丁丑	戊寅	己卯	庚辰	辛巳	壬午	癸未	甲申	乙酉	丙戌	丁亥	戊子	己丑	庚寅	辛卯	壬辰	癸巳	甲午	乙未	丙申	丁酉	戊戌	己亥	庚子	辛丑
대운 남	8	8	9	9	9	10	대	1	1	1	1	2	2	2	3	3	3	4	4	4	5	동	5	6	6	6	7	7	7	8	8
대운 여	2	2	1	1	1	1	설	10	9	9	9	8	8	8	7	7	7	6	6	6	5	지	5	4	4	4	3	3	3	2	2

서기 1974년 [단기 4307년]

양력 1월 소한절(乙丑月) 小寒 1월6일 2시20분 大寒 1월20일 19시46분

양력	1	2	3	4	5	6	7	8	9	10	11	12	13	14	15	16	17	18	19	20	21	22	23	24	25	26	27	28	29	30	31
요일	火	水	木	金	土	日	月	火	水	木	金	土	日	月	火	水	木	金	土	日	月	火	水	木	金	土	日	月	火	水	木
음력	12/8	9	10	11	12	13	14	15	16	17	18	19	20	21	22	23	24	25	26	27	28	29	1/1	2	3	4	5	6	7	8	9
일진	壬寅	癸卯	甲辰	乙巳	丙午	丁未	戊申	己酉	庚戌	辛亥	壬子	癸丑	甲寅	乙卯	丙辰	丁巳	戊午	己未	庚申	辛酉	壬戌	癸亥	甲子	乙丑	丙寅	丁卯	戊辰	己巳	庚午	辛未	壬申
대운 남	8	9	9	9	10	소한	1	1	1	1	2	2	2	3	3	3	4	4	4	대한	5	5	6	6	6	7	7	7	8	8	8
대운 여	2	1	1	1	1		9	9	9	8	8	8	7	7	7	6	6	6	5		5	4	4	4	3	3	3	2	2	2	1

양력 2월 입춘절(丙寅月) 立春 2월4일 14시0분 雨水 2월19일 9시59분

양력	1	2	3	4	5	6	7	8	9	10	11	12	13	14	15	16	17	18	19	20	21	22	23	24	25	26	27	28			
요일	金	土	日	月	火	水	木	金	土	日	月	火	水	木	金	土	日	月	火	水	木	金	土	日	月	火	水	木			
음력	1/10	11	12	13	14	15	16	17	18	19	20	21	22	23	24	25	26	27	28	29	30	2/1	2	3	4	5	6	7			
일진	癸酉	甲戌	乙亥	丙子	丁丑	戊寅	己卯	庚辰	辛巳	壬午	癸未	甲申	乙酉	丙戌	丁亥	戊子	己丑	庚寅	辛卯	壬辰	癸巳	甲午	乙未	丙申	丁酉	戊戌	己亥	庚子			
대운 남	9	9	9	입춘	10	9	9	9	8	8	8	7	7	7	6	6	6	5	우수	5	4	4	4	3	3	3	2	2			
대운 여	1	1	1		1	1	1	1	2	2	2	3	3	3	4	4	4	5		5	6	6	6	7	7	7	8	8			

양력 3월 경칩절(丁卯月) 驚蟄 3월6일 8시7분 春分 3월21일 9시7분

양력	1	2	3	4	5	6	7	8	9	10	11	12	13	14	15	16	17	18	19	20	21	22	23	24	25	26	27	28	29	30	31
요일	金	土	日	月	火	水	木	金	土	日	月	火	水	木	金	土	日	月	火	水	木	金	土	日	月	火	水	木	金	土	日
음력	2/8	9	10	11	12	13	14	15	16	17	18	19	20	21	22	23	24	25	26	27	28	29	30	3/1	2	3	4	5	6	7	8
일진	辛丑	壬寅	癸卯	甲辰	乙巳	丙午	丁未	戊申	己酉	庚戌	辛亥	壬子	癸丑	甲寅	乙卯	丙辰	丁巳	戊午	己未	庚申	辛酉	壬戌	癸亥	甲子	乙丑	丙寅	丁卯	戊辰	己巳	庚午	辛未
대운 남	2	1	1	1	1	경칩	10	9	9	9	8	8	8	7	7	7	6	6	6	5	춘분	5	4	4	4	3	3	3	2	2	2
대운 여	8	9	9	9	10		1	1	1	1	2	2	2	3	3	3	4	4	4	5		5	6	6	6	7	7	7	8	8	8

양력 4월 청명절(戊辰月) 淸明 4월5일 13시5분 穀雨 4월20일 20시19분

양력	1	2	3	4	5	6	7	8	9	10	11	12	13	14	15	16	17	18	19	20	21	22	23	24	25	26	27	28	29	30	
요일	月	火	水	木	金	土	日	月	火	水	木	金	土	日	月	火	水	木	金	土	日	月	火	水	木	金	土	日	月	火	
음력	3/9	10	11	12	13	14	15	16	17	18	19	20	21	22	23	24	25	26	27	28	29	4/1	2	3	4	5	6	7	8	9	
일진	壬申	癸酉	甲戌	乙亥	丙子	丁丑	戊寅	己卯	庚辰	辛巳	壬午	癸未	甲申	乙酉	丙戌	丁亥	戊子	己丑	庚寅	辛卯	壬辰	癸巳	甲午	乙未	丙申	丁酉	戊戌	己亥	庚子	辛丑	
대운 남	1	1	1	1	청명	10	10	9	9	9	8	8	8	7	7	7	6	6	6	곡우	5	5	4	4	4	3	3	3	2	2	
대운 여	9	9	9	10		1	1	1	1	2	2	2	3	3	3	4	4	4	5		5	6	6	6	7	7	7	8	8	8	

양력 5월 입하절(己巳月) 立夏 5월6일 6시34분 小滿 5월21일 19시36분

양력	1	2	3	4	5	6	7	8	9	10	11	12	13	14	15	16	17	18	19	20	21	22	23	24	25	26	27	28	29	30	31
요일	水	木	金	土	日	月	火	水	木	金	土	日	月	火	水	木	金	土	日	月	火	水	木	金	土	日	月	火	水	木	金
음력	4/10	11	12	13	14	15	16	17	18	19	20	21	22	23	24	25	26	27	28	29	30	윤1	2	3	4	5	6	7	8	9	10
일진	壬寅	癸卯	甲辰	乙巳	丙午	丁未	戊申	己酉	庚戌	辛亥	壬子	癸丑	甲寅	乙卯	丙辰	丁巳	戊午	己未	庚申	辛酉	壬戌	癸亥	甲子	乙丑	丙寅	丁卯	戊辰	己巳	庚午	辛未	壬申
대운 남	2	1	1	1	1	입하	10	10	9	9	9	8	8	8	7	7	7	6	6	6	소만	5	5	4	4	4	3	3	3	2	2
대운 여	9	9	9	10	10		1	1	1	1	2	2	2	3	3	3	4	4	4	5		5	6	6	6	7	7	7	8	8	8

양력 6월 망종절(庚午月) 芒種 6월6일 10시52분 夏至 6월22일 3시38분

양력	1	2	3	4	5	6	7	8	9	10	11	12	13	14	15	16	17	18	19	20	21	22	23	24	25	26	27	28	29	30	
요일	土	日	月	火	水	木	金	土	日	月	火	水	木	金	土	日	月	火	水	木	金	土	日	月	火	水	木	金	土	日	
음력	윤11	12	13	14	15	16	17	18	19	20	21	22	23	24	25	26	27	28	29	5/1	2	3	4	5	6	7	8	9	10	11	
일진	癸酉	甲戌	乙亥	丙子	丁丑	戊寅	己卯	庚辰	辛巳	壬午	癸未	甲申	乙酉	丙戌	丁亥	戊子	己丑	庚寅	辛卯	壬辰	癸巳	甲午	乙未	丙申	丁酉	戊戌	己亥	庚子	辛丑	壬寅	
대운 남	2	1	1	1	1	망종	10	10	9	9	9	8	8	8	7	7	7	6	6	6	5	하지	5	4	4	4	3	3	3	2	
대운 여	9	9	9	10	10		1	1	1	1	2	2	2	3	3	3	4	4	4	5	5		6	6	6	7	7	7	8	8	

▶윤달-4월

甲寅年

양력 7월 소서절(辛未月) 小暑 7월7일 21시11분 大暑 7월23일 14시30분

양력	1	2	3	4	5	6	7	8	9	10	11	12	13	14	15	16	17	18	19	20	21	22	23	24	25	26	27	28	29	30	31
요일	月	火	水	木	金	土	日	月	火	水	木	金	土	日	月	火	水	木	金	土	日	月	火	水	木	金	土	日	月	火	水
음력	5/12	13	14	15	16	17	18	19	20	21	22	23	24	25	26	27	28	29	6/1	2	3	4	5	6	7	8	9	10	11	12	13
일진	癸卯	甲辰	乙巳	丙午	丁未	戊申	己酉	庚戌	辛亥	壬子	癸丑	甲寅	乙卯	丙辰	丁巳	戊午	己未	庚申	辛酉	壬戌	癸亥	甲子	乙丑	丙寅	丁卯	戊辰	己巳	庚午	辛未	壬申	癸酉
대운 남	2	2	1	1	1	1	소	10	10	10	9	9	9	8	8	8	7	7	7	6	6	6	대	5	5	4	4	4	3	3	3
대운 여	8	9	9	9	10	10	서	1	1	1	1	2	2	2	3	3	3	4	4	4	5	5	서	6	6	6	7	7	7	8	8

양력 8월 입추절(壬申月) 立秋 8월8일 6시57분 處暑 8월23일 21시29분

양력	1	2	3	4	5	6	7	8	9	10	11	12	13	14	15	16	17	18	19	20	21	22	23	24	25	26	27	28	29	30	31
요일	木	金	土	日	月	火	水	木	金	土	日	月	火	水	木	金	土	日	月	火	水	木	金	土	日	月	火	水	木	金	土
음력	6/14	15	16	17	18	19	20	21	22	23	24	25	26	27	28	29	30	7/1	2	3	4	5	6	7	8	9	10	11	12	13	14
일진	甲戌	乙亥	丙子	丁丑	戊寅	己卯	庚辰	辛巳	壬午	癸未	甲申	乙酉	丙戌	丁亥	戊子	己丑	庚寅	辛卯	壬辰	癸巳	甲午	乙未	丙申	丁酉	戊戌	己亥	庚子	辛丑	壬寅	癸卯	甲辰
대운 남	2	2	2	1	1	1	1	입	10	10	9	9	9	8	8	8	7	7	7	6	6	6	처	5	5	4	4	4	3	3	3
대운 여	8	9	9	9	10	10	10	추	1	1	1	1	2	2	2	3	3	3	4	4	4	5	서	5	6	6	6	7	7	7	8

양력 9월 백로절(癸酉月) 白露 9월8일 9시45분 秋分 9월23일 18시58분

양력	1	2	3	4	5	6	7	8	9	10	11	12	13	14	15	16	17	18	19	20	21	22	23	24	25	26	27	28	29	30
요일	日	月	火	水	木	金	土	日	月	火	水	木	金	土	日	月	火	水	木	金	土	日	月	火	水	木	金	土	日	月
음력	7/15	16	17	18	19	20	21	22	23	24	25	26	27	28	29	8/1	2	3	4	5	6	7	8	9	10	11	12	13	14	15
일진	乙巳	丙午	丁未	戊申	己酉	庚戌	辛亥	壬子	癸丑	甲寅	乙卯	丙辰	丁巳	戊午	己未	庚申	辛酉	壬戌	癸亥	甲子	乙丑	丙寅	丁卯	戊辰	己巳	庚午	辛未	壬申	癸酉	甲戌
대운 남	2	2	2	1	1	1	1	백	10	10	9	9	9	8	8	8	7	7	7	6	6	6	추	5	5	4	4	4	3	3
대운 여	8	8	9	9	9	10	10	로	1	1	1	1	2	2	2	3	3	3	4	4	4	5	분	5	6	6	6	7	7	7

양력 10월 한로절(甲戌月) 寒露 10월9일 1시15분 霜降 10월24일 4시11분

양력	1	2	3	4	5	6	7	8	9	10	11	12	13	14	15	16	17	18	19	20	21	22	23	24	25	26	27	28	29	30	31
요일	火	水	木	金	土	日	月	火	水	木	金	土	日	月	火	水	木	金	土	日	月	火	水	木	金	土	日	月	火	水	木
음력	8/16	17	18	19	20	21	22	23	24	25	26	27	28	29	9/1	2	3	4	5	6	7	8	9	10	11	12	13	14	15	16	17
일진	乙亥	丙子	丁丑	戊寅	己卯	庚辰	辛巳	壬午	癸未	甲申	乙酉	丙戌	丁亥	戊子	己丑	庚寅	辛卯	壬辰	癸巳	甲午	乙未	丙申	丁酉	戊戌	己亥	庚子	辛丑	壬寅	癸卯	甲辰	乙巳
대운 남	3	2	2	2	1	1	1	1	한	10	9	9	9	8	8	8	7	7	7	6	6	6	5	상	5	4	4	4	3	3	3
대운 여	8	8	8	9	9	9	10	10	로	1	1	1	1	2	2	2	3	3	3	4	4	4	5	강	5	6	6	6	7	7	7

양력 11월 입동절(乙亥月) 立冬 11월8일 4시18분 小雪 11월23일 1시38분

양력	1	2	3	4	5	6	7	8	9	10	11	12	13	14	15	16	17	18	19	20	21	22	23	24	25	26	27	28	29	30
요일	金	土	日	月	火	水	木	金	土	日	月	火	水	木	金	土	日	月	火	水	木	金	土	日	月	火	水	木	金	土
음력	9/18	19	20	21	22	23	24	25	26	27	28	29	30	10/1	2	3	4	5	6	7	8	9	10	11	12	13	14	15	16	17
일진	丙午	丁未	戊申	己酉	庚戌	辛亥	壬子	癸丑	甲寅	乙卯	丙辰	丁巳	戊午	己未	庚申	辛酉	壬戌	癸亥	甲子	乙丑	丙寅	丁卯	戊辰	己巳	庚午	辛未	壬申	癸酉	甲戌	乙亥
대운 남	2	2	2	1	1	1	1	입	9	9	9	8	8	8	7	7	7	6	6	6	5	5	소	4	4	4	3	3	3	2
대운 여	8	8	8	9	9	9	10	동	1	1	1	1	2	2	2	3	3	3	4	4	4	5	설	5	6	6	6	7	7	7

양력 12월 대설절(丙子月) 大雪 12월7일 21시5분 冬至 12월22일 14시56분

양력	1	2	3	4	5	6	7	8	9	10	11	12	13	14	15	16	17	18	19	20	21	22	23	24	25	26	27	28	29	30	31
요일	日	月	火	水	木	金	土	日	月	火	水	木	金	土	日	月	火	水	木	金	土	日	月	火	水	木	金	土	日	月	火
음력	10/18	19	20	21	22	23	24	25	26	27	28	29	30	11/1	2	3	4	5	6	7	8	9	10	11	12	13	14	15	16	17	18
일진	丙子	丁丑	戊寅	己卯	庚辰	辛巳	壬午	癸未	甲申	乙酉	丙戌	丁亥	戊子	己丑	庚寅	辛卯	壬辰	癸巳	甲午	乙未	丙申	丁酉	戊戌	己亥	庚子	辛丑	壬寅	癸卯	甲辰	乙巳	丙午
대운 남	2	2	1	1	1	1	대	10	9	9	9	8	8	8	7	7	7	6	6	6	5	동	5	4	4	4	3	3	3	2	2
대운 여	8	8	8	9	9	9	설	1	1	1	1	2	2	2	3	3	3	4	4	4	5	지	5	6	6	6	7	7	7	8	8

서기 1975년 [단기 4308년]

양력 1월 소한절(丁丑月) 小寒 1월6일 8시18분 大寒 1월21일 1시36분

양력	1	2	3	4	5	6	7	8	9	10	11	12	13	14	15	16	17	18	19	20	21	22	23	24	25	26	27	28	29	30	31
요일	水	木	金	土	日	月	火	水	木	金	土	日	月	火	水	木	金	土	日	月	火	水	木	金	土	日	月	火	水	木	金
음력	11/19	20	21	22	23	24	25	26	27	28	29	12/1	2	3	4	5	6	7	8	9	10	11	12	13	14	15	16	17	18	19	20
일진	丁未	戊申	己酉	庚戌	辛亥	壬子	癸丑	甲寅	乙卯	丙辰	丁巳	戊午	己未	庚申	辛酉	壬戌	癸亥	甲子	乙丑	丙寅	丁卯	戊辰	己巳	庚午	辛未	壬申	癸酉	甲戌	乙亥	丙子	丁丑
대운 남	2	1	1	1	1	소	9	9	9	8	8	8	7	7	7	6	6	6	5	5	대	4	4	4	3	3	3	2	2	2	1
대운 여	8	9	9	9	10	한	1	1	1	1	2	2	2	3	3	3	4	4	4	5	한	5	6	6	6	7	7	7	8	8	8

양력 2월 입춘절(戊寅月) 立春 2월4일 19시59분 雨水 2월19일 15시50분

양력	1	2	3	4	5	6	7	8	9	10	11	12	13	14	15	16	17	18	19	20	21	22	23	24	25	26	27	28			
요일	土	日	月	火	水	木	金	土	日	月	火	水	木	金	土	日	月	火	水	木	金	土	日	月	火	水	木	金			
음력	12/21	22	23	24	25	26	27	28	29	30	1/1	2	3	4	5	6	7	8	9	10	11	12	13	14	15	16	17	18			
일진	戊寅	己卯	庚辰	辛巳	壬午	癸未	甲申	乙酉	丙戌	丁亥	戊子	己丑	庚寅	辛卯	壬辰	癸巳	甲午	乙未	丙申	丁酉	戊戌	己亥	庚子	辛丑	壬寅	癸卯	甲辰	乙巳			
대운 남	1	1	1	입	1	1	1	1	2	2	2	3	3	3	4	4	4	5	우	5	6	6	6	7	7	7	8	8			
대운 여	9	9	9	춘	10	9	9	9	8	8	8	7	7	7	6	6	6	5	수	5	4	4	4	3	3	3	2	2			

양력 3월 경칩절(己卯月) 驚蟄 3월6일 14시6분 春分 3월21일 14시57분

양력	1	2	3	4	5	6	7	8	9	10	11	12	13	14	15	16	17	18	19	20	21	22	23	24	25	26	27	28	29	30	31
요일	土	日	月	火	水	木	金	土	日	月	火	水	木	金	土	日	月	火	水	木	金	土	日	月	火	水	木	金	土	日	月
음력	1/19	20	21	22	23	24	25	26	27	28	29	30	2/1	2	3	4	5	6	7	8	9	10	11	12	13	14	15	16	17	18	19
일진	丙午	丁未	戊申	己酉	庚戌	辛亥	壬子	癸丑	甲寅	乙卯	丙辰	丁巳	戊午	己未	庚申	辛酉	壬戌	癸亥	甲子	乙丑	丙寅	丁卯	戊辰	己巳	庚午	辛未	壬申	癸酉	甲戌	乙亥	丙子
대운 남	8	9	9	9	10	경	1	1	1	1	2	2	2	3	3	3	4	4	4	5	춘	5	6	6	6	7	7	7	8	8	8
대운 여	2	1	1	1	1	칩	10	9	9	9	8	8	8	7	7	7	6	6	6	5	분	5	4	4	4	3	3	3	2	2	2

양력 4월 청명절(庚辰月) 淸明 4월5일 19시2분 穀雨 4월21일 2시7분

양력	1	2	3	4	5	6	7	8	9	10	11	12	13	14	15	16	17	18	19	20	21	22	23	24	25	26	27	28	29	30	
요일	火	水	木	金	土	日	月	火	水	木	金	土	日	月	火	水	木	金	土	日	月	火	水	木	金	土	日	月	火	水	
음력	2/20	21	22	23	24	25	26	27	28	29	30	3/1	2	3	4	5	6	7	8	9	10	11	12	13	14	15	16	17	18	19	
일진	丁丑	戊寅	己卯	庚辰	辛巳	壬午	癸未	甲申	乙酉	丙戌	丁亥	戊子	己丑	庚寅	辛卯	壬辰	癸巳	甲午	乙未	丙申	丁酉	戊戌	己亥	庚子	辛丑	壬寅	癸卯	甲辰	乙巳	丙午	
대운 남	9	9	9	10	청	1	1	1	1	2	2	2	3	3	3	4	4	4	5	5	곡	6	6	6	7	7	7	8	8	8	
대운 여	1	1	1	1	명	10	10	9	9	9	8	8	8	7	7	7	6	6	6	5	우	5	4	4	4	3	3	3	2	2	

양력 5월 입하절(辛巳月) 立夏 5월6일 12시27분 小滿 5월22일 1시24분

양력	1	2	3	4	5	6	7	8	9	10	11	12	13	14	15	16	17	18	19	20	21	22	23	24	25	26	27	28	29	30	31
요일	木	金	土	日	月	火	水	木	金	土	日	月	火	水	木	金	土	日	月	火	水	木	金	土	日	月	火	水	木	金	土
음력	3/20	21	22	23	24	25	26	27	28	29	4/1	2	3	4	5	6	7	8	9	10	11	12	13	14	15	16	17	18	19	20	21
일진	丁未	戊申	己酉	庚戌	辛亥	壬子	癸丑	甲寅	乙卯	丙辰	丁巳	戊午	己未	庚申	辛酉	壬戌	癸亥	甲子	乙丑	丙寅	丁卯	戊辰	己巳	庚午	辛未	壬申	癸酉	甲戌	乙亥	丙子	丁丑
대운 남	9	9	9	10	10	입	1	1	1	1	2	2	2	3	3	3	4	4	4	5	5	소	6	6	6	7	7	7	8	8	8
대운 여	2	1	1	1	1	하	10	10	9	9	9	8	8	8	7	7	7	6	6	6	5	만	5	4	4	4	3	3	3	2	2

양력 6월 망종절(壬午月) 芒種 6월6일 16시42분 夏至 6월22일 9시26분

양력	1	2	3	4	5	6	7	8	9	10	11	12	13	14	15	16	17	18	19	20	21	22	23	24	25	26	27	28	29	30	
요일	日	月	火	水	木	金	土	日	月	火	水	木	金	土	日	月	火	水	木	金	土	日	月	火	水	木	金	土	日	月	
음력	4/22	23	24	25	26	27	28	29	30	5/1	2	3	4	5	6	7	8	9	10	11	12	13	14	15	16	17	18	19	20	21	
일진	戊寅	己卯	庚辰	辛巳	壬午	癸未	甲申	乙酉	丙戌	丁亥	戊子	己丑	庚寅	辛卯	壬辰	癸巳	甲午	乙未	丙申	丁酉	戊戌	己亥	庚子	辛丑	壬寅	癸卯	甲辰	乙巳	丙午	丁未	
대운 남	9	9	9	10	10	망	1	1	1	1	2	2	2	3	3	3	4	4	4	5	5	하	6	6	6	7	7	7	8	8	
대운 여	2	1	1	1	1	종	10	10	10	9	9	9	8	8	8	7	7	7	6	6	6	지	5	5	4	4	4	3	3	3	

乙卯年

양력 7월 소서절(癸未月) 小暑 7월8일 2시59분 大暑 7월23일 20시22분

양력		1	2	3	4	5	6	7	8	9	10	11	12	13	14	15	16	17	18	19	20	21	22	23	24	25	26	27	28	29	30	31
요일		火	水	木	金	土	日	月	火	水	木	金	土	日	月	火	水	木	金	土	日	月	火	水	木	金	土	日	月	火	水	木
음력		5/22	23	24	25	26	27	28	29	6/1	2	3	4	5	6	7	8	9	10	11	12	13	14	15	16	17	18	19	20	21	22	23
일진		戊申	己酉	庚戌	辛亥	壬子	癸丑	甲寅	乙卯	丙辰	丁巳	戊午	己未	庚申	辛酉	壬戌	癸亥	甲子	乙丑	丙寅	丁卯	戊辰	己巳	庚午	辛未	壬申	癸酉	甲戌	乙亥	丙子	丁丑	戊寅
대운	남	8	9	9	9	10	10	10	소	1	1	1	1	2	2	2	3	3	3	4	4	4	5	대	5	6	6	6	7	7	7	8
	여	2	2	2	1	1	1	1	서	10	10	9	9	9	8	8	8	7	7	7	6	6	6	서	5	5	4	4	4	3	3	3

양력 8월 입추절(甲申月) 立秋 8월8일 12시45분 處暑 8월24일 3시24분

양력		1	2	3	4	5	6	7	8	9	10	11	12	13	14	15	16	17	18	19	20	21	22	23	24	25	26	27	28	29	30	31
요일		金	土	日	月	火	水	木	金	土	日	月	火	水	木	金	土	日	月	火	水	木	金	土	日	月	火	水	木	金	土	日
음력		6/24	25	26	27	28	29	7/1	2	3	4	5	6	7	8	9	10	11	12	13	14	15	16	17	18	19	20	21	22	23	24	25
일진		己卯	庚辰	辛巳	壬午	癸未	甲申	乙酉	丙戌	丁亥	戊子	己丑	庚寅	辛卯	壬辰	癸巳	甲午	乙未	丙申	丁酉	戊戌	己亥	庚子	辛丑	壬寅	癸卯	甲辰	乙巳	丙午	丁未	戊申	己酉
대운	남	8	8	9	9	9	10	10	입	1	1	1	1	2	2	2	3	3	3	4	4	4	5	5	처	6	6	6	7	7	7	8
	여	2	2	2	1	1	1	1	추	10	10	9	9	9	8	8	8	7	7	7	6	6	6	5	서	5	4	4	4	3	3	3

양력 9월 백로절(乙酉月) 白露 9월8일 15시33분 秋分 9월24일 0시55분

양력		1	2	3	4	5	6	7	8	9	10	11	12	13	14	15	16	17	18	19	20	21	22	23	24	25	26	27	28	29	30
요일		月	火	水	木	金	土	日	月	火	水	木	金	土	日	月	火	水	木	金	土	日	月	火	水	木	金	土	日	月	火
음력		7/26	27	28	29	30	8/1	2	3	4	5	6	7	8	9	10	11	12	13	14	15	16	17	18	19	20	21	22	23	24	25
일진		庚戌	辛亥	壬子	癸丑	甲寅	乙卯	丙辰	丁巳	戊午	己未	庚申	辛酉	壬戌	癸亥	甲子	乙丑	丙寅	丁卯	戊辰	己巳	庚午	辛未	壬申	癸酉	甲戌	乙亥	丙子	丁丑	戊寅	己卯
대운	남	8	8	9	9	9	10	10	백	1	1	1	1	2	2	2	3	3	3	4	4	4	5	5	추	6	6	6	7	7	7
	여	2	2	2	1	1	1	1	로	10	10	9	9	9	8	8	8	7	7	7	6	6	6	5	분	5	4	4	4	3	3

양력 10월 한로절(丙戌月) 寒露 10월9일 7시2분 霜降 10월24일 10시6분

양력		1	2	3	4	5	6	7	8	9	10	11	12	13	14	15	16	17	18	19	20	21	22	23	24	25	26	27	28	29	30	31
요일		水	木	金	土	日	月	火	水	木	金	土	日	月	火	水	木	金	土	日	月	火	水	木	金	土	日	月	火	水	木	金
음력		8/26	27	28	29	9/1	2	3	4	5	6	7	8	9	10	11	12	13	14	15	16	17	18	19	20	21	22	23	24	25	26	27
일진		庚辰	辛巳	壬午	癸未	甲申	乙酉	丙戌	丁亥	戊子	己丑	庚寅	辛卯	壬辰	癸巳	甲午	乙未	丙申	丁酉	戊戌	己亥	庚子	辛丑	壬寅	癸卯	甲辰	乙巳	丙午	丁未	戊申	己酉	庚戌
대운	남	8	8	8	9	9	9	10	10	한	1	1	1	1	2	2	2	3	3	3	4	4	4	5	상	5	6	6	6	7	7	7
	여	3	2	2	2	1	1	1	1	로	10	9	9	9	8	8	8	7	7	7	6	6	6	5	강	5	4	4	4	3	3	3

양력 11월 입동절(丁亥月) 立冬 11월8일 10시3분 小雪 11월23일 7시31분

양력		1	2	3	4	5	6	7	8	9	10	11	12	13	14	15	16	17	18	19	20	21	22	23	24	25	26	27	28	29	30
요일		土	日	月	火	水	木	金	土	日	月	火	水	木	金	土	日	月	火	水	木	金	土	日	月	火	水	木	金	土	日
음력		9/28	29	10/1	2	3	4	5	6	7	8	9	10	11	12	13	14	15	16	17	18	19	20	21	22	23	24	25	26	27	28
일진		辛亥	壬子	癸丑	甲寅	乙卯	丙辰	丁巳	戊午	己未	庚申	辛酉	壬戌	癸亥	甲子	乙丑	丙寅	丁卯	戊辰	己巳	庚午	辛未	壬申	癸酉	甲戌	乙亥	丙子	丁丑	戊寅	己卯	庚辰
대운	남	8	8	8	9	9	9	10	입	1	1	1	1	2	2	2	3	3	3	4	4	4	5	소	5	6	6	6	7	7	7
	여	2	2	2	1	1	1	1	동	10	9	9	9	8	8	8	7	7	7	6	6	6	5	설	5	4	4	4	3	3	3

양력 12월 대설절(戊子月) 大雪 12월8일 2시46분 冬至 12월22일 20시46분

양력		1	2	3	4	5	6	7	8	9	10	11	12	13	14	15	16	17	18	19	20	21	22	23	24	25	26	27	28	29	30	31
요일		月	火	水	木	金	土	日	月	火	水	木	金	土	日	月	火	水	木	金	土	日	月	火	水	木	金	土	日	月	火	水
음력		10/29	30	11/1	2	3	4	5	6	7	8	9	10	11	12	13	14	15	16	17	18	19	20	21	22	23	24	25	26	27	28	29
일진		辛巳	壬午	癸未	甲申	乙酉	丙戌	丁亥	戊子	己丑	庚寅	辛卯	壬辰	癸巳	甲午	乙未	丙申	丁酉	戊戌	己亥	庚子	辛丑	壬寅	癸卯	甲辰	乙巳	丙午	丁未	戊申	己酉	庚戌	辛亥
대운	남	8	8	8	9	9	9	10	대	1	1	1	1	2	2	2	3	3	3	4	4	4	동	5	5	6	6	6	7	7	7	8
	여	2	2	2	1	1	1	1	설	9	9	9	8	8	8	7	7	7	6	6	6	5	지	5	4	4	4	3	3	3	2	2

서기 1976년 [단기 4309년]

양력 1월 소한절(己丑月) 小寒 1월6일 13시57분 大寒 1월21일 7시25분

양력	1	2	3	4	5	6	7	8	9	10	11	12	13	14	15	16	17	18	19	20	21	22	23	24	25	26	27	28	29	30	31
요일	木	金	土	日	月	火	水	木	金	土	日	月	火	水	木	金	土	日	月	火	水	木	金	土	日	月	火	水	木	金	土
음력	12/1	2	3	4	5	6	7	8	9	10	11	12	13	14	15	16	17	18	19	20	21	22	23	24	25	26	27	28	29	30	1/1
일진	壬子	癸丑	甲寅	乙卯	丙辰	丁巳	戊午	己未	庚申	辛酉	壬戌	癸亥	甲子	乙丑	丙寅	丁卯	戊辰	己巳	庚午	辛未	壬申	癸酉	甲戌	乙亥	丙子	丁丑	戊寅	己卯	庚辰	辛巳	壬午
대운 남	8	8	9	9	9	소	1	1	1	1	2	2	2	3	3	3	4	4	4	5	대	5	6	6	6	7	7	7	8	8	8
대운 여	2	1	1	1	1	한	10	9	9	9	8	8	8	7	7	7	6	6	6	5	한	5	4	4	4	3	3	3	2	2	2

양력 2월 입춘절(庚寅月) 立春 2월5일 1시39분 雨水 2월19일 21시40분

양력	1	2	3	4	5	6	7	8	9	10	11	12	13	14	15	16	17	18	19	20	21	22	23	24	25	26	27	28	29
요일	日	月	火	水	木	金	土	日	月	火	水	木	金	土	日	月	火	水	木	金	土	日	月	火	水	木	金	土	日
음력	1/2	3	4	5	6	7	8	9	10	11	12	13	14	15	16	17	18	19	20	21	22	23	24	25	26	27	28	29	30
일진	癸未	甲申	乙酉	丙戌	丁亥	戊子	己丑	庚寅	辛卯	壬辰	癸巳	甲午	乙未	丙申	丁酉	戊戌	己亥	庚子	辛丑	壬寅	癸卯	甲辰	乙巳	丙午	丁未	戊申	己酉	庚戌	辛亥
대운 남	9	9	9	10	입	9	9	9	8	8	8	7	7	7	6	6	6	5	우	5	4	4	4	3	3	3	2	2	2
대운 여	1	1	1	1	춘	1	1	1	1	2	2	2	3	3	3	4	4	4	수	5	5	6	6	6	7	7	7	8	8

양력 3월 경칩절(辛卯月) 驚蟄 3월5일 19시48분 春分 3월20일 20시50분

양력	1	2	3	4	5	6	7	8	9	10	11	12	13	14	15	16	17	18	19	20	21	22	23	24	25	26	27	28	29	30	31
요일	月	火	水	木	金	土	日	月	火	水	木	金	土	日	月	火	水	木	金	土	日	月	火	水	木	金	土	日	月	火	水
음력	2/1	2	3	4	5	6	7	8	9	10	11	12	13	14	15	16	17	18	19	20	21	22	23	24	25	26	27	28	29	30	3/1
일진	壬子	癸丑	甲寅	乙卯	丙辰	丁巳	戊午	己未	庚申	辛酉	壬戌	癸亥	甲子	乙丑	丙寅	丁卯	戊辰	己巳	庚午	辛未	壬申	癸酉	甲戌	乙亥	丙子	丁丑	戊寅	己卯	庚辰	辛巳	壬午
대운 남	1	1	1	1	경	10	10	9	9	9	8	8	8	7	7	7	6	6	6	춘	5	5	4	4	4	3	3	3	2	2	2
대운 여	8	9	9	9	칩	1	1	1	1	2	2	2	3	3	3	4	4	4	5	분	5	6	6	6	7	7	7	8	8	8	9

양력 4월 청명절(壬辰月) 淸明 4월5일 0시46분 穀雨 4월20일 8시3분

양력	1	2	3	4	5	6	7	8	9	10	11	12	13	14	15	16	17	18	19	20	21	22	23	24	25	26	27	28	29	30
요일	木	金	土	日	月	火	水	木	金	土	日	月	火	水	木	金	土	日	月	火	水	木	金	土	日	月	火	水	木	金
음력	3/2	3	4	5	6	7	8	9	10	11	12	13	14	15	16	17	18	19	20	21	22	23	24	25	26	27	28	29	4/1	2
일진	癸未	甲申	乙酉	丙戌	丁亥	戊子	己丑	庚寅	辛卯	壬辰	癸巳	甲午	乙未	丙申	丁酉	戊戌	己亥	庚子	辛丑	壬寅	癸卯	甲辰	乙巳	丙午	丁未	戊申	己酉	庚戌	辛亥	壬子
대운 남	1	1	1	1	청	10	9	9	9	8	8	8	7	7	7	6	6	6	5	곡	5	4	4	4	3	3	3	2	2	2
대운 여	9	9	10	10	명	1	1	1	1	2	2	2	3	3	3	4	4	4	5	우	5	6	6	6	7	7	7	8	8	8

양력 5월 입하절(癸巳月) 立夏 5월5일 18시14분 小滿 5월21일 7시21분

양력	1	2	3	4	5	6	7	8	9	10	11	12	13	14	15	16	17	18	19	20	21	22	23	24	25	26	27	28	29	30	31
요일	土	日	月	火	水	木	金	土	日	月	火	水	木	金	土	日	月	火	水	木	金	土	日	月	火	水	木	金	土	日	月
음력	4/3	4	5	6	7	8	9	10	11	12	13	14	15	16	17	18	19	20	21	22	23	24	25	26	27	28	29	30	5/1	2	3
일진	癸丑	甲寅	乙卯	丙辰	丁巳	戊午	己未	庚申	辛酉	壬戌	癸亥	甲子	乙丑	丙寅	丁卯	戊辰	己巳	庚午	辛未	壬申	癸酉	甲戌	乙亥	丙子	丁丑	戊寅	己卯	庚辰	辛巳	壬午	癸未
대운 남	1	1	1	1	입	10	10	9	9	9	8	8	8	7	7	7	6	6	6	5	소	5	4	4	4	3	3	3	2	2	2
대운 여	9	9	9	10	하	1	1	1	1	2	2	2	3	3	3	4	4	4	5	5	만	6	6	6	7	7	7	8	8	8	9

양력 6월 망종절(甲午月) 芒種 6월5일 22시31분 夏至 6월21일 15시24분

양력	1	2	3	4	5	6	7	8	9	10	11	12	13	14	15	16	17	18	19	20	21	22	23	24	25	26	27	28	29	30
요일	火	水	木	金	土	日	月	火	水	木	金	土	日	月	火	水	木	金	土	日	月	火	水	木	金	土	日	月	火	水
음력	5/4	5	6	7	8	9	10	11	12	13	14	15	16	17	18	19	20	21	22	23	24	25	26	27	28	29	6/1	2	3	4
일진	甲申	乙酉	丙戌	丁亥	戊子	己丑	庚寅	辛卯	壬辰	癸巳	甲午	乙未	丙申	丁酉	戊戌	己亥	庚子	辛丑	壬寅	癸卯	甲辰	乙巳	丙午	丁未	戊申	己酉	庚戌	辛亥	壬子	癸丑
대운 남	1	1	1	1	망	10	10	10	9	9	9	8	8	8	7	7	7	6	6	6	하	5	5	4	4	4	3	3	3	2
대운 여	9	9	10	10	종	1	1	1	1	2	2	2	3	3	3	4	4	4	5	5	지	6	6	6	7	7	7	8	8	8

丙辰年

양력 7월 소서절(乙未月) 小暑 7월7일 8시51분 大暑 7월23일 2시18분

양력	1	2	3	4	5	6	7	8	9	10	11	12	13	14	15	16	17	18	19	20	21	22	23	24	25	26	27	28	29	30	31
요일	木	金	土	日	月	火	水	木	金	土	日	月	火	水	木	金	土	日	月	火	水	木	金	土	日	月	火	水	木	金	土
음력	6/5	6	7	8	9	10	11	12	13	14	15	16	17	18	19	20	21	22	23	24	25	26	27	28	29	30	7/1	2	3	4	5
일진	甲寅	乙卯	丙辰	丁巳	戊午	己未	庚申	辛酉	壬戌	癸亥	甲子	乙丑	丙寅	丁卯	戊辰	己巳	庚午	辛未	壬申	癸酉	甲戌	乙亥	丙子	丁丑	戊寅	己卯	庚辰	辛巳	壬午	癸未	甲申
대운 남	2	2	1	1	1	1	소	10	10	9	9	9	8	8	8	7	7	7	6	6	6	5	대	5	4	4	4	3	3	3	2
대운 여	9	9	9	10	10	10	서	1	1	1	1	2	2	2	3	3	3	4	4	4	5	5	서	6	6	6	7	7	7	8	8

양력 8월 입추절(丙申月) 立秋 8월7일 18시38분 處暑 8월23일 9시18분

양력	1	2	3	4	5	6	7	8	9	10	11	12	13	14	15	16	17	18	19	20	21	22	23	24	25	26	27	28	29	30	31
요일	日	月	火	水	木	金	土	日	月	火	水	木	金	土	日	月	火	水	木	金	土	日	月	火	水	木	金	土	日	月	火
음력	7/6	7	8	9	10	11	12	13	14	15	16	17	18	19	20	21	22	23	24	25	26	27	28	29	8/1	2	3	4	5	6	7
일진	乙酉	丙戌	丁亥	戊子	己丑	庚寅	辛卯	壬辰	癸巳	甲午	乙未	丙申	丁酉	戊戌	己亥	庚子	辛丑	壬寅	癸卯	甲辰	乙巳	丙午	丁未	戊申	己酉	庚戌	辛亥	壬子	癸丑	甲寅	乙卯
대운 남	2	2	1	1	1	1	입	10	10	9	9	9	8	8	8	7	7	7	6	6	6	5	처	5	4	4	4	3	3	3	2
대운 여	8	9	9	9	10	10	추	1	1	1	1	2	2	2	3	3	3	4	4	4	5	5	서	6	6	6	7	7	7	8	8

양력 9월 백로절(丁酉月) 白露 9월7일 21시28분 秋分 9월23일 6시48분

양력	1	2	3	4	5	6	7	8	9	10	11	12	13	14	15	16	17	18	19	20	21	22	23	24	25	26	27	28	29	30
요일	水	木	金	土	日	月	火	水	木	金	土	日	月	火	水	木	金	土	日	月	火	水	木	金	土	日	月	火	水	木
음력	8/8	9	10	11	12	13	14	15	16	17	18	19	20	21	22	23	24	25	26	27	28	29	30	윤1	2	3	4	5	6	7
일진	丙辰	丁巳	戊午	己未	庚申	辛酉	壬戌	癸亥	甲子	乙丑	丙寅	丁卯	戊辰	己巳	庚午	辛未	壬申	癸酉	甲戌	乙亥	丙子	丁丑	戊寅	己卯	庚辰	辛巳	壬午	癸未	甲申	乙酉
대운 남	2	2	1	1	1	1	백	10	10	9	9	9	8	8	8	7	7	7	6	6	6	5	추	5	4	4	4	3	3	3
대운 여	8	9	9	9	10	10	로	1	1	1	1	2	2	2	3	3	3	4	4	4	5	5	분	6	6	6	7	7	7	8

양력 10월 한로절(戊戌月) 寒露 10월8일 12시58분 霜降 10월23일 15시58분

양력	1	2	3	4	5	6	7	8	9	10	11	12	13	14	15	16	17	18	19	20	21	22	23	24	25	26	27	28	29	30	31
요일	金	土	日	月	火	水	木	金	土	日	月	火	水	木	金	土	日	月	火	水	木	金	土	日	月	火	水	木	金	土	日
음력	윤8	9	10	11	12	13	14	15	16	17	18	19	20	21	22	23	24	25	26	27	28	29	9/1	2	3	4	5	6	7	8	9
일진	丙戌	丁亥	戊子	己丑	庚寅	辛卯	壬辰	癸巳	甲午	乙未	丙申	丁酉	戊戌	己亥	庚子	辛丑	壬寅	癸卯	甲辰	乙巳	丙午	丁未	戊申	己酉	庚戌	辛亥	壬子	癸丑	甲寅	乙卯	丙辰
대운 남	2	2	2	1	1	1	1	한	10	9	9	9	8	8	8	7	7	7	6	6	6	5	상	5	4	4	4	3	3	3	2
대운 여	8	8	9	9	9	10	10	로	1	1	1	1	2	2	2	3	3	3	4	4	4	5	강	5	6	6	6	7	7	7	8

양력 11월 입동절(己亥月) 立冬 11월7일 15시59분 小雪 11월22일 13시22분

양력	1	2	3	4	5	6	7	8	9	10	11	12	13	14	15	16	17	18	19	20	21	22	23	24	25	26	27	28	29	30
요일	月	火	水	木	金	土	日	月	火	水	木	金	土	日	月	火	水	木	金	土	日	月	火	水	木	金	土	日	月	火
음력	9/10	11	12	13	14	15	16	17	18	19	20	21	22	23	24	25	26	27	28	29	30	10/1	2	3	4	5	6	7	8	9
일진	丁巳	戊午	己未	庚申	辛酉	壬戌	癸亥	甲子	乙丑	丙寅	丁卯	戊辰	己巳	庚午	辛未	壬申	癸酉	甲戌	乙亥	丙子	丁丑	戊寅	己卯	庚辰	辛巳	壬午	癸未	甲申	乙酉	丙戌
대운 남	2	2	1	1	1	1	입	10	9	9	9	8	8	8	7	7	7	6	6	6	5	소	5	4	4	4	3	3	3	2
대운 여	8	8	9	9	9	10	동	1	1	1	1	2	2	2	3	3	3	4	4	4	5	설	5	6	6	6	7	7	7	8

양력 12월 대설절(庚子月) 大雪 12월7일 8시41분 冬至 12월22일 2시35분

양력	1	2	3	4	5	6	7	8	9	10	11	12	13	14	15	16	17	18	19	20	21	22	23	24	25	26	27	28	29	30	31
요일	水	木	金	土	日	月	火	水	木	金	土	日	月	火	水	木	金	土	日	月	火	水	木	金	土	日	月	火	水	木	金
음력	10/10	11	12	13	14	15	16	17	18	19	20	21	22	23	24	25	26	27	28	29	11/1	2	3	4	5	6	7	8	9	10	11
일진	丁亥	戊子	己丑	庚寅	辛卯	壬辰	癸巳	甲午	乙未	丙申	丁酉	戊戌	己亥	庚子	辛丑	壬寅	癸卯	甲辰	乙巳	丙午	丁未	戊申	己酉	庚戌	辛亥	壬子	癸丑	甲寅	乙卯	丙辰	丁巳
대운 남	2	2	1	1	1	1	대	9	9	9	8	8	8	7	7	7	6	6	6	5	5	동	4	4	4	3	3	3	2	2	2
대운 여	8	8	9	9	9	10	설	1	1	1	1	2	2	2	3	3	3	4	4	4	5	지	5	6	6	6	7	7	7	8	8

▶윤달-8월

서기 1977년 [단기 4310년]

양력 1월 소한절(辛丑月) 小寒 1월5일 19시51분 大寒 1월20일 13시14분

양력	1	2	3	4	5	6	7	8	9	10	11	12	13	14	15	16	17	18	19	20	21	22	23	24	25	26	27	28	29	30	31
요일	土	日	月	火	水	木	金	土	日	月	火	水	木	金	土	日	月	火	水	木	金	土	日	月	火	水	木	金	土	日	月
음력	11/12	13	14	15	16	17	18	19	20	21	22	23	24	25	26	27	28	29	12/1	2	3	4	5	6	7	8	9	10	11	12	13
일진	戊午	己未	庚申	辛酉	壬戌	癸亥	甲子	乙丑	丙寅	丁卯	戊辰	己巳	庚午	辛未	壬申	癸酉	甲戌	乙亥	丙子	丁丑	戊寅	己卯	庚辰	辛巳	壬午	癸未	甲申	乙酉	丙戌	丁亥	戊子
대운 남	1	1	1	1	소한	10	9	9	9	8	8	8	7	7	7	6	6	6	5	대한	5	4	4	4	3	3	3	2	2	2	1
대운 여	8	9	9	9		1	1	1	1	2	2	2	3	3	3	4	4	4	5		5	6	6	6	7	7	7	8	8	8	9

양력 2월 입춘절(壬寅月) 立春 2월4일 7시33분 雨水 2월19일 3시30분

양력	1	2	3	4	5	6	7	8	9	10	11	12	13	14	15	16	17	18	19	20	21	22	23	24	25	26	27	28			
요일	火	水	木	金	土	日	月	火	水	木	金	土	日	月	火	水	木	金	土	日	月	火	水	木	金	土	日	月			
음력	12/14	15	16	17	18	19	20	21	22	23	24	25	26	27	28	29	30	1/1	2	3	4	5	6	7	8	9	10	11			
일진	己丑	庚寅	辛卯	壬辰	癸巳	甲午	乙未	丙申	丁酉	戊戌	己亥	庚子	辛丑	壬寅	癸卯	甲辰	乙巳	丙午	丁未	戊申	己酉	庚戌	辛亥	壬子	癸丑	甲寅	乙卯	丙辰			
대운 남	1	1	1	입춘	1	1	1	1	2	2	2	3	3	3	4	4	4	5	우수	5	6	6	6	7	7	7	8	8			
대운 여	9	9	10		10	9	9	9	8	8	8	7	7	7	6	6	6	5		5	4	4	4	3	3	3	2	2			

양력 3월 경칩절(癸卯月) 驚蟄 3월6일 1시44분 春分 3월21일 2시42분

양력	1	2	3	4	5	6	7	8	9	10	11	12	13	14	15	16	17	18	19	20	21	22	23	24	25	26	27	28	29	30	31
요일	火	水	木	金	土	日	月	火	水	木	金	土	日	月	火	水	木	金	土	日	月	火	水	木	金	土	日	月	火	水	木
음력	1/12	13	14	15	16	17	18	19	20	21	22	23	24	25	26	27	28	29	30	2/1	2	3	4	5	6	7	8	9	10	11	12
일진	丁巳	戊午	己未	庚申	辛酉	壬戌	癸亥	甲子	乙丑	丙寅	丁卯	戊辰	己巳	庚午	辛未	壬申	癸酉	甲戌	乙亥	丙子	丁丑	戊寅	己卯	庚辰	辛巳	壬午	癸未	甲申	乙酉	丙戌	丁亥
대운 남	8	9	9	9	10	경칩	1	1	1	1	2	2	2	3	3	3	4	4	4	5	춘분	5	6	6	6	7	7	7	8	8	8
대운 여	2	1	1	1	1		10	9	9	9	8	8	8	7	7	7	6	6	6	5		5	4	4	4	3	3	3	2	2	2

양력 4월 청명절(甲辰月) 清明 4월5일 6시46분 穀雨 4월20일 13시57분

양력	1	2	3	4	5	6	7	8	9	10	11	12	13	14	15	16	17	18	19	20	21	22	23	24	25	26	27	28	29	30	
요일	金	土	日	月	火	水	木	金	土	日	月	火	水	木	金	土	日	月	火	水	木	金	土	日	月	火	水	木	金	土	
음력	2/13	14	15	16	17	18	19	20	21	22	23	24	25	26	27	28	29	3/1	2	3	4	5	6	7	8	9	10	11	12	13	
일진	戊子	己丑	庚寅	辛卯	壬辰	癸巳	甲午	乙未	丙申	丁酉	戊戌	己亥	庚子	辛丑	壬寅	癸卯	甲辰	乙巳	丙午	丁未	戊申	己酉	庚戌	辛亥	壬子	癸丑	甲寅	乙卯	丙辰	丁巳	
대운 남	9	9	9	10	청명	1	1	1	1	2	2	2	3	3	3	4	4	4	5	곡우	5	6	6	6	7	7	7	8	8	8	
대운 여	1	1	1	1		10	10	9	9	9	8	8	8	7	7	7	6	6	6		5	5	4	4	4	3	3	3	2	2	

양력 5월 입하절(乙巳月) 立夏 5월6일 0시16분 小滿 5월21일 13시14분

양력	1	2	3	4	5	6	7	8	9	10	11	12	13	14	15	16	17	18	19	20	21	22	23	24	25	26	27	28	29	30	31
요일	日	月	火	水	木	金	土	日	月	火	水	木	金	土	日	月	火	水	木	金	土	日	月	火	水	木	金	土	日	月	火
음력	3/14	15	16	17	18	19	20	21	22	23	24	25	26	27	28	29	30	4/1	2	3	4	5	6	7	8	9	10	11	12	13	14
일진	戊午	己未	庚申	辛酉	壬戌	癸亥	甲子	乙丑	丙寅	丁卯	戊辰	己巳	庚午	辛未	壬申	癸酉	甲戌	乙亥	丙子	丁丑	戊寅	己卯	庚辰	辛巳	壬午	癸未	甲申	乙酉	丙戌	丁亥	戊子
대운 남	9	9	9	10	10	입하	1	1	1	1	2	2	2	3	3	3	4	4	4	5	소만	5	6	6	6	7	7	7	8	8	8
대운 여	2	1	1	1	1		10	10	9	9	9	8	8	8	7	7	7	6	6	6		5	5	4	4	4	3	3	3	2	2

양력 6월 망종절(丙午月) 芒種 6월6일 4시32분 夏至 6월21일 21시14분

양력	1	2	3	4	5	6	7	8	9	10	11	12	13	14	15	16	17	18	19	20	21	22	23	24	25	26	27	28	29	30	
요일	水	木	金	土	日	月	火	水	木	金	土	日	月	火	水	木	金	土	日	月	火	水	木	金	土	日	月	火	水	木	
음력	4/15	16	17	18	19	20	21	22	23	24	25	26	27	28	29	30	5/1	2	3	4	5	6	7	8	9	10	11	12	13	14	
일진	己丑	庚寅	辛卯	壬辰	癸巳	甲午	乙未	丙申	丁酉	戊戌	己亥	庚子	辛丑	壬寅	癸卯	甲辰	乙巳	丙午	丁未	戊申	己酉	庚戌	辛亥	壬子	癸丑	甲寅	乙卯	丙辰	丁巳	戊午	
대운 남	9	9	9	10	10	망종	1	1	1	1	2	2	2	3	3	3	4	4	4	5	하지	5	6	6	6	7	7	7	8	8	
대운 여	2	1	1	1	1		10	10	9	9	9	8	8	8	7	7	7	6	6	6		5	5	4	4	4	3	3	3	2	

丁巳年

양력 7월 소서절(丁未月) 小暑 7월7일 14시48분 大暑 7월23일 8시4분

양력	1	2	3	4	5	6	7	8	9	10	11	12	13	14	15	16	17	18	19	20	21	22	23	24	25	26	27	28	29	30	31
요일	金	土	日	月	火	水	木	金	土	日	月	火	水	木	金	土	日	月	火	水	木	金	土	日	月	火	水	木	金	土	日
음력	5/15	16	17	18	19	20	21	22	23	24	25	26	27	28	29	6/1	2	3	4	5	6	7	8	9	10	11	12	13	14	15	16
일진	己未	庚申	辛酉	壬戌	癸亥	甲子	乙丑	丙寅	丁卯	戊辰	己巳	庚午	辛未	壬申	癸酉	甲戌	乙亥	丙子	丁丑	戊寅	己卯	庚辰	辛巳	壬午	癸未	甲申	乙酉	丙戌	丁亥	戊子	己丑
대운 남	8	9	9	9	10	10	소서	1	1	1	1	2	2	2	3	3	3	4	4	4	5	5	대서	6	6	6	7	7	7	8	8
대운 여	2	2	1	1	1	1		10	10	10	9	9	9	8	8	8	7	7	7	6	6	6		5	5	4	4	4	3	3	3

양력 8월 입추절(戊申月) 立秋 8월8일 0시30분 處暑 8월23일 15시0분

양력	1	2	3	4	5	6	7	8	9	10	11	12	13	14	15	16	17	18	19	20	21	22	23	24	25	26	27	28	29	30	31
요일	月	火	水	木	金	土	日	月	火	水	木	金	土	日	月	火	水	木	金	土	日	月	火	水	木	金	土	日	月	火	水
음력	6/17	18	19	20	21	22	23	24	25	26	27	28	29	30	7/1	2	3	4	5	6	7	8	9	10	11	12	13	14	15	16	17
일진	庚寅	辛卯	壬辰	癸巳	甲午	乙未	丙申	丁酉	戊戌	己亥	庚子	辛丑	壬寅	癸卯	甲辰	乙巳	丙午	丁未	戊申	己酉	庚戌	辛亥	壬子	癸丑	甲寅	乙卯	丙辰	丁巳	戊午	己未	庚申
대운 남	8	9	9	9	10	10	10	입추	1	1	1	1	2	2	2	3	3	3	4	4	4	5	처서	5	6	6	6	7	7	7	8
대운 여	2	2	2	1	1	1	1		10	10	9	9	9	8	8	8	7	7	7	6	6	6		5	5	4	4	4	3	3	3

양력 9월 백로절(己酉月) 白露 9월8일 3시16분 秋分 9월23일 12시29분

양력	1	2	3	4	5	6	7	8	9	10	11	12	13	14	15	16	17	18	19	20	21	22	23	24	25	26	27	28	29	30
요일	木	金	土	日	月	火	水	木	金	土	日	月	火	水	木	金	土	日	月	火	水	木	金	土	日	月	火	水	木	金
음력	7/18	19	20	21	22	23	24	25	26	27	28	29	8/1	2	3	4	5	6	7	8	9	10	11	12	13	14	15	16	17	18
일진	辛酉	壬戌	癸亥	甲子	乙丑	丙寅	丁卯	戊辰	己巳	庚午	辛未	壬申	癸酉	甲戌	乙亥	丙子	丁丑	戊寅	己卯	庚辰	辛巳	壬午	癸未	甲申	乙酉	丙戌	丁亥	戊子	己丑	庚寅
대운 남	8	8	9	9	9	10	10	백로	1	1	1	1	2	2	2	3	3	3	4	4	4	5	추분	5	6	6	6	7	7	7
대운 여	2	2	2	1	1	1	1		10	9	9	9	8	8	8	7	7	7	6	6	6	5		5	4	4	4	3	3	3

양력 10월 한로절(庚戌月) 寒露 10월8일 18시44분 霜降 10월23일 21시41분

양력	1	2	3	4	5	6	7	8	9	10	11	12	13	14	15	16	17	18	19	20	21	22	23	24	25	26	27	28	29	30	31
요일	土	日	月	火	水	木	金	土	日	月	火	水	木	金	土	日	月	火	水	木	金	土	日	月	火	水	木	金	土	日	月
음력	8/19	20	21	22	23	24	25	26	27	28	29	30	9/1	2	3	4	5	6	7	8	9	10	11	12	13	14	15	16	17	18	19
일진	辛卯	壬辰	癸巳	甲午	乙未	丙申	丁酉	戊戌	己亥	庚子	辛丑	壬寅	癸卯	甲辰	乙巳	丙午	丁未	戊申	己酉	庚戌	辛亥	壬子	癸丑	甲寅	乙卯	丙辰	丁巳	戊午	己未	庚申	辛酉
대운 남	8	8	8	9	9	9	10	한로	1	1	1	1	2	2	2	3	3	3	4	4	4	5	상강	5	6	6	6	7	7	7	8
대운 여	2	2	2	1	1	1	1		10	9	9	9	8	8	8	7	7	7	6	6	6	5		5	4	4	4	3	3	3	2

양력 11월 입동절(辛亥月) 立冬 11월7일 21시46분 小雪 11월22일 19시7분

양력	1	2	3	4	5	6	7	8	9	10	11	12	13	14	15	16	17	18	19	20	21	22	23	24	25	26	27	28	29	30
요일	火	水	木	金	土	日	月	火	水	木	金	土	日	月	火	水	木	金	土	日	月	火	水	木	金	土	日	月	火	水
음력	9/20	21	22	23	24	25	26	27	28	29	10/1	2	3	4	5	6	7	8	9	10	11	12	13	14	15	16	17	18	19	20
일진	壬戌	癸亥	甲子	乙丑	丙寅	丁卯	戊辰	己巳	庚午	辛未	壬申	癸酉	甲戌	乙亥	丙子	丁丑	戊寅	己卯	庚辰	辛巳	壬午	癸未	甲申	乙酉	丙戌	丁亥	戊子	己丑	庚寅	辛卯
대운 남	8	8	9	9	9	10	입동	1	1	1	1	2	2	2	3	3	3	4	4	4	5	소설	5	6	6	6	7	7	7	8
대운 여	2	2	1	1	1	1		10	9	9	9	8	8	8	7	7	7	6	6	6	5		5	4	4	4	3	3	3	2

양력 12월 대설절(壬子月) 大雪 12월7일 14시31분 冬至 12월22일 8시23분

양력	1	2	3	4	5	6	7	8	9	10	11	12	13	14	15	16	17	18	19	20	21	22	23	24	25	26	27	28	29	30	31
요일	木	金	土	日	月	火	水	木	金	土	日	月	火	水	木	金	土	日	月	火	水	木	金	土	日	月	火	水	木	金	土
음력	10/21	22	23	24	25	26	27	28	29	30	11/1	2	3	4	5	6	7	8	9	10	11	12	13	14	15	16	17	18	19	20	21
일진	壬辰	癸巳	甲午	乙未	丙申	丁酉	戊戌	己亥	庚子	辛丑	壬寅	癸卯	甲辰	乙巳	丙午	丁未	戊申	己酉	庚戌	辛亥	壬子	癸丑	甲寅	乙卯	丙辰	丁巳	戊午	己未	庚申	辛酉	壬戌
대운 남	8	8	9	9	9	10	대설	1	1	1	1	2	2	2	3	3	3	4	4	4	5	동지	5	6	6	6	7	7	7	8	8
대운 여	2	2	1	1	1	1		10	9	9	9	8	8	8	7	7	7	6	6	6	5		5	4	4	4	3	3	3	2	2

서기 1978년 [단기 4311년]

양력 1월 소한절(癸丑月) 小寒 1월6일 1시43분 大寒 1월20일 19시4분

양력	1	2	3	4	5	6	7	8	9	10	11	12	13	14	15	16	17	18	19	20	21	22	23	24	25	26	27	28	29	30	31
요일	日	月	火	水	木	金	土	日	月	火	水	木	金	土	日	月	火	水	木	金	土	日	月	火	水	木	金	土	日	月	火
음력	11/22	23	24	25	26	27	28	29	12/1	2	3	4	5	6	7	8	9	10	11	12	13	14	15	16	17	18	19	20	21	22	23
일진	癸亥	甲子	乙丑	丙寅	丁卯	戊辰	己巳	庚午	辛未	壬申	癸酉	甲戌	乙亥	丙子	丁丑	戊寅	己卯	庚辰	辛巳	壬午	癸未	甲申	乙酉	丙戌	丁亥	戊子	己丑	庚寅	辛卯	壬辰	癸巳
대운 남	8	9	9	9	10	소	1	1	1	1	2	2	2	3	3	3	4	4	4	대	5	5	6	6	6	7	7	7	8	8	8
대운 여	2	1	1	1	1	한	9	9	9	8	8	8	7	7	7	6	6	6	5	한	5	4	4	4	3	3	3	2	2	2	1

양력 2월 입춘절(甲寅月) 立春 2월4일 13시27분 雨水 2월19일 9시21분

양력	1	2	3	4	5	6	7	8	9	10	11	12	13	14	15	16	17	18	19	20	21	22	23	24	25	26	27	28			
요일	水	木	金	土	日	月	火	水	木	金	土	日	月	火	水	木	金	土	日	月	火	水	木	金	土	日	月	火			
음력	12/24	25	26	27	28	29	1/1	2	3	4	5	6	7	8	9	10	11	12	13	14	15	16	17	18	19	20	21	22			
일진	甲午	乙未	丙申	丁酉	戊戌	己亥	庚子	辛丑	壬寅	癸卯	甲辰	乙巳	丙午	丁未	戊申	己酉	庚戌	辛亥	壬子	癸丑	甲寅	乙卯	丙辰	丁巳	戊午	己未	庚申	辛酉			
대운 남	9	9	9	입	10	9	9	9	8	8	8	7	7	7	6	6	6	5	우	5	4	4	4	3	3	3	2	2			
대운 여	1	1	1	춘	1	1	1	1	2	2	2	3	3	3	4	4	4	5	수	5	6	6	6	7	7	7	8	8			

양력 3월 경칩절(乙卯月) 驚蟄 3월6일 7시38분 春分 3월21일 8시34분

양력	1	2	3	4	5	6	7	8	9	10	11	12	13	14	15	16	17	18	19	20	21	22	23	24	25	26	27	28	29	30	31
요일	水	木	金	土	日	月	火	水	木	金	土	日	月	火	水	木	金	土	日	月	火	水	木	金	土	日	月	火	水	木	金
음력	1/23	24	25	26	27	28	29	30	2/1	2	3	4	5	6	7	8	9	10	11	12	13	14	15	16	17	18	19	20	21	22	23
일진	壬戌	癸亥	甲子	乙丑	丙寅	丁卯	戊辰	己巳	庚午	辛未	壬申	癸酉	甲戌	乙亥	丙子	丁丑	戊寅	己卯	庚辰	辛巳	壬午	癸未	甲申	乙酉	丙戌	丁亥	戊子	己丑	庚寅	辛卯	壬辰
대운 남	2	1	1	1	1	경	10	9	9	9	8	8	8	7	7	7	6	6	6	5	춘	5	4	4	4	3	3	3	2	2	2
대운 여	8	9	9	9	10	칩	1	1	1	1	2	2	2	3	3	3	4	4	4	5	분	5	6	6	6	7	7	7	8	8	8

양력 4월 청명절(丙辰月) 清明 4월5일 12시39분 穀雨 4월20일 19시50분

양력	1	2	3	4	5	6	7	8	9	10	11	12	13	14	15	16	17	18	19	20	21	22	23	24	25	26	27	28	29	30
요일	土	日	月	火	水	木	金	土	日	月	火	水	木	金	土	日	月	火	水	木	金	土	日	月	火	水	木	金	土	日
음력	2/24	25	26	27	28	29	30	3/1	2	3	4	5	6	7	8	9	10	11	12	13	14	15	16	17	18	19	20	21	22	23
일진	癸巳	甲午	乙未	丙申	丁酉	戊戌	己亥	庚子	辛丑	壬寅	癸卯	甲辰	乙巳	丙午	丁未	戊申	己酉	庚戌	辛亥	壬子	癸丑	甲寅	乙卯	丙辰	丁巳	戊午	己未	庚申	辛酉	壬戌
대운 남	1	1	1	1	청	10	10	9	9	9	8	8	8	7	7	7	6	6	6	곡	5	5	4	4	4	3	3	3	2	2
대운 여	9	9	9	10	명	1	1	1	1	2	2	2	3	3	3	4	4	4	5	우	5	6	6	6	7	7	7	8	8	8

양력 5월 입하절(丁巳月) 立夏 5월6일 6시9분 小滿 5월21일 19시8분

양력	1	2	3	4	5	6	7	8	9	10	11	12	13	14	15	16	17	18	19	20	21	22	23	24	25	26	27	28	29	30	31
요일	月	火	水	木	金	土	日	月	火	水	木	金	土	日	月	火	水	木	金	土	日	月	火	水	木	金	土	日	月	火	水
음력	3/24	25	26	27	28	29	4/1	2	3	4	5	6	7	8	9	10	11	12	13	14	15	16	17	18	19	20	21	22	23	24	25
일진	癸亥	甲子	乙丑	丙寅	丁卯	戊辰	己巳	庚午	辛未	壬申	癸酉	甲戌	乙亥	丙子	丁丑	戊寅	己卯	庚辰	辛巳	壬午	癸未	甲申	乙酉	丙戌	丁亥	戊子	己丑	庚寅	辛卯	壬辰	癸巳
대운 남	2	1	1	1	1	입	10	10	9	9	9	8	8	8	7	7	7	6	6	6	소	5	5	4	4	4	3	3	3	2	2
대운 여	9	9	9	10	10	하	1	1	1	1	2	2	2	3	3	3	4	4	4	5	만	5	6	6	6	7	7	7	8	8	8

양력 6월 망종절(戊午月) 芒種 6월6일 10시23분 夏至 6월22일 3시10분

양력	1	2	3	4	5	6	7	8	9	10	11	12	13	14	15	16	17	18	19	20	21	22	23	24	25	26	27	28	29	30
요일	木	金	土	日	月	火	水	木	金	土	日	月	火	水	木	金	土	日	月	火	水	木	金	土	日	月	火	水	木	金
음력	4/26	27	28	29	30	5/1	2	3	4	5	6	7	8	9	10	11	12	13	14	15	16	17	18	19	20	21	22	23	24	25
일진	甲午	乙未	丙申	丁酉	戊戌	己亥	庚子	辛丑	壬寅	癸卯	甲辰	乙巳	丙午	丁未	戊申	己酉	庚戌	辛亥	壬子	癸丑	甲寅	乙卯	丙辰	丁巳	戊午	己未	庚申	辛酉	壬戌	癸亥
대운 남	2	1	1	1	1	망	10	10	9	9	9	8	8	8	7	7	7	6	6	6	5	하	5	4	4	4	3	3	3	2
대운 여	9	9	9	10	10	종	1	1	1	1	2	2	2	3	3	3	4	4	4	5	5	지	6	6	6	7	7	7	8	8

戊午年

양력 7월 소서절(己未月) 小暑 7월7일 20시37분 大暑 7월23일 14시0분

양력	1	2	3	4	5	6	7	8	9	10	11	12	13	14	15	16	17	18	19	20	21	22	23	24	25	26	27	28	29	30	31
요일	土	日	月	火	水	木	金	土	日	月	火	水	木	金	土	日	月	火	水	木	金	土	日	月	火	水	木	金	土	日	月
음력	5/26	27	28	29	6/1	2	3	4	5	6	7	8	9	10	11	12	13	14	15	16	17	18	19	20	21	22	23	24	25	26	27
일진	甲子	乙丑	丙寅	丁卯	戊辰	己巳	庚午	辛未	壬申	癸酉	甲戌	乙亥	丙子	丁丑	戊寅	己卯	庚辰	辛巳	壬午	癸未	甲申	乙酉	丙戌	丁亥	戊子	己丑	庚寅	辛卯	壬辰	癸巳	甲午
대운 남	2	2	1	1	1	1	소	10	10	10	9	9	9	8	8	8	7	7	7	6	6	6	대	5	5	4	4	4	3	3	3
대운 여	8	9	9	9	10	10	서	1	1	1	1	2	2	2	3	3	3	4	4	4	5	5	서	6	6	6	7	7	7	8	8

양력 8월 입추절(庚申月) 立秋 8월8일 6시18분 處暑 8월23일 20시57분

양력	1	2	3	4	5	6	7	8	9	10	11	12	13	14	15	16	17	18	19	20	21	22	23	24	25	26	27	28	29	30	31
요일	火	水	木	金	土	日	月	火	水	木	金	土	日	月	火	水	木	金	土	日	月	火	水	木	金	土	日	月	火	水	木
음력	6/28	29	30	7/1	2	3	4	5	6	7	8	9	10	11	12	13	14	15	16	17	18	19	20	21	22	23	24	25	26	27	28
일진	乙未	丙申	丁酉	戊戌	己亥	庚子	辛丑	壬寅	癸卯	甲辰	乙巳	丙午	丁未	戊申	己酉	庚戌	辛亥	壬子	癸丑	甲寅	乙卯	丙辰	丁巳	戊午	己未	庚申	辛酉	壬戌	癸亥	甲子	乙丑
대운 남	2	2	2	1	1	1	1	입	10	10	9	9	9	8	8	8	7	7	7	6	6	6	처	5	5	4	4	4	3	3	3
대운 여	8	9	9	9	10	10	10	추	1	1	1	1	2	2	2	3	3	3	4	4	4	5	서	5	6	6	6	7	7	7	8

양력 9월 백로절(辛酉月) 白露 9월8일 9시2분 秋分 9월23일 18시25분

양력	1	2	3	4	5	6	7	8	9	10	11	12	13	14	15	16	17	18	19	20	21	22	23	24	25	26	27	28	29	30
요일	金	土	日	月	火	水	木	金	土	日	月	火	水	木	金	土	日	月	火	水	木	金	土	日	月	火	水	木	金	土
음력	7/29	30	8/1	2	3	4	5	6	7	8	9	10	11	12	13	14	15	16	17	18	19	20	21	22	23	24	25	26	27	28
일진	丙寅	丁卯	戊辰	己巳	庚午	辛未	壬申	癸酉	甲戌	乙亥	丙子	丁丑	戊寅	己卯	庚辰	辛巳	壬午	癸未	甲申	乙酉	丙戌	丁亥	戊子	己丑	庚寅	辛卯	壬辰	癸巳	甲午	乙未
대운 남	2	2	2	1	1	1	1	백	10	10	9	9	9	8	8	8	7	7	7	6	6	6	추	5	5	4	4	4	3	3
대운 여	8	8	9	9	9	10	10	로	1	1	1	1	2	2	2	3	3	3	4	4	4	5	분	5	6	6	6	7	7	7

양력 10월 한로절(壬戌月) 寒露 10월9일 0시31분 霜降 10월24일 3시37분

양력	1	2	3	4	5	6	7	8	9	10	11	12	13	14	15	16	17	18	19	20	21	22	23	24	25	26	27	28	29	30	31
요일	日	月	火	水	木	金	土	日	月	火	水	木	金	土	日	月	火	水	木	金	土	日	月	火	水	木	金	土	日	月	火
음력	8/29	9/1	2	3	4	5	6	7	8	9	10	11	12	13	14	15	16	17	18	19	20	21	22	23	24	25	26	27	28	29	30
일진	丙申	丁酉	戊戌	己亥	庚子	辛丑	壬寅	癸卯	甲辰	乙巳	丙午	丁未	戊申	己酉	庚戌	辛亥	壬子	癸丑	甲寅	乙卯	丙辰	丁巳	戊午	己未	庚申	辛酉	壬戌	癸亥	甲子	乙丑	丙寅
대운 남	3	2	2	2	1	1	1	1	한	10	9	9	9	8	8	8	7	7	7	6	6	6	5	상	5	4	4	4	3	3	3
대운 여	8	8	8	9	9	9	10	10	로	1	1	1	1	2	2	2	3	3	3	4	4	4	5	강	5	6	6	6	7	7	7

양력 11월 입동절(癸亥月) 立冬 11월8일 3시34분 小雪 11월23일 1시5분

양력	1	2	3	4	5	6	7	8	9	10	11	12	13	14	15	16	17	18	19	20	21	22	23	24	25	26	27	28	29	30
요일	水	木	金	土	日	月	火	水	木	金	土	日	月	火	水	木	金	土	日	月	火	水	木	金	土	日	月	火	水	木
음력	10/1	2	3	4	5	6	7	8	9	10	11	12	13	14	15	16	17	18	19	20	21	22	23	24	25	26	27	28	29	11/1
일진	丁卯	戊辰	己巳	庚午	辛未	壬申	癸酉	甲戌	乙亥	丙子	丁丑	戊寅	己卯	庚辰	辛巳	壬午	癸未	甲申	乙酉	丙戌	丁亥	戊子	己丑	庚寅	辛卯	壬辰	癸巳	甲午	乙未	丙申
대운 남	2	2	2	1	1	1	1	입	9	9	9	8	8	8	7	7	7	6	6	6	5	5	소	4	4	4	3	3	3	2
대운 여	8	8	8	9	9	9	10	동	1	1	1	1	2	2	2	3	3	3	4	4	4	5	설	5	6	6	6	7	7	7

양력 12월 대설절(甲子月) 大雪 12월7일 20시20분 冬至 12월22일 14시21분

양력	1	2	3	4	5	6	7	8	9	10	11	12	13	14	15	16	17	18	19	20	21	22	23	24	25	26	27	28	29	30	31
요일	金	土	日	月	火	水	木	金	土	日	月	火	水	木	金	土	日	月	火	水	木	金	土	日	月	火	水	木	金	土	日
음력	11/2	3	4	5	6	7	8	9	10	11	12	13	14	15	16	17	18	19	20	21	22	23	24	25	26	27	28	29	30	12/1	2
일진	丁酉	戊戌	己亥	庚子	辛丑	壬寅	癸卯	甲辰	乙巳	丙午	丁未	戊申	己酉	庚戌	辛亥	壬子	癸丑	甲寅	乙卯	丙辰	丁巳	戊午	己未	庚申	辛酉	壬戌	癸亥	甲子	乙丑	丙寅	丁卯
대운 남	2	2	1	1	1	1	대	10	9	9	9	8	8	8	7	7	7	6	6	6	5	동	5	4	4	4	3	3	3	2	2
대운 여	8	8	8	9	9	9	설	1	1	1	1	2	2	2	3	3	3	4	4	4	5	지	5	6	6	6	7	7	7	8	8

서기 1979년 [단기 4312년]

양력 1월 소한절(乙丑月) 小寒 1월6일 7시32분 大寒 1월21일 1시0분

양력	1	2	3	4	5	6	7	8	9	10	11	12	13	14	15	16	17	18	19	20	21	22	23	24	25	26	27	28	29	30	31
요일	月	火	水	木	金	土	日	月	火	水	木	金	土	日	月	火	水	木	金	土	日	月	火	水	木	金	土	日	月	火	水
음력	12/3	4	5	6	7	8	9	10	11	12	13	14	15	16	17	18	19	20	21	22	23	24	25	26	27	28	29	1/1	2	3	4
일진	戊辰	己巳	庚午	辛未	壬申	癸酉	甲戌	乙亥	丙子	丁丑	戊寅	己卯	庚辰	辛巳	壬午	癸未	甲申	乙酉	丙戌	丁亥	戊子	己丑	庚寅	辛卯	壬辰	癸巳	甲午	乙未	丙申	丁酉	戊戌
대운 남	2	1	1	1	1	소한	9	9	9	8	8	8	7	7	7	6	6	6	5	5	대한	4	4	4	3	3	3	2	2	2	1
대운 여	8	9	9	9	10		1	1	1	1	2	2	2	3	3	3	4	4	4	5		5	6	6	6	7	7	7	8	8	8

양력 2월 입춘절(丙寅月) 立春 2월4일 19시12분 雨水 2월19일 15시13분

양력	1	2	3	4	5	6	7	8	9	10	11	12	13	14	15	16	17	18	19	20	21	22	23	24	25	26	27	28			
요일	木	金	土	日	月	火	水	木	金	土	日	月	火	水	木	金	土	日	月	火	水	木	金	土	日	月	火	水			
음력	1/5	6	7	8	9	10	11	12	13	14	15	16	17	18	19	20	21	22	23	24	25	26	27	28	29	30	2/1	2			
일진	己亥	庚子	辛丑	壬寅	癸卯	甲辰	乙巳	丙午	丁未	戊申	己酉	庚戌	辛亥	壬子	癸丑	甲寅	乙卯	丙辰	丁巳	戊午	己未	庚申	辛酉	壬戌	癸亥	甲子	乙丑	丙寅			
대운 남	1	1	1	입춘	1	1	1	1	2	2	2	3	3	3	4	4	4	5	우수	5	6	6	6	7	7	7	8	8			
대운 여	9	9	9		10	9	9	9	8	8	8	7	7	7	6	6	6	5		5	4	4	4	3	3	3	2	2			

양력 3월 경칩절(丁卯月) 驚蟄 3월6일 13시20분 春分 3월21일 14시22분

양력	1	2	3	4	5	6	7	8	9	10	11	12	13	14	15	16	17	18	19	20	21	22	23	24	25	26	27	28	29	30	31
요일	木	金	土	日	月	火	水	木	金	土	日	月	火	水	木	金	土	日	月	火	水	木	金	土	日	月	火	水	木	金	土
음력	2/3	4	5	6	7	8	9	10	11	12	13	14	15	16	17	18	19	20	21	22	23	24	25	26	27	28	29	3/1	2	3	4
일진	丁卯	戊辰	己巳	庚午	辛未	壬申	癸酉	甲戌	乙亥	丙子	丁丑	戊寅	己卯	庚辰	辛巳	壬午	癸未	甲申	乙酉	丙戌	丁亥	戊子	己丑	庚寅	辛卯	壬辰	癸巳	甲午	乙未	丙申	丁酉
대운 남	8	9	9	9	10	경칩	1	1	1	1	2	2	2	3	3	3	4	4	4	5	춘분	5	6	6	6	7	7	7	8	8	8
대운 여	2	1	1	1	1		10	9	9	9	8	8	8	7	7	7	6	6	6	5		5	4	4	4	3	3	3	2	2	2

양력 4월 청명절(戊辰月) 淸明 4월5일 18시18분 穀雨 4월21일 1시35분

양력	1	2	3	4	5	6	7	8	9	10	11	12	13	14	15	16	17	18	19	20	21	22	23	24	25	26	27	28	29	30	
요일	日	月	火	水	木	金	土	日	月	火	水	木	金	土	日	月	火	水	木	金	土	日	月	火	水	木	金	土	日	月	
음력	3/5	6	7	8	9	10	11	12	13	14	15	16	17	18	19	20	21	22	23	24	25	26	27	28	29	4/1	2	3	4	5	
일진	戊戌	己亥	庚子	辛丑	壬寅	癸卯	甲辰	乙巳	丙午	丁未	戊申	己酉	庚戌	辛亥	壬子	癸丑	甲寅	乙卯	丙辰	丁巳	戊午	己未	庚申	辛酉	壬戌	癸亥	甲子	乙丑	丙寅	丁卯	
대운 남	9	9	9	10	청명	1	1	1	1	2	2	2	3	3	3	4	4	4	5	5	곡우	6	6	6	7	7	7	8	8	8	
대운 여	1	1	1	1		10	10	9	9	9	8	8	8	7	7	7	6	6	6	5		5	4	4	4	3	3	3	2	2	

양력 5월 입하절(己巳月) 立夏 5월6일 11시47분 小滿 5월22일 0시54분

양력	1	2	3	4	5	6	7	8	9	10	11	12	13	14	15	16	17	18	19	20	21	22	23	24	25	26	27	28	29	30	31
요일	火	水	木	金	土	日	月	火	水	木	金	土	日	月	火	水	木	金	土	日	月	火	水	木	金	土	日	月	火	水	木
음력	4/6	7	8	9	10	11	12	13	14	15	16	17	18	19	20	21	22	23	24	25	26	27	28	29	30	5/1	2	3	4	5	6
일진	戊辰	己巳	庚午	辛未	壬申	癸酉	甲戌	乙亥	丙子	丁丑	戊寅	己卯	庚辰	辛巳	壬午	癸未	甲申	乙酉	丙戌	丁亥	戊子	己丑	庚寅	辛卯	壬辰	癸巳	甲午	乙未	丙申	丁酉	戊戌
대운 남	9	9	9	10	10	입하	1	1	1	1	2	2	2	3	3	3	4	4	4	5	5	소만	6	6	6	7	7	7	8	8	8
대운 여	2	1	1	1	1		10	10	9	9	9	8	8	8	7	7	7	6	6	6	5		5	4	4	4	3	3	3	2	2

양력 6월 망종절(庚午月) 芒種 6월6일 16시5분 夏至 6월22일 8시56분

양력	1	2	3	4	5	6	7	8	9	10	11	12	13	14	15	16	17	18	19	20	21	22	23	24	25	26	27	28	29	30	
요일	金	土	日	月	火	水	木	金	土	日	月	火	水	木	金	土	日	月	火	水	木	金	土	日	月	火	水	木	金	土	
음력	5/7	8	9	10	11	12	13	14	15	16	17	18	19	20	21	22	23	24	25	26	27	28	29	6/1	2	3	4	5	6	7	
일진	己亥	庚子	辛丑	壬寅	癸卯	甲辰	乙巳	丙午	丁未	戊申	己酉	庚戌	辛亥	壬子	癸丑	甲寅	乙卯	丙辰	丁巳	戊午	己未	庚申	辛酉	壬戌	癸亥	甲子	乙丑	丙寅	丁卯	戊辰	
대운 남	9	9	9	10	10	망종	1	1	1	1	2	2	2	3	3	3	4	4	4	5	5	하지	6	6	6	7	7	7	8	8	
대운 여	2	1	1	1	1		10	10	10	9	9	9	8	8	8	7	7	7	6	6	6		5	5	4	4	4	3	3	3	

己未年

양력 7월 소서절(辛未月) 小暑 7월8일 2시25분 大暑 7월23일 19시49분

양력	1	2	3	4	5	6	7	8	9	10	11	12	13	14	15	16	17	18	19	20	21	22	23	24	25	26	27	28	29	30	31
요일	日	月	火	水	木	金	土	日	月	火	水	木	金	土	日	月	火	水	木	金	土	日	月	火	水	木	金	土	日	月	火
음력	6/8	9	10	11	12	13	14	15	16	17	18	19	20	21	22	23	24	25	26	27	28	29	30	윤1	2	3	4	5	6	7	8
일진	己巳	庚午	辛未	壬申	癸酉	甲戌	乙亥	丙子	丁丑	戊寅	己卯	庚辰	辛巳	壬午	癸未	甲申	乙酉	丙戌	丁亥	戊子	己丑	庚寅	辛卯	壬辰	癸巳	甲午	乙未	丙申	丁酉	戊戌	己亥
대운 남	8	9	9	9	10	10	10	소서	1	1	1	1	2	2	2	3	3	3	4	4	4	5	대서	5	6	6	6	7	7	7	8
대운 여	2	2	2	1	1	1	1		10	10	9	9	9	8	8	8	7	7	7	6	6	6		5	5	4	4	4	3	3	3

양력 8월 입추절(壬申月) 立秋 8월8일 12시11분 處暑 8월24일 2시47분

양력	1	2	3	4	5	6	7	8	9	10	11	12	13	14	15	16	17	18	19	20	21	22	23	24	25	26	27	28	29	30	31
요일	水	木	金	土	日	月	火	水	木	金	土	日	月	火	水	木	金	土	日	月	火	水	木	金	土	日	月	火	水	木	金
음력	윤9	10	11	12	13	14	15	16	17	18	19	20	21	22	23	24	25	26	27	28	29	30	7/1	2	3	4	5	6	7	8	9
일진	庚子	辛丑	壬寅	癸卯	甲辰	乙巳	丙午	丁未	戊申	己酉	庚戌	辛亥	壬子	癸丑	甲寅	乙卯	丙辰	丁巳	戊午	己未	庚申	辛酉	壬戌	癸亥	甲子	乙丑	丙寅	丁卯	戊辰	己巳	庚午
대운 남	8	8	9	9	9	10	10	입추	1	1	1	1	2	2	2	3	3	3	4	4	4	5	5	처서	6	6	6	7	7	7	8
대운 여	2	2	2	1	1	1	1		10	10	9	9	9	8	8	8	7	7	7	6	6	6	5		5	4	4	4	3	3	3

양력 9월 백로절(癸酉月) 白露 9월8일 15시0분 秋分 9월24일 0시16분

양력	1	2	3	4	5	6	7	8	9	10	11	12	13	14	15	16	17	18	19	20	21	22	23	24	25	26	27	28	29	30	
요일	土	日	月	火	水	木	金	土	日	月	火	水	木	金	土	日	月	火	水	木	金	土	日	月	火	水	木	金	土	日	
음력	7/10	11	12	13	14	15	16	17	18	19	20	21	22	23	24	25	26	27	28	29	8/1	2	3	4	5	6	7	8	9	10	
일진	辛未	壬申	癸酉	甲戌	乙亥	丙子	丁丑	戊寅	己卯	庚辰	辛巳	壬午	癸未	甲申	乙酉	丙戌	丁亥	戊子	己丑	庚寅	辛卯	壬辰	癸巳	甲午	乙未	丙申	丁酉	戊戌	己亥	庚子	
대운 남	8	8	9	9	9	10	10	백로	1	1	1	1	2	2	2	3	3	3	4	4	4	5	5	추분	6	6	6	7	7	7	
대운 여	2	2	2	1	1	1	1		10	10	9	9	9	8	8	8	7	7	7	6	6	6	5		5	4	4	4	3	3	

양력 10월 한로절(甲戌月) 寒露 10월9일 6시30분 霜降 10월24일 9시28분

양력	1	2	3	4	5	6	7	8	9	10	11	12	13	14	15	16	17	18	19	20	21	22	23	24	25	26	27	28	29	30	31
요일	月	火	水	木	金	土	日	月	火	水	木	金	土	日	月	火	水	木	金	土	日	月	火	水	木	金	土	日	月	火	水
음력	8/11	12	13	14	15	16	17	18	19	20	21	22	23	24	25	26	27	28	29	30	9/1	2	3	4	5	6	7	8	9	10	11
일진	辛丑	壬寅	癸卯	甲辰	乙巳	丙午	丁未	戊申	己酉	庚戌	辛亥	壬子	癸丑	甲寅	乙卯	丙辰	丁巳	戊午	己未	庚申	辛酉	壬戌	癸亥	甲子	乙丑	丙寅	丁卯	戊辰	己巳	庚午	辛未
대운 남	8	8	8	9	9	9	10	10	한로	1	1	1	1	2	2	2	3	3	3	4	4	4	5	상강	5	6	6	6	7	7	7
대운 여	3	2	2	2	1	1	1	1		10	9	9	9	8	8	8	7	7	7	6	6	6	5		5	4	4	4	3	3	3

양력 11월 입동절(乙亥月) 立冬 11월8일 9시33분 小雪 11월23일 6시54분

양력	1	2	3	4	5	6	7	8	9	10	11	12	13	14	15	16	17	18	19	20	21	22	23	24	25	26	27	28	29	30	
요일	木	金	土	日	月	火	水	木	金	土	日	月	火	水	木	金	土	日	月	火	水	木	金	土	日	月	火	水	木	金	
음력	9/12	13	14	15	16	17	18	19	20	21	22	23	24	25	26	27	28	29	30	10/1	2	3	4	5	6	7	8	9	10	11	
일진	壬申	癸酉	甲戌	乙亥	丙子	丁丑	戊寅	己卯	庚辰	辛巳	壬午	癸未	甲申	乙酉	丙戌	丁亥	戊子	己丑	庚寅	辛卯	壬辰	癸巳	甲午	乙未	丙申	丁酉	戊戌	己亥	庚子	辛丑	
대운 남	8	8	8	9	9	9	10	입동	1	1	1	1	2	2	2	3	3	3	4	4	4	5	소설	5	6	6	6	7	7	7	
대운 여	2	2	2	1	1	1	1		10	9	9	9	8	8	8	7	7	7	6	6	6	5		5	4	4	4	3	3	3	

양력 12월 대설절(丙子月) 大雪 12월8일 2시18분 冬至 12월22일 20시10분

양력	1	2	3	4	5	6	7	8	9	10	11	12	13	14	15	16	17	18	19	20	21	22	23	24	25	26	27	28	29	30	31
요일	土	日	月	火	水	木	金	土	日	月	火	水	木	金	土	日	月	火	水	木	金	土	日	月	火	水	木	金	土	日	月
음력	10/12	13	14	15	16	17	18	19	20	21	22	23	24	25	26	27	28	29	11/1	2	3	4	5	6	7	8	9	10	11	12	13
일진	壬寅	癸卯	甲辰	乙巳	丙午	丁未	戊申	己酉	庚戌	辛亥	壬子	癸丑	甲寅	乙卯	丙辰	丁巳	戊午	己未	庚申	辛酉	壬戌	癸亥	甲子	乙丑	丙寅	丁卯	戊辰	己巳	庚午	辛未	壬申
대운 남	8	8	8	9	9	9	10	대설	1	1	1	1	2	2	2	3	3	3	4	4	4	동지	5	5	6	6	6	7	7	7	8
대운 여	2	2	2	1	1	1	1		9	9	9	8	8	8	7	7	7	6	6	6	5		5	4	4	4	3	3	3	2	2

▶윤달-6월

서기 1980년 [단기 4313년]

양력 1월　소한절(丁丑月)　小寒 1월6일 13시29분　大寒 1월21일 6시49분

양력	1	2	3	4	5	6	7	8	9	10	11	12	13	14	15	16	17	18	19	20	21	22	23	24	25	26	27	28	29	30	31
요일	火	水	木	金	土	日	月	火	水	木	金	土	日	月	火	水	木	金	土	日	月	火	水	木	金	土	日	月	火	水	木
음력	11/14	15	16	17	18	19	20	21	22	23	24	25	26	27	28	29	30	12/1	2	3	4	5	6	7	8	9	10	11	12	13	14
일진	癸酉	甲戌	乙亥	丙子	丁丑	戊寅	己卯	庚辰	辛巳	壬午	癸未	甲申	乙酉	丙戌	丁亥	戊子	己丑	庚寅	辛卯	壬辰	癸巳	甲午	乙未	丙申	丁酉	戊戌	己亥	庚子	辛丑	壬寅	癸卯
대운 남	8	8	9	9	9	소한	1	1	1	1	2	2	2	3	3	3	4	4	4	5	대한	5	6	6	6	7	7	7	8	8	8
대운 여	2	1	1	1	1		10	9	9	9	8	8	8	7	7	7	6	6	6	5		5	4	4	4	3	3	3	2	2	2

양력 2월　입춘절(戊寅月)　立春 2월5일 1시9분　雨水 2월19일 21시2분

양력	1	2	3	4	5	6	7	8	9	10	11	12	13	14	15	16	17	18	19	20	21	22	23	24	25	26	27	28	29
요일	金	土	日	月	火	水	木	金	土	日	月	火	水	木	金	土	日	月	火	水	木	金	土	日	月	火	水	木	金
음력	12/15	16	17	18	19	20	21	22	23	24	25	26	27	28	29	1/1	2	3	4	5	6	7	8	9	10	11	12	13	14
일진	甲辰	乙巳	丙午	丁未	戊申	己酉	庚戌	辛亥	壬子	癸丑	甲寅	乙卯	丙辰	丁巳	戊午	己未	庚申	辛酉	壬戌	癸亥	甲子	乙丑	丙寅	丁卯	戊辰	己巳	庚午	辛未	壬申
대운 남	9	9	9	10	입춘	9	9	9	8	8	8	7	7	7	6	6	6	5	우수	5	4	4	4	3	3	3	2	2	2
대운 여	1	1	1	1		1	1	1	1	2	2	2	3	3	3	4	4	4		5	5	6	6	6	7	7	7	8	8

양력 3월　경칩절(己卯月)　驚蟄 3월5일 19시17분　春分 3월20일 20시10분

양력	1	2	3	4	5	6	7	8	9	10	11	12	13	14	15	16	17	18	19	20	21	22	23	24	25	26	27	28	29	30	31
요일	土	日	月	火	水	木	金	土	日	月	火	水	木	金	土	日	月	火	水	木	金	土	日	月	火	水	木	金	土	日	月
음력	1/15	16	17	18	19	20	21	22	23	24	25	26	27	28	29	30	2/1	2	3	4	5	6	7	8	9	10	11	12	13	14	15
일진	癸酉	甲戌	乙亥	丙子	丁丑	戊寅	己卯	庚辰	辛巳	壬午	癸未	甲申	乙酉	丙戌	丁亥	戊子	己丑	庚寅	辛卯	壬辰	癸巳	甲午	乙未	丙申	丁酉	戊戌	己亥	庚子	辛丑	壬寅	癸卯
대운 남	1	1	1	1	경칩	10	10	9	9	9	8	8	8	7	7	7	6	6	6	춘분	5	5	4	4	4	3	3	3	2	2	2
대운 여	8	9	9	9		1	1	1	1	2	2	2	3	3	3	4	4	4	5		5	6	6	6	7	7	7	8	8	8	9

양력 4월　청명절(庚辰月)　清明 4월5일 0시15분　穀雨 4월20일 7시23분

양력	1	2	3	4	5	6	7	8	9	10	11	12	13	14	15	16	17	18	19	20	21	22	23	24	25	26	27	28	29	30
요일	火	水	木	金	土	日	月	火	水	木	金	土	日	月	火	水	木	金	土	日	月	火	水	木	金	土	日	月	火	水
음력	2/16	17	18	19	20	21	22	23	24	25	26	27	28	29	3/1	2	3	4	5	6	7	8	9	10	11	12	13	14	15	16
일진	甲辰	乙巳	丙午	丁未	戊申	己酉	庚戌	辛亥	壬子	癸丑	甲寅	乙卯	丙辰	丁巳	戊午	己未	庚申	辛酉	壬戌	癸亥	甲子	乙丑	丙寅	丁卯	戊辰	己巳	庚午	辛未	壬申	癸酉
대운 남	1	1	1	1	청명	10	9	9	9	8	8	8	7	7	7	6	6	6	5	곡우	5	4	4	4	3	3	3	2	2	2
대운 여	9	9	10	10		1	1	1	1	2	2	2	3	3	3	4	4	4	5		5	6	6	6	7	7	7	8	8	8

양력 5월　입하절(辛巳月)　立夏 5월5일 17시45분　小滿 5월21일 6시42분

양력	1	2	3	4	5	6	7	8	9	10	11	12	13	14	15	16	17	18	19	20	21	22	23	24	25	26	27	28	29	30	31
요일	木	金	土	日	月	火	水	木	金	土	日	月	火	水	木	金	土	日	月	火	水	木	金	土	日	月	火	水	木	金	土
음력	3/17	18	19	20	21	22	23	24	25	26	27	28	29	4/1	2	3	4	5	6	7	8	9	10	11	12	13	14	15	16	17	18
일진	甲戌	乙亥	丙子	丁丑	戊寅	己卯	庚辰	辛巳	壬午	癸未	甲申	乙酉	丙戌	丁亥	戊子	己丑	庚寅	辛卯	壬辰	癸巳	甲午	乙未	丙申	丁酉	戊戌	己亥	庚子	辛丑	壬寅	癸卯	甲辰
대운 남	1	1	1	1	입하	10	10	9	9	9	8	8	8	7	7	7	6	6	6	5	소만	5	4	4	4	3	3	3	2	2	2
대운 여	9	9	9	10		1	1	1	1	2	2	2	3	3	3	4	4	4	5	5		6	6	6	7	7	7	8	8	8	9

양력 6월　망종절(壬午月)　芒種 6월5일 22시4분　夏至 6월21일 14시47분

양력	1	2	3	4	5	6	7	8	9	10	11	12	13	14	15	16	17	18	19	20	21	22	23	24	25	26	27	28	29	30
요일	日	月	火	水	木	金	土	日	月	火	水	木	金	土	日	月	火	水	木	金	土	日	月	火	水	木	金	土	日	月
음력	4/19	20	21	22	23	24	25	26	27	28	29	30	5/1	2	3	4	5	6	7	8	9	10	11	12	13	14	15	16	17	18
일진	乙巳	丙午	丁未	戊申	己酉	庚戌	辛亥	壬子	癸丑	甲寅	乙卯	丙辰	丁巳	戊午	己未	庚申	辛酉	壬戌	癸亥	甲子	乙丑	丙寅	丁卯	戊辰	己巳	庚午	辛未	壬申	癸酉	甲戌
대운 남	1	1	1	1	망종	10	10	10	9	9	9	8	8	8	7	7	7	6	6	6	하지	5	5	4	4	4	3	3	3	2
대운 여	9	9	10	10		1	1	1	1	2	2	2	3	3	3	4	4	4	5	5		6	6	6	7	7	7	8	8	8

庚申年

양력 7월 소서절(癸未月) 小暑 7월7일 8시24분 大暑 7월23일 1시42분

양력	1	2	3	4	5	6	7	8	9	10	11	12	13	14	15	16	17	18	19	20	21	22	23	24	25	26	27	28	29	30	31
요일	火	水	木	金	土	日	月	火	水	木	金	土	日	月	火	水	木	金	土	日	月	火	水	木	金	土	日	月	火	水	木
음력	5/19	20	21	22	23	24	25	26	27	28	29	6/1	2	3	4	5	6	7	8	9	10	11	12	13	14	15	16	17	18	19	20
일진	乙亥	丙子	丁丑	戊寅	己卯	庚辰	辛巳	壬午	癸未	甲申	乙酉	丙戌	丁亥	戊子	己丑	庚寅	辛卯	壬辰	癸巳	甲午	乙未	丙申	丁酉	戊戌	己亥	庚子	辛丑	壬寅	癸卯	甲辰	乙巳
대운 남	2	2	1	1	1	1	소서	10	10	9	9	9	8	8	8	7	7	7	6	6	6	5	대서	5	4	4	4	3	3	3	2
대운 여	9	9	9	10	10	10		1	1	1	1	2	2	2	3	3	3	4	4	4	5	5		6	6	6	7	7	7	8	8

양력 8월 입추절(甲申月) 立秋 8월7일 18시9분 處暑 8월23일 8시41분

양력	1	2	3	4	5	6	7	8	9	10	11	12	13	14	15	16	17	18	19	20	21	22	23	24	25	26	27	28	29	30	31
요일	金	土	日	月	火	水	木	金	土	日	月	火	水	木	金	土	日	月	火	水	木	金	土	日	月	火	水	木	金	土	日
음력	6/21	22	23	24	25	26	27	28	29	30	7/1	2	3	4	5	6	7	8	9	10	11	12	13	14	15	16	17	18	19	20	21
일진	丙午	丁未	戊申	己酉	庚戌	辛亥	壬子	癸丑	甲寅	乙卯	丙辰	丁巳	戊午	己未	庚申	辛酉	壬戌	癸亥	甲子	乙丑	丙寅	丁卯	戊辰	己巳	庚午	辛未	壬申	癸酉	甲戌	乙亥	丙子
대운 남	2	2	1	1	1	1	입추	10	10	9	9	9	8	8	8	7	7	7	6	6	6	5	처서	5	4	4	4	3	3	3	2
대운 여	8	9	9	9	10	10		1	1	1	1	2	2	2	3	3	3	4	4	4	5	5		6	6	6	7	7	7	8	8

양력 9월 백로절(乙酉月) 白露 9월7일 20시53분 秋分 9월23일 6시9분

양력	1	2	3	4	5	6	7	8	9	10	11	12	13	14	15	16	17	18	19	20	21	22	23	24	25	26	27	28	29	30	
요일	月	火	水	木	金	土	日	月	火	水	木	金	土	日	月	火	水	木	金	土	日	月	火	水	木	金	土	日	月	火	
음력	7/22	23	24	25	26	27	28	29	8/1	2	3	4	5	6	7	8	9	10	11	12	13	14	15	16	17	18	19	20	21	22	
일진	丁丑	戊寅	己卯	庚辰	辛巳	壬午	癸未	甲申	乙酉	丙戌	丁亥	戊子	己丑	庚寅	辛卯	壬辰	癸巳	甲午	乙未	丙申	丁酉	戊戌	己亥	庚子	辛丑	壬寅	癸卯	甲辰	乙巳	丙午	
대운 남	2	2	1	1	1	1	백로	10	10	9	9	9	8	8	8	7	7	7	6	6	6	5	추분	5	4	4	4	3	3	3	
대운 여	8	9	9	9	10	10		1	1	1	1	2	2	2	3	3	3	4	4	4	5	5		6	6	6	7	7	7	8	

양력 10월 한로절(丙戌月) 寒露 10월8일 12시19분 霜降 10월23일 15시18분

양력	1	2	3	4	5	6	7	8	9	10	11	12	13	14	15	16	17	18	19	20	21	22	23	24	25	26	27	28	29	30	31
요일	水	木	金	土	日	月	火	水	木	金	土	日	月	火	水	木	金	土	日	月	火	水	木	金	土	日	月	火	水	木	金
음력	8/23	24	25	26	27	28	29	30	9/1	2	3	4	5	6	7	8	9	10	11	12	13	14	15	16	17	18	19	20	21	22	23
일진	丁未	戊申	己酉	庚戌	辛亥	壬子	癸丑	甲寅	乙卯	丙辰	丁巳	戊午	己未	庚申	辛酉	壬戌	癸亥	甲子	乙丑	丙寅	丁卯	戊辰	己巳	庚午	辛未	壬申	癸酉	甲戌	乙亥	丙子	丁丑
대운 남	2	2	2	1	1	1	1	한로	10	9	9	9	8	8	8	7	7	7	6	6	6	5	상강	5	4	4	4	3	3	3	2
대운 여	8	8	9	9	9	10	10		1	1	1	1	2	2	2	3	3	3	4	4	4	5		5	6	6	6	7	7	7	8

양력 11월 입동절(丁亥月) 立冬 11월7일 15시18분 小雪 11월22일 12시41분

양력	1	2	3	4	5	6	7	8	9	10	11	12	13	14	15	16	17	18	19	20	21	22	23	24	25	26	27	28	29	30	
요일	土	日	月	火	水	木	金	土	日	月	火	水	木	金	土	日	月	火	水	木	金	土	日	月	火	水	木	金	土	日	
음력	9/24	25	26	27	28	29	30	10/1	2	3	4	5	6	7	8	9	10	11	12	13	14	15	16	17	18	19	20	21	22	23	
일진	戊寅	己卯	庚辰	辛巳	壬午	癸未	甲申	乙酉	丙戌	丁亥	戊子	己丑	庚寅	辛卯	壬辰	癸巳	甲午	乙未	丙申	丁酉	戊戌	己亥	庚子	辛丑	壬寅	癸卯	甲辰	乙巳	丙午	丁未	
대운 남	2	2	1	1	1	1	입동	10	9	9	9	8	8	8	7	7	7	6	6	6	5	소설	5	4	4	4	3	3	3	2	
대운 여	8	8	9	9	9	10		1	1	1	1	2	2	2	3	3	3	4	4	4	5		5	6	6	6	7	7	7	8	

양력 12월 대설절(戊子月) 大雪 12월7일 8시1분 冬至 12월22일 1시56분

양력	1	2	3	4	5	6	7	8	9	10	11	12	13	14	15	16	17	18	19	20	21	22	23	24	25	26	27	28	29	30	31
요일	月	火	水	木	金	土	日	月	火	水	木	金	土	日	月	火	水	木	金	土	日	月	火	水	木	金	土	日	月	火	水
음력	10/24	25	26	27	28	29	11/1	2	3	4	5	6	7	8	9	10	11	12	13	14	15	16	17	18	19	20	21	22	23	24	25
일진	戊申	己酉	庚戌	辛亥	壬子	癸丑	甲寅	乙卯	丙辰	丁巳	戊午	己未	庚申	辛酉	壬戌	癸亥	甲子	乙丑	丙寅	丁卯	戊辰	己巳	庚午	辛未	壬申	癸酉	甲戌	乙亥	丙子	丁丑	戊寅
대운 남	2	2	1	1	1	1	대설	9	9	9	8	8	8	7	7	7	6	6	6	5	5	동지	4	4	4	3	3	3	2	2	2
대운 여	8	8	9	9	9	10		1	1	1	1	2	2	2	3	3	3	4	4	4	5		5	6	6	6	7	7	7	8	8

서기 1981년 [단기 4314년]

양력 1월 소한절(己丑月) 小寒 1월5일 19시13분 大寒 1월20일 12시36분

양력	1	2	3	4	5	6	7	8	9	10	11	12	13	14	15	16	17	18	19	20	21	22	23	24	25	26	27	28	29	30	31
요일	木	金	土	日	月	火	水	木	金	土	日	月	火	水	木	金	土	日	月	火	水	木	金	土	日	月	火	水	木	金	土
음력	11/26	27	28	29	30	12/1	2	3	4	5	6	7	8	9	10	11	12	13	14	15	16	17	18	19	20	21	22	23	24	25	26
일진	己卯	庚辰	辛巳	壬午	癸未	甲申	乙酉	丙戌	丁亥	戊子	己丑	庚寅	辛卯	壬辰	癸巳	甲午	乙未	丙申	丁酉	戊戌	己亥	庚子	辛丑	壬寅	癸卯	甲辰	乙巳	丙午	丁未	戊申	己酉
대 남	1	1	1	1	소	10	9	9	9	8	8	8	7	7	7	6	6	6	5	대	5	4	4	4	3	3	3	2	2	2	1
운 여	8	9	9	9	한	1	1	1	1	2	2	2	3	3	3	4	4	4	5	한	5	6	6	6	7	7	7	8	8	8	9

양력 2월 입춘절(庚寅月) 立春 2월4일 6시55분 雨水 2월19일 2시52분

양력	1	2	3	4	5	6	7	8	9	10	11	12	13	14	15	16	17	18	19	20	21	22	23	24	25	26	27	28
요일	日	月	火	水	木	金	土	日	月	火	水	木	金	土	日	月	火	水	木	金	土	日	月	火	水	木	金	土
음력	12/27	28	29	30	1/1	2	3	4	5	6	7	8	9	10	11	12	13	14	15	16	17	18	19	20	21	22	23	24
일진	庚戌	辛亥	壬子	癸丑	甲寅	乙卯	丙辰	丁巳	戊午	己未	庚申	辛酉	壬戌	癸亥	甲子	乙丑	丙寅	丁卯	戊辰	己巳	庚午	辛未	壬申	癸酉	甲戌	乙亥	丙子	丁丑
대 남	1	1	1	입	1	1	1	1	2	2	2	3	3	3	4	4	4	5	우	5	6	6	6	7	7	7	8	8
운 여	9	9	10	춘	10	9	9	9	8	8	8	7	7	7	6	6	6	5	수	5	4	4	4	3	3	3	2	2

양력 3월 경칩절(辛卯月) 驚蟄 3월6일 1시5분 春分 3월21일 2시3분

양력	1	2	3	4	5	6	7	8	9	10	11	12	13	14	15	16	17	18	19	20	21	22	23	24	25	26	27	28	29	30	31
요일	日	月	火	水	木	金	土	日	月	火	水	木	金	土	日	月	火	水	木	金	土	日	月	火	水	木	金	土	日	月	火
음력	1/25	26	27	28	29	2/1	2	3	4	5	6	7	8	9	10	11	12	13	14	15	16	17	18	19	20	21	22	23	24	25	26
일진	戊寅	己卯	庚辰	辛巳	壬午	癸未	甲申	乙酉	丙戌	丁亥	戊子	己丑	庚寅	辛卯	壬辰	癸巳	甲午	乙未	丙申	丁酉	戊戌	己亥	庚子	辛丑	壬寅	癸卯	甲辰	乙巳	丙午	丁未	戊申
대 남	8	9	9	9	10	경	1	1	1	1	2	2	2	3	3	3	4	4	4	5	춘	5	6	6	6	7	7	7	8	8	8
운 여	2	1	1	1	1	칩	10	9	9	9	8	8	8	7	7	7	6	6	6	5	분	5	4	4	4	3	3	3	2	2	2

양력 4월 청명절(壬辰月) 清明 4월5일 6시5분 穀雨 4월20일 13시19분

양력	1	2	3	4	5	6	7	8	9	10	11	12	13	14	15	16	17	18	19	20	21	22	23	24	25	26	27	28	29	30
요일	水	木	金	土	日	月	火	水	木	金	土	日	月	火	水	木	金	土	日	月	火	水	木	金	土	日	月	火	水	木
음력	2/27	28	29	30	3/1	2	3	4	5	6	7	8	9	10	11	12	13	14	15	16	17	18	19	20	21	22	23	24	25	26
일진	己酉	庚戌	辛亥	壬子	癸丑	甲寅	乙卯	丙辰	丁巳	戊午	己未	庚申	辛酉	壬戌	癸亥	甲子	乙丑	丙寅	丁卯	戊辰	己巳	庚午	辛未	壬申	癸酉	甲戌	乙亥	丙子	丁丑	戊寅
대 남	9	9	9	10	청	1	1	1	1	2	2	2	3	3	3	4	4	4	5	곡	5	6	6	6	7	7	7	8	8	8
운 여	1	1	1	1	명	10	9	9	9	8	8	8	7	7	7	6	6	6	5	우	5	4	4	4	3	3	3	2	2	2

양력 5월 입하절(癸巳月) 立夏 5월5일 23시35분 小滿 5월21일 12시39분

양력	1	2	3	4	5	6	7	8	9	10	11	12	13	14	15	16	17	18	19	20	21	22	23	24	25	26	27	28	29	30	31
요일	金	土	日	月	火	水	木	金	土	日	月	火	水	木	金	土	日	月	火	水	木	金	土	日	月	火	水	木	金	土	日
음력	3/27	28	29	4/1	2	3	4	5	6	7	8	9	10	11	12	13	14	15	16	17	18	19	20	21	22	23	24	25	26	27	28
일진	己卯	庚辰	辛巳	壬午	癸未	甲申	乙酉	丙戌	丁亥	戊子	己丑	庚寅	辛卯	壬辰	癸巳	甲午	乙未	丙申	丁酉	戊戌	己亥	庚子	辛丑	壬寅	癸卯	甲辰	乙巳	丙午	丁未	戊申	己酉
대 남	9	9	9	10	입	1	1	1	1	2	2	2	3	3	3	4	4	4	5	5	소	6	6	6	7	7	7	8	8	8	9
운 여	1	1	1	1	하	10	10	10	9	9	9	8	8	8	7	7	7	6	6	6	만	5	5	4	4	4	3	3	3	2	2

양력 6월 망종절(甲午月) 芒種 6월6일 3시53분 夏至 6월21일 20시45분

양력	1	2	3	4	5	6	7	8	9	10	11	12	13	14	15	16	17	18	19	20	21	22	23	24	25	26	27	28	29	30
요일	月	火	水	木	金	土	日	月	火	水	木	金	土	日	月	火	水	木	金	土	日	月	火	水	木	金	土	日	月	火
음력	4/29	5/1	2	3	4	5	6	7	8	9	10	11	12	13	14	15	16	17	18	19	20	21	22	23	24	25	26	27	28	29
일진	庚戌	辛亥	壬子	癸丑	甲寅	乙卯	丙辰	丁巳	戊午	己未	庚申	辛酉	壬戌	癸亥	甲子	乙丑	丙寅	丁卯	戊辰	己巳	庚午	辛未	壬申	癸酉	甲戌	乙亥	丙子	丁丑	戊寅	己卯
대 남	9	9	10	10	10	망	1	1	1	1	2	2	2	3	3	3	4	4	4	5	하	5	6	6	6	7	7	7	8	8
운 여	2	1	1	1	1	종	10	10	9	9	9	8	8	8	7	7	7	6	6	6	지	5	5	4	4	4	3	3	3	2

辛酉年

양력 7월 소서절(乙未月) 小暑 7월7일 14시12분 大暑 7월23일 7시40분

양력		1	2	3	4	5	6	7	8	9	10	11	12	13	14	15	16	17	18	19	20	21	22	23	24	25	26	27	28	29	30	31
요일		水	木	金	土	日	月	火	水	木	金	土	日	月	火	水	木	金	土	日	月	火	水	木	金	土	日	月	火	水	木	金
음력		5/30	6/1	2	3	4	5	6	7	8	9	10	11	12	13	14	15	16	17	18	19	20	21	22	23	24	25	26	27	28	29	7/1
일진		庚辰	辛巳	壬午	癸未	甲申	乙酉	丙戌	丁亥	戊子	己丑	庚寅	辛卯	壬辰	癸巳	甲午	乙未	丙申	丁酉	戊戌	己亥	庚子	辛丑	壬寅	癸卯	甲辰	乙巳	丙午	丁未	戊申	己酉	庚戌
대운	남	8	9	9	9	10	10	소	1	1	1	1	2	2	2	3	3	3	4	4	4	5	5	대	6	6	6	7	7	7	8	8
	여	2	2	1	1	1	1	서	10	10	9	9	9	8	8	8	7	7	7	6	6	6	5	서	5	4	4	4	3	3	3	2

양력 8월 입추절(丙申月) 立秋 8월7일 23시57분 處暑 8월23일 14시38분

양력		1	2	3	4	5	6	7	8	9	10	11	12	13	14	15	16	17	18	19	20	21	22	23	24	25	26	27	28	29	30	31
요일		土	日	月	火	水	木	金	土	日	月	火	水	木	金	土	日	月	火	水	木	金	土	日	月	火	水	木	金	土	日	月
음력		7/2	3	4	5	6	7	8	9	10	11	12	13	14	15	16	17	18	19	20	21	22	23	24	25	26	27	28	29	8/1	2	3
일진		辛亥	壬子	癸丑	甲寅	乙卯	丙辰	丁巳	戊午	己未	庚申	辛酉	壬戌	癸亥	甲子	乙丑	丙寅	丁卯	戊辰	己巳	庚午	辛未	壬申	癸酉	甲戌	乙亥	丙子	丁丑	戊寅	己卯	庚辰	辛巳
대운	남	8	9	9	9	10	10	입	1	1	1	1	2	2	2	3	3	3	4	4	4	5	5	처	6	6	6	7	7	7	8	8
	여	2	2	1	1	1	1	추	10	10	10	9	9	9	8	8	8	7	7	7	6	6	6	서	5	5	4	4	4	3	3	3

양력 9월 백로절(丁酉月) 白露 9월8일 2시43분 秋分 9월23일 12시5분

양력		1	2	3	4	5	6	7	8	9	10	11	12	13	14	15	16	17	18	19	20	21	22	23	24	25	26	27	28	29	30
요일		火	水	木	金	土	日	月	火	水	木	金	土	日	月	火	水	木	金	土	日	月	火	水	木	金	土	日	月	火	水
음력		8/4	5	6	7	8	9	10	11	12	13	14	15	16	17	18	19	20	21	22	23	24	25	26	27	28	29	30	9/1	2	3
일진		壬午	癸未	甲申	乙酉	丙戌	丁亥	戊子	己丑	庚寅	辛卯	壬辰	癸巳	甲午	乙未	丙申	丁酉	戊戌	己亥	庚子	辛丑	壬寅	癸卯	甲辰	乙巳	丙午	丁未	戊申	己酉	庚戌	辛亥
대운	남	8	9	9	9	10	10	10	백	1	1	1	1	2	2	2	3	3	3	4	4	4	5	추	5	6	6	6	7	7	7
	여	2	2	2	1	1	1	1	로	10	9	9	9	8	8	8	7	7	7	6	6	6	5	분	5	4	4	4	3	3	3

양력 10월 한로절(戊戌月) 寒露 10월8일 18시10분 霜降 10월23일 21시13분

양력		1	2	3	4	5	6	7	8	9	10	11	12	13	14	15	16	17	18	19	20	21	22	23	24	25	26	27	28	29	30	31
요일		木	金	土	日	月	火	水	木	金	土	日	月	火	水	木	金	土	日	月	火	水	木	金	土	日	月	火	水	木	金	土
음력		9/4	5	6	7	8	9	10	11	12	13	14	15	16	17	18	19	20	21	22	23	24	25	26	27	28	29	30	10/1	2	3	4
일진		壬子	癸丑	甲寅	乙卯	丙辰	丁巳	戊午	己未	庚申	辛酉	壬戌	癸亥	甲子	乙丑	丙寅	丁卯	戊辰	己巳	庚午	辛未	壬申	癸酉	甲戌	乙亥	丙子	丁丑	戊寅	己卯	庚辰	辛巳	壬午
대운	남	8	8	8	9	9	9	10	한	1	1	1	1	2	2	2	3	3	3	4	4	4	5	상	5	6	6	6	7	7	7	8
	여	2	2	2	1	1	1	1	로	10	9	9	9	8	8	8	7	7	7	6	6	6	5	강	5	4	4	4	3	3	3	2

양력 11월 입동절(己亥月) 立冬 11월7일 21시9분 小雪 11월22일 18시36분

양력		1	2	3	4	5	6	7	8	9	10	11	12	13	14	15	16	17	18	19	20	21	22	23	24	25	26	27	28	29	30
요일		日	月	火	水	木	金	土	日	月	火	水	木	金	土	日	月	火	水	木	金	土	日	月	火	水	木	金	土	日	月
음력		10/5	6	7	8	9	10	11	12	13	14	15	16	17	18	19	20	21	22	23	24	25	26	27	28	29	11/1	2	3	4	5
일진		癸未	甲申	乙酉	丙戌	丁亥	戊子	己丑	庚寅	辛卯	壬辰	癸巳	甲午	乙未	丙申	丁酉	戊戌	己亥	庚子	辛丑	壬寅	癸卯	甲辰	乙巳	丙午	丁未	戊申	己酉	庚戌	辛亥	壬子
대운	남	8	8	9	9	9	10	입	1	1	1	1	2	2	2	3	3	3	4	4	4	5	소	5	6	6	6	7	7	7	8
	여	2	2	1	1	1	1	동	10	9	9	9	8	8	8	7	7	7	6	6	6	5	설	5	4	4	4	3	3	3	2

양력 12월 대설절(庚子月) 大雪 12월7일 13시51분 冬至 12월22일 7시51분

양력		1	2	3	4	5	6	7	8	9	10	11	12	13	14	15	16	17	18	19	20	21	22	23	24	25	26	27	28	29	30	31
요일		火	水	木	金	土	日	月	火	水	木	金	土	日	月	火	水	木	金	土	日	月	火	水	木	金	土	日	月	火	水	木
음력		11/6	7	8	9	10	11	12	13	14	15	16	17	18	19	20	21	22	23	24	25	26	27	28	29	30	12/1	2	3	4	5	6
일진		癸丑	甲寅	乙卯	丙辰	丁巳	戊午	己未	庚申	辛酉	壬戌	癸亥	甲子	乙丑	丙寅	丁卯	戊辰	己巳	庚午	辛未	壬申	癸酉	甲戌	乙亥	丙子	丁丑	戊寅	己卯	庚辰	辛巳	壬午	癸未
대운	남	8	8	9	9	9	10	대	1	1	1	1	2	2	2	3	3	3	4	4	4	5	동	5	6	6	6	7	7	7	8	8
	여	2	2	1	1	1	1	설	10	9	9	9	8	8	8	7	7	7	6	6	6	5	지	5	4	4	4	3	3	3	2	2

서기 1982년 [단기 4315년]

양력 1월 소한절(辛丑月) 小寒 1월6일 1시3분 大寒 1월20일 18시31분

양력	1	2	3	4	5	6	7	8	9	10	11	12	13	14	15	16	17	18	19	20	21	22	23	24	25	26	27	28	29	30	31
요일	金	土	日	月	火	水	木	金	土	日	月	火	水	木	金	土	日	月	火	水	木	金	土	日	月	火	水	木	金	土	日
음력	12/7	8	9	10	11	12	13	14	15	16	17	18	19	20	21	22	23	24	25	26	27	28	29	30	1/1	2	3	4	5	6	7
일진	甲申	乙酉	丙戌	丁亥	戊子	己丑	庚寅	辛卯	壬辰	癸巳	甲午	乙未	丙申	丁酉	戊戌	己亥	庚子	辛丑	壬寅	癸卯	甲辰	乙巳	丙午	丁未	戊申	己酉	庚戌	辛亥	壬子	癸丑	甲寅
대운 남	8	9	9	9	10	소한	1	1	1	1	2	2	2	3	3	3	4	4	4	대한	5	5	6	6	6	7	7	7	8	8	8
대운 여	2	1	1	1	1		9	9	9	8	8	8	7	7	7	6	6	6	5		5	4	4	4	3	3	3	2	2	2	1

양력 2월 입춘절(壬寅月) 立春 2월4일 12시45분 雨水 2월19일 8시47분

양력	1	2	3	4	5	6	7	8	9	10	11	12	13	14	15	16	17	18	19	20	21	22	23	24	25	26	27	28			
요일	月	火	水	木	金	土	日	月	火	水	木	金	土	日	月	火	水	木	金	土	日	月	火	水	木	金	土	日			
음력	1/8	9	10	11	12	13	14	15	16	17	18	19	20	21	22	23	24	25	26	27	28	29	30	2/1	2	3	4	5			
일진	乙卯	丙辰	丁巳	戊午	己未	庚申	辛酉	壬戌	癸亥	甲子	乙丑	丙寅	丁卯	戊辰	己巳	庚午	辛未	壬申	癸酉	甲戌	乙亥	丙子	丁丑	戊寅	己卯	庚辰	辛巳	壬午			
대운 남	9	9	9	입춘	10	9	9	9	8	8	8	7	7	7	6	6	6	5	우수	5	4	4	4	3	3	3	2	2			
대운 여	1	1	1		1	1	1	1	2	2	2	3	3	3	4	4	4	5		5	6	6	6	7	7	7	8	8			

양력 3월 경칩절(癸卯月) 驚蟄 3월6일 6시55분 春分 3월21일 7시56분

양력	1	2	3	4	5	6	7	8	9	10	11	12	13	14	15	16	17	18	19	20	21	22	23	24	25	26	27	28	29	30	31
요일	月	火	水	木	金	土	日	月	火	水	木	金	土	日	月	火	水	木	金	土	日	月	火	水	木	金	土	日	月	火	水
음력	2/6	7	8	9	10	11	12	13	14	15	16	17	18	19	20	21	22	23	24	25	26	27	28	29	3/1	2	3	4	5	6	7
일진	癸未	甲申	乙酉	丙戌	丁亥	戊子	己丑	庚寅	辛卯	壬辰	癸巳	甲午	乙未	丙申	丁酉	戊戌	己亥	庚子	辛丑	壬寅	癸卯	甲辰	乙巳	丙午	丁未	戊申	己酉	庚戌	辛亥	壬子	癸丑
대운 남	2	1	1	1	1	경칩	10	9	9	9	8	8	8	7	7	7	6	6	6	5	춘분	5	4	4	4	3	3	3	2	2	2
대운 여	8	9	9	9	10		1	1	1	1	2	2	2	3	3	3	4	4	4	5		5	6	6	6	7	7	7	8	8	8

양력 4월 청명절(甲辰月) 清明 4월5일 11시53분 穀雨 4월20일 19시7분

양력	1	2	3	4	5	6	7	8	9	10	11	12	13	14	15	16	17	18	19	20	21	22	23	24	25	26	27	28	29	30	
요일	木	金	土	日	月	火	水	木	金	土	日	月	火	水	木	金	土	日	月	火	水	木	金	土	日	月	火	水	木	金	
음력	3/8	9	10	11	12	13	14	15	16	17	18	19	20	21	22	23	24	25	26	27	28	29	30	4/1	2	3	4	5	6	7	
일진	甲寅	乙卯	丙辰	丁巳	戊午	己未	庚申	辛酉	壬戌	癸亥	甲子	乙丑	丙寅	丁卯	戊辰	己巳	庚午	辛未	壬申	癸酉	甲戌	乙亥	丙子	丁丑	戊寅	己卯	庚辰	辛巳	壬午	癸未	
대운 남	1	1	1	1	청명	10	10	9	9	9	8	8	8	7	7	7	6	6	6	곡우	5	5	4	4	4	3	3	3	2	2	
대운 여	9	9	9	10		1	1	1	1	2	2	2	3	3	3	4	4	4	5		5	6	6	6	7	7	7	8	8	8	

양력 5월 입하절(乙巳月) 立夏 5월6일 5시20분 小滿 5월21일 18시23분

양력	1	2	3	4	5	6	7	8	9	10	11	12	13	14	15	16	17	18	19	20	21	22	23	24	25	26	27	28	29	30	31
요일	土	日	月	火	水	木	金	土	日	月	火	水	木	金	土	日	月	火	水	木	金	土	日	月	火	水	木	金	土	日	月
음력	4/8	9	10	11	12	13	14	15	16	17	18	19	20	21	22	23	24	25	26	27	28	29	윤1	2	3	4	5	6	7	8	9
일진	甲申	乙酉	丙戌	丁亥	戊子	己丑	庚寅	辛卯	壬辰	癸巳	甲午	乙未	丙申	丁酉	戊戌	己亥	庚子	辛丑	壬寅	癸卯	甲辰	乙巳	丙午	丁未	戊申	己酉	庚戌	辛亥	壬子	癸丑	甲寅
대운 남	2	1	1	1	1	입하	10	10	9	9	9	8	8	8	7	7	7	6	6	6	소만	5	5	4	4	4	3	3	3	2	2
대운 여	9	9	9	10	10		1	1	1	1	2	2	2	3	3	3	4	4	4	5		5	6	6	6	7	7	7	8	8	8

양력 6월 망종절(丙午月) 芒種 6월6일 9시36분 夏至 6월22일 2시23분

양력	1	2	3	4	5	6	7	8	9	10	11	12	13	14	15	16	17	18	19	20	21	22	23	24	25	26	27	28	29	30	
요일	火	水	木	金	土	日	月	火	水	木	金	土	日	月	火	水	木	金	土	日	月	火	水	木	金	土	日	月	火	水	
음력	윤10	11	12	13	14	15	16	17	18	19	20	21	22	23	24	25	26	27	28	29	5/1	2	3	4	5	6	7	8	9	10	
일진	乙卯	丙辰	丁巳	戊午	己未	庚申	辛酉	壬戌	癸亥	甲子	乙丑	丙寅	丁卯	戊辰	己巳	庚午	辛未	壬申	癸酉	甲戌	乙亥	丙子	丁丑	戊寅	己卯	庚辰	辛巳	壬午	癸未	甲申	
대운 남	2	1	1	1	1	망종	10	10	9	9	9	8	8	8	7	7	7	6	6	6	5	하지	5	4	4	4	3	3	3	2	
대운 여	9	9	9	10	10		1	1	1	1	2	2	2	3	3	3	4	4	4	5	5		6	6	6	7	7	7	8	8	

▶윤달-4월

壬戌年

양력 7월 소서절(丁未月) 小暑 7월7일 19시55분 大暑 7월23일 13시15분

양력	1	2	3	4	5	6	7	8	9	10	11	12	13	14	15	16	17	18	19	20	21	22	23	24	25	26	27	28	29	30	31
요일	木	金	土	日	月	火	水	木	金	土	日	月	火	水	木	金	土	日	月	火	水	木	金	土	日	月	火	水	木	金	土
음력	5/11	12	13	14	15	16	17	18	19	20	21	22	23	24	25	26	27	28	29	30	6/1	2	3	4	5	6	7	8	9	10	11
일진	乙酉	丙戌	丁亥	戊子	己丑	庚寅	辛卯	壬辰	癸巳	甲午	乙未	丙申	丁酉	戊戌	己亥	庚子	辛丑	壬寅	癸卯	甲辰	乙巳	丙午	丁未	戊申	己酉	庚戌	辛亥	壬子	癸丑	甲寅	乙卯
대운 남	2	2	1	1	1	1	소서	10	10	10	9	9	9	8	8	8	7	7	7	6	6	6	대서	5	5	4	4	4	3	3	3
대운 여	8	9	9	9	10	10		1	1	1	1	2	2	2	3	3	3	4	4	4	5	5		6	6	6	7	7	7	8	8

양력 8월 입추절(戊申月) 立秋 8월8일 5시42분 處暑 8월23일 20시15분

양력	1	2	3	4	5	6	7	8	9	10	11	12	13	14	15	16	17	18	19	20	21	22	23	24	25	26	27	28	29	30	31
요일	日	月	火	水	木	金	土	日	月	火	水	木	金	土	日	月	火	水	木	金	土	日	月	火	水	木	金	土	日	月	火
음력	6/12	13	14	15	16	17	18	19	20	21	22	23	24	25	26	27	28	29	7/1	2	3	4	5	6	7	8	9	10	11	12	13
일진	丙辰	丁巳	戊午	己未	庚申	辛酉	壬戌	癸亥	甲子	乙丑	丙寅	丁卯	戊辰	己巳	庚午	辛未	壬申	癸酉	甲戌	乙亥	丙子	丁丑	戊寅	己卯	庚辰	辛巳	壬午	癸未	甲申	乙酉	丙戌
대운 남	2	2	2	1	1	1	1	입추	10	10	9	9	9	8	8	8	7	7	7	6	6	6	처서	5	5	4	4	4	3	3	3
대운 여	8	9	9	9	10	10	10		1	1	1	1	2	2	2	3	3	3	4	4	4	5		5	6	6	6	7	7	7	8

양력 9월 백로절(己酉月) 白露 9월8일 8시32분 秋分 9월23일 17시46분

양력	1	2	3	4	5	6	7	8	9	10	11	12	13	14	15	16	17	18	19	20	21	22	23	24	25	26	27	28	29	30
요일	水	木	金	土	日	月	火	水	木	金	土	日	月	火	水	木	金	土	日	月	火	水	木	金	土	日	月	火	水	木
음력	7/14	15	16	17	18	19	20	21	22	23	24	25	26	27	28	29	8/1	2	3	4	5	6	7	8	9	10	11	12	13	14
일진	丁亥	戊子	己丑	庚寅	辛卯	壬辰	癸巳	甲午	乙未	丙申	丁酉	戊戌	己亥	庚子	辛丑	壬寅	癸卯	甲辰	乙巳	丙午	丁未	戊申	己酉	庚戌	辛亥	壬子	癸丑	甲寅	乙卯	丙辰
대운 남	2	2	2	1	1	1	1	백로	10	10	9	9	9	8	8	8	7	7	7	6	6	6	추분	5	5	4	4	4	3	3
대운 여	8	8	9	9	9	10	10		1	1	1	1	2	2	2	3	3	3	4	4	4	5		5	6	6	6	7	7	7

양력 10월 한로절(庚戌月) 寒露 10월9일 0시2분 霜降 10월24일 2시58분

양력	1	2	3	4	5	6	7	8	9	10	11	12	13	14	15	16	17	18	19	20	21	22	23	24	25	26	27	28	29	30	31
요일	金	土	日	月	火	水	木	金	土	日	月	火	水	木	金	土	日	月	火	水	木	金	土	日	月	火	水	木	金	土	日
음력	8/15	16	17	18	19	20	21	22	23	24	25	26	27	28	29	30	9/1	2	3	4	5	6	7	8	9	10	11	12	13	14	15
일진	丁巳	戊午	己未	庚申	辛酉	壬戌	癸亥	甲子	乙丑	丙寅	丁卯	戊辰	己巳	庚午	辛未	壬申	癸酉	甲戌	乙亥	丙子	丁丑	戊寅	己卯	庚辰	辛巳	壬午	癸未	甲申	乙酉	丙戌	丁亥
대운 남	3	2	2	2	1	1	1	1	한로	10	9	9	9	8	8	8	7	7	7	6	6	6	5	상강	5	4	4	4	3	3	3
대운 여	8	8	8	9	9	9	10	10		1	1	1	1	2	2	2	3	3	3	4	4	4	5		5	6	6	6	7	7	7

양력 11월 입동절(辛亥月) 立冬 11월8일 3시4분 小雪 11월23일 0시23분

양력	1	2	3	4	5	6	7	8	9	10	11	12	13	14	15	16	17	18	19	20	21	22	23	24	25	26	27	28	29	30
요일	月	火	水	木	金	土	日	月	火	水	木	金	土	日	月	火	水	木	金	土	日	月	火	水	木	金	土	日	月	火
음력	9/16	17	18	19	20	21	22	23	24	25	26	27	28	29	30	10/1	2	3	4	5	6	7	8	9	10	11	12	13	14	15
일진	戊子	己丑	庚寅	辛卯	壬辰	癸巳	甲午	乙未	丙申	丁酉	戊戌	己亥	庚子	辛丑	壬寅	癸卯	甲辰	乙巳	丙午	丁未	戊申	己酉	庚戌	辛亥	壬子	癸丑	甲寅	乙卯	丙辰	丁巳
대운 남	2	2	2	1	1	1	1	입동	9	9	9	8	8	8	7	7	7	6	6	6	5	5	소설	4	4	4	3	3	3	2
대운 여	8	8	8	9	9	9	10		1	1	1	1	2	2	2	3	3	3	4	4	4	5		5	6	6	6	7	7	7

양력 12월 대설절(壬子月) 大雪 12월7일 19시48분 冬至 12월22일 13시38분

양력	1	2	3	4	5	6	7	8	9	10	11	12	13	14	15	16	17	18	19	20	21	22	23	24	25	26	27	28	29	30	31
요일	水	木	金	土	日	月	火	水	木	金	土	日	月	火	水	木	金	土	日	月	火	水	木	金	土	日	月	火	水	木	金
음력	10/16	17	18	19	20	21	22	23	24	25	26	27	28	29	11/1	2	3	4	5	6	7	8	9	10	11	12	13	14	15	16	17
일진	戊午	己未	庚申	辛酉	壬戌	癸亥	甲子	乙丑	丙寅	丁卯	戊辰	己巳	庚午	辛未	壬申	癸酉	甲戌	乙亥	丙子	丁丑	戊寅	己卯	庚辰	辛巳	壬午	癸未	甲申	乙酉	丙戌	丁亥	戊子
대운 남	2	2	1	1	1	1	대설	10	9	9	9	8	8	8	7	7	7	6	6	6	5	동지	5	4	4	4	3	3	3	2	2
대운 여	8	8	8	9	9	9		1	1	1	1	2	2	2	3	3	3	4	4	4	5		5	6	6	6	7	7	7	8	8

서기 1983년 [단기 4316년]

양력 1월 소한절(癸丑月) 小寒 1월6일 6시59분 大寒 1월21일 0시17분

양력	1	2	3	4	5	6	7	8	9	10	11	12	13	14	15	16	17	18	19	20	21	22	23	24	25	26	27	28	29	30	31
요일	土	日	月	火	水	木	金	土	日	月	火	水	木	金	土	日	月	火	水	木	金	土	日	月	火	水	木	金	土	日	月
음력	11/18	19	20	21	22	23	24	25	26	27	28	29	30	12/1	2	3	4	5	6	7	8	9	10	11	12	13	14	15	16	17	18
일진	己丑	庚寅	辛卯	壬辰	癸巳	甲午	乙未	丙申	丁酉	戊戌	己亥	庚子	辛丑	壬寅	癸卯	甲辰	乙巳	丙午	丁未	戊申	己酉	庚戌	辛亥	壬子	癸丑	甲寅	乙卯	丙辰	丁巳	戊午	己未
대운 남	2	1	1	1	1	소	9	9	9	8	8	8	7	7	7	6	6	6	5	5	대	4	4	4	3	3	3	2	2	2	1
대운 여	8	9	9	9	10	한	1	1	1	1	2	2	2	3	3	3	4	4	4	5	한	5	6	6	6	7	7	7	8	8	8

양력 2월 입춘절(甲寅月) 立春 2월4일 18시40분 雨水 2월19일 14시31분

양력	1	2	3	4	5	6	7	8	9	10	11	12	13	14	15	16	17	18	19	20	21	22	23	24	25	26	27	28
요일	火	水	木	金	土	日	月	火	水	木	金	土	日	月	火	水	木	金	土	日	月	火	水	木	金	土	日	月
음력	12/19	20	21	22	23	24	25	26	27	28	29	30	1/1	2	3	4	5	6	7	8	9	10	11	12	13	14	15	16
일진	庚申	辛酉	壬戌	癸亥	甲子	乙丑	丙寅	丁卯	戊辰	己巳	庚午	辛未	壬申	癸酉	甲戌	乙亥	丙子	丁丑	戊寅	己卯	庚辰	辛巳	壬午	癸未	甲申	乙酉	丙戌	丁亥
대운 남	1	1	1	입	1	1	1	1	2	2	2	3	3	3	4	4	4	5	우	5	6	6	6	7	7	7	8	8
대운 여	9	9	9	춘	10	9	9	9	8	8	8	7	7	7	6	6	6	5	수	5	4	4	4	3	3	3	2	2

양력 3월 경칩절(乙卯月) 驚蟄 3월6일 12시47분 春分 3월21일 13시39분

양력	1	2	3	4	5	6	7	8	9	10	11	12	13	14	15	16	17	18	19	20	21	22	23	24	25	26	27	28	29	30	31
요일	火	水	木	金	土	日	月	火	水	木	金	土	日	月	火	水	木	金	土	日	月	火	水	木	金	土	日	月	火	水	木
음력	1/17	18	19	20	21	22	23	24	25	26	27	28	29	30	2/1	2	3	4	5	6	7	8	9	10	11	12	13	14	15	16	17
일진	戊子	己丑	庚寅	辛卯	壬辰	癸巳	甲午	乙未	丙申	丁酉	戊戌	己亥	庚子	辛丑	壬寅	癸卯	甲辰	乙巳	丙午	丁未	戊申	己酉	庚戌	辛亥	壬子	癸丑	甲寅	乙卯	丙辰	丁巳	戊午
대운 남	8	9	9	9	10	경	1	1	1	1	2	2	2	3	3	3	4	4	4	5	춘	5	6	6	6	7	7	7	8	8	8
대운 여	2	1	1	1	1	칩	10	9	9	9	8	8	8	7	7	7	6	6	6	5	분	5	4	4	4	3	3	3	2	2	2

양력 4월 청명절(丙辰月) 清明 4월5일 17시44분 穀雨 4월21일 0시50분

양력	1	2	3	4	5	6	7	8	9	10	11	12	13	14	15	16	17	18	19	20	21	22	23	24	25	26	27	28	29	30
요일	金	土	日	月	火	水	木	金	土	日	月	火	水	木	金	土	日	月	火	水	木	金	土	日	月	火	水	木	金	土
음력	2/18	19	20	21	22	23	24	25	26	27	28	29	3/1	2	3	4	5	6	7	8	9	10	11	12	13	14	15	16	17	18
일진	己未	庚申	辛酉	壬戌	癸亥	甲子	乙丑	丙寅	丁卯	戊辰	己巳	庚午	辛未	壬申	癸酉	甲戌	乙亥	丙子	丁丑	戊寅	己卯	庚辰	辛巳	壬午	癸未	甲申	乙酉	丙戌	丁亥	戊子
대운 남	9	9	9	10	청	1	1	1	1	2	2	2	3	3	3	4	4	4	5	5	곡	6	6	6	7	7	7	8	8	8
대운 여	1	1	1	1	명	10	10	9	9	9	8	8	8	7	7	7	6	6	6	5	우	5	4	4	4	3	3	3	2	2

양력 5월 입하절(丁巳月) 立夏 5월6일 11시11분 小滿 5월22일 0시6분

양력	1	2	3	4	5	6	7	8	9	10	11	12	13	14	15	16	17	18	19	20	21	22	23	24	25	26	27	28	29	30	31
요일	日	月	火	水	木	金	土	日	月	火	水	木	金	土	日	月	火	水	木	金	土	日	月	火	水	木	金	土	日	月	火
음력	3/19	20	21	22	23	24	25	26	27	28	29	30	4/1	2	3	4	5	6	7	8	9	10	11	12	13	14	15	16	17	18	19
일진	己丑	庚寅	辛卯	壬辰	癸巳	甲午	乙未	丙申	丁酉	戊戌	己亥	庚子	辛丑	壬寅	癸卯	甲辰	乙巳	丙午	丁未	戊申	己酉	庚戌	辛亥	壬子	癸丑	甲寅	乙卯	丙辰	丁巳	戊午	己未
대운 남	9	9	9	10	10	입	1	1	1	1	2	2	2	3	3	3	4	4	4	5	5	소	6	6	6	7	7	7	8	8	8
대운 여	2	1	1	1	1	하	10	10	9	9	9	8	8	8	7	7	7	6	6	6	5	만	5	4	4	4	3	3	3	2	2

양력 6월 망종절(戊午月) 芒種 6월6일 15시26분 夏至 6월22일 8시9분

양력	1	2	3	4	5	6	7	8	9	10	11	12	13	14	15	16	17	18	19	20	21	22	23	24	25	26	27	28	29	30
요일	水	木	金	土	日	月	火	水	木	金	土	日	月	火	水	木	金	土	日	月	火	水	木	金	土	日	月	火	水	木
음력	4/20	21	22	23	24	25	26	27	28	29	5/1	2	3	4	5	6	7	8	9	10	11	12	13	14	15	16	17	18	19	20
일진	庚申	辛酉	壬戌	癸亥	甲子	乙丑	丙寅	丁卯	戊辰	己巳	庚午	辛未	壬申	癸酉	甲戌	乙亥	丙子	丁丑	戊寅	己卯	庚辰	辛巳	壬午	癸未	甲申	乙酉	丙戌	丁亥	戊子	己丑
대운 남	9	9	9	10	10	망	1	1	1	1	2	2	2	3	3	3	4	4	4	5	5	하	6	6	6	7	7	7	8	8
대운 여	2	1	1	1	1	종	10	10	10	9	9	9	8	8	8	7	7	7	6	6	6	지	5	5	4	4	4	3	3	3

癸亥年

양력 7월 소서절(己未月) 小暑 7월8일 1시43분 大暑 7월23일 19시4분

양력	1	2	3	4	5	6	7	8	9	10	11	12	13	14	15	16	17	18	19	20	21	22	23	24	25	26	27	28	29	30	31
요일	金	土	日	月	火	水	木	金	土	日	月	火	水	木	金	土	日	月	火	水	木	金	土	日	月	火	水	木	金	土	日
음력	5/21	22	23	24	25	26	27	28	29	6/1	2	3	4	5	6	7	8	9	10	11	12	13	14	15	16	17	18	19	20	21	22
일진	庚寅	辛卯	壬辰	癸巳	甲午	乙未	丙申	丁酉	戊戌	己亥	庚子	辛丑	壬寅	癸卯	甲辰	乙巳	丙午	丁未	戊申	己酉	庚戌	辛亥	壬子	癸丑	甲寅	乙卯	丙辰	丁巳	戊午	己未	庚申
대운 남	8	9	9	9	10	10	10	소	1	1	1	1	2	2	2	3	3	3	4	4	4	5	대	5	6	6	6	7	7	7	8
대운 여	2	2	2	1	1	1	1	서	10	10	9	9	9	8	8	8	7	7	7	6	6	6	서	5	5	4	4	4	3	3	3

양력 8월 입추절(庚申月) 立秋 8월8일 11시30분 處暑 8월24일 2시7분

양력	1	2	3	4	5	6	7	8	9	10	11	12	13	14	15	16	17	18	19	20	21	22	23	24	25	26	27	28	29	30	31
요일	月	火	水	木	金	土	日	月	火	水	木	金	土	日	月	火	水	木	金	土	日	月	火	水	木	金	土	日	月	火	水
음력	6/23	24	25	26	27	28	29	30	7/1	2	3	4	5	6	7	8	9	10	11	12	13	14	15	16	17	18	19	20	21	22	23
일진	辛酉	壬戌	癸亥	甲子	乙丑	丙寅	丁卯	戊辰	己巳	庚午	辛未	壬申	癸酉	甲戌	乙亥	丙子	丁丑	戊寅	己卯	庚辰	辛巳	壬午	癸未	甲申	乙酉	丙戌	丁亥	戊子	己丑	庚寅	辛卯
대운 남	8	8	9	9	9	10	10	입	1	1	1	1	2	2	2	3	3	3	4	4	4	5	5	처	6	6	6	7	7	7	8
대운 여	2	2	2	1	1	1	1	추	10	10	9	9	9	8	8	8	7	7	7	6	6	6	5	서	5	4	4	4	3	3	3

양력 9월 백로절(辛酉月) 白露 9월8일 14시20분 秋分 9월23일 23시42분

양력	1	2	3	4	5	6	7	8	9	10	11	12	13	14	15	16	17	18	19	20	21	22	23	24	25	26	27	28	29	30	
요일	木	金	土	日	月	火	水	木	金	土	日	月	火	水	木	金	土	日	月	火	水	木	金	土	日	月	火	水	木	金	
음력	7/24	25	26	27	28	29	8/1	2	3	4	5	6	7	8	9	10	11	12	13	14	15	16	17	18	19	20	21	22	23	24	
일진	壬辰	癸巳	甲午	乙未	丙申	丁酉	戊戌	己亥	庚子	辛丑	壬寅	癸卯	甲辰	乙巳	丙午	丁未	戊申	己酉	庚戌	辛亥	壬子	癸丑	甲寅	乙卯	丙辰	丁巳	戊午	己未	庚申	辛酉	
대운 남	8	8	9	9	9	10	10	백	1	1	1	1	2	2	2	3	3	3	4	4	4	5	추	5	6	6	6	7	7	7	
대운 여	2	2	2	1	1	1	1	로	10	10	9	9	9	8	8	8	7	7	7	6	6	6	분	5	5	4	4	4	3	3	

양력 10월 한로절(壬戌月) 寒露 10월9일 5시51분 霜降 10월24일 8시54분

양력	1	2	3	4	5	6	7	8	9	10	11	12	13	14	15	16	17	18	19	20	21	22	23	24	25	26	27	28	29	30	31
요일	土	日	月	火	水	木	金	土	日	月	火	水	木	金	土	日	月	火	水	木	金	土	日	月	火	水	木	金	土	日	月
음력	8/25	26	27	28	29	9/1	2	3	4	5	6	7	8	9	10	11	12	13	14	15	16	17	18	19	20	21	22	23	24	25	26
일진	壬戌	癸亥	甲子	乙丑	丙寅	丁卯	戊辰	己巳	庚午	辛未	壬申	癸酉	甲戌	乙亥	丙子	丁丑	戊寅	己卯	庚辰	辛巳	壬午	癸未	甲申	乙酉	丙戌	丁亥	戊子	己丑	庚寅	辛卯	壬辰
대운 남	8	8	8	9	9	9	10	10	한	1	1	1	1	2	2	2	3	3	3	4	4	4	5	상	5	6	6	6	7	7	7
대운 여	3	2	2	2	1	1	1	1	로	10	9	9	9	8	8	8	7	7	7	6	6	6	5	강	5	4	4	4	3	3	3

양력 11월 입동절(癸亥月) 立冬 11월8일 8시52분 小雪 11월23일 6시18분

양력	1	2	3	4	5	6	7	8	9	10	11	12	13	14	15	16	17	18	19	20	21	22	23	24	25	26	27	28	29	30	
요일	火	水	木	金	土	日	月	火	水	木	金	土	日	月	火	水	木	金	土	日	月	火	水	木	金	土	日	月	火	水	
음력	9/27	28	29	30	10/1	2	3	4	5	6	7	8	9	10	11	12	13	14	15	16	17	18	19	20	21	22	23	24	25	26	
일진	癸巳	甲午	乙未	丙申	丁酉	戊戌	己亥	庚子	辛丑	壬寅	癸卯	甲辰	乙巳	丙午	丁未	戊申	己酉	庚戌	辛亥	壬子	癸丑	甲寅	乙卯	丙辰	丁巳	戊午	己未	庚申	辛酉	壬戌	
대운 남	8	8	8	9	9	9	10	입	1	1	1	1	2	2	2	3	3	3	4	4	4	5	소	5	6	6	6	7	7	7	
대운 여	2	2	2	1	1	1	1	동	10	9	9	9	8	8	8	7	7	7	6	6	6	5	설	5	4	4	4	3	3	3	

양력 12월 대설절(甲子月) 大雪 12월8일 1시34분 冬至 12월22일 19시30분

양력	1	2	3	4	5	6	7	8	9	10	11	12	13	14	15	16	17	18	19	20	21	22	23	24	25	26	27	28	29	30	31
요일	木	金	土	日	月	火	水	木	金	土	日	月	火	水	木	金	土	日	月	火	水	木	金	土	日	月	火	水	木	金	土
음력	10/27	28	29	11/1	2	3	4	5	6	7	8	9	10	11	12	13	14	15	16	17	18	19	20	21	22	23	24	25	26	27	28
일진	癸亥	甲子	乙丑	丙寅	丁卯	戊辰	己巳	庚午	辛未	壬申	癸酉	甲戌	乙亥	丙子	丁丑	戊寅	己卯	庚辰	辛巳	壬午	癸未	甲申	乙酉	丙戌	丁亥	戊子	己丑	庚寅	辛卯	壬辰	癸巳
대운 남	8	8	8	9	9	9	10	대	1	1	1	1	2	2	2	3	3	3	4	4	4	동	5	5	6	6	6	7	7	7	8
대운 여	2	2	2	1	1	1	1	설	9	9	9	8	8	8	7	7	7	6	6	6	5	지	5	4	4	4	3	3	3	2	2

서기 1984년 [단기 4317년]

양력 1월 소한절(乙丑月) 小寒 1월6일 12시41분 大寒 1월21일 6시5분

양력	1	2	3	4	5	6	7	8	9	10	11	12	13	14	15	16	17	18	19	20	21	22	23	24	25	26	27	28	29	30	31
요일	日	月	火	水	木	金	土	日	月	火	水	木	金	土	日	月	火	水	木	金	土	日	月	火	水	木	金	土	日	月	火
음력	11/29	30	12/1	2	3	4	5	6	7	8	9	10	11	12	13	14	15	16	17	18	19	20	21	22	23	24	25	26	27	28	29
일진	甲午	乙未	丙申	丁酉	戊戌	己亥	庚子	辛丑	壬寅	癸卯	甲辰	乙巳	丙午	丁未	戊申	己酉	庚戌	辛亥	壬子	癸丑	甲寅	乙卯	丙辰	丁巳	戊午	己未	庚申	辛酉	壬戌	癸亥	甲子
대운 남	8	8	9	9	9	소한	1	1	1	1	2	2	2	3	3	3	4	4	4	5	대한	5	6	6	6	7	7	7	8	8	8
대운 여	2	1	1	1	1		10	9	9	9	8	8	8	7	7	7	6	6	6	5		5	4	4	4	3	3	3	2	2	2

양력 2월 입춘절(丙寅月) 立春 2월5일 0시19분 雨水 2월19일 20시16분

양력	1	2	3	4	5	6	7	8	9	10	11	12	13	14	15	16	17	18	19	20	21	22	23	24	25	26	27	28	29		
요일	水	木	金	土	日	月	火	水	木	金	土	日	月	火	水	木	金	土	日	月	火	水	木	金	土	日	月	火	水		
음력	12/30	1/1	2	3	4	5	6	7	8	9	10	11	12	13	14	15	16	17	18	19	20	21	22	23	24	25	26	27	28		
일진	乙丑	丙寅	丁卯	戊辰	己巳	庚午	辛未	壬申	癸酉	甲戌	乙亥	丙子	丁丑	戊寅	己卯	庚辰	辛巳	壬午	癸未	甲申	乙酉	丙戌	丁亥	戊子	己丑	庚寅	辛卯	壬辰	癸巳		
대운 남	9	9	9	10	입춘	9	9	9	8	8	8	7	7	7	6	6	6	5	우수	5	4	4	4	3	3	3	2	2	2		
대운 여	1	1	1	1		1	1	1	1	2	2	2	3	3	3	4	4	4		5	5	6	6	6	7	7	7	8	8		

양력 3월 경칩절(丁卯月) 驚蟄 3월5일 18시25분 春分 3월20일 19시24분

양력	1	2	3	4	5	6	7	8	9	10	11	12	13	14	15	16	17	18	19	20	21	22	23	24	25	26	27	28	29	30	31
요일	木	金	土	日	月	火	水	木	金	土	日	月	火	水	木	金	土	日	月	火	水	木	金	土	日	月	火	水	木	金	土
음력	1/29	30	2/1	2	3	4	5	6	7	8	9	10	11	12	13	14	15	16	17	18	19	20	21	22	23	24	25	26	27	28	29
일진	甲午	乙未	丙申	丁酉	戊戌	己亥	庚子	辛丑	壬寅	癸卯	甲辰	乙巳	丙午	丁未	戊申	己酉	庚戌	辛亥	壬子	癸丑	甲寅	乙卯	丙辰	丁巳	戊午	己未	庚申	辛酉	壬戌	癸亥	甲子
대운 남	1	1	1	1	경칩	10	9	9	9	8	8	8	7	7	7	6	6	6	5	춘분	5	4	4	4	3	3	3	2	2	2	1
대운 여	8	9	9	9		1	1	1	1	2	2	2	3	3	3	4	4	4	5		5	6	6	6	7	7	7	8	8	8	9

양력 4월 청명절(戊辰月) 清明 4월4일 23시22분 穀雨 4월20일 6시38분

양력	1	2	3	4	5	6	7	8	9	10	11	12	13	14	15	16	17	18	19	20	21	22	23	24	25	26	27	28	29	30	
요일	日	月	火	水	木	金	土	日	月	火	水	木	金	土	日	月	火	水	木	金	土	日	月	火	水	木	金	土	日	月	
음력	3/1	2	3	4	5	6	7	8	9	10	11	12	13	14	15	16	17	18	19	20	21	22	23	24	25	26	27	28	29	30	
일진	乙丑	丙寅	丁卯	戊辰	己巳	庚午	辛未	壬申	癸酉	甲戌	乙亥	丙子	丁丑	戊寅	己卯	庚辰	辛巳	壬午	癸未	甲申	乙酉	丙戌	丁亥	戊子	己丑	庚寅	辛卯	壬辰	癸巳	甲午	
대운 남	1	1	1	청명	10	10	9	9	9	8	8	8	7	7	7	6	6	6	5	곡우	5	4	4	4	3	3	3	2	2	2	
대운 여	9	9	10		1	1	1	1	2	2	2	3	3	3	4	4	4	5	5		6	6	6	7	7	7	8	8	8	9	

양력 5월 입하절(己巳月) 立夏 5월5일 16시51분 小滿 5월21일 5시58분

양력	1	2	3	4	5	6	7	8	9	10	11	12	13	14	15	16	17	18	19	20	21	22	23	24	25	26	27	28	29	30	31
요일	火	水	木	金	土	日	月	火	水	木	金	土	日	月	火	水	木	金	土	日	月	火	水	木	金	土	日	月	火	水	木
음력	4/1	2	3	4	5	6	7	8	9	10	11	12	13	14	15	16	17	18	19	20	21	22	23	24	25	26	27	28	29	30	5/1
일진	乙未	丙申	丁酉	戊戌	己亥	庚子	辛丑	壬寅	癸卯	甲辰	乙巳	丙午	丁未	戊申	己酉	庚戌	辛亥	壬子	癸丑	甲寅	乙卯	丙辰	丁巳	戊午	己未	庚申	辛酉	壬戌	癸亥	甲子	乙丑
대운 남	1	1	1	1	입하	10	10	9	9	9	8	8	8	7	7	7	6	6	6	5	소만	5	4	4	4	3	3	3	2	2	2
대운 여	9	9	10	10		1	1	1	1	2	2	2	3	3	3	4	4	4	5	5		6	6	6	7	7	7	8	8	8	9

양력 6월 망종절(庚午月) 芒種 6월5일 21시9분 夏至 6월21일 14시2분

양력	1	2	3	4	5	6	7	8	9	10	11	12	13	14	15	16	17	18	19	20	21	22	23	24	25	26	27	28	29	30	
요일	金	土	日	月	火	水	木	金	土	日	月	火	水	木	金	土	日	月	火	水	木	金	土	日	月	火	水	木	金	土	
음력	5/2	3	4	5	6	7	8	9	10	11	12	13	14	15	16	17	18	19	20	21	22	23	24	25	26	27	28	29	6/1	2	
일진	丙寅	丁卯	戊辰	己巳	庚午	辛未	壬申	癸酉	甲戌	乙亥	丙子	丁丑	戊寅	己卯	庚辰	辛巳	壬午	癸未	甲申	乙酉	丙戌	丁亥	戊子	己丑	庚寅	辛卯	壬辰	癸巳	甲午	乙未	
대운 남	1	1	1	1	망종	10	10	10	9	9	9	8	8	8	7	7	7	6	6	6	하지	5	5	4	4	4	3	3	3	2	
대운 여	9	9	10	10		1	1	1	1	2	2	2	3	3	3	4	4	4	5	5		6	6	6	7	7	7	8	8	8	

甲子年

양력 7월 소서절(辛未月) 小暑 7월7일 7시29분 大暑 7월23일 0시58분

양력	1	2	3	4	5	6	7	8	9	10	11	12	13	14	15	16	17	18	19	20	21	22	23	24	25	26	27	28	29	30	31
요일	日	月	火	水	木	金	土	日	月	火	水	木	金	土	日	月	火	水	木	金	土	日	月	火	水	木	金	土	日	月	火
음력	6/3	4	5	6	7	8	9	10	11	12	13	14	15	16	17	18	19	20	21	22	23	24	25	26	27	28	29	7/1	2	3	4
일진	丙申	丁酉	戊戌	己亥	庚子	辛丑	壬寅	癸卯	甲辰	乙巳	丙午	丁未	戊申	己酉	庚戌	辛亥	壬子	癸丑	甲寅	乙卯	丙辰	丁巳	戊午	己未	庚申	辛酉	壬戌	癸亥	甲子	乙丑	丙寅
대운 남	2	2	1	1	1	1	소	10	10	9	9	9	8	8	8	7	7	7	6	6	6	5	대	5	4	4	4	3	3	3	2
대운 여	9	9	9	10	10	10	서	1	1	1	1	2	2	2	3	3	3	4	4	4	5	5	서	6	6	6	7	7	7	8	8

양력 8월 입추절(壬申月) 立秋 8월7일 17시18분 處暑 8월23일 8시0분

양력	1	2	3	4	5	6	7	8	9	10	11	12	13	14	15	16	17	18	19	20	21	22	23	24	25	26	27	28	29	30	31
요일	水	木	金	土	日	月	火	水	木	金	土	日	月	火	水	木	金	土	日	月	火	水	木	金	土	日	月	火	水	木	金
음력	7/5	6	7	8	9	10	11	12	13	14	15	16	17	18	19	20	21	22	23	24	25	26	27	28	29	30	8/1	2	3	4	5
일진	丁卯	戊辰	己巳	庚午	辛未	壬申	癸酉	甲戌	乙亥	丙子	丁丑	戊寅	己卯	庚辰	辛巳	壬午	癸未	甲申	乙酉	丙戌	丁亥	戊子	己丑	庚寅	辛卯	壬辰	癸巳	甲午	乙未	丙申	丁酉
대운 남	2	2	1	1	1	1	입	10	10	9	9	9	8	8	8	7	7	7	6	6	6	5	처	5	4	4	4	3	3	3	2
대운 여	8	9	9	9	10	10	추	1	1	1	1	2	2	2	3	3	3	4	4	4	5	5	서	6	6	6	7	7	7	8	8

양력 9월 백로절(癸酉月) 白露 9월7일 20시10분 秋分 9월23일 5시33분

양력	1	2	3	4	5	6	7	8	9	10	11	12	13	14	15	16	17	18	19	20	21	22	23	24	25	26	27	28	29	30
요일	土	日	月	火	水	木	金	土	日	月	火	水	木	金	土	日	月	火	水	木	金	土	日	月	火	水	木	金	土	日
음력	8/6	7	8	9	10	11	12	13	14	15	16	17	18	19	20	21	22	23	24	25	26	27	28	29	9/1	2	3	4	5	6
일진	戊戌	己亥	庚子	辛丑	壬寅	癸卯	甲辰	乙巳	丙午	丁未	戊申	己酉	庚戌	辛亥	壬子	癸丑	甲寅	乙卯	丙辰	丁巳	戊午	己未	庚申	辛酉	壬戌	癸亥	甲子	乙丑	丙寅	丁卯
대운 남	2	2	1	1	1	1	백	10	10	9	9	9	8	8	8	7	7	7	6	6	6	5	추	5	4	4	4	3	3	3
대운 여	8	9	9	9	10	10	로	1	1	1	1	2	2	2	3	3	3	4	4	4	5	5	분	6	6	6	7	7	7	8

양력 10월 한로절(甲戌月) 寒露 10월8일 11시43분 霜降 10월23일 14시46분

양력	1	2	3	4	5	6	7	8	9	10	11	12	13	14	15	16	17	18	19	20	21	22	23	24	25	26	27	28	29	30	31
요일	月	火	水	木	金	土	日	月	火	水	木	金	土	日	月	火	水	木	金	土	日	月	火	水	木	金	土	日	月	火	水
음력	9/7	8	9	10	11	12	13	14	15	16	17	18	19	20	21	22	23	24	25	26	27	28	29	10/1	2	3	4	5	6	7	8
일진	戊辰	己巳	庚午	辛未	壬申	癸酉	甲戌	乙亥	丙子	丁丑	戊寅	己卯	庚辰	辛巳	壬午	癸未	甲申	乙酉	丙戌	丁亥	戊子	己丑	庚寅	辛卯	壬辰	癸巳	甲午	乙未	丙申	丁酉	戊戌
대운 남	2	2	2	1	1	1	1	한	10	9	9	9	8	8	8	7	7	7	6	6	6	5	상	5	4	4	4	3	3	3	2
대운 여	8	8	9	9	9	10	10	로	1	1	1	1	2	2	2	3	3	3	4	4	4	5	강	5	6	6	6	7	7	7	8

양력 11월 입동절(乙亥月) 立冬 11월7일 14시46분 小雪 11월22일 12시11분

양력	1	2	3	4	5	6	7	8	9	10	11	12	13	14	15	16	17	18	19	20	21	22	23	24	25	26	27	28	29	30
요일	木	金	土	日	月	火	水	木	金	土	日	月	火	水	木	金	土	日	月	火	水	木	金	土	日	月	火	水	木	金
음력	10/9	10	11	12	13	14	15	16	17	18	19	20	21	22	23	24	25	26	27	28	29	30	윤1	2	3	4	5	6	7	8
일진	己亥	庚子	辛丑	壬寅	癸卯	甲辰	乙巳	丙午	丁未	戊申	己酉	庚戌	辛亥	壬子	癸丑	甲寅	乙卯	丙辰	丁巳	戊午	己未	庚申	辛酉	壬戌	癸亥	甲子	乙丑	丙寅	丁卯	戊辰
대운 남	2	2	1	1	1	1	입	10	9	9	9	8	8	8	7	7	7	6	6	6	5	소	5	4	4	4	3	3	3	2
대운 여	8	8	9	9	9	10	동	1	1	1	1	2	2	2	3	3	3	4	4	4	5	설	5	6	6	6	7	7	7	8

양력 12월 대설절(丙子月) 大雪 12월7일 7시28분 冬至 12월22일 1시23분

양력	1	2	3	4	5	6	7	8	9	10	11	12	13	14	15	16	17	18	19	20	21	22	23	24	25	26	27	28	29	30	31
요일	土	日	月	火	水	木	金	土	日	月	火	水	木	金	土	日	月	火	水	木	金	土	日	月	火	水	木	金	土	日	月
음력	윤9	10	11	12	13	14	15	16	17	18	19	20	21	22	23	24	25	26	27	28	29	11/1	2	3	4	5	6	7	8	9	10
일진	己巳	庚午	辛未	壬申	癸酉	甲戌	乙亥	丙子	丁丑	戊寅	己卯	庚辰	辛巳	壬午	癸未	甲申	乙酉	丙戌	丁亥	戊子	己丑	庚寅	辛卯	壬辰	癸巳	甲午	乙未	丙申	丁酉	戊戌	己亥
대운 남	2	2	1	1	1	1	대	9	9	9	8	8	8	7	7	7	6	6	6	5	5	동	4	4	4	3	3	3	2	2	2
대운 여	8	8	9	9	9	10	설	1	1	1	1	2	2	2	3	3	3	4	4	4	5	지	5	6	6	6	7	7	7	8	8

▶윤달-10월

서기 1985년 [단기 4318년]

양력 1월 소한절(丁丑月) 小寒 1월5일 18시35분 大寒 1월20일 11시58분

양력		1	2	3	4	5	6	7	8	9	10	11	12	13	14	15	16	17	18	19	20	21	22	23	24	25	26	27	28	29	30	31
요일		火	水	木	金	土	日	月	火	水	木	金	土	日	月	火	水	木	金	土	日	月	火	水	木	金	土	日	月	火	水	木
음력		11/11	12	13	14	15	16	17	18	19	20	21	22	23	24	25	26	27	28	29	30	12/1	2	3	4	5	6	7	8	9	10	11
일진		庚子	辛丑	壬寅	癸卯	甲辰	乙巳	丙午	丁未	戊申	己酉	庚戌	辛亥	壬子	癸丑	甲寅	乙卯	丙辰	丁巳	戊午	己未	庚申	辛酉	壬戌	癸亥	甲子	乙丑	丙寅	丁卯	戊辰	己巳	庚午
대운	남	1	1	1	1	소	10	9	9	9	8	8	8	7	7	7	6	6	6	5	대	5	4	4	4	3	3	3	2	2	2	1
	여	8	9	9	9	한	1	1	1	1	2	2	2	3	3	3	4	4	4	5	한	5	6	6	6	7	7	7	8	8	8	9

양력 2월 입춘절(戊寅月) 立春 2월4일 6시12분 雨水 2월19일 2시7분

양력		1	2	3	4	5	6	7	8	9	10	11	12	13	14	15	16	17	18	19	20	21	22	23	24	25	26	27	28			
요일		金	土	日	月	火	水	木	金	土	日	月	火	水	木	金	土	日	月	火	水	木	金	土	日	月	火	水	木			
음력		12/12	13	14	15	16	17	18	19	20	21	22	23	24	25	26	27	28	29	30	1/1	2	3	4	5	6	7	8	9			
일진		辛未	壬申	癸酉	甲戌	乙亥	丙子	丁丑	戊寅	己卯	庚辰	辛巳	壬午	癸未	甲申	乙酉	丙戌	丁亥	戊子	己丑	庚寅	辛卯	壬辰	癸巳	甲午	乙未	丙申	丁酉	戊戌			
대운	남	1	1	1	입	1	1	1	1	2	2	2	3	3	3	4	4	4	5	우	5	6	6	6	7	7	7	8	8			
	여	9	9	10	춘	10	9	9	9	8	8	8	7	7	7	6	6	6	5	수	5	4	4	4	3	3	3	2	2			

양력 3월 경칩절(己卯月) 驚蟄 3월6일 0시16분 春分 3월21일 1시14분

양력		1	2	3	4	5	6	7	8	9	10	11	12	13	14	15	16	17	18	19	20	21	22	23	24	25	26	27	28	29	30	31
요일		金	土	日	月	火	水	木	金	土	日	月	火	水	木	金	土	日	月	火	水	木	金	土	日	月	火	水	木	金	土	日
음력		1/10	11	12	13	14	15	16	17	18	19	20	21	22	23	24	25	26	27	28	29	2/1	2	3	4	5	6	7	8	9	10	11
일진		己亥	庚子	辛丑	壬寅	癸卯	甲辰	乙巳	丙午	丁未	戊申	己酉	庚戌	辛亥	壬子	癸丑	甲寅	乙卯	丙辰	丁巳	戊午	己未	庚申	辛酉	壬戌	癸亥	甲子	乙丑	丙寅	丁卯	戊辰	己巳
대운	남	8	9	9	9	10	경	1	1	1	1	2	2	2	3	3	3	4	4	4	5	춘	5	6	6	6	7	7	7	8	8	8
	여	2	1	1	1	1	칩	10	9	9	9	8	8	8	7	7	7	6	6	6	5	분	5	4	4	4	3	3	3	2	2	2

양력 4월 청명절(庚辰月) 清明 4월5일 5시14분 穀雨 4월20일 12시26분

양력		1	2	3	4	5	6	7	8	9	10	11	12	13	14	15	16	17	18	19	20	21	22	23	24	25	26	27	28	29	30	
요일		月	火	水	木	金	土	日	月	火	水	木	金	土	日	月	火	水	木	金	土	日	月	火	水	木	金	土	日	月	火	
음력		2/12	13	14	15	16	17	18	19	20	21	22	23	24	25	26	27	28	29	30	3/1	2	3	4	5	6	7	8	9	10	11	
일진		庚午	辛未	壬申	癸酉	甲戌	乙亥	丙子	丁丑	戊寅	己卯	庚辰	辛巳	壬午	癸未	甲申	乙酉	丙戌	丁亥	戊子	己丑	庚寅	辛卯	壬辰	癸巳	甲午	乙未	丙申	丁酉	戊戌	己亥	
대운	남	9	9	9	10	청	1	1	1	1	2	2	2	3	3	3	4	4	4	5	곡	5	6	6	6	7	7	7	8	8	8	
	여	1	1	1	1	명	10	9	9	9	8	8	8	7	7	7	6	6	6	5	우	5	4	4	4	3	3	3	2	2	2	

양력 5월 입하절(辛巳月) 立夏 5월5일 22시43분 小滿 5월21일 11시43분

양력		1	2	3	4	5	6	7	8	9	10	11	12	13	14	15	16	17	18	19	20	21	22	23	24	25	26	27	28	29	30	31
요일		水	木	金	土	日	月	火	水	木	金	土	日	月	火	水	木	金	土	日	月	火	水	木	金	土	日	月	火	水	木	金
음력		3/12	13	14	15	16	17	18	19	20	21	22	23	24	25	26	27	28	29	30	4/1	2	3	4	5	6	7	8	9	10	11	12
일진		庚子	辛丑	壬寅	癸卯	甲辰	乙巳	丙午	丁未	戊申	己酉	庚戌	辛亥	壬子	癸丑	甲寅	乙卯	丙辰	丁巳	戊午	己未	庚申	辛酉	壬戌	癸亥	甲子	乙丑	丙寅	丁卯	戊辰	己巳	庚午
대운	남	9	9	9	10	입	1	1	1	1	2	2	2	3	3	3	4	4	4	5	5	소	6	6	6	7	7	7	8	8	8	9
	여	1	1	1	1	하	10	10	10	9	9	9	8	8	8	7	7	7	6	6	6	만	5	5	4	4	4	3	3	3	2	2

양력 6월 망종절(壬午月) 芒種 6월6일 3시0분 夏至 6월21일 19시44분

양력		1	2	3	4	5	6	7	8	9	10	11	12	13	14	15	16	17	18	19	20	21	22	23	24	25	26	27	28	29	30	
요일		土	日	月	火	水	木	金	土	日	月	火	水	木	金	土	日	月	火	水	木	金	土	日	月	火	水	木	金	土	日	
음력		4/13	14	15	16	17	18	19	20	21	22	23	24	25	26	27	28	29	5/1	2	3	4	5	6	7	8	9	10	11	12	13	
일진		辛未	壬申	癸酉	甲戌	乙亥	丙子	丁丑	戊寅	己卯	庚辰	辛巳	壬午	癸未	甲申	乙酉	丙戌	丁亥	戊子	己丑	庚寅	辛卯	壬辰	癸巳	甲午	乙未	丙申	丁酉	戊戌	己亥	庚子	
대운	남	9	9	10	10	10	망	1	1	1	1	2	2	2	3	3	3	4	4	4	5	하	5	6	6	6	7	7	7	8	8	
	여	2	1	1	1	1	종	10	10	9	9	9	8	8	8	7	7	7	6	6	6	지	5	5	4	4	4	3	3	3	2	

乙丑年

양력 7월 소서절(癸未月) 小暑 7월7일 13시19분 大暑 7월23일 6시36분

양력		1	2	3	4	5	6	7	8	9	10	11	12	13	14	15	16	17	18	19	20	21	22	23	24	25	26	27	28	29	30	31
요일		月	火	水	木	金	土	日	月	火	水	木	金	土	日	月	火	水	木	金	土	日	月	火	水	木	金	土	日	月	火	水
음력		5/14	15	16	17	18	19	20	21	22	23	24	25	26	27	28	29	30	6/1	2	3	4	5	6	7	8	9	10	11	12	13	14
일진		辛丑	壬寅	癸卯	甲辰	乙巳	丙午	丁未	戊申	己酉	庚戌	辛亥	壬子	癸丑	甲寅	乙卯	丙辰	丁巳	戊午	己未	庚申	辛酉	壬戌	癸亥	甲子	乙丑	丙寅	丁卯	戊辰	己巳	庚午	辛未
대	남	8	9	9	9	10	10	소	1	1	1	1	2	2	2	3	3	3	4	4	4	5	5	대	6	6	6	7	7	7	8	8
운	여	2	2	1	1	1	1	서	10	10	9	9	9	8	8	8	7	7	7	6	6	6	5	서	5	4	4	4	3	3	3	2

양력 8월 입추절(甲申月) 立秋 8월7일 23시4분 處暑 8월23일 13시36분

양력		1	2	3	4	5	6	7	8	9	10	11	12	13	14	15	16	17	18	19	20	21	22	23	24	25	26	27	28	29	30	31
요일		木	金	土	日	月	火	水	木	金	土	日	月	火	水	木	金	土	日	月	火	水	木	金	土	日	月	火	水	木	金	土
음력		6/15	16	17	18	19	20	21	22	23	24	25	26	27	28	29	7/1	2	3	4	5	6	7	8	9	10	11	12	13	14	15	16
일진		壬申	癸酉	甲戌	乙亥	丙子	丁丑	戊寅	己卯	庚辰	辛巳	壬午	癸未	甲申	乙酉	丙戌	丁亥	戊子	己丑	庚寅	辛卯	壬辰	癸巳	甲午	乙未	丙申	丁酉	戊戌	己亥	庚子	辛丑	壬寅
대	남	8	9	9	9	10	10	입	1	1	1	1	2	2	2	3	3	3	4	4	4	5	5	처	6	6	6	7	7	7	8	8
운	여	2	2	1	1	1	1	추	10	10	10	9	9	9	8	8	8	7	7	7	6	6	6	서	5	5	4	4	4	3	3	3

양력 9월 백로절(乙酉月) 白露 9월8일 1시53분 秋分 9월23일 11시7분

양력		1	2	3	4	5	6	7	8	9	10	11	12	13	14	15	16	17	18	19	20	21	22	23	24	25	26	27	28	29	30
요일		日	月	火	水	木	金	土	日	月	火	水	木	金	土	日	月	火	水	木	金	土	日	月	火	水	木	金	土	日	月
음력		7/17	18	19	20	21	22	23	24	25	26	27	28	29	30	8/1	2	3	4	5	6	7	8	9	10	11	12	13	14	15	16
일진		癸卯	甲辰	乙巳	丙午	丁未	戊申	己酉	庚戌	辛亥	壬子	癸丑	甲寅	乙卯	丙辰	丁巳	戊午	己未	庚申	辛酉	壬戌	癸亥	甲子	乙丑	丙寅	丁卯	戊辰	己巳	庚午	辛未	壬申
대	남	8	9	9	9	10	10	10	백	1	1	1	1	2	2	2	3	3	3	4	4	4	5	추	5	6	6	6	7	7	7
운	여	2	2	2	1	1	1	1	로	10	9	9	9	8	8	8	7	7	7	6	6	6	5	분	5	4	4	4	3	3	3

양력 10월 한로절(丙戌月) 寒露 10월8일 17시25분 霜降 10월23일 20시22분

양력		1	2	3	4	5	6	7	8	9	10	11	12	13	14	15	16	17	18	19	20	21	22	23	24	25	26	27	28	29	30	31
요일		火	水	木	金	土	日	月	火	水	木	金	土	日	月	火	水	木	金	土	日	月	火	水	木	金	土	日	月	火	水	木
음력		8/17	18	19	20	21	22	23	24	25	26	27	28	29	9/1	2	3	4	5	6	7	8	9	10	11	12	13	14	15	16	17	18
일진		癸酉	甲戌	乙亥	丙子	丁丑	戊寅	己卯	庚辰	辛巳	壬午	癸未	甲申	乙酉	丙戌	丁亥	戊子	己丑	庚寅	辛卯	壬辰	癸巳	甲午	乙未	丙申	丁酉	戊戌	己亥	庚子	辛丑	壬寅	癸卯
대	남	8	8	8	9	9	9	10	한	1	1	1	1	2	2	2	3	3	3	4	4	4	5	상	5	6	6	6	7	7	7	8
운	여	2	2	2	1	1	1	1	로	10	9	9	9	8	8	8	7	7	7	6	6	6	5	강	5	4	4	4	3	3	3	2

양력 11월 입동절(丁亥月) 立冬 11월7일 20시29분 小雪 11월22일 17시51분

양력		1	2	3	4	5	6	7	8	9	10	11	12	13	14	15	16	17	18	19	20	21	22	23	24	25	26	27	28	29	30
요일		金	土	日	月	火	水	木	金	土	日	月	火	水	木	金	土	日	月	火	水	木	金	土	日	月	火	水	木	金	土
음력		9/19	20	21	22	23	24	25	26	27	28	29	10/1	2	3	4	5	6	7	8	9	10	11	12	13	14	15	16	17	18	19
일진		甲辰	乙巳	丙午	丁未	戊申	己酉	庚戌	辛亥	壬子	癸丑	甲寅	乙卯	丙辰	丁巳	戊午	己未	庚申	辛酉	壬戌	癸亥	甲子	乙丑	丙寅	丁卯	戊辰	己巳	庚午	辛未	壬申	癸酉
대	남	8	8	9	9	9	10	입	1	1	1	1	2	2	2	3	3	3	4	4	4	5	소	5	6	6	6	7	7	7	8
운	여	2	2	1	1	1	1	동	10	9	9	9	8	8	8	7	7	7	6	6	6	5	설	5	4	4	4	3	3	3	2

양력 12월 대설절(戊子月) 大雪 12월7일 13시16분 冬至 12월22일 7시8분

양력		1	2	3	4	5	6	7	8	9	10	11	12	13	14	15	16	17	18	19	20	21	22	23	24	25	26	27	28	29	30	31
요일		日	月	火	水	木	金	土	日	月	火	水	木	金	土	日	月	火	水	木	金	土	日	月	火	水	木	金	土	日	月	火
음력		10/20	21	22	23	24	25	26	27	28	29	30	11/1	2	3	4	5	6	7	8	9	10	11	12	13	14	15	16	17	18	19	20
일진		甲戌	乙亥	丙子	丁丑	戊寅	己卯	庚辰	辛巳	壬午	癸未	甲申	乙酉	丙戌	丁亥	戊子	己丑	庚寅	辛卯	壬辰	癸巳	甲午	乙未	丙申	丁酉	戊戌	己亥	庚子	辛丑	壬寅	癸卯	甲辰
대	남	8	8	9	9	9	10	대	1	1	1	1	2	2	2	3	3	3	4	4	4	5	동	5	6	6	6	7	7	7	8	8
운	여	2	2	1	1	1	1	설	10	9	9	9	8	8	8	7	7	7	6	6	6	5	지	5	4	4	4	3	3	3	2	2

서기 1986년 [단기 4319년]

양력 1월 소한절(己丑月) 小寒 1월6일 0시28분 大寒 1월20일 17시46분

양력	1	2	3	4	5	6	7	8	9	10	11	12	13	14	15	16	17	18	19	20	21	22	23	24	25	26	27	28	29	30	31
요일	水	木	金	土	日	月	火	水	木	金	土	日	月	火	水	木	金	土	日	月	火	水	木	金	土	日	月	火	水	木	金
음력	11/21	22	23	24	25	26	27	28	29	12/1	2	3	4	5	6	7	8	9	10	11	12	13	14	15	16	17	18	19	20	21	22
일진	乙巳	丙午	丁未	戊申	己酉	庚戌	辛亥	壬子	癸丑	甲寅	乙卯	丙辰	丁巳	戊午	己未	庚申	辛酉	壬戌	癸亥	甲子	乙丑	丙寅	丁卯	戊辰	己巳	庚午	辛未	壬申	癸酉	甲戌	乙亥
대운 남	8	9	9	9	10	소	1	1	1	1	2	2	2	3	3	3	4	4	4	대	5	5	6	6	6	7	7	7	8	8	8
대운 여	2	1	1	1	1	한	9	9	9	8	8	8	7	7	7	6	6	6	5	한	5	4	4	4	3	3	3	2	2	2	1

양력 2월 입춘절(庚寅月) 立春 2월4일 12시8분 雨水 2월19일 7시58분

양력	1	2	3	4	5	6	7	8	9	10	11	12	13	14	15	16	17	18	19	20	21	22	23	24	25	26	27	28
요일	土	日	月	火	水	木	金	土	日	月	火	水	木	金	土	日	月	火	水	木	金	土	日	月	火	水	木	金
음력	12/23	24	25	26	27	28	29	30	1/1	2	3	4	5	6	7	8	9	10	11	12	13	14	15	16	17	18	19	20
일진	丙子	丁丑	戊寅	己卯	庚辰	辛巳	壬午	癸未	甲申	乙酉	丙戌	丁亥	戊子	己丑	庚寅	辛卯	壬辰	癸巳	甲午	乙未	丙申	丁酉	戊戌	己亥	庚子	辛丑	壬寅	癸卯
대운 남	9	9	9	입	10	9	9	9	8	8	8	7	7	7	6	6	6	5	우	5	4	4	4	3	3	3	2	2
대운 여	1	1	1	춘	1	1	1	1	2	2	2	3	3	3	4	4	4	5	수	5	6	6	6	7	7	7	8	8

양력 3월 경칩절(辛卯月) 驚蟄 3월6일 6시12분 春分 3월21일 7시3분

양력	1	2	3	4	5	6	7	8	9	10	11	12	13	14	15	16	17	18	19	20	21	22	23	24	25	26	27	28	29	30	31
요일	土	日	月	火	水	木	金	土	日	月	火	水	木	金	土	日	月	火	水	木	金	土	日	月	火	水	木	金	土	日	月
음력	1/21	22	23	24	25	26	27	28	29	2/1	2	3	4	5	6	7	8	9	10	11	12	13	14	15	16	17	18	19	20	21	22
일진	甲辰	乙巳	丙午	丁未	戊申	己酉	庚戌	辛亥	壬子	癸丑	甲寅	乙卯	丙辰	丁巳	戊午	己未	庚申	辛酉	壬戌	癸亥	甲子	乙丑	丙寅	丁卯	戊辰	己巳	庚午	辛未	壬申	癸酉	甲戌
대운 남	2	1	1	1	1	경	10	9	9	9	8	8	8	7	7	7	6	6	6	5	춘	5	4	4	4	3	3	3	2	2	2
대운 여	8	9	9	9	10	칩	1	1	1	1	2	2	2	3	3	3	4	4	4	5	분	5	6	6	6	7	7	7	8	8	8

양력 4월 청명절(壬辰月) 淸明 4월5일 11시6분 穀雨 4월20일 18시12분

양력	1	2	3	4	5	6	7	8	9	10	11	12	13	14	15	16	17	18	19	20	21	22	23	24	25	26	27	28	29	30
요일	火	水	木	金	土	日	月	火	水	木	金	土	日	月	火	水	木	金	土	日	月	火	水	木	金	土	日	月	火	水
음력	2/23	24	25	26	27	28	29	30	3/1	2	3	4	5	6	7	8	9	10	11	12	13	14	15	16	17	18	19	20	21	22
일진	乙亥	丙子	丁丑	戊寅	己卯	庚辰	辛巳	壬午	癸未	甲申	乙酉	丙戌	丁亥	戊子	己丑	庚寅	辛卯	壬辰	癸巳	甲午	乙未	丙申	丁酉	戊戌	己亥	庚子	辛丑	壬寅	癸卯	甲辰
대운 남	1	1	1	1	청	10	10	9	9	9	8	8	8	7	7	7	6	6	6	곡	5	5	4	4	4	3	3	3	2	2
대운 여	9	9	9	10	명	1	1	1	1	2	2	2	3	3	3	4	4	4	5	우	5	6	6	6	7	7	7	8	8	8

양력 5월 입하절(癸巳月) 立夏 5월6일 4시31분 小滿 5월21일 17시28분

양력	1	2	3	4	5	6	7	8	9	10	11	12	13	14	15	16	17	18	19	20	21	22	23	24	25	26	27	28	29	30	31
요일	木	金	土	日	月	火	水	木	金	土	日	月	火	水	木	金	土	日	月	火	水	木	金	土	日	月	火	水	木	金	土
음력	3/23	24	25	26	27	28	29	30	4/1	2	3	4	5	6	7	8	9	10	11	12	13	14	15	16	17	18	19	20	21	22	23
일진	乙巳	丙午	丁未	戊申	己酉	庚戌	辛亥	壬子	癸丑	甲寅	乙卯	丙辰	丁巳	戊午	己未	庚申	辛酉	壬戌	癸亥	甲子	乙丑	丙寅	丁卯	戊辰	己巳	庚午	辛未	壬申	癸酉	甲戌	乙亥
대운 남	2	1	1	1	1	입	10	10	9	9	9	8	8	8	7	7	7	6	6	6	소	5	5	4	4	4	3	3	3	2	2
대운 여	9	9	9	10	10	하	1	1	1	1	2	2	2	3	3	3	4	4	4	5	만	5	6	6	6	7	7	7	8	8	8

양력 6월 망종절(甲午月) 芒種 6월6일 8시44분 夏至 6월22일 1시30분

양력	1	2	3	4	5	6	7	8	9	10	11	12	13	14	15	16	17	18	19	20	21	22	23	24	25	26	27	28	29	30
요일	日	月	火	水	木	金	土	日	月	火	水	木	金	土	日	月	火	水	木	金	土	日	月	火	水	木	金	土	日	月
음력	4/24	25	26	27	28	29	5/1	2	3	4	5	6	7	8	9	10	11	12	13	14	15	16	17	18	19	20	21	22	23	24
일진	丙子	丁丑	戊寅	己卯	庚辰	辛巳	壬午	癸未	甲申	乙酉	丙戌	丁亥	戊子	己丑	庚寅	辛卯	壬辰	癸巳	甲午	乙未	丙申	丁酉	戊戌	己亥	庚子	辛丑	壬寅	癸卯	甲辰	乙巳
대운 남	2	1	1	1	1	망	10	10	9	9	9	8	8	8	7	7	7	6	6	6	5	하	5	4	4	4	3	3	3	2
대운 여	9	9	9	10	10	종	1	1	1	1	2	2	2	3	3	3	4	4	4	5	5	지	6	6	6	7	7	7	8	8

丙寅年

양력 7월 소서절(乙未月) 小暑 7월7일 19시1분 大暑 7월23일 12시24분

양력		1	2	3	4	5	6	7	8	9	10	11	12	13	14	15	16	17	18	19	20	21	22	23	24	25	26	27	28	29	30	31
요일		火	水	木	金	土	日	月	火	水	木	金	土	日	月	火	水	木	金	土	日	月	火	水	木	金	土	日	月	火	水	木
음력		5/25	26	27	28	29	30	6/1	2	3	4	5	6	7	8	9	10	11	12	13	14	15	16	17	18	19	20	21	22	23	24	25
일진		丙午	丁未	戊申	己酉	庚戌	辛亥	壬子	癸丑	甲寅	乙卯	丙辰	丁巳	戊午	己未	庚申	辛酉	壬戌	癸亥	甲子	乙丑	丙寅	丁卯	戊辰	己巳	庚午	辛未	壬申	癸酉	甲戌	乙亥	丙子
대운	남	2	2	1	1	1	1	소서	10	10	10	9	9	9	8	8	8	7	7	7	6	6	6	대서	5	5	4	4	4	3	3	3
	여	8	9	9	9	10	10		1	1	1	1	2	2	2	3	3	3	4	4	4	5	5		6	6	6	7	7	7	8	8

양력 8월 입추절(丙申月) 立秋 8월8일 4시46분 處暑 8월23일 19시26분

양력		1	2	3	4	5	6	7	8	9	10	11	12	13	14	15	16	17	18	19	20	21	22	23	24	25	26	27	28	29	30	31
요일		金	土	日	月	火	水	木	金	土	日	月	火	水	木	金	土	日	月	火	水	木	金	土	日	月	火	水	木	金	土	日
음력		6/26	27	28	29	30	7/1	2	3	4	5	6	7	8	9	10	11	12	13	14	15	16	17	18	19	20	21	22	23	24	25	26
일진		丁丑	戊寅	己卯	庚辰	辛巳	壬午	癸未	甲申	乙酉	丙戌	丁亥	戊子	己丑	庚寅	辛卯	壬辰	癸巳	甲午	乙未	丙申	丁酉	戊戌	己亥	庚子	辛丑	壬寅	癸卯	甲辰	乙巳	丙午	丁未
대운	남	2	2	2	1	1	1	1	입추	10	10	9	9	9	8	8	8	7	7	7	6	6	6	처서	5	5	4	4	4	3	3	3
	여	8	9	9	9	10	10	10		1	1	1	1	2	2	2	3	3	3	4	4	4	5		5	6	6	6	7	7	7	8

양력 9월 백로절(丁酉月) 白露 9월8일 7시35분 秋分 9월23일 16시59분

양력		1	2	3	4	5	6	7	8	9	10	11	12	13	14	15	16	17	18	19	20	21	22	23	24	25	26	27	28	29	30
요일		月	火	水	木	金	土	日	月	火	水	木	金	土	日	月	火	水	木	金	土	日	月	火	水	木	金	土	日	月	火
음력		7/27	28	29	8/1	2	3	4	5	6	7	8	9	10	11	12	13	14	15	16	17	18	19	20	21	22	23	24	25	26	27
일진		戊申	己酉	庚戌	辛亥	壬子	癸丑	甲寅	乙卯	丙辰	丁巳	戊午	己未	庚申	辛酉	壬戌	癸亥	甲子	乙丑	丙寅	丁卯	戊辰	己巳	庚午	辛未	壬申	癸酉	甲戌	乙亥	丙子	丁丑
대운	남	2	2	2	1	1	1	1	백로	10	9	9	9	8	8	8	7	7	7	6	6	6	5	추분	5	4	4	4	3	3	3
	여	8	8	9	9	9	10	10		1	1	1	1	2	2	2	3	3	3	4	4	4	5		5	6	6	6	7	7	7

양력 10월 한로절(戊戌月) 寒露 10월8일 23시7분 霜降 10월24일 2시14분

양력		1	2	3	4	5	6	7	8	9	10	11	12	13	14	15	16	17	18	19	20	21	22	23	24	25	26	27	28	29	30	31
요일		水	木	金	土	日	月	火	水	木	金	土	日	月	火	水	木	金	土	日	月	火	水	木	金	土	日	月	火	水	木	金
음력		8/28	29	30	9/1	2	3	4	5	6	7	8	9	10	11	12	13	14	15	16	17	18	19	20	21	22	23	24	25	26	27	28
일진		戊寅	己卯	庚辰	辛巳	壬午	癸未	甲申	乙酉	丙戌	丁亥	戊子	己丑	庚寅	辛卯	壬辰	癸巳	甲午	乙未	丙申	丁酉	戊戌	己亥	庚子	辛丑	壬寅	癸卯	甲辰	乙巳	丙午	丁未	戊申
대운	남	2	2	2	1	1	1	1	한로	10	10	9	9	9	8	8	8	7	7	7	6	6	6	5	상강	5	4	4	4	3	3	3
	여	8	8	8	9	9	9	10		1	1	1	1	2	2	2	3	3	3	4	4	4	5	5		6	6	6	7	7	7	8

양력 11월 입동절(己亥月) 立冬 11월8일 2시13분 小雪 11월22일 23시44분

양력		1	2	3	4	5	6	7	8	9	10	11	12	13	14	15	16	17	18	19	20	21	22	23	24	25	26	27	28	29	30
요일		土	日	月	火	水	木	金	土	日	月	火	水	木	金	土	日	月	火	水	木	金	土	日	月	火	水	木	金	土	日
음력		9/29	10/1	2	3	4	5	6	7	8	9	10	11	12	13	14	15	16	17	18	19	20	21	22	23	24	25	26	27	28	29
일진		己酉	庚戌	辛亥	壬子	癸丑	甲寅	乙卯	丙辰	丁巳	戊午	己未	庚申	辛酉	壬戌	癸亥	甲子	乙丑	丙寅	丁卯	戊辰	己巳	庚午	辛未	壬申	癸酉	甲戌	乙亥	丙子	丁丑	戊寅
대운	남	2	2	2	1	1	1	1	입동	9	9	9	8	8	8	7	7	7	6	6	6	5	소설	5	4	4	4	3	3	3	2
	여	8	8	9	9	9	10	10		1	1	1	1	2	2	2	3	3	3	4	4	4		5	5	6	6	6	7	7	7

양력 12월 대설절(庚子月) 大雪 12월7일 19시1분 冬至 12월22일 13시2분

양력		1	2	3	4	5	6	7	8	9	10	11	12	13	14	15	16	17	18	19	20	21	22	23	24	25	26	27	28	29	30	31
요일		月	火	水	木	金	土	日	月	火	水	木	金	土	日	月	火	水	木	金	土	日	月	火	水	木	金	土	日	月	火	水
음력		10/30	11/1	2	3	4	5	6	7	8	9	10	11	12	13	14	15	16	17	18	19	20	21	22	23	24	25	26	27	28	29	12/1
일진		己卯	庚辰	辛巳	壬午	癸未	甲申	乙酉	丙戌	丁亥	戊子	己丑	庚寅	辛卯	壬辰	癸巳	甲午	乙未	丙申	丁酉	戊戌	己亥	庚子	辛丑	壬寅	癸卯	甲辰	乙巳	丙午	丁未	戊申	己酉
대운	남	2	2	1	1	1	1	대설	10	9	9	9	8	8	8	7	7	7	6	6	6	5	동지	5	4	4	4	3	3	3	2	2
	여	8	8	8	9	9	9		1	1	1	1	2	2	2	3	3	3	4	4	4	5		5	6	6	6	7	7	7	8	8

서기 1987년 [단기 4320년]

양력 1월 소한절(辛丑月) 小寒 1월6일 6시13분 大寒 1월20일 23시40분

양력	1	2	3	4	5	6	7	8	9	10	11	12	13	14	15	16	17	18	19	20	21	22	23	24	25	26	27	28	29	30	31
요일	木	金	土	日	月	火	水	木	金	土	日	月	火	水	木	金	土	日	月	火	水	木	金	土	日	月	火	水	木	金	土
음력	12/2	3	4	5	6	7	8	9	10	11	12	13	14	15	16	17	18	19	20	21	22	23	24	25	26	27	28	29	1/1	2	3
일진	庚戌	辛亥	壬子	癸丑	甲寅	乙卯	丙辰	丁巳	戊午	己未	庚申	辛酉	壬戌	癸亥	甲子	乙丑	丙寅	丁卯	戊辰	己巳	庚午	辛未	壬申	癸酉	甲戌	乙亥	丙子	丁丑	戊寅	己卯	庚辰
대운 남	2	1	1	1	1	소	9	9	9	8	8	8	7	7	7	6	6	6	5	대	5	4	4	4	3	3	3	2	2	2	1
대운 여	8	9	9	9	10	한	1	1	1	1	2	2	2	3	3	3	4	4	4	한	5	5	6	6	6	7	7	7	8	8	8

양력 2월 입춘절(壬寅月) 立春 2월4일 17시52분 雨水 2월19일 13시50분

양력	1	2	3	4	5	6	7	8	9	10	11	12	13	14	15	16	17	18	19	20	21	22	23	24	25	26	27	28
요일	日	月	火	水	木	金	土	日	月	火	水	木	金	土	日	月	火	水	木	金	土	日	月	火	水	木	金	土
음력	1/4	5	6	7	8	9	10	11	12	13	14	15	16	17	18	19	20	21	22	23	24	25	26	27	28	29	30	2/1
일진	辛巳	壬午	癸未	甲申	乙酉	丙戌	丁亥	戊子	己丑	庚寅	辛卯	壬辰	癸巳	甲午	乙未	丙申	丁酉	戊戌	己亥	庚子	辛丑	壬寅	癸卯	甲辰	乙巳	丙午	丁未	戊申
대운 남	1	1	1	입	1	1	1	1	2	2	2	3	3	3	4	4	4	5	우	5	6	6	6	7	7	7	8	8
대운 여	9	9	9	춘	10	9	9	9	8	8	8	7	7	7	6	6	6	5	수	5	4	4	4	3	3	3	2	2

양력 3월 경칩절(癸卯月) 驚蟄 3월6일 11시54분 春分 3월21일 12시52분

양력	1	2	3	4	5	6	7	8	9	10	11	12	13	14	15	16	17	18	19	20	21	22	23	24	25	26	27	28	29	30	31
요일	日	月	火	水	木	金	土	日	月	火	水	木	金	土	日	月	火	水	木	金	土	日	月	火	水	木	金	土	日	月	火
음력	2/2	3	4	5	6	7	8	9	10	11	12	13	14	15	16	17	18	19	20	21	22	23	24	25	26	27	28	29	3/1	2	3
일진	己酉	庚戌	辛亥	壬子	癸丑	甲寅	乙卯	丙辰	丁巳	戊午	己未	庚申	辛酉	壬戌	癸亥	甲子	乙丑	丙寅	丁卯	戊辰	己巳	庚午	辛未	壬申	癸酉	甲戌	乙亥	丙子	丁丑	戊寅	己卯
대운 남	8	9	9	9	10	경	1	1	1	1	2	2	2	3	3	3	4	4	4	5	춘	5	6	6	6	7	7	7	8	8	8
대운 여	2	1	1	1	1	칩	10	9	9	9	8	8	8	7	7	7	6	6	6	5	분	5	4	4	4	3	3	3	2	2	2

양력 4월 청명절(甲辰月) 淸明 4월5일 16시44분 穀雨 4월20일 23시58분

양력	1	2	3	4	5	6	7	8	9	10	11	12	13	14	15	16	17	18	19	20	21	22	23	24	25	26	27	28	29	30
요일	水	木	金	土	日	月	火	水	木	金	土	日	月	火	水	木	金	土	日	月	火	水	木	金	土	日	月	火	水	木
음력	3/4	5	6	7	8	9	10	11	12	13	14	15	16	17	18	19	20	21	22	23	24	25	26	27	28	29	30	4/1	2	3
일진	庚辰	辛巳	壬午	癸未	甲申	乙酉	丙戌	丁亥	戊子	己丑	庚寅	辛卯	壬辰	癸巳	甲午	乙未	丙申	丁酉	戊戌	己亥	庚子	辛丑	壬寅	癸卯	甲辰	乙巳	丙午	丁未	戊申	己酉
대운 남	9	9	9	10	청	1	1	1	1	2	2	2	3	3	3	4	4	4	5	곡	5	6	6	6	7	7	7	8	8	8
대운 여	1	1	1	1	명	10	10	9	9	9	8	8	8	7	7	7	6	6	6	우	5	5	4	4	4	3	3	3	2	2

양력 5월 입하절(乙巳月) 立夏 5월6일 10시6분 小滿 5월21일 23시10분

양력	1	2	3	4	5	6	7	8	9	10	11	12	13	14	15	16	17	18	19	20	21	22	23	24	25	26	27	28	29	30	31
요일	金	土	日	月	火	水	木	金	土	日	月	火	水	木	金	土	日	月	火	水	木	金	土	日	月	火	水	木	金	土	日
음력	4/4	5	6	7	8	9	10	11	12	13	14	15	16	17	18	19	20	21	22	23	24	25	26	27	28	29	30	5/1	2	3	4
일진	庚戌	辛亥	壬子	癸丑	甲寅	乙卯	丙辰	丁巳	戊午	己未	庚申	辛酉	壬戌	癸亥	甲子	乙丑	丙寅	丁卯	戊辰	己巳	庚午	辛未	壬申	癸酉	甲戌	乙亥	丙子	丁丑	戊寅	己卯	庚辰
대운 남	9	9	9	10	10	입	1	1	1	1	2	2	2	3	3	3	4	4	4	5	소	5	6	6	6	7	7	7	8	8	8
대운 여	2	1	1	1	1	하	10	10	9	9	9	8	8	8	7	7	7	6	6	6	만	5	5	4	4	4	3	3	3	2	2

양력 6월 망종절(丙午月) 芒種 6월6일 14시19분 夏至 6월22일 7시11분

양력	1	2	3	4	5	6	7	8	9	10	11	12	13	14	15	16	17	18	19	20	21	22	23	24	25	26	27	28	29	30
요일	月	火	水	木	金	土	日	月	火	水	木	金	土	日	月	火	水	木	金	土	日	月	火	水	木	金	土	日	月	火
음력	5/5	6	7	8	9	10	11	12	13	14	15	16	17	18	19	20	21	22	23	24	25	26	27	28	29	6/1	2	3	4	5
일진	辛巳	壬午	癸未	甲申	乙酉	丙戌	丁亥	戊子	己丑	庚寅	辛卯	壬辰	癸巳	甲午	乙未	丙申	丁酉	戊戌	己亥	庚子	辛丑	壬寅	癸卯	甲辰	乙巳	丙午	丁未	戊申	己酉	庚戌
대운 남	9	9	9	10	10	망	1	1	1	1	2	2	2	3	3	3	4	4	4	5	5	하	6	6	6	7	7	7	8	8
대운 여	2	1	1	1	1	종	10	10	10	9	9	9	8	8	8	7	7	7	6	6	6	지	5	5	4	4	4	3	3	3

丁卯年

양력 7월　소서절(丁未月)　小暑 7월8일 0시39분　大暑 7월23일 18시6분

양력	1	2	3	4	5	6	7	8	9	10	11	12	13	14	15	16	17	18	19	20	21	22	23	24	25	26	27	28	29	30	31
요일	水	木	金	土	日	月	火	水	木	金	土	日	月	火	水	木	金	土	日	月	火	水	木	金	土	日	月	火	水	木	金
음력	6/6	7	8	9	10	11	12	13	14	15	16	17	18	19	20	21	22	23	24	25	26	27	28	29	30	윤1	2	3	4	5	6
일진	辛亥	壬子	癸丑	甲寅	乙卯	丙辰	丁巳	戊午	己未	庚申	辛酉	壬戌	癸亥	甲子	乙丑	丙寅	丁卯	戊辰	己巳	庚午	辛未	壬申	癸酉	甲戌	乙亥	丙子	丁丑	戊寅	己卯	庚辰	辛巳
대운 남	8	9	9	9	10	10	10	소서	1	1	1	1	2	2	2	3	3	3	4	4	4	5	대서	5	6	6	6	7	7	7	8
대운 여	2	2	2	1	1	1	1		10	10	9	9	9	8	8	8	7	7	7	6	6	6		5	5	4	4	4	3	3	3

양력 8월　입추절(戊申月)　立秋 8월8일 10시29분　處暑 8월24일 1시10분

양력	1	2	3	4	5	6	7	8	9	10	11	12	13	14	15	16	17	18	19	20	21	22	23	24	25	26	27	28	29	30	31
요일	土	日	月	火	水	木	金	土	日	月	火	水	木	金	土	日	月	火	水	木	金	土	日	月	火	水	木	金	土	日	月
음력	윤7	8	9	10	11	12	13	14	15	16	17	18	19	20	21	22	23	24	25	26	27	28	29	7/1	2	3	4	5	6	7	8
일진	壬午	癸未	甲申	乙酉	丙戌	丁亥	戊子	己丑	庚寅	辛卯	壬辰	癸巳	甲午	乙未	丙申	丁酉	戊戌	己亥	庚子	辛丑	壬寅	癸卯	甲辰	乙巳	丙午	丁未	戊申	己酉	庚戌	辛亥	壬子
대운 남	8	8	9	9	9	10	10	입추	1	1	1	1	2	2	2	3	3	3	4	4	4	5	5	처서	6	6	6	7	7	7	8
대운 여	2	2	2	1	1	1	1		10	10	9	9	9	8	8	8	7	7	7	6	6	6	5		5	4	4	4	3	3	3

양력 9월　백로절(己酉月)　白露 9월8일 13시24분　秋分 9월23일 22시45분

양력	1	2	3	4	5	6	7	8	9	10	11	12	13	14	15	16	17	18	19	20	21	22	23	24	25	26	27	28	29	30
요일	火	水	木	金	土	日	月	火	水	木	金	土	日	月	火	水	木	金	土	日	月	火	水	木	金	土	日	月	火	水
음력	7/9	10	11	12	13	14	15	16	17	18	19	20	21	22	23	24	25	26	27	28	29	30	8/1	2	3	4	5	6	7	8
일진	癸丑	甲寅	乙卯	丙辰	丁巳	戊午	己未	庚申	辛酉	壬戌	癸亥	甲子	乙丑	丙寅	丁卯	戊辰	己巳	庚午	辛未	壬申	癸酉	甲戌	乙亥	丙子	丁丑	戊寅	己卯	庚辰	辛巳	壬午
대운 남	8	8	9	9	9	10	10	백로	1	1	1	1	2	2	2	3	3	3	4	4	4	5	추분	5	6	6	6	7	7	7
대운 여	2	2	2	1	1	1	1		10	10	9	9	9	8	8	8	7	7	7	6	6	6		5	5	4	4	4	3	3

양력 10월　한로절(庚戌月)　寒露 10월9일 5시0분　霜降 10월24일 8시1분

양력	1	2	3	4	5	6	7	8	9	10	11	12	13	14	15	16	17	18	19	20	21	22	23	24	25	26	27	28	29	30	31
요일	木	金	土	日	月	火	水	木	金	土	日	月	火	水	木	金	土	日	月	火	水	木	金	土	日	月	火	水	木	金	土
음력	8/9	10	11	12	13	14	15	16	17	18	19	20	21	22	23	24	25	26	27	28	29	30	9/1	2	3	4	5	6	7	8	9
일진	癸未	甲申	乙酉	丙戌	丁亥	戊子	己丑	庚寅	辛卯	壬辰	癸巳	甲午	乙未	丙申	丁酉	戊戌	己亥	庚子	辛丑	壬寅	癸卯	甲辰	乙巳	丙午	丁未	戊申	己酉	庚戌	辛亥	壬子	癸丑
대운 남	8	8	8	9	9	9	10	10	한로	1	1	1	1	2	2	2	3	3	3	4	4	4	5	상강	5	6	6	6	7	7	7
대운 여	3	2	2	2	1	1	1	1		10	9	9	9	8	8	8	7	7	7	6	6	6	5		5	4	4	4	3	3	3

양력 11월　입동절(辛亥月)　立冬 11월8일 8시6분　小雪 11월23일 5시29분

양력	1	2	3	4	5	6	7	8	9	10	11	12	13	14	15	16	17	18	19	20	21	22	23	24	25	26	27	28	29	30
요일	日	月	火	水	木	金	土	日	月	火	水	木	金	土	日	月	火	水	木	金	土	日	月	火	水	木	金	土	日	月
음력	9/10	11	12	13	14	15	16	17	18	19	20	21	22	23	24	25	26	27	28	29	10/1	2	3	4	5	6	7	8	9	10
일진	甲寅	乙卯	丙辰	丁巳	戊午	己未	庚申	辛酉	壬戌	癸亥	甲子	乙丑	丙寅	丁卯	戊辰	己巳	庚午	辛未	壬申	癸酉	甲戌	乙亥	丙子	丁丑	戊寅	己卯	庚辰	辛巳	壬午	癸未
대운 남	8	8	8	9	9	9	10	입동	1	1	1	1	2	2	2	3	3	3	4	4	4	5	소설	5	6	6	6	7	7	7
대운 여	2	2	2	1	1	1	1		10	9	9	9	8	8	8	7	7	7	6	6	6	5		5	4	4	4	3	3	3

양력 12월　대설절(壬子月)　大雪 12월8일 0시52분　冬至 12월22일 18시46분

양력	1	2	3	4	5	6	7	8	9	10	11	12	13	14	15	16	17	18	19	20	21	22	23	24	25	26	27	28	29	30	31
요일	火	水	木	金	土	日	月	火	水	木	金	土	日	月	火	水	木	金	土	日	月	火	水	木	金	土	日	月	火	水	木
음력	10/11	12	13	14	15	16	17	18	19	20	21	22	23	24	25	26	27	28	29	30	11/1	2	3	4	5	6	7	8	9	10	11
일진	甲申	乙酉	丙戌	丁亥	戊子	己丑	庚寅	辛卯	壬辰	癸巳	甲午	乙未	丙申	丁酉	戊戌	己亥	庚子	辛丑	壬寅	癸卯	甲辰	乙巳	丙午	丁未	戊申	己酉	庚戌	辛亥	壬子	癸丑	甲寅
대운 남	8	8	8	9	9	9	10	대설	1	1	1	1	2	2	2	3	3	3	4	4	4	동지	5	5	6	6	6	7	7	7	8
대운 여	2	2	2	1	1	1	1		9	9	9	8	8	8	7	7	7	6	6	6	5		5	4	4	4	3	3	3	2	2

▶윤달-6월

서기 1988년 [단기 4321년]

양력 1월 소한절(癸丑月) 小寒 1월6일 12시4분 大寒 1월21일 5시24분

양력	1	2	3	4	5	6	7	8	9	10	11	12	13	14	15	16	17	18	19	20	21	22	23	24	25	26	27	28	29	30	31
요일	金	土	日	月	火	水	木	金	土	日	月	火	水	木	金	土	日	月	火	水	木	金	土	日	月	火	水	木	金	土	日
음력	11/12	13	14	15	16	17	18	19	20	21	22	23	24	25	26	27	28	29	12/1	2	3	4	5	6	7	8	9	10	11	12	13
일진	乙卯	丙辰	丁巳	戊午	己未	庚申	辛酉	壬戌	癸亥	甲子	乙丑	丙寅	丁卯	戊辰	己巳	庚午	辛未	壬申	癸酉	甲戌	乙亥	丙子	丁丑	戊寅	己卯	庚辰	辛巳	壬午	癸未	甲申	乙酉
대운 남	8	8	9	9	9	소	1	1	1	1	2	2	2	3	3	3	4	4	4	5	대	5	6	6	6	7	7	7	8	8	8
대운 여	2	1	1	1	1	한	9	9	9	8	8	8	7	7	7	6	6	6	5	5	한	4	4	4	3	3	3	2	2	2	1

양력 2월 입춘절(甲寅月) 立春 2월4일 23시43분 雨水 2월19일 19시35분

양력	1	2	3	4	5	6	7	8	9	10	11	12	13	14	15	16	17	18	19	20	21	22	23	24	25	26	27	28	29		
요일	月	火	水	木	金	土	日	月	火	水	木	金	土	日	月	火	水	木	金	土	日	月	火	水	木	金	土	日	月		
음력	12/14	15	16	17	18	19	20	21	22	23	24	25	26	27	28	29	30	1/1	2	3	4	5	6	7	8	9	10	11	12		
일진	丙戌	丁亥	戊子	己丑	庚寅	辛卯	壬辰	癸巳	甲午	乙未	丙申	丁酉	戊戌	己亥	庚子	辛丑	壬寅	癸卯	甲辰	乙巳	丙午	丁未	戊申	己酉	庚戌	辛亥	壬子	癸丑	甲寅		
대운 남	9	9	9	입	10	9	9	9	8	8	8	7	7	7	6	6	6	5	우	5	4	4	4	3	3	3	2	2	2		
대운 여	1	1	1	춘	1	1	1	1	2	2	2	3	3	3	4	4	4	5	수	5	6	6	6	7	7	7	8	8	8		

양력 3월 경칩절(乙卯月) 驚蟄 3월5일 17시47분 春分 3월20일 18시39분

양력	1	2	3	4	5	6	7	8	9	10	11	12	13	14	15	16	17	18	19	20	21	22	23	24	25	26	27	28	29	30	31
요일	火	水	木	金	土	日	月	火	水	木	金	土	日	月	火	水	木	金	土	日	月	火	水	木	金	土	日	月	火	水	木
음력	1/13	14	15	16	17	18	19	20	21	22	23	24	25	26	27	28	29	2/1	2	3	4	5	6	7	8	9	10	11	12	13	14
일진	乙卯	丙辰	丁巳	戊午	己未	庚申	辛酉	壬戌	癸亥	甲子	乙丑	丙寅	丁卯	戊辰	己巳	庚午	辛未	壬申	癸酉	甲戌	乙亥	丙子	丁丑	戊寅	己卯	庚辰	辛巳	壬午	癸未	甲申	乙酉
대운 남	1	1	1	1	경	10	9	9	9	8	8	8	7	7	7	6	6	6	5	춘	5	4	4	4	3	3	3	2	2	2	1
대운 여	9	9	9	10	칩	1	1	1	1	2	2	2	3	3	3	4	4	4	5	분	5	6	6	6	7	7	7	8	8	8	9

양력 4월 청명절(丙辰月) 淸明 4월4일 22시39분 穀雨 4월20일 5시45분

양력	1	2	3	4	5	6	7	8	9	10	11	12	13	14	15	16	17	18	19	20	21	22	23	24	25	26	27	28	29	30	
요일	金	土	日	月	火	水	木	金	土	日	月	火	水	木	金	土	日	月	火	水	木	金	土	日	月	火	水	木	金	土	
음력	2/15	16	17	18	19	20	21	22	23	24	25	26	27	28	29	3/1	2	3	4	5	6	7	8	9	10	11	12	13	14	15	
일진	丙戌	丁亥	戊子	己丑	庚寅	辛卯	壬辰	癸巳	甲午	乙未	丙申	丁酉	戊戌	己亥	庚子	辛丑	壬寅	癸卯	甲辰	乙巳	丙午	丁未	戊申	己酉	庚戌	辛亥	壬子	癸丑	甲寅	乙卯	
대운 남	1	1	1	청	10	10	9	9	9	8	8	8	7	7	7	6	6	6	5	곡	5	4	4	4	3	3	3	2	2	2	
대운 여	9	9	10	명	1	1	1	1	2	2	2	3	3	3	4	4	4	5	5	우	6	6	6	7	7	7	8	8	8	9	

양력 5월 입하절(丁巳月) 立夏 5월5일 16시2분 小滿 5월21일 4시57분

양력	1	2	3	4	5	6	7	8	9	10	11	12	13	14	15	16	17	18	19	20	21	22	23	24	25	26	27	28	29	30	31
요일	日	月	火	水	木	金	土	日	月	火	水	木	金	土	日	月	火	水	木	金	土	日	月	火	水	木	金	土	日	月	火
음력	3/16	17	18	19	20	21	22	23	24	25	26	27	28	29	30	4/1	2	3	4	5	6	7	8	9	10	11	12	13	14	15	16
일진	丙辰	丁巳	戊午	己未	庚申	辛酉	壬戌	癸亥	甲子	乙丑	丙寅	丁卯	戊辰	己巳	庚午	辛未	壬申	癸酉	甲戌	乙亥	丙子	丁丑	戊寅	己卯	庚辰	辛巳	壬午	癸未	甲申	乙酉	丙戌
대운 남	1	1	1	1	입	10	10	9	9	9	8	8	8	7	7	7	6	6	6	5	소	5	4	4	4	3	3	3	2	2	2
대운 여	9	9	10	10	하	1	1	1	1	2	2	2	3	3	3	4	4	4	5	5	만	6	6	6	7	7	7	8	8	8	9

양력 6월 망종절(戊午月) 芒種 6월5일 20시15분 夏至 6월21일 12시57분

양력	1	2	3	4	5	6	7	8	9	10	11	12	13	14	15	16	17	18	19	20	21	22	23	24	25	26	27	28	29	30	
요일	水	木	金	土	日	月	火	水	木	金	土	日	月	火	水	木	金	土	日	月	火	水	木	金	土	日	月	火	水	木	
음력	4/17	18	19	20	21	22	23	24	25	26	27	28	29	5/1	2	3	4	5	6	7	8	9	10	11	12	13	14	15	16	17	
일진	丁亥	戊子	己丑	庚寅	辛卯	壬辰	癸巳	甲午	乙未	丙申	丁酉	戊戌	己亥	庚子	辛丑	壬寅	癸卯	甲辰	乙巳	丙午	丁未	戊申	己酉	庚戌	辛亥	壬子	癸丑	甲寅	乙卯	丙辰	
대운 남	1	1	1	1	망	10	10	10	9	9	9	8	8	8	7	7	7	6	6	6	하	5	5	4	4	4	3	3	3	2	
대운 여	9	9	10	10	종	1	1	1	1	2	2	2	3	3	3	4	4	4	5	5	지	6	6	6	7	7	7	8	8	8	

戊辰年

양력 7월 소서절(己未月) 小暑 7월7일 6시33분 大暑 7월22일 23시51분

양력		1	2	3	4	5	6	7	8	9	10	11	12	13	14	15	16	17	18	19	20	21	22	23	24	25	26	27	28	29	30	31
요일		金	土	日	月	火	水	木	金	土	日	月	火	水	木	金	土	日	月	火	水	木	金	土	日	月	火	水	木	金	土	日
음력		5/18	19	20	21	22	23	24	25	26	27	28	29	30	6/1	2	3	4	5	6	7	8	9	10	11	12	13	14	15	16	17	18
일진		丁巳	戊午	己未	庚申	辛酉	壬戌	癸亥	甲子	乙丑	丙寅	丁卯	戊辰	己巳	庚午	辛未	壬申	癸酉	甲戌	乙亥	丙子	丁丑	戊寅	己卯	庚辰	辛巳	壬午	癸未	甲申	乙酉	丙戌	丁亥
대운	남	2	2	1	1	1	1	소	10	10	9	9	9	8	8	8	7	7	7	6	6	6	대	5	5	4	4	4	3	3	3	2
	여	9	9	9	10	10	10	서	1	1	1	1	2	2	2	3	3	3	4	4	4	5	서	5	6	6	6	7	7	7	8	8

양력 8월 입추절(庚申月) 立秋 8월7일 16시20분 處暑 8월23일 6시54분

양력		1	2	3	4	5	6	7	8	9	10	11	12	13	14	15	16	17	18	19	20	21	22	23	24	25	26	27	28	29	30	31
요일		月	火	水	木	金	土	日	月	火	水	木	金	土	日	月	火	水	木	金	土	日	月	火	水	木	金	土	日	月	火	水
음력		6/19	20	21	22	23	24	25	26	27	28	29	7/1	2	3	4	5	6	7	8	9	10	11	12	13	14	15	16	17	18	19	20
일진		戊子	己丑	庚寅	辛卯	壬辰	癸巳	甲午	乙未	丙申	丁酉	戊戌	己亥	庚子	辛丑	壬寅	癸卯	甲辰	乙巳	丙午	丁未	戊申	己酉	庚戌	辛亥	壬子	癸丑	甲寅	乙卯	丙辰	丁巳	戊午
대운	남	2	2	1	1	1	1	입	10	10	9	9	9	8	8	8	7	7	7	6	6	6	5	처	5	4	4	4	3	3	3	2
	여	8	9	9	9	10	10	추	1	1	1	1	2	2	2	3	3	3	4	4	4	5	5	서	6	6	6	7	7	7	8	8

양력 9월 백로절(辛酉月) 白露 9월7일 19시12분 秋分 9월23일 4시29분

양력		1	2	3	4	5	6	7	8	9	10	11	12	13	14	15	16	17	18	19	20	21	22	23	24	25	26	27	28	29	30	
요일		木	金	土	日	月	火	水	木	金	土	日	月	火	水	木	金	土	日	月	火	水	木	金	土	日	月	火	水	木	金	
음력		7/21	22	23	24	25	26	27	28	29	30	8/1	2	3	4	5	6	7	8	9	10	11	12	13	14	15	16	17	18	19	20	
일진		己未	庚申	辛酉	壬戌	癸亥	甲子	乙丑	丙寅	丁卯	戊辰	己巳	庚午	辛未	壬申	癸酉	甲戌	乙亥	丙子	丁丑	戊寅	己卯	庚辰	辛巳	壬午	癸未	甲申	乙酉	丙戌	丁亥	戊子	
대운	남	2	2	1	1	1	1	백	10	10	9	9	9	8	8	8	7	7	7	6	6	6	5	추	5	4	4	4	3	3	3	
	여	8	9	9	9	10	10	로	1	1	1	1	2	2	2	3	3	3	4	4	4	5	5	분	6	6	6	7	7	7	8	

양력 10월 한로절(壬戌月) 寒露 10월8일 10시45분 霜降 10월23일 13시44분

양력		1	2	3	4	5	6	7	8	9	10	11	12	13	14	15	16	17	18	19	20	21	22	23	24	25	26	27	28	29	30	31
요일		土	日	月	火	水	木	金	土	日	月	火	水	木	金	土	日	月	火	水	木	金	土	日	月	火	水	木	金	土	日	月
음력		8/21	22	23	24	25	26	27	28	29	30	9/1	2	3	4	5	6	7	8	9	10	11	12	13	14	15	16	17	18	19	20	21
일진		己丑	庚寅	辛卯	壬辰	癸巳	甲午	乙未	丙申	丁酉	戊戌	己亥	庚子	辛丑	壬寅	癸卯	甲辰	乙巳	丙午	丁未	戊申	己酉	庚戌	辛亥	壬子	癸丑	甲寅	乙卯	丙辰	丁巳	戊午	己未
대운	남	2	2	2	1	1	1	1	한	10	9	9	9	8	8	8	7	7	7	6	6	6	5	상	5	4	4	4	3	3	3	2
	여	8	8	9	9	9	10	10	로	1	1	1	1	2	2	2	3	3	3	4	4	4	5	강	5	6	6	6	7	7	7	8

양력 11월 입동절(癸亥月) 立冬 11월7일 13시49분 小雪 11월22일 11시12분

양력		1	2	3	4	5	6	7	8	9	10	11	12	13	14	15	16	17	18	19	20	21	22	23	24	25	26	27	28	29	30	
요일		火	水	木	金	土	日	月	火	水	木	金	土	日	月	火	水	木	金	土	日	月	火	水	木	金	土	日	月	火	水	
음력		9/22	23	24	25	26	27	28	29	10/1	2	3	4	5	6	7	8	9	10	11	12	13	14	15	16	17	18	19	20	21	22	
일진		庚申	辛酉	壬戌	癸亥	甲子	乙丑	丙寅	丁卯	戊辰	己巳	庚午	辛未	壬申	癸酉	甲戌	乙亥	丙子	丁丑	戊寅	己卯	庚辰	辛巳	壬午	癸未	甲申	乙酉	丙戌	丁亥	戊子	己丑	
대운	남	2	2	1	1	1	1	입	10	9	9	9	8	8	8	7	7	7	6	6	6	5	소	5	4	4	4	3	3	3	2	
	여	8	8	9	9	9	10	동	1	1	1	1	2	2	2	3	3	3	4	4	4	5	설	5	6	6	6	7	7	7	8	

양력 12월 대설절(甲子月) 大雪 12월7일 6시34분 冬至 12월22일 0시28분

양력		1	2	3	4	5	6	7	8	9	10	11	12	13	14	15	16	17	18	19	20	21	22	23	24	25	26	27	28	29	30	31
요일		木	金	土	日	月	火	水	木	金	土	日	月	火	水	木	金	土	日	月	火	水	木	金	土	日	月	火	水	木	金	土
음력		10/23	24	25	26	27	28	29	30	11/1	2	3	4	5	6	7	8	9	10	11	12	13	14	15	16	17	18	19	20	21	22	23
일진		庚寅	辛卯	壬辰	癸巳	甲午	乙未	丙申	丁酉	戊戌	己亥	庚子	辛丑	壬寅	癸卯	甲辰	乙巳	丙午	丁未	戊申	己酉	庚戌	辛亥	壬子	癸丑	甲寅	乙卯	丙辰	丁巳	戊午	己未	庚申
대운	남	2	2	1	1	1	1	대	9	9	9	8	8	8	7	7	7	6	6	6	5	5	동	4	4	4	3	3	3	2	2	2
	여	8	8	9	9	9	10	설	1	1	1	1	2	2	2	3	3	3	4	4	4	5	지	5	6	6	6	7	7	7	8	8

서기 1989년 [단기 4322년]

양력 1월 소한절(乙丑月) 小寒 1월5일 17시46분 大寒 1월20일 11시7분

양력	1	2	3	4	5	6	7	8	9	10	11	12	13	14	15	16	17	18	19	20	21	22	23	24	25	26	27	28	29	30	31
요일	日	月	火	水	木	金	土	日	月	火	水	木	金	土	日	月	火	水	木	金	土	日	月	火	水	木	金	土	日	月	火
음력	11/24	25	26	27	28	29	30	12/1	2	3	4	5	6	7	8	9	10	11	12	13	14	15	16	17	18	19	20	21	22	23	24
일진	辛酉	壬戌	癸亥	甲子	乙丑	丙寅	丁卯	戊辰	己巳	庚午	辛未	壬申	癸酉	甲戌	乙亥	丙子	丁丑	戊寅	己卯	庚辰	辛巳	壬午	癸未	甲申	乙酉	丙戌	丁亥	戊子	己丑	庚寅	辛卯
대운 남	1	1	1	1	소	10	9	9	9	8	8	8	7	7	7	6	6	6	5	대	5	4	4	4	3	3	3	2	2	2	1
대운 여	8	9	9	9	한	1	1	1	1	2	2	2	3	3	3	4	4	4	5	한	5	6	6	6	7	7	7	8	8	8	9

양력 2월 입춘절(丙寅月) 立春 2월4일 5시27분 雨水 2월19일 1시21분

양력	1	2	3	4	5	6	7	8	9	10	11	12	13	14	15	16	17	18	19	20	21	22	23	24	25	26	27	28			
요일	水	木	金	土	日	月	火	水	木	金	土	日	月	火	水	木	金	土	日	月	火	水	木	金	土	日	月	火			
음력	12/25	26	27	28	29	1/1	2	3	4	5	6	7	8	9	10	11	12	13	14	15	16	17	18	19	20	21	22	23			
일진	壬辰	癸巳	甲午	乙未	丙申	丁酉	戊戌	己亥	庚子	辛丑	壬寅	癸卯	甲辰	乙巳	丙午	丁未	戊申	己酉	庚戌	辛亥	壬子	癸丑	甲寅	乙卯	丙辰	丁巳	戊午	己未			
대운 남	1	1	1	입	1	1	1	1	2	2	2	3	3	3	4	4	4	5	우	5	6	6	6	7	7	7	8	8			
대운 여	9	9	10	춘	9	9	9	8	8	8	7	7	7	6	6	6	5	5	수	4	4	4	3	3	3	2	2	2			

양력 3월 경칩절(丁卯月) 驚蟄 3월5일 23시34분 春分 3월21일 0시28분

양력	1	2	3	4	5	6	7	8	9	10	11	12	13	14	15	16	17	18	19	20	21	22	23	24	25	26	27	28	29	30	31
요일	水	木	金	土	日	月	火	水	木	金	土	日	月	火	水	木	金	土	日	月	火	水	木	金	土	日	月	火	水	木	金
음력	1/24	25	26	27	28	29	30	2/1	2	3	4	5	6	7	8	9	10	11	12	13	14	15	16	17	18	19	20	21	22	23	24
일진	庚申	辛酉	壬戌	癸亥	甲子	乙丑	丙寅	丁卯	戊辰	己巳	庚午	辛未	壬申	癸酉	甲戌	乙亥	丙子	丁丑	戊寅	己卯	庚辰	辛巳	壬午	癸未	甲申	乙酉	丙戌	丁亥	戊子	己丑	庚寅
대운 남	8	9	9	9	경	1	1	1	1	2	2	2	3	3	3	4	4	4	5	5	춘	6	6	6	7	7	7	8	8	8	9
대운 여	1	1	1	1	칩	10	10	9	9	9	8	8	8	7	7	7	6	6	6	5	분	5	4	4	4	3	3	3	2	2	2

양력 4월 청명절(戊辰月) 清明 4월5일 4시30분 穀雨 4월20일 11시39분

양력	1	2	3	4	5	6	7	8	9	10	11	12	13	14	15	16	17	18	19	20	21	22	23	24	25	26	27	28	29	30	
요일	土	日	月	火	水	木	金	土	日	月	火	水	木	金	土	日	月	火	水	木	金	土	日	月	火	水	木	金	土	日	
음력	2/25	26	27	28	29	3/1	2	3	4	5	6	7	8	9	10	11	12	13	14	15	16	17	18	19	20	21	22	23	24	25	
일진	辛卯	壬辰	癸巳	甲午	乙未	丙申	丁酉	戊戌	己亥	庚子	辛丑	壬寅	癸卯	甲辰	乙巳	丙午	丁未	戊申	己酉	庚戌	辛亥	壬子	癸丑	甲寅	乙卯	丙辰	丁巳	戊午	己未	庚申	
대운 남	9	9	10	10	청	1	1	1	1	2	2	2	3	3	3	4	4	4	5	곡	5	6	6	6	7	7	7	8	8	8	
대운 여	1	1	1	1	명	10	9	9	9	8	8	8	7	7	7	6	6	6	5	우	5	4	4	4	3	3	3	2	2	2	

양력 5월 입하절(己巳月) 立夏 5월5일 21시54분 小滿 5월21일 10시54분

양력	1	2	3	4	5	6	7	8	9	10	11	12	13	14	15	16	17	18	19	20	21	22	23	24	25	26	27	28	29	30	31
요일	月	火	水	木	金	土	日	月	火	水	木	金	土	日	月	火	水	木	金	土	日	月	火	水	木	金	土	日	月	火	水
음력	3/26	27	28	29	4/1	2	3	4	5	6	7	8	9	10	11	12	13	14	15	16	17	18	19	20	21	22	23	24	25	26	27
일진	辛酉	壬戌	癸亥	甲子	乙丑	丙寅	丁卯	戊辰	己巳	庚午	辛未	壬申	癸酉	甲戌	乙亥	丙子	丁丑	戊寅	己卯	庚辰	辛巳	壬午	癸未	甲申	乙酉	丙戌	丁亥	戊子	己丑	庚寅	辛卯
대운 남	9	9	9	10	입	1	1	1	1	2	2	2	3	3	3	4	4	4	5	5	소	6	6	6	7	7	7	8	8	8	9
대운 여	1	1	1	1	하	10	10	10	9	9	9	8	8	8	7	7	7	6	6	6	만	5	5	4	4	4	3	3	3	2	2

양력 6월 망종절(庚午月) 芒種 6월6일 2시5분 夏至 6월21일 18시53분

양력	1	2	3	4	5	6	7	8	9	10	11	12	13	14	15	16	17	18	19	20	21	22	23	24	25	26	27	28	29	30	
요일	木	金	土	日	月	火	水	木	金	土	日	月	火	水	木	金	土	日	月	火	水	木	金	土	日	月	火	水	木	金	
음력	4/28	29	30	5/1	2	3	4	5	6	7	8	9	10	11	12	13	14	15	16	17	18	19	20	21	22	23	24	25	26	27	
일진	壬辰	癸巳	甲午	乙未	丙申	丁酉	戊戌	己亥	庚子	辛丑	壬寅	癸卯	甲辰	乙巳	丙午	丁未	戊申	己酉	庚戌	辛亥	壬子	癸丑	甲寅	乙卯	丙辰	丁巳	戊午	己未	庚申	辛酉	
대운 남	9	9	10	10	10	망	1	1	1	1	2	2	2	3	3	3	4	4	4	5	하	5	6	6	6	7	7	7	8	8	
대운 여	2	1	1	1	1	종	10	10	9	9	9	8	8	8	7	7	7	6	6	6	지	5	5	4	4	4	3	3	3	2	

己巳年

양력 7월 소서절(辛未月) 小暑 7월7일 12시19분 大暑 7월23일 5시45분

양력	1	2	3	4	5	6	7	8	9	10	11	12	13	14	15	16	17	18	19	20	21	22	23	24	25	26	27	28	29	30	31
요일	土	日	月	火	水	木	金	土	日	月	火	水	木	金	土	日	月	火	水	木	金	土	日	月	火	水	木	金	土	日	月
음력	5/28	29	6/1	2	3	4	5	6	7	8	9	10	11	12	13	14	15	16	17	18	19	20	21	22	23	24	25	26	27	28	29
일진	壬戌	癸亥	甲子	乙丑	丙寅	丁卯	戊辰	己巳	庚午	辛未	壬申	癸酉	甲戌	乙亥	丙子	丁丑	戊寅	己卯	庚辰	辛巳	壬午	癸未	甲申	乙酉	丙戌	丁亥	戊子	己丑	庚寅	辛卯	壬辰
대운 남	8	9	9	9	10	10	소	1	1	1	1	2	2	2	3	3	3	4	4	4	5	5	대	6	6	6	7	7	7	8	8
대운 여	2	2	1	1	1	1	서	10	10	9	9	9	8	8	8	7	7	7	6	6	6	5	서	5	4	4	4	3	3	3	2

양력 8월 입추절(壬申月) 立秋 8월7일 22시4분 處暑 8월23일 12시46분

양력	1	2	3	4	5	6	7	8	9	10	11	12	13	14	15	16	17	18	19	20	21	22	23	24	25	26	27	28	29	30	31
요일	火	水	木	金	土	日	月	火	水	木	金	土	日	月	火	水	木	金	土	日	月	火	水	木	金	土	日	月	火	水	木
음력	6/30	7/1	2	3	4	5	6	7	8	9	10	11	12	13	14	15	16	17	18	19	20	21	22	23	24	25	26	27	28	29	8/1
일진	癸巳	甲午	乙未	丙申	丁酉	戊戌	己亥	庚子	辛丑	壬寅	癸卯	甲辰	乙巳	丙午	丁未	戊申	己酉	庚戌	辛亥	壬子	癸丑	甲寅	乙卯	丙辰	丁巳	戊午	己未	庚申	辛酉	壬戌	癸亥
대운 남	8	9	9	9	10	10	입	1	1	1	1	2	2	2	3	3	3	4	4	4	5	5	처	6	6	6	7	7	7	8	8
대운 여	2	2	1	1	1	1	추	10	10	10	9	9	9	8	8	8	7	7	7	6	6	6	서	5	5	4	4	4	3	3	3

양력 9월 백로절(癸酉月) 白露 9월8일 0시54분 秋分 9월23일 10시20분

양력	1	2	3	4	5	6	7	8	9	10	11	12	13	14	15	16	17	18	19	20	21	22	23	24	25	26	27	28	29	30
요일	金	土	日	月	火	水	木	金	土	日	月	火	水	木	金	土	日	月	火	水	木	金	土	日	月	火	水	木	金	土
음력	8/2	3	4	5	6	7	8	9	10	11	12	13	14	15	16	17	18	19	20	21	22	23	24	25	26	27	28	29	30	9/1
일진	甲子	乙丑	丙寅	丁卯	戊辰	己巳	庚午	辛未	壬申	癸酉	甲戌	乙亥	丙子	丁丑	戊寅	己卯	庚辰	辛巳	壬午	癸未	甲申	乙酉	丙戌	丁亥	戊子	己丑	庚寅	辛卯	壬辰	癸巳
대운 남	8	9	9	9	10	10	10	백	1	1	1	1	2	2	2	3	3	3	4	4	4	5	추	5	6	6	6	7	7	7
대운 여	2	2	2	1	1	1	1	로	10	9	9	9	8	8	8	7	7	7	6	6	6	5	분	5	4	4	4	3	3	3

양력 10월 한로절(甲戌月) 寒露 10월8일 16시27분 霜降 10월23일 19시35분

양력	1	2	3	4	5	6	7	8	9	10	11	12	13	14	15	16	17	18	19	20	21	22	23	24	25	26	27	28	29	30	31
요일	日	月	火	水	木	金	土	日	月	火	水	木	金	土	日	月	火	水	木	金	土	日	月	火	水	木	金	土	日	月	火
음력	9/2	3	4	5	6	7	8	9	10	11	12	13	14	15	16	17	18	19	20	21	22	23	24	25	26	27	28	29	30	10/1	2
일진	甲午	乙未	丙申	丁酉	戊戌	己亥	庚子	辛丑	壬寅	癸卯	甲辰	乙巳	丙午	丁未	戊申	己酉	庚戌	辛亥	壬子	癸丑	甲寅	乙卯	丙辰	丁巳	戊午	己未	庚申	辛酉	壬戌	癸亥	甲子
대운 남	8	8	8	9	9	9	10	한	1	1	1	1	2	2	2	3	3	3	4	4	4	5	상	5	6	6	6	7	7	7	8
대운 여	2	2	2	1	1	1	1	로	10	9	9	9	8	8	8	7	7	7	6	6	6	5	강	5	4	4	4	3	3	3	2

양력 11월 입동절(乙亥月) 立冬 11월7일 19시34분 小雪 11월22일 17시5분

양력	1	2	3	4	5	6	7	8	9	10	11	12	13	14	15	16	17	18	19	20	21	22	23	24	25	26	27	28	29	30
요일	水	木	金	土	日	月	火	水	木	金	土	日	月	火	水	木	金	土	日	月	火	水	木	金	土	日	月	火	水	木
음력	10/3	4	5	6	7	8	9	10	11	12	13	14	15	16	17	18	19	20	21	22	23	24	25	26	27	28	29	11/1	2	3
일진	乙丑	丙寅	丁卯	戊辰	己巳	庚午	辛未	壬申	癸酉	甲戌	乙亥	丙子	丁丑	戊寅	己卯	庚辰	辛巳	壬午	癸未	甲申	乙酉	丙戌	丁亥	戊子	己丑	庚寅	辛卯	壬辰	癸巳	甲午
대운 남	8	8	9	9	9	10	입	1	1	1	1	2	2	2	3	3	3	4	4	4	5	소	5	6	6	6	7	7	7	8
대운 여	2	2	1	1	1	1	동	10	9	9	9	8	8	8	7	7	7	6	6	6	5	설	5	4	4	4	3	3	3	2

양력 12월 대설절(丙子月) 大雪 12월7일 12시21분 冬至 12월22일 6시22분

양력	1	2	3	4	5	6	7	8	9	10	11	12	13	14	15	16	17	18	19	20	21	22	23	24	25	26	27	28	29	30	31
요일	金	土	日	月	火	水	木	金	土	日	月	火	水	木	金	土	日	月	火	水	木	金	土	日	月	火	水	木	金	土	日
음력	11/4	5	6	7	8	9	10	11	12	13	14	15	16	17	18	19	20	21	22	23	24	25	26	27	28	29	30	12/1	2	3	4
일진	乙未	丙申	丁酉	戊戌	己亥	庚子	辛丑	壬寅	癸卯	甲辰	乙巳	丙午	丁未	戊申	己酉	庚戌	辛亥	壬子	癸丑	甲寅	乙卯	丙辰	丁巳	戊午	己未	庚申	辛酉	壬戌	癸亥	甲子	乙丑
대운 남	8	8	9	9	9	10	대	1	1	1	1	2	2	2	3	3	3	4	4	4	5	동	5	6	6	6	7	7	7	8	8
대운 여	2	2	1	1	1	1	설	9	9	9	8	8	8	7	7	7	6	6	6	5	5	지	4	4	4	3	3	3	2	2	2

서기 1990년 [단기 4323년]

양력 1월 소한절(丁丑月) 小寒 1월5일 23시33분 大寒 1월20일 17시2분

양력		1	2	3	4	5	6	7	8	9	10	11	12	13	14	15	16	17	18	19	20	21	22	23	24	25	26	27	28	29	30	31
요일		月	火	水	木	金	土	日	月	火	水	木	金	土	日	月	火	水	木	金	土	日	月	火	水	木	金	土	日	月	火	水
음력		12/5	6	7	8	9	10	11	12	13	14	15	16	17	18	19	20	21	22	23	24	25	26	27	28	29	30	1/1	2	3	4	5
일진		丙寅	丁卯	戊辰	己巳	庚午	辛未	壬申	癸酉	甲戌	乙亥	丙子	丁丑	戊寅	己卯	庚辰	辛巳	壬午	癸未	甲申	乙酉	丙戌	丁亥	戊子	己丑	庚寅	辛卯	壬辰	癸巳	甲午	乙未	丙申
대운	남	8	9	9	9	소한	1	1	1	1	2	2	2	3	3	3	4	4	4	5	대한	5	6	6	6	7	7	7	8	8	8	9
	여	1	1	1	1		10	9	9	9	8	8	8	7	7	7	6	6	6	5		5	4	4	4	3	3	3	2	2	2	1

양력 2월 입춘절(戊寅月) 立春 2월4일 11시14분 雨水 2월19일 7시14분

양력		1	2	3	4	5	6	7	8	9	10	11	12	13	14	15	16	17	18	19	20	21	22	23	24	25	26	27	28
요일		木	金	土	日	月	火	水	木	金	土	日	月	火	水	木	金	土	日	月	火	水	木	金	土	日	月	火	水
음력		1/6	7	8	9	10	11	12	13	14	15	16	17	18	19	20	21	22	23	24	25	26	27	28	29	2/1	2	3	4
일진		丁酉	戊戌	己亥	庚子	辛丑	壬寅	癸卯	甲辰	乙巳	丙午	丁未	戊申	己酉	庚戌	辛亥	壬子	癸丑	甲寅	乙卯	丙辰	丁巳	戊午	己未	庚申	辛酉	壬戌	癸亥	甲子
대운	남	9	9	10	입춘	10	9	9	9	8	8	8	7	7	7	6	6	6	5	우수	5	4	4	4	3	3	3	2	2
	여	1	1	1		1	1	1	1	2	2	2	3	3	3	4	4	4	5		5	6	6	6	7	7	7	8	8

양력 3월 경칩절(己卯月) 驚蟄 3월6일 5시19분 春分 3월21일 6시19분

양력		1	2	3	4	5	6	7	8	9	10	11	12	13	14	15	16	17	18	19	20	21	22	23	24	25	26	27	28	29	30	31
요일		木	金	土	日	月	火	水	木	金	土	日	月	火	水	木	金	土	日	月	火	水	木	金	土	日	月	火	水	木	金	土
음력		2/5	6	7	8	9	10	11	12	13	14	15	16	17	18	19	20	21	22	23	24	25	26	27	28	29	30	3/1	2	3	4	5
일진		乙丑	丙寅	丁卯	戊辰	己巳	庚午	辛未	壬申	癸酉	甲戌	乙亥	丙子	丁丑	戊寅	己卯	庚辰	辛巳	壬午	癸未	甲申	乙酉	丙戌	丁亥	戊子	己丑	庚寅	辛卯	壬辰	癸巳	甲午	乙未
대운	남	2	1	1	1	1	경칩	10	9	9	9	8	8	8	7	7	7	6	6	6	5	춘분	5	4	4	4	3	3	3	2	2	2
	여	8	9	9	9	10		1	1	1	1	2	2	2	3	3	3	4	4	4	5		5	6	6	6	7	7	7	8	8	8

양력 4월 청명절(庚辰月) 清明 4월5일 10시13분 穀雨 4월20일 17시27분

양력		1	2	3	4	5	6	7	8	9	10	11	12	13	14	15	16	17	18	19	20	21	22	23	24	25	26	27	28	29	30
요일		日	月	火	水	木	金	土	日	月	火	水	木	金	土	日	月	火	水	木	金	土	日	月	火	水	木	金	土	日	月
음력		3/6	7	8	9	10	11	12	13	14	15	16	17	18	19	20	21	22	23	24	25	26	27	28	29	4/1	2	3	4	5	6
일진		丙申	丁酉	戊戌	己亥	庚子	辛丑	壬寅	癸卯	甲辰	乙巳	丙午	丁未	戊申	己酉	庚戌	辛亥	壬子	癸丑	甲寅	乙卯	丙辰	丁巳	戊午	己未	庚申	辛酉	壬戌	癸亥	甲子	乙丑
대운	남	1	1	1	1	청명	10	10	9	9	9	8	8	8	7	7	7	6	6	6	곡우	5	5	4	4	4	3	3	3	2	2
	여	9	9	9	10		1	1	1	1	2	2	2	3	3	3	4	4	4	5		5	6	6	6	7	7	7	8	8	8

양력 5월 입하절(辛巳月) 立夏 5월6일 3시35분 小滿 5월21일 16시37분

양력		1	2	3	4	5	6	7	8	9	10	11	12	13	14	15	16	17	18	19	20	21	22	23	24	25	26	27	28	29	30	31
요일		火	水	木	金	土	日	月	火	水	木	金	土	日	月	火	水	木	金	土	日	月	火	水	木	金	土	日	月	火	水	木
음력		4/7	8	9	10	11	12	13	14	15	16	17	18	19	20	21	22	23	24	25	26	27	28	29	5/1	2	3	4	5	6	7	8
일진		丙寅	丁卯	戊辰	己巳	庚午	辛未	壬申	癸酉	甲戌	乙亥	丙子	丁丑	戊寅	己卯	庚辰	辛巳	壬午	癸未	甲申	乙酉	丙戌	丁亥	戊子	己丑	庚寅	辛卯	壬辰	癸巳	甲午	乙未	丙申
대운	남	2	1	1	1	1	입하	10	10	9	9	9	8	8	8	7	7	7	6	6	6	소만	5	5	4	4	4	3	3	3	2	2
	여	9	9	9	10	10		1	1	1	1	2	2	2	3	3	3	4	4	4	5		5	6	6	6	7	7	7	8	8	8

양력 6월 망종절(壬午月) 芒種 6월6일 7시46분 夏至 6월22일 0시33분

양력		1	2	3	4	5	6	7	8	9	10	11	12	13	14	15	16	17	18	19	20	21	22	23	24	25	26	27	28	29	30
요일		金	土	日	月	火	水	木	金	土	日	月	火	水	木	金	土	日	月	火	水	木	金	土	日	月	火	水	木	金	土
음력		5/9	10	11	12	13	14	15	16	17	18	19	20	21	22	23	24	25	26	27	28	29	30	윤1	2	3	4	5	6	7	8
일진		丁酉	戊戌	己亥	庚子	辛丑	壬寅	癸卯	甲辰	乙巳	丙午	丁未	戊申	己酉	庚戌	辛亥	壬子	癸丑	甲寅	乙卯	丙辰	丁巳	戊午	己未	庚申	辛酉	壬戌	癸亥	甲子	乙丑	丙寅
대운	남	2	1	1	1	1	망종	10	10	9	9	9	8	8	8	7	7	7	6	6	6	5	하지	5	4	4	4	3	3	3	2
	여	9	9	9	10	10		1	1	1	1	2	2	2	3	3	3	4	4	4	5	5		6	6	6	7	7	7	8	8

▶윤달-5월

庚午年

양력 7월 소서절(癸未月) 小暑 7월7일 18시0분 大暑 7월23일 11시22분

양력	1	2	3	4	5	6	7	8	9	10	11	12	13	14	15	16	17	18	19	20	21	22	23	24	25	26	27	28	29	30	31
요일	日	月	火	水	木	金	土	日	月	火	水	木	金	土	日	月	火	水	木	金	土	日	月	火	水	木	金	土	日	月	火
음력	윤9	10	11	12	13	14	15	16	17	18	19	20	21	22	23	24	25	26	27	28	29	6/1	2	3	4	5	6	7	8	9	10
일진	丁卯	戊辰	己巳	庚午	辛未	壬申	癸酉	甲戌	乙亥	丙子	丁丑	戊寅	己卯	庚辰	辛巳	壬午	癸未	甲申	乙酉	丙戌	丁亥	戊子	己丑	庚寅	辛卯	壬辰	癸巳	甲午	乙未	丙申	丁酉
대운 남	2	2	1	1	1	1	소서	10	10	10	9	9	9	8	8	8	7	7	7	6	6	6	대서	5	5	4	4	4	3	3	3
대운 여	8	9	9	9	10	10		1	1	1	1	2	2	2	3	3	3	4	4	4	5	5		6	6	6	7	7	7	8	8

양력 8월 입추절(甲申月) 立秋 8월8일 3시46분 處暑 8월23일 18시21분

양력	1	2	3	4	5	6	7	8	9	10	11	12	13	14	15	16	17	18	19	20	21	22	23	24	25	26	27	28	29	30	31
요일	水	木	金	土	日	月	火	水	木	金	土	日	月	火	水	木	金	土	日	月	火	水	木	金	土	日	月	火	水	木	金
음력	6/11	12	13	14	15	16	17	18	19	20	21	22	23	24	25	26	27	28	29	7/1	2	3	4	5	6	7	8	9	10	11	12
일진	戊戌	己亥	庚子	辛丑	壬寅	癸卯	甲辰	乙巳	丙午	丁未	戊申	己酉	庚戌	辛亥	壬子	癸丑	甲寅	乙卯	丙辰	丁巳	戊午	己未	庚申	辛酉	壬戌	癸亥	甲子	乙丑	丙寅	丁卯	戊辰
대운 남	2	2	2	1	1	1	1	입추	10	10	9	9	9	8	8	8	7	7	7	6	6	6	처서	5	5	4	4	4	3	3	3
대운 여	8	9	9	9	10	10	10		1	1	1	1	2	2	2	3	3	3	4	4	4	5		5	6	6	6	7	7	7	8

양력 9월 백로절(乙酉月) 白露 9월8일 6시37분 秋分 9월23일 15시56분

양력	1	2	3	4	5	6	7	8	9	10	11	12	13	14	15	16	17	18	19	20	21	22	23	24	25	26	27	28	29	30	
요일	土	日	月	火	水	木	金	土	日	月	火	水	木	金	土	日	月	火	水	木	金	土	日	月	火	水	木	金	土	日	
음력	7/13	14	15	16	17	18	19	20	21	22	23	24	25	26	27	28	29	30	8/1	2	3	4	5	6	7	8	9	10	11	12	
일진	己巳	庚午	辛未	壬申	癸酉	甲戌	乙亥	丙子	丁丑	戊寅	己卯	庚辰	辛巳	壬午	癸未	甲申	乙酉	丙戌	丁亥	戊子	己丑	庚寅	辛卯	壬辰	癸巳	甲午	乙未	丙申	丁酉	戊戌	
대운 남	2	2	2	1	1	1	1	백로	10	9	9	9	8	8	8	7	7	7	6	6	6	5	추분	5	4	4	4	3	3	3	
대운 여	8	8	9	9	9	10	10		1	1	1	1	2	2	2	3	3	3	4	4	4	5		5	6	6	6	7	7	7	

양력 10월 한로절(丙戌月) 寒露 10월8일 22시14분 霜降 10월24일 1시14분

양력	1	2	3	4	5	6	7	8	9	10	11	12	13	14	15	16	17	18	19	20	21	22	23	24	25	26	27	28	29	30	31
요일	月	火	水	木	金	土	日	月	火	水	木	金	土	日	月	火	水	木	金	土	日	月	火	水	木	金	土	日	月	火	水
음력	8/13	14	15	16	17	18	19	20	21	22	23	24	25	26	27	28	29	30	9/1	2	3	4	5	6	7	8	9	10	11	12	13
일진	己亥	庚子	辛丑	壬寅	癸卯	甲辰	乙巳	丙午	丁未	戊申	己酉	庚戌	辛亥	壬子	癸丑	甲寅	乙卯	丙辰	丁巳	戊午	己未	庚申	辛酉	壬戌	癸亥	甲子	乙丑	丙寅	丁卯	戊辰	己巳
대운 남	2	2	2	1	1	1	1	한로	10	10	9	9	9	8	8	8	7	7	7	6	6	6	5	상강	5	4	4	4	3	3	3
대운 여	8	8	8	9	9	9	10		1	1	1	1	2	2	2	3	3	3	4	4	4	5	5		6	6	6	7	7	7	8

양력 11월 입동절(丁亥月) 立冬 11월8일 1시23분 小雪 11월22일 22시47분

양력	1	2	3	4	5	6	7	8	9	10	11	12	13	14	15	16	17	18	19	20	21	22	23	24	25	26	27	28	29	30	
요일	木	金	土	日	月	火	水	木	金	土	日	月	火	水	木	金	土	日	月	火	水	木	金	土	日	月	火	水	木	金	
음력	9/14	15	16	17	18	19	20	21	22	23	24	25	26	27	28	29	10/1	2	3	4	5	6	7	8	9	10	11	12	13	14	
일진	庚午	辛未	壬申	癸酉	甲戌	乙亥	丙子	丁丑	戊寅	己卯	庚辰	辛巳	壬午	癸未	甲申	乙酉	丙戌	丁亥	戊子	己丑	庚寅	辛卯	壬辰	癸巳	甲午	乙未	丙申	丁酉	戊戌	己亥	
대운 남	2	2	2	1	1	1	1	입동	9	9	9	8	8	8	7	7	7	6	6	6	5	소설	5	4	4	4	3	3	3	2	
대운 여	8	8	9	9	9	10	10		1	1	1	1	2	2	2	3	3	3	4	4	4		5	5	6	6	6	7	7	7	

양력 12월 대설절(戊子月) 大雪 12월7일 18시14분 冬至 12월22일 12시7분

양력	1	2	3	4	5	6	7	8	9	10	11	12	13	14	15	16	17	18	19	20	21	22	23	24	25	26	27	28	29	30	31
요일	土	日	月	火	水	木	金	土	日	月	火	水	木	金	土	日	月	火	水	木	金	土	日	月	火	水	木	金	土	日	月
음력	10/15	16	17	18	19	20	21	22	23	24	25	26	27	28	29	30	11/1	2	3	4	5	6	7	8	9	10	11	12	13	14	15
일진	庚子	辛丑	壬寅	癸卯	甲辰	乙巳	丙午	丁未	戊申	己酉	庚戌	辛亥	壬子	癸丑	甲寅	乙卯	丙辰	丁巳	戊午	己未	庚申	辛酉	壬戌	癸亥	甲子	乙丑	丙寅	丁卯	戊辰	己巳	庚午
대운 남	2	2	1	1	1	1	대설	10	9	9	9	8	8	8	7	7	7	6	6	6	5	동지	5	4	4	4	3	3	3	2	2
대운 여	8	8	8	9	9	9		1	1	1	1	2	2	2	3	3	3	4	4	4	5		5	6	6	6	7	7	7	8	8

서기 1991년 [단기 4324년]

양력 1월　소한절(己丑月)　小寒 1월6일 5시28분　大寒 1월20일 22시47분

양력	1	2	3	4	5	6	7	8	9	10	11	12	13	14	15	16	17	18	19	20	21	22	23	24	25	26	27	28	29	30	31
요일	火	水	木	金	土	日	月	火	水	木	金	土	日	月	火	水	木	金	土	日	月	火	水	木	金	土	日	月	火	水	木
음력	11/16	17	18	19	20	21	22	23	24	25	26	27	28	29	30	12/1	2	3	4	5	6	7	8	9	10	11	12	13	14	15	16
일진	辛未	壬申	癸酉	甲戌	乙亥	丙子	丁丑	戊寅	己卯	庚辰	辛巳	壬午	癸未	甲申	乙酉	丙戌	丁亥	戊子	己丑	庚寅	辛卯	壬辰	癸巳	甲午	乙未	丙申	丁酉	戊戌	己亥	庚子	辛丑
대운 남	2	1	1	1	1	소한	9	9	9	8	8	8	7	7	7	6	6	6	5	대한	5	4	4	4	3	3	3	2	2	2	1
대운 여	8	9	9	9	10		1	1	1	1	2	2	2	3	3	3	4	4	4		5	5	6	6	6	7	7	7	8	8	8

양력 2월　입춘절(庚寅月)　立春 2월4일 17시8분　雨水 2월19일 12시58분

양력	1	2	3	4	5	6	7	8	9	10	11	12	13	14	15	16	17	18	19	20	21	22	23	24	25	26	27	28			
요일	金	土	日	月	火	水	木	金	土	日	月	火	水	木	金	土	日	月	火	水	木	金	土	日	月	火	水	木			
음력	12/17	18	19	20	21	22	23	24	25	26	27	28	29	30	1/1	2	3	4	5	6	7	8	9	10	11	12	13	14			
일진	壬寅	癸卯	甲辰	乙巳	丙午	丁未	戊申	己酉	庚戌	辛亥	壬子	癸丑	甲寅	乙卯	丙辰	丁巳	戊午	己未	庚申	辛酉	壬戌	癸亥	甲子	乙丑	丙寅	丁卯	戊辰	己巳			
대운 남	1	1	1	입춘	1	1	1	1	2	2	2	3	3	3	4	4	4	5	우수	5	6	6	6	7	7	7	8	8			
대운 여	9	9	9		10	9	9	9	8	8	8	7	7	7	6	6	6	5		5	4	4	4	3	3	3	2	2			

양력 3월　경칩절(辛卯月)　驚蟄 3월6일 11시12분　春分 3월21일 12시2분

양력	1	2	3	4	5	6	7	8	9	10	11	12	13	14	15	16	17	18	19	20	21	22	23	24	25	26	27	28	29	30	31
요일	金	土	日	月	火	水	木	金	土	日	月	火	水	木	金	土	日	月	火	水	木	金	土	日	月	火	水	木	金	土	日
음력	1/15	16	17	18	19	20	21	22	23	24	25	26	27	28	29	2/1	2	3	4	5	6	7	8	9	10	11	12	13	14	15	16
일진	庚午	辛未	壬申	癸酉	甲戌	乙亥	丙子	丁丑	戊寅	己卯	庚辰	辛巳	壬午	癸未	甲申	乙酉	丙戌	丁亥	戊子	己丑	庚寅	辛卯	壬辰	癸巳	甲午	乙未	丙申	丁酉	戊戌	己亥	庚子
대운 남	8	9	9	9	10	경칩	1	1	1	1	2	2	2	3	3	3	4	4	4	5	춘분	5	6	6	6	7	7	7	8	8	8
대운 여	2	1	1	1	1		10	9	9	9	8	8	8	7	7	7	6	6	6	5		5	4	4	4	3	3	3	2	2	2

양력 4월　청명절(壬辰月)　清明 4월5일 16시5분　穀雨 4월20일 23시8분

양력	1	2	3	4	5	6	7	8	9	10	11	12	13	14	15	16	17	18	19	20	21	22	23	24	25	26	27	28	29	30	
요일	月	火	水	木	金	土	日	月	火	水	木	金	土	日	月	火	水	木	金	土	日	月	火	水	木	金	土	日	月	火	
음력	2/17	18	19	20	21	22	23	24	25	26	27	28	29	30	3/1	2	3	4	5	6	7	8	9	10	11	12	13	14	15	16	
일진	辛丑	壬寅	癸卯	甲辰	乙巳	丙午	丁未	戊申	己酉	庚戌	辛亥	壬子	癸丑	甲寅	乙卯	丙辰	丁巳	戊午	己未	庚申	辛酉	壬戌	癸亥	甲子	乙丑	丙寅	丁卯	戊辰	己巳	庚午	
대운 남	9	9	9	10	청명	1	1	1	1	2	2	2	3	3	3	4	4	4	5	곡우	5	6	6	6	7	7	7	8	8	8	
대운 여	1	1	1	1		10	10	9	9	9	8	8	8	7	7	7	6	6	6		5	5	4	4	4	3	3	3	2	2	

양력 5월　입하절(癸巳月)　立夏 5월6일 9시27분　小滿 5월21일 22시20분

양력	1	2	3	4	5	6	7	8	9	10	11	12	13	14	15	16	17	18	19	20	21	22	23	24	25	26	27	28	29	30	31
요일	水	木	金	土	日	月	火	水	木	金	土	日	月	火	水	木	金	土	日	月	火	水	木	金	土	日	月	火	水	木	金
음력	3/17	18	19	20	21	22	23	24	25	26	27	28	29	4/1	2	3	4	5	6	7	8	9	10	11	12	13	14	15	16	17	18
일진	辛未	壬申	癸酉	甲戌	乙亥	丙子	丁丑	戊寅	己卯	庚辰	辛巳	壬午	癸未	甲申	乙酉	丙戌	丁亥	戊子	己丑	庚寅	辛卯	壬辰	癸巳	甲午	乙未	丙申	丁酉	戊戌	己亥	庚子	辛丑
대운 남	9	9	9	10	10	입하	1	1	1	1	2	2	2	3	3	3	4	4	4	5	소만	5	6	6	6	7	7	7	8	8	8
대운 여	2	1	1	1	1		10	10	9	9	9	8	8	8	7	7	7	6	6	6		5	5	4	4	4	3	3	3	2	2

양력 6월　망종절(甲午月)　芒種 6월6일 13시38분　夏至 6월22일 6시19분

양력	1	2	3	4	5	6	7	8	9	10	11	12	13	14	15	16	17	18	19	20	21	22	23	24	25	26	27	28	29	30	
요일	土	日	月	火	水	木	金	土	日	月	火	水	木	金	土	日	月	火	水	木	金	土	日	月	火	水	木	金	土	日	
음력	4/19	20	21	22	23	24	25	26	27	28	29	5/1	2	3	4	5	6	7	8	9	10	11	12	13	14	15	16	17	18	19	
일진	壬寅	癸卯	甲辰	乙巳	丙午	丁未	戊申	己酉	庚戌	辛亥	壬子	癸丑	甲寅	乙卯	丙辰	丁巳	戊午	己未	庚申	辛酉	壬戌	癸亥	甲子	乙丑	丙寅	丁卯	戊辰	己巳	庚午	辛未	
대운 남	9	9	9	10	10	망종	1	1	1	1	2	2	2	3	3	3	4	4	4	5	5	하지	6	6	6	7	7	7	8	8	
대운 여	2	1	1	1	1		10	10	9	9	9	8	8	8	7	7	7	6	6	6	5		5	4	4	4	3	3	3	2	

辛未年

양력 7월 소서절(乙未月) 小暑 7월7일 23시53분 大暑 7월23일 17시11분

양력	1	2	3	4	5	6	7	8	9	10	11	12	13	14	15	16	17	18	19	20	21	22	23	24	25	26	27	28	29	30	31
요일	月	火	水	木	金	土	日	月	火	水	木	金	土	日	月	火	水	木	金	土	日	月	火	水	木	金	土	日	月	火	水
음력	5/20	21	22	23	24	25	26	27	28	29	30	6/1	2	3	4	5	6	7	8	9	10	11	12	13	14	15	16	17	18	19	20
일진	壬申	癸酉	甲戌	乙亥	丙子	丁丑	戊寅	己卯	庚辰	辛巳	壬午	癸未	甲申	乙酉	丙戌	丁亥	戊子	己丑	庚寅	辛卯	壬辰	癸巳	甲午	乙未	丙申	丁酉	戊戌	己亥	庚子	辛丑	壬寅
대운 남	8	9	9	9	10	10	소	1	1	1	1	2	2	2	3	3	3	4	4	4	5	5	대	6	6	6	7	7	7	8	8
대운 여	2	2	1	1	1	1	서	10	10	10	9	9	9	8	8	8	7	7	7	6	6	6	서	5	5	4	4	4	3	3	3

양력 8월 입추절(丙申月) 立秋 8월8일 9시37분 處暑 8월24일 0시13분

양력	1	2	3	4	5	6	7	8	9	10	11	12	13	14	15	16	17	18	19	20	21	22	23	24	25	26	27	28	29	30	31
요일	木	金	土	日	月	火	水	木	金	土	日	月	火	水	木	金	土	日	月	火	水	木	金	土	日	月	火	水	木	金	土
음력	6/21	22	23	24	25	26	27	28	29	7/1	2	3	4	5	6	7	8	9	10	11	12	13	14	15	16	17	18	19	20	21	22
일진	癸卯	甲辰	乙巳	丙午	丁未	戊申	己酉	庚戌	辛亥	壬子	癸丑	甲寅	乙卯	丙辰	丁巳	戊午	己未	庚申	辛酉	壬戌	癸亥	甲子	乙丑	丙寅	丁卯	戊辰	己巳	庚午	辛未	壬申	癸酉
대운 남	8	9	9	9	10	10	10	입	1	1	1	1	2	2	2	3	3	3	4	4	4	5	5	처	6	6	6	7	7	7	8
대운 여	2	2	2	1	1	1	1	추	10	10	9	9	9	8	8	8	7	7	7	6	6	6	5	서	5	4	4	4	3	3	3

양력 9월 백로절(丁酉月) 白露 9월8일 12시27분 秋分 9월23일 21시48분

양력	1	2	3	4	5	6	7	8	9	10	11	12	13	14	15	16	17	18	19	20	21	22	23	24	25	26	27	28	29	30
요일	日	月	火	水	木	金	土	日	月	火	水	木	金	土	日	月	火	水	木	金	土	日	月	火	水	木	金	土	日	月
음력	7/23	24	25	26	27	28	29	8/1	2	3	4	5	6	7	8	9	10	11	12	13	14	15	16	17	18	19	20	21	22	23
일진	甲戌	乙亥	丙子	丁丑	戊寅	己卯	庚辰	辛巳	壬午	癸未	甲申	乙酉	丙戌	丁亥	戊子	己丑	庚寅	辛卯	壬辰	癸巳	甲午	乙未	丙申	丁酉	戊戌	己亥	庚子	辛丑	壬寅	癸卯
대운 남	8	8	9	9	9	10	10	백	1	1	1	1	2	2	2	3	3	3	4	4	4	5	추	5	6	6	6	7	7	7
대운 여	2	2	2	1	1	1	1	로	10	10	9	9	9	8	8	8	7	7	7	6	6	6	분	5	5	4	4	4	3	3

양력 10월 한로절(戊戌月) 寒露 10월9일 4시1분 霜降 10월24일 7시5분

양력	1	2	3	4	5	6	7	8	9	10	11	12	13	14	15	16	17	18	19	20	21	22	23	24	25	26	27	28	29	30	31
요일	火	水	木	金	土	日	月	火	水	木	金	土	日	月	火	水	木	金	土	日	月	火	水	木	金	土	日	月	火	水	木
음력	8/24	25	26	27	28	29	30	9/1	2	3	4	5	6	7	8	9	10	11	12	13	14	15	16	17	18	19	20	21	22	23	24
일진	甲辰	乙巳	丙午	丁未	戊申	己酉	庚戌	辛亥	壬子	癸丑	甲寅	乙卯	丙辰	丁巳	戊午	己未	庚申	辛酉	壬戌	癸亥	甲子	乙丑	丙寅	丁卯	戊辰	己巳	庚午	辛未	壬申	癸酉	甲戌
대운 남	8	8	8	9	9	9	10	10	한	1	1	1	1	2	2	2	3	3	3	4	4	4	5	상	5	6	6	6	7	7	7
대운 여	3	2	2	2	1	1	1	1	로	10	9	9	9	8	8	8	7	7	7	6	6	6	5	강	5	4	4	4	3	3	3

양력 11월 입동절(己亥月) 立冬 11월8일 7시8분 小雪 11월23일 4시36분

양력	1	2	3	4	5	6	7	8	9	10	11	12	13	14	15	16	17	18	19	20	21	22	23	24	25	26	27	28	29	30
요일	金	土	日	月	火	水	木	金	土	日	月	火	水	木	金	土	日	月	火	水	木	金	土	日	月	火	水	木	金	土
음력	9/25	26	27	28	29	10/1	2	3	4	5	6	7	8	9	10	11	12	13	14	15	16	17	18	19	20	21	22	23	24	25
일진	乙亥	丙子	丁丑	戊寅	己卯	庚辰	辛巳	壬午	癸未	甲申	乙酉	丙戌	丁亥	戊子	己丑	庚寅	辛卯	壬辰	癸巳	甲午	乙未	丙申	丁酉	戊戌	己亥	庚子	辛丑	壬寅	癸卯	甲辰
대운 남	8	8	8	9	9	9	10	입	1	1	1	1	2	2	2	3	3	3	4	4	4	5	소	5	6	6	6	7	7	7
대운 여	2	2	2	1	1	1	1	동	9	9	9	8	8	8	7	7	7	6	6	6	5	5	설	4	4	4	3	3	3	2

양력 12월 대설절(庚子月) 大雪 12월7일 23시56분 冬至 12월22일 17시54분

양력	1	2	3	4	5	6	7	8	9	10	11	12	13	14	15	16	17	18	19	20	21	22	23	24	25	26	27	28	29	30	31
요일	日	月	火	水	木	金	土	日	月	火	水	木	金	土	日	月	火	水	木	金	土	日	月	火	水	木	金	土	日	月	火
음력	10/26	27	28	29	30	11/1	2	3	4	5	6	7	8	9	10	11	12	13	14	15	16	17	18	19	20	21	22	23	24	25	26
일진	乙巳	丙午	丁未	戊申	己酉	庚戌	辛亥	壬子	癸丑	甲寅	乙卯	丙辰	丁巳	戊午	己未	庚申	辛酉	壬戌	癸亥	甲子	乙丑	丙寅	丁卯	戊辰	己巳	庚午	辛未	壬申	癸酉	甲戌	乙亥
대운 남	8	8	8	9	9	9	대	1	1	1	1	2	2	2	3	3	3	4	4	4	5	동	5	6	6	6	7	7	7	8	8
대운 여	2	2	1	1	1	1	설	10	9	9	9	8	8	8	7	7	7	6	6	6	5	지	5	4	4	4	3	3	3	2	2

서기 1992년 [단기 4325년]

양력 1월 소한절(辛丑月) 小寒 1월6일 11시9분 大寒 1월21일 4시32분

양력		1	2	3	4	5	6	7	8	9	10	11	12	13	14	15	16	17	18	19	20	21	22	23	24	25	26	27	28	29	30	31
요일		水	木	金	土	日	月	火	水	木	金	土	日	月	火	水	木	金	土	日	月	火	水	木	金	土	日	月	火	水	木	金
음력		11/27	28	29	30	12/1	2	3	4	5	6	7	8	9	10	11	12	13	14	15	16	17	18	19	20	21	22	23	24	25	26	27
일진		丙子	丁丑	戊寅	己卯	庚辰	辛巳	壬午	癸未	甲申	乙酉	丙戌	丁亥	戊子	己丑	庚寅	辛卯	壬辰	癸巳	甲午	乙未	丙申	丁酉	戊戌	己亥	庚子	辛丑	壬寅	癸卯	甲辰	乙巳	丙午
대	남	8	9	9	9	10	소	1	1	1	1	2	2	2	3	3	3	4	4	4	5	대	5	6	6	6	7	7	7	8	8	8
운	여	2	1	1	1	1	한	9	9	9	8	8	8	7	7	7	6	6	6	5	5	한	4	4	4	3	3	3	2	2	2	1

양력 2월 입춘절(壬寅月) 立春 2월4일 22시48분 雨水 2월19일 18시44분

양력		1	2	3	4	5	6	7	8	9	10	11	12	13	14	15	16	17	18	19	20	21	22	23	24	25	26	27	28	29		
요일		土	日	月	火	水	木	金	土	日	月	火	水	木	金	土	日	月	火	水	木	金	土	日	月	火	水	木	金	土		
음력		12/28	29	30	1/1	2	3	4	5	6	7	8	9	10	11	12	13	14	15	16	17	18	19	20	21	22	23	24	25	26		
일진		丁未	戊申	己酉	庚戌	辛亥	壬子	癸丑	甲寅	乙卯	丙辰	丁巳	戊午	己未	庚申	辛酉	壬戌	癸亥	甲子	乙丑	丙寅	丁卯	戊辰	己巳	庚午	辛未	壬申	癸酉	甲戌	乙亥		
대	남	9	9	9	입	10	9	9	9	8	8	8	7	7	7	6	6	6	5	우	5	4	4	4	3	3	3	2	2	2		
운	여	1	1	1	춘	1	1	1	1	2	2	2	3	3	3	4	4	4	5	수	5	6	6	6	7	7	7	8	8	8		

양력 3월 경칩절(癸卯月) 驚蟄 3월5일 16시52분 春分 3월20일 17시48분

양력		1	2	3	4	5	6	7	8	9	10	11	12	13	14	15	16	17	18	19	20	21	22	23	24	25	26	27	28	29	30	31
요일		日	月	火	水	木	金	土	日	月	火	水	木	金	土	日	月	火	水	木	金	土	日	月	火	水	木	金	土	日	月	火
음력		1/27	28	29	2/1	2	3	4	5	6	7	8	9	10	11	12	13	14	15	16	17	18	19	20	21	22	23	24	25	26	27	28
일진		丙子	丁丑	戊寅	己卯	庚辰	辛巳	壬午	癸未	甲申	乙酉	丙戌	丁亥	戊子	己丑	庚寅	辛卯	壬辰	癸巳	甲午	乙未	丙申	丁酉	戊戌	己亥	庚子	辛丑	壬寅	癸卯	甲辰	乙巳	丙午
대	남	1	1	1	1	경	10	9	9	9	8	8	8	7	7	7	6	6	6	5	춘	5	4	4	4	3	3	3	2	2	2	1
운	여	9	9	9	10	칩	1	1	1	1	2	2	2	3	3	3	4	4	4	5	분	5	6	6	6	7	7	7	8	8	8	9

양력 4월 청명절(甲辰月) 清明 4월4일 21시45분 穀雨 4월20일 4시57분

양력		1	2	3	4	5	6	7	8	9	10	11	12	13	14	15	16	17	18	19	20	21	22	23	24	25	26	27	28	29	30	
요일		水	木	金	土	日	月	火	水	木	金	土	日	月	火	水	木	金	土	日	月	火	水	木	金	土	日	月	火	水	木	
음력		2/29	30	3/1	2	3	4	5	6	7	8	9	10	11	12	13	14	15	16	17	18	19	20	21	22	23	24	25	26	27	28	
일진		丁未	戊申	己酉	庚戌	辛亥	壬子	癸丑	甲寅	乙卯	丙辰	丁巳	戊午	己未	庚申	辛酉	壬戌	癸亥	甲子	乙丑	丙寅	丁卯	戊辰	己巳	庚午	辛未	壬申	癸酉	甲戌	乙亥	丙子	
대	남	1	1	1	청	10	10	9	9	9	8	8	8	7	7	7	6	6	6	5	곡	5	4	4	4	3	3	3	2	2	2	
운	여	9	9	10	명	1	1	1	1	2	2	2	3	3	3	4	4	4	5	5	우	6	6	6	7	7	7	8	8	8	9	

양력 5월 입하절(乙巳月) 立夏 5월5일 15시9분 小滿 5월21일 4시12분

양력		1	2	3	4	5	6	7	8	9	10	11	12	13	14	15	16	17	18	19	20	21	22	23	24	25	26	27	28	29	30	31
요일		金	土	日	月	火	水	木	金	土	日	月	火	水	木	金	土	日	月	火	水	木	金	土	日	月	火	水	木	金	土	日
음력		3/29	30	4/1	2	3	4	5	6	7	8	9	10	11	12	13	14	15	16	17	18	19	20	21	22	23	24	25	26	27	28	29
일진		丁丑	戊寅	己卯	庚辰	辛巳	壬午	癸未	甲申	乙酉	丙戌	丁亥	戊子	己丑	庚寅	辛卯	壬辰	癸巳	甲午	乙未	丙申	丁酉	戊戌	己亥	庚子	辛丑	壬寅	癸卯	甲辰	乙巳	丙午	丁未
대	남	1	1	1	1	입	10	10	9	9	9	8	8	8	7	7	7	6	6	6	5	소	5	4	4	4	3	3	3	2	2	2
운	여	9	9	10	10	하	1	1	1	1	2	2	2	3	3	3	4	4	4	5	5	만	6	6	6	7	7	7	8	8	8	9

양력 6월 망종절(丙午月) 芒種 6월5일 19시22분 夏至 6월21일 12시14분

양력		1	2	3	4	5	6	7	8	9	10	11	12	13	14	15	16	17	18	19	20	21	22	23	24	25	26	27	28	29	30	
요일		月	火	水	木	金	土	日	月	火	水	木	金	土	日	月	火	水	木	金	土	日	月	火	水	木	金	土	日	月	火	
음력		5/1	2	3	4	5	6	7	8	9	10	11	12	13	14	15	16	17	18	19	20	21	22	23	24	25	26	27	28	29	6/1	
일진		戊申	己酉	庚戌	辛亥	壬子	癸丑	甲寅	乙卯	丙辰	丁巳	戊午	己未	庚申	辛酉	壬戌	癸亥	甲子	乙丑	丙寅	丁卯	戊辰	己巳	庚午	辛未	壬申	癸酉	甲戌	乙亥	丙子	丁丑	
대	남	1	1	1	1	망	10	10	10	9	9	9	8	8	8	7	7	7	6	6	6	하	5	5	4	4	4	3	3	3	2	
운	여	9	9	10	10	종	1	1	1	1	2	2	2	3	3	3	4	4	4	5	5	지	6	6	6	7	7	7	8	8	8	

壬申年

양력 7월 소서절(丁未月) 小暑 7월7일 5시40분 大暑 7월22일 23시9분

양력		1	2	3	4	5	6	7	8	9	10	11	12	13	14	15	16	17	18	19	20	21	22	23	24	25	26	27	28	29	30	31
요일		水	木	金	土	日	月	火	水	木	金	土	日	月	火	水	木	金	土	日	月	火	水	木	金	土	日	月	火	水	木	金
음력		6/2	3	4	5	6	7	8	9	10	11	12	13	14	15	16	17	18	19	20	21	22	23	24	25	26	27	28	29	30	7/1	2
일진		戊寅	己卯	庚辰	辛巳	壬午	癸未	甲申	乙酉	丙戌	丁亥	戊子	己丑	庚寅	辛卯	壬辰	癸巳	甲午	乙未	丙申	丁酉	戊戌	己亥	庚子	辛丑	壬寅	癸卯	甲辰	乙巳	丙午	丁未	戊申
대운	남	2	2	1	1	1	1	소	10	10	9	9	9	8	8	8	7	7	7	6	6	6	대	5	5	4	4	4	3	3	3	2
	여	9	9	9	10	10	10	서	1	1	1	1	2	2	2	3	3	3	4	4	4	5	서	5	6	6	6	7	7	7	8	8

양력 8월 입추절(戊申月) 立秋 8월7일 15시27분 處暑 8월23일 6시10분

양력		1	2	3	4	5	6	7	8	9	10	11	12	13	14	15	16	17	18	19	20	21	22	23	24	25	26	27	28	29	30	31
요일		土	日	月	火	水	木	金	土	日	月	火	水	木	金	土	日	月	火	水	木	金	土	日	月	火	水	木	金	土	日	月
음력		7/3	4	5	6	7	8	9	10	11	12	13	14	15	16	17	18	19	20	21	22	23	24	25	26	27	28	29	8/1	2	3	4
일진		己酉	庚戌	辛亥	壬子	癸丑	甲寅	乙卯	丙辰	丁巳	戊午	己未	庚申	辛酉	壬戌	癸亥	甲子	乙丑	丙寅	丁卯	戊辰	己巳	庚午	辛未	壬申	癸酉	甲戌	乙亥	丙子	丁丑	戊寅	己卯
대운	남	2	2	1	1	1	1	입	10	10	9	9	9	8	8	8	7	7	7	6	6	6	5	처	5	4	4	4	3	3	3	2
	여	8	9	9	9	10	10	추	1	1	1	1	2	2	2	3	3	3	4	4	4	5	5	서	6	6	6	7	7	7	8	8

양력 9월 백로절(己酉月) 白露 9월7일 18시18분 秋分 9월23일 3시43분

양력		1	2	3	4	5	6	7	8	9	10	11	12	13	14	15	16	17	18	19	20	21	22	23	24	25	26	27	28	29	30
요일		火	水	木	金	土	日	月	火	水	木	金	土	日	月	火	水	木	金	土	日	月	火	水	木	金	土	日	月	火	水
음력		8/5	6	7	8	9	10	11	12	13	14	15	16	17	18	19	20	21	22	23	24	25	26	27	28	29	9/1	2	3	4	5
일진		庚辰	辛巳	壬午	癸未	甲申	乙酉	丙戌	丁亥	戊子	己丑	庚寅	辛卯	壬辰	癸巳	甲午	乙未	丙申	丁酉	戊戌	己亥	庚子	辛丑	壬寅	癸卯	甲辰	乙巳	丙午	丁未	戊申	己酉
대운	남	2	2	1	1	1	1	백	10	10	9	9	9	8	8	8	7	7	7	6	6	6	5	추	5	4	4	4	3	3	3
	여	8	9	9	9	10	10	로	1	1	1	1	2	2	2	3	3	3	4	4	4	5	5	분	6	6	6	7	7	7	8

양력 10월 한로절(庚戌月) 寒露 10월8일 9시51분 霜降 10월23일 12시57분

양력		1	2	3	4	5	6	7	8	9	10	11	12	13	14	15	16	17	18	19	20	21	22	23	24	25	26	27	28	29	30	31
요일		木	金	土	日	月	火	水	木	金	土	日	月	火	水	木	金	土	日	月	火	水	木	金	土	日	月	火	水	木	金	土
음력		9/6	7	8	9	10	11	12	13	14	15	16	17	18	19	20	21	22	23	24	25	26	27	28	29	30	10/1	2	3	4	5	6
일진		庚戌	辛亥	壬子	癸丑	甲寅	乙卯	丙辰	丁巳	戊午	己未	庚申	辛酉	壬戌	癸亥	甲子	乙丑	丙寅	丁卯	戊辰	己巳	庚午	辛未	壬申	癸酉	甲戌	乙亥	丙子	丁丑	戊寅	己卯	庚辰
대운	남	2	2	2	1	1	1	1	한	10	9	9	9	8	8	8	7	7	7	6	6	6	5	상	5	4	4	4	3	3	3	2
	여	8	8	9	9	9	10	10	로	1	1	1	1	2	2	2	3	3	3	4	4	4	5	강	5	6	6	6	7	7	7	8

양력 11월 입동절(辛亥月) 立冬 11월7일 12시57분 小雪 11월22일 10시26분

양력		1	2	3	4	5	6	7	8	9	10	11	12	13	14	15	16	17	18	19	20	21	22	23	24	25	26	27	28	29	30
요일		日	月	火	水	木	金	土	日	月	火	水	木	金	土	日	月	火	水	木	金	土	日	月	火	水	木	金	土	日	月
음력		10/7	8	9	10	11	12	13	14	15	16	17	18	19	20	21	22	23	24	25	26	27	28	29	11/1	2	3	4	5	6	7
일진		辛巳	壬午	癸未	甲申	乙酉	丙戌	丁亥	戊子	己丑	庚寅	辛卯	壬辰	癸巳	甲午	乙未	丙申	丁酉	戊戌	己亥	庚子	辛丑	壬寅	癸卯	甲辰	乙巳	丙午	丁未	戊申	己酉	庚戌
대운	남	2	2	1	1	1	1	입	10	9	9	9	8	8	8	7	7	7	6	6	6	5	소	5	4	4	4	3	3	3	2
	여	8	8	9	9	9	10	동	1	1	1	1	2	2	2	3	3	3	4	4	4	5	설	5	6	6	6	7	7	7	8

양력 12월 대설절(壬子月) 大雪 12월7일 5시44분 冬至 12월21일 23시43분

양력		1	2	3	4	5	6	7	8	9	10	11	12	13	14	15	16	17	18	19	20	21	22	23	24	25	26	27	28	29	30	31
요일		火	水	木	金	土	日	月	火	水	木	金	土	日	月	火	水	木	金	土	日	月	火	水	木	金	土	日	月	火	水	木
음력		11/8	9	10	11	12	13	14	15	16	17	18	19	20	21	22	23	24	25	26	27	28	29	30	12/1	2	3	4	5	6	7	8
일진		辛亥	壬子	癸丑	甲寅	乙卯	丙辰	丁巳	戊午	己未	庚申	辛酉	壬戌	癸亥	甲子	乙丑	丙寅	丁卯	戊辰	己巳	庚午	辛未	壬申	癸酉	甲戌	乙亥	丙子	丁丑	戊寅	己卯	庚辰	辛巳
대운	남	2	2	1	1	1	1	대	9	9	9	8	8	8	7	7	7	6	6	6	5	동	5	4	4	4	3	3	3	2	2	2
	여	8	8	9	9	9	10	설	1	1	1	1	2	2	2	3	3	3	4	4	4	지	5	5	6	6	6	7	7	7	8	8

서기 1993년 [단기 4326년]

양력 1월 소한절(癸丑月) 小寒 1월5일 16시57분 大寒 1월20일 10시23분

양력	1	2	3	4	5	6	7	8	9	10	11	12	13	14	15	16	17	18	19	20	21	22	23	24	25	26	27	28	29	30	31
요일	金	土	日	月	火	水	木	金	土	日	月	火	水	木	金	土	日	月	火	水	木	金	土	日	月	火	水	木	金	土	日
음력	12/9	10	11	12	13	14	15	16	17	18	19	20	21	22	23	24	25	26	27	28	29	30	1/1	2	3	4	5	6	7	8	9
일진	壬午	癸未	甲申	乙酉	丙戌	丁亥	戊子	己丑	庚寅	辛卯	壬辰	癸巳	甲午	乙未	丙申	丁酉	戊戌	己亥	庚子	辛丑	壬寅	癸卯	甲辰	乙巳	丙午	丁未	戊申	己酉	庚戌	辛亥	壬子
대운 남	1	1	1	1	소한	10	9	9	9	8	8	8	7	7	7	6	6	6	5	대한	5	4	4	4	3	3	3	2	2	2	1
대운 여	8	9	9	9		1	1	1	1	2	2	2	3	3	3	4	4	4	5		5	6	6	6	7	7	7	8	8	8	9

양력 2월 입춘절(甲寅月) 立春 2월4일 4시37분 雨水 2월19일 0시35분

양력	1	2	3	4	5	6	7	8	9	10	11	12	13	14	15	16	17	18	19	20	21	22	23	24	25	26	27	28			
요일	月	火	水	木	金	土	日	月	火	水	木	金	土	日	月	火	水	木	金	土	日	月	火	水	木	金	土	日			
음력	1/10	11	12	13	14	15	16	17	18	19	20	21	22	23	24	25	26	27	28	29	2/1	2	3	4	5	6	7	8			
일진	癸丑	甲寅	乙卯	丙辰	丁巳	戊午	己未	庚申	辛酉	壬戌	癸亥	甲子	乙丑	丙寅	丁卯	戊辰	己巳	庚午	辛未	壬申	癸酉	甲戌	乙亥	丙子	丁丑	戊寅	己卯	庚辰			
대운 남	1	1	1	입춘	1	1	1	1	2	2	2	3	3	3	4	4	4	5	우수	5	6	6	6	7	7	7	8	8			
대운 여	9	9	10		9	9	9	8	8	8	7	7	7	6	6	6	5	5		4	4	4	3	3	3	2	2	2			

양력 3월 경칩절(乙卯月) 驚蟄 3월5일 22시43분 春分 3월20일 23시41분

양력	1	2	3	4	5	6	7	8	9	10	11	12	13	14	15	16	17	18	19	20	21	22	23	24	25	26	27	28	29	30	31
요일	月	火	水	木	金	土	日	月	火	水	木	金	土	日	月	火	水	木	金	土	日	月	火	水	木	金	土	日	月	火	水
음력	2/9	10	11	12	13	14	15	16	17	18	19	20	21	22	23	24	25	26	27	28	29	30	3/1	2	3	4	5	6	7	8	9
일진	辛巳	壬午	癸未	甲申	乙酉	丙戌	丁亥	戊子	己丑	庚寅	辛卯	壬辰	癸巳	甲午	乙未	丙申	丁酉	戊戌	己亥	庚子	辛丑	壬寅	癸卯	甲辰	乙巳	丙午	丁未	戊申	己酉	庚戌	辛亥
대운 남	8	9	9	9	경칩	1	1	1	1	2	2	2	3	3	3	4	4	4	5	춘분	5	6	6	6	7	7	7	8	8	8	9
대운 여	1	1	1	1		10	10	9	9	9	8	8	8	7	7	7	6	6	6		5	5	4	4	4	3	3	3	2	2	2

양력 4월 청명절(丙辰月) 淸明 4월5일 3시37분 穀雨 4월20일 10시49분

양력	1	2	3	4	5	6	7	8	9	10	11	12	13	14	15	16	17	18	19	20	21	22	23	24	25	26	27	28	29	30	
요일	木	金	土	日	月	火	水	木	金	土	日	月	火	水	木	金	土	日	月	火	水	木	金	土	日	月	火	水	木	金	
음력	3/10	11	12	13	14	15	16	17	18	19	20	21	22	23	24	25	26	27	28	29	30	윤1	2	3	4	5	6	7	8	9	
일진	壬子	癸丑	甲寅	乙卯	丙辰	丁巳	戊午	己未	庚申	辛酉	壬戌	癸亥	甲子	乙丑	丙寅	丁卯	戊辰	己巳	庚午	辛未	壬申	癸酉	甲戌	乙亥	丙子	丁丑	戊寅	己卯	庚辰	辛巳	
대운 남	9	9	10	10	청명	1	1	1	1	2	2	2	3	3	3	4	4	4	5	곡우	5	6	6	6	7	7	7	8	8	8	
대운 여	1	1	1	1		10	9	9	9	8	8	8	7	7	7	6	6	6	5		5	4	4	4	3	3	3	2	2	2	

양력 5월 입하절(丁巳月) 立夏 5월5일 21시2분 小滿 5월21일 10시2분

양력	1	2	3	4	5	6	7	8	9	10	11	12	13	14	15	16	17	18	19	20	21	22	23	24	25	26	27	28	29	30	31
요일	土	日	月	火	水	木	金	土	日	月	火	水	木	金	土	日	月	火	水	木	金	土	日	月	火	水	木	金	土	日	月
음력	윤10	11	12	13	14	15	16	17	18	19	20	21	22	23	24	25	26	27	28	29	4/1	2	3	4	5	6	7	8	9	10	11
일진	壬午	癸未	甲申	乙酉	丙戌	丁亥	戊子	己丑	庚寅	辛卯	壬辰	癸巳	甲午	乙未	丙申	丁酉	戊戌	己亥	庚子	辛丑	壬寅	癸卯	甲辰	乙巳	丙午	丁未	戊申	己酉	庚戌	辛亥	壬子
대운 남	9	9	9	10	입하	1	1	1	1	2	2	2	3	3	3	4	4	4	5	5	소만	6	6	6	7	7	7	8	8	8	9
대운 여	1	1	1	1		10	10	10	9	9	9	8	8	8	7	7	7	6	6	6		5	5	4	4	4	3	3	3	2	2

양력 6월 망종절(戊午月) 芒種 6월6일 1시15분 夏至 6월21일 18시0분

양력	1	2	3	4	5	6	7	8	9	10	11	12	13	14	15	16	17	18	19	20	21	22	23	24	25	26	27	28	29	30	
요일	火	水	木	金	土	日	月	火	水	木	金	土	日	月	火	水	木	金	土	日	月	火	水	木	金	土	日	月	火	水	
음력	4/12	13	14	15	16	17	18	19	20	21	22	23	24	25	26	27	28	29	30	5/1	2	3	4	5	6	7	8	9	10	11	
일진	癸丑	甲寅	乙卯	丙辰	丁巳	戊午	己未	庚申	辛酉	壬戌	癸亥	甲子	乙丑	丙寅	丁卯	戊辰	己巳	庚午	辛未	壬申	癸酉	甲戌	乙亥	丙子	丁丑	戊寅	己卯	庚辰	辛巳	壬午	
대운 남	9	9	10	10	10	망종	1	1	1	1	2	2	2	3	3	3	4	4	4	5	하지	5	6	6	6	7	7	7	8	8	
대운 여	2	1	1	1	1		10	10	9	9	9	8	8	8	7	7	7	6	6	6		5	5	4	4	4	3	3	3	2	

▶ 윤달-3월

癸酉年

양력 7월 소서절(己未月) 小暑 7월7일 11시32분 大暑 7월23일 4시51분

양력		1	2	3	4	5	6	7	8	9	10	11	12	13	14	15	16	17	18	19	20	21	22	23	24	25	26	27	28	29	30	31
요일		木	金	土	日	月	火	水	木	金	土	日	月	火	水	木	金	土	日	月	火	水	木	金	土	日	月	火	水	木	金	土
음력		5/12	13	14	15	16	17	18	19	20	21	22	23	24	25	26	27	28	29	6/1	2	3	4	5	6	7	8	9	10	11	12	13
일진		癸未	甲申	乙酉	丙戌	丁亥	戊子	己丑	庚寅	辛卯	壬辰	癸巳	甲午	乙未	丙申	丁酉	戊戌	己亥	庚子	辛丑	壬寅	癸卯	甲辰	乙巳	丙午	丁未	戊申	己酉	庚戌	辛亥	壬子	癸丑
대운	남	8	9	9	9	10	10	소	1	1	1	1	2	2	2	3	3	3	4	4	4	5	5	대	6	6	6	7	7	7	8	8
	여	2	2	1	1	1	1	서	10	10	9	9	9	8	8	8	7	7	7	6	6	6	5	서	5	4	4	4	3	3	3	2

양력 8월 입추절(庚申月) 立秋 8월7일 21시18분 處暑 8월23일 11시50분

양력		1	2	3	4	5	6	7	8	9	10	11	12	13	14	15	16	17	18	19	20	21	22	23	24	25	26	27	28	29	30	31
요일		日	月	火	水	木	金	土	日	月	火	水	木	金	土	日	月	火	水	木	金	土	日	月	火	水	木	金	土	日	月	火
음력		6/14	15	16	17	18	19	20	21	22	23	24	25	26	27	28	29	30	7/1	2	3	4	5	6	7	8	9	10	11	12	13	14
일진		甲寅	乙卯	丙辰	丁巳	戊午	己未	庚申	辛酉	壬戌	癸亥	甲子	乙丑	丙寅	丁卯	戊辰	己巳	庚午	辛未	壬申	癸酉	甲戌	乙亥	丙子	丁丑	戊寅	己卯	庚辰	辛巳	壬午	癸未	甲申
대운	남	8	9	9	9	10	10	입	1	1	1	1	2	2	2	3	3	3	4	4	4	5	5	처	6	6	6	7	7	7	8	8
	여	2	2	1	1	1	1	추	10	10	10	9	9	9	8	8	8	7	7	7	6	6	6	서	5	5	4	4	4	3	3	3

양력 9월 백로절(辛酉月) 白露 9월8일 0시8분 秋分 9월23일 9시22분

양력		1	2	3	4	5	6	7	8	9	10	11	12	13	14	15	16	17	18	19	20	21	22	23	24	25	26	27	28	29	30	
요일		水	木	金	土	日	月	火	水	木	金	土	日	月	火	水	木	金	土	日	月	火	水	木	金	土	日	月	火	水	木	
음력		7/15	16	17	18	19	20	21	22	23	24	25	26	27	28	29	8/1	2	3	4	5	6	7	8	9	10	11	12	13	14	15	
일진		乙酉	丙戌	丁亥	戊子	己丑	庚寅	辛卯	壬辰	癸巳	甲午	乙未	丙申	丁酉	戊戌	己亥	庚子	辛丑	壬寅	癸卯	甲辰	乙巳	丙午	丁未	戊申	己酉	庚戌	辛亥	壬子	癸丑	甲寅	
대운	남	8	9	9	9	10	10	10	백	1	1	1	1	2	2	2	3	3	3	4	4	4	5	추	5	6	6	6	7	7	7	
	여	2	2	2	1	1	1	1	로	10	9	9	9	8	8	8	7	7	7	6	6	6	5	분	5	4	4	4	3	3	3	

양력 10월 한로절(壬戌月) 寒露 10월8일 15시40분 霜降 10월23일 18시37분

양력		1	2	3	4	5	6	7	8	9	10	11	12	13	14	15	16	17	18	19	20	21	22	23	24	25	26	27	28	29	30	31
요일		金	土	日	月	火	水	木	金	土	日	月	火	水	木	金	土	日	月	火	水	木	金	土	日	月	火	水	木	金	土	日
음력		8/16	17	18	19	20	21	22	23	24	25	26	27	28	29	9/1	2	3	4	5	6	7	8	9	10	11	12	13	14	15	16	17
일진		乙卯	丙辰	丁巳	戊午	己未	庚申	辛酉	壬戌	癸亥	甲子	乙丑	丙寅	丁卯	戊辰	己巳	庚午	辛未	壬申	癸酉	甲戌	乙亥	丙子	丁丑	戊寅	己卯	庚辰	辛巳	壬午	癸未	甲申	乙酉
대운	남	8	8	8	9	9	9	10	한	1	1	1	1	2	2	2	3	3	3	4	4	4	5	상	5	6	6	6	7	7	7	8
	여	2	2	2	1	1	1	1	로	10	9	9	9	8	8	8	7	7	7	6	6	6	5	강	5	4	4	4	3	3	3	2

양력 11월 입동절(癸亥月) 立冬 11월7일 18시46분 小雪 11월22일 16시7분

양력		1	2	3	4	5	6	7	8	9	10	11	12	13	14	15	16	17	18	19	20	21	22	23	24	25	26	27	28	29	30	
요일		月	火	水	木	金	土	日	月	火	水	木	金	土	日	月	火	水	木	金	土	日	月	火	水	木	金	土	日	月	火	
음력		9/18	19	20	21	22	23	24	25	26	27	28	29	30	10/1	2	3	4	5	6	7	8	9	10	11	12	13	14	15	16	17	
일진		丙戌	丁亥	戊子	己丑	庚寅	辛卯	壬辰	癸巳	甲午	乙未	丙申	丁酉	戊戌	己亥	庚子	辛丑	壬寅	癸卯	甲辰	乙巳	丙午	丁未	戊申	己酉	庚戌	辛亥	壬子	癸丑	甲寅	乙卯	
대운	남	8	8	9	9	9	10	입	1	1	1	1	2	2	2	3	3	3	4	4	4	5	소	5	6	6	6	7	7	7	8	
	여	2	2	1	1	1	1	동	10	9	9	9	8	8	8	7	7	7	6	6	6	5	설	5	4	4	4	3	3	3	2	

양력 12월 대설절(甲子月) 大雪 12월7일 11시34분 冬至 12월22일 5시26분

양력		1	2	3	4	5	6	7	8	9	10	11	12	13	14	15	16	17	18	19	20	21	22	23	24	25	26	27	28	29	30	31
요일		水	木	金	土	日	月	火	水	木	金	土	日	月	火	水	木	金	土	日	月	火	水	木	金	土	日	月	火	水	木	金
음력		10/18	19	20	21	22	23	24	25	26	27	28	29	11/1	2	3	4	5	6	7	8	9	10	11	12	13	14	15	16	17	18	19
일진		丙辰	丁巳	戊午	己未	庚申	辛酉	壬戌	癸亥	甲子	乙丑	丙寅	丁卯	戊辰	己巳	庚午	辛未	壬申	癸酉	甲戌	乙亥	丙子	丁丑	戊寅	己卯	庚辰	辛巳	壬午	癸未	甲申	乙酉	丙戌
대운	남	8	8	9	9	9	10	대	1	1	1	1	2	2	2	3	3	3	4	4	4	5	동	5	6	6	6	7	7	7	8	8
	여	2	2	1	1	1	1	설	9	9	9	8	8	8	7	7	7	6	6	6	5	5	지	4	4	4	3	3	3	2	2	2

서기 1994년 [단기 4327년]

양력 1월 소한절(乙丑月) 小寒 1월5일 22시48분 大寒 1월20일 16시7분

양력	1	2	3	4	5	6	7	8	9	10	11	12	13	14	15	16	17	18	19	20	21	22	23	24	25	26	27	28	29	30	31
요일	土	日	月	火	水	木	金	土	日	月	火	水	木	金	土	日	月	火	水	木	金	土	日	月	火	水	木	金	土	日	月
음력	11/20	21	22	23	24	25	26	27	28	29	30	12/1	2	3	4	5	6	7	8	9	10	11	12	13	14	15	16	17	18	19	20
일진	丁亥	戊子	己丑	庚寅	辛卯	壬辰	癸巳	甲午	乙未	丙申	丁酉	戊戌	己亥	庚子	辛丑	壬寅	癸卯	甲辰	乙巳	丙午	丁未	戊申	己酉	庚戌	辛亥	壬子	癸丑	甲寅	乙卯	丙辰	丁巳
대운 남	8	9	9	9	소	1	1	1	1	2	2	2	3	3	3	4	4	4	5	대	5	6	6	6	7	7	7	8	8	8	9
대운 여	1	1	1	1	한	10	9	9	9	8	8	8	7	7	7	6	6	6	5	한	5	4	4	4	3	3	3	2	2	2	1

양력 2월 입춘절(丙寅月) 立春 2월4일 10시31분 雨水 2월19일 6시22분

양력	1	2	3	4	5	6	7	8	9	10	11	12	13	14	15	16	17	18	19	20	21	22	23	24	25	26	27	28			
요일	火	水	木	金	土	日	月	火	水	木	金	土	日	月	火	水	木	金	土	日	月	火	水	木	金	土	日	月			
음력	12/21	22	23	24	25	26	27	28	29	1/1	2	3	4	5	6	7	8	9	10	11	12	13	14	15	16	17	18	19			
일진	戊午	己未	庚申	辛酉	壬戌	癸亥	甲子	乙丑	丙寅	丁卯	戊辰	己巳	庚午	辛未	壬申	癸酉	甲戌	乙亥	丙子	丁丑	戊寅	己卯	庚辰	辛巳	壬午	癸未	甲申	乙酉			
대운 남	9	9	10	입	10	9	9	9	8	8	8	7	7	7	6	6	6	5	우	5	4	4	4	3	3	3	2	2			
대운 여	1	1	1	춘	1	1	1	1	2	2	2	3	3	3	4	4	4	5	수	5	6	6	6	7	7	7	8	8			

양력 3월 경칩절(丁卯月) 驚蟄 3월6일 4시38분 春分 3월21일 5시28분

양력	1	2	3	4	5	6	7	8	9	10	11	12	13	14	15	16	17	18	19	20	21	22	23	24	25	26	27	28	29	30	31
요일	火	水	木	金	土	日	月	火	水	木	金	土	日	月	火	水	木	金	土	日	月	火	水	木	金	土	日	月	火	水	木
음력	1/20	21	22	23	24	25	26	27	28	29	30	2/1	2	3	4	5	6	7	8	9	10	11	12	13	14	15	16	17	18	19	20
일진	丙戌	丁亥	戊子	己丑	庚寅	辛卯	壬辰	癸巳	甲午	乙未	丙申	丁酉	戊戌	己亥	庚子	辛丑	壬寅	癸卯	甲辰	乙巳	丙午	丁未	戊申	己酉	庚戌	辛亥	壬子	癸丑	甲寅	乙卯	丙辰
대운 남	2	1	1	1	1	경	10	9	9	9	8	8	8	7	7	7	6	6	6	5	춘	5	4	4	4	3	3	3	2	2	2
대운 여	8	9	9	9	10	칩	1	1	1	1	2	2	2	3	3	3	4	4	4	5	분	5	6	6	6	7	7	7	8	8	8

양력 4월 청명절(戊辰月) 淸明 4월5일 9시32분 穀雨 4월20일 16시36분

양력	1	2	3	4	5	6	7	8	9	10	11	12	13	14	15	16	17	18	19	20	21	22	23	24	25	26	27	28	29	30	
요일	金	土	日	月	火	水	木	金	土	日	月	火	水	木	金	土	日	月	火	水	木	金	土	日	月	火	水	木	金	土	
음력	2/21	22	23	24	25	26	27	28	29	30	3/1	2	3	4	5	6	7	8	9	10	11	12	13	14	15	16	17	18	19	20	
일진	丁巳	戊午	己未	庚申	辛酉	壬戌	癸亥	甲子	乙丑	丙寅	丁卯	戊辰	己巳	庚午	辛未	壬申	癸酉	甲戌	乙亥	丙子	丁丑	戊寅	己卯	庚辰	辛巳	壬午	癸未	甲申	乙酉	丙戌	
대운 남	1	1	1	1	청	10	10	9	9	9	8	8	8	7	7	7	6	6	6	곡	5	5	4	4	4	3	3	3	2	2	
대운 여	9	9	9	10	명	1	1	1	1	2	2	2	3	3	3	4	4	4	5	우	5	6	6	6	7	7	7	8	8	8	

양력 5월 입하절(己巳月) 立夏 5월6일 2시54분 小滿 5월21일 15시48분

양력	1	2	3	4	5	6	7	8	9	10	11	12	13	14	15	16	17	18	19	20	21	22	23	24	25	26	27	28	29	30	31
요일	日	月	火	水	木	金	土	日	月	火	水	木	金	土	日	月	火	水	木	金	土	日	月	火	水	木	金	土	日	月	火
음력	3/21	22	23	24	25	26	27	28	29	30	4/1	2	3	4	5	6	7	8	9	10	11	12	13	14	15	16	17	18	19	20	21
일진	丁亥	戊子	己丑	庚寅	辛卯	壬辰	癸巳	甲午	乙未	丙申	丁酉	戊戌	己亥	庚子	辛丑	壬寅	癸卯	甲辰	乙巳	丙午	丁未	戊申	己酉	庚戌	辛亥	壬子	癸丑	甲寅	乙卯	丙辰	丁巳
대운 남	2	1	1	1	1	입	10	10	9	9	9	8	8	8	7	7	7	6	6	6	소	5	5	4	4	4	3	3	3	2	2
대운 여	9	9	9	10	10	하	1	1	1	1	2	2	2	3	3	3	4	4	4	5	만	5	6	6	6	7	7	7	8	8	8

양력 6월 망종절(庚午月) 芒種 6월6일 7시5분 夏至 6월21일 23시48분

양력	1	2	3	4	5	6	7	8	9	10	11	12	13	14	15	16	17	18	19	20	21	22	23	24	25	26	27	28	29	30	
요일	水	木	金	土	日	月	火	水	木	金	土	日	月	火	水	木	金	土	日	月	火	水	木	金	土	日	月	火	水	木	
음력	4/22	23	24	25	26	27	28	29	5/1	2	3	4	5	6	7	8	9	10	11	12	13	14	15	16	17	18	19	20	21	22	
일진	戊午	己未	庚申	辛酉	壬戌	癸亥	甲子	乙丑	丙寅	丁卯	戊辰	己巳	庚午	辛未	壬申	癸酉	甲戌	乙亥	丙子	丁丑	戊寅	己卯	庚辰	辛巳	壬午	癸未	甲申	乙酉	丙戌	丁亥	
대운 남	2	1	1	1	1	망	10	10	9	9	9	8	8	8	7	7	7	6	6	6	하	5	5	4	4	4	3	3	3	2	
대운 여	9	9	9	10	10	종	1	1	1	1	2	2	2	3	3	3	4	4	4	5	지	5	6	6	6	7	7	7	8	8	

甲戌年

양력 7월 소서절(辛未月) 小暑 7월7일 17시19분 大暑 7월23일 10시41분

양력	1	2	3	4	5	6	7	8	9	10	11	12	13	14	15	16	17	18	19	20	21	22	23	24	25	26	27	28	29	30	31
요일	金	土	日	月	火	水	木	金	土	日	月	火	水	木	金	土	日	月	火	水	木	金	土	日	月	火	水	木	金	土	日
음력	5/23	24	25	26	27	28	29	30	6/1	2	3	4	5	6	7	8	9	10	11	12	13	14	15	16	17	18	19	20	21	22	23
일진	戊子	己丑	庚寅	辛卯	壬辰	癸巳	甲午	乙未	丙申	丁酉	戊戌	己亥	庚子	辛丑	壬寅	癸卯	甲辰	乙巳	丙午	丁未	戊申	己酉	庚戌	辛亥	壬子	癸丑	甲寅	乙卯	丙辰	丁巳	戊午
대운 남	2	2	1	1	1	1	소	10	10	10	9	9	9	8	8	8	7	7	7	6	6	6	대	5	5	4	4	4	3	3	3
대운 여	8	9	9	9	10	10	서	1	1	1	1	2	2	2	3	3	3	4	4	4	5	5	서	6	6	6	7	7	7	8	8

양력 8월 입추절(壬申月) 立秋 8월8일 3시4분 處暑 8월23일 17시44분

양력	1	2	3	4	5	6	7	8	9	10	11	12	13	14	15	16	17	18	19	20	21	22	23	24	25	26	27	28	29	30	31
요일	月	火	水	木	金	土	日	月	火	水	木	金	土	日	月	火	水	木	金	土	日	月	火	水	木	金	土	日	月	火	水
음력	6/24	25	26	27	28	29	7/1	2	3	4	5	6	7	8	9	10	11	12	13	14	15	16	17	18	19	20	21	22	23	24	25
일진	己未	庚申	辛酉	壬戌	癸亥	甲子	乙丑	丙寅	丁卯	戊辰	己巳	庚午	辛未	壬申	癸酉	甲戌	乙亥	丙子	丁丑	戊寅	己卯	庚辰	辛巳	壬午	癸未	甲申	乙酉	丙戌	丁亥	戊子	己丑
대운 남	2	2	2	1	1	1	1	입	10	10	9	9	9	8	8	8	7	7	7	6	6	6	처	5	5	4	4	4	3	3	3
대운 여	8	9	9	9	10	10	10	추	1	1	1	1	2	2	2	3	3	3	4	4	4	5	서	5	6	6	6	7	7	7	8

양력 9월 백로절(癸酉月) 白露 9월8일 5시55분 秋分 9월23일 15시19분

양력	1	2	3	4	5	6	7	8	9	10	11	12	13	14	15	16	17	18	19	20	21	22	23	24	25	26	27	28	29	30
요일	木	金	土	日	月	火	水	木	金	土	日	月	火	水	木	金	土	日	月	火	水	木	金	土	日	月	火	水	木	金
음력	7/26	27	28	29	30	8/1	2	3	4	5	6	7	8	9	10	11	12	13	14	15	16	17	18	19	20	21	22	23	24	25
일진	庚寅	辛卯	壬辰	癸巳	甲午	乙未	丙申	丁酉	戊戌	己亥	庚子	辛丑	壬寅	癸卯	甲辰	乙巳	丙午	丁未	戊申	己酉	庚戌	辛亥	壬子	癸丑	甲寅	乙卯	丙辰	丁巳	戊午	己未
대운 남	2	2	2	1	1	1	1	백	10	9	9	9	8	8	8	7	7	7	6	6	6	5	추	5	4	4	4	3	3	3
대운 여	8	8	9	9	9	10	10	로	1	1	1	1	2	2	2	3	3	3	4	4	4	5	분	5	6	6	6	7	7	7

양력 10월 한로절(甲戌月) 寒露 10월8일 21시29분 霜降 10월24일 0시36분

양력	1	2	3	4	5	6	7	8	9	10	11	12	13	14	15	16	17	18	19	20	21	22	23	24	25	26	27	28	29	30	31
요일	土	日	月	火	水	木	金	土	日	月	火	水	木	金	土	日	月	火	水	木	金	土	日	月	火	水	木	金	土	日	月
음력	8/26	27	28	29	9/1	2	3	4	5	6	7	8	9	10	11	12	13	14	15	16	17	18	19	20	21	22	23	24	25	26	27
일진	庚申	辛酉	壬戌	癸亥	甲子	乙丑	丙寅	丁卯	戊辰	己巳	庚午	辛未	壬申	癸酉	甲戌	乙亥	丙子	丁丑	戊寅	己卯	庚辰	辛巳	壬午	癸未	甲申	乙酉	丙戌	丁亥	戊子	己丑	庚寅
대운 남	2	2	2	1	1	1	1	한	10	10	9	9	9	8	8	8	7	7	7	6	6	6	5	상	5	4	4	4	3	3	3
대운 여	8	8	8	9	9	9	10	로	1	1	1	1	2	2	2	3	3	3	4	4	4	5	5	강	6	6	6	7	7	7	8

양력 11월 입동절(乙亥月) 立冬 11월8일 0시36분 小雪 11월22일 22시6분

양력	1	2	3	4	5	6	7	8	9	10	11	12	13	14	15	16	17	18	19	20	21	22	23	24	25	26	27	28	29	30
요일	火	水	木	金	土	日	月	火	水	木	金	土	日	月	火	水	木	金	土	日	月	火	水	木	金	土	日	月	火	水
음력	9/28	29	10/1	2	3	4	5	6	7	8	9	10	11	12	13	14	15	16	17	18	19	20	21	22	23	24	25	26	27	28
일진	辛卯	壬辰	癸巳	甲午	乙未	丙申	丁酉	戊戌	己亥	庚子	辛丑	壬寅	癸卯	甲辰	乙巳	丙午	丁未	戊申	己酉	庚戌	辛亥	壬子	癸丑	甲寅	乙卯	丙辰	丁巳	戊午	己未	庚申
대운 남	2	2	2	1	1	1	1	입	9	9	9	8	8	8	7	7	7	6	6	6	5	소	5	4	4	4	3	3	3	2
대운 여	8	8	9	9	9	10	10	동	1	1	1	1	2	2	2	3	3	3	4	4	4	설	5	5	6	6	6	7	7	7

양력 12월 대설절(丙子月) 大雪 12월7일 17시23분 冬至 12월22일 11시23분

양력	1	2	3	4	5	6	7	8	9	10	11	12	13	14	15	16	17	18	19	20	21	22	23	24	25	26	27	28	29	30	31
요일	木	金	土	日	月	火	水	木	金	土	日	月	火	水	木	金	土	日	月	火	水	木	金	土	日	月	火	水	木	金	土
음력	10/29	30	11/1	2	3	4	5	6	7	8	9	10	11	12	13	14	15	16	17	18	19	20	21	22	23	24	25	26	27	28	29
일진	辛酉	壬戌	癸亥	甲子	乙丑	丙寅	丁卯	戊辰	己巳	庚午	辛未	壬申	癸酉	甲戌	乙亥	丙子	丁丑	戊寅	己卯	庚辰	辛巳	壬午	癸未	甲申	乙酉	丙戌	丁亥	戊子	己丑	庚寅	辛卯
대운 남	2	2	1	1	1	1	대	10	9	9	9	8	8	8	7	7	7	6	6	6	5	동	5	4	4	4	3	3	3	2	2
대운 여	8	8	8	9	9	9	설	1	1	1	1	2	2	2	3	3	3	4	4	4	5	지	5	6	6	6	7	7	7	8	8

서기 1995년 [단기 4328년]

양력 1월 소한절(丁丑月) 小寒 1월6일 4시34분 大寒 1월20일 22시0분

양력	1	2	3	4	5	6	7	8	9	10	11	12	13	14	15	16	17	18	19	20	21	22	23	24	25	26	27	28	29	30	31
요일	日	月	火	水	木	金	土	日	月	火	水	木	金	土	日	月	火	水	木	金	土	日	月	火	水	木	金	土	日	月	火
음력	12/1	2	3	4	5	6	7	8	9	10	11	12	13	14	15	16	17	18	19	20	21	22	23	24	25	26	27	28	29	30	1/1
일진	壬辰	癸巳	甲午	乙未	丙申	丁酉	戊戌	己亥	庚子	辛丑	壬寅	癸卯	甲辰	乙巳	丙午	丁未	戊申	己酉	庚戌	辛亥	壬子	癸丑	甲寅	乙卯	丙辰	丁巳	戊午	己未	庚申	辛酉	壬戌
대운 남	2	1	1	1	1	소	9	9	9	8	8	8	7	7	7	6	6	6	5	대	5	4	4	4	3	3	3	2	2	2	1
대운 여	8	9	9	9	10	한	1	1	1	1	2	2	2	3	3	3	4	4	4	한	5	5	6	6	6	7	7	7	8	8	8

양력 2월 입춘절(戊寅月) 立春 2월4일 16시13분 雨水 2월19일 12시11분

양력	1	2	3	4	5	6	7	8	9	10	11	12	13	14	15	16	17	18	19	20	21	22	23	24	25	26	27	28			
요일	水	木	金	土	日	月	火	水	木	金	土	日	月	火	水	木	金	土	日	月	火	水	木	金	土	日	月	火			
음력	1/2	3	4	5	6	7	8	9	10	11	12	13	14	15	16	17	18	19	20	21	22	23	24	25	26	27	28	29			
일진	癸亥	甲子	乙丑	丙寅	丁卯	戊辰	己巳	庚午	辛未	壬申	癸酉	甲戌	乙亥	丙子	丁丑	戊寅	己卯	庚辰	辛巳	壬午	癸未	甲申	乙酉	丙戌	丁亥	戊子	己丑	庚寅			
대운 남	1	1	1	입	1	1	1	1	2	2	2	3	3	3	4	4	4	5	우	5	6	6	6	7	7	7	8	8			
대운 여	9	9	9	춘	10	9	9	9	8	8	8	7	7	7	6	6	6	5	수	5	4	4	4	3	3	3	2	2			

양력 3월 경칩절(己卯月) 驚蟄 3월6일 10시16분 春分 3월21일 11시14분

양력	1	2	3	4	5	6	7	8	9	10	11	12	13	14	15	16	17	18	19	20	21	22	23	24	25	26	27	28	29	30	31
요일	水	木	金	土	日	月	火	水	木	金	土	日	月	火	水	木	金	土	日	月	火	水	木	金	土	日	月	火	水	木	金
음력	2/1	2	3	4	5	6	7	8	9	10	11	12	13	14	15	16	17	18	19	20	21	22	23	24	25	26	27	28	29	30	3/1
일진	辛卯	壬辰	癸巳	甲午	乙未	丙申	丁酉	戊戌	己亥	庚子	辛丑	壬寅	癸卯	甲辰	乙巳	丙午	丁未	戊申	己酉	庚戌	辛亥	壬子	癸丑	甲寅	乙卯	丙辰	丁巳	戊午	己未	庚申	辛酉
대운 남	8	9	9	9	10	경	1	1	1	1	2	2	2	3	3	3	4	4	4	5	춘	5	6	6	6	7	7	7	8	8	8
대운 여	2	1	1	1	1	칩	10	9	9	9	8	8	8	7	7	7	6	6	6	5	분	5	4	4	4	3	3	3	2	2	2

양력 4월 청명절(庚辰月) 淸明 4월5일 15시8분 穀雨 4월20일 22시21분

양력	1	2	3	4	5	6	7	8	9	10	11	12	13	14	15	16	17	18	19	20	21	22	23	24	25	26	27	28	29	30	
요일	土	日	月	火	水	木	金	土	日	月	火	水	木	金	土	日	月	火	水	木	金	土	日	月	火	水	木	金	土	日	
음력	3/2	3	4	5	6	7	8	9	10	11	12	13	14	15	16	17	18	19	20	21	22	23	24	25	26	27	28	29	30	4/1	
일진	壬戌	癸亥	甲子	乙丑	丙寅	丁卯	戊辰	己巳	庚午	辛未	壬申	癸酉	甲戌	乙亥	丙子	丁丑	戊寅	己卯	庚辰	辛巳	壬午	癸未	甲申	乙酉	丙戌	丁亥	戊子	己丑	庚寅	辛卯	
대운 남	9	9	9	10	청	1	1	1	1	2	2	2	3	3	3	4	4	4	5	곡	5	6	6	6	7	7	7	8	8	8	
대운 여	1	1	1	1	명	10	10	9	9	9	8	8	8	7	7	7	6	6	6	우	5	5	4	4	4	3	3	3	2	2	

양력 5월 입하절(辛巳月) 立夏 5월6일 8시30분 小滿 5월21일 21시34분

양력	1	2	3	4	5	6	7	8	9	10	11	12	13	14	15	16	17	18	19	20	21	22	23	24	25	26	27	28	29	30	31
요일	月	火	水	木	金	土	日	月	火	水	木	金	土	日	月	火	水	木	金	土	日	月	火	水	木	金	土	日	月	火	水
음력	4/2	3	4	5	6	7	8	9	10	11	12	13	14	15	16	17	18	19	20	21	22	23	24	25	26	27	28	29	5/1	2	3
일진	壬辰	癸巳	甲午	乙未	丙申	丁酉	戊戌	己亥	庚子	辛丑	壬寅	癸卯	甲辰	乙巳	丙午	丁未	戊申	己酉	庚戌	辛亥	壬子	癸丑	甲寅	乙卯	丙辰	丁巳	戊午	己未	庚申	辛酉	壬戌
대운 남	9	9	9	10	10	입	1	1	1	1	2	2	2	3	3	3	4	4	4	5	소	5	6	6	6	7	7	7	8	8	8
대운 여	2	1	1	1	1	하	10	10	9	9	9	8	8	8	7	7	7	6	6	6	만	5	5	4	4	4	3	3	3	2	2

양력 6월 망종절(壬午月) 芒種 6월6일 12시43분 夏至 6월22일 5시34분

양력	1	2	3	4	5	6	7	8	9	10	11	12	13	14	15	16	17	18	19	20	21	22	23	24	25	26	27	28	29	30	
요일	木	金	土	日	月	火	水	木	金	土	日	月	火	水	木	金	土	日	月	火	水	木	金	土	日	月	火	水	木	金	
음력	5/4	5	6	7	8	9	10	11	12	13	14	15	16	17	18	19	20	21	22	23	24	25	26	27	28	29	30	6/1	2	3	
일진	癸亥	甲子	乙丑	丙寅	丁卯	戊辰	己巳	庚午	辛未	壬申	癸酉	甲戌	乙亥	丙子	丁丑	戊寅	己卯	庚辰	辛巳	壬午	癸未	甲申	乙酉	丙戌	丁亥	戊子	己丑	庚寅	辛卯	壬辰	
대운 남	9	9	9	10	10	망	1	1	1	1	2	2	2	3	3	3	4	4	4	5	5	하	6	6	6	7	7	7	8	8	
대운 여	2	1	1	1	1	종	10	10	9	9	9	8	8	8	7	7	7	6	6	6	5	지	5	4	4	4	3	3	3	2	

乙亥年

양력 7월 소서절(癸未月) 小暑 7월7일 23시1분 大暑 7월23일 16시30분

양력	1	2	3	4	5	6	7	8	9	10	11	12	13	14	15	16	17	18	19	20	21	22	23	24	25	26	27	28	29	30	31
요일	土	日	月	火	水	木	金	土	日	月	火	水	木	金	土	日	月	火	水	木	金	土	日	月	火	水	木	金	土	日	月
음력	6/4	5	6	7	8	9	10	11	12	13	14	15	16	17	18	19	20	21	22	23	24	25	26	27	28	29	30	7/1	2	3	4
일진	癸巳	甲午	乙未	丙申	丁酉	戊戌	己亥	庚子	辛丑	壬寅	癸卯	甲辰	乙巳	丙午	丁未	戊申	己酉	庚戌	辛亥	壬子	癸丑	甲寅	乙卯	丙辰	丁巳	戊午	己未	庚申	辛酉	壬戌	癸亥
대운 남	8	9	9	9	10	10	소	1	1	1	1	2	2	2	3	3	3	4	4	4	5	5	대	6	6	6	7	7	7	8	8
대운 여	2	2	1	1	1	1	서	10	10	10	9	9	9	8	8	8	7	7	7	6	6	6	서	5	5	4	4	4	3	3	3

양력 8월 입추절(甲申月) 立秋 8월8일 8시52분 處暑 8월23일 23시35분

양력	1	2	3	4	5	6	7	8	9	10	11	12	13	14	15	16	17	18	19	20	21	22	23	24	25	26	27	28	29	30	31
요일	火	水	木	金	土	日	月	火	水	木	金	土	日	月	火	水	木	金	土	日	月	火	水	木	金	土	日	月	火	水	木
음력	7/5	6	7	8	9	10	11	12	13	14	15	16	17	18	19	20	21	22	23	24	25	26	27	28	29	8/1	2	3	4	5	6
일진	甲子	乙丑	丙寅	丁卯	戊辰	己巳	庚午	辛未	壬申	癸酉	甲戌	乙亥	丙子	丁丑	戊寅	己卯	庚辰	辛巳	壬午	癸未	甲申	乙酉	丙戌	丁亥	戊子	己丑	庚寅	辛卯	壬辰	癸巳	甲午
대운 남	8	9	9	9	10	10	10	입	1	1	1	1	2	2	2	3	3	3	4	4	4	5	처	5	6	6	6	7	7	7	8
대운 여	2	2	2	1	1	1	1	추	10	10	9	9	9	8	8	8	7	7	7	6	6	6	서	5	5	4	4	4	3	3	3

양력 9월 백로절(乙酉月) 白露 9월8일 11시49분 秋分 9월23일 21시13분

양력	1	2	3	4	5	6	7	8	9	10	11	12	13	14	15	16	17	18	19	20	21	22	23	24	25	26	27	28	29	30
요일	金	土	日	月	火	水	木	金	土	日	月	火	水	木	金	土	日	月	火	水	木	金	土	日	月	火	水	木	金	土
음력	8/7	8	9	10	11	12	13	14	15	16	17	18	19	20	21	22	23	24	25	26	27	28	29	30	윤1	2	3	4	5	6
일진	乙未	丙申	丁酉	戊戌	己亥	庚子	辛丑	壬寅	癸卯	甲辰	乙巳	丙午	丁未	戊申	己酉	庚戌	辛亥	壬子	癸丑	甲寅	乙卯	丙辰	丁巳	戊午	己未	庚申	辛酉	壬戌	癸亥	甲子
대운 남	8	8	9	9	9	10	10	백	1	1	1	1	2	2	2	3	3	3	4	4	4	5	추	5	6	6	6	7	7	7
대운 여	2	2	2	1	1	1	1	로	10	10	9	9	9	8	8	8	7	7	7	6	6	6	분	5	5	4	4	4	3	3

양력 10월 한로절(丙戌月) 寒露 10월9일 3시27분 霜降 10월24일 6시32분

양력	1	2	3	4	5	6	7	8	9	10	11	12	13	14	15	16	17	18	19	20	21	22	23	24	25	26	27	28	29	30	31
요일	日	月	火	水	木	金	土	日	月	火	水	木	金	土	日	月	火	水	木	金	土	日	月	火	水	木	金	土	日	月	火
음력	윤7	8	9	10	11	12	13	14	15	16	17	18	19	20	21	22	23	24	25	26	27	28	29	9/1	2	3	4	5	6	7	8
일진	乙丑	丙寅	丁卯	戊辰	己巳	庚午	辛未	壬申	癸酉	甲戌	乙亥	丙子	丁丑	戊寅	己卯	庚辰	辛巳	壬午	癸未	甲申	乙酉	丙戌	丁亥	戊子	己丑	庚寅	辛卯	壬辰	癸巳	甲午	乙未
대운 남	8	8	8	9	9	9	10	10	한	1	1	1	1	2	2	2	3	3	3	4	4	4	5	상	5	6	6	6	7	7	7
대운 여	3	2	2	2	1	1	1	1	로	10	9	9	9	8	8	8	7	7	7	6	6	6	5	강	5	4	4	4	3	3	3

양력 11월 입동절(丁亥月) 立冬 11월8일 6시36분 小雪 11월23일 4시1분

양력	1	2	3	4	5	6	7	8	9	10	11	12	13	14	15	16	17	18	19	20	21	22	23	24	25	26	27	28	29	30
요일	水	木	金	土	日	月	火	水	木	金	土	日	月	火	水	木	金	土	日	月	火	水	木	金	土	日	月	火	水	木
음력	9/9	10	11	12	13	14	15	16	17	18	19	20	21	22	23	24	25	26	27	28	29	30	10/1	2	3	4	5	6	7	8
일진	丙申	丁酉	戊戌	己亥	庚子	辛丑	壬寅	癸卯	甲辰	乙巳	丙午	丁未	戊申	己酉	庚戌	辛亥	壬子	癸丑	甲寅	乙卯	丙辰	丁巳	戊午	己未	庚申	辛酉	壬戌	癸亥	甲子	乙丑
대운 남	8	8	8	9	9	9	10	입	1	1	1	1	2	2	2	3	3	3	4	4	4	5	소	5	6	6	6	7	7	7
대운 여	2	2	2	1	1	1	1	동	9	9	9	8	8	8	7	7	7	6	6	6	5	5	설	4	4	4	3	3	3	2

양력 12월 대설절(戊子月) 大雪 12월7일 23시22분 冬至 12월22일 17시17분

양력	1	2	3	4	5	6	7	8	9	10	11	12	13	14	15	16	17	18	19	20	21	22	23	24	25	26	27	28	29	30	31
요일	金	土	日	月	火	水	木	金	土	日	月	火	水	木	金	土	日	月	火	水	木	金	土	日	月	火	水	木	金	土	日
음력	10/9	10	11	12	13	14	15	16	17	18	19	20	21	22	23	24	25	26	27	28	29	11/1	2	3	4	5	6	7	8	9	10
일진	丙寅	丁卯	戊辰	己巳	庚午	辛未	壬申	癸酉	甲戌	乙亥	丙子	丁丑	戊寅	己卯	庚辰	辛巳	壬午	癸未	甲申	乙酉	丙戌	丁亥	戊子	己丑	庚寅	辛卯	壬辰	癸巳	甲午	乙未	丙申
대운 남	8	8	8	9	9	9	대	1	1	1	1	2	2	2	3	3	3	4	4	4	5	동	5	6	6	6	7	7	7	8	8
대운 여	2	2	1	1	1	1	설	10	9	9	9	8	8	8	7	7	7	6	6	6	5	지	5	4	4	4	3	3	3	2	2

▶ 윤달-8월

서기 1996년 [단기 4329년]

양력 1월 소한절(己丑月) 小寒 1월6일 10시31분 大寒 1월21일 3시53분

양력	1	2	3	4	5	6	7	8	9	10	11	12	13	14	15	16	17	18	19	20	21	22	23	24	25	26	27	28	29	30	31
요일	月	火	水	木	金	土	日	月	火	水	木	金	土	日	月	火	水	木	金	土	日	月	火	水	木	金	土	日	月	火	水
음력	11/11	12	13	14	15	16	17	18	19	20	21	22	23	24	25	26	27	28	29	12/1	2	3	4	5	6	7	8	9	10	11	12
일진	丁酉	戊戌	己亥	庚子	辛丑	壬寅	癸卯	甲辰	乙巳	丙午	丁未	戊申	己酉	庚戌	辛亥	壬子	癸丑	甲寅	乙卯	丙辰	丁巳	戊午	己未	庚申	辛酉	壬戌	癸亥	甲子	乙丑	丙寅	丁卯
대운 남	8	9	9	9	10	소한	1	1	1	1	2	2	2	3	3	3	4	4	4	5	대한	5	6	6	6	7	7	7	8	8	8
대운 여	2	1	1	1	1		9	9	9	8	8	8	7	7	7	6	6	6	5	5		4	4	4	3	3	3	2	2	2	1

양력 2월 입춘절(庚寅月) 立春 2월4일 22시8분 雨水 2월19일 18시1분

양력	1	2	3	4	5	6	7	8	9	10	11	12	13	14	15	16	17	18	19	20	21	22	23	24	25	26	27	28	29		
요일	木	金	土	日	月	火	水	木	金	土	日	月	火	水	木	金	土	日	月	火	水	木	金	土	日	月	火	水	木		
음력	12/13	14	15	16	17	18	19	20	21	22	23	24	25	26	27	28	29	30	1/1	2	3	4	5	6	7	8	9	10	11		
일진	戊辰	己巳	庚午	辛未	壬申	癸酉	甲戌	乙亥	丙子	丁丑	戊寅	己卯	庚辰	辛巳	壬午	癸未	甲申	乙酉	丙戌	丁亥	戊子	己丑	庚寅	辛卯	壬辰	癸巳	甲午	乙未	丙申		
대운 남	9	9	9	입춘	10	9	9	9	8	8	8	7	7	7	6	6	6	5	우수	5	4	4	4	3	3	3	2	2	2		
대운 여	1	1	1		1	1	1	1	2	2	2	3	3	3	4	4	4	5		5	6	6	6	7	7	7	8	8	8		

양력 3월 경칩절(辛卯月) 驚蟄 3월5일 16시10분 春分 3월20일 17시3분

양력	1	2	3	4	5	6	7	8	9	10	11	12	13	14	15	16	17	18	19	20	21	22	23	24	25	26	27	28	29	30	31
요일	金	土	日	月	火	水	木	金	土	日	月	火	水	木	金	土	日	月	火	水	木	金	土	日	月	火	水	木	金	土	日
음력	1/12	13	14	15	16	17	18	19	20	21	22	23	24	25	26	27	28	29	2/1	2	3	4	5	6	7	8	9	10	11	12	13
일진	丁酉	戊戌	己亥	庚子	辛丑	壬寅	癸卯	甲辰	乙巳	丙午	丁未	戊申	己酉	庚戌	辛亥	壬子	癸丑	甲寅	乙卯	丙辰	丁巳	戊午	己未	庚申	辛酉	壬戌	癸亥	甲子	乙丑	丙寅	丁卯
대운 남	1	1	1	1	경칩	10	9	9	9	8	8	8	7	7	7	6	6	6	5	춘분	5	4	4	4	3	3	3	2	2	2	1
대운 여	9	9	9	10		1	1	1	1	2	2	2	3	3	3	4	4	4	5		5	6	6	6	7	7	7	8	8	8	9

양력 4월 청명절(壬辰月) 清明 4월4일 21시2분 穀雨 4월20일 4시10분

양력	1	2	3	4	5	6	7	8	9	10	11	12	13	14	15	16	17	18	19	20	21	22	23	24	25	26	27	28	29	30	
요일	月	火	水	木	金	土	日	月	火	水	木	金	土	日	月	火	水	木	金	土	日	月	火	水	木	金	土	日	月	火	
음력	2/14	15	16	17	18	19	20	21	22	23	24	25	26	27	28	29	30	3/1	2	3	4	5	6	7	8	9	10	11	12	13	
일진	戊辰	己巳	庚午	辛未	壬申	癸酉	甲戌	乙亥	丙子	丁丑	戊寅	己卯	庚辰	辛巳	壬午	癸未	甲申	乙酉	丙戌	丁亥	戊子	己丑	庚寅	辛卯	壬辰	癸巳	甲午	乙未	丙申	丁酉	
대운 남	1	1	1	청명	10	10	9	9	9	8	8	8	7	7	7	6	6	6	5	곡우	5	4	4	4	3	3	3	2	2	2	
대운 여	9	9	10		1	1	1	1	2	2	2	3	3	3	4	4	4	5	5		6	6	6	7	7	7	8	8	8	9	

양력 5월 입하절(癸巳月) 立夏 5월5일 14시26분 小滿 5월21일 3시23분

양력	1	2	3	4	5	6	7	8	9	10	11	12	13	14	15	16	17	18	19	20	21	22	23	24	25	26	27	28	29	30	31
요일	水	木	金	土	日	月	火	水	木	金	土	日	月	火	水	木	金	土	日	月	火	水	木	金	土	日	月	火	水	木	金
음력	3/14	15	16	17	18	19	20	21	22	23	24	25	26	27	28	29	4/1	2	3	4	5	6	7	8	9	10	11	12	13	14	15
일진	戊戌	己亥	庚子	辛丑	壬寅	癸卯	甲辰	乙巳	丙午	丁未	戊申	己酉	庚戌	辛亥	壬子	癸丑	甲寅	乙卯	丙辰	丁巳	戊午	己未	庚申	辛酉	壬戌	癸亥	甲子	乙丑	丙寅	丁卯	戊辰
대운 남	1	1	1	1	입하	10	10	9	9	9	8	8	8	7	7	7	6	6	6	5	소만	5	4	4	4	3	3	3	2	2	2
대운 여	9	9	10	10		1	1	1	1	2	2	2	3	3	3	4	4	4	5	5		6	6	6	7	7	7	8	8	8	9

양력 6월 망종절(甲午月) 芒種 6월5일 18시41분 夏至 6월21일 11시24분

양력	1	2	3	4	5	6	7	8	9	10	11	12	13	14	15	16	17	18	19	20	21	22	23	24	25	26	27	28	29	30	
요일	土	日	月	火	水	木	金	土	日	月	火	水	木	金	土	日	月	火	水	木	金	土	日	月	火	水	木	金	土	日	
음력	4/16	17	18	19	20	21	22	23	24	25	26	27	28	29	30	5/1	2	3	4	5	6	7	8	9	10	11	12	13	14	15	
일진	己巳	庚午	辛未	壬申	癸酉	甲戌	乙亥	丙子	丁丑	戊寅	己卯	庚辰	辛巳	壬午	癸未	甲申	乙酉	丙戌	丁亥	戊子	己丑	庚寅	辛卯	壬辰	癸巳	甲午	乙未	丙申	丁酉	戊戌	
대운 남	1	1	1	1	망종	10	10	10	9	9	9	8	8	8	7	7	7	6	6	6	하지	5	5	4	4	4	3	3	3	2	
대운 여	9	9	10	10		1	1	1	1	2	2	2	3	3	3	4	4	4	5	5		6	6	6	7	7	7	8	8	8	

丙子年

양력 7월 소서절(乙未月) 小暑 7월7일 5시0분 大暑 7월22일 22시19분

양력	1	2	3	4	5	6	7	8	9	10	11	12	13	14	15	16	17	18	19	20	21	22	23	24	25	26	27	28	29	30	31
요일	月	火	水	木	金	土	日	月	火	水	木	金	土	日	月	火	水	木	金	土	日	月	火	水	木	金	土	日	月	火	水
음력	5/16	17	18	19	20	21	22	23	24	25	26	27	28	29	30	6/1	2	3	4	5	6	7	8	9	10	11	12	13	14	15	16
일진	己亥	庚子	辛丑	壬寅	癸卯	甲辰	乙巳	丙午	丁未	戊申	己酉	庚戌	辛亥	壬子	癸丑	甲寅	乙卯	丙辰	丁巳	戊午	己未	庚申	辛酉	壬戌	癸亥	甲子	乙丑	丙寅	丁卯	戊辰	己巳
대운 남	2	2	1	1	1	1	소서	10	10	9	9	9	8	8	8	7	7	7	6	6	6	대서	5	5	4	4	4	3	3	3	2
대운 여	9	9	9	10	10	10	소서	1	1	1	1	2	2	2	3	3	3	4	4	4	5	대서	5	6	6	6	7	7	7	8	8

양력 8월 입추절(丙申月) 立秋 8월7일 14시49분 處暑 8월23일 5시23분

양력	1	2	3	4	5	6	7	8	9	10	11	12	13	14	15	16	17	18	19	20	21	22	23	24	25	26	27	28	29	30	31
요일	木	金	土	日	月	火	水	木	金	土	日	月	火	水	木	金	土	日	月	火	水	木	金	土	日	月	火	水	木	金	土
음력	6/17	18	19	20	21	22	23	24	25	26	27	28	29	7/1	2	3	4	5	6	7	8	9	10	11	12	13	14	15	16	17	18
일진	庚午	辛未	壬申	癸酉	甲戌	乙亥	丙子	丁丑	戊寅	己卯	庚辰	辛巳	壬午	癸未	甲申	乙酉	丙戌	丁亥	戊子	己丑	庚寅	辛卯	壬辰	癸巳	甲午	乙未	丙申	丁酉	戊戌	己亥	庚子
대운 남	2	2	1	1	1	1	입추	10	10	9	9	9	8	8	8	7	7	7	6	6	6	5	처서	5	4	4	4	3	3	3	2
대운 여	8	9	9	9	10	10	입추	1	1	1	1	2	2	2	3	3	3	4	4	4	5	5	처서	6	6	6	7	7	7	8	8

양력 9월 백로절(丁酉月) 白露 9월7일 17시42분 秋分 9월23일 3시0분

양력	1	2	3	4	5	6	7	8	9	10	11	12	13	14	15	16	17	18	19	20	21	22	23	24	25	26	27	28	29	30	
요일	日	月	火	水	木	金	土	日	月	火	水	木	金	土	日	月	火	水	木	金	土	日	月	火	水	木	金	土	日	月	
음력	7/19	20	21	22	23	24	25	26	27	28	29	30	8/1	2	3	4	5	6	7	8	9	10	11	12	13	14	15	16	17	18	
일진	辛丑	壬寅	癸卯	甲辰	乙巳	丙午	丁未	戊申	己酉	庚戌	辛亥	壬子	癸丑	甲寅	乙卯	丙辰	丁巳	戊午	己未	庚申	辛酉	壬戌	癸亥	甲子	乙丑	丙寅	丁卯	戊辰	己巳	庚午	
대운 남	2	2	1	1	1	1	백로	10	10	9	9	9	8	8	8	7	7	7	6	6	6	5	추분	5	4	4	4	3	3	3	
대운 여	8	9	9	9	10	10	백로	1	1	1	1	2	2	2	3	3	3	4	4	4	5	5	추분	6	6	6	7	7	7	8	

양력 10월 한로절(戊戌月) 寒露 10월8일 9시19분 霜降 10월23일 12시19분

양력	1	2	3	4	5	6	7	8	9	10	11	12	13	14	15	16	17	18	19	20	21	22	23	24	25	26	27	28	29	30	31
요일	火	水	木	金	土	日	月	火	水	木	金	土	日	月	火	水	木	金	土	日	月	火	水	木	金	土	日	月	火	水	木
음력	8/19	20	21	22	23	24	25	26	27	28	29	9/1	2	3	4	5	6	7	8	9	10	11	12	13	14	15	16	17	18	19	20
일진	辛未	壬申	癸酉	甲戌	乙亥	丙子	丁丑	戊寅	己卯	庚辰	辛巳	壬午	癸未	甲申	乙酉	丙戌	丁亥	戊子	己丑	庚寅	辛卯	壬辰	癸巳	甲午	乙未	丙申	丁酉	戊戌	己亥	庚子	辛丑
대운 남	2	2	2	1	1	1	1	한로	10	9	9	9	8	8	8	7	7	7	6	6	6	5	상강	5	4	4	4	3	3	3	2
대운 여	8	8	9	9	9	10	10	한로	1	1	1	1	2	2	2	3	3	3	4	4	4	5	상강	5	6	6	6	7	7	7	8

양력 11월 입동절(己亥月) 立冬 11월7일 12시27분 小雪 11월22일 9시49분

양력	1	2	3	4	5	6	7	8	9	10	11	12	13	14	15	16	17	18	19	20	21	22	23	24	25	26	27	28	29	30	
요일	金	土	日	月	火	水	木	金	土	日	月	火	水	木	金	土	日	月	火	水	木	金	土	日	月	火	水	木	金	土	
음력	9/21	22	23	24	25	26	27	28	29	30	10/1	2	3	4	5	6	7	8	9	10	11	12	13	14	15	16	17	18	19	20	
일진	壬寅	癸卯	甲辰	乙巳	丙午	丁未	戊申	己酉	庚戌	辛亥	壬子	癸丑	甲寅	乙卯	丙辰	丁巳	戊午	己未	庚申	辛酉	壬戌	癸亥	甲子	乙丑	丙寅	丁卯	戊辰	己巳	庚午	辛未	
대운 남	2	2	1	1	1	1	입동	10	9	9	9	8	8	8	7	7	7	6	6	6	5	소설	5	4	4	4	3	3	3	2	
대운 여	8	8	9	9	9	10	입동	1	1	1	1	2	2	2	3	3	3	4	4	4	5	소설	5	6	6	6	7	7	7	8	

양력 12월 대설절(庚子月) 大雪 12월7일 5시14분 冬至 12월21일 23시6분

양력	1	2	3	4	5	6	7	8	9	10	11	12	13	14	15	16	17	18	19	20	21	22	23	24	25	26	27	28	29	30	31
요일	日	月	火	水	木	金	土	日	月	火	水	木	金	土	日	月	火	水	木	金	土	日	月	火	水	木	金	土	日	月	火
음력	10/21	22	23	24	25	26	27	28	29	30	11/1	2	3	4	5	6	7	8	9	10	11	12	13	14	15	16	17	18	19	20	21
일진	壬申	癸酉	甲戌	乙亥	丙子	丁丑	戊寅	己卯	庚辰	辛巳	壬午	癸未	甲申	乙酉	丙戌	丁亥	戊子	己丑	庚寅	辛卯	壬辰	癸巳	甲午	乙未	丙申	丁酉	戊戌	己亥	庚子	辛丑	壬寅
대운 남	2	2	1	1	1	1	대설	9	9	9	8	8	8	7	7	7	6	6	6	5	동지	5	4	4	4	3	3	3	2	2	2
대운 여	8	8	9	9	9	10	대설	1	1	1	1	2	2	2	3	3	3	4	4	4	동지	5	5	6	6	6	7	7	7	8	8

서기 1997년 [단기 4330년]

양력 1월 소한절(辛丑月) 小寒 1월5일 16시24분 大寒 1월20일 9시43분

양력	1	2	3	4	5	6	7	8	9	10	11	12	13	14	15	16	17	18	19	20	21	22	23	24	25	26	27	28	29	30	31
요일	水	木	金	土	日	月	火	水	木	金	土	日	月	火	水	木	金	土	日	月	火	水	木	金	土	日	月	火	水	木	金
음력	11/22	23	24	25	26	27	28	29	12/1	2	3	4	5	6	7	8	9	10	11	12	13	14	15	16	17	18	19	20	21	22	23
일진	癸卯	甲辰	乙巳	丙午	丁未	戊申	己酉	庚戌	辛亥	壬子	癸丑	甲寅	乙卯	丙辰	丁巳	戊午	己未	庚申	辛酉	壬戌	癸亥	甲子	乙丑	丙寅	丁卯	戊辰	己巳	庚午	辛未	壬申	癸酉
대운 남	1	1	1	1	소	10	9	9	9	8	8	8	7	7	7	6	6	6	5	대	5	4	4	4	3	3	3	2	2	2	1
대운 여	8	9	9	9	한	1	1	1	1	2	2	2	3	3	3	4	4	4	5	한	5	6	6	6	7	7	7	8	8	8	9

양력 2월 입춘절(壬寅月) 立春 2월4일 4시2분 雨水 2월18일 23시51분

양력	1	2	3	4	5	6	7	8	9	10	11	12	13	14	15	16	17	18	19	20	21	22	23	24	25	26	27	28			
요일	土	日	月	火	水	木	金	土	日	月	火	水	木	金	土	日	月	火	水	木	金	土	日	月	火	水	木	金			
음력	12/24	25	26	27	28	29	30	1/1	2	3	4	5	6	7	8	9	10	11	12	13	14	15	16	17	18	19	20	21			
일진	甲戌	乙亥	丙子	丁丑	戊寅	己卯	庚辰	辛巳	壬午	癸未	甲申	乙酉	丙戌	丁亥	戊子	己丑	庚寅	辛卯	壬辰	癸巳	甲午	乙未	丙申	丁酉	戊戌	己亥	庚子	辛丑			
대운 남	1	1	1	입	1	1	1	1	2	2	2	3	3	3	4	4	4	우	5	5	6	6	6	7	7	7	8	8			
대운 여	9	9	10	춘	9	9	9	8	8	8	7	7	7	6	6	6	5	수	5	4	4	4	3	3	3	2	2	2			

양력 3월 경칩절(癸卯月) 驚蟄 3월5일 22시4분 春分 3월20일 22시55분

양력	1	2	3	4	5	6	7	8	9	10	11	12	13	14	15	16	17	18	19	20	21	22	23	24	25	26	27	28	29	30	31
요일	土	日	月	火	水	木	金	土	日	月	火	水	木	金	土	日	月	火	水	木	金	土	日	月	火	水	木	金	土	日	月
음력	1/22	23	24	25	26	27	28	29	2/1	2	3	4	5	6	7	8	9	10	11	12	13	14	15	16	17	18	19	20	21	22	23
일진	壬寅	癸卯	甲辰	乙巳	丙午	丁未	戊申	己酉	庚戌	辛亥	壬子	癸丑	甲寅	乙卯	丙辰	丁巳	戊午	己未	庚申	辛酉	壬戌	癸亥	甲子	乙丑	丙寅	丁卯	戊辰	己巳	庚午	辛未	壬申
대운 남	8	9	9	9	경	1	1	1	1	2	2	2	3	3	3	4	4	4	5	춘	5	6	6	6	7	7	7	8	8	8	9
대운 여	1	1	1	1	칩	10	10	9	9	9	8	8	8	7	7	7	6	6	6	분	5	5	4	4	4	3	3	3	2	2	2

양력 4월 청명절(甲辰月) 淸明 4월5일 2시56분 穀雨 4월20일 10시3분

양력	1	2	3	4	5	6	7	8	9	10	11	12	13	14	15	16	17	18	19	20	21	22	23	24	25	26	27	28	29	30	
요일	火	水	木	金	土	日	月	火	水	木	金	土	日	月	火	水	木	金	土	日	月	火	水	木	金	土	日	月	火	水	
음력	2/24	25	26	27	28	29	3/1	2	3	4	5	6	7	8	9	10	11	12	13	14	15	16	17	18	19	20	21	22	23	24	
일진	癸酉	甲戌	乙亥	丙子	丁丑	戊寅	己卯	庚辰	辛巳	壬午	癸未	甲申	乙酉	丙戌	丁亥	戊子	己丑	庚寅	辛卯	壬辰	癸巳	甲午	乙未	丙申	丁酉	戊戌	己亥	庚子	辛丑	壬寅	
대운 남	9	9	10	10	청	1	1	1	1	2	2	2	3	3	3	4	4	4	5	곡	5	6	6	6	7	7	7	8	8	8	
대운 여	1	1	1	1	명	10	9	9	9	8	8	8	7	7	7	6	6	6	5	우	5	4	4	4	3	3	3	2	2	2	

양력 5월 입하절(乙巳月) 立夏 5월5일 20시19분 小滿 5월21일 9시18분

양력	1	2	3	4	5	6	7	8	9	10	11	12	13	14	15	16	17	18	19	20	21	22	23	24	25	26	27	28	29	30	31
요일	木	金	土	日	月	火	水	木	金	土	日	月	火	水	木	金	土	日	月	火	水	木	金	土	日	月	火	水	木	金	土
음력	3/25	26	27	28	29	30	4/1	2	3	4	5	6	7	8	9	10	11	12	13	14	15	16	17	18	19	20	21	22	23	24	25
일진	癸卯	甲辰	乙巳	丙午	丁未	戊申	己酉	庚戌	辛亥	壬子	癸丑	甲寅	乙卯	丙辰	丁巳	戊午	己未	庚申	辛酉	壬戌	癸亥	甲子	乙丑	丙寅	丁卯	戊辰	己巳	庚午	辛未	壬申	癸酉
대운 남	9	9	9	10	입	1	1	1	1	2	2	2	3	3	3	4	4	4	5	5	소	6	6	6	7	7	7	8	8	8	9
대운 여	1	1	1	1	하	10	10	10	9	9	9	8	8	8	7	7	7	6	6	6	만	5	5	4	4	4	3	3	3	2	2

양력 6월 망종절(丙午月) 芒種 6월6일 0시33분 夏至 6월21일 17시20분

양력	1	2	3	4	5	6	7	8	9	10	11	12	13	14	15	16	17	18	19	20	21	22	23	24	25	26	27	28	29	30	
요일	日	月	火	水	木	金	土	日	月	火	水	木	金	土	日	月	火	水	木	金	土	日	月	火	水	木	金	土	日	月	
음력	4/26	27	28	29	5/1	2	3	4	5	6	7	8	9	10	11	12	13	14	15	16	17	18	19	20	21	22	23	24	25	26	
일진	甲戌	乙亥	丙子	丁丑	戊寅	己卯	庚辰	辛巳	壬午	癸未	甲申	乙酉	丙戌	丁亥	戊子	己丑	庚寅	辛卯	壬辰	癸巳	甲午	乙未	丙申	丁酉	戊戌	己亥	庚子	辛丑	壬寅	癸卯	
대운 남	9	9	10	10	10	망	1	1	1	1	2	2	2	3	3	3	4	4	4	5	하	5	6	6	6	7	7	7	8	8	
대운 여	2	1	1	1	1	종	10	10	9	9	9	8	8	8	7	7	7	6	6	6	지	5	5	4	4	4	3	3	3	2	

丁丑年

양력 7월 소서절(丁未月) 小暑 7월7일 10시49분 大暑 7월23일 4시15분

양력		1	2	3	4	5	6	7	8	9	10	11	12	13	14	15	16	17	18	19	20	21	22	23	24	25	26	27	28	29	30	31
요일		火	水	木	金	土	日	月	火	水	木	金	土	日	月	火	水	木	金	土	日	月	火	水	木	金	土	日	月	火	水	木
음력		5/27	28	29	30	6/1	2	3	4	5	6	7	8	9	10	11	12	13	14	15	16	17	18	19	20	21	22	23	24	25	26	27
일진		甲辰	乙巳	丙午	丁未	戊申	己酉	庚戌	辛亥	壬子	癸丑	甲寅	乙卯	丙辰	丁巳	戊午	己未	庚申	辛酉	壬戌	癸亥	甲子	乙丑	丙寅	丁卯	戊辰	己巳	庚午	辛未	壬申	癸酉	甲戌
대운	남	8	9	9	9	10	10	소서	1	1	1	1	2	2	2	3	3	3	4	4	4	5	5	대서	6	6	6	7	7	7	8	8
	여	2	2	1	1	1	1		10	10	9	9	9	8	8	8	7	7	7	6	6	6	5		5	4	4	4	3	3	3	2

양력 8월 입추절(戊申月) 立秋 8월7일 20시36분 處暑 8월23일 11시19분

양력		1	2	3	4	5	6	7	8	9	10	11	12	13	14	15	16	17	18	19	20	21	22	23	24	25	26	27	28	29	30	31
요일		金	土	日	月	火	水	木	金	土	日	月	火	水	木	金	土	日	月	火	水	木	金	土	日	月	火	水	木	金	土	日
음력		6/28	29	7/1	2	3	4	5	6	7	8	9	10	11	12	13	14	15	16	17	18	19	20	21	22	23	24	25	26	27	28	29
일진		乙亥	丙子	丁丑	戊寅	己卯	庚辰	辛巳	壬午	癸未	甲申	乙酉	丙戌	丁亥	戊子	己丑	庚寅	辛卯	壬辰	癸巳	甲午	乙未	丙申	丁酉	戊戌	己亥	庚子	辛丑	壬寅	癸卯	甲辰	乙巳
대운	남	8	9	9	9	10	10	입추	1	1	1	1	2	2	2	3	3	3	4	4	4	5	5	처서	6	6	6	7	7	7	8	8
	여	2	2	1	1	1	1		10	10	9	9	9	8	8	8	7	7	7	6	6	6	5		5	4	4	4	3	3	3	2

양력 9월 백로절(己酉月) 白露 9월7일 23시29분 秋分 9월23일 8시56분

양력		1	2	3	4	5	6	7	8	9	10	11	12	13	14	15	16	17	18	19	20	21	22	23	24	25	26	27	28	29	30
요일		月	火	水	木	金	土	日	月	火	水	木	金	土	日	月	火	水	木	金	土	日	月	火	水	木	金	土	日	月	火
음력		7/30	8/1	2	3	4	5	6	7	8	9	10	11	12	13	14	15	16	17	18	19	20	21	22	23	24	25	26	27	28	29
일진		丙午	丁未	戊申	己酉	庚戌	辛亥	壬子	癸丑	甲寅	乙卯	丙辰	丁巳	戊午	己未	庚申	辛酉	壬戌	癸亥	甲子	乙丑	丙寅	丁卯	戊辰	己巳	庚午	辛未	壬申	癸酉	甲戌	乙亥
대운	남	8	9	9	9	10	10	백로	1	1	1	1	2	2	2	3	3	3	4	4	4	5	5	추분	6	6	6	7	7	7	8
	여	2	2	1	1	1	1		10	10	9	9	9	8	8	8	7	7	7	6	6	6	5		5	4	4	4	3	3	3

양력 10월 한로절(庚戌月) 寒露 10월8일 15시5분 霜降 10월23일 18시15분

양력		1	2	3	4	5	6	7	8	9	10	11	12	13	14	15	16	17	18	19	20	21	22	23	24	25	26	27	28	29	30	31
요일		水	木	金	土	日	月	火	水	木	金	土	日	月	火	水	木	金	土	日	月	火	水	木	金	土	日	月	火	水	木	金
음력		8/30	9/1	2	3	4	5	6	7	8	9	10	11	12	13	14	15	16	17	18	19	20	21	22	23	24	25	26	27	28	29	10/1
일진		丙子	丁丑	戊寅	己卯	庚辰	辛巳	壬午	癸未	甲申	乙酉	丙戌	丁亥	戊子	己丑	庚寅	辛卯	壬辰	癸巳	甲午	乙未	丙申	丁酉	戊戌	己亥	庚子	辛丑	壬寅	癸卯	甲辰	乙巳	丙午
대운	남	8	8	9	9	9	10	10	한로	1	1	1	1	2	2	2	3	3	3	4	4	4	5	상강	5	6	6	6	7	7	7	8
	여	2	2	2	1	1	1	1		10	9	9	9	8	8	8	7	7	7	6	6	6	5		5	4	4	4	3	3	3	2

양력 11월 입동절(辛亥月) 立冬 11월7일 18시15분 小雪 11월22일 15시48분

양력		1	2	3	4	5	6	7	8	9	10	11	12	13	14	15	16	17	18	19	20	21	22	23	24	25	26	27	28	29	30
요일		土	日	月	火	水	木	金	土	日	月	火	水	木	金	土	日	月	火	水	木	金	土	日	月	火	水	木	金	土	日
음력		10/2	3	4	5	6	7	8	9	10	11	12	13	14	15	16	17	18	19	20	21	22	23	24	25	26	27	28	29	30	11/1
일진		丁未	戊申	己酉	庚戌	辛亥	壬子	癸丑	甲寅	乙卯	丙辰	丁巳	戊午	己未	庚申	辛酉	壬戌	癸亥	甲子	乙丑	丙寅	丁卯	戊辰	己巳	庚午	辛未	壬申	癸酉	甲戌	乙亥	丙子
대운	남	8	8	9	9	9	10	입동	1	1	1	1	2	2	2	3	3	3	4	4	4	5	소설	5	6	6	6	7	7	7	8
	여	2	2	1	1	1	1		10	9	9	9	8	8	8	7	7	7	6	6	6	5		5	4	4	4	3	3	3	2

양력 12월 대설절(壬子月) 大雪 12월7일 11시5분 冬至 12월22일 5시7분

양력		1	2	3	4	5	6	7	8	9	10	11	12	13	14	15	16	17	18	19	20	21	22	23	24	25	26	27	28	29	30	31
요일		月	火	水	木	金	土	日	月	火	水	木	金	土	日	月	火	水	木	金	土	日	月	火	水	木	金	土	日	月	火	水
음력		11/2	3	4	5	6	7	8	9	10	11	12	13	14	15	16	17	18	19	20	21	22	23	24	25	26	27	28	29	30	12/1	2
일진		丁丑	戊寅	己卯	庚辰	辛巳	壬午	癸未	甲申	乙酉	丙戌	丁亥	戊子	己丑	庚寅	辛卯	壬辰	癸巳	甲午	乙未	丙申	丁酉	戊戌	己亥	庚子	辛丑	壬寅	癸卯	甲辰	乙巳	丙午	丁未
대운	남	8	8	9	9	9	10	대설	1	1	1	1	2	2	2	3	3	3	4	4	4	5	동지	5	6	6	6	7	7	7	8	8
	여	2	2	1	1	1	1		9	9	9	8	8	8	7	7	7	6	6	6	5	5		4	4	4	3	3	3	2	2	2

서기 1998년 [단기 4331년]

양력 1월 소한절(癸丑月) 小寒 1월5일 22시18분 大寒 1월20일 15시46분

양력	1	2	3	4	5	6	7	8	9	10	11	12	13	14	15	16	17	18	19	20	21	22	23	24	25	26	27	28	29	30	31
요일	木	金	土	日	月	火	水	木	金	土	日	月	火	水	木	金	土	日	月	火	水	木	金	土	日	月	火	水	木	金	土
음력	12/3	4	5	6	7	8	9	10	11	12	13	14	15	16	17	18	19	20	21	22	23	24	25	26	27	28	29	1/1	2	3	4
일진	戊申	己酉	庚戌	辛亥	壬子	癸丑	甲寅	乙卯	丙辰	丁巳	戊午	己未	庚申	辛酉	壬戌	癸亥	甲子	乙丑	丙寅	丁卯	戊辰	己巳	庚午	辛未	壬申	癸酉	甲戌	乙亥	丙子	丁丑	戊寅
대운 남	8	9	9	9	소한	1	1	1	1	2	2	2	3	3	3	4	4	4	5	대한	5	6	6	6	7	7	7	8	8	8	9
대운 여	1	1	1	1		10	9	9	9	8	8	8	7	7	7	6	6	6	5		5	4	4	4	3	3	3	2	2	2	1

양력 2월 입춘절(甲寅月) 立春 2월4일 9시57분 雨水 2월19일 5시55분

양력	1	2	3	4	5	6	7	8	9	10	11	12	13	14	15	16	17	18	19	20	21	22	23	24	25	26	27	28
요일	日	月	火	水	木	金	土	日	月	火	水	木	金	土	日	月	火	水	木	金	土	日	月	火	水	木	金	土
음력	1/5	6	7	8	9	10	11	12	13	14	15	16	17	18	19	20	21	22	23	24	25	26	27	28	29	30	2/1	2
일진	己卯	庚辰	辛巳	壬午	癸未	甲申	乙酉	丙戌	丁亥	戊子	己丑	庚寅	辛卯	壬辰	癸巳	甲午	乙未	丙申	丁酉	戊戌	己亥	庚子	辛丑	壬寅	癸卯	甲辰	乙巳	丙午
대운 남	9	9	10	입춘	10	9	9	9	8	8	8	7	7	7	6	6	6	5	우수	5	4	4	4	3	3	3	2	2
대운 여	1	1	1		1	1	1	1	2	2	2	3	3	3	4	4	4	5		5	6	6	6	7	7	7	8	8

양력 3월 경칩절(乙卯月) 驚蟄 3월6일 3시57분 春分 3월21일 4시55분

양력	1	2	3	4	5	6	7	8	9	10	11	12	13	14	15	16	17	18	19	20	21	22	23	24	25	26	27	28	29	30	31
요일	日	月	火	水	木	金	土	日	月	火	水	木	金	土	日	月	火	水	木	金	土	日	月	火	水	木	金	土	日	月	火
음력	2/3	4	5	6	7	8	9	10	11	12	13	14	15	16	17	18	19	20	21	22	23	24	25	26	27	28	29	3/1	2	3	4
일진	丁未	戊申	己酉	庚戌	辛亥	壬子	癸丑	甲寅	乙卯	丙辰	丁巳	戊午	己未	庚申	辛酉	壬戌	癸亥	甲子	乙丑	丙寅	丁卯	戊辰	己巳	庚午	辛未	壬申	癸酉	甲戌	乙亥	丙子	丁丑
대운 남	2	1	1	1	1	경칩	10	9	9	9	8	8	8	7	7	7	6	6	6	5	춘분	5	4	4	4	3	3	3	2	2	2
대운 여	8	9	9	9	10		1	1	1	1	2	2	2	3	3	3	4	4	4	5		5	6	6	6	7	7	7	8	8	8

양력 4월 청명절(丙辰月) 清明 4월5일 8시45분 穀雨 4월20일 15시57분

양력	1	2	3	4	5	6	7	8	9	10	11	12	13	14	15	16	17	18	19	20	21	22	23	24	25	26	27	28	29	30
요일	水	木	金	土	日	月	火	水	木	金	土	日	月	火	水	木	金	土	日	月	火	水	木	金	土	日	月	火	水	木
음력	3/5	6	7	8	9	10	11	12	13	14	15	16	17	18	19	20	21	22	23	24	25	26	27	28	29	4/1	2	3	4	5
일진	戊寅	己卯	庚辰	辛巳	壬午	癸未	甲申	乙酉	丙戌	丁亥	戊子	己丑	庚寅	辛卯	壬辰	癸巳	甲午	乙未	丙申	丁酉	戊戌	己亥	庚子	辛丑	壬寅	癸卯	甲辰	乙巳	丙午	丁未
대운 남	1	1	1	1	청명	10	10	9	9	9	8	8	8	7	7	7	6	6	6	곡우	5	5	4	4	4	3	3	3	2	2
대운 여	9	9	9	10		1	1	1	1	2	2	2	3	3	3	4	4	4	5		5	6	6	6	7	7	7	8	8	8

양력 5월 입하절(丁巳月) 立夏 5월6일 2시3분 小滿 5월21일 15시5분

양력	1	2	3	4	5	6	7	8	9	10	11	12	13	14	15	16	17	18	19	20	21	22	23	24	25	26	27	28	29	30	31
요일	金	土	日	月	火	水	木	金	土	日	月	火	水	木	金	土	日	月	火	水	木	金	土	日	月	火	水	木	金	土	日
음력	4/6	7	8	9	10	11	12	13	14	15	16	17	18	19	20	21	22	23	24	25	26	27	28	29	30	5/1	2	3	4	5	6
일진	戊申	己酉	庚戌	辛亥	壬子	癸丑	甲寅	乙卯	丙辰	丁巳	戊午	己未	庚申	辛酉	壬戌	癸亥	甲子	乙丑	丙寅	丁卯	戊辰	己巳	庚午	辛未	壬申	癸酉	甲戌	乙亥	丙子	丁丑	戊寅
대운 남	2	1	1	1	1	입하	10	10	9	9	9	8	8	8	7	7	7	6	6	6	소만	5	5	4	4	4	3	3	3	2	2
대운 여	9	9	9	10	10		1	1	1	1	2	2	2	3	3	3	4	4	4	5		5	6	6	6	7	7	7	8	8	8

양력 6월 망종절(戊午月) 芒種 6월6일 6시13분 夏至 6월21일 23시3분

양력	1	2	3	4	5	6	7	8	9	10	11	12	13	14	15	16	17	18	19	20	21	22	23	24	25	26	27	28	29	30
요일	月	火	水	木	金	土	日	月	火	水	木	金	土	日	月	火	水	木	金	土	日	月	火	水	木	金	土	日	月	火
음력	5/7	8	9	10	11	12	13	14	15	16	17	18	19	20	21	22	23	24	25	26	27	28	29	윤1	2	3	4	5	6	7
일진	己卯	庚辰	辛巳	壬午	癸未	甲申	乙酉	丙戌	丁亥	戊子	己丑	庚寅	辛卯	壬辰	癸巳	甲午	乙未	丙申	丁酉	戊戌	己亥	庚子	辛丑	壬寅	癸卯	甲辰	乙巳	丙午	丁未	戊申
대운 남	2	1	1	1	1	망종	10	10	9	9	9	8	8	8	7	7	7	6	6	6	하지	5	5	4	4	4	3	3	3	2
대운 여	9	9	9	10	10		1	1	1	1	2	2	2	3	3	3	4	4	4	5		5	6	6	6	7	7	7	8	8

▶윤달–5월

戊寅年

양력 7월 소서절(己未月) 小暑 7월7일 16시30분 大暑 7월23일 9시55분

양력		1	2	3	4	5	6	7	8	9	10	11	12	13	14	15	16	17	18	19	20	21	22	23	24	25	26	27	28	29	30	31
요일		水	木	金	土	日	月	火	水	木	金	土	日	月	火	水	木	金	土	日	月	火	水	木	金	土	日	月	火	水	木	金
음력		윤8	9	10	11	12	13	14	15	16	17	18	19	20	21	22	23	24	25	26	27	28	29	6/1	2	3	4	5	6	7	8	9
일진		己酉	庚戌	辛亥	壬子	癸丑	甲寅	乙卯	丙辰	丁巳	戊午	己未	庚申	辛酉	壬戌	癸亥	甲子	乙丑	丙寅	丁卯	戊辰	己巳	庚午	辛未	壬申	癸酉	甲戌	乙亥	丙子	丁丑	戊寅	己卯
대운	남	2	2	1	1	1	1	소	10	10	10	9	9	9	8	8	8	7	7	7	6	6	6	대	5	5	4	4	4	3	3	3
	여	8	9	9	9	10	10	서	1	1	1	1	2	2	2	3	3	3	4	4	4	5	5	서	6	6	6	7	7	7	8	8

양력 8월 입추절(庚申月) 立秋 8월8일 2시20분 處暑 8월23일 16시59분

양력		1	2	3	4	5	6	7	8	9	10	11	12	13	14	15	16	17	18	19	20	21	22	23	24	25	26	27	28	29	30	31
요일		土	日	月	火	水	木	金	土	日	月	火	水	木	金	土	日	月	火	水	木	金	土	日	月	火	水	木	金	土	日	月
음력		6/10	11	12	13	14	15	16	17	18	19	20	21	22	23	24	25	26	27	28	29	30	7/1	2	3	4	5	6	7	8	9	10
일진		庚辰	辛巳	壬午	癸未	甲申	乙酉	丙戌	丁亥	戊子	己丑	庚寅	辛卯	壬辰	癸巳	甲午	乙未	丙申	丁酉	戊戌	己亥	庚子	辛丑	壬寅	癸卯	甲辰	乙巳	丙午	丁未	戊申	己酉	庚戌
대운	남	2	2	2	1	1	1	1	입	10	10	9	9	9	8	8	8	7	7	7	6	6	6	처	5	5	4	4	4	3	3	3
	여	8	9	9	9	10	10	10	추	1	1	1	1	2	2	2	3	3	3	4	4	4	5	서	5	6	6	6	7	7	7	8

양력 9월 백로절(辛酉月) 白露 9월8일 5시16분 秋分 9월23일 14시37분

양력		1	2	3	4	5	6	7	8	9	10	11	12	13	14	15	16	17	18	19	20	21	22	23	24	25	26	27	28	29	30
요일		火	水	木	金	土	日	月	火	水	木	金	土	日	月	火	水	木	金	土	日	月	火	水	木	金	土	日	月	火	水
음력		7/11	12	13	14	15	16	17	18	19	20	21	22	23	24	25	26	27	28	29	30	8/1	2	3	4	5	6	7	8	9	10
일진		辛亥	壬子	癸丑	甲寅	乙卯	丙辰	丁巳	戊午	己未	庚申	辛酉	壬戌	癸亥	甲子	乙丑	丙寅	丁卯	戊辰	己巳	庚午	辛未	壬申	癸酉	甲戌	乙亥	丙子	丁丑	戊寅	己卯	庚辰
대운	남	2	2	2	1	1	1	1	백	10	9	9	9	8	8	8	7	7	7	6	6	6	5	추	5	4	4	4	3	3	3
	여	8	8	9	9	9	10	10	로	1	1	1	1	2	2	2	3	3	3	4	4	4	5	분	5	6	6	6	7	7	7

양력 10월 한로절(壬戌月) 寒露 10월8일 20시56분 霜降 10월23일 23시59분

양력		1	2	3	4	5	6	7	8	9	10	11	12	13	14	15	16	17	18	19	20	21	22	23	24	25	26	27	28	29	30	31
요일		木	金	土	日	月	火	水	木	金	土	日	月	火	水	木	金	土	日	月	火	水	木	金	土	日	月	火	水	木	金	土
음력		8/11	12	13	14	15	16	17	18	19	20	21	22	23	24	25	26	27	28	29	9/1	2	3	4	5	6	7	8	9	10	11	12
일진		辛巳	壬午	癸未	甲申	乙酉	丙戌	丁亥	戊子	己丑	庚寅	辛卯	壬辰	癸巳	甲午	乙未	丙申	丁酉	戊戌	己亥	庚子	辛丑	壬寅	癸卯	甲辰	乙巳	丙午	丁未	戊申	己酉	庚戌	辛亥
대운	남	2	2	2	1	1	1	1	한	10	10	9	9	9	8	8	8	7	7	7	6	6	6	상	5	5	4	4	4	3	3	3
	여	8	8	8	9	9	9	10	로	1	1	1	1	2	2	2	3	3	3	4	4	4	5	강	5	6	6	6	7	7	7	8

양력 11월 입동절(癸亥月) 立冬 11월8일 0시8분 小雪 11월22일 21시34분

양력		1	2	3	4	5	6	7	8	9	10	11	12	13	14	15	16	17	18	19	20	21	22	23	24	25	26	27	28	29	30
요일		日	月	火	水	木	金	土	日	月	火	水	木	金	土	日	月	火	水	木	金	土	日	月	火	水	木	金	土	日	月
음력		9/13	14	15	16	17	18	19	20	21	22	23	24	25	26	27	28	29	30	10/1	2	3	4	5	6	7	8	9	10	11	12
일진		壬子	癸丑	甲寅	乙卯	丙辰	丁巳	戊午	己未	庚申	辛酉	壬戌	癸亥	甲子	乙丑	丙寅	丁卯	戊辰	己巳	庚午	辛未	壬申	癸酉	甲戌	乙亥	丙子	丁丑	戊寅	己卯	庚辰	辛巳
대운	남	2	2	2	1	1	1	1	입	9	9	9	8	8	8	7	7	7	6	6	6	5	소	5	4	4	4	3	3	3	2
	여	8	8	9	9	9	10	10	동	1	1	1	1	2	2	2	3	3	3	4	4	4	설	5	5	6	6	6	7	7	7

양력 12월 대설절(甲子月) 大雪 12월7일 17시2분 冬至 12월22일 10시56분

양력		1	2	3	4	5	6	7	8	9	10	11	12	13	14	15	16	17	18	19	20	21	22	23	24	25	26	27	28	29	30	31
요일		火	水	木	金	土	日	月	火	水	木	金	土	日	月	火	水	木	金	土	日	月	火	水	木	金	土	日	月	火	水	木
음력		10/13	14	15	16	17	18	19	20	21	22	23	24	25	26	27	28	29	30	11/1	2	3	4	5	6	7	8	9	10	11	12	13
일진		壬午	癸未	甲申	乙酉	丙戌	丁亥	戊子	己丑	庚寅	辛卯	壬辰	癸巳	甲午	乙未	丙申	丁酉	戊戌	己亥	庚子	辛丑	壬寅	癸卯	甲辰	乙巳	丙午	丁未	戊申	己酉	庚戌	辛亥	壬子
대운	남	2	2	1	1	1	1	대	10	9	9	9	8	8	8	7	7	7	6	6	6	5	동	5	4	4	4	3	3	3	2	2
	여	8	8	8	9	9	9	설	1	1	1	1	2	2	2	3	3	3	4	4	4	5	지	5	6	6	6	7	7	7	8	8

서기 1999년 [단기 4332년]

양력 1월 소한절(乙丑月) 小寒 1월6일 4시17분 大寒 1월20일 21시37분

양력	1	2	3	4	5	6	7	8	9	10	11	12	13	14	15	16	17	18	19	20	21	22	23	24	25	26	27	28	29	30	31
요일	金	土	日	月	火	水	木	金	土	日	月	火	水	木	金	土	日	月	火	水	木	金	土	日	月	火	水	木	金	土	日
음력	11/14	15	16	17	18	19	20	21	22	23	24	25	26	27	28	29	30	12/1	2	3	4	5	6	7	8	9	10	11	12	13	14
일진	癸丑	甲寅	乙卯	丙辰	丁巳	戊午	己未	庚申	辛酉	壬戌	癸亥	甲子	乙丑	丙寅	丁卯	戊辰	己巳	庚午	辛未	壬申	癸酉	甲戌	乙亥	丙子	丁丑	戊寅	己卯	庚辰	辛巳	壬午	癸未
대운 남	2	1	1	1	1	소	9	9	9	8	8	8	7	7	7	6	6	6	5	대	5	4	4	4	3	3	3	2	2	2	1
대운 여	8	9	9	9	10	한	1	1	1	1	2	2	2	3	3	3	4	4	4	한	5	5	6	6	6	7	7	7	8	8	8

양력 2월 입춘절(丙寅月) 立春 2월4일 15시57분 雨水 2월19일 11시47분

양력	1	2	3	4	5	6	7	8	9	10	11	12	13	14	15	16	17	18	19	20	21	22	23	24	25	26	27	28			
요일	月	火	水	木	金	土	日	月	火	水	木	金	土	日	月	火	水	木	金	土	日	月	火	水	木	金	土	日			
음력	12/15	16	17	18	19	20	21	22	23	24	25	26	27	28	29	1/1	2	3	4	5	6	7	8	9	10	11	12	13			
일진	甲申	乙酉	丙戌	丁亥	戊子	己丑	庚寅	辛卯	壬辰	癸巳	甲午	乙未	丙申	丁酉	戊戌	己亥	庚子	辛丑	壬寅	癸卯	甲辰	乙巳	丙午	丁未	戊申	己酉	庚戌	辛亥			
대운 남	1	1	1	입	1	1	1	1	2	2	2	3	3	3	4	4	4	5	우	5	6	6	6	7	7	7	8	8			
대운 여	9	9	9	춘	10	9	9	9	8	8	8	7	7	7	6	6	6	5	수	5	4	4	4	3	3	3	2	2			

양력 3월 경칩절(丁卯月) 驚蟄 3월6일 9시58분 春分 3월21일 10시46분

양력	1	2	3	4	5	6	7	8	9	10	11	12	13	14	15	16	17	18	19	20	21	22	23	24	25	26	27	28	29	30	31
요일	月	火	水	木	金	土	日	月	火	水	木	金	土	日	月	火	水	木	金	土	日	月	火	水	木	金	土	日	月	火	水
음력	1/14	15	16	17	18	19	20	21	22	23	24	25	26	27	28	29	30	2/1	2	3	4	5	6	7	8	9	10	11	12	13	14
일진	壬子	癸丑	甲寅	乙卯	丙辰	丁巳	戊午	己未	庚申	辛酉	壬戌	癸亥	甲子	乙丑	丙寅	丁卯	戊辰	己巳	庚午	辛未	壬申	癸酉	甲戌	乙亥	丙子	丁丑	戊寅	己卯	庚辰	辛巳	壬午
대운 남	8	9	9	9	10	경	1	1	1	1	2	2	2	3	3	3	4	4	4	5	춘	5	6	6	6	7	7	7	8	8	8
대운 여	2	1	1	1	1	칩	10	9	9	9	8	8	8	7	7	7	6	6	6	5	분	5	4	4	4	3	3	3	2	2	2

양력 4월 청명절(戊辰月) 清明 4월5일 14시45분 穀雨 4월20일 21시46분

양력	1	2	3	4	5	6	7	8	9	10	11	12	13	14	15	16	17	18	19	20	21	22	23	24	25	26	27	28	29	30	
요일	木	金	土	日	月	火	水	木	金	土	日	月	火	水	木	金	土	日	月	火	水	木	金	土	日	月	火	水	木	金	
음력	2/15	16	17	18	19	20	21	22	23	24	25	26	27	28	29	3/1	2	3	4	5	6	7	8	9	10	11	12	13	14	15	
일진	癸未	甲申	乙酉	丙戌	丁亥	戊子	己丑	庚寅	辛卯	壬辰	癸巳	甲午	乙未	丙申	丁酉	戊戌	己亥	庚子	辛丑	壬寅	癸卯	甲辰	乙巳	丙午	丁未	戊申	己酉	庚戌	辛亥	壬子	
대운 남	9	9	9	10	청	1	1	1	1	2	2	2	3	3	3	4	4	4	5	곡	5	6	6	6	7	7	7	8	8	8	
대운 여	1	1	1	1	명	10	10	9	9	9	8	8	8	7	7	7	6	6	6	우	5	5	4	4	4	3	3	3	2	2	

양력 5월 입하절(己巳月) 立夏 5월6일 8시1분 小滿 5월21일 20시52분

양력	1	2	3	4	5	6	7	8	9	10	11	12	13	14	15	16	17	18	19	20	21	22	23	24	25	26	27	28	29	30	31
요일	土	日	月	火	水	木	金	土	日	月	火	水	木	金	土	日	月	火	水	木	金	土	日	月	火	水	木	金	土	日	月
음력	3/16	17	18	19	20	21	22	23	24	25	26	27	28	29	4/1	2	3	4	5	6	7	8	9	10	11	12	13	14	15	16	17
일진	癸丑	甲寅	乙卯	丙辰	丁巳	戊午	己未	庚申	辛酉	壬戌	癸亥	甲子	乙丑	丙寅	丁卯	戊辰	己巳	庚午	辛未	壬申	癸酉	甲戌	乙亥	丙子	丁丑	戊寅	己卯	庚辰	辛巳	壬午	癸未
대운 남	9	9	9	10	10	입	1	1	1	1	2	2	2	3	3	3	4	4	4	5	소	5	6	6	6	7	7	7	8	8	8
대운 여	2	1	1	1	1	하	10	10	9	9	9	8	8	8	7	7	7	6	6	6	만	5	5	4	4	4	3	3	3	2	2

양력 6월 망종절(庚午月) 芒種 6월6일 12시9분 夏至 6월22일 4시49분

양력	1	2	3	4	5	6	7	8	9	10	11	12	13	14	15	16	17	18	19	20	21	22	23	24	25	26	27	28	29	30	
요일	火	水	木	金	土	日	月	火	水	木	金	土	日	月	火	水	木	金	土	日	月	火	水	木	金	土	日	月	火	水	
음력	4/18	19	20	21	22	23	24	25	26	27	28	29	30	5/1	2	3	4	5	6	7	8	9	10	11	12	13	14	15	16	17	
일진	甲申	乙酉	丙戌	丁亥	戊子	己丑	庚寅	辛卯	壬辰	癸巳	甲午	乙未	丙申	丁酉	戊戌	己亥	庚子	辛丑	壬寅	癸卯	甲辰	乙巳	丙午	丁未	戊申	己酉	庚戌	辛亥	壬子	癸丑	
대운 남	9	9	9	10	10	망	1	1	1	1	2	2	2	3	3	3	4	4	4	5	5	하	6	6	6	7	7	7	8	8	
대운 여	2	1	1	1	1	종	10	10	9	9	9	8	8	8	7	7	7	6	6	6	5	지	5	4	4	4	3	3	3	2	

己卯年

양력 7월 소서절(辛未月) 小暑 7월7일 22시25분 大暑 7월23일 15시44분

양력	1	2	3	4	5	6	7	8	9	10	11	12	13	14	15	16	17	18	19	20	21	22	23	24	25	26	27	28	29	30	31
요일	木	金	土	日	月	火	水	木	金	土	日	月	火	水	木	金	土	日	月	火	水	木	金	土	日	月	火	水	木	金	土
음력	5/18	19	20	21	22	23	24	25	26	27	28	29	6/1	2	3	4	5	6	7	8	9	10	11	12	13	14	15	16	17	18	19
일진	甲寅	乙卯	丙辰	丁巳	戊午	己未	庚申	辛酉	壬戌	癸亥	甲子	乙丑	丙寅	丁卯	戊辰	己巳	庚午	辛未	壬申	癸酉	甲戌	乙亥	丙子	丁丑	戊寅	己卯	庚辰	辛巳	壬午	癸未	甲申
대운 남	8	9	9	9	10	10	소	1	1	1	1	2	2	2	3	3	3	4	4	4	5	5	대	6	6	6	7	7	7	8	8
대운 여	2	2	1	1	1	1	서	10	10	10	9	9	9	8	8	8	7	7	7	6	6	6	서	5	5	4	4	4	3	3	3

양력 8월 입추절(壬申月) 立秋 8월8일 8시14분 處暑 8월23일 22시51분

양력	1	2	3	4	5	6	7	8	9	10	11	12	13	14	15	16	17	18	19	20	21	22	23	24	25	26	27	28	29	30	31
요일	日	月	火	水	木	金	土	日	月	火	水	木	金	土	日	月	火	水	木	金	土	日	月	火	水	木	金	土	日	月	火
음력	6/20	21	22	23	24	25	26	27	28	29	7/1	2	3	4	5	6	7	8	9	10	11	12	13	14	15	16	17	18	19	20	21
일진	乙酉	丙戌	丁亥	戊子	己丑	庚寅	辛卯	壬辰	癸巳	甲午	乙未	丙申	丁酉	戊戌	己亥	庚子	辛丑	壬寅	癸卯	甲辰	乙巳	丙午	丁未	戊申	己酉	庚戌	辛亥	壬子	癸丑	甲寅	乙卯
대운 남	8	9	9	9	10	10	10	입	1	1	1	1	2	2	2	3	3	3	4	4	4	5	처	5	6	6	6	7	7	7	8
대운 여	2	2	2	1	1	1	1	추	10	10	9	9	9	8	8	8	7	7	7	6	6	6	서	5	5	4	4	4	3	3	3

양력 9월 백로절(癸酉月) 白露 9월8일 11시10분 秋分 9월23일 20시32분

양력	1	2	3	4	5	6	7	8	9	10	11	12	13	14	15	16	17	18	19	20	21	22	23	24	25	26	27	28	29	30
요일	水	木	金	土	日	月	火	水	木	金	土	日	月	火	水	木	金	土	日	月	火	水	木	金	土	日	月	火	水	木
음력	7/22	23	24	25	26	27	28	29	30	8/1	2	3	4	5	6	7	8	9	10	11	12	13	14	15	16	17	18	19	20	21
일진	丙辰	丁巳	戊午	己未	庚申	辛酉	壬戌	癸亥	甲子	乙丑	丙寅	丁卯	戊辰	己巳	庚午	辛未	壬申	癸酉	甲戌	乙亥	丙子	丁丑	戊寅	己卯	庚辰	辛巳	壬午	癸未	甲申	乙酉
대운 남	8	8	9	9	9	10	10	백	1	1	1	1	2	2	2	3	3	3	4	4	4	5	추	5	6	6	6	7	7	7
대운 여	2	2	2	1	1	1	1	로	10	10	9	9	9	8	8	8	7	7	7	6	6	6	분	5	5	4	4	4	3	3

양력 10월 한로절(甲戌月) 寒露 10월9일 2시48분 霜降 10월24일 5시52분

양력	1	2	3	4	5	6	7	8	9	10	11	12	13	14	15	16	17	18	19	20	21	22	23	24	25	26	27	28	29	30	31
요일	金	土	日	月	火	水	木	金	土	日	月	火	水	木	金	土	日	月	火	水	木	金	土	日	月	火	水	木	金	土	日
음력	8/22	23	24	25	26	27	28	29	9/1	2	3	4	5	6	7	8	9	10	11	12	13	14	15	16	17	18	19	20	21	22	23
일진	丙戌	丁亥	戊子	己丑	庚寅	辛卯	壬辰	癸巳	甲午	乙未	丙申	丁酉	戊戌	己亥	庚子	辛丑	壬寅	癸卯	甲辰	乙巳	丙午	丁未	戊申	己酉	庚戌	辛亥	壬子	癸丑	甲寅	乙卯	丙辰
대운 남	8	8	8	9	9	9	10	10	한	1	1	1	1	2	2	2	3	3	3	4	4	4	5	상	5	6	6	6	7	7	7
대운 여	3	2	2	2	1	1	1	1	로	10	9	9	9	8	8	8	7	7	7	6	6	6	5	강	5	4	4	4	3	3	3

양력 11월 입동절(乙亥月) 立冬 11월8일 5시58분 小雪 11월23일 3시25분

양력	1	2	3	4	5	6	7	8	9	10	11	12	13	14	15	16	17	18	19	20	21	22	23	24	25	26	27	28	29	30
요일	月	火	水	木	金	土	日	月	火	水	木	金	土	日	月	火	水	木	金	土	日	月	火	水	木	金	土	日	月	火
음력	9/24	25	26	27	28	29	30	10/1	2	3	4	5	6	7	8	9	10	11	12	13	14	15	16	17	18	19	20	21	22	23
일진	丁巳	戊午	己未	庚申	辛酉	壬戌	癸亥	甲子	乙丑	丙寅	丁卯	戊辰	己巳	庚午	辛未	壬申	癸酉	甲戌	乙亥	丙子	丁丑	戊寅	己卯	庚辰	辛巳	壬午	癸未	甲申	乙酉	丙戌
대운 남	8	8	8	9	9	9	10	입	1	1	1	1	2	2	2	3	3	3	4	4	4	5	소	5	6	6	6	7	7	7
대운 여	2	2	2	1	1	1	1	동	9	9	9	8	8	8	7	7	7	6	6	6	5	5	설	4	4	4	3	3	3	2

양력 12월 대설절(丙子月) 大雪 12월7일 22시47분 冬至 12월22일 16시44분

양력	1	2	3	4	5	6	7	8	9	10	11	12	13	14	15	16	17	18	19	20	21	22	23	24	25	26	27	28	29	30	31
요일	水	木	金	土	日	月	火	水	木	金	土	日	月	火	水	木	金	土	日	月	火	水	木	金	土	日	月	火	水	木	金
음력	10/24	25	26	27	28	29	30	11/1	2	3	4	5	6	7	8	9	10	11	12	13	14	15	16	17	18	19	20	21	22	23	24
일진	丁亥	戊子	己丑	庚寅	辛卯	壬辰	癸巳	甲午	乙未	丙申	丁酉	戊戌	己亥	庚子	辛丑	壬寅	癸卯	甲辰	乙巳	丙午	丁未	戊申	己酉	庚戌	辛亥	壬子	癸丑	甲寅	乙卯	丙辰	丁巳
대운 남	8	8	8	9	9	9	대	1	1	1	1	2	2	2	3	3	3	4	4	4	5	동	5	6	6	6	7	7	7	8	8
대운 여	2	2	1	1	1	1	설	10	9	9	9	8	8	8	7	7	7	6	6	6	5	지	5	4	4	4	3	3	3	2	2

서기 2000년 [단기 4333년]

양력 1월　소한절(丁丑月)　小寒 1월6일 10시1분　大寒 1월21일 3시23분

양력		1	2	3	4	5	6	7	8	9	10	11	12	13	14	15	16	17	18	19	20	21	22	23	24	25	26	27	28	29	30	31
요일		土	日	月	火	水	木	金	土	日	月	火	水	木	金	土	日	月	火	水	木	金	土	日	月	火	水	木	金	土	日	月
음력		11/25	26	27	28	29	30	12/1	2	3	4	5	6	7	8	9	10	11	12	13	14	15	16	17	18	19	20	21	22	23	24	25
일진		戊午	己未	庚申	辛酉	壬戌	癸亥	甲子	乙丑	丙寅	丁卯	戊辰	己巳	庚午	辛未	壬申	癸酉	甲戌	乙亥	丙子	丁丑	戊寅	己卯	庚辰	辛巳	壬午	癸未	甲申	乙酉	丙戌	丁亥	戊子
대운	남	8	9	9	9	10	소한	1	1	1	1	2	2	2	3	3	3	4	4	4	5	대한	5	6	6	6	7	7	7	8	8	8
	여	2	1	1	1	1		9	9	9	8	8	8	7	7	7	6	6	6	5	5		4	4	4	3	3	3	2	2	2	1

양력 2월　입춘절(戊寅月)　立春 2월4일 21시40분　雨水 2월19일 17시33분

양력		1	2	3	4	5	6	7	8	9	10	11	12	13	14	15	16	17	18	19	20	21	22	23	24	25	26	27	28	29
요일		火	水	木	金	土	日	月	火	水	木	金	土	日	月	火	水	木	金	土	日	月	火	水	木	金	土	日	月	火
음력		12/26	27	28	29	1/1	2	3	4	5	6	7	8	9	10	11	12	13	14	15	16	17	18	19	20	21	22	23	24	25
일진		己丑	庚寅	辛卯	壬辰	癸巳	甲午	乙未	丙申	丁酉	戊戌	己亥	庚子	辛丑	壬寅	癸卯	甲辰	乙巳	丙午	丁未	戊申	己酉	庚戌	辛亥	壬子	癸丑	甲寅	乙卯	丙辰	丁巳
대운	남	9	9	9	입춘	10	9	9	9	8	8	8	7	7	7	6	6	6	5	우수	5	4	4	4	3	3	3	2	2	2
	여	1	1	1		1	1	1	1	2	2	2	3	3	3	4	4	4	5		5	6	6	6	7	7	7	8	8	8

양력 3월　경칩절(己卯月)　驚蟄 3월5일 15시43분　春分 3월20일 16시35분

양력		1	2	3	4	5	6	7	8	9	10	11	12	13	14	15	16	17	18	19	20	21	22	23	24	25	26	27	28	29	30	31
요일		水	木	金	土	日	月	火	水	木	金	土	日	月	火	水	木	金	土	日	月	火	水	木	金	土	日	月	火	水	木	金
음력		1/26	27	28	29	30	2/1	2	3	4	5	6	7	8	9	10	11	12	13	14	15	16	17	18	19	20	21	22	23	24	25	26
일진		戊午	己未	庚申	辛酉	壬戌	癸亥	甲子	乙丑	丙寅	丁卯	戊辰	己巳	庚午	辛未	壬申	癸酉	甲戌	乙亥	丙子	丁丑	戊寅	己卯	庚辰	辛巳	壬午	癸未	甲申	乙酉	丙戌	丁亥	戊子
대운	남	1	1	1	1	경칩	10	9	9	9	8	8	8	7	7	7	6	6	6	5	춘분	5	4	4	4	3	3	3	2	2	2	1
	여	9	9	9	10		1	1	1	1	2	2	2	3	3	3	4	4	4	5		5	6	6	6	7	7	7	8	8	8	9

양력 4월　청명절(庚辰月)　淸明 4월4일 20시32분　穀雨 4월20일 3시39분

양력		1	2	3	4	5	6	7	8	9	10	11	12	13	14	15	16	17	18	19	20	21	22	23	24	25	26	27	28	29	30
요일		土	日	月	火	水	木	金	土	日	月	火	水	木	金	土	日	月	火	水	木	金	土	日	月	火	水	木	金	土	日
음력		2/27	28	29	30	3/1	2	3	4	5	6	7	8	9	10	11	12	13	14	15	16	17	18	19	20	21	22	23	24	25	26
일진		己丑	庚寅	辛卯	壬辰	癸巳	甲午	乙未	丙申	丁酉	戊戌	己亥	庚子	辛丑	壬寅	癸卯	甲辰	乙巳	丙午	丁未	戊申	己酉	庚戌	辛亥	壬子	癸丑	甲寅	乙卯	丙辰	丁巳	戊午
대운	남	1	1	1	청명	10	10	9	9	9	8	8	8	7	7	7	6	6	6	5	곡우	5	4	4	4	3	3	3	2	2	2
	여	9	9	10		1	1	1	1	2	2	2	3	3	3	4	4	4	5	5		6	6	6	7	7	7	8	8	8	9

양력 5월　입하절(辛巳月)　立夏 5월5일 13시50분　小滿 5월21일 2시49분

양력		1	2	3	4	5	6	7	8	9	10	11	12	13	14	15	16	17	18	19	20	21	22	23	24	25	26	27	28	29	30	31
요일		月	火	水	木	金	土	日	月	火	水	木	金	土	日	月	火	水	木	金	土	日	月	火	水	木	金	土	日	月	火	水
음력		3/27	28	29	4/1	2	3	4	5	6	7	8	9	10	11	12	13	14	15	16	17	18	19	20	21	22	23	24	25	26	27	28
일진		己未	庚申	辛酉	壬戌	癸亥	甲子	乙丑	丙寅	丁卯	戊辰	己巳	庚午	辛未	壬申	癸酉	甲戌	乙亥	丙子	丁丑	戊寅	己卯	庚辰	辛巳	壬午	癸未	甲申	乙酉	丙戌	丁亥	戊子	己丑
대운	남	1	1	1	1	입하	10	10	9	9	9	8	8	8	7	7	7	6	6	6	5	소만	5	4	4	4	3	3	3	2	2	2
	여	9	9	10	10		1	1	1	1	2	2	2	3	3	3	4	4	4	5	5		6	6	6	7	7	7	8	8	8	9

양력 6월　망종절(壬午月)　芒種 6월5일 17시59분　夏至 6월21일 10시48분

양력		1	2	3	4	5	6	7	8	9	10	11	12	13	14	15	16	17	18	19	20	21	22	23	24	25	26	27	28	29	30
요일		木	金	土	日	月	火	水	木	金	土	日	月	火	水	木	金	土	日	月	火	水	木	金	土	日	月	火	水	木	金
음력		4/29	5/1	2	3	4	5	6	7	8	9	10	11	12	13	14	15	16	17	18	19	20	21	22	23	24	25	26	27	28	29
일진		庚寅	辛卯	壬辰	癸巳	甲午	乙未	丙申	丁酉	戊戌	己亥	庚子	辛丑	壬寅	癸卯	甲辰	乙巳	丙午	丁未	戊申	己酉	庚戌	辛亥	壬子	癸丑	甲寅	乙卯	丙辰	丁巳	戊午	己未
대운	남	1	1	1	1	망종	10	10	10	9	9	9	8	8	8	7	7	7	6	6	6	하지	5	5	4	4	4	3	3	3	2
	여	9	9	10	10		1	1	1	1	2	2	2	3	3	3	4	4	4	5	5		6	6	6	7	7	7	8	8	8

庚辰年

양력 7월 소서절(癸未月) 小暑 7월7일 4시14분 大暑 7월22일 21시43분

양력	1	2	3	4	5	6	7	8	9	10	11	12	13	14	15	16	17	18	19	20	21	22	23	24	25	26	27	28	29	30	31
요일	土	日	月	火	水	木	金	土	日	月	火	水	木	金	土	日	月	火	水	木	金	土	日	月	火	水	木	金	土	日	月
음력	5/30	6/1	2	3	4	5	6	7	8	9	10	11	12	13	14	15	16	17	18	19	20	21	22	23	24	25	26	27	28	29	7/1
일진	庚申	辛酉	壬戌	癸亥	甲子	乙丑	丙寅	丁卯	戊辰	己巳	庚午	辛未	壬申	癸酉	甲戌	乙亥	丙子	丁丑	戊寅	己卯	庚辰	辛巳	壬午	癸未	甲申	乙酉	丙戌	丁亥	戊子	己丑	庚寅
대운 남	2	2	1	1	1	1	소	10	10	9	9	9	8	8	8	7	7	7	6	6	6	대	5	5	4	4	4	3	3	3	2
대운 여	9	9	9	10	10	10	서	1	1	1	1	2	2	2	3	3	3	4	4	4	5	서	5	6	6	6	7	7	7	8	8

양력 8월 입추절(甲申月) 立秋 8월7일 14시3분 處暑 8월23일 4시49분

양력	1	2	3	4	5	6	7	8	9	10	11	12	13	14	15	16	17	18	19	20	21	22	23	24	25	26	27	28	29	30	31
요일	火	水	木	金	土	日	月	火	水	木	金	土	日	月	火	水	木	金	土	日	月	火	水	木	金	土	日	月	火	水	木
음력	7/2	3	4	5	6	7	8	9	10	11	12	13	14	15	16	17	18	19	20	21	22	23	24	25	26	27	28	29	8/1	2	3
일진	辛卯	壬辰	癸巳	甲午	乙未	丙申	丁酉	戊戌	己亥	庚子	辛丑	壬寅	癸卯	甲辰	乙巳	丙午	丁未	戊申	己酉	庚戌	辛亥	壬子	癸丑	甲寅	乙卯	丙辰	丁巳	戊午	己未	庚申	辛酉
대운 남	2	2	1	1	1	1	입	10	10	9	9	9	8	8	8	7	7	7	6	6	6	5	처	5	4	4	4	3	3	3	2
대운 여	8	9	9	9	10	10	추	1	1	1	1	2	2	2	3	3	3	4	4	4	5	5	서	6	6	6	7	7	7	8	8

양력 9월 백로절(乙酉月) 白露 9월7일 16시59분 秋分 9월23일 2시28분

양력	1	2	3	4	5	6	7	8	9	10	11	12	13	14	15	16	17	18	19	20	21	22	23	24	25	26	27	28	29	30
요일	金	土	日	月	火	水	木	金	土	日	月	火	水	木	金	土	日	月	火	水	木	金	土	日	月	火	水	木	金	土
음력	8/4	5	6	7	8	9	10	11	12	13	14	15	16	17	18	19	20	21	22	23	24	25	26	27	28	29	30	9/1	2	3
일진	壬戌	癸亥	甲子	乙丑	丙寅	丁卯	戊辰	己巳	庚午	辛未	壬申	癸酉	甲戌	乙亥	丙子	丁丑	戊寅	己卯	庚辰	辛巳	壬午	癸未	甲申	乙酉	丙戌	丁亥	戊子	己丑	庚寅	辛卯
대운 남	2	2	1	1	1	1	백	10	10	9	9	9	8	8	8	7	7	7	6	6	6	5	추	5	4	4	4	3	3	3
대운 여	8	9	9	9	10	10	로	1	1	1	1	2	2	2	3	3	3	4	4	4	5	5	분	6	6	6	7	7	7	8

양력 10월 한로절(丙戌月) 寒露 10월8일 8시38분 霜降 10월23일 11시47분

양력	1	2	3	4	5	6	7	8	9	10	11	12	13	14	15	16	17	18	19	20	21	22	23	24	25	26	27	28	29	30	31
요일	日	月	火	水	木	金	土	日	月	火	水	木	金	土	日	月	火	水	木	金	土	日	月	火	水	木	金	土	日	月	火
음력	9/4	5	6	7	8	9	10	11	12	13	14	15	16	17	18	19	20	21	22	23	24	25	26	27	28	29	10/1	2	3	4	5
일진	壬辰	癸巳	甲午	乙未	丙申	丁酉	戊戌	己亥	庚子	辛丑	壬寅	癸卯	甲辰	乙巳	丙午	丁未	戊申	己酉	庚戌	辛亥	壬子	癸丑	甲寅	乙卯	丙辰	丁巳	戊午	己未	庚申	辛酉	壬戌
대운 남	2	2	2	1	1	1	1	한	10	9	9	9	8	8	8	7	7	7	6	6	6	5	상	5	4	4	4	3	3	3	2
대운 여	8	8	9	9	9	10	10	로	1	1	1	1	2	2	2	3	3	3	4	4	4	5	강	5	6	6	6	7	7	7	8

양력 11월 입동절(丁亥月) 立冬 11월7일 11시48분 小雪 11월22일 9시19분

양력	1	2	3	4	5	6	7	8	9	10	11	12	13	14	15	16	17	18	19	20	21	22	23	24	25	26	27	28	29	30
요일	水	木	金	土	日	月	火	水	木	金	土	日	月	火	水	木	金	土	日	月	火	水	木	金	土	日	月	火	水	木
음력	10/6	7	8	9	10	11	12	13	14	15	16	17	18	19	20	21	22	23	24	25	26	27	28	29	30	11/1	2	3	4	5
일진	癸亥	甲子	乙丑	丙寅	丁卯	戊辰	己巳	庚午	辛未	壬申	癸酉	甲戌	乙亥	丙子	丁丑	戊寅	己卯	庚辰	辛巳	壬午	癸未	甲申	乙酉	丙戌	丁亥	戊子	己丑	庚寅	辛卯	壬辰
대운 남	2	2	1	1	1	1	입	10	9	9	9	8	8	8	7	7	7	6	6	6	5	소	5	4	4	4	3	3	3	2
대운 여	8	8	9	9	9	10	동	1	1	1	1	2	2	2	3	3	3	4	4	4	5	설	5	6	6	6	7	7	7	8

양력 12월 대설절(戊子月) 大雪 12월7일 4시37분 冬至 12월21일 22시37분

양력	1	2	3	4	5	6	7	8	9	10	11	12	13	14	15	16	17	18	19	20	21	22	23	24	25	26	27	28	29	30	31
요일	金	土	日	月	火	水	木	金	土	日	月	火	水	木	金	土	日	月	火	水	木	金	土	日	月	火	水	木	金	土	日
음력	11/6	7	8	9	10	11	12	13	14	15	16	17	18	19	20	21	22	23	24	25	26	27	28	29	30	12/1	2	3	4	5	6
일진	癸巳	甲午	乙未	丙申	丁酉	戊戌	己亥	庚子	辛丑	壬寅	癸卯	甲辰	乙巳	丙午	丁未	戊申	己酉	庚戌	辛亥	壬子	癸丑	甲寅	乙卯	丙辰	丁巳	戊午	己未	庚申	辛酉	壬戌	癸亥
대운 남	2	2	1	1	1	1	대	9	9	9	8	8	8	7	7	7	6	6	6	5	동	5	4	4	4	3	3	3	2	2	2
대운 여	8	8	9	9	9	10	설	1	1	1	1	2	2	2	3	3	3	4	4	4	지	5	5	6	6	6	7	7	7	8	8

서기 2001년 [단기 4334년]

양력 1월 소한절(己丑月) 小寒 1월5일 15시49분 大寒 1월20일 9시16분

양력		1	2	3	4	5	6	7	8	9	10	11	12	13	14	15	16	17	18	19	20	21	22	23	24	25	26	27	28	29	30	31
요일		月	火	水	木	金	土	日	月	火	水	木	金	土	日	月	火	水	木	金	土	日	月	火	水	木	金	土	日	月	火	水
음력		12/7	8	9	10	11	12	13	14	15	16	17	18	19	20	21	22	23	24	25	26	27	28	29	1/1	2	3	4	5	6	7	8
일진		甲子	乙丑	丙寅	丁卯	戊辰	己巳	庚午	辛未	壬申	癸酉	甲戌	乙亥	丙子	丁丑	戊寅	己卯	庚辰	辛巳	壬午	癸未	甲申	乙酉	丙戌	丁亥	戊子	己丑	庚寅	辛卯	壬辰	癸巳	甲午
대운	남	1	1	1	1	소한	10	9	9	9	8	8	8	7	7	7	6	6	6	5	대한	5	4	4	4	3	3	3	2	2	2	1
	여	8	9	9	9		1	1	1	1	2	2	2	3	3	3	4	4	4	5		5	6	6	6	7	7	7	8	8	8	9

양력 2월 입춘절(庚寅月) 立春 2월4일 3시29분 雨水 2월18일 23시27분

양력		1	2	3	4	5	6	7	8	9	10	11	12	13	14	15	16	17	18	19	20	21	22	23	24	25	26	27	28			
요일		木	金	土	日	月	火	水	木	金	土	日	月	火	水	木	金	土	日	月	火	水	木	金	土	日	月	火	水			
음력		1/9	10	11	12	13	14	15	16	17	18	19	20	21	22	23	24	25	26	27	28	29	30	2/1	2	3	4	5	6			
일진		乙未	丙申	丁酉	戊戌	己亥	庚子	辛丑	壬寅	癸卯	甲辰	乙巳	丙午	丁未	戊申	己酉	庚戌	辛亥	壬子	癸丑	甲寅	乙卯	丙辰	丁巳	戊午	己未	庚申	辛酉	壬戌			
대운	남	1	1	1	입춘	1	1	1	1	2	2	2	3	3	3	4	4	4	우수	5	5	6	6	6	7	7	7	8	8			
	여	9	9	10		9	9	9	8	8	8	7	7	7	6	6	6	5		5	4	4	4	3	3	3	2	2	2			

양력 3월 경칩절(辛卯月) 驚蟄 3월5일 21시32분 春分 3월20일 22시31분

양력		1	2	3	4	5	6	7	8	9	10	11	12	13	14	15	16	17	18	19	20	21	22	23	24	25	26	27	28	29	30	31
요일		木	金	土	日	月	火	水	木	金	土	日	月	火	水	木	金	土	日	月	火	水	木	金	土	日	月	火	水	木	金	土
음력		2/7	8	9	10	11	12	13	14	15	16	17	18	19	20	21	22	23	24	25	26	27	28	29	30	3/1	2	3	4	5	6	7
일진		癸亥	甲子	乙丑	丙寅	丁卯	戊辰	己巳	庚午	辛未	壬申	癸酉	甲戌	乙亥	丙子	丁丑	戊寅	己卯	庚辰	辛巳	壬午	癸未	甲申	乙酉	丙戌	丁亥	戊子	己丑	庚寅	辛卯	壬辰	癸巳
대운	남	8	9	9	9	경칩	1	1	1	1	2	2	2	3	3	3	4	4	4	5	춘분	5	6	6	6	7	7	7	8	8	8	9
	여	1	1	1	1		10	10	9	9	9	8	8	8	7	7	7	6	6	6		5	5	4	4	4	3	3	3	2	2	2

양력 4월 청명절(壬辰月) 清明 4월5일 2시24분 穀雨 4월20일 9시36분

양력		1	2	3	4	5	6	7	8	9	10	11	12	13	14	15	16	17	18	19	20	21	22	23	24	25	26	27	28	29	30	
요일		日	月	火	水	木	金	土	日	月	火	水	木	金	土	日	月	火	水	木	金	土	日	月	火	水	木	金	土	日	月	
음력		3/8	9	10	11	12	13	14	15	16	17	18	19	20	21	22	23	24	25	26	27	28	29	30	4/1	2	3	4	5	6	7	
일진		甲午	乙未	丙申	丁酉	戊戌	己亥	庚子	辛丑	壬寅	癸卯	甲辰	乙巳	丙午	丁未	戊申	己酉	庚戌	辛亥	壬子	癸丑	甲寅	乙卯	丙辰	丁巳	戊午	己未	庚申	辛酉	壬戌	癸亥	
대운	남	9	9	10	10	청명	1	1	1	1	2	2	2	3	3	3	4	4	4	5	곡우	5	6	6	6	7	7	7	8	8	8	
	여	1	1	1	1		10	9	9	9	8	8	8	7	7	7	6	6	6	5		5	4	4	4	3	3	3	2	2	2	

양력 5월 입하절(癸巳月) 立夏 5월5일 19시45분 小滿 5월21일 8시44분

양력		1	2	3	4	5	6	7	8	9	10	11	12	13	14	15	16	17	18	19	20	21	22	23	24	25	26	27	28	29	30	31
요일		火	水	木	金	土	日	月	火	水	木	金	土	日	月	火	水	木	金	土	日	月	火	水	木	金	土	日	月	火	水	木
음력		4/8	9	10	11	12	13	14	15	16	17	18	19	20	21	22	23	24	25	26	27	28	29	윤1	2	3	4	5	6	7	8	9
일진		甲子	乙丑	丙寅	丁卯	戊辰	己巳	庚午	辛未	壬申	癸酉	甲戌	乙亥	丙子	丁丑	戊寅	己卯	庚辰	辛巳	壬午	癸未	甲申	乙酉	丙戌	丁亥	戊子	己丑	庚寅	辛卯	壬辰	癸巳	甲午
대운	남	9	9	9	10	입하	1	1	1	1	2	2	2	3	3	3	4	4	4	5	5	소만	6	6	6	7	7	7	8	8	8	9
	여	1	1	1	1		10	10	9	9	9	8	8	8	7	7	7	6	6	6	5		5	4	4	4	3	3	3	2	2	2

양력 6월 망종절(甲午月) 芒種 6월5일 23시54분 夏至 6월21일 16시38분

양력		1	2	3	4	5	6	7	8	9	10	11	12	13	14	15	16	17	18	19	20	21	22	23	24	25	26	27	28	29	30	
요일		金	土	日	月	火	水	木	金	土	日	月	火	水	木	金	土	日	月	火	水	木	金	土	日	月	火	水	木	金	土	
음력		윤10	11	12	13	14	15	16	17	18	19	20	21	22	23	24	25	26	27	28	29	5/1	2	3	4	5	6	7	8	9	10	
일진		乙未	丙申	丁酉	戊戌	己亥	庚子	辛丑	壬寅	癸卯	甲辰	乙巳	丙午	丁未	戊申	己酉	庚戌	辛亥	壬子	癸丑	甲寅	乙卯	丙辰	丁巳	戊午	己未	庚申	辛酉	壬戌	癸亥	甲子	
대운	남	9	9	10	10	망종	1	1	1	1	2	2	2	3	3	3	4	4	4	5	5	하지	6	6	6	7	7	7	8	8	8	
	여	1	1	1	1		10	10	10	9	9	9	8	8	8	7	7	7	6	6	6		5	5	4	4	4	3	3	3	2	

▶윤달-4월

辛巳年

양력 7월 소서절(乙未月) 小暑 7월7일 10시7분 大暑 7월23일 3시26분

양력		1	2	3	4	5	6	7	8	9	10	11	12	13	14	15	16	17	18	19	20	21	22	23	24	25	26	27	28	29	30	31
요일		日	月	火	水	木	金	土	日	月	火	水	木	金	土	日	月	火	水	木	金	土	日	月	火	水	木	金	土	日	月	火
음력		5/11	12	13	14	15	16	17	18	19	20	21	22	23	24	25	26	27	28	29	30	6/1	2	3	4	5	6	7	8	9	10	11
일진		乙丑	丙寅	丁卯	戊辰	己巳	庚午	辛未	壬申	癸酉	甲戌	乙亥	丙子	丁丑	戊寅	己卯	庚辰	辛巳	壬午	癸未	甲申	乙酉	丙戌	丁亥	戊子	己丑	庚寅	辛卯	壬辰	癸巳	甲午	乙未
대운	남	9	9	9	10	10	10	소서	1	1	1	1	2	2	2	3	3	3	4	4	4	5	5	대서	6	6	6	7	7	7	8	8
	여	2	2	1	1	1	1		10	10	9	9	9	8	8	8	7	7	7	6	6	6	5		5	4	4	4	3	3	3	2

양력 8월 입추절(丙申月) 立秋 8월7일 19시52분 處暑 8월23일 10시27분

양력		1	2	3	4	5	6	7	8	9	10	11	12	13	14	15	16	17	18	19	20	21	22	23	24	25	26	27	28	29	30	31
요일		水	木	金	土	日	月	火	水	木	金	土	日	月	火	水	木	金	土	日	月	火	水	木	金	土	日	月	火	水	木	金
음력		6/12	13	14	15	16	17	18	19	20	21	22	23	24	25	26	27	28	29	7/1	2	3	4	5	6	7	8	9	10	11	12	13
일진		丙申	丁酉	戊戌	己亥	庚子	辛丑	壬寅	癸卯	甲辰	乙巳	丙午	丁未	戊申	己酉	庚戌	辛亥	壬子	癸丑	甲寅	乙卯	丙辰	丁巳	戊午	己未	庚申	辛酉	壬戌	癸亥	甲子	乙丑	丙寅
대운	남	8	9	9	9	10	10	입추	1	1	1	1	2	2	2	3	3	3	4	4	4	5	5	처서	6	6	6	7	7	7	8	8
	여	2	2	1	1	1	1		10	10	9	9	9	8	8	8	7	7	7	6	6	6	5		5	4	4	4	3	3	3	2

양력 9월 백로절(丁酉月) 白露 9월7일 22시46분 秋分 9월23일 8시4분

양력		1	2	3	4	5	6	7	8	9	10	11	12	13	14	15	16	17	18	19	20	21	22	23	24	25	26	27	28	29	30
요일		土	日	月	火	水	木	金	土	日	月	火	水	木	金	土	日	月	火	水	木	金	土	日	月	火	水	木	金	土	日
음력		7/14	15	16	17	18	19	20	21	22	23	24	25	26	27	28	29	8/1	2	3	4	5	6	7	8	9	10	11	12	13	14
일진		丁卯	戊辰	己巳	庚午	辛未	壬申	癸酉	甲戌	乙亥	丙子	丁丑	戊寅	己卯	庚辰	辛巳	壬午	癸未	甲申	乙酉	丙戌	丁亥	戊子	己丑	庚寅	辛卯	壬辰	癸巳	甲午	乙未	丙申
대운	남	8	9	9	9	10	10	백로	1	1	1	1	2	2	2	3	3	3	4	4	4	5	5	추분	6	6	6	7	7	7	8
	여	2	2	1	1	1	1		10	10	9	9	9	8	8	8	7	7	7	6	6	6	5		5	4	4	4	3	3	3

양력 10월 한로절(戊戌月) 寒露 10월8일 14시25분 霜降 10월23일 17시26분

양력		1	2	3	4	5	6	7	8	9	10	11	12	13	14	15	16	17	18	19	20	21	22	23	24	25	26	27	28	29	30	31
요일		月	火	水	木	金	土	日	月	火	水	木	金	土	日	月	火	水	木	金	土	日	月	火	水	木	金	土	日	月	火	水
음력		8/15	16	17	18	19	20	21	22	23	24	25	26	27	28	29	30	9/1	2	3	4	5	6	7	8	9	10	11	12	13	14	15
일진		丁酉	戊戌	己亥	庚子	辛丑	壬寅	癸卯	甲辰	乙巳	丙午	丁未	戊申	己酉	庚戌	辛亥	壬子	癸丑	甲寅	乙卯	丙辰	丁巳	戊午	己未	庚申	辛酉	壬戌	癸亥	甲子	乙丑	丙寅	丁卯
대운	남	8	8	9	9	9	10	10	한로	1	1	1	1	2	2	2	3	3	3	4	4	4	5	상강	5	6	6	6	7	7	7	8
	여	2	2	2	1	1	1	1		10	9	9	9	8	8	8	7	7	7	6	6	6	5		5	4	4	4	3	3	3	2

양력 11월 입동절(己亥月) 立冬 11월7일 17시37분 小雪 11월22일 15시0분

양력		1	2	3	4	5	6	7	8	9	10	11	12	13	14	15	16	17	18	19	20	21	22	23	24	25	26	27	28	29	30
요일		木	金	土	日	月	火	水	木	金	土	日	月	火	水	木	金	土	日	月	火	水	木	金	土	日	月	火	水	木	金
음력		9/16	17	18	19	20	21	22	23	24	25	26	27	28	29	10/1	2	3	4	5	6	7	8	9	10	11	12	13	14	15	16
일진		戊辰	己巳	庚午	辛未	壬申	癸酉	甲戌	乙亥	丙子	丁丑	戊寅	己卯	庚辰	辛巳	壬午	癸未	甲申	乙酉	丙戌	丁亥	戊子	己丑	庚寅	辛卯	壬辰	癸巳	甲午	乙未	丙申	丁酉
대운	남	8	8	9	9	9	10	입동	1	1	1	1	2	2	2	3	3	3	4	4	4	5	소설	5	6	6	6	7	7	7	8
	여	2	2	1	1	1	1		10	9	9	9	8	8	8	7	7	7	6	6	6	5		5	4	4	4	3	3	3	2

양력 12월 대설절(庚子月) 大雪 12월7일 10시29분 冬至 12월22일 4시21분

양력		1	2	3	4	5	6	7	8	9	10	11	12	13	14	15	16	17	18	19	20	21	22	23	24	25	26	27	28	29	30	31
요일		土	日	月	火	水	木	金	土	日	月	火	水	木	金	土	日	月	火	水	木	金	土	日	月	火	水	木	金	土	日	月
음력		10/17	18	19	20	21	22	23	24	25	26	27	28	29	30	11/1	2	3	4	5	6	7	8	9	10	11	12	13	14	15	16	17
일진		戊戌	己亥	庚子	辛丑	壬寅	癸卯	甲辰	乙巳	丙午	丁未	戊申	己酉	庚戌	辛亥	壬子	癸丑	甲寅	乙卯	丙辰	丁巳	戊午	己未	庚申	辛酉	壬戌	癸亥	甲子	乙丑	丙寅	丁卯	戊辰
대운	남	8	8	9	9	9	10	대설	1	1	1	1	2	2	2	3	3	3	4	4	4	5	동지	5	6	6	6	7	7	7	8	8
	여	2	2	1	1	1	1		9	9	9	8	8	8	7	7	7	6	6	6	5	5		4	4	4	3	3	3	2	2	2

서기 2002년 [단기 4335년]

양력 1월 소한절(辛丑月) 小寒 1월5일 21시43분 大寒 1월20일 15시2분

양력	1	2	3	4	5	6	7	8	9	10	11	12	13	14	15	16	17	18	19	20	21	22	23	24	25	26	27	28	29	30	31
요일	火	水	木	金	土	日	月	火	水	木	金	土	日	月	火	水	木	金	土	日	月	火	水	木	金	土	日	月	火	水	木
음력	11/18	19	20	21	22	23	24	25	26	27	28	29	12/1	2	3	4	5	6	7	8	9	10	11	12	13	14	15	16	17	18	19
일진	己巳	庚午	辛未	壬申	癸酉	甲戌	乙亥	丙子	丁丑	戊寅	己卯	庚辰	辛巳	壬午	癸未	甲申	乙酉	丙戌	丁亥	戊子	己丑	庚寅	辛卯	壬辰	癸巳	甲午	乙未	丙申	丁酉	戊戌	己亥
대운 남	8	9	9	9	소한	1	1	1	1	2	2	2	3	3	3	4	4	4	5	대한	5	6	6	6	7	7	7	8	8	8	9
대운 여	1	1	1	1		10	9	9	9	8	8	8	7	7	7	6	6	6	5		5	4	4	4	3	3	3	2	2	2	1

양력 2월 입춘절(壬寅月) 立春 2월4일 9시24분 雨水 2월19일 5시13분

양력	1	2	3	4	5	6	7	8	9	10	11	12	13	14	15	16	17	18	19	20	21	22	23	24	25	26	27	28			
요일	金	土	日	月	火	水	木	金	土	日	月	火	水	木	金	土	日	月	火	水	木	金	土	日	月	火	水	木			
음력	12/20	21	22	23	24	25	26	27	28	29	30	1/1	2	3	4	5	6	7	8	9	10	11	12	13	14	15	16	17			
일진	庚子	辛丑	壬寅	癸卯	甲辰	乙巳	丙午	丁未	戊申	己酉	庚戌	辛亥	壬子	癸丑	甲寅	乙卯	丙辰	丁巳	戊午	己未	庚申	辛酉	壬戌	癸亥	甲子	乙丑	丙寅	丁卯			
대운 남	9	9	10	입춘	10	9	9	9	8	8	8	7	7	7	6	6	6	5	우수	5	4	4	4	3	3	3	2	2			
대운 여	1	1	1		1	1	1	1	2	2	2	3	3	3	4	4	4	5		5	6	6	6	7	7	7	8	8			

양력 3월 경칩절(癸卯月) 驚蟄 3월6일 3시28분 春分 3월21일 4시16분

양력	1	2	3	4	5	6	7	8	9	10	11	12	13	14	15	16	17	18	19	20	21	22	23	24	25	26	27	28	29	30	31
요일	金	土	日	月	火	水	木	金	土	日	月	火	水	木	金	土	日	月	火	水	木	金	土	日	月	火	水	木	金	土	日
음력	1/18	19	20	21	22	23	24	25	26	27	28	29	30	2/1	2	3	4	5	6	7	8	9	10	11	12	13	14	15	16	17	18
일진	戊辰	己巳	庚午	辛未	壬申	癸酉	甲戌	乙亥	丙子	丁丑	戊寅	己卯	庚辰	辛巳	壬午	癸未	甲申	乙酉	丙戌	丁亥	戊子	己丑	庚寅	辛卯	壬辰	癸巳	甲午	乙未	丙申	丁酉	戊戌
대운 남	2	1	1	1	1	경칩	10	9	9	9	8	8	8	7	7	7	6	6	6	5	춘분	5	4	4	4	3	3	3	2	2	2
대운 여	8	9	9	9	10		1	1	1	1	2	2	2	3	3	3	4	4	4	5		5	6	6	6	7	7	7	8	8	8

양력 4월 청명절(甲辰月) 清明 4월5일 8시18분 穀雨 4월20일 15시20분

양력	1	2	3	4	5	6	7	8	9	10	11	12	13	14	15	16	17	18	19	20	21	22	23	24	25	26	27	28	29	30	
요일	月	火	水	木	金	土	日	月	火	水	木	金	土	日	月	火	水	木	金	土	日	月	火	水	木	金	土	日	月	火	
음력	2/19	20	21	22	23	24	25	26	27	28	29	30	3/1	2	3	4	5	6	7	8	9	10	11	12	13	14	15	16	17	18	
일진	己亥	庚子	辛丑	壬寅	癸卯	甲辰	乙巳	丙午	丁未	戊申	己酉	庚戌	辛亥	壬子	癸丑	甲寅	乙卯	丙辰	丁巳	戊午	己未	庚申	辛酉	壬戌	癸亥	甲子	乙丑	丙寅	丁卯	戊辰	
대운 남	1	1	1	1	청명	10	10	9	9	9	8	8	8	7	7	7	6	6	6	곡우	5	5	4	4	4	3	3	3	2	2	
대운 여	9	9	9	10		1	1	1	1	2	2	2	3	3	3	4	4	4	5		5	6	6	6	7	7	7	8	8	8	

양력 5월 입하절(乙巳月) 立夏 5월6일 1시37분 小滿 5월21일 14시29분

양력	1	2	3	4	5	6	7	8	9	10	11	12	13	14	15	16	17	18	19	20	21	22	23	24	25	26	27	28	29	30	31
요일	水	木	金	土	日	月	火	水	木	金	土	日	月	火	水	木	金	土	日	月	火	水	木	金	土	日	月	火	水	木	金
음력	3/19	20	21	22	23	24	25	26	27	28	29	4/1	2	3	4	5	6	7	8	9	10	11	12	13	14	15	16	17	18	19	20
일진	己巳	庚午	辛未	壬申	癸酉	甲戌	乙亥	丙子	丁丑	戊寅	己卯	庚辰	辛巳	壬午	癸未	甲申	乙酉	丙戌	丁亥	戊子	己丑	庚寅	辛卯	壬辰	癸巳	甲午	乙未	丙申	丁酉	戊戌	己亥
대운 남	2	1	1	1	1	입하	10	10	9	9	9	8	8	8	7	7	7	6	6	6	소만	5	5	4	4	4	3	3	3	2	2
대운 여	9	9	9	10	10		1	1	1	1	2	2	2	3	3	3	4	4	4	5		5	6	6	6	7	7	7	8	8	8

양력 6월 망종절(丙午月) 芒種 6월6일 5시45분 夏至 6월21일 22시24분

양력	1	2	3	4	5	6	7	8	9	10	11	12	13	14	15	16	17	18	19	20	21	22	23	24	25	26	27	28	29	30	
요일	土	日	月	火	水	木	金	土	日	月	火	水	木	金	土	日	月	火	水	木	金	土	日	月	火	水	木	金	土	日	
음력	4/21	22	23	24	25	26	27	28	29	30	5/1	2	3	4	5	6	7	8	9	10	11	12	13	14	15	16	17	18	19	20	
일진	庚子	辛丑	壬寅	癸卯	甲辰	乙巳	丙午	丁未	戊申	己酉	庚戌	辛亥	壬子	癸丑	甲寅	乙卯	丙辰	丁巳	戊午	己未	庚申	辛酉	壬戌	癸亥	甲子	乙丑	丙寅	丁卯	戊辰	己巳	
대운 남	2	1	1	1	1	망종	10	10	9	9	9	8	8	8	7	7	7	6	6	6	하지	5	5	4	4	4	3	3	3	2	
대운 여	9	9	9	10	10		1	1	1	1	2	2	2	3	3	3	4	4	4	5		5	6	6	6	7	7	7	8	8	

壬午年

양력 7월 소서절(丁未月) 小暑 7월7일 15시56분 大暑 7월23일 9시15분

양력	1	2	3	4	5	6	7	8	9	10	11	12	13	14	15	16	17	18	19	20	21	22	23	24	25	26	27	28	29	30	31
요일	月	火	水	木	金	土	日	月	火	水	木	金	土	日	月	火	水	木	金	土	日	月	火	水	木	金	土	日	月	火	水
음력	5/21	22	23	24	25	26	27	28	29	6/1	2	3	4	5	6	7	8	9	10	11	12	13	14	15	16	17	18	19	20	21	22
일진	庚午	辛未	壬申	癸酉	甲戌	乙亥	丙子	丁丑	戊寅	己卯	庚辰	辛巳	壬午	癸未	甲申	乙酉	丙戌	丁亥	戊子	己丑	庚寅	辛卯	壬辰	癸巳	甲午	乙未	丙申	丁酉	戊戌	己亥	庚子
대운 남	2	2	1	1	1	1	소	10	10	10	9	9	9	8	8	8	7	7	7	6	6	6	대	5	5	4	4	4	3	3	3
대운 여	8	9	9	9	10	10	서	1	1	1	1	2	2	2	3	3	3	4	4	4	5	5	서	6	6	6	7	7	7	8	8

양력 8월 입추절(戊申月) 立秋 8월8일 1시39분 處暑 8월23일 16시17분

양력	1	2	3	4	5	6	7	8	9	10	11	12	13	14	15	16	17	18	19	20	21	22	23	24	25	26	27	28	29	30	31
요일	木	金	土	日	月	火	水	木	金	土	日	月	火	水	木	金	土	日	月	火	水	木	金	土	日	月	火	水	木	金	土
음력	6/23	24	25	26	27	28	29	30	7/1	2	3	4	5	6	7	8	9	10	11	12	13	14	15	16	17	18	19	20	21	22	23
일진	辛丑	壬寅	癸卯	甲辰	乙巳	丙午	丁未	戊申	己酉	庚戌	辛亥	壬子	癸丑	甲寅	乙卯	丙辰	丁巳	戊午	己未	庚申	辛酉	壬戌	癸亥	甲子	乙丑	丙寅	丁卯	戊辰	己巳	庚午	辛未
대운 남	2	2	2	1	1	1	1	입	10	10	9	9	9	8	8	8	7	7	7	6	6	6	처	5	5	4	4	4	3	3	3
대운 여	8	9	9	9	10	10	10	추	1	1	1	1	2	2	2	3	3	3	4	4	4	5	서	5	6	6	6	7	7	7	8

양력 9월 백로절(己酉月) 白露 9월8일 4시31분 秋分 9월23일 13시55분

양력	1	2	3	4	5	6	7	8	9	10	11	12	13	14	15	16	17	18	19	20	21	22	23	24	25	26	27	28	29	30
요일	日	月	火	水	木	金	土	日	月	火	水	木	金	土	日	月	火	水	木	金	土	日	月	火	水	木	金	土	日	月
음력	7/24	25	26	27	28	29	8/1	2	3	4	5	6	7	8	9	10	11	12	13	14	15	16	17	18	19	20	21	22	23	24
일진	壬申	癸酉	甲戌	乙亥	丙子	丁丑	戊寅	己卯	庚辰	辛巳	壬午	癸未	甲申	乙酉	丙戌	丁亥	戊子	己丑	庚寅	辛卯	壬辰	癸巳	甲午	乙未	丙申	丁酉	戊戌	己亥	庚子	辛丑
대운 남	2	2	2	1	1	1	1	백	10	9	9	9	8	8	8	7	7	7	6	6	6	5	추	5	4	4	4	3	3	3
대운 여	8	8	9	9	9	10	10	로	1	1	1	1	2	2	2	3	3	3	4	4	4	5	분	5	6	6	6	7	7	7

양력 10월 한로절(庚戌月) 寒露 10월8일 20시9분 霜降 10월23일 23시18분

양력	1	2	3	4	5	6	7	8	9	10	11	12	13	14	15	16	17	18	19	20	21	22	23	24	25	26	27	28	29	30	31
요일	火	水	木	金	土	日	月	火	水	木	金	土	日	月	火	水	木	金	土	日	月	火	水	木	金	土	日	月	火	水	木
음력	8/25	26	27	28	29	9/1	2	3	4	5	6	7	8	9	10	11	12	13	14	15	16	17	18	19	20	21	22	23	24	25	26
일진	壬寅	癸卯	甲辰	乙巳	丙午	丁未	戊申	己酉	庚戌	辛亥	壬子	癸丑	甲寅	乙卯	丙辰	丁巳	戊午	己未	庚申	辛酉	壬戌	癸亥	甲子	乙丑	丙寅	丁卯	戊辰	己巳	庚午	辛未	壬申
대운 남	2	2	2	1	1	1	1	한	10	9	9	9	8	8	8	7	7	7	6	6	6	5	상	5	4	4	4	3	3	3	2
대운 여	8	8	8	9	9	9	10	로	1	1	1	1	2	2	2	3	3	3	4	4	4	5	강	5	6	6	6	7	7	7	8

양력 11월 입동절(辛亥月) 立冬 11월7일 23시22분 小雪 11월22일 20시54분

양력	1	2	3	4	5	6	7	8	9	10	11	12	13	14	15	16	17	18	19	20	21	22	23	24	25	26	27	28	29	30
요일	金	土	日	月	火	水	木	金	土	日	月	火	水	木	金	土	日	月	火	水	木	金	土	日	月	火	水	木	金	土
음력	9/27	28	29	30	10/1	2	3	4	5	6	7	8	9	10	11	12	13	14	15	16	17	18	19	20	21	22	23	24	25	26
일진	癸酉	甲戌	乙亥	丙子	丁丑	戊寅	己卯	庚辰	辛巳	壬午	癸未	甲申	乙酉	丙戌	丁亥	戊子	己丑	庚寅	辛卯	壬辰	癸巳	甲午	乙未	丙申	丁酉	戊戌	己亥	庚子	辛丑	壬寅
대운 남	2	2	1	1	1	1	입	10	9	9	9	8	8	8	7	7	7	6	6	6	5	소	5	4	4	4	3	3	3	2
대운 여	8	8	9	9	9	10	동	1	1	1	1	2	2	2	3	3	3	4	4	4	5	설	5	6	6	6	7	7	7	8

양력 12월 대설절(壬子月) 大雪 12월7일 16시14분 冬至 12월22일 10시14분

양력	1	2	3	4	5	6	7	8	9	10	11	12	13	14	15	16	17	18	19	20	21	22	23	24	25	26	27	28	29	30	31
요일	日	月	火	水	木	金	土	日	月	火	水	木	金	土	日	月	火	水	木	金	土	日	月	火	水	木	金	土	日	月	火
음력	10/27	28	29	11/1	2	3	4	5	6	7	8	9	10	11	12	13	14	15	16	17	18	19	20	21	22	23	24	25	26	27	28
일진	癸卯	甲辰	乙巳	丙午	丁未	戊申	己酉	庚戌	辛亥	壬子	癸丑	甲寅	乙卯	丙辰	丁巳	戊午	己未	庚申	辛酉	壬戌	癸亥	甲子	乙丑	丙寅	丁卯	戊辰	己巳	庚午	辛未	壬申	癸酉
대운 남	2	2	1	1	1	1	대	10	9	9	9	8	8	8	7	7	7	6	6	6	5	동	5	4	4	4	3	3	3	2	2
대운 여	8	8	9	9	9	10	설	1	1	1	1	2	2	2	3	3	3	4	4	4	5	지	5	6	6	6	7	7	7	8	8

서기 2003년 [단기 4336년]

양력 1월 소한절(癸丑月) 小寒 1월6일 3시28분 大寒 1월20일 20시53분

양력	1	2	3	4	5	6	7	8	9	10	11	12	13	14	15	16	17	18	19	20	21	22	23	24	25	26	27	28	29	30	31
요일	水	木	金	土	日	月	火	水	木	金	土	日	月	火	水	木	金	土	日	月	火	水	木	金	土	日	月	火	水	木	金
음력	11/29	30	12/1	2	3	4	5	6	7	8	9	10	11	12	13	14	15	16	17	18	19	20	21	22	23	24	25	26	27	28	29
일진	甲戌	乙亥	丙子	丁丑	戊寅	己卯	庚辰	辛巳	壬午	癸未	甲申	乙酉	丙戌	丁亥	戊子	己丑	庚寅	辛卯	壬辰	癸巳	甲午	乙未	丙申	丁酉	戊戌	己亥	庚子	辛丑	壬寅	癸卯	甲辰
대운 남	2	1	1	1	1	소	9	9	9	8	8	8	7	7	7	6	6	6	5	대	5	4	4	4	3	3	3	2	2	2	1
대운 여	8	9	9	9	10	한	1	1	1	1	2	2	2	3	3	3	4	4	4	한	5	5	6	6	6	7	7	7	8	8	8

양력 2월 입춘절(甲寅月) 立春 2월4일 15시5분 雨水 2월19일 11시0분

양력	1	2	3	4	5	6	7	8	9	10	11	12	13	14	15	16	17	18	19	20	21	22	23	24	25	26	27	28
요일	土	日	月	火	水	木	金	土	日	月	火	水	木	金	土	日	月	火	水	木	金	土	日	月	火	水	木	金
음력	1/1	2	3	4	5	6	7	8	9	10	11	12	13	14	15	16	17	18	19	20	21	22	23	24	25	26	27	28
일진	乙巳	丙午	丁未	戊申	己酉	庚戌	辛亥	壬子	癸丑	甲寅	乙卯	丙辰	丁巳	戊午	己未	庚申	辛酉	壬戌	癸亥	甲子	乙丑	丙寅	丁卯	戊辰	己巳	庚午	辛未	壬申
대운 남	1	1	1	입	1	1	1	1	2	2	2	3	3	3	4	4	4	5	우	5	6	6	6	7	7	7	8	8
대운 여	9	9	9	춘	10	9	9	9	8	8	8	7	7	7	6	6	6	5	수	5	4	4	4	3	3	3	2	2

양력 3월 경칩절(乙卯月) 驚蟄 3월6일 9시5분 春分 3월21일 10시0분

양력	1	2	3	4	5	6	7	8	9	10	11	12	13	14	15	16	17	18	19	20	21	22	23	24	25	26	27	28	29	30	31
요일	土	日	月	火	水	木	金	土	日	月	火	水	木	金	土	日	月	火	水	木	金	土	日	月	火	水	木	金	土	日	月
음력	1/29	30	2/1	2	3	4	5	6	7	8	9	10	11	12	13	14	15	16	17	18	19	20	21	22	23	24	25	26	27	28	29
일진	癸酉	甲戌	乙亥	丙子	丁丑	戊寅	己卯	庚辰	辛巳	壬午	癸未	甲申	乙酉	丙戌	丁亥	戊子	己丑	庚寅	辛卯	壬辰	癸巳	甲午	乙未	丙申	丁酉	戊戌	己亥	庚子	辛丑	壬寅	癸卯
대운 남	8	9	9	9	10	경	1	1	1	1	2	2	2	3	3	3	4	4	4	5	춘	5	6	6	6	7	7	7	8	8	8
대운 여	2	1	1	1	1	칩	10	9	9	9	8	8	8	7	7	7	6	6	6	5	분	5	4	4	4	3	3	3	2	2	2

양력 4월 청명절(丙辰月) 淸明 4월5일 13시52분 穀雨 4월20일 21시3분

양력	1	2	3	4	5	6	7	8	9	10	11	12	13	14	15	16	17	18	19	20	21	22	23	24	25	26	27	28	29	30
요일	火	水	木	金	土	日	月	火	水	木	金	土	日	月	火	水	木	金	土	日	月	火	水	木	金	土	日	月	火	水
음력	2/30	3/1	2	3	4	5	6	7	8	9	10	11	12	13	14	15	16	17	18	19	20	21	22	23	24	25	26	27	28	29
일진	甲辰	乙巳	丙午	丁未	戊申	己酉	庚戌	辛亥	壬子	癸丑	甲寅	乙卯	丙辰	丁巳	戊午	己未	庚申	辛酉	壬戌	癸亥	甲子	乙丑	丙寅	丁卯	戊辰	己巳	庚午	辛未	壬申	癸酉
대운 남	9	9	9	10	청	1	1	1	1	2	2	2	3	3	3	4	4	4	5	곡	5	6	6	6	7	7	7	8	8	8
대운 여	1	1	1	1	명	10	10	9	9	9	8	8	8	7	7	7	6	6	6	우	5	5	4	4	4	3	3	3	2	2

양력 5월 입하절(丁巳月) 立夏 5월6일 7시10분 小滿 5월21일 20시12분

양력	1	2	3	4	5	6	7	8	9	10	11	12	13	14	15	16	17	18	19	20	21	22	23	24	25	26	27	28	29	30	31
요일	木	金	土	日	月	火	水	木	金	土	日	月	火	水	木	金	土	日	月	火	水	木	金	土	日	月	火	水	木	金	土
음력	4/1	2	3	4	5	6	7	8	9	10	11	12	13	14	15	16	17	18	19	20	21	22	23	24	25	26	27	28	29	30	5/1
일진	甲戌	乙亥	丙子	丁丑	戊寅	己卯	庚辰	辛巳	壬午	癸未	甲申	乙酉	丙戌	丁亥	戊子	己丑	庚寅	辛卯	壬辰	癸巳	甲午	乙未	丙申	丁酉	戊戌	己亥	庚子	辛丑	壬寅	癸卯	甲辰
대운 남	9	9	9	10	10	입	1	1	1	1	2	2	2	3	3	3	4	4	4	5	소	5	6	6	6	7	7	7	8	8	8
대운 여	2	1	1	1	1	하	10	10	9	9	9	8	8	8	7	7	7	6	6	6	만	5	5	4	4	4	3	3	3	2	2

양력 6월 망종절(戊午月) 芒種 6월6일 11시20분 夏至 6월22일 4시10분

양력	1	2	3	4	5	6	7	8	9	10	11	12	13	14	15	16	17	18	19	20	21	22	23	24	25	26	27	28	29	30
요일	日	月	火	水	木	金	土	日	月	火	水	木	金	土	日	月	火	水	木	金	土	日	月	火	水	木	金	土	日	月
음력	5/2	3	4	5	6	7	8	9	10	11	12	13	14	15	16	17	18	19	20	21	22	23	24	25	26	27	28	29	30	6/1
일진	乙巳	丙午	丁未	戊申	己酉	庚戌	辛亥	壬子	癸丑	甲寅	乙卯	丙辰	丁巳	戊午	己未	庚申	辛酉	壬戌	癸亥	甲子	乙丑	丙寅	丁卯	戊辰	己巳	庚午	辛未	壬申	癸酉	甲戌
대운 남	9	9	9	10	10	망	1	1	1	1	2	2	2	3	3	3	4	4	4	5	5	하	6	6	6	7	7	7	8	8
대운 여	2	1	1	1	1	종	10	10	9	9	9	8	8	8	7	7	7	6	6	6	5	지	5	4	4	4	3	3	3	2

癸未年

양력 7월 소서절(己未月) 小暑 7월7일 21시36분 大暑 7월23일 15시4분

양력	1	2	3	4	5	6	7	8	9	10	11	12	13	14	15	16	17	18	19	20	21	22	23	24	25	26	27	28	29	30	31
요일	火	水	木	金	土	日	月	火	水	木	金	土	日	月	火	水	木	金	土	日	月	火	水	木	金	土	日	月	火	水	木
음력	6/2	3	4	5	6	7	8	9	10	11	12	13	14	15	16	17	18	19	20	21	22	23	24	25	26	27	28	29	7/1	2	3
일진	乙亥	丙子	丁丑	戊寅	己卯	庚辰	辛巳	壬午	癸未	甲申	乙酉	丙戌	丁亥	戊子	己丑	庚寅	辛卯	壬辰	癸巳	甲午	乙未	丙申	丁酉	戊戌	己亥	庚子	辛丑	壬寅	癸卯	甲辰	乙巳
대운 남	8	9	9	9	10	10	소서	1	1	1	1	2	2	2	3	3	3	4	4	4	5	5	대서	6	6	6	7	7	7	8	8
대운 여	2	2	1	1	1	1		10	10	10	9	9	9	8	8	8	7	7	7	6	6	6		5	5	4	4	4	3	3	3

양력 8월 입추절(庚申月) 立秋 8월8일 7시24분 處暑 8월23일 22시8분

양력	1	2	3	4	5	6	7	8	9	10	11	12	13	14	15	16	17	18	19	20	21	22	23	24	25	26	27	28	29	30	31
요일	金	土	日	月	火	水	木	金	土	日	月	火	水	木	金	土	日	月	火	水	木	金	土	日	月	火	水	木	金	土	日
음력	7/4	5	6	7	8	9	10	11	12	13	14	15	16	17	18	19	20	21	22	23	24	25	26	27	28	29	30	8/1	2	3	4
일진	丙午	丁未	戊申	己酉	庚戌	辛亥	壬子	癸丑	甲寅	乙卯	丙辰	丁巳	戊午	己未	庚申	辛酉	壬戌	癸亥	甲子	乙丑	丙寅	丁卯	戊辰	己巳	庚午	辛未	壬申	癸酉	甲戌	乙亥	丙子
대운 남	8	9	9	9	10	10	10	입추	1	1	1	1	2	2	2	3	3	3	4	4	4	5	처서	5	6	6	6	7	7	7	8
대운 여	2	2	2	1	1	1	1		10	10	9	9	9	8	8	8	7	7	7	6	6	6		5	5	4	4	4	3	3	3

양력 9월 백로절(辛酉月) 白露 9월8일 10시20분 秋分 9월23일 19시47분

양력	1	2	3	4	5	6	7	8	9	10	11	12	13	14	15	16	17	18	19	20	21	22	23	24	25	26	27	28	29	30
요일	月	火	水	木	金	土	日	月	火	水	木	金	土	日	月	火	水	木	金	土	日	月	火	水	木	金	土	日	月	火
음력	8/5	6	7	8	9	10	11	12	13	14	15	16	17	18	19	20	21	22	23	24	25	26	27	28	29	9/1	2	3	4	5
일진	丁丑	戊寅	己卯	庚辰	辛巳	壬午	癸未	甲申	乙酉	丙戌	丁亥	戊子	己丑	庚寅	辛卯	壬辰	癸巳	甲午	乙未	丙申	丁酉	戊戌	己亥	庚子	辛丑	壬寅	癸卯	甲辰	乙巳	丙午
대운 남	8	8	9	9	9	10	10	백로	1	1	1	1	2	2	2	3	3	3	4	4	4	5	추분	5	6	6	6	7	7	7
대운 여	2	2	2	1	1	1	1		10	10	9	9	9	8	8	8	7	7	7	6	6	6		5	5	4	4	4	3	3

양력 10월 한로절(壬戌月) 寒露 10월9일 2시0분 霜降 10월24일 5시8분

양력	1	2	3	4	5	6	7	8	9	10	11	12	13	14	15	16	17	18	19	20	21	22	23	24	25	26	27	28	29	30	31
요일	水	木	金	土	日	月	火	水	木	金	土	日	月	火	水	木	金	土	日	月	火	水	木	金	土	日	月	火	水	木	金
음력	9/6	7	8	9	10	11	12	13	14	15	16	17	18	19	20	21	22	23	24	25	26	27	28	29	10/1	2	3	4	5	6	7
일진	丁未	戊申	己酉	庚戌	辛亥	壬子	癸丑	甲寅	乙卯	丙辰	丁巳	戊午	己未	庚申	辛酉	壬戌	癸亥	甲子	乙丑	丙寅	丁卯	戊辰	己巳	庚午	辛未	壬申	癸酉	甲戌	乙亥	丙子	丁丑
대운 남	8	8	8	9	9	9	10	10	한로	1	1	1	1	2	2	2	3	3	3	4	4	4	5	상강	5	6	6	6	7	7	7
대운 여	3	2	2	2	1	1	1	1		10	9	9	9	8	8	8	7	7	7	6	6	6	5		5	4	4	4	3	3	3

양력 11월 입동절(癸亥月) 立冬 11월8일 5시13분 小雪 11월23일 2시43분

양력	1	2	3	4	5	6	7	8	9	10	11	12	13	14	15	16	17	18	19	20	21	22	23	24	25	26	27	28	29	30
요일	土	日	月	火	水	木	金	土	日	月	火	水	木	金	土	日	月	火	水	木	金	土	日	月	火	水	木	金	土	日
음력	10/8	9	10	11	12	13	14	15	16	17	18	19	20	21	22	23	24	25	26	27	28	29	30	11/1	2	3	4	5	6	7
일진	戊寅	己卯	庚辰	辛巳	壬午	癸未	甲申	乙酉	丙戌	丁亥	戊子	己丑	庚寅	辛卯	壬辰	癸巳	甲午	乙未	丙申	丁酉	戊戌	己亥	庚子	辛丑	壬寅	癸卯	甲辰	乙巳	丙午	丁未
대운 남	8	8	8	9	9	9	10	입동	1	1	1	1	2	2	2	3	3	3	4	4	4	5	소설	5	6	6	6	7	7	7
대운 여	2	2	2	1	1	1	1		9	9	9	8	8	8	7	7	7	6	6	6	5	5		4	4	4	3	3	3	2

양력 12월 대설절(甲子月) 大雪 12월7일 22시5분 冬至 12월22일 16시4분

양력	1	2	3	4	5	6	7	8	9	10	11	12	13	14	15	16	17	18	19	20	21	22	23	24	25	26	27	28	29	30	31
요일	月	火	水	木	金	土	日	月	火	水	木	金	土	日	月	火	水	木	金	土	日	月	火	水	木	金	土	日	月	火	水
음력	11/8	9	10	11	12	13	14	15	16	17	18	19	20	21	22	23	24	25	26	27	28	29	12/1	2	3	4	5	6	7	8	9
일진	戊申	己酉	庚戌	辛亥	壬子	癸丑	甲寅	乙卯	丙辰	丁巳	戊午	己未	庚申	辛酉	壬戌	癸亥	甲子	乙丑	丙寅	丁卯	戊辰	己巳	庚午	辛未	壬申	癸酉	甲戌	乙亥	丙子	丁丑	戊寅
대운 남	8	8	8	9	9	9	대설	1	1	1	1	2	2	2	3	3	3	4	4	4	5	동지	5	6	6	6	7	7	7	8	8
대운 여	2	2	1	1	1	1		10	9	9	9	8	8	8	7	7	7	6	6	6	5		5	4	4	4	3	3	3	2	2

서기 2004년 [단기 4337년]

양력 1월 소한절(乙丑月) 小寒 1월6일 9시19분 大寒 1월21일 2시42분

양력		1	2	3	4	5	6	7	8	9	10	11	12	13	14	15	16	17	18	19	20	21	22	23	24	25	26	27	28	29	30	31
요일		木	金	土	日	月	火	水	木	金	土	日	月	火	水	木	金	土	日	月	火	水	木	金	土	日	月	火	水	木	金	土
음력		12/10	11	12	13	14	15	16	17	18	19	20	21	22	23	24	25	26	27	28	29	30	1/1	2	3	4	5	6	7	8	9	10
일진		己卯	庚辰	辛巳	壬午	癸未	甲申	乙酉	丙戌	丁亥	戊子	己丑	庚寅	辛卯	壬辰	癸巳	甲午	乙未	丙申	丁酉	戊戌	己亥	庚子	辛丑	壬寅	癸卯	甲辰	乙巳	丙午	丁未	戊申	己酉
대운	남	8	9	9	9	10	소한	1	1	1	1	2	2	2	3	3	3	4	4	4	5	대한	5	6	6	6	7	7	7	8	8	8
	여	2	1	1	1	1		9	9	9	8	8	8	7	7	7	6	6	6	5	5		4	4	4	3	3	3	2	2	2	1

양력 2월 입춘절(丙寅月) 立春 2월4일 20시56분 雨水 2월19일 16시50분

양력		1	2	3	4	5	6	7	8	9	10	11	12	13	14	15	16	17	18	19	20	21	22	23	24	25	26	27	28	29		
요일		日	月	火	水	木	金	土	日	月	火	水	木	金	土	日	月	火	水	木	金	土	日	月	火	水	木	金	土	日		
음력		1/11	12	13	14	15	16	17	18	19	20	21	22	23	24	25	26	27	28	29	2/1	2	3	4	5	6	7	8	9	10		
일진		庚戌	辛亥	壬子	癸丑	甲寅	乙卯	丙辰	丁巳	戊午	己未	庚申	辛酉	壬戌	癸亥	甲子	乙丑	丙寅	丁卯	戊辰	己巳	庚午	辛未	壬申	癸酉	甲戌	乙亥	丙子	丁丑	戊寅		
대운	남	9	9	9	입춘	10	9	9	9	8	8	8	7	7	7	6	6	6	5	우수	5	4	4	4	3	3	3	2	2	2		
	여	1	1	1		1	1	1	1	2	2	2	3	3	3	4	4	4	5		5	6	6	6	7	7	7	8	8	8		

양력 3월 경칩절(丁卯月) 驚蟄 3월5일 14시56분 春分 3월20일 15시49분

양력		1	2	3	4	5	6	7	8	9	10	11	12	13	14	15	16	17	18	19	20	21	22	23	24	25	26	27	28	29	30	31
요일		月	火	水	木	金	土	日	月	火	水	木	金	土	日	月	火	水	木	金	土	日	月	火	水	木	金	土	日	月	火	水
음력		2/11	12	13	14	15	16	17	18	19	20	21	22	23	24	25	26	27	28	29	30	윤1	2	3	4	5	6	7	8	9	10	11
일진		己卯	庚辰	辛巳	壬午	癸未	甲申	乙酉	丙戌	丁亥	戊子	己丑	庚寅	辛卯	壬辰	癸巳	甲午	乙未	丙申	丁酉	戊戌	己亥	庚子	辛丑	壬寅	癸卯	甲辰	乙巳	丙午	丁未	戊申	己酉
대운	남	1	1	1	1	경칩	10	9	9	9	8	8	8	7	7	7	6	6	6	5	춘분	5	4	4	4	3	3	3	2	2	2	1
	여	9	9	9	10		1	1	1	1	2	2	2	3	3	3	4	4	4	5		5	6	6	6	7	7	7	8	8	8	9

양력 4월 청명절(戊辰月) 清明 4월4일 19시43분 穀雨 4월20일 2시50분

양력		1	2	3	4	5	6	7	8	9	10	11	12	13	14	15	16	17	18	19	20	21	22	23	24	25	26	27	28	29	30	
요일		木	金	土	日	月	火	水	木	金	土	日	月	火	水	木	金	土	日	月	火	水	木	金	土	日	月	火	水	木	金	
음력		윤12	13	14	15	16	17	18	19	20	21	22	23	24	25	26	27	28	29	3/1	2	3	4	5	6	7	8	9	10	11	12	
일진		庚戌	辛亥	壬子	癸丑	甲寅	乙卯	丙辰	丁巳	戊午	己未	庚申	辛酉	壬戌	癸亥	甲子	乙丑	丙寅	丁卯	戊辰	己巳	庚午	辛未	壬申	癸酉	甲戌	乙亥	丙子	丁丑	戊寅	己卯	
대운	남	1	1	1	청명	10	10	9	9	9	8	8	8	7	7	7	6	6	6	5	곡우	5	4	4	4	3	3	3	2	2	2	
	여	9	9	10		1	1	1	1	2	2	2	3	3	3	4	4	4	5	5		6	6	6	7	7	7	8	8	8	9	

양력 5월 입하절(己巳月) 立夏 5월5일 13시2분 小滿 5월21일 1시59분

양력		1	2	3	4	5	6	7	8	9	10	11	12	13	14	15	16	17	18	19	20	21	22	23	24	25	26	27	28	29	30	31
요일		土	日	月	火	水	木	金	土	日	月	火	水	木	金	土	日	月	火	水	木	金	土	日	月	火	水	木	金	土	日	月
음력		3/13	14	15	16	17	18	19	20	21	22	23	24	25	26	27	28	29	30	4/1	2	3	4	5	6	7	8	9	10	11	12	13
일진		庚辰	辛巳	壬午	癸未	甲申	乙酉	丙戌	丁亥	戊子	己丑	庚寅	辛卯	壬辰	癸巳	甲午	乙未	丙申	丁酉	戊戌	己亥	庚子	辛丑	壬寅	癸卯	甲辰	乙巳	丙午	丁未	戊申	己酉	庚戌
대운	남	1	1	1	1	입하	10	10	9	9	9	8	8	8	7	7	7	6	6	6	5	소만	5	4	4	4	3	3	3	2	2	2
	여	9	9	10	10		1	1	1	1	2	2	2	3	3	3	4	4	4	5	5		6	6	6	7	7	7	8	8	8	9

양력 6월 망종절(庚午月) 芒種 6월5일 17시14분 夏至 6월21일 9시57분

양력		1	2	3	4	5	6	7	8	9	10	11	12	13	14	15	16	17	18	19	20	21	22	23	24	25	26	27	28	29	30	
요일		火	水	木	金	土	日	月	火	水	木	金	土	日	月	火	水	木	金	土	日	月	火	水	木	金	土	日	月	火	水	
음력		4/14	15	16	17	18	19	20	21	22	23	24	25	26	27	28	29	30	5/1	2	3	4	5	6	7	8	9	10	11	12	13	
일진		辛亥	壬子	癸丑	甲寅	乙卯	丙辰	丁巳	戊午	己未	庚申	辛酉	壬戌	癸亥	甲子	乙丑	丙寅	丁卯	戊辰	己巳	庚午	辛未	壬申	癸酉	甲戌	乙亥	丙子	丁丑	戊寅	己卯	庚辰	
대운	남	1	1	1	1	망종	10	10	10	9	9	9	8	8	8	7	7	7	6	6	6	하지	5	5	4	4	4	3	3	3	2	
	여	9	9	10	10		1	1	1	1	2	2	2	3	3	3	4	4	4	5	5		6	6	6	7	7	7	8	8	8	

▶윤달-2월

甲申年

양력 7월 소서절(辛未月) 小暑 7월7일 3시31분 大暑 7월22일 20시50분

양력	1	2	3	4	5	6	7	8	9	10	11	12	13	14	15	16	17	18	19	20	21	22	23	24	25	26	27	28	29	30	31
요일	木	金	土	日	月	火	水	木	金	土	日	月	火	水	木	金	土	日	月	火	水	木	金	土	日	月	火	水	木	金	土
음력	5/14	15	16	17	18	19	20	21	22	23	24	25	26	27	28	29	6/1	2	3	4	5	6	7	8	9	10	11	12	13	14	15
일진	辛巳	壬午	癸未	甲申	乙酉	丙戌	丁亥	戊子	己丑	庚寅	辛卯	壬辰	癸巳	甲午	乙未	丙申	丁酉	戊戌	己亥	庚子	辛丑	壬寅	癸卯	甲辰	乙巳	丙午	丁未	戊申	己酉	庚戌	辛亥
대운 남	2	2	1	1	1	1	소	10	10	9	9	9	8	8	8	7	7	7	6	6	6	대	5	5	4	4	4	3	3	3	2
대운 여	9	9	9	10	10	10	서	1	1	1	1	2	2	2	3	3	3	4	4	4	5	서	5	6	6	6	7	7	7	8	8

양력 8월 입추절(壬申月) 立秋 8월7일 13시20분 處暑 8월23일 3시53분

양력	1	2	3	4	5	6	7	8	9	10	11	12	13	14	15	16	17	18	19	20	21	22	23	24	25	26	27	28	29	30	31
요일	日	月	火	水	木	金	土	日	月	火	水	木	金	土	日	月	火	水	木	金	土	日	月	火	水	木	金	土	日	月	火
음력	6/16	17	18	19	20	21	22	23	24	25	26	27	28	29	30	7/1	2	3	4	5	6	7	8	9	10	11	12	13	14	15	16
일진	壬子	癸丑	甲寅	乙卯	丙辰	丁巳	戊午	己未	庚申	辛酉	壬戌	癸亥	甲子	乙丑	丙寅	丁卯	戊辰	己巳	庚午	辛未	壬申	癸酉	甲戌	乙亥	丙子	丁丑	戊寅	己卯	庚辰	辛巳	壬午
대운 남	2	2	1	1	1	1	입	10	10	9	9	9	8	8	8	7	7	7	6	6	6	5	처	5	4	4	4	3	3	3	2
대운 여	8	9	9	9	10	10	추	1	1	1	1	2	2	2	3	3	3	4	4	4	5	5	서	6	6	6	7	7	7	8	8

양력 9월 백로절(癸酉月) 白露 9월7일 16시13분 秋分 9월23일 1시30분

양력	1	2	3	4	5	6	7	8	9	10	11	12	13	14	15	16	17	18	19	20	21	22	23	24	25	26	27	28	29	30	
요일	水	木	金	土	日	月	火	水	木	金	土	日	月	火	水	木	金	土	日	月	火	水	木	金	土	日	月	火	水	木	
음력	7/17	18	19	20	21	22	23	24	25	26	27	28	29	8/1	2	3	4	5	6	7	8	9	10	11	12	13	14	15	16	17	
일진	癸未	甲申	乙酉	丙戌	丁亥	戊子	己丑	庚寅	辛卯	壬辰	癸巳	甲午	乙未	丙申	丁酉	戊戌	己亥	庚子	辛丑	壬寅	癸卯	甲辰	乙巳	丙午	丁未	戊申	己酉	庚戌	辛亥	壬子	
대운 남	2	2	1	1	1	1	백	10	10	9	9	9	8	8	8	7	7	7	6	6	6	5	추	5	4	4	4	3	3	3	
대운 여	8	9	9	9	10	10	로	1	1	1	1	2	2	2	3	3	3	4	4	4	5	5	분	6	6	6	7	7	7	8	

양력 10월 한로절(甲戌月) 寒露 10월8일 7시49분 霜降 10월23일 10시49분

양력	1	2	3	4	5	6	7	8	9	10	11	12	13	14	15	16	17	18	19	20	21	22	23	24	25	26	27	28	29	30	31
요일	金	土	日	月	火	水	木	金	土	日	月	火	水	木	金	土	日	月	火	水	木	金	土	日	月	火	水	木	金	土	日
음력	8/18	19	20	21	22	23	24	25	26	27	28	29	30	9/1	2	3	4	5	6	7	8	9	10	11	12	13	14	15	16	17	18
일진	癸丑	甲寅	乙卯	丙辰	丁巳	戊午	己未	庚申	辛酉	壬戌	癸亥	甲子	乙丑	丙寅	丁卯	戊辰	己巳	庚午	辛未	壬申	癸酉	甲戌	乙亥	丙子	丁丑	戊寅	己卯	庚辰	辛巳	壬午	癸未
대운 남	2	2	2	1	1	1	1	한	10	9	9	9	8	8	8	7	7	7	6	6	6	5	상	5	4	4	4	3	3	3	2
대운 여	8	8	9	9	9	10	10	로	1	1	1	1	2	2	2	3	3	3	4	4	4	5	강	5	6	6	6	7	7	7	8

양력 11월 입동절(乙亥月) 立冬 11월7일 10시59분 小雪 11월22일 8시22분

양력	1	2	3	4	5	6	7	8	9	10	11	12	13	14	15	16	17	18	19	20	21	22	23	24	25	26	27	28	29	30	
요일	月	火	水	木	金	土	日	月	火	水	木	金	土	日	月	火	水	木	金	土	日	月	火	水	木	金	土	日	月	火	
음력	9/19	20	21	22	23	24	25	26	27	28	29	10/1	2	3	4	5	6	7	8	9	10	11	12	13	14	15	16	17	18	19	
일진	甲申	乙酉	丙戌	丁亥	戊子	己丑	庚寅	辛卯	壬辰	癸巳	甲午	乙未	丙申	丁酉	戊戌	己亥	庚子	辛丑	壬寅	癸卯	甲辰	乙巳	丙午	丁未	戊申	己酉	庚戌	辛亥	壬子	癸丑	
대운 남	2	2	1	1	1	1	입	10	9	9	9	8	8	8	7	7	7	6	6	6	5	소	5	4	4	4	3	3	3	2	
대운 여	8	8	9	9	9	10	동	1	1	1	1	2	2	2	3	3	3	4	4	4	5	설	5	6	6	6	7	7	7	8	

양력 12월 대설절(丙子月) 大雪 12월7일 3시49분 冬至 12월21일 21시42분

양력	1	2	3	4	5	6	7	8	9	10	11	12	13	14	15	16	17	18	19	20	21	22	23	24	25	26	27	28	29	30	31
요일	水	木	金	土	日	月	火	水	木	金	土	日	月	火	水	木	金	土	日	月	火	水	木	金	土	日	月	火	水	木	金
음력	10/20	21	22	23	24	25	26	27	28	29	30	11/1	2	3	4	5	6	7	8	9	10	11	12	13	14	15	16	17	18	19	20
일진	甲寅	乙卯	丙辰	丁巳	戊午	己未	庚申	辛酉	壬戌	癸亥	甲子	乙丑	丙寅	丁卯	戊辰	己巳	庚午	辛未	壬申	癸酉	甲戌	乙亥	丙子	丁丑	戊寅	己卯	庚辰	辛巳	壬午	癸未	甲申
대운 남	2	2	1	1	1	1	대	9	9	9	8	8	8	7	7	7	6	6	6	5	동	5	4	4	4	3	3	3	2	2	2
대운 여	8	8	9	9	9	10	설	1	1	1	1	2	2	2	3	3	3	4	4	4	지	5	5	6	6	6	7	7	7	8	8

서기 2005년 [단기 4338년]

양력 1월　소한절(丁丑月)　小寒 1월5일 15시3분　大寒 1월20일 8시22분

양력	1	2	3	4	5	6	7	8	9	10	11	12	13	14	15	16	17	18	19	20	21	22	23	24	25	26	27	28	29	30	31
요일	土	日	月	火	水	木	金	土	日	月	火	水	木	金	土	日	月	火	水	木	金	土	日	月	火	水	木	金	土	日	月
음력	11/21	22	23	24	25	26	27	28	29	12/1	2	3	4	5	6	7	8	9	10	11	12	13	14	15	16	17	18	19	20	21	22
일진	乙酉	丙戌	丁亥	戊子	己丑	庚寅	辛卯	壬辰	癸巳	甲午	乙未	丙申	丁酉	戊戌	己亥	庚子	辛丑	壬寅	癸卯	甲辰	乙巳	丙午	丁未	戊申	己酉	庚戌	辛亥	壬子	癸丑	甲寅	乙卯
대운 남	1	1	1	1	소	10	9	9	9	8	8	8	7	7	7	6	6	6	5	대	5	4	4	4	3	3	3	2	2	2	1
대운 여	8	9	9	9	한	1	1	1	1	2	2	2	3	3	3	4	4	4	5	한	5	6	6	6	7	7	7	8	8	8	9

양력 2월　입춘절(戊寅月)　立春 2월4일 2시43분　雨水 2월18일 22시32분

양력	1	2	3	4	5	6	7	8	9	10	11	12	13	14	15	16	17	18	19	20	21	22	23	24	25	26	27	28			
요일	火	水	木	金	土	日	月	火	水	木	金	土	日	月	火	水	木	金	土	日	月	火	水	木	金	土	日	月			
음력	12/23	24	25	26	27	28	29	30	1/1	2	3	4	5	6	7	8	9	10	11	12	13	14	15	16	17	18	19	20			
일진	丙辰	丁巳	戊午	己未	庚申	辛酉	壬戌	癸亥	甲子	乙丑	丙寅	丁卯	戊辰	己巳	庚午	辛未	壬申	癸酉	甲戌	乙亥	丙子	丁丑	戊寅	己卯	庚辰	辛巳	壬午	癸未			
대운 남	1	1	1	입	1	1	1	1	2	2	2	3	3	3	4	4	4	우	5	5	6	6	6	7	7	7	8	8			
대운 여	9	9	10	춘	9	9	9	8	8	8	7	7	7	6	6	6	5	수	5	4	4	4	3	3	3	2	2	2			

양력 3월　경칩절(己卯月)　驚蟄 3월5일 20시45분　春分 3월20일 21시33분

양력	1	2	3	4	5	6	7	8	9	10	11	12	13	14	15	16	17	18	19	20	21	22	23	24	25	26	27	28	29	30	31
요일	火	水	木	金	土	日	月	火	水	木	金	土	日	月	火	水	木	金	土	日	月	火	水	木	金	土	日	月	火	水	木
음력	1/21	22	23	24	25	26	27	28	29	2/1	2	3	4	5	6	7	8	9	10	11	12	13	14	15	16	17	18	19	20	21	22
일진	甲申	乙酉	丙戌	丁亥	戊子	己丑	庚寅	辛卯	壬辰	癸巳	甲午	乙未	丙申	丁酉	戊戌	己亥	庚子	辛丑	壬寅	癸卯	甲辰	乙巳	丙午	丁未	戊申	己酉	庚戌	辛亥	壬子	癸丑	甲寅
대운 남	8	9	9	9	경	1	1	1	1	2	2	2	3	3	3	4	4	4	5	춘	5	6	6	6	7	7	7	8	8	8	9
대운 여	1	1	1	1	칩	10	10	9	9	9	8	8	8	7	7	7	6	6	6	분	5	5	4	4	4	3	3	3	2	2	2

양력 4월　청명절(庚辰月)　淸明 4월5일 1시34분　穀雨 4월20일 8시37분

양력	1	2	3	4	5	6	7	8	9	10	11	12	13	14	15	16	17	18	19	20	21	22	23	24	25	26	27	28	29	30	
요일	金	土	日	月	火	水	木	金	土	日	月	火	水	木	金	土	日	月	火	水	木	金	土	日	月	火	水	木	金	土	
음력	2/23	24	25	26	27	28	29	30	3/1	2	3	4	5	6	7	8	9	10	11	12	13	14	15	16	17	18	19	20	21	22	
일진	乙卯	丙辰	丁巳	戊午	己未	庚申	辛酉	壬戌	癸亥	甲子	乙丑	丙寅	丁卯	戊辰	己巳	庚午	辛未	壬申	癸酉	甲戌	乙亥	丙子	丁丑	戊寅	己卯	庚辰	辛巳	壬午	癸未	甲申	
대운 남	9	9	10	10	청	1	1	1	1	2	2	2	3	3	3	4	4	4	5	곡	5	6	6	6	7	7	7	8	8	8	
대운 여	1	1	1	1	명	10	9	9	9	8	8	8	7	7	7	6	6	6	5	우	5	4	4	4	3	3	3	2	2	2	

양력 5월　입하절(辛巳月)　立夏 5월5일 18시53분　小滿 5월21일 7시47분

양력	1	2	3	4	5	6	7	8	9	10	11	12	13	14	15	16	17	18	19	20	21	22	23	24	25	26	27	28	29	30	31
요일	日	月	火	水	木	金	土	日	月	火	水	木	金	土	日	月	火	水	木	金	土	日	月	火	水	木	金	土	日	月	火
음력	3/23	24	25	26	27	28	29	4/1	2	3	4	5	6	7	8	9	10	11	12	13	14	15	16	17	18	19	20	21	22	23	24
일진	乙酉	丙戌	丁亥	戊子	己丑	庚寅	辛卯	壬辰	癸巳	甲午	乙未	丙申	丁酉	戊戌	己亥	庚子	辛丑	壬寅	癸卯	甲辰	乙巳	丙午	丁未	戊申	己酉	庚戌	辛亥	壬子	癸丑	甲寅	乙卯
대운 남	9	9	9	10	입	1	1	1	1	2	2	2	3	3	3	4	4	4	5	5	소	6	6	6	7	7	7	8	8	8	9
대운 여	1	1	1	1	하	10	10	9	9	9	8	8	8	7	7	7	6	6	6	5	만	5	4	4	4	3	3	3	2	2	2

양력 6월　망종절(壬午月)　芒種 6월5일 23시2분　夏至 6월21일 15시46분

양력	1	2	3	4	5	6	7	8	9	10	11	12	13	14	15	16	17	18	19	20	21	22	23	24	25	26	27	28	29	30	
요일	水	木	金	土	日	月	火	水	木	金	土	日	月	火	水	木	金	土	日	月	火	水	木	金	土	日	月	火	水	木	
음력	4/25	26	27	28	29	30	5/1	2	3	4	5	6	7	8	9	10	11	12	13	14	15	16	17	18	19	20	21	22	23	24	
일진	丙辰	丁巳	戊午	己未	庚申	辛酉	壬戌	癸亥	甲子	乙丑	丙寅	丁卯	戊辰	己巳	庚午	辛未	壬申	癸酉	甲戌	乙亥	丙子	丁丑	戊寅	己卯	庚辰	辛巳	壬午	癸未	甲申	乙酉	
대운 남	9	9	10	10	망	1	1	1	1	2	2	2	3	3	3	4	4	4	5	5	하	6	6	6	7	7	7	8	8	8	
대운 여	1	1	1	1	종	10	10	10	9	9	9	8	8	8	7	7	7	6	6	6	지	5	5	4	4	4	3	3	3	2	

乙酉年

양력 7월 소서절(癸未月) 小暑 7월7일 9시17분 大暑 7월23일 2시41분

양력		1	2	3	4	5	6	7	8	9	10	11	12	13	14	15	16	17	18	19	20	21	22	23	24	25	26	27	28	29	30	31
요일		金	土	日	月	火	水	木	金	土	日	月	火	水	木	金	土	日	月	火	水	木	金	土	日	月	火	水	木	金	土	日
음력		5/25	26	27	28	29	6/1	2	3	4	5	6	7	8	9	10	11	12	13	14	15	16	17	18	19	20	21	22	23	24	25	26
일진		丙戌	丁亥	戊子	己丑	庚寅	辛卯	壬辰	癸巳	甲午	乙未	丙申	丁酉	戊戌	己亥	庚子	辛丑	壬寅	癸卯	甲辰	乙巳	丙午	丁未	戊申	己酉	庚戌	辛亥	壬子	癸丑	甲寅	乙卯	丙辰
대운	남	9	9	9	10	10	10	소서	1	1	1	1	2	2	2	3	3	3	4	4	4	5	5	대서	6	6	6	7	7	7	8	8
	여	2	2	1	1	1	1		10	10	9	9	9	8	8	8	7	7	7	6	6	6	5		5	4	4	4	3	3	3	2

양력 8월 입추절(甲申月) 立秋 8월7일 19시3분 處暑 8월23일 9시45분

양력		1	2	3	4	5	6	7	8	9	10	11	12	13	14	15	16	17	18	19	20	21	22	23	24	25	26	27	28	29	30	31
요일		月	火	水	木	金	土	日	月	火	水	木	金	土	日	月	火	水	木	金	土	日	月	火	水	木	金	土	日	月	火	水
음력		6/27	28	29	30	7/1	2	3	4	5	6	7	8	9	10	11	12	13	14	15	16	17	18	19	20	21	22	23	24	25	26	27
일진		丁巳	戊午	己未	庚申	辛酉	壬戌	癸亥	甲子	乙丑	丙寅	丁卯	戊辰	己巳	庚午	辛未	壬申	癸酉	甲戌	乙亥	丙子	丁丑	戊寅	己卯	庚辰	辛巳	壬午	癸未	甲申	乙酉	丙戌	丁亥
대운	남	8	9	9	9	10	10	입추	1	1	1	1	2	2	2	3	3	3	4	4	4	5	5	처서	6	6	6	7	7	7	8	8
	여	2	2	1	1	1	1		10	10	9	9	9	8	8	8	7	7	7	6	6	6	5		5	4	4	4	3	3	3	2

양력 9월 백로절(乙酉月) 白露 9월7일 21시57분 秋分 9월23일 7시23분

양력		1	2	3	4	5	6	7	8	9	10	11	12	13	14	15	16	17	18	19	20	21	22	23	24	25	26	27	28	29	30
요일		木	金	土	日	月	火	水	木	金	土	日	月	火	水	木	金	土	日	月	火	水	木	金	土	日	月	火	水	木	金
음력		7/28	29	30	8/1	2	3	4	5	6	7	8	9	10	11	12	13	14	15	16	17	18	19	20	21	22	23	24	25	26	27
일진		戊子	己丑	庚寅	辛卯	壬辰	癸巳	甲午	乙未	丙申	丁酉	戊戌	己亥	庚子	辛丑	壬寅	癸卯	甲辰	乙巳	丙午	丁未	戊申	己酉	庚戌	辛亥	壬子	癸丑	甲寅	乙卯	丙辰	丁巳
대운	남	8	9	9	9	10	10	백로	1	1	1	1	2	2	2	3	3	3	4	4	4	5	5	추분	6	6	6	7	7	7	8
	여	2	2	1	1	1	1		10	10	9	9	9	8	8	8	7	7	7	6	6	6	5		5	4	4	4	3	3	3

양력 10월 한로절(丙戌月) 寒露 10월8일 13시33분 霜降 10월23일 16시42분

양력		1	2	3	4	5	6	7	8	9	10	11	12	13	14	15	16	17	18	19	20	21	22	23	24	25	26	27	28	29	30	31
요일		土	日	月	火	水	木	金	土	日	月	火	水	木	金	土	日	月	火	水	木	金	土	日	月	火	水	木	金	土	日	月
음력		8/28	29	9/1	2	3	4	5	6	7	8	9	10	11	12	13	14	15	16	17	18	19	20	21	22	23	24	25	26	27	28	29
일진		戊午	己未	庚申	辛酉	壬戌	癸亥	甲子	乙丑	丙寅	丁卯	戊辰	己巳	庚午	辛未	壬申	癸酉	甲戌	乙亥	丙子	丁丑	戊寅	己卯	庚辰	辛巳	壬午	癸未	甲申	乙酉	丙戌	丁亥	戊子
대운	남	8	8	9	9	9	10	10	한로	1	1	1	1	2	2	2	3	3	3	4	4	4	5	상강	5	6	6	6	7	7	7	8
	여	2	2	2	1	1	1	1		10	9	9	9	8	8	8	7	7	7	6	6	6	5		5	4	4	4	3	3	3	2

양력 11월 입동절(丁亥月) 立冬 11월7일 16시42분 小雪 11월22일 14시15분

양력		1	2	3	4	5	6	7	8	9	10	11	12	13	14	15	16	17	18	19	20	21	22	23	24	25	26	27	28	29	30
요일		火	水	木	金	土	日	月	火	水	木	金	土	日	月	火	水	木	金	土	日	月	火	水	木	金	土	日	月	火	水
음력		9/30	10/1	2	3	4	5	6	7	8	9	10	11	12	13	14	15	16	17	18	19	20	21	22	23	24	25	26	27	28	29
일진		己丑	庚寅	辛卯	壬辰	癸巳	甲午	乙未	丙申	丁酉	戊戌	己亥	庚子	辛丑	壬寅	癸卯	甲辰	乙巳	丙午	丁未	戊申	己酉	庚戌	辛亥	壬子	癸丑	甲寅	乙卯	丙辰	丁巳	戊午
대운	남	8	8	9	9	9	10	입동	1	1	1	1	2	2	2	3	3	3	4	4	4	5	소설	5	6	6	6	7	7	7	8
	여	2	2	1	1	1	1		10	9	9	9	8	8	8	7	7	7	6	6	6	5		5	4	4	4	3	3	3	2

양력 12월 대설절(戊子月) 大雪 12월7일 9시33분 冬至 12월22일 3시35분

양력		1	2	3	4	5	6	7	8	9	10	11	12	13	14	15	16	17	18	19	20	21	22	23	24	25	26	27	28	29	30	31
요일		木	金	土	日	月	火	水	木	金	土	日	月	火	水	木	金	土	日	月	火	水	木	金	土	日	月	火	水	木	金	土
음력		10/30	11/1	2	3	4	5	6	7	8	9	10	11	12	13	14	15	16	17	18	19	20	21	22	23	24	25	26	27	28	29	12/1
일진		己未	庚申	辛酉	壬戌	癸亥	甲子	乙丑	丙寅	丁卯	戊辰	己巳	庚午	辛未	壬申	癸酉	甲戌	乙亥	丙子	丁丑	戊寅	己卯	庚辰	辛巳	壬午	癸未	甲申	乙酉	丙戌	丁亥	戊子	己丑
대운	남	8	8	9	9	9	10	대설	1	1	1	1	2	2	2	3	3	3	4	4	4	5	동지	5	6	6	6	7	7	7	8	8
	여	2	2	1	1	1	1		9	9	9	8	8	8	7	7	7	6	6	6	5	5		4	4	4	3	3	3	2	2	2

서기 2006년 [단기 4339년]

양력 1월 소한절(己丑月) 小寒 1월5일 20시47분 大寒 1월20일 14시15분

양력	1	2	3	4	5	6	7	8	9	10	11	12	13	14	15	16	17	18	19	20	21	22	23	24	25	26	27	28	29	30	31
요일	日	月	火	水	木	金	土	日	月	火	水	木	金	土	日	月	火	水	木	金	土	日	月	火	水	木	金	土	日	月	火
음력	12/2	3	4	5	6	7	8	9	10	11	12	13	14	15	16	17	18	19	20	21	22	23	24	25	26	27	28	29	1/1	2	3
일진	庚寅	辛卯	壬辰	癸巳	甲午	乙未	丙申	丁酉	戊戌	己亥	庚子	辛丑	壬寅	癸卯	甲辰	乙巳	丙午	丁未	戊申	己酉	庚戌	辛亥	壬子	癸丑	甲寅	乙卯	丙辰	丁巳	戊午	己未	庚申
대운 남	8	9	9	9	소한	1	1	1	1	2	2	2	3	3	3	4	4	4	5	대한	5	6	6	6	7	7	7	8	8	8	9
대운 여	1	1	1	1		10	9	9	9	8	8	8	7	7	7	6	6	6	5		5	4	4	4	3	3	3	2	2	2	1

양력 2월 입춘절(庚寅月) 立春 2월4일 8시27분 雨水 2월19일 4시26분

양력	1	2	3	4	5	6	7	8	9	10	11	12	13	14	15	16	17	18	19	20	21	22	23	24	25	26	27	28
요일	水	木	金	土	日	月	火	水	木	金	土	日	月	火	水	木	金	土	日	月	火	水	木	金	土	日	月	火
음력	1/4	5	6	7	8	9	10	11	12	13	14	15	16	17	18	19	20	21	22	23	24	25	26	27	28	29	30	2/1
일진	辛酉	壬戌	癸亥	甲子	乙丑	丙寅	丁卯	戊辰	己巳	庚午	辛未	壬申	癸酉	甲戌	乙亥	丙子	丁丑	戊寅	己卯	庚辰	辛巳	壬午	癸未	甲申	乙酉	丙戌	丁亥	戊子
대운 남	9	9	10	입춘	10	9	9	9	8	8	8	7	7	7	6	6	6	5	우수	5	4	4	4	3	3	3	2	2
대운 여	1	1	1		1	1	1	1	2	2	2	3	3	3	4	4	4	5		5	6	6	6	7	7	7	8	8

양력 3월 경칩절(辛卯月) 驚蟄 3월6일 2시29분 春分 3월21일 3시26분

양력	1	2	3	4	5	6	7	8	9	10	11	12	13	14	15	16	17	18	19	20	21	22	23	24	25	26	27	28	29	30	31
요일	水	木	金	土	日	月	火	水	木	金	土	日	月	火	水	木	金	土	日	月	火	水	木	金	土	日	月	火	水	木	金
음력	2/2	3	4	5	6	7	8	9	10	11	12	13	14	15	16	17	18	19	20	21	22	23	24	25	26	27	28	29	3/1	2	3
일진	己丑	庚寅	辛卯	壬辰	癸巳	甲午	乙未	丙申	丁酉	戊戌	己亥	庚子	辛丑	壬寅	癸卯	甲辰	乙巳	丙午	丁未	戊申	己酉	庚戌	辛亥	壬子	癸丑	甲寅	乙卯	丙辰	丁巳	戊午	己未
대운 남	2	1	1	1	1	경칩	10	9	9	9	8	8	8	7	7	7	6	6	6	5	춘분	5	4	4	4	3	3	3	2	2	2
대운 여	8	9	9	9	10		1	1	1	1	2	2	2	3	3	3	4	4	4	5		5	6	6	6	7	7	7	8	8	8

양력 4월 청명절(壬辰月) 淸明 4월5일 7시15분 穀雨 4월20일 14시26분

양력	1	2	3	4	5	6	7	8	9	10	11	12	13	14	15	16	17	18	19	20	21	22	23	24	25	26	27	28	29	30
요일	土	日	月	火	水	木	金	土	日	月	火	水	木	金	土	日	月	火	水	木	金	土	日	月	火	水	木	金	土	日
음력	3/4	5	6	7	8	9	10	11	12	13	14	15	16	17	18	19	20	21	22	23	24	25	26	27	28	29	30	4/1	2	3
일진	庚申	辛酉	壬戌	癸亥	甲子	乙丑	丙寅	丁卯	戊辰	己巳	庚午	辛未	壬申	癸酉	甲戌	乙亥	丙子	丁丑	戊寅	己卯	庚辰	辛巳	壬午	癸未	甲申	乙酉	丙戌	丁亥	戊子	己丑
대운 남	1	1	1	1	청명	10	10	9	9	9	8	8	8	7	7	7	6	6	6	곡우	5	5	4	4	4	3	3	3	2	2
대운 여	9	9	9	10		1	1	1	1	2	2	2	3	3	3	4	4	4	5		5	6	6	6	7	7	7	8	8	8

양력 5월 입하절(癸巳月) 立夏 5월6일 0시31분 小滿 5월21일 13시32분

양력	1	2	3	4	5	6	7	8	9	10	11	12	13	14	15	16	17	18	19	20	21	22	23	24	25	26	27	28	29	30	31
요일	月	火	水	木	金	土	日	月	火	水	木	金	土	日	月	火	水	木	金	土	日	月	火	水	木	金	土	日	月	火	水
음력	4/4	5	6	7	8	9	10	11	12	13	14	15	16	17	18	19	20	21	22	23	24	25	26	27	28	29	5/1	2	3	4	5
일진	庚寅	辛卯	壬辰	癸巳	甲午	乙未	丙申	丁酉	戊戌	己亥	庚子	辛丑	壬寅	癸卯	甲辰	乙巳	丙午	丁未	戊申	己酉	庚戌	辛亥	壬子	癸丑	甲寅	乙卯	丙辰	丁巳	戊午	己未	庚申
대운 남	2	1	1	1	1	입하	10	10	9	9	9	8	8	8	7	7	7	6	6	6	소만	5	5	4	4	4	3	3	3	2	2
대운 여	9	9	9	10	10		1	1	1	1	2	2	2	3	3	3	4	4	4	5		5	6	6	6	7	7	7	8	8	8

양력 6월 망종절(甲午月) 芒種 6월6일 4시37분 夏至 6월21일 21시26분

양력	1	2	3	4	5	6	7	8	9	10	11	12	13	14	15	16	17	18	19	20	21	22	23	24	25	26	27	28	29	30
요일	木	金	土	日	月	火	水	木	金	土	日	月	火	水	木	金	土	日	月	火	水	木	金	土	日	月	火	水	木	金
음력	5/6	7	8	9	10	11	12	13	14	15	16	17	18	19	20	21	22	23	24	25	26	27	28	29	30	6/1	2	3	4	5
일진	辛酉	壬戌	癸亥	甲子	乙丑	丙寅	丁卯	戊辰	己巳	庚午	辛未	壬申	癸酉	甲戌	乙亥	丙子	丁丑	戊寅	己卯	庚辰	辛巳	壬午	癸未	甲申	乙酉	丙戌	丁亥	戊子	己丑	庚寅
대운 남	2	1	1	1	1	망종	10	10	9	9	9	8	8	8	7	7	7	6	6	6	하지	5	5	4	4	4	3	3	3	2
대운 여	9	9	9	10	10		1	1	1	1	2	2	2	3	3	3	4	4	4	5		5	6	6	6	7	7	7	8	8

丙戌年

양력 7월 소서절(乙未月) 小暑 7월7일 14시51분 大暑 7월23일 8시18분

양력	1	2	3	4	5	6	7	8	9	10	11	12	13	14	15	16	17	18	19	20	21	22	23	24	25	26	27	28	29	30	31
요일	土	日	月	火	水	木	金	土	日	月	火	水	木	金	土	日	月	火	水	木	金	土	日	月	火	水	木	金	土	日	月
음력	6/6	7	8	9	10	11	12	13	14	15	16	17	18	19	20	21	22	23	24	25	26	27	28	29	7/1	2	3	4	5	6	7
일진	辛卯	壬辰	癸巳	甲午	乙未	丙申	丁酉	戊戌	己亥	庚子	辛丑	壬寅	癸卯	甲辰	乙巳	丙午	丁未	戊申	己酉	庚戌	辛亥	壬子	癸丑	甲寅	乙卯	丙辰	丁巳	戊午	己未	庚申	辛酉
대운 남	2	2	1	1	1	1	소	10	10	10	9	9	9	8	8	8	7	7	7	6	6	6	대	5	5	4	4	4	3	3	3
대운 여	8	9	9	9	10	10	서	1	1	1	1	2	2	2	3	3	3	4	4	4	5	5	서	6	6	6	7	7	7	8	8

양력 8월 입추절(丙申月) 立秋 8월8일 0시41분 處暑 8월23일 15시23분

양력	1	2	3	4	5	6	7	8	9	10	11	12	13	14	15	16	17	18	19	20	21	22	23	24	25	26	27	28	29	30	31
요일	火	水	木	金	土	日	月	火	水	木	金	土	日	月	火	水	木	金	土	日	月	火	水	木	金	土	日	月	火	水	木
음력	7/8	9	10	11	12	13	14	15	16	17	18	19	20	21	22	23	24	25	26	27	28	29	30	윤1	2	3	4	5	6	7	8
일진	壬戌	癸亥	甲子	乙丑	丙寅	丁卯	戊辰	己巳	庚午	辛未	壬申	癸酉	甲戌	乙亥	丙子	丁丑	戊寅	己卯	庚辰	辛巳	壬午	癸未	甲申	乙酉	丙戌	丁亥	戊子	己丑	庚寅	辛卯	壬辰
대운 남	2	2	2	1	1	1	1	입	10	10	9	9	9	8	8	8	7	7	7	6	6	6	처	5	5	4	4	4	3	3	3
대운 여	8	9	9	9	10	10	10	추	1	1	1	1	2	2	2	3	3	3	4	4	4	5	서	5	6	6	6	7	7	7	8

양력 9월 백로절(丁酉月) 白露 9월8일 3시39분 秋分 9월23일 13시3분

양력	1	2	3	4	5	6	7	8	9	10	11	12	13	14	15	16	17	18	19	20	21	22	23	24	25	26	27	28	29	30
요일	金	土	日	月	火	水	木	金	土	日	月	火	水	木	金	土	日	月	火	水	木	金	土	日	月	火	水	木	金	土
음력	윤9	10	11	12	13	14	15	16	17	18	19	20	21	22	23	24	25	26	27	28	29	8/1	2	3	4	5	6	7	8	9
일진	癸巳	甲午	乙未	丙申	丁酉	戊戌	己亥	庚子	辛丑	壬寅	癸卯	甲辰	乙巳	丙午	丁未	戊申	己酉	庚戌	辛亥	壬子	癸丑	甲寅	乙卯	丙辰	丁巳	戊午	己未	庚申	辛酉	壬戌
대운 남	2	2	2	1	1	1	1	백	10	9	9	9	8	8	8	7	7	7	6	6	6	5	추	5	4	4	4	3	3	3
대운 여	8	8	9	9	9	10	10	로	1	1	1	1	2	2	2	3	3	3	4	4	4	5	분	5	6	6	6	7	7	7

양력 10월 한로절(戊戌月) 寒露 10월8일 19시21분 霜降 10월23일 22시26분

양력	1	2	3	4	5	6	7	8	9	10	11	12	13	14	15	16	17	18	19	20	21	22	23	24	25	26	27	28	29	30	31
요일	日	月	火	水	木	金	土	日	月	火	水	木	金	土	日	月	火	水	木	金	土	日	月	火	水	木	金	土	日	月	火
음력	8/10	11	12	13	14	15	16	17	18	19	20	21	22	23	24	25	26	27	28	29	30	9/1	2	3	4	5	6	7	8	9	10
일진	癸亥	甲子	乙丑	丙寅	丁卯	戊辰	己巳	庚午	辛未	壬申	癸酉	甲戌	乙亥	丙子	丁丑	戊寅	己卯	庚辰	辛巳	壬午	癸未	甲申	乙酉	丙戌	丁亥	戊子	己丑	庚寅	辛卯	壬辰	癸巳
대운 남	2	2	2	1	1	1	1	한	10	9	9	9	8	8	8	7	7	7	6	6	6	5	상	5	4	4	4	3	3	3	2
대운 여	8	8	8	9	9	9	10	로	1	1	1	1	2	2	2	3	3	3	4	4	4	5	강	5	6	6	6	7	7	7	8

양력 11월 입동절(己亥月) 立冬 11월7일 22시35분 小雪 11월22일 20시2분

양력	1	2	3	4	5	6	7	8	9	10	11	12	13	14	15	16	17	18	19	20	21	22	23	24	25	26	27	28	29	30
요일	水	木	金	土	日	月	火	水	木	金	土	日	月	火	水	木	金	土	日	月	火	水	木	金	土	日	月	火	水	木
음력	9/11	12	13	14	15	16	17	18	19	20	21	22	23	24	25	26	27	28	29	30	10/1	2	3	4	5	6	7	8	9	10
일진	甲午	乙未	丙申	丁酉	戊戌	己亥	庚子	辛丑	壬寅	癸卯	甲辰	乙巳	丙午	丁未	戊申	己酉	庚戌	辛亥	壬子	癸丑	甲寅	乙卯	丙辰	丁巳	戊午	己未	庚申	辛酉	壬戌	癸亥
대운 남	2	2	1	1	1	1	입	10	9	9	9	8	8	8	7	7	7	6	6	6	5	소	5	4	4	4	3	3	3	2
대운 여	8	8	9	9	9	10	동	1	1	1	1	2	2	2	3	3	3	4	4	4	5	설	5	6	6	6	7	7	7	8

양력 12월 대설절(庚子月) 大雪 12월7일 15시27분 冬至 12월22일 9시22분

양력	1	2	3	4	5	6	7	8	9	10	11	12	13	14	15	16	17	18	19	20	21	22	23	24	25	26	27	28	29	30	31
요일	金	土	日	月	火	水	木	金	土	日	月	火	水	木	金	土	日	月	火	水	木	金	土	日	月	火	水	木	金	土	日
음력	10/11	12	13	14	15	16	17	18	19	20	21	22	23	24	25	26	27	28	29	11/1	2	3	4	5	6	7	8	9	10	11	12
일진	甲子	乙丑	丙寅	丁卯	戊辰	己巳	庚午	辛未	壬申	癸酉	甲戌	乙亥	丙子	丁丑	戊寅	己卯	庚辰	辛巳	壬午	癸未	甲申	乙酉	丙戌	丁亥	戊子	己丑	庚寅	辛卯	壬辰	癸巳	甲午
대운 남	2	2	1	1	1	1	대	10	9	9	9	8	8	8	7	7	7	6	6	6	5	동	5	4	4	4	3	3	3	2	2
대운 여	8	8	9	9	9	10	설	1	1	1	1	2	2	2	3	3	3	4	4	4	5	지	5	6	6	6	7	7	7	8	8

▶윤달-7월

서기 2007년 [단기 4340년]

양력 1월　소한절(辛丑月)　小寒 1월6일 2시40분　大寒 1월20일 20시1분

양력	1	2	3	4	5	6	7	8	9	10	11	12	13	14	15	16	17	18	19	20	21	22	23	24	25	26	27	28	29	30	31
요일	月	火	水	木	金	土	日	月	火	水	木	金	土	日	月	火	水	木	金	土	日	月	火	水	木	金	土	日	月	火	水
음력	11/13	14	15	16	17	18	19	20	21	22	23	24	25	26	27	28	29	30	12/1	2	3	4	5	6	7	8	9	10	11	12	13
일진	乙未	丙申	丁酉	戊戌	己亥	庚子	辛丑	壬寅	癸卯	甲辰	乙巳	丙午	丁未	戊申	己酉	庚戌	辛亥	壬子	癸丑	甲寅	乙卯	丙辰	丁巳	戊午	己未	庚申	辛酉	壬戌	癸亥	甲子	乙丑
대운 남	2	1	1	1	1	소	9	9	9	8	8	8	7	7	7	6	6	6	5	대	5	4	4	4	3	3	3	2	2	2	1
대운 여	8	9	9	9	10	한	1	1	1	1	2	2	2	3	3	3	4	4	4	한	5	5	6	6	6	7	7	7	8	8	8

양력 2월　입춘절(壬寅月)　立春 2월4일 14시18분　雨水 2월19일 10시9분

양력	1	2	3	4	5	6	7	8	9	10	11	12	13	14	15	16	17	18	19	20	21	22	23	24	25	26	27	28			
요일	木	金	土	日	月	火	水	木	金	土	日	月	火	水	木	金	土	日	月	火	水	木	金	土	日	月	火	水			
음력	12/14	15	16	17	18	19	20	21	22	23	24	25	26	27	28	29	30	1/1	2	3	4	5	6	7	8	9	10	11			
일진	丙寅	丁卯	戊辰	己巳	庚午	辛未	壬申	癸酉	甲戌	乙亥	丙子	丁丑	戊寅	己卯	庚辰	辛巳	壬午	癸未	甲申	乙酉	丙戌	丁亥	戊子	己丑	庚寅	辛卯	壬辰	癸巳			
대운 남	1	1	1	입	1	1	1	1	2	2	2	3	3	3	4	4	4	5	우	5	6	6	6	7	7	7	8	8			
대운 여	9	9	9	춘	10	9	9	9	8	8	8	7	7	7	6	6	6	5	수	5	4	4	4	3	3	3	2	2			

양력 3월　경칩절(癸卯月)　驚蟄 3월6일 8시18분　春分 3월21일 9시7분

양력	1	2	3	4	5	6	7	8	9	10	11	12	13	14	15	16	17	18	19	20	21	22	23	24	25	26	27	28	29	30	31
요일	木	金	土	日	月	火	水	木	金	土	日	月	火	水	木	金	土	日	月	火	水	木	金	土	日	月	火	水	木	金	土
음력	1/12	13	14	15	16	17	18	19	20	21	22	23	24	25	26	27	28	29	2/1	2	3	4	5	6	7	8	9	10	11	12	13
일진	甲午	乙未	丙申	丁酉	戊戌	己亥	庚子	辛丑	壬寅	癸卯	甲辰	乙巳	丙午	丁未	戊申	己酉	庚戌	辛亥	壬子	癸丑	甲寅	乙卯	丙辰	丁巳	戊午	己未	庚申	辛酉	壬戌	癸亥	甲子
대운 남	8	9	9	9	10	경	1	1	1	1	2	2	2	3	3	3	4	4	4	5	춘	5	6	6	6	7	7	7	8	8	8
대운 여	2	1	1	1	1	칩	10	9	9	9	8	8	8	7	7	7	6	6	6	5	분	5	4	4	4	3	3	3	2	2	2

양력 4월　청명절(甲辰月)　淸明 4월5일 13시5분　穀雨 4월20일 20시7분

양력	1	2	3	4	5	6	7	8	9	10	11	12	13	14	15	16	17	18	19	20	21	22	23	24	25	26	27	28	29	30	
요일	日	月	火	水	木	金	土	日	月	火	水	木	金	土	日	月	火	水	木	金	土	日	月	火	水	木	金	土	日	月	
음력	2/14	15	16	17	18	19	20	21	22	23	24	25	26	27	28	29	3/1	2	3	4	5	6	7	8	9	10	11	12	13	14	
일진	乙丑	丙寅	丁卯	戊辰	己巳	庚午	辛未	壬申	癸酉	甲戌	乙亥	丙子	丁丑	戊寅	己卯	庚辰	辛巳	壬午	癸未	甲申	乙酉	丙戌	丁亥	戊子	己丑	庚寅	辛卯	壬辰	癸巳	甲午	
대운 남	9	9	9	10	청	1	1	1	1	2	2	2	3	3	3	4	4	4	5	곡	5	6	6	6	7	7	7	8	8	8	
대운 여	1	1	1	1	명	10	10	9	9	9	8	8	8	7	7	7	6	6	6	우	5	5	4	4	4	3	3	3	2	2	

양력 5월　입하절(乙巳月)　立夏 5월6일 6시20분　小滿 5월21일 19시12분

양력	1	2	3	4	5	6	7	8	9	10	11	12	13	14	15	16	17	18	19	20	21	22	23	24	25	26	27	28	29	30	31
요일	火	水	木	金	土	日	月	火	水	木	金	土	日	月	火	水	木	金	土	日	月	火	水	木	金	土	日	月	火	水	木
음력	3/15	16	17	18	19	20	21	22	23	24	25	26	27	28	29	30	4/1	2	3	4	5	6	7	8	9	10	11	12	13	14	15
일진	乙未	丙申	丁酉	戊戌	己亥	庚子	辛丑	壬寅	癸卯	甲辰	乙巳	丙午	丁未	戊申	己酉	庚戌	辛亥	壬子	癸丑	甲寅	乙卯	丙辰	丁巳	戊午	己未	庚申	辛酉	壬戌	癸亥	甲子	乙丑
대운 남	9	9	9	10	10	입	1	1	1	1	2	2	2	3	3	3	4	4	4	5	소	5	6	6	6	7	7	7	8	8	8
대운 여	2	1	1	1	1	하	10	10	9	9	9	8	8	8	7	7	7	6	6	6	만	5	5	4	4	4	3	3	3	2	2

양력 6월　망종절(丙午月)　芒種 6월6일 10시27분　夏至 6월22일 3시6분

양력	1	2	3	4	5	6	7	8	9	10	11	12	13	14	15	16	17	18	19	20	21	22	23	24	25	26	27	28	29	30	
요일	金	土	日	月	火	水	木	金	土	日	月	火	水	木	金	土	日	月	火	水	木	金	土	日	月	火	水	木	金	土	
음력	4/16	17	18	19	20	21	22	23	24	25	26	27	28	29	5/1	2	3	4	5	6	7	8	9	10	11	12	13	14	15	16	
일진	丙寅	丁卯	戊辰	己巳	庚午	辛未	壬申	癸酉	甲戌	乙亥	丙子	丁丑	戊寅	己卯	庚辰	辛巳	壬午	癸未	甲申	乙酉	丙戌	丁亥	戊子	己丑	庚寅	辛卯	壬辰	癸巳	甲午	乙未	
대운 남	9	9	9	10	10	망	1	1	1	1	2	2	2	3	3	3	4	4	4	5	5	하	6	6	6	7	7	7	8	8	
대운 여	2	1	1	1	1	종	10	10	9	9	9	8	8	8	7	7	7	6	6	6	5	지	5	4	4	4	3	3	3	2	

丁亥年

양력 7월 소서절(丁未月) 小暑 7월7일 20시42분 大暑 7월23일 14시0분

양력	1	2	3	4	5	6	7	8	9	10	11	12	13	14	15	16	17	18	19	20	21	22	23	24	25	26	27	28	29	30	31
요일	日	月	火	水	木	金	土	日	月	火	水	木	金	土	日	月	火	水	木	金	土	日	月	火	水	木	金	土	日	月	火
음력	5/17	18	19	20	21	22	23	24	25	26	27	28	29	6/1	2	3	4	5	6	7	8	9	10	11	12	13	14	15	16	17	18
일진	丙申	丁酉	戊戌	己亥	庚子	辛丑	壬寅	癸卯	甲辰	乙巳	丙午	丁未	戊申	己酉	庚戌	辛亥	壬子	癸丑	甲寅	乙卯	丙辰	丁巳	戊午	己未	庚申	辛酉	壬戌	癸亥	甲子	乙丑	丙寅
대운 남	8	9	9	9	10	10	소서	1	1	1	1	2	2	2	3	3	3	4	4	4	5	5	대서	6	6	6	7	7	7	8	8
대운 여	2	2	1	1	1	1		10	10	10	9	9	9	8	8	8	7	7	7	6	6	6		5	5	4	4	4	3	3	3

양력 8월 입추절(戊申月) 立秋 8월8일 6시31분 處暑 8월23일 21시8분

양력	1	2	3	4	5	6	7	8	9	10	11	12	13	14	15	16	17	18	19	20	21	22	23	24	25	26	27	28	29	30	31
요일	水	木	金	土	日	月	火	水	木	金	土	日	月	火	水	木	金	土	日	月	火	水	木	金	土	日	月	火	水	木	金
음력	6/19	20	21	22	23	24	25	26	27	28	29	30	7/1	2	3	4	5	6	7	8	9	10	11	12	13	14	15	16	17	18	19
일진	丁卯	戊辰	己巳	庚午	辛未	壬申	癸酉	甲戌	乙亥	丙子	丁丑	戊寅	己卯	庚辰	辛巳	壬午	癸未	甲申	乙酉	丙戌	丁亥	戊子	己丑	庚寅	辛卯	壬辰	癸巳	甲午	乙未	丙申	丁酉
대운 남	8	9	9	9	10	10	10	입추	1	1	1	1	2	2	2	3	3	3	4	4	4	5	처서	5	6	6	6	7	7	7	8
대운 여	2	2	2	1	1	1	1		10	10	9	9	9	8	8	8	7	7	7	6	6	6		5	5	4	4	4	3	3	3

양력 9월 백로절(己酉月) 白露 9월8일 9시29분 秋分 9월23일 18시51분

양력	1	2	3	4	5	6	7	8	9	10	11	12	13	14	15	16	17	18	19	20	21	22	23	24	25	26	27	28	29	30
요일	土	日	月	火	水	木	金	土	日	月	火	水	木	金	土	日	月	火	水	木	金	土	日	月	火	水	木	金	土	日
음력	7/20	21	22	23	24	25	26	27	28	29	8/1	2	3	4	5	6	7	8	9	10	11	12	13	14	15	16	17	18	19	20
일진	戊戌	己亥	庚子	辛丑	壬寅	癸卯	甲辰	乙巳	丙午	丁未	戊申	己酉	庚戌	辛亥	壬子	癸丑	甲寅	乙卯	丙辰	丁巳	戊午	己未	庚申	辛酉	壬戌	癸亥	甲子	乙丑	丙寅	丁卯
대운 남	8	8	9	9	9	10	10	백로	1	1	1	1	2	2	2	3	3	3	4	4	4	5	추분	5	6	6	6	7	7	7
대운 여	2	2	2	1	1	1	1		10	10	9	9	9	8	8	8	7	7	7	6	6	6		5	5	4	4	4	3	3

양력 10월 한로절(庚戌月) 寒露 10월9일 1시11분 霜降 10월24일 4시15분

양력	1	2	3	4	5	6	7	8	9	10	11	12	13	14	15	16	17	18	19	20	21	22	23	24	25	26	27	28	29	30	31
요일	月	火	水	木	金	土	日	月	火	水	木	金	土	日	月	火	水	木	金	土	日	月	火	水	木	金	土	日	月	火	水
음력	8/21	22	23	24	25	26	27	28	29	30	9/1	2	3	4	5	6	7	8	9	10	11	12	13	14	15	16	17	18	19	20	21
일진	戊辰	己巳	庚午	辛未	壬申	癸酉	甲戌	乙亥	丙子	丁丑	戊寅	己卯	庚辰	辛巳	壬午	癸未	甲申	乙酉	丙戌	丁亥	戊子	己丑	庚寅	辛卯	壬辰	癸巳	甲午	乙未	丙申	丁酉	戊戌
대운 남	8	8	8	9	9	9	10	10	한로	1	1	1	1	2	2	2	3	3	3	4	4	4	5	상강	5	6	6	6	7	7	7
대운 여	3	2	2	2	1	1	1	1		10	9	9	9	8	8	8	7	7	7	6	6	6	5		5	4	4	4	3	3	3

양력 11월 입동절(辛亥月) 立冬 11월8일 4시24분 小雪 11월23일 1시50분

양력	1	2	3	4	5	6	7	8	9	10	11	12	13	14	15	16	17	18	19	20	21	22	23	24	25	26	27	28	29	30
요일	木	金	土	日	月	火	水	木	金	土	日	月	火	水	木	金	土	日	月	火	水	木	金	土	日	月	火	水	木	金
음력	9/22	23	24	25	26	27	28	29	30	10/1	2	3	4	5	6	7	8	9	10	11	12	13	14	15	16	17	18	19	20	21
일진	己亥	庚子	辛丑	壬寅	癸卯	甲辰	乙巳	丙午	丁未	戊申	己酉	庚戌	辛亥	壬子	癸丑	甲寅	乙卯	丙辰	丁巳	戊午	己未	庚申	辛酉	壬戌	癸亥	甲子	乙丑	丙寅	丁卯	戊辰
대운 남	8	8	8	9	9	9	10	입동	1	1	1	1	2	2	2	3	3	3	4	4	4	5	소설	5	6	6	6	7	7	7
대운 여	2	2	2	1	1	1	1		9	9	9	8	8	8	7	7	7	6	6	6	5	5		4	4	4	3	3	3	2

양력 12월 대설절(壬子月) 大雪 12월7일 21시14분 冬至 12월22일 15시8분

양력	1	2	3	4	5	6	7	8	9	10	11	12	13	14	15	16	17	18	19	20	21	22	23	24	25	26	27	28	29	30	31
요일	土	日	月	火	水	木	金	土	日	月	火	水	木	金	土	日	月	火	水	木	金	土	日	月	火	水	木	金	土	日	月
음력	10/22	23	24	25	26	27	28	29	30	11/1	2	3	4	5	6	7	8	9	10	11	12	13	14	15	16	17	18	19	20	21	22
일진	己巳	庚午	辛未	壬申	癸酉	甲戌	乙亥	丙子	丁丑	戊寅	己卯	庚辰	辛巳	壬午	癸未	甲申	乙酉	丙戌	丁亥	戊子	己丑	庚寅	辛卯	壬辰	癸巳	甲午	乙未	丙申	丁酉	戊戌	己亥
대운 남	8	8	8	9	9	9	대설	1	1	1	1	2	2	2	3	3	3	4	4	4	5	동지	5	6	6	6	7	7	7	8	8
대운 여	2	2	1	1	1	1		10	9	9	9	8	8	8	7	7	7	6	6	6	5		5	4	4	4	3	3	3	2	2

서기 2008년 [단기 4341년]

양력 1월 소한절(癸丑月) 小寒 1월6일 8시25분 大寒 1월21일 1시43분

양력		1	2	3	4	5	6	7	8	9	10	11	12	13	14	15	16	17	18	19	20	21	22	23	24	25	26	27	28	29	30	31
요일		火	水	木	金	土	日	月	火	水	木	金	土	日	月	火	水	木	金	土	日	月	火	水	木	金	土	日	月	火	水	木
음력		11/23	24	25	26	27	28	29	12/1	2	3	4	5	6	7	8	9	10	11	12	13	14	15	16	17	18	19	20	21	22	23	24
일진		庚子	辛丑	壬寅	癸卯	甲辰	乙巳	丙午	丁未	戊申	己酉	庚戌	辛亥	壬子	癸丑	甲寅	乙卯	丙辰	丁巳	戊午	己未	庚申	辛酉	壬戌	癸亥	甲子	乙丑	丙寅	丁卯	戊辰	己巳	庚午
대운	남	8	9	9	9	10	소한	1	1	1	1	2	2	2	3	3	3	4	4	4	5	대한	5	6	6	6	7	7	7	8	8	8
	여	2	1	1	1	1		9	9	9	8	8	8	7	7	7	6	6	6	5	5		4	4	4	3	3	3	2	2	2	1

양력 2월 입춘절(甲寅月) 立春 2월4일 20시0분 雨水 2월19일 15시49분

양력		1	2	3	4	5	6	7	8	9	10	11	12	13	14	15	16	17	18	19	20	21	22	23	24	25	26	27	28	29		
요일		金	土	日	月	火	水	木	金	土	日	月	火	水	木	金	土	日	月	火	水	木	金	土	日	月	火	水	木	金		
음력		12/25	26	27	28	29	30	1/1	2	3	4	5	6	7	8	9	10	11	12	13	14	15	16	17	18	19	20	21	22	23		
일진		辛未	壬申	癸酉	甲戌	乙亥	丙子	丁丑	戊寅	己卯	庚辰	辛巳	壬午	癸未	甲申	乙酉	丙戌	丁亥	戊子	己丑	庚寅	辛卯	壬辰	癸巳	甲午	乙未	丙申	丁酉	戊戌	己亥		
대운	남	9	9	9	입춘	10	9	9	9	8	8	8	7	7	7	6	6	6	5	우수	5	4	4	4	3	3	3	2	2	2		
	여	1	1	1		1	1	1	1	2	2	2	3	3	3	4	4	4	5		5	6	6	6	7	7	7	8	8	8		

양력 3월 경칩절(乙卯月) 驚蟄 3월5일 13시59분 春分 3월20일 14시48분

양력		1	2	3	4	5	6	7	8	9	10	11	12	13	14	15	16	17	18	19	20	21	22	23	24	25	26	27	28	29	30	31
요일		土	日	月	火	水	木	金	土	日	月	火	水	木	金	土	日	月	火	水	木	金	土	日	月	火	水	木	金	土	日	月
음력		1/24	25	26	27	28	29	30	2/1	2	3	4	5	6	7	8	9	10	11	12	13	14	15	16	17	18	19	20	21	22	23	24
일진		庚子	辛丑	壬寅	癸卯	甲辰	乙巳	丙午	丁未	戊申	己酉	庚戌	辛亥	壬子	癸丑	甲寅	乙卯	丙辰	丁巳	戊午	己未	庚申	辛酉	壬戌	癸亥	甲子	乙丑	丙寅	丁卯	戊辰	己巳	庚午
대운	남	1	1	1	1	경칩	10	9	9	9	8	8	8	7	7	7	6	6	6	5	춘분	5	4	4	4	3	3	3	2	2	2	1
	여	9	9	9	10		1	1	1	1	2	2	2	3	3	3	4	4	4	5		5	6	6	6	7	7	7	8	8	8	9

양력 4월 청명절(丙辰月) 淸明 4월4일 18시46분 穀雨 4월20일 1시51분

양력		1	2	3	4	5	6	7	8	9	10	11	12	13	14	15	16	17	18	19	20	21	22	23	24	25	26	27	28	29	30
요일		火	水	木	金	土	日	月	火	水	木	金	土	日	月	火	水	木	金	土	日	月	火	水	木	金	土	日	月	火	水
음력		2/25	26	27	28	29	3/1	2	3	4	5	6	7	8	9	10	11	12	13	14	15	16	17	18	19	20	21	22	23	24	25
일진		辛未	壬申	癸酉	甲戌	乙亥	丙子	丁丑	戊寅	己卯	庚辰	辛巳	壬午	癸未	甲申	乙酉	丙戌	丁亥	戊子	己丑	庚寅	辛卯	壬辰	癸巳	甲午	乙未	丙申	丁酉	戊戌	己亥	庚子
대운	남	1	1	1	청명	10	10	9	9	9	8	8	8	7	7	7	6	6	6	5	곡우	5	4	4	4	3	3	3	2	2	2
	여	9	9	10		1	1	1	1	2	2	2	3	3	3	4	4	4	5	5		6	6	6	7	7	7	8	8	8	9

양력 5월 입하절(丁巳月) 立夏 5월5일 12시3분 小滿 5월21일 1시1분

양력		1	2	3	4	5	6	7	8	9	10	11	12	13	14	15	16	17	18	19	20	21	22	23	24	25	26	27	28	29	30	31
요일		木	金	土	日	月	火	水	木	金	土	日	月	火	水	木	金	土	日	月	火	水	木	金	土	日	月	火	水	木	金	土
음력		3/26	27	28	29	4/1	2	3	4	5	6	7	8	9	10	11	12	13	14	15	16	17	18	19	20	21	22	23	24	25	26	27
일진		辛丑	壬寅	癸卯	甲辰	乙巳	丙午	丁未	戊申	己酉	庚戌	辛亥	壬子	癸丑	甲寅	乙卯	丙辰	丁巳	戊午	己未	庚申	辛酉	壬戌	癸亥	甲子	乙丑	丙寅	丁卯	戊辰	己巳	庚午	辛未
대운	남	1	1	1	1	입하	10	10	9	9	9	8	8	8	7	7	7	6	6	6	5	소만	5	4	4	4	3	3	3	2	2	2
	여	9	9	10	10		1	1	1	1	2	2	2	3	3	3	4	4	4	5	5		6	6	6	7	7	7	8	8	8	9

양력 6월 망종절(戊午月) 芒種 6월5일 16시12분 夏至 6월21일 8시59분

양력		1	2	3	4	5	6	7	8	9	10	11	12	13	14	15	16	17	18	19	20	21	22	23	24	25	26	27	28	29	30
요일		日	月	火	水	木	金	土	日	月	火	水	木	金	土	日	月	火	水	木	金	土	日	月	火	水	木	金	土	日	月
음력		4/28	29	30	5/1	2	3	4	5	6	7	8	9	10	11	12	13	14	15	16	17	18	19	20	21	22	23	24	25	26	27
일진		壬申	癸酉	甲戌	乙亥	丙子	丁丑	戊寅	己卯	庚辰	辛巳	壬午	癸未	甲申	乙酉	丙戌	丁亥	戊子	己丑	庚寅	辛卯	壬辰	癸巳	甲午	乙未	丙申	丁酉	戊戌	己亥	庚子	辛丑
대운	남	1	1	1	1	망종	10	10	10	9	9	9	8	8	8	7	7	7	6	6	6	하지	5	5	4	4	4	3	3	3	2
	여	9	9	10	10		1	1	1	1	2	2	2	3	3	3	4	4	4	5	5		6	6	6	7	7	7	8	8	8

戊子年

양력 7월 소서절(己未月) 小暑 7월7일 2시27분 大暑 7월22일 19시55분

양력	1	2	3	4	5	6	7	8	9	10	11	12	13	14	15	16	17	18	19	20	21	22	23	24	25	26	27	28	29	30	31
요일	火	水	木	金	土	日	月	火	水	木	金	土	日	月	火	水	木	金	土	日	月	火	水	木	金	土	日	月	火	水	木
음력	5/28	29	6/1	2	3	4	5	6	7	8	9	10	11	12	13	14	15	16	17	18	19	20	21	22	23	24	25	26	27	28	29
일진	壬寅	癸卯	甲辰	乙巳	丙午	丁未	戊申	己酉	庚戌	辛亥	壬子	癸丑	甲寅	乙卯	丙辰	丁巳	戊午	己未	庚申	辛酉	壬戌	癸亥	甲子	乙丑	丙寅	丁卯	戊辰	己巳	庚午	辛未	壬申
대운 남	2	2	1	1	1	1	소	10	10	9	9	9	8	8	8	7	7	7	6	6	6	대	5	5	4	4	4	3	3	3	2
대운 여	9	9	9	10	10	10	서	1	1	1	1	2	2	2	3	3	3	4	4	4	5	서	5	6	6	6	7	7	7	8	8

양력 8월 입추절(庚申月) 立秋 8월7일 12시16분 處暑 8월23일 3시2분

양력	1	2	3	4	5	6	7	8	9	10	11	12	13	14	15	16	17	18	19	20	21	22	23	24	25	26	27	28	29	30	31
요일	金	土	日	月	火	水	木	金	土	日	月	火	水	木	金	土	日	月	火	水	木	金	土	日	月	火	水	木	金	土	日
음력	7/1	2	3	4	5	6	7	8	9	10	11	12	13	14	15	16	17	18	19	20	21	22	23	24	25	26	27	28	29	30	8/1
일진	癸酉	甲戌	乙亥	丙子	丁丑	戊寅	己卯	庚辰	辛巳	壬午	癸未	甲申	乙酉	丙戌	丁亥	戊子	己丑	庚寅	辛卯	壬辰	癸巳	甲午	乙未	丙申	丁酉	戊戌	己亥	庚子	辛丑	壬寅	癸卯
대운 남	2	2	1	1	1	1	입	10	10	9	9	9	8	8	8	7	7	7	6	6	6	5	처	5	4	4	4	3	3	3	2
대운 여	8	9	9	9	10	10	추	1	1	1	1	2	2	2	3	3	3	4	4	4	5	5	서	6	6	6	7	7	7	8	8

양력 9월 백로절(辛酉月) 白露 9월7일 15시14분 秋分 9월23일 0시44분

양력	1	2	3	4	5	6	7	8	9	10	11	12	13	14	15	16	17	18	19	20	21	22	23	24	25	26	27	28	29	30
요일	月	火	水	木	金	土	日	月	火	水	木	金	土	日	月	火	水	木	金	土	日	月	火	水	木	金	土	日	月	火
음력	8/2	3	4	5	6	7	8	9	10	11	12	13	14	15	16	17	18	19	20	21	22	23	24	25	26	27	28	29	9/1	2
일진	甲辰	乙巳	丙午	丁未	戊申	己酉	庚戌	辛亥	壬子	癸丑	甲寅	乙卯	丙辰	丁巳	戊午	己未	庚申	辛酉	壬戌	癸亥	甲子	乙丑	丙寅	丁卯	戊辰	己巳	庚午	辛未	壬申	癸酉
대운 남	2	2	1	1	1	1	백	10	10	9	9	9	8	8	8	7	7	7	6	6	6	5	추	5	4	4	4	3	3	3
대운 여	8	9	9	9	10	10	로	1	1	1	1	2	2	2	3	3	3	4	4	4	5	5	분	6	6	6	7	7	7	8

양력 10월 한로절(壬戌月) 寒露 10월8일 6시57분 霜降 10월23일 10시9분

양력	1	2	3	4	5	6	7	8	9	10	11	12	13	14	15	16	17	18	19	20	21	22	23	24	25	26	27	28	29	30	31
요일	水	木	金	土	日	月	火	水	木	金	土	日	月	火	水	木	金	土	日	月	火	水	木	金	土	日	月	火	水	木	金
음력	9/3	4	5	6	7	8	9	10	11	12	13	14	15	16	17	18	19	20	21	22	23	24	25	26	27	28	29	30	10/1	2	3
일진	甲戌	乙亥	丙子	丁丑	戊寅	己卯	庚辰	辛巳	壬午	癸未	甲申	乙酉	丙戌	丁亥	戊子	己丑	庚寅	辛卯	壬辰	癸巳	甲午	乙未	丙申	丁酉	戊戌	己亥	庚子	辛丑	壬寅	癸卯	甲辰
대운 남	2	2	2	1	1	1	1	한	10	9	9	9	8	8	8	7	7	7	6	6	6	5	상	5	4	4	4	3	3	3	2
대운 여	8	8	9	9	9	10	10	로	1	1	1	1	2	2	2	3	3	3	4	4	4	5	강	5	6	6	6	7	7	7	8

양력 11월 입동절(癸亥月) 立冬 11월7일 10시10분 小雪 11월22일 7시44분

양력	1	2	3	4	5	6	7	8	9	10	11	12	13	14	15	16	17	18	19	20	21	22	23	24	25	26	27	28	29	30
요일	土	日	月	火	水	木	金	土	日	月	火	水	木	金	土	日	月	火	水	木	金	土	日	月	火	水	木	金	土	日
음력	10/4	5	6	7	8	9	10	11	12	13	14	15	16	17	18	19	20	21	22	23	24	25	26	27	28	29	30	11/1	2	3
일진	乙巳	丙午	丁未	戊申	己酉	庚戌	辛亥	壬子	癸丑	甲寅	乙卯	丙辰	丁巳	戊午	己未	庚申	辛酉	壬戌	癸亥	甲子	乙丑	丙寅	丁卯	戊辰	己巳	庚午	辛未	壬申	癸酉	甲戌
대운 남	2	2	1	1	1	1	입	10	9	9	9	8	8	8	7	7	7	6	6	6	5	소	5	4	4	4	3	3	3	2
대운 여	8	8	9	9	9	10	동	1	1	1	1	2	2	2	3	3	3	4	4	4	5	설	5	6	6	6	7	7	7	8

양력 12월 대설절(甲子月) 大雪 12월7일 3시2분 冬至 12월21일 21시4분

양력	1	2	3	4	5	6	7	8	9	10	11	12	13	14	15	16	17	18	19	20	21	22	23	24	25	26	27	28	29	30	31
요일	月	火	水	木	金	土	日	月	火	水	木	金	土	日	月	火	水	木	金	土	日	月	火	水	木	金	土	日	月	火	水
음력	11/4	5	6	7	8	9	10	11	12	13	14	15	16	17	18	19	20	21	22	23	24	25	26	27	28	29	12/1	2	3	4	5
일진	乙亥	丙子	丁丑	戊寅	己卯	庚辰	辛巳	壬午	癸未	甲申	乙酉	丙戌	丁亥	戊子	己丑	庚寅	辛卯	壬辰	癸巳	甲午	乙未	丙申	丁酉	戊戌	己亥	庚子	辛丑	壬寅	癸卯	甲辰	乙巳
대운 남	2	2	1	1	1	1	대	9	9	9	8	8	8	7	7	7	6	6	6	5	동	5	4	4	4	3	3	3	2	2	2
대운 여	8	8	9	9	9	10	설	1	1	1	1	2	2	2	3	3	3	4	4	4	지	5	5	6	6	6	7	7	7	8	8

서기 2009년 [단기 4342년]

양력 1월 소한절(乙丑月) 小寒 1월5일 14시14분 大寒 1월20일 7시40분

양력	1	2	3	4	5	6	7	8	9	10	11	12	13	14	15	16	17	18	19	20	21	22	23	24	25	26	27	28	29	30	31
요일	木	金	土	日	月	火	水	木	金	土	日	月	火	水	木	金	土	日	月	火	水	木	金	土	日	月	火	水	木	金	土
음력	12/6	7	8	9	10	11	12	13	14	15	16	17	18	19	20	21	22	23	24	25	26	27	28	29	30	1/1	2	3	4	5	6
일진	丙午	丁未	戊申	己酉	庚戌	辛亥	壬子	癸丑	甲寅	乙卯	丙辰	丁巳	戊午	己未	庚申	辛酉	壬戌	癸亥	甲子	乙丑	丙寅	丁卯	戊辰	己巳	庚午	辛未	壬申	癸酉	甲戌	乙亥	丙子
대운 남	1	1	1	1	소한	10	9	9	9	8	8	8	7	7	7	6	6	6	5	대한	5	4	4	4	3	3	3	2	2	2	1
대운 여	8	9	9	9		1	1	1	1	2	2	2	3	3	3	4	4	4	5		5	6	6	6	7	7	7	8	8	8	9

양력 2월 입춘절(丙寅月) 立春 2월4일 1시50분 雨水 2월18일 21시46분

양력	1	2	3	4	5	6	7	8	9	10	11	12	13	14	15	16	17	18	19	20	21	22	23	24	25	26	27	28
요일	日	月	火	水	木	金	土	日	月	火	水	木	金	土	日	月	火	水	木	金	土	日	月	火	水	木	金	土
음력	1/7	8	9	10	11	12	13	14	15	16	17	18	19	20	21	22	23	24	25	26	27	28	29	30	2/1	2	3	4
일진	丁丑	戊寅	己卯	庚辰	辛巳	壬午	癸未	甲申	乙酉	丙戌	丁亥	戊子	己丑	庚寅	辛卯	壬辰	癸巳	甲午	乙未	丙申	丁酉	戊戌	己亥	庚子	辛丑	壬寅	癸卯	甲辰
대운 남	1	1	1	입춘	1	1	1	1	2	2	2	3	3	3	4	4	4	우수	5	5	6	6	6	7	7	7	8	8
대운 여	9	9	10		9	9	9	8	8	8	7	7	7	6	6	6	5		5	4	4	4	3	3	3	2	2	2

양력 3월 경칩절(丁卯月) 驚蟄 3월5일 19시47분 春分 3월20일 20시44분

양력	1	2	3	4	5	6	7	8	9	10	11	12	13	14	15	16	17	18	19	20	21	22	23	24	25	26	27	28	29	30	31
요일	日	月	火	水	木	金	土	日	月	火	水	木	金	土	日	月	火	水	木	金	土	日	月	火	水	木	金	土	日	月	火
음력	2/5	6	7	8	9	10	11	12	13	14	15	16	17	18	19	20	21	22	23	24	25	26	27	28	29	30	3/1	2	3	4	5
일진	乙巳	丙午	丁未	戊申	己酉	庚戌	辛亥	壬子	癸丑	甲寅	乙卯	丙辰	丁巳	戊午	己未	庚申	辛酉	壬戌	癸亥	甲子	乙丑	丙寅	丁卯	戊辰	己巳	庚午	辛未	壬申	癸酉	甲戌	乙亥
대운 남	8	9	9	9	경칩	1	1	1	1	2	2	2	3	3	3	4	4	4	5	춘분	5	6	6	6	7	7	7	8	8	8	9
대운 여	1	1	1	1		10	10	9	9	9	8	8	8	7	7	7	6	6	6		5	5	4	4	4	3	3	3	2	2	2

양력 4월 청명절(戊辰月) 清明 4월5일 0시34분 穀雨 4월20일 7시44분

양력	1	2	3	4	5	6	7	8	9	10	11	12	13	14	15	16	17	18	19	20	21	22	23	24	25	26	27	28	29	30
요일	水	木	金	土	日	月	火	水	木	金	土	日	月	火	水	木	金	土	日	月	火	水	木	金	土	日	月	火	水	木
음력	3/6	7	8	9	10	11	12	13	14	15	16	17	18	19	20	21	22	23	24	25	26	27	28	29	4/1	2	3	4	5	6
일진	丙子	丁丑	戊寅	己卯	庚辰	辛巳	壬午	癸未	甲申	乙酉	丙戌	丁亥	戊子	己丑	庚寅	辛卯	壬辰	癸巳	甲午	乙未	丙申	丁酉	戊戌	己亥	庚子	辛丑	壬寅	癸卯	甲辰	乙巳
대운 남	9	9	10	10	청명	1	1	1	1	2	2	2	3	3	3	4	4	4	5	곡우	5	6	6	6	7	7	7	8	8	8
대운 여	1	1	1	1		10	9	9	9	8	8	8	7	7	7	6	6	6	5		5	4	4	4	3	3	3	2	2	2

양력 5월 입하절(己巳月) 立夏 5월5일 17시51분 小滿 5월21일 6시51분

양력	1	2	3	4	5	6	7	8	9	10	11	12	13	14	15	16	17	18	19	20	21	22	23	24	25	26	27	28	29	30	31
요일	金	土	日	月	火	水	木	金	土	日	月	火	水	木	金	土	日	月	火	水	木	金	土	日	月	火	水	木	金	土	日
음력	4/7	8	9	10	11	12	13	14	15	16	17	18	19	20	21	22	23	24	25	26	27	28	29	5/1	2	3	4	5	6	7	8
일진	丙午	丁未	戊申	己酉	庚戌	辛亥	壬子	癸丑	甲寅	乙卯	丙辰	丁巳	戊午	己未	庚申	辛酉	壬戌	癸亥	甲子	乙丑	丙寅	丁卯	戊辰	己巳	庚午	辛未	壬申	癸酉	甲戌	乙亥	丙子
대운 남	9	9	9	10	입하	1	1	1	1	2	2	2	3	3	3	4	4	4	5	5	소만	6	6	6	7	7	7	8	8	8	9
대운 여	1	1	1	1		10	10	9	9	9	8	8	8	7	7	7	6	6	6	5		5	4	4	4	3	3	3	2	2	2

양력 6월 망종절(庚午月) 芒種 6월5일 21시59분 夏至 6월21일 14시45분

양력	1	2	3	4	5	6	7	8	9	10	11	12	13	14	15	16	17	18	19	20	21	22	23	24	25	26	27	28	29	30
요일	月	火	水	木	金	土	日	月	火	水	木	金	土	日	月	火	水	木	金	土	日	月	火	水	木	金	土	日	月	火
음력	5/9	10	11	12	13	14	15	16	17	18	19	20	21	22	23	24	25	26	27	28	29	30	윤1	2	3	4	5	6	7	8
일진	丁丑	戊寅	己卯	庚辰	辛巳	壬午	癸未	甲申	乙酉	丙戌	丁亥	戊子	己丑	庚寅	辛卯	壬辰	癸巳	甲午	乙未	丙申	丁酉	戊戌	己亥	庚子	辛丑	壬寅	癸卯	甲辰	乙巳	丙午
대운 남	9	9	10	10	망종	1	1	1	1	2	2	2	3	3	3	4	4	4	5	5	하지	6	6	6	7	7	7	8	8	8
대운 여	1	1	1	1		10	10	10	9	9	9	8	8	8	7	7	7	6	6	6		5	5	4	4	4	3	3	3	2

▶윤달-5월

己丑年

양력 7월 소서절(辛未月) 小暑 7월7일 8시13분 大暑 7월23일 1시36분

양력		1	2	3	4	5	6	7	8	9	10	11	12	13	14	15	16	17	18	19	20	21	22	23	24	25	26	27	28	29	30	31
요일		水	木	金	土	日	月	火	水	木	金	土	日	月	火	水	木	金	土	日	月	火	水	木	金	土	日	月	火	水	木	金
음력		윤9	10	11	12	13	14	15	16	17	18	19	20	21	22	23	24	25	26	27	28	29	6/1	2	3	4	5	6	7	8	9	10
일진		丁未	戊申	己酉	庚戌	辛亥	壬子	癸丑	甲寅	乙卯	丙辰	丁巳	戊午	己未	庚申	辛酉	壬戌	癸亥	甲子	乙丑	丙寅	丁卯	戊辰	己巳	庚午	辛未	壬申	癸酉	甲戌	乙亥	丙子	丁丑
대운	남	9	9	9	10	10	10	소서	1	1	1	1	2	2	2	3	3	3	4	4	4	5	5	대서	6	6	6	7	7	7	8	8
	여	2	2	1	1	1	1		10	10	9	9	9	8	8	8	7	7	7	6	6	6	5		5	4	4	4	3	3	3	2

양력 8월 입추절(壬申月) 立秋 8월7일 18시1분 處暑 8월23일 8시38분

양력		1	2	3	4	5	6	7	8	9	10	11	12	13	14	15	16	17	18	19	20	21	22	23	24	25	26	27	28	29	30	31
요일		土	日	月	火	水	木	金	土	日	月	火	水	木	金	土	日	月	火	水	木	金	土	日	月	火	水	木	金	土	日	月
음력		6/11	12	13	14	15	16	17	18	19	20	21	22	23	24	25	26	27	28	29	7/1	2	3	4	5	6	7	8	9	10	11	12
일진		戊寅	己卯	庚辰	辛巳	壬午	癸未	甲申	乙酉	丙戌	丁亥	戊子	己丑	庚寅	辛卯	壬辰	癸巳	甲午	乙未	丙申	丁酉	戊戌	己亥	庚子	辛丑	壬寅	癸卯	甲辰	乙巳	丙午	丁未	戊申
대운	남	8	9	9	9	10	10	입추	1	1	1	1	2	2	2	3	3	3	4	4	4	5	5	처서	6	6	6	7	7	7	8	8
	여	2	2	1	1	1	1		10	10	9	9	9	8	8	8	7	7	7	6	6	6	5		5	4	4	4	3	3	3	2

양력 9월 백로절(癸酉月) 白露 9월7일 20시58분 秋分 9월23일 6시19분

양력		1	2	3	4	5	6	7	8	9	10	11	12	13	14	15	16	17	18	19	20	21	22	23	24	25	26	27	28	29	30	
요일		火	水	木	金	土	日	月	火	水	木	金	土	日	月	火	水	木	金	土	日	月	火	水	木	金	土	日	月	火	水	
음력		7/13	14	15	16	17	18	19	20	21	22	23	24	25	26	27	28	29	30	8/1	2	3	4	5	6	7	8	9	10	11	12	
일진		己酉	庚戌	辛亥	壬子	癸丑	甲寅	乙卯	丙辰	丁巳	戊午	己未	庚申	辛酉	壬戌	癸亥	甲子	乙丑	丙寅	丁卯	戊辰	己巳	庚午	辛未	壬申	癸酉	甲戌	乙亥	丙子	丁丑	戊寅	
대운	남	8	9	9	9	10	10	백로	1	1	1	1	2	2	2	3	3	3	4	4	4	5	5	추분	6	6	6	7	7	7	8	
	여	2	2	1	1	1	1		10	10	9	9	9	8	8	8	7	7	7	6	6	6	5		5	4	4	4	3	3	3	

양력 10월 한로절(甲戌月) 寒露 10월8일 12시40분 霜降 10월23일 15시43분

양력		1	2	3	4	5	6	7	8	9	10	11	12	13	14	15	16	17	18	19	20	21	22	23	24	25	26	27	28	29	30	31
요일		木	金	土	日	月	火	水	木	金	土	日	月	火	水	木	金	土	日	月	火	水	木	金	土	日	月	火	水	木	金	土
음력		8/13	14	15	16	17	18	19	20	21	22	23	24	25	26	27	28	29	9/1	2	3	4	5	6	7	8	9	10	11	12	13	14
일진		己卯	庚辰	辛巳	壬午	癸未	甲申	乙酉	丙戌	丁亥	戊子	己丑	庚寅	辛卯	壬辰	癸巳	甲午	乙未	丙申	丁酉	戊戌	己亥	庚子	辛丑	壬寅	癸卯	甲辰	乙巳	丙午	丁未	戊申	己酉
대운	남	8	8	9	9	9	10	10	한로	1	1	1	1	2	2	2	3	3	3	4	4	4	5	상강	5	6	6	6	7	7	7	8
	여	2	2	2	1	1	1	1		10	9	9	9	8	8	8	7	7	7	6	6	6	5		5	4	4	4	3	3	3	2

양력 11월 입동절(乙亥月) 立冬 11월7일 15시56분 小雪 11월22일 13시22분

양력		1	2	3	4	5	6	7	8	9	10	11	12	13	14	15	16	17	18	19	20	21	22	23	24	25	26	27	28	29	30	
요일		日	月	火	水	木	金	土	日	月	火	水	木	金	土	日	月	火	水	木	金	土	日	月	火	水	木	金	土	日	月	
음력		9/15	16	17	18	19	20	21	22	23	24	25	26	27	28	29	30	10/1	2	3	4	5	6	7	8	9	10	11	12	13	14	
일진		庚戌	辛亥	壬子	癸丑	甲寅	乙卯	丙辰	丁巳	戊午	己未	庚申	辛酉	壬戌	癸亥	甲子	乙丑	丙寅	丁卯	戊辰	己巳	庚午	辛未	壬申	癸酉	甲戌	乙亥	丙子	丁丑	戊寅	己卯	
대운	남	8	8	9	9	9	10	입동	1	1	1	1	2	2	2	3	3	3	4	4	4	5	소설	5	6	6	6	7	7	7	8	
	여	2	2	1	1	1	1		10	9	9	9	8	8	8	7	7	7	6	6	6	5		5	4	4	4	3	3	3	2	

양력 12월 대설절(丙子月) 大雪 12월7일 8시52분 冬至 12월22일 2시47분

양력		1	2	3	4	5	6	7	8	9	10	11	12	13	14	15	16	17	18	19	20	21	22	23	24	25	26	27	28	29	30	31
요일		火	水	木	金	土	日	月	火	水	木	金	土	日	月	火	水	木	金	土	日	月	火	水	木	金	土	日	月	火	水	木
음력		10/15	16	17	18	19	20	21	22	23	24	25	26	27	28	29	11/1	2	3	4	5	6	7	8	9	10	11	12	13	14	15	16
일진		庚辰	辛巳	壬午	癸未	甲申	乙酉	丙戌	丁亥	戊子	己丑	庚寅	辛卯	壬辰	癸巳	甲午	乙未	丙申	丁酉	戊戌	己亥	庚子	辛丑	壬寅	癸卯	甲辰	乙巳	丙午	丁未	戊申	己酉	庚戌
대운	남	8	8	9	9	9	10	대설	1	1	1	1	2	2	2	3	3	3	4	4	4	5	동지	5	6	6	6	7	7	7	8	8
	여	2	2	1	1	1	1		9	9	9	8	8	8	7	7	7	6	6	6	5	5		4	4	4	3	3	3	2	2	2

서기 2010년 [단기 4343년]

양력 1월 소한절(丁丑月) 小寒 1월5일 20시9분 大寒 1월20일 13시28분

양력	1	2	3	4	5	6	7	8	9	10	11	12	13	14	15	16	17	18	19	20	21	22	23	24	25	26	27	28	29	30	31
요일	金	土	日	月	火	水	木	金	土	日	月	火	水	木	金	土	日	月	火	水	木	金	土	日	月	火	水	木	金	土	日
음력	11/17	18	19	20	21	22	23	24	25	26	27	28	29	30	12/1	2	3	4	5	6	7	8	9	10	11	12	13	14	15	16	17
일진	辛亥	壬子	癸丑	甲寅	乙卯	丙辰	丁巳	戊午	己未	庚申	辛酉	壬戌	癸亥	甲子	乙丑	丙寅	丁卯	戊辰	己巳	庚午	辛未	壬申	癸酉	甲戌	乙亥	丙子	丁丑	戊寅	己卯	庚辰	辛巳
대운 남	8	9	9	9	소	1	1	1	1	2	2	2	3	3	3	4	4	4	5	대	5	6	6	6	7	7	7	8	8	8	9
대운 여	1	1	1	1	한	10	9	9	9	8	8	8	7	7	7	6	6	6	5	한	5	4	4	4	3	3	3	2	2	2	1

양력 2월 입춘절(戊寅月) 立春 2월4일 7시48분 雨水 2월19일 3시36분

양력	1	2	3	4	5	6	7	8	9	10	11	12	13	14	15	16	17	18	19	20	21	22	23	24	25	26	27	28			
요일	月	火	水	木	金	土	日	月	火	水	木	金	土	日	月	火	水	木	金	土	日	月	火	水	木	金	土	日			
음력	12/18	19	20	21	22	23	24	25	26	27	28	29	30	1/1	2	3	4	5	6	7	8	9	10	11	12	13	14	15			
일진	壬午	癸未	甲申	乙酉	丙戌	丁亥	戊子	己丑	庚寅	辛卯	壬辰	癸巳	甲午	乙未	丙申	丁酉	戊戌	己亥	庚子	辛丑	壬寅	癸卯	甲辰	乙巳	丙午	丁未	戊申	己酉			
대운 남	9	9	10	입	10	9	9	9	8	8	8	7	7	7	6	6	6	5	우	5	4	4	4	3	3	3	2	2			
대운 여	1	1	1	춘	1	1	1	1	2	2	2	3	3	3	4	4	4	5	수	5	6	6	6	7	7	7	8	8			

양력 3월 경칩절(己卯月) 驚蟄 3월6일 1시46분 春分 3월21일 2시32분

양력	1	2	3	4	5	6	7	8	9	10	11	12	13	14	15	16	17	18	19	20	21	22	23	24	25	26	27	28	29	30	31
요일	月	火	水	木	金	土	日	月	火	水	木	金	土	日	月	火	水	木	金	土	日	月	火	水	木	金	土	日	月	火	水
음력	1/16	17	18	19	20	21	22	23	24	25	26	27	28	29	30	2/1	2	3	4	5	6	7	8	9	10	11	12	13	14	15	16
일진	庚戌	辛亥	壬子	癸丑	甲寅	乙卯	丙辰	丁巳	戊午	己未	庚申	辛酉	壬戌	癸亥	甲子	乙丑	丙寅	丁卯	戊辰	己巳	庚午	辛未	壬申	癸酉	甲戌	乙亥	丙子	丁丑	戊寅	己卯	庚辰
대운 남	2	1	1	1	1	경	10	9	9	9	8	8	8	7	7	7	6	6	6	5	춘	5	4	4	4	3	3	3	2	2	2
대운 여	8	9	9	9	10	칩	1	1	1	1	2	2	2	3	3	3	4	4	4	5	분	5	6	6	6	7	7	7	8	8	8

양력 4월 청명절(庚辰月) 清明 4월5일 6시30분 穀雨 4월20일 13시30분

양력	1	2	3	4	5	6	7	8	9	10	11	12	13	14	15	16	17	18	19	20	21	22	23	24	25	26	27	28	29	30	
요일	木	金	土	日	月	火	水	木	金	土	日	月	火	水	木	金	土	日	月	火	水	木	金	土	日	月	火	水	木	金	
음력	2/17	18	19	20	21	22	23	24	25	26	27	28	29	3/1	2	3	4	5	6	7	8	9	10	11	12	13	14	15	16	17	
일진	辛巳	壬午	癸未	甲申	乙酉	丙戌	丁亥	戊子	己丑	庚寅	辛卯	壬辰	癸巳	甲午	乙未	丙申	丁酉	戊戌	己亥	庚子	辛丑	壬寅	癸卯	甲辰	乙巳	丙午	丁未	戊申	己酉	庚戌	
대운 남	1	1	1	1	청	10	9	9	9	8	8	8	7	7	7	6	6	6	5	곡	5	4	4	4	3	3	3	2	2	2	
대운 여	9	9	9	10	명	1	1	1	1	2	2	2	3	3	3	4	4	4	5	우	5	6	6	6	7	7	7	8	8	8	

양력 5월 입하절(辛巳月) 立夏 5월5일 23시44분 小滿 5월21일 12시34분

양력	1	2	3	4	5	6	7	8	9	10	11	12	13	14	15	16	17	18	19	20	21	22	23	24	25	26	27	28	29	30	31
요일	土	日	月	火	水	木	金	土	日	月	火	水	木	金	土	日	月	火	水	木	金	土	日	月	火	水	木	金	土	日	月
음력	3/18	19	20	21	22	23	24	25	26	27	28	29	30	4/1	2	3	4	5	6	7	8	9	10	11	12	13	14	15	16	17	18
일진	辛亥	壬子	癸丑	甲寅	乙卯	丙辰	丁巳	戊午	己未	庚申	辛酉	壬戌	癸亥	甲子	乙丑	丙寅	丁卯	戊辰	己巳	庚午	辛未	壬申	癸酉	甲戌	乙亥	丙子	丁丑	戊寅	己卯	庚辰	辛巳
대운 남	1	1	1	1	입	10	10	10	9	9	9	8	8	8	7	7	7	6	6	6	소	5	5	4	4	4	3	3	3	2	2
대운 여	9	9	9	10	하	1	1	1	1	2	2	2	3	3	3	4	4	4	5	5	만	6	6	6	7	7	7	8	8	8	9

양력 6월 망종절(壬午月) 芒種 6월6일 3시49분 夏至 6월21일 20시28분

양력	1	2	3	4	5	6	7	8	9	10	11	12	13	14	15	16	17	18	19	20	21	22	23	24	25	26	27	28	29	30	
요일	火	水	木	金	土	日	月	火	水	木	金	土	日	月	火	水	木	金	土	日	月	火	水	木	金	土	日	月	火	水	
음력	4/19	20	21	22	23	24	25	26	27	28	29	5/1	2	3	4	5	6	7	8	9	10	11	12	13	14	15	16	17	18	19	
일진	壬午	癸未	甲申	乙酉	丙戌	丁亥	戊子	己丑	庚寅	辛卯	壬辰	癸巳	甲午	乙未	丙申	丁酉	戊戌	己亥	庚子	辛丑	壬寅	癸卯	甲辰	乙巳	丙午	丁未	戊申	己酉	庚戌	辛亥	
대운 남	2	1	1	1	1	망	10	10	9	9	9	8	8	8	7	7	7	6	6	6	하	5	5	4	4	4	3	3	3	2	
대운 여	9	9	10	10	10	종	1	1	1	1	2	2	2	3	3	3	4	4	4	5	지	5	6	6	6	7	7	7	8	8	

庚寅年

양력 7월 소서절(癸未月) 小暑 7월7일 14시2분 大暑 7월23일 7시21분

양력	1	2	3	4	5	6	7	8	9	10	11	12	13	14	15	16	17	18	19	20	21	22	23	24	25	26	27	28	29	30	31
요일	木	金	土	日	月	火	水	木	金	土	日	月	火	水	木	金	土	日	月	火	水	木	金	土	日	月	火	水	木	金	土
음력	5/20	21	22	23	24	25	26	27	28	29	30	6/1	2	3	4	5	6	7	8	9	10	11	12	13	14	15	16	17	18	19	20
일진	壬子	癸丑	甲寅	乙卯	丙辰	丁巳	戊午	己未	庚申	辛酉	壬戌	癸亥	甲子	乙丑	丙寅	丁卯	戊辰	己巳	庚午	辛未	壬申	癸酉	甲戌	乙亥	丙子	丁丑	戊寅	己卯	庚辰	辛巳	壬午
대 남	2	2	1	1	1	1	소	10	10	9	9	9	8	8	8	7	7	7	6	6	6	5	대	5	4	4	4	3	3	3	2
운 여	8	9	9	9	10	10	서	1	1	1	1	2	2	2	3	3	3	4	4	4	5	5	서	6	6	6	7	7	7	8	8

양력 8월 입추절(甲申月) 立秋 8월7일 23시49분 處暑 8월23일 14시27분

양력	1	2	3	4	5	6	7	8	9	10	11	12	13	14	15	16	17	18	19	20	21	22	23	24	25	26	27	28	29	30	31
요일	日	月	火	水	木	金	土	日	月	火	水	木	金	土	日	月	火	水	木	金	土	日	月	火	水	木	金	土	日	月	火
음력	6/21	22	23	24	25	26	27	28	29	7/1	2	3	4	5	6	7	8	9	10	11	12	13	14	15	16	17	18	19	20	21	22
일진	癸未	甲申	乙酉	丙戌	丁亥	戊子	己丑	庚寅	辛卯	壬辰	癸巳	甲午	乙未	丙申	丁酉	戊戌	己亥	庚子	辛丑	壬寅	癸卯	甲辰	乙巳	丙午	丁未	戊申	己酉	庚戌	辛亥	壬子	癸丑
대 남	2	2	1	1	1	1	입	10	10	10	9	9	9	8	8	8	7	7	7	6	6	6	처	5	5	4	4	4	3	3	3
운 여	8	9	9	9	10	10	추	1	1	1	1	2	2	2	3	3	3	4	4	4	5	5	서	6	6	6	7	7	7	8	8

양력 9월 백로절(乙酉月) 白露 9월8일 2시45분 秋分 9월23일 12시9분

양력	1	2	3	4	5	6	7	8	9	10	11	12	13	14	15	16	17	18	19	20	21	22	23	24	25	26	27	28	29	30	
요일	水	木	金	土	日	月	火	水	木	金	土	日	月	火	水	木	金	土	日	月	火	水	木	金	土	日	月	火	水	木	
음력	7/23	24	25	26	27	28	29	8/1	2	3	4	5	6	7	8	9	10	11	12	13	14	15	16	17	18	19	20	21	22	23	
일진	甲寅	乙卯	丙辰	丁巳	戊午	己未	庚申	辛酉	壬戌	癸亥	甲子	乙丑	丙寅	丁卯	戊辰	己巳	庚午	辛未	壬申	癸酉	甲戌	乙亥	丙子	丁丑	戊寅	己卯	庚辰	辛巳	壬午	癸未	
대 남	2	2	2	1	1	1	1	백	10	9	9	9	8	8	8	7	7	7	6	6	6	5	추	5	4	4	4	3	3	3	
운 여	8	9	9	9	10	10	10	로	1	1	1	1	2	2	2	3	3	3	4	4	4	5	분	5	6	6	6	7	7	7	

양력 10월 한로절(丙戌月) 寒露 10월8일 18시26분 霜降 10월23일 21시35분

양력	1	2	3	4	5	6	7	8	9	10	11	12	13	14	15	16	17	18	19	20	21	22	23	24	25	26	27	28	29	30	31
요일	金	土	日	月	火	水	木	金	土	日	月	火	水	木	金	土	日	月	火	水	木	金	土	日	月	火	水	木	金	土	日
음력	8/24	25	26	27	28	29	30	9/1	2	3	4	5	6	7	8	9	10	11	12	13	14	15	16	17	18	19	20	21	22	23	24
일진	甲申	乙酉	丙戌	丁亥	戊子	己丑	庚寅	辛卯	壬辰	癸巳	甲午	乙未	丙申	丁酉	戊戌	己亥	庚子	辛丑	壬寅	癸卯	甲辰	乙巳	丙午	丁未	戊申	己酉	庚戌	辛亥	壬子	癸丑	甲寅
대 남	2	2	2	1	1	1	1	한	10	9	9	9	8	8	8	7	7	7	6	6	6	5	상	5	4	4	4	3	3	3	2
운 여	8	8	8	9	9	9	10	로	1	1	1	1	2	2	2	3	3	3	4	4	4	5	강	5	6	6	6	7	7	7	8

양력 11월 입동절(丁亥月) 立冬 11월7일 21시42분 小雪 11월22일 19시14분

양력	1	2	3	4	5	6	7	8	9	10	11	12	13	14	15	16	17	18	19	20	21	22	23	24	25	26	27	28	29	30	
요일	月	火	水	木	金	土	日	月	火	水	木	金	土	日	月	火	水	木	金	土	日	月	火	水	木	金	土	日	月	火	
음력	9/25	26	27	28	29	10/1	2	3	4	5	6	7	8	9	10	11	12	13	14	15	16	17	18	19	20	21	22	23	24	25	
일진	乙卯	丙辰	丁巳	戊午	己未	庚申	辛酉	壬戌	癸亥	甲子	乙丑	丙寅	丁卯	戊辰	己巳	庚午	辛未	壬申	癸酉	甲戌	乙亥	丙子	丁丑	戊寅	己卯	庚辰	辛巳	壬午	癸未	甲申	
대 남	2	2	1	1	1	1	입	10	9	9	9	8	8	8	7	7	7	6	6	6	5	소	5	4	4	4	3	3	3	2	
운 여	8	8	9	9	9	10	동	1	1	1	1	2	2	2	3	3	3	4	4	4	5	설	5	6	6	6	7	7	7	8	

양력 12월 대설절(戊子月) 大雪 12월7일 14시38분 冬至 12월22일 8시38분

양력	1	2	3	4	5	6	7	8	9	10	11	12	13	14	15	16	17	18	19	20	21	22	23	24	25	26	27	28	29	30	31
요일	水	木	金	土	日	月	火	水	木	金	土	日	月	火	水	木	金	土	日	月	火	水	木	金	土	日	月	火	水	木	金
음력	10/26	27	28	29	30	11/1	2	3	4	5	6	7	8	9	10	11	12	13	14	15	16	17	18	19	20	21	22	23	24	25	26
일진	乙酉	丙戌	丁亥	戊子	己丑	庚寅	辛卯	壬辰	癸巳	甲午	乙未	丙申	丁酉	戊戌	己亥	庚子	辛丑	壬寅	癸卯	甲辰	乙巳	丙午	丁未	戊申	己酉	庚戌	辛亥	壬子	癸丑	甲寅	乙卯
대 남	2	2	1	1	1	1	대	10	9	9	9	8	8	8	7	7	7	6	6	6	5	동	5	4	4	4	3	3	3	2	2
운 여	8	8	9	9	9	10	설	1	1	1	1	2	2	2	3	3	3	4	4	4	5	지	5	6	6	6	7	7	7	8	8

서기 2011년 [단기 4344년]

양력 1월 소한절(己丑月) 小寒 1월6일 1시55분 大寒 1월20일 19시18분

양력	1	2	3	4	5	6	7	8	9	10	11	12	13	14	15	16	17	18	19	20	21	22	23	24	25	26	27	28	29	30	31
요일	土	日	月	火	水	木	金	土	日	月	火	水	木	金	土	日	月	火	水	木	金	土	日	月	火	水	木	金	土	日	月
음력	11/27	28	29	12/1	2	3	4	5	6	7	8	9	10	11	12	13	14	15	16	17	18	19	20	21	22	23	24	25	26	27	28
일진	丙辰	丁巳	戊午	己未	庚申	辛酉	壬戌	癸亥	甲子	乙丑	丙寅	丁卯	戊辰	己巳	庚午	辛未	壬申	癸酉	甲戌	乙亥	丙子	丁丑	戊寅	己卯	庚辰	辛巳	壬午	癸未	甲申	乙酉	丙戌
대운 남	2	1	1	1	1	소	9	9	9	8	8	8	7	7	7	6	6	6	5	대	5	4	4	4	3	3	3	2	2	2	1
대운 여	8	9	9	9	10	한	1	1	1	1	2	2	2	3	3	3	4	4	4	한	5	5	6	6	6	7	7	7	8	8	8

양력 2월 입춘절(庚寅月) 立春 2월4일 13시33분 雨水 2월19일 9시25분

양력	1	2	3	4	5	6	7	8	9	10	11	12	13	14	15	16	17	18	19	20	21	22	23	24	25	26	27	28			
요일	火	水	木	金	土	日	月	火	水	木	金	土	日	月	火	水	木	金	土	日	月	火	水	木	金	土	日	月			
음력	12/29	30	1/1	2	3	4	5	6	7	8	9	10	11	12	13	14	15	16	17	18	19	20	21	22	23	24	25	26			
일진	丁亥	戊子	己丑	庚寅	辛卯	壬辰	癸巳	甲午	乙未	丙申	丁酉	戊戌	己亥	庚子	辛丑	壬寅	癸卯	甲辰	乙巳	丙午	丁未	戊申	己酉	庚戌	辛亥	壬子	癸丑	甲寅			
대운 남	1	1	1	입	1	1	1	1	2	2	2	3	3	3	4	4	4	5	우	5	6	6	6	7	7	7	8	8			
대운 여	9	9	9	춘	10	9	9	9	8	8	8	7	7	7	6	6	6	5	수	5	4	4	4	3	3	3	2	2			

양력 3월 경칩절(辛卯月) 驚蟄 3월6일 7시30분 春分 3월21일 8시21분

양력	1	2	3	4	5	6	7	8	9	10	11	12	13	14	15	16	17	18	19	20	21	22	23	24	25	26	27	28	29	30	31
요일	火	水	木	金	土	日	月	火	水	木	金	土	日	月	火	水	木	金	土	日	月	火	水	木	金	土	日	月	火	水	木
음력	1/27	28	29	30	2/1	2	3	4	5	6	7	8	9	10	11	12	13	14	15	16	17	18	19	20	21	22	23	24	25	26	27
일진	乙卯	丙辰	丁巳	戊午	己未	庚申	辛酉	壬戌	癸亥	甲子	乙丑	丙寅	丁卯	戊辰	己巳	庚午	辛未	壬申	癸酉	甲戌	乙亥	丙子	丁丑	戊寅	己卯	庚辰	辛巳	壬午	癸未	甲申	乙酉
대운 남	8	9	9	9	10	경	1	1	1	1	2	2	2	3	3	3	4	4	4	5	춘	5	6	6	6	7	7	7	8	8	8
대운 여	2	1	1	1	1	칩	10	9	9	9	8	8	8	7	7	7	6	6	6	5	분	5	4	4	4	3	3	3	2	2	2

양력 4월 청명절(壬辰月) 清明 4월5일 12시12분 穀雨 4월20일 19시17분

양력	1	2	3	4	5	6	7	8	9	10	11	12	13	14	15	16	17	18	19	20	21	22	23	24	25	26	27	28	29	30
요일	金	土	日	月	火	水	木	金	土	日	月	火	水	木	金	土	日	月	火	水	木	金	土	日	月	火	水	木	金	土
음력	2/28	29	3/1	2	3	4	5	6	7	8	9	10	11	12	13	14	15	16	17	18	19	20	21	22	23	24	25	26	27	28
일진	丙戌	丁亥	戊子	己丑	庚寅	辛卯	壬辰	癸巳	甲午	乙未	丙申	丁酉	戊戌	己亥	庚子	辛丑	壬寅	癸卯	甲辰	乙巳	丙午	丁未	戊申	己酉	庚戌	辛亥	壬子	癸丑	甲寅	乙卯
대운 남	9	9	9	10	청	1	1	1	1	2	2	2	3	3	3	4	4	4	5	곡	5	6	6	6	7	7	7	8	8	8
대운 여	1	1	1	1	명	10	10	9	9	9	8	8	8	7	7	7	6	6	6	우	5	5	4	4	4	3	3	3	2	2

양력 5월 입하절(癸巳月) 立夏 5월6일 5시23분 小滿 5월21일 18시21분

양력	1	2	3	4	5	6	7	8	9	10	11	12	13	14	15	16	17	18	19	20	21	22	23	24	25	26	27	28	29	30	31
요일	日	月	火	水	木	金	土	日	月	火	水	木	金	土	日	月	火	水	木	金	土	日	月	火	水	木	金	土	日	月	火
음력	3/29	30	4/1	2	3	4	5	6	7	8	9	10	11	12	13	14	15	16	17	18	19	20	21	22	23	24	25	26	27	28	29
일진	丙辰	丁巳	戊午	己未	庚申	辛酉	壬戌	癸亥	甲子	乙丑	丙寅	丁卯	戊辰	己巳	庚午	辛未	壬申	癸酉	甲戌	乙亥	丙子	丁丑	戊寅	己卯	庚辰	辛巳	壬午	癸未	甲申	乙酉	丙戌
대운 남	9	9	9	10	10	입	1	1	1	1	2	2	2	3	3	3	4	4	4	5	소	5	6	6	6	7	7	7	8	8	8
대운 여	2	1	1	1	1	하	10	10	9	9	9	8	8	8	7	7	7	6	6	6	만	5	5	4	4	4	3	3	3	2	2

양력 6월 망종절(甲午月) 芒種 6월6일 9시27분 夏至 6월22일 2시16분

양력	1	2	3	4	5	6	7	8	9	10	11	12	13	14	15	16	17	18	19	20	21	22	23	24	25	26	27	28	29	30
요일	水	木	金	土	日	月	火	水	木	金	土	日	月	火	水	木	金	土	日	月	火	水	木	金	土	日	月	火	水	木
음력	4/30	5/1	2	3	4	5	6	7	8	9	10	11	12	13	14	15	16	17	18	19	20	21	22	23	24	25	26	27	28	29
일진	丁亥	戊子	己丑	庚寅	辛卯	壬辰	癸巳	甲午	乙未	丙申	丁酉	戊戌	己亥	庚子	辛丑	壬寅	癸卯	甲辰	乙巳	丙午	丁未	戊申	己酉	庚戌	辛亥	壬子	癸丑	甲寅	乙卯	丙辰
대운 남	9	9	9	10	10	망	1	1	1	1	2	2	2	3	3	3	4	4	4	5	5	하	6	6	6	7	7	7	8	8
대운 여	2	1	1	1	1	종	10	10	9	9	9	8	8	8	7	7	7	6	6	6	5	지	5	4	4	4	3	3	3	2

辛卯年

양력 7월 소서절(乙未月) 小暑 7월7일 19시42분 大暑 7월23일 13시12분

양력		1	2	3	4	5	6	7	8	9	10	11	12	13	14	15	16	17	18	19	20	21	22	23	24	25	26	27	28	29	30	31
요일		金	土	日	月	火	水	木	金	土	日	月	火	水	木	金	土	日	月	火	水	木	金	土	日	月	火	水	木	金	土	日
음력		6/1	2	3	4	5	6	7	8	9	10	11	12	13	14	15	16	17	18	19	20	21	22	23	24	25	26	27	28	29	30	7/1
일진		丁巳	戊午	己未	庚申	辛酉	壬戌	癸亥	甲子	乙丑	丙寅	丁卯	戊辰	己巳	庚午	辛未	壬申	癸酉	甲戌	乙亥	丙子	丁丑	戊寅	己卯	庚辰	辛巳	壬午	癸未	甲申	乙酉	丙戌	丁亥
대운	남	8	9	9	9	10	10	소	1	1	1	1	2	2	2	3	3	3	4	4	4	5	5	대	6	6	6	7	7	7	8	8
	여	2	2	1	1	1	1	서	10	10	10	9	9	9	8	8	8	7	7	7	6	6	6	서	5	5	4	4	4	3	3	3

양력 8월 입추절(丙申月) 立秋 8월8일 5시33분 處暑 8월23일 20시21분

양력		1	2	3	4	5	6	7	8	9	10	11	12	13	14	15	16	17	18	19	20	21	22	23	24	25	26	27	28	29	30	31
요일		月	火	水	木	金	土	日	月	火	水	木	金	土	日	月	火	水	木	金	土	日	月	火	水	木	金	土	日	月	火	水
음력		7/2	3	4	5	6	7	8	9	10	11	12	13	14	15	16	17	18	19	20	21	22	23	24	25	26	27	28	29	8/1	2	3
일진		戊子	己丑	庚寅	辛卯	壬辰	癸巳	甲午	乙未	丙申	丁酉	戊戌	己亥	庚子	辛丑	壬寅	癸卯	甲辰	乙巳	丙午	丁未	戊申	己酉	庚戌	辛亥	壬子	癸丑	甲寅	乙卯	丙辰	丁巳	戊午
대운	남	8	9	9	9	10	10	10	입	1	1	1	1	2	2	2	3	3	3	4	4	4	5	처	5	6	6	6	7	7	7	8
	여	2	2	2	1	1	1	1	추	10	10	9	9	9	8	8	8	7	7	7	6	6	6	서	5	5	4	4	4	3	3	3

양력 9월 백로절(丁酉月) 白露 9월8일 8시34분 秋分 9월23일 18시5분

양력		1	2	3	4	5	6	7	8	9	10	11	12	13	14	15	16	17	18	19	20	21	22	23	24	25	26	27	28	29	30
요일		木	金	土	日	月	火	水	木	金	土	日	月	火	水	木	金	土	日	月	火	水	木	金	土	日	月	火	水	木	金
음력		8/4	5	6	7	8	9	10	11	12	13	14	15	16	17	18	19	20	21	22	23	24	25	26	27	28	29	9/1	2	3	4
일진		己未	庚申	辛酉	壬戌	癸亥	甲子	乙丑	丙寅	丁卯	戊辰	己巳	庚午	辛未	壬申	癸酉	甲戌	乙亥	丙子	丁丑	戊寅	己卯	庚辰	辛巳	壬午	癸未	甲申	乙酉	丙戌	丁亥	戊子
대운	남	8	8	9	9	9	10	10	백	1	1	1	1	2	2	2	3	3	3	4	4	4	5	추	5	6	6	6	7	7	7
	여	2	2	2	1	1	1	1	로	10	10	9	9	9	8	8	8	7	7	7	6	6	6	분	5	5	4	4	4	3	3

양력 10월 한로절(戊戌月) 寒露 10월9일 0시19분 霜降 10월24일 3시30분

양력		1	2	3	4	5	6	7	8	9	10	11	12	13	14	15	16	17	18	19	20	21	22	23	24	25	26	27	28	29	30	31
요일		土	日	月	火	水	木	金	土	日	月	火	水	木	金	土	日	月	火	水	木	金	土	日	月	火	水	木	金	土	日	月
음력		9/5	6	7	8	9	10	11	12	13	14	15	16	17	18	19	20	21	22	23	24	25	26	27	28	29	30	10/1	2	3	4	5
일진		己丑	庚寅	辛卯	壬辰	癸巳	甲午	乙未	丙申	丁酉	戊戌	己亥	庚子	辛丑	壬寅	癸卯	甲辰	乙巳	丙午	丁未	戊申	己酉	庚戌	辛亥	壬子	癸丑	甲寅	乙卯	丙辰	丁巳	戊午	己未
대운	남	8	8	8	9	9	9	10	10	한	1	1	1	1	2	2	2	3	3	3	4	4	4	5	상	5	6	6	6	7	7	7
	여	3	2	2	2	1	1	1	1	로	10	9	9	9	8	8	8	7	7	7	6	6	6	5	강	5	4	4	4	3	3	3

양력 11월 입동절(己亥月) 立冬 11월8일 3시35분 小雪 11월23일 1시8분

양력		1	2	3	4	5	6	7	8	9	10	11	12	13	14	15	16	17	18	19	20	21	22	23	24	25	26	27	28	29	30
요일		火	水	木	金	土	日	月	火	水	木	金	土	日	月	火	水	木	金	土	日	月	火	水	木	金	土	日	月	火	水
음력		10/6	7	8	9	10	11	12	13	14	15	16	17	18	19	20	21	22	23	24	25	26	27	28	29	11/1	2	3	4	5	6
일진		庚申	辛酉	壬戌	癸亥	甲子	乙丑	丙寅	丁卯	戊辰	己巳	庚午	辛未	壬申	癸酉	甲戌	乙亥	丙子	丁丑	戊寅	己卯	庚辰	辛巳	壬午	癸未	甲申	乙酉	丙戌	丁亥	戊子	己丑
대운	남	8	8	8	9	9	9	10	입	1	1	1	1	2	2	2	3	3	3	4	4	4	5	소	5	6	6	6	7	7	7
	여	2	2	2	1	1	1	1	동	9	9	9	8	8	8	7	7	7	6	6	6	5	5	설	4	4	4	3	3	3	2

양력 12월 대설절(庚子月) 大雪 12월7일 20시29분 冬至 12월22일 14시30분

양력		1	2	3	4	5	6	7	8	9	10	11	12	13	14	15	16	17	18	19	20	21	22	23	24	25	26	27	28	29	30	31
요일		木	金	土	日	月	火	水	木	金	土	日	月	火	水	木	金	土	日	月	火	水	木	金	土	日	月	火	水	木	金	土
음력		11/7	8	9	10	11	12	13	14	15	16	17	18	19	20	21	22	23	24	25	26	27	28	29	30	12/1	2	3	4	5	6	7
일진		庚寅	辛卯	壬辰	癸巳	甲午	乙未	丙申	丁酉	戊戌	己亥	庚子	辛丑	壬寅	癸卯	甲辰	乙巳	丙午	丁未	戊申	己酉	庚戌	辛亥	壬子	癸丑	甲寅	乙卯	丙辰	丁巳	戊午	己未	庚申
대운	남	8	8	8	9	9	9	대	1	1	1	1	2	2	2	3	3	3	4	4	4	5	동	5	6	6	6	7	7	7	8	8
	여	2	2	1	1	1	1	설	10	9	9	9	8	8	8	7	7	7	6	6	6	5	지	5	4	4	4	3	3	3	2	2

서기 2012년 [단기 4345년]

양력 1월　소한절(辛丑月)　小寒 1월6일 7시44분　大寒 1월21일 1시10분

양력	1	2	3	4	5	6	7	8	9	10	11	12	13	14	15	16	17	18	19	20	21	22	23	24	25	26	27	28	29	30	31
요일	日	月	火	水	木	金	土	日	月	火	水	木	金	土	日	月	火	水	木	金	土	日	月	火	水	木	金	土	日	月	火
음력	12/8	9	10	11	12	13	14	15	16	17	18	19	20	21	22	23	24	25	26	27	28	29	1/1	2	3	4	5	6	7	8	9
일진	辛酉	壬戌	癸亥	甲子	乙丑	丙寅	丁卯	戊辰	己巳	庚午	辛未	壬申	癸酉	甲戌	乙亥	丙子	丁丑	戊寅	己卯	庚辰	辛巳	壬午	癸未	甲申	乙酉	丙戌	丁亥	戊子	己丑	庚寅	辛卯
대운 남	8	9	9	9	10	소	1	1	1	1	2	2	2	3	3	3	4	4	4	5	대	5	6	6	6	7	7	7	8	8	8
대운 여	2	1	1	1	1	한	9	9	9	8	8	8	7	7	7	6	6	6	5	5	한	4	4	4	3	3	3	2	2	2	1

양력 2월　입춘절(壬寅月)　立春 2월4일 19시22분　雨水 2월19일 15시17분

양력	1	2	3	4	5	6	7	8	9	10	11	12	13	14	15	16	17	18	19	20	21	22	23	24	25	26	27	28	29		
요일	水	木	金	土	日	月	火	水	木	金	土	日	月	火	水	木	金	土	日	月	火	水	木	金	土	日	月	火	水		
음력	1/10	11	12	13	14	15	16	17	18	19	20	21	22	23	24	25	26	27	28	29	30	2/1	2	3	4	5	6	7	8		
일진	壬辰	癸巳	甲午	乙未	丙申	丁酉	戊戌	己亥	庚子	辛丑	壬寅	癸卯	甲辰	乙巳	丙午	丁未	戊申	己酉	庚戌	辛亥	壬子	癸丑	甲寅	乙卯	丙辰	丁巳	戊午	己未	庚申		
대운 남	9	9	9	입	10	9	9	9	8	8	8	7	7	7	6	6	6	5	우	5	4	4	4	3	3	3	2	2	2		
대운 여	1	1	1	춘	1	1	1	1	2	2	2	3	3	3	4	4	4	5	수	5	6	6	6	7	7	7	8	8	8		

양력 3월　경칩절(癸卯月)　驚蟄 3월5일 13시21분　春分 3월20일 14시14분

양력	1	2	3	4	5	6	7	8	9	10	11	12	13	14	15	16	17	18	19	20	21	22	23	24	25	26	27	28	29	30	31
요일	木	金	土	日	月	火	水	木	金	土	日	月	火	水	木	金	土	日	月	火	水	木	金	土	日	月	火	水	木	金	土
음력	2/9	10	11	12	13	14	15	16	17	18	19	20	21	22	23	24	25	26	27	28	29	3/1	2	3	4	5	6	7	8	9	10
일진	辛酉	壬戌	癸亥	甲子	乙丑	丙寅	丁卯	戊辰	己巳	庚午	辛未	壬申	癸酉	甲戌	乙亥	丙子	丁丑	戊寅	己卯	庚辰	辛巳	壬午	癸未	甲申	乙酉	丙戌	丁亥	戊子	己丑	庚寅	辛卯
대운 남	1	1	1	1	경	10	9	9	9	8	8	8	7	7	7	6	6	6	5	춘	5	4	4	4	3	3	3	2	2	2	1
대운 여	9	9	9	10	칩	1	1	1	1	2	2	2	3	3	3	4	4	4	5	분	5	6	6	6	7	7	7	8	8	8	9

양력 4월　청명절(甲辰月)　淸明 4월4일 18시5분　穀雨 4월20일 1시12분

양력	1	2	3	4	5	6	7	8	9	10	11	12	13	14	15	16	17	18	19	20	21	22	23	24	25	26	27	28	29	30	
요일	日	月	火	水	木	金	土	日	月	火	水	木	金	土	日	月	火	水	木	金	土	日	月	火	水	木	金	土	日	月	
음력	3/11	12	13	14	15	16	17	18	19	20	21	22	23	24	25	26	27	28	29	30	윤1	2	3	4	5	6	7	8	9	10	
일진	壬辰	癸巳	甲午	乙未	丙申	丁酉	戊戌	己亥	庚子	辛丑	壬寅	癸卯	甲辰	乙巳	丙午	丁未	戊申	己酉	庚戌	辛亥	壬子	癸丑	甲寅	乙卯	丙辰	丁巳	戊午	己未	庚申	辛酉	
대운 남	1	1	1	청	10	10	9	9	9	8	8	8	7	7	7	6	6	6	5	곡	5	4	4	4	3	3	3	2	2	2	
대운 여	9	9	10	명	1	1	1	1	2	2	2	3	3	3	4	4	4	5	5	우	6	6	6	7	7	7	8	8	8	9	

양력 5월　입하절(乙巳月)　立夏 5월5일 11시20분　小滿 5월21일 0시15분

양력	1	2	3	4	5	6	7	8	9	10	11	12	13	14	15	16	17	18	19	20	21	22	23	24	25	26	27	28	29	30	31
요일	火	水	木	金	土	日	月	火	水	木	金	土	日	月	火	水	木	金	土	日	月	火	水	木	金	土	日	月	火	水	木
음력	윤11	12	13	14	15	16	17	18	19	20	21	22	23	24	25	26	27	28	29	30	4/1	2	3	4	5	6	7	8	9	10	11
일진	壬戌	癸亥	甲子	乙丑	丙寅	丁卯	戊辰	己巳	庚午	辛未	壬申	癸酉	甲戌	乙亥	丙子	丁丑	戊寅	己卯	庚辰	辛巳	壬午	癸未	甲申	乙酉	丙戌	丁亥	戊子	己丑	庚寅	辛卯	壬辰
대운 남	1	1	1	1	입	10	10	9	9	9	8	8	8	7	7	7	6	6	6	5	소	5	4	4	4	3	3	3	2	2	2
대운 여	9	9	10	10	하	1	1	1	1	2	2	2	3	3	3	4	4	4	5	5	만	6	6	6	7	7	7	8	8	8	9

양력 6월　망종절(丙午月)　芒種 6월5일 15시26분　夏至 6월21일 8시9분

양력	1	2	3	4	5	6	7	8	9	10	11	12	13	14	15	16	17	18	19	20	21	22	23	24	25	26	27	28	29	30	
요일	金	土	日	月	火	水	木	金	土	日	月	火	水	木	金	土	日	月	火	水	木	金	土	日	月	火	水	木	金	土	
음력	4/12	13	14	15	16	17	18	19	20	21	22	23	24	25	26	27	28	29	30	5/1	2	3	4	5	6	7	8	9	10	11	
일진	癸巳	甲午	乙未	丙申	丁酉	戊戌	己亥	庚子	辛丑	壬寅	癸卯	甲辰	乙巳	丙午	丁未	戊申	己酉	庚戌	辛亥	壬子	癸丑	甲寅	乙卯	丙辰	丁巳	戊午	己未	庚申	辛酉	壬戌	
대운 남	1	1	1	1	망	10	10	10	9	9	9	8	8	8	7	7	7	6	6	6	하	5	5	4	4	4	3	3	3	2	
대운 여	9	9	10	10	종	1	1	1	1	2	2	2	3	3	3	4	4	4	5	5	지	6	6	6	7	7	7	8	8	8	

▶윤달-3월

壬辰年

양력 7월 소서절(丁未月) 小暑 7월7일 1시41분 大暑 7월22일 19시1분

양력	1	2	3	4	5	6	7	8	9	10	11	12	13	14	15	16	17	18	19	20	21	22	23	24	25	26	27	28	29	30	31
요일	日	月	火	水	木	金	土	日	月	火	水	木	金	土	日	月	火	水	木	金	土	日	月	火	水	木	金	土	日	月	火
음력	5/12	13	14	15	16	17	18	19	20	21	22	23	24	25	26	27	28	29	6/1	2	3	4	5	6	7	8	9	10	11	12	13
일진	癸亥	甲子	乙丑	丙寅	丁卯	戊辰	己巳	庚午	辛未	壬申	癸酉	甲戌	乙亥	丙子	丁丑	戊寅	己卯	庚辰	辛巳	壬午	癸未	甲申	乙酉	丙戌	丁亥	戊子	己丑	庚寅	辛卯	壬辰	癸巳
대운 남	2	2	1	1	1	1	소	10	10	9	9	9	8	8	8	7	7	7	6	6	6	대	5	5	4	4	4	3	3	3	2
대운 여	9	9	9	10	10	10	서	1	1	1	1	2	2	2	3	3	3	4	4	4	5	서	5	6	6	6	7	7	7	8	8

양력 8월 입추절(戊申月) 立秋 8월7일 11시30분 處暑 8월23일 2시7분

양력	1	2	3	4	5	6	7	8	9	10	11	12	13	14	15	16	17	18	19	20	21	22	23	24	25	26	27	28	29	30	31
요일	水	木	金	土	日	月	火	水	木	金	土	日	月	火	水	木	金	土	日	月	火	水	木	金	土	日	月	火	水	木	金
음력	6/14	15	16	17	18	19	20	21	22	23	24	25	26	27	28	29	30	7/1	2	3	4	5	6	7	8	9	10	11	12	13	14
일진	甲午	乙未	丙申	丁酉	戊戌	己亥	庚子	辛丑	壬寅	癸卯	甲辰	乙巳	丙午	丁未	戊申	己酉	庚戌	辛亥	壬子	癸丑	甲寅	乙卯	丙辰	丁巳	戊午	己未	庚申	辛酉	壬戌	癸亥	甲子
대운 남	2	2	1	1	1	1	입	10	10	9	9	9	8	8	8	7	7	7	6	6	6	5	처	5	4	4	4	3	3	3	2
대운 여	8	9	9	9	10	10	추	1	1	1	1	2	2	2	3	3	3	4	4	4	5	5	서	6	6	6	7	7	7	8	8

양력 9월 백로절(己酉月) 白露 9월7일 14시29분 秋分 9월22일 23시49분

양력	1	2	3	4	5	6	7	8	9	10	11	12	13	14	15	16	17	18	19	20	21	22	23	24	25	26	27	28	29	30	
요일	土	日	月	火	水	木	金	土	日	月	火	水	木	金	土	日	月	火	水	木	金	土	日	月	火	水	木	金	土	日	
음력	7/15	16	17	18	19	20	21	22	23	24	25	26	27	28	29	8/1	2	3	4	5	6	7	8	9	10	11	12	13	14	15	
일진	乙丑	丙寅	丁卯	戊辰	己巳	庚午	辛未	壬申	癸酉	甲戌	乙亥	丙子	丁丑	戊寅	己卯	庚辰	辛巳	壬午	癸未	甲申	乙酉	丙戌	丁亥	戊子	己丑	庚寅	辛卯	壬辰	癸巳	甲午	
대운 남	2	2	1	1	1	1	백	10	10	9	9	9	8	8	8	7	7	7	6	6	6	추	5	5	4	4	4	3	3	3	
대운 여	8	9	9	9	10	10	로	1	1	1	1	2	2	2	3	3	3	4	4	4	5	분	5	6	6	6	7	7	7	8	

양력 10월 한로절(庚戌月) 寒露 10월8일 6시12분 霜降 10월23일 9시13분

양력	1	2	3	4	5	6	7	8	9	10	11	12	13	14	15	16	17	18	19	20	21	22	23	24	25	26	27	28	29	30	31
요일	月	火	水	木	金	土	日	月	火	水	木	金	土	日	月	火	水	木	金	土	日	月	火	水	木	金	土	日	月	火	水
음력	8/16	17	18	19	20	21	22	23	24	25	26	27	28	29	9/1	2	3	4	5	6	7	8	9	10	11	12	13	14	15	16	17
일진	乙未	丙申	丁酉	戊戌	己亥	庚子	辛丑	壬寅	癸卯	甲辰	乙巳	丙午	丁未	戊申	己酉	庚戌	辛亥	壬子	癸丑	甲寅	乙卯	丙辰	丁巳	戊午	己未	庚申	辛酉	壬戌	癸亥	甲子	乙丑
대운 남	2	2	2	1	1	1	1	한	10	9	9	9	8	8	8	7	7	7	6	6	6	5	상	5	4	4	4	3	3	3	2
대운 여	8	8	9	9	9	10	10	로	1	1	1	1	2	2	2	3	3	3	4	4	4	5	강	5	6	6	6	7	7	7	8

양력 11월 입동절(辛亥月) 立冬 11월7일 9시26분 小雪 11월22일 6시50분

양력	1	2	3	4	5	6	7	8	9	10	11	12	13	14	15	16	17	18	19	20	21	22	23	24	25	26	27	28	29	30	
요일	木	金	土	日	月	火	水	木	金	土	日	月	火	水	木	金	土	日	月	火	水	木	金	土	日	月	火	水	木	金	
음력	9/18	19	20	21	22	23	24	25	26	27	28	29	30	10/1	2	3	4	5	6	7	8	9	10	11	12	13	14	15	16	17	
일진	丙寅	丁卯	戊辰	己巳	庚午	辛未	壬申	癸酉	甲戌	乙亥	丙子	丁丑	戊寅	己卯	庚辰	辛巳	壬午	癸未	甲申	乙酉	丙戌	丁亥	戊子	己丑	庚寅	辛卯	壬辰	癸巳	甲午	乙未	
대운 남	2	2	1	1	1	1	입	10	9	9	9	8	8	8	7	7	7	6	6	6	5	소	5	4	4	4	3	3	3	2	
대운 여	8	8	9	9	9	10	동	1	1	1	1	2	2	2	3	3	3	4	4	4	5	설	5	6	6	6	7	7	7	8	

양력 12월 대설절(壬子月) 大雪 12월7일 2시19분 冬至 12월21일 20시11분

양력	1	2	3	4	5	6	7	8	9	10	11	12	13	14	15	16	17	18	19	20	21	22	23	24	25	26	27	28	29	30	31
요일	土	日	月	火	水	木	金	土	日	月	火	水	木	金	土	日	月	火	水	木	金	土	日	月	火	水	木	金	土	日	月
음력	10/18	19	20	21	22	23	24	25	26	27	28	29	11/1	2	3	4	5	6	7	8	9	10	11	12	13	14	15	16	17	18	19
일진	丙申	丁酉	戊戌	己亥	庚子	辛丑	壬寅	癸卯	甲辰	乙巳	丙午	丁未	戊申	己酉	庚戌	辛亥	壬子	癸丑	甲寅	乙卯	丙辰	丁巳	戊午	己未	庚申	辛酉	壬戌	癸亥	甲子	乙丑	丙寅
대운 남	2	2	1	1	1	1	대	9	9	9	8	8	8	7	7	7	6	6	6	5	동	5	4	4	4	3	3	3	2	2	2
대운 여	8	8	9	9	9	10	설	1	1	1	1	2	2	2	3	3	3	4	4	4	지	5	5	6	6	6	7	7	7	8	8

서기 2013년 [단기 4346년]

양력 1월　소한절(癸丑月)　小寒 1월5일 13시34분　大寒 1월20일 6시52분

양력	1	2	3	4	5	6	7	8	9	10	11	12	13	14	15	16	17	18	19	20	21	22	23	24	25	26	27	28	29	30	31
요일	火	水	木	金	土	日	月	火	水	木	金	土	日	月	火	水	木	金	土	日	月	火	水	木	金	土	日	月	火	水	木
음력	11/20	21	22	23	24	25	26	27	28	29	30	12/1	2	3	4	5	6	7	8	9	10	11	12	13	14	15	16	17	18	19	20
일진	丁卯	戊辰	己巳	庚午	辛未	壬申	癸酉	甲戌	乙亥	丙子	丁丑	戊寅	己卯	庚辰	辛巳	壬午	癸未	甲申	乙酉	丙戌	丁亥	戊子	己丑	庚寅	辛卯	壬辰	癸巳	甲午	乙未	丙申	丁酉
대운 남	1	1	1	1	소한	10	9	9	9	8	8	8	7	7	7	6	6	6	5	대한	5	4	4	4	3	3	3	2	2	2	1
대운 여	8	9	9	9		1	1	1	1	2	2	2	3	3	3	4	4	4	5		5	6	6	6	7	7	7	8	8	8	9

양력 2월　입춘절(甲寅月)　立春 2월4일 1시13분　雨水 2월18일 21시1분

양력	1	2	3	4	5	6	7	8	9	10	11	12	13	14	15	16	17	18	19	20	21	22	23	24	25	26	27	28			
요일	金	土	日	月	火	水	木	金	土	日	月	火	水	木	金	土	日	月	火	水	木	金	土	日	月	火	水	木			
음력	12/21	22	23	24	25	26	27	28	29	1/1	2	3	4	5	6	7	8	9	10	11	12	13	14	15	16	17	18	19			
일진	戊戌	己亥	庚子	辛丑	壬寅	癸卯	甲辰	乙巳	丙午	丁未	戊申	己酉	庚戌	辛亥	壬子	癸丑	甲寅	乙卯	丙辰	丁巳	戊午	己未	庚申	辛酉	壬戌	癸亥	甲子	乙丑			
대운 남	1	1	1	입춘	1	1	1	1	2	2	2	3	3	3	4	4	4	우수	5	5	6	6	6	7	7	7	8	8			
대운 여	9	9	10		9	9	9	8	8	8	7	7	7	6	6	6	5		5	4	4	4	3	3	3	2	2	2			

양력 3월　경칩절(乙卯月)　驚蟄 3월5일 19시15분　春分 3월20일 20시2분

양력	1	2	3	4	5	6	7	8	9	10	11	12	13	14	15	16	17	18	19	20	21	22	23	24	25	26	27	28	29	30	31
요일	金	土	日	月	火	水	木	金	土	日	月	火	水	木	金	土	日	月	火	水	木	金	土	日	月	火	水	木	金	土	日
음력	1/20	21	22	23	24	25	26	27	28	29	30	2/1	2	3	4	5	6	7	8	9	10	11	12	13	14	15	16	17	18	19	20
일진	丙寅	丁卯	戊辰	己巳	庚午	辛未	壬申	癸酉	甲戌	乙亥	丙子	丁丑	戊寅	己卯	庚辰	辛巳	壬午	癸未	甲申	乙酉	丙戌	丁亥	戊子	己丑	庚寅	辛卯	壬辰	癸巳	甲午	乙未	丙申
대운 남	8	9	9	9	경칩	1	1	1	1	2	2	2	3	3	3	4	4	4	5	춘분	5	6	6	6	7	7	7	8	8	8	9
대운 여	1	1	1	1		10	10	9	9	9	8	8	8	7	7	7	6	6	6		5	5	4	4	4	3	3	3	2	2	2

양력 4월　청명절(丙辰月)　清明 4월5일 0시2분　穀雨 4월20일 7시3분

양력	1	2	3	4	5	6	7	8	9	10	11	12	13	14	15	16	17	18	19	20	21	22	23	24	25	26	27	28	29	30	
요일	月	火	水	木	金	土	日	月	火	水	木	金	土	日	月	火	水	木	金	土	日	月	火	水	木	金	土	日	月	火	
음력	2/21	22	23	24	25	26	27	28	29	3/1	2	3	4	5	6	7	8	9	10	11	12	13	14	15	16	17	18	19	20	21	
일진	丁酉	戊戌	己亥	庚子	辛丑	壬寅	癸卯	甲辰	乙巳	丙午	丁未	戊申	己酉	庚戌	辛亥	壬子	癸丑	甲寅	乙卯	丙辰	丁巳	戊午	己未	庚申	辛酉	壬戌	癸亥	甲子	乙丑	丙寅	
대운 남	9	9	10	10	청명	1	1	1	1	2	2	2	3	3	3	4	4	4	5	곡우	5	6	6	6	7	7	7	8	8	8	
대운 여	1	1	1	1		10	9	9	9	8	8	8	7	7	7	6	6	6	5		5	4	4	4	3	3	3	2	2	2	

양력 5월　입하절(丁巳月)　立夏 5월5일 17시18분　小滿 5월21일 6시9분

양력	1	2	3	4	5	6	7	8	9	10	11	12	13	14	15	16	17	18	19	20	21	22	23	24	25	26	27	28	29	30	31
요일	水	木	金	土	日	月	火	水	木	金	土	日	月	火	水	木	金	土	日	月	火	水	木	金	土	日	月	火	水	木	金
음력	3/22	23	24	25	26	27	28	29	30	4/1	2	3	4	5	6	7	8	9	10	11	12	13	14	15	16	17	18	19	20	21	22
일진	丁卯	戊辰	己巳	庚午	辛未	壬申	癸酉	甲戌	乙亥	丙子	丁丑	戊寅	己卯	庚辰	辛巳	壬午	癸未	甲申	乙酉	丙戌	丁亥	戊子	己丑	庚寅	辛卯	壬辰	癸巳	甲午	乙未	丙申	丁酉
대운 남	9	9	9	10	입하	1	1	1	1	2	2	2	3	3	3	4	4	4	5	5	소만	6	6	6	7	7	7	8	8	8	9
대운 여	1	1	1	1		10	10	9	9	9	8	8	8	7	7	7	6	6	6	5		5	4	4	4	3	3	3	2	2	2

양력 6월　망종절(戊午月)　芒種 6월5일 21시23분　夏至 6월21일 14시4분

양력	1	2	3	4	5	6	7	8	9	10	11	12	13	14	15	16	17	18	19	20	21	22	23	24	25	26	27	28	29	30	
요일	土	日	月	火	水	木	金	土	日	月	火	水	木	金	土	日	月	火	水	木	金	土	日	月	火	水	木	金	土	日	
음력	4/23	24	25	26	27	28	29	30	5/1	2	3	4	5	6	7	8	9	10	11	12	13	14	15	16	17	18	19	20	21	22	
일진	戊戌	己亥	庚子	辛丑	壬寅	癸卯	甲辰	乙巳	丙午	丁未	戊申	己酉	庚戌	辛亥	壬子	癸丑	甲寅	乙卯	丙辰	丁巳	戊午	己未	庚申	辛酉	壬戌	癸亥	甲子	乙丑	丙寅	丁卯	
대운 남	9	9	10	10	망종	1	1	1	1	2	2	2	3	3	3	4	4	4	5	5	하지	6	6	6	7	7	7	8	8	8	
대운 여	1	1	1	1		10	10	10	9	9	9	8	8	8	7	7	7	6	6	6		5	5	4	4	4	3	3	3	2	

癸巳年

양력 7월 소서절(己未月) 小暑 7월7일 7시34분 大暑 7월23일 0시56분

양력		1	2	3	4	5	6	7	8	9	10	11	12	13	14	15	16	17	18	19	20	21	22	23	24	25	26	27	28	29	30	31
요일		月	火	水	木	金	土	日	月	火	水	木	金	土	日	月	火	水	木	金	土	日	月	火	水	木	金	土	日	月	火	水
음력		5/23	24	25	26	27	28	29	6/1	2	3	4	5	6	7	8	9	10	11	12	13	14	15	16	17	18	19	20	21	22	23	24
일진		戊辰	己巳	庚午	辛未	壬申	癸酉	甲戌	乙亥	丙子	丁丑	戊寅	己卯	庚辰	辛巳	壬午	癸未	甲申	乙酉	丙戌	丁亥	戊子	己丑	庚寅	辛卯	壬辰	癸巳	甲午	乙未	丙申	丁酉	戊戌
대운	남	9	9	9	10	10	10	소	1	1	1	1	2	2	2	3	3	3	4	4	4	5	5	대	6	6	6	7	7	7	8	8
	여	2	2	1	1	1	1	서	10	10	9	9	9	8	8	8	7	7	7	6	6	6	5	서	5	4	4	4	3	3	3	2

양력 8월 입추절(庚申月) 立秋 8월7일 17시20분 處暑 8월23일 8시2분

양력		1	2	3	4	5	6	7	8	9	10	11	12	13	14	15	16	17	18	19	20	21	22	23	24	25	26	27	28	29	30	31
요일		木	金	土	日	月	火	水	木	金	土	日	月	火	水	木	金	土	日	月	火	水	木	金	土	日	月	火	水	木	金	土
음력		6/25	26	27	28	29	30	7/1	2	3	4	5	6	7	8	9	10	11	12	13	14	15	16	17	18	19	20	21	22	23	24	25
일진		己亥	庚子	辛丑	壬寅	癸卯	甲辰	乙巳	丙午	丁未	戊申	己酉	庚戌	辛亥	壬子	癸丑	甲寅	乙卯	丙辰	丁巳	戊午	己未	庚申	辛酉	壬戌	癸亥	甲子	乙丑	丙寅	丁卯	戊辰	己巳
대운	남	8	9	9	9	10	10	입	1	1	1	1	2	2	2	3	3	3	4	4	4	5	5	처	6	6	6	7	7	7	8	8
	여	2	2	1	1	1	1	추	10	10	9	9	9	8	8	8	7	7	7	6	6	6	5	서	5	4	4	4	3	3	3	2

양력 9월 백로절(辛酉月) 白露 9월7일 20시16분 秋分 9월23일 5시44분

양력		1	2	3	4	5	6	7	8	9	10	11	12	13	14	15	16	17	18	19	20	21	22	23	24	25	26	27	28	29	30	
요일		日	月	火	水	木	金	土	日	月	火	水	木	金	土	日	月	火	水	木	金	土	日	月	火	水	木	金	土	日	月	
음력		7/26	27	28	29	8/1	2	3	4	5	6	7	8	9	10	11	12	13	14	15	16	17	18	19	20	21	22	23	24	25	26	
일진		庚午	辛未	壬申	癸酉	甲戌	乙亥	丙子	丁丑	戊寅	己卯	庚辰	辛巳	壬午	癸未	甲申	乙酉	丙戌	丁亥	戊子	己丑	庚寅	辛卯	壬辰	癸巳	甲午	乙未	丙申	丁酉	戊戌	己亥	
대운	남	8	9	9	9	10	10	백	1	1	1	1	2	2	2	3	3	3	4	4	4	5	5	추	6	6	6	7	7	7	8	
	여	2	2	1	1	1	1	로	10	10	9	9	9	8	8	8	7	7	7	6	6	6	5	분	5	4	4	4	3	3	3	

양력 10월 한로절(壬戌月) 寒露 10월8일 11시58분 霜降 10월23일 15시10분

양력		1	2	3	4	5	6	7	8	9	10	11	12	13	14	15	16	17	18	19	20	21	22	23	24	25	26	27	28	29	30	31
요일		火	水	木	金	土	日	月	火	水	木	金	土	日	月	火	水	木	金	土	日	月	火	水	木	金	土	日	月	火	水	木
음력		8/27	28	29	30	9/1	2	3	4	5	6	7	8	9	10	11	12	13	14	15	16	17	18	19	20	21	22	23	24	25	26	27
일진		庚子	辛丑	壬寅	癸卯	甲辰	乙巳	丙午	丁未	戊申	己酉	庚戌	辛亥	壬子	癸丑	甲寅	乙卯	丙辰	丁巳	戊午	己未	庚申	辛酉	壬戌	癸亥	甲子	乙丑	丙寅	丁卯	戊辰	己巳	庚午
대운	남	8	8	9	9	9	10	10	한	1	1	1	1	2	2	2	3	3	3	4	4	4	5	상	5	6	6	6	7	7	7	8
	여	2	2	2	1	1	1	1	로	10	9	9	9	8	8	8	7	7	7	6	6	6	5	강	5	4	4	4	3	3	3	2

양력 11월 입동절(癸亥月) 立冬 11월7일 15시14분 小雪 11월22일 12시48분

양력		1	2	3	4	5	6	7	8	9	10	11	12	13	14	15	16	17	18	19	20	21	22	23	24	25	26	27	28	29	30	
요일		金	土	日	月	火	水	木	金	土	日	月	火	水	木	金	土	日	月	火	水	木	金	土	日	月	火	水	木	金	土	
음력		9/28	29	10/1	2	3	4	5	6	7	8	9	10	11	12	13	14	15	16	17	18	19	20	21	22	23	24	25	26	27	28	
일진		辛未	壬申	癸酉	甲戌	乙亥	丙子	丁丑	戊寅	己卯	庚辰	辛巳	壬午	癸未	甲申	乙酉	丙戌	丁亥	戊子	己丑	庚寅	辛卯	壬辰	癸巳	甲午	乙未	丙申	丁酉	戊戌	己亥	庚子	
대운	남	8	8	9	9	9	10	입	1	1	1	1	2	2	2	3	3	3	4	4	4	5	소	5	6	6	6	7	7	7	8	
	여	2	2	1	1	1	1	동	10	9	9	9	8	8	8	7	7	7	6	6	6	5	설	5	4	4	4	3	3	3	2	

양력 12월 대설절(甲子月) 大雪 12월7일 8시8분 冬至 12월22일 2시11분

양력		1	2	3	4	5	6	7	8	9	10	11	12	13	14	15	16	17	18	19	20	21	22	23	24	25	26	27	28	29	30	31
요일		日	月	火	水	木	金	土	日	月	火	水	木	金	土	日	月	火	水	木	金	土	日	月	火	水	木	金	土	日	月	火
음력		10/29	30	11/1	2	3	4	5	6	7	8	9	10	11	12	13	14	15	16	17	18	19	20	21	22	23	24	25	26	27	28	29
일진		辛丑	壬寅	癸卯	甲辰	乙巳	丙午	丁未	戊申	己酉	庚戌	辛亥	壬子	癸丑	甲寅	乙卯	丙辰	丁巳	戊午	己未	庚申	辛酉	壬戌	癸亥	甲子	乙丑	丙寅	丁卯	戊辰	己巳	庚午	辛未
대운	남	8	8	9	9	9	10	대	1	1	1	1	2	2	2	3	3	3	4	4	4	5	동	5	6	6	6	7	7	7	8	8
	여	2	2	1	1	1	1	설	9	9	9	8	8	8	7	7	7	6	6	6	5	5	지	4	4	4	3	3	3	2	2	2

서기 2014년 [단기 4347년]

양력 1월 소한절(乙丑月) 小寒 1월5일 19시24분 大寒 1월20일 12시51분

양력	1	2	3	4	5	6	7	8	9	10	11	12	13	14	15	16	17	18	19	20	21	22	23	24	25	26	27	28	29	30	31
요일	水	木	金	土	日	月	火	水	木	金	土	日	月	火	水	木	金	土	日	月	火	水	木	金	土	日	月	火	水	木	金
음력	12/1	2	3	4	5	6	7	8	9	10	11	12	13	14	15	16	17	18	19	20	21	22	23	24	25	26	27	28	29	30	1/1
일진	壬申	癸酉	甲戌	乙亥	丙子	丁丑	戊寅	己卯	庚辰	辛巳	壬午	癸未	甲申	乙酉	丙戌	丁亥	戊子	己丑	庚寅	辛卯	壬辰	癸巳	甲午	乙未	丙申	丁酉	戊戌	己亥	庚子	辛丑	壬寅
대운 남	8	9	9	9	소한	1	1	1	1	2	2	2	3	3	3	4	4	4	5	대한	5	6	6	6	7	7	7	8	8	8	9
대운 여	1	1	1	1		10	9	9	9	8	8	8	7	7	7	6	6	6	5		5	4	4	4	3	3	3	2	2	2	1

양력 2월 입춘절(丙寅月) 立春 2월4일 7시3분 雨水 2월19일 2시59분

양력	1	2	3	4	5	6	7	8	9	10	11	12	13	14	15	16	17	18	19	20	21	22	23	24	25	26	27	28
요일	土	日	月	火	水	木	金	土	日	月	火	水	木	金	土	日	月	火	水	木	金	土	日	月	火	水	木	金
음력	1/2	3	4	5	6	7	8	9	10	11	12	13	14	15	16	17	18	19	20	21	22	23	24	25	26	27	28	29
일진	癸卯	甲辰	乙巳	丙午	丁未	戊申	己酉	庚戌	辛亥	壬子	癸丑	甲寅	乙卯	丙辰	丁巳	戊午	己未	庚申	辛酉	壬戌	癸亥	甲子	乙丑	丙寅	丁卯	戊辰	己巳	庚午
대운 남	9	9	10	입춘	10	9	9	9	8	8	8	7	7	7	6	6	6	5	우수	5	4	4	4	3	3	3	2	2
대운 여	1	1	1		1	1	1	1	2	2	2	3	3	3	4	4	4	5		5	6	6	6	7	7	7	8	8

양력 3월 경칩절(丁卯月) 驚蟄 3월6일 1시2분 春分 3월21일 1시57분

양력	1	2	3	4	5	6	7	8	9	10	11	12	13	14	15	16	17	18	19	20	21	22	23	24	25	26	27	28	29	30	31
요일	土	日	月	火	水	木	金	土	日	月	火	水	木	金	土	日	月	火	水	木	金	土	日	月	火	水	木	金	土	日	月
음력	2/1	2	3	4	5	6	7	8	9	10	11	12	13	14	15	16	17	18	19	20	21	22	23	24	25	26	27	28	29	30	3/1
일진	辛未	壬申	癸酉	甲戌	乙亥	丙子	丁丑	戊寅	己卯	庚辰	辛巳	壬午	癸未	甲申	乙酉	丙戌	丁亥	戊子	己丑	庚寅	辛卯	壬辰	癸巳	甲午	乙未	丙申	丁酉	戊戌	己亥	庚子	辛丑
대운 남	2	1	1	1	1	경칩	10	9	9	9	8	8	8	7	7	7	6	6	6	5	춘분	5	4	4	4	3	3	3	2	2	2
대운 여	8	9	9	9	10		1	1	1	1	2	2	2	3	3	3	4	4	4	5		5	6	6	6	7	7	7	8	8	8

양력 4월 청명절(戊辰月) 清明 4월5일 5시47분 穀雨 4월20일 12시55분

양력	1	2	3	4	5	6	7	8	9	10	11	12	13	14	15	16	17	18	19	20	21	22	23	24	25	26	27	28	29	30
요일	火	水	木	金	土	日	月	火	水	木	金	土	日	月	火	水	木	金	土	日	月	火	水	木	金	土	日	月	火	水
음력	3/2	3	4	5	6	7	8	9	10	11	12	13	14	15	16	17	18	19	20	21	22	23	24	25	26	27	28	29	4/1	2
일진	壬寅	癸卯	甲辰	乙巳	丙午	丁未	戊申	己酉	庚戌	辛亥	壬子	癸丑	甲寅	乙卯	丙辰	丁巳	戊午	己未	庚申	辛酉	壬戌	癸亥	甲子	乙丑	丙寅	丁卯	戊辰	己巳	庚午	辛未
대운 남	1	1	1	1	청명	10	9	9	9	8	8	8	7	7	7	6	6	6	5	곡우	5	4	4	4	3	3	3	2	2	2
대운 여	9	9	9	10		1	1	1	1	2	2	2	3	3	3	4	4	4	5		5	6	6	6	7	7	7	8	8	8

양력 5월 입하절(己巳月) 立夏 5월5일 22시59분 小滿 5월21일 11시59분

양력	1	2	3	4	5	6	7	8	9	10	11	12	13	14	15	16	17	18	19	20	21	22	23	24	25	26	27	28	29	30	31
요일	木	金	土	日	月	火	水	木	金	土	日	月	火	水	木	金	土	日	月	火	水	木	金	土	日	月	火	水	木	金	土
음력	4/3	4	5	6	7	8	9	10	11	12	13	14	15	16	17	18	19	20	21	22	23	24	25	26	27	28	29	30	5/1	2	3
일진	壬申	癸酉	甲戌	乙亥	丙子	丁丑	戊寅	己卯	庚辰	辛巳	壬午	癸未	甲申	乙酉	丙戌	丁亥	戊子	己丑	庚寅	辛卯	壬辰	癸巳	甲午	乙未	丙申	丁酉	戊戌	己亥	庚子	辛丑	壬寅
대운 남	1	1	1	1	입하	10	10	10	9	9	9	8	8	8	7	7	7	6	6	6	소만	5	5	4	4	4	3	3	3	2	2
대운 여	9	9	9	10		1	1	1	1	2	2	2	3	3	3	4	4	4	5	5		6	6	6	7	7	7	8	8	8	9

양력 6월 망종절(庚午月) 芒種 6월6일 3시3분 夏至 6월21일 19시51분

양력	1	2	3	4	5	6	7	8	9	10	11	12	13	14	15	16	17	18	19	20	21	22	23	24	25	26	27	28	29	30
요일	日	月	火	水	木	金	土	日	月	火	水	木	金	土	日	月	火	水	木	金	土	日	月	火	水	木	金	土	日	月
음력	5/4	5	6	7	8	9	10	11	12	13	14	15	16	17	18	19	20	21	22	23	24	25	26	27	28	29	6/1	2	3	4
일진	癸卯	甲辰	乙巳	丙午	丁未	戊申	己酉	庚戌	辛亥	壬子	癸丑	甲寅	乙卯	丙辰	丁巳	戊午	己未	庚申	辛酉	壬戌	癸亥	甲子	乙丑	丙寅	丁卯	戊辰	己巳	庚午	辛未	壬申
대운 남	2	1	1	1	1	망종	10	10	9	9	9	8	8	8	7	7	7	6	6	6	하지	5	5	4	4	4	3	3	3	2
대운 여	9	9	10	10	10		1	1	1	1	2	2	2	3	3	3	4	4	4	5		5	6	6	6	7	7	7	8	8

甲午年

양력 7월 소서절(辛未月) 小暑 7월7일 13시15분 大暑 7월23일 6시41분

양력		1	2	3	4	5	6	7	8	9	10	11	12	13	14	15	16	17	18	19	20	21	22	23	24	25	26	27	28	29	30	31
요일		火	水	木	金	土	日	月	火	水	木	金	土	日	月	火	水	木	金	土	日	月	火	水	木	金	土	日	月	火	水	木
음력		6/5	6	7	8	9	10	11	12	13	14	15	16	17	18	19	20	21	22	23	24	25	26	27	28	29	30	7/1	2	3	4	5
일진		癸酉	甲戌	乙亥	丙子	丁丑	戊寅	己卯	庚辰	辛巳	壬午	癸未	甲申	乙酉	丙戌	丁亥	戊子	己丑	庚寅	辛卯	壬辰	癸巳	甲午	乙未	丙申	丁酉	戊戌	己亥	庚子	辛丑	壬寅	癸卯
대운	남	2	2	1	1	1	1	소서	10	10	9	9	9	8	8	8	7	7	7	6	6	6	5	대서	5	4	4	4	3	3	3	2
	여	8	9	9	9	10	10		1	1	1	1	2	2	2	3	3	3	4	4	4	5	5		6	6	6	7	7	7	8	8

양력 8월 입추절(壬申月) 立秋 8월7일 23시2분 處暑 8월23일 13시46분

양력		1	2	3	4	5	6	7	8	9	10	11	12	13	14	15	16	17	18	19	20	21	22	23	24	25	26	27	28	29	30	31
요일		金	土	日	月	火	水	木	金	土	日	月	火	水	木	金	土	日	月	火	水	木	金	土	日	月	火	水	木	金	土	日
음력		7/6	7	8	9	10	11	12	13	14	15	16	17	18	19	20	21	22	23	24	25	26	27	28	29	8/1	2	3	4	5	6	7
일진		甲辰	乙巳	丙午	丁未	戊申	己酉	庚戌	辛亥	壬子	癸丑	甲寅	乙卯	丙辰	丁巳	戊午	己未	庚申	辛酉	壬戌	癸亥	甲子	乙丑	丙寅	丁卯	戊辰	己巳	庚午	辛未	壬申	癸酉	甲戌
대운	남	2	2	1	1	1	1	입추	10	10	10	9	9	9	8	8	8	7	7	7	6	6	6	처서	5	5	4	4	4	3	3	3
	여	8	9	9	9	10	10		1	1	1	1	2	2	2	3	3	3	4	4	4	5	5		6	6	6	7	7	7	8	8

양력 9월 백로절(癸酉月) 白露 9월8일 2시1분 秋分 9월23일 11시29분

양력		1	2	3	4	5	6	7	8	9	10	11	12	13	14	15	16	17	18	19	20	21	22	23	24	25	26	27	28	29	30
요일		月	火	水	木	金	土	日	月	火	水	木	金	土	日	月	火	水	木	金	土	日	月	火	水	木	金	土	日	月	火
음력		8/8	9	10	11	12	13	14	15	16	17	18	19	20	21	22	23	24	25	26	27	28	29	30	9/1	2	3	4	5	6	7
일진		乙亥	丙子	丁丑	戊寅	己卯	庚辰	辛巳	壬午	癸未	甲申	乙酉	丙戌	丁亥	戊子	己丑	庚寅	辛卯	壬辰	癸巳	甲午	乙未	丙申	丁酉	戊戌	己亥	庚子	辛丑	壬寅	癸卯	甲辰
대운	남	2	2	2	1	1	1	1	백로	10	9	9	9	8	8	8	7	7	7	6	6	6	5	추분	5	4	4	4	3	3	3
	여	8	9	9	9	10	10	10		1	1	1	1	2	2	2	3	3	3	4	4	4	5		5	6	6	6	7	7	7

양력 10월 한로절(甲戌月) 寒露 10월8일 17시47분 霜降 10월23일 20시57분

양력		1	2	3	4	5	6	7	8	9	10	11	12	13	14	15	16	17	18	19	20	21	22	23	24	25	26	27	28	29	30	31
요일		水	木	金	土	日	月	火	水	木	金	土	日	月	火	水	木	金	土	日	月	火	水	木	金	土	日	月	火	水	木	金
음력		9/8	9	10	11	12	13	14	15	16	17	18	19	20	21	22	23	24	25	26	27	28	29	30	윤1	2	3	4	5	6	7	8
일진		乙巳	丙午	丁未	戊申	己酉	庚戌	辛亥	壬子	癸丑	甲寅	乙卯	丙辰	丁巳	戊午	己未	庚申	辛酉	壬戌	癸亥	甲子	乙丑	丙寅	丁卯	戊辰	己巳	庚午	辛未	壬申	癸酉	甲戌	乙亥
대운	남	2	2	2	1	1	1	1	한로	10	9	9	9	8	8	8	7	7	7	6	6	6	5	상강	5	4	4	4	3	3	3	2
	여	8	8	8	9	9	9	10		1	1	1	1	2	2	2	3	3	3	4	4	4	5		5	6	6	6	7	7	7	8

양력 11월 입동절(乙亥月) 立冬 11월7일 21시7분 小雪 11월22일 18시38분

양력		1	2	3	4	5	6	7	8	9	10	11	12	13	14	15	16	17	18	19	20	21	22	23	24	25	26	27	28	29	30
요일		土	日	月	火	水	木	金	土	日	月	火	水	木	金	土	日	月	火	水	木	金	土	日	月	火	水	木	金	土	日
음력		윤9	10	11	12	13	14	15	16	17	18	19	20	21	22	23	24	25	26	27	28	29	10/1	2	3	4	5	6	7	8	9
일진		丙子	丁丑	戊寅	己卯	庚辰	辛巳	壬午	癸未	甲申	乙酉	丙戌	丁亥	戊子	己丑	庚寅	辛卯	壬辰	癸巳	甲午	乙未	丙申	丁酉	戊戌	己亥	庚子	辛丑	壬寅	癸卯	甲辰	乙巳
대운	남	2	2	1	1	1	1	입동	10	9	9	9	8	8	8	7	7	7	6	6	6	5	소설	5	4	4	4	3	3	3	2
	여	8	8	9	9	9	10		1	1	1	1	2	2	2	3	3	3	4	4	4	5		5	6	6	6	7	7	7	8

양력 12월 대설절(丙子月) 大雪 12월7일 14시4분 冬至 12월22일 8시3분

양력		1	2	3	4	5	6	7	8	9	10	11	12	13	14	15	16	17	18	19	20	21	22	23	24	25	26	27	28	29	30	31
요일		月	火	水	木	金	土	日	月	火	水	木	金	土	日	月	火	水	木	金	土	日	月	火	水	木	金	土	日	月	火	水
음력		10/10	11	12	13	14	15	16	17	18	19	20	21	22	23	24	25	26	27	28	29	30	11/1	2	3	4	5	6	7	8	9	10
일진		丙午	丁未	戊申	己酉	庚戌	辛亥	壬子	癸丑	甲寅	乙卯	丙辰	丁巳	戊午	己未	庚申	辛酉	壬戌	癸亥	甲子	乙丑	丙寅	丁卯	戊辰	己巳	庚午	辛未	壬申	癸酉	甲戌	乙亥	丙子
대운	남	2	2	1	1	1	1	대설	10	9	9	9	8	8	8	7	7	7	6	6	6	5	동지	5	4	4	4	3	3	3	2	2
	여	8	8	9	9	9	10		1	1	1	1	2	2	2	3	3	3	4	4	4	5		5	6	6	6	7	7	7	8	8

▶윤달-9월

서기 2015년 [단기 4348년]

양력 1월　소한절(丁丑月)　小寒 1월6일 1시20분　大寒 1월20일 18시43분

양력	1	2	3	4	5	6	7	8	9	10	11	12	13	14	15	16	17	18	19	20	21	22	23	24	25	26	27	28	29	30	31
요일	木	金	土	日	月	火	水	木	金	土	日	月	火	水	木	金	土	日	月	火	水	木	金	土	日	月	火	水	木	金	土
음력	11/11	12	13	14	15	16	17	18	19	20	21	22	23	24	25	26	27	28	29	12/1	2	3	4	5	6	7	8	9	10	11	12
일진	丁丑	戊寅	己卯	庚辰	辛巳	壬午	癸未	甲申	乙酉	丙戌	丁亥	戊子	己丑	庚寅	辛卯	壬辰	癸巳	甲午	乙未	丙申	丁酉	戊戌	己亥	庚子	辛丑	壬寅	癸卯	甲辰	乙巳	丙午	丁未
대운 남	2	1	1	1	1	소	9	9	9	8	8	8	7	7	7	6	6	6	5	대	5	4	4	4	3	3	3	2	2	2	1
대운 여	8	9	9	9	10	한	1	1	1	1	2	2	2	3	3	3	4	4	4	한	5	5	6	6	6	7	7	7	8	8	8

양력 2월　입춘절(戊寅月)　立春 2월4일 12시58분　雨水 2월19일 8시50분

양력	1	2	3	4	5	6	7	8	9	10	11	12	13	14	15	16	17	18	19	20	21	22	23	24	25	26	27	28			
요일	日	月	火	水	木	金	土	日	月	火	水	木	金	土	日	月	火	水	木	金	土	日	月	火	水	木	金	土			
음력	12/13	14	15	16	17	18	19	20	21	22	23	24	25	26	27	28	29	30	1/1	2	3	4	5	6	7	8	9	10			
일진	戊申	己酉	庚戌	辛亥	壬子	癸丑	甲寅	乙卯	丙辰	丁巳	戊午	己未	庚申	辛酉	壬戌	癸亥	甲子	乙丑	丙寅	丁卯	戊辰	己巳	庚午	辛未	壬申	癸酉	甲戌	乙亥			
대운 남	1	1	1	입	1	1	1	1	2	2	2	3	3	3	4	4	4	5	우	5	6	6	6	7	7	7	8	8			
대운 여	9	9	9	춘	10	9	9	9	8	8	8	7	7	7	6	6	6	5	수	5	4	4	4	3	3	3	2	2			

양력 3월　경칩절(己卯月)　驚蟄 3월6일 6시56분　春分 3월21일 7시45분

양력	1	2	3	4	5	6	7	8	9	10	11	12	13	14	15	16	17	18	19	20	21	22	23	24	25	26	27	28	29	30	31
요일	日	月	火	水	木	金	土	日	月	火	水	木	金	土	日	月	火	水	木	金	土	日	月	火	水	木	金	土	日	月	火
음력	1/11	12	13	14	15	16	17	18	19	20	21	22	23	24	25	26	27	28	29	2/1	2	3	4	5	6	7	8	9	10	11	12
일진	丙子	丁丑	戊寅	己卯	庚辰	辛巳	壬午	癸未	甲申	乙酉	丙戌	丁亥	戊子	己丑	庚寅	辛卯	壬辰	癸巳	甲午	乙未	丙申	丁酉	戊戌	己亥	庚子	辛丑	壬寅	癸卯	甲辰	乙巳	丙午
대운 남	8	9	9	9	10	경	1	1	1	1	2	2	2	3	3	3	4	4	4	5	춘	5	6	6	6	7	7	7	8	8	8
대운 여	2	1	1	1	1	칩	10	9	9	9	8	8	8	7	7	7	6	6	6	5	분	5	4	4	4	3	3	3	2	2	2

양력 4월　청명절(庚辰月)　清明 4월5일 11시39분　穀雨 4월20일 18시42분

양력	1	2	3	4	5	6	7	8	9	10	11	12	13	14	15	16	17	18	19	20	21	22	23	24	25	26	27	28	29	30	
요일	水	木	金	土	日	月	火	水	木	金	土	日	月	火	水	木	金	土	日	月	火	水	木	金	土	日	月	火	水	木	
음력	2/13	14	15	16	17	18	19	20	21	22	23	24	25	26	27	28	29	30	3/1	2	3	4	5	6	7	8	9	10	11	12	
일진	丁未	戊申	己酉	庚戌	辛亥	壬子	癸丑	甲寅	乙卯	丙辰	丁巳	戊午	己未	庚申	辛酉	壬戌	癸亥	甲子	乙丑	丙寅	丁卯	戊辰	己巳	庚午	辛未	壬申	癸酉	甲戌	乙亥	丙子	
대운 남	9	9	9	10	청	1	1	1	1	2	2	2	3	3	3	4	4	4	5	곡	5	6	6	6	7	7	7	8	8	8	
대운 여	1	1	1	1	명	10	10	9	9	9	8	8	8	7	7	7	6	6	6	우	5	5	4	4	4	3	3	3	2	2	

양력 5월　입하절(辛巳月)　立夏 5월6일 4시52분　小滿 5월21일 17시45분

양력	1	2	3	4	5	6	7	8	9	10	11	12	13	14	15	16	17	18	19	20	21	22	23	24	25	26	27	28	29	30	31
요일	金	土	日	月	火	水	木	金	土	日	月	火	水	木	金	土	日	月	火	水	木	金	土	日	月	火	水	木	金	土	日
음력	3/13	14	15	16	17	18	19	20	21	22	23	24	25	26	27	28	29	4/1	2	3	4	5	6	7	8	9	10	11	12	13	14
일진	丁丑	戊寅	己卯	庚辰	辛巳	壬午	癸未	甲申	乙酉	丙戌	丁亥	戊子	己丑	庚寅	辛卯	壬辰	癸巳	甲午	乙未	丙申	丁酉	戊戌	己亥	庚子	辛丑	壬寅	癸卯	甲辰	乙巳	丙午	丁未
대운 남	9	9	9	10	10	입	1	1	1	1	2	2	2	3	3	3	4	4	4	5	소	5	6	6	6	7	7	7	8	8	8
대운 여	2	1	1	1	1	하	10	10	9	9	9	8	8	8	7	7	7	6	6	6	만	5	5	4	4	4	3	3	3	2	2

양력 6월　망종절(壬午月)　芒種 6월6일 8시58분　夏至 6월22일 1시38분

양력	1	2	3	4	5	6	7	8	9	10	11	12	13	14	15	16	17	18	19	20	21	22	23	24	25	26	27	28	29	30	
요일	月	火	水	木	金	土	日	月	火	水	木	金	土	日	月	火	水	木	金	土	日	月	火	水	木	金	土	日	月	火	
음력	4/15	16	17	18	19	20	21	22	23	24	25	26	27	28	29	5/1	2	3	4	5	6	7	8	9	10	11	12	13	14	15	
일진	戊申	己酉	庚戌	辛亥	壬子	癸丑	甲寅	乙卯	丙辰	丁巳	戊午	己未	庚申	辛酉	壬戌	癸亥	甲子	乙丑	丙寅	丁卯	戊辰	己巳	庚午	辛未	壬申	癸酉	甲戌	乙亥	丙子	丁丑	
대운 남	9	9	9	10	10	망	1	1	1	1	2	2	2	3	3	3	4	4	4	5	5	하	6	6	6	7	7	7	8	8	
대운 여	2	1	1	1	1	종	10	10	9	9	9	8	8	8	7	7	7	6	6	6	5	지	5	4	4	4	3	3	3	2	

乙未年

양력 7월 소서절(癸未月) 小暑 7월7일 19시12분 大暑 7월23일 12시30분

양력	1	2	3	4	5	6	7	8	9	10	11	12	13	14	15	16	17	18	19	20	21	22	23	24	25	26	27	28	29	30	31
요일	水	木	金	土	日	月	火	水	木	金	土	日	月	火	水	木	金	土	日	月	火	水	木	金	土	日	月	火	水	木	金
음력	5/16	17	18	19	20	21	22	23	24	25	26	27	28	29	30	6/1	2	3	4	5	6	7	8	9	10	11	12	13	14	15	16
일진	戊寅	己卯	庚辰	辛巳	壬午	癸未	甲申	乙酉	丙戌	丁亥	戊子	己丑	庚寅	辛卯	壬辰	癸巳	甲午	乙未	丙申	丁酉	戊戌	己亥	庚子	辛丑	壬寅	癸卯	甲辰	乙巳	丙午	丁未	戊申
대운 남	8	9	9	9	10	10	소	1	1	1	1	2	2	2	3	3	3	4	4	4	5	5	대	6	6	6	7	7	7	8	8
대운 여	2	2	1	1	1	1	서	10	10	10	9	9	9	8	8	8	7	7	7	6	6	6	서	5	5	4	4	4	3	3	3

양력 8월 입추절(甲申月) 立秋 8월8일 5시1분 處暑 8월23일 19시37분

양력	1	2	3	4	5	6	7	8	9	10	11	12	13	14	15	16	17	18	19	20	21	22	23	24	25	26	27	28	29	30	31
요일	土	日	月	火	水	木	金	土	日	月	火	水	木	金	土	日	月	火	水	木	金	土	日	月	火	水	木	金	土	日	月
음력	6/17	18	19	20	21	22	23	24	25	26	27	28	29	7/1	2	3	4	5	6	7	8	9	10	11	12	13	14	15	16	17	18
일진	己酉	庚戌	辛亥	壬子	癸丑	甲寅	乙卯	丙辰	丁巳	戊午	己未	庚申	辛酉	壬戌	癸亥	甲子	乙丑	丙寅	丁卯	戊辰	己巳	庚午	辛未	壬申	癸酉	甲戌	乙亥	丙子	丁丑	戊寅	己卯
대운 남	8	9	9	9	10	10	10	입	1	1	1	1	2	2	2	3	3	3	4	4	4	5	처	5	6	6	6	7	7	7	8
대운 여	2	2	2	1	1	1	1	추	10	10	9	9	9	8	8	8	7	7	7	6	6	6	서	5	5	4	4	4	3	3	3

양력 9월 백로절(乙酉月) 白露 9월8일 7시59분 秋分 9월23일 17시20분

양력	1	2	3	4	5	6	7	8	9	10	11	12	13	14	15	16	17	18	19	20	21	22	23	24	25	26	27	28	29	30	
요일	火	水	木	金	土	日	月	火	水	木	金	土	日	月	火	水	木	金	土	日	月	火	水	木	金	土	日	月	火	水	
음력	7/19	20	21	22	23	24	25	26	27	28	29	30	8/1	2	3	4	5	6	7	8	9	10	11	12	13	14	15	16	17	18	
일진	庚辰	辛巳	壬午	癸未	甲申	乙酉	丙戌	丁亥	戊子	己丑	庚寅	辛卯	壬辰	癸巳	甲午	乙未	丙申	丁酉	戊戌	己亥	庚子	辛丑	壬寅	癸卯	甲辰	乙巳	丙午	丁未	戊申	己酉	
대운 남	8	8	9	9	9	10	10	백	1	1	1	1	2	2	2	3	3	3	4	4	4	5	추	5	6	6	6	7	7	7	
대운 여	2	2	2	1	1	1	1	로	10	9	9	9	8	8	8	7	7	7	6	6	6	5	분	5	4	4	4	3	3	3	

양력 10월 한로절(丙戌月) 寒露 10월8일 23시43분 霜降 10월24일 2시47분

양력	1	2	3	4	5	6	7	8	9	10	11	12	13	14	15	16	17	18	19	20	21	22	23	24	25	26	27	28	29	30	31
요일	木	金	土	日	月	火	水	木	金	土	日	月	火	水	木	金	土	日	月	火	水	木	金	土	日	月	火	水	木	金	土
음력	8/19	20	21	22	23	24	25	26	27	28	29	30	9/1	2	3	4	5	6	7	8	9	10	11	12	13	14	15	16	17	18	19
일진	庚戌	辛亥	壬子	癸丑	甲寅	乙卯	丙辰	丁巳	戊午	己未	庚申	辛酉	壬戌	癸亥	甲子	乙丑	丙寅	丁卯	戊辰	己巳	庚午	辛未	壬申	癸酉	甲戌	乙亥	丙子	丁丑	戊寅	己卯	庚辰
대운 남	8	8	8	9	9	9	10	한	1	1	1	1	2	2	2	3	3	3	4	4	4	5	5	상	6	6	6	7	7	7	8
대운 여	2	2	2	1	1	1	1	로	10	10	9	9	9	8	8	8	7	7	7	6	6	6	5	강	5	4	4	4	3	3	3

양력 11월 입동절(丁亥月) 立冬 11월8일 2시58분 小雪 11월23일 0시25분

양력	1	2	3	4	5	6	7	8	9	10	11	12	13	14	15	16	17	18	19	20	21	22	23	24	25	26	27	28	29	30	
요일	日	月	火	水	木	金	土	日	月	火	水	木	金	土	日	月	火	水	木	金	土	日	月	火	水	木	金	土	日	月	
음력	9/20	21	22	23	24	25	26	27	28	29	30	10/1	2	3	4	5	6	7	8	9	10	11	12	13	14	15	16	17	18	19	
일진	辛巳	壬午	癸未	甲申	乙酉	丙戌	丁亥	戊子	己丑	庚寅	辛卯	壬辰	癸巳	甲午	乙未	丙申	丁酉	戊戌	己亥	庚子	辛丑	壬寅	癸卯	甲辰	乙巳	丙午	丁未	戊申	己酉	庚戌	
대운 남	8	8	9	9	9	10	10	입	1	1	1	1	2	2	2	3	3	3	4	4	4	5	소	5	6	6	6	7	7	7	
대운 여	2	2	2	1	1	1	1	동	9	9	9	8	8	8	7	7	7	6	6	6	5	5	설	4	4	4	3	3	3	2	

양력 12월 대설절(戊子月) 大雪 12월7일 19시53분 冬至 12월22일 13시48분

양력	1	2	3	4	5	6	7	8	9	10	11	12	13	14	15	16	17	18	19	20	21	22	23	24	25	26	27	28	29	30	31
요일	火	水	木	金	土	日	月	火	水	木	金	土	日	月	火	水	木	金	土	日	月	火	水	木	金	土	日	月	火	水	木
음력	10/20	21	22	23	24	25	26	27	28	29	11/1	2	3	4	5	6	7	8	9	10	11	12	13	14	15	16	17	18	19	20	21
일진	辛亥	壬子	癸丑	甲寅	乙卯	丙辰	丁巳	戊午	己未	庚申	辛酉	壬戌	癸亥	甲子	乙丑	丙寅	丁卯	戊辰	己巳	庚午	辛未	壬申	癸酉	甲戌	乙亥	丙子	丁丑	戊寅	己卯	庚辰	辛巳
대운 남	8	8	8	9	9	9	대	1	1	1	1	2	2	2	3	3	3	4	4	4	5	동	5	6	6	6	7	7	7	8	8
대운 여	2	2	1	1	1	1	설	10	9	9	9	8	8	8	7	7	7	6	6	6	5	지	5	4	4	4	3	3	3	2	2

서기 2016년 [단기 4349년]

양력 1월 소한절(己丑月) 小寒 1월6일 7시8분 大寒 1월21일 0시27분

양력		1	2	3	4	5	6	7	8	9	10	11	12	13	14	15	16	17	18	19	20	21	22	23	24	25	26	27	28	29	30	31
요일		金	土	日	月	火	水	木	金	土	日	月	火	水	木	金	土	日	月	火	水	木	金	土	日	月	火	水	木	金	土	日
음력		11/22	23	24	25	26	27	28	29	30	12/1	2	3	4	5	6	7	8	9	10	11	12	13	14	15	16	17	18	19	20	21	22
일진		壬午	癸未	甲申	乙酉	丙戌	丁亥	戊子	己丑	庚寅	辛卯	壬辰	癸巳	甲午	乙未	丙申	丁酉	戊戌	己亥	庚子	辛丑	壬寅	癸卯	甲辰	乙巳	丙午	丁未	戊申	己酉	庚戌	辛亥	壬子
대운	남	8	9	9	9	10	소	1	1	1	1	2	2	2	3	3	3	4	4	4	5	대	5	6	6	6	7	7	7	8	8	8
	여	2	1	1	1	1	한	9	9	9	8	8	8	7	7	7	6	6	6	5	5	한	4	4	4	3	3	3	2	2	2	1

양력 2월 입춘절(庚寅月) 立春 2월4일 18시46분 雨水 2월19일 14시34분

양력		1	2	3	4	5	6	7	8	9	10	11	12	13	14	15	16	17	18	19	20	21	22	23	24	25	26	27	28	29		
요일		月	火	水	木	金	土	日	月	火	水	木	金	土	日	月	火	水	木	金	土	日	月	火	水	木	金	土	日	月		
음력		12/23	24	25	26	27	28	29	1/1	2	3	4	5	6	7	8	9	10	11	12	13	14	15	16	17	18	19	20	21	22		
일진		癸丑	甲寅	乙卯	丙辰	丁巳	戊午	己未	庚申	辛酉	壬戌	癸亥	甲子	乙丑	丙寅	丁卯	戊辰	己巳	庚午	辛未	壬申	癸酉	甲戌	乙亥	丙子	丁丑	戊寅	己卯	庚辰	辛巳		
대운	남	9	9	9	입	10	9	9	9	8	8	8	7	7	7	6	6	6	5	우	5	4	4	4	3	3	3	2	2	2		
	여	1	1	1	춘	1	1	1	1	2	2	2	3	3	3	4	4	4	5	수	5	6	6	6	7	7	7	8	8	8		

양력 3월 경칩절(辛卯月) 驚蟄 3월5일 12시43분 春分 3월20일 13시30분

양력		1	2	3	4	5	6	7	8	9	10	11	12	13	14	15	16	17	18	19	20	21	22	23	24	25	26	27	28	29	30	31
요일		火	水	木	金	土	日	月	火	水	木	金	土	日	月	火	水	木	金	土	日	月	火	水	木	金	土	日	月	火	水	木
음력		1/23	24	25	26	27	28	29	30	2/1	2	3	4	5	6	7	8	9	10	11	12	13	14	15	16	17	18	19	20	21	22	23
일진		壬午	癸未	甲申	乙酉	丙戌	丁亥	戊子	己丑	庚寅	辛卯	壬辰	癸巳	甲午	乙未	丙申	丁酉	戊戌	己亥	庚子	辛丑	壬寅	癸卯	甲辰	乙巳	丙午	丁未	戊申	己酉	庚戌	辛亥	壬子
대운	남	1	1	1	1	경	10	9	9	9	8	8	8	7	7	7	6	6	6	5	춘	5	4	4	4	3	3	3	2	2	2	1
	여	9	9	9	10	칩	1	1	1	1	2	2	2	3	3	3	4	4	4	5	분	5	6	6	6	7	7	7	8	8	8	9

양력 4월 청명절(壬辰月) 清明 4월4일 17시27분 穀雨 4월20일 0시29분

양력		1	2	3	4	5	6	7	8	9	10	11	12	13	14	15	16	17	18	19	20	21	22	23	24	25	26	27	28	29	30	
요일		金	土	日	月	火	水	木	金	土	日	月	火	水	木	金	土	日	月	火	水	木	金	土	日	月	火	水	木	金	土	
음력		2/24	25	26	27	28	29	3/1	2	3	4	5	6	7	8	9	10	11	12	13	14	15	16	17	18	19	20	21	22	23	24	
일진		癸丑	甲寅	乙卯	丙辰	丁巳	戊午	己未	庚申	辛酉	壬戌	癸亥	甲子	乙丑	丙寅	丁卯	戊辰	己巳	庚午	辛未	壬申	癸酉	甲戌	乙亥	丙子	丁丑	戊寅	己卯	庚辰	辛巳	壬午	
대운	남	1	1	1	청	10	10	9	9	9	8	8	8	7	7	7	6	6	6	5	곡	5	4	4	4	3	3	3	2	2	2	
	여	9	9	10	명	1	1	1	1	2	2	2	3	3	3	4	4	4	5	5	우	6	6	6	7	7	7	8	8	8	9	

양력 5월 입하절(癸巳月) 立夏 5월5일 10시42분 小滿 5월20일 23시36분

양력		1	2	3	4	5	6	7	8	9	10	11	12	13	14	15	16	17	18	19	20	21	22	23	24	25	26	27	28	29	30	31
요일		日	月	火	水	木	金	土	日	月	火	水	木	金	土	日	月	火	水	木	金	土	日	月	火	水	木	金	土	日	月	火
음력		3/25	26	27	28	29	30	4/1	2	3	4	5	6	7	8	9	10	11	12	13	14	15	16	17	18	19	20	21	22	23	24	25
일진		癸未	甲申	乙酉	丙戌	丁亥	戊子	己丑	庚寅	辛卯	壬辰	癸巳	甲午	乙未	丙申	丁酉	戊戌	己亥	庚子	辛丑	壬寅	癸卯	甲辰	乙巳	丙午	丁未	戊申	己酉	庚戌	辛亥	壬子	癸丑
대운	남	1	1	1	1	입	10	10	9	9	9	8	8	8	7	7	7	6	6	6	소	5	5	4	4	4	3	3	3	2	2	2
	여	9	9	10	10	하	1	1	1	1	2	2	2	3	3	3	4	4	4	5	만	5	6	6	6	7	7	7	8	8	8	9

양력 6월 망종절(甲午月) 芒種 6월5일 14시48분 夏至 6월21일 7시34분

양력		1	2	3	4	5	6	7	8	9	10	11	12	13	14	15	16	17	18	19	20	21	22	23	24	25	26	27	28	29	30	
요일		水	木	金	土	日	月	火	水	木	金	土	日	月	火	水	木	金	土	日	月	火	水	木	金	土	日	月	火	水	木	
음력		4/26	27	28	29	5/1	2	3	4	5	6	7	8	9	10	11	12	13	14	15	16	17	18	19	20	21	22	23	24	25	26	
일진		甲寅	乙卯	丙辰	丁巳	戊午	己未	庚申	辛酉	壬戌	癸亥	甲子	乙丑	丙寅	丁卯	戊辰	己巳	庚午	辛未	壬申	癸酉	甲戌	乙亥	丙子	丁丑	戊寅	己卯	庚辰	辛巳	壬午	癸未	
대운	남	1	1	1	1	망	10	10	10	9	9	9	8	8	8	7	7	7	6	6	6	하	5	5	4	4	4	3	3	3	2	
	여	9	9	10	10	종	1	1	1	1	2	2	2	3	3	3	4	4	4	5	5	지	6	6	6	7	7	7	8	8	8	

丙申年

양력 7월 소서절(乙未月) 小暑 7월7일 1시3분 大暑 7월22일 18시30분

양력	1	2	3	4	5	6	7	8	9	10	11	12	13	14	15	16	17	18	19	20	21	22	23	24	25	26	27	28	29	30	31
요일	金	土	日	月	火	水	木	金	土	日	月	火	水	木	金	土	日	月	火	水	木	金	土	日	月	火	水	木	金	土	日
음력	5/27	28	29	6/1	2	3	4	5	6	7	8	9	10	11	12	13	14	15	16	17	18	19	20	21	22	23	24	25	26	27	28
일진	甲申	乙酉	丙戌	丁亥	戊子	己丑	庚寅	辛卯	壬辰	癸巳	甲午	乙未	丙申	丁酉	戊戌	己亥	庚子	辛丑	壬寅	癸卯	甲辰	乙巳	丙午	丁未	戊申	己酉	庚戌	辛亥	壬子	癸丑	甲寅
대운 남	2	2	1	1	1	1	소서	10	10	9	9	9	8	8	8	7	7	7	6	6	6	대서	5	5	4	4	4	3	3	3	2
대운 여	9	9	9	10	10	10		1	1	1	1	2	2	2	3	3	3	4	4	4	5		5	6	6	6	7	7	7	8	8

양력 8월 입추절(丙申月) 立秋 8월7일 10시53분 處暑 8월23일 1시38분

양력	1	2	3	4	5	6	7	8	9	10	11	12	13	14	15	16	17	18	19	20	21	22	23	24	25	26	27	28	29	30	31
요일	月	火	水	木	金	土	日	月	火	水	木	金	土	日	月	火	水	木	金	土	日	月	火	水	木	金	土	日	月	火	水
음력	6/29	30	7/1	2	3	4	5	6	7	8	9	10	11	12	13	14	15	16	17	18	19	20	21	22	23	24	25	26	27	28	29
일진	乙卯	丙辰	丁巳	戊午	己未	庚申	辛酉	壬戌	癸亥	甲子	乙丑	丙寅	丁卯	戊辰	己巳	庚午	辛未	壬申	癸酉	甲戌	乙亥	丙子	丁丑	戊寅	己卯	庚辰	辛巳	壬午	癸未	甲申	乙酉
대운 남	2	2	1	1	1	1	입추	10	10	9	9	9	8	8	8	7	7	7	6	6	6	5	처서	5	4	4	4	3	3	3	2
대운 여	8	9	9	9	10	10		1	1	1	1	2	2	2	3	3	3	4	4	4	5	5		6	6	6	7	7	7	8	8

양력 9월 백로절(丁酉月) 白露 9월7일 13시51분 秋分 9월22일 23시21분

양력	1	2	3	4	5	6	7	8	9	10	11	12	13	14	15	16	17	18	19	20	21	22	23	24	25	26	27	28	29	30
요일	木	金	土	日	月	火	水	木	金	土	日	月	火	水	木	金	土	日	月	火	水	木	金	土	日	月	火	水	木	金
음력	8/1	2	3	4	5	6	7	8	9	10	11	12	13	14	15	16	17	18	19	20	21	22	23	24	25	26	27	28	29	30
일진	丙戌	丁亥	戊子	己丑	庚寅	辛卯	壬辰	癸巳	甲午	乙未	丙申	丁酉	戊戌	己亥	庚子	辛丑	壬寅	癸卯	甲辰	乙巳	丙午	丁未	戊申	己酉	庚戌	辛亥	壬子	癸丑	甲寅	乙卯
대운 남	2	2	1	1	1	1	백로	10	10	9	9	9	8	8	8	7	7	7	6	6	6	추분	5	5	4	4	4	3	3	3
대운 여	8	9	9	9	10	10		1	1	1	1	2	2	2	3	3	3	4	4	4	5		5	6	6	6	7	7	7	8

양력 10월 한로절(戊戌月) 寒露 10월8일 5시33분 霜降 10월23일 8시45분

양력	1	2	3	4	5	6	7	8	9	10	11	12	13	14	15	16	17	18	19	20	21	22	23	24	25	26	27	28	29	30	31
요일	土	日	月	火	水	木	金	土	日	月	火	水	木	金	土	日	月	火	水	木	金	土	日	月	火	水	木	金	土	日	月
음력	9/1	2	3	4	5	6	7	8	9	10	11	12	13	14	15	16	17	18	19	20	21	22	23	24	25	26	27	28	29	30	10/1
일진	丙辰	丁巳	戊午	己未	庚申	辛酉	壬戌	癸亥	甲子	乙丑	丙寅	丁卯	戊辰	己巳	庚午	辛未	壬申	癸酉	甲戌	乙亥	丙子	丁丑	戊寅	己卯	庚辰	辛巳	壬午	癸未	甲申	乙酉	丙戌
대운 남	2	2	2	1	1	1	1	한로	10	9	9	9	8	8	8	7	7	7	6	6	6	5	상강	5	4	4	4	3	3	3	2
대운 여	8	8	9	9	9	10	10		1	1	1	1	2	2	2	3	3	3	4	4	4	5		5	6	6	6	7	7	7	8

양력 11월 입동절(己亥月) 立冬 11월7일 8시48분 小雪 11월22일 6시22분

양력	1	2	3	4	5	6	7	8	9	10	11	12	13	14	15	16	17	18	19	20	21	22	23	24	25	26	27	28	29	30
요일	火	水	木	金	土	日	月	火	水	木	金	土	日	月	火	水	木	金	土	日	月	火	水	木	金	土	日	月	火	水
음력	10/2	3	4	5	6	7	8	9	10	11	12	13	14	15	16	17	18	19	20	21	22	23	24	25	26	27	28	29	11/1	2
일진	丁亥	戊子	己丑	庚寅	辛卯	壬辰	癸巳	甲午	乙未	丙申	丁酉	戊戌	己亥	庚子	辛丑	壬寅	癸卯	甲辰	乙巳	丙午	丁未	戊申	己酉	庚戌	辛亥	壬子	癸丑	甲寅	乙卯	丙辰
대운 남	2	2	1	1	1	1	입동	10	9	9	9	8	8	8	7	7	7	6	6	6	5	소설	5	4	4	4	3	3	3	2
대운 여	8	8	9	9	9	10		1	1	1	1	2	2	2	3	3	3	4	4	4	5		5	6	6	6	7	7	7	8

양력 12월 대설절(庚子月) 大雪 12월7일 1시41분 冬至 12월21일 19시44분

양력	1	2	3	4	5	6	7	8	9	10	11	12	13	14	15	16	17	18	19	20	21	22	23	24	25	26	27	28	29	30	31
요일	木	金	土	日	月	火	水	木	金	土	日	月	火	水	木	金	土	日	月	火	水	木	金	土	日	月	火	水	木	金	土
음력	11/3	4	5	6	7	8	9	10	11	12	13	14	15	16	17	18	19	20	21	22	23	24	25	26	27	28	29	30	12/1	2	3
일진	丁巳	戊午	己未	庚申	辛酉	壬戌	癸亥	甲子	乙丑	丙寅	丁卯	戊辰	己巳	庚午	辛未	壬申	癸酉	甲戌	乙亥	丙子	丁丑	戊寅	己卯	庚辰	辛巳	壬午	癸未	甲申	乙酉	丙戌	丁亥
대운 남	2	2	1	1	1	1	대설	9	9	9	8	8	8	7	7	7	6	6	6	5	동지	5	4	4	4	3	3	3	2	2	2
대운 여	8	8	9	9	9	10		1	1	1	1	2	2	2	3	3	3	4	4	4		5	5	6	6	6	7	7	7	8	8

서기 2017년 [단기 4350년]

양력 1월 소한절(辛丑月) 小寒 1월5일 12시56분 大寒 1월20일 6시23분

양력	1	2	3	4	5	6	7	8	9	10	11	12	13	14	15	16	17	18	19	20	21	22	23	24	25	26	27	28	29	30	31
요일	日	月	火	水	木	金	土	日	月	火	水	木	金	土	日	月	火	水	木	金	土	日	月	火	水	木	金	土	日	月	火
음력	12/4	5	6	7	8	9	10	11	12	13	14	15	16	17	18	19	20	21	22	23	24	25	26	27	28	29	30	1/1	2	3	4
일진	戊子	己丑	庚寅	辛卯	壬辰	癸巳	甲午	乙未	丙申	丁酉	戊戌	己亥	庚子	辛丑	壬寅	癸卯	甲辰	乙巳	丙午	丁未	戊申	己酉	庚戌	辛亥	壬子	癸丑	甲寅	乙卯	丙辰	丁巳	戊午
대운 남	1	1	1	1	소한	10	9	9	9	8	8	8	7	7	7	6	6	6	5	대한	5	4	4	4	3	3	3	2	2	2	1
대운 여	8	9	9	9		1	1	1	1	2	2	2	3	3	3	4	4	4	5		5	6	6	6	7	7	7	8	8	8	9

양력 2월 입춘절(壬寅月) 立春 2월4일 0시34분 雨水 2월18일 20시31분

양력	1	2	3	4	5	6	7	8	9	10	11	12	13	14	15	16	17	18	19	20	21	22	23	24	25	26	27	28			
요일	水	木	金	土	日	月	火	水	木	金	土	日	月	火	水	木	金	土	日	月	火	水	木	金	土	日	月	火			
음력	1/5	6	7	8	9	10	11	12	13	14	15	16	17	18	19	20	21	22	23	24	25	26	27	28	29	2/1	2	3			
일진	己未	庚申	辛酉	壬戌	癸亥	甲子	乙丑	丙寅	丁卯	戊辰	己巳	庚午	辛未	壬申	癸酉	甲戌	乙亥	丙子	丁丑	戊寅	己卯	庚辰	辛巳	壬午	癸未	甲申	乙酉	丙戌			
대운 남	1	1	1	입춘	1	1	1	1	2	2	2	3	3	3	4	4	4	우수	5	5	6	6	6	7	7	7	8	8			
대운 여	9	9	10		9	9	9	8	8	8	7	7	7	6	6	6	5		5	4	4	4	3	3	3	2	2	2			

양력 3월 경칩절(癸卯月) 驚蟄 3월5일 18시33분 春分 3월20일 19시28분

양력	1	2	3	4	5	6	7	8	9	10	11	12	13	14	15	16	17	18	19	20	21	22	23	24	25	26	27	28	29	30	31
요일	水	木	金	土	日	月	火	水	木	金	土	日	月	火	水	木	金	土	日	月	火	水	木	金	土	日	月	火	水	木	金
음력	2/4	5	6	7	8	9	10	11	12	13	14	15	16	17	18	19	20	21	22	23	24	25	26	27	28	29	30	3/1	2	3	4
일진	丁亥	戊子	己丑	庚寅	辛卯	壬辰	癸巳	甲午	乙未	丙申	丁酉	戊戌	己亥	庚子	辛丑	壬寅	癸卯	甲辰	乙巳	丙午	丁未	戊申	己酉	庚戌	辛亥	壬子	癸丑	甲寅	乙卯	丙辰	丁巳
대운 남	8	9	9	9	경칩	1	1	1	1	2	2	2	3	3	3	4	4	4	5	춘분	5	6	6	6	7	7	7	8	8	8	9
대운 여	1	1	1	1		10	9	9	9	8	8	8	7	7	7	6	6	6	5		5	4	4	4	3	3	3	2	2	2	1

양력 4월 청명절(甲辰月) 清明 4월4일 23시17분 穀雨 4월20일 6시27분

양력	1	2	3	4	5	6	7	8	9	10	11	12	13	14	15	16	17	18	19	20	21	22	23	24	25	26	27	28	29	30	
요일	土	日	月	火	水	木	金	土	日	月	火	水	木	金	土	日	月	火	水	木	金	土	日	月	火	水	木	金	土	日	
음력	3/5	6	7	8	9	10	11	12	13	14	15	16	17	18	19	20	21	22	23	24	25	26	27	28	29	4/1	2	3	4	5	
일진	戊午	己未	庚申	辛酉	壬戌	癸亥	甲子	乙丑	丙寅	丁卯	戊辰	己巳	庚午	辛未	壬申	癸酉	甲戌	乙亥	丙子	丁丑	戊寅	己卯	庚辰	辛巳	壬午	癸未	甲申	乙酉	丙戌	丁亥	
대운 남	9	9	10	청명	1	1	1	1	2	2	2	3	3	3	4	4	4	5	5	곡우	6	6	6	7	7	7	8	8	8	9	
대운 여	1	1	1		10	10	9	9	9	8	8	8	7	7	7	6	6	6	5		5	4	4	4	3	3	3	2	2	2	

양력 5월 입하절(乙巳月) 立夏 5월5일 16시31분 小滿 5월21일 5시31분

양력	1	2	3	4	5	6	7	8	9	10	11	12	13	14	15	16	17	18	19	20	21	22	23	24	25	26	27	28	29	30	31
요일	月	火	水	木	金	土	日	月	火	水	木	金	土	日	月	火	水	木	金	土	日	月	火	水	木	金	土	日	月	火	水
음력	4/6	7	8	9	10	11	12	13	14	15	16	17	18	19	20	21	22	23	24	25	26	27	28	29	30	5/1	2	3	4	5	6
일진	戊子	己丑	庚寅	辛卯	壬辰	癸巳	甲午	乙未	丙申	丁酉	戊戌	己亥	庚子	辛丑	壬寅	癸卯	甲辰	乙巳	丙午	丁未	戊申	己酉	庚戌	辛亥	壬子	癸丑	甲寅	乙卯	丙辰	丁巳	戊午
대운 남	9	9	10	10	입하	1	1	1	1	2	2	2	3	3	3	4	4	4	5	5	소만	6	6	6	7	7	7	8	8	8	9
대운 여	1	1	1	1		10	10	9	9	9	8	8	8	7	7	7	6	6	6	5		5	4	4	4	3	3	3	2	2	2

양력 6월 망종절(丙午月) 芒種 6월5일 20시36분 夏至 6월21일 13시24분

양력	1	2	3	4	5	6	7	8	9	10	11	12	13	14	15	16	17	18	19	20	21	22	23	24	25	26	27	28	29	30	
요일	木	金	土	日	月	火	水	木	金	土	日	月	火	水	木	金	土	日	月	火	水	木	金	土	日	月	火	水	木	金	
음력	5/7	8	9	10	11	12	13	14	15	16	17	18	19	20	21	22	23	24	25	26	27	28	29	윤1	2	3	4	5	6	7	
일진	己未	庚申	辛酉	壬戌	癸亥	甲子	乙丑	丙寅	丁卯	戊辰	己巳	庚午	辛未	壬申	癸酉	甲戌	乙亥	丙子	丁丑	戊寅	己卯	庚辰	辛巳	壬午	癸未	甲申	乙酉	丙戌	丁亥	戊子	
대운 남	9	9	10	10	망종	1	1	1	1	2	2	2	3	3	3	4	4	4	5	5	하지	6	6	6	7	7	7	8	8	8	
대운 여	1	1	1	1		10	10	10	9	9	9	8	8	8	7	7	7	6	6	6		5	5	4	4	4	3	3	3	2	

▶윤달-5월

丁酉年

양력 7월 소서절(丁未月) 小暑 7월7일 6시51분 大暑 7월23일 0시15분

양력	1	2	3	4	5	6	7	8	9	10	11	12	13	14	15	16	17	18	19	20	21	22	23	24	25	26	27	28	29	30	31
요일	土	日	月	火	水	木	金	土	日	月	火	水	木	金	土	日	月	火	水	木	金	土	日	月	火	水	木	金	土	日	月
음력	윤8	9	10	11	12	13	14	15	16	17	18	19	20	21	22	23	24	25	26	27	28	29	6/1	2	3	4	5	6	7	8	9
일진	己丑	庚寅	辛卯	壬辰	癸巳	甲午	乙未	丙申	丁酉	戊戌	己亥	庚子	辛丑	壬寅	癸卯	甲辰	乙巳	丙午	丁未	戊申	己酉	庚戌	辛亥	壬子	癸丑	甲寅	乙卯	丙辰	丁巳	戊午	己未
대운 남	9	9	9	10	10	10	소	1	1	1	1	2	2	2	3	3	3	4	4	4	5	5	대	6	6	6	7	7	7	8	8
대운 여	2	2	1	1	1	1	서	10	10	9	9	9	8	8	8	7	7	7	6	6	6	5	서	5	4	4	4	3	3	3	2

양력 8월 입추절(戊申月) 立秋 8월7일 16시40분 處暑 8월23일 7시20분

양력	1	2	3	4	5	6	7	8	9	10	11	12	13	14	15	16	17	18	19	20	21	22	23	24	25	26	27	28	29	30	31
요일	火	水	木	金	土	日	月	火	水	木	金	土	日	月	火	水	木	金	土	日	月	火	水	木	金	土	日	月	火	水	木
음력	6/10	11	12	13	14	15	16	17	18	19	20	21	22	23	24	25	26	27	28	29	30	7/1	2	3	4	5	6	7	8	9	10
일진	庚申	辛酉	壬戌	癸亥	甲子	乙丑	丙寅	丁卯	戊辰	己巳	庚午	辛未	壬申	癸酉	甲戌	乙亥	丙子	丁丑	戊寅	己卯	庚辰	辛巳	壬午	癸未	甲申	乙酉	丙戌	丁亥	戊子	己丑	庚寅
대운 남	8	9	9	9	10	10	입	1	1	1	1	2	2	2	3	3	3	4	4	4	5	5	처	6	6	6	7	7	7	8	8
대운 여	2	2	1	1	1	1	추	10	10	9	9	9	8	8	8	7	7	7	6	6	6	5	서	5	4	4	4	3	3	3	2

양력 9월 백로절(己酉月) 白露 9월7일 19시38분 秋分 9월23일 5시2분

양력	1	2	3	4	5	6	7	8	9	10	11	12	13	14	15	16	17	18	19	20	21	22	23	24	25	26	27	28	29	30
요일	金	土	日	月	火	水	木	金	土	日	月	火	水	木	金	土	日	月	火	水	木	金	土	日	月	火	水	木	金	土
음력	7/11	12	13	14	15	16	17	18	19	20	21	22	23	24	25	26	27	28	29	8/1	2	3	4	5	6	7	8	9	10	11
일진	辛卯	壬辰	癸巳	甲午	乙未	丙申	丁酉	戊戌	己亥	庚子	辛丑	壬寅	癸卯	甲辰	乙巳	丙午	丁未	戊申	己酉	庚戌	辛亥	壬子	癸丑	甲寅	乙卯	丙辰	丁巳	戊午	己未	庚申
대운 남	8	9	9	9	10	10	백	1	1	1	1	2	2	2	3	3	3	4	4	4	5	5	추	6	6	6	7	7	7	8
대운 여	2	2	1	1	1	1	로	10	10	9	9	9	8	8	8	7	7	7	6	6	6	5	분	5	4	4	4	3	3	3

양력 10월 한로절(庚戌月) 寒露 10월8일 11시22분 霜降 10월23일 14시27분

양력	1	2	3	4	5	6	7	8	9	10	11	12	13	14	15	16	17	18	19	20	21	22	23	24	25	26	27	28	29	30	31
요일	日	月	火	水	木	金	土	日	月	火	水	木	金	土	日	月	火	水	木	金	土	日	月	火	水	木	金	土	日	月	火
음력	8/12	13	14	15	16	17	18	19	20	21	22	23	24	25	26	27	28	29	30	9/1	2	3	4	5	6	7	8	9	10	11	12
일진	辛酉	壬戌	癸亥	甲子	乙丑	丙寅	丁卯	戊辰	己巳	庚午	辛未	壬申	癸酉	甲戌	乙亥	丙子	丁丑	戊寅	己卯	庚辰	辛巳	壬午	癸未	甲申	乙酉	丙戌	丁亥	戊子	己丑	庚寅	辛卯
대운 남	8	8	9	9	9	10	10	한	1	1	1	1	2	2	2	3	3	3	4	4	4	5	상	5	6	6	6	7	7	7	8
대운 여	2	2	2	1	1	1	1	로	10	9	9	9	8	8	8	7	7	7	6	6	6	5	강	5	4	4	4	3	3	3	2

양력 11월 입동절(辛亥月) 立冬 11월7일 14시38분 小雪 11월22일 12시4분

양력	1	2	3	4	5	6	7	8	9	10	11	12	13	14	15	16	17	18	19	20	21	22	23	24	25	26	27	28	29	30
요일	水	木	金	土	日	月	火	水	木	金	土	日	月	火	水	木	金	土	日	月	火	水	木	金	土	日	月	火	水	木
음력	9/13	14	15	16	17	18	19	20	21	22	23	24	25	26	27	28	29	10/1	2	3	4	5	6	7	8	9	10	11	12	13
일진	壬辰	癸巳	甲午	乙未	丙申	丁酉	戊戌	己亥	庚子	辛丑	壬寅	癸卯	甲辰	乙巳	丙午	丁未	戊申	己酉	庚戌	辛亥	壬子	癸丑	甲寅	乙卯	丙辰	丁巳	戊午	己未	庚申	辛酉
대운 남	8	8	9	9	9	10	입	1	1	1	1	2	2	2	3	3	3	4	4	4	5	소	5	6	6	6	7	7	7	8
대운 여	2	2	1	1	1	1	동	10	9	9	9	8	8	8	7	7	7	6	6	6	5	설	5	4	4	4	3	3	3	2

양력 12월 대설절(壬子月) 大雪 12월7일 7시32분 冬至 12월22일 1시28분

양력	1	2	3	4	5	6	7	8	9	10	11	12	13	14	15	16	17	18	19	20	21	22	23	24	25	26	27	28	29	30	31
요일	金	土	日	月	火	水	木	金	土	日	月	火	水	木	金	土	日	月	火	水	木	金	土	日	月	火	水	木	金	土	日
음력	10/14	15	16	17	18	19	20	21	22	23	24	25	26	27	28	29	30	11/1	2	3	4	5	6	7	8	9	10	11	12	13	14
일진	壬戌	癸亥	甲子	乙丑	丙寅	丁卯	戊辰	己巳	庚午	辛未	壬申	癸酉	甲戌	乙亥	丙子	丁丑	戊寅	己卯	庚辰	辛巳	壬午	癸未	甲申	乙酉	丙戌	丁亥	戊子	己丑	庚寅	辛卯	壬辰
대운 남	8	8	9	9	9	10	대	1	1	1	1	2	2	2	3	3	3	4	4	4	5	동	5	6	6	6	7	7	7	8	8
대운 여	2	2	1	1	1	1	설	9	9	9	8	8	8	7	7	7	6	6	6	5	5	지	4	4	4	3	3	3	2	2	2

서기 2018년 [단기 4351년]

양력 1월　소한절(癸丑月)　小寒 1월5일 18시49분　大寒 1월20일 12시9분

양력		1	2	3	4	5	6	7	8	9	10	11	12	13	14	15	16	17	18	19	20	21	22	23	24	25	26	27	28	29	30	31
요일		月	火	水	木	金	土	日	月	火	水	木	金	土	日	月	火	水	木	金	土	日	月	火	水	木	金	土	日	月	火	水
음력		11/15	16	17	18	19	20	21	22	23	24	25	26	27	28	29	30	12/1	2	3	4	5	6	7	8	9	10	11	12	13	14	15
일진		癸巳	甲午	乙未	丙申	丁酉	戊戌	己亥	庚子	辛丑	壬寅	癸卯	甲辰	乙巳	丙午	丁未	戊申	己酉	庚戌	辛亥	壬子	癸丑	甲寅	乙卯	丙辰	丁巳	戊午	己未	庚申	辛酉	壬戌	癸亥
대	남	8	9	9	9	소	1	1	1	1	2	2	2	3	3	3	4	4	4	5	대	5	6	6	6	7	7	7	8	8	8	9
운	여	1	1	1	1	한	10	9	9	9	8	8	8	7	7	7	6	6	6	5	한	5	4	4	4	3	3	3	2	2	2	1

양력 2월　입춘절(甲寅月)　立春 2월4일 6시28분　雨水 2월19일 2시18분

양력		1	2	3	4	5	6	7	8	9	10	11	12	13	14	15	16	17	18	19	20	21	22	23	24	25	26	27	28			
요일		木	金	土	日	月	火	水	木	金	土	日	月	火	水	木	金	土	日	月	火	水	木	金	土	日	月	火	水			
음력		12/16	17	18	19	20	21	22	23	24	25	26	27	28	29	30	1/1	2	3	4	5	6	7	8	9	10	11	12	13			
일진		甲子	乙丑	丙寅	丁卯	戊辰	己巳	庚午	辛未	壬申	癸酉	甲戌	乙亥	丙子	丁丑	戊寅	己卯	庚辰	辛巳	壬午	癸未	甲申	乙酉	丙戌	丁亥	戊子	己丑	庚寅	辛卯			
대	남	9	9	10	입	10	9	9	9	8	8	8	7	7	7	6	6	6	5	우	5	4	4	4	3	3	3	2	2			
운	여	1	1	1	춘	1	1	1	1	2	2	2	3	3	3	4	4	4	5	수	5	6	6	6	7	7	7	8	8			

양력 3월　경칩절(乙卯月)　驚蟄 3월6일 0시28분　春分 3월21일 1시15분

양력		1	2	3	4	5	6	7	8	9	10	11	12	13	14	15	16	17	18	19	20	21	22	23	24	25	26	27	28	29	30	31
요일		木	金	土	日	月	火	水	木	金	土	日	月	火	水	木	金	土	日	月	火	水	木	金	土	日	月	火	水	木	金	土
음력		1/14	15	16	17	18	19	20	21	22	23	24	25	26	27	28	29	2/1	2	3	4	5	6	7	8	9	10	11	12	13	14	15
일진		壬辰	癸巳	甲午	乙未	丙申	丁酉	戊戌	己亥	庚子	辛丑	壬寅	癸卯	甲辰	乙巳	丙午	丁未	戊申	己酉	庚戌	辛亥	壬子	癸丑	甲寅	乙卯	丙辰	丁巳	戊午	己未	庚申	辛酉	壬戌
대	남	2	1	1	1	1	경	10	9	9	9	8	8	8	7	7	7	6	6	6	5	춘	5	4	4	4	3	3	3	2	2	2
운	여	8	9	9	9	10	칩	1	1	1	1	2	2	2	3	3	3	4	4	4	5	분	5	6	6	6	7	7	7	8	8	8

양력 4월　청명절(丙辰月)　清明 4월5일 5시13분　穀雨 4월20일 12시12분

양력		1	2	3	4	5	6	7	8	9	10	11	12	13	14	15	16	17	18	19	20	21	22	23	24	25	26	27	28	29	30	
요일		日	月	火	水	木	金	土	日	月	火	水	木	金	土	日	月	火	水	木	金	土	日	月	火	水	木	金	土	日	月	
음력		2/16	17	18	19	20	21	22	23	24	25	26	27	28	29	30	3/1	2	3	4	5	6	7	8	9	10	11	12	13	14	15	
일진		癸亥	甲子	乙丑	丙寅	丁卯	戊辰	己巳	庚午	辛未	壬申	癸酉	甲戌	乙亥	丙子	丁丑	戊寅	己卯	庚辰	辛巳	壬午	癸未	甲申	乙酉	丙戌	丁亥	戊子	己丑	庚寅	辛卯	壬辰	
대	남	1	1	1	1	청	10	9	9	9	8	8	8	7	7	7	6	6	6	5	곡	5	4	4	4	3	3	3	2	2	2	
운	여	9	9	9	10	명	1	1	1	1	2	2	2	3	3	3	4	4	4	5	우	5	6	6	6	7	7	7	8	8	8	

양력 5월　입하절(丁巳月)　立夏 5월5일 22시25분　小滿 5월21일 11시14분

양력		1	2	3	4	5	6	7	8	9	10	11	12	13	14	15	16	17	18	19	20	21	22	23	24	25	26	27	28	29	30	31
요일		火	水	木	金	土	日	月	火	水	木	金	土	日	月	火	水	木	金	土	日	月	火	水	木	金	土	日	月	火	水	木
음력		3/16	17	18	19	20	21	22	23	24	25	26	27	28	29	4/1	2	3	4	5	6	7	8	9	10	11	12	13	14	15	16	17
일진		癸巳	甲午	乙未	丙申	丁酉	戊戌	己亥	庚子	辛丑	壬寅	癸卯	甲辰	乙巳	丙午	丁未	戊申	己酉	庚戌	辛亥	壬子	癸丑	甲寅	乙卯	丙辰	丁巳	戊午	己未	庚申	辛酉	壬戌	癸亥
대	남	1	1	1	1	입	10	10	10	9	9	9	8	8	8	7	7	7	6	6	6	소	5	5	4	4	4	3	3	3	2	2
운	여	9	9	9	10	하	1	1	1	1	2	2	2	3	3	3	4	4	4	5	5	만	6	6	6	7	7	7	8	8	8	9

양력 6월　망종절(戊午月)　芒種 6월6일 2시29분　夏至 6월21일 19시7분

양력		1	2	3	4	5	6	7	8	9	10	11	12	13	14	15	16	17	18	19	20	21	22	23	24	25	26	27	28	29	30	
요일		金	土	日	月	火	水	木	金	土	日	月	火	水	木	金	土	日	月	火	水	木	金	土	日	月	火	水	木	金	土	
음력		4/18	19	20	21	22	23	24	25	26	27	28	29	30	5/1	2	3	4	5	6	7	8	9	10	11	12	13	14	15	16	17	
일진		甲子	乙丑	丙寅	丁卯	戊辰	己巳	庚午	辛未	壬申	癸酉	甲戌	乙亥	丙子	丁丑	戊寅	己卯	庚辰	辛巳	壬午	癸未	甲申	乙酉	丙戌	丁亥	戊子	己丑	庚寅	辛卯	壬辰	癸巳	
대	남	2	1	1	1	1	망	10	10	9	9	9	8	8	8	7	7	7	6	6	6	하	5	5	4	4	4	3	3	3	2	
운	여	9	9	10	10	10	종	1	1	1	1	2	2	2	3	3	3	4	4	4	5	지	5	6	6	6	7	7	7	8	8	

戊戌年

양력 7월 소서절(己未月) 小暑 7월7일 12시42분 大暑 7월23일 6시0분

양력	1	2	3	4	5	6	7	8	9	10	11	12	13	14	15	16	17	18	19	20	21	22	23	24	25	26	27	28	29	30	31
요일	日	月	火	水	木	金	土	日	月	火	水	木	金	土	日	月	火	水	木	金	土	日	月	火	水	木	金	土	日	月	火
음력	5/18	19	20	21	22	23	24	25	26	27	28	29	6/1	2	3	4	5	6	7	8	9	10	11	12	13	14	15	16	17	18	19
일진	甲午	乙未	丙申	丁酉	戊戌	己亥	庚子	辛丑	壬寅	癸卯	甲辰	乙巳	丙午	丁未	戊申	己酉	庚戌	辛亥	壬子	癸丑	甲寅	乙卯	丙辰	丁巳	戊午	己未	庚申	辛酉	壬戌	癸亥	甲子
대운 남	2	2	1	1	1	1	소	10	10	9	9	9	8	8	8	7	7	7	6	6	6	5	대	5	4	4	4	3	3	3	2
대운 여	8	9	9	9	10	10	서	1	1	1	1	2	2	2	3	3	3	4	4	4	5	5	서	6	6	6	7	7	7	8	8

양력 8월 입추절(庚申月) 立秋 8월7일 22시30분 處暑 8월23일 13시8분

양력	1	2	3	4	5	6	7	8	9	10	11	12	13	14	15	16	17	18	19	20	21	22	23	24	25	26	27	28	29	30	31
요일	水	木	金	土	日	月	火	水	木	金	土	日	月	火	水	木	金	土	日	月	火	水	木	金	土	日	月	火	水	木	金
음력	6/20	21	22	23	24	25	26	27	28	29	7/1	2	3	4	5	6	7	8	9	10	11	12	13	14	15	16	17	18	19	20	21
일진	乙丑	丙寅	丁卯	戊辰	己巳	庚午	辛未	壬申	癸酉	甲戌	乙亥	丙子	丁丑	戊寅	己卯	庚辰	辛巳	壬午	癸未	甲申	乙酉	丙戌	丁亥	戊子	己丑	庚寅	辛卯	壬辰	癸巳	甲午	乙未
대운 남	2	2	1	1	1	1	입	10	10	10	9	9	9	8	8	8	7	7	7	6	6	6	처	5	5	4	4	4	3	3	3
대운 여	8	9	9	9	10	10	추	1	1	1	1	2	2	2	3	3	3	4	4	4	5	5	서	6	6	6	7	7	7	8	8

양력 9월 백로절(辛酉月) 白露 9월8일 1시30분 秋分 9월23일 10시54분

양력	1	2	3	4	5	6	7	8	9	10	11	12	13	14	15	16	17	18	19	20	21	22	23	24	25	26	27	28	29	30	
요일	土	日	月	火	水	木	金	土	日	月	火	水	木	金	土	日	月	火	水	木	金	土	日	月	火	水	木	金	土	日	
음력	7/22	23	24	25	26	27	28	29	30	8/1	2	3	4	5	6	7	8	9	10	11	12	13	14	15	16	17	18	19	20	21	
일진	丙申	丁酉	戊戌	己亥	庚子	辛丑	壬寅	癸卯	甲辰	乙巳	丙午	丁未	戊申	己酉	庚戌	辛亥	壬子	癸丑	甲寅	乙卯	丙辰	丁巳	戊午	己未	庚申	辛酉	壬戌	癸亥	甲子	乙丑	
대운 남	2	2	2	1	1	1	1	백	10	9	9	9	8	8	8	7	7	7	6	6	6	5	추	5	4	4	4	3	3	3	
대운 여	8	9	9	9	10	10	10	로	1	1	1	1	2	2	2	3	3	3	4	4	4	5	분	5	6	6	6	7	7	7	

양력 10월 한로절(壬戌月) 寒露 10월8일 17시15분 霜降 10월23일 20시22분

양력	1	2	3	4	5	6	7	8	9	10	11	12	13	14	15	16	17	18	19	20	21	22	23	24	25	26	27	28	29	30	31
요일	月	火	水	木	金	土	日	月	火	水	木	金	土	日	月	火	水	木	金	土	日	月	火	水	木	金	土	日	月	火	水
음력	8/22	23	24	25	26	27	28	29	9/1	2	3	4	5	6	7	8	9	10	11	12	13	14	15	16	17	18	19	20	21	22	23
일진	丙寅	丁卯	戊辰	己巳	庚午	辛未	壬申	癸酉	甲戌	乙亥	丙子	丁丑	戊寅	己卯	庚辰	辛巳	壬午	癸未	甲申	乙酉	丙戌	丁亥	戊子	己丑	庚寅	辛卯	壬辰	癸巳	甲午	乙未	丙申
대운 남	2	2	2	1	1	1	1	한	10	9	9	9	8	8	8	7	7	7	6	6	6	5	상	5	4	4	4	3	3	3	2
대운 여	8	8	8	9	9	9	10	로	1	1	1	1	2	2	2	3	3	3	4	4	4	5	강	5	6	6	6	7	7	7	8

양력 11월 입동절(癸亥月) 立冬 11월7일 20시32분 小雪 11월22일 18시1분

양력	1	2	3	4	5	6	7	8	9	10	11	12	13	14	15	16	17	18	19	20	21	22	23	24	25	26	27	28	29	30	
요일	木	金	土	日	月	火	水	木	金	土	日	月	火	水	木	金	土	日	月	火	水	木	金	土	日	月	火	水	木	金	
음력	9/24	25	26	27	28	29	30	10/1	2	3	4	5	6	7	8	9	10	11	12	13	14	15	16	17	18	19	20	21	22	23	
일진	丁酉	戊戌	己亥	庚子	辛丑	壬寅	癸卯	甲辰	乙巳	丙午	丁未	戊申	己酉	庚戌	辛亥	壬子	癸丑	甲寅	乙卯	丙辰	丁巳	戊午	己未	庚申	辛酉	壬戌	癸亥	甲子	乙丑	丙寅	
대운 남	2	2	1	1	1	1	입	10	9	9	9	8	8	8	7	7	7	6	6	6	5	소	5	4	4	4	3	3	3	2	
대운 여	8	8	9	9	9	10	동	1	1	1	1	2	2	2	3	3	3	4	4	4	5	설	5	6	6	6	7	7	7	8	

양력 12월 대설절(甲子月) 大雪 12월7일 13시26분 冬至 12월22일 7시23분

양력	1	2	3	4	5	6	7	8	9	10	11	12	13	14	15	16	17	18	19	20	21	22	23	24	25	26	27	28	29	30	31
요일	土	日	月	火	水	木	金	土	日	月	火	水	木	金	土	日	月	火	水	木	金	土	日	月	火	水	木	金	土	日	月
음력	10/24	25	26	27	28	29	11/1	2	3	4	5	6	7	8	9	10	11	12	13	14	15	16	17	18	19	20	21	22	23	24	25
일진	丁卯	戊辰	己巳	庚午	辛未	壬申	癸酉	甲戌	乙亥	丙子	丁丑	戊寅	己卯	庚辰	辛巳	壬午	癸未	甲申	乙酉	丙戌	丁亥	戊子	己丑	庚寅	辛卯	壬辰	癸巳	甲午	乙未	丙申	丁酉
대운 남	2	2	1	1	1	1	대	10	9	9	9	8	8	8	7	7	7	6	6	6	5	동	5	4	4	4	3	3	3	2	2
대운 여	8	8	9	9	9	10	설	1	1	1	1	2	2	2	3	3	3	4	4	4	5	지	5	6	6	6	7	7	7	8	8

서기 2019년 [단기 4352년]

양력 1월 소한절(乙丑月) 小寒 1월6일 0시39분 大寒 1월20일 17시59분

양력	1	2	3	4	5	6	7	8	9	10	11	12	13	14	15	16	17	18	19	20	21	22	23	24	25	26	27	28	29	30	31
요일	火	水	木	金	土	日	月	火	水	木	金	土	日	月	火	水	木	金	土	日	月	火	水	木	金	土	日	月	火	水	木
음력	11/26	27	28	29	30	12/1	2	3	4	5	6	7	8	9	10	11	12	13	14	15	16	17	18	19	20	21	22	23	24	25	26
일진	戊戌	己亥	庚子	辛丑	壬寅	癸卯	甲辰	乙巳	丙午	丁未	戊申	己酉	庚戌	辛亥	壬子	癸丑	甲寅	乙卯	丙辰	丁巳	戊午	己未	庚申	辛酉	壬戌	癸亥	甲子	乙丑	丙寅	丁卯	戊辰
대운 남	2	1	1	1	1	소한	9	9	9	8	8	8	7	7	7	6	6	6	5	대한	5	4	4	4	3	3	3	2	2	2	1
대운 여	8	9	9	9	10		1	1	1	1	2	2	2	3	3	3	4	4	4		5	5	6	6	6	7	7	7	8	8	8

양력 2월 입춘절(丙寅月) 立春 2월4일 12시14분 雨水 2월19일 8시4분

양력	1	2	3	4	5	6	7	8	9	10	11	12	13	14	15	16	17	18	19	20	21	22	23	24	25	26	27	28			
요일	金	土	日	月	火	水	木	金	土	日	月	火	水	木	金	土	日	月	火	水	木	金	土	日	月	火	水	木			
음력	12/27	28	29	30	1/1	2	3	4	5	6	7	8	9	10	11	12	13	14	15	16	17	18	19	20	21	22	23	24			
일진	己巳	庚午	辛未	壬申	癸酉	甲戌	乙亥	丙子	丁丑	戊寅	己卯	庚辰	辛巳	壬午	癸未	甲申	乙酉	丙戌	丁亥	戊子	己丑	庚寅	辛卯	壬辰	癸巳	甲午	乙未	丙申			
대운 남	1	1	1	입춘	1	1	1	1	2	2	2	3	3	3	4	4	4	5	우수	5	6	6	6	7	7	7	8	8			
대운 여	9	9	9		10	9	9	9	8	8	8	7	7	7	6	6	6	5		5	4	4	4	3	3	3	2	2			

양력 3월 경칩절(丁卯月) 驚蟄 3월6일 6시10분 春分 3월21일 6시58분

양력	1	2	3	4	5	6	7	8	9	10	11	12	13	14	15	16	17	18	19	20	21	22	23	24	25	26	27	28	29	30	31
요일	金	土	日	月	火	水	木	金	土	日	月	火	水	木	金	土	日	月	火	水	木	金	土	日	月	火	水	木	金	土	日
음력	1/25	26	27	28	29	30	2/1	2	3	4	5	6	7	8	9	10	11	12	13	14	15	16	17	18	19	20	21	22	23	24	25
일진	丁酉	戊戌	己亥	庚子	辛丑	壬寅	癸卯	甲辰	乙巳	丙午	丁未	戊申	己酉	庚戌	辛亥	壬子	癸丑	甲寅	乙卯	丙辰	丁巳	戊午	己未	庚申	辛酉	壬戌	癸亥	甲子	乙丑	丙寅	丁卯
대운 남	8	9	9	9	10	경칩	1	1	1	1	2	2	2	3	3	3	4	4	4	5	춘분	5	6	6	6	7	7	7	8	8	8
대운 여	2	1	1	1	1		10	9	9	9	8	8	8	7	7	7	6	6	6	5		5	4	4	4	3	3	3	2	2	2

양력 4월 청명절(戊辰月) 清明 4월5일 10시51분 穀雨 4월20일 17시55분

양력	1	2	3	4	5	6	7	8	9	10	11	12	13	14	15	16	17	18	19	20	21	22	23	24	25	26	27	28	29	30	
요일	月	火	水	木	金	土	日	月	火	水	木	金	土	日	月	火	水	木	金	土	日	月	火	水	木	金	土	日	月	火	
음력	2/26	27	28	29	3/1	2	3	4	5	6	7	8	9	10	11	12	13	14	15	16	17	18	19	20	21	22	23	24	25	26	
일진	戊辰	己巳	庚午	辛未	壬申	癸酉	甲戌	乙亥	丙子	丁丑	戊寅	己卯	庚辰	辛巳	壬午	癸未	甲申	乙酉	丙戌	丁亥	戊子	己丑	庚寅	辛卯	壬辰	癸巳	甲午	乙未	丙申	丁酉	
대운 남	9	9	9	10	청명	1	1	1	1	2	2	2	3	3	3	4	4	4	5	곡우	5	6	6	6	7	7	7	8	8	8	
대운 여	1	1	1	1		10	10	9	9	9	8	8	8	7	7	7	6	6	6		5	5	4	4	4	3	3	3	2	2	

양력 5월 입하절(己巳月) 立夏 5월6일 4시3분 小滿 5월21일 16시59분

양력	1	2	3	4	5	6	7	8	9	10	11	12	13	14	15	16	17	18	19	20	21	22	23	24	25	26	27	28	29	30	31
요일	水	木	金	土	日	月	火	水	木	金	土	日	月	火	水	木	金	土	日	月	火	水	木	金	土	日	月	火	水	木	金
음력	3/27	28	29	30	4/1	2	3	4	5	6	7	8	9	10	11	12	13	14	15	16	17	18	19	20	21	22	23	24	25	26	27
일진	戊戌	己亥	庚子	辛丑	壬寅	癸卯	甲辰	乙巳	丙午	丁未	戊申	己酉	庚戌	辛亥	壬子	癸丑	甲寅	乙卯	丙辰	丁巳	戊午	己未	庚申	辛酉	壬戌	癸亥	甲子	乙丑	丙寅	丁卯	戊辰
대운 남	9	9	9	10	10	입하	1	1	1	1	2	2	2	3	3	3	4	4	4	5	소만	5	6	6	6	7	7	7	8	8	8
대운 여	2	1	1	1	1		10	10	9	9	9	8	8	8	7	7	7	6	6	6		5	5	4	4	4	3	3	3	2	2

양력 6월 망종절(庚午月) 芒種 6월6일 8시6분 夏至 6월22일 0시54분

양력	1	2	3	4	5	6	7	8	9	10	11	12	13	14	15	16	17	18	19	20	21	22	23	24	25	26	27	28	29	30	
요일	土	日	月	火	水	木	金	土	日	月	火	水	木	金	土	日	月	火	水	木	金	土	日	月	火	水	木	金	土	日	
음력	4/28	29	5/1	2	3	4	5	6	7	8	9	10	11	12	13	14	15	16	17	18	19	20	21	22	23	24	25	26	27	28	
일진	己巳	庚午	辛未	壬申	癸酉	甲戌	乙亥	丙子	丁丑	戊寅	己卯	庚辰	辛巳	壬午	癸未	甲申	乙酉	丙戌	丁亥	戊子	己丑	庚寅	辛卯	壬辰	癸巳	甲午	乙未	丙申	丁酉	戊戌	
대운 남	9	9	9	10	10	망종	1	1	1	1	2	2	2	3	3	3	4	4	4	5	5	하지	6	6	6	7	7	7	8	8	
대운 여	2	1	1	1	1		10	10	9	9	9	8	8	8	7	7	7	6	6	6	5		5	4	4	4	3	3	3	2	

己亥年

양력 7월 소서절(辛未月) 小暑 7월7일 18시20분 大暑 7월23일 11시50분

양력	1	2	3	4	5	6	7	8	9	10	11	12	13	14	15	16	17	18	19	20	21	22	23	24	25	26	27	28	29	30	31
요일	月	火	水	木	金	土	日	月	火	水	木	金	土	日	月	火	水	木	金	土	日	月	火	水	木	金	土	日	月	火	水
음력	5/29	30	6/1	2	3	4	5	6	7	8	9	10	11	12	13	14	15	16	17	18	19	20	21	22	23	24	25	26	27	28	29
일진	己亥	庚子	辛丑	壬寅	癸卯	甲辰	乙巳	丙午	丁未	戊申	己酉	庚戌	辛亥	壬子	癸丑	甲寅	乙卯	丙辰	丁巳	戊午	己未	庚申	辛酉	壬戌	癸亥	甲子	乙丑	丙寅	丁卯	戊辰	己巳
대운 남	8	9	9	9	10	10	소서	1	1	1	1	2	2	2	3	3	3	4	4	4	5	5	대서	6	6	6	7	7	7	8	8
대운 여	2	2	1	1	1	1		10	10	10	9	9	9	8	8	8	7	7	7	6	6	6		5	5	4	4	4	3	3	3

양력 8월 입추절(壬申月) 立秋 8월8일 4시13분 處暑 8월23일 19시2분

양력	1	2	3	4	5	6	7	8	9	10	11	12	13	14	15	16	17	18	19	20	21	22	23	24	25	26	27	28	29	30	31
요일	木	金	土	日	月	火	水	木	金	土	日	月	火	水	木	金	土	日	月	火	水	木	金	土	日	月	火	水	木	金	土
음력	7/1	2	3	4	5	6	7	8	9	10	11	12	13	14	15	16	17	18	19	20	21	22	23	24	25	26	27	28	29	8/1	2
일진	庚午	辛未	壬申	癸酉	甲戌	乙亥	丙子	丁丑	戊寅	己卯	庚辰	辛巳	壬午	癸未	甲申	乙酉	丙戌	丁亥	戊子	己丑	庚寅	辛卯	壬辰	癸巳	甲午	乙未	丙申	丁酉	戊戌	己亥	庚子
대운 남	8	9	9	9	10	10	10	입추	1	1	1	1	2	2	2	3	3	3	4	4	4	5	처서	5	6	6	6	7	7	7	8
대운 여	2	2	2	1	1	1	1		10	10	9	9	9	8	8	8	7	7	7	6	6	6		5	5	4	4	4	3	3	3

양력 9월 백로절(癸酉月) 白露 9월8일 7시17분 秋分 9월23일 16시50분

양력	1	2	3	4	5	6	7	8	9	10	11	12	13	14	15	16	17	18	19	20	21	22	23	24	25	26	27	28	29	30	
요일	日	月	火	水	木	金	土	日	月	火	水	木	金	土	日	月	火	水	木	金	土	日	月	火	水	木	金	土	日	月	
음력	8/3	4	5	6	7	8	9	10	11	12	13	14	15	16	17	18	19	20	21	22	23	24	25	26	27	28	29	30	9/1	2	
일진	辛丑	壬寅	癸卯	甲辰	乙巳	丙午	丁未	戊申	己酉	庚戌	辛亥	壬子	癸丑	甲寅	乙卯	丙辰	丁巳	戊午	己未	庚申	辛酉	壬戌	癸亥	甲子	乙丑	丙寅	丁卯	戊辰	己巳	庚午	
대운 남	8	8	9	9	9	10	10	백로	1	1	1	1	2	2	2	3	3	3	4	4	4	5	추분	5	6	6	6	7	7	7	
대운 여	2	2	2	1	1	1	1		10	9	9	9	8	8	8	7	7	7	6	6	6	5		5	4	4	4	3	3	3	

양력 10월 한로절(甲戌月) 寒露 10월8일 23시5분 霜降 10월24일 2시20분

양력	1	2	3	4	5	6	7	8	9	10	11	12	13	14	15	16	17	18	19	20	21	22	23	24	25	26	27	28	29	30	31
요일	火	水	木	金	土	日	月	火	水	木	金	土	日	月	火	水	木	金	土	日	月	火	水	木	金	土	日	月	火	水	木
음력	9/3	4	5	6	7	8	9	10	11	12	13	14	15	16	17	18	19	20	21	22	23	24	25	26	27	28	29	10/1	2	3	4
일진	辛未	壬申	癸酉	甲戌	乙亥	丙子	丁丑	戊寅	己卯	庚辰	辛巳	壬午	癸未	甲申	乙酉	丙戌	丁亥	戊子	己丑	庚寅	辛卯	壬辰	癸巳	甲午	乙未	丙申	丁酉	戊戌	己亥	庚子	辛丑
대운 남	8	8	8	9	9	9	10	한로	1	1	1	1	2	2	2	3	3	3	4	4	4	5	5	상강	6	6	6	7	7	7	8
대운 여	2	2	2	1	1	1	1		10	10	9	9	9	8	8	8	7	7	7	6	6	6	5		5	4	4	4	3	3	3

양력 11월 입동절(乙亥月) 立冬 11월8일 2시24분 小雪 11월22일 23시59분

양력	1	2	3	4	5	6	7	8	9	10	11	12	13	14	15	16	17	18	19	20	21	22	23	24	25	26	27	28	29	30	
요일	金	土	日	月	火	水	木	金	土	日	月	火	水	木	金	土	日	月	火	水	木	金	土	日	月	火	水	木	金	土	
음력	10/5	6	7	8	9	10	11	12	13	14	15	16	17	18	19	20	21	22	23	24	25	26	27	28	29	30	11/1	2	3	4	
일진	壬寅	癸卯	甲辰	乙巳	丙午	丁未	戊申	己酉	庚戌	辛亥	壬子	癸丑	甲寅	乙卯	丙辰	丁巳	戊午	己未	庚申	辛酉	壬戌	癸亥	甲子	乙丑	丙寅	丁卯	戊辰	己巳	庚午	辛未	
대운 남	8	8	9	9	9	10	10	입동	1	1	1	1	2	2	2	3	3	3	4	4	4	소설	5	5	6	6	6	7	7	7	
대운 여	2	2	2	1	1	1	1		9	9	9	8	8	8	7	7	7	6	6	6	5		5	4	4	4	3	3	3	2	

양력 12월 대설절(丙子月) 大雪 12월7일 19시18분 冬至 12월22일 13시19분

양력	1	2	3	4	5	6	7	8	9	10	11	12	13	14	15	16	17	18	19	20	21	22	23	24	25	26	27	28	29	30	31
요일	日	月	火	水	木	金	土	日	月	火	水	木	金	土	日	月	火	水	木	金	土	日	月	火	水	木	金	土	日	月	火
음력	11/5	6	7	8	9	10	11	12	13	14	15	16	17	18	19	20	21	22	23	24	25	26	27	28	29	12/1	2	3	4	5	6
일진	壬申	癸酉	甲戌	乙亥	丙子	丁丑	戊寅	己卯	庚辰	辛巳	壬午	癸未	甲申	乙酉	丙戌	丁亥	戊子	己丑	庚寅	辛卯	壬辰	癸巳	甲午	乙未	丙申	丁酉	戊戌	己亥	庚子	辛丑	壬寅
대운 남	8	8	8	9	9	9	대설	1	1	1	1	2	2	2	3	3	3	4	4	4	5	동지	5	6	6	6	7	7	7	8	8
대운 여	2	2	1	1	1	1		10	9	9	9	8	8	8	7	7	7	6	6	6	5		5	4	4	4	3	3	3	2	2

서기 2020년 [단기 4353년]

양력 1월 소한절(丁丑月) 小寒 1월6일 6시30분 大寒 1월20일 23시54분

양력		1	2	3	4	5	6	7	8	9	10	11	12	13	14	15	16	17	18	19	20	21	22	23	24	25	26	27	28	29	30	31
요일		水	木	金	土	日	月	火	水	木	金	土	日	月	火	水	木	金	土	日	月	火	水	木	金	土	日	月	火	水	木	金
음력		12/7	8	9	10	11	12	13	14	15	16	17	18	19	20	21	22	23	24	25	26	27	28	29	30	1/1	2	3	4	5	6	7
일진		癸卯	甲辰	乙巳	丙午	丁未	戊申	己酉	庚戌	辛亥	壬子	癸丑	甲寅	乙卯	丙辰	丁巳	戊午	己未	庚申	辛酉	壬戌	癸亥	甲子	乙丑	丙寅	丁卯	戊辰	己巳	庚午	辛未	壬申	癸酉
대운	남	8	9	9	9	10	소	1	1	1	1	2	2	2	3	3	3	4	4	4	대	5	5	6	6	6	7	7	7	8	8	8
	여	2	1	1	1	1	한	9	9	9	8	8	8	7	7	7	6	6	6	5	한	5	4	4	4	3	3	3	2	2	2	1

양력 2월 입춘절(戊寅月) 立春 2월4일 18시3분 雨水 2월19일 13시57분

양력		1	2	3	4	5	6	7	8	9	10	11	12	13	14	15	16	17	18	19	20	21	22	23	24	25	26	27	28	29
요일		土	日	月	火	水	木	金	土	日	月	火	水	木	金	土	日	月	火	水	木	金	土	日	月	火	水	木	金	土
음력		1/8	9	10	11	12	13	14	15	16	17	18	19	20	21	22	23	24	25	26	27	28	29	30	2/1	2	3	4	5	6
일진		甲戌	乙亥	丙子	丁丑	戊寅	己卯	庚辰	辛巳	壬午	癸未	甲申	乙酉	丙戌	丁亥	戊子	己丑	庚寅	辛卯	壬辰	癸巳	甲午	乙未	丙申	丁酉	戊戌	己亥	庚子	辛丑	壬寅
대운	남	9	9	9	입	10	9	9	9	8	8	8	7	7	7	6	6	6	5	우	5	4	4	4	3	3	3	2	2	2
	여	1	1	1	춘	1	1	1	1	2	2	2	3	3	3	4	4	4	5	수	5	6	6	6	7	7	7	8	8	8

양력 3월 경칩절(己卯月) 驚蟄 3월5일 11시57분 春分 3월20일 12시49분

양력		1	2	3	4	5	6	7	8	9	10	11	12	13	14	15	16	17	18	19	20	21	22	23	24	25	26	27	28	29	30	31
요일		日	月	火	水	木	金	土	日	月	火	水	木	金	土	日	月	火	水	木	金	土	日	月	火	水	木	金	土	日	月	火
음력		2/7	8	9	10	11	12	13	14	15	16	17	18	19	20	21	22	23	24	25	26	27	28	29	3/1	2	3	4	5	6	7	8
일진		癸卯	甲辰	乙巳	丙午	丁未	戊申	己酉	庚戌	辛亥	壬子	癸丑	甲寅	乙卯	丙辰	丁巳	戊午	己未	庚申	辛酉	壬戌	癸亥	甲子	乙丑	丙寅	丁卯	戊辰	己巳	庚午	辛未	壬申	癸酉
대운	남	1	1	1	1	경	10	9	9	9	8	8	8	7	7	7	6	6	6	5	춘	5	4	4	4	3	3	3	2	2	2	1
	여	9	9	9	10	칩	1	1	1	1	2	2	2	3	3	3	4	4	4	5	분	5	6	6	6	7	7	7	8	8	8	9

양력 4월 청명절(庚辰月) 清明 4월4일 16시38분 穀雨 4월19일 23시45분

양력		1	2	3	4	5	6	7	8	9	10	11	12	13	14	15	16	17	18	19	20	21	22	23	24	25	26	27	28	29	30
요일		水	木	金	土	日	月	火	水	木	金	土	日	月	火	水	木	金	土	日	月	火	水	木	金	土	日	月	火	水	木
음력		3/9	10	11	12	13	14	15	16	17	18	19	20	21	22	23	24	25	26	27	28	29	30	4/1	2	3	4	5	6	7	8
일진		甲戌	乙亥	丙子	丁丑	戊寅	己卯	庚辰	辛巳	壬午	癸未	甲申	乙酉	丙戌	丁亥	戊子	己丑	庚寅	辛卯	壬辰	癸巳	甲午	乙未	丙申	丁酉	戊戌	己亥	庚子	辛丑	壬寅	癸卯
대운	남	1	1	1	청	10	10	9	9	9	8	8	8	7	7	7	6	6	6	곡	5	5	4	4	4	3	3	3	2	2	2
	여	9	9	10	명	1	1	1	1	2	2	2	3	3	3	4	4	4	5	우	5	6	6	6	7	7	7	8	8	8	9

양력 5월 입하절(辛巳月) 立夏 5월5일 9시51분 小滿 5월20일 22시49분

양력		1	2	3	4	5	6	7	8	9	10	11	12	13	14	15	16	17	18	19	20	21	22	23	24	25	26	27	28	29	30	31
요일		金	土	日	月	火	水	木	金	土	日	月	火	水	木	金	土	日	月	火	水	木	金	土	日	月	火	水	木	金	土	日
음력		4/9	10	11	12	13	14	15	16	17	18	19	20	21	22	23	24	25	26	27	28	29	30	윤1	2	3	4	5	6	7	8	9
일진		甲辰	乙巳	丙午	丁未	戊申	己酉	庚戌	辛亥	壬子	癸丑	甲寅	乙卯	丙辰	丁巳	戊午	己未	庚申	辛酉	壬戌	癸亥	甲子	乙丑	丙寅	丁卯	戊辰	己巳	庚午	辛未	壬申	癸酉	甲戌
대운	남	1	1	1	1	입	10	10	9	9	9	8	8	8	7	7	7	6	6	6	소	5	5	4	4	4	3	3	3	2	2	2
	여	9	9	10	10	하	1	1	1	1	2	2	2	3	3	3	4	4	4	5	만	5	6	6	6	7	7	7	8	8	8	9

양력 6월 망종절(壬午月) 芒種 6월5일 13시58분 夏至 6월21일 6시43분

양력		1	2	3	4	5	6	7	8	9	10	11	12	13	14	15	16	17	18	19	20	21	22	23	24	25	26	27	28	29	30
요일		月	火	水	木	金	土	日	月	火	水	木	金	土	日	月	火	水	木	金	土	日	月	火	水	木	金	土	日	月	火
음력		윤10	11	12	13	14	15	16	17	18	19	20	21	22	23	24	25	26	27	28	29	5/1	2	3	4	5	6	7	8	9	10
일진		乙亥	丙子	丁丑	戊寅	己卯	庚辰	辛巳	壬午	癸未	甲申	乙酉	丙戌	丁亥	戊子	己丑	庚寅	辛卯	壬辰	癸巳	甲午	乙未	丙申	丁酉	戊戌	己亥	庚子	辛丑	壬寅	癸卯	甲辰
대운	남	1	1	1	1	망	10	10	10	9	9	9	8	8	8	7	7	7	6	6	6	하	5	5	4	4	4	3	3	3	2
	여	9	9	10	10	종	1	1	1	1	2	2	2	3	3	3	4	4	4	5	5	지	6	6	6	7	7	7	8	8	8

▶윤달-4월

庚子年

양력 7월 소서절(癸未月) 小暑 7월7일 0시14분 大暑 7월22일 17시37분

양력	1	2	3	4	5	6	7	8	9	10	11	12	13	14	15	16	17	18	19	20	21	22	23	24	25	26	27	28	29	30	31
요일	水	木	金	土	日	月	火	水	木	金	土	日	月	火	水	木	金	土	日	月	火	水	木	金	土	日	月	火	水	木	金
음력	5/11	12	13	14	15	16	17	18	19	20	21	22	23	24	25	26	27	28	29	30	6/1	2	3	4	5	6	7	8	9	10	11
일진	乙巳	丙午	丁未	戊申	己酉	庚戌	辛亥	壬子	癸丑	甲寅	乙卯	丙辰	丁巳	戊午	己未	庚申	辛酉	壬戌	癸亥	甲子	乙丑	丙寅	丁卯	戊辰	己巳	庚午	辛未	壬申	癸酉	甲戌	乙亥
대운 남	2	2	1	1	1	1	소	10	10	9	9	9	8	8	8	7	7	7	6	6	6	대	5	5	4	4	4	3	3	3	2
대운 여	9	9	9	10	10	10	서	1	1	1	1	2	2	2	3	3	3	4	4	4	5	서	5	6	6	6	7	7	7	8	8

양력 8월 입추절(甲申月) 立秋 8월7일 10시6분 處暑 8월23일 0시45분

양력	1	2	3	4	5	6	7	8	9	10	11	12	13	14	15	16	17	18	19	20	21	22	23	24	25	26	27	28	29	30	31
요일	土	日	月	火	水	木	金	土	日	月	火	水	木	金	土	日	月	火	水	木	金	土	日	月	火	水	木	金	土	日	月
음력	6/12	13	14	15	16	17	18	19	20	21	22	23	24	25	26	27	28	29	7/1	2	3	4	5	6	7	8	9	10	11	12	13
일진	丙子	丁丑	戊寅	己卯	庚辰	辛巳	壬午	癸未	甲申	乙酉	丙戌	丁亥	戊子	己丑	庚寅	辛卯	壬辰	癸巳	甲午	乙未	丙申	丁酉	戊戌	己亥	庚子	辛丑	壬寅	癸卯	甲辰	乙巳	丙午
대운 남	2	2	1	1	1	1	입	10	10	9	9	9	8	8	8	7	7	7	6	6	6	5	처	5	4	4	4	3	3	3	2
대운 여	8	9	9	9	10	10	추	1	1	1	1	2	2	2	3	3	3	4	4	4	5	5	서	6	6	6	7	7	7	8	8

양력 9월 백로절(乙酉月) 白露 9월7일 13시8분 秋分 9월22일 22시30분

양력	1	2	3	4	5	6	7	8	9	10	11	12	13	14	15	16	17	18	19	20	21	22	23	24	25	26	27	28	29	30
요일	火	水	木	金	土	日	月	火	水	木	金	土	日	月	火	水	木	金	土	日	月	火	水	木	金	土	日	月	火	水
음력	7/14	15	16	17	18	19	20	21	22	23	24	25	26	27	28	29	8/1	2	3	4	5	6	7	8	9	10	11	12	13	14
일진	丁未	戊申	己酉	庚戌	辛亥	壬子	癸丑	甲寅	乙卯	丙辰	丁巳	戊午	己未	庚申	辛酉	壬戌	癸亥	甲子	乙丑	丙寅	丁卯	戊辰	己巳	庚午	辛未	壬申	癸酉	甲戌	乙亥	丙子
대운 남	2	2	1	1	1	1	백	10	10	9	9	9	8	8	8	7	7	7	6	6	6	추	5	5	4	4	4	3	3	3
대운 여	8	9	9	9	10	10	로	1	1	1	1	2	2	2	3	3	3	4	4	4	5	분	5	6	6	6	7	7	7	8

양력 10월 한로절(丙戌月) 寒露 10월8일 4시55분 霜降 10월23일 7시59분

양력	1	2	3	4	5	6	7	8	9	10	11	12	13	14	15	16	17	18	19	20	21	22	23	24	25	26	27	28	29	30	31
요일	木	金	土	日	月	火	水	木	金	土	日	月	火	水	木	金	土	日	月	火	水	木	金	土	日	月	火	水	木	金	土
음력	8/15	16	17	18	19	20	21	22	23	24	25	26	27	28	29	30	9/1	2	3	4	5	6	7	8	9	10	11	12	13	14	15
일진	丁丑	戊寅	己卯	庚辰	辛巳	壬午	癸未	甲申	乙酉	丙戌	丁亥	戊子	己丑	庚寅	辛卯	壬辰	癸巳	甲午	乙未	丙申	丁酉	戊戌	己亥	庚子	辛丑	壬寅	癸卯	甲辰	乙巳	丙午	丁未
대운 남	2	2	2	1	1	1	1	한	10	9	9	9	8	8	8	7	7	7	6	6	6	5	상	5	4	4	4	3	3	3	2
대운 여	8	8	9	9	9	10	10	로	1	1	1	1	2	2	2	3	3	3	4	4	4	5	강	5	6	6	6	7	7	7	8

양력 11월 입동절(丁亥月) 立冬 11월7일 8시14분 小雪 11월22일 5시40분

양력	1	2	3	4	5	6	7	8	9	10	11	12	13	14	15	16	17	18	19	20	21	22	23	24	25	26	27	28	29	30
요일	日	月	火	水	木	金	土	日	月	火	水	木	金	土	日	月	火	水	木	金	土	日	月	火	水	木	金	土	日	月
음력	9/16	17	18	19	20	21	22	23	24	25	26	27	28	29	10/1	2	3	4	5	6	7	8	9	10	11	12	13	14	15	16
일진	戊申	己酉	庚戌	辛亥	壬子	癸丑	甲寅	乙卯	丙辰	丁巳	戊午	己未	庚申	辛酉	壬戌	癸亥	甲子	乙丑	丙寅	丁卯	戊辰	己巳	庚午	辛未	壬申	癸酉	甲戌	乙亥	丙子	丁丑
대운 남	2	2	1	1	1	1	입	10	9	9	9	8	8	8	7	7	7	6	6	6	5	소	5	4	4	4	3	3	3	2
대운 여	8	8	9	9	9	10	동	1	1	1	1	2	2	2	3	3	3	4	4	4	5	설	5	6	6	6	7	7	7	8

양력 12월 대설절(戊子月) 大雪 12월7일 1시9분 冬至 12월21일 19시2분

양력	1	2	3	4	5	6	7	8	9	10	11	12	13	14	15	16	17	18	19	20	21	22	23	24	25	26	27	28	29	30	31
요일	火	水	木	金	土	日	月	火	水	木	金	土	日	月	火	水	木	金	土	日	月	火	水	木	金	土	日	月	火	水	木
음력	10/17	18	19	20	21	22	23	24	25	26	27	28	29	30	11/1	2	3	4	5	6	7	8	9	10	11	12	13	14	15	16	17
일진	戊寅	己卯	庚辰	辛巳	壬午	癸未	甲申	乙酉	丙戌	丁亥	戊子	己丑	庚寅	辛卯	壬辰	癸巳	甲午	乙未	丙申	丁酉	戊戌	己亥	庚子	辛丑	壬寅	癸卯	甲辰	乙巳	丙午	丁未	戊申
대운 남	2	2	1	1	1	1	대	9	9	9	8	8	8	7	7	7	6	6	6	5	동	5	4	4	4	3	3	3	2	2	2
대운 여	8	8	9	9	9	10	설	1	1	1	1	2	2	2	3	3	3	4	4	4	지	5	5	6	6	6	7	7	7	8	8

서기 2021년 [단기 4354년]

양력 1월　소한절(己丑月)　小寒 1월5일 12시23분　大寒 1월20일 5시40분

양력	1	2	3	4	5	6	7	8	9	10	11	12	13	14	15	16	17	18	19	20	21	22	23	24	25	26	27	28	29	30	31
요일	金	土	日	月	火	水	木	金	土	日	月	火	水	木	金	土	日	月	火	水	木	金	土	日	月	火	水	木	金	土	日
음력	11/18	19	20	21	22	23	24	25	26	27	28	29	12/1	2	3	4	5	6	7	8	9	10	11	12	13	14	15	16	17	18	19
일진	己酉	庚戌	辛亥	壬子	癸丑	甲寅	乙卯	丙辰	丁巳	戊午	己未	庚申	辛酉	壬戌	癸亥	甲子	乙丑	丙寅	丁卯	戊辰	己巳	庚午	辛未	壬申	癸酉	甲戌	乙亥	丙子	丁丑	戊寅	己卯
대운 남	1	1	1	1	소	9	9	9	8	8	8	7	7	7	6	6	6	5	5	대	4	4	4	3	3	3	2	2	2	1	1
대운 여	8	9	9	9	한	1	1	1	1	2	2	2	3	3	3	4	4	4	5	한	5	6	6	6	7	7	7	8	8	8	9

양력 2월　입춘절(庚寅月)　立春 2월3일 23시59분　雨水 2월18일 19시44분

양력	1	2	3	4	5	6	7	8	9	10	11	12	13	14	15	16	17	18	19	20	21	22	23	24	25	26	27	28			
요일	月	火	水	木	金	土	日	月	火	水	木	金	土	日	月	火	水	木	金	土	日	月	火	水	木	金	土	日			
음력	12/20	21	22	23	24	25	26	27	28	29	30	1/1	2	3	4	5	6	7	8	9	10	11	12	13	14	15	16	17			
일진	庚辰	辛巳	壬午	癸未	甲申	乙酉	丙戌	丁亥	戊子	己丑	庚寅	辛卯	壬辰	癸巳	甲午	乙未	丙申	丁酉	戊戌	己亥	庚子	辛丑	壬寅	癸卯	甲辰	乙巳	丙午	丁未			
대운 남	1	1	입	1	1	1	1	2	2	2	3	3	3	4	4	4	5	우	5	6	6	6	7	7	7	8	8	8			
대운 여	9	9	춘	10	9	9	9	8	8	8	7	7	7	6	6	6	5	수	5	4	4	4	3	3	3	2	2	2			

양력 3월　경칩절(辛卯月)　驚蟄 3월5일 17시53분　春分 3월20일 18시37분

양력	1	2	3	4	5	6	7	8	9	10	11	12	13	14	15	16	17	18	19	20	21	22	23	24	25	26	27	28	29	30	31
요일	月	火	水	木	金	土	日	月	火	水	木	金	土	日	月	火	水	木	金	土	日	月	火	水	木	金	土	日	月	火	水
음력	1/18	19	20	21	22	23	24	25	26	27	28	29	2/1	2	3	4	5	6	7	8	9	10	11	12	13	14	15	16	17	18	19
일진	戊申	己酉	庚戌	辛亥	壬子	癸丑	甲寅	乙卯	丙辰	丁巳	戊午	己未	庚申	辛酉	壬戌	癸亥	甲子	乙丑	丙寅	丁卯	戊辰	己巳	庚午	辛未	壬申	癸酉	甲戌	乙亥	丙子	丁丑	戊寅
대운 남	9	9	9	10	경	1	1	1	1	2	2	2	3	3	3	4	4	4	5	춘	5	6	6	6	7	7	7	8	8	8	9
대운 여	1	1	1	1	칩	10	9	9	9	8	8	8	7	7	7	6	6	6	5	분	5	4	4	4	3	3	3	2	2	2	1

양력 4월　청명절(壬辰月)　清明 4월4일 22시35분　穀雨 4월20일 5시33분

양력	1	2	3	4	5	6	7	8	9	10	11	12	13	14	15	16	17	18	19	20	21	22	23	24	25	26	27	28	29	30	
요일	木	金	土	日	月	火	水	木	金	土	日	月	火	水	木	金	土	日	月	火	水	木	金	土	日	月	火	水	木	金	
음력	2/20	21	22	23	24	25	26	27	28	29	30	3/1	2	3	4	5	6	7	8	9	10	11	12	13	14	15	16	17	18	19	
일진	己卯	庚辰	辛巳	壬午	癸未	甲申	乙酉	丙戌	丁亥	戊子	己丑	庚寅	辛卯	壬辰	癸巳	甲午	乙未	丙申	丁酉	戊戌	己亥	庚子	辛丑	壬寅	癸卯	甲辰	乙巳	丙午	丁未	戊申	
대운 남	9	9	10	청	1	1	1	1	2	2	2	3	3	3	4	4	4	5	5	곡	6	6	6	7	7	7	8	8	8	9	
대운 여	1	1	1	명	10	10	9	9	9	8	8	8	7	7	7	6	6	6	5	우	5	4	4	4	3	3	3	2	2	2	

양력 5월　입하절(癸巳月)　立夏 5월5일 15시47분　小滿 5월21일 4시37분

양력	1	2	3	4	5	6	7	8	9	10	11	12	13	14	15	16	17	18	19	20	21	22	23	24	25	26	27	28	29	30	31
요일	土	日	月	火	水	木	金	土	日	月	火	水	木	金	土	日	月	火	水	木	金	土	日	月	火	水	木	金	土	日	月
음력	3/20	21	22	23	24	25	26	27	28	29	30	4/1	2	3	4	5	6	7	8	9	10	11	12	13	14	15	16	17	18	19	20
일진	己酉	庚戌	辛亥	壬子	癸丑	甲寅	乙卯	丙辰	丁巳	戊午	己未	庚申	辛酉	壬戌	癸亥	甲子	乙丑	丙寅	丁卯	戊辰	己巳	庚午	辛未	壬申	癸酉	甲戌	乙亥	丙子	丁丑	戊寅	己卯
대운 남	9	9	10	10	입	1	1	1	1	2	2	2	3	3	3	4	4	4	5	5	소	6	6	6	7	7	7	8	8	8	9
대운 여	1	1	1	1	하	10	10	9	9	9	8	8	8	7	7	7	6	6	6	5	만	5	4	4	4	3	3	3	2	2	2

양력 6월　망종절(甲午月)　芒種 6월5일 19시52분　夏至 6월21일 12시32분

양력	1	2	3	4	5	6	7	8	9	10	11	12	13	14	15	16	17	18	19	20	21	22	23	24	25	26	27	28	29	30	
요일	火	水	木	金	土	日	月	火	水	木	金	土	日	月	火	水	木	金	土	日	月	火	水	木	金	土	日	月	火	水	
음력	4/21	22	23	24	25	26	27	28	29	5/1	2	3	4	5	6	7	8	9	10	11	12	13	14	15	16	17	18	19	20	21	
일진	庚辰	辛巳	壬午	癸未	甲申	乙酉	丙戌	丁亥	戊子	己丑	庚寅	辛卯	壬辰	癸巳	甲午	乙未	丙申	丁酉	戊戌	己亥	庚子	辛丑	壬寅	癸卯	甲辰	乙巳	丙午	丁未	戊申	己酉	
대운 남	9	9	10	10	망	1	1	1	1	2	2	2	3	3	3	4	4	4	5	5	하	6	6	6	7	7	7	8	8	8	
대운 여	1	1	1	1	종	10	10	10	9	9	9	8	8	8	7	7	7	6	6	6	지	5	5	4	4	4	3	3	3	2	

辛丑年

양력 7월 소서절(乙未月) 小暑 7월7일 6시5분 大暑 7월22일 23시26분

양력	1	2	3	4	5	6	7	8	9	10	11	12	13	14	15	16	17	18	19	20	21	22	23	24	25	26	27	28	29	30	31
요일	木	金	土	日	月	火	水	木	金	土	日	月	火	水	木	金	土	日	月	火	水	木	金	土	日	月	火	水	木	金	土
음력	5/22	23	24	25	26	27	28	29	30	6/1	2	3	4	5	6	7	8	9	10	11	12	13	14	15	16	17	18	19	20	21	22
일진	庚戌	辛亥	壬子	癸丑	甲寅	乙卯	丙辰	丁巳	戊午	己未	庚申	辛酉	壬戌	癸亥	甲子	乙丑	丙寅	丁卯	戊辰	己巳	庚午	辛未	壬申	癸酉	甲戌	乙亥	丙子	丁丑	戊寅	己卯	庚辰
대운 남	9	9	9	10	10	10	소	1	1	1	1	2	2	2	3	3	3	4	4	4	5	대	5	6	6	6	7	7	7	8	8
대운 여	2	2	1	1	1	1	서	10	10	9	9	9	8	8	8	7	7	7	6	6	6	서	5	5	4	4	4	3	3	3	2

양력 8월 입추절(丙申月) 立秋 8월7일 15시54분 處暑 8월23일 6시35분

양력	1	2	3	4	5	6	7	8	9	10	11	12	13	14	15	16	17	18	19	20	21	22	23	24	25	26	27	28	29	30	31
요일	日	月	火	水	木	金	土	日	月	火	水	木	金	土	日	月	火	水	木	金	土	日	月	火	水	木	金	土	日	月	火
음력	6/23	24	25	26	27	28	29	7/1	2	3	4	5	6	7	8	9	10	11	12	13	14	15	16	17	18	19	20	21	22	23	24
일진	辛巳	壬午	癸未	甲申	乙酉	丙戌	丁亥	戊子	己丑	庚寅	辛卯	壬辰	癸巳	甲午	乙未	丙申	丁酉	戊戌	己亥	庚子	辛丑	壬寅	癸卯	甲辰	乙巳	丙午	丁未	戊申	己酉	庚戌	辛亥
대운 남	8	9	9	9	10	10	입	1	1	1	1	2	2	2	3	3	3	4	4	4	5	5	처	6	6	6	7	7	7	8	8
대운 여	2	2	1	1	1	1	추	10	10	9	9	9	8	8	8	7	7	7	6	6	6	5	서	5	4	4	4	3	3	3	2

양력 9월 백로절(丁酉月) 白露 9월7일 18시53분 秋分 9월23일 4시21분

양력	1	2	3	4	5	6	7	8	9	10	11	12	13	14	15	16	17	18	19	20	21	22	23	24	25	26	27	28	29	30
요일	水	木	金	土	日	月	火	水	木	金	土	日	月	火	水	木	金	土	日	月	火	水	木	金	土	日	月	火	水	木
음력	7/25	26	27	28	29	30	8/1	2	3	4	5	6	7	8	9	10	11	12	13	14	15	16	17	18	19	20	21	22	23	24
일진	壬子	癸丑	甲寅	乙卯	丙辰	丁巳	戊午	己未	庚申	辛酉	壬戌	癸亥	甲子	乙丑	丙寅	丁卯	戊辰	己巳	庚午	辛未	壬申	癸酉	甲戌	乙亥	丙子	丁丑	戊寅	己卯	庚辰	辛巳
대운 남	8	9	9	9	10	10	백	1	1	1	1	2	2	2	3	3	3	4	4	4	5	5	추	6	6	6	7	7	7	8
대운 여	2	2	1	1	1	1	로	10	10	9	9	9	8	8	8	7	7	7	6	6	6	5	분	5	4	4	4	3	3	3

양력 10월 한로절(戊戌月) 寒露 10월8일 10시39분 霜降 10월23일 13시51분

양력	1	2	3	4	5	6	7	8	9	10	11	12	13	14	15	16	17	18	19	20	21	22	23	24	25	26	27	28	29	30	31
요일	金	土	日	月	火	水	木	金	土	日	月	火	水	木	金	土	日	月	火	水	木	金	土	日	月	火	水	木	金	土	日
음력	8/25	26	27	28	29	9/1	2	3	4	5	6	7	8	9	10	11	12	13	14	15	16	17	18	19	20	21	22	23	24	25	26
일진	壬午	癸未	甲申	乙酉	丙戌	丁亥	戊子	己丑	庚寅	辛卯	壬辰	癸巳	甲午	乙未	丙申	丁酉	戊戌	己亥	庚子	辛丑	壬寅	癸卯	甲辰	乙巳	丙午	丁未	戊申	己酉	庚戌	辛亥	壬子
대운 남	8	8	9	9	9	10	10	한	1	1	1	1	2	2	2	3	3	3	4	4	4	5	상	5	6	6	6	7	7	7	8
대운 여	2	2	2	1	1	1	1	로	10	9	9	9	8	8	8	7	7	7	6	6	6	5	강	5	4	4	4	3	3	3	2

양력 11월 입동절(己亥月) 立冬 11월7일 13시59분 小雪 11월22일 11시33분

양력	1	2	3	4	5	6	7	8	9	10	11	12	13	14	15	16	17	18	19	20	21	22	23	24	25	26	27	28	29	30
요일	月	火	水	木	金	土	日	月	火	水	木	金	土	日	月	火	水	木	金	土	日	月	火	水	木	金	土	日	月	火
음력	9/27	28	29	30	10/1	2	3	4	5	6	7	8	9	10	11	12	13	14	15	16	17	18	19	20	21	22	23	24	25	26
일진	癸丑	甲寅	乙卯	丙辰	丁巳	戊午	己未	庚申	辛酉	壬戌	癸亥	甲子	乙丑	丙寅	丁卯	戊辰	己巳	庚午	辛未	壬申	癸酉	甲戌	乙亥	丙子	丁丑	戊寅	己卯	庚辰	辛巳	壬午
대운 남	8	8	9	9	9	10	입	1	1	1	1	2	2	2	3	3	3	4	4	4	5	소	5	6	6	6	7	7	7	8
대운 여	2	2	1	1	1	1	동	10	9	9	9	8	8	8	7	7	7	6	6	6	5	설	5	4	4	4	3	3	3	2

양력 12월 대설절(庚子月) 大雪 12월7일 6시57분 冬至 12월22일 0시59분

양력	1	2	3	4	5	6	7	8	9	10	11	12	13	14	15	16	17	18	19	20	21	22	23	24	25	26	27	28	29	30	31
요일	水	木	金	土	日	月	火	水	木	金	土	日	月	火	水	木	金	土	日	月	火	水	木	金	土	日	月	火	水	木	金
음력	10/27	28	29	11/1	2	3	4	5	6	7	8	9	10	11	12	13	14	15	16	17	18	19	20	21	22	23	24	25	26	27	28
일진	癸未	甲申	乙酉	丙戌	丁亥	戊子	己丑	庚寅	辛卯	壬辰	癸巳	甲午	乙未	丙申	丁酉	戊戌	己亥	庚子	辛丑	壬寅	癸卯	甲辰	乙巳	丙午	丁未	戊申	己酉	庚戌	辛亥	壬子	癸丑
대운 남	8	8	9	9	9	10	대	1	1	1	1	2	2	2	3	3	3	4	4	4	5	동	5	6	6	6	7	7	7	8	8
대운 여	2	2	1	1	1	1	설	9	9	9	8	8	8	7	7	7	6	6	6	5	5	지	4	4	4	3	3	3	2	2	2

서기 2022년 [단기 4355년]

양력 1월 소한절(辛丑月) 小寒 1월5일 18시14분 大寒 1월20일 11시39분

양력		1	2	3	4	5	6	7	8	9	10	11	12	13	14	15	16	17	18	19	20	21	22	23	24	25	26	27	28	29	30	31
요일		土	日	月	火	水	木	金	土	日	月	火	水	木	金	土	日	月	火	水	木	金	土	日	月	火	水	木	金	土	日	月
음력		11/29	30	12/1	2	3	4	5	6	7	8	9	10	11	12	13	14	15	16	17	18	19	20	21	22	23	24	25	26	27	28	29
일진		甲寅	乙卯	丙辰	丁巳	戊午	己未	庚申	辛酉	壬戌	癸亥	甲子	乙丑	丙寅	丁卯	戊辰	己巳	庚午	辛未	壬申	癸酉	甲戌	乙亥	丙子	丁丑	戊寅	己卯	庚辰	辛巳	壬午	癸未	甲申
대	남	8	9	9	9	소	1	1	1	1	2	2	2	3	3	3	4	4	4	5	대	5	6	6	6	7	7	7	8	8	8	9
운	여	1	1	1	1	한	10	9	9	9	8	8	8	7	7	7	6	6	6	5	한	5	4	4	4	3	3	3	2	2	2	1

양력 2월 입춘절(壬寅月) 立春 2월4일 5시51분 雨水 2월19일 1시43분

양력		1	2	3	4	5	6	7	8	9	10	11	12	13	14	15	16	17	18	19	20	21	22	23	24	25	26	27	28			
요일		火	水	木	金	土	日	月	火	水	木	金	土	日	月	火	水	木	金	土	日	月	火	水	木	金	土	日	月			
음력		1/1	2	3	4	5	6	7	8	9	10	11	12	13	14	15	16	17	18	19	20	21	22	23	24	25	26	27	28			
일진		乙酉	丙戌	丁亥	戊子	己丑	庚寅	辛卯	壬辰	癸巳	甲午	乙未	丙申	丁酉	戊戌	己亥	庚子	辛丑	壬寅	癸卯	甲辰	乙巳	丙午	丁未	戊申	己酉	庚戌	辛亥	壬子			
대	남	9	9	10	입	9	9	9	8	8	8	7	7	7	6	6	6	5	5	우	4	4	4	3	3	3	2	2	2			
운	여	1	1	1	춘	1	1	1	1	2	2	2	3	3	3	4	4	4	5	수	5	6	6	6	7	7	7	8	8			

양력 3월 경칩절(癸卯月) 驚蟄 3월5일 23시43분 春分 3월21일 0시33분

양력		1	2	3	4	5	6	7	8	9	10	11	12	13	14	15	16	17	18	19	20	21	22	23	24	25	26	27	28	29	30	31
요일		火	水	木	金	土	日	月	火	水	木	金	土	日	月	火	水	木	金	土	日	月	火	水	木	金	土	日	月	火	水	木
음력		1/29	30	2/1	2	3	4	5	6	7	8	9	10	11	12	13	14	15	16	17	18	19	20	21	22	23	24	25	26	27	28	29
일진		癸丑	甲寅	乙卯	丙辰	丁巳	戊午	己未	庚申	辛酉	壬戌	癸亥	甲子	乙丑	丙寅	丁卯	戊辰	己巳	庚午	辛未	壬申	癸酉	甲戌	乙亥	丙子	丁丑	戊寅	己卯	庚辰	辛巳	壬午	癸未
대	남	1	1	1	1	경	10	10	9	9	9	8	8	8	7	7	7	6	6	6	5	춘	5	4	4	4	3	3	3	2	2	2
운	여	8	9	9	9	칩	1	1	1	1	2	2	2	3	3	3	4	4	4	5	5	분	6	6	6	7	7	7	8	8	8	9

양력 4월 청명절(甲辰月) 清明 4월5일 4시20분 穀雨 4월20일 11시24분

양력		1	2	3	4	5	6	7	8	9	10	11	12	13	14	15	16	17	18	19	20	21	22	23	24	25	26	27	28	29	30	
요일		金	土	日	月	火	水	木	金	土	日	月	火	水	木	金	土	日	月	火	水	木	金	土	日	月	火	水	木	金	土	
음력		3/1	2	3	4	5	6	7	8	9	10	11	12	13	14	15	16	17	18	19	20	21	22	23	24	25	26	27	28	29	30	
일진		甲申	乙酉	丙戌	丁亥	戊子	己丑	庚寅	辛卯	壬辰	癸巳	甲午	乙未	丙申	丁酉	戊戌	己亥	庚子	辛丑	壬寅	癸卯	甲辰	乙巳	丙午	丁未	戊申	己酉	庚戌	辛亥	壬子	癸丑	
대	남	1	1	1	1	청	10	9	9	9	8	8	8	7	7	7	6	6	6	5	곡	5	4	4	4	3	3	3	2	2	2	
운	여	9	9	10	10	명	1	1	1	1	2	2	2	3	3	3	4	4	4	5	우	5	6	6	6	7	7	7	8	8	8	

양력 5월 입하절(乙巳月) 立夏 5월5일 21시26분 小滿 5월21일 10시22분

양력		1	2	3	4	5	6	7	8	9	10	11	12	13	14	15	16	17	18	19	20	21	22	23	24	25	26	27	28	29	30	31
요일		日	月	火	水	木	金	土	日	月	火	水	木	金	土	日	月	火	水	木	金	土	日	月	火	水	木	金	土	日	月	火
음력		4/1	2	3	4	5	6	7	8	9	10	11	12	13	14	15	16	17	18	19	20	21	22	23	24	25	26	27	28	29	5/1	2
일진		甲寅	乙卯	丙辰	丁巳	戊午	己未	庚申	辛酉	壬戌	癸亥	甲子	乙丑	丙寅	丁卯	戊辰	己巳	庚午	辛未	壬申	癸酉	甲戌	乙亥	丙子	丁丑	戊寅	己卯	庚辰	辛巳	壬午	癸未	甲申
대	남	1	1	1	1	입	10	10	10	9	9	9	8	8	8	7	7	7	6	6	6	소	5	5	4	4	4	3	3	3	2	2
운	여	9	9	9	10	하	1	1	1	1	2	2	2	3	3	3	4	4	4	5	5	만	6	6	6	7	7	7	8	8	8	9

양력 6월 망종절(丙午月) 芒種 6월6일 1시26분 夏至 6월21일 18시14분

양력		1	2	3	4	5	6	7	8	9	10	11	12	13	14	15	16	17	18	19	20	21	22	23	24	25	26	27	28	29	30	
요일		水	木	金	土	日	月	火	水	木	金	土	日	月	火	水	木	金	土	日	月	火	水	木	金	土	日	月	火	水	木	
음력		5/3	4	5	6	7	8	9	10	11	12	13	14	15	16	17	18	19	20	21	22	23	24	25	26	27	28	29	30	6/1	2	
일진		乙酉	丙戌	丁亥	戊子	己丑	庚寅	辛卯	壬辰	癸巳	甲午	乙未	丙申	丁酉	戊戌	己亥	庚子	辛丑	壬寅	癸卯	甲辰	乙巳	丙午	丁未	戊申	己酉	庚戌	辛亥	壬子	癸丑	甲寅	
대	남	2	1	1	1	1	망	10	10	9	9	9	8	8	8	7	7	7	6	6	6	하	5	5	4	4	4	3	3	3	2	
운	여	9	9	10	10	10	종	1	1	1	1	2	2	2	3	3	3	4	4	4	5	지	5	6	6	6	7	7	7	8	8	

壬寅年

양력 7월 소서절(丁未月) 小暑 7월7일 11시38분 大暑 7월23일 5시7분

양력		1	2	3	4	5	6	7	8	9	10	11	12	13	14	15	16	17	18	19	20	21	22	23	24	25	26	27	28	29	30	31
요일		金	土	日	月	火	水	木	金	土	日	月	火	水	木	金	土	日	月	火	水	木	金	土	日	月	火	水	木	金	土	日
음력		6/3	4	5	6	7	8	9	10	11	12	13	14	15	16	17	18	19	20	21	22	23	24	25	26	27	28	29	30	7/1	2	3
일진		乙卯	丙辰	丁巳	戊午	己未	庚申	辛酉	壬戌	癸亥	甲子	乙丑	丙寅	丁卯	戊辰	己巳	庚午	辛未	壬申	癸酉	甲戌	乙亥	丙子	丁丑	戊寅	己卯	庚辰	辛巳	壬午	癸未	甲申	乙酉
대운	남	2	2	1	1	1	1	소	10	10	9	9	9	8	8	8	7	7	7	6	6	6	5	대	5	4	4	4	3	3	3	2
	여	8	9	9	9	10	10	서	1	1	1	1	2	2	2	3	3	3	4	4	4	5	5	서	6	6	6	7	7	7	8	8

양력 8월 입추절(戊申月) 立秋 8월7일 21시29분 處暑 8월23일 12시16분

양력		1	2	3	4	5	6	7	8	9	10	11	12	13	14	15	16	17	18	19	20	21	22	23	24	25	26	27	28	29	30	31
요일		月	火	水	木	金	土	日	月	火	水	木	金	土	日	月	火	水	木	金	土	日	月	火	水	木	金	土	日	月	火	水
음력		7/4	5	6	7	8	9	10	11	12	13	14	15	16	17	18	19	20	21	22	23	24	25	26	27	28	29	8/1	2	3	4	5
일진		丙戌	丁亥	戊子	己丑	庚寅	辛卯	壬辰	癸巳	甲午	乙未	丙申	丁酉	戊戌	己亥	庚子	辛丑	壬寅	癸卯	甲辰	乙巳	丙午	丁未	戊申	己酉	庚戌	辛亥	壬子	癸丑	甲寅	乙卯	丙辰
대운	남	2	2	1	1	1	1	입	10	10	10	9	9	9	8	8	8	7	7	7	6	6	6	처	5	5	4	4	4	3	3	3
	여	8	9	9	9	10	10	추	1	1	1	1	2	2	2	3	3	3	4	4	4	5	5	서	6	6	6	7	7	7	8	8

양력 9월 백로절(己酉月) 白露 9월8일 0시32분 秋分 9월23일 10시3분

양력		1	2	3	4	5	6	7	8	9	10	11	12	13	14	15	16	17	18	19	20	21	22	23	24	25	26	27	28	29	30
요일		木	金	土	日	月	火	水	木	金	土	日	月	火	水	木	金	土	日	月	火	水	木	金	土	日	月	火	水	木	金
음력		8/6	7	8	9	10	11	12	13	14	15	16	17	18	19	20	21	22	23	24	25	26	27	28	29	30	9/1	2	3	4	5
일진		丁巳	戊午	己未	庚申	辛酉	壬戌	癸亥	甲子	乙丑	丙寅	丁卯	戊辰	己巳	庚午	辛未	壬申	癸酉	甲戌	乙亥	丙子	丁丑	戊寅	己卯	庚辰	辛巳	壬午	癸未	甲申	乙酉	丙戌
대운	남	2	2	2	1	1	1	1	백	10	9	9	9	8	8	8	7	7	7	6	6	6	5	추	5	4	4	4	3	3	3
	여	8	9	9	9	10	10	10	로	1	1	1	1	2	2	2	3	3	3	4	4	4	5	분	5	6	6	6	7	7	7

양력 10월 한로절(庚戌月) 寒露 10월8일 16시22분 霜降 10월23일 19시35분

양력		1	2	3	4	5	6	7	8	9	10	11	12	13	14	15	16	17	18	19	20	21	22	23	24	25	26	27	28	29	30	31
요일		土	日	月	火	水	木	金	土	日	月	火	水	木	金	土	日	月	火	水	木	金	土	日	月	火	水	木	金	土	日	月
음력		9/6	7	8	9	10	11	12	13	14	15	16	17	18	19	20	21	22	23	24	25	26	27	28	29	10/1	2	3	4	5	6	7
일진		丁亥	戊子	己丑	庚寅	辛卯	壬辰	癸巳	甲午	乙未	丙申	丁酉	戊戌	己亥	庚子	辛丑	壬寅	癸卯	甲辰	乙巳	丙午	丁未	戊申	己酉	庚戌	辛亥	壬子	癸丑	甲寅	乙卯	丙辰	丁巳
대운	남	2	2	2	1	1	1	1	한	10	9	9	9	8	8	8	7	7	7	6	6	6	5	상	5	4	4	4	3	3	3	2
	여	8	8	8	9	9	9	10	로	1	1	1	1	2	2	2	3	3	3	4	4	4	5	강	5	6	6	6	7	7	7	8

양력 11월 입동절(辛亥月) 立冬 11월7일 19시45분 小雪 11월22일 17시20분

양력		1	2	3	4	5	6	7	8	9	10	11	12	13	14	15	16	17	18	19	20	21	22	23	24	25	26	27	28	29	30
요일		火	水	木	金	土	日	月	火	水	木	金	土	日	月	火	水	木	金	土	日	月	火	水	木	金	土	日	月	火	水
음력		10/8	9	10	11	12	13	14	15	16	17	18	19	20	21	22	23	24	25	26	27	28	29	30	11/1	2	3	4	5	6	7
일진		戊午	己未	庚申	辛酉	壬戌	癸亥	甲子	乙丑	丙寅	丁卯	戊辰	己巳	庚午	辛未	壬申	癸酉	甲戌	乙亥	丙子	丁丑	戊寅	己卯	庚辰	辛巳	壬午	癸未	甲申	乙酉	丙戌	丁亥
대운	남	2	2	1	1	1	1	입	10	9	9	9	8	8	8	7	7	7	6	6	6	5	소	5	4	4	4	3	3	3	2
	여	8	8	9	9	9	10	동	1	1	1	1	2	2	2	3	3	3	4	4	4	5	설	5	6	6	6	7	7	7	8

양력 12월 대설절(壬子月) 大雪 12월7일 12시46분 冬至 12월22일 6시48분

양력		1	2	3	4	5	6	7	8	9	10	11	12	13	14	15	16	17	18	19	20	21	22	23	24	25	26	27	28	29	30	31
요일		木	金	土	日	月	火	水	木	金	土	日	月	火	水	木	金	土	日	月	火	水	木	金	土	日	月	火	水	木	金	土
음력		11/8	9	10	11	12	13	14	15	16	17	18	19	20	21	22	23	24	25	26	27	28	29	12/1	2	3	4	5	6	7	8	9
일진		戊子	己丑	庚寅	辛卯	壬辰	癸巳	甲午	乙未	丙申	丁酉	戊戌	己亥	庚子	辛丑	壬寅	癸卯	甲辰	乙巳	丙午	丁未	戊申	己酉	庚戌	辛亥	壬子	癸丑	甲寅	乙卯	丙辰	丁巳	戊午
대운	남	2	2	1	1	1	1	대	10	9	9	9	8	8	8	7	7	7	6	6	6	5	동	5	4	4	4	3	3	3	2	2
	여	8	8	9	9	9	10	설	1	1	1	1	2	2	2	3	3	3	4	4	4	5	지	5	6	6	6	7	7	7	8	8

서기 2023년 [단기 4356년]

양력 1월 소한절(癸丑月) 小寒 1월6일 0시5분 大寒 1월20일 17시29분

양력	1	2	3	4	5	6	7	8	9	10	11	12	13	14	15	16	17	18	19	20	21	22	23	24	25	26	27	28	29	30	31
요일	日	月	火	水	木	金	土	日	月	火	水	木	金	土	日	月	火	水	木	金	土	日	月	火	水	木	金	土	日	月	火
음력	12/10	11	12	13	14	15	16	17	18	19	20	21	22	23	24	25	26	27	28	29	30	1/1	2	3	4	5	6	7	8	9	10
일진	己未	庚申	辛酉	壬戌	癸亥	甲子	乙丑	丙寅	丁卯	戊辰	己巳	庚午	辛未	壬申	癸酉	甲戌	乙亥	丙子	丁丑	戊寅	己卯	庚辰	辛巳	壬午	癸未	甲申	乙酉	丙戌	丁亥	戊子	己丑
대운 남	2	1	1	1	1	소한	9	9	9	8	8	8	7	7	7	6	6	6	5	대한	5	4	4	4	3	3	3	2	2	2	1
대운 여	8	9	9	9	10		1	1	1	1	2	2	2	3	3	3	4	4	4		5	5	6	6	6	7	7	7	8	8	8

양력 2월 입춘절(甲寅月) 立春 2월4일 11시42분 雨水 2월19일 7시34분

양력	1	2	3	4	5	6	7	8	9	10	11	12	13	14	15	16	17	18	19	20	21	22	23	24	25	26	27	28			
요일	水	木	金	土	日	月	火	水	木	金	土	日	月	火	水	木	金	土	日	月	火	水	木	金	土	日	月	火			
음력	1/11	12	13	14	15	16	17	18	19	20	21	22	23	24	25	26	27	28	29	2/1	2	3	4	5	6	7	8	9			
일진	庚寅	辛卯	壬辰	癸巳	甲午	乙未	丙申	丁酉	戊戌	己亥	庚子	辛丑	壬寅	癸卯	甲辰	乙巳	丙午	丁未	戊申	己酉	庚戌	辛亥	壬子	癸丑	甲寅	乙卯	丙辰	丁巳			
대운 남	1	1	1	입춘	1	1	1	1	2	2	2	3	3	3	4	4	4	5	우수	5	6	6	6	7	7	7	8	8			
대운 여	9	9	9		10	9	9	9	8	8	8	7	7	7	6	6	6	5		5	4	4	4	3	3	3	2	2			

양력 3월 경칩절(乙卯月) 驚蟄 3월6일 5시36분 春分 3월21일 6시24분

양력	1	2	3	4	5	6	7	8	9	10	11	12	13	14	15	16	17	18	19	20	21	22	23	24	25	26	27	28	29	30	31
요일	水	木	金	土	日	月	火	水	木	金	土	日	月	火	水	木	金	土	日	月	火	水	木	金	土	日	月	火	水	木	金
음력	2/10	11	12	13	14	15	16	17	18	19	20	21	22	23	24	25	26	27	28	29	30	윤1	2	3	4	5	6	7	8	9	10
일진	戊午	己未	庚申	辛酉	壬戌	癸亥	甲子	乙丑	丙寅	丁卯	戊辰	己巳	庚午	辛未	壬申	癸酉	甲戌	乙亥	丙子	丁丑	戊寅	己卯	庚辰	辛巳	壬午	癸未	甲申	乙酉	丙戌	丁亥	戊子
대운 남	8	9	9	9	10	경칩	1	1	1	1	2	2	2	3	3	3	4	4	4	5	춘분	5	6	6	6	7	7	7	8	8	8
대운 여	2	1	1	1	1		10	9	9	9	8	8	8	7	7	7	6	6	6	5		5	4	4	4	3	3	3	2	2	2

양력 4월 청명절(丙辰月) 淸明 4월5일 10시13분 穀雨 4월20일 17시13분

양력	1	2	3	4	5	6	7	8	9	10	11	12	13	14	15	16	17	18	19	20	21	22	23	24	25	26	27	28	29	30	
요일	土	日	月	火	水	木	金	土	日	月	火	水	木	金	土	日	月	火	水	木	金	土	日	月	火	水	木	金	土	日	
음력	윤11	12	13	14	15	16	17	18	19	20	21	22	23	24	25	26	27	28	29	3/1	2	3	4	5	6	7	8	9	10	11	
일진	己丑	庚寅	辛卯	壬辰	癸巳	甲午	乙未	丙申	丁酉	戊戌	己亥	庚子	辛丑	壬寅	癸卯	甲辰	乙巳	丙午	丁未	戊申	己酉	庚戌	辛亥	壬子	癸丑	甲寅	乙卯	丙辰	丁巳	戊午	
대운 남	9	9	9	10	청명	1	1	1	1	2	2	2	3	3	3	4	4	4	5	곡우	5	6	6	6	7	7	7	8	8	8	
대운 여	1	1	1	1		10	10	9	9	9	8	8	8	7	7	7	6	6	6		5	5	4	4	4	3	3	3	2	2	

양력 5월 입하절(丁巳月) 立夏 5월6일 3시18분 小滿 5월21일 16시9분

양력	1	2	3	4	5	6	7	8	9	10	11	12	13	14	15	16	17	18	19	20	21	22	23	24	25	26	27	28	29	30	31
요일	月	火	水	木	金	土	日	月	火	水	木	金	土	日	月	火	水	木	金	土	日	月	火	水	木	金	土	日	月	火	水
음력	3/12	13	14	15	16	17	18	19	20	21	22	23	24	25	26	27	28	29	30	4/1	2	3	4	5	6	7	8	9	10	11	12
일진	己未	庚申	辛酉	壬戌	癸亥	甲子	乙丑	丙寅	丁卯	戊辰	己巳	庚午	辛未	壬申	癸酉	甲戌	乙亥	丙子	丁丑	戊寅	己卯	庚辰	辛巳	壬午	癸未	甲申	乙酉	丙戌	丁亥	戊子	己丑
대운 남	9	9	9	10	10	입하	1	1	1	1	2	2	2	3	3	3	4	4	4	5	소만	5	6	6	6	7	7	7	8	8	8
대운 여	2	1	1	1	1		10	10	9	9	9	8	8	8	7	7	7	6	6	6		5	5	4	4	4	3	3	3	2	2

양력 6월 망종절(戊午月) 芒種 6월6일 7시18분 夏至 6월21일 23시58분

양력	1	2	3	4	5	6	7	8	9	10	11	12	13	14	15	16	17	18	19	20	21	22	23	24	25	26	27	28	29	30	
요일	木	金	土	日	月	火	水	木	金	土	日	月	火	水	木	金	土	日	月	火	水	木	金	土	日	月	火	水	木	金	
음력	4/13	14	15	16	17	18	19	20	21	22	23	24	25	26	27	28	29	5/1	2	3	4	5	6	7	8	9	10	11	12	13	
일진	庚寅	辛卯	壬辰	癸巳	甲午	乙未	丙申	丁酉	戊戌	己亥	庚子	辛丑	壬寅	癸卯	甲辰	乙巳	丙午	丁未	戊申	己酉	庚戌	辛亥	壬子	癸丑	甲寅	乙卯	丙辰	丁巳	戊午	己未	
대운 남	9	9	9	10	10	망종	1	1	1	1	2	2	2	3	3	3	4	4	4	5	하지	5	6	6	6	7	7	7	8	8	
대운 여	2	1	1	1	1		10	10	9	9	9	8	8	8	7	7	7	6	6	6		5	5	4	4	4	3	3	3	2	

▶윤달-2월

癸卯年

양력 7월 소서절(己未月) 小暑 7월7일 17시30분 大暑 7월23일 10시50분

양력	1	2	3	4	5	6	7	8	9	10	11	12	13	14	15	16	17	18	19	20	21	22	23	24	25	26	27	28	29	30	31
요일	土	日	月	火	水	木	金	土	日	月	火	水	木	金	土	日	月	火	水	木	金	土	日	月	火	水	木	金	土	日	月
음력	5/14	15	16	17	18	19	20	21	22	23	24	25	26	27	28	29	30	6/1	2	3	4	5	6	7	8	9	10	11	12	13	14
일진	庚申	辛酉	壬戌	癸亥	甲子	乙丑	丙寅	丁卯	戊辰	己巳	庚午	辛未	壬申	癸酉	甲戌	乙亥	丙子	丁丑	戊寅	己卯	庚辰	辛巳	壬午	癸未	甲申	乙酉	丙戌	丁亥	戊子	己丑	庚寅
대운 남	8	9	9	9	10	10	소	1	1	1	1	2	2	2	3	3	3	4	4	4	5	5	대	6	6	6	7	7	7	8	8
대운 여	2	2	1	1	1	1	서	10	10	10	9	9	9	8	8	8	7	7	7	6	6	6	서	5	5	4	4	4	3	3	3

양력 8월 입추절(庚申月) 立秋 8월8일 3시23분 處暑 8월23일 18시1분

양력	1	2	3	4	5	6	7	8	9	10	11	12	13	14	15	16	17	18	19	20	21	22	23	24	25	26	27	28	29	30	31
요일	火	水	木	金	土	日	月	火	水	木	金	土	日	月	火	水	木	金	土	日	月	火	水	木	金	土	日	月	火	水	木
음력	6/15	16	17	18	19	20	21	22	23	24	25	26	27	28	29	7/1	2	3	4	5	6	7	8	9	10	11	12	13	14	15	16
일진	辛卯	壬辰	癸巳	甲午	乙未	丙申	丁酉	戊戌	己亥	庚子	辛丑	壬寅	癸卯	甲辰	乙巳	丙午	丁未	戊申	己酉	庚戌	辛亥	壬子	癸丑	甲寅	乙卯	丙辰	丁巳	戊午	己未	庚申	辛酉
대운 남	8	9	9	9	10	10	10	입	1	1	1	1	2	2	2	3	3	3	4	4	4	5	처	5	6	6	6	7	7	7	8
대운 여	2	2	2	1	1	1	1	추	10	10	9	9	9	8	8	8	7	7	7	6	6	6	서	5	5	4	4	4	3	3	3

양력 9월 백로절(辛酉月) 白露 9월8일 6시26분 秋分 9월23일 15시50분

양력	1	2	3	4	5	6	7	8	9	10	11	12	13	14	15	16	17	18	19	20	21	22	23	24	25	26	27	28	29	30
요일	金	土	日	月	火	水	木	金	土	日	月	火	水	木	金	土	日	月	火	水	木	金	土	日	月	火	水	木	金	土
음력	7/17	18	19	20	21	22	23	24	25	26	27	28	29	30	8/1	2	3	4	5	6	7	8	9	10	11	12	13	14	15	16
일진	壬戌	癸亥	甲子	乙丑	丙寅	丁卯	戊辰	己巳	庚午	辛未	壬申	癸酉	甲戌	乙亥	丙子	丁丑	戊寅	己卯	庚辰	辛巳	壬午	癸未	甲申	乙酉	丙戌	丁亥	戊子	己丑	庚寅	辛卯
대운 남	8	8	9	9	9	10	10	백	1	1	1	1	2	2	2	3	3	3	4	4	4	5	추	5	6	6	6	7	7	7
대운 여	2	2	2	1	1	1	1	로	10	9	9	9	8	8	8	7	7	7	6	6	6	5	분	5	4	4	4	3	3	3

양력 10월 한로절(壬戌月) 寒露 10월8일 22시15분 霜降 10월24일 1시21분

양력	1	2	3	4	5	6	7	8	9	10	11	12	13	14	15	16	17	18	19	20	21	22	23	24	25	26	27	28	29	30	31
요일	日	月	火	水	木	金	土	日	月	火	水	木	金	土	日	月	火	水	木	金	土	日	月	火	水	木	金	土	日	月	火
음력	8/17	18	19	20	21	22	23	24	25	26	27	28	29	30	9/1	2	3	4	5	6	7	8	9	10	11	12	13	14	15	16	17
일진	壬辰	癸巳	甲午	乙未	丙申	丁酉	戊戌	己亥	庚子	辛丑	壬寅	癸卯	甲辰	乙巳	丙午	丁未	戊申	己酉	庚戌	辛亥	壬子	癸丑	甲寅	乙卯	丙辰	丁巳	戊午	己未	庚申	辛酉	壬戌
대운 남	8	8	8	9	9	9	10	한	1	1	1	1	2	2	2	3	3	3	4	4	4	5	5	상	6	6	6	7	7	7	8
대운 여	2	2	2	1	1	1	1	로	10	10	9	9	9	8	8	8	7	7	7	6	6	6	5	강	5	4	4	4	3	3	3

양력 11월 입동절(癸亥月) 立冬 11월8일 1시35분 小雪 11월22일 23시2분

양력	1	2	3	4	5	6	7	8	9	10	11	12	13	14	15	16	17	18	19	20	21	22	23	24	25	26	27	28	29	30
요일	水	木	金	土	日	月	火	水	木	金	土	日	月	火	水	木	金	土	日	月	火	水	木	金	土	日	月	火	水	木
음력	9/18	19	20	21	22	23	24	25	26	27	28	29	10/1	2	3	4	5	6	7	8	9	10	11	12	13	14	15	16	17	18
일진	癸亥	甲子	乙丑	丙寅	丁卯	戊辰	己巳	庚午	辛未	壬申	癸酉	甲戌	乙亥	丙子	丁丑	戊寅	己卯	庚辰	辛巳	壬午	癸未	甲申	乙酉	丙戌	丁亥	戊子	己丑	庚寅	辛卯	壬辰
대운 남	8	8	9	9	9	10	10	입	1	1	1	1	2	2	2	3	3	3	4	4	4	소	5	5	6	6	6	7	7	7
대운 여	2	2	2	1	1	1	1	동	9	9	9	8	8	8	7	7	7	6	6	6	5	설	5	4	4	4	3	3	3	2

양력 12월 대설절(甲子月) 大雪 12월7일 18시33분 冬至 12월22일 12시27분

양력	1	2	3	4	5	6	7	8	9	10	11	12	13	14	15	16	17	18	19	20	21	22	23	24	25	26	27	28	29	30	31
요일	金	土	日	月	火	水	木	金	土	日	月	火	水	木	金	土	日	月	火	水	木	金	土	日	月	火	水	木	金	土	日
음력	10/19	20	21	22	23	24	25	26	27	28	29	30	11/1	2	3	4	5	6	7	8	9	10	11	12	13	14	15	16	17	18	19
일진	癸巳	甲午	乙未	丙申	丁酉	戊戌	己亥	庚子	辛丑	壬寅	癸卯	甲辰	乙巳	丙午	丁未	戊申	己酉	庚戌	辛亥	壬子	癸丑	甲寅	乙卯	丙辰	丁巳	戊午	己未	庚申	辛酉	壬戌	癸亥
대운 남	8	8	8	9	9	9	대	1	1	1	1	2	2	2	3	3	3	4	4	4	5	동	5	6	6	6	7	7	7	8	8
대운 여	2	2	1	1	1	1	설	10	9	9	9	8	8	8	7	7	7	6	6	6	5	지	5	4	4	4	3	3	3	2	2

서기 2024년 [단기 4357년]

양력 1월　소한절(乙丑月)　小寒 1월6일 5시49분　大寒 1월20일 23시7분

양력	1	2	3	4	5	6	7	8	9	10	11	12	13	14	15	16	17	18	19	20	21	22	23	24	25	26	27	28	29	30	31
요일	月	火	水	木	金	土	日	月	火	水	木	金	土	日	月	火	水	木	金	土	日	月	火	水	木	金	土	日	月	火	水
음력	11/20	21	22	23	24	25	26	27	28	29	12/1	2	3	4	5	6	7	8	9	10	11	12	13	14	15	16	17	18	19	20	21
일진	甲子	乙丑	丙寅	丁卯	戊辰	己巳	庚午	辛未	壬申	癸酉	甲戌	乙亥	丙子	丁丑	戊寅	己卯	庚辰	辛巳	壬午	癸未	甲申	乙酉	丙戌	丁亥	戊子	己丑	庚寅	辛卯	壬辰	癸巳	甲午
대운 남	8	9	9	9	10	소	1	1	1	1	2	2	2	3	3	3	4	4	4	대	5	5	6	6	6	7	7	7	8	8	8
대운 여	2	1	1	1	1	한	9	9	9	8	8	8	7	7	7	6	6	6	5	한	5	4	4	4	3	3	3	2	2	2	1

양력 2월　입춘절(丙寅月)　立春 2월4일 17시27분　雨水 2월19일 13시13분

양력	1	2	3	4	5	6	7	8	9	10	11	12	13	14	15	16	17	18	19	20	21	22	23	24	25	26	27	28	29		
요일	木	金	土	日	月	火	水	木	金	土	日	月	火	水	木	金	土	日	月	火	水	木	金	土	日	月	火	水	木		
음력	12/22	23	24	25	26	27	28	29	30	1/1	2	3	4	5	6	7	8	9	10	11	12	13	14	15	16	17	18	19	20		
일진	乙未	丙申	丁酉	戊戌	己亥	庚子	辛丑	壬寅	癸卯	甲辰	乙巳	丙午	丁未	戊申	己酉	庚戌	辛亥	壬子	癸丑	甲寅	乙卯	丙辰	丁巳	戊午	己未	庚申	辛酉	壬戌	癸亥		
대운 남	9	9	9	입	10	9	9	9	8	8	8	7	7	7	6	6	6	5	우	5	4	4	4	3	3	3	2	2	2		
대운 여	1	1	1	춘	1	1	1	1	2	2	2	3	3	3	4	4	4	5	수	5	6	6	6	7	7	7	8	8	8		

양력 3월　경칩절(丁卯月)　驚蟄 3월5일 11시22분　春分 3월20일 12시6분

양력	1	2	3	4	5	6	7	8	9	10	11	12	13	14	15	16	17	18	19	20	21	22	23	24	25	26	27	28	29	30	31
요일	金	土	日	月	火	水	木	金	土	日	月	火	水	木	金	土	日	月	火	水	木	金	土	日	月	火	水	木	金	土	日
음력	1/21	22	23	24	25	26	27	28	29	2/1	2	3	4	5	6	7	8	9	10	11	12	13	14	15	16	17	18	19	20	21	22
일진	甲子	乙丑	丙寅	丁卯	戊辰	己巳	庚午	辛未	壬申	癸酉	甲戌	乙亥	丙子	丁丑	戊寅	己卯	庚辰	辛巳	壬午	癸未	甲申	乙酉	丙戌	丁亥	戊子	己丑	庚寅	辛卯	壬辰	癸巳	甲午
대운 남	1	1	1	1	경	10	9	9	9	8	8	8	7	7	7	6	6	6	5	춘	5	4	4	4	3	3	3	2	2	2	1
대운 여	9	9	9	10	칩	1	1	1	1	2	2	2	3	3	3	4	4	4	5	분	5	6	6	6	7	7	7	8	8	8	9

양력 4월　청명절(戊辰月)　清明 4월4일 16시2분　穀雨 4월19일 22시59분

양력	1	2	3	4	5	6	7	8	9	10	11	12	13	14	15	16	17	18	19	20	21	22	23	24	25	26	27	28	29	30	
요일	月	火	水	木	金	土	日	月	火	水	木	金	土	日	月	火	水	木	金	土	日	月	火	水	木	金	土	日	月	火	
음력	2/23	24	25	26	27	28	29	30	3/1	2	3	4	5	6	7	8	9	10	11	12	13	14	15	16	17	18	19	20	21	22	
일진	乙未	丙申	丁酉	戊戌	己亥	庚子	辛丑	壬寅	癸卯	甲辰	乙巳	丙午	丁未	戊申	己酉	庚戌	辛亥	壬子	癸丑	甲寅	乙卯	丙辰	丁巳	戊午	己未	庚申	辛酉	壬戌	癸亥	甲子	
대운 남	1	1	1	청	10	10	9	9	9	8	8	8	7	7	7	6	6	6	곡	5	5	4	4	4	3	3	3	2	2	2	
대운 여	9	9	10	명	1	1	1	1	2	2	2	3	3	3	4	4	4	5	우	5	6	6	6	7	7	7	8	8	8	9	

양력 5월　입하절(己巳月)　立夏 5월5일 9시10분　小滿 5월20일 21시59분

양력	1	2	3	4	5	6	7	8	9	10	11	12	13	14	15	16	17	18	19	20	21	22	23	24	25	26	27	28	29	30	31
요일	水	木	金	土	日	月	火	水	木	金	土	日	月	火	水	木	金	土	日	月	火	水	木	金	土	日	月	火	水	木	金
음력	3/23	24	25	26	27	28	29	4/1	2	3	4	5	6	7	8	9	10	11	12	13	14	15	16	17	18	19	20	21	22	23	24
일진	乙丑	丙寅	丁卯	戊辰	己巳	庚午	辛未	壬申	癸酉	甲戌	乙亥	丙子	丁丑	戊寅	己卯	庚辰	辛巳	壬午	癸未	甲申	乙酉	丙戌	丁亥	戊子	己丑	庚寅	辛卯	壬辰	癸巳	甲午	乙未
대운 남	1	1	1	1	입	10	10	9	9	9	8	8	8	7	7	7	6	6	6	소	5	5	4	4	4	3	3	3	2	2	2
대운 여	9	9	10	10	하	1	1	1	1	2	2	2	3	3	3	4	4	4	5	만	5	6	6	6	7	7	7	8	8	8	9

양력 6월　망종절(庚午月)　芒種 6월5일 13시10분　夏至 6월21일 5시51분

양력	1	2	3	4	5	6	7	8	9	10	11	12	13	14	15	16	17	18	19	20	21	22	23	24	25	26	27	28	29	30	
요일	土	日	月	火	水	木	金	土	日	月	火	水	木	金	土	日	月	火	水	木	金	土	日	月	火	水	木	金	土	日	
음력	4/25	26	27	28	29	5/1	2	3	4	5	6	7	8	9	10	11	12	13	14	15	16	17	18	19	20	21	22	23	24	25	
일진	丙申	丁酉	戊戌	己亥	庚子	辛丑	壬寅	癸卯	甲辰	乙巳	丙午	丁未	戊申	己酉	庚戌	辛亥	壬子	癸丑	甲寅	乙卯	丙辰	丁巳	戊午	己未	庚申	辛酉	壬戌	癸亥	甲子	乙丑	
대운 남	1	1	1	1	망	10	10	9	9	9	8	8	8	7	7	7	6	6	6	5	하	5	4	4	4	3	3	3	2	2	
대운 여	9	9	10	10	종	1	1	1	1	2	2	2	3	3	3	4	4	4	5	5	지	6	6	6	7	7	7	8	8	8	

甲辰年

양력 7월 소서절(辛未月) 小暑 7월6일 23시20분 大暑 7월22일 16시44분

양력		1	2	3	4	5	6	7	8	9	10	11	12	13	14	15	16	17	18	19	20	21	22	23	24	25	26	27	28	29	30	31
요일		月	火	水	木	金	土	日	月	火	水	木	金	土	日	月	火	水	木	金	土	日	月	火	水	木	金	土	日	月	火	水
음력		5/26	27	28	29	30	6/1	2	3	4	5	6	7	8	9	10	11	12	13	14	15	16	17	18	19	20	21	22	23	24	25	26
일진		丙寅	丁卯	戊辰	己巳	庚午	辛未	壬申	癸酉	甲戌	乙亥	丙子	丁丑	戊寅	己卯	庚辰	辛巳	壬午	癸未	甲申	乙酉	丙戌	丁亥	戊子	己丑	庚寅	辛卯	壬辰	癸巳	甲午	乙未	丙申
대운	남	2	1	1	1	1	소서	10	10	10	9	9	9	8	8	8	7	7	7	6	6	6	대서	5	5	4	4	4	3	3	3	2
	여	9	9	9	10	10		1	1	1	1	2	2	2	3	3	3	4	4	4	5	5		6	6	6	7	7	7	8	8	8

양력 8월 입추절(壬申月) 立秋 8월7일 9시9분 處暑 8월22일 23시55분

양력		1	2	3	4	5	6	7	8	9	10	11	12	13	14	15	16	17	18	19	20	21	22	23	24	25	26	27	28	29	30	31
요일		木	金	土	日	月	火	水	木	金	土	日	月	火	水	木	金	土	日	月	火	水	木	金	土	日	月	火	水	木	金	土
음력		6/27	28	29	7/1	2	3	4	5	6	7	8	9	10	11	12	13	14	15	16	17	18	19	20	21	22	23	24	25	26	27	28
일진		丁酉	戊戌	己亥	庚子	辛丑	壬寅	癸卯	甲辰	乙巳	丙午	丁未	戊申	己酉	庚戌	辛亥	壬子	癸丑	甲寅	乙卯	丙辰	丁巳	戊午	己未	庚申	辛酉	壬戌	癸亥	甲子	乙丑	丙寅	丁卯
대운	남	2	2	1	1	1	1	입추	10	10	9	9	9	8	8	8	7	7	7	6	6	6	처서	5	5	4	4	4	3	3	3	2
	여	9	9	9	10	10	10		1	1	1	1	2	2	2	3	3	3	4	4	4	5		5	6	6	6	7	7	7	8	8

양력 9월 백로절(癸酉月) 白露 9월7일 12시11분 秋分 9월22일 21시43분

양력		1	2	3	4	5	6	7	8	9	10	11	12	13	14	15	16	17	18	19	20	21	22	23	24	25	26	27	28	29	30
요일		日	月	火	水	木	金	土	日	月	火	水	木	金	土	日	月	火	水	木	金	土	日	月	火	水	木	金	土	日	月
음력		7/29	30	8/1	2	3	4	5	6	7	8	9	10	11	12	13	14	15	16	17	18	19	20	21	22	23	24	25	26	27	28
일진		戊辰	己巳	庚午	辛未	壬申	癸酉	甲戌	乙亥	丙子	丁丑	戊寅	己卯	庚辰	辛巳	壬午	癸未	甲申	乙酉	丙戌	丁亥	戊子	己丑	庚寅	辛卯	壬辰	癸巳	甲午	乙未	丙申	丁酉
대운	남	2	2	1	1	1	1	백로	10	10	9	9	9	8	8	8	7	7	7	6	6	6	추분	5	5	4	4	4	3	3	3
	여	8	9	9	9	10	10		1	1	1	1	2	2	2	3	3	3	4	4	4	5		5	6	6	6	7	7	7	8

양력 10월 한로절(甲戌月) 寒露 10월8일 4시0분 霜降 10월23일 7시14분

양력		1	2	3	4	5	6	7	8	9	10	11	12	13	14	15	16	17	18	19	20	21	22	23	24	25	26	27	28	29	30	31
요일		火	水	木	金	土	日	月	火	水	木	金	土	日	月	火	水	木	金	土	日	月	火	水	木	金	土	日	月	火	水	木
음력		8/29	30	9/1	2	3	4	5	6	7	8	9	10	11	12	13	14	15	16	17	18	19	20	21	22	23	24	25	26	27	28	29
일진		戊戌	己亥	庚子	辛丑	壬寅	癸卯	甲辰	乙巳	丙午	丁未	戊申	己酉	庚戌	辛亥	壬子	癸丑	甲寅	乙卯	丙辰	丁巳	戊午	己未	庚申	辛酉	壬戌	癸亥	甲子	乙丑	丙寅	丁卯	戊辰
대운	남	2	2	2	1	1	1	1	한로	10	9	9	9	8	8	8	7	7	7	6	6	6	5	상강	5	4	4	4	3	3	3	2
	여	8	8	9	9	9	10	10		1	1	1	1	2	2	2	3	3	3	4	4	4	5		5	6	6	6	7	7	7	8

양력 11월 입동절(乙亥月) 立冬 11월7일 7시20분 小雪 11월22일 4시56분

양력		1	2	3	4	5	6	7	8	9	10	11	12	13	14	15	16	17	18	19	20	21	22	23	24	25	26	27	28	29	30
요일		金	土	日	月	火	水	木	金	土	日	月	火	水	木	金	土	日	月	火	水	木	金	土	日	月	火	水	木	金	土
음력		10/1	2	3	4	5	6	7	8	9	10	11	12	13	14	15	16	17	18	19	20	21	22	23	24	25	26	27	28	29	30
일진		己巳	庚午	辛未	壬申	癸酉	甲戌	乙亥	丙子	丁丑	戊寅	己卯	庚辰	辛巳	壬午	癸未	甲申	乙酉	丙戌	丁亥	戊子	己丑	庚寅	辛卯	壬辰	癸巳	甲午	乙未	丙申	丁酉	戊戌
대운	남	2	2	1	1	1	1	입동	10	9	9	9	8	8	8	7	7	7	6	6	6	5	소설	5	4	4	4	3	3	3	2
	여	8	8	9	9	9	10		1	1	1	1	2	2	2	3	3	3	4	4	4	5		5	6	6	6	7	7	7	8

양력 12월 대설절(丙子月) 大雪 12월7일 0시17분 冬至 12월21일 18시20분

양력		1	2	3	4	5	6	7	8	9	10	11	12	13	14	15	16	17	18	19	20	21	22	23	24	25	26	27	28	29	30	31
요일		日	月	火	水	木	金	土	日	月	火	水	木	金	土	日	月	火	水	木	金	土	日	月	火	水	木	金	土	日	月	火
음력		11/1	2	3	4	5	6	7	8	9	10	11	12	13	14	15	16	17	18	19	20	21	22	23	24	25	26	27	28	29	30	12/1
일진		己亥	庚子	辛丑	壬寅	癸卯	甲辰	乙巳	丙午	丁未	戊申	己酉	庚戌	辛亥	壬子	癸丑	甲寅	乙卯	丙辰	丁巳	戊午	己未	庚申	辛酉	壬戌	癸亥	甲子	乙丑	丙寅	丁卯	戊辰	己巳
대운	남	2	2	1	1	1	1	대설	9	9	9	8	8	8	7	7	7	6	6	6	5	동지	5	4	4	4	3	3	3	2	2	2
	여	8	8	9	9	9	10		1	1	1	1	2	2	2	3	3	3	4	4	4		5	5	6	6	6	7	7	7	8	8

서기 2025년 [단기 4358년]

양력 1월　소한절(丁丑月)　小寒 1월5일 11시32분　大寒 1월20일 5시0분

양력		1	2	3	4	5	6	7	8	9	10	11	12	13	14	15	16	17	18	19	20	21	22	23	24	25	26	27	28	29	30	31
요일		水	木	金	土	日	月	火	水	木	金	土	日	月	火	水	木	金	土	日	月	火	水	木	金	土	日	月	火	水	木	金
음력		12/2	3	4	5	6	7	8	9	10	11	12	13	14	15	16	17	18	19	20	21	22	23	24	25	26	27	28	29	1/1	2	3
일진		庚午	辛未	壬申	癸酉	甲戌	乙亥	丙子	丁丑	戊寅	己卯	庚辰	辛巳	壬午	癸未	甲申	乙酉	丙戌	丁亥	戊子	己丑	庚寅	辛卯	壬辰	癸巳	甲午	乙未	丙申	丁酉	戊戌	己亥	庚子
대운	남	1	1	1	1	소한	9	9	9	8	8	8	7	7	7	6	6	6	5	5	대한	4	4	4	3	3	3	2	2	2	1	1
	여	8	9	9	9		1	1	1	1	2	2	2	3	3	3	4	4	4	5		5	6	6	6	7	7	7	8	8	8	9

양력 2월　입춘절(戊寅月)　立春 2월3일 23시10분　雨水 2월18일 19시6분

양력		1	2	3	4	5	6	7	8	9	10	11	12	13	14	15	16	17	18	19	20	21	22	23	24	25	26	27	28			
요일		土	日	月	火	水	木	金	土	日	月	火	水	木	金	土	日	月	火	水	木	金	土	日	月	火	水	木	金			
음력		1/4	5	6	7	8	9	10	11	12	13	14	15	16	17	18	19	20	21	22	23	24	25	26	27	28	29	30	2/1			
일진		辛丑	壬寅	癸卯	甲辰	乙巳	丙午	丁未	戊申	己酉	庚戌	辛亥	壬子	癸丑	甲寅	乙卯	丙辰	丁巳	戊午	己未	庚申	辛酉	壬戌	癸亥	甲子	乙丑	丙寅	丁卯	戊辰			
대운	남	1	1	입춘	1	1	1	1	2	2	2	3	3	3	4	4	4	5	우수	5	6	6	6	7	7	7	8	8	8			
	여	9	9		10	9	9	9	8	8	8	7	7	7	6	6	6	5		5	4	4	4	3	3	3	2	2	2			

양력 3월　경칩절(己卯月)　驚蟄 3월5일 17시7분　春分 3월20일 18시1분

양력		1	2	3	4	5	6	7	8	9	10	11	12	13	14	15	16	17	18	19	20	21	22	23	24	25	26	27	28	29	30	31
요일		土	日	月	火	水	木	金	土	日	月	火	水	木	金	土	日	月	火	水	木	金	土	日	月	火	水	木	金	土	日	月
음력		2/2	3	4	5	6	7	8	9	10	11	12	13	14	15	16	17	18	19	20	21	22	23	24	25	26	27	28	29	3/1	2	3
일진		己巳	庚午	辛未	壬申	癸酉	甲戌	乙亥	丙子	丁丑	戊寅	己卯	庚辰	辛巳	壬午	癸未	甲申	乙酉	丙戌	丁亥	戊子	己丑	庚寅	辛卯	壬辰	癸巳	甲午	乙未	丙申	丁酉	戊戌	己亥
대운	남	9	9	9	10	경칩	1	1	1	1	2	2	2	3	3	3	4	4	4	5	춘분	5	6	6	6	7	7	7	8	8	8	9
	여	1	1	1	1		10	9	9	9	8	8	8	7	7	7	6	6	6	5		5	4	4	4	3	3	3	2	2	2	1

양력 4월　청명절(庚辰月)　清明 4월4일 21시48분　穀雨 4월20일 4시56분

양력		1	2	3	4	5	6	7	8	9	10	11	12	13	14	15	16	17	18	19	20	21	22	23	24	25	26	27	28	29	30	
요일		火	水	木	金	土	日	月	火	水	木	金	土	日	月	火	水	木	金	土	日	月	火	水	木	金	土	日	月	火	水	
음력		3/4	5	6	7	8	9	10	11	12	13	14	15	16	17	18	19	20	21	22	23	24	25	26	27	28	29	30	4/1	2	3	
일진		庚子	辛丑	壬寅	癸卯	甲辰	乙巳	丙午	丁未	戊申	己酉	庚戌	辛亥	壬子	癸丑	甲寅	乙卯	丙辰	丁巳	戊午	己未	庚申	辛酉	壬戌	癸亥	甲子	乙丑	丙寅	丁卯	戊辰	己巳	
대운	남	9	9	10	청명	1	1	1	1	2	2	2	3	3	3	4	4	4	5	5	곡우	6	6	6	7	7	7	8	8	8	9	
	여	1	1	1		10	10	9	9	9	8	8	8	7	7	7	6	6	6	5		5	4	4	4	3	3	3	2	2	2	

양력 5월　입하절(辛巳月)　立夏 5월5일 14시57분　小滿 5월21일 3시54분

양력		1	2	3	4	5	6	7	8	9	10	11	12	13	14	15	16	17	18	19	20	21	22	23	24	25	26	27	28	29	30	31
요일		木	金	土	日	月	火	水	木	金	土	日	月	火	水	木	金	土	日	月	火	水	木	金	土	日	月	火	水	木	金	土
음력		4/4	5	6	7	8	9	10	11	12	13	14	15	16	17	18	19	20	21	22	23	24	25	26	27	28	29	5/1	2	3	4	5
일진		庚午	辛未	壬申	癸酉	甲戌	乙亥	丙子	丁丑	戊寅	己卯	庚辰	辛巳	壬午	癸未	甲申	乙酉	丙戌	丁亥	戊子	己丑	庚寅	辛卯	壬辰	癸巳	甲午	乙未	丙申	丁酉	戊戌	己亥	庚子
대운	남	9	9	10	10	입하	1	1	1	1	2	2	2	3	3	3	4	4	4	5	5	소만	6	6	6	7	7	7	8	8	8	9
	여	1	1	1	1		10	10	9	9	9	8	8	8	7	7	7	6	6	6	5		5	4	4	4	3	3	3	2	2	2

양력 6월　망종절(壬午月)　芒種 6월5일 18시56분　夏至 6월21일 11시42분

양력		1	2	3	4	5	6	7	8	9	10	11	12	13	14	15	16	17	18	19	20	21	22	23	24	25	26	27	28	29	30	
요일		日	月	火	水	木	金	土	日	月	火	水	木	金	土	日	月	火	水	木	金	土	日	月	火	水	木	金	土	日	月	
음력		5/6	7	8	9	10	11	12	13	14	15	16	17	18	19	20	21	22	23	24	25	26	27	28	29	6/1	2	3	4	5	6	
일진		辛丑	壬寅	癸卯	甲辰	乙巳	丙午	丁未	戊申	己酉	庚戌	辛亥	壬子	癸丑	甲寅	乙卯	丙辰	丁巳	戊午	己未	庚申	辛酉	壬戌	癸亥	甲子	乙丑	丙寅	丁卯	戊辰	己巳	庚午	
대운	남	9	9	10	10	망종	1	1	1	1	2	2	2	3	3	3	4	4	4	5	5	하지	6	6	6	7	7	7	8	8	8	
	여	1	1	1	1		10	10	10	9	9	9	8	8	8	7	7	7	6	6	6		5	5	4	4	4	3	3	3	2	

乙巳年

양력 7월 소서절(癸未月) 小暑 7월7일 5시5분 大暑 7월22일 22시29분

양력	1	2	3	4	5	6	7	8	9	10	11	12	13	14	15	16	17	18	19	20	21	22	23	24	25	26	27	28	29	30	31
요일	火	水	木	金	土	日	月	火	水	木	金	土	日	月	火	水	木	金	土	日	月	火	水	木	金	土	日	月	火	水	木
음력	6/7	8	9	10	11	12	13	14	15	16	17	18	19	20	21	22	23	24	25	26	27	28	29	30	윤1	2	3	4	5	6	7
일진	辛未	壬申	癸酉	甲戌	乙亥	丙子	丁丑	戊寅	己卯	庚辰	辛巳	壬午	癸未	甲申	乙酉	丙戌	丁亥	戊子	己丑	庚寅	辛卯	壬辰	癸巳	甲午	乙未	丙申	丁酉	戊戌	己亥	庚子	辛丑
대운 남	9	9	9	10	10	10	소서	1	1	1	1	2	2	2	3	3	3	4	4	4	5	대서	5	6	6	6	7	7	7	8	8
대운 여	2	2	1	1	1	1		10	10	9	9	9	8	8	8	7	7	7	6	6	6		5	5	4	4	4	3	3	3	2

양력 8월 입추절(甲申月) 立秋 8월7일 14시51분 處暑 8월23일 5시34분

양력	1	2	3	4	5	6	7	8	9	10	11	12	13	14	15	16	17	18	19	20	21	22	23	24	25	26	27	28	29	30	31
요일	金	土	日	月	火	水	木	金	土	日	月	火	水	木	金	土	日	月	火	水	木	金	土	日	月	火	水	木	金	土	日
음력	윤8	9	10	11	12	13	14	15	16	17	18	19	20	21	22	23	24	25	26	27	28	29	7/1	2	3	4	5	6	7	8	9
일진	壬寅	癸卯	甲辰	乙巳	丙午	丁未	戊申	己酉	庚戌	辛亥	壬子	癸丑	甲寅	乙卯	丙辰	丁巳	戊午	己未	庚申	辛酉	壬戌	癸亥	甲子	乙丑	丙寅	丁卯	戊辰	己巳	庚午	辛未	壬申
대운 남	8	9	9	9	10	10	입추	1	1	1	1	2	2	2	3	3	3	4	4	4	5	5	처서	6	6	6	7	7	7	8	8
대운 여	2	2	1	1	1	1		10	10	9	9	9	8	8	8	7	7	7	6	6	6	5		5	4	4	4	3	3	3	2

양력 9월 백로절(乙酉月) 白露 9월7일 17시52분 秋分 9월23일 3시19분

양력	1	2	3	4	5	6	7	8	9	10	11	12	13	14	15	16	17	18	19	20	21	22	23	24	25	26	27	28	29	30	
요일	月	火	水	木	金	土	日	月	火	水	木	金	土	日	月	火	水	木	金	土	日	月	火	水	木	金	土	日	月	火	
음력	7/10	11	12	13	14	15	16	17	18	19	20	21	22	23	24	25	26	27	28	29	30	8/1	2	3	4	5	6	7	8	9	
일진	癸酉	甲戌	乙亥	丙子	丁丑	戊寅	己卯	庚辰	辛巳	壬午	癸未	甲申	乙酉	丙戌	丁亥	戊子	己丑	庚寅	辛卯	壬辰	癸巳	甲午	乙未	丙申	丁酉	戊戌	己亥	庚子	辛丑	壬寅	
대운 남	8	9	9	9	10	10	백로	1	1	1	1	2	2	2	3	3	3	4	4	4	5	5	추분	6	6	6	7	7	7	8	
대운 여	2	2	1	1	1	1		10	10	9	9	9	8	8	8	7	7	7	6	6	6	5		5	4	4	4	3	3	3	

양력 10월 한로절(丙戌月) 寒露 10월8일 9시41분 霜降 10월23일 12시51분

양력	1	2	3	4	5	6	7	8	9	10	11	12	13	14	15	16	17	18	19	20	21	22	23	24	25	26	27	28	29	30	31
요일	水	木	金	土	日	月	火	水	木	金	土	日	月	火	水	木	金	土	日	月	火	水	木	金	土	日	月	火	水	木	金
음력	8/10	11	12	13	14	15	16	17	18	19	20	21	22	23	24	25	26	27	28	29	9/1	2	3	4	5	6	7	8	9	10	11
일진	癸卯	甲辰	乙巳	丙午	丁未	戊申	己酉	庚戌	辛亥	壬子	癸丑	甲寅	乙卯	丙辰	丁巳	戊午	己未	庚申	辛酉	壬戌	癸亥	甲子	乙丑	丙寅	丁卯	戊辰	己巳	庚午	辛未	壬申	癸酉
대운 남	8	8	9	9	9	10	10	한로	1	1	1	1	2	2	2	3	3	3	4	4	4	5	상강	5	6	6	6	7	7	7	8
대운 여	2	2	2	1	1	1	1		10	9	9	9	8	8	8	7	7	7	6	6	6	5		5	4	4	4	3	3	3	2

양력 11월 입동절(丁亥月) 立冬 11월7일 13시4분 小雪 11월22일 10시35분

양력	1	2	3	4	5	6	7	8	9	10	11	12	13	14	15	16	17	18	19	20	21	22	23	24	25	26	27	28	29	30	
요일	土	日	月	火	水	木	金	土	日	月	火	水	木	金	土	日	月	火	水	木	金	土	日	月	火	水	木	金	土	日	
음력	9/12	13	14	15	16	17	18	19	20	21	22	23	24	25	26	27	28	29	30	10/1	2	3	4	5	6	7	8	9	10	11	
일진	甲戌	乙亥	丙子	丁丑	戊寅	己卯	庚辰	辛巳	壬午	癸未	甲申	乙酉	丙戌	丁亥	戊子	己丑	庚寅	辛卯	壬辰	癸巳	甲午	乙未	丙申	丁酉	戊戌	己亥	庚子	辛丑	壬寅	癸卯	
대운 남	8	8	9	9	9	10	입동	1	1	1	1	2	2	2	3	3	3	4	4	4	5	소설	5	6	6	6	7	7	7	8	
대운 여	2	2	1	1	1	1		10	9	9	9	8	8	8	7	7	7	6	6	6	5		5	4	4	4	3	3	3	2	

양력 12월 대설절(戊子月) 大雪 12월7일 6시4분 冬至 12월22일 0시3분

양력	1	2	3	4	5	6	7	8	9	10	11	12	13	14	15	16	17	18	19	20	21	22	23	24	25	26	27	28	29	30	31
요일	月	火	水	木	金	土	日	月	火	水	木	金	土	日	月	火	水	木	金	土	日	月	火	水	木	金	土	日	月	火	水
음력	10/12	13	14	15	16	17	18	19	20	21	22	23	24	25	26	27	28	29	30	11/1	2	3	4	5	6	7	8	9	10	11	12
일진	甲辰	乙巳	丙午	丁未	戊申	己酉	庚戌	辛亥	壬子	癸丑	甲寅	乙卯	丙辰	丁巳	戊午	己未	庚申	辛酉	壬戌	癸亥	甲子	乙丑	丙寅	丁卯	戊辰	己巳	庚午	辛未	壬申	癸酉	甲戌
대운 남	8	8	9	9	9	10	대설	1	1	1	1	2	2	2	3	3	3	4	4	4	5	동지	5	6	6	6	7	7	7	8	8
대운 여	2	2	1	1	1	1		9	9	9	8	8	8	7	7	7	6	6	6	5	5		4	4	4	3	3	3	2	2	2

▶윤달-6월

서기 2026년 [단기 4359년]

양력 1월 소한절(己丑月) 小寒 1월5일 17시23분 大寒 1월20일 10시45분

양력	1	2	3	4	5	6	7	8	9	10	11	12	13	14	15	16	17	18	19	20	21	22	23	24	25	26	27	28	29	30	31
요일	木	金	土	日	月	火	水	木	金	土	日	月	火	水	木	金	土	日	月	火	水	木	金	土	日	月	火	水	木	金	土
음력	11/13	14	15	16	17	18	19	20	21	22	23	24	25	26	27	28	29	30	12/1	2	3	4	5	6	7	8	9	10	11	12	13
일진	乙亥	丙子	丁丑	戊寅	己卯	庚辰	辛巳	壬午	癸未	甲申	乙酉	丙戌	丁亥	戊子	己丑	庚寅	辛卯	壬辰	癸巳	甲午	乙未	丙申	丁酉	戊戌	己亥	庚子	辛丑	壬寅	癸卯	甲辰	乙巳
대운 남	8	9	9	9	소한	1	1	1	1	2	2	2	3	3	3	4	4	4	5	대한	5	6	6	6	7	7	7	8	8	8	9
대운 여	1	1	1	1		10	9	9	9	8	8	8	7	7	7	6	6	6	5		5	4	4	4	3	3	3	2	2	2	1

양력 2월 입춘절(庚寅月) 立春 2월4일 5시2분 雨水 2월19일 0시52분

양력	1	2	3	4	5	6	7	8	9	10	11	12	13	14	15	16	17	18	19	20	21	22	23	24	25	26	27	28			
요일	日	月	火	水	木	金	土	日	月	火	水	木	金	土	日	月	火	水	木	金	土	日	月	火	水	木	金	土			
음력	12/14	15	16	17	18	19	20	21	22	23	24	25	26	27	28	29	1/1	2	3	4	5	6	7	8	9	10	11	12			
일진	丙午	丁未	戊申	己酉	庚戌	辛亥	壬子	癸丑	甲寅	乙卯	丙辰	丁巳	戊午	己未	庚申	辛酉	壬戌	癸亥	甲子	乙丑	丙寅	丁卯	戊辰	己巳	庚午	辛未	壬申	癸酉			
대운 남	9	9	10	입춘	9	9	9	8	8	8	7	7	7	6	6	6	5	5	우수	4	4	4	3	3	3	2	2	2			
대운 여	1	1	1		1	1	1	1	2	2	2	3	3	3	4	4	4	5		5	6	6	6	7	7	7	8	8			

양력 3월 경칩절(辛卯月) 驚蟄 3월5일 22시59분 春分 3월20일 23시46분

양력	1	2	3	4	5	6	7	8	9	10	11	12	13	14	15	16	17	18	19	20	21	22	23	24	25	26	27	28	29	30	31
요일	日	月	火	水	木	金	土	日	月	火	水	木	金	土	日	月	火	水	木	金	土	日	月	火	水	木	金	土	日	月	火
음력	1/13	14	15	16	17	18	19	20	21	22	23	24	25	26	27	28	29	30	2/1	2	3	4	5	6	7	8	9	10	11	12	13
일진	甲戌	乙亥	丙子	丁丑	戊寅	己卯	庚辰	辛巳	壬午	癸未	甲申	乙酉	丙戌	丁亥	戊子	己丑	庚寅	辛卯	壬辰	癸巳	甲午	乙未	丙申	丁酉	戊戌	己亥	庚子	辛丑	壬寅	癸卯	甲辰
대운 남	1	1	1	1	경칩	10	10	9	9	9	8	8	8	7	7	7	6	6	6	춘분	5	5	4	4	4	3	3	3	2	2	2
대운 여	8	9	9	9		1	1	1	1	2	2	2	3	3	3	4	4	4	5		5	6	6	6	7	7	7	8	8	8	9

양력 4월 청명절(壬辰月) 清明 4월5일 3시40분 穀雨 4월20일 10시39분

양력	1	2	3	4	5	6	7	8	9	10	11	12	13	14	15	16	17	18	19	20	21	22	23	24	25	26	27	28	29	30	
요일	水	木	金	土	日	月	火	水	木	金	土	日	月	火	水	木	金	土	日	月	火	水	木	金	土	日	月	火	水	木	
음력	2/14	15	16	17	18	19	20	21	22	23	24	25	26	27	28	29	3/1	2	3	4	5	6	7	8	9	10	11	12	13	14	
일진	乙巳	丙午	丁未	戊申	己酉	庚戌	辛亥	壬子	癸丑	甲寅	乙卯	丙辰	丁巳	戊午	己未	庚申	辛酉	壬戌	癸亥	甲子	乙丑	丙寅	丁卯	戊辰	己巳	庚午	辛未	壬申	癸酉	甲戌	
대운 남	1	1	1	1	청명	10	9	9	9	8	8	8	7	7	7	6	6	6	5	곡우	5	4	4	4	3	3	3	2	2	2	
대운 여	9	9	10	10		1	1	1	1	2	2	2	3	3	3	4	4	4	5		5	6	6	6	7	7	7	8	8	8	

양력 5월 입하절(癸巳月) 立夏 5월5일 20시48분 小滿 5월21일 9시36분

양력	1	2	3	4	5	6	7	8	9	10	11	12	13	14	15	16	17	18	19	20	21	22	23	24	25	26	27	28	29	30	31
요일	金	土	日	月	火	水	木	金	土	日	月	火	水	木	金	土	日	月	火	水	木	金	土	日	月	火	水	木	金	土	日
음력	3/15	16	17	18	19	20	21	22	23	24	25	26	27	28	29	30	4/1	2	3	4	5	6	7	8	9	10	11	12	13	14	15
일진	乙亥	丙子	丁丑	戊寅	己卯	庚辰	辛巳	壬午	癸未	甲申	乙酉	丙戌	丁亥	戊子	己丑	庚寅	辛卯	壬辰	癸巳	甲午	乙未	丙申	丁酉	戊戌	己亥	庚子	辛丑	壬寅	癸卯	甲辰	乙巳
대운 남	1	1	1	1	입하	10	10	10	9	9	9	8	8	8	7	7	7	6	6	6	소만	5	5	4	4	4	3	3	3	2	2
대운 여	9	9	9	10		1	1	1	1	2	2	2	3	3	3	4	4	4	5	5		6	6	6	7	7	7	8	8	8	9

양력 6월 망종절(甲午月) 芒種 6월6일 0시48분 夏至 6월21일 17시24분

양력	1	2	3	4	5	6	7	8	9	10	11	12	13	14	15	16	17	18	19	20	21	22	23	24	25	26	27	28	29	30	
요일	月	火	水	木	金	土	日	月	火	水	木	金	土	日	月	火	水	木	金	土	日	月	火	水	木	金	土	日	月	火	
음력	4/16	17	18	19	20	21	22	23	24	25	26	27	28	29	5/1	2	3	4	5	6	7	8	9	10	11	12	13	14	15	16	
일진	丙午	丁未	戊申	己酉	庚戌	辛亥	壬子	癸丑	甲寅	乙卯	丙辰	丁巳	戊午	己未	庚申	辛酉	壬戌	癸亥	甲子	乙丑	丙寅	丁卯	戊辰	己巳	庚午	辛未	壬申	癸酉	甲戌	乙亥	
대운 남	2	1	1	1	1	망종	10	10	9	9	9	8	8	8	7	7	7	6	6	6	하지	5	5	4	4	4	3	3	3	2	
대운 여	9	9	10	10	10		1	1	1	1	2	2	2	3	3	3	4	4	4	5		5	6	6	6	7	7	7	8	8	

丙午年

양력 7월 소서절(乙未月) 小暑 7월7일 10시57분 大暑 7월23일 4시13분

양력		1	2	3	4	5	6	7	8	9	10	11	12	13	14	15	16	17	18	19	20	21	22	23	24	25	26	27	28	29	30	31
요일		水	木	金	土	日	月	火	水	木	金	土	日	月	火	水	木	金	土	日	月	火	水	木	金	土	日	月	火	水	木	金
음력		5/17	18	19	20	21	22	23	24	25	26	27	28	29	6/1	2	3	4	5	6	7	8	9	10	11	12	13	14	15	16	17	18
일진		丙子	丁丑	戊寅	己卯	庚辰	辛巳	壬午	癸未	甲申	乙酉	丙戌	丁亥	戊子	己丑	庚寅	辛卯	壬辰	癸巳	甲午	乙未	丙申	丁酉	戊戌	己亥	庚子	辛丑	壬寅	癸卯	甲辰	乙巳	丙午
대운	남	2	2	1	1	1	1	소	10	10	9	9	9	8	8	8	7	7	7	6	6	6	5	대	5	4	4	4	3	3	3	2
	여	8	9	9	9	10	10	서	1	1	1	1	2	2	2	3	3	3	4	4	4	5	5	서	6	6	6	7	7	7	8	8

양력 8월 입추절(丙申月) 立秋 8월7일 20시42분 處暑 8월23일 11시18분

양력		1	2	3	4	5	6	7	8	9	10	11	12	13	14	15	16	17	18	19	20	21	22	23	24	25	26	27	28	29	30	31
요일		土	日	月	火	水	木	金	土	日	月	火	水	木	金	土	日	月	火	水	木	金	土	日	月	火	水	木	金	土	日	月
음력		6/19	20	21	22	23	24	25	26	27	28	29	30	7/1	2	3	4	5	6	7	8	9	10	11	12	13	14	15	16	17	18	19
일진		丁未	戊申	己酉	庚戌	辛亥	壬子	癸丑	甲寅	乙卯	丙辰	丁巳	戊午	己未	庚申	辛酉	壬戌	癸亥	甲子	乙丑	丙寅	丁卯	戊辰	己巳	庚午	辛未	壬申	癸酉	甲戌	乙亥	丙子	丁丑
대운	남	2	2	1	1	1	1	입	10	10	9	9	9	8	8	8	7	7	7	6	6	6	5	처	5	4	4	4	3	3	3	2
	여	8	9	9	9	10	10	추	1	1	1	1	2	2	2	3	3	3	4	4	4	5	5	서	6	6	6	7	7	7	8	8

양력 9월 백로절(丁酉月) 白露 9월7일 23시41분 秋分 9월23일 9시5분

양력		1	2	3	4	5	6	7	8	9	10	11	12	13	14	15	16	17	18	19	20	21	22	23	24	25	26	27	28	29	30	
요일		火	水	木	金	土	日	月	火	水	木	金	土	日	月	火	水	木	金	土	日	月	火	水	木	金	土	日	月	火	水	
음력		7/20	21	22	23	24	25	26	27	28	29	8/1	2	3	4	5	6	7	8	9	10	11	12	13	14	15	16	17	18	19	20	
일진		戊寅	己卯	庚辰	辛巳	壬午	癸未	甲申	乙酉	丙戌	丁亥	戊子	己丑	庚寅	辛卯	壬辰	癸巳	甲午	乙未	丙申	丁酉	戊戌	己亥	庚子	辛丑	壬寅	癸卯	甲辰	乙巳	丙午	丁未	
대운	남	2	2	1	1	1	1	백	10	10	9	9	9	8	8	8	7	7	7	6	6	6	5	추	5	4	4	4	3	3	3	
	여	8	9	9	9	10	10	로	1	1	1	1	2	2	2	3	3	3	4	4	4	5	5	분	6	6	6	7	7	7	8	

양력 10월 한로절(戊戌月) 寒露 10월8일 15시29분 霜降 10월23일 18시38분

양력		1	2	3	4	5	6	7	8	9	10	11	12	13	14	15	16	17	18	19	20	21	22	23	24	25	26	27	28	29	30	31
요일		木	金	土	日	月	火	水	木	金	土	日	月	火	水	木	金	土	日	月	火	水	木	金	土	日	月	火	水	木	金	土
음력		8/21	22	23	24	25	26	27	28	29	30	9/1	2	3	4	5	6	7	8	9	10	11	12	13	14	15	16	17	18	19	20	21
일진		戊申	己酉	庚戌	辛亥	壬子	癸丑	甲寅	乙卯	丙辰	丁巳	戊午	己未	庚申	辛酉	壬戌	癸亥	甲子	乙丑	丙寅	丁卯	戊辰	己巳	庚午	辛未	壬申	癸酉	甲戌	乙亥	丙子	丁丑	戊寅
대운	남	2	2	2	1	1	1	1	한	10	9	9	9	8	8	8	7	7	7	6	6	6	5	상	5	4	4	4	3	3	3	2
	여	8	8	9	9	9	10	10	로	1	1	1	1	2	2	2	3	3	3	4	4	4	5	강	5	6	6	6	7	7	7	8

양력 11월 입동절(己亥月) 立冬 11월7일 18시52분 小雪 11월22일 16시23분

양력		1	2	3	4	5	6	7	8	9	10	11	12	13	14	15	16	17	18	19	20	21	22	23	24	25	26	27	28	29	30	
요일		日	月	火	水	木	金	土	日	月	火	水	木	金	土	日	月	火	水	木	金	土	日	月	火	水	木	金	土	日	月	
음력		9/22	23	24	25	26	27	28	29	10/1	2	3	4	5	6	7	8	9	10	11	12	13	14	15	16	17	18	19	20	21	22	
일진		己卯	庚辰	辛巳	壬午	癸未	甲申	乙酉	丙戌	丁亥	戊子	己丑	庚寅	辛卯	壬辰	癸巳	甲午	乙未	丙申	丁酉	戊戌	己亥	庚子	辛丑	壬寅	癸卯	甲辰	乙巳	丙午	丁未	戊申	
대운	남	2	2	1	1	1	1	입	10	9	9	9	8	8	8	7	7	7	6	6	6	5	소	5	4	4	4	3	3	3	2	
	여	8	8	9	9	9	10	동	1	1	1	1	2	2	2	3	3	3	4	4	4	5	설	5	6	6	6	7	7	7	8	

양력 12월 대설절(庚子月) 大雪 12월7일 11시52분 冬至 12월22일 5시50분

양력		1	2	3	4	5	6	7	8	9	10	11	12	13	14	15	16	17	18	19	20	21	22	23	24	25	26	27	28	29	30	31
요일		火	水	木	金	土	日	月	火	水	木	金	土	日	月	火	水	木	金	土	日	月	火	水	木	金	土	日	月	火	水	木
음력		10/23	24	25	26	27	28	29	30	11/1	2	3	4	5	6	7	8	9	10	11	12	13	14	15	16	17	18	19	20	21	22	23
일진		己酉	庚戌	辛亥	壬子	癸丑	甲寅	乙卯	丙辰	丁巳	戊午	己未	庚申	辛酉	壬戌	癸亥	甲子	乙丑	丙寅	丁卯	戊辰	己巳	庚午	辛未	壬申	癸酉	甲戌	乙亥	丙子	丁丑	戊寅	己卯
대운	남	2	2	1	1	1	1	대	9	9	9	8	8	8	7	7	7	6	6	6	5	5	동	4	4	4	3	3	3	2	2	2
	여	8	8	9	9	9	10	설	1	1	1	1	2	2	2	3	3	3	4	4	4	5	지	5	6	6	6	7	7	7	8	8

서기 2027년 [단기 4360년]

양력 1월 소한절(辛丑月) 小寒 1월5일 23시10분 大寒 1월20일 16시29분

양력		1	2	3	4	5	6	7	8	9	10	11	12	13	14	15	16	17	18	19	20	21	22	23	24	25	26	27	28	29	30	31
요일		金	土	日	月	火	水	木	金	土	日	月	火	水	木	金	土	日	月	火	水	木	金	土	日	月	火	水	木	金	土	日
음력		11/24	25	26	27	28	29	30	12/1	2	3	4	5	6	7	8	9	10	11	12	13	14	15	16	17	18	19	20	21	22	23	24
일진		庚辰	辛巳	壬午	癸未	甲申	乙酉	丙戌	丁亥	戊子	己丑	庚寅	辛卯	壬辰	癸巳	甲午	乙未	丙申	丁酉	戊戌	己亥	庚子	辛丑	壬寅	癸卯	甲辰	乙巳	丙午	丁未	戊申	己酉	庚戌
대운	남	1	1	1	1	소한	10	9	9	9	8	8	8	7	7	7	6	6	6	5	대한	5	4	4	4	3	3	3	2	2	2	1
	여	8	9	9	9		1	1	1	1	2	2	2	3	3	3	4	4	4	5		5	6	6	6	7	7	7	8	8	8	9

양력 2월 입춘절(壬寅月) 立春 2월4일 10시46분 雨水 2월19일 6시33분

양력		1	2	3	4	5	6	7	8	9	10	11	12	13	14	15	16	17	18	19	20	21	22	23	24	25	26	27	28			
요일		月	火	水	木	金	土	日	月	火	水	木	金	土	日	月	火	水	木	金	土	日	月	火	水	木	金	土	日			
음력		12/25	26	27	28	29	30	1/1	2	3	4	5	6	7	8	9	10	11	12	13	14	15	16	17	18	19	20	21	22			
일진		辛亥	壬子	癸丑	甲寅	乙卯	丙辰	丁巳	戊午	己未	庚申	辛酉	壬戌	癸亥	甲子	乙丑	丙寅	丁卯	戊辰	己巳	庚午	辛未	壬申	癸酉	甲戌	乙亥	丙子	丁丑	戊寅			
대운	남	1	1	1	입춘	1	1	1	1	2	2	2	3	3	3	4	4	4	5	우수	5	6	6	6	7	7	7	8	8			
	여	9	9	10		10	9	9	9	8	8	8	7	7	7	6	6	6	5		5	4	4	4	3	3	3	2	2			

양력 3월 경칩절(癸卯月) 驚蟄 3월6일 4시39분 春分 3월21일 5시24분

양력		1	2	3	4	5	6	7	8	9	10	11	12	13	14	15	16	17	18	19	20	21	22	23	24	25	26	27	28	29	30	31
요일		月	火	水	木	金	土	日	月	火	水	木	金	土	日	月	火	水	木	金	土	日	月	火	水	木	金	土	日	月	火	水
음력		1/23	24	25	26	27	28	29	2/1	2	3	4	5	6	7	8	9	10	11	12	13	14	15	16	17	18	19	20	21	22	23	24
일진		己卯	庚辰	辛巳	壬午	癸未	甲申	乙酉	丙戌	丁亥	戊子	己丑	庚寅	辛卯	壬辰	癸巳	甲午	乙未	丙申	丁酉	戊戌	己亥	庚子	辛丑	壬寅	癸卯	甲辰	乙巳	丙午	丁未	戊申	己酉
대운	남	8	9	9	9	10	경칩	1	1	1	1	2	2	2	3	3	3	4	4	4	5	춘분	5	6	6	6	7	7	7	8	8	8
	여	2	1	1	1	1		10	9	9	9	8	8	8	7	7	7	6	6	6	5		5	4	4	4	3	3	3	2	2	2

양력 4월 청명절(甲辰月) 清明 4월5일 9시17분 穀雨 4월20일 16시17분

양력		1	2	3	4	5	6	7	8	9	10	11	12	13	14	15	16	17	18	19	20	21	22	23	24	25	26	27	28	29	30	
요일		木	金	土	日	月	火	水	木	金	土	日	月	火	水	木	金	土	日	月	火	水	木	金	土	日	月	火	水	木	金	
음력		2/25	26	27	28	29	30	3/1	2	3	4	5	6	7	8	9	10	11	12	13	14	15	16	17	18	19	20	21	22	23	24	
일진		庚戌	辛亥	壬子	癸丑	甲寅	乙卯	丙辰	丁巳	戊午	己未	庚申	辛酉	壬戌	癸亥	甲子	乙丑	丙寅	丁卯	戊辰	己巳	庚午	辛未	壬申	癸酉	甲戌	乙亥	丙子	丁丑	戊寅	己卯	
대운	남	9	9	9	10	청명	1	1	1	1	2	2	2	3	3	3	4	4	4	5	곡우	5	6	6	6	7	7	7	8	8	8	
	여	1	1	1	1		10	10	9	9	9	8	8	8	7	7	7	6	6	6		5	5	4	4	4	3	3	3	2	2	

양력 5월 입하절(乙巳月) 立夏 5월6일 2시25분 小滿 5월21일 15시18분

양력		1	2	3	4	5	6	7	8	9	10	11	12	13	14	15	16	17	18	19	20	21	22	23	24	25	26	27	28	29	30	31
요일		土	日	月	火	水	木	金	土	日	月	火	水	木	金	土	日	月	火	水	木	金	土	日	月	火	水	木	金	土	日	月
음력		3/25	26	27	28	29	4/1	2	3	4	5	6	7	8	9	10	11	12	13	14	15	16	17	18	19	20	21	22	23	24	25	26
일진		庚辰	辛巳	壬午	癸未	甲申	乙酉	丙戌	丁亥	戊子	己丑	庚寅	辛卯	壬辰	癸巳	甲午	乙未	丙申	丁酉	戊戌	己亥	庚子	辛丑	壬寅	癸卯	甲辰	乙巳	丙午	丁未	戊申	己酉	庚戌
대운	남	9	9	9	10	10	입하	1	1	1	1	2	2	2	3	3	3	4	4	4	5	소만	5	6	6	6	7	7	7	8	8	8
	여	2	1	1	1	1		10	10	9	9	9	8	8	8	7	7	7	6	6	6		5	5	4	4	4	3	3	3	2	2

양력 6월 망종절(丙午月) 芒種 6월6일 6시25분 夏至 6월21일 23시10분

양력		1	2	3	4	5	6	7	8	9	10	11	12	13	14	15	16	17	18	19	20	21	22	23	24	25	26	27	28	29	30	
요일		火	水	木	金	土	日	月	火	水	木	金	土	日	月	火	水	木	金	土	日	月	火	水	木	金	土	日	月	火	水	
음력		4/27	28	29	30	5/1	2	3	4	5	6	7	8	9	10	11	12	13	14	15	16	17	18	19	20	21	22	23	24	25	26	
일진		辛亥	壬子	癸丑	甲寅	乙卯	丙辰	丁巳	戊午	己未	庚申	辛酉	壬戌	癸亥	甲子	乙丑	丙寅	丁卯	戊辰	己巳	庚午	辛未	壬申	癸酉	甲戌	乙亥	丙子	丁丑	戊寅	己卯	庚辰	
대운	남	9	9	9	10	10	망종	1	1	1	1	2	2	2	3	3	3	4	4	4	5	하지	5	6	6	6	7	7	7	8	8	
	여	2	1	1	1	1		10	10	9	9	9	8	8	8	7	7	7	6	6	6		5	5	4	4	4	3	3	3	2	

丁未年

양력 7월　소서절(丁未月)　小暑 7월7일 16시37분　大暑 7월23일 10시4분

양력	1	2	3	4	5	6	7	8	9	10	11	12	13	14	15	16	17	18	19	20	21	22	23	24	25	26	27	28	29	30	31
요일	木	金	土	日	月	火	水	木	金	土	日	月	火	水	木	金	土	日	月	火	水	木	金	土	日	月	火	水	木	金	土
음력	5/27	28	29	6/1	2	3	4	5	6	7	8	9	10	11	12	13	14	15	16	17	18	19	20	21	22	23	24	25	26	27	28
일진	辛巳	壬午	癸未	甲申	乙酉	丙戌	丁亥	戊子	己丑	庚寅	辛卯	壬辰	癸巳	甲午	乙未	丙申	丁酉	戊戌	己亥	庚子	辛丑	壬寅	癸卯	甲辰	乙巳	丙午	丁未	戊申	己酉	庚戌	辛亥
대운 남	8	9	9	9	10	10	소	1	1	1	1	2	2	2	3	3	3	4	4	4	5	5	대	6	6	6	7	7	7	8	8
대운 여	2	2	1	1	1	1	서	10	10	10	9	9	9	8	8	8	7	7	7	6	6	6	서	5	5	4	4	4	3	3	3

양력 8월　입추절(戊申月)　立秋 8월8일 2시26분　處暑 8월23일 17시14분

양력	1	2	3	4	5	6	7	8	9	10	11	12	13	14	15	16	17	18	19	20	21	22	23	24	25	26	27	28	29	30	31
요일	日	月	火	水	木	金	土	日	月	火	水	木	金	土	日	月	火	水	木	金	土	日	月	火	水	木	金	土	日	月	火
음력	6/29	7/1	2	3	4	5	6	7	8	9	10	11	12	13	14	15	16	17	18	19	20	21	22	23	24	25	26	27	28	29	30
일진	壬子	癸丑	甲寅	乙卯	丙辰	丁巳	戊午	己未	庚申	辛酉	壬戌	癸亥	甲子	乙丑	丙寅	丁卯	戊辰	己巳	庚午	辛未	壬申	癸酉	甲戌	乙亥	丙子	丁丑	戊寅	己卯	庚辰	辛巳	壬午
대운 남	8	9	9	9	10	10	10	입	1	1	1	1	2	2	2	3	3	3	4	4	4	5	처	5	6	6	6	7	7	7	8
대운 여	2	2	2	1	1	1	1	추	10	10	9	9	9	8	8	8	7	7	7	6	6	6	서	5	5	4	4	4	3	3	3

양력 9월　백로절(己酉月)　白露 9월8일 5시28분　秋分 9월23일 15시1분

양력	1	2	3	4	5	6	7	8	9	10	11	12	13	14	15	16	17	18	19	20	21	22	23	24	25	26	27	28	29	30	
요일	水	木	金	土	日	月	火	水	木	金	土	日	月	火	水	木	金	土	日	月	火	水	木	金	土	日	月	火	水	木	
음력	8/1	2	3	4	5	6	7	8	9	10	11	12	13	14	15	16	17	18	19	20	21	22	23	24	25	26	27	28	29	9/1	
일진	癸未	甲申	乙酉	丙戌	丁亥	戊子	己丑	庚寅	辛卯	壬辰	癸巳	甲午	乙未	丙申	丁酉	戊戌	己亥	庚子	辛丑	壬寅	癸卯	甲辰	乙巳	丙午	丁未	戊申	己酉	庚戌	辛亥	壬子	
대운 남	8	8	9	9	9	10	10	백	1	1	1	1	2	2	2	3	3	3	4	4	4	5	추	5	6	6	6	7	7	7	
대운 여	2	2	2	1	1	1	1	로	10	9	9	9	8	8	8	7	7	7	6	6	6	5	분	5	4	4	4	3	3	3	

양력 10월　한로절(庚戌月)　寒露 10월8일 21시17분　霜降 10월24일 0시33분

양력	1	2	3	4	5	6	7	8	9	10	11	12	13	14	15	16	17	18	19	20	21	22	23	24	25	26	27	28	29	30	31
요일	金	土	日	月	火	水	木	金	土	日	月	火	水	木	金	土	日	月	火	水	木	金	土	日	月	火	水	木	金	土	日
음력	9/2	3	4	5	6	7	8	9	10	11	12	13	14	15	16	17	18	19	20	21	22	23	24	25	26	27	28	29	10/1	2	3
일진	癸丑	甲寅	乙卯	丙辰	丁巳	戊午	己未	庚申	辛酉	壬戌	癸亥	甲子	乙丑	丙寅	丁卯	戊辰	己巳	庚午	辛未	壬申	癸酉	甲戌	乙亥	丙子	丁丑	戊寅	己卯	庚辰	辛巳	壬午	癸未
대운 남	8	8	8	9	9	9	10	한	1	1	1	1	2	2	2	3	3	3	4	4	4	5	5	상	6	6	6	7	7	7	8
대운 여	2	2	2	1	1	1	1	로	10	10	9	9	9	8	8	8	7	7	7	6	6	6	5	강	5	4	4	4	3	3	3

양력 11월　입동절(辛亥月)　立冬 11월8일 0시38분　小雪 11월22일 22시16분

양력	1	2	3	4	5	6	7	8	9	10	11	12	13	14	15	16	17	18	19	20	21	22	23	24	25	26	27	28	29	30	
요일	月	火	水	木	金	土	日	月	火	水	木	金	土	日	月	火	水	木	金	土	日	月	火	水	木	金	土	日	月	火	
음력	10/4	5	6	7	8	9	10	11	12	13	14	15	16	17	18	19	20	21	22	23	24	25	26	27	28	29	30	11/1	2	3	
일진	甲申	乙酉	丙戌	丁亥	戊子	己丑	庚寅	辛卯	壬辰	癸巳	甲午	乙未	丙申	丁酉	戊戌	己亥	庚子	辛丑	壬寅	癸卯	甲辰	乙巳	丙午	丁未	戊申	己酉	庚戌	辛亥	壬子	癸丑	
대운 남	8	8	9	9	9	10	10	입	1	1	1	1	2	2	2	3	3	3	4	4	4	소	5	5	6	6	6	7	7	7	
대운 여	2	2	2	1	1	1	1	동	9	9	9	8	8	8	7	7	7	6	6	6	5	설	5	4	4	4	3	3	3	2	

양력 12월　대설절(壬子月)　大雪 12월7일 17시37분　冬至 12월22일 11시42분

양력	1	2	3	4	5	6	7	8	9	10	11	12	13	14	15	16	17	18	19	20	21	22	23	24	25	26	27	28	29	30	31
요일	水	木	金	土	日	月	火	水	木	金	土	日	月	火	水	木	金	土	日	月	火	水	木	金	土	日	月	火	水	木	金
음력	11/4	5	6	7	8	9	10	11	12	13	14	15	16	17	18	19	20	21	22	23	24	25	26	27	28	29	30	12/1	2	3	4
일진	甲寅	乙卯	丙辰	丁巳	戊午	己未	庚申	辛酉	壬戌	癸亥	甲子	乙丑	丙寅	丁卯	戊辰	己巳	庚午	辛未	壬申	癸酉	甲戌	乙亥	丙子	丁丑	戊寅	己卯	庚辰	辛巳	壬午	癸未	甲申
대운 남	8	8	8	9	9	9	대	1	1	1	1	2	2	2	3	3	3	4	4	4	5	동	5	6	6	6	7	7	7	8	8
대운 여	2	2	1	1	1	1	설	10	9	9	9	8	8	8	7	7	7	6	6	6	5	지	5	4	4	4	3	3	3	2	2

서기 2028년 [단기 4361년]

양력 1월 소한절(癸丑月) 小寒 1월6일 4시54분 大寒 1월20일 22시22분

양력	1	2	3	4	5	6	7	8	9	10	11	12	13	14	15	16	17	18	19	20	21	22	23	24	25	26	27	28	29	30	31
요일	土	日	月	火	水	木	金	土	日	月	火	水	木	金	土	日	月	火	水	木	金	土	日	月	火	水	木	金	土	日	月
음력	12/5	6	7	8	9	10	11	12	13	14	15	16	17	18	19	20	21	22	23	24	25	26	27	28	29	30	1/1	2	3	4	5
일진	乙酉	丙戌	丁亥	戊子	己丑	庚寅	辛卯	壬辰	癸巳	甲午	乙未	丙申	丁酉	戊戌	己亥	庚子	辛丑	壬寅	癸卯	甲辰	乙巳	丙午	丁未	戊申	己酉	庚戌	辛亥	壬子	癸丑	甲寅	乙卯
대운 남	8	9	9	9	10	소	1	1	1	1	2	2	2	3	3	3	4	4	4	대	5	5	6	6	6	7	7	7	8	8	8
대운 여	2	1	1	1	1	한	9	9	9	8	8	8	7	7	7	6	6	6	5	한	5	4	4	4	3	3	3	2	2	2	1

양력 2월 입춘절(甲寅月) 立春 2월4일 16시31분 雨水 2월19일 12시26분

양력	1	2	3	4	5	6	7	8	9	10	11	12	13	14	15	16	17	18	19	20	21	22	23	24	25	26	27	28	29
요일	火	水	木	金	土	日	月	火	水	木	金	土	日	月	火	水	木	金	土	日	月	火	水	木	金	土	日	月	火
음력	1/6	7	8	9	10	11	12	13	14	15	16	17	18	19	20	21	22	23	24	25	26	27	28	29	2/1	2	3	4	5
일진	丙辰	丁巳	戊午	己未	庚申	辛酉	壬戌	癸亥	甲子	乙丑	丙寅	丁卯	戊辰	己巳	庚午	辛未	壬申	癸酉	甲戌	乙亥	丙子	丁丑	戊寅	己卯	庚辰	辛巳	壬午	癸未	甲申
대운 남	9	9	9	입	10	9	9	9	8	8	8	7	7	7	6	6	6	5	우	5	4	4	4	3	3	3	2	2	2
대운 여	1	1	1	춘	1	1	1	1	2	2	2	3	3	3	4	4	4	5	수	5	6	6	6	7	7	7	8	8	8

양력 3월 경칩절(乙卯月) 驚蟄 3월5일 10시24분 春分 3월20일 11시17분

양력	1	2	3	4	5	6	7	8	9	10	11	12	13	14	15	16	17	18	19	20	21	22	23	24	25	26	27	28	29	30	31
요일	水	木	金	土	日	月	火	水	木	金	土	日	月	火	水	木	金	土	日	月	火	水	木	金	土	日	月	火	水	木	金
음력	2/6	7	8	9	10	11	12	13	14	15	16	17	18	19	20	21	22	23	24	25	26	27	28	29	30	3/1	2	3	4	5	6
일진	乙酉	丙戌	丁亥	戊子	己丑	庚寅	辛卯	壬辰	癸巳	甲午	乙未	丙申	丁酉	戊戌	己亥	庚子	辛丑	壬寅	癸卯	甲辰	乙巳	丙午	丁未	戊申	己酉	庚戌	辛亥	壬子	癸丑	甲寅	乙卯
대운 남	1	1	1	1	경	10	9	9	9	8	8	8	7	7	7	6	6	6	5	춘	5	4	4	4	3	3	3	2	2	2	1
대운 여	9	9	9	10	칩	1	1	1	1	2	2	2	3	3	3	4	4	4	5	분	5	6	6	6	7	7	7	8	8	8	9

양력 4월 청명절(丙辰月) 淸明 4월4일 15시3분 穀雨 4월19일 22시9분

양력	1	2	3	4	5	6	7	8	9	10	11	12	13	14	15	16	17	18	19	20	21	22	23	24	25	26	27	28	29	30
요일	土	日	月	火	水	木	金	土	日	月	火	水	木	金	土	日	月	火	水	木	金	土	日	月	火	水	木	金	土	日
음력	3/7	8	9	10	11	12	13	14	15	16	17	18	19	20	21	22	23	24	25	26	27	28	29	30	4/1	2	3	4	5	6
일진	丙辰	丁巳	戊午	己未	庚申	辛酉	壬戌	癸亥	甲子	乙丑	丙寅	丁卯	戊辰	己巳	庚午	辛未	壬申	癸酉	甲戌	乙亥	丙子	丁丑	戊寅	己卯	庚辰	辛巳	壬午	癸未	甲申	乙酉
대운 남	1	1	1	청	10	10	9	9	9	8	8	8	7	7	7	6	6	6	곡	5	5	4	4	4	3	3	3	2	2	2
대운 여	9	9	10	명	1	1	1	1	2	2	2	3	3	3	4	4	4	5	우	5	6	6	6	7	7	7	8	8	8	9

양력 5월 입하절(丁巳月) 立夏 5월5일 8시12분 小滿 5월20일 21시9분

양력	1	2	3	4	5	6	7	8	9	10	11	12	13	14	15	16	17	18	19	20	21	22	23	24	25	26	27	28	29	30	31
요일	月	火	水	木	金	土	日	月	火	水	木	金	土	日	月	火	水	木	金	土	日	月	火	水	木	金	土	日	月	火	水
음력	4/7	8	9	10	11	12	13	14	15	16	17	18	19	20	21	22	23	24	25	26	27	28	29	5/1	2	3	4	5	6	7	8
일진	丙戌	丁亥	戊子	己丑	庚寅	辛卯	壬辰	癸巳	甲午	乙未	丙申	丁酉	戊戌	己亥	庚子	辛丑	壬寅	癸卯	甲辰	乙巳	丙午	丁未	戊申	己酉	庚戌	辛亥	壬子	癸丑	甲寅	乙卯	丙辰
대운 남	1	1	1	1	입	10	10	9	9	9	8	8	8	7	7	7	6	6	6	소	5	5	4	4	4	3	3	3	2	2	2
대운 여	9	9	10	10	하	1	1	1	1	2	2	2	3	3	3	4	4	4	5	만	5	6	6	6	7	7	7	8	8	8	9

양력 6월 망종절(戊午月) 芒種 6월5일 12시16분 夏至 6월21일 5시2분

양력	1	2	3	4	5	6	7	8	9	10	11	12	13	14	15	16	17	18	19	20	21	22	23	24	25	26	27	28	29	30
요일	木	金	土	日	月	火	水	木	金	土	日	月	火	水	木	金	土	日	月	火	水	木	金	土	日	月	火	水	木	金
음력	5/9	10	11	12	13	14	15	16	17	18	19	20	21	22	23	24	25	26	27	28	29	30	윤1	2	3	4	5	6	7	8
일진	丁巳	戊午	己未	庚申	辛酉	壬戌	癸亥	甲子	乙丑	丙寅	丁卯	戊辰	己巳	庚午	辛未	壬申	癸酉	甲戌	乙亥	丙子	丁丑	戊寅	己卯	庚辰	辛巳	壬午	癸未	甲申	乙酉	丙戌
대운 남	1	1	1	1	망	10	10	9	9	9	8	8	8	7	7	7	6	6	6	5	하	5	4	4	4	3	3	3	2	2
대운 여	9	9	10	10	종	1	1	1	1	2	2	2	3	3	3	4	4	4	5	5	지	6	6	6	7	7	7	8	8	8

▶윤달-5월

戊申年

양력 7월 소서절(己未月) 小暑 7월6일 22시30분 大暑 7월22일 15시54분

양력		1	2	3	4	5	6	7	8	9	10	11	12	13	14	15	16	17	18	19	20	21	22	23	24	25	26	27	28	29	30	31
요일		土	日	月	火	水	木	金	土	日	月	火	水	木	金	土	日	月	火	水	木	金	土	日	月	火	水	木	金	土	日	月
음력		윤9	10	11	12	13	14	15	16	17	18	19	20	21	22	23	24	25	26	27	28	29	6/1	2	3	4	5	6	7	8	9	10
일진		丁亥	戊子	己丑	庚寅	辛卯	壬辰	癸巳	甲午	乙未	丙申	丁酉	戊戌	己亥	庚子	辛丑	壬寅	癸卯	甲辰	乙巳	丙午	丁未	戊申	己酉	庚戌	辛亥	壬子	癸丑	甲寅	乙卯	丙辰	丁巳
대	남	2	1	1	1	1	소	10	10	10	9	9	9	8	8	8	7	7	7	6	6	6	대	5	5	4	4	4	3	3	3	2
운	여	9	9	9	10	10	서	1	1	1	1	2	2	2	3	3	3	4	4	4	5	5	서	6	6	6	7	7	7	8	8	8

양력 8월 입추절(庚申月) 立秋 8월7일 8시21분 處暑 8월22일 23시1분

양력		1	2	3	4	5	6	7	8	9	10	11	12	13	14	15	16	17	18	19	20	21	22	23	24	25	26	27	28	29	30	31
요일		火	水	木	金	土	日	月	火	水	木	金	土	日	月	火	水	木	金	土	日	月	火	水	木	金	土	日	月	火	水	木
음력		6/11	12	13	14	15	16	17	18	19	20	21	22	23	24	25	26	27	28	29	7/1	2	3	4	5	6	7	8	9	10	11	12
일진		戊午	己未	庚申	辛酉	壬戌	癸亥	甲子	乙丑	丙寅	丁卯	戊辰	己巳	庚午	辛未	壬申	癸酉	甲戌	乙亥	丙子	丁丑	戊寅	己卯	庚辰	辛巳	壬午	癸未	甲申	乙酉	丙戌	丁亥	戊子
대	남	2	2	1	1	1	1	입	10	10	9	9	9	8	8	8	7	7	7	6	6	6	처	5	5	4	4	4	3	3	3	2
운	여	9	9	9	10	10	10	추	1	1	1	1	2	2	2	3	3	3	4	4	4	5	서	5	6	6	6	7	7	7	8	8

양력 9월 백로절(辛酉月) 白露 9월7일 11시22분 秋分 9월22일 20시45분

양력		1	2	3	4	5	6	7	8	9	10	11	12	13	14	15	16	17	18	19	20	21	22	23	24	25	26	27	28	29	30
요일		金	土	日	月	火	水	木	金	土	日	月	火	水	木	金	土	日	月	火	水	木	金	土	日	月	火	水	木	金	土
음력		7/13	14	15	16	17	18	19	20	21	22	23	24	25	26	27	28	29	30	8/1	2	3	4	5	6	7	8	9	10	11	12
일진		己丑	庚寅	辛卯	壬辰	癸巳	甲午	乙未	丙申	丁酉	戊戌	己亥	庚子	辛丑	壬寅	癸卯	甲辰	乙巳	丙午	丁未	戊申	己酉	庚戌	辛亥	壬子	癸丑	甲寅	乙卯	丙辰	丁巳	戊午
대	남	2	2	1	1	1	1	백	10	10	9	9	9	8	8	8	7	7	7	6	6	6	추	5	5	4	4	4	3	3	3
운	여	8	9	9	9	10	10	로	1	1	1	1	2	2	2	3	3	3	4	4	4	5	분	5	6	6	6	7	7	7	8

양력 10월 한로절(壬戌月) 寒露 10월8일 3시8분 霜降 10월23일 6시13분

양력		1	2	3	4	5	6	7	8	9	10	11	12	13	14	15	16	17	18	19	20	21	22	23	24	25	26	27	28	29	30	31
요일		日	月	火	水	木	金	土	日	月	火	水	木	金	土	日	月	火	水	木	金	土	日	月	火	水	木	金	土	日	月	火
음력		8/13	14	15	16	17	18	19	20	21	22	23	24	25	26	27	28	29	9/1	2	3	4	5	6	7	8	9	10	11	12	13	14
일진		己未	庚申	辛酉	壬戌	癸亥	甲子	乙丑	丙寅	丁卯	戊辰	己巳	庚午	辛未	壬申	癸酉	甲戌	乙亥	丙子	丁丑	戊寅	己卯	庚辰	辛巳	壬午	癸未	甲申	乙酉	丙戌	丁亥	戊子	己丑
대	남	2	2	2	1	1	1	1	한	10	9	9	9	8	8	8	7	7	7	6	6	6	5	상	5	4	4	4	3	3	3	2
운	여	8	8	9	9	9	10	10	로	1	1	1	1	2	2	2	3	3	3	4	4	4	5	강	5	6	6	6	7	7	7	8

양력 11월 입동절(癸亥月) 立冬 11월7일 6시27분 小雪 11월22일 3시54분

양력		1	2	3	4	5	6	7	8	9	10	11	12	13	14	15	16	17	18	19	20	21	22	23	24	25	26	27	28	29	30
요일		水	木	金	土	日	月	火	水	木	金	土	日	月	火	水	木	金	土	日	月	火	水	木	金	土	日	月	火	水	木
음력		9/15	16	17	18	19	20	21	22	23	24	25	26	27	28	29	10/1	2	3	4	5	6	7	8	9	10	11	12	13	14	15
일진		庚寅	辛卯	壬辰	癸巳	甲午	乙未	丙申	丁酉	戊戌	己亥	庚子	辛丑	壬寅	癸卯	甲辰	乙巳	丙午	丁未	戊申	己酉	庚戌	辛亥	壬子	癸丑	甲寅	乙卯	丙辰	丁巳	戊午	己未
대	남	2	2	1	1	1	1	입	9	9	9	8	8	8	7	7	7	6	6	6	5	5	소	4	4	4	3	3	3	2	2
운	여	8	8	9	9	9	10	동	1	1	1	1	2	2	2	3	3	3	4	4	4	5	설	5	6	6	6	7	7	7	8

양력 12월 대설절(甲子月) 大雪 12월6일 23시24분 冬至 12월21일 17시19분

양력		1	2	3	4	5	6	7	8	9	10	11	12	13	14	15	16	17	18	19	20	21	22	23	24	25	26	27	28	29	30	31
요일		金	土	日	月	火	水	木	金	土	日	月	火	水	木	金	土	日	月	火	水	木	金	土	日	月	火	水	木	金	土	日
음력		10/16	17	18	19	20	21	22	23	24	25	26	27	28	29	30	11/1	2	3	4	5	6	7	8	9	10	11	12	13	14	15	16
일진		庚申	辛酉	壬戌	癸亥	甲子	乙丑	丙寅	丁卯	戊辰	己巳	庚午	辛未	壬申	癸酉	甲戌	乙亥	丙子	丁丑	戊寅	己卯	庚辰	辛巳	壬午	癸未	甲申	乙酉	丙戌	丁亥	戊子	己丑	庚寅
대	남	2	1	1	1	1	대	10	9	9	9	8	8	8	7	7	7	6	6	6	5	동	5	4	4	4	3	3	3	2	2	2
운	여	8	8	9	9	9	설	1	1	1	1	2	2	2	3	3	3	4	4	4	5	지	5	6	6	6	7	7	7	8	8	8

서기 2029년 [단기 4362년]

양력 1월 소한절(乙丑月) 小寒 1월5일 10시42분 大寒 1월20일 4시0분

양력		1	2	3	4	5	6	7	8	9	10	11	12	13	14	15	16	17	18	19	20	21	22	23	24	25	26	27	28	29	30	31
요일		月	火	水	木	金	土	日	月	火	水	木	金	土	日	月	火	水	木	金	土	日	月	火	水	木	金	土	日	月	火	水
음력		11/17	18	19	20	21	22	23	24	25	26	27	28	29	30	12/1	2	3	4	5	6	7	8	9	10	11	12	13	14	15	16	17
일진		辛卯	壬辰	癸巳	甲午	乙未	丙申	丁酉	戊戌	己亥	庚子	辛丑	壬寅	癸卯	甲辰	乙巳	丙午	丁未	戊申	己酉	庚戌	辛亥	壬子	癸丑	甲寅	乙卯	丙辰	丁巳	戊午	己未	庚申	辛酉
대운	남	1	1	1	1	소	9	9	9	8	8	8	7	7	7	6	6	6	5	5	대	4	4	4	3	3	3	2	2	2	1	1
	여	9	9	9	10	한	1	1	1	1	2	2	2	3	3	3	4	4	4	5	한	5	6	6	6	7	7	7	8	8	8	9

양력 2월 입춘절(丙寅月) 立春 2월3일 22시20분 雨水 2월18일 18시8분

양력		1	2	3	4	5	6	7	8	9	10	11	12	13	14	15	16	17	18	19	20	21	22	23	24	25	26	27	28			
요일		木	金	土	日	月	火	水	木	金	土	日	月	火	水	木	金	土	日	月	火	水	木	金	土	日	月	火	水			
음력		12/18	19	20	21	22	23	24	25	26	27	28	29	1/1	2	3	4	5	6	7	8	9	10	11	12	13	14	15	16			
일진		壬戌	癸亥	甲子	乙丑	丙寅	丁卯	戊辰	己巳	庚午	辛未	壬申	癸酉	甲戌	乙亥	丙子	丁丑	戊寅	己卯	庚辰	辛巳	壬午	癸未	甲申	乙酉	丙戌	丁亥	戊子	己丑			
대운	남	1	1	입	1	1	1	1	2	2	2	3	3	3	4	4	4	5	우	5	6	6	6	7	7	7	8	8	8			
	여	9	9	춘	10	9	9	9	8	8	8	7	7	7	6	6	6	5	수	5	4	4	4	3	3	3	2	2	2			

양력 3월 경칩절(丁卯月) 驚蟄 3월5일 16시17분 春分 3월20일 17시2분

양력		1	2	3	4	5	6	7	8	9	10	11	12	13	14	15	16	17	18	19	20	21	22	23	24	25	26	27	28	29	30	31
요일		木	金	土	日	月	火	水	木	金	土	日	月	火	水	木	金	土	日	月	火	水	木	金	土	日	月	火	水	木	金	土
음력		1/17	18	19	20	21	22	23	24	25	26	27	28	29	30	2/1	2	3	4	5	6	7	8	9	10	11	12	13	14	15	16	17
일진		庚寅	辛卯	壬辰	癸巳	甲午	乙未	丙申	丁酉	戊戌	己亥	庚子	辛丑	壬寅	癸卯	甲辰	乙巳	丙午	丁未	戊申	己酉	庚戌	辛亥	壬子	癸丑	甲寅	乙卯	丙辰	丁巳	戊午	己未	庚申
대운	남	9	9	9	10	경	1	1	1	1	2	2	2	3	3	3	4	4	4	5	춘	5	6	6	6	7	7	7	8	8	8	9
	여	1	1	1	1	칩	10	9	9	9	8	8	8	7	7	7	6	6	6	5	분	5	4	4	4	3	3	3	2	2	2	1

양력 4월 청명절(戊辰月) 清明 4월4일 20시58분 穀雨 4월20일 3시55분

양력		1	2	3	4	5	6	7	8	9	10	11	12	13	14	15	16	17	18	19	20	21	22	23	24	25	26	27	28	29	30	
요일		日	月	火	水	木	金	土	日	月	火	水	木	金	土	日	月	火	水	木	金	土	日	月	火	水	木	金	土	日	月	
음력		2/18	19	20	21	22	23	24	25	26	27	28	29	30	3/1	2	3	4	5	6	7	8	9	10	11	12	13	14	15	16	17	
일진		辛酉	壬戌	癸亥	甲子	乙丑	丙寅	丁卯	戊辰	己巳	庚午	辛未	壬申	癸酉	甲戌	乙亥	丙子	丁丑	戊寅	己卯	庚辰	辛巳	壬午	癸未	甲申	乙酉	丙戌	丁亥	戊子	己丑	庚寅	
대운	남	9	9	10	청	1	1	1	1	2	2	2	3	3	3	4	4	4	5	5	곡	6	6	6	7	7	7	8	8	8	9	
	여	1	1	1	명	10	10	9	9	9	8	8	8	7	7	7	6	6	6	5	우	5	4	4	4	3	3	3	2	2	2	

양력 5월 입하절(己巳月) 立夏 5월5일 14시7분 小滿 5월21일 2시55분

양력		1	2	3	4	5	6	7	8	9	10	11	12	13	14	15	16	17	18	19	20	21	22	23	24	25	26	27	28	29	30	31
요일		火	水	木	金	土	日	月	火	水	木	金	土	日	月	火	水	木	金	土	日	月	火	水	木	金	土	日	月	火	水	木
음력		3/18	19	20	21	22	23	24	25	26	27	28	29	4/1	2	3	4	5	6	7	8	9	10	11	12	13	14	15	16	17	18	19
일진		辛卯	壬辰	癸巳	甲午	乙未	丙申	丁酉	戊戌	己亥	庚子	辛丑	壬寅	癸卯	甲辰	乙巳	丙午	丁未	戊申	己酉	庚戌	辛亥	壬子	癸丑	甲寅	乙卯	丙辰	丁巳	戊午	己未	庚申	辛酉
대운	남	9	9	10	10	입	1	1	1	1	2	2	2	3	3	3	4	4	4	5	5	소	6	6	6	7	7	7	8	8	8	9
	여	1	1	1	1	하	10	10	9	9	9	8	8	8	7	7	7	6	6	6	5	만	5	4	4	4	3	3	3	2	2	2

양력 6월 망종절(庚午月) 芒種 6월5일 18시10분 夏至 6월21일 10시48분

양력		1	2	3	4	5	6	7	8	9	10	11	12	13	14	15	16	17	18	19	20	21	22	23	24	25	26	27	28	29	30	
요일		金	土	日	月	火	水	木	金	土	日	月	火	水	木	金	土	日	月	火	水	木	金	土	日	月	火	水	木	金	土	
음력		4/20	21	22	23	24	25	26	27	28	29	30	5/1	2	3	4	5	6	7	8	9	10	11	12	13	14	15	16	17	18	19	
일진		壬戌	癸亥	甲子	乙丑	丙寅	丁卯	戊辰	己巳	庚午	辛未	壬申	癸酉	甲戌	乙亥	丙子	丁丑	戊寅	己卯	庚辰	辛巳	壬午	癸未	甲申	乙酉	丙戌	丁亥	戊子	己丑	庚寅	辛卯	
대운	남	9	9	10	10	망	1	1	1	1	2	2	2	3	3	3	4	4	4	5	5	하	6	6	6	7	7	7	8	8	8	
	여	1	1	1	1	종	10	10	10	9	9	9	8	8	8	7	7	7	6	6	6	지	5	5	4	4	4	3	3	3	2	

己酉年

양력 7월 소서절(辛未月) 小暑 7월7일 4시22분 大暑 7월22일 21시42분

양력	1	2	3	4	5	6	7	8	9	10	11	12	13	14	15	16	17	18	19	20	21	22	23	24	25	26	27	28	29	30	31
요일	日	月	火	水	木	金	土	日	月	火	水	木	金	土	日	月	火	水	木	金	土	日	月	火	水	木	金	土	日	月	火
음력	5/20	21	22	23	24	25	26	27	28	29	30	6/1	2	3	4	5	6	7	8	9	10	11	12	13	14	15	16	17	18	19	20
일진	壬辰	癸巳	甲午	乙未	丙申	丁酉	戊戌	己亥	庚子	辛丑	壬寅	癸卯	甲辰	乙巳	丙午	丁未	戊申	己酉	庚戌	辛亥	壬子	癸丑	甲寅	乙卯	丙辰	丁巳	戊午	己未	庚申	辛酉	壬戌
대운 남	9	9	9	10	10	10	소서	1	1	1	1	2	2	2	3	3	3	4	4	4	5	대서	5	6	6	6	7	7	7	8	8
대운 여	2	2	1	1	1	1		10	10	9	9	9	8	8	8	7	7	7	6	6	6		5	5	4	4	4	3	3	3	2

양력 8월 입추절(壬申月) 立秋 8월7일 14시11분 處暑 8월23일 4시51분

양력	1	2	3	4	5	6	7	8	9	10	11	12	13	14	15	16	17	18	19	20	21	22	23	24	25	26	27	28	29	30	31
요일	水	木	金	土	日	月	火	水	木	金	土	日	月	火	水	木	金	土	日	月	火	水	木	金	土	日	月	火	水	木	金
음력	6/21	22	23	24	25	26	27	28	29	7/1	2	3	4	5	6	7	8	9	10	11	12	13	14	15	16	17	18	19	20	21	22
일진	癸亥	甲子	乙丑	丙寅	丁卯	戊辰	己巳	庚午	辛未	壬申	癸酉	甲戌	乙亥	丙子	丁丑	戊寅	己卯	庚辰	辛巳	壬午	癸未	甲申	乙酉	丙戌	丁亥	戊子	己丑	庚寅	辛卯	壬辰	癸巳
대운 남	8	9	9	9	10	10	입추	1	1	1	1	2	2	2	3	3	3	4	4	4	5	5	처서	6	6	6	7	7	7	8	8
대운 여	2	2	1	1	1	1		10	10	9	9	9	8	8	8	7	7	7	6	6	6	5		5	4	4	4	3	3	3	2

양력 9월 백로절(癸酉月) 白露 9월7일 17시11분 秋分 9월23일 2시38분

양력	1	2	3	4	5	6	7	8	9	10	11	12	13	14	15	16	17	18	19	20	21	22	23	24	25	26	27	28	29	30
요일	土	日	月	火	水	木	金	土	日	月	火	水	木	金	土	日	月	火	水	木	金	土	日	月	火	水	木	金	土	日
음력	7/23	24	25	26	27	28	29	8/1	2	3	4	5	6	7	8	9	10	11	12	13	14	15	16	17	18	19	20	21	22	23
일진	甲午	乙未	丙申	丁酉	戊戌	己亥	庚子	辛丑	壬寅	癸卯	甲辰	乙巳	丙午	丁未	戊申	己酉	庚戌	辛亥	壬子	癸丑	甲寅	乙卯	丙辰	丁巳	戊午	己未	庚申	辛酉	壬戌	癸亥
대운 남	8	9	9	9	10	10	백로	1	1	1	1	2	2	2	3	3	3	4	4	4	5	5	추분	6	6	6	7	7	7	8
대운 여	2	2	1	1	1	1		10	10	9	9	9	8	8	8	7	7	7	6	6	6	5		5	4	4	4	3	3	3

양력 10월 한로절(甲戌月) 寒露 10월8일 8시58분 霜降 10월23일 12시8분

양력	1	2	3	4	5	6	7	8	9	10	11	12	13	14	15	16	17	18	19	20	21	22	23	24	25	26	27	28	29	30	31
요일	月	火	水	木	金	土	日	月	火	水	木	金	土	日	月	火	水	木	金	土	日	月	火	水	木	金	土	日	月	火	水
음력	8/24	25	26	27	28	29	30	9/1	2	3	4	5	6	7	8	9	10	11	12	13	14	15	16	17	18	19	20	21	22	23	24
일진	甲子	乙丑	丙寅	丁卯	戊辰	己巳	庚午	辛未	壬申	癸酉	甲戌	乙亥	丙子	丁丑	戊寅	己卯	庚辰	辛巳	壬午	癸未	甲申	乙酉	丙戌	丁亥	戊子	己丑	庚寅	辛卯	壬辰	癸巳	甲午
대운 남	8	8	9	9	9	10	10	한로	1	1	1	1	2	2	2	3	3	3	4	4	4	5	상강	5	6	6	6	7	7	7	8
대운 여	2	2	2	1	1	1	1		10	9	9	9	8	8	8	7	7	7	6	6	6	5		5	4	4	4	3	3	3	2

양력 11월 입동절(乙亥月) 立冬 11월7일 12시16분 小雪 11월22일 9시49분

양력	1	2	3	4	5	6	7	8	9	10	11	12	13	14	15	16	17	18	19	20	21	22	23	24	25	26	27	28	29	30
요일	木	金	土	日	月	火	水	木	金	土	日	月	火	水	木	金	土	日	月	火	水	木	金	土	日	月	火	水	木	金
음력	9/25	26	27	28	29	10/1	2	3	4	5	6	7	8	9	10	11	12	13	14	15	16	17	18	19	20	21	22	23	24	25
일진	乙未	丙申	丁酉	戊戌	己亥	庚子	辛丑	壬寅	癸卯	甲辰	乙巳	丙午	丁未	戊申	己酉	庚戌	辛亥	壬子	癸丑	甲寅	乙卯	丙辰	丁巳	戊午	己未	庚申	辛酉	壬戌	癸亥	甲子
대운 남	8	8	9	9	9	10	입동	1	1	1	1	2	2	2	3	3	3	4	4	4	5	소설	5	6	6	6	7	7	7	8
대운 여	2	2	1	1	1	1		10	9	9	9	8	8	8	7	7	7	6	6	6	5		5	4	4	4	3	3	3	2

양력 12월 대설절(丙子月) 大雪 12월7일 5시13분 冬至 12월21일 23시14분

양력	1	2	3	4	5	6	7	8	9	10	11	12	13	14	15	16	17	18	19	20	21	22	23	24	25	26	27	28	29	30	31
요일	土	日	月	火	水	木	金	土	日	月	火	水	木	金	土	日	月	火	水	木	金	土	日	月	火	水	木	金	土	日	月
음력	10/26	27	28	29	11/1	2	3	4	5	6	7	8	9	10	11	12	13	14	15	16	17	18	19	20	21	22	23	24	25	26	27
일진	乙丑	丙寅	丁卯	戊辰	己巳	庚午	辛未	壬申	癸酉	甲戌	乙亥	丙子	丁丑	戊寅	己卯	庚辰	辛巳	壬午	癸未	甲申	乙酉	丙戌	丁亥	戊子	己丑	庚寅	辛卯	壬辰	癸巳	甲午	乙未
대운 남	8	8	9	9	9	10	대설	1	1	1	1	2	2	2	3	3	3	4	4	4	동지	5	5	6	6	6	7	7	7	8	8
대운 여	2	2	1	1	1	1		9	9	9	8	8	8	7	7	7	6	6	6	5		5	4	4	4	3	3	3	2	2	2

서기 2030년 [단기 4363년]

양력 1월 소한절(丁丑月) 小寒 1월5일 16시29분 大寒 1월20일 9시53분

양력	1	2	3	4	5	6	7	8	9	10	11	12	13	14	15	16	17	18	19	20	21	22	23	24	25	26	27	28	29	30	31
요일	火	水	木	金	土	日	月	火	水	木	金	土	日	月	火	水	木	金	土	日	月	火	水	木	金	土	日	月	火	水	木
음력	11/28	29	30	12/1	2	3	4	5	6	7	8	9	10	11	12	13	14	15	16	17	18	19	20	21	22	23	24	25	26	27	28
일진	丙申	丁酉	戊戌	己亥	庚子	辛丑	壬寅	癸卯	甲辰	乙巳	丙午	丁未	戊申	己酉	庚戌	辛亥	壬子	癸丑	甲寅	乙卯	丙辰	丁巳	戊午	己未	庚申	辛酉	壬戌	癸亥	甲子	乙丑	丙寅
대운 남	8	9	9	9	소	1	1	1	1	2	2	2	3	3	3	4	4	4	5	대	5	6	6	6	7	7	7	8	8	8	9
대운 여	1	1	1	1	한	10	9	9	9	8	8	8	7	7	7	6	6	6	5	한	5	4	4	4	3	3	3	2	2	2	1

양력 2월 입춘절(戊寅月) 立春 2월4일 4시7분 雨水 2월18일 23시59분

양력	1	2	3	4	5	6	7	8	9	10	11	12	13	14	15	16	17	18	19	20	21	22	23	24	25	26	27	28			
요일	金	土	日	月	火	水	木	金	土	日	月	火	水	木	金	土	日	月	火	水	木	金	土	日	月	火	水	木			
음력	12/29	30	1/1	2	3	4	5	6	7	8	9	10	11	12	13	14	15	16	17	18	19	20	21	22	23	24	25	26			
일진	丁卯	戊辰	己巳	庚午	辛未	壬申	癸酉	甲戌	乙亥	丙子	丁丑	戊寅	己卯	庚辰	辛巳	壬午	癸未	甲申	乙酉	丙戌	丁亥	戊子	己丑	庚寅	辛卯	壬辰	癸巳	甲午			
대운 남	9	9	10	입	9	9	9	8	8	8	7	7	7	6	6	6	5	우	5	4	4	4	3	3	3	2	2	2			
대운 여	1	1	1	춘	1	1	1	1	2	2	2	3	3	3	4	4	4	수	5	5	6	6	6	7	7	7	8	8			

양력 3월 경칩절(己卯月) 驚蟄 3월5일 22시2분 春分 3월20일 22시51분

양력	1	2	3	4	5	6	7	8	9	10	11	12	13	14	15	16	17	18	19	20	21	22	23	24	25	26	27	28	29	30	31
요일	金	土	日	月	火	水	木	金	土	日	月	火	水	木	金	土	日	月	火	水	木	金	土	日	月	火	水	木	金	土	日
음력	1/27	28	29	2/1	2	3	4	5	6	7	8	9	10	11	12	13	14	15	16	17	18	19	20	21	22	23	24	25	26	27	28
일진	乙未	丙申	丁酉	戊戌	己亥	庚子	辛丑	壬寅	癸卯	甲辰	乙巳	丙午	丁未	戊申	己酉	庚戌	辛亥	壬子	癸丑	甲寅	乙卯	丙辰	丁巳	戊午	己未	庚申	辛酉	壬戌	癸亥	甲子	乙丑
대운 남	1	1	1	1	경	10	10	9	9	9	8	8	8	7	7	7	6	6	6	춘	5	5	4	4	4	3	3	3	2	2	2
대운 여	8	9	9	9	칩	1	1	1	1	2	2	2	3	3	3	4	4	4	5	분	5	6	6	6	7	7	7	8	8	8	9

양력 4월 청명절(庚辰月) 淸明 4월5일 2시40분 穀雨 4월20일 9시42분

양력	1	2	3	4	5	6	7	8	9	10	11	12	13	14	15	16	17	18	19	20	21	22	23	24	25	26	27	28	29	30	
요일	月	火	水	木	金	土	日	月	火	水	木	金	土	日	月	火	水	木	金	土	日	月	火	水	木	金	土	日	月	火	
음력	2/29	30	3/1	2	3	4	5	6	7	8	9	10	11	12	13	14	15	16	17	18	19	20	21	22	23	24	25	26	27	28	
일진	丙寅	丁卯	戊辰	己巳	庚午	辛未	壬申	癸酉	甲戌	乙亥	丙子	丁丑	戊寅	己卯	庚辰	辛巳	壬午	癸未	甲申	乙酉	丙戌	丁亥	戊子	己丑	庚寅	辛卯	壬辰	癸巳	甲午	乙未	
대운 남	1	1	1	1	청	10	9	9	9	8	8	8	7	7	7	6	6	6	5	곡	5	4	4	4	3	3	3	2	2	2	
대운 여	9	9	10	10	명	1	1	1	1	2	2	2	3	3	3	4	4	4	5	우	5	6	6	6	7	7	7	8	8	8	

양력 5월 입하절(辛巳月) 立夏 5월5일 19시45분 小滿 5월21일 8시40분

양력	1	2	3	4	5	6	7	8	9	10	11	12	13	14	15	16	17	18	19	20	21	22	23	24	25	26	27	28	29	30	31
요일	水	木	金	土	日	月	火	水	木	金	土	日	月	火	水	木	金	土	日	月	火	水	木	金	土	日	月	火	水	木	金
음력	3/29	4/1	2	3	4	5	6	7	8	9	10	11	12	13	14	15	16	17	18	19	20	21	22	23	24	25	26	27	28	29	30
일진	丙申	丁酉	戊戌	己亥	庚子	辛丑	壬寅	癸卯	甲辰	乙巳	丙午	丁未	戊申	己酉	庚戌	辛亥	壬子	癸丑	甲寅	乙卯	丙辰	丁巳	戊午	己未	庚申	辛酉	壬戌	癸亥	甲子	乙丑	丙寅
대운 남	1	1	1	1	입	10	10	9	9	9	8	8	8	7	7	7	6	6	6	5	소	5	4	4	4	3	3	3	2	2	2
대운 여	9	9	9	10	하	1	1	1	1	2	2	2	3	3	3	4	4	4	5	5	만	6	6	6	7	7	7	8	8	8	9

양력 6월 망종절(壬午月) 芒種 6월5일 23시43분 夏至 6월21일 16시30분

양력	1	2	3	4	5	6	7	8	9	10	11	12	13	14	15	16	17	18	19	20	21	22	23	24	25	26	27	28	29	30	
요일	土	日	月	火	水	木	金	土	日	月	火	水	木	金	土	日	月	火	水	木	金	土	日	月	火	水	木	金	土	日	
음력	5/1	2	3	4	5	6	7	8	9	10	11	12	13	14	15	16	17	18	19	20	21	22	23	24	25	26	27	28	29	30	
일진	丁卯	戊辰	己巳	庚午	辛未	壬申	癸酉	甲戌	乙亥	丙子	丁丑	戊寅	己卯	庚辰	辛巳	壬午	癸未	甲申	乙酉	丙戌	丁亥	戊子	己丑	庚寅	辛卯	壬辰	癸巳	甲午	乙未	丙申	
대운 남	1	1	1	1	망	10	10	10	9	9	9	8	8	8	7	7	7	6	6	6	하	5	5	4	4	4	3	3	3	2	
대운 여	9	9	10	10	종	1	1	1	1	2	2	2	3	3	3	4	4	4	5	5	지	6	6	6	7	7	7	8	8	8	

庚戌年

양력 7월 소서절(癸未月) 小暑 7월7일 9시54분 大暑 7월23일 3시24분

양력		1	2	3	4	5	6	7	8	9	10	11	12	13	14	15	16	17	18	19	20	21	22	23	24	25	26	27	28	29	30	31
요일		月	火	水	木	金	土	日	月	火	水	木	金	土	日	月	火	水	木	金	土	日	月	火	水	木	金	土	日	月	火	水
음력		6/1	2	3	4	5	6	7	8	9	10	11	12	13	14	15	16	17	18	19	20	21	22	23	24	25	26	27	28	29	7/1	2
일진		丁酉	戊戌	己亥	庚子	辛丑	壬寅	癸卯	甲辰	乙巳	丙午	丁未	戊申	己酉	庚戌	辛亥	壬子	癸丑	甲寅	乙卯	丙辰	丁巳	戊午	己未	庚申	辛酉	壬戌	癸亥	甲子	乙丑	丙寅	丁卯
대운	남	2	2	1	1	1	1	소	10	10	9	9	9	8	8	8	7	7	7	6	6	6	5	대	5	4	4	4	3	3	3	2
	여	9	9	9	10	10	10	서	1	1	1	1	2	2	2	3	3	3	4	4	4	5	5	서	6	6	6	7	7	7	8	8

양력 8월 입추절(甲申月) 立秋 8월7일 19시46분 處暑 8월23일 10시35분

양력		1	2	3	4	5	6	7	8	9	10	11	12	13	14	15	16	17	18	19	20	21	22	23	24	25	26	27	28	29	30	31
요일		木	金	土	日	月	火	水	木	金	土	日	月	火	水	木	金	土	日	月	火	水	木	金	土	日	月	火	水	木	金	土
음력		7/3	4	5	6	7	8	9	10	11	12	13	14	15	16	17	18	19	20	21	22	23	24	25	26	27	28	29	30	8/1	2	3
일진		戊辰	己巳	庚午	辛未	壬申	癸酉	甲戌	乙亥	丙子	丁丑	戊寅	己卯	庚辰	辛巳	壬午	癸未	甲申	乙酉	丙戌	丁亥	戊子	己丑	庚寅	辛卯	壬辰	癸巳	甲午	乙未	丙申	丁酉	戊戌
대운	남	2	2	1	1	1	1	입	10	10	9	9	9	8	8	8	7	7	7	6	6	6	5	처	5	4	4	4	3	3	3	2
	여	8	9	9	9	10	10	추	1	1	1	1	2	2	2	3	3	3	4	4	4	5	5	서	6	6	6	7	7	7	8	8

양력 9월 백로절(乙酉月) 白露 9월7일 22시52분 秋分 9월23일 8시26분

양력		1	2	3	4	5	6	7	8	9	10	11	12	13	14	15	16	17	18	19	20	21	22	23	24	25	26	27	28	29	30	
요일		日	月	火	水	木	金	土	日	月	火	水	木	金	土	日	月	火	水	木	金	土	日	月	火	水	木	金	土	日	月	
음력		8/4	5	6	7	8	9	10	11	12	13	14	15	16	17	18	19	20	21	22	23	24	25	26	27	28	29	9/1	2	3	4	
일진		己亥	庚子	辛丑	壬寅	癸卯	甲辰	乙巳	丙午	丁未	戊申	己酉	庚戌	辛亥	壬子	癸丑	甲寅	乙卯	丙辰	丁巳	戊午	己未	庚申	辛酉	壬戌	癸亥	甲子	乙丑	丙寅	丁卯	戊辰	
대운	남	2	2	1	1	1	1	백	10	10	9	9	9	8	8	8	7	7	7	6	6	6	5	추	5	4	4	4	3	3	3	
	여	8	9	9	9	10	10	로	1	1	1	1	2	2	2	3	3	3	4	4	4	5	5	분	6	6	6	7	7	7	8	

양력 10월 한로절(丙戌月) 寒露 10월8일 14시44분 霜降 10월23일 17시59분

양력		1	2	3	4	5	6	7	8	9	10	11	12	13	14	15	16	17	18	19	20	21	22	23	24	25	26	27	28	29	30	31
요일		火	水	木	金	土	日	月	火	水	木	金	土	日	月	火	水	木	金	土	日	月	火	水	木	金	土	日	月	火	水	木
음력		9/5	6	7	8	9	10	11	12	13	14	15	16	17	18	19	20	21	22	23	24	25	26	27	28	29	30	10/1	2	3	4	5
일진		己巳	庚午	辛未	壬申	癸酉	甲戌	乙亥	丙子	丁丑	戊寅	己卯	庚辰	辛巳	壬午	癸未	甲申	乙酉	丙戌	丁亥	戊子	己丑	庚寅	辛卯	壬辰	癸巳	甲午	乙未	丙申	丁酉	戊戌	己亥
대운	남	2	2	2	1	1	1	1	한	10	9	9	9	8	8	8	7	7	7	6	6	6	5	상	5	4	4	4	3	3	3	2
	여	8	8	9	9	9	10	10	로	1	1	1	1	2	2	2	3	3	3	4	4	4	5	강	5	6	6	6	7	7	7	8

양력 11월 입동절(丁亥月) 立冬 11월7일 18시7분 小雪 11월22일 15시43분

양력		1	2	3	4	5	6	7	8	9	10	11	12	13	14	15	16	17	18	19	20	21	22	23	24	25	26	27	28	29	30	
요일		金	土	日	月	火	水	木	金	土	日	月	火	水	木	金	土	日	月	火	水	木	金	土	日	月	火	水	木	金	土	
음력		10/6	7	8	9	10	11	12	13	14	15	16	17	18	19	20	21	22	23	24	25	26	27	28	29	11/1	2	3	4	5	6	
일진		庚子	辛丑	壬寅	癸卯	甲辰	乙巳	丙午	丁未	戊申	己酉	庚戌	辛亥	壬子	癸丑	甲寅	乙卯	丙辰	丁巳	戊午	己未	庚申	辛酉	壬戌	癸亥	甲子	乙丑	丙寅	丁卯	戊辰	己巳	
대운	남	2	2	1	1	1	1	입	10	9	9	9	8	8	8	7	7	7	6	6	6	5	소	5	4	4	4	3	3	3	2	
	여	8	8	9	9	9	10	동	1	1	1	1	2	2	2	3	3	3	4	4	4	5	설	5	6	6	6	7	7	7	8	

양력 12월 대설절(戊子月) 大雪 12월7일 11시6분 冬至 12월22일 5시8분

양력		1	2	3	4	5	6	7	8	9	10	11	12	13	14	15	16	17	18	19	20	21	22	23	24	25	26	27	28	29	30	31
요일		日	月	火	水	木	金	土	日	月	火	水	木	金	土	日	月	火	水	木	金	土	日	月	火	水	木	金	土	日	月	火
음력		11/7	8	9	10	11	12	13	14	15	16	17	18	19	20	21	22	23	24	25	26	27	28	29	30	12/1	2	3	4	5	6	7
일진		庚午	辛未	壬申	癸酉	甲戌	乙亥	丙子	丁丑	戊寅	己卯	庚辰	辛巳	壬午	癸未	甲申	乙酉	丙戌	丁亥	戊子	己丑	庚寅	辛卯	壬辰	癸巳	甲午	乙未	丙申	丁酉	戊戌	己亥	庚子
대운	남	2	2	1	1	1	1	대	9	9	9	8	8	8	7	7	7	6	6	6	5	5	동	4	4	4	3	3	3	2	2	2
	여	8	8	9	9	9	10	설	1	1	1	1	2	2	2	3	3	3	4	4	4	5	지	5	6	6	6	7	7	7	8	8

서기 2031년 [단기 4364년]

양력 1월 소한절(己丑月) 小寒 1월5일 22시22분 大寒 1월20일 15시47분

양력	1	2	3	4	5	6	7	8	9	10	11	12	13	14	15	16	17	18	19	20	21	22	23	24	25	26	27	28	29	30	31
요일	水	木	金	土	日	月	火	水	木	金	土	日	月	火	水	木	金	土	日	月	火	水	木	金	土	日	月	火	水	木	金
음력	12/8	9	10	11	12	13	14	15	16	17	18	19	20	21	22	23	24	25	26	27	28	29	1/1	2	3	4	5	6	7	8	9
일진	辛丑	壬寅	癸卯	甲辰	乙巳	丙午	丁未	戊申	己酉	庚戌	辛亥	壬子	癸丑	甲寅	乙卯	丙辰	丁巳	戊午	己未	庚申	辛酉	壬戌	癸亥	甲子	乙丑	丙寅	丁卯	戊辰	己巳	庚午	辛未
대운 남	1	1	1	1	소한	10	9	9	9	8	8	8	7	7	7	6	6	6	5	대한	5	4	4	4	3	3	3	2	2	2	1
대운 여	8	9	9	9		1	1	1	1	2	2	2	3	3	3	4	4	4	5		5	6	6	6	7	7	7	8	8	8	9

양력 2월 입춘절(庚寅月) 立春 2월4일 9시57분 雨水 2월19일 5시50분

양력	1	2	3	4	5	6	7	8	9	10	11	12	13	14	15	16	17	18	19	20	21	22	23	24	25	26	27	28			
요일	土	日	月	火	水	木	金	土	日	月	火	水	木	金	土	日	月	火	水	木	金	土	日	月	火	水	木	金			
음력	1/10	11	12	13	14	15	16	17	18	19	20	21	22	23	24	25	26	27	28	29	30	2/1	2	3	4	5	6	7			
일진	壬申	癸酉	甲戌	乙亥	丙子	丁丑	戊寅	己卯	庚辰	辛巳	壬午	癸未	甲申	乙酉	丙戌	丁亥	戊子	己丑	庚寅	辛卯	壬辰	癸巳	甲午	乙未	丙申	丁酉	戊戌	己亥			
대운 남	1	1	1	입춘	1	1	1	1	2	2	2	3	3	3	4	4	4	5	우수	5	6	6	6	7	7	7	8	8			
대운 여	9	9	10		10	9	9	9	8	8	8	7	7	7	6	6	6	5		5	4	4	4	3	3	3	2	2			

양력 3월 경칩절(辛卯月) 驚蟄 3월6일 3시50분 春分 3월21일 4시40분

양력	1	2	3	4	5	6	7	8	9	10	11	12	13	14	15	16	17	18	19	20	21	22	23	24	25	26	27	28	29	30	31
요일	土	日	月	火	水	木	金	土	日	月	火	水	木	金	土	日	月	火	水	木	金	土	日	月	火	水	木	金	土	日	月
음력	2/8	9	10	11	12	13	14	15	16	17	18	19	20	21	22	23	24	25	26	27	28	29	3/1	2	3	4	5	6	7	8	9
일진	庚子	辛丑	壬寅	癸卯	甲辰	乙巳	丙午	丁未	戊申	己酉	庚戌	辛亥	壬子	癸丑	甲寅	乙卯	丙辰	丁巳	戊午	己未	庚申	辛酉	壬戌	癸亥	甲子	乙丑	丙寅	丁卯	戊辰	己巳	庚午
대운 남	8	9	9	9	10	경칩	1	1	1	1	2	2	2	3	3	3	4	4	4	5	춘분	5	6	6	6	7	7	7	8	8	8
대운 여	2	1	1	1	1		10	9	9	9	8	8	8	7	7	7	6	6	6	5		5	4	4	4	3	3	3	2	2	2

양력 4월 청명절(壬辰月) 清明 4월5일 8시27분 穀雨 4월20일 15시30분

양력	1	2	3	4	5	6	7	8	9	10	11	12	13	14	15	16	17	18	19	20	21	22	23	24	25	26	27	28	29	30	
요일	火	水	木	金	土	日	月	火	水	木	金	土	日	月	火	水	木	金	土	日	月	火	水	木	金	土	日	月	火	水	
음력	3/10	11	12	13	14	15	16	17	18	19	20	21	22	23	24	25	26	27	28	29	30	윤1	2	3	4	5	6	7	8	9	
일진	辛未	壬申	癸酉	甲戌	乙亥	丙子	丁丑	戊寅	己卯	庚辰	辛巳	壬午	癸未	甲申	乙酉	丙戌	丁亥	戊子	己丑	庚寅	辛卯	壬辰	癸巳	甲午	乙未	丙申	丁酉	戊戌	己亥	庚子	
대운 남	9	9	9	10	청명	1	1	1	1	2	2	2	3	3	3	4	4	4	5	곡우	5	6	6	6	7	7	7	8	8	8	
대운 여	1	1	1	1		10	10	9	9	9	8	8	8	7	7	7	6	6	6		5	5	4	4	4	3	3	3	2	2	

양력 5월 입하절(癸巳月) 立夏 5월6일 1시34분 小滿 5월21일 14시27분

양력	1	2	3	4	5	6	7	8	9	10	11	12	13	14	15	16	17	18	19	20	21	22	23	24	25	26	27	28	29	30	31
요일	木	金	土	日	月	火	水	木	金	土	日	月	火	水	木	金	土	日	月	火	水	木	金	土	日	月	火	水	木	金	土
음력	윤10	11	12	13	14	15	16	17	18	19	20	21	22	23	24	25	26	27	28	29	4/1	2	3	4	5	6	7	8	9	10	11
일진	辛丑	壬寅	癸卯	甲辰	乙巳	丙午	丁未	戊申	己酉	庚戌	辛亥	壬子	癸丑	甲寅	乙卯	丙辰	丁巳	戊午	己未	庚申	辛酉	壬戌	癸亥	甲子	乙丑	丙寅	丁卯	戊辰	己巳	庚午	辛未
대운 남	9	9	9	10	10	입하	1	1	1	1	2	2	2	3	3	3	4	4	4	5	소만	5	6	6	6	7	7	7	8	8	8
대운 여	2	1	1	1	1		10	10	9	9	9	8	8	8	7	7	7	6	6	6		5	5	4	4	4	3	3	3	2	2

양력 6월 망종절(甲午月) 芒種 6월6일 5시34분 夏至 6월21일 22시16분

양력	1	2	3	4	5	6	7	8	9	10	11	12	13	14	15	16	17	18	19	20	21	22	23	24	25	26	27	28	29	30	
요일	日	月	火	水	木	金	土	日	月	火	水	木	金	土	日	月	火	水	木	金	土	日	月	火	水	木	金	土	日	月	
음력	4/12	13	14	15	16	17	18	19	20	21	22	23	24	25	26	27	28	29	30	5/1	2	3	4	5	6	7	8	9	10	11	
일진	壬申	癸酉	甲戌	乙亥	丙子	丁丑	戊寅	己卯	庚辰	辛巳	壬午	癸未	甲申	乙酉	丙戌	丁亥	戊子	己丑	庚寅	辛卯	壬辰	癸巳	甲午	乙未	丙申	丁酉	戊戌	己亥	庚子	辛丑	
대운 남	9	9	9	10	10	망종	1	1	1	1	2	2	2	3	3	3	4	4	4	5	하지	5	6	6	6	7	7	7	8	8	
대운 여	2	1	1	1	1		10	10	9	9	9	8	8	8	7	7	7	6	6	6		5	5	4	4	4	3	3	3	2	

▶윤달-3월

辛亥年

양력 7월 소서절(乙未月) 小暑 7월7일 15시48분 大暑 7월23일 9시9분

양력	1	2	3	4	5	6	7	8	9	10	11	12	13	14	15	16	17	18	19	20	21	22	23	24	25	26	27	28	29	30	31
요일	火	水	木	金	土	日	月	火	水	木	金	土	日	月	火	水	木	金	土	日	月	火	水	木	金	土	日	月	火	水	木
음력	5/12	13	14	15	16	17	18	19	20	21	22	23	24	25	26	27	28	29	6/1	2	3	4	5	6	7	8	9	10	11	12	13
일진	壬寅	癸卯	甲辰	乙巳	丙午	丁未	戊申	己酉	庚戌	辛亥	壬子	癸丑	甲寅	乙卯	丙辰	丁巳	戊午	己未	庚申	辛酉	壬戌	癸亥	甲子	乙丑	丙寅	丁卯	戊辰	己巳	庚午	辛未	壬申
대운 남	8	9	9	9	10	10	소서	1	1	1	1	2	2	2	3	3	3	4	4	4	5	5	대서	6	6	6	7	7	7	8	8
대운 여	2	2	1	1	1	1		10	10	10	9	9	9	8	8	8	7	7	7	6	6	6		5	5	4	4	4	3	3	3

양력 8월 입추절(丙申月) 立秋 8월8일 1시42분 處暑 8월23일 16시22분

양력	1	2	3	4	5	6	7	8	9	10	11	12	13	14	15	16	17	18	19	20	21	22	23	24	25	26	27	28	29	30	31
요일	金	土	日	月	火	水	木	金	土	日	月	火	水	木	金	土	日	月	火	水	木	金	土	日	月	火	水	木	金	土	日
음력	6/14	15	16	17	18	19	20	21	22	23	24	25	26	27	28	29	30	7/1	2	3	4	5	6	7	8	9	10	11	12	13	14
일진	癸酉	甲戌	乙亥	丙子	丁丑	戊寅	己卯	庚辰	辛巳	壬午	癸未	甲申	乙酉	丙戌	丁亥	戊子	己丑	庚寅	辛卯	壬辰	癸巳	甲午	乙未	丙申	丁酉	戊戌	己亥	庚子	辛丑	壬寅	癸卯
대운 남	8	9	9	9	10	10	10	입추	1	1	1	1	2	2	2	3	3	3	4	4	4	5	처서	5	6	6	6	7	7	7	8
대운 여	2	2	2	1	1	1	1		10	10	9	9	9	8	8	8	7	7	7	6	6	6		5	5	4	4	4	3	3	3

양력 9월 백로절(丁酉月) 白露 9월8일 4시49분 秋分 9월23일 14시14분

양력	1	2	3	4	5	6	7	8	9	10	11	12	13	14	15	16	17	18	19	20	21	22	23	24	25	26	27	28	29	30
요일	月	火	水	木	金	土	日	月	火	水	木	金	土	日	月	火	水	木	金	土	日	月	火	水	木	金	土	日	月	火
음력	7/15	16	17	18	19	20	21	22	23	24	25	26	27	28	29	30	8/1	2	3	4	5	6	7	8	9	10	11	12	13	14
일진	甲辰	乙巳	丙午	丁未	戊申	己酉	庚戌	辛亥	壬子	癸丑	甲寅	乙卯	丙辰	丁巳	戊午	己未	庚申	辛酉	壬戌	癸亥	甲子	乙丑	丙寅	丁卯	戊辰	己巳	庚午	辛未	壬申	癸酉
대운 남	8	8	9	9	9	10	10	백로	1	1	1	1	2	2	2	3	3	3	4	4	4	5	추분	5	6	6	6	7	7	7
대운 여	2	2	2	1	1	1	1		10	9	9	9	8	8	8	7	7	7	6	6	6	5		5	4	4	4	3	3	3

양력 10월 한로절(戊戌月) 寒露 10월8일 20시42분 霜降 10월23일 23시48분

양력	1	2	3	4	5	6	7	8	9	10	11	12	13	14	15	16	17	18	19	20	21	22	23	24	25	26	27	28	29	30	31
요일	水	木	金	土	日	月	火	水	木	金	土	日	月	火	水	木	金	土	日	月	火	水	木	金	土	日	月	火	水	木	金
음력	8/15	16	17	18	19	20	21	22	23	24	25	26	27	28	29	9/1	2	3	4	5	6	7	8	9	10	11	12	13	14	15	16
일진	甲戌	乙亥	丙子	丁丑	戊寅	己卯	庚辰	辛巳	壬午	癸未	甲申	乙酉	丙戌	丁亥	戊子	己丑	庚寅	辛卯	壬辰	癸巳	甲午	乙未	丙申	丁酉	戊戌	己亥	庚子	辛丑	壬寅	癸卯	甲辰
대운 남	8	8	8	9	9	9	10	한로	1	1	1	1	2	2	2	3	3	3	4	4	4	5	상강	5	6	6	6	7	7	7	8
대운 여	2	2	2	1	1	1	1		10	10	9	9	9	8	8	8	7	7	7	6	6	6		5	5	4	4	4	3	3	3

양력 11월 입동절(己亥月) 立冬 11월8일 0시4분 小雪 11월22일 21시31분

양력	1	2	3	4	5	6	7	8	9	10	11	12	13	14	15	16	17	18	19	20	21	22	23	24	25	26	27	28	29	30
요일	土	日	月	火	水	木	金	土	日	月	火	水	木	金	土	日	月	火	水	木	金	土	日	月	火	水	木	金	土	日
음력	9/17	18	19	20	21	22	23	24	25	26	27	28	29	30	10/1	2	3	4	5	6	7	8	9	10	11	12	13	14	15	16
일진	乙巳	丙午	丁未	戊申	己酉	庚戌	辛亥	壬子	癸丑	甲寅	乙卯	丙辰	丁巳	戊午	己未	庚申	辛酉	壬戌	癸亥	甲子	乙丑	丙寅	丁卯	戊辰	己巳	庚午	辛未	壬申	癸酉	甲戌
대운 남	8	8	9	9	9	10	10	입동	1	1	1	1	2	2	2	3	3	3	4	4	4	소설	5	5	6	6	6	7	7	7
대운 여	2	2	2	1	1	1	1		9	9	9	8	8	8	7	7	7	6	6	6	5		5	4	4	4	3	3	3	2

양력 12월 대설절(庚子月) 大雪 12월7일 17시2분 冬至 12월22일 10시54분

양력	1	2	3	4	5	6	7	8	9	10	11	12	13	14	15	16	17	18	19	20	21	22	23	24	25	26	27	28	29	30	31
요일	月	火	水	木	金	土	日	月	火	水	木	金	土	日	月	火	水	木	金	土	日	月	火	水	木	金	土	日	月	火	水
음력	10/17	18	19	20	21	22	23	24	25	26	27	28	29	11/1	2	3	4	5	6	7	8	9	10	11	12	13	14	15	16	17	18
일진	乙亥	丙子	丁丑	戊寅	己卯	庚辰	辛巳	壬午	癸未	甲申	乙酉	丙戌	丁亥	戊子	己丑	庚寅	辛卯	壬辰	癸巳	甲午	乙未	丙申	丁酉	戊戌	己亥	庚子	辛丑	壬寅	癸卯	甲辰	乙巳
대운 남	8	8	8	9	9	9	대설	1	1	1	1	2	2	2	3	3	3	4	4	4	5	동지	5	6	6	6	7	7	7	8	8
대운 여	2	2	1	1	1	1		10	9	9	9	8	8	8	7	7	7	6	6	6	5		5	4	4	4	3	3	3	2	2

서기 2032년 [단기 4365년]

양력 1월 소한절(辛丑月) 小寒 1월6일 4시15분 大寒 1월20일 21시30분

양력		1	2	3	4	5	6	7	8	9	10	11	12	13	14	15	16	17	18	19	20	21	22	23	24	25	26	27	28	29	30	31
요일		木	金	土	日	月	火	水	木	金	土	日	月	火	水	木	金	土	日	月	火	水	木	金	土	日	月	火	水	木	金	土
음력		11/19	20	21	22	23	24	25	26	27	28	29	30	12/1	2	3	4	5	6	7	8	9	10	11	12	13	14	15	16	17	18	19
일진		丙午	丁未	戊申	己酉	庚戌	辛亥	壬子	癸丑	甲寅	乙卯	丙辰	丁巳	戊午	己未	庚申	辛酉	壬戌	癸亥	甲子	乙丑	丙寅	丁卯	戊辰	己巳	庚午	辛未	壬申	癸酉	甲戌	乙亥	丙子
대운	남	8	9	9	9	10	소한	1	1	1	1	2	2	2	3	3	3	4	4	4	대한	5	5	6	6	6	7	7	7	8	8	8
	여	2	1	1	1	1		9	9	9	8	8	8	7	7	7	6	6	6	5		5	4	4	4	3	3	3	2	2	2	1

양력 2월 입춘절(壬寅月) 立春 2월4일 15시48분 雨水 2월19일 11시31분

양력		1	2	3	4	5	6	7	8	9	10	11	12	13	14	15	16	17	18	19	20	21	22	23	24	25	26	27	28	29		
요일		日	月	火	水	木	金	土	日	月	火	水	木	金	土	日	月	火	水	木	金	土	日	月	火	水	木	金	土	日		
음력		12/20	21	22	23	24	25	26	27	28	29	1/1	2	3	4	5	6	7	8	9	10	11	12	13	14	15	16	17	18	19		
일진		丁丑	戊寅	己卯	庚辰	辛巳	壬午	癸未	甲申	乙酉	丙戌	丁亥	戊子	己丑	庚寅	辛卯	壬辰	癸巳	甲午	乙未	丙申	丁酉	戊戌	己亥	庚子	辛丑	壬寅	癸卯	甲辰	乙巳		
대운	남	9	9	9	입춘	10	9	9	9	8	8	8	7	7	7	6	6	6	5	우수	5	4	4	4	3	3	3	2	2	2		
	여	1	1	1		1	1	1	1	2	2	2	3	3	3	4	4	4	5		5	6	6	6	7	7	7	8	8	8		

양력 3월 경칩절(癸卯月) 驚蟄 3월5일 9시39분 春分 3월20일 10시21분

양력		1	2	3	4	5	6	7	8	9	10	11	12	13	14	15	16	17	18	19	20	21	22	23	24	25	26	27	28	29	30	31
요일		月	火	水	木	金	土	日	月	火	水	木	金	土	日	月	火	水	木	金	土	日	月	火	水	木	金	土	日	月	火	水
음력		1/20	21	22	23	24	25	26	27	28	29	30	2/1	2	3	4	5	6	7	8	9	10	11	12	13	14	15	16	17	18	19	20
일진		丙午	丁未	戊申	己酉	庚戌	辛亥	壬子	癸丑	甲寅	乙卯	丙辰	丁巳	戊午	己未	庚申	辛酉	壬戌	癸亥	甲子	乙丑	丙寅	丁卯	戊辰	己巳	庚午	辛未	壬申	癸酉	甲戌	乙亥	丙子
대운	남	1	1	1	1	경칩	10	9	9	9	8	8	8	7	7	7	6	6	6	5	춘분	5	4	4	4	3	3	3	2	2	2	1
	여	9	9	9	10		1	1	1	1	2	2	2	3	3	3	4	4	4	5		5	6	6	6	7	7	7	8	8	8	9

양력 4월 청명절(甲辰月) 清明 4월4일 14시16분 穀雨 4월19일 21시13분

양력		1	2	3	4	5	6	7	8	9	10	11	12	13	14	15	16	17	18	19	20	21	22	23	24	25	26	27	28	29	30	
요일		木	金	土	日	月	火	水	木	金	土	日	月	火	水	木	金	土	日	月	火	水	木	金	土	日	月	火	水	木	金	
음력		2/21	22	23	24	25	26	27	28	29	3/1	2	3	4	5	6	7	8	9	10	11	12	13	14	15	16	17	18	19	20	21	
일진		丁丑	戊寅	己卯	庚辰	辛巳	壬午	癸未	甲申	乙酉	丙戌	丁亥	戊子	己丑	庚寅	辛卯	壬辰	癸巳	甲午	乙未	丙申	丁酉	戊戌	己亥	庚子	辛丑	壬寅	癸卯	甲辰	乙巳	丙午	
대운	남	1	1	1	청명	10	10	9	9	9	8	8	8	7	7	7	6	6	6	곡우	5	5	4	4	4	3	3	3	2	2	2	
	여	9	9	10		1	1	1	1	2	2	2	3	3	3	4	4	4	5		5	6	6	6	7	7	7	8	8	8	9	

양력 5월 입하절(乙巳月) 立夏 5월5일 7시25분 小滿 5월20일 20시14분

양력		1	2	3	4	5	6	7	8	9	10	11	12	13	14	15	16	17	18	19	20	21	22	23	24	25	26	27	28	29	30	31
요일		土	日	月	火	水	木	金	土	日	月	火	水	木	金	土	日	月	火	水	木	金	土	日	月	火	水	木	金	土	日	月
음력		3/22	23	24	25	26	27	28	29	4/1	2	3	4	5	6	7	8	9	10	11	12	13	14	15	16	17	18	19	20	21	22	23
일진		丁未	戊申	己酉	庚戌	辛亥	壬子	癸丑	甲寅	乙卯	丙辰	丁巳	戊午	己未	庚申	辛酉	壬戌	癸亥	甲子	乙丑	丙寅	丁卯	戊辰	己巳	庚午	辛未	壬申	癸酉	甲戌	乙亥	丙子	丁丑
대운	남	1	1	1	1	입하	10	10	9	9	9	8	8	8	7	7	7	6	6	6	소만	5	5	4	4	4	3	3	3	2	2	2
	여	9	9	10	10		1	1	1	1	2	2	2	3	3	3	4	4	4	5		5	6	6	6	7	7	7	8	8	8	9

양력 6월 망종절(丙午月) 芒種 6월5일 11시27분 夏至 6월21일 4시7분

양력		1	2	3	4	5	6	7	8	9	10	11	12	13	14	15	16	17	18	19	20	21	22	23	24	25	26	27	28	29	30	
요일		火	水	木	金	土	日	月	火	水	木	金	土	日	月	火	水	木	金	土	日	月	火	水	木	金	土	日	月	火	水	
음력		4/24	25	26	27	28	29	30	5/1	2	3	4	5	6	7	8	9	10	11	12	13	14	15	16	17	18	19	20	21	22	23	
일진		戊寅	己卯	庚辰	辛巳	壬午	癸未	甲申	乙酉	丙戌	丁亥	戊子	己丑	庚寅	辛卯	壬辰	癸巳	甲午	乙未	丙申	丁酉	戊戌	己亥	庚子	辛丑	壬寅	癸卯	甲辰	乙巳	丙午	丁未	
대운	남	1	1	1	1	망종	10	10	9	9	9	8	8	8	7	7	7	6	6	6	5	하지	5	4	4	4	3	3	3	2	2	
	여	9	9	10	10		1	1	1	1	2	2	2	3	3	3	4	4	4	5	5		6	6	6	7	7	7	8	8	8	

壬子年

양력 7월 소서절(丁未月) 小暑 7월6일 21시40분 大暑 7월22일 15시3분

양력	1	2	3	4	5	6	7	8	9	10	11	12	13	14	15	16	17	18	19	20	21	22	23	24	25	26	27	28	29	30	31
요일	木	金	土	日	月	火	水	木	金	土	日	月	火	水	木	金	土	日	月	火	水	木	金	土	日	月	火	水	木	金	土
음력	5/24	25	26	27	28	29	6/1	2	3	4	5	6	7	8	9	10	11	12	13	14	15	16	17	18	19	20	21	22	23	24	25
일진	戊申	己酉	庚戌	辛亥	壬子	癸丑	甲寅	乙卯	丙辰	丁巳	戊午	己未	庚申	辛酉	壬戌	癸亥	甲子	乙丑	丙寅	丁卯	戊辰	己巳	庚午	辛未	壬申	癸酉	甲戌	乙亥	丙子	丁丑	戊寅
대운 남	2	1	1	1	1	소	10	10	10	9	9	9	8	8	8	7	7	7	6	6	6	대	5	5	4	4	4	3	3	3	2
대운 여	9	9	9	10	10	서	1	1	1	1	2	2	2	3	3	3	4	4	4	5	5	서	6	6	6	7	7	7	8	8	8

양력 8월 입추절(戊申月) 立秋 8월7일 7시31분 處暑 8월22일 22시17분

양력	1	2	3	4	5	6	7	8	9	10	11	12	13	14	15	16	17	18	19	20	21	22	23	24	25	26	27	28	29	30	31
요일	日	月	火	水	木	金	土	日	月	火	水	木	金	土	日	月	火	水	木	金	土	日	月	火	水	木	金	土	日	月	火
음력	6/26	27	28	29	30	7/1	2	3	4	5	6	7	8	9	10	11	12	13	14	15	16	17	18	19	20	21	22	23	24	25	26
일진	己卯	庚辰	辛巳	壬午	癸未	甲申	乙酉	丙戌	丁亥	戊子	己丑	庚寅	辛卯	壬辰	癸巳	甲午	乙未	丙申	丁酉	戊戌	己亥	庚子	辛丑	壬寅	癸卯	甲辰	乙巳	丙午	丁未	戊申	己酉
대운 남	2	2	1	1	1	1	입	10	10	9	9	9	8	8	8	7	7	7	6	6	6	처	5	5	4	4	4	3	3	3	2
대운 여	9	9	9	10	10	10	추	1	1	1	1	2	2	2	3	3	3	4	4	4	5	서	5	6	6	6	7	7	7	8	8

양력 9월 백로절(己酉月) 白露 9월7일 10시37분 秋分 9월22일 20시10분

양력	1	2	3	4	5	6	7	8	9	10	11	12	13	14	15	16	17	18	19	20	21	22	23	24	25	26	27	28	29	30	
요일	水	木	金	土	日	月	火	水	木	金	土	日	月	火	水	木	金	土	日	月	火	水	木	金	土	日	月	火	水	木	
음력	7/27	28	29	30	8/1	2	3	4	5	6	7	8	9	10	11	12	13	14	15	16	17	18	19	20	21	22	23	24	25	26	
일진	庚戌	辛亥	壬子	癸丑	甲寅	乙卯	丙辰	丁巳	戊午	己未	庚申	辛酉	壬戌	癸亥	甲子	乙丑	丙寅	丁卯	戊辰	己巳	庚午	辛未	壬申	癸酉	甲戌	乙亥	丙子	丁丑	戊寅	己卯	
대운 남	2	2	1	1	1	1	백	10	10	9	9	9	8	8	8	7	7	7	6	6	6	추	5	5	4	4	4	3	3	3	
대운 여	8	9	9	9	10	10	로	1	1	1	1	2	2	2	3	3	3	4	4	4	5	분	5	6	6	6	7	7	7	8	

양력 10월 한로절(庚戌月) 寒露 10월8일 2시29분 霜降 10월23일 5시45분

양력	1	2	3	4	5	6	7	8	9	10	11	12	13	14	15	16	17	18	19	20	21	22	23	24	25	26	27	28	29	30	31
요일	金	土	日	月	火	水	木	金	土	日	月	火	水	木	金	土	日	月	火	水	木	金	土	日	月	火	水	木	金	土	日
음력	8/27	28	29	9/1	2	3	4	5	6	7	8	9	10	11	12	13	14	15	16	17	18	19	20	21	22	23	24	25	26	27	28
일진	庚辰	辛巳	壬午	癸未	甲申	乙酉	丙戌	丁亥	戊子	己丑	庚寅	辛卯	壬辰	癸巳	甲午	乙未	丙申	丁酉	戊戌	己亥	庚子	辛丑	壬寅	癸卯	甲辰	乙巳	丙午	丁未	戊申	己酉	庚戌
대운 남	2	2	2	1	1	1	1	한	10	9	9	9	8	8	8	7	7	7	6	6	6	5	상	5	4	4	4	3	3	3	2
대운 여	8	8	9	9	9	10	10	로	1	1	1	1	2	2	2	3	3	3	4	4	4	5	강	5	6	6	6	7	7	7	8

양력 11월 입동절(辛亥月) 立冬 11월7일 5시53분 小雪 11월22일 3시30분

양력	1	2	3	4	5	6	7	8	9	10	11	12	13	14	15	16	17	18	19	20	21	22	23	24	25	26	27	28	29	30	
요일	月	火	水	木	金	土	日	月	火	水	木	金	土	日	月	火	水	木	金	土	日	月	火	水	木	金	土	日	月	火	
음력	9/29	30	10/1	2	3	4	5	6	7	8	9	10	11	12	13	14	15	16	17	18	19	20	21	22	23	24	25	26	27	28	
일진	辛亥	壬子	癸丑	甲寅	乙卯	丙辰	丁巳	戊午	己未	庚申	辛酉	壬戌	癸亥	甲子	乙丑	丙寅	丁卯	戊辰	己巳	庚午	辛未	壬申	癸酉	甲戌	乙亥	丙子	丁丑	戊寅	己卯	庚辰	
대운 남	2	2	1	1	1	1	입	9	9	9	8	8	8	7	7	7	6	6	6	5	5	소	4	4	4	3	3	3	2	2	
대운 여	8	8	9	9	9	10	동	1	1	1	1	2	2	2	3	3	3	4	4	4	5	설	5	6	6	6	7	7	7	8	

양력 12월 대설절(壬子月) 大雪 12월6일 22시52분 冬至 12월21일 16시55분

양력	1	2	3	4	5	6	7	8	9	10	11	12	13	14	15	16	17	18	19	20	21	22	23	24	25	26	27	28	29	30	31
요일	水	木	金	土	日	月	火	水	木	金	土	日	月	火	水	木	金	土	日	月	火	水	木	金	土	日	月	火	水	木	金
음력	10/29	30	11/1	2	3	4	5	6	7	8	9	10	11	12	13	14	15	16	17	18	19	20	21	22	23	24	25	26	27	28	29
일진	辛巳	壬午	癸未	甲申	乙酉	丙戌	丁亥	戊子	己丑	庚寅	辛卯	壬辰	癸巳	甲午	乙未	丙申	丁酉	戊戌	己亥	庚子	辛丑	壬寅	癸卯	甲辰	乙巳	丙午	丁未	戊申	己酉	庚戌	辛亥
대운 남	2	1	1	1	1	대	10	9	9	9	8	8	8	7	7	7	6	6	6	5	동	5	4	4	4	3	3	3	2	2	2
대운 여	8	8	9	9	9	설	1	1	1	1	2	2	2	3	3	3	4	4	4	5	지	5	6	6	6	7	7	7	8	8	8

서기 2033년 [단기 4366년]

양력 1월 소한절(癸丑月) 小寒 1월5일 10시7분 大寒 1월20일 3시31분

양력	1	2	3	4	5	6	7	8	9	10	11	12	13	14	15	16	17	18	19	20	21	22	23	24	25	26	27	28	29	30	31
요일	土	日	月	火	水	木	金	土	日	月	火	水	木	金	土	日	月	火	水	木	金	土	日	月	火	水	木	金	土	日	月
음력	12/1	2	3	4	5	6	7	8	9	10	11	12	13	14	15	16	17	18	19	20	21	22	23	24	25	26	27	28	29	30	1/1
일진	壬子	癸丑	甲寅	乙卯	丙辰	丁巳	戊午	己未	庚申	辛酉	壬戌	癸亥	甲子	乙丑	丙寅	丁卯	戊辰	己巳	庚午	辛未	壬申	癸酉	甲戌	乙亥	丙子	丁丑	戊寅	己卯	庚辰	辛巳	壬午
대운 남	1	1	1	1	소	9	9	9	8	8	8	7	7	7	6	6	6	5	5	대	4	4	4	3	3	3	2	2	2	1	1
대운 여	9	9	9	10	한	1	1	1	1	2	2	2	3	3	3	4	4	4	5	한	5	6	6	6	7	7	7	8	8	8	9

양력 2월 입춘절(甲寅月) 立春 2월3일 21시40분 雨水 2월18일 17시32분

양력	1	2	3	4	5	6	7	8	9	10	11	12	13	14	15	16	17	18	19	20	21	22	23	24	25	26	27	28			
요일	火	水	木	金	土	日	月	火	水	木	金	土	日	月	火	水	木	金	土	日	月	火	水	木	金	土	日	月			
음력	1/2	3	4	5	6	7	8	9	10	11	12	13	14	15	16	17	18	19	20	21	22	23	24	25	26	27	28	29			
일진	癸未	甲申	乙酉	丙戌	丁亥	戊子	己丑	庚寅	辛卯	壬辰	癸巳	甲午	乙未	丙申	丁酉	戊戌	己亥	庚子	辛丑	壬寅	癸卯	甲辰	乙巳	丙午	丁未	戊申	己酉	庚戌			
대운 남	1	1	입	1	1	1	1	2	2	2	3	3	3	4	4	4	5	우	5	6	6	6	7	7	7	8	8	8			
대운 여	9	9	춘	10	9	9	9	8	8	8	7	7	7	6	6	6	5	수	5	4	4	4	3	3	3	2	2	2			

양력 3월 경칩절(乙卯月) 驚蟄 3월5일 15시31분 春分 3월20일 16시21분

양력	1	2	3	4	5	6	7	8	9	10	11	12	13	14	15	16	17	18	19	20	21	22	23	24	25	26	27	28	29	30	31
요일	火	水	木	金	土	日	月	火	水	木	金	土	日	月	火	水	木	金	土	日	月	火	水	木	金	土	日	月	火	水	木
음력	2/1	2	3	4	5	6	7	8	9	10	11	12	13	14	15	16	17	18	19	20	21	22	23	24	25	26	27	28	29	30	3/1
일진	辛亥	壬子	癸丑	甲寅	乙卯	丙辰	丁巳	戊午	己未	庚申	辛酉	壬戌	癸亥	甲子	乙丑	丙寅	丁卯	戊辰	己巳	庚午	辛未	壬申	癸酉	甲戌	乙亥	丙子	丁丑	戊寅	己卯	庚辰	辛巳
대운 남	9	9	9	10	경	1	1	1	1	2	2	2	3	3	3	4	4	4	5	춘	5	6	6	6	7	7	7	8	8	8	9
대운 여	1	1	1	1	칩	10	9	9	9	8	8	8	7	7	7	6	6	6	5	분	5	4	4	4	3	3	3	2	2	2	1

양력 4월 청명절(丙辰月) 清明 4월4일 20시7분 穀雨 4월20일 3시12분

양력	1	2	3	4	5	6	7	8	9	10	11	12	13	14	15	16	17	18	19	20	21	22	23	24	25	26	27	28	29	30	
요일	金	土	日	月	火	水	木	金	土	日	月	火	水	木	金	土	日	月	火	水	木	金	土	日	月	火	水	木	金	土	
음력	3/2	3	4	5	6	7	8	9	10	11	12	13	14	15	16	17	18	19	20	21	22	23	24	25	26	27	28	29	4/1	2	
일진	壬午	癸未	甲申	乙酉	丙戌	丁亥	戊子	己丑	庚寅	辛卯	壬辰	癸巳	甲午	乙未	丙申	丁酉	戊戌	己亥	庚子	辛丑	壬寅	癸卯	甲辰	乙巳	丙午	丁未	戊申	己酉	庚戌	辛亥	
대운 남	9	9	10	청	1	1	1	1	2	2	2	3	3	3	4	4	4	5	5	곡	6	6	6	7	7	7	8	8	8	9	
대운 여	1	1	1	명	10	10	9	9	9	8	8	8	7	7	7	6	6	6	5	우	5	4	4	4	3	3	3	2	2	2	

양력 5월 입하절(丁巳月) 立夏 5월5일 13시12분 小滿 5월21일 2시10분

양력	1	2	3	4	5	6	7	8	9	10	11	12	13	14	15	16	17	18	19	20	21	22	23	24	25	26	27	28	29	30	31
요일	日	月	火	水	木	金	土	日	月	火	水	木	金	土	日	月	火	水	木	金	土	日	月	火	水	木	金	土	日	月	火
음력	4/3	4	5	6	7	8	9	10	11	12	13	14	15	16	17	18	19	20	21	22	23	24	25	26	27	28	29	5/1	2	3	4
일진	壬子	癸丑	甲寅	乙卯	丙辰	丁巳	戊午	己未	庚申	辛酉	壬戌	癸亥	甲子	乙丑	丙寅	丁卯	戊辰	己巳	庚午	辛未	壬申	癸酉	甲戌	乙亥	丙子	丁丑	戊寅	己卯	庚辰	辛巳	壬午
대운 남	9	9	10	10	입	1	1	1	1	2	2	2	3	3	3	4	4	4	5	5	소	6	6	6	7	7	7	8	8	8	9
대운 여	1	1	1	1	하	10	10	9	9	9	8	8	8	7	7	7	6	6	6	5	만	5	4	4	4	3	3	3	2	2	2

양력 6월 망종절(戊午月) 芒種 6월5일 17시12분 夏至 6월21일 10시0분

양력	1	2	3	4	5	6	7	8	9	10	11	12	13	14	15	16	17	18	19	20	21	22	23	24	25	26	27	28	29	30	
요일	水	木	金	土	日	月	火	水	木	金	土	日	月	火	水	木	金	土	日	月	火	水	木	金	土	日	月	火	水	木	
음력	5/5	6	7	8	9	10	11	12	13	14	15	16	17	18	19	20	21	22	23	24	25	26	27	28	29	30	6/1	2	3	4	
일진	癸未	甲申	乙酉	丙戌	丁亥	戊子	己丑	庚寅	辛卯	壬辰	癸巳	甲午	乙未	丙申	丁酉	戊戌	己亥	庚子	辛丑	壬寅	癸卯	甲辰	乙巳	丙午	丁未	戊申	己酉	庚戌	辛亥	壬子	
대운 남	9	9	10	10	망	1	1	1	1	2	2	2	3	3	3	4	4	4	5	5	하	6	6	6	7	7	7	8	8	8	
대운 여	1	1	1	1	종	10	10	10	9	9	9	8	8	8	7	7	7	6	6	6	지	5	5	4	4	4	3	3	3	2	

癸丑年

양력 7월 소서절(己未月) 小暑 7월7일 3시24분 大暑 7월22일 20시51분

양력	1	2	3	4	5	6	7	8	9	10	11	12	13	14	15	16	17	18	19	20	21	22	23	24	25	26	27	28	29	30	31
요일	金	土	日	月	火	水	木	金	土	日	月	火	水	木	金	土	日	月	火	水	木	金	土	日	月	火	水	木	金	土	日
음력	6/5	6	7	8	9	10	11	12	13	14	15	16	17	18	19	20	21	22	23	24	25	26	27	28	29	7/1	2	3	4	5	6
일진	癸丑	甲寅	乙卯	丙辰	丁巳	戊午	己未	庚申	辛酉	壬戌	癸亥	甲子	乙丑	丙寅	丁卯	戊辰	己巳	庚午	辛未	壬申	癸酉	甲戌	乙亥	丙子	丁丑	戊寅	己卯	庚辰	辛巳	壬午	癸未
대운 남	9	9	9	10	10	10	소서	1	1	1	1	2	2	2	3	3	3	4	4	4	5	대서	5	6	6	6	7	7	7	8	8
대운 여	2	2	1	1	1	1		10	10	9	9	9	8	8	8	7	7	7	6	6	6		5	5	4	4	4	3	3	3	2

양력 8월 입추절(庚申月) 立秋 8월7일 13시14분 處暑 8월23일 4시1분

양력	1	2	3	4	5	6	7	8	9	10	11	12	13	14	15	16	17	18	19	20	21	22	23	24	25	26	27	28	29	30	31
요일	月	火	水	木	金	土	日	月	火	水	木	金	土	日	月	火	水	木	金	土	日	月	火	水	木	金	土	日	月	火	水
음력	7/7	8	9	10	11	12	13	14	15	16	17	18	19	20	21	22	23	24	25	26	27	28	29	30	8/1	2	3	4	5	6	7
일진	甲申	乙酉	丙戌	丁亥	戊子	己丑	庚寅	辛卯	壬辰	癸巳	甲午	乙未	丙申	丁酉	戊戌	己亥	庚子	辛丑	壬寅	癸卯	甲辰	乙巳	丙午	丁未	戊申	己酉	庚戌	辛亥	壬子	癸丑	甲寅
대운 남	8	9	9	9	10	10	입추	1	1	1	1	2	2	2	3	3	3	4	4	4	5	5	처서	6	6	6	7	7	7	8	8
대운 여	2	2	1	1	1	1		10	10	9	9	9	8	8	8	7	7	7	6	6	6	5		5	4	4	4	3	3	3	2

양력 9월 백로절(辛酉月) 白露 9월7일 16시19분 秋分 9월23일 1시50분

양력	1	2	3	4	5	6	7	8	9	10	11	12	13	14	15	16	17	18	19	20	21	22	23	24	25	26	27	28	29	30
요일	木	金	土	日	月	火	水	木	金	土	日	月	火	水	木	金	土	日	月	火	水	木	金	土	日	月	火	水	木	金
음력	8/8	9	10	11	12	13	14	15	16	17	18	19	20	21	22	23	24	25	26	27	28	29	9/1	2	3	4	5	6	7	8
일진	乙卯	丙辰	丁巳	戊午	己未	庚申	辛酉	壬戌	癸亥	甲子	乙丑	丙寅	丁卯	戊辰	己巳	庚午	辛未	壬申	癸酉	甲戌	乙亥	丙子	丁丑	戊寅	己卯	庚辰	辛巳	壬午	癸未	甲申
대운 남	8	9	9	9	10	10	백로	1	1	1	1	2	2	2	3	3	3	4	4	4	5	5	추분	6	6	6	7	7	7	8
대운 여	2	2	1	1	1	1		10	10	9	9	9	8	8	8	7	7	7	6	6	6	5		5	4	4	4	3	3	3

양력 10월 한로절(壬戌月) 寒露 10월8일 8시13분 霜降 10월23일 11시26분

양력	1	2	3	4	5	6	7	8	9	10	11	12	13	14	15	16	17	18	19	20	21	22	23	24	25	26	27	28	29	30	31
요일	土	日	月	火	水	木	金	土	日	月	火	水	木	金	土	日	月	火	水	木	金	土	日	月	火	水	木	金	土	日	月
음력	9/9	10	11	12	13	14	15	16	17	18	19	20	21	22	23	24	25	26	27	28	29	30	10/1	2	3	4	5	6	7	8	9
일진	乙酉	丙戌	丁亥	戊子	己丑	庚寅	辛卯	壬辰	癸巳	甲午	乙未	丙申	丁酉	戊戌	己亥	庚子	辛丑	壬寅	癸卯	甲辰	乙巳	丙午	丁未	戊申	己酉	庚戌	辛亥	壬子	癸丑	甲寅	乙卯
대운 남	8	8	9	9	9	10	10	한로	1	1	1	1	2	2	2	3	3	3	4	4	4	5	상강	5	6	6	6	7	7	7	8
대운 여	2	2	2	1	1	1	1		10	9	9	9	8	8	8	7	7	7	6	6	6	5		5	4	4	4	3	3	3	2

양력 11월 입동절(癸亥月) 立冬 11월7일 11시40분 小雪 11월22일 9시15분

양력	1	2	3	4	5	6	7	8	9	10	11	12	13	14	15	16	17	18	19	20	21	22	23	24	25	26	27	28	29	30
요일	火	水	木	金	土	日	月	火	水	木	金	土	日	月	火	水	木	金	土	日	月	火	水	木	金	土	日	月	火	水
음력	10/10	11	12	13	14	15	16	17	18	19	20	21	22	23	24	25	26	27	28	29	30	11/1	2	3	4	5	6	7	8	9
일진	丙辰	丁巳	戊午	己未	庚申	辛酉	壬戌	癸亥	甲子	乙丑	丙寅	丁卯	戊辰	己巳	庚午	辛未	壬申	癸酉	甲戌	乙亥	丙子	丁丑	戊寅	己卯	庚辰	辛巳	壬午	癸未	甲申	乙酉
대운 남	8	8	9	9	9	10	입동	1	1	1	1	2	2	2	3	3	3	4	4	4	5	소설	5	6	6	6	7	7	7	8
대운 여	2	2	1	1	1	1		10	9	9	9	8	8	8	7	7	7	6	6	6	5		5	4	4	4	3	3	3	2

양력 12월 대설절(甲子月) 大雪 12월7일 4시44분 冬至 12월21일 22시45분

양력	1	2	3	4	5	6	7	8	9	10	11	12	13	14	15	16	17	18	19	20	21	22	23	24	25	26	27	28	29	30	31
요일	木	金	土	日	月	火	水	木	金	土	日	月	火	水	木	金	土	日	月	火	水	木	金	土	日	月	火	水	木	金	土
음력	11/10	11	12	13	14	15	16	17	18	19	20	21	22	23	24	25	26	27	28	29	30	윤1	2	3	4	5	6	7	8	9	10
일진	丙戌	丁亥	戊子	己丑	庚寅	辛卯	壬辰	癸巳	甲午	乙未	丙申	丁酉	戊戌	己亥	庚子	辛丑	壬寅	癸卯	甲辰	乙巳	丙午	丁未	戊申	己酉	庚戌	辛亥	壬子	癸丑	甲寅	乙卯	丙辰
대운 남	8	8	9	9	9	10	대설	1	1	1	1	2	2	2	3	3	3	4	4	4	동지	5	5	6	6	6	7	7	7	8	8
대운 여	2	2	1	1	1	1		9	9	9	8	8	8	7	7	7	6	6	6	5		5	4	4	4	3	3	3	2	2	2

▶윤달-11월

서기 2034년 [단기 4367년]

양력 1월 소한절(乙丑月) 小寒 1월5일 16시3분 大寒 1월20일 9시26분

양력	1	2	3	4	5	6	7	8	9	10	11	12	13	14	15	16	17	18	19	20	21	22	23	24	25	26	27	28	29	30	31
요일	日	月	火	水	木	金	土	日	月	火	水	木	金	土	日	月	火	水	木	金	土	日	月	火	水	木	金	土	日	月	火
음력	윤11	12	13	14	15	16	17	18	19	20	21	22	23	24	25	26	27	28	29	12/1	2	3	4	5	6	7	8	9	10	11	12
일진	丁巳	戊午	己未	庚申	辛酉	壬戌	癸亥	甲子	乙丑	丙寅	丁卯	戊辰	己巳	庚午	辛未	壬申	癸酉	甲戌	乙亥	丙子	丁丑	戊寅	己卯	庚辰	辛巳	壬午	癸未	甲申	乙酉	丙戌	丁亥
대운 남	8	9	9	9	소한	1	1	1	1	2	2	2	3	3	3	4	4	4	5	대한	5	6	6	6	7	7	7	8	8	8	9
대운 여	1	1	1	1		10	9	9	9	8	8	8	7	7	7	6	6	6	5		5	4	4	4	3	3	3	2	2	2	1

양력 2월 입춘절(丙寅月) 立春 2월4일 3시40분 雨水 2월18일 23시29분

양력	1	2	3	4	5	6	7	8	9	10	11	12	13	14	15	16	17	18	19	20	21	22	23	24	25	26	27	28
요일	水	木	金	土	日	月	火	水	木	金	土	日	月	火	水	木	金	土	日	月	火	水	木	金	土	日	月	火
음력	12/13	14	15	16	17	18	19	20	21	22	23	24	25	26	27	28	29	30	1/1	2	3	4	5	6	7	8	9	10
일진	戊子	己丑	庚寅	辛卯	壬辰	癸巳	甲午	乙未	丙申	丁酉	戊戌	己亥	庚子	辛丑	壬寅	癸卯	甲辰	乙巳	丙午	丁未	戊申	己酉	庚戌	辛亥	壬子	癸丑	甲寅	乙卯
대운 남	9	9	10	입춘	9	9	9	8	8	8	7	7	7	6	6	6	5	우수	5	4	4	4	3	3	3	2	2	2
대운 여	1	1	1		1	1	1	1	2	2	2	3	3	3	4	4	4		5	5	6	6	6	7	7	7	8	8

양력 3월 경칩절(丁卯月) 驚蟄 3월5일 21시31분 春分 3월20일 22시16분

양력	1	2	3	4	5	6	7	8	9	10	11	12	13	14	15	16	17	18	19	20	21	22	23	24	25	26	27	28	29	30	31
요일	水	木	金	土	日	月	火	水	木	金	土	日	月	火	水	木	金	土	日	月	火	水	木	金	土	日	月	火	水	木	金
음력	1/11	12	13	14	15	16	17	18	19	20	21	22	23	24	25	26	27	28	29	2/1	2	3	4	5	6	7	8	9	10	11	12
일진	丙辰	丁巳	戊午	己未	庚申	辛酉	壬戌	癸亥	甲子	乙丑	丙寅	丁卯	戊辰	己巳	庚午	辛未	壬申	癸酉	甲戌	乙亥	丙子	丁丑	戊寅	己卯	庚辰	辛巳	壬午	癸未	甲申	乙酉	丙戌
대운 남	1	1	1	1	경칩	10	10	9	9	9	8	8	8	7	7	7	6	6	6	춘분	5	5	4	4	4	3	3	3	2	2	2
대운 여	8	9	9	9		1	1	1	1	2	2	2	3	3	3	4	4	4	5		5	6	6	6	7	7	7	8	8	8	9

양력 4월 청명절(戊辰月) 清明 4월5일 2시5분 穀雨 4월20일 9시2분

양력	1	2	3	4	5	6	7	8	9	10	11	12	13	14	15	16	17	18	19	20	21	22	23	24	25	26	27	28	29	30
요일	土	日	月	火	水	木	金	土	日	月	火	水	木	金	土	日	月	火	水	木	金	土	日	月	火	水	木	金	土	日
음력	2/13	14	15	16	17	18	19	20	21	22	23	24	25	26	27	28	29	30	3/1	2	3	4	5	6	7	8	9	10	11	12
일진	丁亥	戊子	己丑	庚寅	辛卯	壬辰	癸巳	甲午	乙未	丙申	丁酉	戊戌	己亥	庚子	辛丑	壬寅	癸卯	甲辰	乙巳	丙午	丁未	戊申	己酉	庚戌	辛亥	壬子	癸丑	甲寅	乙卯	丙辰
대운 남	1	1	1	1	청명	10	9	9	9	8	8	8	7	7	7	6	6	6	5	곡우	5	4	4	4	3	3	3	2	2	2
대운 여	9	9	10	10		1	1	1	1	2	2	2	3	3	3	4	4	4	5		5	6	6	6	7	7	7	8	8	8

양력 5월 입하절(己巳月) 立夏 5월5일 19시8분 小滿 5월21일 7시56분

양력	1	2	3	4	5	6	7	8	9	10	11	12	13	14	15	16	17	18	19	20	21	22	23	24	25	26	27	28	29	30	31
요일	月	火	水	木	金	土	日	月	火	水	木	金	土	日	月	火	水	木	金	土	日	月	火	水	木	金	土	日	月	火	水
음력	3/13	14	15	16	17	18	19	20	21	22	23	24	25	26	27	28	29	4/1	2	3	4	5	6	7	8	9	10	11	12	13	14
일진	丁巳	戊午	己未	庚申	辛酉	壬戌	癸亥	甲子	乙丑	丙寅	丁卯	戊辰	己巳	庚午	辛未	壬申	癸酉	甲戌	乙亥	丙子	丁丑	戊寅	己卯	庚辰	辛巳	壬午	癸未	甲申	乙酉	丙戌	丁亥
대운 남	1	1	1	1	입하	10	10	9	9	9	8	8	8	7	7	7	6	6	6	5	소만	5	4	4	4	3	3	3	2	2	2
대운 여	9	9	9	10		1	1	1	1	2	2	2	3	3	3	4	4	4	5	5		6	6	6	7	7	7	8	8	8	9

양력 6월 망종절(庚午月) 芒種 6월5일 23시5분 夏至 6월21일 15시43분

양력	1	2	3	4	5	6	7	8	9	10	11	12	13	14	15	16	17	18	19	20	21	22	23	24	25	26	27	28	29	30
요일	木	金	土	日	月	火	水	木	金	土	日	月	火	水	木	金	土	日	月	火	水	木	金	土	日	月	火	水	木	金
음력	4/15	16	17	18	19	20	21	22	23	24	25	26	27	28	29	5/1	2	3	4	5	6	7	8	9	10	11	12	13	14	15
일진	戊子	己丑	庚寅	辛卯	壬辰	癸巳	甲午	乙未	丙申	丁酉	戊戌	己亥	庚子	辛丑	壬寅	癸卯	甲辰	乙巳	丙午	丁未	戊申	己酉	庚戌	辛亥	壬子	癸丑	甲寅	乙卯	丙辰	丁巳
대운 남	1	1	1	1	망종	10	10	10	9	9	9	8	8	8	7	7	7	6	6	6	하지	5	5	4	4	4	3	3	3	2
대운 여	9	9	10	10		1	1	1	1	2	2	2	3	3	3	4	4	4	5	5		6	6	6	7	7	7	8	8	8

甲寅年

양력 7월 소서절(辛未月) 小暑 7월7일 9시16분 大暑 7월23일 2시35분

양력	1	2	3	4	5	6	7	8	9	10	11	12	13	14	15	16	17	18	19	20	21	22	23	24	25	26	27	28	29	30	31
요일	土	日	月	火	水	木	金	土	日	月	火	水	木	金	土	日	月	火	水	木	金	土	日	月	火	水	木	金	土	日	月
음력	5/16	17	18	19	20	21	22	23	24	25	26	27	28	29	30	6/1	2	3	4	5	6	7	8	9	10	11	12	13	14	15	16
일진	戊午	己未	庚申	辛酉	壬戌	癸亥	甲子	乙丑	丙寅	丁卯	戊辰	己巳	庚午	辛未	壬申	癸酉	甲戌	乙亥	丙子	丁丑	戊寅	己卯	庚辰	辛巳	壬午	癸未	甲申	乙酉	丙戌	丁亥	戊子
대운 남	2	2	1	1	1	1	소	10	10	9	9	9	8	8	8	7	7	7	6	6	6	5	대	5	4	4	4	3	3	3	2
대운 여	9	9	9	10	10	10	서	1	1	1	1	2	2	2	3	3	3	4	4	4	5	5	서	6	6	6	7	7	7	8	8

양력 8월 입추절(壬申月) 立秋 8월7일 19시8분 處暑 8월23일 9시46분

양력	1	2	3	4	5	6	7	8	9	10	11	12	13	14	15	16	17	18	19	20	21	22	23	24	25	26	27	28	29	30	31
요일	火	水	木	金	土	日	月	火	水	木	金	土	日	月	火	水	木	金	土	日	月	火	水	木	金	土	日	月	火	水	木
음력	6/17	18	19	20	21	22	23	24	25	26	27	28	29	7/1	2	3	4	5	6	7	8	9	10	11	12	13	14	15	16	17	18
일진	己丑	庚寅	辛卯	壬辰	癸巳	甲午	乙未	丙申	丁酉	戊戌	己亥	庚子	辛丑	壬寅	癸卯	甲辰	乙巳	丙午	丁未	戊申	己酉	庚戌	辛亥	壬子	癸丑	甲寅	乙卯	丙辰	丁巳	戊午	己未
대운 남	2	2	1	1	1	1	입	10	10	9	9	9	8	8	8	7	7	7	6	6	6	5	처	5	4	4	4	3	3	3	2
대운 여	8	9	9	9	10	10	추	1	1	1	1	2	2	2	3	3	3	4	4	4	5	5	서	6	6	6	7	7	7	8	8

양력 9월 백로절(癸酉月) 白露 9월7일 22시13분 秋分 9월23일 7시38분

양력	1	2	3	4	5	6	7	8	9	10	11	12	13	14	15	16	17	18	19	20	21	22	23	24	25	26	27	28	29	30
요일	金	土	日	月	火	水	木	金	土	日	月	火	水	木	金	土	日	月	火	水	木	金	土	日	月	火	水	木	金	土
음력	7/19	20	21	22	23	24	25	26	27	28	29	30	8/1	2	3	4	5	6	7	8	9	10	11	12	13	14	15	16	17	18
일진	庚申	辛酉	壬戌	癸亥	甲子	乙丑	丙寅	丁卯	戊辰	己巳	庚午	辛未	壬申	癸酉	甲戌	乙亥	丙子	丁丑	戊寅	己卯	庚辰	辛巳	壬午	癸未	甲申	乙酉	丙戌	丁亥	戊子	己丑
대운 남	2	2	1	1	1	1	백	10	10	9	9	9	8	8	8	7	7	7	6	6	6	5	추	5	4	4	4	3	3	3
대운 여	8	9	9	9	10	10	로	1	1	1	1	2	2	2	3	3	3	4	4	4	5	5	분	6	6	6	7	7	7	8

양력 10월 한로절(甲戌月) 寒露 10월8일 14시6분 霜降 10월23일 17시15분

양력	1	2	3	4	5	6	7	8	9	10	11	12	13	14	15	16	17	18	19	20	21	22	23	24	25	26	27	28	29	30	31
요일	日	月	火	水	木	金	土	日	月	火	水	木	金	土	日	月	火	水	木	金	土	日	月	火	水	木	金	土	日	月	火
음력	8/19	20	21	22	23	24	25	26	27	28	29	9/1	2	3	4	5	6	7	8	9	10	11	12	13	14	15	16	17	18	19	20
일진	庚寅	辛卯	壬辰	癸巳	甲午	乙未	丙申	丁酉	戊戌	己亥	庚子	辛丑	壬寅	癸卯	甲辰	乙巳	丙午	丁未	戊申	己酉	庚戌	辛亥	壬子	癸丑	甲寅	乙卯	丙辰	丁巳	戊午	己未	庚申
대운 남	2	2	2	1	1	1	1	한	10	9	9	9	8	8	8	7	7	7	6	6	6	5	상	5	4	4	4	3	3	3	2
대운 여	8	8	9	9	9	10	10	로	1	1	1	1	2	2	2	3	3	3	4	4	4	5	강	5	6	6	6	7	7	7	8

양력 11월 입동절(乙亥月) 立冬 11월7일 17시32분 小雪 11월22일 15시4분

양력	1	2	3	4	5	6	7	8	9	10	11	12	13	14	15	16	17	18	19	20	21	22	23	24	25	26	27	28	29	30
요일	水	木	金	土	日	月	火	水	木	金	土	日	月	火	水	木	金	土	日	月	火	水	木	金	土	日	月	火	水	木
음력	9/21	22	23	24	25	26	27	28	29	30	10/1	2	3	4	5	6	7	8	9	10	11	12	13	14	15	16	17	18	19	20
일진	辛酉	壬戌	癸亥	甲子	乙丑	丙寅	丁卯	戊辰	己巳	庚午	辛未	壬申	癸酉	甲戌	乙亥	丙子	丁丑	戊寅	己卯	庚辰	辛巳	壬午	癸未	甲申	乙酉	丙戌	丁亥	戊子	己丑	庚寅
대운 남	2	2	1	1	1	1	입	10	9	9	9	8	8	8	7	7	7	6	6	6	5	소	5	4	4	4	3	3	3	2
대운 여	8	8	9	9	9	10	동	1	1	1	1	2	2	2	3	3	3	4	4	4	5	설	5	6	6	6	7	7	7	8

양력 12월 대설절(丙子月) 大雪 12월7일 10시35분 冬至 12월22일 4시33분

양력	1	2	3	4	5	6	7	8	9	10	11	12	13	14	15	16	17	18	19	20	21	22	23	24	25	26	27	28	29	30	31
요일	金	土	日	月	火	水	木	金	土	日	月	火	水	木	金	土	日	月	火	水	木	金	土	日	月	火	水	木	金	土	日
음력	10/21	22	23	24	25	26	27	28	29	30	11/1	2	3	4	5	6	7	8	9	10	11	12	13	14	15	16	17	18	19	20	21
일진	辛卯	壬辰	癸巳	甲午	乙未	丙申	丁酉	戊戌	己亥	庚子	辛丑	壬寅	癸卯	甲辰	乙巳	丙午	丁未	戊申	己酉	庚戌	辛亥	壬子	癸丑	甲寅	乙卯	丙辰	丁巳	戊午	己未	庚申	辛酉
대운 남	2	2	1	1	1	1	대	9	9	9	8	8	8	7	7	7	6	6	6	5	5	동	4	4	4	3	3	3	2	2	2
대운 여	8	8	9	9	9	10	설	1	1	1	1	2	2	2	3	3	3	4	4	4	5	지	5	6	6	6	7	7	7	8	8

서기 2035년 [단기 4368년]

양력 1월　소한절(丁丑月)　小寒 1월5일 21시54분　大寒 1월20일 15시13분

양력	1	2	3	4	5	6	7	8	9	10	11	12	13	14	15	16	17	18	19	20	21	22	23	24	25	26	27	28	29	30	31
요일	月	火	水	木	金	土	日	月	火	水	木	金	土	日	月	火	水	木	金	土	日	月	火	水	木	金	土	日	月	火	水
음력	11/22	23	24	25	26	27	28	29	30	12/1	2	3	4	5	6	7	8	9	10	11	12	13	14	15	16	17	18	19	20	21	22
일진	壬戌	癸亥	甲子	乙丑	丙寅	丁卯	戊辰	己巳	庚午	辛未	壬申	癸酉	甲戌	乙亥	丙子	丁丑	戊寅	己卯	庚辰	辛巳	壬午	癸未	甲申	乙酉	丙戌	丁亥	戊子	己丑	庚寅	辛卯	壬辰
대운 남	1	1	1	1	소한	10	9	9	9	8	8	8	7	7	7	6	6	6	5	대한	5	4	4	4	3	3	3	2	2	2	1
대운 여	8	9	9	9		1	1	1	1	2	2	2	3	3	3	4	4	4	5		5	6	6	6	7	7	7	8	8	8	9

양력 2월　입춘절(戊寅月)　立春 2월4일 9시30분　雨水 2월19일 5시15분

양력	1	2	3	4	5	6	7	8	9	10	11	12	13	14	15	16	17	18	19	20	21	22	23	24	25	26	27	28			
요일	木	金	土	日	月	火	水	木	金	土	日	月	火	水	木	金	土	日	月	火	水	木	金	土	日	月	火	水			
음력	12/23	24	25	26	27	28	29	1/1	2	3	4	5	6	7	8	9	10	11	12	13	14	15	16	17	18	19	20	21			
일진	癸巳	甲午	乙未	丙申	丁酉	戊戌	己亥	庚子	辛丑	壬寅	癸卯	甲辰	乙巳	丙午	丁未	戊申	己酉	庚戌	辛亥	壬子	癸丑	甲寅	乙卯	丙辰	丁巳	戊午	己未	庚申			
대운 남	1	1	1	입춘	1	1	1	1	2	2	2	3	3	3	4	4	4	5	우수	5	6	6	6	7	7	7	8	8			
대운 여	9	9	10		10	9	9	9	8	8	8	7	7	7	6	6	6	5		5	4	4	4	3	3	3	2	2			

양력 3월　경칩절(己卯月)　驚蟄 3월6일 3시20분　春分 3월21일 4시1분

양력	1	2	3	4	5	6	7	8	9	10	11	12	13	14	15	16	17	18	19	20	21	22	23	24	25	26	27	28	29	30	31
요일	木	金	土	日	月	火	水	木	金	土	日	月	火	水	木	金	土	日	月	火	水	木	金	土	日	月	火	水	木	金	土
음력	1/22	23	24	25	26	27	28	29	30	2/1	2	3	4	5	6	7	8	9	10	11	12	13	14	15	16	17	18	19	20	21	22
일진	辛酉	壬戌	癸亥	甲子	乙丑	丙寅	丁卯	戊辰	己巳	庚午	辛未	壬申	癸酉	甲戌	乙亥	丙子	丁丑	戊寅	己卯	庚辰	辛巳	壬午	癸未	甲申	乙酉	丙戌	丁亥	戊子	己丑	庚寅	辛卯
대운 남	8	9	9	9	10	경칩	1	1	1	1	2	2	2	3	3	3	4	4	4	5	춘분	5	6	6	6	7	7	7	8	8	8
대운 여	2	1	1	1	1		10	9	9	9	8	8	8	7	7	7	6	6	6	5		5	4	4	4	3	3	3	2	2	2

양력 4월　청명절(庚辰月)　清明 4월5일 7시52분　穀雨 4월20일 14시48분

양력	1	2	3	4	5	6	7	8	9	10	11	12	13	14	15	16	17	18	19	20	21	22	23	24	25	26	27	28	29	30	
요일	日	月	火	水	木	金	土	日	月	火	水	木	金	土	日	月	火	水	木	金	土	日	月	火	水	木	金	土	日	月	
음력	2/23	24	25	26	27	28	29	3/1	2	3	4	5	6	7	8	9	10	11	12	13	14	15	16	17	18	19	20	21	22	23	
일진	壬辰	癸巳	甲午	乙未	丙申	丁酉	戊戌	己亥	庚子	辛丑	壬寅	癸卯	甲辰	乙巳	丙午	丁未	戊申	己酉	庚戌	辛亥	壬子	癸丑	甲寅	乙卯	丙辰	丁巳	戊午	己未	庚申	辛酉	
대운 남	9	9	9	10	청명	1	1	1	1	2	2	2	3	3	3	4	4	4	5	곡우	5	6	6	6	7	7	7	8	8	8	
대운 여	1	1	1	1		10	10	9	9	9	8	8	8	7	7	7	6	6	6		5	5	4	4	4	3	3	3	2	2	

양력 5월　입하절(辛巳月)　立夏 5월6일 0시54분　小滿 5월21일 13시42분

양력	1	2	3	4	5	6	7	8	9	10	11	12	13	14	15	16	17	18	19	20	21	22	23	24	25	26	27	28	29	30	31
요일	火	水	木	金	土	日	月	火	水	木	金	土	日	月	火	水	木	金	土	日	月	火	水	木	金	土	日	月	火	水	木
음력	3/24	25	26	27	28	29	30	4/1	2	3	4	5	6	7	8	9	10	11	12	13	14	15	16	17	18	19	20	21	22	23	24
일진	壬戌	癸亥	甲子	乙丑	丙寅	丁卯	戊辰	己巳	庚午	辛未	壬申	癸酉	甲戌	乙亥	丙子	丁丑	戊寅	己卯	庚辰	辛巳	壬午	癸未	甲申	乙酉	丙戌	丁亥	戊子	己丑	庚寅	辛卯	壬辰
대운 남	9	9	9	10	10	입하	1	1	1	1	2	2	2	3	3	3	4	4	4	5	소만	5	6	6	6	7	7	7	8	8	8
대운 여	2	1	1	1	1		10	10	9	9	9	8	8	8	7	7	7	6	6	6		5	5	4	4	4	3	3	3	2	2

양력 6월　망종절(壬午月)　芒種 6월6일 4시49분　夏至 6월21일 21시32분

양력	1	2	3	4	5	6	7	8	9	10	11	12	13	14	15	16	17	18	19	20	21	22	23	24	25	26	27	28	29	30	
요일	金	土	日	月	火	水	木	金	土	日	月	火	水	木	金	土	日	月	火	水	木	金	土	日	月	火	水	木	金	土	
음력	4/25	26	27	28	29	5/1	2	3	4	5	6	7	8	9	10	11	12	13	14	15	16	17	18	19	20	21	22	23	24	25	
일진	癸巳	甲午	乙未	丙申	丁酉	戊戌	己亥	庚子	辛丑	壬寅	癸卯	甲辰	乙巳	丙午	丁未	戊申	己酉	庚戌	辛亥	壬子	癸丑	甲寅	乙卯	丙辰	丁巳	戊午	己未	庚申	辛酉	壬戌	
대운 남	9	9	9	10	10	망종	1	1	1	1	2	2	2	3	3	3	4	4	4	5	하지	5	6	6	6	7	7	7	8	8	
대운 여	2	1	1	1	1		10	10	9	9	9	8	8	8	7	7	7	6	6	6		5	5	4	4	4	3	3	3	2	

乙卯年

양력 7월 소서절(癸未月) 小暑 7월7일 15시0분 大暑 7월23일 8시27분

양력	1	2	3	4	5	6	7	8	9	10	11	12	13	14	15	16	17	18	19	20	21	22	23	24	25	26	27	28	29	30	31
요일	日	月	火	水	木	金	土	日	月	火	水	木	金	土	日	月	火	水	木	金	土	日	月	火	水	木	金	土	日	月	火
음력	5/26	27	28	29	6/1	2	3	4	5	6	7	8	9	10	11	12	13	14	15	16	17	18	19	20	21	22	23	24	25	26	27
일진	癸亥	甲子	乙丑	丙寅	丁卯	戊辰	己巳	庚午	辛未	壬申	癸酉	甲戌	乙亥	丙子	丁丑	戊寅	己卯	庚辰	辛巳	壬午	癸未	甲申	乙酉	丙戌	丁亥	戊子	己丑	庚寅	辛卯	壬辰	癸巳
대운 남	8	9	9	9	10	10	소서	1	1	1	1	2	2	2	3	3	3	4	4	4	5	5	대서	6	6	6	7	7	7	8	8
대운 여	2	2	1	1	1	1		10	10	10	9	9	9	8	8	8	7	7	7	6	6	6		5	5	4	4	4	3	3	3

양력 8월 입추절(甲申月) 立秋 8월8일 0시53분 處暑 8월23일 15시43분

양력	1	2	3	4	5	6	7	8	9	10	11	12	13	14	15	16	17	18	19	20	21	22	23	24	25	26	27	28	29	30	31
요일	水	木	金	土	日	月	火	水	木	金	土	日	月	火	水	木	金	土	日	月	火	水	木	金	土	日	月	火	水	木	金
음력	6/28	29	30	7/1	2	3	4	5	6	7	8	9	10	11	12	13	14	15	16	17	18	19	20	21	22	23	24	25	26	27	28
일진	甲午	乙未	丙申	丁酉	戊戌	己亥	庚子	辛丑	壬寅	癸卯	甲辰	乙巳	丙午	丁未	戊申	己酉	庚戌	辛亥	壬子	癸丑	甲寅	乙卯	丙辰	丁巳	戊午	己未	庚申	辛酉	壬戌	癸亥	甲子
대운 남	8	9	9	9	10	10	10	입추	1	1	1	1	2	2	2	3	3	3	4	4	4	5	처서	5	6	6	6	7	7	7	8
대운 여	2	2	2	1	1	1	1		10	10	9	9	9	8	8	8	7	7	7	6	6	6		5	5	4	4	4	3	3	3

양력 9월 백로절(乙酉月) 白露 9월8일 4시1분 秋分 9월23일 13시38분

양력	1	2	3	4	5	6	7	8	9	10	11	12	13	14	15	16	17	18	19	20	21	22	23	24	25	26	27	28	29	30
요일	土	日	月	火	水	木	金	土	日	月	火	水	木	金	土	日	月	火	水	木	金	土	日	月	火	水	木	金	土	日
음력	7/29	8/1	2	3	4	5	6	7	8	9	10	11	12	13	14	15	16	17	18	19	20	21	22	23	24	25	26	27	28	29
일진	乙丑	丙寅	丁卯	戊辰	己巳	庚午	辛未	壬申	癸酉	甲戌	乙亥	丙子	丁丑	戊寅	己卯	庚辰	辛巳	壬午	癸未	甲申	乙酉	丙戌	丁亥	戊子	己丑	庚寅	辛卯	壬辰	癸巳	甲午
대운 남	8	8	9	9	9	10	10	백로	1	1	1	1	2	2	2	3	3	3	4	4	4	5	추분	5	6	6	6	7	7	7
대운 여	2	2	2	1	1	1	1		10	9	9	9	8	8	8	7	7	7	6	6	6	5		5	4	4	4	3	3	3

양력 10월 한로절(丙戌月) 寒露 10월8일 19시56분 霜降 10월23일 23시15분

양력	1	2	3	4	5	6	7	8	9	10	11	12	13	14	15	16	17	18	19	20	21	22	23	24	25	26	27	28	29	30	31
요일	月	火	水	木	金	土	日	月	火	水	木	金	土	日	月	火	水	木	金	土	日	月	火	水	木	金	土	日	月	火	水
음력	9/1	2	3	4	5	6	7	8	9	10	11	12	13	14	15	16	17	18	19	20	21	22	23	24	25	26	27	28	29	30	10/1
일진	乙未	丙申	丁酉	戊戌	己亥	庚子	辛丑	壬寅	癸卯	甲辰	乙巳	丙午	丁未	戊申	己酉	庚戌	辛亥	壬子	癸丑	甲寅	乙卯	丙辰	丁巳	戊午	己未	庚申	辛酉	壬戌	癸亥	甲子	乙丑
대운 남	8	8	8	9	9	9	10	한로	1	1	1	1	2	2	2	3	3	3	4	4	4	5	상강	5	6	6	6	7	7	7	8
대운 여	2	2	2	1	1	1	1		10	9	9	9	8	8	8	7	7	7	6	6	6	5		5	4	4	4	3	3	3	2

양력 11월 입동절(丁亥月) 立冬 11월7일 23시22분 小雪 11월22일 21시2분

양력	1	2	3	4	5	6	7	8	9	10	11	12	13	14	15	16	17	18	19	20	21	22	23	24	25	26	27	28	29	30
요일	木	金	土	日	月	火	水	木	金	土	日	月	火	水	木	金	土	日	月	火	水	木	金	土	日	月	火	水	木	金
음력	10/2	3	4	5	6	7	8	9	10	11	12	13	14	15	16	17	18	19	20	21	22	23	24	25	26	27	28	29	30	11/1
일진	丙寅	丁卯	戊辰	己巳	庚午	辛未	壬申	癸酉	甲戌	乙亥	丙子	丁丑	戊寅	己卯	庚辰	辛巳	壬午	癸未	甲申	乙酉	丙戌	丁亥	戊子	己丑	庚寅	辛卯	壬辰	癸巳	甲午	乙未
대운 남	8	8	9	9	9	10	입동	1	1	1	1	2	2	2	3	3	3	4	4	4	5	소설	5	6	6	6	7	7	7	8
대운 여	2	2	1	1	1	1		10	9	9	9	8	8	8	7	7	7	6	6	6	5		5	4	4	4	3	3	3	2

양력 12월 대설절(戊子月) 大雪 12월7일 16시24분 冬至 12월22일 10시29분

양력	1	2	3	4	5	6	7	8	9	10	11	12	13	14	15	16	17	18	19	20	21	22	23	24	25	26	27	28	29	30	31
요일	土	日	月	火	水	木	金	土	日	月	火	水	木	金	土	日	月	火	水	木	金	土	日	月	火	水	木	金	土	日	月
음력	11/2	3	4	5	6	7	8	9	10	11	12	13	14	15	16	17	18	19	20	21	22	23	24	25	26	27	28	29	12/1	2	3
일진	丙申	丁酉	戊戌	己亥	庚子	辛丑	壬寅	癸卯	甲辰	乙巳	丙午	丁未	戊申	己酉	庚戌	辛亥	壬子	癸丑	甲寅	乙卯	丙辰	丁巳	戊午	己未	庚申	辛酉	壬戌	癸亥	甲子	乙丑	丙寅
대운 남	8	8	9	9	9	10	대설	1	1	1	1	2	2	2	3	3	3	4	4	4	5	동지	5	6	6	6	7	7	7	8	8
대운 여	2	2	1	1	1	1		10	9	9	9	8	8	8	7	7	7	6	6	6	5		5	4	4	4	3	3	3	2	2

서기 2036년 [단기 4369년]

양력 1월　소한절(己丑月)　小寒 1월6일 3시42분　大寒 1월20일 21시10분

양력	1	2	3	4	5	6	7	8	9	10	11	12	13	14	15	16	17	18	19	20	21	22	23	24	25	26	27	28	29	30	31
요일	火	水	木	金	土	日	月	火	水	木	金	土	日	月	火	水	木	金	土	日	月	火	水	木	金	土	日	月	火	水	木
음력	12/4	5	6	7	8	9	10	11	12	13	14	15	16	17	18	19	20	21	22	23	24	25	26	27	28	29	30	1/1	2	3	4
일진	丁卯	戊辰	己巳	庚午	辛未	壬申	癸酉	甲戌	乙亥	丙子	丁丑	戊寅	己卯	庚辰	辛巳	壬午	癸未	甲申	乙酉	丙戌	丁亥	戊子	己丑	庚寅	辛卯	壬辰	癸巳	甲午	乙未	丙申	丁酉
대운 남	8	9	9	9	10	소	1	1	1	1	2	2	2	3	3	3	4	4	4	대	5	5	6	6	6	7	7	7	8	8	8
대운 여	2	1	1	1	1	한	9	9	9	8	8	8	7	7	7	6	6	6	5	한	5	4	4	4	3	3	3	2	2	2	1

양력 2월　입춘절(庚寅月)　立春 2월4일 15시19분　雨水 2월19일 11시13분

양력	1	2	3	4	5	6	7	8	9	10	11	12	13	14	15	16	17	18	19	20	21	22	23	24	25	26	27	28	29
요일	金	土	日	月	火	水	木	金	土	日	月	火	水	木	金	土	日	月	火	水	木	金	土	日	月	火	水	木	金
음력	1/5	6	7	8	9	10	11	12	13	14	15	16	17	18	19	20	21	22	23	24	25	26	27	28	29	30	2/1	2	3
일진	戊戌	己亥	庚子	辛丑	壬寅	癸卯	甲辰	乙巳	丙午	丁未	戊申	己酉	庚戌	辛亥	壬子	癸丑	甲寅	乙卯	丙辰	丁巳	戊午	己未	庚申	辛酉	壬戌	癸亥	甲子	乙丑	丙寅
대운 남	9	9	9	입	10	9	9	9	8	8	8	7	7	7	6	6	6	5	우	5	4	4	4	3	3	3	2	2	2
대운 여	1	1	1	춘	1	1	1	1	2	2	2	3	3	3	4	4	4	5	수	5	6	6	6	7	7	7	8	8	8

양력 3월　경칩절(辛卯月)　驚蟄 3월5일 9시10분　春分 3월20일 10시1분

양력	1	2	3	4	5	6	7	8	9	10	11	12	13	14	15	16	17	18	19	20	21	22	23	24	25	26	27	28	29	30	31
요일	土	日	月	火	水	木	金	土	日	月	火	水	木	金	土	日	月	火	水	木	金	土	日	月	火	水	木	金	土	日	月
음력	2/4	5	6	7	8	9	10	11	12	13	14	15	16	17	18	19	20	21	22	23	24	25	26	27	28	29	30	3/1	2	3	4
일진	丁卯	戊辰	己巳	庚午	辛未	壬申	癸酉	甲戌	乙亥	丙子	丁丑	戊寅	己卯	庚辰	辛巳	壬午	癸未	甲申	乙酉	丙戌	丁亥	戊子	己丑	庚寅	辛卯	壬辰	癸巳	甲午	乙未	丙申	丁酉
대운 남	1	1	1	1	경	10	9	9	9	8	8	8	7	7	7	6	6	6	5	춘	5	4	4	4	3	3	3	2	2	2	1
대운 여	9	9	9	10	칩	1	1	1	1	2	2	2	3	3	3	4	4	4	5	분	5	6	6	6	7	7	7	8	8	8	9

양력 4월　청명절(壬辰月)　清明 4월4일 13시45분　穀雨 4월19일 20시49분

양력	1	2	3	4	5	6	7	8	9	10	11	12	13	14	15	16	17	18	19	20	21	22	23	24	25	26	27	28	29	30
요일	火	水	木	金	土	日	月	火	水	木	金	土	日	月	火	水	木	金	土	日	月	火	水	木	金	土	日	月	火	水
음력	3/5	6	7	8	9	10	11	12	13	14	15	16	17	18	19	20	21	22	23	24	25	26	27	28	29	4/1	2	3	4	5
일진	戊戌	己亥	庚子	辛丑	壬寅	癸卯	甲辰	乙巳	丙午	丁未	戊申	己酉	庚戌	辛亥	壬子	癸丑	甲寅	乙卯	丙辰	丁巳	戊午	己未	庚申	辛酉	壬戌	癸亥	甲子	乙丑	丙寅	丁卯
대운 남	1	1	1	청	10	10	9	9	9	8	8	8	7	7	7	6	6	6	곡	5	5	4	4	4	3	3	3	2	2	2
대운 여	9	9	10	명	1	1	1	1	2	2	2	3	3	3	4	4	4	5	우	5	6	6	6	7	7	7	8	8	8	9

양력 5월　입하절(癸巳月)　立夏 5월5일 6시48분　小滿 5월20일 19시43분

양력	1	2	3	4	5	6	7	8	9	10	11	12	13	14	15	16	17	18	19	20	21	22	23	24	25	26	27	28	29	30	31
요일	木	金	土	日	月	火	水	木	金	土	日	月	火	水	木	金	土	日	月	火	水	木	金	土	日	月	火	水	木	金	土
음력	4/6	7	8	9	10	11	12	13	14	15	16	17	18	19	20	21	22	23	24	25	26	27	28	29	30	5/1	2	3	4	5	6
일진	戊辰	己巳	庚午	辛未	壬申	癸酉	甲戌	乙亥	丙子	丁丑	戊寅	己卯	庚辰	辛巳	壬午	癸未	甲申	乙酉	丙戌	丁亥	戊子	己丑	庚寅	辛卯	壬辰	癸巳	甲午	乙未	丙申	丁酉	戊戌
대운 남	1	1	1	1	입	10	10	9	9	9	8	8	8	7	7	7	6	6	6	소	5	5	4	4	4	3	3	3	2	2	2
대운 여	9	9	10	10	하	1	1	1	1	2	2	2	3	3	3	4	4	4	5	만	5	6	6	6	7	7	7	8	8	8	9

양력 6월　망종절(甲午月)　芒種 6월5일 10시46분　夏至 6월21일 3시31분

양력	1	2	3	4	5	6	7	8	9	10	11	12	13	14	15	16	17	18	19	20	21	22	23	24	25	26	27	28	29	30
요일	日	月	火	水	木	金	土	日	月	火	水	木	金	土	日	月	火	水	木	金	土	日	月	火	水	木	金	土	日	月
음력	5/7	8	9	10	11	12	13	14	15	16	17	18	19	20	21	22	23	24	25	26	27	28	29	6/1	2	3	4	5	6	7
일진	己亥	庚子	辛丑	壬寅	癸卯	甲辰	乙巳	丙午	丁未	戊申	己酉	庚戌	辛亥	壬子	癸丑	甲寅	乙卯	丙辰	丁巳	戊午	己未	庚申	辛酉	壬戌	癸亥	甲子	乙丑	丙寅	丁卯	戊辰
대운 남	1	1	1	1	망	10	10	9	9	9	8	8	8	7	7	7	6	6	6	5	하	5	4	4	4	3	3	3	2	2
대운 여	9	9	10	10	종	1	1	1	1	2	2	2	3	3	3	4	4	4	5	5	지	6	6	6	7	7	7	8	8	8

丙辰年

양력 7월 소서절(乙未月) 小暑 7월6일 20시56분 大暑 7월22일 14시21분

양력	1	2	3	4	5	6	7	8	9	10	11	12	13	14	15	16	17	18	19	20	21	22	23	24	25	26	27	28	29	30	31
요일	火	水	木	金	土	日	月	火	水	木	金	土	日	月	火	水	木	金	土	日	月	火	水	木	金	土	日	月	火	水	木
음력	6/8	9	10	11	12	13	14	15	16	17	18	19	20	21	22	23	24	25	26	27	28	29	윤1	2	3	4	5	6	7	8	9
일진	己巳	庚午	辛未	壬申	癸酉	甲戌	乙亥	丙子	丁丑	戊寅	己卯	庚辰	辛巳	壬午	癸未	甲申	乙酉	丙戌	丁亥	戊子	己丑	庚寅	辛卯	壬辰	癸巳	甲午	乙未	丙申	丁酉	戊戌	己亥
대운 남	2	1	1	1	1	소서	10	10	10	9	9	9	8	8	8	7	7	7	6	6	6	대서	5	5	4	4	4	3	3	3	2
대운 여	9	9	9	10	10		1	1	1	1	2	2	2	3	3	3	4	4	4	5	5		6	6	6	7	7	7	8	8	8

양력 8월 입추절(丙申月) 立秋 8월7일 6시48분 處暑 8월22일 21시31분

양력	1	2	3	4	5	6	7	8	9	10	11	12	13	14	15	16	17	18	19	20	21	22	23	24	25	26	27	28	29	30	31
요일	金	土	日	月	火	水	木	金	土	日	月	火	水	木	金	土	日	月	火	水	木	金	土	日	月	火	水	木	金	土	日
음력	윤10	11	12	13	14	15	16	17	18	19	20	21	22	23	24	25	26	27	28	29	30	7/1	2	3	4	5	6	7	8	9	10
일진	庚子	辛丑	壬寅	癸卯	甲辰	乙巳	丙午	丁未	戊申	己酉	庚戌	辛亥	壬子	癸丑	甲寅	乙卯	丙辰	丁巳	戊午	己未	庚申	辛酉	壬戌	癸亥	甲子	乙丑	丙寅	丁卯	戊辰	己巳	庚午
대운 남	2	2	1	1	1	1	입추	10	10	9	9	9	8	8	8	7	7	7	6	6	6	처서	5	5	4	4	4	3	3	3	2
대운 여	9	9	9	10	10	10		1	1	1	1	2	2	2	3	3	3	4	4	4	5		5	6	6	6	7	7	7	8	8

양력 9월 백로절(丁酉月) 白露 9월7일 9시54분 秋分 9월22일 19시22분

양력	1	2	3	4	5	6	7	8	9	10	11	12	13	14	15	16	17	18	19	20	21	22	23	24	25	26	27	28	29	30
요일	月	火	水	木	金	土	日	月	火	水	木	金	土	日	月	火	水	木	金	土	日	月	火	水	木	金	土	日	月	火
음력	7/11	12	13	14	15	16	17	18	19	20	21	22	23	24	25	26	27	28	29	8/1	2	3	4	5	6	7	8	9	10	11
일진	辛未	壬申	癸酉	甲戌	乙亥	丙子	丁丑	戊寅	己卯	庚辰	辛巳	壬午	癸未	甲申	乙酉	丙戌	丁亥	戊子	己丑	庚寅	辛卯	壬辰	癸巳	甲午	乙未	丙申	丁酉	戊戌	己亥	庚子
대운 남	2	2	1	1	1	1	백로	10	10	9	9	9	8	8	8	7	7	7	6	6	6	추분	5	5	4	4	4	3	3	3
대운 여	8	9	9	9	10	10		1	1	1	1	2	2	2	3	3	3	4	4	4	5		5	6	6	6	7	7	7	8

양력 10월 한로절(戊戌月) 寒露 10월8일 1시48분 霜降 10월23일 4시57분

양력	1	2	3	4	5	6	7	8	9	10	11	12	13	14	15	16	17	18	19	20	21	22	23	24	25	26	27	28	29	30	31
요일	水	木	金	土	日	月	火	水	木	金	土	日	月	火	水	木	金	土	日	月	火	水	木	金	土	日	月	火	水	木	金
음력	8/12	13	14	15	16	17	18	19	20	21	22	23	24	25	26	27	28	29	9/1	2	3	4	5	6	7	8	9	10	11	12	13
일진	辛丑	壬寅	癸卯	甲辰	乙巳	丙午	丁未	戊申	己酉	庚戌	辛亥	壬子	癸丑	甲寅	乙卯	丙辰	丁巳	戊午	己未	庚申	辛酉	壬戌	癸亥	甲子	乙丑	丙寅	丁卯	戊辰	己巳	庚午	辛未
대운 남	2	2	2	1	1	1	1	한로	10	9	9	9	8	8	8	7	7	7	6	6	6	5	상강	5	4	4	4	3	3	3	2
대운 여	8	8	9	9	9	10	10		1	1	1	1	2	2	2	3	3	3	4	4	4	5		5	6	6	6	7	7	7	8

양력 11월 입동절(己亥月) 立冬 11월7일 5시13분 小雪 11월22일 2시44분

양력	1	2	3	4	5	6	7	8	9	10	11	12	13	14	15	16	17	18	19	20	21	22	23	24	25	26	27	28	29	30
요일	土	日	月	火	水	木	金	土	日	月	火	水	木	金	土	日	月	火	水	木	金	土	日	月	火	水	木	金	土	日
음력	9/14	15	16	17	18	19	20	21	22	23	24	25	26	27	28	29	30	10/1	2	3	4	5	6	7	8	9	10	11	12	13
일진	壬申	癸酉	甲戌	乙亥	丙子	丁丑	戊寅	己卯	庚辰	辛巳	壬午	癸未	甲申	乙酉	丙戌	丁亥	戊子	己丑	庚寅	辛卯	壬辰	癸巳	甲午	乙未	丙申	丁酉	戊戌	己亥	庚子	辛丑
대운 남	2	2	1	1	1	1	입동	9	9	9	8	8	8	7	7	7	6	6	6	5	5	소설	4	4	4	3	3	3	2	2
대운 여	8	8	9	9	9	10		1	1	1	1	2	2	2	3	3	3	4	4	4	5		5	6	6	6	7	7	7	8

양력 12월 대설절(庚子月) 大雪 12월6일 22시15분 冬至 12월21일 16시11분

양력	1	2	3	4	5	6	7	8	9	10	11	12	13	14	15	16	17	18	19	20	21	22	23	24	25	26	27	28	29	30	31
요일	月	火	水	木	金	土	日	月	火	水	木	金	土	日	月	火	水	木	金	土	日	月	火	水	木	金	土	日	月	火	水
음력	10/14	15	16	17	18	19	20	21	22	23	24	25	26	27	28	29	30	11/1	2	3	4	5	6	7	8	9	10	11	12	13	14
일진	壬寅	癸卯	甲辰	乙巳	丙午	丁未	戊申	己酉	庚戌	辛亥	壬子	癸丑	甲寅	乙卯	丙辰	丁巳	戊午	己未	庚申	辛酉	壬戌	癸亥	甲子	乙丑	丙寅	丁卯	戊辰	己巳	庚午	辛未	壬申
대운 남	2	1	1	1	1	대설	10	9	9	9	8	8	8	7	7	7	6	6	6	5	동지	5	4	4	4	3	3	3	2	2	2
대운 여	8	8	9	9	9		1	1	1	1	2	2	2	3	3	3	4	4	4	5		5	6	6	6	7	7	7	8	8	8

▶윤달-6월

서기 2037년 [단기 4370년]

양력 1월 소한절(辛丑月) 小寒 1월5일 9시33분 大寒 1월20일 2시52분

양력	1	2	3	4	5	6	7	8	9	10	11	12	13	14	15	16	17	18	19	20	21	22	23	24	25	26	27	28	29	30	31
요일	木	金	土	日	月	火	水	木	金	土	日	月	火	水	木	金	土	日	月	火	水	木	金	土	日	月	火	水	木	金	土
음력	11/15	16	17	18	19	20	21	22	23	24	25	26	27	28	29	12/1	2	3	4	5	6	7	8	9	10	11	12	13	14	15	16
일진	癸酉	甲戌	乙亥	丙子	丁丑	戊寅	己卯	庚辰	辛巳	壬午	癸未	甲申	乙酉	丙戌	丁亥	戊子	己丑	庚寅	辛卯	壬辰	癸巳	甲午	乙未	丙申	丁酉	戊戌	己亥	庚子	辛丑	壬寅	癸卯
대운 남	1	1	1	1	소	9	9	9	8	8	8	7	7	7	6	6	6	5	5	대	4	4	4	3	3	3	2	2	2	1	1
대운 여	9	9	9	10	한	1	1	1	1	2	2	2	3	3	3	4	4	4	5	한	5	6	6	6	7	7	7	8	8	8	9

양력 2월 입춘절(壬寅月) 立春 2월3일 21시10분 雨水 2월18일 16시57분

양력	1	2	3	4	5	6	7	8	9	10	11	12	13	14	15	16	17	18	19	20	21	22	23	24	25	26	27	28			
요일	日	月	火	水	木	金	土	日	月	火	水	木	金	土	日	月	火	水	木	金	土	日	月	火	水	木	金	土			
음력	12/17	18	19	20	21	22	23	24	25	26	27	28	29	30	1/1	2	3	4	5	6	7	8	9	10	11	12	13	14			
일진	甲辰	乙巳	丙午	丁未	戊申	己酉	庚戌	辛亥	壬子	癸丑	甲寅	乙卯	丙辰	丁巳	戊午	己未	庚申	辛酉	壬戌	癸亥	甲子	乙丑	丙寅	丁卯	戊辰	己巳	庚午	辛未			
대운 남	1	1	입	1	1	1	1	2	2	2	3	3	3	4	4	4	5	우	5	6	6	6	7	7	7	8	8	8			
대운 여	9	9	춘	10	9	9	9	8	8	8	7	7	7	6	6	6	5	수	5	4	4	4	3	3	3	2	2	2			

양력 3월 경칩절(癸卯月) 驚蟄 3월5일 15시5분 春分 3월20일 15시49분

양력	1	2	3	4	5	6	7	8	9	10	11	12	13	14	15	16	17	18	19	20	21	22	23	24	25	26	27	28	29	30	31
요일	日	月	火	水	木	金	土	日	月	火	水	木	金	土	日	月	火	水	木	金	土	日	月	火	水	木	金	土	日	月	火
음력	1/15	16	17	18	19	20	21	22	23	24	25	26	27	28	29	30	2/1	2	3	4	5	6	7	8	9	10	11	12	13	14	15
일진	壬申	癸酉	甲戌	乙亥	丙子	丁丑	戊寅	己卯	庚辰	辛巳	壬午	癸未	甲申	乙酉	丙戌	丁亥	戊子	己丑	庚寅	辛卯	壬辰	癸巳	甲午	乙未	丙申	丁酉	戊戌	己亥	庚子	辛丑	壬寅
대운 남	9	9	9	10	경	1	1	1	1	2	2	2	3	3	3	4	4	4	5	춘	5	6	6	6	7	7	7	8	8	8	9
대운 여	1	1	1	1	칩	10	9	9	9	8	8	8	7	7	7	6	6	6	5	분	5	4	4	4	3	3	3	2	2	2	1

양력 4월 청명절(甲辰月) 清明 4월4일 19시43분 穀雨 4월20일 2시39분

양력	1	2	3	4	5	6	7	8	9	10	11	12	13	14	15	16	17	18	19	20	21	22	23	24	25	26	27	28	29	30	
요일	水	木	金	土	日	月	火	水	木	金	土	日	月	火	水	木	金	土	日	月	火	水	木	金	土	日	月	火	水	木	
음력	2/16	17	18	19	20	21	22	23	24	25	26	27	28	29	30	3/1	2	3	4	5	6	7	8	9	10	11	12	13	14	15	
일진	癸卯	甲辰	乙巳	丙午	丁未	戊申	己酉	庚戌	辛亥	壬子	癸丑	甲寅	乙卯	丙辰	丁巳	戊午	己未	庚申	辛酉	壬戌	癸亥	甲子	乙丑	丙寅	丁卯	戊辰	己巳	庚午	辛未	壬申	
대운 남	9	9	10	청	1	1	1	1	2	2	2	3	3	3	4	4	4	5	5	곡	6	6	6	7	7	7	8	8	8	9	
대운 여	1	1	1	명	10	10	9	9	9	8	8	8	7	7	7	6	6	6	5	우	5	4	4	4	3	3	3	2	2	2	

양력 5월 입하절(乙巳月) 立夏 5월5일 12시48분 小滿 5월21일 1시34분

양력	1	2	3	4	5	6	7	8	9	10	11	12	13	14	15	16	17	18	19	20	21	22	23	24	25	26	27	28	29	30	31
요일	金	土	日	月	火	水	木	金	土	日	月	火	水	木	金	土	日	月	火	水	木	金	土	日	月	火	水	木	金	土	日
음력	3/16	17	18	19	20	21	22	23	24	25	26	27	28	29	4/1	2	3	4	5	6	7	8	9	10	11	12	13	14	15	16	17
일진	癸酉	甲戌	乙亥	丙子	丁丑	戊寅	己卯	庚辰	辛巳	壬午	癸未	甲申	乙酉	丙戌	丁亥	戊子	己丑	庚寅	辛卯	壬辰	癸巳	甲午	乙未	丙申	丁酉	戊戌	己亥	庚子	辛丑	壬寅	癸卯
대운 남	9	9	10	10	입	1	1	1	1	2	2	2	3	3	3	4	4	4	5	5	소	6	6	6	7	7	7	8	8	8	9
대운 여	1	1	1	1	하	10	10	9	9	9	8	8	8	7	7	7	6	6	6	5	만	5	4	4	4	3	3	3	2	2	2

양력 6월 망종절(丙午月) 芒種 6월5일 16시45분 夏至 6월21일 9시21분

양력	1	2	3	4	5	6	7	8	9	10	11	12	13	14	15	16	17	18	19	20	21	22	23	24	25	26	27	28	29	30	
요일	月	火	水	木	金	土	日	月	火	水	木	金	土	日	月	火	水	木	金	土	日	月	火	水	木	金	土	日	月	火	
음력	4/18	19	20	21	22	23	24	25	26	27	28	29	30	5/1	2	3	4	5	6	7	8	9	10	11	12	13	14	15	16	17	
일진	甲辰	乙巳	丙午	丁未	戊申	己酉	庚戌	辛亥	壬子	癸丑	甲寅	乙卯	丙辰	丁巳	戊午	己未	庚申	辛酉	壬戌	癸亥	甲子	乙丑	丙寅	丁卯	戊辰	己巳	庚午	辛未	壬申	癸酉	
대운 남	9	9	10	10	망	1	1	1	1	2	2	2	3	3	3	4	4	4	5	5	하	6	6	6	7	7	7	8	8	8	
대운 여	1	1	1	1	종	10	10	10	9	9	9	8	8	8	7	7	7	6	6	6	지	5	5	4	4	4	3	3	3	2	

丁巳年

양력 7월 소서절(丁未月) 小暑 7월7일 2시54분 大暑 7월22일 20시11분

양력	1	2	3	4	5	6	7	8	9	10	11	12	13	14	15	16	17	18	19	20	21	22	23	24	25	26	27	28	29	30	31
요일	水	木	金	土	日	月	火	水	木	金	土	日	月	火	水	木	金	土	日	月	火	水	木	金	土	日	月	火	水	木	金
음력	5/18	19	20	21	22	23	24	25	26	27	28	29	6/1	2	3	4	5	6	7	8	9	10	11	12	13	14	15	16	17	18	19
일진	甲戌	乙亥	丙子	丁丑	戊寅	己卯	庚辰	辛巳	壬午	癸未	甲申	乙酉	丙戌	丁亥	戊子	己丑	庚寅	辛卯	壬辰	癸巳	甲午	乙未	丙申	丁酉	戊戌	己亥	庚子	辛丑	壬寅	癸卯	甲辰
대운 남	9	9	9	10	10	10	소서	1	1	1	1	2	2	2	3	3	3	4	4	4	5	대서	5	6	6	6	7	7	7	8	8
대운 여	2	2	1	1	1	1		10	10	9	9	9	8	8	8	7	7	7	6	6	6		5	5	4	4	4	3	3	3	2

양력 8월 입추절(戊申月) 立秋 8월7일 12시42분 處暑 8월23일 3시21분

양력	1	2	3	4	5	6	7	8	9	10	11	12	13	14	15	16	17	18	19	20	21	22	23	24	25	26	27	28	29	30	31
요일	土	日	月	火	水	木	金	土	日	月	火	水	木	金	土	日	月	火	水	木	金	土	日	月	火	水	木	金	土	日	月
음력	6/20	21	22	23	24	25	26	27	28	29	7/1	2	3	4	5	6	7	8	9	10	11	12	13	14	15	16	17	18	19	20	21
일진	乙巳	丙午	丁未	戊申	己酉	庚戌	辛亥	壬子	癸丑	甲寅	乙卯	丙辰	丁巳	戊午	己未	庚申	辛酉	壬戌	癸亥	甲子	乙丑	丙寅	丁卯	戊辰	己巳	庚午	辛未	壬申	癸酉	甲戌	乙亥
대운 남	8	9	9	9	10	10	입추	1	1	1	1	2	2	2	3	3	3	4	4	4	5	5	처서	6	6	6	7	7	7	8	8
대운 여	2	2	1	1	1	1		10	10	9	9	9	8	8	8	7	7	7	6	6	6	5		5	4	4	4	3	3	3	2

양력 9월 백로절(己酉月) 白露 9월7일 15시44분 秋分 9월23일 1시12분

양력	1	2	3	4	5	6	7	8	9	10	11	12	13	14	15	16	17	18	19	20	21	22	23	24	25	26	27	28	29	30
요일	火	水	木	金	土	日	月	火	水	木	金	土	日	月	火	水	木	金	土	日	月	火	水	木	金	土	日	月	火	水
음력	7/22	23	24	25	26	27	28	29	30	8/1	2	3	4	5	6	7	8	9	10	11	12	13	14	15	16	17	18	19	20	21
일진	丙子	丁丑	戊寅	己卯	庚辰	辛巳	壬午	癸未	甲申	乙酉	丙戌	丁亥	戊子	己丑	庚寅	辛卯	壬辰	癸巳	甲午	乙未	丙申	丁酉	戊戌	己亥	庚子	辛丑	壬寅	癸卯	甲辰	乙巳
대운 남	8	9	9	9	10	10	백로	1	1	1	1	2	2	2	3	3	3	4	4	4	5	5	추분	6	6	6	7	7	7	8
대운 여	2	2	1	1	1	1		10	10	9	9	9	8	8	8	7	7	7	6	6	6	5		5	4	4	4	3	3	3

양력 10월 한로절(庚戌月) 寒露 10월8일 7시36분 霜降 10월23일 10시48분

양력	1	2	3	4	5	6	7	8	9	10	11	12	13	14	15	16	17	18	19	20	21	22	23	24	25	26	27	28	29	30	31
요일	木	金	土	日	月	火	水	木	金	土	日	月	火	水	木	金	土	日	月	火	水	木	金	土	日	月	火	水	木	金	土
음력	8/22	23	24	25	26	27	28	29	9/1	2	3	4	5	6	7	8	9	10	11	12	13	14	15	16	17	18	19	20	21	22	23
일진	丙午	丁未	戊申	己酉	庚戌	辛亥	壬子	癸丑	甲寅	乙卯	丙辰	丁巳	戊午	己未	庚申	辛酉	壬戌	癸亥	甲子	乙丑	丙寅	丁卯	戊辰	己巳	庚午	辛未	壬申	癸酉	甲戌	乙亥	丙子
대운 남	8	8	9	9	9	10	10	한로	1	1	1	1	2	2	2	3	3	3	4	4	4	5	상강	5	6	6	6	7	7	7	8
대운 여	2	2	2	1	1	1	1		10	9	9	9	8	8	8	7	7	7	6	6	6	5		5	4	4	4	3	3	3	2

양력 11월 입동절(辛亥月) 立冬 11월7일 11시3분 小雪 11월22일 8시37분

양력	1	2	3	4	5	6	7	8	9	10	11	12	13	14	15	16	17	18	19	20	21	22	23	24	25	26	27	28	29	30
요일	日	月	火	水	木	金	土	日	月	火	水	木	金	土	日	月	火	水	木	金	土	日	月	火	水	木	金	土	日	月
음력	9/24	25	26	27	28	29	10/1	2	3	4	5	6	7	8	9	10	11	12	13	14	15	16	17	18	19	20	21	22	23	24
일진	丁丑	戊寅	己卯	庚辰	辛巳	壬午	癸未	甲申	乙酉	丙戌	丁亥	戊子	己丑	庚寅	辛卯	壬辰	癸巳	甲午	乙未	丙申	丁酉	戊戌	己亥	庚子	辛丑	壬寅	癸卯	甲辰	乙巳	丙午
대운 남	8	8	9	9	9	10	입동	1	1	1	1	2	2	2	3	3	3	4	4	4	5	소설	5	6	6	6	7	7	7	8
대운 여	2	2	1	1	1	1		10	9	9	9	8	8	8	7	7	7	6	6	6	5		5	4	4	4	3	3	3	2

양력 12월 대설절(壬子月) 大雪 12월7일 4시6분 冬至 12월21일 22시6분

양력	1	2	3	4	5	6	7	8	9	10	11	12	13	14	15	16	17	18	19	20	21	22	23	24	25	26	27	28	29	30	31
요일	火	水	木	金	土	日	月	火	水	木	金	土	日	月	火	水	木	金	土	日	月	火	水	木	金	土	日	月	火	水	木
음력	10/25	26	27	28	29	30	11/1	2	3	4	5	6	7	8	9	10	11	12	13	14	15	16	17	18	19	20	21	22	23	24	25
일진	丁未	戊申	己酉	庚戌	辛亥	壬子	癸丑	甲寅	乙卯	丙辰	丁巳	戊午	己未	庚申	辛酉	壬戌	癸亥	甲子	乙丑	丙寅	丁卯	戊辰	己巳	庚午	辛未	壬申	癸酉	甲戌	乙亥	丙子	丁丑
대운 남	8	8	9	9	9	10	대설	1	1	1	1	2	2	2	3	3	3	4	4	4	동지	5	5	6	6	6	7	7	7	8	8
대운 여	2	2	1	1	1	1		9	9	9	8	8	8	7	7	7	6	6	6	5		5	4	4	4	3	3	3	2	2	2

서기 2038년 [단기 4371년]

양력 1월　소한절(癸丑月)　小寒 1월5일 15시25분　大寒 1월20일 8시47분

양력	1	2	3	4	5	6	7	8	9	10	11	12	13	14	15	16	17	18	19	20	21	22	23	24	25	26	27	28	29	30	31
요일	金	土	日	月	火	水	木	金	土	日	月	火	水	木	金	土	日	月	火	水	木	金	土	日	月	火	水	木	金	土	日
음력	11/26	27	28	29	12/1	2	3	4	5	6	7	8	9	10	11	12	13	14	15	16	17	18	19	20	21	22	23	24	25	26	27
일진	戊寅	己卯	庚辰	辛巳	壬午	癸未	甲申	乙酉	丙戌	丁亥	戊子	己丑	庚寅	辛卯	壬辰	癸巳	甲午	乙未	丙申	丁酉	戊戌	己亥	庚子	辛丑	壬寅	癸卯	甲辰	乙巳	丙午	丁未	戊申
대운 남	8	9	9	9	소한	1	1	1	1	2	2	2	3	3	3	4	4	4	5	대한	5	6	6	6	7	7	7	8	8	8	9
대운 여	1	1	1	1		10	9	9	9	8	8	8	7	7	7	6	6	6	5		5	4	4	4	3	3	3	2	2	2	1

양력 2월　입춘절(甲寅月)　立春 2월4일 3시2분　雨水 2월18일 22시51분

양력	1	2	3	4	5	6	7	8	9	10	11	12	13	14	15	16	17	18	19	20	21	22	23	24	25	26	27	28			
요일	月	火	水	木	金	土	日	月	火	水	木	金	土	日	月	火	水	木	金	土	日	月	火	水	木	金	土	日			
음력	12/28	29	30	1/1	2	3	4	5	6	7	8	9	10	11	12	13	14	15	16	17	18	19	20	21	22	23	24	25			
일진	己酉	庚戌	辛亥	壬子	癸丑	甲寅	乙卯	丙辰	丁巳	戊午	己未	庚申	辛酉	壬戌	癸亥	甲子	乙丑	丙寅	丁卯	戊辰	己巳	庚午	辛未	壬申	癸酉	甲戌	乙亥	丙子			
대운 남	9	9	10	입춘	9	9	9	8	8	8	7	7	7	6	6	6	5	우수	5	4	4	4	3	3	3	2	2	2			
대운 여	1	1	1		1	1	1	1	2	2	2	3	3	3	4	4	4		5	5	6	6	6	7	7	7	8	8			

양력 3월　경칩절(乙卯月)　驚蟄 3월5일 20시54분　春分 3월20일 21시39분

양력	1	2	3	4	5	6	7	8	9	10	11	12	13	14	15	16	17	18	19	20	21	22	23	24	25	26	27	28	29	30	31
요일	月	火	水	木	金	土	日	月	火	水	木	金	土	日	月	火	水	木	金	土	日	月	火	水	木	金	土	日	月	火	水
음력	1/26	27	28	29	30	2/1	2	3	4	5	6	7	8	9	10	11	12	13	14	15	16	17	18	19	20	21	22	23	24	25	26
일진	丁丑	戊寅	己卯	庚辰	辛巳	壬午	癸未	甲申	乙酉	丙戌	丁亥	戊子	己丑	庚寅	辛卯	壬辰	癸巳	甲午	乙未	丙申	丁酉	戊戌	己亥	庚子	辛丑	壬寅	癸卯	甲辰	乙巳	丙午	丁未
대운 남	1	1	1	1	경칩	10	10	9	9	9	8	8	8	7	7	7	6	6	6	춘분	5	5	4	4	4	3	3	3	2	2	2
대운 여	8	9	9	9		1	1	1	1	2	2	2	3	3	3	4	4	4	5		5	6	6	6	7	7	7	8	8	8	9

양력 4월　청명절(丙辰月)　清明 4월5일 1시28분　穀雨 4월20일 8시27분

양력	1	2	3	4	5	6	7	8	9	10	11	12	13	14	15	16	17	18	19	20	21	22	23	24	25	26	27	28	29	30	
요일	木	金	土	日	月	火	水	木	金	土	日	月	火	水	木	金	土	日	月	火	水	木	金	土	日	月	火	水	木	金	
음력	2/27	28	29	30	3/1	2	3	4	5	6	7	8	9	10	11	12	13	14	15	16	17	18	19	20	21	22	23	24	25	26	
일진	戊申	己酉	庚戌	辛亥	壬子	癸丑	甲寅	乙卯	丙辰	丁巳	戊午	己未	庚申	辛酉	壬戌	癸亥	甲子	乙丑	丙寅	丁卯	戊辰	己巳	庚午	辛未	壬申	癸酉	甲戌	乙亥	丙子	丁丑	
대운 남	1	1	1	1	청명	10	9	9	9	8	8	8	7	7	7	6	6	6	5	곡우	5	4	4	4	3	3	3	2	2	2	
대운 여	9	9	10	10		1	1	1	1	2	2	2	3	3	3	4	4	4	5		5	6	6	6	7	7	7	8	8	8	

양력 5월　입하절(丁巳月)　立夏 5월5일 18시30분　小滿 5월21일 7시21분

양력	1	2	3	4	5	6	7	8	9	10	11	12	13	14	15	16	17	18	19	20	21	22	23	24	25	26	27	28	29	30	31
요일	土	日	月	火	水	木	金	土	日	月	火	水	木	金	土	日	月	火	水	木	金	土	日	月	火	水	木	金	土	日	月
음력	3/27	28	29	4/1	2	3	4	5	6	7	8	9	10	11	12	13	14	15	16	17	18	19	20	21	22	23	24	25	26	27	28
일진	戊寅	己卯	庚辰	辛巳	壬午	癸未	甲申	乙酉	丙戌	丁亥	戊子	己丑	庚寅	辛卯	壬辰	癸巳	甲午	乙未	丙申	丁酉	戊戌	己亥	庚子	辛丑	壬寅	癸卯	甲辰	乙巳	丙午	丁未	戊申
대운 남	1	1	1	1	입하	10	10	9	9	9	8	8	8	7	7	7	6	6	6	5	소만	5	4	4	4	3	3	3	2	2	2
대운 여	9	9	9	10		1	1	1	1	2	2	2	3	3	3	4	4	4	5	5		6	6	6	7	7	7	8	8	8	9

양력 6월　망종절(戊午月)　芒種 6월5일 22시24분　夏至 6월21일 15시8분

양력	1	2	3	4	5	6	7	8	9	10	11	12	13	14	15	16	17	18	19	20	21	22	23	24	25	26	27	28	29	30	
요일	火	水	木	金	土	日	月	火	水	木	金	土	日	月	火	水	木	金	土	日	月	火	水	木	金	土	日	月	火	水	
음력	4/29	30	5/1	2	3	4	5	6	7	8	9	10	11	12	13	14	15	16	17	18	19	20	21	22	23	24	25	26	27	28	
일진	己酉	庚戌	辛亥	壬子	癸丑	甲寅	乙卯	丙辰	丁巳	戊午	己未	庚申	辛酉	壬戌	癸亥	甲子	乙丑	丙寅	丁卯	戊辰	己巳	庚午	辛未	壬申	癸酉	甲戌	乙亥	丙子	丁丑	戊寅	
대운 남	1	1	1	1	망종	10	10	10	9	9	9	8	8	8	7	7	7	6	6	6	하지	5	5	4	4	4	3	3	3	2	
대운 여	9	9	10	10		1	1	1	1	2	2	2	3	3	3	4	4	4	5	5		6	6	6	7	7	7	8	8	8	

戊午年

양력 7월 소서절(己未月) 小暑 7월7일 8시31분 大暑 7월23일 1시58분

양력		1	2	3	4	5	6	7	8	9	10	11	12	13	14	15	16	17	18	19	20	21	22	23	24	25	26	27	28	29	30	31
요일		木	金	土	日	月	火	水	木	金	土	日	月	火	水	木	金	土	日	月	火	水	木	金	土	日	月	火	水	木	金	土
음력		5/29	6/1	2	3	4	5	6	7	8	9	10	11	12	13	14	15	16	17	18	19	20	21	22	23	24	25	26	27	28	29	30
일진		己卯	庚辰	辛巳	壬午	癸未	甲申	乙酉	丙戌	丁亥	戊子	己丑	庚寅	辛卯	壬辰	癸巳	甲午	乙未	丙申	丁酉	戊戌	己亥	庚子	辛丑	壬寅	癸卯	甲辰	乙巳	丙午	丁未	戊申	己酉
대운	남	2	2	1	1	1	1	소서	10	10	9	9	9	8	8	8	7	7	7	6	6	6	5	대서	5	4	4	4	3	3	3	2
	여	9	9	9	10	10	10		1	1	1	1	2	2	2	3	3	3	4	4	4	5	5		6	6	6	7	7	7	8	8

양력 8월 입추절(庚申月) 立秋 8월7일 18시20분 處暑 8월23일 9시9분

양력		1	2	3	4	5	6	7	8	9	10	11	12	13	14	15	16	17	18	19	20	21	22	23	24	25	26	27	28	29	30	31
요일		日	月	火	水	木	金	土	日	月	火	水	木	金	土	日	月	火	水	木	金	土	日	月	火	水	木	金	土	日	月	火
음력		7/1	2	3	4	5	6	7	8	9	10	11	12	13	14	15	16	17	18	19	20	21	22	23	24	25	26	27	28	29	8/1	2
일진		庚戌	辛亥	壬子	癸丑	甲寅	乙卯	丙辰	丁巳	戊午	己未	庚申	辛酉	壬戌	癸亥	甲子	乙丑	丙寅	丁卯	戊辰	己巳	庚午	辛未	壬申	癸酉	甲戌	乙亥	丙子	丁丑	戊寅	己卯	庚辰
대운	남	2	2	1	1	1	1	입추	10	10	9	9	9	8	8	8	7	7	7	6	6	6	5	처서	5	4	4	4	3	3	3	2
	여	8	9	9	9	10	10		1	1	1	1	2	2	2	3	3	3	4	4	4	5	5		6	6	6	7	7	7	8	8

양력 9월 백로절(辛酉月) 白露 9월7일 21시25분 秋分 9월23일 7시1분

양력		1	2	3	4	5	6	7	8	9	10	11	12	13	14	15	16	17	18	19	20	21	22	23	24	25	26	27	28	29	30	
요일		水	木	金	土	日	月	火	水	木	金	土	日	月	火	水	木	金	土	日	月	火	水	木	金	土	日	月	火	水	木	
음력		8/3	4	5	6	7	8	9	10	11	12	13	14	15	16	17	18	19	20	21	22	23	24	25	26	27	28	29	30	9/1	2	
일진		辛巳	壬午	癸未	甲申	乙酉	丙戌	丁亥	戊子	己丑	庚寅	辛卯	壬辰	癸巳	甲午	乙未	丙申	丁酉	戊戌	己亥	庚子	辛丑	壬寅	癸卯	甲辰	乙巳	丙午	丁未	戊申	己酉	庚戌	
대운	남	2	2	1	1	1	1	백로	10	10	9	9	9	8	8	8	7	7	7	6	6	6	5	추분	5	4	4	4	3	3	3	
	여	8	9	9	9	10	10		1	1	1	1	2	2	2	3	3	3	4	4	4	5	5		6	6	6	7	7	7	8	

양력 10월 한로절(壬戌月) 寒露 10월8일 13시20분 霜降 10월23일 16시39분

양력		1	2	3	4	5	6	7	8	9	10	11	12	13	14	15	16	17	18	19	20	21	22	23	24	25	26	27	28	29	30	31
요일		金	土	日	月	火	水	木	金	土	日	月	火	水	木	金	土	日	月	火	水	木	金	土	日	月	火	水	木	金	土	日
음력		9/3	4	5	6	7	8	9	10	11	12	13	14	15	16	17	18	19	20	21	22	23	24	25	26	27	28	29	10/1	2	3	4
일진		辛亥	壬子	癸丑	甲寅	乙卯	丙辰	丁巳	戊午	己未	庚申	辛酉	壬戌	癸亥	甲子	乙丑	丙寅	丁卯	戊辰	己巳	庚午	辛未	壬申	癸酉	甲戌	乙亥	丙子	丁丑	戊寅	己卯	庚辰	辛巳
대운	남	2	2	2	1	1	1	1	한로	10	9	9	9	8	8	8	7	7	7	6	6	6	5	상강	5	4	4	4	3	3	3	2
	여	8	8	9	9	9	10	10		1	1	1	1	2	2	2	3	3	3	4	4	4	5		5	6	6	6	7	7	7	8

양력 11월 입동절(癸亥月) 立冬 11월7일 16시49분 小雪 11월22일 14시30분

양력		1	2	3	4	5	6	7	8	9	10	11	12	13	14	15	16	17	18	19	20	21	22	23	24	25	26	27	28	29	30	
요일		月	火	水	木	金	土	日	月	火	水	木	金	土	日	月	火	水	木	金	土	日	月	火	水	木	金	土	日	月	火	
음력		10/5	6	7	8	9	10	11	12	13	14	15	16	17	18	19	20	21	22	23	24	25	26	27	28	29	11/1	2	3	4	5	
일진		壬午	癸未	甲申	乙酉	丙戌	丁亥	戊子	己丑	庚寅	辛卯	壬辰	癸巳	甲午	乙未	丙申	丁酉	戊戌	己亥	庚子	辛丑	壬寅	癸卯	甲辰	乙巳	丙午	丁未	戊申	己酉	庚戌	辛亥	
대운	남	2	2	1	1	1	1	입동	10	9	9	9	8	8	8	7	7	7	6	6	6	5	소설	5	4	4	4	3	3	3	2	
	여	8	8	9	9	9	10		1	1	1	1	2	2	2	3	3	3	4	4	4	5		5	6	6	6	7	7	7	8	

양력 12월 대설절(甲子月) 大雪 12월7일 9시55분 冬至 12월22일 4시1분

양력		1	2	3	4	5	6	7	8	9	10	11	12	13	14	15	16	17	18	19	20	21	22	23	24	25	26	27	28	29	30	31
요일		水	木	金	土	日	月	火	水	木	金	土	日	月	火	水	木	金	土	日	月	火	水	木	金	土	日	月	火	水	木	金
음력		11/6	7	8	9	10	11	12	13	14	15	16	17	18	19	20	21	22	23	24	25	26	27	28	29	30	12/1	2	3	4	5	6
일진		壬子	癸丑	甲寅	乙卯	丙辰	丁巳	戊午	己未	庚申	辛酉	壬戌	癸亥	甲子	乙丑	丙寅	丁卯	戊辰	己巳	庚午	辛未	壬申	癸酉	甲戌	乙亥	丙子	丁丑	戊寅	己卯	庚辰	辛巳	壬午
대운	남	2	2	1	1	1	1	대설	9	9	9	8	8	8	7	7	7	6	6	6	5	5	동지	4	4	4	3	3	3	2	2	2
	여	8	8	9	9	9	10		1	1	1	1	2	2	2	3	3	3	4	4	4	5		5	6	6	6	7	7	7	8	8

서기 2039년 [단기 4372년]

양력 1월 소한절(乙丑月) 小寒 1월5일 21시15분 大寒 1월20일 14시42분

양력		1	2	3	4	5	6	7	8	9	10	11	12	13	14	15	16	17	18	19	20	21	22	23	24	25	26	27	28	29	30	31
요일		土	日	月	火	水	木	金	土	日	月	火	水	木	金	土	日	月	火	水	木	金	土	日	月	火	水	木	金	土	日	月
음력		12/7	8	9	10	11	12	13	14	15	16	17	18	19	20	21	22	23	24	25	26	27	28	29	1/1	2	3	4	5	6	7	8
일진		癸未	甲申	乙酉	丙戌	丁亥	戊子	己丑	庚寅	辛卯	壬辰	癸巳	甲午	乙未	丙申	丁酉	戊戌	己亥	庚子	辛丑	壬寅	癸卯	甲辰	乙巳	丙午	丁未	戊申	己酉	庚戌	辛亥	壬子	癸丑
대운	남	1	1	1	1	소한	10	9	9	9	8	8	8	7	7	7	6	6	6	5	대한	5	4	4	4	3	3	3	2	2	2	1
	여	8	9	9	9		1	1	1	1	2	2	2	3	3	3	4	4	4	5		5	6	6	6	7	7	7	8	8	8	9

양력 2월 입춘절(丙寅月) 立春 2월4일 8시51분 雨水 2월19일 4시44분

양력		1	2	3	4	5	6	7	8	9	10	11	12	13	14	15	16	17	18	19	20	21	22	23	24	25	26	27	28
요일		火	水	木	金	土	日	月	火	水	木	金	土	日	月	火	水	木	金	土	日	月	火	水	木	金	土	日	月
음력		1/9	10	11	12	13	14	15	16	17	18	19	20	21	22	23	24	25	26	27	28	29	30	2/1	2	3	4	5	6
일진		甲寅	乙卯	丙辰	丁巳	戊午	己未	庚申	辛酉	壬戌	癸亥	甲子	乙丑	丙寅	丁卯	戊辰	己巳	庚午	辛未	壬申	癸酉	甲戌	乙亥	丙子	丁丑	戊寅	己卯	庚辰	辛巳
대운	남	1	1	1	입춘	1	1	1	1	2	2	2	3	3	3	4	4	4	5	우수	5	6	6	6	7	7	7	8	8
	여	9	9	10		10	9	9	9	8	8	8	7	7	7	6	6	6	5		5	4	4	4	3	3	3	2	2

양력 3월 경칩절(丁卯月) 驚蟄 3월6일 2시42분 春分 3월21일 3시31분

양력		1	2	3	4	5	6	7	8	9	10	11	12	13	14	15	16	17	18	19	20	21	22	23	24	25	26	27	28	29	30	31
요일		火	水	木	金	土	日	月	火	水	木	金	土	日	月	火	水	木	金	土	日	月	火	水	木	金	土	日	月	火	水	木
음력		2/7	8	9	10	11	12	13	14	15	16	17	18	19	20	21	22	23	24	25	26	27	28	29	30	3/1	2	3	4	5	6	7
일진		壬午	癸未	甲申	乙酉	丙戌	丁亥	戊子	己丑	庚寅	辛卯	壬辰	癸巳	甲午	乙未	丙申	丁酉	戊戌	己亥	庚子	辛丑	壬寅	癸卯	甲辰	乙巳	丙午	丁未	戊申	己酉	庚戌	辛亥	壬子
대운	남	8	9	9	9	10	경칩	1	1	1	1	2	2	2	3	3	3	4	4	4	5	춘분	5	6	6	6	7	7	7	8	8	8
	여	2	1	1	1	1		10	9	9	9	8	8	8	7	7	7	6	6	6	5		5	4	4	4	3	3	3	2	2	2

양력 4월 청명절(戊辰月) 清明 4월5일 7시14분 穀雨 4월20일 14시16분

양력		1	2	3	4	5	6	7	8	9	10	11	12	13	14	15	16	17	18	19	20	21	22	23	24	25	26	27	28	29	30
요일		金	土	日	月	火	水	木	金	土	日	月	火	水	木	金	土	日	月	火	水	木	金	土	日	月	火	水	木	金	土
음력		3/8	9	10	11	12	13	14	15	16	17	18	19	20	21	22	23	24	25	26	27	28	29	4/1	2	3	4	5	6	7	8
일진		癸丑	甲寅	乙卯	丙辰	丁巳	戊午	己未	庚申	辛酉	壬戌	癸亥	甲子	乙丑	丙寅	丁卯	戊辰	己巳	庚午	辛未	壬申	癸酉	甲戌	乙亥	丙子	丁丑	戊寅	己卯	庚辰	辛巳	壬午
대운	남	9	9	9	10	청명	1	1	1	1	2	2	2	3	3	3	4	4	4	5	곡우	5	6	6	6	7	7	7	8	8	8
	여	1	1	1	1		10	10	9	9	9	8	8	8	7	7	7	6	6	6		5	5	4	4	4	3	3	3	2	2

양력 5월 입하절(己巳月) 立夏 5월6일 0시17분 小滿 5월21일 13시9분

양력		1	2	3	4	5	6	7	8	9	10	11	12	13	14	15	16	17	18	19	20	21	22	23	24	25	26	27	28	29	30	31
요일		日	月	火	水	木	金	土	日	月	火	水	木	金	土	日	月	火	水	木	金	土	日	月	火	水	木	金	土	日	月	火
음력		4/9	10	11	12	13	14	15	16	17	18	19	20	21	22	23	24	25	26	27	28	29	30	5/1	2	3	4	5	6	7	8	9
일진		癸未	甲申	乙酉	丙戌	丁亥	戊子	己丑	庚寅	辛卯	壬辰	癸巳	甲午	乙未	丙申	丁酉	戊戌	己亥	庚子	辛丑	壬寅	癸卯	甲辰	乙巳	丙午	丁未	戊申	己酉	庚戌	辛亥	壬子	癸丑
대운	남	9	9	9	10	10	입하	1	1	1	1	2	2	2	3	3	3	4	4	4	5	소만	5	6	6	6	7	7	7	8	8	8
	여	2	1	1	1	1		10	10	9	9	9	8	8	8	7	7	7	6	6	6		5	5	4	4	4	3	3	3	2	2

양력 6월 망종절(庚午月) 芒種 6월6일 4시14분 夏至 6월21일 20시56분

양력		1	2	3	4	5	6	7	8	9	10	11	12	13	14	15	16	17	18	19	20	21	22	23	24	25	26	27	28	29	30
요일		水	木	金	土	日	月	火	水	木	金	土	日	月	火	水	木	金	土	日	月	火	水	木	金	土	日	月	火	水	木
음력		5/10	11	12	13	14	15	16	17	18	19	20	21	22	23	24	25	26	27	28	29	30	윤1	2	3	4	5	6	7	8	9
일진		甲寅	乙卯	丙辰	丁巳	戊午	己未	庚申	辛酉	壬戌	癸亥	甲子	乙丑	丙寅	丁卯	戊辰	己巳	庚午	辛未	壬申	癸酉	甲戌	乙亥	丙子	丁丑	戊寅	己卯	庚辰	辛巳	壬午	癸未
대운	남	9	9	9	10	10	망종	1	1	1	1	2	2	2	3	3	3	4	4	4	5	하지	5	6	6	6	7	7	7	8	8
	여	2	1	1	1	1		10	10	9	9	9	8	8	8	7	7	7	6	6	6		5	5	4	4	4	3	3	3	2

▶윤달–5월

己未年

양력 7월 소서절(辛未月) 小暑 7월7일 14시25분 大暑 7월23일 7시47분

양력	1	2	3	4	5	6	7	8	9	10	11	12	13	14	15	16	17	18	19	20	21	22	23	24	25	26	27	28	29	30	31
요일	金	土	日	月	火	水	木	金	土	日	月	火	水	木	金	土	日	月	火	水	木	金	土	日	月	火	水	木	金	土	日
음력	윤10	11	12	13	14	15	16	17	18	19	20	21	22	23	24	25	26	27	28	29	6/1	2	3	4	5	6	7	8	9	10	11
일진	甲申	乙酉	丙戌	丁亥	戊子	己丑	庚寅	辛卯	壬辰	癸巳	甲午	乙未	丙申	丁酉	戊戌	己亥	庚子	辛丑	壬寅	癸卯	甲辰	乙巳	丙午	丁未	戊申	己酉	庚戌	辛亥	壬子	癸丑	甲寅
대운 남	8	9	9	9	10	10	소	1	1	1	1	2	2	2	3	3	3	4	4	4	5	5	대	6	6	6	7	7	7	8	8
대운 여	2	2	1	1	1	1	서	10	10	10	9	9	9	8	8	8	7	7	7	6	6	6	서	5	5	4	4	4	3	3	3

양력 8월 입추절(壬申月) 立秋 8월8일 0시17분 處暑 8월23일 14시57분

양력	1	2	3	4	5	6	7	8	9	10	11	12	13	14	15	16	17	18	19	20	21	22	23	24	25	26	27	28	29	30	31
요일	月	火	水	木	金	土	日	月	火	水	木	金	土	日	月	火	水	木	金	土	日	月	火	水	木	金	土	日	月	火	水
음력	6/12	13	14	15	16	17	18	19	20	21	22	23	24	25	26	27	28	29	30	7/1	2	3	4	5	6	7	8	9	10	11	12
일진	乙卯	丙辰	丁巳	戊午	己未	庚申	辛酉	壬戌	癸亥	甲子	乙丑	丙寅	丁卯	戊辰	己巳	庚午	辛未	壬申	癸酉	甲戌	乙亥	丙子	丁丑	戊寅	己卯	庚辰	辛巳	壬午	癸未	甲申	乙酉
대운 남	8	9	9	9	10	10	10	입	1	1	1	1	2	2	2	3	3	3	4	4	4	5	처	5	6	6	6	7	7	7	8
대운 여	2	2	2	1	1	1	1	추	10	10	9	9	9	8	8	8	7	7	7	6	6	6	서	5	5	4	4	4	3	3	3

양력 9월 백로절(癸酉月) 白露 9월8일 3시23분 秋分 9월23일 12시48분

양력	1	2	3	4	5	6	7	8	9	10	11	12	13	14	15	16	17	18	19	20	21	22	23	24	25	26	27	28	29	30
요일	木	金	土	日	月	火	水	木	金	土	日	月	火	水	木	金	土	日	月	火	水	木	金	土	日	月	火	水	木	金
음력	7/13	14	15	16	17	18	19	20	21	22	23	24	25	26	27	28	29	8/1	2	3	4	5	6	7	8	9	10	11	12	13
일진	丙戌	丁亥	戊子	己丑	庚寅	辛卯	壬辰	癸巳	甲午	乙未	丙申	丁酉	戊戌	己亥	庚子	辛丑	壬寅	癸卯	甲辰	乙巳	丙午	丁未	戊申	己酉	庚戌	辛亥	壬子	癸丑	甲寅	乙卯
대운 남	8	8	9	9	9	10	10	백	1	1	1	1	2	2	2	3	3	3	4	4	4	5	추	5	6	6	6	7	7	7
대운 여	2	2	2	1	1	1	1	로	10	9	9	9	8	8	8	7	7	7	6	6	6	5	분	5	4	4	4	3	3	3

양력 10월 한로절(甲戌月) 寒露 10월8일 19시16분 霜降 10월23일 22시24분

양력	1	2	3	4	5	6	7	8	9	10	11	12	13	14	15	16	17	18	19	20	21	22	23	24	25	26	27	28	29	30	31
요일	土	日	月	火	水	木	金	土	日	月	火	水	木	金	土	日	月	火	水	木	金	土	日	月	火	水	木	金	土	日	月
음력	8/14	15	16	17	18	19	20	21	22	23	24	25	26	27	28	29	30	9/1	2	3	4	5	6	7	8	9	10	11	12	13	14
일진	丙辰	丁巳	戊午	己未	庚申	辛酉	壬戌	癸亥	甲子	乙丑	丙寅	丁卯	戊辰	己巳	庚午	辛未	壬申	癸酉	甲戌	乙亥	丙子	丁丑	戊寅	己卯	庚辰	辛巳	壬午	癸未	甲申	乙酉	丙戌
대운 남	8	8	8	9	9	9	10	한	1	1	1	1	2	2	2	3	3	3	4	4	4	5	상	5	6	6	6	7	7	7	8
대운 여	2	2	2	1	1	1	1	로	10	9	9	9	8	8	8	7	7	7	6	6	6	5	강	5	4	4	4	3	3	3	2

양력 11월 입동절(乙亥月) 立冬 11월7일 22시41분 小雪 11월22일 20시11분

양력	1	2	3	4	5	6	7	8	9	10	11	12	13	14	15	16	17	18	19	20	21	22	23	24	25	26	27	28	29	30
요일	火	水	木	金	土	日	月	火	水	木	金	土	日	月	火	水	木	金	土	日	月	火	水	木	金	土	日	月	火	水
음력	9/15	16	17	18	19	20	21	22	23	24	25	26	27	28	29	10/1	2	3	4	5	6	7	8	9	10	11	12	13	14	15
일진	丁亥	戊子	己丑	庚寅	辛卯	壬辰	癸巳	甲午	乙未	丙申	丁酉	戊戌	己亥	庚子	辛丑	壬寅	癸卯	甲辰	乙巳	丙午	丁未	戊申	己酉	庚戌	辛亥	壬子	癸丑	甲寅	乙卯	丙辰
대운 남	8	8	9	9	9	10	입	1	1	1	1	2	2	2	3	3	3	4	4	4	5	소	5	6	6	6	7	7	7	8
대운 여	2	2	1	1	1	1	동	10	9	9	9	8	8	8	7	7	7	6	6	6	5	설	5	4	4	4	3	3	3	2

양력 12월 대설절(丙子月) 大雪 12월7일 15시44분 冬至 12월22일 9시39분

양력	1	2	3	4	5	6	7	8	9	10	11	12	13	14	15	16	17	18	19	20	21	22	23	24	25	26	27	28	29	30	31
요일	木	金	土	日	月	火	水	木	金	土	日	月	火	水	木	金	土	日	月	火	水	木	金	土	日	月	火	水	木	金	土
음력	10/16	17	18	19	20	21	22	23	24	25	26	27	28	29	30	11/1	2	3	4	5	6	7	8	9	10	11	12	13	14	15	16
일진	丁巳	戊午	己未	庚申	辛酉	壬戌	癸亥	甲子	乙丑	丙寅	丁卯	戊辰	己巳	庚午	辛未	壬申	癸酉	甲戌	乙亥	丙子	丁丑	戊寅	己卯	庚辰	辛巳	壬午	癸未	甲申	乙酉	丙戌	丁亥
대운 남	8	8	9	9	9	10	대	1	1	1	1	2	2	2	3	3	3	4	4	4	5	동	5	6	6	6	7	7	7	8	8
대운 여	2	2	1	1	1	1	설	10	9	9	9	8	8	8	7	7	7	6	6	6	5	지	5	4	4	4	3	3	3	2	2

서기 2040년 [단기 4373년]

양력 1월 소한절(丁丑月) 小寒 1월6일 3시2분 大寒 1월20일 20시20분

양력	1	2	3	4	5	6	7	8	9	10	11	12	13	14	15	16	17	18	19	20	21	22	23	24	25	26	27	28	29	30	31
요일	日	月	火	水	木	金	土	日	月	火	水	木	金	土	日	月	火	水	木	金	土	日	月	火	水	木	金	土	日	月	火
음력	11/17	18	19	20	21	22	23	24	25	26	27	28	29	12/1	2	3	4	5	6	7	8	9	10	11	12	13	14	15	16	17	18
일진	戊子	己丑	庚寅	辛卯	壬辰	癸巳	甲午	乙未	丙申	丁酉	戊戌	己亥	庚子	辛丑	壬寅	癸卯	甲辰	乙巳	丙午	丁未	戊申	己酉	庚戌	辛亥	壬子	癸丑	甲寅	乙卯	丙辰	丁巳	戊午
대운 남	8	9	9	9	10	소한	1	1	1	1	2	2	2	3	3	3	4	4	4	대한	5	5	6	6	6	7	7	7	8	8	8
대운 여	2	1	1	1	1		9	9	9	8	8	8	7	7	7	6	6	6	5		5	4	4	4	3	3	3	2	2	2	1

양력 2월 입춘절(戊寅月) 立春 2월4일 14시38분 雨水 2월19일 10시22분

양력	1	2	3	4	5	6	7	8	9	10	11	12	13	14	15	16	17	18	19	20	21	22	23	24	25	26	27	28	29		
요일	水	木	金	土	日	月	火	水	木	金	土	日	月	火	水	木	金	土	日	月	火	水	木	金	土	日	月	火	水		
음력	12/19	20	21	22	23	24	25	26	27	28	29	1/1	2	3	4	5	6	7	8	9	10	11	12	13	14	15	16	17	18		
일진	己未	庚申	辛酉	壬戌	癸亥	甲子	乙丑	丙寅	丁卯	戊辰	己巳	庚午	辛未	壬申	癸酉	甲戌	乙亥	丙子	丁丑	戊寅	己卯	庚辰	辛巳	壬午	癸未	甲申	乙酉	丙戌	丁亥		
대운 남	9	9	9	입춘	10	9	9	9	8	8	8	7	7	7	6	6	6	5	우수	5	4	4	4	3	3	3	2	2	2		
대운 여	1	1	1		1	1	1	1	2	2	2	3	3	3	4	4	4	5		5	6	6	6	7	7	7	8	8	8		

양력 3월 경칩절(己卯月) 驚蟄 3월5일 8시30분 春分 3월20일 9시10분

양력	1	2	3	4	5	6	7	8	9	10	11	12	13	14	15	16	17	18	19	20	21	22	23	24	25	26	27	28	29	30	31
요일	木	金	土	日	月	火	水	木	金	土	日	月	火	水	木	金	土	日	月	火	水	木	金	土	日	月	火	水	木	金	土
음력	1/19	20	21	22	23	24	25	26	27	28	29	30	2/1	2	3	4	5	6	7	8	9	10	11	12	13	14	15	16	17	18	19
일진	戊子	己丑	庚寅	辛卯	壬辰	癸巳	甲午	乙未	丙申	丁酉	戊戌	己亥	庚子	辛丑	壬寅	癸卯	甲辰	乙巳	丙午	丁未	戊申	己酉	庚戌	辛亥	壬子	癸丑	甲寅	乙卯	丙辰	丁巳	戊午
대운 남	1	1	1	1	경칩	10	9	9	9	8	8	8	7	7	7	6	6	6	5	춘분	5	4	4	4	3	3	3	2	2	2	1
대운 여	9	9	9	10		1	1	1	1	2	2	2	3	3	3	4	4	4	5		5	6	6	6	7	7	7	8	8	8	9

양력 4월 청명절(庚辰月) 淸明 4월4일 13시4분 穀雨 4월19일 19시58분

양력	1	2	3	4	5	6	7	8	9	10	11	12	13	14	15	16	17	18	19	20	21	22	23	24	25	26	27	28	29	30	
요일	日	月	火	水	木	金	土	日	月	火	水	木	金	土	日	月	火	水	木	金	土	日	月	火	水	木	金	土	日	月	
음력	2/20	21	22	23	24	25	26	27	28	29	3/1	2	3	4	5	6	7	8	9	10	11	12	13	14	15	16	17	18	19	20	
일진	己未	庚申	辛酉	壬戌	癸亥	甲子	乙丑	丙寅	丁卯	戊辰	己巳	庚午	辛未	壬申	癸酉	甲戌	乙亥	丙子	丁丑	戊寅	己卯	庚辰	辛巳	壬午	癸未	甲申	乙酉	丙戌	丁亥	戊子	
대운 남	1	1	1	청명	10	10	9	9	9	8	8	8	7	7	7	6	6	6	곡우	5	5	4	4	4	3	3	3	2	2	2	
대운 여	9	9	10		1	1	1	1	2	2	2	3	3	3	4	4	4	5		5	6	6	6	7	7	7	8	8	8	9	

양력 5월 입하절(辛巳月) 立夏 5월5일 6시8분 小滿 5월20일 18시54분

양력	1	2	3	4	5	6	7	8	9	10	11	12	13	14	15	16	17	18	19	20	21	22	23	24	25	26	27	28	29	30	31
요일	火	水	木	金	土	日	月	火	水	木	金	土	日	月	火	水	木	金	土	日	月	火	水	木	金	土	日	月	火	水	木
음력	3/21	22	23	24	25	26	27	28	29	30	4/1	2	3	4	5	6	7	8	9	10	11	12	13	14	15	16	17	18	19	20	21
일진	己丑	庚寅	辛卯	壬辰	癸巳	甲午	乙未	丙申	丁酉	戊戌	己亥	庚子	辛丑	壬寅	癸卯	甲辰	乙巳	丙午	丁未	戊申	己酉	庚戌	辛亥	壬子	癸丑	甲寅	乙卯	丙辰	丁巳	戊午	己未
대운 남	1	1	1	1	입하	10	10	9	9	9	8	8	8	7	7	7	6	6	6	소만	5	5	4	4	4	3	3	3	2	2	2
대운 여	9	9	10	10		1	1	1	1	2	2	2	3	3	3	4	4	4	5		5	6	6	6	7	7	7	8	8	8	9

양력 6월 망종절(壬午月) 芒種 6월5일 10시7분 夏至 6월21일 2시45분

양력	1	2	3	4	5	6	7	8	9	10	11	12	13	14	15	16	17	18	19	20	21	22	23	24	25	26	27	28	29	30	
요일	金	土	日	月	火	水	木	金	土	日	月	火	水	木	金	土	日	月	火	水	木	金	土	日	月	火	水	木	金	土	
음력	4/22	23	24	25	26	27	28	29	30	5/1	2	3	4	5	6	7	8	9	10	11	12	13	14	15	16	17	18	19	20	21	
일진	庚申	辛酉	壬戌	癸亥	甲子	乙丑	丙寅	丁卯	戊辰	己巳	庚午	辛未	壬申	癸酉	甲戌	乙亥	丙子	丁丑	戊寅	己卯	庚辰	辛巳	壬午	癸未	甲申	乙酉	丙戌	丁亥	戊子	己丑	
대운 남	1	1	1	1	망종	10	10	9	9	9	8	8	8	7	7	7	6	6	6	5	하지	5	4	4	4	3	3	3	2	2	
대운 여	9	9	10	10		1	1	1	1	2	2	2	3	3	3	4	4	4	5	5		6	6	6	7	7	7	8	8	8	

庚申年

양력 7월 소서절(癸未月) 小暑 7월6일 20시18분 大暑 7월22일 13시39분

양력	1	2	3	4	5	6	7	8	9	10	11	12	13	14	15	16	17	18	19	20	21	22	23	24	25	26	27	28	29	30	31
요일	日	月	火	水	木	金	土	日	月	火	水	木	金	土	日	月	火	水	木	金	土	日	月	火	水	木	金	土	日	月	火
음력	5/22	23	24	25	26	27	28	29	6/1	2	3	4	5	6	7	8	9	10	11	12	13	14	15	16	17	18	19	20	21	22	23
일진	庚寅	辛卯	壬辰	癸巳	甲午	乙未	丙申	丁酉	戊戌	己亥	庚子	辛丑	壬寅	癸卯	甲辰	乙巳	丙午	丁未	戊申	己酉	庚戌	辛亥	壬子	癸丑	甲寅	乙卯	丙辰	丁巳	戊午	己未	庚申
대운 남	2	1	1	1	1	소서	10	10	10	9	9	9	8	8	8	7	7	7	6	6	6	대서	5	5	4	4	4	3	3	3	2
대운 여	9	9	9	10	10	소서	1	1	1	1	2	2	2	3	3	3	4	4	4	5	5	대서	6	6	6	7	7	7	8	8	8

양력 8월 입추절(甲申月) 立秋 8월7일 6시9분 處暑 8월22일 20시52분

양력	1	2	3	4	5	6	7	8	9	10	11	12	13	14	15	16	17	18	19	20	21	22	23	24	25	26	27	28	29	30	31
요일	水	木	金	土	日	月	火	水	木	金	土	日	月	火	水	木	金	土	日	月	火	水	木	金	土	日	月	火	水	木	金
음력	6/24	25	26	27	28	29	30	7/1	2	3	4	5	6	7	8	9	10	11	12	13	14	15	16	17	18	19	20	21	22	23	24
일진	辛酉	壬戌	癸亥	甲子	乙丑	丙寅	丁卯	戊辰	己巳	庚午	辛未	壬申	癸酉	甲戌	乙亥	丙子	丁丑	戊寅	己卯	庚辰	辛巳	壬午	癸未	甲申	乙酉	丙戌	丁亥	戊子	己丑	庚寅	辛卯
대운 남	2	2	1	1	1	1	입추	10	10	9	9	9	8	8	8	7	7	7	6	6	6	처서	5	5	4	4	4	3	3	3	2
대운 여	9	9	9	10	10	10	입추	1	1	1	1	2	2	2	3	3	3	4	4	4	5	처서	5	6	6	6	7	7	7	8	8

양력 9월 백로절(乙酉月) 白露 9월7일 9시13분 秋分 9월22일 18시43분

양력	1	2	3	4	5	6	7	8	9	10	11	12	13	14	15	16	17	18	19	20	21	22	23	24	25	26	27	28	29	30
요일	土	日	月	火	水	木	金	土	日	月	火	水	木	金	土	日	月	火	水	木	金	土	日	月	火	水	木	金	土	日
음력	7/25	26	27	28	29	30	8/1	2	3	4	5	6	7	8	9	10	11	12	13	14	15	16	17	18	19	20	21	22	23	24
일진	壬辰	癸巳	甲午	乙未	丙申	丁酉	戊戌	己亥	庚子	辛丑	壬寅	癸卯	甲辰	乙巳	丙午	丁未	戊申	己酉	庚戌	辛亥	壬子	癸丑	甲寅	乙卯	丙辰	丁巳	戊午	己未	庚申	辛酉
대운 남	2	2	1	1	1	1	백로	10	10	9	9	9	8	8	8	7	7	7	6	6	6	추분	5	5	4	4	4	3	3	3
대운 여	8	9	9	9	10	10	백로	1	1	1	1	2	2	2	3	3	3	4	4	4	5	추분	5	6	6	6	7	7	7	8

양력 10월 한로절(丙戌月) 寒露 10월8일 1시4분 霜降 10월23일 4시18분

양력	1	2	3	4	5	6	7	8	9	10	11	12	13	14	15	16	17	18	19	20	21	22	23	24	25	26	27	28	29	30	31
요일	月	火	水	木	金	土	日	月	火	水	木	金	土	日	月	火	水	木	金	土	日	月	火	水	木	金	土	日	月	火	水
음력	8/25	26	27	28	29	9/1	2	3	4	5	6	7	8	9	10	11	12	13	14	15	16	17	18	19	20	21	22	23	24	25	26
일진	壬戌	癸亥	甲子	乙丑	丙寅	丁卯	戊辰	己巳	庚午	辛未	壬申	癸酉	甲戌	乙亥	丙子	丁丑	戊寅	己卯	庚辰	辛巳	壬午	癸未	甲申	乙酉	丙戌	丁亥	戊子	己丑	庚寅	辛卯	壬辰
대운 남	2	2	2	1	1	1	1	한로	10	9	9	9	8	8	8	7	7	7	6	6	6	5	상강	5	4	4	4	3	3	3	2
대운 여	8	8	9	9	9	10	10	한로	1	1	1	1	2	2	2	3	3	3	4	4	4	5	상강	5	6	6	6	7	7	7	8

양력 11월 입동절(丁亥月) 立冬 11월7일 4시28분 小雪 11월22일 2시4분

양력	1	2	3	4	5	6	7	8	9	10	11	12	13	14	15	16	17	18	19	20	21	22	23	24	25	26	27	28	29	30
요일	木	金	土	日	月	火	水	木	金	土	日	月	火	水	木	金	土	日	月	火	水	木	金	土	日	月	火	水	木	金
음력	9/27	28	29	30	10/1	2	3	4	5	6	7	8	9	10	11	12	13	14	15	16	17	18	19	20	21	22	23	24	25	26
일진	癸巳	甲午	乙未	丙申	丁酉	戊戌	己亥	庚子	辛丑	壬寅	癸卯	甲辰	乙巳	丙午	丁未	戊申	己酉	庚戌	辛亥	壬子	癸丑	甲寅	乙卯	丙辰	丁巳	戊午	己未	庚申	辛酉	壬戌
대운 남	2	2	1	1	1	1	입동	9	9	9	8	8	8	7	7	7	6	6	6	5	5	소설	4	4	4	3	3	3	2	2
대운 여	8	8	9	9	9	10	입동	1	1	1	1	2	2	2	3	3	3	4	4	4	5	소설	5	6	6	6	7	7	7	8

양력 12월 대설절(戊子月) 大雪 12월6일 21시29분 冬至 12월21일 15시31분

양력	1	2	3	4	5	6	7	8	9	10	11	12	13	14	15	16	17	18	19	20	21	22	23	24	25	26	27	28	29	30	31
요일	土	日	月	火	水	木	金	土	日	月	火	水	木	金	土	日	月	火	水	木	金	土	日	月	火	水	木	金	土	日	月
음력	10/27	28	29	11/1	2	3	4	5	6	7	8	9	10	11	12	13	14	15	16	17	18	19	20	21	22	23	24	25	26	27	28
일진	癸亥	甲子	乙丑	丙寅	丁卯	戊辰	己巳	庚午	辛未	壬申	癸酉	甲戌	乙亥	丙子	丁丑	戊寅	己卯	庚辰	辛巳	壬午	癸未	甲申	乙酉	丙戌	丁亥	戊子	己丑	庚寅	辛卯	壬辰	癸巳
대운 남	2	1	1	1	1	대설	10	9	9	9	8	8	8	7	7	7	6	6	6	5	동지	5	4	4	4	3	3	3	2	2	2
대운 여	8	8	9	9	9	대설	1	1	1	1	2	2	2	3	3	3	4	4	4	5	동지	5	6	6	6	7	7	7	8	8	8

서기 2041년 [단기 4374년]

양력 1월 소한절(己丑月) 小寒 1월5일 8시47분 大寒 1월20일 2시12분

양력	1	2	3	4	5	6	7	8	9	10	11	12	13	14	15	16	17	18	19	20	21	22	23	24	25	26	27	28	29	30	31
요일	火	水	木	金	土	日	月	火	水	木	金	土	日	月	火	水	木	金	土	日	月	火	水	木	金	土	日	月	火	水	木
음력	11/29	30	12/1	2	3	4	5	6	7	8	9	10	11	12	13	14	15	16	17	18	19	20	21	22	23	24	25	26	27	28	29
일진	甲午	乙未	丙申	丁酉	戊戌	己亥	庚子	辛丑	壬寅	癸卯	甲辰	乙巳	丙午	丁未	戊申	己酉	庚戌	辛亥	壬子	癸丑	甲寅	乙卯	丙辰	丁巳	戊午	己未	庚申	辛酉	壬戌	癸亥	甲子
대운 남	1	1	1	1	소	9	9	9	8	8	8	7	7	7	6	6	6	5	5	대	4	4	4	3	3	3	2	2	2	1	1
대운 여	9	9	9	10	한	1	1	1	1	2	2	2	3	3	3	4	4	4	5	한	5	6	6	6	7	7	7	8	8	8	9

양력 2월 입춘절(庚寅月) 立春 2월3일 20시24분 雨水 2월18일 16시16분

양력	1	2	3	4	5	6	7	8	9	10	11	12	13	14	15	16	17	18	19	20	21	22	23	24	25	26	27	28			
요일	金	土	日	月	火	水	木	金	土	日	月	火	水	木	金	土	日	月	火	水	木	金	土	日	月	火	水	木			
음력	1/1	2	3	4	5	6	7	8	9	10	11	12	13	14	15	16	17	18	19	20	21	22	23	24	25	26	27	28			
일진	乙丑	丙寅	丁卯	戊辰	己巳	庚午	辛未	壬申	癸酉	甲戌	乙亥	丙子	丁丑	戊寅	己卯	庚辰	辛巳	壬午	癸未	甲申	乙酉	丙戌	丁亥	戊子	己丑	庚寅	辛卯	壬辰			
대운 남	1	1	입	1	1	1	1	2	2	2	3	3	3	4	4	4	5	우	5	6	6	6	7	7	7	8	8	8			
대운 여	9	9	춘	10	9	9	9	8	8	8	7	7	7	6	6	6	5	수	5	4	4	4	3	3	3	2	2	2			

양력 3월 경칩절(辛卯月) 驚蟄 3월5일 14시16분 春分 3월20일 15시5분

양력	1	2	3	4	5	6	7	8	9	10	11	12	13	14	15	16	17	18	19	20	21	22	23	24	25	26	27	28	29	30	31
요일	金	土	日	月	火	水	木	金	土	日	月	火	水	木	金	土	日	月	火	水	木	金	土	日	月	火	水	木	金	土	日
음력	1/29	30	2/1	2	3	4	5	6	7	8	9	10	11	12	13	14	15	16	17	18	19	20	21	22	23	24	25	26	27	28	29
일진	癸巳	甲午	乙未	丙申	丁酉	戊戌	己亥	庚子	辛丑	壬寅	癸卯	甲辰	乙巳	丙午	丁未	戊申	己酉	庚戌	辛亥	壬子	癸丑	甲寅	乙卯	丙辰	丁巳	戊午	己未	庚申	辛酉	壬戌	癸亥
대운 남	9	9	9	10	경	1	1	1	1	2	2	2	3	3	3	4	4	4	5	춘	5	6	6	6	7	7	7	8	8	8	9
대운 여	1	1	1	1	칩	10	9	9	9	8	8	8	7	7	7	6	6	6	5	분	5	4	4	4	3	3	3	2	2	2	1

양력 4월 청명절(壬辰月) 清明 4월4일 18시51분 穀雨 4월20일 1시53분

양력	1	2	3	4	5	6	7	8	9	10	11	12	13	14	15	16	17	18	19	20	21	22	23	24	25	26	27	28	29	30	
요일	月	火	水	木	金	土	日	月	火	水	木	金	土	日	月	火	水	木	金	土	日	月	火	水	木	金	土	日	月	火	
음력	3/1	2	3	4	5	6	7	8	9	10	11	12	13	14	15	16	17	18	19	20	21	22	23	24	25	26	27	28	29	4/1	
일진	甲子	乙丑	丙寅	丁卯	戊辰	己巳	庚午	辛未	壬申	癸酉	甲戌	乙亥	丙子	丁丑	戊寅	己卯	庚辰	辛巳	壬午	癸未	甲申	乙酉	丙戌	丁亥	戊子	己丑	庚寅	辛卯	壬辰	癸巳	
대운 남	9	9	10	청	1	1	1	1	2	2	2	3	3	3	4	4	4	5	5	곡	6	6	6	7	7	7	8	8	8	9	
대운 여	1	1	1	명	10	10	9	9	9	8	8	8	7	7	7	6	6	6	5	우	5	4	4	4	3	3	3	2	2	2	

양력 5월 입하절(癸巳月) 立夏 5월5일 11시53분 小滿 5월21일 0시47분

양력	1	2	3	4	5	6	7	8	9	10	11	12	13	14	15	16	17	18	19	20	21	22	23	24	25	26	27	28	29	30	31
요일	水	木	金	土	日	月	火	水	木	金	土	日	月	火	水	木	金	土	日	月	火	水	木	金	土	日	月	火	水	木	金
음력	4/2	3	4	5	6	7	8	9	10	11	12	13	14	15	16	17	18	19	20	21	22	23	24	25	26	27	28	29	30	5/1	2
일진	甲午	乙未	丙申	丁酉	戊戌	己亥	庚子	辛丑	壬寅	癸卯	甲辰	乙巳	丙午	丁未	戊申	己酉	庚戌	辛亥	壬子	癸丑	甲寅	乙卯	丙辰	丁巳	戊午	己未	庚申	辛酉	壬戌	癸亥	甲子
대운 남	9	9	10	10	입	1	1	1	1	2	2	2	3	3	3	4	4	4	5	5	소	6	6	6	7	7	7	8	8	8	9
대운 여	1	1	1	1	하	10	10	9	9	9	8	8	8	7	7	7	6	6	6	5	만	5	4	4	4	3	3	3	2	2	2

양력 6월 망종절(甲午月) 芒種 6월5일 15시48분 夏至 6월21일 8시34분

양력	1	2	3	4	5	6	7	8	9	10	11	12	13	14	15	16	17	18	19	20	21	22	23	24	25	26	27	28	29	30	
요일	土	日	月	火	水	木	金	土	日	月	火	水	木	金	土	日	月	火	水	木	金	土	日	月	火	水	木	金	土	日	
음력	5/3	4	5	6	7	8	9	10	11	12	13	14	15	16	17	18	19	20	21	22	23	24	25	26	27	28	29	6/1	2	3	
일진	乙丑	丙寅	丁卯	戊辰	己巳	庚午	辛未	壬申	癸酉	甲戌	乙亥	丙子	丁丑	戊寅	己卯	庚辰	辛巳	壬午	癸未	甲申	乙酉	丙戌	丁亥	戊子	己丑	庚寅	辛卯	壬辰	癸巳	甲午	
대운 남	9	9	10	10	망	1	1	1	1	2	2	2	3	3	3	4	4	4	5	5	하	6	6	6	7	7	7	8	8	8	
대운 여	1	1	1	1	종	10	10	10	9	9	9	8	8	8	7	7	7	6	6	6	지	5	5	4	4	4	3	3	3	2	

辛酉年

양력 7월 소서절(乙未月) 小暑 7월7일 1시57분 大暑 7월22일 19시25분

양력	1	2	3	4	5	6	7	8	9	10	11	12	13	14	15	16	17	18	19	20	21	22	23	24	25	26	27	28	29	30	31
요일	月	火	水	木	金	土	日	月	火	水	木	金	土	日	月	火	水	木	金	土	日	月	火	水	木	金	土	日	月	火	水
음력	6/4	5	6	7	8	9	10	11	12	13	14	15	16	17	18	19	20	21	22	23	24	25	26	27	28	29	30	7/1	2	3	4
일진	乙未	丙申	丁酉	戊戌	己亥	庚子	辛丑	壬寅	癸卯	甲辰	乙巳	丙午	丁未	戊申	己酉	庚戌	辛亥	壬子	癸丑	甲寅	乙卯	丙辰	丁巳	戊午	己未	庚申	辛酉	壬戌	癸亥	甲子	乙丑
대운 남	9	9	9	10	10	10	소서	1	1	1	1	2	2	2	3	3	3	4	4	4	5	대서	5	6	6	6	7	7	7	8	8
대운 여	2	2	1	1	1	1		10	10	9	9	9	8	8	8	7	7	7	6	6	6		5	5	4	4	4	3	3	3	2

양력 8월 입추절(丙申月) 立秋 8월7일 11시47분 處暑 8월23일 2시35분

양력	1	2	3	4	5	6	7	8	9	10	11	12	13	14	15	16	17	18	19	20	21	22	23	24	25	26	27	28	29	30	31
요일	木	金	土	日	月	火	水	木	金	土	日	月	火	水	木	金	土	日	月	火	水	木	金	土	日	月	火	水	木	金	土
음력	7/5	6	7	8	9	10	11	12	13	14	15	16	17	18	19	20	21	22	23	24	25	26	27	28	29	30	8/1	2	3	4	5
일진	丙寅	丁卯	戊辰	己巳	庚午	辛未	壬申	癸酉	甲戌	乙亥	丙子	丁丑	戊寅	己卯	庚辰	辛巳	壬午	癸未	甲申	乙酉	丙戌	丁亥	戊子	己丑	庚寅	辛卯	壬辰	癸巳	甲午	乙未	丙申
대운 남	8	9	9	9	10	10	입추	1	1	1	1	2	2	2	3	3	3	4	4	4	5	5	처서	6	6	6	7	7	7	8	8
대운 여	2	2	1	1	1	1		10	10	9	9	9	8	8	8	7	7	7	6	6	6	5		5	4	4	4	3	3	3	2

양력 9월 백로절(丁酉月) 白露 9월7일 14시52분 秋分 9월23일 0시25분

양력	1	2	3	4	5	6	7	8	9	10	11	12	13	14	15	16	17	18	19	20	21	22	23	24	25	26	27	28	29	30
요일	日	月	火	水	木	金	土	日	月	火	水	木	金	土	日	月	火	水	木	金	土	日	月	火	水	木	金	土	日	月
음력	8/6	7	8	9	10	11	12	13	14	15	16	17	18	19	20	21	22	23	24	25	26	27	28	29	9/1	2	3	4	5	6
일진	丁酉	戊戌	己亥	庚子	辛丑	壬寅	癸卯	甲辰	乙巳	丙午	丁未	戊申	己酉	庚戌	辛亥	壬子	癸丑	甲寅	乙卯	丙辰	丁巳	戊午	己未	庚申	辛酉	壬戌	癸亥	甲子	乙丑	丙寅
대운 남	8	9	9	9	10	10	백로	1	1	1	1	2	2	2	3	3	3	4	4	4	5	5	추분	6	6	6	7	7	7	8
대운 여	2	2	1	1	1	1		10	10	9	9	9	8	8	8	7	7	7	6	6	6	5		5	4	4	4	3	3	3

양력 10월 한로절(戊戌月) 寒露 10월8일 6시45분 霜降 10월23일 10시0분

양력	1	2	3	4	5	6	7	8	9	10	11	12	13	14	15	16	17	18	19	20	21	22	23	24	25	26	27	28	29	30	31
요일	火	水	木	金	土	日	月	火	水	木	金	土	日	月	火	水	木	金	土	日	月	火	水	木	金	土	日	月	火	水	木
음력	9/7	8	9	10	11	12	13	14	15	16	17	18	19	20	21	22	23	24	25	26	27	28	29	30	10/1	2	3	4	5	6	7
일진	丁卯	戊辰	己巳	庚午	辛未	壬申	癸酉	甲戌	乙亥	丙子	丁丑	戊寅	己卯	庚辰	辛巳	壬午	癸未	甲申	乙酉	丙戌	丁亥	戊子	己丑	庚寅	辛卯	壬辰	癸巳	甲午	乙未	丙申	丁酉
대운 남	8	8	9	9	9	10	10	한로	1	1	1	1	2	2	2	3	3	3	4	4	4	5	상강	5	6	6	6	7	7	7	8
대운 여	2	2	2	1	1	1	1		10	9	9	9	8	8	8	7	7	7	6	6	6	5		5	4	4	4	3	3	3	2

양력 11월 입동절(己亥月) 立冬 11월7일 10시12분 小雪 11월22일 7시48분

양력	1	2	3	4	5	6	7	8	9	10	11	12	13	14	15	16	17	18	19	20	21	22	23	24	25	26	27	28	29	30
요일	金	土	日	月	火	水	木	金	土	日	月	火	水	木	金	土	日	月	火	水	木	金	土	日	月	火	水	木	金	土
음력	10/8	9	10	11	12	13	14	15	16	17	18	19	20	21	22	23	24	25	26	27	28	29	30	11/1	2	3	4	5	6	7
일진	戊戌	己亥	庚子	辛丑	壬寅	癸卯	甲辰	乙巳	丙午	丁未	戊申	己酉	庚戌	辛亥	壬子	癸丑	甲寅	乙卯	丙辰	丁巳	戊午	己未	庚申	辛酉	壬戌	癸亥	甲子	乙丑	丙寅	丁卯
대운 남	8	8	9	9	9	10	입동	1	1	1	1	2	2	2	3	3	3	4	4	4	5	소설	5	6	6	6	7	7	7	8
대운 여	2	2	1	1	1	1		10	9	9	9	8	8	8	7	7	7	6	6	6	5		5	4	4	4	3	3	3	2

양력 12월 대설절(庚子月) 大雪 12월7일 3시14분 冬至 12월21일 21시17분

양력	1	2	3	4	5	6	7	8	9	10	11	12	13	14	15	16	17	18	19	20	21	22	23	24	25	26	27	28	29	30	31
요일	日	月	火	水	木	金	土	日	月	火	水	木	金	土	日	月	火	水	木	金	土	日	月	火	水	木	金	土	日	月	火
음력	11/8	9	10	11	12	13	14	15	16	17	18	19	20	21	22	23	24	25	26	27	28	29	12/1	2	3	4	5	6	7	8	9
일진	戊辰	己巳	庚午	辛未	壬申	癸酉	甲戌	乙亥	丙子	丁丑	戊寅	己卯	庚辰	辛巳	壬午	癸未	甲申	乙酉	丙戌	丁亥	戊子	己丑	庚寅	辛卯	壬辰	癸巳	甲午	乙未	丙申	丁酉	戊戌
대운 남	8	8	9	9	9	10	대설	1	1	1	1	2	2	2	3	3	3	4	4	4	동지	5	5	6	6	6	7	7	7	8	8
대운 여	2	2	1	1	1	1		9	9	9	8	8	8	7	7	7	6	6	6	5		5	4	4	4	3	3	3	2	2	2

서기 2042년 [단기 4375년]

양력 1월 소한절(辛丑月) 小寒 1월5일 14시34분 大寒 1월20일 7시59분

양력	1	2	3	4	5	6	7	8	9	10	11	12	13	14	15	16	17	18	19	20	21	22	23	24	25	26	27	28	29	30	31
요일	水	木	金	土	日	月	火	水	木	金	土	日	月	火	水	木	金	土	日	月	火	水	木	金	土	日	月	火	水	木	金
음력	12/10	11	12	13	14	15	16	17	18	19	20	21	22	23	24	25	26	27	28	29	30	1/1	2	3	4	5	6	7	8	9	10
일진	己亥	庚子	辛丑	壬寅	癸卯	甲辰	乙巳	丙午	丁未	戊申	己酉	庚戌	辛亥	壬子	癸丑	甲寅	乙卯	丙辰	丁巳	戊午	己未	庚申	辛酉	壬戌	癸亥	甲子	乙丑	丙寅	丁卯	戊辰	己巳
대운 남	8	9	9	9	소	1	1	1	1	2	2	2	3	3	3	4	4	4	5	대	5	6	6	6	7	7	7	8	8	8	9
대운 여	1	1	1	1	한	10	9	9	9	8	8	8	7	7	7	6	6	6	5	한	5	4	4	4	3	3	3	2	2	2	1

양력 2월 입춘절(壬寅月) 立春 2월4일 2시11분 雨水 2월18일 22시3분

양력	1	2	3	4	5	6	7	8	9	10	11	12	13	14	15	16	17	18	19	20	21	22	23	24	25	26	27	28			
요일	土	日	月	火	水	木	金	土	日	月	火	水	木	金	土	日	月	火	水	木	金	土	日	月	火	水	木	金			
음력	1/11	12	13	14	15	16	17	18	19	20	21	22	23	24	25	26	27	28	29	2/1	2	3	4	5	6	7	8	9			
일진	庚午	辛未	壬申	癸酉	甲戌	乙亥	丙子	丁丑	戊寅	己卯	庚辰	辛巳	壬午	癸未	甲申	乙酉	丙戌	丁亥	戊子	己丑	庚寅	辛卯	壬辰	癸巳	甲午	乙未	丙申	丁酉			
대운 남	9	9	10	입	9	9	9	8	8	8	7	7	7	6	6	6	5	우	5	4	4	4	3	3	3	2	2	2			
대운 여	1	1	1	춘	1	1	1	1	2	2	2	3	3	3	4	4	4	수	5	5	6	6	6	7	7	7	8	8			

양력 3월 경칩절(癸卯月) 驚蟄 3월5일 20시4분 春分 3월20일 20시52분

양력	1	2	3	4	5	6	7	8	9	10	11	12	13	14	15	16	17	18	19	20	21	22	23	24	25	26	27	28	29	30	31
요일	土	日	月	火	水	木	金	土	日	月	火	水	木	金	土	日	月	火	水	木	金	土	日	月	火	水	木	金	土	日	月
음력	2/10	11	12	13	14	15	16	17	18	19	20	21	22	23	24	25	26	27	28	29	30	윤1	2	3	4	5	6	7	8	9	10
일진	戊戌	己亥	庚子	辛丑	壬寅	癸卯	甲辰	乙巳	丙午	丁未	戊申	己酉	庚戌	辛亥	壬子	癸丑	甲寅	乙卯	丙辰	丁巳	戊午	己未	庚申	辛酉	壬戌	癸亥	甲子	乙丑	丙寅	丁卯	戊辰
대운 남	1	1	1	1	경	10	10	9	9	9	8	8	8	7	7	7	6	6	6	춘	5	5	4	4	4	3	3	3	2	2	2
대운 여	8	9	9	9	칩	1	1	1	1	2	2	2	3	3	3	4	4	4	5	분	5	6	6	6	7	7	7	8	8	8	9

양력 4월 청명절(甲辰月) 清明 4월5일 0시39분 穀雨 4월20일 7시38분

양력	1	2	3	4	5	6	7	8	9	10	11	12	13	14	15	16	17	18	19	20	21	22	23	24	25	26	27	28	29	30	
요일	火	水	木	金	土	日	月	火	水	木	金	土	日	月	火	水	木	金	土	日	月	火	水	木	金	土	日	月	火	水	
음력	윤11	12	13	14	15	16	17	18	19	20	21	22	23	24	25	26	27	28	29	3/1	2	3	4	5	6	7	8	9	10	11	
일진	己巳	庚午	辛未	壬申	癸酉	甲戌	乙亥	丙子	丁丑	戊寅	己卯	庚辰	辛巳	壬午	癸未	甲申	乙酉	丙戌	丁亥	戊子	己丑	庚寅	辛卯	壬辰	癸巳	甲午	乙未	丙申	丁酉	戊戌	
대운 남	1	1	1	1	청	10	9	9	9	8	8	8	7	7	7	6	6	6	5	곡	5	4	4	4	3	3	3	2	2	2	
대운 여	9	9	10	10	명	1	1	1	1	2	2	2	3	3	3	4	4	4	5	우	5	6	6	6	7	7	7	8	8	8	

양력 5월 입하절(乙巳月) 立夏 5월5일 17시41분 小滿 5월21일 6시30분

양력	1	2	3	4	5	6	7	8	9	10	11	12	13	14	15	16	17	18	19	20	21	22	23	24	25	26	27	28	29	30	31
요일	木	金	土	日	月	火	水	木	金	土	日	月	火	水	木	金	土	日	月	火	水	木	金	土	日	月	火	水	木	金	土
음력	3/12	13	14	15	16	17	18	19	20	21	22	23	24	25	26	27	28	29	4/1	2	3	4	5	6	7	8	9	10	11	12	13
일진	己亥	庚子	辛丑	壬寅	癸卯	甲辰	乙巳	丙午	丁未	戊申	己酉	庚戌	辛亥	壬子	癸丑	甲寅	乙卯	丙辰	丁巳	戊午	己未	庚申	辛酉	壬戌	癸亥	甲子	乙丑	丙寅	丁卯	戊辰	己巳
대운 남	1	1	1	1	입	10	10	9	9	9	8	8	8	7	7	7	6	6	6	5	소	5	4	4	4	3	3	3	2	2	2
대운 여	9	9	9	10	하	1	1	1	1	2	2	2	3	3	3	4	4	4	5	5	만	6	6	6	7	7	7	8	8	8	9

양력 6월 망종절(丙午月) 芒種 6월5일 21시37분 夏至 6월21일 14시14분

양력	1	2	3	4	5	6	7	8	9	10	11	12	13	14	15	16	17	18	19	20	21	22	23	24	25	26	27	28	29	30	
요일	日	月	火	水	木	金	土	日	月	火	水	木	金	土	日	月	火	水	木	金	土	日	月	火	水	木	金	土	日	月	
음력	4/14	15	16	17	18	19	20	21	22	23	24	25	26	27	28	29	30	5/1	2	3	4	5	6	7	8	9	10	11	12	13	
일진	庚午	辛未	壬申	癸酉	甲戌	乙亥	丙子	丁丑	戊寅	己卯	庚辰	辛巳	壬午	癸未	甲申	乙酉	丙戌	丁亥	戊子	己丑	庚寅	辛卯	壬辰	癸巳	甲午	乙未	丙申	丁酉	戊戌	己亥	
대운 남	1	1	1	1	망	10	10	10	9	9	9	8	8	8	7	7	7	6	6	6	하	5	5	4	4	4	3	3	3	2	
대운 여	9	9	10	10	종	1	1	1	1	2	2	2	3	3	3	4	4	4	5	5	지	6	6	6	7	7	7	8	8	8	

▶윤달-2월

壬戌年

양력 7월 소서절(丁未月) 小暑 7월7일 7시46분 大暑 7월23일 1시5분

양력	1	2	3	4	5	6	7	8	9	10	11	12	13	14	15	16	17	18	19	20	21	22	23	24	25	26	27	28	29	30	31
요일	火	水	木	金	土	日	月	火	水	木	金	土	日	月	火	水	木	金	土	日	月	火	水	木	金	土	日	月	火	水	木
음력	5/14	15	16	17	18	19	20	21	22	23	24	25	26	27	28	29	6/1	2	3	4	5	6	7	8	9	10	11	12	13	14	15
일진	庚子	辛丑	壬寅	癸卯	甲辰	乙巳	丙午	丁未	戊申	己酉	庚戌	辛亥	壬子	癸丑	甲寅	乙卯	丙辰	丁巳	戊午	己未	庚申	辛酉	壬戌	癸亥	甲子	乙丑	丙寅	丁卯	戊辰	己巳	庚午
대운 남	2	2	1	1	1	1	소	10	10	9	9	9	8	8	8	7	7	7	6	6	6	5	대	5	4	4	4	3	3	3	2
대운 여	9	9	9	10	10	10	서	1	1	1	1	2	2	2	3	3	3	4	4	4	5	5	서	6	6	6	7	7	7	8	8

양력 8월 입추절(戊申月) 立秋 8월7일 17시37분 處暑 8월23일 8시17분

양력	1	2	3	4	5	6	7	8	9	10	11	12	13	14	15	16	17	18	19	20	21	22	23	24	25	26	27	28	29	30	31
요일	金	土	日	月	火	水	木	金	土	日	月	火	水	木	金	土	日	月	火	水	木	金	土	日	月	火	水	木	金	土	日
음력	6/16	17	18	19	20	21	22	23	24	25	26	27	28	29	30	7/1	2	3	4	5	6	7	8	9	10	11	12	13	14	15	16
일진	辛未	壬申	癸酉	甲戌	乙亥	丙子	丁丑	戊寅	己卯	庚辰	辛巳	壬午	癸未	甲申	乙酉	丙戌	丁亥	戊子	己丑	庚寅	辛卯	壬辰	癸巳	甲午	乙未	丙申	丁酉	戊戌	己亥	庚子	辛丑
대운 남	2	2	1	1	1	1	입	10	10	9	9	9	8	8	8	7	7	7	6	6	6	5	처	5	4	4	4	3	3	3	2
대운 여	8	9	9	9	10	10	추	1	1	1	1	2	2	2	3	3	3	4	4	4	5	5	서	6	6	6	7	7	7	8	8

양력 9월 백로절(己酉月) 白露 9월7일 20시44분 秋分 9월23일 6시10분

양력	1	2	3	4	5	6	7	8	9	10	11	12	13	14	15	16	17	18	19	20	21	22	23	24	25	26	27	28	29	30
요일	月	火	水	木	金	土	日	月	火	水	木	金	土	日	月	火	水	木	金	土	日	月	火	水	木	金	土	日	月	火
음력	7/17	18	19	20	21	22	23	24	25	26	27	28	29	8/1	2	3	4	5	6	7	8	9	10	11	12	13	14	15	16	17
일진	壬寅	癸卯	甲辰	乙巳	丙午	丁未	戊申	己酉	庚戌	辛亥	壬子	癸丑	甲寅	乙卯	丙辰	丁巳	戊午	己未	庚申	辛酉	壬戌	癸亥	甲子	乙丑	丙寅	丁卯	戊辰	己巳	庚午	辛未
대운 남	2	2	1	1	1	1	백	10	10	9	9	9	8	8	8	7	7	7	6	6	6	5	추	5	4	4	4	3	3	3
대운 여	8	9	9	9	10	10	로	1	1	1	1	2	2	2	3	3	3	4	4	4	5	5	분	6	6	6	7	7	7	8

양력 10월 한로절(庚戌月) 寒露 10월8일 12시39분 霜降 10월23일 15시48분

양력	1	2	3	4	5	6	7	8	9	10	11	12	13	14	15	16	17	18	19	20	21	22	23	24	25	26	27	28	29	30	31
요일	水	木	金	土	日	月	火	水	木	金	土	日	月	火	水	木	金	土	日	月	火	水	木	金	土	日	月	火	水	木	金
음력	8/18	19	20	21	22	23	24	25	26	27	28	29	30	9/1	2	3	4	5	6	7	8	9	10	11	12	13	14	15	16	17	18
일진	壬申	癸酉	甲戌	乙亥	丙子	丁丑	戊寅	己卯	庚辰	辛巳	壬午	癸未	甲申	乙酉	丙戌	丁亥	戊子	己丑	庚寅	辛卯	壬辰	癸巳	甲午	乙未	丙申	丁酉	戊戌	己亥	庚子	辛丑	壬寅
대운 남	2	2	2	1	1	1	1	한	10	9	9	9	8	8	8	7	7	7	6	6	6	5	상	5	4	4	4	3	3	3	2
대운 여	8	8	9	9	9	10	10	로	1	1	1	1	2	2	2	3	3	3	4	4	4	5	강	5	6	6	6	7	7	7	8

양력 11월 입동절(辛亥月) 立冬 11월7일 16시6분 小雪 11월22일 13시36분

양력	1	2	3	4	5	6	7	8	9	10	11	12	13	14	15	16	17	18	19	20	21	22	23	24	25	26	27	28	29	30
요일	土	日	月	火	水	木	金	土	日	月	火	水	木	金	土	日	月	火	水	木	金	土	日	月	火	水	木	金	土	日
음력	9/19	20	21	22	23	24	25	26	27	28	29	30	10/1	2	3	4	5	6	7	8	9	10	11	12	13	14	15	16	17	18
일진	癸卯	甲辰	乙巳	丙午	丁未	戊申	己酉	庚戌	辛亥	壬子	癸丑	甲寅	乙卯	丙辰	丁巳	戊午	己未	庚申	辛酉	壬戌	癸亥	甲子	乙丑	丙寅	丁卯	戊辰	己巳	庚午	辛未	壬申
대운 남	2	2	1	1	1	1	입	10	9	9	9	8	8	8	7	7	7	6	6	6	5	소	5	4	4	4	3	3	3	2
대운 여	8	8	9	9	9	10	동	1	1	1	1	2	2	2	3	3	3	4	4	4	5	설	5	6	6	6	7	7	7	8

양력 12월 대설절(壬子月) 大雪 12월7일 9시8분 冬至 12월22일 3시3분

양력	1	2	3	4	5	6	7	8	9	10	11	12	13	14	15	16	17	18	19	20	21	22	23	24	25	26	27	28	29	30	31
요일	月	火	水	木	金	土	日	月	火	水	木	金	土	日	月	火	水	木	金	土	日	月	火	水	木	金	土	日	月	火	水
음력	10/19	20	21	22	23	24	25	26	27	28	29	11/1	2	3	4	5	6	7	8	9	10	11	12	13	14	15	16	17	18	19	20
일진	癸酉	甲戌	乙亥	丙子	丁丑	戊寅	己卯	庚辰	辛巳	壬午	癸未	甲申	乙酉	丙戌	丁亥	戊子	己丑	庚寅	辛卯	壬辰	癸巳	甲午	乙未	丙申	丁酉	戊戌	己亥	庚子	辛丑	壬寅	癸卯
대운 남	2	2	1	1	1	1	대	9	9	9	8	8	8	7	7	7	6	6	6	5	5	동	4	4	4	3	3	3	2	2	2
대운 여	8	8	9	9	9	10	설	1	1	1	1	2	2	2	3	3	3	4	4	4	5	지	5	6	6	6	7	7	7	8	8

서기 2043년 [단기 4376년]

양력 1월 소한절(癸丑月) 小寒 1월5일 20시24분 大寒 1월20일 13시40분

양력		1	2	3	4	5	6	7	8	9	10	11	12	13	14	15	16	17	18	19	20	21	22	23	24	25	26	27	28	29	30	31
요일		木	金	土	日	月	火	水	木	金	土	日	月	火	水	木	金	土	日	月	火	水	木	金	土	日	月	火	水	木	金	土
음력		11/21	22	23	24	25	26	27	28	29	30	12/1	2	3	4	5	6	7	8	9	10	11	12	13	14	15	16	17	18	19	20	21
일진		甲辰	乙巳	丙午	丁未	戊申	己酉	庚戌	辛亥	壬子	癸丑	甲寅	乙卯	丙辰	丁巳	戊午	己未	庚申	辛酉	壬戌	癸亥	甲子	乙丑	丙寅	丁卯	戊辰	己巳	庚午	辛未	壬申	癸酉	甲戌
대운	남	1	1	1	1	소한	10	9	9	9	8	8	8	7	7	7	6	6	6	5	대한	5	4	4	4	3	3	3	2	2	2	1
	여	8	9	9	9		1	1	1	1	2	2	2	3	3	3	4	4	4	5		5	6	6	6	7	7	7	8	8	8	9

양력 2월 입춘절(甲寅月) 立春 2월4일 7시57분 雨水 2월19일 3시40분

양력		1	2	3	4	5	6	7	8	9	10	11	12	13	14	15	16	17	18	19	20	21	22	23	24	25	26	27	28			
요일		日	月	火	水	木	金	土	日	月	火	水	木	金	土	日	月	火	水	木	金	土	日	月	火	水	木	金	土			
음력		12/22	23	24	25	26	27	28	29	30	1/1	2	3	4	5	6	7	8	9	10	11	12	13	14	15	16	17	18	19			
일진		乙亥	丙子	丁丑	戊寅	己卯	庚辰	辛巳	壬午	癸未	甲申	乙酉	丙戌	丁亥	戊子	己丑	庚寅	辛卯	壬辰	癸巳	甲午	乙未	丙申	丁酉	戊戌	己亥	庚子	辛丑	壬寅			
대운	남	1	1	1	입춘	1	1	1	1	2	2	2	3	3	3	4	4	4	5	우수	5	6	6	6	7	7	7	8	8			
	여	9	9	10		10	9	9	9	8	8	8	7	7	7	6	6	6	5		5	4	4	4	3	3	3	2	2			

양력 3월 경칩절(乙卯月) 驚蟄 3월6일 1시46분 春分 3월21일 2시26분

양력		1	2	3	4	5	6	7	8	9	10	11	12	13	14	15	16	17	18	19	20	21	22	23	24	25	26	27	28	29	30	31
요일		日	月	火	水	木	金	土	日	月	火	水	木	金	土	日	月	火	水	木	金	土	日	月	火	水	木	金	土	日	月	火
음력		1/20	21	22	23	24	25	26	27	28	29	2/1	2	3	4	5	6	7	8	9	10	11	12	13	14	15	16	17	18	19	20	21
일진		癸卯	甲辰	乙巳	丙午	丁未	戊申	己酉	庚戌	辛亥	壬子	癸丑	甲寅	乙卯	丙辰	丁巳	戊午	己未	庚申	辛酉	壬戌	癸亥	甲子	乙丑	丙寅	丁卯	戊辰	己巳	庚午	辛未	壬申	癸酉
대운	남	8	9	9	9	10	경칩	1	1	1	1	2	2	2	3	3	3	4	4	4	5	춘분	5	6	6	6	7	7	7	8	8	8
	여	2	1	1	1	1		10	9	9	9	8	8	8	7	7	7	6	6	6	5		5	4	4	4	3	3	3	2	2	2

양력 4월 청명절(丙辰月) 清明 4월5일 6시19분 穀雨 4월20일 13시13분

양력		1	2	3	4	5	6	7	8	9	10	11	12	13	14	15	16	17	18	19	20	21	22	23	24	25	26	27	28	29	30	
요일		水	木	金	土	日	月	火	水	木	金	土	日	月	火	水	木	金	土	日	月	火	水	木	金	土	日	月	火	水	木	
음력		2/22	23	24	25	26	27	28	29	30	3/1	2	3	4	5	6	7	8	9	10	11	12	13	14	15	16	17	18	19	20	21	
일진		甲戌	乙亥	丙子	丁丑	戊寅	己卯	庚辰	辛巳	壬午	癸未	甲申	乙酉	丙戌	丁亥	戊子	己丑	庚寅	辛卯	壬辰	癸巳	甲午	乙未	丙申	丁酉	戊戌	己亥	庚子	辛丑	壬寅	癸卯	
대운	남	9	9	9	10	청명	1	1	1	1	2	2	2	3	3	3	4	4	4	5	곡우	5	6	6	6	7	7	7	8	8	8	
	여	1	1	1	1		10	9	9	9	8	8	8	7	7	7	6	6	6	5		5	4	4	4	3	3	3	2	2	2	

양력 5월 입하절(丁巳月) 立夏 5월5일 23시21분 小滿 5월21일 12시8분

양력		1	2	3	4	5	6	7	8	9	10	11	12	13	14	15	16	17	18	19	20	21	22	23	24	25	26	27	28	29	30	31
요일		金	土	日	月	火	水	木	金	土	日	月	火	水	木	金	土	日	月	火	水	木	金	土	日	月	火	水	木	金	土	日
음력		3/22	23	24	25	26	27	28	29	4/1	2	3	4	5	6	7	8	9	10	11	12	13	14	15	16	17	18	19	20	21	22	23
일진		甲辰	乙巳	丙午	丁未	戊申	己酉	庚戌	辛亥	壬子	癸丑	甲寅	乙卯	丙辰	丁巳	戊午	己未	庚申	辛酉	壬戌	癸亥	甲子	乙丑	丙寅	丁卯	戊辰	己巳	庚午	辛未	壬申	癸酉	甲戌
대운	남	9	9	9	10	입하	1	1	1	1	2	2	2	3	3	3	4	4	4	5	5	소만	6	6	6	7	7	7	8	8	8	9
	여	1	1	1	1		10	10	10	9	9	9	8	8	8	7	7	7	6	6	6		5	5	4	4	4	3	3	3	2	2

양력 6월 망종절(戊午月) 芒種 6월6일 3시17분 夏至 6월21일 19시57분

양력		1	2	3	4	5	6	7	8	9	10	11	12	13	14	15	16	17	18	19	20	21	22	23	24	25	26	27	28	29	30	
요일		月	火	水	木	金	土	日	月	火	水	木	金	土	日	月	火	水	木	金	土	日	月	火	水	木	金	土	日	月	火	
음력		4/24	25	26	27	28	29	5/1	2	3	4	5	6	7	8	9	10	11	12	13	14	15	16	17	18	19	20	21	22	23	24	
일진		乙亥	丙子	丁丑	戊寅	己卯	庚辰	辛巳	壬午	癸未	甲申	乙酉	丙戌	丁亥	戊子	己丑	庚寅	辛卯	壬辰	癸巳	甲午	乙未	丙申	丁酉	戊戌	己亥	庚子	辛丑	壬寅	癸卯	甲辰	
대운	남	9	9	10	10	10	망종	1	1	1	1	2	2	2	3	3	3	4	4	4	5	하지	5	6	6	6	7	7	7	8	8	
	여	2	1	1	1	1		10	10	9	9	9	8	8	8	7	7	7	6	6	6		5	5	4	4	4	3	3	3	2	

癸亥年

양력 7월 소서절(己未月) 小暑 7월7일 13시26분 大暑 7월23일 6시52분

양력	1	2	3	4	5	6	7	8	9	10	11	12	13	14	15	16	17	18	19	20	21	22	23	24	25	26	27	28	29	30	31
요일	水	木	金	土	日	月	火	水	木	金	土	日	月	火	水	木	金	土	日	月	火	水	木	金	土	日	月	火	水	木	金
음력	5/25	26	27	28	29	30	6/1	2	3	4	5	6	7	8	9	10	11	12	13	14	15	16	17	18	19	20	21	22	23	24	25
일진	乙巳	丙午	丁未	戊申	己酉	庚戌	辛亥	壬子	癸丑	甲寅	乙卯	丙辰	丁巳	戊午	己未	庚申	辛酉	壬戌	癸亥	甲子	乙丑	丙寅	丁卯	戊辰	己巳	庚午	辛未	壬申	癸酉	甲戌	乙亥
대운 남	8	9	9	9	10	10	소서	1	1	1	1	2	2	2	3	3	3	4	4	4	5	5	대서	6	6	6	7	7	7	8	8
대운 여	2	2	1	1	1	1		10	10	9	9	9	8	8	8	7	7	7	6	6	6	5		5	4	4	4	3	3	3	2

양력 8월 입추절(庚申月) 立秋 8월7일 23시19분 處暑 8월23일 14시8분

양력	1	2	3	4	5	6	7	8	9	10	11	12	13	14	15	16	17	18	19	20	21	22	23	24	25	26	27	28	29	30	31
요일	土	日	月	火	水	木	金	土	日	月	火	水	木	金	土	日	月	火	水	木	金	土	日	月	火	水	木	金	土	日	月
음력	6/26	27	28	29	7/1	2	3	4	5	6	7	8	9	10	11	12	13	14	15	16	17	18	19	20	21	22	23	24	25	26	27
일진	丙子	丁丑	戊寅	己卯	庚辰	辛巳	壬午	癸未	甲申	乙酉	丙戌	丁亥	戊子	己丑	庚寅	辛卯	壬辰	癸巳	甲午	乙未	丙申	丁酉	戊戌	己亥	庚子	辛丑	壬寅	癸卯	甲辰	乙巳	丙午
대운 남	8	9	9	9	10	10	입추	1	1	1	1	2	2	2	3	3	3	4	4	4	5	5	처서	6	6	6	7	7	7	8	8
대운 여	2	2	1	1	1	1		10	10	10	9	9	9	8	8	8	7	7	7	6	6	6		5	5	4	4	4	3	3	3

양력 9월 백로절(辛酉月) 白露 9월8일 2시29분 秋分 9월23일 12시5분

양력	1	2	3	4	5	6	7	8	9	10	11	12	13	14	15	16	17	18	19	20	21	22	23	24	25	26	27	28	29	30
요일	火	水	木	金	土	日	月	火	水	木	金	土	日	月	火	水	木	金	土	日	月	火	水	木	金	土	日	月	火	水
음력	7/28	29	8/1	2	3	4	5	6	7	8	9	10	11	12	13	14	15	16	17	18	19	20	21	22	23	24	25	26	27	28
일진	丁未	戊申	己酉	庚戌	辛亥	壬子	癸丑	甲寅	乙卯	丙辰	丁巳	戊午	己未	庚申	辛酉	壬戌	癸亥	甲子	乙丑	丙寅	丁卯	戊辰	己巳	庚午	辛未	壬申	癸酉	甲戌	乙亥	丙子
대운 남	8	9	9	9	10	10	10	백로	1	1	1	1	2	2	2	3	3	3	4	4	4	5	추분	5	6	6	6	7	7	7
대운 여	2	2	2	1	1	1	1		10	9	9	9	8	8	8	7	7	7	6	6	6	5		5	4	4	4	3	3	3

양력 10월 한로절(壬戌月) 寒露 10월8일 18시26분 霜降 10월23일 21시45분

양력	1	2	3	4	5	6	7	8	9	10	11	12	13	14	15	16	17	18	19	20	21	22	23	24	25	26	27	28	29	30	31
요일	木	金	土	日	月	火	水	木	金	土	日	月	火	水	木	金	土	日	月	火	水	木	金	土	日	月	火	水	木	金	土
음력	8/29	30	9/1	2	3	4	5	6	7	8	9	10	11	12	13	14	15	16	17	18	19	20	21	22	23	24	25	26	27	28	29
일진	丁丑	戊寅	己卯	庚辰	辛巳	壬午	癸未	甲申	乙酉	丙戌	丁亥	戊子	己丑	庚寅	辛卯	壬辰	癸巳	甲午	乙未	丙申	丁酉	戊戌	己亥	庚子	辛丑	壬寅	癸卯	甲辰	乙巳	丙午	丁未
대운 남	8	8	8	9	9	9	10	한로	1	1	1	1	2	2	2	3	3	3	4	4	4	5	상강	5	6	6	6	7	7	7	8
대운 여	2	2	2	1	1	1	1		10	9	9	9	8	8	8	7	7	7	6	6	6	5		5	4	4	4	3	3	3	2

양력 11월 입동절(癸亥月) 立冬 11월7일 21시54분 小雪 11월22일 19시34분

양력	1	2	3	4	5	6	7	8	9	10	11	12	13	14	15	16	17	18	19	20	21	22	23	24	25	26	27	28	29	30
요일	日	月	火	水	木	金	土	日	月	火	水	木	金	土	日	月	火	水	木	金	土	日	月	火	水	木	金	土	日	月
음력	9/30	10/1	2	3	4	5	6	7	8	9	10	11	12	13	14	15	16	17	18	19	20	21	22	23	24	25	26	27	28	29
일진	戊申	己酉	庚戌	辛亥	壬子	癸丑	甲寅	乙卯	丙辰	丁巳	戊午	己未	庚申	辛酉	壬戌	癸亥	甲子	乙丑	丙寅	丁卯	戊辰	己巳	庚午	辛未	壬申	癸酉	甲戌	乙亥	丙子	丁丑
대운 남	8	8	9	9	9	10	입동	1	1	1	1	2	2	2	3	3	3	4	4	4	5	소설	5	6	6	6	7	7	7	8
대운 여	2	2	1	1	1	1		10	9	9	9	8	8	8	7	7	7	6	6	6	5		5	4	4	4	3	3	3	2

양력 12월 대설절(甲子月) 大雪 12월7일 14시56분 冬至 12월22일 9시0분

양력	1	2	3	4	5	6	7	8	9	10	11	12	13	14	15	16	17	18	19	20	21	22	23	24	25	26	27	28	29	30	31
요일	火	水	木	金	土	日	月	火	水	木	金	土	日	月	火	水	木	金	土	日	月	火	水	木	金	土	日	月	火	水	木
음력	11/1	2	3	4	5	6	7	8	9	10	11	12	13	14	15	16	17	18	19	20	21	22	23	24	25	26	27	28	29	30	12/1
일진	戊寅	己卯	庚辰	辛巳	壬午	癸未	甲申	乙酉	丙戌	丁亥	戊子	己丑	庚寅	辛卯	壬辰	癸巳	甲午	乙未	丙申	丁酉	戊戌	己亥	庚子	辛丑	壬寅	癸卯	甲辰	乙巳	丙午	丁未	戊申
대운 남	8	8	9	9	9	10	대설	1	1	1	1	2	2	2	3	3	3	4	4	4	5	동지	5	6	6	6	7	7	7	8	8
대운 여	2	2	1	1	1	1		10	9	9	9	8	8	8	7	7	7	6	6	6	5		5	4	4	4	3	3	3	2	2

서기 2044년 [단기 4377년]

양력 1월 소한절(乙丑月) 小寒 1월6일 2시11분 大寒 1월20일 19시36분

양력	1	2	3	4	5	6	7	8	9	10	11	12	13	14	15	16	17	18	19	20	21	22	23	24	25	26	27	28	29	30	31
요일	金	土	日	月	火	水	木	金	土	日	月	火	水	木	金	土	日	月	火	水	木	金	土	日	月	火	水	木	金	土	日
음력	12/2	3	4	5	6	7	8	9	10	11	12	13	14	15	16	17	18	19	20	21	22	23	24	25	26	27	28	29	30	1/1	2
일진	己酉	庚戌	辛亥	壬子	癸丑	甲寅	乙卯	丙辰	丁巳	戊午	己未	庚申	辛酉	壬戌	癸亥	甲子	乙丑	丙寅	丁卯	戊辰	己巳	庚午	辛未	壬申	癸酉	甲戌	乙亥	丙子	丁丑	戊寅	己卯
대운 남	8	9	9	9	10	소한	1	1	1	1	2	2	2	3	3	3	4	4	4	대한	5	5	6	6	6	7	7	7	8	8	8
대운 여	2	1	1	1	1		9	9	9	8	8	8	7	7	7	6	6	6	5		5	4	4	4	3	3	3	2	2	2	1

양력 2월 입춘절(丙寅月) 立春 2월4일 13시43분 雨水 2월19일 9시34분

양력	1	2	3	4	5	6	7	8	9	10	11	12	13	14	15	16	17	18	19	20	21	22	23	24	25	26	27	28	29		
요일	月	火	水	木	金	土	日	月	火	水	木	金	土	日	月	火	水	木	金	土	日	月	火	水	木	金	土	日	月		
음력	1/3	4	5	6	7	8	9	10	11	12	13	14	15	16	17	18	19	20	21	22	23	24	25	26	27	28	29	30	2/1		
일진	庚辰	辛巳	壬午	癸未	甲申	乙酉	丙戌	丁亥	戊子	己丑	庚寅	辛卯	壬辰	癸巳	甲午	乙未	丙申	丁酉	戊戌	己亥	庚子	辛丑	壬寅	癸卯	甲辰	乙巳	丙午	丁未	戊申		
대운 남	9	9	9	입춘	10	9	9	9	8	8	8	7	7	7	6	6	6	5	우수	5	4	4	4	3	3	3	2	2	2		
대운 여	1	1	1		1	1	1	1	2	2	2	3	3	3	4	4	4	5		5	6	6	6	7	7	7	8	8	8		

양력 3월 경칩절(丁卯月) 驚蟄 3월5일 7시30분 春分 3월20일 8시19분

양력	1	2	3	4	5	6	7	8	9	10	11	12	13	14	15	16	17	18	19	20	21	22	23	24	25	26	27	28	29	30	31
요일	火	水	木	金	土	日	月	火	水	木	金	土	日	月	火	水	木	金	土	日	月	火	水	木	金	土	日	月	火	水	木
음력	2/2	3	4	5	6	7	8	9	10	11	12	13	14	15	16	17	18	19	20	21	22	23	24	25	26	27	28	29	3/1	2	3
일진	己酉	庚戌	辛亥	壬子	癸丑	甲寅	乙卯	丙辰	丁巳	戊午	己未	庚申	辛酉	壬戌	癸亥	甲子	乙丑	丙寅	丁卯	戊辰	己巳	庚午	辛未	壬申	癸酉	甲戌	乙亥	丙子	丁丑	戊寅	己卯
대운 남	1	1	1	1	경칩	10	9	9	9	8	8	8	7	7	7	6	6	6	5	춘분	5	4	4	4	3	3	3	2	2	2	1
대운 여	9	9	9	10		1	1	1	1	2	2	2	3	3	3	4	4	4	5		5	6	6	6	7	7	7	8	8	8	9

양력 4월 청명절(戊辰月) 清明 4월4일 12시2분 穀雨 4월19일 19시5분

양력	1	2	3	4	5	6	7	8	9	10	11	12	13	14	15	16	17	18	19	20	21	22	23	24	25	26	27	28	29	30	
요일	金	土	日	月	火	水	木	金	土	日	月	火	水	木	金	土	日	月	火	水	木	金	土	日	月	火	水	木	金	土	
음력	3/4	5	6	7	8	9	10	11	12	13	14	15	16	17	18	19	20	21	22	23	24	25	26	27	28	29	30	4/1	2	3	
일진	庚辰	辛巳	壬午	癸未	甲申	乙酉	丙戌	丁亥	戊子	己丑	庚寅	辛卯	壬辰	癸巳	甲午	乙未	丙申	丁酉	戊戌	己亥	庚子	辛丑	壬寅	癸卯	甲辰	乙巳	丙午	丁未	戊申	己酉	
대운 남	1	1	1	청명	10	10	9	9	9	8	8	8	7	7	7	6	6	6	곡우	5	5	4	4	4	3	3	3	2	2	2	
대운 여	9	9	10		1	1	1	1	2	2	2	3	3	3	4	4	4	5		5	6	6	6	7	7	7	8	8	8	9	

양력 5월 입하절(己巳月) 立夏 5월5일 5시4분 小滿 5월20일 18시0분

양력	1	2	3	4	5	6	7	8	9	10	11	12	13	14	15	16	17	18	19	20	21	22	23	24	25	26	27	28	29	30	31
요일	日	月	火	水	木	金	土	日	月	火	水	木	金	土	日	月	火	水	木	金	土	日	月	火	水	木	金	土	日	月	火
음력	4/4	5	6	7	8	9	10	11	12	13	14	15	16	17	18	19	20	21	22	23	24	25	26	27	28	29	5/1	2	3	4	5
일진	庚戌	辛亥	壬子	癸丑	甲寅	乙卯	丙辰	丁巳	戊午	己未	庚申	辛酉	壬戌	癸亥	甲子	乙丑	丙寅	丁卯	戊辰	己巳	庚午	辛未	壬申	癸酉	甲戌	乙亥	丙子	丁丑	戊寅	己卯	庚辰
대운 남	1	1	1	1	입하	10	10	9	9	9	8	8	8	7	7	7	6	6	6	소만	5	5	4	4	4	3	3	3	2	2	2
대운 여	9	9	10	10		1	1	1	1	2	2	2	3	3	3	4	4	4	5		5	6	6	6	7	7	7	8	8	8	9

양력 6월 망종절(庚午月) 芒種 6월5일 9시2분 夏至 6월21일 1시50분

양력	1	2	3	4	5	6	7	8	9	10	11	12	13	14	15	16	17	18	19	20	21	22	23	24	25	26	27	28	29	30	
요일	水	木	金	土	日	月	火	水	木	金	土	日	月	火	水	木	金	土	日	月	火	水	木	金	土	日	月	火	水	木	
음력	5/6	7	8	9	10	11	12	13	14	15	16	17	18	19	20	21	22	23	24	25	26	27	28	29	6/1	2	3	4	5	6	
일진	辛巳	壬午	癸未	甲申	乙酉	丙戌	丁亥	戊子	己丑	庚寅	辛卯	壬辰	癸巳	甲午	乙未	丙申	丁酉	戊戌	己亥	庚子	辛丑	壬寅	癸卯	甲辰	乙巳	丙午	丁未	戊申	己酉	庚戌	
대운 남	1	1	1	1	망종	10	10	9	9	9	8	8	8	7	7	7	6	6	6	5	하지	5	4	4	4	3	3	3	2	2	
대운 여	9	9	10	10		1	1	1	1	2	2	2	3	3	3	4	4	4	5	5		6	6	6	7	7	7	8	8	8	

甲子年

양력 7월 소서절(辛未月) 小暑 7월6일 19시14분 大暑 7월22일 12시42분

양력	1	2	3	4	5	6	7	8	9	10	11	12	13	14	15	16	17	18	19	20	21	22	23	24	25	26	27	28	29	30	31
요일	金	土	日	月	火	水	木	金	土	日	月	火	水	木	金	土	日	月	火	水	木	金	土	日	月	火	水	木	金	土	日
음력	6/7	8	9	10	11	12	13	14	15	16	17	18	19	20	21	22	23	24	25	26	27	28	29	30	7/1	2	3	4	5	6	7
일진	辛亥	壬子	癸丑	甲寅	乙卯	丙辰	丁巳	戊午	己未	庚申	辛酉	壬戌	癸亥	甲子	乙丑	丙寅	丁卯	戊辰	己巳	庚午	辛未	壬申	癸酉	甲戌	乙亥	丙子	丁丑	戊寅	己卯	庚辰	辛巳
대운 남	2	1	1	1	1	소	10	10	10	9	9	9	8	8	8	7	7	7	6	6	6	대	5	5	4	4	4	3	3	3	2
대운 여	9	9	9	10	10	서	1	1	1	1	2	2	2	3	3	3	4	4	4	5	5	서	6	6	6	7	7	7	8	8	8

양력 8월 입추절(壬申月) 立秋 8월7일 5시7분 處暑 8월22일 19시53분

양력	1	2	3	4	5	6	7	8	9	10	11	12	13	14	15	16	17	18	19	20	21	22	23	24	25	26	27	28	29	30	31
요일	月	火	水	木	金	土	日	月	火	水	木	金	土	日	月	火	水	木	金	土	日	月	火	水	木	金	土	日	月	火	水
음력	7/8	9	10	11	12	13	14	15	16	17	18	19	20	21	22	23	24	25	26	27	28	29	윤1	2	3	4	5	6	7	8	9
일진	壬午	癸未	甲申	乙酉	丙戌	丁亥	戊子	己丑	庚寅	辛卯	壬辰	癸巳	甲午	乙未	丙申	丁酉	戊戌	己亥	庚子	辛丑	壬寅	癸卯	甲辰	乙巳	丙午	丁未	戊申	己酉	庚戌	辛亥	壬子
대운 남	2	2	1	1	1	1	입	10	10	9	9	9	8	8	8	7	7	7	6	6	6	처	5	5	4	4	4	3	3	3	2
대운 여	9	9	9	10	10	10	추	1	1	1	1	2	2	2	3	3	3	4	4	4	5	서	5	6	6	6	7	7	7	8	8

양력 9월 백로절(癸酉月) 白露 9월7일 8시15분 秋分 9월22일 17시46분

양력	1	2	3	4	5	6	7	8	9	10	11	12	13	14	15	16	17	18	19	20	21	22	23	24	25	26	27	28	29	30
요일	木	金	土	日	月	火	水	木	金	土	日	月	火	水	木	金	土	日	月	火	水	木	金	土	日	月	火	水	木	金
음력	윤10	11	12	13	14	15	16	17	18	19	20	21	22	23	24	25	26	27	28	29	8/1	2	3	4	5	6	7	8	9	10
일진	癸丑	甲寅	乙卯	丙辰	丁巳	戊午	己未	庚申	辛酉	壬戌	癸亥	甲子	乙丑	丙寅	丁卯	戊辰	己巳	庚午	辛未	壬申	癸酉	甲戌	乙亥	丙子	丁丑	戊寅	己卯	庚辰	辛巳	壬午
대운 남	2	2	1	1	1	1	백	10	10	9	9	9	8	8	8	7	7	7	6	6	6	추	5	5	4	4	4	3	3	3
대운 여	8	9	9	9	10	10	로	1	1	1	1	2	2	2	3	3	3	4	4	4	5	분	5	6	6	6	7	7	7	8

양력 10월 한로절(甲戌月) 寒露 10월8일 0시12분 霜降 10월23일 3시25분

양력	1	2	3	4	5	6	7	8	9	10	11	12	13	14	15	16	17	18	19	20	21	22	23	24	25	26	27	28	29	30	31
요일	土	日	月	火	水	木	金	土	日	月	火	水	木	金	土	日	月	火	水	木	金	土	日	月	火	水	木	金	土	日	月
음력	8/11	12	13	14	15	16	17	18	19	20	21	22	23	24	25	26	27	28	29	30	9/1	2	3	4	5	6	7	8	9	10	11
일진	癸未	甲申	乙酉	丙戌	丁亥	戊子	己丑	庚寅	辛卯	壬辰	癸巳	甲午	乙未	丙申	丁酉	戊戌	己亥	庚子	辛丑	壬寅	癸卯	甲辰	乙巳	丙午	丁未	戊申	己酉	庚戌	辛亥	壬子	癸丑
대운 남	2	2	2	1	1	1	1	한	10	9	9	9	8	8	8	7	7	7	6	6	6	5	상	5	4	4	4	3	3	3	2
대운 여	8	8	9	9	9	10	10	로	1	1	1	1	2	2	2	3	3	3	4	4	4	5	강	5	6	6	6	7	7	7	8

양력 11월 입동절(乙亥月) 立冬 11월7일 3시40분 小雪 11월22일 1시14분

양력	1	2	3	4	5	6	7	8	9	10	11	12	13	14	15	16	17	18	19	20	21	22	23	24	25	26	27	28	29	30
요일	火	水	木	金	土	日	月	火	水	木	金	土	日	月	火	水	木	金	土	日	月	火	水	木	金	土	日	月	火	水
음력	9/12	13	14	15	16	17	18	19	20	21	22	23	24	25	26	27	28	29	10/1	2	3	4	5	6	7	8	9	10	11	12
일진	甲寅	乙卯	丙辰	丁巳	戊午	己未	庚申	辛酉	壬戌	癸亥	甲子	乙丑	丙寅	丁卯	戊辰	己巳	庚午	辛未	壬申	癸酉	甲戌	乙亥	丙子	丁丑	戊寅	己卯	庚辰	辛巳	壬午	癸未
대운 남	2	2	1	1	1	1	입	9	9	9	8	8	8	7	7	7	6	6	6	5	5	소	4	4	4	3	3	3	2	2
대운 여	8	8	9	9	9	10	동	1	1	1	1	2	2	2	3	3	3	4	4	4	5	설	5	6	6	6	7	7	7	8

양력 12월 대설절(丙子月) 大雪 12월6일 20시44분 冬至 12월21일 14시42분

양력	1	2	3	4	5	6	7	8	9	10	11	12	13	14	15	16	17	18	19	20	21	22	23	24	25	26	27	28	29	30	31
요일	木	金	土	日	月	火	水	木	金	土	日	月	火	水	木	金	土	日	月	火	水	木	金	土	日	月	火	水	木	金	土
음력	10/13	14	15	16	17	18	19	20	21	22	23	24	25	26	27	28	29	30	11/1	2	3	4	5	6	7	8	9	10	11	12	13
일진	甲申	乙酉	丙戌	丁亥	戊子	己丑	庚寅	辛卯	壬辰	癸巳	甲午	乙未	丙申	丁酉	戊戌	己亥	庚子	辛丑	壬寅	癸卯	甲辰	乙巳	丙午	丁未	戊申	己酉	庚戌	辛亥	壬子	癸丑	甲寅
대운 남	2	1	1	1	1	대	10	9	9	9	8	8	8	7	7	7	6	6	6	5	동	5	4	4	4	3	3	3	2	2	2
대운 여	8	8	9	9	9	설	1	1	1	1	2	2	2	3	3	3	4	4	4	5	지	5	6	6	6	7	7	7	8	8	8

▶윤달-7월

서기 2045년 [단기 4378년]

양력 1월 소한절(丁丑月) 小寒 1월5일 8시1분 大寒 1월20일 1시21분

양력		1	2	3	4	5	6	7	8	9	10	11	12	13	14	15	16	17	18	19	20	21	22	23	24	25	26	27	28	29	30	31
요일		日	月	火	水	木	金	土	日	月	火	水	木	金	土	日	月	火	水	木	金	土	日	月	火	水	木	金	土	日	月	火
음력		11/14	15	16	17	18	19	20	21	22	23	24	25	26	27	28	29	30	12/1	2	3	4	5	6	7	8	9	10	11	12	13	14
일진		乙卯	丙辰	丁巳	戊午	己未	庚申	辛酉	壬戌	癸亥	甲子	乙丑	丙寅	丁卯	戊辰	己巳	庚午	辛未	壬申	癸酉	甲戌	乙亥	丙子	丁丑	戊寅	己卯	庚辰	辛巳	壬午	癸未	甲申	乙酉
대운	남	1	1	1	1	소	9	9	9	8	8	8	7	7	7	6	6	6	5	5	대	4	4	4	3	3	3	2	2	2	1	1
	여	9	9	9	10	한	1	1	1	1	2	2	2	3	3	3	4	4	4	5	한	5	6	6	6	7	7	7	8	8	8	9

양력 2월 입춘절(戊寅月) 立春 2월3일 19시35분 雨水 2월18일 15시21분

양력		1	2	3	4	5	6	7	8	9	10	11	12	13	14	15	16	17	18	19	20	21	22	23	24	25	26	27	28			
요일		水	木	金	土	日	月	火	水	木	金	土	日	月	火	水	木	金	土	日	月	火	水	木	金	土	日	月	火			
음력		12/15	16	17	18	19	20	21	22	23	24	25	26	27	28	29	30	1/1	2	3	4	5	6	7	8	9	10	11	12			
일진		丙戌	丁亥	戊子	己丑	庚寅	辛卯	壬辰	癸巳	甲午	乙未	丙申	丁酉	戊戌	己亥	庚子	辛丑	壬寅	癸卯	甲辰	乙巳	丙午	丁未	戊申	己酉	庚戌	辛亥	壬子	癸丑			
대운	남	1	1	입	1	1	1	1	2	2	2	3	3	3	4	4	4	5	우	5	6	6	6	7	7	7	8	8	8			
	여	9	9	춘	10	9	9	9	8	8	8	7	7	7	6	6	6	5	수	5	4	4	4	3	3	3	2	2	2			

양력 3월 경칩절(己卯月) 驚蟄 3월5일 13시23분 春分 3월20일 14시6분

양력		1	2	3	4	5	6	7	8	9	10	11	12	13	14	15	16	17	18	19	20	21	22	23	24	25	26	27	28	29	30	31
요일		水	木	金	土	日	月	火	水	木	金	土	日	月	火	水	木	金	土	日	月	火	水	木	金	土	日	月	火	水	木	金
음력		1/13	14	15	16	17	18	19	20	21	22	23	24	25	26	27	28	29	30	2/1	2	3	4	5	6	7	8	9	10	11	12	13
일진		甲寅	乙卯	丙辰	丁巳	戊午	己未	庚申	辛酉	壬戌	癸亥	甲子	乙丑	丙寅	丁卯	戊辰	己巳	庚午	辛未	壬申	癸酉	甲戌	乙亥	丙子	丁丑	戊寅	己卯	庚辰	辛巳	壬午	癸未	甲申
대운	남	9	9	9	10	경	1	1	1	1	2	2	2	3	3	3	4	4	4	5	춘	5	6	6	6	7	7	7	8	8	8	9
	여	1	1	1	1	칩	10	9	9	9	8	8	8	7	7	7	6	6	6	5	분	5	4	4	4	3	3	3	2	2	2	1

양력 4월 청명절(庚辰月) 清明 4월4일 17시56분 穀雨 4월20일 0시51분

양력		1	2	3	4	5	6	7	8	9	10	11	12	13	14	15	16	17	18	19	20	21	22	23	24	25	26	27	28	29	30	
요일		土	日	月	火	水	木	金	土	日	月	火	水	木	金	土	日	月	火	水	木	金	土	日	月	火	水	木	金	土	日	
음력		2/14	15	16	17	18	19	20	21	22	23	24	25	26	27	28	29	3/1	2	3	4	5	6	7	8	9	10	11	12	13	14	
일진		乙酉	丙戌	丁亥	戊子	己丑	庚寅	辛卯	壬辰	癸巳	甲午	乙未	丙申	丁酉	戊戌	己亥	庚子	辛丑	壬寅	癸卯	甲辰	乙巳	丙午	丁未	戊申	己酉	庚戌	辛亥	壬子	癸丑	甲寅	
대운	남	9	9	10	청	1	1	1	1	2	2	2	3	3	3	4	4	4	5	5	곡	6	6	6	7	7	7	8	8	8	9	
	여	1	1	1	명	10	10	9	9	9	8	8	8	7	7	7	6	6	6	5	우	5	4	4	4	3	3	3	2	2	2	

양력 5월 입하절(辛巳月) 立夏 5월5일 10시58분 小滿 5월20일 23시44분

양력		1	2	3	4	5	6	7	8	9	10	11	12	13	14	15	16	17	18	19	20	21	22	23	24	25	26	27	28	29	30	31
요일		月	火	水	木	金	土	日	月	火	水	木	金	土	日	月	火	水	木	金	土	日	月	火	水	木	金	土	日	月	火	水
음력		3/15	16	17	18	19	20	21	22	23	24	25	26	27	28	29	30	4/1	2	3	4	5	6	7	8	9	10	11	12	13	14	15
일진		乙卯	丙辰	丁巳	戊午	己未	庚申	辛酉	壬戌	癸亥	甲子	乙丑	丙寅	丁卯	戊辰	己巳	庚午	辛未	壬申	癸酉	甲戌	乙亥	丙子	丁丑	戊寅	己卯	庚辰	辛巳	壬午	癸未	甲申	乙酉
대운	남	9	9	10	10	입	1	1	1	1	2	2	2	3	3	3	4	4	4	5	소	5	6	6	6	7	7	7	8	8	8	9
	여	1	1	1	1	하	10	10	9	9	9	8	8	8	7	7	7	6	6	6	만	5	5	4	4	4	3	3	3	2	2	2

양력 6월 망종절(壬午月) 芒種 6월5일 14시55분 夏至 6월21일 7시32분

양력		1	2	3	4	5	6	7	8	9	10	11	12	13	14	15	16	17	18	19	20	21	22	23	24	25	26	27	28	29	30	
요일		木	金	土	日	月	火	水	木	金	土	日	月	火	水	木	金	土	日	月	火	水	木	金	土	日	月	火	水	木	金	
음력		4/16	17	18	19	20	21	22	23	24	25	26	27	28	29	5/1	2	3	4	5	6	7	8	9	10	11	12	13	14	15	16	
일진		丙戌	丁亥	戊子	己丑	庚寅	辛卯	壬辰	癸巳	甲午	乙未	丙申	丁酉	戊戌	己亥	庚子	辛丑	壬寅	癸卯	甲辰	乙巳	丙午	丁未	戊申	己酉	庚戌	辛亥	壬子	癸丑	甲寅	乙卯	
대운	남	9	9	10	10	망	1	1	1	1	2	2	2	3	3	3	4	4	4	5	5	하	6	6	6	7	7	7	8	8	8	
	여	1	1	1	1	종	10	10	10	9	9	9	8	8	8	7	7	7	6	6	6	지	5	5	4	4	4	3	3	3	2	

乙丑年

양력 7월 소서절(癸未月) 小暑 7월7일 1시7분 大暑 7월22일 18시25분

양력		1	2	3	4	5	6	7	8	9	10	11	12	13	14	15	16	17	18	19	20	21	22	23	24	25	26	27	28	29	30	31
요일		土	日	月	火	水	木	金	土	日	月	火	水	木	金	土	日	月	火	水	木	金	土	日	月	火	水	木	金	土	日	月
음력		5/17	18	19	20	21	22	23	24	25	26	27	28	29	6/1	2	3	4	5	6	7	8	9	10	11	12	13	14	15	16	17	18
일진		丙辰	丁巳	戊午	己未	庚申	辛酉	壬戌	癸亥	甲子	乙丑	丙寅	丁卯	戊辰	己巳	庚午	辛未	壬申	癸酉	甲戌	乙亥	丙子	丁丑	戊寅	己卯	庚辰	辛巳	壬午	癸未	甲申	乙酉	丙戌
대운	남	9	9	9	10	10	10	소	1	1	1	1	2	2	2	3	3	3	4	4	4	5	대	5	6	6	6	7	7	7	8	8
	여	2	2	1	1	1	1	서	10	10	9	9	9	8	8	8	7	7	7	6	6	6	서	5	5	4	4	4	3	3	3	2

양력 8월 입추절(甲申月) 立秋 8월7일 10시58분 處暑 8월23일 1시38분

양력		1	2	3	4	5	6	7	8	9	10	11	12	13	14	15	16	17	18	19	20	21	22	23	24	25	26	27	28	29	30	31
요일		火	水	木	金	土	日	月	火	水	木	金	土	日	月	火	水	木	金	土	日	月	火	水	木	金	土	日	月	火	水	木
음력		6/19	20	21	22	23	24	25	26	27	28	29	30	7/1	2	3	4	5	6	7	8	9	10	11	12	13	14	15	16	17	18	19
일진		丁亥	戊子	己丑	庚寅	辛卯	壬辰	癸巳	甲午	乙未	丙申	丁酉	戊戌	己亥	庚子	辛丑	壬寅	癸卯	甲辰	乙巳	丙午	丁未	戊申	己酉	庚戌	辛亥	壬子	癸丑	甲寅	乙卯	丙辰	丁巳
대운	남	8	9	9	9	10	10	입	1	1	1	1	2	2	2	3	3	3	4	4	4	5	5	처	6	6	6	7	7	7	8	8
	여	2	2	1	1	1	1	추	10	10	9	9	9	8	8	8	7	7	7	6	6	6	5	서	5	4	4	4	3	3	3	2

양력 9월 백로절(乙酉月) 白露 9월7일 14시4분 秋分 9월22일 23시31분

양력		1	2	3	4	5	6	7	8	9	10	11	12	13	14	15	16	17	18	19	20	21	22	23	24	25	26	27	28	29	30	
요일		金	土	日	月	火	水	木	金	土	日	月	火	水	木	金	土	日	月	火	水	木	金	土	日	月	火	水	木	金	土	
음력		7/20	21	22	23	24	25	26	27	28	29	8/1	2	3	4	5	6	7	8	9	10	11	12	13	14	15	16	17	18	19	20	
일진		戊午	己未	庚申	辛酉	壬戌	癸亥	甲子	乙丑	丙寅	丁卯	戊辰	己巳	庚午	辛未	壬申	癸酉	甲戌	乙亥	丙子	丁丑	戊寅	己卯	庚辰	辛巳	壬午	癸未	甲申	乙酉	丙戌	丁亥	
대운	남	8	9	9	9	10	10	백	1	1	1	1	2	2	2	3	3	3	4	4	4	5	추	5	6	6	6	7	7	7	8	
	여	2	2	1	1	1	1	로	10	10	9	9	9	8	8	8	7	7	7	6	6	6	분	5	5	4	4	4	3	3	3	

양력 10월 한로절(丙戌月) 寒露 10월8일 5시59분 霜降 10월23일 9시11분

양력		1	2	3	4	5	6	7	8	9	10	11	12	13	14	15	16	17	18	19	20	21	22	23	24	25	26	27	28	29	30	31
요일		日	月	火	水	木	金	土	日	月	火	水	木	金	土	日	月	火	水	木	金	土	日	月	火	水	木	金	土	日	月	火
음력		8/21	22	23	24	25	26	27	28	29	9/1	2	3	4	5	6	7	8	9	10	11	12	13	14	15	16	17	18	19	20	21	22
일진		戊子	己丑	庚寅	辛卯	壬辰	癸巳	甲午	乙未	丙申	丁酉	戊戌	己亥	庚子	辛丑	壬寅	癸卯	甲辰	乙巳	丙午	丁未	戊申	己酉	庚戌	辛亥	壬子	癸丑	甲寅	乙卯	丙辰	丁巳	戊午
대운	남	8	8	9	9	9	10	10	한	1	1	1	1	2	2	2	3	3	3	4	4	4	5	상	5	6	6	6	7	7	7	8
	여	2	2	2	1	1	1	1	로	10	9	9	9	8	8	8	7	7	7	6	6	6	5	강	5	4	4	4	3	3	3	2

양력 11월 입동절(丁亥月) 立冬 11월7일 9시28분 小雪 11월22일 7시2분

양력		1	2	3	4	5	6	7	8	9	10	11	12	13	14	15	16	17	18	19	20	21	22	23	24	25	26	27	28	29	30	
요일		水	木	金	土	日	月	火	水	木	金	土	日	月	火	水	木	金	土	日	月	火	水	木	金	土	日	月	火	水	木	
음력		9/23	24	25	26	27	28	29	30	10/1	2	3	4	5	6	7	8	9	10	11	12	13	14	15	16	17	18	19	20	21	22	
일진		己未	庚申	辛酉	壬戌	癸亥	甲子	乙丑	丙寅	丁卯	戊辰	己巳	庚午	辛未	壬申	癸酉	甲戌	乙亥	丙子	丁丑	戊寅	己卯	庚辰	辛巳	壬午	癸未	甲申	乙酉	丙戌	丁亥	戊子	
대운	남	8	8	9	9	9	10	입	1	1	1	1	2	2	2	3	3	3	4	4	4	5	소	5	6	6	6	7	7	7	8	
	여	2	2	1	1	1	1	동	10	9	9	9	8	8	8	7	7	7	6	6	6	5	설	5	4	4	4	3	3	3	2	

양력 12월 대설절(戊子月) 大雪 12월7일 2시34분 冬至 12월21일 20시34분

양력		1	2	3	4	5	6	7	8	9	10	11	12	13	14	15	16	17	18	19	20	21	22	23	24	25	26	27	28	29	30	31
요일		金	土	日	月	火	水	木	金	土	日	月	火	水	木	金	土	日	月	火	水	木	金	土	日	月	火	水	木	金	土	日
음력		10/23	24	25	26	27	28	29	11/1	2	3	4	5	6	7	8	9	10	11	12	13	14	15	16	17	18	19	20	21	22	23	24
일진		己丑	庚寅	辛卯	壬辰	癸巳	甲午	乙未	丙申	丁酉	戊戌	己亥	庚子	辛丑	壬寅	癸卯	甲辰	乙巳	丙午	丁未	戊申	己酉	庚戌	辛亥	壬子	癸丑	甲寅	乙卯	丙辰	丁巳	戊午	己未
대운	남	8	8	9	9	9	10	대	1	1	1	1	2	2	2	3	3	3	4	4	4	동	5	5	6	6	6	7	7	7	8	8
	여	2	2	1	1	1	1	설	9	9	9	8	8	8	7	7	7	6	6	6	5	지	5	4	4	4	3	3	3	2	2	2

서기 2046년 [단기 4379년]

양력 1월 소한절(己丑月) 小寒 1월5일 13시54분 大寒 1월20일 7시14분

양력	1	2	3	4	5	6	7	8	9	10	11	12	13	14	15	16	17	18	19	20	21	22	23	24	25	26	27	28	29	30	31
요일	月	火	水	木	金	土	日	月	火	水	木	金	土	日	月	火	水	木	金	土	日	月	火	水	木	金	土	日	月	火	水
음력	11/25	26	27	28	29	30	12/1	2	3	4	5	6	7	8	9	10	11	12	13	14	15	16	17	18	19	20	21	22	23	24	25
일진	庚申	辛酉	壬戌	癸亥	甲子	乙丑	丙寅	丁卯	戊辰	己巳	庚午	辛未	壬申	癸酉	甲戌	乙亥	丙子	丁丑	戊寅	己卯	庚辰	辛巳	壬午	癸未	甲申	乙酉	丙戌	丁亥	戊子	己丑	庚寅
대운 남	8	9	9	9	소	1	1	1	1	2	2	2	3	3	3	4	4	4	5	대	5	6	6	6	7	7	7	8	8	8	9
대운 여	1	1	1	1	한	10	9	9	9	8	8	8	7	7	7	6	6	6	5	한	5	4	4	4	3	3	3	2	2	2	1

양력 2월 입춘절(庚寅月) 立春 2월4일 1시30분 雨水 2월18일 21시14분

양력	1	2	3	4	5	6	7	8	9	10	11	12	13	14	15	16	17	18	19	20	21	22	23	24	25	26	27	28
요일	木	金	土	日	月	火	水	木	金	土	日	月	火	水	木	金	土	日	月	火	水	木	金	土	日	月	火	水
음력	12/26	27	28	29	30	1/1	2	3	4	5	6	7	8	9	10	11	12	13	14	15	16	17	18	19	20	21	22	23
일진	辛卯	壬辰	癸巳	甲午	乙未	丙申	丁酉	戊戌	己亥	庚子	辛丑	壬寅	癸卯	甲辰	乙巳	丙午	丁未	戊申	己酉	庚戌	辛亥	壬子	癸丑	甲寅	乙卯	丙辰	丁巳	戊午
대운 남	9	9	10	입	9	9	9	8	8	8	7	7	7	6	6	6	5	우	5	4	4	4	3	3	3	2	2	2
대운 여	1	1	1	춘	1	1	1	1	2	2	2	3	3	3	4	4	4	수	5	5	6	6	6	7	7	7	8	8

양력 3월 경칩절(辛卯月) 驚蟄 3월5일 19시16분 春分 3월20일 19시56분

양력	1	2	3	4	5	6	7	8	9	10	11	12	13	14	15	16	17	18	19	20	21	22	23	24	25	26	27	28	29	30	31
요일	木	金	土	日	月	火	水	木	金	土	日	月	火	水	木	金	土	日	月	火	水	木	金	土	日	月	火	水	木	金	土
음력	1/24	25	26	27	28	29	30	2/1	2	3	4	5	6	7	8	9	10	11	12	13	14	15	16	17	18	19	20	21	22	23	24
일진	己未	庚申	辛酉	壬戌	癸亥	甲子	乙丑	丙寅	丁卯	戊辰	己巳	庚午	辛未	壬申	癸酉	甲戌	乙亥	丙子	丁丑	戊寅	己卯	庚辰	辛巳	壬午	癸未	甲申	乙酉	丙戌	丁亥	戊子	己丑
대운 남	1	1	1	1	경	10	9	9	9	8	8	8	7	7	7	6	6	6	5	춘	5	4	4	4	3	3	3	2	2	2	1
대운 여	8	9	9	9	칩	1	1	1	1	2	2	2	3	3	3	4	4	4	5	분	5	6	6	6	7	7	7	8	8	8	9

양력 4월 청명절(壬辰月) 清明 4월4일 23시43분 穀雨 4월20일 6시37분

양력	1	2	3	4	5	6	7	8	9	10	11	12	13	14	15	16	17	18	19	20	21	22	23	24	25	26	27	28	29	30
요일	日	月	火	水	木	金	土	日	月	火	水	木	金	土	日	月	火	水	木	金	土	日	月	火	水	木	金	土	日	月
음력	2/25	26	27	28	29	3/1	2	3	4	5	6	7	8	9	10	11	12	13	14	15	16	17	18	19	20	21	22	23	24	25
일진	庚寅	辛卯	壬辰	癸巳	甲午	乙未	丙申	丁酉	戊戌	己亥	庚子	辛丑	壬寅	癸卯	甲辰	乙巳	丙午	丁未	戊申	己酉	庚戌	辛亥	壬子	癸丑	甲寅	乙卯	丙辰	丁巳	戊午	己未
대운 남	1	1	1	청	10	10	9	9	9	8	8	8	7	7	7	6	6	6	5	곡	5	4	4	4	3	3	3	2	2	2
대운 여	9	9	10	명	1	1	1	1	2	2	2	3	3	3	4	4	4	5	5	우	6	6	6	7	7	7	8	8	8	9

양력 5월 입하절(癸巳月) 立夏 5월5일 16시39분 小滿 5월21일 5시27분

양력	1	2	3	4	5	6	7	8	9	10	11	12	13	14	15	16	17	18	19	20	21	22	23	24	25	26	27	28	29	30	31
요일	火	水	木	金	土	日	月	火	水	木	金	土	日	月	火	水	木	金	土	日	月	火	水	木	金	土	日	月	火	水	木
음력	3/26	27	28	29	30	4/1	2	3	4	5	6	7	8	9	10	11	12	13	14	15	16	17	18	19	20	21	22	23	24	25	26
일진	庚申	辛酉	壬戌	癸亥	甲子	乙丑	丙寅	丁卯	戊辰	己巳	庚午	辛未	壬申	癸酉	甲戌	乙亥	丙子	丁丑	戊寅	己卯	庚辰	辛巳	壬午	癸未	甲申	乙酉	丙戌	丁亥	戊子	己丑	庚寅
대운 남	1	1	1	1	입	10	10	9	9	9	8	8	8	7	7	7	6	6	6	5	소	5	4	4	4	3	3	3	2	2	2
대운 여	9	9	10	10	하	1	1	1	1	2	2	2	3	3	3	4	4	4	5	5	만	6	6	6	7	7	7	8	8	8	9

양력 6월 망종절(甲午月) 芒種 6월5일 20시31분 夏至 6월21일 13시13분

양력	1	2	3	4	5	6	7	8	9	10	11	12	13	14	15	16	17	18	19	20	21	22	23	24	25	26	27	28	29	30
요일	金	土	日	月	火	水	木	金	土	日	月	火	水	木	金	土	日	月	火	水	木	金	土	日	月	火	水	木	金	土
음력	4/27	28	29	30	5/1	2	3	4	5	6	7	8	9	10	11	12	13	14	15	16	17	18	19	20	21	22	23	24	25	26
일진	辛卯	壬辰	癸巳	甲午	乙未	丙申	丁酉	戊戌	己亥	庚子	辛丑	壬寅	癸卯	甲辰	乙巳	丙午	丁未	戊申	己酉	庚戌	辛亥	壬子	癸丑	甲寅	乙卯	丙辰	丁巳	戊午	己未	庚申
대운 남	1	1	1	1	망	10	10	10	9	9	9	8	8	8	7	7	7	6	6	6	하	5	5	4	4	4	3	3	3	2
대운 여	9	9	10	10	종	1	1	1	1	2	2	2	3	3	3	4	4	4	5	5	지	6	6	6	7	7	7	8	8	8

丙寅年

양력 7월 소서절(乙未月) 小暑 7월7일 6시39분 大暑 7월23일 0시7분

양력	1	2	3	4	5	6	7	8	9	10	11	12	13	14	15	16	17	18	19	20	21	22	23	24	25	26	27	28	29	30	31
요일	日	月	火	水	木	金	土	日	月	火	水	木	金	土	日	月	火	水	木	金	土	日	月	火	水	木	金	土	日	月	火
음력	5/27	28	29	6/1	2	3	4	5	6	7	8	9	10	11	12	13	14	15	16	17	18	19	20	21	22	23	24	25	26	27	28
일진	辛酉	壬戌	癸亥	甲子	乙丑	丙寅	丁卯	戊辰	己巳	庚午	辛未	壬申	癸酉	甲戌	乙亥	丙子	丁丑	戊寅	己卯	庚辰	辛巳	壬午	癸未	甲申	乙酉	丙戌	丁亥	戊子	己丑	庚寅	辛卯
대운 남	2	2	1	1	1	1	소	10	10	9	9	9	8	8	8	7	7	7	6	6	6	5	대	5	4	4	4	3	3	3	2
대운 여	9	9	9	10	10	10	서	1	1	1	1	2	2	2	3	3	3	4	4	4	5	5	서	6	6	6	7	7	7	8	8

양력 8월 입추절(丙申月) 立秋 8월7일 16시32분 處暑 8월23일 7시23분

양력	1	2	3	4	5	6	7	8	9	10	11	12	13	14	15	16	17	18	19	20	21	22	23	24	25	26	27	28	29	30	31
요일	水	木	金	土	日	月	火	水	木	金	土	日	月	火	水	木	金	土	日	月	火	水	木	金	土	日	月	火	水	木	金
음력	6/29	7/1	2	3	4	5	6	7	8	9	10	11	12	13	14	15	16	17	18	19	20	21	22	23	24	25	26	27	28	29	30
일진	壬辰	癸巳	甲午	乙未	丙申	丁酉	戊戌	己亥	庚子	辛丑	壬寅	癸卯	甲辰	乙巳	丙午	丁未	戊申	己酉	庚戌	辛亥	壬子	癸丑	甲寅	乙卯	丙辰	丁巳	戊午	己未	庚申	辛酉	壬戌
대운 남	2	2	1	1	1	1	입	10	10	9	9	9	8	8	8	7	7	7	6	6	6	5	처	5	4	4	4	3	3	3	2
대운 여	8	9	9	9	10	10	추	1	1	1	1	2	2	2	3	3	3	4	4	4	5	5	서	6	6	6	7	7	7	8	8

양력 9월 백로절(丁酉月) 白露 9월7일 19시42분 秋分 9월23일 5시20분

양력	1	2	3	4	5	6	7	8	9	10	11	12	13	14	15	16	17	18	19	20	21	22	23	24	25	26	27	28	29	30	
요일	土	日	月	火	水	木	金	土	日	月	火	水	木	金	土	日	月	火	水	木	金	土	日	月	火	水	木	金	土	日	
음력	8/1	2	3	4	5	6	7	8	9	10	11	12	13	14	15	16	17	18	19	20	21	22	23	24	25	26	27	28	29	9/1	
일진	癸亥	甲子	乙丑	丙寅	丁卯	戊辰	己巳	庚午	辛未	壬申	癸酉	甲戌	乙亥	丙子	丁丑	戊寅	己卯	庚辰	辛巳	壬午	癸未	甲申	乙酉	丙戌	丁亥	戊子	己丑	庚寅	辛卯	壬辰	
대운 남	2	2	1	1	1	1	백	10	10	9	9	9	8	8	8	7	7	7	6	6	6	5	추	5	4	4	4	3	3	3	
대운 여	8	9	9	9	10	10	로	1	1	1	1	2	2	2	3	3	3	4	4	4	5	5	분	6	6	6	7	7	7	8	

양력 10월 한로절(戊戌月) 寒露 10월8일 11시41분 霜降 10월23일 15시2분

양력	1	2	3	4	5	6	7	8	9	10	11	12	13	14	15	16	17	18	19	20	21	22	23	24	25	26	27	28	29	30	31
요일	月	火	水	木	金	土	日	月	火	水	木	金	土	日	月	火	水	木	金	土	日	月	火	水	木	金	土	日	月	火	水
음력	9/2	3	4	5	6	7	8	9	10	11	12	13	14	15	16	17	18	19	20	21	22	23	24	25	26	27	28	29	10/1	2	3
일진	癸巳	甲午	乙未	丙申	丁酉	戊戌	己亥	庚子	辛丑	壬寅	癸卯	甲辰	乙巳	丙午	丁未	戊申	己酉	庚戌	辛亥	壬子	癸丑	甲寅	乙卯	丙辰	丁巳	戊午	己未	庚申	辛酉	壬戌	癸亥
대운 남	2	2	2	1	1	1	1	한	10	9	9	9	8	8	8	7	7	7	6	6	6	5	상	5	4	4	4	3	3	3	2
대운 여	8	8	9	9	9	10	10	로	1	1	1	1	2	2	2	3	3	3	4	4	4	5	강	5	6	6	6	7	7	7	8

양력 11월 입동절(己亥月) 立冬 11월7일 15시13분 小雪 11월22일 12시55분

양력	1	2	3	4	5	6	7	8	9	10	11	12	13	14	15	16	17	18	19	20	21	22	23	24	25	26	27	28	29	30	
요일	木	金	土	日	月	火	水	木	金	土	日	月	火	水	木	金	土	日	月	火	水	木	金	土	日	月	火	水	木	金	
음력	10/4	5	6	7	8	9	10	11	12	13	14	15	16	17	18	19	20	21	22	23	24	25	26	27	28	29	30	11/1	2	3	
일진	甲子	乙丑	丙寅	丁卯	戊辰	己巳	庚午	辛未	壬申	癸酉	甲戌	乙亥	丙子	丁丑	戊寅	己卯	庚辰	辛巳	壬午	癸未	甲申	乙酉	丙戌	丁亥	戊子	己丑	庚寅	辛卯	壬辰	癸巳	
대운 남	2	2	1	1	1	1	입	10	9	9	9	8	8	8	7	7	7	6	6	6	5	소	5	4	4	4	3	3	3	2	
대운 여	8	8	9	9	9	10	동	1	1	1	1	2	2	2	3	3	3	4	4	4	5	설	5	6	6	6	7	7	7	8	

양력 12월 대설절(庚子月) 大雪 12월7일 8시20분 冬至 12월22일 2시27분

양력	1	2	3	4	5	6	7	8	9	10	11	12	13	14	15	16	17	18	19	20	21	22	23	24	25	26	27	28	29	30	31
요일	土	日	月	火	水	木	金	土	日	月	火	水	木	金	土	日	月	火	水	木	金	土	日	月	火	水	木	金	土	日	月
음력	11/4	5	6	7	8	9	10	11	12	13	14	15	16	17	18	19	20	21	22	23	24	25	26	27	28	29	12/1	2	3	4	5
일진	甲午	乙未	丙申	丁酉	戊戌	己亥	庚子	辛丑	壬寅	癸卯	甲辰	乙巳	丙午	丁未	戊申	己酉	庚戌	辛亥	壬子	癸丑	甲寅	乙卯	丙辰	丁巳	戊午	己未	庚申	辛酉	壬戌	癸亥	甲子
대운 남	2	2	1	1	1	1	대	9	9	9	8	8	8	7	7	7	6	6	6	5	5	동	4	4	4	3	3	3	2	2	2
대운 여	8	8	9	9	9	10	설	1	1	1	1	2	2	2	3	3	3	4	4	4	5	지	5	6	6	6	7	7	7	8	8

서기 2047년 [단기 4380년]

양력 1월　소한절(辛丑月)　小寒 1월5일 19시41분　大寒 1월20일 13시8분

양력	1	2	3	4	5	6	7	8	9	10	11	12	13	14	15	16	17	18	19	20	21	22	23	24	25	26	27	28	29	30	31
요일	火	水	木	金	土	日	月	火	水	木	金	土	日	月	火	水	木	金	土	日	月	火	水	木	金	土	日	月	火	水	木
음력	12/6	7	8	9	10	11	12	13	14	15	16	17	18	19	20	21	22	23	24	25	26	27	28	29	30	1/1	2	3	4	5	6
일진	乙丑	丙寅	丁卯	戊辰	己巳	庚午	辛未	壬申	癸酉	甲戌	乙亥	丙子	丁丑	戊寅	己卯	庚辰	辛巳	壬午	癸未	甲申	乙酉	丙戌	丁亥	戊子	己丑	庚寅	辛卯	壬辰	癸巳	甲午	乙未
대운 남	1	1	1	1	소한	10	9	9	9	8	8	8	7	7	7	6	6	6	5	대한	5	4	4	4	3	3	3	2	2	2	1
대운 여	8	9	9	9		1	1	1	1	2	2	2	3	3	3	4	4	4	5		5	6	6	6	7	7	7	8	8	8	9

양력 2월　입춘절(壬寅月)　立春 2월4일 7시16분　雨水 2월19일 3시9분

양력	1	2	3	4	5	6	7	8	9	10	11	12	13	14	15	16	17	18	19	20	21	22	23	24	25	26	27	28			
요일	金	土	日	月	火	水	木	金	土	日	月	火	水	木	金	土	日	月	火	水	木	金	土	日	月	火	水	木			
음력	1/7	8	9	10	11	12	13	14	15	16	17	18	19	20	21	22	23	24	25	26	27	28	29	30	2/1	2	3	4			
일진	丙申	丁酉	戊戌	己亥	庚子	辛丑	壬寅	癸卯	甲辰	乙巳	丙午	丁未	戊申	己酉	庚戌	辛亥	壬子	癸丑	甲寅	乙卯	丙辰	丁巳	戊午	己未	庚申	辛酉	壬戌	癸亥			
대운 남	1	1	1	입춘	1	1	1	1	2	2	2	3	3	3	4	4	4	5	우수	5	6	6	6	7	7	7	8	8			
대운 여	9	9	10		10	9	9	9	8	8	8	7	7	7	6	6	6	5		5	4	4	4	3	3	3	2	2			

양력 3월　경칩절(癸卯月)　驚蟄 3월6일 1시4분　春分 3월21일 1시51분

양력	1	2	3	4	5	6	7	8	9	10	11	12	13	14	15	16	17	18	19	20	21	22	23	24	25	26	27	28	29	30	31
요일	金	土	日	月	火	水	木	金	土	日	月	火	水	木	金	土	日	月	火	水	木	金	土	日	月	火	水	木	金	土	日
음력	2/5	6	7	8	9	10	11	12	13	14	15	16	17	18	19	20	21	22	23	24	25	26	27	28	29	3/1	2	3	4	5	6
일진	甲子	乙丑	丙寅	丁卯	戊辰	己巳	庚午	辛未	壬申	癸酉	甲戌	乙亥	丙子	丁丑	戊寅	己卯	庚辰	辛巳	壬午	癸未	甲申	乙酉	丙戌	丁亥	戊子	己丑	庚寅	辛卯	壬辰	癸巳	甲午
대운 남	8	9	9	9	10	경칩	1	1	1	1	2	2	2	3	3	3	4	4	4	5	춘분	5	6	6	6	7	7	7	8	8	8
대운 여	2	1	1	1	1		10	9	9	9	8	8	8	7	7	7	6	6	6	5		5	4	4	4	3	3	3	2	2	2

양력 4월　청명절(甲辰月)　淸明 4월5일 5시31분　穀雨 4월20일 12시31분

양력	1	2	3	4	5	6	7	8	9	10	11	12	13	14	15	16	17	18	19	20	21	22	23	24	25	26	27	28	29	30	
요일	月	火	水	木	金	土	日	月	火	水	木	金	土	日	月	火	水	木	金	土	日	月	火	水	木	金	土	日	月	火	
음력	3/7	8	9	10	11	12	13	14	15	16	17	18	19	20	21	22	23	24	25	26	27	28	29	30	4/1	2	3	4	5	6	
일진	乙未	丙申	丁酉	戊戌	己亥	庚子	辛丑	壬寅	癸卯	甲辰	乙巳	丙午	丁未	戊申	己酉	庚戌	辛亥	壬子	癸丑	甲寅	乙卯	丙辰	丁巳	戊午	己未	庚申	辛酉	壬戌	癸亥	甲子	
대운 남	9	9	9	10	청명	1	1	1	1	2	2	2	3	3	3	4	4	4	5	곡우	5	6	6	6	7	7	7	8	8	8	
대운 여	1	1	1	1		10	9	9	9	8	8	8	7	7	7	6	6	6	5		5	4	4	4	3	3	3	2	2	2	

양력 5월　입하절(乙巳月)　立夏 5월5일 22시27분　小滿 5월21일 11시18분

양력	1	2	3	4	5	6	7	8	9	10	11	12	13	14	15	16	17	18	19	20	21	22	23	24	25	26	27	28	29	30	31
요일	水	木	金	土	日	月	火	水	木	金	土	日	月	火	水	木	金	土	日	月	火	水	木	金	土	日	月	火	水	木	金
음력	4/7	8	9	10	11	12	13	14	15	16	17	18	19	20	21	22	23	24	25	26	27	28	29	30	5/1	2	3	4	5	6	7
일진	乙丑	丙寅	丁卯	戊辰	己巳	庚午	辛未	壬申	癸酉	甲戌	乙亥	丙子	丁丑	戊寅	己卯	庚辰	辛巳	壬午	癸未	甲申	乙酉	丙戌	丁亥	戊子	己丑	庚寅	辛卯	壬辰	癸巳	甲午	乙未
대운 남	9	9	9	10	입하	1	1	1	1	2	2	2	3	3	3	4	4	4	5	5	소만	6	6	6	7	7	7	8	8	8	9
대운 여	1	1	1	1		10	10	10	9	9	9	8	8	8	7	7	7	6	6	6		5	5	4	4	4	3	3	3	2	2

양력 6월　망종절(丙午月)　芒種 6월6일 2시19분　夏至 6월21일 19시2분

양력	1	2	3	4	5	6	7	8	9	10	11	12	13	14	15	16	17	18	19	20	21	22	23	24	25	26	27	28	29	30	
요일	土	日	月	火	水	木	金	土	日	月	火	水	木	金	土	日	月	火	水	木	金	土	日	月	火	水	木	金	土	日	
음력	5/8	9	10	11	12	13	14	15	16	17	18	19	20	21	22	23	24	25	26	27	28	29	윤1	2	3	4	5	6	7	8	
일진	丙申	丁酉	戊戌	己亥	庚子	辛丑	壬寅	癸卯	甲辰	乙巳	丙午	丁未	戊申	己酉	庚戌	辛亥	壬子	癸丑	甲寅	乙卯	丙辰	丁巳	戊午	己未	庚申	辛酉	壬戌	癸亥	甲子	乙丑	
대운 남	9	9	10	10	10	망종	1	1	1	1	2	2	2	3	3	3	4	4	4	5	하지	5	6	6	6	7	7	7	8	8	
대운 여	2	1	1	1	1		10	10	9	9	9	8	8	8	7	7	7	6	6	6		5	5	4	4	4	3	3	3	2	

▶윤달-5월

丁卯年

양력 7월 소서절(丁未月) 小暑 7월7일 12시29분 大暑 7월23일 5시54분

양력	1	2	3	4	5	6	7	8	9	10	11	12	13	14	15	16	17	18	19	20	21	22	23	24	25	26	27	28	29	30	31
요일	月	火	水	木	金	土	日	月	火	水	木	金	土	日	月	火	水	木	金	土	日	月	火	水	木	金	土	日	月	火	水
음력	윤9	10	11	12	13	14	15	16	17	18	19	20	21	22	23	24	25	26	27	28	29	30	6/1	2	3	4	5	6	7	8	9
일진	丙寅	丁卯	戊辰	己巳	庚午	辛未	壬申	癸酉	甲戌	乙亥	丙子	丁丑	戊寅	己卯	庚辰	辛巳	壬午	癸未	甲申	乙酉	丙戌	丁亥	戊子	己丑	庚寅	辛卯	壬辰	癸巳	甲午	乙未	丙申
대운 남	8	9	9	9	10	10	소	1	1	1	1	2	2	2	3	3	3	4	4	4	5	5	대	6	6	6	7	7	7	8	8
대운 여	2	2	1	1	1	1	서	10	10	9	9	9	8	8	8	7	7	7	6	6	6	5	서	5	4	4	4	3	3	3	2

양력 8월 입추절(戊申月) 立秋 8월7일 22시24분 處暑 8월23일 13시9분

양력	1	2	3	4	5	6	7	8	9	10	11	12	13	14	15	16	17	18	19	20	21	22	23	24	25	26	27	28	29	30	31
요일	木	金	土	日	月	火	水	木	金	土	日	月	火	水	木	金	土	日	月	火	水	木	金	土	日	月	火	水	木	金	土
음력	6/10	11	12	13	14	15	16	17	18	19	20	21	22	23	24	25	26	27	28	29	7/1	2	3	4	5	6	7	8	9	10	11
일진	丁酉	戊戌	己亥	庚子	辛丑	壬寅	癸卯	甲辰	乙巳	丙午	丁未	戊申	己酉	庚戌	辛亥	壬子	癸丑	甲寅	乙卯	丙辰	丁巳	戊午	己未	庚申	辛酉	壬戌	癸亥	甲子	乙丑	丙寅	丁卯
대운 남	8	9	9	9	10	10	입	1	1	1	1	2	2	2	3	3	3	4	4	4	5	5	처	6	6	6	7	7	7	8	8
대운 여	2	2	1	1	1	1	추	10	10	10	9	9	9	8	8	8	7	7	7	6	6	6	서	5	5	4	4	4	3	3	3

양력 9월 백로절(己酉月) 白露 9월8일 1시37분 秋分 9월23일 11시6분

양력	1	2	3	4	5	6	7	8	9	10	11	12	13	14	15	16	17	18	19	20	21	22	23	24	25	26	27	28	29	30
요일	日	月	火	水	木	金	土	日	月	火	水	木	金	土	日	月	火	水	木	金	土	日	月	火	水	木	金	土	日	月
음력	7/12	13	14	15	16	17	18	19	20	21	22	23	24	25	26	27	28	29	30	8/1	2	3	4	5	6	7	8	9	10	11
일진	戊辰	己巳	庚午	辛未	壬申	癸酉	甲戌	乙亥	丙子	丁丑	戊寅	己卯	庚辰	辛巳	壬午	癸未	甲申	乙酉	丙戌	丁亥	戊子	己丑	庚寅	辛卯	壬辰	癸巳	甲午	乙未	丙申	丁酉
대운 남	8	9	9	9	10	10	10	백	1	1	1	1	2	2	2	3	3	3	4	4	4	5	추	5	6	6	6	7	7	7
대운 여	2	2	2	1	1	1	1	로	10	9	9	9	8	8	8	7	7	7	6	6	6	5	분	5	4	4	4	3	3	3

양력 10월 한로절(庚戌月) 寒露 10월8일 17시36분 霜降 10월23일 20시47분

양력	1	2	3	4	5	6	7	8	9	10	11	12	13	14	15	16	17	18	19	20	21	22	23	24	25	26	27	28	29	30	31
요일	火	水	木	金	土	日	月	火	水	木	金	土	日	月	火	水	木	金	土	日	月	火	水	木	金	土	日	月	火	水	木
음력	8/12	13	14	15	16	17	18	19	20	21	22	23	24	25	26	27	28	29	9/1	2	3	4	5	6	7	8	9	10	11	12	13
일진	戊戌	己亥	庚子	辛丑	壬寅	癸卯	甲辰	乙巳	丙午	丁未	戊申	己酉	庚戌	辛亥	壬子	癸丑	甲寅	乙卯	丙辰	丁巳	戊午	己未	庚申	辛酉	壬戌	癸亥	甲子	乙丑	丙寅	丁卯	戊辰
대운 남	8	8	8	9	9	9	10	한	1	1	1	1	2	2	2	3	3	3	4	4	4	5	상	5	6	6	6	7	7	7	8
대운 여	2	2	2	1	1	1	1	로	10	9	9	9	8	8	8	7	7	7	6	6	6	5	강	5	4	4	4	3	3	3	2

양력 11월 입동절(辛亥月) 立冬 11월7일 21시6분 小雪 11월22일 18시37분

양력	1	2	3	4	5	6	7	8	9	10	11	12	13	14	15	16	17	18	19	20	21	22	23	24	25	26	27	28	29	30
요일	金	土	日	月	火	水	木	金	土	日	月	火	水	木	金	土	日	月	火	水	木	金	土	日	月	火	水	木	金	土
음력	9/14	15	16	17	18	19	20	21	22	23	24	25	26	27	28	29	10/1	2	3	4	5	6	7	8	9	10	11	12	13	14
일진	己巳	庚午	辛未	壬申	癸酉	甲戌	乙亥	丙子	丁丑	戊寅	己卯	庚辰	辛巳	壬午	癸未	甲申	乙酉	丙戌	丁亥	戊子	己丑	庚寅	辛卯	壬辰	癸巳	甲午	乙未	丙申	丁酉	戊戌
대운 남	8	8	9	9	9	10	입	1	1	1	1	2	2	2	3	3	3	4	4	4	5	소	5	6	6	6	7	7	7	8
대운 여	2	2	1	1	1	1	동	10	9	9	9	8	8	8	7	7	7	6	6	6	5	설	5	4	4	4	3	3	3	2

양력 12월 대설절(壬子月) 大雪 12월7일 14시9분 冬至 12월22일 8시6분

양력	1	2	3	4	5	6	7	8	9	10	11	12	13	14	15	16	17	18	19	20	21	22	23	24	25	26	27	28	29	30	31
요일	日	月	火	水	木	金	土	日	月	火	水	木	金	土	日	月	火	水	木	金	土	日	月	火	水	木	金	土	日	月	火
음력	10/15	16	17	18	19	20	21	22	23	24	25	26	27	28	29	30	11/1	2	3	4	5	6	7	8	9	10	11	12	13	14	15
일진	己亥	庚子	辛丑	壬寅	癸卯	甲辰	乙巳	丙午	丁未	戊申	己酉	庚戌	辛亥	壬子	癸丑	甲寅	乙卯	丙辰	丁巳	戊午	己未	庚申	辛酉	壬戌	癸亥	甲子	乙丑	丙寅	丁卯	戊辰	己巳
대운 남	8	8	9	9	9	10	대	1	1	1	1	2	2	2	3	3	3	4	4	4	5	동	5	6	6	6	7	7	7	8	8
대운 여	2	2	1	1	1	1	설	10	9	9	9	8	8	8	7	7	7	6	6	6	5	지	5	4	4	4	3	3	3	2	2

서기 2048년 [단기 4381년]

양력 1월 소한절(癸丑月) 小寒 1월6일 1시28분 大寒 1월20일 18시46분

양력	1	2	3	4	5	6	7	8	9	10	11	12	13	14	15	16	17	18	19	20	21	22	23	24	25	26	27	28	29	30	31
요일	水	木	金	土	日	月	火	水	木	金	土	日	月	火	水	木	金	土	日	月	火	水	木	金	土	日	月	火	水	木	金
음력	11/16	17	18	19	20	21	22	23	24	25	26	27	28	29	12/1	2	3	4	5	6	7	8	9	10	11	12	13	14	15	16	17
일진	庚午	辛未	壬申	癸酉	甲戌	乙亥	丙子	丁丑	戊寅	己卯	庚辰	辛巳	壬午	癸未	甲申	乙酉	丙戌	丁亥	戊子	己丑	庚寅	辛卯	壬辰	癸巳	甲午	乙未	丙申	丁酉	戊戌	己亥	庚子
대운 남	8	9	9	9	10	소	1	1	1	1	2	2	2	3	3	3	4	4	4	대	5	5	6	6	6	7	7	7	8	8	8
대운 여	2	1	1	1	1	한	9	9	9	8	8	8	7	7	7	6	6	6	5	한	5	4	4	4	3	3	3	2	2	2	1

양력 2월 입춘절(甲寅月) 立春 2월4일 13시3분 雨水 2월19일 8시47분

양력	1	2	3	4	5	6	7	8	9	10	11	12	13	14	15	16	17	18	19	20	21	22	23	24	25	26	27	28	29		
요일	土	日	月	火	水	木	金	土	日	月	火	水	木	金	土	日	月	火	水	木	金	土	日	月	火	水	木	金	土		
음력	12/18	19	20	21	22	23	24	25	26	27	28	29	30	1/1	2	3	4	5	6	7	8	9	10	11	12	13	14	15	16		
일진	辛丑	壬寅	癸卯	甲辰	乙巳	丙午	丁未	戊申	己酉	庚戌	辛亥	壬子	癸丑	甲寅	乙卯	丙辰	丁巳	戊午	己未	庚申	辛酉	壬戌	癸亥	甲子	乙丑	丙寅	丁卯	戊辰	己巳		
대운 남	9	9	9	입	10	9	9	9	8	8	8	7	7	7	6	6	6	5	우	5	4	4	4	3	3	3	2	2	2		
대운 여	1	1	1	춘	1	1	1	1	2	2	2	3	3	3	4	4	4	5	수	5	6	6	6	7	7	7	8	8	8		

양력 3월 경칩절(乙卯月) 驚蟄 3월5일 6시53분 春分 3월20일 7시32분

양력	1	2	3	4	5	6	7	8	9	10	11	12	13	14	15	16	17	18	19	20	21	22	23	24	25	26	27	28	29	30	31
요일	日	月	火	水	木	金	土	日	月	火	水	木	金	土	日	月	火	水	木	金	土	日	月	火	水	木	金	土	日	月	火
음력	1/17	18	19	20	21	22	23	24	25	26	27	28	29	2/1	2	3	4	5	6	7	8	9	10	11	12	13	14	15	16	17	18
일진	庚午	辛未	壬申	癸酉	甲戌	乙亥	丙子	丁丑	戊寅	己卯	庚辰	辛巳	壬午	癸未	甲申	乙酉	丙戌	丁亥	戊子	己丑	庚寅	辛卯	壬辰	癸巳	甲午	乙未	丙申	丁酉	戊戌	己亥	庚子
대운 남	1	1	1	1	경	10	9	9	9	8	8	8	7	7	7	6	6	6	5	춘	5	4	4	4	3	3	3	2	2	2	1
대운 여	9	9	9	10	칩	1	1	1	1	2	2	2	3	3	3	4	4	4	5	분	5	6	6	6	7	7	7	8	8	8	9

양력 4월 청명절(丙辰月) 清明 4월4일 11시24분 穀雨 4월19일 18시16분

양력	1	2	3	4	5	6	7	8	9	10	11	12	13	14	15	16	17	18	19	20	21	22	23	24	25	26	27	28	29	30	
요일	水	木	金	土	日	月	火	水	木	金	土	日	月	火	水	木	金	土	日	月	火	水	木	金	土	日	月	火	水	木	
음력	2/19	20	21	22	23	24	25	26	27	28	29	30	3/1	2	3	4	5	6	7	8	9	10	11	12	13	14	15	16	17	18	
일진	辛丑	壬寅	癸卯	甲辰	乙巳	丙午	丁未	戊申	己酉	庚戌	辛亥	壬子	癸丑	甲寅	乙卯	丙辰	丁巳	戊午	己未	庚申	辛酉	壬戌	癸亥	甲子	乙丑	丙寅	丁卯	戊辰	己巳	庚午	
대운 남	1	1	1	청	10	10	9	9	9	8	8	8	7	7	7	6	6	6	곡	5	5	4	4	4	3	3	3	2	2	2	
대운 여	9	9	10	명	1	1	1	1	2	2	2	3	3	3	4	4	4	5	우	5	6	6	6	7	7	7	8	8	8	9	

양력 5월 입하절(丁巳月) 立夏 5월5일 4시23분 小滿 5월20일 17시6분

양력	1	2	3	4	5	6	7	8	9	10	11	12	13	14	15	16	17	18	19	20	21	22	23	24	25	26	27	28	29	30	31
요일	金	土	日	月	火	水	木	金	土	日	月	火	水	木	金	土	日	月	火	水	木	金	土	日	月	火	水	木	金	土	日
음력	3/19	20	21	22	23	24	25	26	27	28	29	30	4/1	2	3	4	5	6	7	8	9	10	11	12	13	14	15	16	17	18	19
일진	辛未	壬申	癸酉	甲戌	乙亥	丙子	丁丑	戊寅	己卯	庚辰	辛巳	壬午	癸未	甲申	乙酉	丙戌	丁亥	戊子	己丑	庚寅	辛卯	壬辰	癸巳	甲午	乙未	丙申	丁酉	戊戌	己亥	庚子	辛丑
대운 남	1	1	1	1	입	10	10	9	9	9	8	8	8	7	7	7	6	6	6	소	5	5	4	4	4	3	3	3	2	2	2
대운 여	9	9	10	10	하	1	1	1	1	2	2	2	3	3	3	4	4	4	5	만	5	6	6	6	7	7	7	8	8	8	9

양력 6월 망종절(戊午月) 芒種 6월5일 8시17분 夏至 6월21일 0시52분

양력	1	2	3	4	5	6	7	8	9	10	11	12	13	14	15	16	17	18	19	20	21	22	23	24	25	26	27	28	29	30	
요일	月	火	水	木	金	土	日	月	火	水	木	金	土	日	月	火	水	木	金	土	日	月	火	水	木	金	土	日	月	火	
음력	4/20	21	22	23	24	25	26	27	28	29	5/1	2	3	4	5	6	7	8	9	10	11	12	13	14	15	16	17	18	19	20	
일진	壬寅	癸卯	甲辰	乙巳	丙午	丁未	戊申	己酉	庚戌	辛亥	壬子	癸丑	甲寅	乙卯	丙辰	丁巳	戊午	己未	庚申	辛酉	壬戌	癸亥	甲子	乙丑	丙寅	丁卯	戊辰	己巳	庚午	辛未	
대운 남	1	1	1	1	망	10	10	9	9	9	8	8	8	7	7	7	6	6	6	5	하	5	4	4	4	3	3	3	2	2	
대운 여	9	9	10	10	종	1	1	1	1	2	2	2	3	3	3	4	4	4	5	5	지	6	6	6	7	7	7	8	8	8	

戊辰年

양력 7월 소서절(己未月) 小暑 7월6일 18시25분 大暑 7월22일 11시45분

양력	1	2	3	4	5	6	7	8	9	10	11	12	13	14	15	16	17	18	19	20	21	22	23	24	25	26	27	28	29	30	31
요일	水	木	金	土	日	月	火	水	木	金	土	日	月	火	水	木	金	土	日	月	火	水	木	金	土	日	月	火	水	木	金
음력	5/21	22	23	24	25	26	27	28	29	30	6/1	2	3	4	5	6	7	8	9	10	11	12	13	14	15	16	17	18	19	20	21
일진	壬申	癸酉	甲戌	乙亥	丙子	丁丑	戊寅	己卯	庚辰	辛巳	壬午	癸未	甲申	乙酉	丙戌	丁亥	戊子	己丑	庚寅	辛卯	壬辰	癸巳	甲午	乙未	丙申	丁酉	戊戌	己亥	庚子	辛丑	壬寅
대운 남	2	1	1	1	1	소	10	10	10	9	9	9	8	8	8	7	7	7	6	6	6	대	5	5	4	4	4	3	3	3	2
대운 여	9	9	9	10	10	서	1	1	1	1	2	2	2	3	3	3	4	4	4	5	5	서	6	6	6	7	7	7	8	8	8

양력 8월 입추절(庚申月) 立秋 8월7일 4시17분 處暑 8월22일 19시1분

양력	1	2	3	4	5	6	7	8	9	10	11	12	13	14	15	16	17	18	19	20	21	22	23	24	25	26	27	28	29	30	31
요일	土	日	月	火	水	木	金	土	日	月	火	水	木	金	土	日	月	火	水	木	金	土	日	月	火	水	木	金	土	日	月
음력	6/22	23	24	25	26	27	28	29	30	7/1	2	3	4	5	6	7	8	9	10	11	12	13	14	15	16	17	18	19	20	21	22
일진	癸卯	甲辰	乙巳	丙午	丁未	戊申	己酉	庚戌	辛亥	壬子	癸丑	甲寅	乙卯	丙辰	丁巳	戊午	己未	庚申	辛酉	壬戌	癸亥	甲子	乙丑	丙寅	丁卯	戊辰	己巳	庚午	辛未	壬申	癸酉
대운 남	2	2	1	1	1	1	입	10	10	9	9	9	8	8	8	7	7	7	6	6	6	처	5	5	4	4	4	3	3	3	2
대운 여	9	9	9	10	10	10	추	1	1	1	1	2	2	2	3	3	3	4	4	4	5	서	5	6	6	6	7	7	7	8	8

양력 9월 백로절(辛酉月) 白露 9월7일 7시26분 秋分 9월22일 16시59분

양력	1	2	3	4	5	6	7	8	9	10	11	12	13	14	15	16	17	18	19	20	21	22	23	24	25	26	27	28	29	30
요일	火	水	木	金	土	日	月	火	水	木	金	土	日	月	火	水	木	金	土	日	月	火	水	木	金	土	日	月	火	水
음력	7/23	24	25	26	27	28	29	8/1	2	3	4	5	6	7	8	9	10	11	12	13	14	15	16	17	18	19	20	21	22	23
일진	甲戌	乙亥	丙子	丁丑	戊寅	己卯	庚辰	辛巳	壬午	癸未	甲申	乙酉	丙戌	丁亥	戊子	己丑	庚寅	辛卯	壬辰	癸巳	甲午	乙未	丙申	丁酉	戊戌	己亥	庚子	辛丑	壬寅	癸卯
대운 남	2	2	1	1	1	1	백	10	9	9	9	8	8	8	7	7	7	6	6	6	5	추	5	4	4	4	3	3	3	2
대운 여	8	9	9	9	10	10	로	1	1	1	1	2	2	2	3	3	3	4	4	4	5	분	5	6	6	6	7	7	7	8

양력 10월 한로절(壬戌月) 寒露 10월7일 23시25분 霜降 10월23일 2시41분

양력	1	2	3	4	5	6	7	8	9	10	11	12	13	14	15	16	17	18	19	20	21	22	23	24	25	26	27	28	29	30	31
요일	木	金	土	日	月	火	水	木	金	土	日	月	火	水	木	金	土	日	月	火	水	木	金	土	日	月	火	水	木	金	土
음력	8/24	25	26	27	28	29	30	9/1	2	3	4	5	6	7	8	9	10	11	12	13	14	15	16	17	18	19	20	21	22	23	24
일진	甲辰	乙巳	丙午	丁未	戊申	己酉	庚戌	辛亥	壬子	癸丑	甲寅	乙卯	丙辰	丁巳	戊午	己未	庚申	辛酉	壬戌	癸亥	甲子	乙丑	丙寅	丁卯	戊辰	己巳	庚午	辛未	壬申	癸酉	甲戌
대운 남	2	2	1	1	1	1	한	10	10	9	9	9	8	8	8	7	7	7	6	6	6	5	상	5	4	4	4	3	3	3	2
대운 여	8	8	9	9	9	10	로	1	1	1	1	2	2	2	3	3	3	4	4	4	5	5	강	6	6	6	7	7	7	8	8

양력 11월 입동절(癸亥月) 立冬 11월7일 2시55분 小雪 11월22일 0시32분

양력	1	2	3	4	5	6	7	8	9	10	11	12	13	14	15	16	17	18	19	20	21	22	23	24	25	26	27	28	29	30
요일	日	月	火	水	木	金	土	日	月	火	水	木	金	土	日	月	火	水	木	金	土	日	月	火	水	木	金	土	日	月
음력	9/25	26	27	28	29	10/1	2	3	4	5	6	7	8	9	10	11	12	13	14	15	16	17	18	19	20	21	22	23	24	25
일진	乙亥	丙子	丁丑	戊寅	己卯	庚辰	辛巳	壬午	癸未	甲申	乙酉	丙戌	丁亥	戊子	己丑	庚寅	辛卯	壬辰	癸巳	甲午	乙未	丙申	丁酉	戊戌	己亥	庚子	辛丑	壬寅	癸卯	甲辰
대운 남	2	2	1	1	1	1	입	9	9	9	8	8	8	7	7	7	6	6	6	5	5	소	4	4	4	3	3	3	2	2
대운 여	8	9	9	9	10	10	동	1	1	1	1	2	2	2	3	3	3	4	4	4	5	설	5	6	6	6	7	7	7	8

양력 12월 대설절(甲子月) 大雪 12월6일 19시59분 冬至 12월21일 14시1분

양력	1	2	3	4	5	6	7	8	9	10	11	12	13	14	15	16	17	18	19	20	21	22	23	24	25	26	27	28	29	30	31
요일	火	水	木	金	土	日	月	火	水	木	金	土	日	月	火	水	木	金	土	日	月	火	水	木	金	土	日	月	火	水	木
음력	10/26	27	28	29	30	11/1	2	3	4	5	6	7	8	9	10	11	12	13	14	15	16	17	18	19	20	21	22	23	24	25	26
일진	乙巳	丙午	丁未	戊申	己酉	庚戌	辛亥	壬子	癸丑	甲寅	乙卯	丙辰	丁巳	戊午	己未	庚申	辛酉	壬戌	癸亥	甲子	乙丑	丙寅	丁卯	戊辰	己巳	庚午	辛未	壬申	癸酉	甲戌	乙亥
대운 남	2	1	1	1	1	대	10	9	9	9	8	8	8	7	7	7	6	6	6	5	동	5	4	4	4	3	3	3	2	2	2
대운 여	8	8	9	9	9	설	1	1	1	1	2	2	2	3	3	3	4	4	4	5	지	5	6	6	6	7	7	7	8	8	8

서기 2049년 [단기 4382년]

양력 1월 소한절(乙丑月) 小寒 1월5일 7시17분 大寒 1월20일 0시40분

양력	1	2	3	4	5	6	7	8	9	10	11	12	13	14	15	16	17	18	19	20	21	22	23	24	25	26	27	28	29	30	31
요일	金	土	日	月	火	水	木	金	土	日	月	火	水	木	金	土	日	月	火	水	木	金	土	日	月	火	水	木	金	土	日
음력	11/27	28	29	12/1	2	3	4	5	6	7	8	9	10	11	12	13	14	15	16	17	18	19	20	21	22	23	24	25	26	27	28
일진	丙子	丁丑	戊寅	己卯	庚辰	辛巳	壬午	癸未	甲申	乙酉	丙戌	丁亥	戊子	己丑	庚寅	辛卯	壬辰	癸巳	甲午	乙未	丙申	丁酉	戊戌	己亥	庚子	辛丑	壬寅	癸卯	甲辰	乙巳	丙午
대운 남	1	1	1	1	소한	9	9	9	8	8	8	7	7	7	6	6	6	5	5	대한	4	4	4	3	3	3	2	2	2	1	1
대운 여	9	9	9	10		1	1	1	1	2	2	2	3	3	3	4	4	4	5		5	6	6	6	7	7	7	8	8	8	9

양력 2월 입춘절(丙寅月) 立春 2월3일 18시52분 雨水 2월18일 14시41분

양력	1	2	3	4	5	6	7	8	9	10	11	12	13	14	15	16	17	18	19	20	21	22	23	24	25	26	27	28			
요일	月	火	水	木	金	土	日	月	火	水	木	金	土	日	月	火	水	木	金	土	日	月	火	水	木	金	土	日			
음력	12/29	1/1	2	3	4	5	6	7	8	9	10	11	12	13	14	15	16	17	18	19	20	21	22	23	24	25	26	27			
일진	丁未	戊申	己酉	庚戌	辛亥	壬子	癸丑	甲寅	乙卯	丙辰	丁巳	戊午	己未	庚申	辛酉	壬戌	癸亥	甲子	乙丑	丙寅	丁卯	戊辰	己巳	庚午	辛未	壬申	癸酉	甲戌			
대운 남	1	1	입춘	1	1	1	1	2	2	2	3	3	3	4	4	4	5	우수	5	6	6	6	7	7	7	8	8	8			
대운 여	9	9		10	9	9	9	8	8	8	7	7	7	6	6	6	5		5	4	4	4	3	3	3	2	2	2			

양력 3월 경칩절(丁卯月) 驚蟄 3월5일 12시41분 春分 3월20일 13시27분

양력	1	2	3	4	5	6	7	8	9	10	11	12	13	14	15	16	17	18	19	20	21	22	23	24	25	26	27	28	29	30	31
요일	月	火	水	木	金	土	日	月	火	水	木	金	土	日	月	火	水	木	金	土	日	月	火	水	木	金	土	日	月	火	水
음력	1/28	29	30	2/1	2	3	4	5	6	7	8	9	10	11	12	13	14	15	16	17	18	19	20	21	22	23	24	25	26	27	28
일진	乙亥	丙子	丁丑	戊寅	己卯	庚辰	辛巳	壬午	癸未	甲申	乙酉	丙戌	丁亥	戊子	己丑	庚寅	辛卯	壬辰	癸巳	甲午	乙未	丙申	丁酉	戊戌	己亥	庚子	辛丑	壬寅	癸卯	甲辰	乙巳
대운 남	9	9	9	10	경칩	1	1	1	1	2	2	2	3	3	3	4	4	4	5	춘분	5	6	6	6	7	7	7	8	8	8	9
대운 여	1	1	1	1		10	9	9	9	8	8	8	7	7	7	6	6	6	5		5	4	4	4	3	3	3	2	2	2	1

양력 4월 청명절(戊辰月) 清明 4월4일 17시13분 穀雨 4월20일 0시12분

양력	1	2	3	4	5	6	7	8	9	10	11	12	13	14	15	16	17	18	19	20	21	22	23	24	25	26	27	28	29	30	
요일	木	金	土	日	月	火	水	木	金	土	日	月	火	水	木	金	土	日	月	火	水	木	金	土	日	月	火	水	木	金	
음력	2/29	3/1	2	3	4	5	6	7	8	9	10	11	12	13	14	15	16	17	18	19	20	21	22	23	24	25	26	27	28	29	
일진	丙午	丁未	戊申	己酉	庚戌	辛亥	壬子	癸丑	甲寅	乙卯	丙辰	丁巳	戊午	己未	庚申	辛酉	壬戌	癸亥	甲子	乙丑	丙寅	丁卯	戊辰	己巳	庚午	辛未	壬申	癸酉	甲戌	乙亥	
대운 남	9	9	10	청명	1	1	1	1	2	2	2	3	3	3	4	4	4	5	5	곡우	6	6	6	7	7	7	8	8	8	9	
대운 여	1	1	1		10	10	9	9	9	8	8	8	7	7	7	6	6	6	5		5	4	4	4	3	3	3	2	2	2	

양력 5월 입하절(己巳月) 立夏 5월5일 10시11분 小滿 5월20일 23시2분

양력	1	2	3	4	5	6	7	8	9	10	11	12	13	14	15	16	17	18	19	20	21	22	23	24	25	26	27	28	29	30	31
요일	土	日	月	火	水	木	金	土	日	月	火	水	木	金	土	日	月	火	水	木	金	土	日	月	火	水	木	金	土	日	月
음력	3/30	4/1	2	3	4	5	6	7	8	9	10	11	12	13	14	15	16	17	18	19	20	21	22	23	24	25	26	27	28	29	5/1
일진	丙子	丁丑	戊寅	己卯	庚辰	辛巳	壬午	癸未	甲申	乙酉	丙戌	丁亥	戊子	己丑	庚寅	辛卯	壬辰	癸巳	甲午	乙未	丙申	丁酉	戊戌	己亥	庚子	辛丑	壬寅	癸卯	甲辰	乙巳	丙午
대운 남	9	9	10	10	입하	1	1	1	1	2	2	2	3	3	3	4	4	4	5	소만	5	6	6	6	7	7	7	8	8	8	9
대운 여	1	1	1	1		10	10	9	9	9	8	8	8	7	7	7	6	6	6		5	5	4	4	4	3	3	3	2	2	2

양력 6월 망종절(庚午月) 芒種 6월5일 14시2분 夏至 6월21일 6시46분

양력	1	2	3	4	5	6	7	8	9	10	11	12	13	14	15	16	17	18	19	20	21	22	23	24	25	26	27	28	29	30	
요일	火	水	木	金	土	日	月	火	水	木	金	土	日	月	火	水	木	金	土	日	月	火	水	木	金	土	日	月	火	水	
음력	5/2	3	4	5	6	7	8	9	10	11	12	13	14	15	16	17	18	19	20	21	22	23	24	25	26	27	28	29	30	6/1	
일진	丁未	戊申	己酉	庚戌	辛亥	壬子	癸丑	甲寅	乙卯	丙辰	丁巳	戊午	己未	庚申	辛酉	壬戌	癸亥	甲子	乙丑	丙寅	丁卯	戊辰	己巳	庚午	辛未	壬申	癸酉	甲戌	乙亥	丙子	
대운 남	9	9	10	10	망종	1	1	1	1	2	2	2	3	3	3	4	4	4	5	5	하지	6	6	6	7	7	7	8	8	8	
대운 여	1	1	1	1		10	10	10	9	9	9	8	8	8	7	7	7	6	6	6		5	5	4	4	4	3	3	3	2	

己巳年

양력 7월 소서절(辛未月) 小暑 7월7일 0시7분 大暑 7월22일 17시35분

양력	1	2	3	4	5	6	7	8	9	10	11	12	13	14	15	16	17	18	19	20	21	22	23	24	25	26	27	28	29	30	31
요일	木	金	土	日	月	火	水	木	金	土	日	月	火	水	木	金	土	日	月	火	水	木	金	土	日	月	火	水	木	金	土
음력	6/2	3	4	5	6	7	8	9	10	11	12	13	14	15	16	17	18	19	20	21	22	23	24	25	26	27	28	29	30	7/1	2
일진	丁丑	戊寅	己卯	庚辰	辛巳	壬午	癸未	甲申	乙酉	丙戌	丁亥	戊子	己丑	庚寅	辛卯	壬辰	癸巳	甲午	乙未	丙申	丁酉	戊戌	己亥	庚子	辛丑	壬寅	癸卯	甲辰	乙巳	丙午	丁未
대운 남	9	9	9	10	10	10	소서	1	1	1	1	2	2	2	3	3	3	4	4	4	5	대서	5	6	6	6	7	7	7	8	8
대운 여	2	2	1	1	1	1		10	10	9	9	9	8	8	8	7	7	7	6	6	6		5	5	4	4	4	3	3	3	2

양력 8월 입추절(壬申月) 立秋 8월7일 9시56분 處暑 8월23일 0시46분

양력	1	2	3	4	5	6	7	8	9	10	11	12	13	14	15	16	17	18	19	20	21	22	23	24	25	26	27	28	29	30	31
요일	日	月	火	水	木	金	土	日	月	火	水	木	金	土	日	月	火	水	木	金	土	日	月	火	水	木	金	土	日	月	火
음력	7/3	4	5	6	7	8	9	10	11	12	13	14	15	16	17	18	19	20	21	22	23	24	25	26	27	28	29	8/1	2	3	4
일진	戊申	己酉	庚戌	辛亥	壬子	癸丑	甲寅	乙卯	丙辰	丁巳	戊午	己未	庚申	辛酉	壬戌	癸亥	甲子	乙丑	丙寅	丁卯	戊辰	己巳	庚午	辛未	壬申	癸酉	甲戌	乙亥	丙子	丁丑	戊寅
대운 남	8	9	9	9	10	10	입추	1	1	1	1	2	2	2	3	3	3	4	4	4	5	5	처서	6	6	6	7	7	7	8	8
대운 여	2	2	1	1	1	1		10	10	9	9	9	8	8	8	7	7	7	6	6	6	5		5	4	4	4	3	3	3	2

양력 9월 백로절(癸酉月) 白露 9월7일 13시4분 秋分 9월22일 22시41분

양력	1	2	3	4	5	6	7	8	9	10	11	12	13	14	15	16	17	18	19	20	21	22	23	24	25	26	27	28	29	30
요일	水	木	金	土	日	月	火	水	木	金	土	日	月	火	水	木	金	土	日	月	火	水	木	金	土	日	月	火	水	木
음력	8/5	6	7	8	9	10	11	12	13	14	15	16	17	18	19	20	21	22	23	24	25	26	27	28	29	30	9/1	2	3	4
일진	己卯	庚辰	辛巳	壬午	癸未	甲申	乙酉	丙戌	丁亥	戊子	己丑	庚寅	辛卯	壬辰	癸巳	甲午	乙未	丙申	丁酉	戊戌	己亥	庚子	辛丑	壬寅	癸卯	甲辰	乙巳	丙午	丁未	戊申
대운 남	8	9	9	9	10	10	백로	1	1	1	1	2	2	2	3	3	3	4	4	4	5	추분	5	6	6	6	7	7	7	8
대운 여	2	2	1	1	1	1		10	10	9	9	9	8	8	8	7	7	7	6	6	6		5	5	4	4	4	3	3	3

양력 10월 한로절(甲戌月) 寒露 10월8일 5시3분 霜降 10월23일 8시24분

양력	1	2	3	4	5	6	7	8	9	10	11	12	13	14	15	16	17	18	19	20	21	22	23	24	25	26	27	28	29	30	31
요일	金	土	日	月	火	水	木	金	土	日	月	火	水	木	金	土	日	月	火	水	木	金	土	日	月	火	水	木	金	土	日
음력	9/5	6	7	8	9	10	11	12	13	14	15	16	17	18	19	20	21	22	23	24	25	26	27	28	29	30	10/1	2	3	4	5
일진	己酉	庚戌	辛亥	壬子	癸丑	甲寅	乙卯	丙辰	丁巳	戊午	己未	庚申	辛酉	壬戌	癸亥	甲子	乙丑	丙寅	丁卯	戊辰	己巳	庚午	辛未	壬申	癸酉	甲戌	乙亥	丙子	丁丑	戊寅	己卯
대운 남	8	8	9	9	9	10	10	한로	1	1	1	1	2	2	2	3	3	3	4	4	4	5	상강	5	6	6	6	7	7	7	8
대운 여	2	2	2	1	1	1	1		10	9	9	9	8	8	8	7	7	7	6	6	6	5		5	4	4	4	3	3	3	2

양력 11월 입동절(乙亥月) 立冬 11월7일 8시37분 小雪 11월22일 6시18분

양력	1	2	3	4	5	6	7	8	9	10	11	12	13	14	15	16	17	18	19	20	21	22	23	24	25	26	27	28	29	30
요일	月	火	水	木	金	土	日	月	火	水	木	金	土	日	月	火	水	木	金	土	日	月	火	水	木	金	土	日	月	火
음력	10/6	7	8	9	10	11	12	13	14	15	16	17	18	19	20	21	22	23	24	25	26	27	28	29	11/1	2	3	4	5	6
일진	庚辰	辛巳	壬午	癸未	甲申	乙酉	丙戌	丁亥	戊子	己丑	庚寅	辛卯	壬辰	癸巳	甲午	乙未	丙申	丁酉	戊戌	己亥	庚子	辛丑	壬寅	癸卯	甲辰	乙巳	丙午	丁未	戊申	己酉
대운 남	8	8	9	9	9	10	입동	1	1	1	1	2	2	2	3	3	3	4	4	4	5	소설	5	6	6	6	7	7	7	8
대운 여	2	2	1	1	1	1		10	9	9	9	8	8	8	7	7	7	6	6	6	5		5	4	4	4	3	3	3	2

양력 12월 대설절(丙子月) 大雪 12월7일 1시45분 冬至 12월21일 19시51분

양력	1	2	3	4	5	6	7	8	9	10	11	12	13	14	15	16	17	18	19	20	21	22	23	24	25	26	27	28	29	30	31
요일	水	木	金	土	日	月	火	水	木	金	土	日	月	火	水	木	金	土	日	月	火	水	木	金	土	日	月	火	水	木	金
음력	11/7	8	9	10	11	12	13	14	15	16	17	18	19	20	21	22	23	24	25	26	27	28	29	30	12/1	2	3	4	5	6	7
일진	庚戌	辛亥	壬子	癸丑	甲寅	乙卯	丙辰	丁巳	戊午	己未	庚申	辛酉	壬戌	癸亥	甲子	乙丑	丙寅	丁卯	戊辰	己巳	庚午	辛未	壬申	癸酉	甲戌	乙亥	丙子	丁丑	戊寅	己卯	庚辰
대운 남	8	8	9	9	9	10	대설	1	1	1	1	2	2	2	3	3	3	4	4	4	동지	5	5	6	6	6	7	7	7	8	8
대운 여	2	2	1	1	1	1		9	9	9	8	8	8	7	7	7	6	6	6	5		5	4	4	4	3	3	3	2	2	2

서기 2050년 [단기 4383년]

양력 1월 소한절(丁丑月) 小寒 1월5일 13시6분 大寒 1월20일 6시32분

양력	1	2	3	4	5	6	7	8	9	10	11	12	13	14	15	16	17	18	19	20	21	22	23	24	25	26	27	28	29	30	31
요일	土	日	月	火	水	木	金	土	日	月	火	水	木	金	土	日	月	火	水	木	金	土	日	月	火	水	木	金	土	日	月
음력	12/8	9	10	11	12	13	14	15	16	17	18	19	20	21	22	23	24	25	26	27	28	29	1/1	2	3	4	5	6	7	8	9
일진	辛巳	壬午	癸未	甲申	乙酉	丙戌	丁亥	戊子	己丑	庚寅	辛卯	壬辰	癸巳	甲午	乙未	丙申	丁酉	戊戌	己亥	庚子	辛丑	壬寅	癸卯	甲辰	乙巳	丙午	丁未	戊申	己酉	庚戌	辛亥
대운 남	8	9	9	9	소	1	1	1	1	2	2	2	3	3	3	4	4	4	5	대	5	6	6	6	7	7	7	8	8	8	9
대운 여	1	1	1	1	한	10	9	9	9	8	8	8	7	7	7	6	6	6	5	한	5	4	4	4	3	3	3	2	2	2	1

양력 2월 입춘절(戊寅月) 立春 2월4일 0시42분 雨水 2월18일 20시33분

양력	1	2	3	4	5	6	7	8	9	10	11	12	13	14	15	16	17	18	19	20	21	22	23	24	25	26	27	28			
요일	火	水	木	金	土	日	月	火	水	木	金	土	日	月	火	水	木	金	土	日	月	火	水	木	金	土	日	月			
음력	1/10	11	12	13	14	15	16	17	18	19	20	21	22	23	24	25	26	27	28	29	30	2/1	2	3	4	5	6	7			
일진	壬子	癸丑	甲寅	乙卯	丙辰	丁巳	戊午	己未	庚申	辛酉	壬戌	癸亥	甲子	乙丑	丙寅	丁卯	戊辰	己巳	庚午	辛未	壬申	癸酉	甲戌	乙亥	丙子	丁丑	戊寅	己卯			
대운 남	9	9	10	입	9	9	9	8	8	8	7	7	7	6	6	6	5	우	5	4	4	4	3	3	3	2	2	2			
대운 여	1	1	1	춘	1	1	1	1	2	2	2	3	3	3	4	4	4	수	5	5	6	6	6	7	7	7	8	8			

양력 3월 경칩절(己卯月) 驚蟄 3월5일 18시31분 春分 3월20일 19시18분

양력	1	2	3	4	5	6	7	8	9	10	11	12	13	14	15	16	17	18	19	20	21	22	23	24	25	26	27	28	29	30	31
요일	火	水	木	金	土	日	月	火	水	木	金	土	日	月	火	水	木	金	土	日	月	火	水	木	金	土	日	月	火	水	木
음력	2/8	9	10	11	12	13	14	15	16	17	18	19	20	21	22	23	24	25	26	27	28	29	3/1	2	3	4	5	6	7	8	9
일진	庚辰	辛巳	壬午	癸未	甲申	乙酉	丙戌	丁亥	戊子	己丑	庚寅	辛卯	壬辰	癸巳	甲午	乙未	丙申	丁酉	戊戌	己亥	庚子	辛丑	壬寅	癸卯	甲辰	乙巳	丙午	丁未	戊申	己酉	庚戌
대운 남	1	1	1	1	경	10	9	9	9	8	8	8	7	7	7	6	6	6	5	춘	5	4	4	4	3	3	3	2	2	2	1
대운 여	8	9	9	9	칩	1	1	1	1	2	2	2	3	3	3	4	4	4	5	분	5	6	6	6	7	7	7	8	8	8	9

양력 4월 청명절(庚辰月) 清明 4월4일 23시2분 穀雨 4월20일 6시1분

양력	1	2	3	4	5	6	7	8	9	10	11	12	13	14	15	16	17	18	19	20	21	22	23	24	25	26	27	28	29	30	
요일	金	土	日	月	火	水	木	金	土	日	月	火	水	木	金	土	日	月	火	水	木	金	土	日	月	火	水	木	金	土	
음력	3/10	11	12	13	14	15	16	17	18	19	20	21	22	23	24	25	26	27	28	29	윤1	2	3	4	5	6	7	8	9	10	
일진	辛亥	壬子	癸丑	甲寅	乙卯	丙辰	丁巳	戊午	己未	庚申	辛酉	壬戌	癸亥	甲子	乙丑	丙寅	丁卯	戊辰	己巳	庚午	辛未	壬申	癸酉	甲戌	乙亥	丙子	丁丑	戊寅	己卯	庚辰	
대운 남	1	1	1	청	10	10	9	9	9	8	8	8	7	7	7	6	6	6	5	곡	5	4	4	4	3	3	3	2	2	2	
대운 여	9	9	10	명	1	1	1	1	2	2	2	3	3	3	4	4	4	5	5	우	6	6	6	7	7	7	8	8	8	9	

양력 5월 입하절(辛巳月) 立夏 5월5일 16시0분 小滿 5월21일 4시49분

양력	1	2	3	4	5	6	7	8	9	10	11	12	13	14	15	16	17	18	19	20	21	22	23	24	25	26	27	28	29	30	31
요일	日	月	火	水	木	金	土	日	月	火	水	木	金	土	日	月	火	水	木	金	土	日	月	火	水	木	金	土	日	月	火
음력	윤11	12	13	14	15	16	17	18	19	20	21	22	23	24	25	26	27	28	29	30	4/1	2	3	4	5	6	7	8	9	10	11
일진	辛巳	壬午	癸未	甲申	乙酉	丙戌	丁亥	戊子	己丑	庚寅	辛卯	壬辰	癸巳	甲午	乙未	丙申	丁酉	戊戌	己亥	庚子	辛丑	壬寅	癸卯	甲辰	乙巳	丙午	丁未	戊申	己酉	庚戌	辛亥
대운 남	1	1	1	1	입	10	10	9	9	9	8	8	8	7	7	7	6	6	6	5	소	5	4	4	4	3	3	3	2	2	2
대운 여	9	9	10	10	하	1	1	1	1	2	2	2	3	3	3	4	4	4	5	5	만	6	6	6	7	7	7	8	8	8	9

양력 6월 망종절(壬午月) 芒種 6월5일 19시53분 夏至 6월21일 12시31분

양력	1	2	3	4	5	6	7	8	9	10	11	12	13	14	15	16	17	18	19	20	21	22	23	24	25	26	27	28	29	30	
요일	水	木	金	土	日	月	火	水	木	金	土	日	月	火	水	木	金	土	日	月	火	水	木	金	土	日	月	火	水	木	
음력	4/12	13	14	15	16	17	18	19	20	21	22	23	24	25	26	27	28	29	5/1	2	3	4	5	6	7	8	9	10	11	12	
일진	壬子	癸丑	甲寅	乙卯	丙辰	丁巳	戊午	己未	庚申	辛酉	壬戌	癸亥	甲子	乙丑	丙寅	丁卯	戊辰	己巳	庚午	辛未	壬申	癸酉	甲戌	乙亥	丙子	丁丑	戊寅	己卯	庚辰	辛巳	
대운 남	1	1	1	1	망	10	10	10	9	9	9	8	8	8	7	7	7	6	6	6	하	5	5	4	4	4	3	3	3	2	
대운 여	9	9	10	10	종	1	1	1	1	2	2	2	3	3	3	4	4	4	5	5	지	6	6	6	7	7	7	8	8	8	

▶윤달-3월

庚午年

양력 7월 소서절(癸未月) 小暑 7월7일 6시0분 大暑 7월22일 23시20분

양력	1	2	3	4	5	6	7	8	9	10	11	12	13	14	15	16	17	18	19	20	21	22	23	24	25	26	27	28	29	30	31
요일	金	土	日	月	火	水	木	金	土	日	月	火	水	木	金	土	日	月	火	水	木	金	土	日	月	火	水	木	金	土	日
음력	5/13	14	15	16	17	18	19	20	21	22	23	24	25	26	27	28	29	30	6/1	2	3	4	5	6	7	8	9	10	11	12	13
일진	壬午	癸未	甲申	乙酉	丙戌	丁亥	戊子	己丑	庚寅	辛卯	壬辰	癸巳	甲午	乙未	丙申	丁酉	戊戌	己亥	庚子	辛丑	壬寅	癸卯	甲辰	乙巳	丙午	丁未	戊申	己酉	庚戌	辛亥	壬子
대운 남	2	2	1	1	1	1	소	10	10	9	9	9	8	8	8	7	7	7	6	6	6	대	5	5	4	4	4	3	3	3	2
대운 여	9	9	9	10	10	10	서	1	1	1	1	2	2	2	3	3	3	4	4	4	5	서	5	6	6	6	7	7	7	8	8

양력 8월 입추절(甲申月) 立秋 8월7일 15시51분 處暑 8월23일 6시31분

양력	1	2	3	4	5	6	7	8	9	10	11	12	13	14	15	16	17	18	19	20	21	22	23	24	25	26	27	28	29	30	31
요일	月	火	水	木	金	土	日	月	火	水	木	金	土	日	月	火	水	木	金	土	日	月	火	水	木	金	土	日	月	火	水
음력	6/14	15	16	17	18	19	20	21	22	23	24	25	26	27	28	29	7/1	2	3	4	5	6	7	8	9	10	11	12	13	14	15
일진	癸丑	甲寅	乙卯	丙辰	丁巳	戊午	己未	庚申	辛酉	壬戌	癸亥	甲子	乙丑	丙寅	丁卯	戊辰	己巳	庚午	辛未	壬申	癸酉	甲戌	乙亥	丙子	丁丑	戊寅	己卯	庚辰	辛巳	壬午	癸未
대운 남	2	2	1	1	1	1	입	10	10	9	9	9	8	8	8	7	7	7	6	6	6	5	처	5	4	4	4	3	3	3	2
대운 여	8	9	9	9	10	10	추	1	1	1	1	2	2	2	3	3	3	4	4	4	5	5	서	6	6	6	7	7	7	8	8

양력 9월 백로절(乙酉月) 白露 9월7일 18시59분 秋分 9월23일 4시27분

양력	1	2	3	4	5	6	7	8	9	10	11	12	13	14	15	16	17	18	19	20	21	22	23	24	25	26	27	28	29	30	
요일	木	金	土	日	月	火	水	木	金	土	日	月	火	水	木	金	土	日	月	火	水	木	金	土	日	月	火	水	木	金	
음력	7/16	17	18	19	20	21	22	23	24	25	26	27	28	29	30	8/1	2	3	4	5	6	7	8	9	10	11	12	13	14	15	
일진	甲申	乙酉	丙戌	丁亥	戊子	己丑	庚寅	辛卯	壬辰	癸巳	甲午	乙未	丙申	丁酉	戊戌	己亥	庚子	辛丑	壬寅	癸卯	甲辰	乙巳	丙午	丁未	戊申	己酉	庚戌	辛亥	壬子	癸丑	
대운 남	2	2	1	1	1	1	백	10	10	9	9	9	8	8	8	7	7	7	6	6	6	5	추	5	4	4	4	3	3	3	
대운 여	8	9	9	9	10	10	로	1	1	1	1	2	2	2	3	3	3	4	4	4	5	5	분	6	6	6	7	7	7	8	

양력 10월 한로절(丙戌月) 寒露 10월8일 10시59분 霜降 10월23일 14시10분

양력	1	2	3	4	5	6	7	8	9	10	11	12	13	14	15	16	17	18	19	20	21	22	23	24	25	26	27	28	29	30	31
요일	土	日	月	火	水	木	金	土	日	月	火	水	木	金	土	日	月	火	水	木	金	土	日	月	火	水	木	金	土	日	月
음력	8/16	17	18	19	20	21	22	23	24	25	26	27	28	29	30	9/1	2	3	4	5	6	7	8	9	10	11	12	13	14	15	16
일진	甲寅	乙卯	丙辰	丁巳	戊午	己未	庚申	辛酉	壬戌	癸亥	甲子	乙丑	丙寅	丁卯	戊辰	己巳	庚午	辛未	壬申	癸酉	甲戌	乙亥	丙子	丁丑	戊寅	己卯	庚辰	辛巳	壬午	癸未	甲申
대운 남	2	2	2	1	1	1	1	한	10	9	9	9	8	8	8	7	7	7	6	6	6	5	상	5	4	4	4	3	3	3	2
대운 여	8	8	9	9	9	10	10	로	1	1	1	1	2	2	2	3	3	3	4	4	4	5	강	5	6	6	6	7	7	7	8

양력 11월 입동절(丁亥月) 立冬 11월7일 14시32분 小雪 11월22일 12시5분

양력	1	2	3	4	5	6	7	8	9	10	11	12	13	14	15	16	17	18	19	20	21	22	23	24	25	26	27	28	29	30	
요일	火	水	木	金	土	日	月	火	水	木	金	土	日	月	火	水	木	金	土	日	月	火	水	木	金	土	日	月	火	水	
음력	9/17	18	19	20	21	22	23	24	25	26	27	28	29	10/1	2	3	4	5	6	7	8	9	10	11	12	13	14	15	16	17	
일진	乙酉	丙戌	丁亥	戊子	己丑	庚寅	辛卯	壬辰	癸巳	甲午	乙未	丙申	丁酉	戊戌	己亥	庚子	辛丑	壬寅	癸卯	甲辰	乙巳	丙午	丁未	戊申	己酉	庚戌	辛亥	壬子	癸丑	甲寅	
대운 남	2	2	1	1	1	1	입	10	9	9	9	8	8	8	7	7	7	6	6	6	5	소	5	4	4	4	3	3	3	2	
대운 여	8	8	9	9	9	10	동	1	1	1	1	2	2	2	3	3	3	4	4	4	5	설	5	6	6	6	7	7	7	8	

양력 12월 대설절(戊子月) 大雪 12월7일 7시40분 冬至 12월22일 1시37분

양력	1	2	3	4	5	6	7	8	9	10	11	12	13	14	15	16	17	18	19	20	21	22	23	24	25	26	27	28	29	30	31
요일	木	金	土	日	月	火	水	木	金	土	日	月	火	水	木	金	土	日	月	火	水	木	金	土	日	月	火	水	木	金	土
음력	10/18	19	20	21	22	23	24	25	26	27	28	29	30	11/1	2	3	4	5	6	7	8	9	10	11	12	13	14	15	16	17	18
일진	乙卯	丙辰	丁巳	戊午	己未	庚申	辛酉	壬戌	癸亥	甲子	乙丑	丙寅	丁卯	戊辰	己巳	庚午	辛未	壬申	癸酉	甲戌	乙亥	丙子	丁丑	戊寅	己卯	庚辰	辛巳	壬午	癸未	甲申	乙酉
대운 남	2	2	1	1	1	1	대	9	9	9	8	8	8	7	7	7	6	6	6	5	5	동	4	4	4	3	3	3	2	2	2
대운 여	8	8	9	9	9	10	설	1	1	1	1	2	2	2	3	3	3	4	4	4	5	지	5	6	6	6	7	7	7	8	8

서기 2051년 [단기 4384년]

양력 1월 소한절(己丑月) 小寒 1월5일 19시1분 大寒 1월20일 12시17분

양력	1	2	3	4	5	6	7	8	9	10	11	12	13	14	15	16	17	18	19	20	21	22	23	24	25	26	27	28	29	30	31
요일	日	月	火	水	木	金	土	日	月	火	水	木	金	土	日	月	火	水	木	金	土	日	月	火	水	木	金	土	日	月	火
음력	11/19	20	21	22	23	24	25	26	27	28	29	30	12/1	2	3	4	5	6	7	8	9	10	11	12	13	14	15	16	17	18	19
일진	丙戌	丁亥	戊子	己丑	庚寅	辛卯	壬辰	癸巳	甲午	乙未	丙申	丁酉	戊戌	己亥	庚子	辛丑	壬寅	癸卯	甲辰	乙巳	丙午	丁未	戊申	己酉	庚戌	辛亥	壬子	癸丑	甲寅	乙卯	丙辰
대운 남	1	1	1	1	소	10	9	9	9	8	8	8	7	7	7	6	6	6	5	대	5	4	4	4	3	3	3	2	2	2	1
대운 여	8	9	9	9	한	1	1	1	1	2	2	2	3	3	3	4	4	4	5	한	5	6	6	6	7	7	7	8	8	8	9

양력 2월 입춘절(庚寅月) 立春 2월4일 6시34분 雨水 2월19일 2시16분

양력	1	2	3	4	5	6	7	8	9	10	11	12	13	14	15	16	17	18	19	20	21	22	23	24	25	26	27	28			
요일	水	木	金	土	日	月	火	水	木	金	土	日	月	火	水	木	金	土	日	月	火	水	木	金	土	日	月	火			
음력	12/20	21	22	23	24	25	26	27	28	29	1/1	2	3	4	5	6	7	8	9	10	11	12	13	14	15	16	17	18			
일진	丁巳	戊午	己未	庚申	辛酉	壬戌	癸亥	甲子	乙丑	丙寅	丁卯	戊辰	己巳	庚午	辛未	壬申	癸酉	甲戌	乙亥	丙子	丁丑	戊寅	己卯	庚辰	辛巳	壬午	癸未	甲申			
대운 남	1	1	1	입	1	1	1	1	2	2	2	3	3	3	4	4	4	5	우	5	6	6	6	7	7	7	8	8			
대운 여	9	9	10	춘	10	9	9	9	8	8	8	7	7	7	6	6	6	5	수	5	4	4	4	3	3	3	2	2			

양력 3월 경칩절(辛卯月) 驚蟄 3월6일 0시20분 春分 3월21일 0시58분

양력	1	2	3	4	5	6	7	8	9	10	11	12	13	14	15	16	17	18	19	20	21	22	23	24	25	26	27	28	29	30	31
요일	水	木	金	土	日	月	火	水	木	金	土	日	月	火	水	木	金	土	日	月	火	水	木	金	土	日	月	火	水	木	金
음력	1/19	20	21	22	23	24	25	26	27	28	29	30	2/1	2	3	4	5	6	7	8	9	10	11	12	13	14	15	16	17	18	19
일진	乙酉	丙戌	丁亥	戊子	己丑	庚寅	辛卯	壬辰	癸巳	甲午	乙未	丙申	丁酉	戊戌	己亥	庚子	辛丑	壬寅	癸卯	甲辰	乙巳	丙午	丁未	戊申	己酉	庚戌	辛亥	壬子	癸丑	甲寅	乙卯
대운 남	8	9	9	9	10	경	1	1	1	1	2	2	2	3	3	3	4	4	4	5	춘	5	6	6	6	7	7	7	8	8	8
대운 여	2	1	1	1	1	칩	10	9	9	9	8	8	8	7	7	7	6	6	6	5	분	5	4	4	4	3	3	3	2	2	2

양력 4월 청명절(壬辰月) 清明 4월5일 4시48분 穀雨 4월20일 11시39분

양력	1	2	3	4	5	6	7	8	9	10	11	12	13	14	15	16	17	18	19	20	21	22	23	24	25	26	27	28	29	30
요일	土	日	月	火	水	木	金	土	日	月	火	水	木	金	土	日	月	火	水	木	金	土	日	月	火	水	木	金	土	日
음력	2/20	21	22	23	24	25	26	27	28	29	3/1	2	3	4	5	6	7	8	9	10	11	12	13	14	15	16	17	18	19	20
일진	丙辰	丁巳	戊午	己未	庚申	辛酉	壬戌	癸亥	甲子	乙丑	丙寅	丁卯	戊辰	己巳	庚午	辛未	壬申	癸酉	甲戌	乙亥	丙子	丁丑	戊寅	己卯	庚辰	辛巳	壬午	癸未	甲申	乙酉
대운 남	9	9	9	10	청	1	1	1	1	2	2	2	3	3	3	4	4	4	5	곡	5	6	6	6	7	7	7	8	8	8
대운 여	1	1	1	1	명	10	9	9	9	8	8	8	7	7	7	6	6	6	5	우	5	4	4	4	3	3	3	2	2	2

양력 5월 입하절(癸巳月) 立夏 5월5일 21시45분 小滿 5월21일 10시30분

양력	1	2	3	4	5	6	7	8	9	10	11	12	13	14	15	16	17	18	19	20	21	22	23	24	25	26	27	28	29	30	31
요일	月	火	水	木	金	土	日	月	火	水	木	金	土	日	月	火	水	木	金	土	日	月	火	水	木	金	土	日	月	火	水
음력	3/21	22	23	24	25	26	27	28	29	4/1	2	3	4	5	6	7	8	9	10	11	12	13	14	15	16	17	18	19	20	21	22
일진	丙戌	丁亥	戊子	己丑	庚寅	辛卯	壬辰	癸巳	甲午	乙未	丙申	丁酉	戊戌	己亥	庚子	辛丑	壬寅	癸卯	甲辰	乙巳	丙午	丁未	戊申	己酉	庚戌	辛亥	壬子	癸丑	甲寅	乙卯	丙辰
대운 남	9	9	9	10	입	1	1	1	1	2	2	2	3	3	3	4	4	4	5	5	소	6	6	6	7	7	7	8	8	8	9
대운 여	1	1	1	1	하	10	10	10	9	9	9	8	8	8	7	7	7	6	6	6	만	5	5	4	4	4	3	3	3	2	2

양력 6월 망종절(甲午月) 芒種 6월6일 1시39분 夏至 6월21일 18시17분

양력	1	2	3	4	5	6	7	8	9	10	11	12	13	14	15	16	17	18	19	20	21	22	23	24	25	26	27	28	29	30
요일	木	金	土	日	月	火	水	木	金	土	日	月	火	水	木	金	土	日	月	火	水	木	金	土	日	月	火	水	木	金
음력	4/23	24	25	26	27	28	29	30	5/1	2	3	4	5	6	7	8	9	10	11	12	13	14	15	16	17	18	19	20	21	22
일진	丁巳	戊午	己未	庚申	辛酉	壬戌	癸亥	甲子	乙丑	丙寅	丁卯	戊辰	己巳	庚午	辛未	壬申	癸酉	甲戌	乙亥	丙子	丁丑	戊寅	己卯	庚辰	辛巳	壬午	癸未	甲申	乙酉	丙戌
대운 남	9	9	10	10	10	망	1	1	1	1	2	2	2	3	3	3	4	4	4	5	하	5	6	6	6	7	7	7	8	8
대운 여	2	1	1	1	1	종	10	10	9	9	9	8	8	8	7	7	7	6	6	6	지	5	5	4	4	4	3	3	3	2

辛未年

양력 7월 소서절(乙未月) 小暑 7월7일 11시48분 大暑 7월23일 5시11분

양력		1	2	3	4	5	6	7	8	9	10	11	12	13	14	15	16	17	18	19	20	21	22	23	24	25	26	27	28	29	30	31
요일		土	日	月	火	水	木	金	土	日	月	火	水	木	金	土	日	月	火	水	木	金	土	日	月	火	水	木	金	土	日	月
음력		5/23	24	25	26	27	28	29	6/1	2	3	4	5	6	7	8	9	10	11	12	13	14	15	16	17	18	19	20	21	22	23	24
일진		丁亥	戊子	己丑	庚寅	辛卯	壬辰	癸巳	甲午	乙未	丙申	丁酉	戊戌	己亥	庚子	辛丑	壬寅	癸卯	甲辰	乙巳	丙午	丁未	戊申	己酉	庚戌	辛亥	壬子	癸丑	甲寅	乙卯	丙辰	丁巳
대	남	8	9	9	9	10	10	소	1	1	1	1	2	2	2	3	3	3	4	4	4	5	5	대	6	6	6	7	7	7	8	8
운	여	2	2	1	1	1	1	서	10	10	9	9	9	8	8	8	7	7	7	6	6	6	5	서	5	4	4	4	3	3	3	2

양력 8월 입추절(丙申月) 立秋 8월7일 21시40분 處暑 8월23일 12시28분

양력		1	2	3	4	5	6	7	8	9	10	11	12	13	14	15	16	17	18	19	20	21	22	23	24	25	26	27	28	29	30	31
요일		火	水	木	金	土	日	月	火	水	木	金	土	日	月	火	水	木	金	土	日	月	火	水	木	金	土	日	月	火	水	木
음력		6/25	26	27	28	29	30	7/1	2	3	4	5	6	7	8	9	10	11	12	13	14	15	16	17	18	19	20	21	22	23	24	25
일진		戊午	己未	庚申	辛酉	壬戌	癸亥	甲子	乙丑	丙寅	丁卯	戊辰	己巳	庚午	辛未	壬申	癸酉	甲戌	乙亥	丙子	丁丑	戊寅	己卯	庚辰	辛巳	壬午	癸未	甲申	乙酉	丙戌	丁亥	戊子
대	남	8	9	9	9	10	10	입	1	1	1	1	2	2	2	3	3	3	4	4	4	5	5	처	6	6	6	7	7	7	8	8
운	여	2	2	1	1	1	1	추	10	10	10	9	9	9	8	8	8	7	7	7	6	6	6	서	5	5	4	4	4	3	3	3

양력 9월 백로절(丁酉月) 白露 9월8일 0시50분 秋分 9월23일 10시26분

양력		1	2	3	4	5	6	7	8	9	10	11	12	13	14	15	16	17	18	19	20	21	22	23	24	25	26	27	28	29	30
요일		金	土	日	月	火	水	木	金	土	日	月	火	水	木	金	土	日	月	火	水	木	金	土	日	月	火	水	木	金	土
음력		7/26	27	28	29	8/1	2	3	4	5	6	7	8	9	10	11	12	13	14	15	16	17	18	19	20	21	22	23	24	25	26
일진		己丑	庚寅	辛卯	壬辰	癸巳	甲午	乙未	丙申	丁酉	戊戌	己亥	庚子	辛丑	壬寅	癸卯	甲辰	乙巳	丙午	丁未	戊申	己酉	庚戌	辛亥	壬子	癸丑	甲寅	乙卯	丙辰	丁巳	戊午
대	남	8	9	9	9	10	10	10	백	1	1	1	1	2	2	2	3	3	3	4	4	4	5	추	5	6	6	6	7	7	7
운	여	2	2	2	1	1	1	1	로	10	9	9	9	8	8	8	7	7	7	6	6	6	5	분	5	4	4	4	3	3	3

양력 10월 한로절(戊戌月) 寒露 10월8일 16시49분 霜降 10월23일 20시8분

양력		1	2	3	4	5	6	7	8	9	10	11	12	13	14	15	16	17	18	19	20	21	22	23	24	25	26	27	28	29	30	31
요일		日	月	火	水	木	金	土	日	月	火	水	木	金	土	日	月	火	水	木	金	土	日	月	火	水	木	金	土	日	月	火
음력		8/27	28	29	30	9/1	2	3	4	5	6	7	8	9	10	11	12	13	14	15	16	17	18	19	20	21	22	23	24	25	26	27
일진		己未	庚申	辛酉	壬戌	癸亥	甲子	乙丑	丙寅	丁卯	戊辰	己巳	庚午	辛未	壬申	癸酉	甲戌	乙亥	丙子	丁丑	戊寅	己卯	庚辰	辛巳	壬午	癸未	甲申	乙酉	丙戌	丁亥	戊子	己丑
대	남	8	8	8	9	9	9	10	한	1	1	1	1	2	2	2	3	3	3	4	4	4	5	상	5	6	6	6	7	7	7	8
운	여	2	2	2	1	1	1	1	로	10	9	9	9	8	8	8	7	7	7	6	6	6	5	강	5	4	4	4	3	3	3	2

양력 11월 입동절(己亥月) 立冬 11월7일 20시21분 小雪 11월22일 18시1분

양력		1	2	3	4	5	6	7	8	9	10	11	12	13	14	15	16	17	18	19	20	21	22	23	24	25	26	27	28	29	30
요일		水	木	金	土	日	月	火	水	木	金	土	日	月	火	水	木	金	土	日	月	火	水	木	金	土	日	月	火	水	木
음력		9/28	29	10/1	2	3	4	5	6	7	8	9	10	11	12	13	14	15	16	17	18	19	20	21	22	23	24	25	26	27	28
일진		庚寅	辛卯	壬辰	癸巳	甲午	乙未	丙申	丁酉	戊戌	己亥	庚子	辛丑	壬寅	癸卯	甲辰	乙巳	丙午	丁未	戊申	己酉	庚戌	辛亥	壬子	癸丑	甲寅	乙卯	丙辰	丁巳	戊午	己未
대	남	8	8	9	9	9	10	입	1	1	1	1	2	2	2	3	3	3	4	4	4	5	소	5	6	6	6	7	7	7	8
운	여	2	2	1	1	1	1	동	10	9	9	9	8	8	8	7	7	7	6	6	6	5	설	5	4	4	4	3	3	3	2

양력 12월 대설절(庚子月) 大雪 12월7일 13시27분 冬至 12월22일 7시33분

양력		1	2	3	4	5	6	7	8	9	10	11	12	13	14	15	16	17	18	19	20	21	22	23	24	25	26	27	28	29	30	31
요일		金	土	日	月	火	水	木	金	土	日	月	火	水	木	金	土	日	月	火	水	木	金	土	日	月	火	水	木	金	土	日
음력		10/29	30	11/1	2	3	4	5	6	7	8	9	10	11	12	13	14	15	16	17	18	19	20	21	22	23	24	25	26	27	28	29
일진		庚申	辛酉	壬戌	癸亥	甲子	乙丑	丙寅	丁卯	戊辰	己巳	庚午	辛未	壬申	癸酉	甲戌	乙亥	丙子	丁丑	戊寅	己卯	庚辰	辛巳	壬午	癸未	甲申	乙酉	丙戌	丁亥	戊子	己丑	庚寅
대	남	8	8	9	9	9	10	대	1	1	1	1	2	2	2	3	3	3	4	4	4	5	동	5	6	6	6	7	7	7	8	8
운	여	2	2	1	1	1	1	설	10	9	9	9	8	8	8	7	7	7	6	6	6	5	지	5	4	4	4	3	3	3	2	2

서기 2052년 [단기 4385년]

양력 1월 소한절(辛丑月) 小寒 1월6일 0시47분 大寒 1월20일 18시13분

양력	1	2	3	4	5	6	7	8	9	10	11	12	13	14	15	16	17	18	19	20	21	22	23	24	25	26	27	28	29	30	31
요일	月	火	水	木	金	土	日	月	火	水	木	金	土	日	月	火	水	木	金	土	日	月	火	水	木	金	土	日	月	火	水
음력	11/30	12/1	2	3	4	5	6	7	8	9	10	11	12	13	14	15	16	17	18	19	20	21	22	23	24	25	26	27	28	29	30
일진	辛卯	壬辰	癸巳	甲午	乙未	丙申	丁酉	戊戌	己亥	庚子	辛丑	壬寅	癸卯	甲辰	乙巳	丙午	丁未	戊申	己酉	庚戌	辛亥	壬子	癸丑	甲寅	乙卯	丙辰	丁巳	戊午	己未	庚申	辛酉
대운 남	8	9	9	9	10	소	1	1	1	1	2	2	2	3	3	3	4	4	4	대	5	5	6	6	6	7	7	7	8	8	8
대운 여	2	1	1	1	1	한	9	9	9	8	8	8	7	7	7	6	6	6	5	한	5	4	4	4	3	3	3	2	2	2	1

양력 2월 입춘절(壬寅月) 立春 2월4일 12시21분 雨水 2월19일 8시12분

양력	1	2	3	4	5	6	7	8	9	10	11	12	13	14	15	16	17	18	19	20	21	22	23	24	25	26	27	28	29		
요일	木	金	土	日	月	火	水	木	金	土	日	月	火	水	木	金	土	日	月	火	水	木	金	土	日	月	火	水	木		
음력	1/1	2	3	4	5	6	7	8	9	10	11	12	13	14	15	16	17	18	19	20	21	22	23	24	25	26	27	28	29		
일진	壬戌	癸亥	甲子	乙丑	丙寅	丁卯	戊辰	己巳	庚午	辛未	壬申	癸酉	甲戌	乙亥	丙子	丁丑	戊寅	己卯	庚辰	辛巳	壬午	癸未	甲申	乙酉	丙戌	丁亥	戊子	己丑	庚寅		
대운 남	9	9	9	입	10	9	9	9	8	8	8	7	7	7	6	6	6	5	우	5	4	4	4	3	3	3	2	2	2		
대운 여	1	1	1	춘	1	1	1	1	2	2	2	3	3	3	4	4	4	5	수	5	6	6	6	7	7	7	8	8	8		

양력 3월 경칩절(癸卯月) 驚蟄 3월5일 6시8분 春分 3월20일 6시54분

양력	1	2	3	4	5	6	7	8	9	10	11	12	13	14	15	16	17	18	19	20	21	22	23	24	25	26	27	28	29	30	31
요일	金	土	日	月	火	水	木	金	土	日	月	火	水	木	金	土	日	月	火	水	木	金	土	日	月	火	水	木	金	土	日
음력	2/1	2	3	4	5	6	7	8	9	10	11	12	13	14	15	16	17	18	19	20	21	22	23	24	25	26	27	28	29	30	3/1
일진	辛卯	壬辰	癸巳	甲午	乙未	丙申	丁酉	戊戌	己亥	庚子	辛丑	壬寅	癸卯	甲辰	乙巳	丙午	丁未	戊申	己酉	庚戌	辛亥	壬子	癸丑	甲寅	乙卯	丙辰	丁巳	戊午	己未	庚申	辛酉
대운 남	1	1	1	1	경	10	9	9	9	8	8	8	7	7	7	6	6	6	5	춘	5	4	4	4	3	3	3	2	2	2	1
대운 여	9	9	9	10	칩	1	1	1	1	2	2	2	3	3	3	4	4	4	5	분	5	6	6	6	7	7	7	8	8	8	9

양력 4월 청명절(甲辰月) 淸明 4월4일 10시36분 穀雨 4월19일 17시36분

양력	1	2	3	4	5	6	7	8	9	10	11	12	13	14	15	16	17	18	19	20	21	22	23	24	25	26	27	28	29	30	
요일	月	火	水	木	金	土	日	月	火	水	木	金	土	日	月	火	水	木	金	土	日	月	火	水	木	金	土	日	月	火	
음력	3/2	3	4	5	6	7	8	9	10	11	12	13	14	15	16	17	18	19	20	21	22	23	24	25	26	27	28	29	4/1	2	
일진	壬戌	癸亥	甲子	乙丑	丙寅	丁卯	戊辰	己巳	庚午	辛未	壬申	癸酉	甲戌	乙亥	丙子	丁丑	戊寅	己卯	庚辰	辛巳	壬午	癸未	甲申	乙酉	丙戌	丁亥	戊子	己丑	庚寅	辛卯	
대운 남	1	1	1	청	10	10	9	9	9	8	8	8	7	7	7	6	6	6	곡	5	5	4	4	4	3	3	3	2	2	2	
대운 여	9	9	10	명	1	1	1	1	2	2	2	3	3	3	4	4	4	5	우	5	6	6	6	7	7	7	8	8	8	9	

양력 5월 입하절(乙巳月) 立夏 5월5일 3시33분 小滿 5월20일 16시27분

양력	1	2	3	4	5	6	7	8	9	10	11	12	13	14	15	16	17	18	19	20	21	22	23	24	25	26	27	28	29	30	31
요일	水	木	金	土	日	月	火	水	木	金	土	日	月	火	水	木	金	土	日	月	火	水	木	金	土	日	月	火	水	木	金
음력	4/3	4	5	6	7	8	9	10	11	12	13	14	15	16	17	18	19	20	21	22	23	24	25	26	27	28	29	5/1	2	3	4
일진	壬辰	癸巳	甲午	乙未	丙申	丁酉	戊戌	己亥	庚子	辛丑	壬寅	癸卯	甲辰	乙巳	丙午	丁未	戊申	己酉	庚戌	辛亥	壬子	癸丑	甲寅	乙卯	丙辰	丁巳	戊午	己未	庚申	辛酉	壬戌
대운 남	1	1	1	1	입	10	10	9	9	9	8	8	8	7	7	7	6	6	6	소	5	5	4	4	4	3	3	3	2	2	2
대운 여	9	9	10	10	하	1	1	1	1	2	2	2	3	3	3	4	4	4	5	만	5	6	6	6	7	7	7	8	8	8	9

양력 6월 망종절(丙午月) 芒種 6월5일 7시28분 夏至 6월21일 0시15분

양력	1	2	3	4	5	6	7	8	9	10	11	12	13	14	15	16	17	18	19	20	21	22	23	24	25	26	27	28	29	30	
요일	土	日	月	火	水	木	金	土	日	月	火	水	木	金	土	日	月	火	水	木	金	土	日	月	火	水	木	金	土	日	
음력	5/5	6	7	8	9	10	11	12	13	14	15	16	17	18	19	20	21	22	23	24	25	26	27	28	29	30	6/1	2	3	4	
일진	癸亥	甲子	乙丑	丙寅	丁卯	戊辰	己巳	庚午	辛未	壬申	癸酉	甲戌	乙亥	丙子	丁丑	戊寅	己卯	庚辰	辛巳	壬午	癸未	甲申	乙酉	丙戌	丁亥	戊子	己丑	庚寅	辛卯	壬辰	
대운 남	1	1	1	1	망	10	10	9	9	9	8	8	8	7	7	7	6	6	6	5	하	5	4	4	4	3	3	3	2	2	
대운 여	9	9	10	10	종	1	1	1	1	2	2	2	3	3	3	4	4	4	5	5	지	6	6	6	7	7	7	8	8	8	

壬申年

양력 7월 소서절(丁未月) 小暑 7월6일 17시38분 大暑 7월22일 11시7분

양력	1	2	3	4	5	6	7	8	9	10	11	12	13	14	15	16	17	18	19	20	21	22	23	24	25	26	27	28	29	30	31
요일	月	火	水	木	金	土	日	月	火	水	木	金	土	日	月	火	水	木	金	土	日	月	火	水	木	金	土	日	月	火	水
음력	6/5	6	7	8	9	10	11	12	13	14	15	16	17	18	19	20	21	22	23	24	25	26	27	28	29	7/1	2	3	4	5	6
일진	癸巳	甲午	乙未	丙申	丁酉	戊戌	己亥	庚子	辛丑	壬寅	癸卯	甲辰	乙巳	丙午	丁未	戊申	己酉	庚戌	辛亥	壬子	癸丑	甲寅	乙卯	丙辰	丁巳	戊午	己未	庚申	辛酉	壬戌	癸亥
대운 남	2	1	1	1	1	소서	10	10	10	9	9	9	8	8	8	7	7	7	6	6	6	대서	5	5	4	4	4	3	3	3	2
대운 여	9	9	9	10	10		1	1	1	1	2	2	2	3	3	3	4	4	4	5	5		6	6	6	7	7	7	8	8	8

양력 8월 입추절(戊申月) 立秋 8월7일 3시32분 處暑 8월22일 18시20분

양력	1	2	3	4	5	6	7	8	9	10	11	12	13	14	15	16	17	18	19	20	21	22	23	24	25	26	27	28	29	30	31
요일	木	金	土	日	月	火	水	木	金	土	日	月	火	水	木	金	土	日	月	火	水	木	金	土	日	月	火	水	木	金	土
음력	7/7	8	9	10	11	12	13	14	15	16	17	18	19	20	21	22	23	24	25	26	27	28	29	8/1	2	3	4	5	6	7	8
일진	甲子	乙丑	丙寅	丁卯	戊辰	己巳	庚午	辛未	壬申	癸酉	甲戌	乙亥	丙子	丁丑	戊寅	己卯	庚辰	辛巳	壬午	癸未	甲申	乙酉	丙戌	丁亥	戊子	己丑	庚寅	辛卯	壬辰	癸巳	甲午
대운 남	2	2	1	1	1	1	입추	10	10	9	9	9	8	8	8	7	7	7	6	6	6	처서	5	5	4	4	4	3	3	3	2
대운 여	9	9	9	10	10	10		1	1	1	1	2	2	2	3	3	3	4	4	4	5		5	6	6	6	7	7	7	8	8

양력 9월 백로절(己酉月) 白露 9월7일 6시41분 秋分 9월22일 16시14분

양력	1	2	3	4	5	6	7	8	9	10	11	12	13	14	15	16	17	18	19	20	21	22	23	24	25	26	27	28	29	30
요일	日	月	火	水	木	金	土	日	月	火	水	木	金	土	日	月	火	水	木	金	土	日	月	火	水	木	金	土	日	月
음력	8/9	10	11	12	13	14	15	16	17	18	19	20	21	22	23	24	25	26	27	28	29	30	윤1	2	3	4	5	6	7	8
일진	乙未	丙申	丁酉	戊戌	己亥	庚子	辛丑	壬寅	癸卯	甲辰	乙巳	丙午	丁未	戊申	己酉	庚戌	辛亥	壬子	癸丑	甲寅	乙卯	丙辰	丁巳	戊午	己未	庚申	辛酉	壬戌	癸亥	甲子
대운 남	2	2	1	1	1	1	백로	10	9	9	9	8	8	8	7	7	7	6	6	6	5	추분	5	4	4	4	3	3	3	2
대운 여	8	9	9	9	10	10		1	1	1	1	2	2	2	3	3	3	4	4	4	5		5	6	6	6	7	7	7	8

양력 10월 한로절(庚戌月) 寒露 10월7일 22시38분 霜降 10월23일 1시54분

양력	1	2	3	4	5	6	7	8	9	10	11	12	13	14	15	16	17	18	19	20	21	22	23	24	25	26	27	28	29	30	31
요일	火	水	木	金	土	日	月	火	水	木	金	土	日	月	火	水	木	金	土	日	月	火	水	木	金	土	日	月	火	水	木
음력	윤9	10	11	12	13	14	15	16	17	18	19	20	21	22	23	24	25	26	27	28	29	30	9/1	2	3	4	5	6	7	8	9
일진	乙丑	丙寅	丁卯	戊辰	己巳	庚午	辛未	壬申	癸酉	甲戌	乙亥	丙子	丁丑	戊寅	己卯	庚辰	辛巳	壬午	癸未	甲申	乙酉	丙戌	丁亥	戊子	己丑	庚寅	辛卯	壬辰	癸巳	甲午	乙未
대운 남	2	2	1	1	1	1	한로	10	10	9	9	9	8	8	8	7	7	7	6	6	6	5	상강	5	4	4	4	3	3	3	2
대운 여	8	8	9	9	9	10		1	1	1	1	2	2	2	3	3	3	4	4	4	5	5		6	6	6	7	7	7	8	8

양력 11월 입동절(辛亥月) 立冬 11월7일 2시8분 小雪 11월21일 23시44분

양력	1	2	3	4	5	6	7	8	9	10	11	12	13	14	15	16	17	18	19	20	21	22	23	24	25	26	27	28	29	30
요일	金	土	日	月	火	水	木	金	土	日	月	火	水	木	金	土	日	月	火	水	木	金	土	日	月	火	水	木	金	土
음력	9/10	11	12	13	14	15	16	17	18	19	20	21	22	23	24	25	26	27	28	29	10/1	2	3	4	5	6	7	8	9	10
일진	丙申	丁酉	戊戌	己亥	庚子	辛丑	壬寅	癸卯	甲辰	乙巳	丙午	丁未	戊申	己酉	庚戌	辛亥	壬子	癸丑	甲寅	乙卯	丙辰	丁巳	戊午	己未	庚申	辛酉	壬戌	癸亥	甲子	乙丑
대운 남	2	2	1	1	1	1	입동	9	9	9	8	8	8	7	7	7	6	6	6	5	소설	5	4	4	4	3	3	3	2	2
대운 여	8	9	9	9	10	10		1	1	1	1	2	2	2	3	3	3	4	4	4		5	5	6	6	6	7	7	7	8

양력 12월 대설절(壬子月) 大雪 12월6일 19시14분 冬至 12월21일 13시16분

양력	1	2	3	4	5	6	7	8	9	10	11	12	13	14	15	16	17	18	19	20	21	22	23	24	25	26	27	28	29	30	31
요일	日	月	火	水	木	金	土	日	月	火	水	木	金	土	日	月	火	水	木	金	土	日	月	火	水	木	金	土	日	月	火
음력	10/11	12	13	14	15	16	17	18	19	20	21	22	23	24	25	26	27	28	29	30	11/1	2	3	4	5	6	7	8	9	10	11
일진	丙寅	丁卯	戊辰	己巳	庚午	辛未	壬申	癸酉	甲戌	乙亥	丙子	丁丑	戊寅	己卯	庚辰	辛巳	壬午	癸未	甲申	乙酉	丙戌	丁亥	戊子	己丑	庚寅	辛卯	壬辰	癸巳	甲午	乙未	丙申
대운 남	2	1	1	1	1	대설	10	9	9	9	8	8	8	7	7	7	6	6	6	5	동지	5	4	4	4	3	3	3	2	2	2
대운 여	8	8	9	9	9		1	1	1	1	2	2	2	3	3	3	4	4	4	5		5	6	6	6	7	7	7	8	8	8

▶윤달-8월

서기 2053년 [단기 4386년]

양력 1월　소한절(癸丑月)　小寒 1월5일 6시34분　大寒 1월19일 23시58분

양력	1	2	3	4	5	6	7	8	9	10	11	12	13	14	15	16	17	18	19	20	21	22	23	24	25	26	27	28	29	30	31
요일	水	木	金	土	日	月	火	水	木	金	土	日	月	火	水	木	金	土	日	月	火	水	木	金	土	日	月	火	水	木	金
음력	11/12	13	14	15	16	17	18	19	20	21	22	23	24	25	26	27	28	29	30	12/1	2	3	4	5	6	7	8	9	10	11	12
일진	丁酉	戊戌	己亥	庚子	辛丑	壬寅	癸卯	甲辰	乙巳	丙午	丁未	戊申	己酉	庚戌	辛亥	壬子	癸丑	甲寅	乙卯	丙辰	丁巳	戊午	己未	庚申	辛酉	壬戌	癸亥	甲子	乙丑	丙寅	丁卯
대운 남	1	1	1	1	소	9	9	9	8	8	8	7	7	7	6	6	6	5	대	5	4	4	4	3	3	3	2	2	2	1	1
대운 여	9	9	9	10	한	1	1	1	1	2	2	2	3	3	3	4	4	4	한	5	5	6	6	6	7	7	7	8	8	8	9

양력 2월　입춘절(甲寅月)　立春 2월3일 18시11분　雨水 2월18일 14시0분

양력	1	2	3	4	5	6	7	8	9	10	11	12	13	14	15	16	17	18	19	20	21	22	23	24	25	26	27	28			
요일	土	日	月	火	水	木	金	土	日	月	火	水	木	金	土	日	月	火	水	木	金	土	日	月	火	水	木	金			
음력	12/13	14	15	16	17	18	19	20	21	22	23	24	25	26	27	28	29	30	1/1	2	3	4	5	6	7	8	9	10			
일진	戊辰	己巳	庚午	辛未	壬申	癸酉	甲戌	乙亥	丙子	丁丑	戊寅	己卯	庚辰	辛巳	壬午	癸未	甲申	乙酉	丙戌	丁亥	戊子	己丑	庚寅	辛卯	壬辰	癸巳	甲午	乙未			
대운 남	1	1	입	1	1	1	1	2	2	2	3	3	3	4	4	4	5	우	5	6	6	6	7	7	7	8	8	8			
대운 여	9	9	춘	10	9	9	9	8	8	8	7	7	7	6	6	6	5	수	5	4	4	4	3	3	3	2	2	2			

양력 3월　경칩절(乙卯月)　驚蟄 3월5일 12시2분　春分 3월20일 12시46분

양력	1	2	3	4	5	6	7	8	9	10	11	12	13	14	15	16	17	18	19	20	21	22	23	24	25	26	27	28	29	30	31
요일	土	日	月	火	水	木	金	土	日	月	火	水	木	金	土	日	月	火	水	木	金	土	日	月	火	水	木	金	土	日	月
음력	1/11	12	13	14	15	16	17	18	19	20	21	22	23	24	25	26	27	28	29	2/1	2	3	4	5	6	7	8	9	10	11	12
일진	丙申	丁酉	戊戌	己亥	庚子	辛丑	壬寅	癸卯	甲辰	乙巳	丙午	丁未	戊申	己酉	庚戌	辛亥	壬子	癸丑	甲寅	乙卯	丙辰	丁巳	戊午	己未	庚申	辛酉	壬戌	癸亥	甲子	乙丑	丙寅
대운 남	9	9	9	10	경	1	1	1	1	2	2	2	3	3	3	4	4	4	5	춘	5	6	6	6	7	7	7	8	8	8	9
대운 여	1	1	1	1	칩	10	9	9	9	8	8	8	7	7	7	6	6	6	5	분	5	4	4	4	3	3	3	2	2	2	1

양력 4월　청명절(丙辰月)　清明 4월4일 16시33분　穀雨 4월19일 23시29분

양력	1	2	3	4	5	6	7	8	9	10	11	12	13	14	15	16	17	18	19	20	21	22	23	24	25	26	27	28	29	30	
요일	火	水	木	金	土	日	月	火	水	木	金	土	日	月	火	水	木	金	土	日	月	火	水	木	金	土	日	月	火	水	
음력	2/13	14	15	16	17	18	19	20	21	22	23	24	25	26	27	28	29	30	3/1	2	3	4	5	6	7	8	9	10	11	12	
일진	丁卯	戊辰	己巳	庚午	辛未	壬申	癸酉	甲戌	乙亥	丙子	丁丑	戊寅	己卯	庚辰	辛巳	壬午	癸未	甲申	乙酉	丙戌	丁亥	戊子	己丑	庚寅	辛卯	壬辰	癸巳	甲午	乙未	丙申	
대운 남	9	9	10	청	1	1	1	1	2	2	2	3	3	3	4	4	4	5	곡	5	6	6	6	7	7	7	8	8	8	9	
대운 여	1	1	1	명	10	10	9	9	9	8	8	8	7	7	7	6	6	6	우	5	5	4	4	4	3	3	3	2	2	2	

양력 5월　입하절(丁巳月)　立夏 5월5일 9시32분　小滿 5월20일 22시18분

양력	1	2	3	4	5	6	7	8	9	10	11	12	13	14	15	16	17	18	19	20	21	22	23	24	25	26	27	28	29	30	31
요일	木	金	土	日	月	火	水	木	金	土	日	月	火	水	木	金	土	日	月	火	水	木	金	土	日	月	火	水	木	金	土
음력	3/13	14	15	16	17	18	19	20	21	22	23	24	25	26	27	28	29	4/1	2	3	4	5	6	7	8	9	10	11	12	13	14
일진	丁酉	戊戌	己亥	庚子	辛丑	壬寅	癸卯	甲辰	乙巳	丙午	丁未	戊申	己酉	庚戌	辛亥	壬子	癸丑	甲寅	乙卯	丙辰	丁巳	戊午	己未	庚申	辛酉	壬戌	癸亥	甲子	乙丑	丙寅	丁卯
대운 남	9	9	10	10	입	1	1	1	1	2	2	2	3	3	3	4	4	4	5	소	5	6	6	6	7	7	7	8	8	8	9
대운 여	1	1	1	1	하	10	10	9	9	9	8	8	8	7	7	7	6	6	6	만	5	5	4	4	4	3	3	3	2	2	2

양력 6월　망종절(戊午月)　芒種 6월5일 13시26분　夏至 6월21일 6시3분

양력	1	2	3	4	5	6	7	8	9	10	11	12	13	14	15	16	17	18	19	20	21	22	23	24	25	26	27	28	29	30	
요일	日	月	火	水	木	金	土	日	月	火	水	木	金	土	日	月	火	水	木	金	土	日	月	火	水	木	金	土	日	月	
음력	4/15	16	17	18	19	20	21	22	23	24	25	26	27	28	29	5/1	2	3	4	5	6	7	8	9	10	11	12	13	14	15	
일진	戊辰	己巳	庚午	辛未	壬申	癸酉	甲戌	乙亥	丙子	丁丑	戊寅	己卯	庚辰	辛巳	壬午	癸未	甲申	乙酉	丙戌	丁亥	戊子	己丑	庚寅	辛卯	壬辰	癸巳	甲午	乙未	丙申	丁酉	
대운 남	9	9	10	10	망	1	1	1	1	2	2	2	3	3	3	4	4	4	5	5	하	6	6	6	7	7	7	8	8	8	
대운 여	1	1	1	1	종	10	10	9	9	9	8	8	8	7	7	7	6	6	6	5	지	5	4	4	4	3	3	3	2	2	

癸酉年

양력 7월 소서절(己未月) 小暑 7월6일 23시36분 大暑 7월22일 16시55분

양력	1	2	3	4	5	6	7	8	9	10	11	12	13	14	15	16	17	18	19	20	21	22	23	24	25	26	27	28	29	30	31
요일	火	水	木	金	土	日	月	火	水	木	金	土	日	月	火	水	木	金	土	日	月	火	水	木	金	土	日	月	火	水	木
음력	5/16	17	18	19	20	21	22	23	24	25	26	27	28	29	30	6/1	2	3	4	5	6	7	8	9	10	11	12	13	14	15	16
일진	戊戌	己亥	庚子	辛丑	壬寅	癸卯	甲辰	乙巳	丙午	丁未	戊申	己酉	庚戌	辛亥	壬子	癸丑	甲寅	乙卯	丙辰	丁巳	戊午	己未	庚申	辛酉	壬戌	癸亥	甲子	乙丑	丙寅	丁卯	戊辰
대운 남	9	9	9	10	10	소서	1	1	1	1	2	2	2	3	3	3	4	4	4	5	5	대서	6	6	6	7	7	7	8	8	8
대운 여	2	1	1	1	1		10	10	10	9	9	9	8	8	8	7	7	7	6	6	6		5	5	4	4	4	3	3	3	2

양력 8월 입추절(庚申月) 立秋 8월7일 9시28분 處暑 8월23일 0시9분

양력	1	2	3	4	5	6	7	8	9	10	11	12	13	14	15	16	17	18	19	20	21	22	23	24	25	26	27	28	29	30	31
요일	金	土	日	月	火	水	木	金	土	日	月	火	水	木	金	土	日	月	火	水	木	金	土	日	月	火	水	木	金	土	日
음력	6/17	18	19	20	21	22	23	24	25	26	27	28	29	7/1	2	3	4	5	6	7	8	9	10	11	12	13	14	15	16	17	18
일진	己巳	庚午	辛未	壬申	癸酉	甲戌	乙亥	丙子	丁丑	戊寅	己卯	庚辰	辛巳	壬午	癸未	甲申	乙酉	丙戌	丁亥	戊子	己丑	庚寅	辛卯	壬辰	癸巳	甲午	乙未	丙申	丁酉	戊戌	己亥
대운 남	9	9	9	10	10	10	입추	1	1	1	1	2	2	2	3	3	3	4	4	4	5	5	처서	6	6	6	7	7	7	8	8
대운 여	2	2	1	1	1	1		10	10	9	9	9	8	8	8	7	7	7	6	6	6	5		5	4	4	4	3	3	3	2

양력 9월 백로절(辛酉月) 白露 9월7일 12시37분 秋分 9월22일 22시5분

양력	1	2	3	4	5	6	7	8	9	10	11	12	13	14	15	16	17	18	19	20	21	22	23	24	25	26	27	28	29	30
요일	月	火	水	木	金	土	日	月	火	水	木	金	土	日	月	火	水	木	金	土	日	月	火	水	木	金	土	日	月	火
음력	7/19	20	21	22	23	24	25	26	27	28	29	8/1	2	3	4	5	6	7	8	9	10	11	12	13	14	15	16	17	18	19
일진	庚子	辛丑	壬寅	癸卯	甲辰	乙巳	丙午	丁未	戊申	己酉	庚戌	辛亥	壬子	癸丑	甲寅	乙卯	丙辰	丁巳	戊午	己未	庚申	辛酉	壬戌	癸亥	甲子	乙丑	丙寅	丁卯	戊辰	己巳
대운 남	8	9	9	9	10	10	백로	1	1	1	1	2	2	2	3	3	3	4	4	4	5	추분	5	6	6	6	7	7	7	8
대운 여	2	2	1	1	1	1		10	10	9	9	9	8	8	8	7	7	7	6	6	6		5	5	4	4	4	3	3	3

양력 10월 한로절(壬戌月) 寒露 10월8일 4시34분 霜降 10월23일 7시46분

양력	1	2	3	4	5	6	7	8	9	10	11	12	13	14	15	16	17	18	19	20	21	22	23	24	25	26	27	28	29	30	31
요일	水	木	金	土	日	月	火	水	木	金	土	日	月	火	水	木	金	土	日	月	火	水	木	金	土	日	月	火	水	木	金
음력	8/20	21	22	23	24	25	26	27	28	29	30	9/1	2	3	4	5	6	7	8	9	10	11	12	13	14	15	16	17	18	19	20
일진	庚午	辛未	壬申	癸酉	甲戌	乙亥	丙子	丁丑	戊寅	己卯	庚辰	辛巳	壬午	癸未	甲申	乙酉	丙戌	丁亥	戊子	己丑	庚寅	辛卯	壬辰	癸巳	甲午	乙未	丙申	丁酉	戊戌	己亥	庚子
대운 남	8	8	9	9	9	10	10	한로	1	1	1	1	2	2	2	3	3	3	4	4	4	5	상강	5	6	6	6	7	7	7	8
대운 여	2	2	2	1	1	1	1		10	9	9	9	8	8	8	7	7	7	6	6	6	5		5	4	4	4	3	3	3	2

양력 11월 입동절(癸亥月) 立冬 11월7일 8시5분 小雪 11월22일 5시37분

양력	1	2	3	4	5	6	7	8	9	10	11	12	13	14	15	16	17	18	19	20	21	22	23	24	25	26	27	28	29	30
요일	土	日	月	火	水	木	金	土	日	月	火	水	木	金	土	日	月	火	水	木	金	土	日	月	火	水	木	金	土	日
음력	9/21	22	23	24	25	26	27	28	29	10/1	2	3	4	5	6	7	8	9	10	11	12	13	14	15	16	17	18	19	20	21
일진	辛丑	壬寅	癸卯	甲辰	乙巳	丙午	丁未	戊申	己酉	庚戌	辛亥	壬子	癸丑	甲寅	乙卯	丙辰	丁巳	戊午	己未	庚申	辛酉	壬戌	癸亥	甲子	乙丑	丙寅	丁卯	戊辰	己巳	庚午
대운 남	8	8	9	9	9	10	입동	1	1	1	1	2	2	2	3	3	3	4	4	4	5	소설	5	6	6	6	7	7	7	8
대운 여	2	2	1	1	1	1		10	9	9	9	8	8	8	7	7	7	6	6	6	5		5	4	4	4	3	3	3	2

양력 12월 대설절(甲子月) 大雪 12월7일 1시10분 冬至 12월21일 19시8분

양력	1	2	3	4	5	6	7	8	9	10	11	12	13	14	15	16	17	18	19	20	21	22	23	24	25	26	27	28	29	30	31
요일	月	火	水	木	金	土	日	月	火	水	木	金	土	日	月	火	水	木	金	土	日	月	火	水	木	金	土	日	月	火	水
음력	10/22	23	24	25	26	27	28	29	30	11/1	2	3	4	5	6	7	8	9	10	11	12	13	14	15	16	17	18	19	20	21	22
일진	辛未	壬申	癸酉	甲戌	乙亥	丙子	丁丑	戊寅	己卯	庚辰	辛巳	壬午	癸未	甲申	乙酉	丙戌	丁亥	戊子	己丑	庚寅	辛卯	壬辰	癸巳	甲午	乙未	丙申	丁酉	戊戌	己亥	庚子	辛丑
대운 남	8	8	9	9	9	10	대설	1	1	1	1	2	2	2	3	3	3	4	4	4	동지	5	5	6	6	6	7	7	7	8	8
대운 여	2	2	1	1	1	1		9	9	9	8	8	8	7	7	7	6	6	6	5		5	4	4	4	3	3	3	2	2	2

서기 2054년 [단기 4387년]

양력 1월 소한절(乙丑月) 小寒 1월5일 12시31분 大寒 1월20일 5시49분

양력		1	2	3	4	5	6	7	8	9	10	11	12	13	14	15	16	17	18	19	20	21	22	23	24	25	26	27	28	29	30	31
요일		木	金	土	日	月	火	水	木	金	土	日	月	火	水	木	金	土	日	月	火	水	木	金	土	日	月	火	水	木	金	土
음력		11/23	24	25	26	27	28	29	30	12/1	2	3	4	5	6	7	8	9	10	11	12	13	14	15	16	17	18	19	20	21	22	23
일진		壬寅	癸卯	甲辰	乙巳	丙午	丁未	戊申	己酉	庚戌	辛亥	壬子	癸丑	甲寅	乙卯	丙辰	丁巳	戊午	己未	庚申	辛酉	壬戌	癸亥	甲子	乙丑	丙寅	丁卯	戊辰	己巳	庚午	辛未	壬申
대운	남	8	9	9	9	소	1	1	1	1	2	2	2	3	3	3	4	4	4	5	대	5	6	6	6	7	7	7	8	8	8	9
	여	1	1	1	1	한	10	9	9	9	8	8	8	7	7	7	6	6	6	5	한	5	4	4	4	3	3	3	2	2	2	1

양력 2월 입춘절(丙寅月) 立春 2월4일 0시6분 雨水 2월18일 19시50분

양력		1	2	3	4	5	6	7	8	9	10	11	12	13	14	15	16	17	18	19	20	21	22	23	24	25	26	27	28			
요일		日	月	火	水	木	金	土	日	月	火	水	木	金	土	日	月	火	水	木	金	土	日	月	火	水	木	金	土			
음력		12/24	25	26	27	28	29	30	1/1	2	3	4	5	6	7	8	9	10	11	12	13	14	15	16	17	18	19	20	21			
일진		癸酉	甲戌	乙亥	丙子	丁丑	戊寅	己卯	庚辰	辛巳	壬午	癸未	甲申	乙酉	丙戌	丁亥	戊子	己丑	庚寅	辛卯	壬辰	癸巳	甲午	乙未	丙申	丁酉	戊戌	己亥	庚子			
대운	남	9	9	10	입	9	9	9	8	8	8	7	7	7	6	6	6	5	우	5	4	4	4	3	3	3	2	2	2			
	여	1	1	1	춘	1	1	1	1	2	2	2	3	3	3	4	4	4	수	5	5	6	6	6	7	7	7	8	8			

양력 3월 경칩절(丁卯月) 驚蟄 3월5일 17시54분 春分 3월20일 18시33분

양력		1	2	3	4	5	6	7	8	9	10	11	12	13	14	15	16	17	18	19	20	21	22	23	24	25	26	27	28	29	30	31
요일		日	月	火	水	木	金	土	日	月	火	水	木	金	土	日	月	火	水	木	金	土	日	月	火	水	木	金	土	日	月	火
음력		1/22	23	24	25	26	27	28	29	2/1	2	3	4	5	6	7	8	9	10	11	12	13	14	15	16	17	18	19	20	21	22	23
일진		辛丑	壬寅	癸卯	甲辰	乙巳	丙午	丁未	戊申	己酉	庚戌	辛亥	壬子	癸丑	甲寅	乙卯	丙辰	丁巳	戊午	己未	庚申	辛酉	壬戌	癸亥	甲子	乙丑	丙寅	丁卯	戊辰	己巳	庚午	辛未
대운	남	1	1	1	1	경	10	9	9	9	8	8	8	7	7	7	6	6	6	5	춘	5	4	4	4	3	3	3	2	2	2	1
	여	8	9	9	9	칩	1	1	1	1	2	2	2	3	3	3	4	4	4	5	분	5	6	6	6	7	7	7	8	8	8	9

양력 4월 청명절(戊辰月) 淸明 4월4일 22시21분 穀雨 4월20일 5시13분

양력		1	2	3	4	5	6	7	8	9	10	11	12	13	14	15	16	17	18	19	20	21	22	23	24	25	26	27	28	29	30	
요일		水	木	金	土	日	月	火	水	木	金	土	日	月	火	水	木	金	土	日	月	火	水	木	金	土	日	月	火	水	木	
음력		2/24	25	26	27	28	29	30	3/1	2	3	4	5	6	7	8	9	10	11	12	13	14	15	16	17	18	19	20	21	22	23	
일진		壬申	癸酉	甲戌	乙亥	丙子	丁丑	戊寅	己卯	庚辰	辛巳	壬午	癸未	甲申	乙酉	丙戌	丁亥	戊子	己丑	庚寅	辛卯	壬辰	癸巳	甲午	乙未	丙申	丁酉	戊戌	己亥	庚子	辛丑	
대운	남	1	1	1	청	10	10	9	9	9	8	8	8	7	7	7	6	6	6	5	곡	5	4	4	4	3	3	3	2	2	2	
	여	9	9	10	명	1	1	1	1	2	2	2	3	3	3	4	4	4	5	5	우	6	6	6	7	7	7	8	8	8	9	

양력 5월 입하절(己巳月) 立夏 5월5일 15시16분 小滿 5월21일 4시1분

양력		1	2	3	4	5	6	7	8	9	10	11	12	13	14	15	16	17	18	19	20	21	22	23	24	25	26	27	28	29	30	31
요일		金	土	日	月	火	水	木	金	土	日	月	火	水	木	金	土	日	月	火	水	木	金	土	日	月	火	水	木	金	土	日
음력		3/24	25	26	27	28	29	30	4/1	2	3	4	5	6	7	8	9	10	11	12	13	14	15	16	17	18	19	20	21	22	23	24
일진		壬寅	癸卯	甲辰	乙巳	丙午	丁未	戊申	己酉	庚戌	辛亥	壬子	癸丑	甲寅	乙卯	丙辰	丁巳	戊午	己未	庚申	辛酉	壬戌	癸亥	甲子	乙丑	丙寅	丁卯	戊辰	己巳	庚午	辛未	壬申
대운	남	1	1	1	1	입	10	10	9	9	9	8	8	8	7	7	7	6	6	6	5	소	5	4	4	4	3	3	3	2	2	2
	여	9	9	10	10	하	1	1	1	1	2	2	2	3	3	3	4	4	4	5	5	만	6	6	6	7	7	7	8	8	8	9

양력 6월 망종절(庚午月) 芒種 6월5일 19시6분 夏至 6월21일 11시46분

양력		1	2	3	4	5	6	7	8	9	10	11	12	13	14	15	16	17	18	19	20	21	22	23	24	25	26	27	28	29	30	
요일		月	火	水	木	金	土	日	月	火	水	木	金	土	日	月	火	水	木	金	土	日	月	火	水	木	金	土	日	月	火	
음력		4/25	26	27	28	29	5/1	2	3	4	5	6	7	8	9	10	11	12	13	14	15	16	17	18	19	20	21	22	23	24	25	
일진		癸酉	甲戌	乙亥	丙子	丁丑	戊寅	己卯	庚辰	辛巳	壬午	癸未	甲申	乙酉	丙戌	丁亥	戊子	己丑	庚寅	辛卯	壬辰	癸巳	甲午	乙未	丙申	丁酉	戊戌	己亥	庚子	辛丑	壬寅	
대운	남	1	1	1	1	망	10	10	10	9	9	9	8	8	8	7	7	7	6	6	6	하	5	5	4	4	4	3	3	3	2	
	여	9	9	10	10	종	1	1	1	1	2	2	2	3	3	3	4	4	4	5	5	지	6	6	6	7	7	7	8	8	8	

甲戌年

양력 7월 소서절(辛未月) 小暑 7월7일 5시12분 大暑 7월22일 22시39분

양력	1	2	3	4	5	6	7	8	9	10	11	12	13	14	15	16	17	18	19	20	21	22	23	24	25	26	27	28	29	30	31
요일	水	木	金	土	日	月	火	水	木	金	土	日	月	火	水	木	金	土	日	月	火	水	木	金	土	日	月	火	水	木	金
음력	5/26	27	28	29	6/1	2	3	4	5	6	7	8	9	10	11	12	13	14	15	16	17	18	19	20	21	22	23	24	25	26	27
일진	癸卯	甲辰	乙巳	丙午	丁未	戊申	己酉	庚戌	辛亥	壬子	癸丑	甲寅	乙卯	丙辰	丁巳	戊午	己未	庚申	辛酉	壬戌	癸亥	甲子	乙丑	丙寅	丁卯	戊辰	己巳	庚午	辛未	壬申	癸酉
대운 남	2	2	1	1	1	1	소	10	10	9	9	9	8	8	8	7	7	7	6	6	6	대	5	5	4	4	4	3	3	3	2
대운 여	9	9	9	10	10	10	서	1	1	1	1	2	2	2	3	3	3	4	4	4	5	서	5	6	6	6	7	7	7	8	8

양력 8월 입추절(壬申月) 立秋 8월7일 15시5분 處暑 8월23일 5시57분

양력	1	2	3	4	5	6	7	8	9	10	11	12	13	14	15	16	17	18	19	20	21	22	23	24	25	26	27	28	29	30	31
요일	土	日	月	火	水	木	金	土	日	月	火	水	木	金	土	日	月	火	水	木	金	土	日	月	火	水	木	金	土	日	月
음력	6/28	29	30	7/1	2	3	4	5	6	7	8	9	10	11	12	13	14	15	16	17	18	19	20	21	22	23	24	25	26	27	28
일진	甲戌	乙亥	丙子	丁丑	戊寅	己卯	庚辰	辛巳	壬午	癸未	甲申	乙酉	丙戌	丁亥	戊子	己丑	庚寅	辛卯	壬辰	癸巳	甲午	乙未	丙申	丁酉	戊戌	己亥	庚子	辛丑	壬寅	癸卯	甲辰
대운 남	2	2	1	1	1	1	입	10	10	9	9	9	8	8	8	7	7	7	6	6	6	5	처	5	4	4	4	3	3	3	2
대운 여	8	9	9	9	10	10	추	1	1	1	1	2	2	2	3	3	3	4	4	4	5	5	서	6	6	6	7	7	7	8	8

양력 9월 백로절(癸酉月) 白露 9월7일 18시18분 秋分 9월23일 3시58분

양력	1	2	3	4	5	6	7	8	9	10	11	12	13	14	15	16	17	18	19	20	21	22	23	24	25	26	27	28	29	30	
요일	火	水	木	金	土	日	月	火	水	木	金	土	日	月	火	水	木	金	土	日	月	火	水	木	金	土	日	月	火	水	
음력	7/29	8/1	2	3	4	5	6	7	8	9	10	11	12	13	14	15	16	17	18	19	20	21	22	23	24	25	26	27	28	29	
일진	乙巳	丙午	丁未	戊申	己酉	庚戌	辛亥	壬子	癸丑	甲寅	乙卯	丙辰	丁巳	戊午	己未	庚申	辛酉	壬戌	癸亥	甲子	乙丑	丙寅	丁卯	戊辰	己巳	庚午	辛未	壬申	癸酉	甲戌	
대운 남	2	2	1	1	1	1	백	10	10	9	9	9	8	8	8	7	7	7	6	6	6	5	추	5	4	4	4	3	3	3	
대운 여	8	9	9	9	10	10	로	1	1	1	1	2	2	2	3	3	3	4	4	4	5	5	분	6	6	6	7	7	7	8	

양력 10월 한로절(甲戌月) 寒露 10월8일 10시21분 霜降 10월23일 13시43분

양력	1	2	3	4	5	6	7	8	9	10	11	12	13	14	15	16	17	18	19	20	21	22	23	24	25	26	27	28	29	30	31
요일	木	金	土	日	月	火	水	木	金	土	日	月	火	水	木	金	土	日	月	火	水	木	金	土	日	月	火	水	木	金	土
음력	9/1	2	3	4	5	6	7	8	9	10	11	12	13	14	15	16	17	18	19	20	21	22	23	24	25	26	27	28	29	30	10/1
일진	乙亥	丙子	丁丑	戊寅	己卯	庚辰	辛巳	壬午	癸未	甲申	乙酉	丙戌	丁亥	戊子	己丑	庚寅	辛卯	壬辰	癸巳	甲午	乙未	丙申	丁酉	戊戌	己亥	庚子	辛丑	壬寅	癸卯	甲辰	乙巳
대운 남	2	2	2	1	1	1	1	한	10	9	9	9	8	8	8	7	7	7	6	6	6	5	상	5	4	4	4	3	3	3	2
대운 여	8	8	9	9	9	10	10	로	1	1	1	1	2	2	2	3	3	3	4	4	4	5	강	5	6	6	6	7	7	7	8

양력 11월 입동절(乙亥月) 立冬 11월7일 13시55분 小雪 11월22일 11시37분

양력	1	2	3	4	5	6	7	8	9	10	11	12	13	14	15	16	17	18	19	20	21	22	23	24	25	26	27	28	29	30	
요일	日	月	火	水	木	金	土	日	月	火	水	木	金	土	日	月	火	水	木	金	土	日	月	火	水	木	金	土	日	月	
음력	10/2	3	4	5	6	7	8	9	10	11	12	13	14	15	16	17	18	19	20	21	22	23	24	25	26	27	28	29	11/1	2	
일진	丙午	丁未	戊申	己酉	庚戌	辛亥	壬子	癸丑	甲寅	乙卯	丙辰	丁巳	戊午	己未	庚申	辛酉	壬戌	癸亥	甲子	乙丑	丙寅	丁卯	戊辰	己巳	庚午	辛未	壬申	癸酉	甲戌	乙亥	
대운 남	2	2	1	1	1	1	입	10	9	9	9	8	8	8	7	7	7	6	6	6	5	소	5	4	4	4	3	3	3	2	
대운 여	8	8	9	9	9	10	동	1	1	1	1	2	2	2	3	3	3	4	4	4	5	설	5	6	6	6	7	7	7	8	

양력 12월 대설절(丙子月) 大雪 12월7일 7시2분 冬至 12월22일 1시8분

양력	1	2	3	4	5	6	7	8	9	10	11	12	13	14	15	16	17	18	19	20	21	22	23	24	25	26	27	28	29	30	31
요일	火	水	木	金	土	日	月	火	水	木	金	土	日	月	火	水	木	金	土	日	月	火	水	木	金	土	日	月	火	水	木
음력	11/3	4	5	6	7	8	9	10	11	12	13	14	15	16	17	18	19	20	21	22	23	24	25	26	27	28	29	30	12/1	2	3
일진	丙子	丁丑	戊寅	己卯	庚辰	辛巳	壬午	癸未	甲申	乙酉	丙戌	丁亥	戊子	己丑	庚寅	辛卯	壬辰	癸巳	甲午	乙未	丙申	丁酉	戊戌	己亥	庚子	辛丑	壬寅	癸卯	甲辰	乙巳	丙午
대운 남	2	2	1	1	1	1	대	9	9	9	8	8	8	7	7	7	6	6	6	5	5	동	4	4	4	3	3	3	2	2	2
대운 여	8	8	9	9	9	10	설	1	1	1	1	2	2	2	3	3	3	4	4	4	5	지	5	6	6	6	7	7	7	8	8

서기 2055년 [단기 4388년]

양력 1월 소한절(丁丑月) 小寒 1월5일 18시21분 大寒 1월20일 11시47분

양력	1	2	3	4	5	6	7	8	9	10	11	12	13	14	15	16	17	18	19	20	21	22	23	24	25	26	27	28	29	30	31
요일	金	土	日	月	火	水	木	金	土	日	月	火	水	木	金	土	日	月	火	水	木	金	土	日	月	火	水	木	金	土	日
음력	12/4	5	6	7	8	9	10	11	12	13	14	15	16	17	18	19	20	21	22	23	24	25	26	27	28	29	30	1/1	2	3	4
일진	丁未	戊申	己酉	庚戌	辛亥	壬子	癸丑	甲寅	乙卯	丙辰	丁巳	戊午	己未	庚申	辛酉	壬戌	癸亥	甲子	乙丑	丙寅	丁卯	戊辰	己巳	庚午	辛未	壬申	癸酉	甲戌	乙亥	丙子	丁丑
대운 남	1	1	1	1	소	10	9	9	9	8	8	8	7	7	7	6	6	6	5	대	5	4	4	4	3	3	3	2	2	2	1
대운 여	8	9	9	9	한	1	1	1	1	2	2	2	3	3	3	4	4	4	5	한	5	6	6	6	7	7	7	8	8	8	9

양력 2월 입춘절(戊寅月) 立春 2월4일 5시54분 雨水 2월19일 1시46분

양력	1	2	3	4	5	6	7	8	9	10	11	12	13	14	15	16	17	18	19	20	21	22	23	24	25	26	27	28			
요일	月	火	水	木	金	土	日	月	火	水	木	金	土	日	月	火	水	木	金	土	日	月	火	水	木	金	土	日			
음력	1/5	6	7	8	9	10	11	12	13	14	15	16	17	18	19	20	21	22	23	24	25	26	27	28	29	2/1	2	3			
일진	戊寅	己卯	庚辰	辛巳	壬午	癸未	甲申	乙酉	丙戌	丁亥	戊子	己丑	庚寅	辛卯	壬辰	癸巳	甲午	乙未	丙申	丁酉	戊戌	己亥	庚子	辛丑	壬寅	癸卯	甲辰	乙巳			
대운 남	1	1	1	입	1	1	1	1	2	2	2	3	3	3	4	4	4	5	우	5	6	6	6	7	7	7	8	8			
대운 여	9	9	10	춘	9	9	9	8	8	8	7	7	7	6	6	6	5	5	수	4	4	4	3	3	3	2	2	2			

양력 3월 경칩절(己卯月) 驚蟄 3월5일 23시40분 春分 3월21일 0시27분

양력	1	2	3	4	5	6	7	8	9	10	11	12	13	14	15	16	17	18	19	20	21	22	23	24	25	26	27	28	29	30	31
요일	月	火	水	木	金	土	日	月	火	水	木	金	土	日	月	火	水	木	金	土	日	月	火	水	木	金	土	日	月	火	水
음력	2/4	5	6	7	8	9	10	11	12	13	14	15	16	17	18	19	20	21	22	23	24	25	26	27	28	29	30	3/1	2	3	4
일진	丙午	丁未	戊申	己酉	庚戌	辛亥	壬子	癸丑	甲寅	乙卯	丙辰	丁巳	戊午	己未	庚申	辛酉	壬戌	癸亥	甲子	乙丑	丙寅	丁卯	戊辰	己巳	庚午	辛未	壬申	癸酉	甲戌	乙亥	丙子
대운 남	8	9	9	9	경	1	1	1	1	2	2	2	3	3	3	4	4	4	5	5	춘	6	6	6	7	7	7	8	8	8	9
대운 여	1	1	1	1	칩	10	10	9	9	9	8	8	8	7	7	7	6	6	6	5	분	5	4	4	4	3	3	3	2	2	2

양력 4월 청명절(庚辰月) 清明 4월5일 4시7분 穀雨 4월20일 11시7분

양력	1	2	3	4	5	6	7	8	9	10	11	12	13	14	15	16	17	18	19	20	21	22	23	24	25	26	27	28	29	30	
요일	木	金	土	日	月	火	水	木	金	土	日	月	火	水	木	金	土	日	月	火	水	木	金	土	日	月	火	水	木	金	
음력	3/5	6	7	8	9	10	11	12	13	14	15	16	17	18	19	20	21	22	23	24	25	26	27	28	29	30	4/1	2	3	4	
일진	丁丑	戊寅	己卯	庚辰	辛巳	壬午	癸未	甲申	乙酉	丙戌	丁亥	戊子	己丑	庚寅	辛卯	壬辰	癸巳	甲午	乙未	丙申	丁酉	戊戌	己亥	庚子	辛丑	壬寅	癸卯	甲辰	乙巳	丙午	
대운 남	9	9	10	10	청	1	1	1	1	2	2	2	3	3	3	4	4	4	5	곡	5	6	6	6	7	7	7	8	8	8	
대운 여	1	1	1	1	명	10	9	9	9	8	8	8	7	7	7	6	6	6	5	우	5	4	4	4	3	3	3	2	2	2	

양력 5월 입하절(辛巳月) 立夏 5월5일 21시2분 小滿 5월21일 9시55분

양력	1	2	3	4	5	6	7	8	9	10	11	12	13	14	15	16	17	18	19	20	21	22	23	24	25	26	27	28	29	30	31
요일	土	日	月	火	水	木	金	土	日	月	火	水	木	金	土	日	月	火	水	木	金	土	日	月	火	水	木	金	土	日	月
음력	4/5	6	7	8	9	10	11	12	13	14	15	16	17	18	19	20	21	22	23	24	25	26	27	28	29	5/1	2	3	4	5	6
일진	丁未	戊申	己酉	庚戌	辛亥	壬子	癸丑	甲寅	乙卯	丙辰	丁巳	戊午	己未	庚申	辛酉	壬戌	癸亥	甲子	乙丑	丙寅	丁卯	戊辰	己巳	庚午	辛未	壬申	癸酉	甲戌	乙亥	丙子	丁丑
대운 남	9	9	9	10	입	1	1	1	1	2	2	2	3	3	3	4	4	4	5	5	소	6	6	6	7	7	7	8	8	8	9
대운 여	1	1	1	1	하	10	10	10	9	9	9	8	8	8	7	7	7	6	6	6	만	5	5	4	4	4	3	3	3	2	2

양력 6월 망종절(壬午月) 芒種 6월6일 0시54분 夏至 6월21일 17시38분

양력	1	2	3	4	5	6	7	8	9	10	11	12	13	14	15	16	17	18	19	20	21	22	23	24	25	26	27	28	29	30	
요일	火	水	木	金	土	日	月	火	水	木	金	土	日	月	火	水	木	金	土	日	月	火	水	木	金	土	日	月	火	水	
음력	5/7	8	9	10	11	12	13	14	15	16	17	18	19	20	21	22	23	24	25	26	27	28	29	30	6/1	2	3	4	5	6	
일진	戊寅	己卯	庚辰	辛巳	壬午	癸未	甲申	乙酉	丙戌	丁亥	戊子	己丑	庚寅	辛卯	壬辰	癸巳	甲午	乙未	丙申	丁酉	戊戌	己亥	庚子	辛丑	壬寅	癸卯	甲辰	乙巳	丙午	丁未	
대운 남	9	9	10	10	10	망	1	1	1	1	2	2	2	3	3	3	4	4	4	5	하	5	6	6	6	7	7	7	8	8	
대운 여	2	1	1	1	1	종	10	10	9	9	9	8	8	8	7	7	7	6	6	6	지	5	5	4	4	4	3	3	3	2	

乙亥年

양력 7월 소서절(癸未月) 小暑 7월7일 11시4분 大暑 7월23일 4시30분

양력	1	2	3	4	5	6	7	8	9	10	11	12	13	14	15	16	17	18	19	20	21	22	23	24	25	26	27	28	29	30	31
요일	木	金	土	日	月	火	水	木	金	土	日	月	火	水	木	金	土	日	月	火	水	木	金	土	日	月	火	水	木	金	土
음력	6/7	8	9	10	11	12	13	14	15	16	17	18	19	20	21	22	23	24	25	26	27	28	29	윤1	2	3	4	5	6	7	8
일진	戊申	己酉	庚戌	辛亥	壬子	癸丑	甲寅	乙卯	丙辰	丁巳	戊午	己未	庚申	辛酉	壬戌	癸亥	甲子	乙丑	丙寅	丁卯	戊辰	己巳	庚午	辛未	壬申	癸酉	甲戌	乙亥	丙子	丁丑	戊寅
대운 남	8	9	9	9	10	10	소	1	1	1	1	2	2	2	3	3	3	4	4	4	5	5	대	6	6	6	7	7	7	8	8
대운 여	2	2	1	1	1	1	서	10	10	9	9	9	8	8	8	7	7	7	6	6	6	5	서	5	4	4	4	3	3	3	2

양력 8월 입추절(甲申月) 立秋 8월7일 20시59분 處暑 8월23일 11시47분

양력	1	2	3	4	5	6	7	8	9	10	11	12	13	14	15	16	17	18	19	20	21	22	23	24	25	26	27	28	29	30	31
요일	日	月	火	水	木	金	土	日	月	火	水	木	金	土	日	月	火	水	木	金	土	日	月	火	水	木	金	土	日	月	火
음력	윤9	10	11	12	13	14	15	16	17	18	19	20	21	22	23	24	25	26	27	28	29	30	7/1	2	3	4	5	6	7	8	9
일진	己卯	庚辰	辛巳	壬午	癸未	甲申	乙酉	丙戌	丁亥	戊子	己丑	庚寅	辛卯	壬辰	癸巳	甲午	乙未	丙申	丁酉	戊戌	己亥	庚子	辛丑	壬寅	癸卯	甲辰	乙巳	丙午	丁未	戊申	己酉
대운 남	8	9	9	9	10	10	입	1	1	1	1	2	2	2	3	3	3	4	4	4	5	5	처	6	6	6	7	7	7	8	8
대운 여	2	2	1	1	1	1	추	10	10	10	9	9	9	8	8	8	7	7	7	6	6	6	서	5	5	4	4	4	3	3	3

양력 9월 백로절(乙酉月) 白露 9월8일 0시14분 秋分 9월23일 9시47분

양력	1	2	3	4	5	6	7	8	9	10	11	12	13	14	15	16	17	18	19	20	21	22	23	24	25	26	27	28	29	30
요일	水	木	金	土	日	月	火	水	木	金	土	日	月	火	水	木	金	土	日	月	火	水	木	金	土	日	月	火	水	木
음력	7/10	11	12	13	14	15	16	17	18	19	20	21	22	23	24	25	26	27	28	29	8/1	2	3	4	5	6	7	8	9	10
일진	庚戌	辛亥	壬子	癸丑	甲寅	乙卯	丙辰	丁巳	戊午	己未	庚申	辛酉	壬戌	癸亥	甲子	乙丑	丙寅	丁卯	戊辰	己巳	庚午	辛未	壬申	癸酉	甲戌	乙亥	丙子	丁丑	戊寅	己卯
대운 남	8	9	9	9	10	10	10	백	1	1	1	1	2	2	2	3	3	3	4	4	4	5	추	5	6	6	6	7	7	7
대운 여	2	2	2	1	1	1	1	로	10	9	9	9	8	8	8	7	7	7	6	6	6	5	분	5	4	4	4	3	3	3

양력 10월 한로절(丙戌月) 寒露 10월8일 16시17분 霜降 10월23일 19시32분

양력	1	2	3	4	5	6	7	8	9	10	11	12	13	14	15	16	17	18	19	20	21	22	23	24	25	26	27	28	29	30	31
요일	金	土	日	月	火	水	木	金	土	日	月	火	水	木	金	土	日	月	火	水	木	金	土	日	月	火	水	木	金	土	日
음력	8/11	12	13	14	15	16	17	18	19	20	21	22	23	24	25	26	27	28	29	9/1	2	3	4	5	6	7	8	9	10	11	12
일진	庚辰	辛巳	壬午	癸未	甲申	乙酉	丙戌	丁亥	戊子	己丑	庚寅	辛卯	壬辰	癸巳	甲午	乙未	丙申	丁酉	戊戌	己亥	庚子	辛丑	壬寅	癸卯	甲辰	乙巳	丙午	丁未	戊申	己酉	庚戌
대운 남	8	8	8	9	9	9	10	한	1	1	1	1	2	2	2	3	3	3	4	4	4	5	상	5	6	6	6	7	7	7	8
대운 여	2	2	2	1	1	1	1	로	10	9	9	9	8	8	8	7	7	7	6	6	6	5	강	5	4	4	4	3	3	3	2

양력 11월 입동절(丁亥月) 立冬 11월7일 19시51분 小雪 11월22일 17시25분

양력	1	2	3	4	5	6	7	8	9	10	11	12	13	14	15	16	17	18	19	20	21	22	23	24	25	26	27	28	29	30
요일	月	火	水	木	金	土	日	月	火	水	木	金	土	日	月	火	水	木	金	土	日	月	火	水	木	金	土	日	月	火
음력	9/13	14	15	16	17	18	19	20	21	22	23	24	25	26	27	28	29	30	10/1	2	3	4	5	6	7	8	9	10	11	12
일진	辛亥	壬子	癸丑	甲寅	乙卯	丙辰	丁巳	戊午	己未	庚申	辛酉	壬戌	癸亥	甲子	乙丑	丙寅	丁卯	戊辰	己巳	庚午	辛未	壬申	癸酉	甲戌	乙亥	丙子	丁丑	戊寅	己卯	庚辰
대운 남	8	8	9	9	9	10	입	1	1	1	1	2	2	2	3	3	3	4	4	4	5	소	5	6	6	6	7	7	7	8
대운 여	2	2	1	1	1	1	동	10	9	9	9	8	8	8	7	7	7	6	6	6	5	설	5	4	4	4	3	3	3	2

양력 12월 대설절(戊子月) 大雪 12월7일 12시57분 冬至 12월22일 6시54분

양력	1	2	3	4	5	6	7	8	9	10	11	12	13	14	15	16	17	18	19	20	21	22	23	24	25	26	27	28	29	30	31
요일	水	木	金	土	日	月	火	水	木	金	土	日	月	火	水	木	金	土	日	月	火	水	木	金	土	日	月	火	水	木	金
음력	10/13	14	15	16	17	18	19	20	21	22	23	24	25	26	27	28	29	11/1	2	3	4	5	6	7	8	9	10	11	12	13	14
일진	辛巳	壬午	癸未	甲申	乙酉	丙戌	丁亥	戊子	己丑	庚寅	辛卯	壬辰	癸巳	甲午	乙未	丙申	丁酉	戊戌	己亥	庚子	辛丑	壬寅	癸卯	甲辰	乙巳	丙午	丁未	戊申	己酉	庚戌	辛亥
대운 남	8	8	9	9	9	10	대	1	1	1	1	2	2	2	3	3	3	4	4	4	5	동	5	6	6	6	7	7	7	8	8
대운 여	2	2	1	1	1	1	설	10	9	9	9	8	8	8	7	7	7	6	6	6	5	지	5	4	4	4	3	3	3	2	2

▶윤달-6월

서기 2056년 [단기 4389년]

양력 1월 소한절(己丑月) 小寒 1월6일 0시14분 大寒 1월20일 17시31분

양력	1	2	3	4	5	6	7	8	9	10	11	12	13	14	15	16	17	18	19	20	21	22	23	24	25	26	27	28	29	30	31
요일	土	日	月	火	水	木	金	土	日	月	火	水	木	金	土	日	月	火	水	木	金	土	日	月	火	水	木	金	土	日	月
음력	11/15	16	17	18	19	20	21	22	23	24	25	26	27	28	29	30	12/1	2	3	4	5	6	7	8	9	10	11	12	13	14	15
일진	壬子	癸丑	甲寅	乙卯	丙辰	丁巳	戊午	己未	庚申	辛酉	壬戌	癸亥	甲子	乙丑	丙寅	丁卯	戊辰	己巳	庚午	辛未	壬申	癸酉	甲戌	乙亥	丙子	丁丑	戊寅	己卯	庚辰	辛巳	壬午
대운 남	8	9	9	9	10	소한	1	1	1	1	2	2	2	3	3	3	4	4	4	대한	5	5	6	6	6	7	7	7	8	8	8
대운 여	2	1	1	1	1		9	9	9	8	8	8	7	7	7	6	6	6	5		5	4	4	4	3	3	3	2	2	2	1

양력 2월 입춘절(庚寅月) 立春 2월4일 11시46분 雨水 2월19일 7시28분

양력	1	2	3	4	5	6	7	8	9	10	11	12	13	14	15	16	17	18	19	20	21	22	23	24	25	26	27	28	29
요일	火	水	木	金	土	日	月	火	水	木	金	土	日	月	火	水	木	金	土	日	月	火	水	木	金	土	日	月	火
음력	12/16	17	18	19	20	21	22	23	24	25	26	27	28	29	1/1	2	3	4	5	6	7	8	9	10	11	12	13	14	15
일진	癸未	甲申	乙酉	丙戌	丁亥	戊子	己丑	庚寅	辛卯	壬辰	癸巳	甲午	乙未	丙申	丁酉	戊戌	己亥	庚子	辛丑	壬寅	癸卯	甲辰	乙巳	丙午	丁未	戊申	己酉	庚戌	辛亥
대운 남	9	9	9	입춘	10	9	9	9	8	8	8	7	7	7	6	6	6	5	우수	5	4	4	4	3	3	3	2	2	2
대운 여	1	1	1		1	1	1	1	2	2	2	3	3	3	4	4	4	5		5	6	6	6	7	7	7	8	8	8

양력 3월 경칩절(辛卯月) 驚蟄 3월5일 5시31분 春分 3월20일 6시9분

양력	1	2	3	4	5	6	7	8	9	10	11	12	13	14	15	16	17	18	19	20	21	22	23	24	25	26	27	28	29	30	31
요일	水	木	金	土	日	月	火	水	木	金	土	日	月	火	水	木	金	土	日	月	火	水	木	金	土	日	月	火	水	木	金
음력	1/16	17	18	19	20	21	22	23	24	25	26	27	28	29	30	2/1	2	3	4	5	6	7	8	9	10	11	12	13	14	15	16
일진	壬子	癸丑	甲寅	乙卯	丙辰	丁巳	戊午	己未	庚申	辛酉	壬戌	癸亥	甲子	乙丑	丙寅	丁卯	戊辰	己巳	庚午	辛未	壬申	癸酉	甲戌	乙亥	丙子	丁丑	戊寅	己卯	庚辰	辛巳	壬午
대운 남	1	1	1	1	경칩	10	9	9	9	8	8	8	7	7	7	6	6	6	5	춘분	5	4	4	4	3	3	3	2	2	2	1
대운 여	9	9	9	10		1	1	1	1	2	2	2	3	3	3	4	4	4	5		5	6	6	6	7	7	7	8	8	8	9

양력 4월 청명절(壬辰月) 淸明 4월4일 9시58분 穀雨 4월19일 16시51분

양력	1	2	3	4	5	6	7	8	9	10	11	12	13	14	15	16	17	18	19	20	21	22	23	24	25	26	27	28	29	30
요일	土	日	月	火	水	木	金	土	日	月	火	水	木	金	土	日	月	火	水	木	金	土	日	月	火	水	木	金	土	日
음력	2/17	18	19	20	21	22	23	24	25	26	27	28	29	30	3/1	2	3	4	5	6	7	8	9	10	11	12	13	14	15	16
일진	癸未	甲申	乙酉	丙戌	丁亥	戊子	己丑	庚寅	辛卯	壬辰	癸巳	甲午	乙未	丙申	丁酉	戊戌	己亥	庚子	辛丑	壬寅	癸卯	甲辰	乙巳	丙午	丁未	戊申	己酉	庚戌	辛亥	壬子
대운 남	1	1	1	청명	10	10	9	9	9	8	8	8	7	7	7	6	6	6	곡우	5	5	4	4	4	3	3	3	2	2	2
대운 여	9	9	10		1	1	1	1	2	2	2	3	3	3	4	4	4	5		5	6	6	6	7	7	7	8	8	8	9

양력 5월 입하절(癸巳月) 立夏 5월5일 2시56분 小滿 5월20일 15시40분

양력	1	2	3	4	5	6	7	8	9	10	11	12	13	14	15	16	17	18	19	20	21	22	23	24	25	26	27	28	29	30	31
요일	月	火	水	木	金	土	日	月	火	水	木	金	土	日	月	火	水	木	金	土	日	月	火	水	木	金	土	日	月	火	水
음력	3/17	18	19	20	21	22	23	24	25	26	27	28	29	30	4/1	2	3	4	5	6	7	8	9	10	11	12	13	14	15	16	17
일진	癸丑	甲寅	乙卯	丙辰	丁巳	戊午	己未	庚申	辛酉	壬戌	癸亥	甲子	乙丑	丙寅	丁卯	戊辰	己巳	庚午	辛未	壬申	癸酉	甲戌	乙亥	丙子	丁丑	戊寅	己卯	庚辰	辛巳	壬午	癸未
대운 남	1	1	1	1	입하	10	10	9	9	9	8	8	8	7	7	7	6	6	6	소만	5	5	4	4	4	3	3	3	2	2	2
대운 여	9	9	10	10		1	1	1	1	2	2	2	3	3	3	4	4	4	5		5	6	6	6	7	7	7	8	8	8	9

양력 6월 망종절(甲午月) 芒種 6월5일 6시51분 夏至 6월20일 23시27분

양력	1	2	3	4	5	6	7	8	9	10	11	12	13	14	15	16	17	18	19	20	21	22	23	24	25	26	27	28	29	30
요일	木	金	土	日	月	火	水	木	金	土	日	月	火	水	木	金	土	日	月	火	水	木	金	土	日	月	火	水	木	金
음력	4/18	19	20	21	22	23	24	25	26	27	28	29	5/1	2	3	4	5	6	7	8	9	10	11	12	13	14	15	16	17	18
일진	甲申	乙酉	丙戌	丁亥	戊子	己丑	庚寅	辛卯	壬辰	癸巳	甲午	乙未	丙申	丁酉	戊戌	己亥	庚子	辛丑	壬寅	癸卯	甲辰	乙巳	丙午	丁未	戊申	己酉	庚戌	辛亥	壬子	癸丑
대운 남	1	1	1	1	망종	10	10	9	9	9	8	8	8	7	7	7	6	6	6	하지	5	5	4	4	4	3	3	3	2	2
대운 여	9	9	10	10		1	1	1	1	2	2	2	3	3	3	4	4	4	5		5	6	6	6	7	7	7	8	8	8

丙子年

양력 7월 소서절(乙未月) 小暑 7월6일 17시1분 大暑 7월22일 10시21분

양력		1	2	3	4	5	6	7	8	9	10	11	12	13	14	15	16	17	18	19	20	21	22	23	24	25	26	27	28	29	30	31
요일		土	日	月	火	水	木	金	土	日	月	火	水	木	金	土	日	月	火	水	木	金	土	日	月	火	水	木	金	土	日	月
음력		5/19	20	21	22	23	24	25	26	27	28	29	30	6/1	2	3	4	5	6	7	8	9	10	11	12	13	14	15	16	17	18	19
일진		甲寅	乙卯	丙辰	丁巳	戊午	己未	庚申	辛酉	壬戌	癸亥	甲子	乙丑	丙寅	丁卯	戊辰	己巳	庚午	辛未	壬申	癸酉	甲戌	乙亥	丙子	丁丑	戊寅	己卯	庚辰	辛巳	壬午	癸未	甲申
대운	남	2	1	1	1	1	소	10	10	10	9	9	9	8	8	8	7	7	7	6	6	6	대	5	5	4	4	4	3	3	3	2
	여	9	9	9	10	10	서	1	1	1	1	2	2	2	3	3	3	4	4	4	5	5	서	6	6	6	7	7	7	8	8	8

양력 8월 입추절(丙申月) 立秋 8월7일 2시54분 處暑 8월22일 17시37분

양력		1	2	3	4	5	6	7	8	9	10	11	12	13	14	15	16	17	18	19	20	21	22	23	24	25	26	27	28	29	30	31
요일		火	水	木	金	土	日	月	火	水	木	金	土	日	月	火	水	木	金	土	日	月	火	水	木	金	土	日	月	火	水	木
음력		6/20	21	22	23	24	25	26	27	28	29	7/1	2	3	4	5	6	7	8	9	10	11	12	13	14	15	16	17	18	19	20	21
일진		乙酉	丙戌	丁亥	戊子	己丑	庚寅	辛卯	壬辰	癸巳	甲午	乙未	丙申	丁酉	戊戌	己亥	庚子	辛丑	壬寅	癸卯	甲辰	乙巳	丙午	丁未	戊申	己酉	庚戌	辛亥	壬子	癸丑	甲寅	乙卯
대운	남	2	2	1	1	1	1	입	10	10	9	9	9	8	8	8	7	7	7	6	6	6	처	5	5	4	4	4	3	3	3	2
	여	9	9	9	10	10	10	추	1	1	1	1	2	2	2	3	3	3	4	4	4	5	서	5	6	6	6	7	7	7	8	8

양력 9월 백로절(丁酉月) 白露 9월7일 6시6분 秋分 9월22일 15시38분

양력		1	2	3	4	5	6	7	8	9	10	11	12	13	14	15	16	17	18	19	20	21	22	23	24	25	26	27	28	29	30	
요일		金	土	日	月	火	水	木	金	土	日	月	火	水	木	金	土	日	月	火	水	木	金	土	日	月	火	水	木	金	土	
음력		7/22	23	24	25	26	27	28	29	30	8/1	2	3	4	5	6	7	8	9	10	11	12	13	14	15	16	17	18	19	20	21	
일진		丙辰	丁巳	戊午	己未	庚申	辛酉	壬戌	癸亥	甲子	乙丑	丙寅	丁卯	戊辰	己巳	庚午	辛未	壬申	癸酉	甲戌	乙亥	丙子	丁丑	戊寅	己卯	庚辰	辛巳	壬午	癸未	甲申	乙酉	
대운	남	2	2	1	1	1	1	백	10	9	9	9	8	8	8	7	7	7	6	6	6	5	추	5	4	4	4	3	3	3	2	
	여	8	9	9	9	10	10	로	1	1	1	1	2	2	2	3	3	3	4	4	4	5	분	5	6	6	6	7	7	7	8	

양력 10월 한로절(戊戌月) 寒露 10월7일 22시8분 霜降 10월23일 1시24분

양력		1	2	3	4	5	6	7	8	9	10	11	12	13	14	15	16	17	18	19	20	21	22	23	24	25	26	27	28	29	30	31
요일		日	月	火	水	木	金	土	日	月	火	水	木	金	土	日	月	火	水	木	金	土	日	月	火	水	木	金	土	日	月	火
음력		8/22	23	24	25	26	27	28	29	9/1	2	3	4	5	6	7	8	9	10	11	12	13	14	15	16	17	18	19	20	21	22	23
일진		丙戌	丁亥	戊子	己丑	庚寅	辛卯	壬辰	癸巳	甲午	乙未	丙申	丁酉	戊戌	己亥	庚子	辛丑	壬寅	癸卯	甲辰	乙巳	丙午	丁未	戊申	己酉	庚戌	辛亥	壬子	癸丑	甲寅	乙卯	丙辰
대운	남	2	2	1	1	1	1	한	10	10	9	9	9	8	8	8	7	7	7	6	6	6	5	상	5	4	4	4	3	3	3	2
	여	8	8	9	9	9	10	로	1	1	1	1	2	2	2	3	3	3	4	4	4	5	5	강	6	6	6	7	7	7	8	8

양력 11월 입동절(己亥月) 立冬 11월7일 1시42분 小雪 11월21일 23시19분

양력		1	2	3	4	5	6	7	8	9	10	11	12	13	14	15	16	17	18	19	20	21	22	23	24	25	26	27	28	29	30	
요일		水	木	金	土	日	月	火	水	木	金	土	日	月	火	水	木	金	土	日	月	火	水	木	金	土	日	月	火	水	木	
음력		9/24	25	26	27	28	29	10/1	2	3	4	5	6	7	8	9	10	11	12	13	14	15	16	17	18	19	20	21	22	23	24	
일진		丁巳	戊午	己未	庚申	辛酉	壬戌	癸亥	甲子	乙丑	丙寅	丁卯	戊辰	己巳	庚午	辛未	壬申	癸酉	甲戌	乙亥	丙子	丁丑	戊寅	己卯	庚辰	辛巳	壬午	癸未	甲申	乙酉	丙戌	
대운	남	2	2	1	1	1	1	입	9	9	9	8	8	8	7	7	7	6	6	6	5	소	5	4	4	4	3	3	3	2	2	
	여	8	9	9	9	10	10	동	1	1	1	1	2	2	2	3	3	3	4	4	4	설	5	5	6	6	6	7	7	7	8	

양력 12월 대설절(庚子月) 大雪 12월6일 18시49분 冬至 12월21일 12시50분

양력		1	2	3	4	5	6	7	8	9	10	11	12	13	14	15	16	17	18	19	20	21	22	23	24	25	26	27	28	29	30	31
요일		金	土	日	月	火	水	木	金	土	日	月	火	水	木	金	土	日	月	火	水	木	金	土	日	月	火	水	木	金	土	日
음력		10/25	26	27	28	29	30	11/1	2	3	4	5	6	7	8	9	10	11	12	13	14	15	16	17	18	19	20	21	22	23	24	25
일진		丁亥	戊子	己丑	庚寅	辛卯	壬辰	癸巳	甲午	乙未	丙申	丁酉	戊戌	己亥	庚子	辛丑	壬寅	癸卯	甲辰	乙巳	丙午	丁未	戊申	己酉	庚戌	辛亥	壬子	癸丑	甲寅	乙卯	丙辰	丁巳
대운	남	2	1	1	1	1	대	10	9	9	9	8	8	8	7	7	7	6	6	6	5	동	5	4	4	4	3	3	3	2	2	2
	여	8	8	9	9	9	설	1	1	1	1	2	2	2	3	3	3	4	4	4	5	지	5	6	6	6	7	7	7	8	8	8

서기 2057년 [단기 4390년]

양력 1월 소한절(辛丑月) 小寒 1월5일 6시8분 大寒 1월19일 23시29분

양력		1	2	3	4	5	6	7	8	9	10	11	12	13	14	15	16	17	18	19	20	21	22	23	24	25	26	27	28	29	30	31
요일		月	火	水	木	金	土	日	月	火	水	木	金	土	日	月	火	水	木	金	土	日	月	火	水	木	金	土	日	月	火	水
음력		11/26	27	28	29	12/1	2	3	4	5	6	7	8	9	10	11	12	13	14	15	16	17	18	19	20	21	22	23	24	25	26	27
일진		戊午	己未	庚申	辛酉	壬戌	癸亥	甲子	乙丑	丙寅	丁卯	戊辰	己巳	庚午	辛未	壬申	癸酉	甲戌	乙亥	丙子	丁丑	戊寅	己卯	庚辰	辛巳	壬午	癸未	甲申	乙酉	丙戌	丁亥	戊子
대운	남	1	1	1	1	소한	9	9	9	8	8	8	7	7	7	6	6	6	5	대한	5	4	4	4	3	3	3	2	2	2	1	1
	여	9	9	9	10		1	1	1	1	2	2	2	3	3	3	4	4	4		5	5	6	6	6	7	7	7	8	8	8	9

양력 2월 입춘절(壬寅月) 立春 2월3일 17시41분 雨水 2월18일 13시26분

양력		1	2	3	4	5	6	7	8	9	10	11	12	13	14	15	16	17	18	19	20	21	22	23	24	25	26	27	28
요일		木	金	土	日	月	火	水	木	金	土	日	月	火	水	木	金	土	日	月	火	水	木	金	土	日	月	火	水
음력		12/28	29	30	1/1	2	3	4	5	6	7	8	9	10	11	12	13	14	15	16	17	18	19	20	21	22	23	24	25
일진		己丑	庚寅	辛卯	壬辰	癸巳	甲午	乙未	丙申	丁酉	戊戌	己亥	庚子	辛丑	壬寅	癸卯	甲辰	乙巳	丙午	丁未	戊申	己酉	庚戌	辛亥	壬子	癸丑	甲寅	乙卯	丙辰
대운	남	1	1	입춘	1	1	1	1	2	2	2	3	3	3	4	4	4	5	우수	5	6	6	6	7	7	7	8	8	8
	여	9	9		10	9	9	9	8	8	8	7	7	7	6	6	6	5		5	4	4	4	3	3	3	2	2	2

양력 3월 경칩절(癸卯月) 驚蟄 3월5일 11시25분 春分 3월20일 12시6분

양력		1	2	3	4	5	6	7	8	9	10	11	12	13	14	15	16	17	18	19	20	21	22	23	24	25	26	27	28	29	30	31
요일		木	金	土	日	月	火	水	木	金	土	日	月	火	水	木	金	土	日	月	火	水	木	金	土	日	月	火	水	木	金	土
음력		1/26	27	28	29	2/1	2	3	4	5	6	7	8	9	10	11	12	13	14	15	16	17	18	19	20	21	22	23	24	25	26	27
일진		丁巳	戊午	己未	庚申	辛酉	壬戌	癸亥	甲子	乙丑	丙寅	丁卯	戊辰	己巳	庚午	辛未	壬申	癸酉	甲戌	乙亥	丙子	丁丑	戊寅	己卯	庚辰	辛巳	壬午	癸未	甲申	乙酉	丙戌	丁亥
대운	남	9	9	9	10	경칩	1	1	1	1	2	2	2	3	3	3	4	4	4	5	춘분	5	6	6	6	7	7	7	8	8	8	9
	여	1	1	1	1		10	9	9	9	8	8	8	7	7	7	6	6	6	5		5	4	4	4	3	3	3	2	2	2	1

양력 4월 청명절(甲辰月) 清明 4월4일 15시51분 穀雨 4월19일 22시46분

양력		1	2	3	4	5	6	7	8	9	10	11	12	13	14	15	16	17	18	19	20	21	22	23	24	25	26	27	28	29	30
요일		日	月	火	水	木	金	土	日	月	火	水	木	金	土	日	月	火	水	木	金	土	日	月	火	水	木	金	土	日	月
음력		2/28	29	30	3/1	2	3	4	5	6	7	8	9	10	11	12	13	14	15	16	17	18	19	20	21	22	23	24	25	26	27
일진		戊子	己丑	庚寅	辛卯	壬辰	癸巳	甲午	乙未	丙申	丁酉	戊戌	己亥	庚子	辛丑	壬寅	癸卯	甲辰	乙巳	丙午	丁未	戊申	己酉	庚戌	辛亥	壬子	癸丑	甲寅	乙卯	丙辰	丁巳
대운	남	9	9	10	청명	1	1	1	1	2	2	2	3	3	3	4	4	4	5	곡우	5	6	6	6	7	7	7	8	8	8	9
	여	1	1	1		10	10	9	9	9	8	8	8	7	7	7	6	6	6		5	5	4	4	4	3	3	3	2	2	2

양력 5월 입하절(乙巳月) 立夏 5월5일 8시45분 小滿 5월20일 21시34분

양력		1	2	3	4	5	6	7	8	9	10	11	12	13	14	15	16	17	18	19	20	21	22	23	24	25	26	27	28	29	30	31
요일		火	水	木	金	土	日	月	火	水	木	金	土	日	月	火	水	木	金	土	日	月	火	水	木	金	土	日	月	火	水	木
음력		3/28	29	30	4/1	2	3	4	5	6	7	8	9	10	11	12	13	14	15	16	17	18	19	20	21	22	23	24	25	26	27	28
일진		戊午	己未	庚申	辛酉	壬戌	癸亥	甲子	乙丑	丙寅	丁卯	戊辰	己巳	庚午	辛未	壬申	癸酉	甲戌	乙亥	丙子	丁丑	戊寅	己卯	庚辰	辛巳	壬午	癸未	甲申	乙酉	丙戌	丁亥	戊子
대운	남	9	9	10	10	입하	1	1	1	1	2	2	2	3	3	3	4	4	4	5	소만	5	6	6	6	7	7	7	8	8	8	9
	여	1	1	1	1		10	10	9	9	9	8	8	8	7	7	7	6	6	6		5	5	4	4	4	3	3	3	2	2	2

양력 6월 망종절(丙午月) 芒種 6월5일 12시35분 夏至 6월21일 5시17분

양력		1	2	3	4	5	6	7	8	9	10	11	12	13	14	15	16	17	18	19	20	21	22	23	24	25	26	27	28	29	30
요일		金	土	日	月	火	水	木	金	土	日	月	火	水	木	金	土	日	月	火	水	木	金	土	日	月	火	水	木	金	土
음력		4/29	5/1	2	3	4	5	6	7	8	9	10	11	12	13	14	15	16	17	18	19	20	21	22	23	24	25	26	27	28	29
일진		己丑	庚寅	辛卯	壬辰	癸巳	甲午	乙未	丙申	丁酉	戊戌	己亥	庚子	辛丑	壬寅	癸卯	甲辰	乙巳	丙午	丁未	戊申	己酉	庚戌	辛亥	壬子	癸丑	甲寅	乙卯	丙辰	丁巳	戊午
대운	남	9	9	10	10	망종	1	1	1	1	2	2	2	3	3	3	4	4	4	5	5	하지	6	6	6	7	7	7	8	8	8
	여	1	1	1	1		10	10	9	9	9	8	8	8	7	7	7	6	6	6	5		5	4	4	4	3	3	3	2	2

丁丑年

양력 7월 소서절(丁未月) 小暑 7월6일 22시41분 大暑 7월22일 16시9분

양력	1	2	3	4	5	6	7	8	9	10	11	12	13	14	15	16	17	18	19	20	21	22	23	24	25	26	27	28	29	30	31
요일	日	月	火	水	木	金	土	日	月	火	水	木	金	土	日	月	火	水	木	金	土	日	月	火	水	木	金	土	日	月	火
음력	5/30	6/1	2	3	4	5	6	7	8	9	10	11	12	13	14	15	16	17	18	19	20	21	22	23	24	25	26	27	28	29	7/1
일진	己未	庚申	辛酉	壬戌	癸亥	甲子	乙丑	丙寅	丁卯	戊辰	己巳	庚午	辛未	壬申	癸酉	甲戌	乙亥	丙子	丁丑	戊寅	己卯	庚辰	辛巳	壬午	癸未	甲申	乙酉	丙戌	丁亥	戊子	己丑
대운 남	9	9	9	10	10	소	1	1	1	1	2	2	2	3	3	3	4	4	4	5	5	대	6	6	6	7	7	7	8	8	8
대운 여	2	1	1	1	1	서	10	10	10	9	9	9	8	8	8	7	7	7	6	6	6	서	5	5	4	4	4	3	3	3	2

양력 8월 입추절(戊申月) 立秋 8월7일 8시32분 處暑 8월22일 23시23분

양력	1	2	3	4	5	6	7	8	9	10	11	12	13	14	15	16	17	18	19	20	21	22	23	24	25	26	27	28	29	30	31
요일	水	木	金	土	日	月	火	水	木	金	土	日	月	火	水	木	金	土	日	月	火	水	木	金	土	日	月	火	水	木	金
음력	7/2	3	4	5	6	7	8	9	10	11	12	13	14	15	16	17	18	19	20	21	22	23	24	25	26	27	28	29	30	8/1	2
일진	庚寅	辛卯	壬辰	癸巳	甲午	乙未	丙申	丁酉	戊戌	己亥	庚子	辛丑	壬寅	癸卯	甲辰	乙巳	丙午	丁未	戊申	己酉	庚戌	辛亥	壬子	癸丑	甲寅	乙卯	丙辰	丁巳	戊午	己未	庚申
대운 남	9	9	9	10	10	10	입	1	1	1	1	2	2	2	3	3	3	4	4	4	5	처	5	6	6	6	7	7	7	8	8
대운 여	2	2	1	1	1	1	추	10	10	9	9	9	8	8	8	7	7	7	6	6	6	서	5	5	4	4	4	3	3	3	2

양력 9월 백로절(己酉月) 白露 9월7일 11시42분 秋分 9월22일 21시22분

양력	1	2	3	4	5	6	7	8	9	10	11	12	13	14	15	16	17	18	19	20	21	22	23	24	25	26	27	28	29	30
요일	土	日	月	火	水	木	金	土	日	月	火	水	木	金	土	日	月	火	水	木	金	土	日	月	火	水	木	金	土	日
음력	8/3	4	5	6	7	8	9	10	11	12	13	14	15	16	17	18	19	20	21	22	23	24	25	26	27	28	29	30	9/1	2
일진	辛酉	壬戌	癸亥	甲子	乙丑	丙寅	丁卯	戊辰	己巳	庚午	辛未	壬申	癸酉	甲戌	乙亥	丙子	丁丑	戊寅	己卯	庚辰	辛巳	壬午	癸未	甲申	乙酉	丙戌	丁亥	戊子	己丑	庚寅
대운 남	8	9	9	9	10	10	백	1	1	1	1	2	2	2	3	3	3	4	4	4	5	추	5	6	6	6	7	7	7	8
대운 여	2	2	1	1	1	1	로	10	10	9	9	9	8	8	8	7	7	7	6	6	6	분	5	5	4	4	4	3	3	3

양력 10월 한로절(庚戌月) 寒露 10월8일 3시45분 霜降 10월23일 7시7분

양력	1	2	3	4	5	6	7	8	9	10	11	12	13	14	15	16	17	18	19	20	21	22	23	24	25	26	27	28	29	30	31
요일	月	火	水	木	金	土	日	月	火	水	木	金	土	日	月	火	水	木	金	土	日	月	火	水	木	金	土	日	月	火	水
음력	9/3	4	5	6	7	8	9	10	11	12	13	14	15	16	17	18	19	20	21	22	23	24	25	26	27	28	29	10/1	2	3	4
일진	辛卯	壬辰	癸巳	甲午	乙未	丙申	丁酉	戊戌	己亥	庚子	辛丑	壬寅	癸卯	甲辰	乙巳	丙午	丁未	戊申	己酉	庚戌	辛亥	壬子	癸丑	甲寅	乙卯	丙辰	丁巳	戊午	己未	庚申	辛酉
대운 남	8	8	9	9	9	10	10	한	1	1	1	1	2	2	2	3	3	3	4	4	4	5	상	5	6	6	6	7	7	7	8
대운 여	2	2	2	1	1	1	1	로	10	9	9	9	8	8	8	7	7	7	6	6	6	5	강	5	4	4	4	3	3	3	2

양력 11월 입동절(辛亥月) 立冬 11월7일 7시21분 小雪 11월22일 5시5분

양력	1	2	3	4	5	6	7	8	9	10	11	12	13	14	15	16	17	18	19	20	21	22	23	24	25	26	27	28	29	30
요일	木	金	土	日	月	火	水	木	金	土	日	月	火	水	木	金	土	日	月	火	水	木	金	土	日	月	火	水	木	金
음력	10/5	6	7	8	9	10	11	12	13	14	15	16	17	18	19	20	21	22	23	24	25	26	27	28	29	11/1	2	3	4	5
일진	壬戌	癸亥	甲子	乙丑	丙寅	丁卯	戊辰	己巳	庚午	辛未	壬申	癸酉	甲戌	乙亥	丙子	丁丑	戊寅	己卯	庚辰	辛巳	壬午	癸未	甲申	乙酉	丙戌	丁亥	戊子	己丑	庚寅	辛卯
대운 남	8	8	9	9	9	10	입	1	1	1	1	2	2	2	3	3	3	4	4	4	5	5	소	6	6	6	7	7	7	8
대운 여	2	2	1	1	1	1	동	10	9	9	9	8	8	8	7	7	7	6	6	6	5	5	설	4	4	4	3	3	3	2

양력 12월 대설절(壬子月) 大雪 12월7일 0시33분 冬至 12월21일 18시41분

양력	1	2	3	4	5	6	7	8	9	10	11	12	13	14	15	16	17	18	19	20	21	22	23	24	25	26	27	28	29	30	31
요일	土	日	月	火	水	木	金	土	日	月	火	水	木	金	土	日	月	火	水	木	金	土	日	月	火	水	木	金	土	日	月
음력	11/6	7	8	9	10	11	12	13	14	15	16	17	18	19	20	21	22	23	24	25	26	27	28	29	30	12/1	2	3	4	5	6
일진	壬辰	癸巳	甲午	乙未	丙申	丁酉	戊戌	己亥	庚子	辛丑	壬寅	癸卯	甲辰	乙巳	丙午	丁未	戊申	己酉	庚戌	辛亥	壬子	癸丑	甲寅	乙卯	丙辰	丁巳	戊午	己未	庚申	辛酉	壬戌
대운 남	8	8	9	9	9	10	대	1	1	1	1	2	2	2	3	3	3	4	4	4	동	5	5	6	6	6	7	7	7	8	8
대운 여	2	2	1	1	1	1	설	9	9	9	8	8	8	7	7	7	6	6	6	5	지	5	4	4	4	3	3	3	2	2	2

서기 2058년 [단기 4391년]

양력 1월 소한절(癸丑月) 小寒 1월5일 11시57분 大寒 1월20일 5시24분

양력	1	2	3	4	5	6	7	8	9	10	11	12	13	14	15	16	17	18	19	20	21	22	23	24	25	26	27	28	29	30	31
요일	火	水	木	金	土	日	月	火	水	木	金	土	日	月	火	水	木	金	土	日	月	火	水	木	金	土	日	月	火	水	木
음력	12/7	8	9	10	11	12	13	14	15	16	17	18	19	20	21	22	23	24	25	26	27	28	29	1/1	2	3	4	5	6	7	8
일진	癸亥	甲子	乙丑	丙寅	丁卯	戊辰	己巳	庚午	辛未	壬申	癸酉	甲戌	乙亥	丙子	丁丑	戊寅	己卯	庚辰	辛巳	壬午	癸未	甲申	乙酉	丙戌	丁亥	戊子	己丑	庚寅	辛卯	壬辰	癸巳
대운 남	8	9	9	9	소	1	1	1	1	2	2	2	3	3	3	4	4	4	5	대	5	6	6	6	7	7	7	8	8	8	9
대운 여	1	1	1	1	한	9	9	9	8	8	8	7	7	7	6	6	6	5	5	한	4	4	4	3	3	3	2	2	2	1	1

양력 2월 입춘절(甲寅月) 立春 2월3일 23시33분 雨水 2월18일 19시24분

양력	1	2	3	4	5	6	7	8	9	10	11	12	13	14	15	16	17	18	19	20	21	22	23	24	25	26	27	28			
요일	金	土	日	月	火	水	木	金	土	日	月	火	水	木	金	土	日	月	火	水	木	金	土	日	月	火	水	木			
음력	1/9	10	11	12	13	14	15	16	17	18	19	20	21	22	23	24	25	26	27	28	29	30	2/1	2	3	4	5	6			
일진	甲午	乙未	丙申	丁酉	戊戌	己亥	庚子	辛丑	壬寅	癸卯	甲辰	乙巳	丙午	丁未	戊申	己酉	庚戌	辛亥	壬子	癸丑	甲寅	乙卯	丙辰	丁巳	戊午	己未	庚申	辛酉			
대운 남	9	9	입	10	9	9	9	8	8	8	7	7	7	6	6	6	5	우	5	4	4	4	3	3	3	2	2	2			
대운 여	1	1	춘	1	1	1	1	2	2	2	3	3	3	4	4	4	5	수	5	6	6	6	7	7	7	8	8	8			

양력 3월 경칩절(乙卯月) 驚蟄 3월5일 17시18분 春分 3월20일 18시3분

양력	1	2	3	4	5	6	7	8	9	10	11	12	13	14	15	16	17	18	19	20	21	22	23	24	25	26	27	28	29	30	31
요일	金	土	日	月	火	水	木	金	土	日	月	火	水	木	金	土	日	月	火	水	木	金	土	日	月	火	水	木	金	土	日
음력	2/7	8	9	10	11	12	13	14	15	16	17	18	19	20	21	22	23	24	25	26	27	28	29	3/1	2	3	4	5	6	7	8
일진	壬戌	癸亥	甲子	乙丑	丙寅	丁卯	戊辰	己巳	庚午	辛未	壬申	癸酉	甲戌	乙亥	丙子	丁丑	戊寅	己卯	庚辰	辛巳	壬午	癸未	甲申	乙酉	丙戌	丁亥	戊子	己丑	庚寅	辛卯	壬辰
대운 남	1	1	1	1	경	10	9	9	9	8	8	8	7	7	7	6	6	6	5	춘	5	4	4	4	3	3	3	2	2	2	1
대운 여	9	9	9	10	칩	1	1	1	1	2	2	2	3	3	3	4	4	4	5	분	5	6	6	6	7	7	7	8	8	8	9

양력 4월 청명절(丙辰月) 淸明 4월4일 21시42분 穀雨 4월20일 4시39분

양력	1	2	3	4	5	6	7	8	9	10	11	12	13	14	15	16	17	18	19	20	21	22	23	24	25	26	27	28	29	30	
요일	月	火	水	木	金	土	日	月	火	水	木	金	土	日	月	火	水	木	金	土	日	月	火	水	木	金	土	日	月	火	
음력	3/9	10	11	12	13	14	15	16	17	18	19	20	21	22	23	24	25	26	27	28	29	30	4/1	2	3	4	5	6	7	8	
일진	癸巳	甲午	乙未	丙申	丁酉	戊戌	己亥	庚子	辛丑	壬寅	癸卯	甲辰	乙巳	丙午	丁未	戊申	己酉	庚戌	辛亥	壬子	癸丑	甲寅	乙卯	丙辰	丁巳	戊午	己未	庚申	辛酉	壬戌	
대운 남	1	1	1	청	10	10	9	9	9	8	8	8	7	7	7	6	6	6	5	곡	5	4	4	4	3	3	3	2	2	2	
대운 여	9	9	10	명	1	1	1	1	2	2	2	3	3	3	4	4	4	5	5	우	6	6	6	7	7	7	8	8	8	9	

양력 5월 입하절(丁巳月) 立夏 5월5일 14시34분 小滿 5월21일 3시22분

양력	1	2	3	4	5	6	7	8	9	10	11	12	13	14	15	16	17	18	19	20	21	22	23	24	25	26	27	28	29	30	31
요일	水	木	金	土	日	月	火	水	木	金	土	日	月	火	水	木	金	土	日	月	火	水	木	金	土	日	月	火	水	木	金
음력	4/9	10	11	12	13	14	15	16	17	18	19	20	21	22	23	24	25	26	27	28	29	윤1	2	3	4	5	6	7	8	9	10
일진	癸亥	甲子	乙丑	丙寅	丁卯	戊辰	己巳	庚午	辛未	壬申	癸酉	甲戌	乙亥	丙子	丁丑	戊寅	己卯	庚辰	辛巳	壬午	癸未	甲申	乙酉	丙戌	丁亥	戊子	己丑	庚寅	辛卯	壬辰	癸巳
대운 남	1	1	1	1	입	10	10	9	9	9	8	8	8	7	7	7	6	6	6	5	소	5	4	4	4	3	3	3	2	2	2
대운 여	9	9	10	10	하	1	1	1	1	2	2	2	3	3	3	4	4	4	5	5	만	6	6	6	7	7	7	8	8	8	9

양력 6월 망종절(戊午月) 芒種 6월5일 18시23분 夏至 6월21일 11시2분

양력	1	2	3	4	5	6	7	8	9	10	11	12	13	14	15	16	17	18	19	20	21	22	23	24	25	26	27	28	29	30	
요일	土	日	月	火	水	木	金	土	日	月	火	水	木	金	土	日	月	火	水	木	金	土	日	月	火	水	木	金	土	日	
음력	윤11	12	13	14	15	16	17	18	19	20	21	22	23	24	25	26	27	28	29	30	5/1	2	3	4	5	6	7	8	9	10	
일진	甲午	乙未	丙申	丁酉	戊戌	己亥	庚子	辛丑	壬寅	癸卯	甲辰	乙巳	丙午	丁未	戊申	己酉	庚戌	辛亥	壬子	癸丑	甲寅	乙卯	丙辰	丁巳	戊午	己未	庚申	辛酉	壬戌	癸亥	
대운 남	1	1	1	1	망	10	10	10	9	9	9	8	8	8	7	7	7	6	6	6	하	5	5	4	4	4	3	3	3	2	
대운 여	9	9	10	10	종	1	1	1	1	2	2	2	3	3	3	4	4	4	5	5	지	6	6	6	7	7	7	8	8	8	

▶윤달-4월

戊寅年

양력 7월 소서절(己未月) 小暑 7월7일 4시30분 大暑 7월22일 21시52분

양력		1	2	3	4	5	6	7	8	9	10	11	12	13	14	15	16	17	18	19	20	21	22	23	24	25	26	27	28	29	30	31
요일		月	火	水	木	金	土	日	月	火	水	木	金	土	日	月	火	水	木	金	土	日	月	火	水	木	金	土	日	月	火	水
음력		5/11	12	13	14	15	16	17	18	19	20	21	22	23	24	25	26	27	28	29	30	6/1	2	3	4	5	6	7	8	9	10	11
일진		甲子	乙丑	丙寅	丁卯	戊辰	己巳	庚午	辛未	壬申	癸酉	甲戌	乙亥	丙子	丁丑	戊寅	己卯	庚辰	辛巳	壬午	癸未	甲申	乙酉	丙戌	丁亥	戊子	己丑	庚寅	辛卯	壬辰	癸巳	甲午
대운	남	2	2	1	1	1	1	소서	10	10	9	9	9	8	8	8	7	7	7	6	6	6	대서	5	5	4	4	4	3	3	3	2
	여	9	9	9	10	10	10		1	1	1	1	2	2	2	3	3	3	4	4	4	5		5	6	6	6	7	7	7	8	8

양력 8월 입추절(庚申月) 立秋 8월7일 14시24분 處暑 8월23일 5시7분

양력		1	2	3	4	5	6	7	8	9	10	11	12	13	14	15	16	17	18	19	20	21	22	23	24	25	26	27	28	29	30	31
요일		木	金	土	日	月	火	水	木	金	土	日	月	火	水	木	金	土	日	月	火	水	木	金	土	日	月	火	水	木	金	土
음력		6/12	13	14	15	16	17	18	19	20	21	22	23	24	25	26	27	28	29	7/1	2	3	4	5	6	7	8	9	10	11	12	13
일진		乙未	丙申	丁酉	戊戌	己亥	庚子	辛丑	壬寅	癸卯	甲辰	乙巳	丙午	丁未	戊申	己酉	庚戌	辛亥	壬子	癸丑	甲寅	乙卯	丙辰	丁巳	戊午	己未	庚申	辛酉	壬戌	癸亥	甲子	乙丑
대운	남	2	2	1	1	1	1	입추	10	10	9	9	9	8	8	8	7	7	7	6	6	6	5	처서	5	4	4	4	3	3	3	2
	여	8	9	9	9	10	10		1	1	1	1	2	2	2	3	3	3	4	4	4	5	5		6	6	6	7	7	7	8	8

양력 9월 백로절(辛酉月) 白露 9월7일 17시36분 秋分 9월23일 3시7분

양력		1	2	3	4	5	6	7	8	9	10	11	12	13	14	15	16	17	18	19	20	21	22	23	24	25	26	27	28	29	30	
요일		日	月	火	水	木	金	土	日	月	火	水	木	金	土	日	月	火	水	木	金	土	日	月	火	水	木	金	土	日	月	
음력		7/14	15	16	17	18	19	20	21	22	23	24	25	26	27	28	29	30	8/1	2	3	4	5	6	7	8	9	10	11	12	13	
일진		丙寅	丁卯	戊辰	己巳	庚午	辛未	壬申	癸酉	甲戌	乙亥	丙子	丁丑	戊寅	己卯	庚辰	辛巳	壬午	癸未	甲申	乙酉	丙戌	丁亥	戊子	己丑	庚寅	辛卯	壬辰	癸巳	甲午	乙未	
대운	남	2	2	1	1	1	1	백로	10	10	9	9	9	8	8	8	7	7	7	6	6	6	5	추분	5	4	4	4	3	3	3	
	여	8	9	9	9	10	10		1	1	1	1	2	2	2	3	3	3	4	4	4	5	5		6	6	6	7	7	7	8	

양력 10월 한로절(壬戌月) 寒露 10월8일 9시40분 霜降 10월23일 12시53분

양력		1	2	3	4	5	6	7	8	9	10	11	12	13	14	15	16	17	18	19	20	21	22	23	24	25	26	27	28	29	30	31
요일		火	水	木	金	土	日	月	火	水	木	金	土	日	月	火	水	木	金	土	日	月	火	水	木	金	土	日	月	火	水	木
음력		8/14	15	16	17	18	19	20	21	22	23	24	25	26	27	28	29	9/1	2	3	4	5	6	7	8	9	10	11	12	13	14	15
일진		丙申	丁酉	戊戌	己亥	庚子	辛丑	壬寅	癸卯	甲辰	乙巳	丙午	丁未	戊申	己酉	庚戌	辛亥	壬子	癸丑	甲寅	乙卯	丙辰	丁巳	戊午	己未	庚申	辛酉	壬戌	癸亥	甲子	乙丑	丙寅
대운	남	2	2	2	1	1	1	1	한로	10	9	9	9	8	8	8	7	7	7	6	6	6	5	상강	5	4	4	4	3	3	3	2
	여	8	8	9	9	9	10	10		1	1	1	1	2	2	2	3	3	3	4	4	4	5		5	6	6	6	7	7	7	8

양력 11월 입동절(癸亥月) 立冬 11월7일 13시16분 小雪 11월22일 10시49분

양력		1	2	3	4	5	6	7	8	9	10	11	12	13	14	15	16	17	18	19	20	21	22	23	24	25	26	27	28	29	30	
요일		金	土	日	月	火	水	木	金	土	日	月	火	水	木	金	土	日	月	火	水	木	金	土	日	月	火	水	木	金	土	
음력		9/16	17	18	19	20	21	22	23	24	25	26	27	28	29	30	10/1	2	3	4	5	6	7	8	9	10	11	12	13	14	15	
일진		丁卯	戊辰	己巳	庚午	辛未	壬申	癸酉	甲戌	乙亥	丙子	丁丑	戊寅	己卯	庚辰	辛巳	壬午	癸未	甲申	乙酉	丙戌	丁亥	戊子	己丑	庚寅	辛卯	壬辰	癸巳	甲午	乙未	丙申	
대운	남	2	2	1	1	1	1	입동	10	9	9	9	8	8	8	7	7	7	6	6	6	5	소설	5	4	4	4	3	3	3	2	
	여	8	8	9	9	9	10		1	1	1	1	2	2	2	3	3	3	4	4	4	5		5	6	6	6	7	7	7	8	

양력 12월 대설절(甲子月) 大雪 12월7일 6시26분 冬至 12월22일 0시23분

양력		1	2	3	4	5	6	7	8	9	10	11	12	13	14	15	16	17	18	19	20	21	22	23	24	25	26	27	28	29	30	31
요일		日	月	火	水	木	金	土	日	月	火	水	木	金	土	日	月	火	水	木	金	土	日	月	火	水	木	金	土	日	月	火
음력		10/16	17	18	19	20	21	22	23	24	25	26	27	28	29	30	11/1	2	3	4	5	6	7	8	9	10	11	12	13	14	15	16
일진		丁酉	戊戌	己亥	庚子	辛丑	壬寅	癸卯	甲辰	乙巳	丙午	丁未	戊申	己酉	庚戌	辛亥	壬子	癸丑	甲寅	乙卯	丙辰	丁巳	戊午	己未	庚申	辛酉	壬戌	癸亥	甲子	乙丑	丙寅	丁卯
대운	남	2	2	1	1	1	1	대설	9	9	9	8	8	8	7	7	7	6	6	6	5	5	동지	4	4	4	3	3	3	2	2	2
	여	8	8	9	9	9	10		1	1	1	1	2	2	2	3	3	3	4	4	4	5		5	6	6	6	7	7	7	8	8

서기 2059년 [단기 4392년]

양력 1월 소한절(乙丑月) 小寒 1월5일 17시48분 大寒 1월20일 11시5분

양력	1	2	3	4	5	6	7	8	9	10	11	12	13	14	15	16	17	18	19	20	21	22	23	24	25	26	27	28	29	30	31
요일	水	木	金	土	日	月	火	水	木	金	土	日	月	火	水	木	金	土	日	月	火	水	木	金	土	日	月	火	水	木	金
음력	11/17	18	19	20	21	22	23	24	25	26	27	28	29	12/1	2	3	4	5	6	7	8	9	10	11	12	13	14	15	16	17	18
일진	戊辰	己巳	庚午	辛未	壬申	癸酉	甲戌	乙亥	丙子	丁丑	戊寅	己卯	庚辰	辛巳	壬午	癸未	甲申	乙酉	丙戌	丁亥	戊子	己丑	庚寅	辛卯	壬辰	癸巳	甲午	乙未	丙申	丁酉	戊戌
대운 남	1	1	1	1	소	10	9	9	9	8	8	8	7	7	7	6	6	6	5	대	5	4	4	4	3	3	3	2	2	2	1
대운 여	8	9	9	9	한	1	1	1	1	2	2	2	3	3	3	4	4	4	5	한	5	6	6	6	7	7	7	8	8	8	9

양력 2월 입춘절(丙寅月) 立春 2월4일 5시22분 雨水 2월19일 1시4분

양력	1	2	3	4	5	6	7	8	9	10	11	12	13	14	15	16	17	18	19	20	21	22	23	24	25	26	27	28			
요일	土	日	月	火	水	木	金	土	日	月	火	水	木	金	土	日	月	火	水	木	金	土	日	月	火	水	木	金			
음력	12/19	20	21	22	23	24	25	26	27	28	29	1/1	2	3	4	5	6	7	8	9	10	11	12	13	14	15	16	17			
일진	己亥	庚子	辛丑	壬寅	癸卯	甲辰	乙巳	丙午	丁未	戊申	己酉	庚戌	辛亥	壬子	癸丑	甲寅	乙卯	丙辰	丁巳	戊午	己未	庚申	辛酉	壬戌	癸亥	甲子	乙丑	丙寅			
대운 남	1	1	1	입	1	1	1	1	2	2	2	3	3	3	4	4	4	5	우	5	6	6	6	7	7	7	8	8			
대운 여	9	9	10	춘	9	9	9	8	8	8	7	7	7	6	6	6	5	5	수	4	4	4	3	3	3	2	2	2			

양력 3월 경칩절(丁卯月) 驚蟄 3월5일 23시7분 春分 3월20일 23시43분

양력	1	2	3	4	5	6	7	8	9	10	11	12	13	14	15	16	17	18	19	20	21	22	23	24	25	26	27	28	29	30	31
요일	土	日	月	火	水	木	金	土	日	月	火	水	木	金	土	日	月	火	水	木	金	土	日	月	火	水	木	金	土	日	月
음력	1/18	19	20	21	22	23	24	25	26	27	28	29	30	2/1	2	3	4	5	6	7	8	9	10	11	12	13	14	15	16	17	18
일진	丁卯	戊辰	己巳	庚午	辛未	壬申	癸酉	甲戌	乙亥	丙子	丁丑	戊寅	己卯	庚辰	辛巳	壬午	癸未	甲申	乙酉	丙戌	丁亥	戊子	己丑	庚寅	辛卯	壬辰	癸巳	甲午	乙未	丙申	丁酉
대운 남	8	9	9	9	경	1	1	1	1	2	2	2	3	3	3	4	4	4	5	춘	5	6	6	6	7	7	7	8	8	8	9
대운 여	1	1	1	1	칩	10	10	9	9	9	8	8	8	7	7	7	6	6	6	분	5	5	4	4	4	3	3	3	2	2	2

양력 4월 청명절(戊辰月) 清明 4월5일 3시31분 穀雨 4월20일 10시19분

양력	1	2	3	4	5	6	7	8	9	10	11	12	13	14	15	16	17	18	19	20	21	22	23	24	25	26	27	28	29	30	
요일	火	水	木	金	土	日	月	火	水	木	金	土	日	月	火	水	木	金	土	日	月	火	水	木	金	土	日	月	火	水	
음력	2/19	20	21	22	23	24	25	26	27	28	29	3/1	2	3	4	5	6	7	8	9	10	11	12	13	14	15	16	17	18	19	
일진	戊戌	己亥	庚子	辛丑	壬寅	癸卯	甲辰	乙巳	丙午	丁未	戊申	己酉	庚戌	辛亥	壬子	癸丑	甲寅	乙卯	丙辰	丁巳	戊午	己未	庚申	辛酉	壬戌	癸亥	甲子	乙丑	丙寅	丁卯	
대운 남	9	9	10	10	청	1	1	1	1	2	2	2	3	3	3	4	4	4	5	곡	5	6	6	6	7	7	7	8	8	8	
대운 여	1	1	1	1	명	10	9	9	9	8	8	8	7	7	7	6	6	6	5	우	5	4	4	4	3	3	3	2	2	2	

양력 5월 입하절(己巳月) 立夏 5월5일 20시22분 小滿 5월21일 9시3분

양력	1	2	3	4	5	6	7	8	9	10	11	12	13	14	15	16	17	18	19	20	21	22	23	24	25	26	27	28	29	30	31
요일	木	金	土	日	月	火	水	木	金	土	日	月	火	水	木	金	土	日	月	火	水	木	金	土	日	月	火	水	木	金	土
음력	3/20	21	22	23	24	25	26	27	28	29	30	4/1	2	3	4	5	6	7	8	9	10	11	12	13	14	15	16	17	18	19	20
일진	戊辰	己巳	庚午	辛未	壬申	癸酉	甲戌	乙亥	丙子	丁丑	戊寅	己卯	庚辰	辛巳	壬午	癸未	甲申	乙酉	丙戌	丁亥	戊子	己丑	庚寅	辛卯	壬辰	癸巳	甲午	乙未	丙申	丁酉	戊戌
대운 남	9	9	9	10	입	1	1	1	1	2	2	2	3	3	3	4	4	4	5	5	소	6	6	6	7	7	7	8	8	8	9
대운 여	1	1	1	1	하	10	10	10	9	9	9	8	8	8	7	7	7	6	6	6	만	5	5	4	4	4	3	3	3	2	2

양력 6월 망종절(庚午月) 芒種 6월6일 0시11분 夏至 6월21일 16시46분

양력	1	2	3	4	5	6	7	8	9	10	11	12	13	14	15	16	17	18	19	20	21	22	23	24	25	26	27	28	29	30	
요일	日	月	火	水	木	金	土	日	月	火	水	木	金	土	日	月	火	水	木	金	土	日	月	火	水	木	金	土	日	月	
음력	4/21	22	23	24	25	26	27	28	29	5/1	2	3	4	5	6	7	8	9	10	11	12	13	14	15	16	17	18	19	20	21	
일진	己亥	庚子	辛丑	壬寅	癸卯	甲辰	乙巳	丙午	丁未	戊申	己酉	庚戌	辛亥	壬子	癸丑	甲寅	乙卯	丙辰	丁巳	戊午	己未	庚申	辛酉	壬戌	癸亥	甲子	乙丑	丙寅	丁卯	戊辰	
대운 남	9	9	10	10	10	망	1	1	1	1	2	2	2	3	3	3	4	4	4	5	하	5	6	6	6	7	7	7	8	8	
대운 여	2	1	1	1	1	종	10	10	9	9	9	8	8	8	7	7	7	6	6	6	지	5	5	4	4	4	3	3	3	2	

己卯年

양력 7월 소서절(辛未月) 小暑 7월7일 10시17분 大暑 7월23일 3시39분

양력		1	2	3	4	5	6	7	8	9	10	11	12	13	14	15	16	17	18	19	20	21	22	23	24	25	26	27	28	29	30	31
요일		火	水	木	金	土	日	月	火	水	木	金	土	日	月	火	水	木	金	土	日	月	火	水	木	金	土	日	月	火	水	木
음력		5/22	23	24	25	26	27	28	29	30	6/1	2	3	4	5	6	7	8	9	10	11	12	13	14	15	16	17	18	19	20	21	22
일진		己巳	庚午	辛未	壬申	癸酉	甲戌	乙亥	丙子	丁丑	戊寅	己卯	庚辰	辛巳	壬午	癸未	甲申	乙酉	丙戌	丁亥	戊子	己丑	庚寅	辛卯	壬辰	癸巳	甲午	乙未	丙申	丁酉	戊戌	己亥
대운	남	8	9	9	9	10	10	소서	1	1	1	1	2	2	2	3	3	3	4	4	4	5	5	대서	6	6	6	7	7	7	8	8
	여	2	2	1	1	1	1		10	10	9	9	9	8	8	8	7	7	7	6	6	6	5		5	4	4	4	3	3	3	2

양력 8월 입추절(壬申月) 立秋 8월7일 20시11분 處暑 8월23일 10시59분

양력		1	2	3	4	5	6	7	8	9	10	11	12	13	14	15	16	17	18	19	20	21	22	23	24	25	26	27	28	29	30	31
요일		金	土	日	月	火	水	木	金	土	日	月	火	水	木	金	土	日	月	火	水	木	金	土	日	月	火	水	木	金	土	日
음력		6/23	24	25	26	27	28	29	7/1	2	3	4	5	6	7	8	9	10	11	12	13	14	15	16	17	18	19	20	21	22	23	24
일진		庚子	辛丑	壬寅	癸卯	甲辰	乙巳	丙午	丁未	戊申	己酉	庚戌	辛亥	壬子	癸丑	甲寅	乙卯	丙辰	丁巳	戊午	己未	庚申	辛酉	壬戌	癸亥	甲子	乙丑	丙寅	丁卯	戊辰	己巳	庚午
대운	남	8	9	9	9	10	10	입추	1	1	1	1	2	2	2	3	3	3	4	4	4	5	5	처서	6	6	6	7	7	7	8	8
	여	2	2	1	1	1	1		10	10	9	9	9	8	8	8	7	7	7	6	6	6	5		5	4	4	4	3	3	3	2

양력 9월 백로절(癸酉月) 白露 9월7일 23시25분 秋分 9월23일 9시2분

양력		1	2	3	4	5	6	7	8	9	10	11	12	13	14	15	16	17	18	19	20	21	22	23	24	25	26	27	28	29	30	
요일		月	火	水	木	金	土	日	月	火	水	木	金	土	日	月	火	水	木	金	土	日	月	火	水	木	金	土	日	月	火	
음력		7/25	26	27	28	29	30	8/1	2	3	4	5	6	7	8	9	10	11	12	13	14	15	16	17	18	19	20	21	22	23	24	
일진		辛未	壬申	癸酉	甲戌	乙亥	丙子	丁丑	戊寅	己卯	庚辰	辛巳	壬午	癸未	甲申	乙酉	丙戌	丁亥	戊子	己丑	庚寅	辛卯	壬辰	癸巳	甲午	乙未	丙申	丁酉	戊戌	己亥	庚子	
대운	남	8	9	9	9	10	10	백로	1	1	1	1	2	2	2	3	3	3	4	4	4	5	5	추분	6	6	6	7	7	7	8	
	여	2	2	1	1	1	1		10	10	9	9	9	8	8	8	7	7	7	6	6	6	5		5	4	4	4	3	3	3	

양력 10월 한로절(甲戌月) 寒露 10월8일 15시29분 霜降 10월23일 18시49분

양력		1	2	3	4	5	6	7	8	9	10	11	12	13	14	15	16	17	18	19	20	21	22	23	24	25	26	27	28	29	30	31
요일		水	木	金	土	日	月	火	水	木	金	土	日	月	火	水	木	金	土	日	月	火	水	木	金	土	日	月	火	水	木	金
음력		8/25	26	27	28	29	30	9/1	2	3	4	5	6	7	8	9	10	11	12	13	14	15	16	17	18	19	20	21	22	23	24	25
일진		辛丑	壬寅	癸卯	甲辰	乙巳	丙午	丁未	戊申	己酉	庚戌	辛亥	壬子	癸丑	甲寅	乙卯	丙辰	丁巳	戊午	己未	庚申	辛酉	壬戌	癸亥	甲子	乙丑	丙寅	丁卯	戊辰	己巳	庚午	辛未
대운	남	8	8	9	9	9	10	10	한로	1	1	1	1	2	2	2	3	3	3	4	4	4	5	상강	5	6	6	6	7	7	7	8
	여	2	2	2	1	1	1	1		10	9	9	9	8	8	8	7	7	7	6	6	6	5		5	4	4	4	3	3	3	2

양력 11월 입동절(乙亥月) 立冬 11월7일 19시4분 小雪 11월22일 16시44분

양력		1	2	3	4	5	6	7	8	9	10	11	12	13	14	15	16	17	18	19	20	21	22	23	24	25	26	27	28	29	30	
요일		土	日	月	火	水	木	金	土	日	月	火	水	木	金	土	日	月	火	水	木	金	土	日	月	火	水	木	金	土	日	
음력		9/26	27	28	29	10/1	2	3	4	5	6	7	8	9	10	11	12	13	14	15	16	17	18	19	20	21	22	23	24	25	26	
일진		壬申	癸酉	甲戌	乙亥	丙子	丁丑	戊寅	己卯	庚辰	辛巳	壬午	癸未	甲申	乙酉	丙戌	丁亥	戊子	己丑	庚寅	辛卯	壬辰	癸巳	甲午	乙未	丙申	丁酉	戊戌	己亥	庚子	辛丑	
대운	남	8	8	9	9	9	10	입동	1	1	1	1	2	2	2	3	3	3	4	4	4	5	소설	5	6	6	6	7	7	7	8	
	여	2	2	1	1	1	1		10	9	9	9	8	8	8	7	7	7	6	6	6	5		5	4	4	4	3	3	3	2	

양력 12월 대설절(丙子月) 大雪 12월7일 12시12분 冬至 12월22일 6시16분

양력		1	2	3	4	5	6	7	8	9	10	11	12	13	14	15	16	17	18	19	20	21	22	23	24	25	26	27	28	29	30	31
요일		月	火	水	木	金	土	日	月	火	水	木	金	土	日	月	火	水	木	金	土	日	月	火	水	木	金	土	日	月	火	水
음력		10/27	28	29	30	11/1	2	3	4	5	6	7	8	9	10	11	12	13	14	15	16	17	18	19	20	21	22	23	24	25	26	27
일진		壬寅	癸卯	甲辰	乙巳	丙午	丁未	戊申	己酉	庚戌	辛亥	壬子	癸丑	甲寅	乙卯	丙辰	丁巳	戊午	己未	庚申	辛酉	壬戌	癸亥	甲子	乙丑	丙寅	丁卯	戊辰	己巳	庚午	辛未	壬申
대운	남	8	8	9	9	9	10	대설	1	1	1	1	2	2	2	3	3	3	4	4	4	5	동지	5	6	6	6	7	7	7	8	8
	여	2	2	1	1	1	1		9	9	9	8	8	8	7	7	7	6	6	6	5	5		4	4	4	3	3	3	2	2	2

서기 2060년 [단기 4393년]

양력 1월 소한절(丁丑月) 小寒 1월5일 23시32분 大寒 1월20일 16시57분

양력	1	2	3	4	5	6	7	8	9	10	11	12	13	14	15	16	17	18	19	20	21	22	23	24	25	26	27	28	29	30	31
요일	木	金	土	日	月	火	水	木	金	土	日	月	火	水	木	金	土	日	月	火	水	木	金	土	日	月	火	水	木	金	土
음력	11/28	29	30	12/1	2	3	4	5	6	7	8	9	10	11	12	13	14	15	16	17	18	19	20	21	22	23	24	25	26	27	28
일진	癸酉	甲戌	乙亥	丙子	丁丑	戊寅	己卯	庚辰	辛巳	壬午	癸未	甲申	乙酉	丙戌	丁亥	戊子	己丑	庚寅	辛卯	壬辰	癸巳	甲午	乙未	丙申	丁酉	戊戌	己亥	庚子	辛丑	壬寅	癸卯
대운 남	8	9	9	9	소	1	1	1	1	2	2	2	3	3	3	4	4	4	5	대	5	6	6	6	7	7	7	8	8	8	9
대운 여	1	1	1	1	한	10	9	9	9	8	8	8	7	7	7	6	6	6	5	한	5	4	4	4	3	3	3	2	2	2	1

양력 2월 입춘절(戊寅月) 立春 2월4일 11시7분 雨水 2월19일 6시56분

양력	1	2	3	4	5	6	7	8	9	10	11	12	13	14	15	16	17	18	19	20	21	22	23	24	25	26	27	28	29		
요일	日	月	火	水	木	金	土	日	月	火	水	木	金	土	日	月	火	水	木	金	土	日	月	火	水	木	金	土	日		
음력	12/29	1/1	2	3	4	5	6	7	8	9	10	11	12	13	14	15	16	17	18	19	20	21	22	23	24	25	26	27	28		
일진	甲辰	乙巳	丙午	丁未	戊申	己酉	庚戌	辛亥	壬子	癸丑	甲寅	乙卯	丙辰	丁巳	戊午	己未	庚申	辛酉	壬戌	癸亥	甲子	乙丑	丙寅	丁卯	戊辰	己巳	庚午	辛未	壬申		
대운 남	9	9	10	입	10	9	9	9	8	8	8	7	7	7	6	6	6	5	우	5	4	4	4	3	3	3	2	2	2		
대운 여	1	1	1	춘	1	1	1	1	2	2	2	3	3	3	4	4	4	5	수	5	6	6	6	7	7	7	8	8	8		

양력 3월 경칩절(己卯月) 驚蟄 3월5일 4시52분 春分 3월20일 5시37분

양력	1	2	3	4	5	6	7	8	9	10	11	12	13	14	15	16	17	18	19	20	21	22	23	24	25	26	27	28	29	30	31
요일	月	火	水	木	金	土	日	月	火	水	木	金	土	日	月	火	水	木	金	土	日	月	火	水	木	金	土	日	月	火	水
음력	1/29	30	2/1	2	3	4	5	6	7	8	9	10	11	12	13	14	15	16	17	18	19	20	21	22	23	24	25	26	27	28	29
일진	癸酉	甲戌	乙亥	丙子	丁丑	戊寅	己卯	庚辰	辛巳	壬午	癸未	甲申	乙酉	丙戌	丁亥	戊子	己丑	庚寅	辛卯	壬辰	癸巳	甲午	乙未	丙申	丁酉	戊戌	己亥	庚子	辛丑	壬寅	癸卯
대운 남	1	1	1	1	경	10	9	9	9	8	8	8	7	7	7	6	6	6	5	춘	5	4	4	4	3	3	3	2	2	2	1
대운 여	9	9	9	10	칩	1	1	1	1	2	2	2	3	3	3	4	4	4	5	분	5	6	6	6	7	7	7	8	8	8	9

양력 4월 청명절(庚辰月) 清明 4월4일 9시18분 穀雨 4월19일 16시16분

양력	1	2	3	4	5	6	7	8	9	10	11	12	13	14	15	16	17	18	19	20	21	22	23	24	25	26	27	28	29	30	
요일	木	金	土	日	月	火	水	木	金	土	日	月	火	水	木	金	土	日	月	火	水	木	金	土	日	月	火	水	木	金	
음력	3/1	2	3	4	5	6	7	8	9	10	11	12	13	14	15	16	17	18	19	20	21	22	23	24	25	26	27	28	29	4/1	
일진	甲辰	乙巳	丙午	丁未	戊申	己酉	庚戌	辛亥	壬子	癸丑	甲寅	乙卯	丙辰	丁巳	戊午	己未	庚申	辛酉	壬戌	癸亥	甲子	乙丑	丙寅	丁卯	戊辰	己巳	庚午	辛未	壬申	癸酉	
대운 남	1	1	1	청	10	10	9	9	9	8	8	8	7	7	7	6	6	6	곡	5	5	4	4	4	3	3	3	2	2	2	
대운 여	9	9	10	명	1	1	1	1	2	2	2	3	3	3	4	4	4	5	우	5	6	6	6	7	7	7	8	8	8	9	

양력 5월 입하절(辛巳月) 立夏 5월5일 2시11분 小滿 5월20일 15시2분

양력	1	2	3	4	5	6	7	8	9	10	11	12	13	14	15	16	17	18	19	20	21	22	23	24	25	26	27	28	29	30	31
요일	土	日	月	火	水	木	金	土	日	月	火	水	木	金	土	日	月	火	水	木	金	土	日	月	火	水	木	金	土	日	月
음력	4/2	3	4	5	6	7	8	9	10	11	12	13	14	15	16	17	18	19	20	21	22	23	24	25	26	27	28	29	30	5/1	2
일진	甲戌	乙亥	丙子	丁丑	戊寅	己卯	庚辰	辛巳	壬午	癸未	甲申	乙酉	丙戌	丁亥	戊子	己丑	庚寅	辛卯	壬辰	癸巳	甲午	乙未	丙申	丁酉	戊戌	己亥	庚子	辛丑	壬寅	癸卯	甲辰
대운 남	1	1	1	1	입	10	10	9	9	9	8	8	8	7	7	7	6	6	6	소	5	5	4	4	4	3	3	3	2	2	2
대운 여	9	9	10	10	하	1	1	1	1	2	2	2	3	3	3	4	4	4	5	만	5	6	6	6	7	7	7	8	8	8	9

양력 6월 망종절(壬午月) 芒種 6월5일 6시0분 夏至 6월20일 22시44분

양력	1	2	3	4	5	6	7	8	9	10	11	12	13	14	15	16	17	18	19	20	21	22	23	24	25	26	27	28	29	30	
요일	火	水	木	金	土	日	月	火	水	木	金	土	日	月	火	水	木	金	土	日	月	火	水	木	金	土	日	月	火	水	
음력	5/3	4	5	6	7	8	9	10	11	12	13	14	15	16	17	18	19	20	21	22	23	24	25	26	27	28	29	6/1	2	3	
일진	乙巳	丙午	丁未	戊申	己酉	庚戌	辛亥	壬子	癸丑	甲寅	乙卯	丙辰	丁巳	戊午	己未	庚申	辛酉	壬戌	癸亥	甲子	乙丑	丙寅	丁卯	戊辰	己巳	庚午	辛未	壬申	癸酉	甲戌	
대운 남	1	1	1	1	망	10	10	9	9	9	8	8	8	7	7	7	6	6	6	하	5	5	4	4	4	3	3	3	2	2	
대운 여	9	9	10	10	종	1	1	1	1	2	2	2	3	3	3	4	4	4	5	지	5	6	6	6	7	7	7	8	8	8	

庚辰年

양력 7월 소서절(癸未月) 小暑 7월6일 16시6분 大暑 7월22일 9시34분

양력	1	2	3	4	5	6	7	8	9	10	11	12	13	14	15	16	17	18	19	20	21	22	23	24	25	26	27	28	29	30	31
요일	木	金	土	日	月	火	水	木	金	土	日	月	火	水	木	金	土	日	月	火	水	木	金	土	日	月	火	水	木	金	土
음력	6/4	5	6	7	8	9	10	11	12	13	14	15	16	17	18	19	20	21	22	23	24	25	26	27	28	29	7/1	2	3	4	5
일진	乙亥	丙子	丁丑	戊寅	己卯	庚辰	辛巳	壬午	癸未	甲申	乙酉	丙戌	丁亥	戊子	己丑	庚寅	辛卯	壬辰	癸巳	甲午	乙未	丙申	丁酉	戊戌	己亥	庚子	辛丑	壬寅	癸卯	甲辰	乙巳
대운 남	2	1	1	1	1	소	10	10	10	9	9	9	8	8	8	7	7	7	6	6	6	대	5	5	4	4	4	3	3	3	2
대운 여	9	9	9	10	10	서	1	1	1	1	2	2	2	3	3	3	4	4	4	5	5	서	6	6	6	7	7	7	8	8	8

양력 8월 입추절(甲申月) 立秋 8월7일 1시58분 處暑 8월22일 16시48분

양력	1	2	3	4	5	6	7	8	9	10	11	12	13	14	15	16	17	18	19	20	21	22	23	24	25	26	27	28	29	30	31
요일	日	月	火	水	木	金	土	日	月	火	水	木	金	土	日	月	火	水	木	金	土	日	月	火	水	木	金	土	日	月	火
음력	7/6	7	8	9	10	11	12	13	14	15	16	17	18	19	20	21	22	23	24	25	26	27	28	29	30	8/1	2	3	4	5	6
일진	丙午	丁未	戊申	己酉	庚戌	辛亥	壬子	癸丑	甲寅	乙卯	丙辰	丁巳	戊午	己未	庚申	辛酉	壬戌	癸亥	甲子	乙丑	丙寅	丁卯	戊辰	己巳	庚午	辛未	壬申	癸酉	甲戌	乙亥	丙子
대운 남	2	2	1	1	1	1	입	10	10	9	9	9	8	8	8	7	7	7	6	6	6	처	5	5	4	4	4	3	3	3	2
대운 여	9	9	9	10	10	10	추	1	1	1	1	2	2	2	3	3	3	4	4	4	5	서	5	6	6	6	7	7	7	8	8

양력 9월 백로절(乙酉月) 白露 9월7일 5시9분 秋分 9월22일 14시47분

양력	1	2	3	4	5	6	7	8	9	10	11	12	13	14	15	16	17	18	19	20	21	22	23	24	25	26	27	28	29	30	
요일	水	木	金	土	日	月	火	水	木	金	土	日	月	火	水	木	金	土	日	月	火	水	木	金	土	日	月	火	水	木	
음력	8/7	8	9	10	11	12	13	14	15	16	17	18	19	20	21	22	23	24	25	26	27	28	29	30	9/1	2	3	4	5	6	
일진	丁丑	戊寅	己卯	庚辰	辛巳	壬午	癸未	甲申	乙酉	丙戌	丁亥	戊子	己丑	庚寅	辛卯	壬辰	癸巳	甲午	乙未	丙申	丁酉	戊戌	己亥	庚子	辛丑	壬寅	癸卯	甲辰	乙巳	丙午	
대운 남	2	2	1	1	1	1	백	10	9	9	9	8	8	8	7	7	7	6	6	6	5	추	5	4	4	4	3	3	3	2	
대운 여	8	9	9	9	10	10	로	1	1	1	1	2	2	2	3	3	3	4	4	4	5	분	5	6	6	6	7	7	7	8	

양력 10월 한로절(丙戌月) 寒露 10월7일 21시12분 霜降 10월23일 0시32분

양력	1	2	3	4	5	6	7	8	9	10	11	12	13	14	15	16	17	18	19	20	21	22	23	24	25	26	27	28	29	30	31
요일	金	土	日	月	火	水	木	金	土	日	月	火	水	木	金	土	日	月	火	水	木	金	土	日	月	火	水	木	金	土	日
음력	9/7	8	9	10	11	12	13	14	15	16	17	18	19	20	21	22	23	24	25	26	27	28	29	10/1	2	3	4	5	6	7	8
일진	丁未	戊申	己酉	庚戌	辛亥	壬子	癸丑	甲寅	乙卯	丙辰	丁巳	戊午	己未	庚申	辛酉	壬戌	癸亥	甲子	乙丑	丙寅	丁卯	戊辰	己巳	庚午	辛未	壬申	癸酉	甲戌	乙亥	丙子	丁丑
대운 남	2	2	1	1	1	1	한	10	10	9	9	9	8	8	8	7	7	7	6	6	6	5	상	5	4	4	4	3	3	3	2
대운 여	8	8	9	9	9	10	로	1	1	1	1	2	2	2	3	3	3	4	4	4	5	5	강	6	6	6	7	7	7	8	8

양력 11월 입동절(丁亥月) 立冬 11월7일 0시47분 小雪 11월21일 22시27분

양력	1	2	3	4	5	6	7	8	9	10	11	12	13	14	15	16	17	18	19	20	21	22	23	24	25	26	27	28	29	30	
요일	月	火	水	木	金	土	日	月	火	水	木	金	土	日	月	火	水	木	金	土	日	月	火	水	木	金	土	日	月	火	
음력	10/9	10	11	12	13	14	15	16	17	18	19	20	21	22	23	24	25	26	27	28	29	30	11/1	2	3	4	5	6	7	8	
일진	戊寅	己卯	庚辰	辛巳	壬午	癸未	甲申	乙酉	丙戌	丁亥	戊子	己丑	庚寅	辛卯	壬辰	癸巳	甲午	乙未	丙申	丁酉	戊戌	己亥	庚子	辛丑	壬寅	癸卯	甲辰	乙巳	丙午	丁未	
대운 남	2	2	1	1	1	1	입	9	9	9	8	8	8	7	7	7	6	6	6	5	소	5	4	4	4	3	3	3	2	2	
대운 여	8	9	9	9	10	10	동	1	1	1	1	2	2	2	3	3	3	4	4	4	설	5	5	6	6	6	7	7	7	8	

양력 12월 대설절(戊子月) 大雪 12월6일 17시56분 冬至 12월21일 12시0분

양력	1	2	3	4	5	6	7	8	9	10	11	12	13	14	15	16	17	18	19	20	21	22	23	24	25	26	27	28	29	30	31
요일	水	木	金	土	日	月	火	水	木	金	土	日	月	火	水	木	金	土	日	月	火	水	木	金	土	日	月	火	水	木	金
음력	11/9	10	11	12	13	14	15	16	17	18	19	20	21	22	23	24	25	26	27	28	29	30	12/1	2	3	4	5	6	7	8	9
일진	戊申	己酉	庚戌	辛亥	壬子	癸丑	甲寅	乙卯	丙辰	丁巳	戊午	己未	庚申	辛酉	壬戌	癸亥	甲子	乙丑	丙寅	丁卯	戊辰	己巳	庚午	辛未	壬申	癸酉	甲戌	乙亥	丙子	丁丑	戊寅
대운 남	2	1	1	1	1	대	10	9	9	9	8	8	8	7	7	7	6	6	6	5	동	5	4	4	4	3	3	3	2	2	2
대운 여	8	8	9	9	9	설	1	1	1	1	2	2	2	3	3	3	4	4	4	5	지	5	6	6	6	7	7	7	8	8	8

서기 2061년 [단기 4394년]

양력 1월 소한절(己丑月) 小寒 1월5일 5시17분 大寒 1월19일 22시41분

양력	1	2	3	4	5	6	7	8	9	10	11	12	13	14	15	16	17	18	19	20	21	22	23	24	25	26	27	28	29	30	31
요일	土	日	月	火	水	木	金	土	日	月	火	水	木	金	土	日	月	火	水	木	金	土	日	月	火	水	木	金	土	日	月
음력	12/10	11	12	13	14	15	16	17	18	19	20	21	22	23	24	25	26	27	28	29	30	1/1	2	3	4	5	6	7	8	9	10
일진	己卯	庚辰	辛巳	壬午	癸未	甲申	乙酉	丙戌	丁亥	戊子	己丑	庚寅	辛卯	壬辰	癸巳	甲午	乙未	丙申	丁酉	戊戌	己亥	庚子	辛丑	壬寅	癸卯	甲辰	乙巳	丙午	丁未	戊申	己酉
대운 남	1	1	1	1	소	9	9	9	8	8	8	7	7	7	6	6	6	5	대	5	4	4	4	3	3	3	2	2	2	1	1
대운 여	9	9	9	10	한	1	1	1	1	2	2	2	3	3	3	4	4	4	한	5	5	6	6	6	7	7	7	8	8	8	9

양력 2월 입춘절(庚寅月) 立春 2월3일 16시52분 雨水 2월18일 12시42분

양력	1	2	3	4	5	6	7	8	9	10	11	12	13	14	15	16	17	18	19	20	21	22	23	24	25	26	27	28			
요일	火	水	木	金	土	日	月	火	水	木	金	土	日	月	火	水	木	金	土	日	月	火	水	木	金	土	日	月			
음력	1/11	12	13	14	15	16	17	18	19	20	21	22	23	24	25	26	27	28	29	2/1	2	3	4	5	6	7	8	9			
일진	庚戌	辛亥	壬子	癸丑	甲寅	乙卯	丙辰	丁巳	戊午	己未	庚申	辛酉	壬戌	癸亥	甲子	乙丑	丙寅	丁卯	戊辰	己巳	庚午	辛未	壬申	癸酉	甲戌	乙亥	丙子	丁丑			
대운 남	1	1	입	1	1	1	1	2	2	2	3	3	3	4	4	4	5	우	5	6	6	6	7	7	7	8	8	8			
대운 여	9	9	춘	10	9	9	9	8	8	8	7	7	7	6	6	6	5	수	5	4	4	4	3	3	3	2	2	2			

양력 3월 경칩절(辛卯月) 驚蟄 3월5일 10시40분 春分 3월20일 11시25분

양력	1	2	3	4	5	6	7	8	9	10	11	12	13	14	15	16	17	18	19	20	21	22	23	24	25	26	27	28	29	30	31
요일	火	水	木	金	土	日	月	火	水	木	金	土	日	月	火	水	木	金	土	日	月	火	水	木	金	土	日	月	火	水	木
음력	2/10	11	12	13	14	15	16	17	18	19	20	21	22	23	24	25	26	27	28	29	30	3/1	2	3	4	5	6	7	8	9	10
일진	戊寅	己卯	庚辰	辛巳	壬午	癸未	甲申	乙酉	丙戌	丁亥	戊子	己丑	庚寅	辛卯	壬辰	癸巳	甲午	乙未	丙申	丁酉	戊戌	己亥	庚子	辛丑	壬寅	癸卯	甲辰	乙巳	丙午	丁未	戊申
대운 남	9	9	9	10	경	1	1	1	1	2	2	2	3	3	3	4	4	4	5	춘	5	6	6	6	7	7	7	8	8	8	9
대운 여	1	1	1	1	칩	10	9	9	9	8	8	8	7	7	7	6	6	6	5	분	5	4	4	4	3	3	3	2	2	2	1

양력 4월 청명절(壬辰月) 清明 4월4일 15시9분 穀雨 4월19일 22시5분

양력	1	2	3	4	5	6	7	8	9	10	11	12	13	14	15	16	17	18	19	20	21	22	23	24	25	26	27	28	29	30	
요일	金	土	日	月	火	水	木	金	土	日	月	火	水	木	金	土	日	月	火	水	木	金	土	日	月	火	水	木	金	土	
음력	3/11	12	13	14	15	16	17	18	19	20	21	22	23	24	25	26	27	28	29	윤1	2	3	4	5	6	7	8	9	10	11	
일진	己酉	庚戌	辛亥	壬子	癸丑	甲寅	乙卯	丙辰	丁巳	戊午	己未	庚申	辛酉	壬戌	癸亥	甲子	乙丑	丙寅	丁卯	戊辰	己巳	庚午	辛未	壬申	癸酉	甲戌	乙亥	丙子	丁丑	戊寅	
대운 남	9	9	10	청	1	1	1	1	2	2	2	3	3	3	4	4	4	5	곡	5	6	6	6	7	7	7	8	8	8	9	
대운 여	1	1	1	명	10	10	9	9	9	8	8	8	7	7	7	6	6	6	우	5	5	4	4	4	3	3	3	2	2	2	

양력 5월 입하절(癸巳月) 立夏 5월5일 8시5분 小滿 5월20일 20시51분

양력	1	2	3	4	5	6	7	8	9	10	11	12	13	14	15	16	17	18	19	20	21	22	23	24	25	26	27	28	29	30	31
요일	日	月	火	水	木	金	土	日	月	火	水	木	金	土	日	月	火	水	木	金	土	日	月	火	水	木	金	土	日	月	火
음력	윤12	13	14	15	16	17	18	19	20	21	22	23	24	25	26	27	28	29	4/1	2	3	4	5	6	7	8	9	10	11	12	13
일진	己卯	庚辰	辛巳	壬午	癸未	甲申	乙酉	丙戌	丁亥	戊子	己丑	庚寅	辛卯	壬辰	癸巳	甲午	乙未	丙申	丁酉	戊戌	己亥	庚子	辛丑	壬寅	癸卯	甲辰	乙巳	丙午	丁未	戊申	己酉
대운 남	9	9	10	10	입	1	1	1	1	2	2	2	3	3	3	4	4	4	5	소	5	6	6	6	7	7	7	8	8	8	9
대운 여	1	1	1	1	하	10	10	9	9	9	8	8	8	7	7	7	6	6	6	만	5	5	4	4	4	3	3	3	2	2	2

양력 6월 망종절(甲午月) 芒種 6월5일 11시55분 夏至 6월21일 4시31분

양력	1	2	3	4	5	6	7	8	9	10	11	12	13	14	15	16	17	18	19	20	21	22	23	24	25	26	27	28	29	30	
요일	水	木	金	土	日	月	火	水	木	金	土	日	月	火	水	木	金	土	日	月	火	水	木	金	土	日	月	火	水	木	
음력	4/14	15	16	17	18	19	20	21	22	23	24	25	26	27	28	29	30	5/1	2	3	4	5	6	7	8	9	10	11	12	13	
일진	庚戌	辛亥	壬子	癸丑	甲寅	乙卯	丙辰	丁巳	戊午	己未	庚申	辛酉	壬戌	癸亥	甲子	乙丑	丙寅	丁卯	戊辰	己巳	庚午	辛未	壬申	癸酉	甲戌	乙亥	丙子	丁丑	戊寅	己卯	
대운 남	9	9	10	10	망	1	1	1	1	2	2	2	3	3	3	4	4	4	5	5	하	6	6	6	7	7	7	8	8	8	
대운 여	1	1	1	1	종	10	10	9	9	9	8	8	8	7	7	7	6	6	6	5	지	5	4	4	4	3	3	3	2	2	

▶윤달-3월

辛巳年

양력 7월 소서절(乙未月) 小暑 7월6일 22시1분 大暑 7월22일 15시19분

양력	1	2	3	4	5	6	7	8	9	10	11	12	13	14	15	16	17	18	19	20	21	22	23	24	25	26	27	28	29	30	31
요일	金	土	日	月	火	水	木	金	土	日	月	火	水	木	金	土	日	月	火	水	木	金	土	日	月	火	水	木	金	土	日
음력	5/14	15	16	17	18	19	20	21	22	23	24	25	26	27	28	29	6/1	2	3	4	5	6	7	8	9	10	11	12	13	14	15
일진	庚辰	辛巳	壬午	癸未	甲申	乙酉	丙戌	丁亥	戊子	己丑	庚寅	辛卯	壬辰	癸巳	甲午	乙未	丙申	丁酉	戊戌	己亥	庚子	辛丑	壬寅	癸卯	甲辰	乙巳	丙午	丁未	戊申	己酉	庚戌
대운 남	9	9	9	10	10	소	1	1	1	1	2	2	2	3	3	3	4	4	4	5	5	대	6	6	6	7	7	7	8	8	8
대운 여	2	1	1	1	1	서	10	10	10	9	9	9	8	8	8	7	7	7	6	6	6	서	5	5	4	4	4	3	3	3	2

양력 8월 입추절(丙申月) 立秋 8월7일 7시51분 處暑 8월22일 22시32분

양력	1	2	3	4	5	6	7	8	9	10	11	12	13	14	15	16	17	18	19	20	21	22	23	24	25	26	27	28	29	30	31
요일	月	火	水	木	金	土	日	月	火	水	木	金	土	日	月	火	水	木	金	土	日	月	火	水	木	金	土	日	月	火	水
음력	6/16	17	18	19	20	21	22	23	24	25	26	27	28	29	7/1	2	3	4	5	6	7	8	9	10	11	12	13	14	15	16	17
일진	辛亥	壬子	癸丑	甲寅	乙卯	丙辰	丁巳	戊午	己未	庚申	辛酉	壬戌	癸亥	甲子	乙丑	丙寅	丁卯	戊辰	己巳	庚午	辛未	壬申	癸酉	甲戌	乙亥	丙子	丁丑	戊寅	己卯	庚辰	辛巳
대운 남	9	9	9	10	10	10	입	1	1	1	1	2	2	2	3	3	3	4	4	4	5	처	5	6	6	6	7	7	7	8	8
대운 여	2	2	1	1	1	1	추	10	10	9	9	9	8	8	8	7	7	7	6	6	6	서	5	5	4	4	4	3	3	3	2

양력 9월 백로절(丁酉月) 白露 9월7일 11시1분 秋分 9월22일 20시30분

양력	1	2	3	4	5	6	7	8	9	10	11	12	13	14	15	16	17	18	19	20	21	22	23	24	25	26	27	28	29	30	
요일	木	金	土	日	月	火	水	木	金	土	日	月	火	水	木	金	土	日	月	火	水	木	金	土	日	月	火	水	木	金	
음력	7/18	19	20	21	22	23	24	25	26	27	28	29	30	8/1	2	3	4	5	6	7	8	9	10	11	12	13	14	15	16	17	
일진	壬午	癸未	甲申	乙酉	丙戌	丁亥	戊子	己丑	庚寅	辛卯	壬辰	癸巳	甲午	乙未	丙申	丁酉	戊戌	己亥	庚子	辛丑	壬寅	癸卯	甲辰	乙巳	丙午	丁未	戊申	己酉	庚戌	辛亥	
대운 남	8	9	9	9	10	10	백	1	1	1	1	2	2	2	3	3	3	4	4	4	5	추	5	6	6	6	7	7	7	8	
대운 여	2	2	1	1	1	1	로	10	10	9	9	9	8	8	8	7	7	7	6	6	6	분	5	5	4	4	4	3	3	3	

양력 10월 한로절(戊戌月) 寒露 10월8일 3시3분 霜降 10월23일 6시16분

양력	1	2	3	4	5	6	7	8	9	10	11	12	13	14	15	16	17	18	19	20	21	22	23	24	25	26	27	28	29	30	31
요일	土	日	月	火	水	木	金	土	日	月	火	水	木	金	土	日	月	火	水	木	金	土	日	月	火	水	木	金	土	日	月
음력	8/18	19	20	21	22	23	24	25	26	27	28	29	9/1	2	3	4	5	6	7	8	9	10	11	12	13	14	15	16	17	18	19
일진	壬子	癸丑	甲寅	乙卯	丙辰	丁巳	戊午	己未	庚申	辛酉	壬戌	癸亥	甲子	乙丑	丙寅	丁卯	戊辰	己巳	庚午	辛未	壬申	癸酉	甲戌	乙亥	丙子	丁丑	戊寅	己卯	庚辰	辛巳	壬午
대운 남	8	8	9	9	9	10	10	한	1	1	1	1	2	2	2	3	3	3	4	4	4	5	상	5	6	6	6	7	7	7	8
대운 여	2	2	2	1	1	1	1	로	10	9	9	9	8	8	8	7	7	7	6	6	6	5	강	5	4	4	4	3	3	3	2

양력 11월 입동절(己亥月) 立冬 11월7일 6시38분 小雪 11월22일 4시13분

양력	1	2	3	4	5	6	7	8	9	10	11	12	13	14	15	16	17	18	19	20	21	22	23	24	25	26	27	28	29	30	
요일	火	水	木	金	土	日	月	火	水	木	金	土	日	月	火	水	木	金	土	日	月	火	水	木	金	土	日	月	火	水	
음력	9/20	21	22	23	24	25	26	27	28	29	30	10/1	2	3	4	5	6	7	8	9	10	11	12	13	14	15	16	17	18	19	
일진	癸未	甲申	乙酉	丙戌	丁亥	戊子	己丑	庚寅	辛卯	壬辰	癸巳	甲午	乙未	丙申	丁酉	戊戌	己亥	庚子	辛丑	壬寅	癸卯	甲辰	乙巳	丙午	丁未	戊申	己酉	庚戌	辛亥	壬子	
대운 남	8	8	9	9	9	10	입	1	1	1	1	2	2	2	3	3	3	4	4	4	5	소	5	6	6	6	7	7	7	8	
대운 여	2	2	1	1	1	1	동	9	9	9	8	8	8	7	7	7	6	6	6	5	5	설	4	4	4	3	3	3	2	2	

양력 12월 대설절(庚子月) 大雪 12월6일 23시49분 冬至 12월21일 17시47분

양력	1	2	3	4	5	6	7	8	9	10	11	12	13	14	15	16	17	18	19	20	21	22	23	24	25	26	27	28	29	30	31
요일	木	金	土	日	月	火	水	木	金	土	日	月	火	水	木	金	土	日	月	火	水	木	金	土	日	月	火	水	木	金	土
음력	10/20	21	22	23	24	25	26	27	28	29	30	11/1	2	3	4	5	6	7	8	9	10	11	12	13	14	15	16	17	18	19	20
일진	癸丑	甲寅	乙卯	丙辰	丁巳	戊午	己未	庚申	辛酉	壬戌	癸亥	甲子	乙丑	丙寅	丁卯	戊辰	己巳	庚午	辛未	壬申	癸酉	甲戌	乙亥	丙子	丁丑	戊寅	己卯	庚辰	辛巳	壬午	癸未
대운 남	8	8	9	9	9	대	1	1	1	1	2	2	2	3	3	3	4	4	4	5	동	5	6	6	6	7	7	7	8	8	8
대운 여	2	1	1	1	1	설	10	9	9	9	8	8	8	7	7	7	6	6	6	5	지	5	4	4	4	3	3	3	2	2	2

서기 2062년 [단기 4395년]

양력 1월 소한절(辛丑月) 小寒 1월5일 11시11분 大寒 1월20일 4시29분

양력	1	2	3	4	5	6	7	8	9	10	11	12	13	14	15	16	17	18	19	20	21	22	23	24	25	26	27	28	29	30	31
요일	日	月	火	水	木	金	土	日	月	火	水	木	金	土	日	月	火	水	木	金	土	日	月	火	水	木	金	土	日	月	火
음력	11/21	22	23	24	25	26	27	28	29	30	12/1	2	3	4	5	6	7	8	9	10	11	12	13	14	15	16	17	18	19	20	21
일진	甲申	乙酉	丙戌	丁亥	戊子	己丑	庚寅	辛卯	壬辰	癸巳	甲午	乙未	丙申	丁酉	戊戌	己亥	庚子	辛丑	壬寅	癸卯	甲辰	乙巳	丙午	丁未	戊申	己酉	庚戌	辛亥	壬子	癸丑	甲寅
대운 남	9	9	9	10	소한	1	1	1	1	2	2	2	3	3	3	4	4	4	5	대한	5	6	6	6	7	7	7	8	8	8	9
대운 여	1	1	1	1		9	9	9	8	8	8	7	7	7	6	6	6	5	5		4	4	4	3	3	3	2	2	2	1	1

양력 2월 입춘절(壬寅月) 立春 2월3일 22시45분 雨水 2월18일 18시27분

양력	1	2	3	4	5	6	7	8	9	10	11	12	13	14	15	16	17	18	19	20	21	22	23	24	25	26	27	28			
요일	水	木	金	土	日	月	火	水	木	金	土	日	月	火	水	木	金	土	日	月	火	水	木	金	土	日	月	火			
음력	12/22	23	24	25	26	27	28	29	1/1	2	3	4	5	6	7	8	9	10	11	12	13	14	15	16	17	18	19	20			
일진	乙卯	丙辰	丁巳	戊午	己未	庚申	辛酉	壬戌	癸亥	甲子	乙丑	丙寅	丁卯	戊辰	己巳	庚午	辛未	壬申	癸酉	甲戌	乙亥	丙子	丁丑	戊寅	己卯	庚辰	辛巳	壬午			
대운 남	9	9	입춘	10	9	9	9	8	8	8	7	7	7	6	6	6	5	우수	5	4	4	4	3	3	3	2	2	2			
대운 여	1	1		1	1	1	1	2	2	2	3	3	3	4	4	4	5		5	6	6	6	7	7	7	8	8	8			

양력 3월 경칩절(癸卯月) 驚蟄 3월5일 16시30분 春分 3월20일 17시6분

양력	1	2	3	4	5	6	7	8	9	10	11	12	13	14	15	16	17	18	19	20	21	22	23	24	25	26	27	28	29	30	31
요일	水	木	金	土	日	月	火	水	木	金	土	日	月	火	水	木	金	土	日	月	火	水	木	金	土	日	月	火	水	木	金
음력	1/21	22	23	24	25	26	27	28	29	30	2/1	2	3	4	5	6	7	8	9	10	11	12	13	14	15	16	17	18	19	20	21
일진	癸未	甲申	乙酉	丙戌	丁亥	戊子	己丑	庚寅	辛卯	壬辰	癸巳	甲午	乙未	丙申	丁酉	戊戌	己亥	庚子	辛丑	壬寅	癸卯	甲辰	乙巳	丙午	丁未	戊申	己酉	庚戌	辛亥	壬子	癸丑
대운 남	1	1	1	1	경칩	10	9	9	9	8	8	8	7	7	7	6	6	6	5	춘분	5	4	4	4	3	3	3	2	2	2	1
대운 여	9	9	9	10		1	1	1	1	2	2	2	3	3	3	4	4	4	5		5	6	6	6	7	7	7	8	8	8	9

양력 4월 청명절(甲辰月) 清明 4월4일 20시54분 穀雨 4월20일 3시43분

양력	1	2	3	4	5	6	7	8	9	10	11	12	13	14	15	16	17	18	19	20	21	22	23	24	25	26	27	28	29	30	
요일	土	日	月	火	水	木	金	土	日	月	火	水	木	金	土	日	月	火	水	木	金	土	日	月	火	水	木	金	土	日	
음력	2/22	23	24	25	26	27	28	29	30	3/1	2	3	4	5	6	7	8	9	10	11	12	13	14	15	16	17	18	19	20	21	
일진	甲寅	乙卯	丙辰	丁巳	戊午	己未	庚申	辛酉	壬戌	癸亥	甲子	乙丑	丙寅	丁卯	戊辰	己巳	庚午	辛未	壬申	癸酉	甲戌	乙亥	丙子	丁丑	戊寅	己卯	庚辰	辛巳	壬午	癸未	
대운 남	1	1	1	청명	10	10	9	9	9	8	8	8	7	7	7	6	6	6	5	곡우	5	4	4	4	3	3	3	2	2	2	
대운 여	9	9	10		1	1	1	1	2	2	2	3	3	3	4	4	4	5	5		6	6	6	7	7	7	8	8	8	9	

양력 5월 입하절(乙巳月) 立夏 5월5일 13시46분 小滿 5월21일 2시28분

양력	1	2	3	4	5	6	7	8	9	10	11	12	13	14	15	16	17	18	19	20	21	22	23	24	25	26	27	28	29	30	31
요일	月	火	水	木	金	土	日	月	火	水	木	金	土	日	月	火	水	木	金	土	日	月	火	水	木	金	土	日	月	火	水
음력	3/22	23	24	25	26	27	28	29	4/1	2	3	4	5	6	7	8	9	10	11	12	13	14	15	16	17	18	19	20	21	22	23
일진	甲申	乙酉	丙戌	丁亥	戊子	己丑	庚寅	辛卯	壬辰	癸巳	甲午	乙未	丙申	丁酉	戊戌	己亥	庚子	辛丑	壬寅	癸卯	甲辰	乙巳	丙午	丁未	戊申	己酉	庚戌	辛亥	壬子	癸丑	甲寅
대운 남	1	1	1	1	입하	10	10	9	9	9	8	8	8	7	7	7	6	6	6	5	소만	5	4	4	4	3	3	3	2	2	2
대운 여	9	9	10	10		1	1	1	1	2	2	2	3	3	3	4	4	4	5	5		6	6	6	7	7	7	8	8	8	9

양력 6월 망종절(丙午月) 芒種 6월5일 17시33분 夏至 6월21일 10시10분

양력	1	2	3	4	5	6	7	8	9	10	11	12	13	14	15	16	17	18	19	20	21	22	23	24	25	26	27	28	29	30	
요일	木	金	土	日	月	火	水	木	金	土	日	月	火	水	木	金	土	日	月	火	水	木	金	土	日	月	火	水	木	金	
음력	4/24	25	26	27	28	29	5/1	2	3	4	5	6	7	8	9	10	11	12	13	14	15	16	17	18	19	20	21	22	23	24	
일진	乙卯	丙辰	丁巳	戊午	己未	庚申	辛酉	壬戌	癸亥	甲子	乙丑	丙寅	丁卯	戊辰	己巳	庚午	辛未	壬申	癸酉	甲戌	乙亥	丙子	丁丑	戊寅	己卯	庚辰	辛巳	壬午	癸未	甲申	
대운 남	1	1	1	1	망종	10	10	10	9	9	9	8	8	8	7	7	7	6	6	6	하지	5	5	4	4	4	3	3	3	2	
대운 여	9	9	10	10		1	1	1	1	2	2	2	3	3	3	4	4	4	5	5		6	6	6	7	7	7	8	8	8	

壬午年

양력 7월 소서절(丁未月) 小暑 7월7일 3시37분 大暑 7월22일 21시1분

양력		1	2	3	4	5	6	7	8	9	10	11	12	13	14	15	16	17	18	19	20	21	22	23	24	25	26	27	28	29	30	31
요일		土	日	月	火	水	木	金	土	日	月	火	水	木	金	土	日	月	火	水	木	金	土	日	月	火	水	木	金	土	日	月
음력		5/25	26	27	28	29	30	6/1	2	3	4	5	6	7	8	9	10	11	12	13	14	15	16	17	18	19	20	21	22	23	24	25
일진		乙酉	丙戌	丁亥	戊子	己丑	庚寅	辛卯	壬辰	癸巳	甲午	乙未	丙申	丁酉	戊戌	己亥	庚子	辛丑	壬寅	癸卯	甲辰	乙巳	丙午	丁未	戊申	己酉	庚戌	辛亥	壬子	癸丑	甲寅	乙卯
대	남	2	2	1	1	1	1	소	10	10	9	9	9	8	8	8	7	7	7	6	6	6	대	5	5	4	4	4	3	3	3	2
운	여	9	9	9	10	10	10	서	1	1	1	1	2	2	2	3	3	3	4	4	4	5	서	5	6	6	6	7	7	7	8	8

양력 8월 입추절(戊申月) 立秋 8월7일 13시27분 處暑 8월23일 4시17분

양력		1	2	3	4	5	6	7	8	9	10	11	12	13	14	15	16	17	18	19	20	21	22	23	24	25	26	27	28	29	30	31
요일		火	水	木	金	土	日	月	火	水	木	金	土	日	月	火	水	木	金	土	日	月	火	水	木	金	土	日	月	火	水	木
음력		6/26	27	28	29	7/1	2	3	4	5	6	7	8	9	10	11	12	13	14	15	16	17	18	19	20	21	22	23	24	25	26	27
일진		丙辰	丁巳	戊午	己未	庚申	辛酉	壬戌	癸亥	甲子	乙丑	丙寅	丁卯	戊辰	己巳	庚午	辛未	壬申	癸酉	甲戌	乙亥	丙子	丁丑	戊寅	己卯	庚辰	辛巳	壬午	癸未	甲申	乙酉	丙戌
대	남	2	2	1	1	1	1	입	10	10	9	9	9	8	8	8	7	7	7	6	6	6	5	처	5	4	4	4	3	3	3	2
운	여	8	9	9	9	10	10	추	1	1	1	1	2	2	2	3	3	3	4	4	4	5	5	서	6	6	6	7	7	7	8	8

양력 9월 백로절(己酉月) 白露 9월7일 16시39분 秋分 9월23일 2시18분

양력		1	2	3	4	5	6	7	8	9	10	11	12	13	14	15	16	17	18	19	20	21	22	23	24	25	26	27	28	29	30
요일		金	土	日	月	火	水	木	金	土	日	月	火	水	木	金	土	日	月	火	水	木	金	土	日	月	火	水	木	金	土
음력		7/28	29	8/1	2	3	4	5	6	7	8	9	10	11	12	13	14	15	16	17	18	19	20	21	22	23	24	25	26	27	28
일진		丁亥	戊子	己丑	庚寅	辛卯	壬辰	癸巳	甲午	乙未	丙申	丁酉	戊戌	己亥	庚子	辛丑	壬寅	癸卯	甲辰	乙巳	丙午	丁未	戊申	己酉	庚戌	辛亥	壬子	癸丑	甲寅	乙卯	丙辰
대	남	2	2	1	1	1	1	백	10	10	9	9	9	8	8	8	7	7	7	6	6	6	5	추	5	4	4	4	3	3	3
운	여	8	9	9	9	10	10	로	1	1	1	1	2	2	2	3	3	3	4	4	4	5	5	분	6	6	6	7	7	7	8

양력 10월 한로절(庚戌月) 寒露 10월8일 8시43분 霜降 10월23일 12시7분

양력		1	2	3	4	5	6	7	8	9	10	11	12	13	14	15	16	17	18	19	20	21	22	23	24	25	26	27	28	29	30	31
요일		日	月	火	水	木	金	土	日	月	火	水	木	金	土	日	月	火	水	木	金	土	日	月	火	水	木	金	土	日	月	火
음력		8/29	30	9/1	2	3	4	5	6	7	8	9	10	11	12	13	14	15	16	17	18	19	20	21	22	23	24	25	26	27	28	29
일진		丁巳	戊午	己未	庚申	辛酉	壬戌	癸亥	甲子	乙丑	丙寅	丁卯	戊辰	己巳	庚午	辛未	壬申	癸酉	甲戌	乙亥	丙子	丁丑	戊寅	己卯	庚辰	辛巳	壬午	癸未	甲申	乙酉	丙戌	丁亥
대	남	2	2	2	1	1	1	1	한	10	9	9	9	8	8	8	7	7	7	6	6	6	5	상	5	4	4	4	3	3	3	2
운	여	8	8	9	9	9	10	10	로	1	1	1	1	2	2	2	3	3	3	4	4	4	5	강	5	6	6	6	7	7	7	8

양력 11월 입동절(辛亥月) 立冬 11월7일 12시21분 小雪 11월22일 10시6분

양력		1	2	3	4	5	6	7	8	9	10	11	12	13	14	15	16	17	18	19	20	21	22	23	24	25	26	27	28	29	30
요일		水	木	金	土	日	月	火	水	木	金	土	日	月	火	水	木	金	土	日	月	火	水	木	金	土	日	月	火	水	木
음력		10/1	2	3	4	5	6	7	8	9	10	11	12	13	14	15	16	17	18	19	20	21	22	23	24	25	26	27	28	29	30
일진		戊子	己丑	庚寅	辛卯	壬辰	癸巳	甲午	乙未	丙申	丁酉	戊戌	己亥	庚子	辛丑	壬寅	癸卯	甲辰	乙巳	丙午	丁未	戊申	己酉	庚戌	辛亥	壬子	癸丑	甲寅	乙卯	丙辰	丁巳
대	남	2	2	1	1	1	1	입	10	9	9	9	8	8	8	7	7	7	6	6	6	5	소	5	4	4	4	3	3	3	2
운	여	8	8	9	9	9	10	동	1	1	1	1	2	2	2	3	3	3	4	4	4	5	설	5	6	6	6	7	7	7	8

양력 12월 대설절(壬子月) 大雪 12월7일 5시33분 冬至 12월21일 23시41분

양력		1	2	3	4	5	6	7	8	9	10	11	12	13	14	15	16	17	18	19	20	21	22	23	24	25	26	27	28	29	30	31
요일		金	土	日	月	火	水	木	金	土	日	月	火	水	木	金	土	日	月	火	水	木	金	土	日	月	火	水	木	金	土	日
음력		11/1	2	3	4	5	6	7	8	9	10	11	12	13	14	15	16	17	18	19	20	21	22	23	24	25	26	27	28	29	30	12/1
일진		戊午	己未	庚申	辛酉	壬戌	癸亥	甲子	乙丑	丙寅	丁卯	戊辰	己巳	庚午	辛未	壬申	癸酉	甲戌	乙亥	丙子	丁丑	戊寅	己卯	庚辰	辛巳	壬午	癸未	甲申	乙酉	丙戌	丁亥	戊子
대	남	2	2	1	1	1	1	대	9	9	9	8	8	8	7	7	7	6	6	6	5	동	5	4	4	4	3	3	3	2	2	2
운	여	8	8	9	9	9	10	설	1	1	1	1	2	2	2	3	3	3	4	4	4	지	5	5	6	6	6	7	7	7	8	8

서기 2063년 [단기 4396년]

양력 1월 소한절(癸丑月) 小寒 1월5일 16시56분 大寒 1월20일 10시22분

양력	1	2	3	4	5	6	7	8	9	10	11	12	13	14	15	16	17	18	19	20	21	22	23	24	25	26	27	28	29	30	31
요일	月	火	水	木	金	土	日	月	火	水	木	金	土	日	月	火	水	木	金	土	日	月	火	水	木	金	土	日	月	火	水
음력	12/2	3	4	5	6	7	8	9	10	11	12	13	14	15	16	17	18	19	20	21	22	23	24	25	26	27	28	29	1/1	2	3
일진	己丑	庚寅	辛卯	壬辰	癸巳	甲午	乙未	丙申	丁酉	戊戌	己亥	庚子	辛丑	壬寅	癸卯	甲辰	乙巳	丙午	丁未	戊申	己酉	庚戌	辛亥	壬子	癸丑	甲寅	乙卯	丙辰	丁巳	戊午	己未
대운 남	1	1	1	1	소	10	9	9	9	8	8	8	7	7	7	6	6	6	5	대	5	4	4	4	3	3	3	2	2	2	1
대운 여	8	9	9	9	한	1	1	1	1	2	2	2	3	3	3	4	4	4	5	한	5	6	6	6	7	7	7	8	8	8	9

양력 2월 입춘절(甲寅月) 立春 2월4일 4시30분 雨水 2월19일 0시20분

양력	1	2	3	4	5	6	7	8	9	10	11	12	13	14	15	16	17	18	19	20	21	22	23	24	25	26	27	28			
요일	木	金	土	日	月	火	水	木	金	土	日	月	火	水	木	金	土	日	月	火	水	木	金	土	日	月	火	水			
음력	1/4	5	6	7	8	9	10	11	12	13	14	15	16	17	18	19	20	21	22	23	24	25	26	27	28	29	30	2/1			
일진	庚申	辛酉	壬戌	癸亥	甲子	乙丑	丙寅	丁卯	戊辰	己巳	庚午	辛未	壬申	癸酉	甲戌	乙亥	丙子	丁丑	戊寅	己卯	庚辰	辛巳	壬午	癸未	甲申	乙酉	丙戌	丁亥			
대운 남	1	1	1	입	1	1	1	1	2	2	2	3	3	3	4	4	4	5	우	5	6	6	6	7	7	7	8	8			
대운 여	9	9	10	춘	9	9	9	8	8	8	7	7	7	6	6	6	5	5	수	4	4	4	3	3	3	2	2	2			

양력 3월 경칩절(乙卯月) 驚蟄 3월5일 22시13분 春分 3월20일 22시58분

양력	1	2	3	4	5	6	7	8	9	10	11	12	13	14	15	16	17	18	19	20	21	22	23	24	25	26	27	28	29	30	31
요일	木	金	土	日	月	火	水	木	金	土	日	月	火	水	木	金	土	日	月	火	水	木	金	土	日	月	火	水	木	金	土
음력	2/2	3	4	5	6	7	8	9	10	11	12	13	14	15	16	17	18	19	20	21	22	23	24	25	26	27	28	29	30	3/1	2
일진	戊子	己丑	庚寅	辛卯	壬辰	癸巳	甲午	乙未	丙申	丁酉	戊戌	己亥	庚子	辛丑	壬寅	癸卯	甲辰	乙巳	丙午	丁未	戊申	己酉	庚戌	辛亥	壬子	癸丑	甲寅	乙卯	丙辰	丁巳	戊午
대운 남	8	9	9	9	경	1	1	1	1	2	2	2	3	3	3	4	4	4	5	춘	5	6	6	6	7	7	7	8	8	8	9
대운 여	1	1	1	1	칩	10	10	9	9	9	8	8	8	7	7	7	6	6	6	분	5	5	4	4	4	3	3	3	2	2	2

양력 4월 청명절(丙辰月) 清明 4월5일 2시35분 穀雨 4월20일 9시33분

양력	1	2	3	4	5	6	7	8	9	10	11	12	13	14	15	16	17	18	19	20	21	22	23	24	25	26	27	28	29	30	
요일	日	月	火	水	木	金	土	日	月	火	水	木	金	土	日	月	火	水	木	金	土	日	月	火	水	木	金	土	日	月	
음력	3/3	4	5	6	7	8	9	10	11	12	13	14	15	16	17	18	19	20	21	22	23	24	25	26	27	28	29	4/1	2	3	
일진	己未	庚申	辛酉	壬戌	癸亥	甲子	乙丑	丙寅	丁卯	戊辰	己巳	庚午	辛未	壬申	癸酉	甲戌	乙亥	丙子	丁丑	戊寅	己卯	庚辰	辛巳	壬午	癸未	甲申	乙酉	丙戌	丁亥	戊子	
대운 남	9	9	10	10	청	1	1	1	1	2	2	2	3	3	3	4	4	4	5	곡	5	6	6	6	7	7	7	8	8	8	
대운 여	1	1	1	1	명	10	9	9	9	8	8	8	7	7	7	6	6	6	5	우	5	4	4	4	3	3	3	2	2	2	

양력 5월 입하절(丁巳月) 立夏 5월5일 19시27분 小滿 5월21일 8시18분

양력	1	2	3	4	5	6	7	8	9	10	11	12	13	14	15	16	17	18	19	20	21	22	23	24	25	26	27	28	29	30	31
요일	火	水	木	金	土	日	月	火	水	木	金	土	日	月	火	水	木	金	土	日	月	火	水	木	金	土	日	月	火	水	木
음력	4/4	5	6	7	8	9	10	11	12	13	14	15	16	17	18	19	20	21	22	23	24	25	26	27	28	29	30	5/1	2	3	4
일진	己丑	庚寅	辛卯	壬辰	癸巳	甲午	乙未	丙申	丁酉	戊戌	己亥	庚子	辛丑	壬寅	癸卯	甲辰	乙巳	丙午	丁未	戊申	己酉	庚戌	辛亥	壬子	癸丑	甲寅	乙卯	丙辰	丁巳	戊午	己未
대운 남	9	9	9	10	입	1	1	1	1	2	2	2	3	3	3	4	4	4	5	5	소	6	6	6	7	7	7	8	8	8	9
대운 여	1	1	1	1	하	10	10	9	9	9	8	8	8	7	7	7	6	6	6	5	만	5	4	4	4	3	3	3	2	2	2

양력 6월 망종절(戊午月) 芒種 6월5일 23시16분 夏至 6월21일 16시0분

양력	1	2	3	4	5	6	7	8	9	10	11	12	13	14	15	16	17	18	19	20	21	22	23	24	25	26	27	28	29	30	
요일	金	土	日	月	火	水	木	金	土	日	月	火	水	木	金	土	日	月	火	水	木	金	土	日	月	火	水	木	金	土	
음력	5/5	6	7	8	9	10	11	12	13	14	15	16	17	18	19	20	21	22	23	24	25	26	27	28	29	6/1	2	3	4	5	
일진	庚申	辛酉	壬戌	癸亥	甲子	乙丑	丙寅	丁卯	戊辰	己巳	庚午	辛未	壬申	癸酉	甲戌	乙亥	丙子	丁丑	戊寅	己卯	庚辰	辛巳	壬午	癸未	甲申	乙酉	丙戌	丁亥	戊子	己丑	
대운 남	9	9	10	10	망	1	1	1	1	2	2	2	3	3	3	4	4	4	5	5	하	6	6	6	7	7	7	8	8	8	
대운 여	1	1	1	1	종	10	10	10	9	9	9	8	8	8	7	7	7	6	6	6	지	5	5	4	4	4	3	3	3	2	

癸未年

양력 7월　소서절(己未月)　小暑 7월7일 9시24분　大暑 7월23일 2시52분

양력		1	2	3	4	5	6	7	8	9	10	11	12	13	14	15	16	17	18	19	20	21	22	23	24	25	26	27	28	29	30	31
요일		日	月	火	水	木	金	土	日	月	火	水	木	金	土	日	月	火	水	木	金	土	日	月	火	水	木	金	土	日	月	火
음력		6/6	7	8	9	10	11	12	13	14	15	16	17	18	19	20	21	22	23	24	25	26	27	28	29	30	7/1	2	3	4	5	6
일진		庚寅	辛卯	壬辰	癸巳	甲午	乙未	丙申	丁酉	戊戌	己亥	庚子	辛丑	壬寅	癸卯	甲辰	乙巳	丙午	丁未	戊申	己酉	庚戌	辛亥	壬子	癸丑	甲寅	乙卯	丙辰	丁巳	戊午	己未	庚申
대운	남	9	9	9	10	10	10	소	1	1	1	1	2	2	2	3	3	3	4	4	4	5	5	대	6	6	6	7	7	7	8	8
	여	2	2	1	1	1	1	서	10	10	9	9	9	8	8	8	7	7	7	6	6	6	5	서	5	4	4	4	3	3	3	2

양력 8월　입추절(庚申月)　立秋 8월7일 19시19분　處暑 8월23일 10시7분

양력		1	2	3	4	5	6	7	8	9	10	11	12	13	14	15	16	17	18	19	20	21	22	23	24	25	26	27	28	29	30	31
요일		水	木	金	土	日	月	火	水	木	金	土	日	月	火	水	木	金	土	日	月	火	水	木	金	土	日	月	火	水	木	金
음력		7/7	8	9	10	11	12	13	14	15	16	17	18	19	20	21	22	23	24	25	26	27	28	29	윤1	2	3	4	5	6	7	8
일진		辛酉	壬戌	癸亥	甲子	乙丑	丙寅	丁卯	戊辰	己巳	庚午	辛未	壬申	癸酉	甲戌	乙亥	丙子	丁丑	戊寅	己卯	庚辰	辛巳	壬午	癸未	甲申	乙酉	丙戌	丁亥	戊子	己丑	庚寅	辛卯
대운	남	8	9	9	9	10	10	입	1	1	1	1	2	2	2	3	3	3	4	4	4	5	5	처	6	6	6	7	7	7	8	8
	여	2	2	1	1	1	1	추	10	10	9	9	9	8	8	8	7	7	7	6	6	6	5	서	5	4	4	4	3	3	3	2

양력 9월　백로절(辛酉月)　白露 9월7일 22시32분　秋分 9월23일 8시7분

양력		1	2	3	4	5	6	7	8	9	10	11	12	13	14	15	16	17	18	19	20	21	22	23	24	25	26	27	28	29	30	
요일		土	日	月	火	水	木	金	土	日	月	火	水	木	金	土	日	月	火	水	木	金	土	日	月	火	水	木	金	土	日	
음력		윤9	10	11	12	13	14	15	16	17	18	19	20	21	22	23	24	25	26	27	28	29	8/1	2	3	4	5	6	7	8	9	
일진		壬辰	癸巳	甲午	乙未	丙申	丁酉	戊戌	己亥	庚子	辛丑	壬寅	癸卯	甲辰	乙巳	丙午	丁未	戊申	己酉	庚戌	辛亥	壬子	癸丑	甲寅	乙卯	丙辰	丁巳	戊午	己未	庚申	辛酉	
대운	남	8	9	9	9	10	10	백	1	1	1	1	2	2	2	3	3	3	4	4	4	5	5	추	6	6	6	7	7	7	8	
	여	2	2	1	1	1	1	로	10	10	9	9	9	8	8	8	7	7	7	6	6	6	5	분	5	4	4	4	3	3	3	

양력 10월　한로절(壬戌月)　寒露 10월8일 14시35분　霜降 10월23일 17시52분

양력		1	2	3	4	5	6	7	8	9	10	11	12	13	14	15	16	17	18	19	20	21	22	23	24	25	26	27	28	29	30	31
요일		月	火	水	木	金	土	日	月	火	水	木	金	土	日	月	火	水	木	金	土	日	月	火	水	木	金	土	日	月	火	水
음력		8/10	11	12	13	14	15	16	17	18	19	20	21	22	23	24	25	26	27	28	29	30	9/1	2	3	4	5	6	7	8	9	10
일진		壬戌	癸亥	甲子	乙丑	丙寅	丁卯	戊辰	己巳	庚午	辛未	壬申	癸酉	甲戌	乙亥	丙子	丁丑	戊寅	己卯	庚辰	辛巳	壬午	癸未	甲申	乙酉	丙戌	丁亥	戊子	己丑	庚寅	辛卯	壬辰
대운	남	8	8	9	9	9	10	10	한	1	1	1	1	2	2	2	3	3	3	4	4	4	5	상	5	6	6	6	7	7	7	8
	여	2	2	2	1	1	1	1	로	10	9	9	9	8	8	8	7	7	7	6	6	6	5	강	5	4	4	4	3	3	3	2

양력 11월　입동절(癸亥月)　立冬 11월7일 18시10분　小雪 11월22일 15시47분

양력		1	2	3	4	5	6	7	8	9	10	11	12	13	14	15	16	17	18	19	20	21	22	23	24	25	26	27	28	29	30	
요일		木	金	土	日	月	火	水	木	金	土	日	月	火	水	木	金	土	日	月	火	水	木	金	土	日	月	火	水	木	金	
음력		9/11	12	13	14	15	16	17	18	19	20	21	22	23	24	25	26	27	28	29	10/1	2	3	4	5	6	7	8	9	10	11	
일진		癸巳	甲午	乙未	丙申	丁酉	戊戌	己亥	庚子	辛丑	壬寅	癸卯	甲辰	乙巳	丙午	丁未	戊申	己酉	庚戌	辛亥	壬子	癸丑	甲寅	乙卯	丙辰	丁巳	戊午	己未	庚申	辛酉	壬戌	
대운	남	8	8	9	9	9	10	입	1	1	1	1	2	2	2	3	3	3	4	4	4	5	소	5	6	6	6	7	7	7	8	
	여	2	2	1	1	1	1	동	10	9	9	9	8	8	8	7	7	7	6	6	6	5	설	5	4	4	4	3	3	3	2	

양력 12월　대설절(甲子月)　大雪 12월7일 11시19분　冬至 12월22일 5시20분

양력		1	2	3	4	5	6	7	8	9	10	11	12	13	14	15	16	17	18	19	20	21	22	23	24	25	26	27	28	29	30	31
요일		土	日	月	火	水	木	金	土	日	月	火	水	木	金	土	日	月	火	水	木	金	土	日	月	火	水	木	金	土	日	月
음력		10/12	13	14	15	16	17	18	19	20	21	22	23	24	25	26	27	28	29	30	11/1	2	3	4	5	6	7	8	9	10	11	12
일진		癸亥	甲子	乙丑	丙寅	丁卯	戊辰	己巳	庚午	辛未	壬申	癸酉	甲戌	乙亥	丙子	丁丑	戊寅	己卯	庚辰	辛巳	壬午	癸未	甲申	乙酉	丙戌	丁亥	戊子	己丑	庚寅	辛卯	壬辰	癸巳
대운	남	8	8	9	9	9	10	대	1	1	1	1	2	2	2	3	3	3	4	4	4	5	동	5	6	6	6	7	7	7	8	8
	여	2	2	1	1	1	1	설	9	9	9	8	8	8	7	7	7	6	6	6	5	5	지	4	4	4	3	3	3	2	2	2

▶윤달-7월

서기 2064년 [단기 4397년]

양력 1월 소한절(乙丑月) 小寒 1월5일 22시40분 大寒 1월20일 16시0분

양력	1	2	3	4	5	6	7	8	9	10	11	12	13	14	15	16	17	18	19	20	21	22	23	24	25	26	27	28	29	30	31
요일	火	水	木	金	土	日	月	火	水	木	金	土	日	月	火	水	木	金	土	日	月	火	水	木	金	土	日	月	火	水	木
음력	11/13	14	15	16	17	18	19	20	21	22	23	24	25	26	27	28	29	12/1	2	3	4	5	6	7	8	9	10	11	12	13	14
일진	甲午	乙未	丙申	丁酉	戊戌	己亥	庚子	辛丑	壬寅	癸卯	甲辰	乙巳	丙午	丁未	戊申	己酉	庚戌	辛亥	壬子	癸丑	甲寅	乙卯	丙辰	丁巳	戊午	己未	庚申	辛酉	壬戌	癸亥	甲子
대운 남	8	9	9	9	소한	1	1	1	1	2	2	2	3	3	3	4	4	4	5	대한	5	6	6	6	7	7	7	8	8	8	9
대운 여	1	1	1	1	소한	10	9	9	9	8	8	8	7	7	7	6	6	6	5	대한	5	4	4	4	3	3	3	2	2	2	1

양력 2월 입춘절(丙寅月) 立春 2월4일 10시13분 雨水 2월19일 5시58분

양력	1	2	3	4	5	6	7	8	9	10	11	12	13	14	15	16	17	18	19	20	21	22	23	24	25	26	27	28	29		
요일	金	土	日	月	火	水	木	金	土	日	月	火	水	木	金	土	日	月	火	水	木	金	土	日	月	火	水	木	金		
음력	12/15	16	17	18	19	20	21	22	23	24	25	26	27	28	29	30	1/1	2	3	4	5	6	7	8	9	10	11	12	13		
일진	乙丑	丙寅	丁卯	戊辰	己巳	庚午	辛未	壬申	癸酉	甲戌	乙亥	丙子	丁丑	戊寅	己卯	庚辰	辛巳	壬午	癸未	甲申	乙酉	丙戌	丁亥	戊子	己丑	庚寅	辛卯	壬辰	癸巳		
대운 남	9	9	10	입춘	10	9	9	9	8	8	8	7	7	7	6	6	6	5	우수	5	4	4	4	3	3	3	2	2	2		
대운 여	1	1	1	입춘	1	1	1	1	2	2	2	3	3	3	4	4	4	5	우수	5	6	6	6	7	7	7	8	8	8		

양력 3월 경칩절(丁卯月) 驚蟄 3월5일 3시58분 春分 3월20일 4시37분

양력	1	2	3	4	5	6	7	8	9	10	11	12	13	14	15	16	17	18	19	20	21	22	23	24	25	26	27	28	29	30	31
요일	土	日	月	火	水	木	金	土	日	月	火	水	木	金	土	日	月	火	水	木	金	土	日	月	火	水	木	金	土	日	月
음력	1/14	15	16	17	18	19	20	21	22	23	24	25	26	27	28	29	30	2/1	2	3	4	5	6	7	8	9	10	11	12	13	14
일진	甲午	乙未	丙申	丁酉	戊戌	己亥	庚子	辛丑	壬寅	癸卯	甲辰	乙巳	丙午	丁未	戊申	己酉	庚戌	辛亥	壬子	癸丑	甲寅	乙卯	丙辰	丁巳	戊午	己未	庚申	辛酉	壬戌	癸亥	甲子
대운 남	1	1	1	1	경칩	10	9	9	9	8	8	8	7	7	7	6	6	6	5	춘분	5	4	4	4	3	3	3	2	2	2	1
대운 여	9	9	9	10	경칩	1	1	1	1	2	2	2	3	3	3	4	4	4	5	춘분	5	6	6	6	7	7	7	8	8	8	9

양력 4월 청명절(戊辰月) 淸明 4월4일 8시23분 穀雨 4월19일 15시14분

양력	1	2	3	4	5	6	7	8	9	10	11	12	13	14	15	16	17	18	19	20	21	22	23	24	25	26	27	28	29	30	
요일	火	水	木	金	土	日	月	火	水	木	金	土	日	月	火	水	木	金	土	日	月	火	水	木	金	土	日	月	火	水	
음력	2/15	16	17	18	19	20	21	22	23	24	25	26	27	28	29	30	3/1	2	3	4	5	6	7	8	9	10	11	12	13	14	
일진	乙丑	丙寅	丁卯	戊辰	己巳	庚午	辛未	壬申	癸酉	甲戌	乙亥	丙子	丁丑	戊寅	己卯	庚辰	辛巳	壬午	癸未	甲申	乙酉	丙戌	丁亥	戊子	己丑	庚寅	辛卯	壬辰	癸巳	甲午	
대운 남	1	1	1	청명	10	10	9	9	9	8	8	8	7	7	7	6	6	6	곡우	5	5	4	4	4	3	3	3	2	2	2	
대운 여	9	9	10	청명	1	1	1	1	2	2	2	3	3	3	4	4	4	5	곡우	5	6	6	6	7	7	7	8	8	8	9	

양력 5월 입하절(己巳月) 立夏 5월5일 1시17분 小滿 5월20일 14시0분

양력	1	2	3	4	5	6	7	8	9	10	11	12	13	14	15	16	17	18	19	20	21	22	23	24	25	26	27	28	29	30	31
요일	木	金	土	日	月	火	水	木	金	土	日	月	火	水	木	金	土	日	月	火	水	木	金	土	日	月	火	水	木	金	土
음력	3/15	16	17	18	19	20	21	22	23	24	25	26	27	28	29	4/1	2	3	4	5	6	7	8	9	10	11	12	13	14	15	16
일진	乙未	丙申	丁酉	戊戌	己亥	庚子	辛丑	壬寅	癸卯	甲辰	乙巳	丙午	丁未	戊申	己酉	庚戌	辛亥	壬子	癸丑	甲寅	乙卯	丙辰	丁巳	戊午	己未	庚申	辛酉	壬戌	癸亥	甲子	乙丑
대운 남	1	1	1	1	입하	10	10	9	9	9	8	8	8	7	7	7	6	6	6	소만	5	5	4	4	4	3	3	3	2	2	2
대운 여	9	9	10	10	입하	1	1	1	1	2	2	2	3	3	3	4	4	4	5	소만	5	6	6	6	7	7	7	8	8	8	9

양력 6월 망종절(庚午月) 芒種 6월5일 5시9분 夏至 6월20일 21시44분

양력	1	2	3	4	5	6	7	8	9	10	11	12	13	14	15	16	17	18	19	20	21	22	23	24	25	26	27	28	29	30	
요일	日	月	火	水	木	金	土	日	月	火	水	木	金	土	日	月	火	水	木	金	土	日	月	火	水	木	金	土	日	月	
음력	4/17	18	19	20	21	22	23	24	25	26	27	28	29	30	5/1	2	3	4	5	6	7	8	9	10	11	12	13	14	15	16	
일진	丙寅	丁卯	戊辰	己巳	庚午	辛未	壬申	癸酉	甲戌	乙亥	丙子	丁丑	戊寅	己卯	庚辰	辛巳	壬午	癸未	甲申	乙酉	丙戌	丁亥	戊子	己丑	庚寅	辛卯	壬辰	癸巳	甲午	乙未	
대운 남	1	1	1	1	망종	10	10	9	9	9	8	8	8	7	7	7	6	6	6	하지	5	5	4	4	4	3	3	3	2	2	
대운 여	9	9	10	10	망종	1	1	1	1	2	2	2	3	3	3	4	4	4	5	하지	5	6	6	6	7	7	7	8	8	8	

甲申年

양력 7월 소서절(辛未月) 小暑 7월6일 15시18분 大暑 7월22일 8시38분

양력		1	2	3	4	5	6	7	8	9	10	11	12	13	14	15	16	17	18	19	20	21	22	23	24	25	26	27	28	29	30	31
요일		火	水	木	金	土	日	月	火	水	木	金	土	日	月	火	水	木	金	土	日	月	火	水	木	金	土	日	月	火	水	木
음력		5/17	18	19	20	21	22	23	24	25	26	27	28	29	6/1	2	3	4	5	6	7	8	9	10	11	12	13	14	15	16	17	18
일진		丙申	丁酉	戊戌	己亥	庚子	辛丑	壬寅	癸卯	甲辰	乙巳	丙午	丁未	戊申	己酉	庚戌	辛亥	壬子	癸丑	甲寅	乙卯	丙辰	丁巳	戊午	己未	庚申	辛酉	壬戌	癸亥	甲子	乙丑	丙寅
대운	남	2	1	1	1	1	소	10	10	10	9	9	9	8	8	8	7	7	7	6	6	6	대	5	5	4	4	4	3	3	3	2
	여	9	9	9	10	10	서	1	1	1	1	2	2	2	3	3	3	4	4	4	5	5	서	6	6	6	7	7	7	8	8	8

양력 8월 입추절(壬申月) 立秋 8월7일 1시13분 處暑 8월22일 15시55분

양력		1	2	3	4	5	6	7	8	9	10	11	12	13	14	15	16	17	18	19	20	21	22	23	24	25	26	27	28	29	30	31
요일		金	土	日	月	火	水	木	金	土	日	月	火	水	木	金	土	日	月	火	水	木	金	土	日	月	火	水	木	金	土	日
음력		6/19	20	21	22	23	24	25	26	27	28	29	30	7/1	2	3	4	5	6	7	8	9	10	11	12	13	14	15	16	17	18	19
일진		丁卯	戊辰	己巳	庚午	辛未	壬申	癸酉	甲戌	乙亥	丙子	丁丑	戊寅	己卯	庚辰	辛巳	壬午	癸未	甲申	乙酉	丙戌	丁亥	戊子	己丑	庚寅	辛卯	壬辰	癸巳	甲午	乙未	丙申	丁酉
대운	남	2	2	1	1	1	1	입	10	10	9	9	9	8	8	8	7	7	7	6	6	6	처	5	5	4	4	4	3	3	3	2
	여	9	9	9	10	10	10	추	1	1	1	1	2	2	2	3	3	3	4	4	4	5	서	5	6	6	6	7	7	7	8	8

양력 9월 백로절(癸酉月) 白露 9월7일 4시25분 秋分 9월22일 13시55분

양력		1	2	3	4	5	6	7	8	9	10	11	12	13	14	15	16	17	18	19	20	21	22	23	24	25	26	27	28	29	30
요일		月	火	水	木	金	土	日	月	火	水	木	金	土	日	月	火	水	木	金	土	日	月	火	水	木	金	土	日	月	火
음력		7/20	21	22	23	24	25	26	27	28	29	8/1	2	3	4	5	6	7	8	9	10	11	12	13	14	15	16	17	18	19	20
일진		戊戌	己亥	庚子	辛丑	壬寅	癸卯	甲辰	乙巳	丙午	丁未	戊申	己酉	庚戌	辛亥	壬子	癸丑	甲寅	乙卯	丙辰	丁巳	戊午	己未	庚申	辛酉	壬戌	癸亥	甲子	乙丑	丙寅	丁卯
대운	남	2	2	1	1	1	1	백	10	9	9	9	8	8	8	7	7	7	6	6	6	5	추	5	4	4	4	3	3	3	2
	여	8	9	9	9	10	10	로	1	1	1	1	2	2	2	3	3	3	4	4	4	5	분	5	6	6	6	7	7	7	8

양력 10월 한로절(甲戌月) 寒露 10월7일 20시26분 霜降 10월22일 23시41분

양력		1	2	3	4	5	6	7	8	9	10	11	12	13	14	15	16	17	18	19	20	21	22	23	24	25	26	27	28	29	30	31
요일		水	木	金	土	日	月	火	水	木	金	土	日	月	火	水	木	金	土	日	月	火	水	木	金	土	日	月	火	水	木	金
음력		8/21	22	23	24	25	26	27	28	29	9/1	2	3	4	5	6	7	8	9	10	11	12	13	14	15	16	17	18	19	20	21	22
일진		戊辰	己巳	庚午	辛未	壬申	癸酉	甲戌	乙亥	丙子	丁丑	戊寅	己卯	庚辰	辛巳	壬午	癸未	甲申	乙酉	丙戌	丁亥	戊子	己丑	庚寅	辛卯	壬辰	癸巳	甲午	乙未	丙申	丁酉	戊戌
대운	남	2	2	1	1	1	1	한	10	10	9	9	9	8	8	8	7	7	7	6	6	6	상	5	5	4	4	4	3	3	3	2
	여	8	8	9	9	9	10	로	1	1	1	1	2	2	2	3	3	3	4	4	4	5	강	5	6	6	6	7	7	7	8	8

양력 11월 입동절(乙亥月) 立冬 11월7일 0시0분 小雪 11월21일 21시35분

양력		1	2	3	4	5	6	7	8	9	10	11	12	13	14	15	16	17	18	19	20	21	22	23	24	25	26	27	28	29	30
요일		土	日	月	火	水	木	金	土	日	月	火	水	木	金	土	日	月	火	水	木	金	土	日	月	火	水	木	金	土	日
음력		9/23	24	25	26	27	28	29	30	10/1	2	3	4	5	6	7	8	9	10	11	12	13	14	15	16	17	18	19	20	21	22
일진		己亥	庚子	辛丑	壬寅	癸卯	甲辰	乙巳	丙午	丁未	戊申	己酉	庚戌	辛亥	壬子	癸丑	甲寅	乙卯	丙辰	丁巳	戊午	己未	庚申	辛酉	壬戌	癸亥	甲子	乙丑	丙寅	丁卯	戊辰
대운	남	2	2	1	1	1	1	입	9	9	9	8	8	8	7	7	7	6	6	6	5	소	5	4	4	4	3	3	3	2	2
	여	8	9	9	9	10	10	동	1	1	1	1	2	2	2	3	3	3	4	4	4	설	5	5	6	6	6	7	7	7	8

양력 12월 대설절(丙子月) 大雪 12월6일 17시8분 冬至 12월21일 11시7분

양력		1	2	3	4	5	6	7	8	9	10	11	12	13	14	15	16	17	18	19	20	21	22	23	24	25	26	27	28	29	30	31
요일		月	火	水	木	金	土	日	月	火	水	木	金	土	日	月	火	水	木	金	土	日	月	火	水	木	金	土	日	月	火	水
음력		10/23	24	25	26	27	28	29	11/1	2	3	4	5	6	7	8	9	10	11	12	13	14	15	16	17	18	19	20	21	22	23	24
일진		己巳	庚午	辛未	壬申	癸酉	甲戌	乙亥	丙子	丁丑	戊寅	己卯	庚辰	辛巳	壬午	癸未	甲申	乙酉	丙戌	丁亥	戊子	己丑	庚寅	辛卯	壬辰	癸巳	甲午	乙未	丙申	丁酉	戊戌	己亥
대운	남	2	1	1	1	1	대	10	9	9	9	8	8	8	7	7	7	6	6	6	5	동	5	4	4	4	3	3	3	2	2	2
	여	8	8	9	9	9	설	1	1	1	1	2	2	2	3	3	3	4	4	4	5	지	5	6	6	6	7	7	7	8	8	8

서기 2065년 [단기 4398년]

양력 1월 소한절(丁丑月) 小寒 1월5일 4시28분 大寒 1월19일 21시47분

양력	1	2	3	4	5	6	7	8	9	10	11	12	13	14	15	16	17	18	19	20	21	22	23	24	25	26	27	28	29	30	31
요일	木	金	土	日	月	火	水	木	金	土	日	月	火	水	木	金	土	日	月	火	水	木	金	土	日	月	火	水	木	金	土
음력	11/25	26	27	28	29	30	12/1	2	3	4	5	6	7	8	9	10	11	12	13	14	15	16	17	18	19	20	21	22	23	24	25
일진	庚子	辛丑	壬寅	癸卯	甲辰	乙巳	丙午	丁未	戊申	己酉	庚戌	辛亥	壬子	癸丑	甲寅	乙卯	丙辰	丁巳	戊午	己未	庚申	辛酉	壬戌	癸亥	甲子	乙丑	丙寅	丁卯	戊辰	己巳	庚午
대운 남	1	1	1	1	소	9	9	9	8	8	8	7	7	7	6	6	6	5	대	5	4	4	4	3	3	3	2	2	2	1	1
대운 여	9	9	9	10	한	1	1	1	1	2	2	2	3	3	3	4	4	4	한	5	5	6	6	6	7	7	7	8	8	8	9

양력 2월 입춘절(戊寅月) 立春 2월3일 16시2분 雨水 2월18일 11시46분

양력	1	2	3	4	5	6	7	8	9	10	11	12	13	14	15	16	17	18	19	20	21	22	23	24	25	26	27	28
요일	日	月	火	水	木	金	土	日	月	火	水	木	金	土	日	月	火	水	木	金	土	日	月	火	水	木	金	土
음력	12/26	27	28	29	1/1	2	3	4	5	6	7	8	9	10	11	12	13	14	15	16	17	18	19	20	21	22	23	24
일진	辛未	壬申	癸酉	甲戌	乙亥	丙子	丁丑	戊寅	己卯	庚辰	辛巳	壬午	癸未	甲申	乙酉	丙戌	丁亥	戊子	己丑	庚寅	辛卯	壬辰	癸巳	甲午	乙未	丙申	丁酉	戊戌
대운 남	1	1	입	1	1	1	1	2	2	2	3	3	3	4	4	4	5	우	5	6	6	6	7	7	7	8	8	8
대운 여	9	9	춘	10	9	9	9	8	8	8	7	7	7	6	6	6	5	수	5	4	4	4	3	3	3	2	2	2

양력 3월 경칩절(己卯月) 驚蟄 3월5일 9시48분 春分 3월20일 10시27분

양력	1	2	3	4	5	6	7	8	9	10	11	12	13	14	15	16	17	18	19	20	21	22	23	24	25	26	27	28	29	30	31
요일	日	月	火	水	木	金	土	日	月	火	水	木	金	土	日	月	火	水	木	金	土	日	月	火	水	木	金	土	日	月	火
음력	1/25	26	27	28	29	30	2/1	2	3	4	5	6	7	8	9	10	11	12	13	14	15	16	17	18	19	20	21	22	23	24	25
일진	己亥	庚子	辛丑	壬寅	癸卯	甲辰	乙巳	丙午	丁未	戊申	己酉	庚戌	辛亥	壬子	癸丑	甲寅	乙卯	丙辰	丁巳	戊午	己未	庚申	辛酉	壬戌	癸亥	甲子	乙丑	丙寅	丁卯	戊辰	己巳
대운 남	9	9	9	10	경	1	1	1	1	2	2	2	3	3	3	4	4	4	5	춘	5	6	6	6	7	7	7	8	8	8	9
대운 여	1	1	1	1	칩	10	9	9	9	8	8	8	7	7	7	6	6	6	5	분	5	4	4	4	3	3	3	2	2	2	1

양력 4월 청명절(庚辰月) 清明 4월4일 14시12분 穀雨 4월19일 21시4분

양력	1	2	3	4	5	6	7	8	9	10	11	12	13	14	15	16	17	18	19	20	21	22	23	24	25	26	27	28	29	30
요일	水	木	金	土	日	月	火	水	木	金	土	日	月	火	水	木	金	土	日	月	火	水	木	金	土	日	月	火	水	木
음력	2/26	27	28	29	30	3/1	2	3	4	5	6	7	8	9	10	11	12	13	14	15	16	17	18	19	20	21	22	23	24	25
일진	庚午	辛未	壬申	癸酉	甲戌	乙亥	丙子	丁丑	戊寅	己卯	庚辰	辛巳	壬午	癸未	甲申	乙酉	丙戌	丁亥	戊子	己丑	庚寅	辛卯	壬辰	癸巳	甲午	乙未	丙申	丁酉	戊戌	己亥
대운 남	9	9	10	청	1	1	1	1	2	2	2	3	3	3	4	4	4	5	곡	5	6	6	6	7	7	7	8	8	8	9
대운 여	1	1	1	명	10	10	9	9	9	8	8	8	7	7	7	6	6	6	우	5	5	4	4	4	3	3	3	2	2	2

양력 5월 입하절(辛巳月) 立夏 5월5일 7시4분 小滿 5월20일 19시49분

양력	1	2	3	4	5	6	7	8	9	10	11	12	13	14	15	16	17	18	19	20	21	22	23	24	25	26	27	28	29	30	31
요일	金	土	日	月	火	水	木	金	土	日	月	火	水	木	金	土	日	月	火	水	木	金	土	日	月	火	水	木	金	土	日
음력	3/26	27	28	29	4/1	2	3	4	5	6	7	8	9	10	11	12	13	14	15	16	17	18	19	20	21	22	23	24	25	26	27
일진	庚子	辛丑	壬寅	癸卯	甲辰	乙巳	丙午	丁未	戊申	己酉	庚戌	辛亥	壬子	癸丑	甲寅	乙卯	丙辰	丁巳	戊午	己未	庚申	辛酉	壬戌	癸亥	甲子	乙丑	丙寅	丁卯	戊辰	己巳	庚午
대운 남	9	9	10	10	입	1	1	1	1	2	2	2	3	3	3	4	4	4	5	소	5	6	6	6	7	7	7	8	8	8	9
대운 여	1	1	1	1	하	10	10	9	9	9	8	8	8	7	7	7	6	6	6	만	5	5	4	4	4	3	3	3	2	2	2

양력 6월 망종절(壬午月) 芒種 6월5일 10시51분 夏至 6월21일 3시31분

양력	1	2	3	4	5	6	7	8	9	10	11	12	13	14	15	16	17	18	19	20	21	22	23	24	25	26	27	28	29	30
요일	月	火	水	木	金	土	日	月	火	水	木	金	土	日	月	火	水	木	金	土	日	月	火	水	木	金	土	日	月	火
음력	4/28	29	30	5/1	2	3	4	5	6	7	8	9	10	11	12	13	14	15	16	17	18	19	20	21	22	23	24	25	26	27
일진	辛未	壬申	癸酉	甲戌	乙亥	丙子	丁丑	戊寅	己卯	庚辰	辛巳	壬午	癸未	甲申	乙酉	丙戌	丁亥	戊子	己丑	庚寅	辛卯	壬辰	癸巳	甲午	乙未	丙申	丁酉	戊戌	己亥	庚子
대운 남	9	9	10	10	망	1	1	1	1	2	2	2	3	3	3	4	4	4	5	5	하	6	6	6	7	7	7	8	8	8
대운 여	1	1	1	1	종	10	10	9	9	9	8	8	8	7	7	7	6	6	6	5	지	5	4	4	4	3	3	3	2	2

乙酉年

양력 7월 소서절(癸未月) 小暑 7월6일 20시55분 大暑 7월22일 14시23분

양력	1	2	3	4	5	6	7	8	9	10	11	12	13	14	15	16	17	18	19	20	21	22	23	24	25	26	27	28	29	30	31
요일	水	木	金	土	日	月	火	水	木	金	土	日	月	火	水	木	金	土	日	月	火	水	木	金	土	日	月	火	水	木	金
음력	5/28	29	30	6/1	2	3	4	5	6	7	8	9	10	11	12	13	14	15	16	17	18	19	20	21	22	23	24	25	26	27	28
일진	辛丑	壬寅	癸卯	甲辰	乙巳	丙午	丁未	戊申	己酉	庚戌	辛亥	壬子	癸丑	甲寅	乙卯	丙辰	丁巳	戊午	己未	庚申	辛酉	壬戌	癸亥	甲子	乙丑	丙寅	丁卯	戊辰	己巳	庚午	辛未
대운 남	9	9	9	10	10	소	1	1	1	1	2	2	2	3	3	3	4	4	4	5	5	대	6	6	6	7	7	7	8	8	8
대운 여	2	1	1	1	1	서	10	10	10	9	9	9	8	8	8	7	7	7	6	6	6	서	5	5	4	4	4	3	3	3	2

양력 8월 입추절(甲申月) 立秋 8월7일 6시48분 處暑 8월22일 21시40분

양력	1	2	3	4	5	6	7	8	9	10	11	12	13	14	15	16	17	18	19	20	21	22	23	24	25	26	27	28	29	30	31
요일	土	日	月	火	水	木	金	土	日	月	火	水	木	金	土	日	月	火	水	木	金	土	日	月	火	水	木	金	土	日	月
음력	6/29	7/1	2	3	4	5	6	7	8	9	10	11	12	13	14	15	16	17	18	19	20	21	22	23	24	25	26	27	28	29	30
일진	壬申	癸酉	甲戌	乙亥	丙子	丁丑	戊寅	己卯	庚辰	辛巳	壬午	癸未	甲申	乙酉	丙戌	丁亥	戊子	己丑	庚寅	辛卯	壬辰	癸巳	甲午	乙未	丙申	丁酉	戊戌	己亥	庚子	辛丑	壬寅
대운 남	9	9	9	10	10	10	입	1	1	1	1	2	2	2	3	3	3	4	4	4	5	처	5	6	6	6	7	7	7	8	8
대운 여	2	2	1	1	1	1	추	10	10	9	9	9	8	8	8	7	7	7	6	6	6	서	5	5	4	4	4	3	3	3	2

양력 9월 백로절(乙酉月) 白露 9월7일 10시0분 秋分 9월22일 19시41분

양력	1	2	3	4	5	6	7	8	9	10	11	12	13	14	15	16	17	18	19	20	21	22	23	24	25	26	27	28	29	30
요일	火	水	木	金	土	日	月	火	水	木	金	土	日	月	火	水	木	金	土	日	月	火	水	木	金	土	日	月	火	水
음력	8/1	2	3	4	5	6	7	8	9	10	11	12	13	14	15	16	17	18	19	20	21	22	23	24	25	26	27	28	29	9/1
일진	癸卯	甲辰	乙巳	丙午	丁未	戊申	己酉	庚戌	辛亥	壬子	癸丑	甲寅	乙卯	丙辰	丁巳	戊午	己未	庚申	辛酉	壬戌	癸亥	甲子	乙丑	丙寅	丁卯	戊辰	己巳	庚午	辛未	壬申
대운 남	8	9	9	9	10	10	백	1	1	1	1	2	2	2	3	3	3	4	4	4	5	추	5	6	6	6	7	7	7	8
대운 여	2	2	1	1	1	1	로	10	10	9	9	9	8	8	8	7	7	7	6	6	6	분	5	5	4	4	4	3	3	3

양력 10월 한로절(丙戌月) 寒露 10월8일 2시4분 霜降 10월23일 5시28분

양력	1	2	3	4	5	6	7	8	9	10	11	12	13	14	15	16	17	18	19	20	21	22	23	24	25	26	27	28	29	30	31
요일	木	金	土	日	月	火	水	木	金	土	日	月	火	水	木	金	土	日	月	火	水	木	金	土	日	月	火	水	木	金	土
음력	9/2	3	4	5	6	7	8	9	10	11	12	13	14	15	16	17	18	19	20	21	22	23	24	25	26	27	28	29	10/1	2	3
일진	癸酉	甲戌	乙亥	丙子	丁丑	戊寅	己卯	庚辰	辛巳	壬午	癸未	甲申	乙酉	丙戌	丁亥	戊子	己丑	庚寅	辛卯	壬辰	癸巳	甲午	乙未	丙申	丁酉	戊戌	己亥	庚子	辛丑	壬寅	癸卯
대운 남	8	8	9	9	9	10	10	한	1	1	1	1	2	2	2	3	3	3	4	4	4	5	상	5	6	6	6	7	7	7	8
대운 여	2	2	2	1	1	1	1	로	10	9	9	9	8	8	8	7	7	7	6	6	6	5	강	5	4	4	4	3	3	3	2

양력 11월 입동절(丁亥月) 立冬 11월7일 5시41분 小雪 11월22일 3시25분

양력	1	2	3	4	5	6	7	8	9	10	11	12	13	14	15	16	17	18	19	20	21	22	23	24	25	26	27	28	29	30
요일	日	月	火	水	木	金	土	日	月	火	水	木	金	土	日	月	火	水	木	金	土	日	月	火	水	木	金	土	日	月
음력	10/4	5	6	7	8	9	10	11	12	13	14	15	16	17	18	19	20	21	22	23	24	25	26	27	28	29	30	11/1	2	3
일진	甲辰	乙巳	丙午	丁未	戊申	己酉	庚戌	辛亥	壬子	癸丑	甲寅	乙卯	丙辰	丁巳	戊午	己未	庚申	辛酉	壬戌	癸亥	甲子	乙丑	丙寅	丁卯	戊辰	己巳	庚午	辛未	壬申	癸酉
대운 남	8	8	9	9	9	10	입	1	1	1	1	2	2	2	3	3	3	4	4	4	5	소	5	6	6	6	7	7	7	8
대운 여	2	2	1	1	1	1	동	9	9	9	8	8	8	7	7	7	6	6	6	5	5	설	4	4	4	3	3	3	2	2

양력 12월 대설절(戊子月) 大雪 12월6일 22시51분 冬至 12월21일 16시59분

양력	1	2	3	4	5	6	7	8	9	10	11	12	13	14	15	16	17	18	19	20	21	22	23	24	25	26	27	28	29	30	31
요일	火	水	木	金	土	日	月	火	水	木	金	土	日	月	火	水	木	金	土	日	月	火	水	木	金	土	日	月	火	水	木
음력	11/4	5	6	7	8	9	10	11	12	13	14	15	16	17	18	19	20	21	22	23	24	25	26	27	28	29	12/1	2	3	4	5
일진	甲戌	乙亥	丙子	丁丑	戊寅	己卯	庚辰	辛巳	壬午	癸未	甲申	乙酉	丙戌	丁亥	戊子	己丑	庚寅	辛卯	壬辰	癸巳	甲午	乙未	丙申	丁酉	戊戌	己亥	庚子	辛丑	壬寅	癸卯	甲辰
대운 남	8	8	9	9	9	대	1	1	1	1	2	2	2	3	3	3	4	4	4	5	동	5	6	6	6	7	7	7	8	8	8
대운 여	2	1	1	1	1	설	10	9	9	9	8	8	8	7	7	7	6	6	6	5	지	5	4	4	4	3	3	3	2	2	2

서기 2066년 [단기 4399년]

양력 1월 소한절(己丑月) 小寒 1월5일 10시13분 大寒 1월20일 3시41분

양력	1	2	3	4	5	6	7	8	9	10	11	12	13	14	15	16	17	18	19	20	21	22	23	24	25	26	27	28	29	30	31
요일	金	土	日	月	火	水	木	金	土	日	月	火	水	木	金	土	日	月	火	水	木	金	土	日	月	火	水	木	金	土	日
음력	12/6	7	8	9	10	11	12	13	14	15	16	17	18	19	20	21	22	23	24	25	26	27	28	29	30	1/1	2	3	4	5	6
일진	乙巳	丙午	丁未	戊申	己酉	庚戌	辛亥	壬子	癸丑	甲寅	乙卯	丙辰	丁巳	戊午	己未	庚申	辛酉	壬戌	癸亥	甲子	乙丑	丙寅	丁卯	戊辰	己巳	庚午	辛未	壬申	癸酉	甲戌	乙亥
대운 남	9	9	9	10	소한	1	1	1	1	2	2	2	3	3	3	4	4	4	5	대한	5	6	6	6	7	7	7	8	8	8	9
대운 여	1	1	1	1	소한	9	9	9	8	8	8	7	7	7	6	6	6	5	5	대한	4	4	4	3	3	3	2	2	2	1	1

양력 2월 입춘절(庚寅月) 立春 2월3일 21시48분 雨水 2월18일 17시39분

양력	1	2	3	4	5	6	7	8	9	10	11	12	13	14	15	16	17	18	19	20	21	22	23	24	25	26	27	28
요일	月	火	水	木	金	土	日	月	火	水	木	金	土	日	月	火	水	木	金	土	日	月	火	水	木	金	土	日
음력	1/7	8	9	10	11	12	13	14	15	16	17	18	19	20	21	22	23	24	25	26	27	28	29	2/1	2	3	4	5
일진	丙子	丁丑	戊寅	己卯	庚辰	辛巳	壬午	癸未	甲申	乙酉	丙戌	丁亥	戊子	己丑	庚寅	辛卯	壬辰	癸巳	甲午	乙未	丙申	丁酉	戊戌	己亥	庚子	辛丑	壬寅	癸卯
대운 남	9	9	입춘	10	9	9	9	8	8	8	7	7	7	6	6	6	5	우수	5	4	4	4	3	3	3	2	2	2
대운 여	1	1	입춘	1	1	1	1	2	2	2	3	3	3	4	4	4	5	우수	5	6	6	6	7	7	7	8	8	8

양력 3월 경칩절(辛卯月) 驚蟄 3월5일 15시33분 春分 3월20일 16시18분

양력	1	2	3	4	5	6	7	8	9	10	11	12	13	14	15	16	17	18	19	20	21	22	23	24	25	26	27	28	29	30	31
요일	月	火	水	木	金	土	日	月	火	水	木	金	土	日	月	火	水	木	金	土	日	月	火	水	木	金	土	日	月	火	水
음력	2/6	7	8	9	10	11	12	13	14	15	16	17	18	19	20	21	22	23	24	25	26	27	28	29	30	3/1	2	3	4	5	6
일진	甲辰	乙巳	丙午	丁未	戊申	己酉	庚戌	辛亥	壬子	癸丑	甲寅	乙卯	丙辰	丁巳	戊午	己未	庚申	辛酉	壬戌	癸亥	甲子	乙丑	丙寅	丁卯	戊辰	己巳	庚午	辛未	壬申	癸酉	甲戌
대운 남	1	1	1	1	경칩	10	9	9	9	8	8	8	7	7	7	6	6	6	5	춘분	5	4	4	4	3	3	3	2	2	2	1
대운 여	9	9	9	10	경칩	1	1	1	1	2	2	2	3	3	3	4	4	4	5	춘분	5	6	6	6	7	7	7	8	8	8	9

양력 4월 청명절(壬辰月) 清明 4월4일 19시56분 穀雨 4월20일 2시54분

양력	1	2	3	4	5	6	7	8	9	10	11	12	13	14	15	16	17	18	19	20	21	22	23	24	25	26	27	28	29	30
요일	木	金	土	日	月	火	水	木	金	土	日	月	火	水	木	金	土	日	月	火	水	木	金	土	日	月	火	水	木	金
음력	3/7	8	9	10	11	12	13	14	15	16	17	18	19	20	21	22	23	24	25	26	27	28	29	4/1	2	3	4	5	6	7
일진	乙亥	丙子	丁丑	戊寅	己卯	庚辰	辛巳	壬午	癸未	甲申	乙酉	丙戌	丁亥	戊子	己丑	庚寅	辛卯	壬辰	癸巳	甲午	乙未	丙申	丁酉	戊戌	己亥	庚子	辛丑	壬寅	癸卯	甲辰
대운 남	1	1	1	청명	10	10	9	9	9	8	8	8	7	7	7	6	6	6	5	곡우	5	4	4	4	3	3	3	2	2	2
대운 여	9	9	10	청명	1	1	1	1	2	2	2	3	3	3	4	4	4	5	5	곡우	6	6	6	7	7	7	8	8	8	9

양력 5월 입하절(癸巳月) 立夏 5월5일 12시47분 小滿 5월21일 1시36분

양력	1	2	3	4	5	6	7	8	9	10	11	12	13	14	15	16	17	18	19	20	21	22	23	24	25	26	27	28	29	30	31
요일	土	日	月	火	水	木	金	土	日	月	火	水	木	金	土	日	月	火	水	木	金	土	日	月	火	水	木	金	土	日	月
음력	4/8	9	10	11	12	13	14	15	16	17	18	19	20	21	22	23	24	25	26	27	28	29	30	5/1	2	3	4	5	6	7	8
일진	乙巳	丙午	丁未	戊申	己酉	庚戌	辛亥	壬子	癸丑	甲寅	乙卯	丙辰	丁巳	戊午	己未	庚申	辛酉	壬戌	癸亥	甲子	乙丑	丙寅	丁卯	戊辰	己巳	庚午	辛未	壬申	癸酉	甲戌	乙亥
대운 남	1	1	1	1	입하	10	10	9	9	9	8	8	8	7	7	7	6	6	6	5	소만	5	4	4	4	3	3	3	2	2	2
대운 여	9	9	10	10	입하	1	1	1	1	2	2	2	3	3	3	4	4	4	5	5	소만	6	6	6	7	7	7	8	8	8	9

양력 6월 망종절(甲午月) 芒種 6월5일 16시34분 夏至 6월21일 9시15분

양력	1	2	3	4	5	6	7	8	9	10	11	12	13	14	15	16	17	18	19	20	21	22	23	24	25	26	27	28	29	30
요일	火	水	木	金	土	日	月	火	水	木	金	土	日	月	火	水	木	金	土	日	月	火	水	木	金	土	日	月	火	水
음력	5/9	10	11	12	13	14	15	16	17	18	19	20	21	22	23	24	25	26	27	28	29	30	윤1	2	3	4	5	6	7	8
일진	丙子	丁丑	戊寅	己卯	庚辰	辛巳	壬午	癸未	甲申	乙酉	丙戌	丁亥	戊子	己丑	庚寅	辛卯	壬辰	癸巳	甲午	乙未	丙申	丁酉	戊戌	己亥	庚子	辛丑	壬寅	癸卯	甲辰	乙巳
대운 남	1	1	1	1	망종	10	10	10	9	9	9	8	8	8	7	7	7	6	6	6	하지	5	5	4	4	4	3	3	3	2
대운 여	9	9	10	10	망종	1	1	1	1	2	2	2	3	3	3	4	4	4	5	5	하지	6	6	6	7	7	7	8	8	8

▶윤달-5월

丙戌年

양력 7월 소서절(乙未月) 小暑 7월7일 2시40분 大暑 7월22일 20시5분

양력	1	2	3	4	5	6	7	8	9	10	11	12	13	14	15	16	17	18	19	20	21	22	23	24	25	26	27	28	29	30	31
요일	木	金	土	日	月	火	水	木	金	土	日	月	火	水	木	金	土	日	月	火	水	木	金	土	日	月	火	水	木	金	土
음력	윤9	10	11	12	13	14	15	16	17	18	19	20	21	22	23	24	25	26	27	28	29	6/1	2	3	4	5	6	7	8	9	10
일진	丙午	丁未	戊申	己酉	庚戌	辛亥	壬子	癸丑	甲寅	乙卯	丙辰	丁巳	戊午	己未	庚申	辛酉	壬戌	癸亥	甲子	乙丑	丙寅	丁卯	戊辰	己巳	庚午	辛未	壬申	癸酉	甲戌	乙亥	丙子
대운 남	2	2	1	1	1	1	소	10	10	9	9	9	8	8	8	7	7	7	6	6	6	대	5	5	4	4	4	3	3	3	2
대운 여	9	9	9	10	10	10	서	1	1	1	1	2	2	2	3	3	3	4	4	4	5	서	5	6	6	6	7	7	7	8	8

양력 8월 입추절(丙申月) 立秋 8월7일 12시35분 處暑 8월23일 3시22분

양력	1	2	3	4	5	6	7	8	9	10	11	12	13	14	15	16	17	18	19	20	21	22	23	24	25	26	27	28	29	30	31
요일	日	月	火	水	木	金	土	日	月	火	水	木	金	土	日	月	火	水	木	金	土	日	月	火	水	木	金	土	日	月	火
음력	6/11	12	13	14	15	16	17	18	19	20	21	22	23	24	25	26	27	28	29	30	7/1	2	3	4	5	6	7	8	9	10	11
일진	丁丑	戊寅	己卯	庚辰	辛巳	壬午	癸未	甲申	乙酉	丙戌	丁亥	戊子	己丑	庚寅	辛卯	壬辰	癸巳	甲午	乙未	丙申	丁酉	戊戌	己亥	庚子	辛丑	壬寅	癸卯	甲辰	乙巳	丙午	丁未
대운 남	2	2	1	1	1	1	입	10	10	9	9	9	8	8	8	7	7	7	6	6	6	5	처	5	4	4	4	3	3	3	2
대운 여	8	9	9	9	10	10	추	1	1	1	1	2	2	2	3	3	3	4	4	4	5	5	서	6	6	6	7	7	7	8	8

양력 9월 백로절(丁酉月) 白露 9월7일 15시52분 秋分 9월23일 1시25분

양력	1	2	3	4	5	6	7	8	9	10	11	12	13	14	15	16	17	18	19	20	21	22	23	24	25	26	27	28	29	30	
요일	水	木	金	土	日	月	火	水	木	金	土	日	月	火	水	木	金	土	日	月	火	水	木	金	土	日	月	火	水	木	
음력	7/12	13	14	15	16	17	18	19	20	21	22	23	24	25	26	27	28	29	8/1	2	3	4	5	6	7	8	9	10	11	12	
일진	戊申	己酉	庚戌	辛亥	壬子	癸丑	甲寅	乙卯	丙辰	丁巳	戊午	己未	庚申	辛酉	壬戌	癸亥	甲子	乙丑	丙寅	丁卯	戊辰	己巳	庚午	辛未	壬申	癸酉	甲戌	乙亥	丙子	丁丑	
대운 남	2	2	1	1	1	1	백	10	10	9	9	9	8	8	8	7	7	7	6	6	6	5	추	5	4	4	4	3	3	3	
대운 여	8	9	9	9	10	10	로	1	1	1	1	2	2	2	3	3	3	4	4	4	5	5	분	6	6	6	7	7	7	8	

양력 10월 한로절(戊戌月) 寒露 10월8일 7시59분 霜降 10월23일 11시15분

양력	1	2	3	4	5	6	7	8	9	10	11	12	13	14	15	16	17	18	19	20	21	22	23	24	25	26	27	28	29	30	31
요일	金	土	日	月	火	水	木	金	土	日	月	火	水	木	金	土	日	月	火	水	木	金	土	日	月	火	水	木	金	土	日
음력	8/13	14	15	16	17	18	19	20	21	22	23	24	25	26	27	28	29	30	9/1	2	3	4	5	6	7	8	9	10	11	12	13
일진	戊寅	己卯	庚辰	辛巳	壬午	癸未	甲申	乙酉	丙戌	丁亥	戊子	己丑	庚寅	辛卯	壬辰	癸巳	甲午	乙未	丙申	丁酉	戊戌	己亥	庚子	辛丑	壬寅	癸卯	甲辰	乙巳	丙午	丁未	戊申
대운 남	2	2	2	1	1	1	1	한	10	9	9	9	8	8	8	7	7	7	6	6	6	5	상	5	4	4	4	3	3	3	2
대운 여	8	8	9	9	9	10	10	로	1	1	1	1	2	2	2	3	3	3	4	4	4	5	강	5	6	6	6	7	7	7	8

양력 11월 입동절(己亥月) 立冬 11월7일 11시38분 小雪 11월22일 9시12분

양력	1	2	3	4	5	6	7	8	9	10	11	12	13	14	15	16	17	18	19	20	21	22	23	24	25	26	27	28	29	30
요일	月	火	水	木	金	土	日	月	火	水	木	金	土	日	月	火	水	木	金	土	日	月	火	水	木	金	土	日	月	火
음력	9/14	15	16	17	18	19	20	21	22	23	24	25	26	27	28	29	10/1	2	3	4	5	6	7	8	9	10	11	12	13	14
일진	己酉	庚戌	辛亥	壬子	癸丑	甲寅	乙卯	丙辰	丁巳	戊午	己未	庚申	辛酉	壬戌	癸亥	甲子	乙丑	丙寅	丁卯	戊辰	己巳	庚午	辛未	壬申	癸酉	甲戌	乙亥	丙子	丁丑	戊寅
대운 남	2	2	1	1	1	1	입	10	9	9	9	8	8	8	7	7	7	6	6	6	5	소	5	4	4	4	3	3	3	2
대운 여	8	8	9	9	9	10	동	1	1	1	1	2	2	2	3	3	3	4	4	4	5	설	5	6	6	6	7	7	7	8

양력 12월 대설절(庚子月) 大雪 12월7일 4시47분 冬至 12월21일 22시44분

양력	1	2	3	4	5	6	7	8	9	10	11	12	13	14	15	16	17	18	19	20	21	22	23	24	25	26	27	28	29	30	31
요일	水	木	金	土	日	月	火	水	木	金	土	日	月	火	水	木	金	土	日	月	火	水	木	金	土	日	月	火	水	木	金
음력	10/15	16	17	18	19	20	21	22	23	24	25	26	27	28	29	30	11/1	2	3	4	5	6	7	8	9	10	11	12	13	14	15
일진	己卯	庚辰	辛巳	壬午	癸未	甲申	乙酉	丙戌	丁亥	戊子	己丑	庚寅	辛卯	壬辰	癸巳	甲午	乙未	丙申	丁酉	戊戌	己亥	庚子	辛丑	壬寅	癸卯	甲辰	乙巳	丙午	丁未	戊申	己酉
대운 남	2	2	1	1	1	1	대	9	9	9	8	8	8	7	7	7	6	6	6	5	동	5	4	4	4	3	3	3	2	2	2
대운 여	8	8	9	9	9	10	설	1	1	1	1	2	2	2	3	3	3	4	4	4	지	5	5	6	6	6	7	7	7	8	8

서기 2067년 [단기 4400년]

양력 1월 소한절(辛丑月) 小寒 1월5일 16시5분 大寒 1월20일 9시21분

양력	1	2	3	4	5	6	7	8	9	10	11	12	13	14	15	16	17	18	19	20	21	22	23	24	25	26	27	28	29	30	31
요일	土	日	月	火	水	木	金	土	日	月	火	水	木	金	土	日	月	火	水	木	金	土	日	月	火	水	木	金	土	日	月
음력	11/16	17	18	19	20	21	22	23	24	25	26	27	28	29	12/1	2	3	4	5	6	7	8	9	10	11	12	13	14	15	16	17
일진	庚戌	辛亥	壬子	癸丑	甲寅	乙卯	丙辰	丁巳	戊午	己未	庚申	辛酉	壬戌	癸亥	甲子	乙丑	丙寅	丁卯	戊辰	己巳	庚午	辛未	壬申	癸酉	甲戌	乙亥	丙子	丁丑	戊寅	己卯	庚辰
대운 남	1	1	1	1	소한	10	9	9	9	8	8	8	7	7	7	6	6	6	5	대한	5	4	4	4	3	3	3	2	2	2	1
대운 여	8	9	9	9		1	1	1	1	2	2	2	3	3	3	4	4	4	5		5	6	6	6	7	7	7	8	8	8	9

양력 2월 입춘절(壬寅月) 立春 2월4일 3시36분 雨水 2월18일 23시16분

양력	1	2	3	4	5	6	7	8	9	10	11	12	13	14	15	16	17	18	19	20	21	22	23	24	25	26	27	28			
요일	火	水	木	金	土	日	月	火	水	木	金	土	日	月	火	水	木	金	土	日	月	火	水	木	金	土	日	月			
음력	12/18	19	20	21	22	23	24	25	26	27	28	29	30	1/1	2	3	4	5	6	7	8	9	10	11	12	13	14	15			
일진	辛巳	壬午	癸未	甲申	乙酉	丙戌	丁亥	戊子	己丑	庚寅	辛卯	壬辰	癸巳	甲午	乙未	丙申	丁酉	戊戌	己亥	庚子	辛丑	壬寅	癸卯	甲辰	乙巳	丙午	丁未	戊申			
대운 남	1	1	1	입춘	1	1	1	1	2	2	2	3	3	3	4	4	4	우수	5	5	6	6	6	7	7	7	8	8			
대운 여	9	9	10		9	9	9	8	8	8	7	7	7	6	6	6	5		5	4	4	4	3	3	3	2	2	2			

양력 3월 경칩절(癸卯月) 驚蟄 3월5일 21시17분 春分 3월20일 21시52분

양력	1	2	3	4	5	6	7	8	9	10	11	12	13	14	15	16	17	18	19	20	21	22	23	24	25	26	27	28	29	30	31
요일	火	水	木	金	土	日	月	火	水	木	金	土	日	月	火	水	木	金	土	日	月	火	水	木	金	土	日	月	火	水	木
음력	1/16	17	18	19	20	21	22	23	24	25	26	27	28	29	2/1	2	3	4	5	6	7	8	9	10	11	12	13	14	15	16	17
일진	己酉	庚戌	辛亥	壬子	癸丑	甲寅	乙卯	丙辰	丁巳	戊午	己未	庚申	辛酉	壬戌	癸亥	甲子	乙丑	丙寅	丁卯	戊辰	己巳	庚午	辛未	壬申	癸酉	甲戌	乙亥	丙子	丁丑	戊寅	己卯
대운 남	8	9	9	9	경칩	1	1	1	1	2	2	2	3	3	3	4	4	4	5	춘분	5	6	6	6	7	7	7	8	8	8	9
대운 여	1	1	1	1		10	10	9	9	9	8	8	8	7	7	7	6	6	6		5	5	4	4	4	3	3	3	2	2	2

양력 4월 청명절(甲辰月) 清明 4월5일 1시39분 穀雨 4월20일 8시27분

양력	1	2	3	4	5	6	7	8	9	10	11	12	13	14	15	16	17	18	19	20	21	22	23	24	25	26	27	28	29	30	
요일	金	土	日	月	火	水	木	金	土	日	月	火	水	木	金	土	日	月	火	水	木	金	土	日	月	火	水	木	金	土	
음력	2/18	19	20	21	22	23	24	25	26	27	28	29	30	3/1	2	3	4	5	6	7	8	9	10	11	12	13	14	15	16	17	
일진	庚辰	辛巳	壬午	癸未	甲申	乙酉	丙戌	丁亥	戊子	己丑	庚寅	辛卯	壬辰	癸巳	甲午	乙未	丙申	丁酉	戊戌	己亥	庚子	辛丑	壬寅	癸卯	甲辰	乙巳	丙午	丁未	戊申	己酉	
대운 남	9	9	10	10	청명	1	1	1	1	2	2	2	3	3	3	4	4	4	5	곡우	5	6	6	6	7	7	7	8	8	8	
대운 여	1	1	1	1		10	9	9	9	8	8	8	7	7	7	6	6	6	5		5	4	4	4	3	3	3	2	2	2	

양력 5월 입하절(乙巳月) 立夏 5월5일 18시31분 小滿 5월21일 7시11분

양력	1	2	3	4	5	6	7	8	9	10	11	12	13	14	15	16	17	18	19	20	21	22	23	24	25	26	27	28	29	30	31
요일	日	月	火	水	木	金	土	日	月	火	水	木	金	土	日	月	火	水	木	金	土	日	月	火	水	木	金	土	日	月	火
음력	3/18	19	20	21	22	23	24	25	26	27	28	29	4/1	2	3	4	5	6	7	8	9	10	11	12	13	14	15	16	17	18	19
일진	庚戌	辛亥	壬子	癸丑	甲寅	乙卯	丙辰	丁巳	戊午	己未	庚申	辛酉	壬戌	癸亥	甲子	乙丑	丙寅	丁卯	戊辰	己巳	庚午	辛未	壬申	癸酉	甲戌	乙亥	丙子	丁丑	戊寅	己卯	庚辰
대운 남	9	9	9	10	입하	1	1	1	1	2	2	2	3	3	3	4	4	4	5	5	소만	6	6	6	7	7	7	8	8	8	9
대운 여	1	1	1	1		10	10	9	9	9	8	8	8	7	7	7	6	6	6	5		5	4	4	4	3	3	3	2	2	2

양력 6월 망종절(丙午月) 芒種 6월5일 22시20분 夏至 6월21일 14시54분

양력	1	2	3	4	5	6	7	8	9	10	11	12	13	14	15	16	17	18	19	20	21	22	23	24	25	26	27	28	29	30	
요일	水	木	金	土	日	月	火	水	木	金	土	日	月	火	水	木	金	土	日	月	火	水	木	金	土	日	月	火	水	木	
음력	4/20	21	22	23	24	25	26	27	28	29	30	5/1	2	3	4	5	6	7	8	9	10	11	12	13	14	15	16	17	18	19	
일진	辛巳	壬午	癸未	甲申	乙酉	丙戌	丁亥	戊子	己丑	庚寅	辛卯	壬辰	癸巳	甲午	乙未	丙申	丁酉	戊戌	己亥	庚子	辛丑	壬寅	癸卯	甲辰	乙巳	丙午	丁未	戊申	己酉	庚戌	
대운 남	9	9	10	10	망종	1	1	1	1	2	2	2	3	3	3	4	4	4	5	5	하지	6	6	6	7	7	7	8	8	8	
대운 여	1	1	1	1		10	10	10	9	9	9	8	8	8	7	7	7	6	6	6		5	5	4	4	4	3	3	3	2	

丁亥年

양력 7월 소서절(丁未月) 小暑 7월7일 8시28분 大暑 7월23일 1시49분

양력	1	2	3	4	5	6	7	8	9	10	11	12	13	14	15	16	17	18	19	20	21	22	23	24	25	26	27	28	29	30	31
요일	金	土	日	月	火	水	木	金	土	日	月	火	水	木	金	土	日	月	火	水	木	金	土	日	月	火	水	木	金	土	日
음력	5/20	21	22	23	24	25	26	27	28	29	6/1	2	3	4	5	6	7	8	9	10	11	12	13	14	15	16	17	18	19	20	21
일진	辛亥	壬子	癸丑	甲寅	乙卯	丙辰	丁巳	戊午	己未	庚申	辛酉	壬戌	癸亥	甲子	乙丑	丙寅	丁卯	戊辰	己巳	庚午	辛未	壬申	癸酉	甲戌	乙亥	丙子	丁丑	戊寅	己卯	庚辰	辛巳
대운 남	9	9	9	10	10	10	소	1	1	1	1	2	2	2	3	3	3	4	4	4	5	5	대	6	6	6	7	7	7	8	8
대운 여	2	2	1	1	1	1	서	10	10	9	9	9	8	8	8	7	7	7	6	6	6	5	서	5	4	4	4	3	3	3	2

양력 8월 입추절(戊申月) 立秋 8월7일 18시24분 處暑 8월23일 9시11분

양력	1	2	3	4	5	6	7	8	9	10	11	12	13	14	15	16	17	18	19	20	21	22	23	24	25	26	27	28	29	30	31
요일	月	火	水	木	金	土	日	月	火	水	木	金	土	日	月	火	水	木	金	土	日	月	火	水	木	金	土	日	月	火	水
음력	6/22	23	24	25	26	27	28	29	30	7/1	2	3	4	5	6	7	8	9	10	11	12	13	14	15	16	17	18	19	20	21	22
일진	壬午	癸未	甲申	乙酉	丙戌	丁亥	戊子	己丑	庚寅	辛卯	壬辰	癸巳	甲午	乙未	丙申	丁酉	戊戌	己亥	庚子	辛丑	壬寅	癸卯	甲辰	乙巳	丙午	丁未	戊申	己酉	庚戌	辛亥	壬子
대운 남	8	9	9	9	10	10	입	1	1	1	1	2	2	2	3	3	3	4	4	4	5	5	처	6	6	6	7	7	7	8	8
대운 여	2	2	1	1	1	1	추	10	10	9	9	9	8	8	8	7	7	7	6	6	6	5	서	5	4	4	4	3	3	3	2

양력 9월 백로절(己酉月) 白露 9월7일 21시41분 秋分 9월23일 7시18분

양력	1	2	3	4	5	6	7	8	9	10	11	12	13	14	15	16	17	18	19	20	21	22	23	24	25	26	27	28	29	30	
요일	木	金	土	日	月	火	水	木	金	土	日	月	火	水	木	金	土	日	月	火	水	木	金	土	日	月	火	水	木	金	
음력	7/23	24	25	26	27	28	29	30	8/1	2	3	4	5	6	7	8	9	10	11	12	13	14	15	16	17	18	19	20	21	22	
일진	癸丑	甲寅	乙卯	丙辰	丁巳	戊午	己未	庚申	辛酉	壬戌	癸亥	甲子	乙丑	丙寅	丁卯	戊辰	己巳	庚午	辛未	壬申	癸酉	甲戌	乙亥	丙子	丁丑	戊寅	己卯	庚辰	辛巳	壬午	
대운 남	8	9	9	9	10	10	백	1	1	1	1	2	2	2	3	3	3	4	4	4	5	5	추	6	6	6	7	7	7	8	
대운 여	2	2	1	1	1	1	로	10	10	9	9	9	8	8	8	7	7	7	6	6	6	5	분	5	4	4	4	3	3	3	

양력 10월 한로절(庚戌月) 寒露 10월8일 13시49분 霜降 10월23일 17시10분

양력	1	2	3	4	5	6	7	8	9	10	11	12	13	14	15	16	17	18	19	20	21	22	23	24	25	26	27	28	29	30	31
요일	土	日	月	火	水	木	金	土	日	月	火	水	木	金	土	日	月	火	水	木	金	土	日	月	火	水	木	金	土	日	月
음력	8/23	24	25	26	27	28	29	9/1	2	3	4	5	6	7	8	9	10	11	12	13	14	15	16	17	18	19	20	21	22	23	24
일진	癸未	甲申	乙酉	丙戌	丁亥	戊子	己丑	庚寅	辛卯	壬辰	癸巳	甲午	乙未	丙申	丁酉	戊戌	己亥	庚子	辛丑	壬寅	癸卯	甲辰	乙巳	丙午	丁未	戊申	己酉	庚戌	辛亥	壬子	癸丑
대운 남	8	8	9	9	9	10	10	한	1	1	1	1	2	2	2	3	3	3	4	4	4	5	상	5	6	6	6	7	7	7	8
대운 여	2	2	2	1	1	1	1	로	10	9	9	9	8	8	8	7	7	7	6	6	6	5	강	5	4	4	4	3	3	3	2

양력 11월 입동절(辛亥月) 立冬 11월7일 17시29분 小雪 11월22일 15시9분

양력	1	2	3	4	5	6	7	8	9	10	11	12	13	14	15	16	17	18	19	20	21	22	23	24	25	26	27	28	29	30	
요일	火	水	木	金	土	日	月	火	水	木	金	土	日	月	火	水	木	金	土	日	月	火	水	木	金	土	日	月	火	水	
음력	9/25	26	27	28	29	30	10/1	2	3	4	5	6	7	8	9	10	11	12	13	14	15	16	17	18	19	20	21	22	23	24	
일진	甲寅	乙卯	丙辰	丁巳	戊午	己未	庚申	辛酉	壬戌	癸亥	甲子	乙丑	丙寅	丁卯	戊辰	己巳	庚午	辛未	壬申	癸酉	甲戌	乙亥	丙子	丁丑	戊寅	己卯	庚辰	辛巳	壬午	癸未	
대운 남	8	8	9	9	9	10	입	1	1	1	1	2	2	2	3	3	3	4	4	4	5	소	5	6	6	6	7	7	7	8	
대운 여	2	2	1	1	1	1	동	10	9	9	9	8	8	8	7	7	7	6	6	6	5	설	5	4	4	4	3	3	3	2	

양력 12월 대설절(壬子月) 大雪 12월7일 10시39분 冬至 12월22일 4시42분

양력	1	2	3	4	5	6	7	8	9	10	11	12	13	14	15	16	17	18	19	20	21	22	23	24	25	26	27	28	29	30	31
요일	木	金	土	日	月	火	水	木	金	土	日	月	火	水	木	金	土	日	月	火	水	木	金	土	日	月	火	水	木	金	土
음력	10/25	26	27	28	29	11/1	2	3	4	5	6	7	8	9	10	11	12	13	14	15	16	17	18	19	20	21	22	23	24	25	26
일진	甲申	乙酉	丙戌	丁亥	戊子	己丑	庚寅	辛卯	壬辰	癸巳	甲午	乙未	丙申	丁酉	戊戌	己亥	庚子	辛丑	壬寅	癸卯	甲辰	乙巳	丙午	丁未	戊申	己酉	庚戌	辛亥	壬子	癸丑	甲寅
대운 남	8	8	9	9	9	10	대	1	1	1	1	2	2	2	3	3	3	4	4	4	5	동	5	6	6	6	7	7	7	8	8
대운 여	2	2	1	1	1	1	설	9	9	9	8	8	8	7	7	7	6	6	6	5	5	지	4	4	4	3	3	3	2	2	2

서기 2068년 [단기 4401년]

양력 1월　소한절(癸丑月)　小寒 1월5일 21시58분　大寒 1월20일 15시18분

양력	1	2	3	4	5	6	7	8	9	10	11	12	13	14	15	16	17	18	19	20	21	22	23	24	25	26	27	28	29	30	31
요일	日	月	火	水	木	金	土	日	月	火	水	木	金	土	日	月	火	水	木	金	土	日	月	火	水	木	金	土	日	月	火
음력	11/27	28	29	30	12/1	2	3	4	5	6	7	8	9	10	11	12	13	14	15	16	17	18	19	20	21	22	23	24	25	26	27
일진	乙卯	丙辰	丁巳	戊午	己未	庚申	辛酉	壬戌	癸亥	甲子	乙丑	丙寅	丁卯	戊辰	己巳	庚午	辛未	壬申	癸酉	甲戌	乙亥	丙子	丁丑	戊寅	己卯	庚辰	辛巳	壬午	癸未	甲申	乙酉
대운 남	8	9	9	9	소	1	1	1	1	2	2	2	3	3	3	4	4	4	5	대	5	6	6	6	7	7	7	8	8	8	9
대운 여	1	1	1	1	한	10	9	9	9	8	8	8	7	7	7	6	6	6	5	한	5	4	4	4	3	3	3	2	2	2	1

양력 2월　입춘절(甲寅月)　立春 2월4일 9시27분　雨水 2월19일 5시12분

양력	1	2	3	4	5	6	7	8	9	10	11	12	13	14	15	16	17	18	19	20	21	22	23	24	25	26	27	28	29		
요일	水	木	金	土	日	月	火	水	木	金	土	日	月	火	水	木	金	土	日	月	火	水	木	金	土	日	月	火	水		
음력	12/28	29	1/1	2	3	4	5	6	7	8	9	10	11	12	13	14	15	16	17	18	19	20	21	22	23	24	25	26	27		
일진	丙戌	丁亥	戊子	己丑	庚寅	辛卯	壬辰	癸巳	甲午	乙未	丙申	丁酉	戊戌	己亥	庚子	辛丑	壬寅	癸卯	甲辰	乙巳	丙午	丁未	戊申	己酉	庚戌	辛亥	壬子	癸丑	甲寅		
대운 남	9	9	10	입	10	9	9	9	8	8	8	7	7	7	6	6	6	5	우	5	4	4	4	3	3	3	2	2	2		
대운 여	1	1	1	춘	1	1	1	1	2	2	2	3	3	3	4	4	4	5	수	5	6	6	6	7	7	7	8	8	8		

양력 3월　경칩절(乙卯月)　驚蟄 3월5일 3시7분　春分 3월20일 3시47분

양력	1	2	3	4	5	6	7	8	9	10	11	12	13	14	15	16	17	18	19	20	21	22	23	24	25	26	27	28	29	30	31
요일	木	金	土	日	月	火	水	木	金	土	日	月	火	水	木	金	土	日	月	火	水	木	金	土	日	月	火	水	木	金	土
음력	1/28	29	30	2/1	2	3	4	5	6	7	8	9	10	11	12	13	14	15	16	17	18	19	20	21	22	23	24	25	26	27	28
일진	乙卯	丙辰	丁巳	戊午	己未	庚申	辛酉	壬戌	癸亥	甲子	乙丑	丙寅	丁卯	戊辰	己巳	庚午	辛未	壬申	癸酉	甲戌	乙亥	丙子	丁丑	戊寅	己卯	庚辰	辛巳	壬午	癸未	甲申	乙酉
대운 남	1	1	1	1	경	10	9	9	9	8	8	8	7	7	7	6	6	6	5	춘	5	4	4	4	3	3	3	2	2	2	1
대운 여	9	9	9	10	칩	1	1	1	1	2	2	2	3	3	3	4	4	4	5	분	5	6	6	6	7	7	7	8	8	8	9

양력 4월　청명절(丙辰月)　清明 4월4일 7시28분　穀雨 4월19일 14시23분

양력	1	2	3	4	5	6	7	8	9	10	11	12	13	14	15	16	17	18	19	20	21	22	23	24	25	26	27	28	29	30	
요일	日	月	火	水	木	金	土	日	月	火	水	木	金	土	日	月	火	水	木	金	土	日	月	火	水	木	金	土	日	月	
음력	2/29	3/1	2	3	4	5	6	7	8	9	10	11	12	13	14	15	16	17	18	19	20	21	22	23	24	25	26	27	28	29	
일진	丙戌	丁亥	戊子	己丑	庚寅	辛卯	壬辰	癸巳	甲午	乙未	丙申	丁酉	戊戌	己亥	庚子	辛丑	壬寅	癸卯	甲辰	乙巳	丙午	丁未	戊申	己酉	庚戌	辛亥	壬子	癸丑	甲寅	乙卯	
대운 남	1	1	1	청	10	10	9	9	9	8	8	8	7	7	7	6	6	6	곡	5	5	4	4	4	3	3	3	2	2	2	
대운 여	9	9	10	명	1	1	1	1	2	2	2	3	3	3	4	4	4	5	우	5	6	6	6	7	7	7	8	8	8	9	

양력 5월　입하절(丁巳月)　立夏 5월5일 0시19분　小滿 5월20일 13시8분

양력	1	2	3	4	5	6	7	8	9	10	11	12	13	14	15	16	17	18	19	20	21	22	23	24	25	26	27	28	29	30	31
요일	火	水	木	金	土	日	月	火	水	木	金	土	日	月	火	水	木	金	土	日	月	火	水	木	金	土	日	月	火	水	木
음력	3/30	4/1	2	3	4	5	6	7	8	9	10	11	12	13	14	15	16	17	18	19	20	21	22	23	24	25	26	27	28	29	5/1
일진	丙辰	丁巳	戊午	己未	庚申	辛酉	壬戌	癸亥	甲子	乙丑	丙寅	丁卯	戊辰	己巳	庚午	辛未	壬申	癸酉	甲戌	乙亥	丙子	丁丑	戊寅	己卯	庚辰	辛巳	壬午	癸未	甲申	乙酉	丙戌
대운 남	1	1	1	1	입	10	10	9	9	9	8	8	8	7	7	7	6	6	6	소	5	5	4	4	4	3	3	3	2	2	2
대운 여	9	9	10	10	하	1	1	1	1	2	2	2	3	3	3	4	4	4	5	만	5	6	6	6	7	7	7	8	8	8	9

양력 6월　망종절(戊午月)　芒種 6월5일 4시8분　夏至 6월20일 20시52분

양력	1	2	3	4	5	6	7	8	9	10	11	12	13	14	15	16	17	18	19	20	21	22	23	24	25	26	27	28	29	30	
요일	金	土	日	月	火	水	木	金	土	日	月	火	水	木	金	土	日	月	火	水	木	金	土	日	月	火	水	木	金	土	
음력	5/2	3	4	5	6	7	8	9	10	11	12	13	14	15	16	17	18	19	20	21	22	23	24	25	26	27	28	29	30	6/1	
일진	丁亥	戊子	己丑	庚寅	辛卯	壬辰	癸巳	甲午	乙未	丙申	丁酉	戊戌	己亥	庚子	辛丑	壬寅	癸卯	甲辰	乙巳	丙午	丁未	戊申	己酉	庚戌	辛亥	壬子	癸丑	甲寅	乙卯	丙辰	
대운 남	1	1	1	1	망	10	10	9	9	9	8	8	8	7	7	7	6	6	6	하	5	5	4	4	4	3	3	3	2	2	
대운 여	9	9	10	10	종	1	1	1	1	2	2	2	3	3	3	4	4	4	5	지	5	6	6	6	7	7	7	8	8	8	

戊子年

양력 7월 소서절(己未月) 小暑 7월6일 14시15분 大暑 7월22일 7시45분

양력	1	2	3	4	5	6	7	8	9	10	11	12	13	14	15	16	17	18	19	20	21	22	23	24	25	26	27	28	29	30	31
요일	日	月	火	水	木	金	土	日	月	火	水	木	金	土	日	月	火	水	木	金	土	日	月	火	水	木	金	土	日	月	火
음력	6/2	3	4	5	6	7	8	9	10	11	12	13	14	15	16	17	18	19	20	21	22	23	24	25	26	27	28	29	7/1	2	3
일진	丁巳	戊午	己未	庚申	辛酉	壬戌	癸亥	甲子	乙丑	丙寅	丁卯	戊辰	己巳	庚午	辛未	壬申	癸酉	甲戌	乙亥	丙子	丁丑	戊寅	己卯	庚辰	辛巳	壬午	癸未	甲申	乙酉	丙戌	丁亥
대운 남	2	1	1	1	1	소	10	10	10	9	9	9	8	8	8	7	7	7	6	6	6	대	5	5	4	4	4	3	3	3	2
대운 여	9	9	9	10	10	서	1	1	1	1	2	2	2	3	3	3	4	4	4	5	5	서	6	6	6	7	7	7	8	8	8

양력 8월 입추절(庚申月) 立秋 8월7일 0시10분 處暑 8월22일 15시2분

양력	1	2	3	4	5	6	7	8	9	10	11	12	13	14	15	16	17	18	19	20	21	22	23	24	25	26	27	28	29	30	31
요일	水	木	金	土	日	月	火	水	木	金	土	日	月	火	水	木	金	土	日	月	火	水	木	金	土	日	月	火	水	木	金
음력	7/4	5	6	7	8	9	10	11	12	13	14	15	16	17	18	19	20	21	22	23	24	25	26	27	28	29	30	8/1	2	3	4
일진	戊子	己丑	庚寅	辛卯	壬辰	癸巳	甲午	乙未	丙申	丁酉	戊戌	己亥	庚子	辛丑	壬寅	癸卯	甲辰	乙巳	丙午	丁未	戊申	己酉	庚戌	辛亥	壬子	癸丑	甲寅	乙卯	丙辰	丁巳	戊午
대운 남	2	2	1	1	1	1	입	10	10	9	9	9	8	8	8	7	7	7	6	6	6	처	5	5	4	4	4	3	3	3	2
대운 여	9	9	9	10	10	10	추	1	1	1	1	2	2	2	3	3	3	4	4	4	5	서	5	6	6	6	7	7	7	8	8

양력 9월 백로절(辛酉月) 白露 9월7일 3시24분 秋分 9월22일 13시5분

양력	1	2	3	4	5	6	7	8	9	10	11	12	13	14	15	16	17	18	19	20	21	22	23	24	25	26	27	28	29	30
요일	土	日	月	火	水	木	金	土	日	月	火	水	木	金	土	日	月	火	水	木	金	土	日	月	火	水	木	金	土	日
음력	8/5	6	7	8	9	10	11	12	13	14	15	16	17	18	19	20	21	22	23	24	25	26	27	28	29	9/1	2	3	4	5
일진	己未	庚申	辛酉	壬戌	癸亥	甲子	乙丑	丙寅	丁卯	戊辰	己巳	庚午	辛未	壬申	癸酉	甲戌	乙亥	丙子	丁丑	戊寅	己卯	庚辰	辛巳	壬午	癸未	甲申	乙酉	丙戌	丁亥	戊子
대운 남	2	2	1	1	1	1	백	10	9	9	9	8	8	8	7	7	7	6	6	6	5	추	5	4	4	4	3	3	3	2
대운 여	8	9	9	9	10	10	로	1	1	1	1	2	2	2	3	3	3	4	4	4	5	분	5	6	6	6	7	7	7	8

양력 10월 한로절(壬戌月) 寒露 10월7일 19시32분 霜降 10월22일 22시55분

양력	1	2	3	4	5	6	7	8	9	10	11	12	13	14	15	16	17	18	19	20	21	22	23	24	25	26	27	28	29	30	31
요일	月	火	水	木	金	土	日	月	火	水	木	金	土	日	月	火	水	木	金	土	日	月	火	水	木	金	土	日	月	火	水
음력	9/6	7	8	9	10	11	12	13	14	15	16	17	18	19	20	21	22	23	24	25	26	27	28	29	30	10/1	2	3	4	5	6
일진	己丑	庚寅	辛卯	壬辰	癸巳	甲午	乙未	丙申	丁酉	戊戌	己亥	庚子	辛丑	壬寅	癸卯	甲辰	乙巳	丙午	丁未	戊申	己酉	庚戌	辛亥	壬子	癸丑	甲寅	乙卯	丙辰	丁巳	戊午	己未
대운 남	2	2	1	1	1	1	한	10	9	9	9	8	8	8	7	7	7	6	6	6	5	상	5	4	4	4	3	3	3	2	2
대운 여	8	8	9	9	9	10	로	1	1	1	1	2	2	2	3	3	3	4	4	4	5	강	5	6	6	6	7	7	7	8	8

양력 11월 입동절(癸亥月) 立冬 11월6일 23시12분 小雪 11월21일 20시55분

양력	1	2	3	4	5	6	7	8	9	10	11	12	13	14	15	16	17	18	19	20	21	22	23	24	25	26	27	28	29	30
요일	木	金	土	日	月	火	水	木	金	土	日	月	火	水	木	金	土	日	月	火	水	木	金	土	日	月	火	水	木	金
음력	10/7	8	9	10	11	12	13	14	15	16	17	18	19	20	21	22	23	24	25	26	27	28	29	30	11/1	2	3	4	5	6
일진	庚申	辛酉	壬戌	癸亥	甲子	乙丑	丙寅	丁卯	戊辰	己巳	庚午	辛未	壬申	癸酉	甲戌	乙亥	丙子	丁丑	戊寅	己卯	庚辰	辛巳	壬午	癸未	甲申	乙酉	丙戌	丁亥	戊子	己丑
대운 남	2	1	1	1	1	입	10	9	9	9	8	8	8	7	7	7	6	6	6	5	소	5	4	4	4	3	3	3	2	2
대운 여	8	9	9	9	10	동	1	1	1	1	2	2	2	3	3	3	4	4	4	5	설	5	6	6	6	7	7	7	8	8

양력 12월 대설절(甲子月) 大雪 12월6일 16시25분 冬至 12월21일 10시31분

양력	1	2	3	4	5	6	7	8	9	10	11	12	13	14	15	16	17	18	19	20	21	22	23	24	25	26	27	28	29	30	31
요일	土	日	月	火	水	木	金	土	日	月	火	水	木	金	土	日	月	火	水	木	金	土	日	月	火	水	木	金	土	日	月
음력	11/7	8	9	10	11	12	13	14	15	16	17	18	19	20	21	22	23	24	25	26	27	28	29	12/1	2	3	4	5	6	7	8
일진	庚寅	辛卯	壬辰	癸巳	甲午	乙未	丙申	丁酉	戊戌	己亥	庚子	辛丑	壬寅	癸卯	甲辰	乙巳	丙午	丁未	戊申	己酉	庚戌	辛亥	壬子	癸丑	甲寅	乙卯	丙辰	丁巳	戊午	己未	庚申
대운 남	2	1	1	1	1	대	10	9	9	9	8	8	8	7	7	7	6	6	6	5	동	5	4	4	4	3	3	3	2	2	2
대운 여	8	9	9	9	10	설	1	1	1	1	2	2	2	3	3	3	4	4	4	5	지	5	6	6	6	7	7	7	8	8	8

서기 2069년 [단기 4402년]

양력 1월 소한절(乙丑月) 小寒 1월5일 3시47분 大寒 1월19일 21시12분

양력	1	2	3	4	5	6	7	8	9	10	11	12	13	14	15	16	17	18	19	20	21	22	23	24	25	26	27	28	29	30	31
요일	火	水	木	金	土	日	月	火	水	木	金	土	日	月	火	水	木	金	土	日	月	火	水	木	金	土	日	月	火	水	木
음력	12/9	10	11	12	13	14	15	16	17	18	19	20	21	22	23	24	25	26	27	28	29	30	1/1	2	3	4	5	6	7	8	9
일진	辛酉	壬戌	癸亥	甲子	乙丑	丙寅	丁卯	戊辰	己巳	庚午	辛未	壬申	癸酉	甲戌	乙亥	丙子	丁丑	戊寅	己卯	庚辰	辛巳	壬午	癸未	甲申	乙酉	丙戌	丁亥	戊子	己丑	庚寅	辛卯
대운 남	1	1	1	1	소	9	9	9	8	8	8	7	7	7	6	6	6	5	대	5	4	4	4	3	3	3	2	2	2	1	1
대운 여	9	9	9	10	한	1	1	1	1	2	2	2	3	3	3	4	4	4	한	5	5	6	6	6	7	7	7	8	8	8	9

양력 2월 입춘절(丙寅月) 立春 2월3일 15시19분 雨水 2월18일 11시7분

양력	1	2	3	4	5	6	7	8	9	10	11	12	13	14	15	16	17	18	19	20	21	22	23	24	25	26	27	28
요일	金	土	日	月	火	水	木	金	土	日	月	火	水	木	金	土	日	月	火	水	木	金	土	日	月	火	水	木
음력	1/10	11	12	13	14	15	16	17	18	19	20	21	22	23	24	25	26	27	28	29	30	2/1	2	3	4	5	6	7
일진	壬辰	癸巳	甲午	乙未	丙申	丁酉	戊戌	己亥	庚子	辛丑	壬寅	癸卯	甲辰	乙巳	丙午	丁未	戊申	己酉	庚戌	辛亥	壬子	癸丑	甲寅	乙卯	丙辰	丁巳	戊午	己未
대운 남	1	1	입	1	1	1	1	2	2	2	3	3	3	4	4	4	5	우	5	6	6	6	7	7	7	8	8	8
대운 여	9	9	춘	10	9	9	9	8	8	8	7	7	7	6	6	6	5	수	5	4	4	4	3	3	3	2	2	2

양력 3월 경칩절(丁卯月) 驚蟄 3월5일 9시1분 春分 3월20일 9시43분

양력	1	2	3	4	5	6	7	8	9	10	11	12	13	14	15	16	17	18	19	20	21	22	23	24	25	26	27	28	29	30	31
요일	金	土	日	月	火	水	木	金	土	日	月	火	水	木	金	土	日	月	火	水	木	金	土	日	月	火	水	木	金	土	日
음력	2/8	9	10	11	12	13	14	15	16	17	18	19	20	21	22	23	24	25	26	27	28	29	3/1	2	3	4	5	6	7	8	9
일진	庚申	辛酉	壬戌	癸亥	甲子	乙丑	丙寅	丁卯	戊辰	己巳	庚午	辛未	壬申	癸酉	甲戌	乙亥	丙子	丁丑	戊寅	己卯	庚辰	辛巳	壬午	癸未	甲申	乙酉	丙戌	丁亥	戊子	己丑	庚寅
대운 남	9	9	9	10	경	1	1	1	1	2	2	2	3	3	3	4	4	4	5	춘	5	6	6	6	7	7	7	8	8	8	9
대운 여	1	1	1	1	칩	10	9	9	9	8	8	8	7	7	7	6	6	6	5	분	5	4	4	4	3	3	3	2	2	2	1

양력 4월 청명절(戊辰月) 清明 4월4일 13시22분 穀雨 4월19일 20시17분

양력	1	2	3	4	5	6	7	8	9	10	11	12	13	14	15	16	17	18	19	20	21	22	23	24	25	26	27	28	29	30
요일	月	火	水	木	金	土	日	月	火	水	木	金	土	日	月	火	水	木	金	土	日	月	火	水	木	金	土	日	月	火
음력	3/10	11	12	13	14	15	16	17	18	19	20	21	22	23	24	25	26	27	28	29	4/1	2	3	4	5	6	7	8	9	10
일진	辛卯	壬辰	癸巳	甲午	乙未	丙申	丁酉	戊戌	己亥	庚子	辛丑	壬寅	癸卯	甲辰	乙巳	丙午	丁未	戊申	己酉	庚戌	辛亥	壬子	癸丑	甲寅	乙卯	丙辰	丁巳	戊午	己未	庚申
대운 남	9	9	10	청	1	1	1	1	2	2	2	3	3	3	4	4	4	5	곡	5	6	6	6	7	7	7	8	8	8	9
대운 여	1	1	1	명	10	10	9	9	9	8	8	8	7	7	7	6	6	6	우	5	5	4	4	4	3	3	3	2	2	2

양력 5월 입하절(己巳月) 立夏 5월5일 6시13분 小滿 5월20일 18시59분

양력	1	2	3	4	5	6	7	8	9	10	11	12	13	14	15	16	17	18	19	20	21	22	23	24	25	26	27	28	29	30	31
요일	水	木	金	土	日	月	火	水	木	金	土	日	月	火	水	木	金	土	日	月	火	水	木	金	土	日	月	火	水	木	金
음력	4/11	12	13	14	15	16	17	18	19	20	21	22	23	24	25	26	27	28	29	30	윤1	2	3	4	5	6	7	8	9	10	11
일진	辛酉	壬戌	癸亥	甲子	乙丑	丙寅	丁卯	戊辰	己巳	庚午	辛未	壬申	癸酉	甲戌	乙亥	丙子	丁丑	戊寅	己卯	庚辰	辛巳	壬午	癸未	甲申	乙酉	丙戌	丁亥	戊子	己丑	庚寅	辛卯
대운 남	9	9	10	10	입	1	1	1	1	2	2	2	3	3	3	4	4	4	5	소	5	6	6	6	7	7	7	8	8	8	9
대운 여	1	1	1	1	하	10	10	9	9	9	8	8	8	7	7	7	6	6	6	만	5	5	4	4	4	3	3	3	2	2	2

양력 6월 망종절(庚午月) 芒種 6월5일 10시2분 夏至 6월21일 2시40분

양력	1	2	3	4	5	6	7	8	9	10	11	12	13	14	15	16	17	18	19	20	21	22	23	24	25	26	27	28	29	30
요일	土	日	月	火	水	木	金	土	日	月	火	水	木	金	土	日	月	火	水	木	金	土	日	月	火	水	木	金	土	日
음력	윤12	13	14	15	16	17	18	19	20	21	22	23	24	25	26	27	28	29	5/1	2	3	4	5	6	7	8	9	10	11	12
일진	壬辰	癸巳	甲午	乙未	丙申	丁酉	戊戌	己亥	庚子	辛丑	壬寅	癸卯	甲辰	乙巳	丙午	丁未	戊申	己酉	庚戌	辛亥	壬子	癸丑	甲寅	乙卯	丙辰	丁巳	戊午	己未	庚申	辛酉
대운 남	9	9	10	10	망	1	1	1	1	2	2	2	3	3	3	4	4	4	5	5	하	6	6	6	7	7	7	8	8	8
대운 여	1	1	1	1	종	10	10	9	9	9	8	8	8	7	7	7	6	6	6	5	지	5	4	4	4	3	3	3	2	2

▶윤달-4월

己丑年

양력 7월　소서절(辛未月)　小暑 7월6일 20시9분　大暑 7월22일 13시31분

양력	1	2	3	4	5	6	7	8	9	10	11	12	13	14	15	16	17	18	19	20	21	22	23	24	25	26	27	28	29	30	31
요일	月	火	水	木	金	土	日	月	火	水	木	金	土	日	月	火	水	木	金	土	日	月	火	水	木	金	土	日	月	火	水
음력	5/13	14	15	16	17	18	19	20	21	22	23	24	25	26	27	28	29	6/1	2	3	4	5	6	7	8	9	10	11	12	13	14
일진	壬戌	癸亥	甲子	乙丑	丙寅	丁卯	戊辰	己巳	庚午	辛未	壬申	癸酉	甲戌	乙亥	丙子	丁丑	戊寅	己卯	庚辰	辛巳	壬午	癸未	甲申	乙酉	丙戌	丁亥	戊子	己丑	庚寅	辛卯	壬辰
대운 남	9	9	9	10	10	소서	1	1	1	1	2	2	2	3	3	3	4	4	4	5	5	대서	6	6	6	7	7	7	8	8	8
대운 여	2	1	1	1	1		10	10	10	9	9	9	8	8	8	7	7	7	6	6	6		5	5	4	4	4	3	3	3	2

양력 8월　입추절(壬申月)　立秋 8월7일 6시4분　處暑 8월22일 20시48분

양력	1	2	3	4	5	6	7	8	9	10	11	12	13	14	15	16	17	18	19	20	21	22	23	24	25	26	27	28	29	30	31
요일	木	金	土	日	月	火	水	木	金	土	日	月	火	水	木	金	土	日	月	火	水	木	金	土	日	月	火	水	木	金	土
음력	6/15	16	17	18	19	20	21	22	23	24	25	26	27	28	29	30	7/1	2	3	4	5	6	7	8	9	10	11	12	13	14	15
일진	癸巳	甲午	乙未	丙申	丁酉	戊戌	己亥	庚子	辛丑	壬寅	癸卯	甲辰	乙巳	丙午	丁未	戊申	己酉	庚戌	辛亥	壬子	癸丑	甲寅	乙卯	丙辰	丁巳	戊午	己未	庚申	辛酉	壬戌	癸亥
대운 남	9	9	9	10	10	10	입추	1	1	1	1	2	2	2	3	3	3	4	4	4	5	처서	5	6	6	6	7	7	7	8	8
대운 여	2	2	1	1	1	1		10	10	9	9	9	8	8	8	7	7	7	6	6	6		5	5	4	4	4	3	3	3	2

양력 9월　백로절(癸酉月)　白露 9월7일 9시19분　秋分 9월22일 18시50분

양력	1	2	3	4	5	6	7	8	9	10	11	12	13	14	15	16	17	18	19	20	21	22	23	24	25	26	27	28	29	30
요일	日	月	火	水	木	金	土	日	月	火	水	木	金	土	日	月	火	水	木	金	土	日	月	火	水	木	金	土	日	月
음력	7/16	17	18	19	20	21	22	23	24	25	26	27	28	29	8/1	2	3	4	5	6	7	8	9	10	11	12	13	14	15	16
일진	甲子	乙丑	丙寅	丁卯	戊辰	己巳	庚午	辛未	壬申	癸酉	甲戌	乙亥	丙子	丁丑	戊寅	己卯	庚辰	辛巳	壬午	癸未	甲申	乙酉	丙戌	丁亥	戊子	己丑	庚寅	辛卯	壬辰	癸巳
대운 남	8	9	9	9	10	10	백로	1	1	1	1	2	2	2	3	3	3	4	4	4	5	추분	5	6	6	6	7	7	7	8
대운 여	2	2	1	1	1	1		10	10	9	9	9	8	8	8	7	7	7	6	6	6		5	5	4	4	4	3	3	3

양력 10월　한로절(甲戌月)　寒露 10월8일 1시25분　霜降 10월23일 4시41분

양력	1	2	3	4	5	6	7	8	9	10	11	12	13	14	15	16	17	18	19	20	21	22	23	24	25	26	27	28	29	30	31
요일	火	水	木	金	土	日	月	火	水	木	金	土	日	月	火	水	木	金	土	日	月	火	水	木	金	土	日	月	火	水	木
음력	8/17	18	19	20	21	22	23	24	25	26	27	28	29	30	9/1	2	3	4	5	6	7	8	9	10	11	12	13	14	15	16	17
일진	甲午	乙未	丙申	丁酉	戊戌	己亥	庚子	辛丑	壬寅	癸卯	甲辰	乙巳	丙午	丁未	戊申	己酉	庚戌	辛亥	壬子	癸丑	甲寅	乙卯	丙辰	丁巳	戊午	己未	庚申	辛酉	壬戌	癸亥	甲子
대운 남	8	8	9	9	9	10	10	한로	1	1	1	1	2	2	2	3	3	3	4	4	4	5	상강	5	6	6	6	7	7	7	8
대운 여	2	2	2	1	1	1	1		10	9	9	9	8	8	8	7	7	7	6	6	6	5		5	4	4	4	3	3	3	2

양력 11월　입동절(乙亥月)　立冬 11월7일 5시6분　小雪 11월22일 2시42분

양력	1	2	3	4	5	6	7	8	9	10	11	12	13	14	15	16	17	18	19	20	21	22	23	24	25	26	27	28	29	30
요일	金	土	日	月	火	水	木	金	土	日	月	火	水	木	金	土	日	月	火	水	木	金	土	日	月	火	水	木	金	土
음력	9/18	19	20	21	22	23	24	25	26	27	28	29	30	10/1	2	3	4	5	6	7	8	9	10	11	12	13	14	15	16	17
일진	乙丑	丙寅	丁卯	戊辰	己巳	庚午	辛未	壬申	癸酉	甲戌	乙亥	丙子	丁丑	戊寅	己卯	庚辰	辛巳	壬午	癸未	甲申	乙酉	丙戌	丁亥	戊子	己丑	庚寅	辛卯	壬辰	癸巳	甲午
대운 남	8	8	9	9	9	10	입동	1	1	1	1	2	2	2	3	3	3	4	4	4	5	소설	5	6	6	6	7	7	7	8
대운 여	2	2	1	1	1	1		9	9	9	8	8	8	7	7	7	6	6	6	5	5		4	4	4	3	3	3	2	2

양력 12월　대설절(丙子月)　大雪 12월6일 22시21분　冬至 12월21일 16시21분

양력	1	2	3	4	5	6	7	8	9	10	11	12	13	14	15	16	17	18	19	20	21	22	23	24	25	26	27	28	29	30	31
요일	日	月	火	水	木	金	土	日	月	火	水	木	金	土	日	月	火	水	木	金	土	日	月	火	水	木	金	土	日	月	火
음력	10/18	19	20	21	22	23	24	25	26	27	28	29	30	11/1	2	3	4	5	6	7	8	9	10	11	12	13	14	15	16	17	18
일진	乙未	丙申	丁酉	戊戌	己亥	庚子	辛丑	壬寅	癸卯	甲辰	乙巳	丙午	丁未	戊申	己酉	庚戌	辛亥	壬子	癸丑	甲寅	乙卯	丙辰	丁巳	戊午	己未	庚申	辛酉	壬戌	癸亥	甲子	乙丑
대운 남	8	8	9	9	9	대설	1	1	1	1	2	2	2	3	3	3	4	4	4	5	동지	5	6	6	6	7	7	7	8	8	8
대운 여	2	1	1	1	1		10	9	9	9	8	8	8	7	7	7	6	6	6	5		5	4	4	4	3	3	3	2	2	2

서기 2070년 [단기 4403년]

양력 1월 소한절(丁丑月) 小寒 1월5일 9시46분 大寒 1월20일 3시3분

양력	1	2	3	4	5	6	7	8	9	10	11	12	13	14	15	16	17	18	19	20	21	22	23	24	25	26	27	28	29	30	31
요일	水	木	金	土	日	月	火	水	木	金	土	日	月	火	水	木	金	土	日	月	火	水	木	金	土	日	月	火	水	木	金
음력	11/19	20	21	22	23	24	25	26	27	28	29	12/1	2	3	4	5	6	7	8	9	10	11	12	13	14	15	16	17	18	19	20
일진	丙寅	丁卯	戊辰	己巳	庚午	辛未	壬申	癸酉	甲戌	乙亥	丙子	丁丑	戊寅	己卯	庚辰	辛巳	壬午	癸未	甲申	乙酉	丙戌	丁亥	戊子	己丑	庚寅	辛卯	壬辰	癸巳	甲午	乙未	丙申
대운 남	9	9	9	10	소한	1	1	1	1	2	2	2	3	3	3	4	4	4	5	대한	5	6	6	6	7	7	7	8	8	8	9
대운 여	1	1	1	1		9	9	9	8	8	8	7	7	7	6	6	6	5	5		4	4	4	3	3	3	2	2	2	1	1

양력 2월 입춘절(戊寅月) 立春 2월3일 21시20분 雨水 2월18일 17시0분

양력	1	2	3	4	5	6	7	8	9	10	11	12	13	14	15	16	17	18	19	20	21	22	23	24	25	26	27	28			
요일	土	日	月	火	水	木	金	土	日	月	火	水	木	金	土	日	月	火	水	木	金	土	日	月	火	水	木	金			
음력	12/21	22	23	24	25	26	27	28	29	30	1/1	2	3	4	5	6	7	8	9	10	11	12	13	14	15	16	17	18			
일진	丁酉	戊戌	己亥	庚子	辛丑	壬寅	癸卯	甲辰	乙巳	丙午	丁未	戊申	己酉	庚戌	辛亥	壬子	癸丑	甲寅	乙卯	丙辰	丁巳	戊午	己未	庚申	辛酉	壬戌	癸亥	甲子			
대운 남	9	9	입춘	10	9	9	9	8	8	8	7	7	7	6	6	6	5	우수	5	4	4	4	3	3	3	2	2	2			
대운 여	1	1		1	1	1	1	2	2	2	3	3	3	4	4	4	5		5	6	6	6	7	7	7	8	8	8			

양력 3월 경칩절(己卯月) 驚蟄 3월5일 15시1분 春分 3월20일 15시33분

양력	1	2	3	4	5	6	7	8	9	10	11	12	13	14	15	16	17	18	19	20	21	22	23	24	25	26	27	28	29	30	31
요일	土	日	月	火	水	木	金	土	日	月	火	水	木	金	土	日	月	火	水	木	金	土	日	月	火	水	木	金	土	日	月
음력	1/19	20	21	22	23	24	25	26	27	28	29	30	2/1	2	3	4	5	6	7	8	9	10	11	12	13	14	15	16	17	18	19
일진	乙丑	丙寅	丁卯	戊辰	己巳	庚午	辛未	壬申	癸酉	甲戌	乙亥	丙子	丁丑	戊寅	己卯	庚辰	辛巳	壬午	癸未	甲申	乙酉	丙戌	丁亥	戊子	己丑	庚寅	辛卯	壬辰	癸巳	甲午	乙未
대운 남	1	1	1	1	경칩	10	9	9	9	8	8	8	7	7	7	6	6	6	5	춘분	5	4	4	4	3	3	3	2	2	2	1
대운 여	9	9	9	10		1	1	1	1	2	2	2	3	3	3	4	4	4	5		5	6	6	6	7	7	7	8	8	8	9

양력 4월 청명절(庚辰月) 淸明 4월4일 19시18분 穀雨 4월20일 2시3분

양력	1	2	3	4	5	6	7	8	9	10	11	12	13	14	15	16	17	18	19	20	21	22	23	24	25	26	27	28	29	30	
요일	火	水	木	金	土	日	月	火	水	木	金	土	日	月	火	水	木	金	土	日	月	火	水	木	金	土	日	月	火	水	
음력	2/20	21	22	23	24	25	26	27	28	29	3/1	2	3	4	5	6	7	8	9	10	11	12	13	14	15	16	17	18	19	20	
일진	丙申	丁酉	戊戌	己亥	庚子	辛丑	壬寅	癸卯	甲辰	乙巳	丙午	丁未	戊申	己酉	庚戌	辛亥	壬子	癸丑	甲寅	乙卯	丙辰	丁巳	戊午	己未	庚申	辛酉	壬戌	癸亥	甲子	乙丑	
대운 남	1	1	1	청명	10	10	9	9	9	8	8	8	7	7	7	6	6	6	5	곡우	5	4	4	4	3	3	3	2	2	2	
대운 여	9	9	10		1	1	1	1	2	2	2	3	3	3	4	4	4	5	5		6	6	6	7	7	7	8	8	8	9	

양력 5월 입하절(辛巳月) 立夏 5월5일 12시3분 小滿 5월21일 0시42분

양력	1	2	3	4	5	6	7	8	9	10	11	12	13	14	15	16	17	18	19	20	21	22	23	24	25	26	27	28	29	30	31
요일	木	金	土	日	月	火	水	木	金	土	日	月	火	水	木	金	土	日	月	火	水	木	金	土	日	月	火	水	木	金	土
음력	3/21	22	23	24	25	26	27	28	29	4/1	2	3	4	5	6	7	8	9	10	11	12	13	14	15	16	17	18	19	20	21	22
일진	丙寅	丁卯	戊辰	己巳	庚午	辛未	壬申	癸酉	甲戌	乙亥	丙子	丁丑	戊寅	己卯	庚辰	辛巳	壬午	癸未	甲申	乙酉	丙戌	丁亥	戊子	己丑	庚寅	辛卯	壬辰	癸巳	甲午	乙未	丙申
대운 남	1	1	1	1	입하	10	10	9	9	9	8	8	8	7	7	7	6	6	6	5	소만	5	4	4	4	3	3	3	2	2	2
대운 여	9	9	10	10		1	1	1	1	2	2	2	3	3	3	4	4	4	5	5		6	6	6	7	7	7	8	8	8	9

양력 6월 망종절(壬午月) 芒種 6월5일 15시46분 夏至 6월21일 8시21분

양력	1	2	3	4	5	6	7	8	9	10	11	12	13	14	15	16	17	18	19	20	21	22	23	24	25	26	27	28	29	30	
요일	日	月	火	水	木	金	土	日	月	火	水	木	金	土	日	月	火	水	木	金	土	日	月	火	水	木	金	土	日	月	
음력	4/23	24	25	26	27	28	29	30	5/1	2	3	4	5	6	7	8	9	10	11	12	13	14	15	16	17	18	19	20	21	22	
일진	丁酉	戊戌	己亥	庚子	辛丑	壬寅	癸卯	甲辰	乙巳	丙午	丁未	戊申	己酉	庚戌	辛亥	壬子	癸丑	甲寅	乙卯	丙辰	丁巳	戊午	己未	庚申	辛酉	壬戌	癸亥	甲子	乙丑	丙寅	
대운 남	1	1	1	1	망종	10	10	10	9	9	9	8	8	8	7	7	7	6	6	6	하지	5	5	4	4	4	3	3	3	2	
대운 여	9	9	10	10		1	1	1	1	2	2	2	3	3	3	4	4	4	5	5		6	6	6	7	7	7	8	8	8	

庚寅年

양력 7월 소서절(癸未月) 小暑 7월7일 1시51분 大暑 7월22일 19시14분

양력	1	2	3	4	5	6	7	8	9	10	11	12	13	14	15	16	17	18	19	20	21	22	23	24	25	26	27	28	29	30	31
요일	火	水	木	金	土	日	月	火	水	木	金	土	日	月	火	水	木	金	土	日	月	火	水	木	金	土	日	月	火	水	木
음력	5/23	24	25	26	27	28	29	6/1	2	3	4	5	6	7	8	9	10	11	12	13	14	15	16	17	18	19	20	21	22	23	24
일진	丁卯	戊辰	己巳	庚午	辛未	壬申	癸酉	甲戌	乙亥	丙子	丁丑	戊寅	己卯	庚辰	辛巳	壬午	癸未	甲申	乙酉	丙戌	丁亥	戊子	己丑	庚寅	辛卯	壬辰	癸巳	甲午	乙未	丙申	丁酉
대 남	2	2	1	1	1	1	소	10	10	9	9	9	8	8	8	7	7	7	6	6	6	대	5	5	4	4	4	3	3	3	2
운 여	9	9	9	10	10	10	서	1	1	1	1	2	2	2	3	3	3	4	4	4	5	서	5	6	6	6	7	7	7	8	8

양력 8월 입추절(甲申月) 立秋 8월7일 11시45분 處暑 8월23일 2시36분

양력	1	2	3	4	5	6	7	8	9	10	11	12	13	14	15	16	17	18	19	20	21	22	23	24	25	26	27	28	29	30	31
요일	金	土	日	月	火	水	木	金	土	日	月	火	水	木	金	土	日	月	火	水	木	金	土	日	月	火	水	木	金	土	日
음력	6/25	26	27	28	29	7/1	2	3	4	5	6	7	8	9	10	11	12	13	14	15	16	17	18	19	20	21	22	23	24	25	26
일진	戊戌	己亥	庚子	辛丑	壬寅	癸卯	甲辰	乙巳	丙午	丁未	戊申	己酉	庚戌	辛亥	壬子	癸丑	甲寅	乙卯	丙辰	丁巳	戊午	己未	庚申	辛酉	壬戌	癸亥	甲子	乙丑	丙寅	丁卯	戊辰
대 남	2	2	1	1	1	1	입	10	10	9	9	9	8	8	8	7	7	7	6	6	6	5	처	5	4	4	4	3	3	3	2
운 여	8	9	9	9	10	10	추	1	1	1	1	2	2	2	3	3	3	4	4	4	5	5	서	6	6	6	7	7	7	8	8

양력 9월 백로절(乙酉月) 白露 9월7일 15시2분 秋分 9월23일 0시43분

양력	1	2	3	4	5	6	7	8	9	10	11	12	13	14	15	16	17	18	19	20	21	22	23	24	25	26	27	28	29	30	
요일	月	火	水	木	金	土	日	月	火	水	木	金	土	日	月	火	水	木	金	土	日	月	火	水	木	金	土	日	月	火	
음력	7/27	28	29	30	8/1	2	3	4	5	6	7	8	9	10	11	12	13	14	15	16	17	18	19	20	21	22	23	24	25	26	
일진	己巳	庚午	辛未	壬申	癸酉	甲戌	乙亥	丙子	丁丑	戊寅	己卯	庚辰	辛巳	壬午	癸未	甲申	乙酉	丙戌	丁亥	戊子	己丑	庚寅	辛卯	壬辰	癸巳	甲午	乙未	丙申	丁酉	戊戌	
대 남	2	2	1	1	1	1	백	10	10	9	9	9	8	8	8	7	7	7	6	6	6	5	추	5	4	4	4	3	3	3	
운 여	8	9	9	9	10	10	로	1	1	1	1	2	2	2	3	3	3	4	4	4	5	5	분	6	6	6	7	7	7	8	

양력 10월 한로절(丙戌月) 寒露 10월8일 7시12분 霜降 10월23일 10시37분

양력	1	2	3	4	5	6	7	8	9	10	11	12	13	14	15	16	17	18	19	20	21	22	23	24	25	26	27	28	29	30	31
요일	水	木	金	土	日	月	火	水	木	金	土	日	月	火	水	木	金	土	日	月	火	水	木	金	土	日	月	火	水	木	金
음력	8/27	28	29	9/1	2	3	4	5	6	7	8	9	10	11	12	13	14	15	16	17	18	19	20	21	22	23	24	25	26	27	28
일진	己亥	庚子	辛丑	壬寅	癸卯	甲辰	乙巳	丙午	丁未	戊申	己酉	庚戌	辛亥	壬子	癸丑	甲寅	乙卯	丙辰	丁巳	戊午	己未	庚申	辛酉	壬戌	癸亥	甲子	乙丑	丙寅	丁卯	戊辰	己巳
대 남	2	2	2	1	1	1	1	한	10	9	9	9	8	8	8	7	7	7	6	6	6	5	상	5	4	4	4	3	3	3	2
운 여	8	8	9	9	9	10	10	로	1	1	1	1	2	2	2	3	3	3	4	4	4	5	강	5	6	6	6	7	7	7	8

양력 11월 입동절(丁亥月) 立冬 11월7일 10시54분 小雪 11월22일 8시39분

양력	1	2	3	4	5	6	7	8	9	10	11	12	13	14	15	16	17	18	19	20	21	22	23	24	25	26	27	28	29	30	
요일	土	日	月	火	水	木	金	土	日	月	火	水	木	金	土	日	月	火	水	木	金	土	日	月	火	水	木	金	土	日	
음력	9/29	30	10/1	2	3	4	5	6	7	8	9	10	11	12	13	14	15	16	17	18	19	20	21	22	23	24	25	26	27	28	
일진	庚午	辛未	壬申	癸酉	甲戌	乙亥	丙子	丁丑	戊寅	己卯	庚辰	辛巳	壬午	癸未	甲申	乙酉	丙戌	丁亥	戊子	己丑	庚寅	辛卯	壬辰	癸巳	甲午	乙未	丙申	丁酉	戊戌	己亥	
대 남	2	2	1	1	1	1	입	10	9	9	9	8	8	8	7	7	7	6	6	6	5	소	5	4	4	4	3	3	3	2	
운 여	8	8	9	9	9	10	동	1	1	1	1	2	2	2	3	3	3	4	4	4	5	설	5	6	6	6	7	7	7	8	

양력 12월 대설절(戊子月) 大雪 12월7일 4시9분 冬至 12월21일 22시18분

양력	1	2	3	4	5	6	7	8	9	10	11	12	13	14	15	16	17	18	19	20	21	22	23	24	25	26	27	28	29	30	31
요일	月	火	水	木	金	土	日	月	火	水	木	金	土	日	月	火	水	木	金	土	日	月	火	水	木	金	土	日	月	火	水
음력	10/29	30	11/1	2	3	4	5	6	7	8	9	10	11	12	13	14	15	16	17	18	19	20	21	22	23	24	25	26	27	28	29
일진	庚子	辛丑	壬寅	癸卯	甲辰	乙巳	丙午	丁未	戊申	己酉	庚戌	辛亥	壬子	癸丑	甲寅	乙卯	丙辰	丁巳	戊午	己未	庚申	辛酉	壬戌	癸亥	甲子	乙丑	丙寅	丁卯	戊辰	己巳	庚午
대 남	2	2	1	1	1	1	대	9	9	9	8	8	8	7	7	7	6	6	6	5	동	5	4	4	4	3	3	3	2	2	2
운 여	8	8	9	9	9	10	설	1	1	1	1	2	2	2	3	3	3	4	4	4	지	5	5	6	6	6	7	7	7	8	8

서기 2071년 [단기 4404년]

양력 1월　소한절(己丑月)　小寒 1월5일 15시34분　大寒 1월20일 9시1분

양력	1	2	3	4	5	6	7	8	9	10	11	12	13	14	15	16	17	18	19	20	21	22	23	24	25	26	27	28	29	30	31
요일	木	金	土	日	月	火	水	木	金	土	日	月	火	水	木	金	土	日	月	火	水	木	金	土	日	月	火	水	木	金	土
음력	12/1	2	3	4	5	6	7	8	9	10	11	12	13	14	15	16	17	18	19	20	21	22	23	24	25	26	27	28	29	30	1/1
일진	辛未	壬申	癸酉	甲戌	乙亥	丙子	丁丑	戊寅	己卯	庚辰	辛巳	壬午	癸未	甲申	乙酉	丙戌	丁亥	戊子	己丑	庚寅	辛卯	壬辰	癸巳	甲午	乙未	丙申	丁酉	戊戌	己亥	庚子	辛丑
대운 남	1	1	1	1	소한	10	9	9	9	8	8	8	7	7	7	6	6	6	5	대한	5	4	4	4	3	3	3	2	2	2	1
대운 여	8	9	9	9		1	1	1	1	2	2	2	3	3	3	4	4	4	5		5	6	6	6	7	7	7	8	8	8	9

양력 2월　입춘절(庚寅月)　立春 2월4일 3시9분　雨水 2월18일 22시58분

양력	1	2	3	4	5	6	7	8	9	10	11	12	13	14	15	16	17	18	19	20	21	22	23	24	25	26	27	28			
요일	日	月	火	水	木	金	土	日	月	火	水	木	金	土	日	月	火	水	木	金	土	日	月	火	水	木	金	土			
음력	1/2	3	4	5	6	7	8	9	10	11	12	13	14	15	16	17	18	19	20	21	22	23	24	25	26	27	28	29			
일진	壬寅	癸卯	甲辰	乙巳	丙午	丁未	戊申	己酉	庚戌	辛亥	壬子	癸丑	甲寅	乙卯	丙辰	丁巳	戊午	己未	庚申	辛酉	壬戌	癸亥	甲子	乙丑	丙寅	丁卯	戊辰	己巳			
대운 남	1	1	1	입춘	1	1	1	1	2	2	2	3	3	3	4	4	4	우수	5	5	6	6	6	7	7	7	8	8			
대운 여	9	9	10		9	9	9	8	8	8	7	7	7	6	6	6	5		5	4	4	4	3	3	3	2	2	2			

양력 3월　경칩절(辛卯月)　驚蟄 3월5일 20시51분　春分 3월20일 21시33분

양력	1	2	3	4	5	6	7	8	9	10	11	12	13	14	15	16	17	18	19	20	21	22	23	24	25	26	27	28	29	30	31
요일	日	月	火	水	木	金	土	日	月	火	水	木	金	土	日	月	火	水	木	金	土	日	月	火	水	木	金	土	日	月	火
음력	1/30	2/1	2	3	4	5	6	7	8	9	10	11	12	13	14	15	16	17	18	19	20	21	22	23	24	25	26	27	28	29	30
일진	庚午	辛未	壬申	癸酉	甲戌	乙亥	丙子	丁丑	戊寅	己卯	庚辰	辛巳	壬午	癸未	甲申	乙酉	丙戌	丁亥	戊子	己丑	庚寅	辛卯	壬辰	癸巳	甲午	乙未	丙申	丁酉	戊戌	己亥	庚子
대운 남	8	9	9	9	경칩	1	1	1	1	2	2	2	3	3	3	4	4	4	5	춘분	5	6	6	6	7	7	7	8	8	8	9
대운 여	1	1	1	1		10	10	9	9	9	8	8	8	7	7	7	6	6	6		5	5	4	4	4	3	3	3	2	2	2

양력 4월　청명절(壬辰月)　清明 4월5일 1시9분　穀雨 4월20일 8시3분

양력	1	2	3	4	5	6	7	8	9	10	11	12	13	14	15	16	17	18	19	20	21	22	23	24	25	26	27	28	29	30	
요일	水	木	金	土	日	月	火	水	木	金	土	日	月	火	水	木	金	土	日	月	火	水	木	金	土	日	月	火	水	木	
음력	3/1	2	3	4	5	6	7	8	9	10	11	12	13	14	15	16	17	18	19	20	21	22	23	24	25	26	27	28	29	4/1	
일진	辛丑	壬寅	癸卯	甲辰	乙巳	丙午	丁未	戊申	己酉	庚戌	辛亥	壬子	癸丑	甲寅	乙卯	丙辰	丁巳	戊午	己未	庚申	辛酉	壬戌	癸亥	甲子	乙丑	丙寅	丁卯	戊辰	己巳	庚午	
대운 남	9	9	10	10	청명	1	1	1	1	2	2	2	3	3	3	4	4	4	5	곡우	5	6	6	6	7	7	7	8	8	8	
대운 여	1	1	1	1		10	9	9	9	8	8	8	7	7	7	6	6	6	5		5	4	4	4	3	3	3	2	2	2	

양력 5월　입하절(癸巳月)　立夏 5월5일 17시54분　小滿 5월21일 6시41분

양력	1	2	3	4	5	6	7	8	9	10	11	12	13	14	15	16	17	18	19	20	21	22	23	24	25	26	27	28	29	30	31
요일	金	土	日	月	火	水	木	金	土	日	月	火	水	木	金	土	日	月	火	水	木	金	土	日	月	火	水	木	金	土	日
음력	4/2	3	4	5	6	7	8	9	10	11	12	13	14	15	16	17	18	19	20	21	22	23	24	25	26	27	28	29	5/1	2	3
일진	辛未	壬申	癸酉	甲戌	乙亥	丙子	丁丑	戊寅	己卯	庚辰	辛巳	壬午	癸未	甲申	乙酉	丙戌	丁亥	戊子	己丑	庚寅	辛卯	壬辰	癸巳	甲午	乙未	丙申	丁酉	戊戌	己亥	庚子	辛丑
대운 남	9	9	9	10	입하	1	1	1	1	2	2	2	3	3	3	4	4	4	5	5	소만	6	6	6	7	7	7	8	8	8	9
대운 여	1	1	1	1		10	10	9	9	9	8	8	8	7	7	7	6	6	6	5		5	4	4	4	3	3	3	2	2	2

양력 6월　망종절(甲午月)　芒種 6월5일 21시36분　夏至 6월21일 14시19분

양력	1	2	3	4	5	6	7	8	9	10	11	12	13	14	15	16	17	18	19	20	21	22	23	24	25	26	27	28	29	30	
요일	月	火	水	木	金	土	日	月	火	水	木	金	土	日	月	火	水	木	金	土	日	月	火	水	木	金	土	日	月	火	
음력	5/4	5	6	7	8	9	10	11	12	13	14	15	16	17	18	19	20	21	22	23	24	25	26	27	28	29	30	6/1	2	3	
일진	壬寅	癸卯	甲辰	乙巳	丙午	丁未	戊申	己酉	庚戌	辛亥	壬子	癸丑	甲寅	乙卯	丙辰	丁巳	戊午	己未	庚申	辛酉	壬戌	癸亥	甲子	乙丑	丙寅	丁卯	戊辰	己巳	庚午	辛未	
대운 남	9	9	10	10	망종	1	1	1	1	2	2	2	3	3	3	4	4	4	5	5	하지	6	6	6	7	7	7	8	8	8	
대운 여	1	1	1	1		10	10	10	9	9	9	8	8	8	7	7	7	6	6	6		5	5	4	4	4	3	3	3	2	

辛卯年

양력 7월 소서절(乙未月) 小暑 7월7일 7시41분 大暑 7월23일 1시11분

양력		1	2	3	4	5	6	7	8	9	10	11	12	13	14	15	16	17	18	19	20	21	22	23	24	25	26	27	28	29	30	31
요일		水	木	金	土	日	月	火	水	木	金	土	日	月	火	水	木	金	土	日	月	火	水	木	金	土	日	月	火	水	木	金
음력		6/4	5	6	7	8	9	10	11	12	13	14	15	16	17	18	19	20	21	22	23	24	25	26	27	28	29	7/1	2	3	4	5
일진		壬申	癸酉	甲戌	乙亥	丙子	丁丑	戊寅	己卯	庚辰	辛巳	壬午	癸未	甲申	乙酉	丙戌	丁亥	戊子	己丑	庚寅	辛卯	壬辰	癸巳	甲午	乙未	丙申	丁酉	戊戌	己亥	庚子	辛丑	壬寅
대운	남	9	9	9	10	10	10	소	1	1	1	1	2	2	2	3	3	3	4	4	4	5	5	대	6	6	6	7	7	7	8	8
	여	2	2	1	1	1	1	서	10	10	9	9	9	8	8	8	7	7	7	6	6	6	5	서	5	4	4	4	3	3	3	2

양력 8월 입추절(丙申月) 立秋 8월7일 17시38분 處暑 8월23일 8시30분

양력		1	2	3	4	5	6	7	8	9	10	11	12	13	14	15	16	17	18	19	20	21	22	23	24	25	26	27	28	29	30	31
요일		土	日	月	火	水	木	金	土	日	月	火	水	木	金	土	日	月	火	水	木	金	土	日	月	火	水	木	金	土	日	月
음력		7/6	7	8	9	10	11	12	13	14	15	16	17	18	19	20	21	22	23	24	25	26	27	28	29	8/1	2	3	4	5	6	7
일진		癸卯	甲辰	乙巳	丙午	丁未	戊申	己酉	庚戌	辛亥	壬子	癸丑	甲寅	乙卯	丙辰	丁巳	戊午	己未	庚申	辛酉	壬戌	癸亥	甲子	乙丑	丙寅	丁卯	戊辰	己巳	庚午	辛未	壬申	癸酉
대운	남	8	9	9	9	10	10	입	1	1	1	1	2	2	2	3	3	3	4	4	4	5	5	처	6	6	6	7	7	7	8	8
	여	2	2	1	1	1	1	추	10	10	9	9	9	8	8	8	7	7	7	6	6	6	5	서	5	4	4	4	3	3	3	2

양력 9월 백로절(丁酉月) 白露 9월7일 20시56분 秋分 9월23일 6시36분

양력		1	2	3	4	5	6	7	8	9	10	11	12	13	14	15	16	17	18	19	20	21	22	23	24	25	26	27	28	29	30
요일		火	水	木	金	土	日	月	火	水	木	金	土	日	月	火	水	木	金	土	日	月	火	水	木	金	土	日	月	火	水
음력		8/8	9	10	11	12	13	14	15	16	17	18	19	20	21	22	23	24	25	26	27	28	29	30	윤1	2	3	4	5	6	7
일진		甲戌	乙亥	丙子	丁丑	戊寅	己卯	庚辰	辛巳	壬午	癸未	甲申	乙酉	丙戌	丁亥	戊子	己丑	庚寅	辛卯	壬辰	癸巳	甲午	乙未	丙申	丁酉	戊戌	己亥	庚子	辛丑	壬寅	癸卯
대운	남	8	9	9	9	10	10	백	1	1	1	1	2	2	2	3	3	3	4	4	4	5	5	추	6	6	6	7	7	7	8
	여	2	2	1	1	1	1	로	10	10	9	9	9	8	8	8	7	7	7	6	6	6	5	분	5	4	4	4	3	3	3

양력 10월 한로절(戊戌月) 寒露 10월8일 13시6분 霜降 10월23일 16시28분

양력		1	2	3	4	5	6	7	8	9	10	11	12	13	14	15	16	17	18	19	20	21	22	23	24	25	26	27	28	29	30	31
요일		木	金	土	日	月	火	水	木	金	土	日	月	火	水	木	金	土	日	月	火	水	木	金	土	日	月	火	水	木	金	土
음력		윤8	9	10	11	12	13	14	15	16	17	18	19	20	21	22	23	24	25	26	27	28	29	9/1	2	3	4	5	6	7	8	9
일진		甲辰	乙巳	丙午	丁未	戊申	己酉	庚戌	辛亥	壬子	癸丑	甲寅	乙卯	丙辰	丁巳	戊午	己未	庚申	辛酉	壬戌	癸亥	甲子	乙丑	丙寅	丁卯	戊辰	己巳	庚午	辛未	壬申	癸酉	甲戌
대운	남	8	8	9	9	9	10	10	한	1	1	1	1	2	2	2	3	3	3	4	4	4	5	상	5	6	6	6	7	7	7	8
	여	2	2	2	1	1	1	1	로	10	9	9	9	8	8	8	7	7	7	6	6	6	5	강	5	4	4	4	3	3	3	2

양력 11월 입동절(己亥月) 立冬 11월7일 16시47분 小雪 11월22일 14시27분

양력		1	2	3	4	5	6	7	8	9	10	11	12	13	14	15	16	17	18	19	20	21	22	23	24	25	26	27	28	29	30
요일		日	月	火	水	木	金	土	日	月	火	水	木	金	土	日	月	火	水	木	金	土	日	月	火	水	木	金	土	日	月
음력		9/10	11	12	13	14	15	16	17	18	19	20	21	22	23	24	25	26	27	28	29	30	10/1	2	3	4	5	6	7	8	9
일진		乙亥	丙子	丁丑	戊寅	己卯	庚辰	辛巳	壬午	癸未	甲申	乙酉	丙戌	丁亥	戊子	己丑	庚寅	辛卯	壬辰	癸巳	甲午	乙未	丙申	丁酉	戊戌	己亥	庚子	辛丑	壬寅	癸卯	甲辰
대운	남	8	8	9	9	9	10	입	1	1	1	1	2	2	2	3	3	3	4	4	4	5	소	5	6	6	6	7	7	7	8
	여	2	2	1	1	1	1	동	10	9	9	9	8	8	8	7	7	7	6	6	6	5	설	5	4	4	4	3	3	3	2

양력 12월 대설절(庚子月) 大雪 12월7일 9시59분 冬至 12월22일 4시2분

양력		1	2	3	4	5	6	7	8	9	10	11	12	13	14	15	16	17	18	19	20	21	22	23	24	25	26	27	28	29	30	31
요일		火	水	木	金	土	日	月	火	水	木	金	土	日	月	火	水	木	金	土	日	月	火	水	木	金	土	日	月	火	水	木
음력		10/10	11	12	13	14	15	16	17	18	19	20	21	22	23	24	25	26	27	28	29	11/1	2	3	4	5	6	7	8	9	10	11
일진		乙巳	丙午	丁未	戊申	己酉	庚戌	辛亥	壬子	癸丑	甲寅	乙卯	丙辰	丁巳	戊午	己未	庚申	辛酉	壬戌	癸亥	甲子	乙丑	丙寅	丁卯	戊辰	己巳	庚午	辛未	壬申	癸酉	甲戌	乙亥
대운	남	8	8	9	9	9	10	대	1	1	1	1	2	2	2	3	3	3	4	4	4	5	동	5	6	6	6	7	7	7	8	8
	여	2	2	1	1	1	1	설	9	9	9	8	8	8	7	7	7	6	6	6	5	5	지	4	4	4	3	3	3	2	2	2

▶윤달-8월

서기 2072년 [단기 4405년]

양력 1월 소한절(辛丑月) 小寒 1월5일 21시21분 大寒 1월20일 14시44분

양력	1	2	3	4	5	6	7	8	9	10	11	12	13	14	15	16	17	18	19	20	21	22	23	24	25	26	27	28	29	30	31
요일	金	土	日	月	火	水	木	金	土	日	月	火	水	木	金	土	日	月	火	水	木	金	土	日	月	火	水	木	金	土	日
음력	11/12	13	14	15	16	17	18	19	20	21	22	23	24	25	26	27	28	29	30	12/1	2	3	4	5	6	7	8	9	10	11	12
일진	丙子	丁丑	戊寅	己卯	庚辰	辛巳	壬午	癸未	甲申	乙酉	丙戌	丁亥	戊子	己丑	庚寅	辛卯	壬辰	癸巳	甲午	乙未	丙申	丁酉	戊戌	己亥	庚子	辛丑	壬寅	癸卯	甲辰	乙巳	丙午
대운 남	8	9	9	9	소한	1	1	1	1	2	2	2	3	3	3	4	4	4	5	대한	5	6	6	6	7	7	7	8	8	8	9
대운 여	1	1	1	1		10	9	9	9	8	8	8	7	7	7	6	6	6	5		5	4	4	4	3	3	3	2	2	2	1

양력 2월 입춘절(壬寅月) 立春 2월4일 8시55분 雨水 2월19일 4시42분

양력	1	2	3	4	5	6	7	8	9	10	11	12	13	14	15	16	17	18	19	20	21	22	23	24	25	26	27	28	29		
요일	月	火	水	木	金	土	日	月	火	水	木	金	土	日	月	火	水	木	金	土	日	月	火	水	木	金	土	日	月		
음력	12/13	14	15	16	17	18	19	20	21	22	23	24	25	26	27	28	29	30	1/1	2	3	4	5	6	7	8	9	10	11		
일진	丁未	戊申	己酉	庚戌	辛亥	壬子	癸丑	甲寅	乙卯	丙辰	丁巳	戊午	己未	庚申	辛酉	壬戌	癸亥	甲子	乙丑	丙寅	丁卯	戊辰	己巳	庚午	辛未	壬申	癸酉	甲戌	乙亥		
대운 남	9	9	10	입춘	10	9	9	9	8	8	8	7	7	7	6	6	6	5	우수	5	4	4	4	3	3	3	2	2	2		
대운 여	1	1	1		1	1	1	1	2	2	2	3	3	3	4	4	4	5		5	6	6	6	7	7	7	8	8	8		

양력 3월 경칩절(癸卯月) 驚蟄 3월5일 2시39분 春分 3월20일 3시19분

양력	1	2	3	4	5	6	7	8	9	10	11	12	13	14	15	16	17	18	19	20	21	22	23	24	25	26	27	28	29	30	31
요일	火	水	木	金	土	日	月	火	水	木	金	土	日	月	火	水	木	金	土	日	月	火	水	木	金	土	日	月	火	水	木
음력	1/12	13	14	15	16	17	18	19	20	21	22	23	24	25	26	27	28	29	30	2/1	2	3	4	5	6	7	8	9	10	11	12
일진	丙子	丁丑	戊寅	己卯	庚辰	辛巳	壬午	癸未	甲申	乙酉	丙戌	丁亥	戊子	己丑	庚寅	辛卯	壬辰	癸巳	甲午	乙未	丙申	丁酉	戊戌	己亥	庚子	辛丑	壬寅	癸卯	甲辰	乙巳	丙午
대운 남	1	1	1	1	경칩	10	9	9	9	8	8	8	7	7	7	6	6	6	5	춘분	5	4	4	4	3	3	3	2	2	2	1
대운 여	9	9	9	10		1	1	1	1	2	2	2	3	3	3	4	4	4	5		5	6	6	6	7	7	7	8	8	8	9

양력 4월 청명절(甲辰月) 清明 4월4일 7시2분 穀雨 4월19일 13시53분

양력	1	2	3	4	5	6	7	8	9	10	11	12	13	14	15	16	17	18	19	20	21	22	23	24	25	26	27	28	29	30
요일	金	土	日	月	火	水	木	金	土	日	月	火	水	木	金	土	日	月	火	水	木	金	土	日	月	火	水	木	金	土
음력	2/13	14	15	16	17	18	19	20	21	22	23	24	25	26	27	28	29	3/1	2	3	4	5	6	7	8	9	10	11	12	13
일진	丁未	戊申	己酉	庚戌	辛亥	壬子	癸丑	甲寅	乙卯	丙辰	丁巳	戊午	己未	庚申	辛酉	壬戌	癸亥	甲子	乙丑	丙寅	丁卯	戊辰	己巳	庚午	辛未	壬申	癸酉	甲戌	乙亥	丙子
대운 남	1	1	1	청명	10	9	9	9	8	8	8	7	7	7	6	6	6	5	곡우	5	4	4	4	3	3	3	2	2	2	1
대운 여	9	9	10		1	1	1	1	2	2	2	3	3	3	4	4	4	5		5	6	6	6	7	7	7	8	8	8	9

양력 5월 입하절(乙巳月) 立夏 5월4일 23시52분 小滿 5월20일 12시34분

양력	1	2	3	4	5	6	7	8	9	10	11	12	13	14	15	16	17	18	19	20	21	22	23	24	25	26	27	28	29	30	31
요일	日	月	火	水	木	金	土	日	月	火	水	木	金	土	日	月	火	水	木	金	土	日	月	火	水	木	金	土	日	月	火
음력	3/14	15	16	17	18	19	20	21	22	23	24	25	26	27	28	29	30	4/1	2	3	4	5	6	7	8	9	10	11	12	13	14
일진	丁丑	戊寅	己卯	庚辰	辛巳	壬午	癸未	甲申	乙酉	丙戌	丁亥	戊子	己丑	庚寅	辛卯	壬辰	癸巳	甲午	乙未	丙申	丁酉	戊戌	己亥	庚子	辛丑	壬寅	癸卯	甲辰	乙巳	丙午	丁未
대운 남	1	1	1	입하	10	10	10	9	9	9	8	8	8	7	7	7	6	6	6	소만	5	5	4	4	4	3	3	3	2	2	2
대운 여	9	9	10		1	1	1	1	2	2	2	3	3	3	4	4	4	5	5		6	6	6	7	7	7	8	8	8	9	9

양력 6월 망종절(丙午月) 芒種 6월5일 3시38분 夏至 6월20일 20시12분

양력	1	2	3	4	5	6	7	8	9	10	11	12	13	14	15	16	17	18	19	20	21	22	23	24	25	26	27	28	29	30
요일	水	木	金	土	日	月	火	水	木	金	土	日	月	火	水	木	金	土	日	月	火	水	木	金	土	日	月	火	水	木
음력	4/15	16	17	18	19	20	21	22	23	24	25	26	27	28	29	5/1	2	3	4	5	6	7	8	9	10	11	12	13	14	15
일진	戊申	己酉	庚戌	辛亥	壬子	癸丑	甲寅	乙卯	丙辰	丁巳	戊午	己未	庚申	辛酉	壬戌	癸亥	甲子	乙丑	丙寅	丁卯	戊辰	己巳	庚午	辛未	壬申	癸酉	甲戌	乙亥	丙子	丁丑
대운 남	1	1	1	1	망종	10	10	9	9	9	8	8	8	7	7	7	6	6	6	하지	5	5	4	4	4	3	3	3	2	2
대운 여	9	10	10	10		1	1	1	1	2	2	2	3	3	3	4	4	4	5		5	6	6	6	7	7	7	8	8	8

壬辰年

양력 7월 소서절(丁未月) 小暑 7월6일 13시44분 大暑 7월22일 7시3분

양력	1	2	3	4	5	6	7	8	9	10	11	12	13	14	15	16	17	18	19	20	21	22	23	24	25	26	27	28	29	30	31
요일	金	土	日	月	火	水	木	金	土	日	月	火	水	木	金	土	日	月	火	水	木	金	土	日	月	火	水	木	金	土	日
음력	5/16	17	18	19	20	21	22	23	24	25	26	27	28	29	30	6/1	2	3	4	5	6	7	8	9	10	11	12	13	14	15	16
일진	戊寅	己卯	庚辰	辛巳	壬午	癸未	甲申	乙酉	丙戌	丁亥	戊子	己丑	庚寅	辛卯	壬辰	癸巳	甲午	乙未	丙申	丁酉	戊戌	己亥	庚子	辛丑	壬寅	癸卯	甲辰	乙巳	丙午	丁未	戊申
대 남	2	1	1	1	1	소	10	10	9	9	9	8	8	8	7	7	7	6	6	6	5	대	5	4	4	4	3	3	3	2	2
운 여	9	9	9	10	10	서	1	1	1	1	2	2	2	3	3	3	4	4	4	5	5	서	6	6	6	7	7	7	8	8	8

양력 8월 입추절(戊申月) 立秋 8월6일 23시38분 處暑 8월22일 14시21분

양력	1	2	3	4	5	6	7	8	9	10	11	12	13	14	15	16	17	18	19	20	21	22	23	24	25	26	27	28	29	30	31
요일	月	火	水	木	金	土	日	月	火	水	木	金	土	日	月	火	水	木	金	土	日	月	火	水	木	金	土	日	月	火	水
음력	6/17	18	19	20	21	22	23	24	25	26	27	28	29	7/1	2	3	4	5	6	7	8	9	10	11	12	13	14	15	16	17	18
일진	己酉	庚戌	辛亥	壬子	癸丑	甲寅	乙卯	丙辰	丁巳	戊午	己未	庚申	辛酉	壬戌	癸亥	甲子	乙丑	丙寅	丁卯	戊辰	己巳	庚午	辛未	壬申	癸酉	甲戌	乙亥	丙子	丁丑	戊寅	己卯
대 남	2	1	1	1	1	입	10	10	10	9	9	9	8	8	8	7	7	7	6	6	6	처	5	5	4	4	4	3	3	3	2
운 여	9	9	9	10	10	추	1	1	1	1	2	2	2	3	3	3	4	4	4	5	5	서	6	6	6	7	7	7	8	8	8

양력 9월 백로절(己酉月) 白露 9월7일 2시54분 秋分 9월22일 12시26분

양력	1	2	3	4	5	6	7	8	9	10	11	12	13	14	15	16	17	18	19	20	21	22	23	24	25	26	27	28	29	30
요일	木	金	土	日	月	火	水	木	金	土	日	月	火	水	木	金	土	日	月	火	水	木	金	土	日	月	火	水	木	金
음력	7/19	20	21	22	23	24	25	26	27	28	29	8/1	2	3	4	5	6	7	8	9	10	11	12	13	14	15	16	17	18	19
일진	庚辰	辛巳	壬午	癸未	甲申	乙酉	丙戌	丁亥	戊子	己丑	庚寅	辛卯	壬辰	癸巳	甲午	乙未	丙申	丁酉	戊戌	己亥	庚子	辛丑	壬寅	癸卯	甲辰	乙巳	丙午	丁未	戊申	己酉
대 남	2	2	1	1	1	1	백	10	9	9	9	8	8	8	7	7	7	6	6	6	5	추	5	4	4	4	3	3	3	2
운 여	9	9	9	10	10	10	로	1	1	1	1	2	2	2	3	3	3	4	4	4	5	분	5	6	6	6	7	7	7	8

양력 10월 한로절(庚戌月) 寒露 10월7일 19시2분 霜降 10월22일 22시18분

양력	1	2	3	4	5	6	7	8	9	10	11	12	13	14	15	16	17	18	19	20	21	22	23	24	25	26	27	28	29	30	31
요일	土	日	月	火	水	木	金	土	日	月	火	水	木	金	土	日	月	火	水	木	金	土	日	月	火	水	木	金	土	日	月
음력	8/20	21	22	23	24	25	26	27	28	29	30	9/1	2	3	4	5	6	7	8	9	10	11	12	13	14	15	16	17	18	19	20
일진	庚戌	辛亥	壬子	癸丑	甲寅	乙卯	丙辰	丁巳	戊午	己未	庚申	辛酉	壬戌	癸亥	甲子	乙丑	丙寅	丁卯	戊辰	己巳	庚午	辛未	壬申	癸酉	甲戌	乙亥	丙子	丁丑	戊寅	己卯	庚辰
대 남	2	2	1	1	1	1	한	10	9	9	9	8	8	8	7	7	7	6	6	6	5	상	5	4	4	4	3	3	3	2	2
운 여	8	8	9	9	9	10	로	1	1	1	1	2	2	2	3	3	3	4	4	4	5	강	5	6	6	6	7	7	7	8	8

양력 11월 입동절(辛亥月) 立冬 11월6일 22시42분 小雪 11월21일 20시19분

양력	1	2	3	4	5	6	7	8	9	10	11	12	13	14	15	16	17	18	19	20	21	22	23	24	25	26	27	28	29	30
요일	火	水	木	金	土	日	月	火	水	木	金	土	日	月	火	水	木	金	土	日	月	火	水	木	金	土	日	月	火	水
음력	9/21	22	23	24	25	26	27	28	29	10/1	2	3	4	5	6	7	8	9	10	11	12	13	14	15	16	17	18	19	20	21
일진	辛巳	壬午	癸未	甲申	乙酉	丙戌	丁亥	戊子	己丑	庚寅	辛卯	壬辰	癸巳	甲午	乙未	丙申	丁酉	戊戌	己亥	庚子	辛丑	壬寅	癸卯	甲辰	乙巳	丙午	丁未	戊申	己酉	庚戌
대 남	2	1	1	1	1	입	10	9	9	9	8	8	8	7	7	7	6	6	6	5	소	5	4	4	4	3	3	3	2	2
운 여	8	9	9	9	10	동	1	1	1	1	2	2	2	3	3	3	4	4	4	5	설	5	6	6	6	7	7	7	8	8

양력 12월 대설절(壬子月) 大雪 12월6일 15시55분 冬至 12월21일 9시54분

양력	1	2	3	4	5	6	7	8	9	10	11	12	13	14	15	16	17	18	19	20	21	22	23	24	25	26	27	28	29	30	31
요일	木	金	土	日	月	火	水	木	金	土	日	月	火	水	木	金	土	日	月	火	水	木	金	土	日	月	火	水	木	金	土
음력	10/22	23	24	25	26	27	28	29	30	11/1	2	3	4	5	6	7	8	9	10	11	12	13	14	15	16	17	18	19	20	21	22
일진	辛亥	壬子	癸丑	甲寅	乙卯	丙辰	丁巳	戊午	己未	庚申	辛酉	壬戌	癸亥	甲子	乙丑	丙寅	丁卯	戊辰	己巳	庚午	辛未	壬申	癸酉	甲戌	乙亥	丙子	丁丑	戊寅	己卯	庚辰	辛巳
대 남	2	1	1	1	1	대	10	9	9	9	8	8	8	7	7	7	6	6	6	5	동	5	4	4	4	3	3	3	2	2	2
운 여	8	9	9	9	10	설	1	1	1	1	2	2	2	3	3	3	4	4	4	5	지	5	6	6	6	7	7	7	8	8	8

서기 2073년 [단기 4406년]

양력 1월 소한절(癸丑月) 小寒 1월5일 3시17분 大寒 1월19일 20시35분

양력	1	2	3	4	5	6	7	8	9	10	11	12	13	14	15	16	17	18	19	20	21	22	23	24	25	26	27	28	29	30	31
요일	日	月	火	水	木	金	土	日	月	火	水	木	金	土	日	月	火	水	木	金	土	日	月	火	水	木	金	土	日	月	火
음력	11/23	24	25	26	27	28	29	12/1	2	3	4	5	6	7	8	9	10	11	12	13	14	15	16	17	18	19	20	21	22	23	24
일진	壬午	癸未	甲申	乙酉	丙戌	丁亥	戊子	己丑	庚寅	辛卯	壬辰	癸巳	甲午	乙未	丙申	丁酉	戊戌	己亥	庚子	辛丑	壬寅	癸卯	甲辰	乙巳	丙午	丁未	戊申	己酉	庚戌	辛亥	壬子
대운 남	1	1	1	1	소	9	9	9	8	8	8	7	7	7	6	6	6	5	대	5	4	4	4	3	3	3	2	2	2	1	1
대운 여	9	9	9	10	한	1	1	1	1	2	2	2	3	3	3	4	4	4	한	5	5	6	6	6	7	7	7	8	8	8	9

양력 2월 입춘절(甲寅月) 立春 2월3일 14시51분 雨水 2월18일 10시33분

양력	1	2	3	4	5	6	7	8	9	10	11	12	13	14	15	16	17	18	19	20	21	22	23	24	25	26	27	28			
요일	水	木	金	土	日	月	火	水	木	金	土	日	月	火	水	木	金	土	日	月	火	水	木	金	土	日	月	火			
음력	12/25	26	27	28	29	30	1/1	2	3	4	5	6	7	8	9	10	11	12	13	14	15	16	17	18	19	20	21	22			
일진	癸丑	甲寅	乙卯	丙辰	丁巳	戊午	己未	庚申	辛酉	壬戌	癸亥	甲子	乙丑	丙寅	丁卯	戊辰	己巳	庚午	辛未	壬申	癸酉	甲戌	乙亥	丙子	丁丑	戊寅	己卯	庚辰			
대운 남	1	1	입	1	1	1	1	2	2	2	3	3	3	4	4	4	5	우	5	6	6	6	7	7	7	8	8	8			
대운 여	9	9	춘	10	9	9	9	8	8	8	7	7	7	6	6	6	5	수	5	4	4	4	3	3	3	2	2	2			

양력 3월 경칩절(乙卯月) 驚蟄 3월5일 8시35분 春分 3월20일 9시12분

양력	1	2	3	4	5	6	7	8	9	10	11	12	13	14	15	16	17	18	19	20	21	22	23	24	25	26	27	28	29	30	31
요일	水	木	金	土	日	月	火	水	木	金	土	日	月	火	水	木	金	土	日	月	火	水	木	金	土	日	月	火	水	木	金
음력	1/23	24	25	26	27	28	29	30	2/1	2	3	4	5	6	7	8	9	10	11	12	13	14	15	16	17	18	19	20	21	22	23
일진	辛巳	壬午	癸未	甲申	乙酉	丙戌	丁亥	戊子	己丑	庚寅	辛卯	壬辰	癸巳	甲午	乙未	丙申	丁酉	戊戌	己亥	庚子	辛丑	壬寅	癸卯	甲辰	乙巳	丙午	丁未	戊申	己酉	庚戌	辛亥
대운 남	9	9	9	10	경	1	1	1	1	2	2	2	3	3	3	4	4	4	5	춘	5	6	6	6	7	7	7	8	8	8	9
대운 여	1	1	1	1	칩	10	9	9	9	8	8	8	7	7	7	6	6	6	5	분	5	4	4	4	3	3	3	2	2	2	1

양력 4월 청명절(丙辰月) 清明 4월4일 12시58분 穀雨 4월19일 19시47분

양력	1	2	3	4	5	6	7	8	9	10	11	12	13	14	15	16	17	18	19	20	21	22	23	24	25	26	27	28	29	30	
요일	土	日	月	火	水	木	金	土	日	月	火	水	木	金	土	日	月	火	水	木	金	土	日	月	火	水	木	金	土	日	
음력	2/24	25	26	27	28	29	3/1	2	3	4	5	6	7	8	9	10	11	12	13	14	15	16	17	18	19	20	21	22	23	24	
일진	壬子	癸丑	甲寅	乙卯	丙辰	丁巳	戊午	己未	庚申	辛酉	壬戌	癸亥	甲子	乙丑	丙寅	丁卯	戊辰	己巳	庚午	辛未	壬申	癸酉	甲戌	乙亥	丙子	丁丑	戊寅	己卯	庚辰	辛巳	
대운 남	9	10	10	청	1	1	1	1	2	2	2	3	3	3	4	4	4	5	곡	5	6	6	6	7	7	7	8	8	8	9	
대운 여	1	1	1	명	10	10	9	9	9	8	8	8	7	7	7	6	6	6	우	5	5	4	4	4	3	3	3	2	2	2	

양력 5월 입하절(丁巳月) 立夏 5월5일 5시46분 小滿 5월20일 18시28분

양력	1	2	3	4	5	6	7	8	9	10	11	12	13	14	15	16	17	18	19	20	21	22	23	24	25	26	27	28	29	30	31
요일	月	火	水	木	金	土	日	月	火	水	木	金	土	日	月	火	水	木	金	土	日	月	火	水	木	金	土	日	月	火	水
음력	3/25	26	27	28	29	30	4/1	2	3	4	5	6	7	8	9	10	11	12	13	14	15	16	17	18	19	20	21	22	23	24	25
일진	壬午	癸未	甲申	乙酉	丙戌	丁亥	戊子	己丑	庚寅	辛卯	壬辰	癸巳	甲午	乙未	丙申	丁酉	戊戌	己亥	庚子	辛丑	壬寅	癸卯	甲辰	乙巳	丙午	丁未	戊申	己酉	庚戌	辛亥	壬子
대운 남	9	9	10	10	입	1	1	1	1	2	2	2	3	3	3	4	4	4	5	소	5	6	6	6	7	7	7	8	8	8	9
대운 여	1	1	1	1	하	10	10	9	9	9	8	8	8	7	7	7	6	6	6	만	5	5	4	4	4	3	3	3	2	2	2

양력 6월 망종절(戊午月) 芒種 6월5일 9시29분 夏至 6월21일 2시5분

양력	1	2	3	4	5	6	7	8	9	10	11	12	13	14	15	16	17	18	19	20	21	22	23	24	25	26	27	28	29	30	
요일	木	金	土	日	月	火	水	木	金	土	日	月	火	水	木	金	土	日	月	火	水	木	金	土	日	月	火	水	木	金	
음력	4/26	27	28	29	30	5/1	2	3	4	5	6	7	8	9	10	11	12	13	14	15	16	17	18	19	20	21	22	23	24	25	
일진	癸丑	甲寅	乙卯	丙辰	丁巳	戊午	己未	庚申	辛酉	壬戌	癸亥	甲子	乙丑	丙寅	丁卯	戊辰	己巳	庚午	辛未	壬申	癸酉	甲戌	乙亥	丙子	丁丑	戊寅	己卯	庚辰	辛巳	壬午	
대운 남	9	9	10	10	망	1	1	1	1	2	2	2	3	3	3	4	4	4	5	5	하	6	6	6	7	7	7	8	8	8	
대운 여	1	1	1	1	종	10	10	9	9	9	8	8	8	7	7	7	6	6	6	5	지	5	4	4	4	3	3	3	2	2	

癸巳年

양력 7월 소서절(己未月) 小暑 7월6일 19시29분 大暑 7월22일 12시54분

양력	1	2	3	4	5	6	7	8	9	10	11	12	13	14	15	16	17	18	19	20	21	22	23	24	25	26	27	28	29	30	31
요일	土	日	月	火	水	木	金	土	日	月	火	水	木	金	土	日	月	火	水	木	金	土	日	月	火	水	木	金	土	日	月
음력	5/26	27	28	29	6/1	2	3	4	5	6	7	8	9	10	11	12	13	14	15	16	17	18	19	20	21	22	23	24	25	26	27
일진	癸未	甲申	乙酉	丙戌	丁亥	戊子	己丑	庚寅	辛卯	壬辰	癸巳	甲午	乙未	丙申	丁酉	戊戌	己亥	庚子	辛丑	壬寅	癸卯	甲辰	乙巳	丙午	丁未	戊申	己酉	庚戌	辛亥	壬子	癸丑
대운 남	9	9	9	10	10	소	1	1	1	1	2	2	2	3	3	3	4	4	4	5	5	대	6	6	6	7	7	7	8	8	8
대운 여	2	1	1	1	1	서	10	10	10	9	9	9	8	8	8	7	7	7	6	6	6	서	5	5	4	4	4	3	3	3	2

양력 8월 입추절(庚申月) 立秋 8월7일 5시19분 處暑 8월22일 20시10분

양력	1	2	3	4	5	6	7	8	9	10	11	12	13	14	15	16	17	18	19	20	21	22	23	24	25	26	27	28	29	30	31
요일	火	水	木	金	土	日	月	火	水	木	金	土	日	月	火	水	木	金	土	日	月	火	水	木	金	土	日	月	火	水	木
음력	6/28	29	30	7/1	2	3	4	5	6	7	8	9	10	11	12	13	14	15	16	17	18	19	20	21	22	23	24	25	26	27	28
일진	甲寅	乙卯	丙辰	丁巳	戊午	己未	庚申	辛酉	壬戌	癸亥	甲子	乙丑	丙寅	丁卯	戊辰	己巳	庚午	辛未	壬申	癸酉	甲戌	乙亥	丙子	丁丑	戊寅	己卯	庚辰	辛巳	壬午	癸未	甲申
대운 남	9	9	9	10	10	10	입	1	1	1	1	2	2	2	3	3	3	4	4	4	5	처	5	6	6	6	7	7	7	8	8
대운 여	2	2	1	1	1	1	추	10	10	9	9	9	8	8	8	7	7	7	6	6	6	서	5	5	4	4	4	3	3	3	2

양력 9월 백로절(辛酉月) 白露 9월7일 8시32분 秋分 9월22일 18시14분

양력	1	2	3	4	5	6	7	8	9	10	11	12	13	14	15	16	17	18	19	20	21	22	23	24	25	26	27	28	29	30	
요일	金	土	日	月	火	水	木	金	土	日	月	火	水	木	金	土	日	月	火	水	木	金	土	日	月	火	水	木	金	土	
음력	7/29	8/1	2	3	4	5	6	7	8	9	10	11	12	13	14	15	16	17	18	19	20	21	22	23	24	25	26	27	28	29	
일진	乙酉	丙戌	丁亥	戊子	己丑	庚寅	辛卯	壬辰	癸巳	甲午	乙未	丙申	丁酉	戊戌	己亥	庚子	辛丑	壬寅	癸卯	甲辰	乙巳	丙午	丁未	戊申	己酉	庚戌	辛亥	壬子	癸丑	甲寅	
대운 남	8	9	9	9	10	10	백	1	1	1	1	2	2	2	3	3	3	4	4	4	5	추	5	6	6	6	7	7	7	8	
대운 여	2	2	1	1	1	1	로	10	10	9	9	9	8	8	8	7	7	7	6	6	6	분	5	5	4	4	4	3	3	3	

양력 10월 한로절(壬戌月) 寒露 10월8일 0시40분 霜降 10월23일 4시7분

양력	1	2	3	4	5	6	7	8	9	10	11	12	13	14	15	16	17	18	19	20	21	22	23	24	25	26	27	28	29	30	31
요일	日	月	火	水	木	金	土	日	月	火	水	木	金	土	日	月	火	水	木	金	土	日	月	火	水	木	金	土	日	月	火
음력	9/1	2	3	4	5	6	7	8	9	10	11	12	13	14	15	16	17	18	19	20	21	22	23	24	25	26	27	28	29	30	10/1
일진	乙卯	丙辰	丁巳	戊午	己未	庚申	辛酉	壬戌	癸亥	甲子	乙丑	丙寅	丁卯	戊辰	己巳	庚午	辛未	壬申	癸酉	甲戌	乙亥	丙子	丁丑	戊寅	己卯	庚辰	辛巳	壬午	癸未	甲申	乙酉
대운 남	8	8	9	9	9	10	10	한	1	1	1	1	2	2	2	3	3	3	4	4	4	5	상	5	6	6	6	7	7	7	8
대운 여	2	2	2	1	1	1	1	로	10	9	9	9	8	8	8	7	7	7	6	6	6	5	강	5	4	4	4	3	3	3	2

양력 11월 입동절(癸亥月) 立冬 11월7일 4시23분 小雪 11월22일 2시10분

양력	1	2	3	4	5	6	7	8	9	10	11	12	13	14	15	16	17	18	19	20	21	22	23	24	25	26	27	28	29	30	
요일	水	木	金	土	日	月	火	水	木	金	土	日	月	火	水	木	金	土	日	月	火	水	木	金	土	日	月	火	水	木	
음력	10/2	3	4	5	6	7	8	9	10	11	12	13	14	15	16	17	18	19	20	21	22	23	24	25	26	27	28	29	11/1	2	
일진	丙戌	丁亥	戊子	己丑	庚寅	辛卯	壬辰	癸巳	甲午	乙未	丙申	丁酉	戊戌	己亥	庚子	辛丑	壬寅	癸卯	甲辰	乙巳	丙午	丁未	戊申	己酉	庚戌	辛亥	壬子	癸丑	甲寅	乙卯	
대운 남	8	8	9	9	9	10	입	1	1	1	1	2	2	2	3	3	3	4	4	4	5	소	5	6	6	6	7	7	7	8	
대운 여	2	2	1	1	1	1	동	9	9	9	8	8	8	7	7	7	6	6	6	5	5	설	4	4	4	3	3	3	2	2	

양력 12월 대설절(甲子月) 大雪 12월6일 21시39분 冬至 12월21일 15시49분

양력	1	2	3	4	5	6	7	8	9	10	11	12	13	14	15	16	17	18	19	20	21	22	23	24	25	26	27	28	29	30	31
요일	金	土	日	月	火	水	木	金	土	日	月	火	水	木	金	土	日	月	火	水	木	金	土	日	月	火	水	木	金	土	日
음력	11/3	4	5	6	7	8	9	10	11	12	13	14	15	16	17	18	19	20	21	22	23	24	25	26	27	28	29	30	12/1	2	3
일진	丙辰	丁巳	戊午	己未	庚申	辛酉	壬戌	癸亥	甲子	乙丑	丙寅	丁卯	戊辰	己巳	庚午	辛未	壬申	癸酉	甲戌	乙亥	丙子	丁丑	戊寅	己卯	庚辰	辛巳	壬午	癸未	甲申	乙酉	丙戌
대운 남	8	8	9	9	9	대	1	1	1	1	2	2	2	3	3	3	4	4	4	5	동	5	6	6	6	7	7	7	8	8	8
대운 여	2	1	1	1	1	설	10	9	9	9	8	8	8	7	7	7	6	6	6	5	지	5	4	4	4	3	3	3	2	2	2

서기 2074년 [단기 4407년]

양력 1월 소한절(乙丑月) 小寒 1월5일 9시5분 大寒 1월20일 2시33분

양력		1	2	3	4	5	6	7	8	9	10	11	12	13	14	15	16	17	18	19	20	21	22	23	24	25	26	27	28	29	30	31
요일		月	火	水	木	金	土	日	月	火	水	木	金	土	日	月	火	水	木	金	土	日	月	火	水	木	金	土	日	月	火	水
음력		12/4	5	6	7	8	9	10	11	12	13	14	15	16	17	18	19	20	21	22	23	24	25	26	27	28	29	1/1	2	3	4	5
일진		丁亥	戊子	己丑	庚寅	辛卯	壬辰	癸巳	甲午	乙未	丙申	丁酉	戊戌	己亥	庚子	辛丑	壬寅	癸卯	甲辰	乙巳	丙午	丁未	戊申	己酉	庚戌	辛亥	壬子	癸丑	甲寅	乙卯	丙辰	丁巳
대운	남	9	9	9	10	소	1	1	1	1	2	2	2	3	3	3	4	4	4	5	대	5	6	6	6	7	7	7	8	8	8	9
	여	1	1	1	1	한	9	9	9	8	8	8	7	7	7	6	6	6	5	5	한	4	4	4	3	3	3	2	2	2	1	1

양력 2월 입춘절(丙寅月) 立春 2월3일 20시40분 雨水 2월18일 16시30분

양력		1	2	3	4	5	6	7	8	9	10	11	12	13	14	15	16	17	18	19	20	21	22	23	24	25	26	27	28			
요일		木	金	土	日	月	火	水	木	金	土	日	月	火	水	木	金	土	日	月	火	水	木	金	土	日	月	火	水			
음력		1/6	7	8	9	10	11	12	13	14	15	16	17	18	19	20	21	22	23	24	25	26	27	28	29	30	2/1	2	3			
일진		戊午	己未	庚申	辛酉	壬戌	癸亥	甲子	乙丑	丙寅	丁卯	戊辰	己巳	庚午	辛未	壬申	癸酉	甲戌	乙亥	丙子	丁丑	戊寅	己卯	庚辰	辛巳	壬午	癸未	甲申	乙酉			
대운	남	9	9	입	10	9	9	9	8	8	8	7	7	7	6	6	6	5	우	5	4	4	4	3	3	3	2	2	2			
	여	1	1	춘	1	1	1	1	2	2	2	3	3	3	4	4	4	5	수	5	6	6	6	7	7	7	8	8	8			

양력 3월 경칩절(丁卯月) 驚蟄 3월5일 14시23분 春分 3월20일 15시7분

양력		1	2	3	4	5	6	7	8	9	10	11	12	13	14	15	16	17	18	19	20	21	22	23	24	25	26	27	28	29	30	31
요일		木	金	土	日	月	火	水	木	金	土	日	月	火	水	木	金	土	日	月	火	水	木	金	土	日	月	火	水	木	金	土
음력		2/4	5	6	7	8	9	10	11	12	13	14	15	16	17	18	19	20	21	22	23	24	25	26	27	28	29	3/1	2	3	4	5
일진		丙戌	丁亥	戊子	己丑	庚寅	辛卯	壬辰	癸巳	甲午	乙未	丙申	丁酉	戊戌	己亥	庚子	辛丑	壬寅	癸卯	甲辰	乙巳	丙午	丁未	戊申	己酉	庚戌	辛亥	壬子	癸丑	甲寅	乙卯	丙辰
대운	남	1	1	1	1	경	10	9	9	9	8	8	8	7	7	7	6	6	6	5	춘	5	4	4	4	3	3	3	2	2	2	1
	여	9	9	9	10	칩	1	1	1	1	2	2	2	3	3	3	4	4	4	5	분	5	6	6	6	7	7	7	8	8	8	9

양력 4월 청명절(戊辰月) 清明 4월4일 18시44분 穀雨 4월20일 1시40분

양력		1	2	3	4	5	6	7	8	9	10	11	12	13	14	15	16	17	18	19	20	21	22	23	24	25	26	27	28	29	30	
요일		日	月	火	水	木	金	土	日	月	火	水	木	金	土	日	月	火	水	木	金	土	日	月	火	水	木	金	土	日	月	
음력		3/6	7	8	9	10	11	12	13	14	15	16	17	18	19	20	21	22	23	24	25	26	27	28	29	30	4/1	2	3	4	5	
일진		丁巳	戊午	己未	庚申	辛酉	壬戌	癸亥	甲子	乙丑	丙寅	丁卯	戊辰	己巳	庚午	辛未	壬申	癸酉	甲戌	乙亥	丙子	丁丑	戊寅	己卯	庚辰	辛巳	壬午	癸未	甲申	乙酉	丙戌	
대운	남	1	1	1	청	10	10	9	9	9	8	8	8	7	7	7	6	6	6	5	곡	5	4	4	4	3	3	3	2	2	2	
	여	9	9	10	명	1	1	1	1	2	2	2	3	3	3	4	4	4	5	5	우	6	6	6	7	7	7	8	8	8	9	

양력 5월 입하절(己巳月) 立夏 5월5일 11시32분 小滿 5월21일 0시20분

양력		1	2	3	4	5	6	7	8	9	10	11	12	13	14	15	16	17	18	19	20	21	22	23	24	25	26	27	28	29	30	31
요일		火	水	木	金	土	日	月	火	水	木	金	土	日	月	火	水	木	金	土	日	月	火	水	木	金	土	日	月	火	水	木
음력		4/6	7	8	9	10	11	12	13	14	15	16	17	18	19	20	21	22	23	24	25	26	27	28	29	30	5/1	2	3	4	5	6
일진		丁亥	戊子	己丑	庚寅	辛卯	壬辰	癸巳	甲午	乙未	丙申	丁酉	戊戌	己亥	庚子	辛丑	壬寅	癸卯	甲辰	乙巳	丙午	丁未	戊申	己酉	庚戌	辛亥	壬子	癸丑	甲寅	乙卯	丙辰	丁巳
대운	남	1	1	1	1	입	10	10	9	9	9	8	8	8	7	7	7	6	6	6	5	소	5	4	4	4	3	3	3	2	2	2
	여	9	9	10	10	하	1	1	1	1	2	2	2	3	3	3	4	4	4	5	5	만	6	6	6	7	7	7	8	8	8	9

양력 6월 망종절(庚午月) 芒種 6월5일 15시16분 夏至 6월21일 7시57분

양력		1	2	3	4	5	6	7	8	9	10	11	12	13	14	15	16	17	18	19	20	21	22	23	24	25	26	27	28	29	30	
요일		金	土	日	月	火	水	木	金	土	日	月	火	水	木	金	土	日	月	火	水	木	金	土	日	月	火	水	木	金	土	
음력		5/7	8	9	10	11	12	13	14	15	16	17	18	19	20	21	22	23	24	25	26	27	28	29	6/1	2	3	4	5	6	7	
일진		戊午	己未	庚申	辛酉	壬戌	癸亥	甲子	乙丑	丙寅	丁卯	戊辰	己巳	庚午	辛未	壬申	癸酉	甲戌	乙亥	丙子	丁丑	戊寅	己卯	庚辰	辛巳	壬午	癸未	甲申	乙酉	丙戌	丁亥	
대운	남	1	1	1	1	망	10	10	10	9	9	9	8	8	8	7	7	7	6	6	6	하	5	5	4	4	4	3	3	3	2	
	여	9	9	10	10	종	1	1	1	1	2	2	2	3	3	3	4	4	4	5	5	지	6	6	6	7	7	7	8	8	8	

甲午年

양력 7월 소서절(辛未月) 小暑 7월7일 1시19분 大暑 7월22일 18시44분

양력	1	2	3	4	5	6	7	8	9	10	11	12	13	14	15	16	17	18	19	20	21	22	23	24	25	26	27	28	29	30	31
요일	日	月	火	水	木	金	土	日	月	火	水	木	金	土	日	月	火	水	木	金	土	日	月	火	水	木	金	土	日	月	火
음력	6/8	9	10	11	12	13	14	15	16	17	18	19	20	21	22	23	24	25	26	27	28	29	30	윤1	2	3	4	5	6	7	8
일진	戊子	己丑	庚寅	辛卯	壬辰	癸巳	甲午	乙未	丙申	丁酉	戊戌	己亥	庚子	辛丑	壬寅	癸卯	甲辰	乙巳	丙午	丁未	戊申	己酉	庚戌	辛亥	壬子	癸丑	甲寅	乙卯	丙辰	丁巳	戊午
대 남	2	2	1	1	1	1	소	10	10	9	9	9	8	8	8	7	7	7	6	6	6	대	5	5	4	4	4	3	3	3	2
운 여	9	9	9	10	10	10	서	1	1	1	1	2	2	2	3	3	3	4	4	4	5	서	5	6	6	6	7	7	7	8	8

양력 8월 입추절(壬申月) 立秋 8월7일 11시12분 處暑 8월23일 1시59분

양력	1	2	3	4	5	6	7	8	9	10	11	12	13	14	15	16	17	18	19	20	21	22	23	24	25	26	27	28	29	30	31
요일	水	木	金	土	日	月	火	水	木	金	土	日	月	火	水	木	金	土	日	月	火	水	木	金	土	日	月	火	水	木	金
음력	윤9	10	11	12	13	14	15	16	17	18	19	20	21	22	23	24	25	26	27	28	29	7/1	2	3	4	5	6	7	8	9	10
일진	己未	庚申	辛酉	壬戌	癸亥	甲子	乙丑	丙寅	丁卯	戊辰	己巳	庚午	辛未	壬申	癸酉	甲戌	乙亥	丙子	丁丑	戊寅	己卯	庚辰	辛巳	壬午	癸未	甲申	乙酉	丙戌	丁亥	戊子	己丑
대 남	2	2	1	1	1	1	입	10	10	9	9	9	8	8	8	7	7	7	6	6	6	5	처	5	4	4	4	3	3	3	2
운 여	8	9	9	9	10	10	추	1	1	1	1	2	2	2	3	3	3	4	4	4	5	5	서	6	6	6	7	7	7	8	8

양력 9월 백로절(癸酉月) 白露 9월7일 14시27분 秋分 9월23일 0시2분

양력	1	2	3	4	5	6	7	8	9	10	11	12	13	14	15	16	17	18	19	20	21	22	23	24	25	26	27	28	29	30	
요일	土	日	月	火	水	木	金	土	日	月	火	水	木	金	土	日	月	火	水	木	金	土	日	月	火	水	木	金	土	日	
음력	7/11	12	13	14	15	16	17	18	19	20	21	22	23	24	25	26	27	28	29	30	8/1	2	3	4	5	6	7	8	9	10	
일진	庚寅	辛卯	壬辰	癸巳	甲午	乙未	丙申	丁酉	戊戌	己亥	庚子	辛丑	壬寅	癸卯	甲辰	乙巳	丙午	丁未	戊申	己酉	庚戌	辛亥	壬子	癸丑	甲寅	乙卯	丙辰	丁巳	戊午	己未	
대 남	2	2	1	1	1	1	백	10	10	9	9	9	8	8	8	7	7	7	6	6	6	5	추	5	4	4	4	3	3	3	
운 여	8	9	9	9	10	10	로	1	1	1	1	2	2	2	3	3	3	4	4	4	5	5	분	6	6	6	7	7	7	8	

양력 10월 한로절(甲戌月) 寒露 10월8일 6시36분 霜降 10월23일 9시54분

양력	1	2	3	4	5	6	7	8	9	10	11	12	13	14	15	16	17	18	19	20	21	22	23	24	25	26	27	28	29	30	31
요일	月	火	水	木	金	土	日	月	火	水	木	金	土	日	月	火	水	木	金	土	日	月	火	水	木	金	土	日	月	火	水
음력	8/11	12	13	14	15	16	17	18	19	20	21	22	23	24	25	26	27	28	29	9/1	2	3	4	5	6	7	8	9	10	11	12
일진	庚申	辛酉	壬戌	癸亥	甲子	乙丑	丙寅	丁卯	戊辰	己巳	庚午	辛未	壬申	癸酉	甲戌	乙亥	丙子	丁丑	戊寅	己卯	庚辰	辛巳	壬午	癸未	甲申	乙酉	丙戌	丁亥	戊子	己丑	庚寅
대 남	2	2	2	1	1	1	1	한	10	9	9	9	8	8	8	7	7	7	6	6	6	5	상	5	4	4	4	3	3	3	2
운 여	8	8	9	9	9	10	10	로	1	1	1	1	2	2	2	3	3	3	4	4	4	5	강	5	6	6	6	7	7	7	8

양력 11월 입동절(乙亥月) 立冬 11월7일 10시18분 小雪 11월22일 7시56분

양력	1	2	3	4	5	6	7	8	9	10	11	12	13	14	15	16	17	18	19	20	21	22	23	24	25	26	27	28	29	30	
요일	木	金	土	日	月	火	水	木	金	土	日	月	火	水	木	金	土	日	月	火	水	木	金	土	日	月	火	水	木	金	
음력	9/13	14	15	16	17	18	19	20	21	22	23	24	25	26	27	28	29	30	10/1	2	3	4	5	6	7	8	9	10	11	12	
일진	辛卯	壬辰	癸巳	甲午	乙未	丙申	丁酉	戊戌	己亥	庚子	辛丑	壬寅	癸卯	甲辰	乙巳	丙午	丁未	戊申	己酉	庚戌	辛亥	壬子	癸丑	甲寅	乙卯	丙辰	丁巳	戊午	己未	庚申	
대 남	2	2	1	1	1	1	입	10	9	9	9	8	8	8	7	7	7	6	6	6	5	소	5	4	4	4	3	3	3	2	
운 여	8	8	9	9	9	10	동	1	1	1	1	2	2	2	3	3	3	4	4	4	5	설	5	6	6	6	7	7	7	8	

양력 12월 대설절(丙子月) 大雪 12월7일 3시33분 冬至 12월21일 21시34분

양력	1	2	3	4	5	6	7	8	9	10	11	12	13	14	15	16	17	18	19	20	21	22	23	24	25	26	27	28	29	30	31
요일	土	日	月	火	水	木	金	土	日	月	火	水	木	金	土	日	月	火	水	木	金	土	日	月	火	水	木	金	土	日	月
음력	10/13	14	15	16	17	18	19	20	21	22	23	24	25	26	27	28	29	11/1	2	3	4	5	6	7	8	9	10	11	12	13	14
일진	辛酉	壬戌	癸亥	甲子	乙丑	丙寅	丁卯	戊辰	己巳	庚午	辛未	壬申	癸酉	甲戌	乙亥	丙子	丁丑	戊寅	己卯	庚辰	辛巳	壬午	癸未	甲申	乙酉	丙戌	丁亥	戊子	己丑	庚寅	辛卯
대 남	2	2	1	1	1	1	대	9	9	9	8	8	8	7	7	7	6	6	6	5	동	5	4	4	4	3	3	3	2	2	2
운 여	8	8	9	9	9	10	설	1	1	1	1	2	2	2	3	3	3	4	4	4	지	5	5	6	6	6	7	7	7	8	8

▶ 윤달-6월

서기 2075년 [단기 4408년]

양력 1월 소한절(丁丑月) 小寒 1월5일 14시56분 大寒 1월20일 8시15분

양력	1	2	3	4	5	6	7	8	9	10	11	12	13	14	15	16	17	18	19	20	21	22	23	24	25	26	27	28	29	30	31
요일	火	水	木	金	土	日	月	火	水	木	金	土	日	月	火	水	木	金	土	日	月	火	水	木	金	土	日	月	火	水	木
음력	11/15	16	17	18	19	20	21	22	23	24	25	26	27	28	29	30	12/1	2	3	4	5	6	7	8	9	10	11	12	13	14	15
일진	壬辰	癸巳	甲午	乙未	丙申	丁酉	戊戌	己亥	庚子	辛丑	壬寅	癸卯	甲辰	乙巳	丙午	丁未	戊申	己酉	庚戌	辛亥	壬子	癸丑	甲寅	乙卯	丙辰	丁巳	戊午	己未	庚申	辛酉	壬戌
대운 남	1	1	1	1	소한	10	9	9	9	8	8	8	7	7	7	6	6	6	5	대한	5	4	4	4	3	3	3	2	2	2	1
대운 여	8	9	9	9		1	1	1	1	2	2	2	3	3	3	4	4	4	5		5	6	6	6	7	7	7	8	8	8	9

양력 2월 입춘절(戊寅月) 立春 2월4일 2시29분 雨水 2월18일 22시10분

양력	1	2	3	4	5	6	7	8	9	10	11	12	13	14	15	16	17	18	19	20	21	22	23	24	25	26	27	28			
요일	金	土	日	月	火	水	木	金	土	日	月	火	水	木	金	土	日	月	火	水	木	金	土	日	月	火	水	木			
음력	12/16	17	18	19	20	21	22	23	24	25	26	27	28	29	1/1	2	3	4	5	6	7	8	9	10	11	12	13	14			
일진	癸亥	甲子	乙丑	丙寅	丁卯	戊辰	己巳	庚午	辛未	壬申	癸酉	甲戌	乙亥	丙子	丁丑	戊寅	己卯	庚辰	辛巳	壬午	癸未	甲申	乙酉	丙戌	丁亥	戊子	己丑	庚寅			
대운 남	1	1	1	입춘	1	1	1	1	2	2	2	3	3	3	4	4	4	우수	5	5	6	6	6	7	7	7	8	8			
대운 여	9	9	10		9	9	9	8	8	8	7	7	7	6	6	6	5		5	4	4	4	3	3	3	2	2	2			

양력 3월 경칩절(己卯月) 驚蟄 3월5일 20시10분 春分 3월20일 20시45분

양력	1	2	3	4	5	6	7	8	9	10	11	12	13	14	15	16	17	18	19	20	21	22	23	24	25	26	27	28	29	30	31
요일	金	土	日	月	火	水	木	金	土	日	月	火	水	木	金	土	日	月	火	水	木	金	土	日	月	火	水	木	金	土	日
음력	1/15	16	17	18	19	20	21	22	23	24	25	26	27	28	29	30	2/1	2	3	4	5	6	7	8	9	10	11	12	13	14	15
일진	辛卯	壬辰	癸巳	甲午	乙未	丙申	丁酉	戊戌	己亥	庚子	辛丑	壬寅	癸卯	甲辰	乙巳	丙午	丁未	戊申	己酉	庚戌	辛亥	壬子	癸丑	甲寅	乙卯	丙辰	丁巳	戊午	己未	庚申	辛酉
대운 남	8	9	9	9	경칩	1	1	1	1	2	2	2	3	3	3	4	4	4	5	춘분	5	6	6	6	7	7	7	8	8	8	9
대운 여	1	1	1	1		10	10	9	9	9	8	8	8	7	7	7	6	6	6		5	5	4	4	4	3	3	3	2	2	2

양력 4월 청명절(庚辰月) 淸明 4월5일 0시29분 穀雨 4월20일 7시17분

양력	1	2	3	4	5	6	7	8	9	10	11	12	13	14	15	16	17	18	19	20	21	22	23	24	25	26	27	28	29	30	
요일	月	火	水	木	金	土	日	月	火	水	木	金	土	日	月	火	水	木	金	土	日	月	火	水	木	金	土	日	月	火	
음력	2/16	17	18	19	20	21	22	23	24	25	26	27	28	29	3/1	2	3	4	5	6	7	8	9	10	11	12	13	14	15	16	
일진	壬戌	癸亥	甲子	乙丑	丙寅	丁卯	戊辰	己巳	庚午	辛未	壬申	癸酉	甲戌	乙亥	丙子	丁丑	戊寅	己卯	庚辰	辛巳	壬午	癸未	甲申	乙酉	丙戌	丁亥	戊子	己丑	庚寅	辛卯	
대운 남	9	9	10	10	청명	1	1	1	1	2	2	2	3	3	3	4	4	4	5	곡우	5	6	6	6	7	7	7	8	8	8	
대운 여	1	1	1	1		10	9	9	9	8	8	8	7	7	7	6	6	6	5		5	4	4	4	3	3	3	2	2	2	

양력 5월 입하절(辛巳月) 立夏 5월5일 17시18분 小滿 5월21일 5시58분

양력	1	2	3	4	5	6	7	8	9	10	11	12	13	14	15	16	17	18	19	20	21	22	23	24	25	26	27	28	29	30	31
요일	水	木	金	土	日	月	火	水	木	金	土	日	月	火	水	木	金	土	日	月	火	水	木	金	土	日	月	火	水	木	金
음력	3/17	18	19	20	21	22	23	24	25	26	27	28	29	30	4/1	2	3	4	5	6	7	8	9	10	11	12	13	14	15	16	17
일진	壬辰	癸巳	甲午	乙未	丙申	丁酉	戊戌	己亥	庚子	辛丑	壬寅	癸卯	甲辰	乙巳	丙午	丁未	戊申	己酉	庚戌	辛亥	壬子	癸丑	甲寅	乙卯	丙辰	丁巳	戊午	己未	庚申	辛酉	壬戌
대운 남	9	9	9	10	입하	1	1	1	1	2	2	2	3	3	3	4	4	4	5	5	소만	6	6	6	7	7	7	8	8	8	9
대운 여	1	1	1	1		10	10	9	9	9	8	8	8	7	7	7	6	6	6	5		5	4	4	4	3	3	3	2	2	2

양력 6월 망종절(壬午月) 芒種 6월5일 21시5분 夏至 6월21일 13시39분

양력	1	2	3	4	5	6	7	8	9	10	11	12	13	14	15	16	17	18	19	20	21	22	23	24	25	26	27	28	29	30	
요일	土	日	月	火	水	木	金	土	日	月	火	水	木	金	土	日	月	火	水	木	金	土	日	月	火	水	木	金	土	日	
음력	4/18	19	20	21	22	23	24	25	26	27	28	29	5/1	2	3	4	5	6	7	8	9	10	11	12	13	14	15	16	17	18	
일진	癸亥	甲子	乙丑	丙寅	丁卯	戊辰	己巳	庚午	辛未	壬申	癸酉	甲戌	乙亥	丙子	丁丑	戊寅	己卯	庚辰	辛巳	壬午	癸未	甲申	乙酉	丙戌	丁亥	戊子	己丑	庚寅	辛卯	壬辰	
대운 남	9	9	10	10	망종	1	1	1	1	2	2	2	3	3	3	4	4	4	5	5	하지	6	6	6	7	7	7	8	8	8	
대운 여	1	1	1	1		10	10	10	9	9	9	8	8	8	7	7	7	6	6	6		5	5	4	4	4	3	3	3	2	

乙未年

양력 7월 소서절(癸未月) 小暑 7월7일 7시12분 大暑 7월23일 0시32분

양력		1	2	3	4	5	6	7	8	9	10	11	12	13	14	15	16	17	18	19	20	21	22	23	24	25	26	27	28	29	30	31
요일		月	火	水	木	金	土	日	月	火	水	木	金	土	日	月	火	水	木	金	土	日	月	火	水	木	金	土	日	月	火	水
음력		5/19	20	21	22	23	24	25	26	27	28	29	30	6/1	2	3	4	5	6	7	8	9	10	11	12	13	14	15	16	17	18	19
일진		癸巳	甲午	乙未	丙申	丁酉	戊戌	己亥	庚子	辛丑	壬寅	癸卯	甲辰	乙巳	丙午	丁未	戊申	己酉	庚戌	辛亥	壬子	癸丑	甲寅	乙卯	丙辰	丁巳	戊午	己未	庚申	辛酉	壬戌	癸亥
대운	남	9	9	9	10	10	10	소	1	1	1	1	2	2	2	3	3	3	4	4	4	5	5	대	6	6	6	7	7	7	8	8
	여	2	2	1	1	1	1	서	10	10	9	9	9	8	8	8	7	7	7	6	6	6	5	서	5	4	4	4	3	3	3	2

양력 8월 입추절(甲申月) 立秋 8월7일 17시7분 處暑 8월23일 7시52분

양력		1	2	3	4	5	6	7	8	9	10	11	12	13	14	15	16	17	18	19	20	21	22	23	24	25	26	27	28	29	30	31
요일		木	金	土	日	月	火	水	木	金	土	日	月	火	水	木	金	土	日	月	火	水	木	金	土	日	月	火	水	木	金	土
음력		6/20	21	22	23	24	25	26	27	28	29	30	7/1	2	3	4	5	6	7	8	9	10	11	12	13	14	15	16	17	18	19	20
일진		甲子	乙丑	丙寅	丁卯	戊辰	己巳	庚午	辛未	壬申	癸酉	甲戌	乙亥	丙子	丁丑	戊寅	己卯	庚辰	辛巳	壬午	癸未	甲申	乙酉	丙戌	丁亥	戊子	己丑	庚寅	辛卯	壬辰	癸巳	甲午
대운	남	8	9	9	9	10	10	입	1	1	1	1	2	2	2	3	3	3	4	4	4	5	5	처	6	6	6	7	7	7	8	8
	여	2	2	1	1	1	1	추	10	10	9	9	9	8	8	8	7	7	7	6	6	6	5	서	5	4	4	4	3	3	3	2

양력 9월 백로절(乙酉月) 白露 9월7일 20시22분 秋分 9월23일 5시57분

양력		1	2	3	4	5	6	7	8	9	10	11	12	13	14	15	16	17	18	19	20	21	22	23	24	25	26	27	28	29	30	
요일		日	月	火	水	木	金	土	日	月	火	水	木	金	土	日	月	火	水	木	金	土	日	月	火	水	木	金	土	日	月	
음력		7/21	22	23	24	25	26	27	28	29	8/1	2	3	4	5	6	7	8	9	10	11	12	13	14	15	16	17	18	19	20	21	
일진		乙未	丙申	丁酉	戊戌	己亥	庚子	辛丑	壬寅	癸卯	甲辰	乙巳	丙午	丁未	戊申	己酉	庚戌	辛亥	壬子	癸丑	甲寅	乙卯	丙辰	丁巳	戊午	己未	庚申	辛酉	壬戌	癸亥	甲子	
대운	남	8	9	9	9	10	10	백	1	1	1	1	2	2	2	3	3	3	4	4	4	5	5	추	6	6	6	7	7	7	8	
	여	2	2	1	1	1	1	로	10	10	9	9	9	8	8	8	7	7	7	6	6	6	5	분	5	4	4	4	3	3	3	

양력 10월 한로절(丙戌月) 寒露 10월8일 12시30분 霜降 10월23일 15시49분

양력		1	2	3	4	5	6	7	8	9	10	11	12	13	14	15	16	17	18	19	20	21	22	23	24	25	26	27	28	29	30	31
요일		火	水	木	金	土	日	月	火	水	木	金	土	日	月	火	水	木	金	土	日	月	火	水	木	金	土	日	月	火	水	木
음력		8/22	23	24	25	26	27	28	29	30	9/1	2	3	4	5	6	7	8	9	10	11	12	13	14	15	16	17	18	19	20	21	22
일진		乙丑	丙寅	丁卯	戊辰	己巳	庚午	辛未	壬申	癸酉	甲戌	乙亥	丙子	丁丑	戊寅	己卯	庚辰	辛巳	壬午	癸未	甲申	乙酉	丙戌	丁亥	戊子	己丑	庚寅	辛卯	壬辰	癸巳	甲午	乙未
대운	남	8	8	9	9	9	10	10	한	1	1	1	1	2	2	2	3	3	3	4	4	4	5	상	5	6	6	6	7	7	7	8
	여	2	2	2	1	1	1	1	로	10	9	9	9	8	8	8	7	7	7	6	6	6	5	강	5	4	4	4	3	3	3	2

양력 11월 입동절(丁亥月) 立冬 11월7일 16시10분 小雪 11월22일 13시50분

양력		1	2	3	4	5	6	7	8	9	10	11	12	13	14	15	16	17	18	19	20	21	22	23	24	25	26	27	28	29	30	
요일		金	土	日	月	火	水	木	金	土	日	月	火	水	木	金	土	日	月	火	水	木	金	土	日	月	火	水	木	金	土	
음력		9/23	24	25	26	27	28	29	10/1	2	3	4	5	6	7	8	9	10	11	12	13	14	15	16	17	18	19	20	21	22	23	
일진		丙申	丁酉	戊戌	己亥	庚子	辛丑	壬寅	癸卯	甲辰	乙巳	丙午	丁未	戊申	己酉	庚戌	辛亥	壬子	癸丑	甲寅	乙卯	丙辰	丁巳	戊午	己未	庚申	辛酉	壬戌	癸亥	甲子	乙丑	
대운	남	8	8	9	9	9	10	입	1	1	1	1	2	2	2	3	3	3	4	4	4	5	소	5	6	6	6	7	7	7	8	
	여	2	2	1	1	1	1	동	10	9	9	9	8	8	8	7	7	7	6	6	6	5	설	5	4	4	4	3	3	3	2	

양력 12월 대설절(戊子月) 大雪 12월7일 9시23분 冬至 12월22일 3시26분

양력		1	2	3	4	5	6	7	8	9	10	11	12	13	14	15	16	17	18	19	20	21	22	23	24	25	26	27	28	29	30	31
요일		日	月	火	水	木	金	土	日	月	火	水	木	金	土	日	月	火	水	木	金	土	日	月	火	水	木	金	土	日	月	火
음력		10/24	25	26	27	28	29	30	11/1	2	3	4	5	6	7	8	9	10	11	12	13	14	15	16	17	18	19	20	21	22	23	24
일진		丙寅	丁卯	戊辰	己巳	庚午	辛未	壬申	癸酉	甲戌	乙亥	丙子	丁丑	戊寅	己卯	庚辰	辛巳	壬午	癸未	甲申	乙酉	丙戌	丁亥	戊子	己丑	庚寅	辛卯	壬辰	癸巳	甲午	乙未	丙申
대운	남	8	8	9	9	9	10	대	1	1	1	1	2	2	2	3	3	3	4	4	4	5	동	5	6	6	6	7	7	7	8	8
	여	2	2	1	1	1	1	설	9	9	9	8	8	8	7	7	7	6	6	6	5	5	지	4	4	4	3	3	3	2	2	2

서기 2076년 [단기 4409년]

양력 1월 소한절(己丑月) 小寒 1월5일 20시46분 大寒 1월20일 14시6분

양력	1	2	3	4	5	6	7	8	9	10	11	12	13	14	15	16	17	18	19	20	21	22	23	24	25	26	27	28	29	30	31
요일	水	木	金	土	日	月	火	水	木	金	土	日	月	火	水	木	金	土	日	月	火	水	木	金	土	日	月	火	水	木	金
음력	11/25	26	27	28	29	12/1	2	3	4	5	6	7	8	9	10	11	12	13	14	15	16	17	18	19	20	21	22	23	24	25	26
일진	丁酉	戊戌	己亥	庚子	辛丑	壬寅	癸卯	甲辰	乙巳	丙午	丁未	戊申	己酉	庚戌	辛亥	壬子	癸丑	甲寅	乙卯	丙辰	丁巳	戊午	己未	庚申	辛酉	壬戌	癸亥	甲子	乙丑	丙寅	丁卯
대운 남	8	9	9	9	소한	1	1	1	1	2	2	2	3	3	3	4	4	4	5	대한	5	6	6	6	7	7	7	8	8	8	9
대운 여	1	1	1	1		10	9	9	9	8	8	8	7	7	7	6	6	6	5		5	4	4	4	3	3	3	2	2	2	1

양력 2월 입춘절(庚寅月) 立春 2월4일 8시18분 雨水 2월19일 4시2분

양력	1	2	3	4	5	6	7	8	9	10	11	12	13	14	15	16	17	18	19	20	21	22	23	24	25	26	27	28	29		
요일	土	日	月	火	水	木	金	土	日	月	火	水	木	金	土	日	月	火	水	木	金	土	日	月	火	水	木	金	土		
음력	12/27	28	29	30	1/1	2	3	4	5	6	7	8	9	10	11	12	13	14	15	16	17	18	19	20	21	22	23	24	25		
일진	戊辰	己巳	庚午	辛未	壬申	癸酉	甲戌	乙亥	丙子	丁丑	戊寅	己卯	庚辰	辛巳	壬午	癸未	甲申	乙酉	丙戌	丁亥	戊子	己丑	庚寅	辛卯	壬辰	癸巳	甲午	乙未	丙申		
대운 남	9	9	10	입춘	10	9	9	9	8	8	8	7	7	7	6	6	6	5	우수	5	4	4	4	3	3	3	2	2	2		
대운 여	1	1	1		1	1	1	1	2	2	2	3	3	3	4	4	4	5		5	6	6	6	7	7	7	8	8	8		

양력 3월 경칩절(辛卯月) 驚蟄 3월5일 1시59분 春分 3월20일 2시37분

양력	1	2	3	4	5	6	7	8	9	10	11	12	13	14	15	16	17	18	19	20	21	22	23	24	25	26	27	28	29	30	31
요일	日	月	火	水	木	金	土	日	月	火	水	木	金	土	日	月	火	水	木	金	土	日	月	火	水	木	金	土	日	月	火
음력	1/26	27	28	29	2/1	2	3	4	5	6	7	8	9	10	11	12	13	14	15	16	17	18	19	20	21	22	23	24	25	26	27
일진	丁酉	戊戌	己亥	庚子	辛丑	壬寅	癸卯	甲辰	乙巳	丙午	丁未	戊申	己酉	庚戌	辛亥	壬子	癸丑	甲寅	乙卯	丙辰	丁巳	戊午	己未	庚申	辛酉	壬戌	癸亥	甲子	乙丑	丙寅	丁卯
대운 남	1	1	1	1	경칩	10	9	9	9	8	8	8	7	7	7	6	6	6	5	춘분	5	4	4	4	3	3	3	2	2	2	1
대운 여	9	9	9	10		1	1	1	1	2	2	2	3	3	3	4	4	4	5		5	6	6	6	7	7	7	8	8	8	9

양력 4월 청명절(壬辰月) 淸明 4월4일 6시19분 穀雨 4월19일 13시10분

양력	1	2	3	4	5	6	7	8	9	10	11	12	13	14	15	16	17	18	19	20	21	22	23	24	25	26	27	28	29	30	
요일	水	木	金	土	日	月	火	水	木	金	土	日	月	火	水	木	金	土	日	月	火	水	木	金	土	日	月	火	水	木	
음력	2/28	29	30	3/1	2	3	4	5	6	7	8	9	10	11	12	13	14	15	16	17	18	19	20	21	22	23	24	25	26	27	
일진	戊辰	己巳	庚午	辛未	壬申	癸酉	甲戌	乙亥	丙子	丁丑	戊寅	己卯	庚辰	辛巳	壬午	癸未	甲申	乙酉	丙戌	丁亥	戊子	己丑	庚寅	辛卯	壬辰	癸巳	甲午	乙未	丙申	丁酉	
대운 남	1	1	1	청명	10	9	9	9	8	8	8	7	7	7	6	6	6	5	곡우	5	4	4	4	3	3	3	2	2	2	1	
대운 여	9	9	10		1	1	1	1	2	2	2	3	3	3	4	4	4	5		5	6	6	6	7	7	7	8	8	8	9	

양력 5월 입하절(癸巳月) 立夏 5월4일 23시7분 小滿 5월20일 11시53분

양력	1	2	3	4	5	6	7	8	9	10	11	12	13	14	15	16	17	18	19	20	21	22	23	24	25	26	27	28	29	30	31
요일	金	土	日	月	火	水	木	金	土	日	月	火	水	木	金	土	日	月	火	水	木	金	土	日	月	火	水	木	金	土	日
음력	3/28	29	4/1	2	3	4	5	6	7	8	9	10	11	12	13	14	15	16	17	18	19	20	21	22	23	24	25	26	27	28	29
일진	戊戌	己亥	庚子	辛丑	壬寅	癸卯	甲辰	乙巳	丙午	丁未	戊申	己酉	庚戌	辛亥	壬子	癸丑	甲寅	乙卯	丙辰	丁巳	戊午	己未	庚申	辛酉	壬戌	癸亥	甲子	乙丑	丙寅	丁卯	戊辰
대운 남	1	1	1	입하	10	10	10	9	9	9	8	8	8	7	7	7	6	6	6	소만	5	5	4	4	4	3	3	3	2	2	2
대운 여	9	9	10		1	1	1	1	2	2	2	3	3	3	4	4	4	5	5		6	6	6	7	7	7	8	8	8	9	9

양력 6월 망종절(甲午月) 芒種 6월5일 2시53분 夏至 6월20일 19시35분

양력	1	2	3	4	5	6	7	8	9	10	11	12	13	14	15	16	17	18	19	20	21	22	23	24	25	26	27	28	29	30	
요일	月	火	水	木	金	土	日	月	火	水	木	金	土	日	月	火	水	木	金	土	日	月	火	水	木	金	土	日	月	火	
음력	4/30	5/1	2	3	4	5	6	7	8	9	10	11	12	13	14	15	16	17	18	19	20	21	22	23	24	25	26	27	28	29	
일진	己巳	庚午	辛未	壬申	癸酉	甲戌	乙亥	丙子	丁丑	戊寅	己卯	庚辰	辛巳	壬午	癸未	甲申	乙酉	丙戌	丁亥	戊子	己丑	庚寅	辛卯	壬辰	癸巳	甲午	乙未	丙申	丁酉	戊戌	
대운 남	1	1	1	1	망종	10	10	9	9	9	8	8	8	7	7	7	6	6	6	하지	5	5	4	4	4	3	3	3	2	2	
대운 여	9	10	10	10		1	1	1	1	2	2	2	3	3	3	4	4	4	5		5	6	6	6	7	7	7	8	8	8	

丙申年

양력 7월 소서절(乙未月) 小暑 7월6일 12시59분 大暑 7월22일 6시28분

양력		1	2	3	4	5	6	7	8	9	10	11	12	13	14	15	16	17	18	19	20	21	22	23	24	25	26	27	28	29	30	31
요일		水	木	金	土	日	月	火	水	木	金	土	日	月	火	水	木	金	土	日	月	火	水	木	金	土	日	月	火	水	木	金
음력		6/1	2	3	4	5	6	7	8	9	10	11	12	13	14	15	16	17	18	19	20	21	22	23	24	25	26	27	28	29	30	7/1
일진		己亥	庚子	辛丑	壬寅	癸卯	甲辰	乙巳	丙午	丁未	戊申	己酉	庚戌	辛亥	壬子	癸丑	甲寅	乙卯	丙辰	丁巳	戊午	己未	庚申	辛酉	壬戌	癸亥	甲子	乙丑	丙寅	丁卯	戊辰	己巳
대운	남	2	1	1	1	1	소	10	10	9	9	9	8	8	8	7	7	7	6	6	6	5	대	5	4	4	4	3	3	3	2	2
	여	9	9	9	10	10	서	1	1	1	1	2	2	2	3	3	3	4	4	4	5	5	서	6	6	6	7	7	7	8	8	8

양력 8월 입추절(丙申月) 立秋 8월6일 22시53분 處暑 8월22일 13시46분

양력		1	2	3	4	5	6	7	8	9	10	11	12	13	14	15	16	17	18	19	20	21	22	23	24	25	26	27	28	29	30	31
요일		土	日	月	火	水	木	金	土	日	月	火	水	木	金	土	日	月	火	水	木	金	土	日	月	火	水	木	金	土	日	月
음력		7/2	3	4	5	6	7	8	9	10	11	12	13	14	15	16	17	18	19	20	21	22	23	24	25	26	27	28	29	8/1	2	3
일진		庚午	辛未	壬申	癸酉	甲戌	乙亥	丙子	丁丑	戊寅	己卯	庚辰	辛巳	壬午	癸未	甲申	乙酉	丙戌	丁亥	戊子	己丑	庚寅	辛卯	壬辰	癸巳	甲午	乙未	丙申	丁酉	戊戌	己亥	庚子
대운	남	2	1	1	1	1	입	10	10	10	9	9	9	8	8	8	7	7	7	6	6	6	처	5	5	4	4	4	3	3	3	2
	여	9	9	9	10	10	추	1	1	1	1	2	2	2	3	3	3	4	4	4	5	5	서	6	6	6	7	7	7	8	8	8

양력 9월 백로절(丁酉月) 白露 9월7일 2시7분 秋分 9월22일 11시49분

양력		1	2	3	4	5	6	7	8	9	10	11	12	13	14	15	16	17	18	19	20	21	22	23	24	25	26	27	28	29	30	
요일		火	水	木	金	土	日	月	火	水	木	金	土	日	月	火	水	木	金	土	日	月	火	水	木	金	土	日	月	火	水	
음력		8/4	5	6	7	8	9	10	11	12	13	14	15	16	17	18	19	20	21	22	23	24	25	26	27	28	29	30	9/1	2	3	
일진		辛丑	壬寅	癸卯	甲辰	乙巳	丙午	丁未	戊申	己酉	庚戌	辛亥	壬子	癸丑	甲寅	乙卯	丙辰	丁巳	戊午	己未	庚申	辛酉	壬戌	癸亥	甲子	乙丑	丙寅	丁卯	戊辰	己巳	庚午	
대운	남	2	2	1	1	1	1	백	10	9	9	9	8	8	8	7	7	7	6	6	6	5	추	5	4	4	4	3	3	3	2	
	여	9	9	9	10	10	10	로	1	1	1	1	2	2	2	3	3	3	4	4	4	5	분	5	6	6	6	7	7	7	8	

양력 10월 한로절(戊戌月) 寒露 10월7일 18시13분 霜降 10월22일 21시37분

양력		1	2	3	4	5	6	7	8	9	10	11	12	13	14	15	16	17	18	19	20	21	22	23	24	25	26	27	28	29	30	31
요일		木	金	土	日	月	火	水	木	金	土	日	月	火	水	木	金	土	日	月	火	水	木	金	土	日	月	火	水	木	金	土
음력		9/4	5	6	7	8	9	10	11	12	13	14	15	16	17	18	19	20	21	22	23	24	25	26	27	28	29	30	10/1	2	3	4
일진		辛未	壬申	癸酉	甲戌	乙亥	丙子	丁丑	戊寅	己卯	庚辰	辛巳	壬午	癸未	甲申	乙酉	丙戌	丁亥	戊子	己丑	庚寅	辛卯	壬辰	癸巳	甲午	乙未	丙申	丁酉	戊戌	己亥	庚子	辛丑
대운	남	2	2	1	1	1	1	한	10	9	9	9	8	8	8	7	7	7	6	6	6	5	상	5	4	4	4	3	3	3	2	2
	여	8	8	9	9	9	10	로	1	1	1	1	2	2	2	3	3	3	4	4	4	5	강	5	6	6	6	7	7	7	8	8

양력 11월 입동절(己亥月) 立冬 11월6일 21시52분 小雪 11월21일 19시36분

양력		1	2	3	4	5	6	7	8	9	10	11	12	13	14	15	16	17	18	19	20	21	22	23	24	25	26	27	28	29	30	
요일		日	月	火	水	木	金	土	日	月	火	水	木	金	土	日	月	火	水	木	金	土	日	月	火	水	木	金	土	日	月	
음력		10/5	6	7	8	9	10	11	12	13	14	15	16	17	18	19	20	21	22	23	24	25	26	27	28	29	11/1	2	3	4	5	
일진		壬寅	癸卯	甲辰	乙巳	丙午	丁未	戊申	己酉	庚戌	辛亥	壬子	癸丑	甲寅	乙卯	丙辰	丁巳	戊午	己未	庚申	辛酉	壬戌	癸亥	甲子	乙丑	丙寅	丁卯	戊辰	己巳	庚午	辛未	
대운	남	2	1	1	1	1	입	10	9	9	9	8	8	8	7	7	7	6	6	6	5	소	5	4	4	4	3	3	3	2	2	
	여	8	9	9	9	10	동	1	1	1	1	2	2	2	3	3	3	4	4	4	5	설	5	6	6	6	7	7	7	8	8	

양력 12월 대설절(庚子月) 大雪 12월6일 15시4분 冬至 12월21일 9시12분

양력		1	2	3	4	5	6	7	8	9	10	11	12	13	14	15	16	17	18	19	20	21	22	23	24	25	26	27	28	29	30	31
요일		火	水	木	金	土	日	月	火	水	木	金	土	日	月	火	水	木	金	土	日	月	火	水	木	金	土	日	月	火	水	木
음력		11/6	7	8	9	10	11	12	13	14	15	16	17	18	19	20	21	22	23	24	25	26	27	28	29	30	12/1	2	3	4	5	6
일진		壬申	癸酉	甲戌	乙亥	丙子	丁丑	戊寅	己卯	庚辰	辛巳	壬午	癸未	甲申	乙酉	丙戌	丁亥	戊子	己丑	庚寅	辛卯	壬辰	癸巳	甲午	乙未	丙申	丁酉	戊戌	己亥	庚子	辛丑	壬寅
대운	남	2	1	1	1	1	대	10	9	9	9	8	8	8	7	7	7	6	6	6	5	동	5	4	4	4	3	3	3	2	2	2
	여	8	9	9	9	10	설	1	1	1	1	2	2	2	3	3	3	4	4	4	5	지	5	6	6	6	7	7	7	8	8	8

서기 2077년 [단기 4410년]

양력 1월　소한절(辛丑月)　小寒 1월5일 2시27분　大寒 1월19일 19시54분

양력	1	2	3	4	5	6	7	8	9	10	11	12	13	14	15	16	17	18	19	20	21	22	23	24	25	26	27	28	29	30	31
요일	金	土	日	月	火	水	木	金	土	日	月	火	水	木	金	土	日	月	火	水	木	金	土	日	月	火	水	木	金	土	日
음력	12/7	8	9	10	11	12	13	14	15	16	17	18	19	20	21	22	23	24	25	26	27	28	29	1/1	2	3	4	5	6	7	8
일진	癸卯	甲辰	乙巳	丙午	丁未	戊申	己酉	庚戌	辛亥	壬子	癸丑	甲寅	乙卯	丙辰	丁巳	戊午	己未	庚申	辛酉	壬戌	癸亥	甲子	乙丑	丙寅	丁卯	戊辰	己巳	庚午	辛未	壬申	癸酉
대운 남	1	1	1	1	소	9	9	9	8	8	8	7	7	7	6	6	6	5	대	5	4	4	4	3	3	3	2	2	2	1	1
대운 여	9	9	9	10	한	1	1	1	1	2	2	2	3	3	3	4	4	4	한	5	5	6	6	6	7	7	7	8	8	8	9

양력 2월　입춘절(壬寅月)　立春 2월3일 14시2분　雨水 2월18일 9시52분

양력	1	2	3	4	5	6	7	8	9	10	11	12	13	14	15	16	17	18	19	20	21	22	23	24	25	26	27	28			
요일	月	火	水	木	金	土	日	月	火	水	木	金	土	日	月	火	水	木	金	土	日	月	火	水	木	金	土	日			
음력	1/9	10	11	12	13	14	15	16	17	18	19	20	21	22	23	24	25	26	27	28	29	30	2/1	2	3	4	5	6			
일진	甲戌	乙亥	丙子	丁丑	戊寅	己卯	庚辰	辛巳	壬午	癸未	甲申	乙酉	丙戌	丁亥	戊子	己丑	庚寅	辛卯	壬辰	癸巳	甲午	乙未	丙申	丁酉	戊戌	己亥	庚子	辛丑			
대운 남	1	1	입	1	1	1	1	2	2	2	3	3	3	4	4	4	5	우	5	6	6	6	7	7	7	8	8	8			
대운 여	9	9	춘	10	9	9	9	8	8	8	7	7	7	6	6	6	5	수	5	4	4	4	3	3	3	2	2	2			

양력 3월　경칩절(癸卯月)　驚蟄 3월5일 7시45분　春分 3월20일 8시30분

양력	1	2	3	4	5	6	7	8	9	10	11	12	13	14	15	16	17	18	19	20	21	22	23	24	25	26	27	28	29	30	31
요일	月	火	水	木	金	土	日	月	火	水	木	金	土	日	月	火	水	木	金	土	日	月	火	水	木	金	土	日	月	火	水
음력	2/7	8	9	10	11	12	13	14	15	16	17	18	19	20	21	22	23	24	25	26	27	28	29	3/1	2	3	4	5	6	7	8
일진	壬寅	癸卯	甲辰	乙巳	丙午	丁未	戊申	己酉	庚戌	辛亥	壬子	癸丑	甲寅	乙卯	丙辰	丁巳	戊午	己未	庚申	辛酉	壬戌	癸亥	甲子	乙丑	丙寅	丁卯	戊辰	己巳	庚午	辛未	壬申
대운 남	9	9	9	10	경	1	1	1	1	2	2	2	3	3	3	4	4	4	5	춘	5	6	6	6	7	7	7	8	8	8	9
대운 여	1	1	1	1	칩	10	9	9	9	8	8	8	7	7	7	6	6	6	5	분	5	4	4	4	3	3	3	2	2	2	1

양력 4월　청명절(甲辰月)　清明 4월4일 12시7분　穀雨 4월19일 19시3분

양력	1	2	3	4	5	6	7	8	9	10	11	12	13	14	15	16	17	18	19	20	21	22	23	24	25	26	27	28	29	30	
요일	木	金	土	日	月	火	水	木	金	土	日	月	火	水	木	金	土	日	月	火	水	木	金	土	日	月	火	水	木	金	
음력	3/9	10	11	12	13	14	15	16	17	18	19	20	21	22	23	24	25	26	27	28	29	30	4/1	2	3	4	5	6	7	8	
일진	癸酉	甲戌	乙亥	丙子	丁丑	戊寅	己卯	庚辰	辛巳	壬午	癸未	甲申	乙酉	丙戌	丁亥	戊子	己丑	庚寅	辛卯	壬辰	癸巳	甲午	乙未	丙申	丁酉	戊戌	己亥	庚子	辛丑	壬寅	
대운 남	9	9	10	청	1	1	1	1	2	2	2	3	3	3	4	4	4	5	곡	5	6	6	6	7	7	7	8	8	8	9	
대운 여	1	1	1	명	10	10	9	9	9	8	8	8	7	7	7	6	6	6	우	5	5	4	4	4	3	3	3	2	2	2	

양력 5월　입하절(乙巳月)　立夏 5월5일 4시57분　小滿 5월20일 17시43분

양력	1	2	3	4	5	6	7	8	9	10	11	12	13	14	15	16	17	18	19	20	21	22	23	24	25	26	27	28	29	30	31
요일	土	日	月	火	水	木	金	土	日	月	火	水	木	金	土	日	月	火	水	木	金	土	日	月	火	水	木	金	土	日	月
음력	4/9	10	11	12	13	14	15	16	17	18	19	20	21	22	23	24	25	26	27	28	29	윤1	2	3	4	5	6	7	8	9	10
일진	癸卯	甲辰	乙巳	丙午	丁未	戊申	己酉	庚戌	辛亥	壬子	癸丑	甲寅	乙卯	丙辰	丁巳	戊午	己未	庚申	辛酉	壬戌	癸亥	甲子	乙丑	丙寅	丁卯	戊辰	己巳	庚午	辛未	壬申	癸酉
대운 남	9	9	10	10	입	1	1	1	1	2	2	2	3	3	3	4	4	4	5	소	5	6	6	6	7	7	7	8	8	8	9
대운 여	1	1	1	1	하	10	10	9	9	9	8	8	8	7	7	7	6	6	6	만	5	5	4	4	4	3	3	3	2	2	2

양력 6월　망종절(丙午月)　芒種 6월5일 8시43분　夏至 6월21일 1시22분

양력	1	2	3	4	5	6	7	8	9	10	11	12	13	14	15	16	17	18	19	20	21	22	23	24	25	26	27	28	29	30	
요일	火	水	木	金	土	日	月	火	水	木	金	土	日	月	火	水	木	金	土	日	月	火	水	木	金	土	日	月	火	水	
음력	윤11	12	13	14	15	16	17	18	19	20	21	22	23	24	25	26	27	28	29	5/1	2	3	4	5	6	7	8	9	10	11	
일진	甲戌	乙亥	丙子	丁丑	戊寅	己卯	庚辰	辛巳	壬午	癸未	甲申	乙酉	丙戌	丁亥	戊子	己丑	庚寅	辛卯	壬辰	癸巳	甲午	乙未	丙申	丁酉	戊戌	己亥	庚子	辛丑	壬寅	癸卯	
대운 남	9	9	10	10	망	1	1	1	1	2	2	2	3	3	3	4	4	4	5	5	하	6	6	6	7	7	7	8	8	8	
대운 여	1	1	1	1	종	10	10	9	9	9	8	8	8	7	7	7	6	6	6	5	지	5	4	4	4	3	3	3	2	2	

▶윤달–4월

丁酉年

양력 7월 소서절(丁未月) 小暑 7월6일 18시49분 大暑 7월22일 12시12분

양력	1	2	3	4	5	6	7	8	9	10	11	12	13	14	15	16	17	18	19	20	21	22	23	24	25	26	27	28	29	30	31
요일	木	金	土	日	月	火	水	木	金	土	日	月	火	水	木	金	土	日	月	火	水	木	金	土	日	月	火	水	木	金	土
음력	5/12	13	14	15	16	17	18	19	20	21	22	23	24	25	26	27	28	29	30	6/1	2	3	4	5	6	7	8	9	10	11	12
일진	甲辰	乙巳	丙午	丁未	戊申	己酉	庚戌	辛亥	壬子	癸丑	甲寅	乙卯	丙辰	丁巳	戊午	己未	庚申	辛酉	壬戌	癸亥	甲子	乙丑	丙寅	丁卯	戊辰	己巳	庚午	辛未	壬申	癸酉	甲戌
대운 남	9	9	9	10	10	소서	1	1	1	1	2	2	2	3	3	3	4	4	4	5	5	대서	6	6	6	7	7	7	8	8	8
대운 여	2	1	1	1	1		10	10	10	9	9	9	8	8	8	7	7	7	6	6	6		5	5	4	4	4	3	3	3	2

양력 8월 입추절(戊申月) 立秋 8월7일 4시45분 處暑 8월22일 19시30분

양력	1	2	3	4	5	6	7	8	9	10	11	12	13	14	15	16	17	18	19	20	21	22	23	24	25	26	27	28	29	30	31
요일	日	月	火	水	木	金	土	日	月	火	水	木	金	土	日	月	火	水	木	金	土	日	月	火	水	木	金	土	日	月	火
음력	6/13	14	15	16	17	18	19	20	21	22	23	24	25	26	27	28	29	7/1	2	3	4	5	6	7	8	9	10	11	12	13	14
일진	乙亥	丙子	丁丑	戊寅	己卯	庚辰	辛巳	壬午	癸未	甲申	乙酉	丙戌	丁亥	戊子	己丑	庚寅	辛卯	壬辰	癸巳	甲午	乙未	丙申	丁酉	戊戌	己亥	庚子	辛丑	壬寅	癸卯	甲辰	乙巳
대운 남	9	9	9	10	10	10	입추	1	1	1	1	2	2	2	3	3	3	4	4	4	5	처서	5	6	6	6	7	7	7	8	8
대운 여	2	2	1	1	1	1		10	10	9	9	9	8	8	8	7	7	7	6	6	6		5	5	4	4	4	3	3	3	2

양력 9월 백로절(己酉月) 白露 9월7일 8시2분 秋分 9월22일 17시34분

양력	1	2	3	4	5	6	7	8	9	10	11	12	13	14	15	16	17	18	19	20	21	22	23	24	25	26	27	28	29	30
요일	水	木	金	土	日	月	火	水	木	金	土	日	月	火	水	木	金	土	日	月	火	水	木	金	土	日	月	火	水	木
음력	7/15	16	17	18	19	20	21	22	23	24	25	26	27	28	29	30	8/1	2	3	4	5	6	7	8	9	10	11	12	13	14
일진	丙午	丁未	戊申	己酉	庚戌	辛亥	壬子	癸丑	甲寅	乙卯	丙辰	丁巳	戊午	己未	庚申	辛酉	壬戌	癸亥	甲子	乙丑	丙寅	丁卯	戊辰	己巳	庚午	辛未	壬申	癸酉	甲戌	乙亥
대운 남	8	9	9	9	10	10	백로	1	1	1	1	2	2	2	3	3	3	4	4	4	5	추분	5	6	6	6	7	7	7	8
대운 여	2	2	1	1	1	1		10	10	9	9	9	8	8	8	7	7	7	6	6	6		5	5	4	4	4	3	3	3

양력 10월 한로절(庚戌月) 寒露 10월8일 0시9분 霜降 10월23일 3시25분

양력	1	2	3	4	5	6	7	8	9	10	11	12	13	14	15	16	17	18	19	20	21	22	23	24	25	26	27	28	29	30	31
요일	金	土	日	月	火	水	木	金	土	日	月	火	水	木	金	土	日	月	火	水	木	金	土	日	月	火	水	木	金	土	日
음력	8/15	16	17	18	19	20	21	22	23	24	25	26	27	28	29	30	9/1	2	3	4	5	6	7	8	9	10	11	12	13	14	15
일진	丙子	丁丑	戊寅	己卯	庚辰	辛巳	壬午	癸未	甲申	乙酉	丙戌	丁亥	戊子	己丑	庚寅	辛卯	壬辰	癸巳	甲午	乙未	丙申	丁酉	戊戌	己亥	庚子	辛丑	壬寅	癸卯	甲辰	乙巳	丙午
대운 남	8	8	9	9	9	10	10	한로	1	1	1	1	2	2	2	3	3	3	4	4	4	5	상강	5	6	6	6	7	7	7	8
대운 여	2	2	2	1	1	1	1		10	9	9	9	8	8	8	7	7	7	6	6	6	5		5	4	4	4	3	3	3	2

양력 11월 입동절(辛亥月) 立冬 11월7일 3시49분 小雪 11월22일 1시24분

양력	1	2	3	4	5	6	7	8	9	10	11	12	13	14	15	16	17	18	19	20	21	22	23	24	25	26	27	28	29	30
요일	月	火	水	木	金	土	日	月	火	水	木	金	土	日	月	火	水	木	金	土	日	月	火	水	木	金	土	日	月	火
음력	9/16	17	18	19	20	21	22	23	24	25	26	27	28	29	30	10/1	2	3	4	5	6	7	8	9	10	11	12	13	14	15
일진	丁未	戊申	己酉	庚戌	辛亥	壬子	癸丑	甲寅	乙卯	丙辰	丁巳	戊午	己未	庚申	辛酉	壬戌	癸亥	甲子	乙丑	丙寅	丁卯	戊辰	己巳	庚午	辛未	壬申	癸酉	甲戌	乙亥	丙子
대운 남	8	8	9	9	9	10	입동	1	1	1	1	2	2	2	3	3	3	4	4	4	5	소설	5	6	6	6	7	7	7	8
대운 여	2	2	1	1	1	1		9	9	9	8	8	8	7	7	7	6	6	6	5	5		4	4	4	3	3	3	2	2

양력 12월 대설절(壬子月) 大雪 12월6일 21시1분 冬至 12월21일 14시59분

양력	1	2	3	4	5	6	7	8	9	10	11	12	13	14	15	16	17	18	19	20	21	22	23	24	25	26	27	28	29	30	31
요일	水	木	金	土	日	月	火	水	木	金	土	日	月	火	水	木	金	土	日	月	火	水	木	金	土	日	月	火	水	木	金
음력	10/16	17	18	19	20	21	22	23	24	25	26	27	28	29	11/1	2	3	4	5	6	7	8	9	10	11	12	13	14	15	16	17
일진	丁丑	戊寅	己卯	庚辰	辛巳	壬午	癸未	甲申	乙酉	丙戌	丁亥	戊子	己丑	庚寅	辛卯	壬辰	癸巳	甲午	乙未	丙申	丁酉	戊戌	己亥	庚子	辛丑	壬寅	癸卯	甲辰	乙巳	丙午	丁未
대운 남	8	8	9	9	9	대설	1	1	1	1	2	2	2	3	3	3	4	4	4	5	동지	5	6	6	6	7	7	7	8	8	8
대운 여	2	1	1	1	1		10	9	9	9	8	8	8	7	7	7	6	6	6	5		5	4	4	4	3	3	3	2	2	2

서기 2078년 [단기 4411년]

양력 1월　소한절(癸丑月)　小寒 1월5일 8시23분　大寒 1월20일 1시40분

양력	1	2	3	4	5	6	7	8	9	10	11	12	13	14	15	16	17	18	19	20	21	22	23	24	25	26	27	28	29	30	31
요일	土	日	月	火	水	木	金	土	日	月	火	水	木	金	土	日	月	火	水	木	金	土	日	月	火	水	木	金	土	日	月
음력	11/18	19	20	21	22	23	24	25	26	27	28	29	30	12/1	2	3	4	5	6	7	8	9	10	11	12	13	14	15	16	17	18
일진	戊申	己酉	庚戌	辛亥	壬子	癸丑	甲寅	乙卯	丙辰	丁巳	戊午	己未	庚申	辛酉	壬戌	癸亥	甲子	乙丑	丙寅	丁卯	戊辰	己巳	庚午	辛未	壬申	癸酉	甲戌	乙亥	丙子	丁丑	戊寅
대운 남	9	9	9	10	소한	1	1	1	1	2	2	2	3	3	3	4	4	4	5	대한	5	6	6	6	7	7	7	8	8	8	9
대운 여	1	1	1	1		9	9	9	8	8	8	7	7	7	6	6	6	5	5		4	4	4	3	3	3	2	2	2	1	1

양력 2월　입춘절(甲寅月)　立春 2월3일 19시56분　雨水 2월18일 15시35분

양력	1	2	3	4	5	6	7	8	9	10	11	12	13	14	15	16	17	18	19	20	21	22	23	24	25	26	27	28			
요일	火	水	木	金	土	日	月	火	水	木	金	土	日	月	火	水	木	金	土	日	月	火	水	木	金	土	日	月			
음력	12/19	20	21	22	23	24	25	26	27	28	29	1/1	2	3	4	5	6	7	8	9	10	11	12	13	14	15	16	17			
일진	己卯	庚辰	辛巳	壬午	癸未	甲申	乙酉	丙戌	丁亥	戊子	己丑	庚寅	辛卯	壬辰	癸巳	甲午	乙未	丙申	丁酉	戊戌	己亥	庚子	辛丑	壬寅	癸卯	甲辰	乙巳	丙午			
대운 남	9	9	입춘	10	9	9	9	8	8	8	7	7	7	6	6	6	5	우수	5	4	4	4	3	3	3	2	2	2			
대운 여	1	1		1	1	1	1	2	2	2	3	3	3	4	4	4	5		5	6	6	6	7	7	7	8	8	8			

양력 3월　경칩절(乙卯月)　驚蟄 3월5일 13시36분　春分 3월20일 14시9분

양력	1	2	3	4	5	6	7	8	9	10	11	12	13	14	15	16	17	18	19	20	21	22	23	24	25	26	27	28	29	30	31
요일	火	水	木	金	土	日	月	火	水	木	金	土	日	月	火	水	木	金	土	日	月	火	水	木	金	土	日	月	火	水	木
음력	1/18	19	20	21	22	23	24	25	26	27	28	29	30	2/1	2	3	4	5	6	7	8	9	10	11	12	13	14	15	16	17	18
일진	丁未	戊申	己酉	庚戌	辛亥	壬子	癸丑	甲寅	乙卯	丙辰	丁巳	戊午	己未	庚申	辛酉	壬戌	癸亥	甲子	乙丑	丙寅	丁卯	戊辰	己巳	庚午	辛未	壬申	癸酉	甲戌	乙亥	丙子	丁丑
대운 남	1	1	1	1	경칩	10	9	9	9	8	8	8	7	7	7	6	6	6	5	춘분	5	4	4	4	3	3	3	2	2	2	1
대운 여	9	9	9	10		1	1	1	1	2	2	2	3	3	3	4	4	4	5		5	6	6	6	7	7	7	8	8	8	9

양력 4월　청명절(丙辰月)　清明 4월4일 17시55분　穀雨 4월20일 0시39분

양력	1	2	3	4	5	6	7	8	9	10	11	12	13	14	15	16	17	18	19	20	21	22	23	24	25	26	27	28	29	30	
요일	金	土	日	月	火	水	木	金	土	日	月	火	水	木	金	土	日	月	火	水	木	金	土	日	月	火	水	木	金	土	
음력	2/19	20	21	22	23	24	25	26	27	28	29	3/1	2	3	4	5	6	7	8	9	10	11	12	13	14	15	16	17	18	19	
일진	戊寅	己卯	庚辰	辛巳	壬午	癸未	甲申	乙酉	丙戌	丁亥	戊子	己丑	庚寅	辛卯	壬辰	癸巳	甲午	乙未	丙申	丁酉	戊戌	己亥	庚子	辛丑	壬寅	癸卯	甲辰	乙巳	丙午	丁未	
대운 남	1	1	1	청명	10	10	9	9	9	8	8	8	7	7	7	6	6	6	5	곡우	5	4	4	4	3	3	3	2	2	2	
대운 여	9	9	10		1	1	1	1	2	2	2	3	3	3	4	4	4	5	5		6	6	6	7	7	7	8	8	8	9	

양력 5월　입하절(丁巳月)　立夏 5월5일 10시40분　小滿 5월20일 23시18분

양력	1	2	3	4	5	6	7	8	9	10	11	12	13	14	15	16	17	18	19	20	21	22	23	24	25	26	27	28	29	30	31
요일	日	月	火	水	木	金	土	日	月	火	水	木	金	土	日	月	火	水	木	金	土	日	月	火	水	木	金	土	日	月	火
음력	3/20	21	22	23	24	25	26	27	28	29	30	4/1	2	3	4	5	6	7	8	9	10	11	12	13	14	15	16	17	18	19	20
일진	戊申	己酉	庚戌	辛亥	壬子	癸丑	甲寅	乙卯	丙辰	丁巳	戊午	己未	庚申	辛酉	壬戌	癸亥	甲子	乙丑	丙寅	丁卯	戊辰	己巳	庚午	辛未	壬申	癸酉	甲戌	乙亥	丙子	丁丑	戊寅
대운 남	1	1	1	1	입하	10	10	9	9	9	8	8	8	7	7	7	6	6	6	소만	5	5	4	4	4	3	3	3	2	2	2
대운 여	9	9	10	10		1	1	1	1	2	2	2	3	3	3	4	4	4	5		5	6	6	6	7	7	7	8	8	8	9

양력 6월　망종절(戊午月)　芒種 6월5일 14시23분　夏至 6월21일 6시56분

양력	1	2	3	4	5	6	7	8	9	10	11	12	13	14	15	16	17	18	19	20	21	22	23	24	25	26	27	28	29	30	
요일	水	木	金	土	日	月	火	水	木	金	土	日	月	火	水	木	金	土	日	月	火	水	木	金	土	日	月	火	水	木	
음력	4/21	22	23	24	25	26	27	28	29	5/1	2	3	4	5	6	7	8	9	10	11	12	13	14	15	16	17	18	19	20	21	
일진	己卯	庚辰	辛巳	壬午	癸未	甲申	乙酉	丙戌	丁亥	戊子	己丑	庚寅	辛卯	壬辰	癸巳	甲午	乙未	丙申	丁酉	戊戌	己亥	庚子	辛丑	壬寅	癸卯	甲辰	乙巳	丙午	丁未	戊申	
대운 남	1	1	1	1	망종	10	10	10	9	9	9	8	8	8	7	7	7	6	6	6	하지	5	5	4	4	4	3	3	3	2	
대운 여	9	9	10	10		1	1	1	1	2	2	2	3	3	3	4	4	4	5	5		6	6	6	7	7	7	8	8	8	

戊戌年

양력 7월 소서절(己未月) 小暑 7월7일 0시27분 大暑 7월22일 17시49분

양력	1	2	3	4	5	6	7	8	9	10	11	12	13	14	15	16	17	18	19	20	21	22	23	24	25	26	27	28	29	30	31
요일	金	土	日	月	火	水	木	金	土	日	月	火	水	木	金	土	日	月	火	水	木	金	土	日	月	火	水	木	金	土	日
음력	5/22	23	24	25	26	27	28	29	6/1	2	3	4	5	6	7	8	9	10	11	12	13	14	15	16	17	18	19	20	21	22	23
일진	己酉	庚戌	辛亥	壬子	癸丑	甲寅	乙卯	丙辰	丁巳	戊午	己未	庚申	辛酉	壬戌	癸亥	甲子	乙丑	丙寅	丁卯	戊辰	己巳	庚午	辛未	壬申	癸酉	甲戌	乙亥	丙子	丁丑	戊寅	己卯
대운 남	2	2	1	1	1	1	소서	10	10	9	9	9	8	8	8	7	7	7	6	6	6	대서	5	5	4	4	4	3	3	3	2
대운 여	9	9	9	10	10	10		1	1	1	1	2	2	2	3	3	3	4	4	4	5		5	6	6	6	7	7	7	8	8

양력 8월 입추절(庚申月) 立秋 8월7일 10시23분 處暑 8월23일 1시12분

양력	1	2	3	4	5	6	7	8	9	10	11	12	13	14	15	16	17	18	19	20	21	22	23	24	25	26	27	28	29	30	31
요일	月	火	水	木	金	土	日	月	火	水	木	金	土	日	月	火	水	木	金	土	日	月	火	水	木	金	土	日	月	火	水
음력	6/24	25	26	27	28	29	30	7/1	2	3	4	5	6	7	8	9	10	11	12	13	14	15	16	17	18	19	20	21	22	23	24
일진	庚辰	辛巳	壬午	癸未	甲申	乙酉	丙戌	丁亥	戊子	己丑	庚寅	辛卯	壬辰	癸巳	甲午	乙未	丙申	丁酉	戊戌	己亥	庚子	辛丑	壬寅	癸卯	甲辰	乙巳	丙午	丁未	戊申	己酉	庚戌
대운 남	2	2	1	1	1	1	입추	10	10	9	9	9	8	8	8	7	7	7	6	6	6	5	처서	5	4	4	4	3	3	3	2
대운 여	8	9	9	9	10	10		1	1	1	1	2	2	2	3	3	3	4	4	4	5	5		6	6	6	7	7	7	8	8

양력 9월 백로절(辛酉月) 白露 9월7일 13시42분 秋分 9월22일 23시23분

양력	1	2	3	4	5	6	7	8	9	10	11	12	13	14	15	16	17	18	19	20	21	22	23	24	25	26	27	28	29	30
요일	木	金	土	日	月	火	水	木	金	土	日	月	火	水	木	金	土	日	月	火	水	木	金	土	日	月	火	水	木	金
음력	7/25	26	27	28	29	8/1	2	3	4	5	6	7	8	9	10	11	12	13	14	15	16	17	18	19	20	21	22	23	24	25
일진	辛亥	壬子	癸丑	甲寅	乙卯	丙辰	丁巳	戊午	己未	庚申	辛酉	壬戌	癸亥	甲子	乙丑	丙寅	丁卯	戊辰	己巳	庚午	辛未	壬申	癸酉	甲戌	乙亥	丙子	丁丑	戊寅	己卯	庚辰
대운 남	2	2	1	1	1	1	백로	10	10	9	9	9	8	8	8	7	7	7	6	6	6	추분	5	5	4	4	4	3	3	3
대운 여	8	9	9	9	10	10		1	1	1	1	2	2	2	3	3	3	4	4	4	5		5	6	6	6	7	7	7	8

양력 10월 한로절(壬戌月) 寒露 10월8일 5시55분 霜降 10월23일 9시19분

양력	1	2	3	4	5	6	7	8	9	10	11	12	13	14	15	16	17	18	19	20	21	22	23	24	25	26	27	28	29	30	31
요일	土	日	月	火	水	木	金	土	日	月	火	水	木	金	土	日	月	火	水	木	金	土	日	月	火	水	木	金	土	日	月
음력	8/26	27	28	29	30	9/1	2	3	4	5	6	7	8	9	10	11	12	13	14	15	16	17	18	19	20	21	22	23	24	25	26
일진	辛巳	壬午	癸未	甲申	乙酉	丙戌	丁亥	戊子	己丑	庚寅	辛卯	壬辰	癸巳	甲午	乙未	丙申	丁酉	戊戌	己亥	庚子	辛丑	壬寅	癸卯	甲辰	乙巳	丙午	丁未	戊申	己酉	庚戌	辛亥
대운 남	2	2	2	1	1	1	1	한로	10	9	9	9	8	8	8	7	7	7	6	6	6	5	상강	5	4	4	4	3	3	3	2
대운 여	8	8	9	9	9	10	10		1	1	1	1	2	2	2	3	3	3	4	4	4	5		5	6	6	6	7	7	7	8

양력 11월 입동절(癸亥月) 立冬 11월7일 9시38분 小雪 11월22일 7시21분

양력	1	2	3	4	5	6	7	8	9	10	11	12	13	14	15	16	17	18	19	20	21	22	23	24	25	26	27	28	29	30
요일	火	水	木	金	土	日	月	火	水	木	金	土	日	月	火	水	木	金	土	日	月	火	水	木	金	土	日	月	火	水
음력	9/27	28	29	30	10/1	2	3	4	5	6	7	8	9	10	11	12	13	14	15	16	17	18	19	20	21	22	23	24	25	26
일진	壬子	癸丑	甲寅	乙卯	丙辰	丁巳	戊午	己未	庚申	辛酉	壬戌	癸亥	甲子	乙丑	丙寅	丁卯	戊辰	己巳	庚午	辛未	壬申	癸酉	甲戌	乙亥	丙子	丁丑	戊寅	己卯	庚辰	辛巳
대운 남	2	2	1	1	1	1	입동	10	9	9	9	8	8	8	7	7	7	6	6	6	5	소설	5	4	4	4	3	3	3	2
대운 여	8	8	9	9	9	10		1	1	1	1	2	2	2	3	3	3	4	4	4	5		5	6	6	6	7	7	7	8

양력 12월 대설절(甲子月) 大雪 12월7일 2시51분 冬至 12월21일 20시56분

양력	1	2	3	4	5	6	7	8	9	10	11	12	13	14	15	16	17	18	19	20	21	22	23	24	25	26	27	28	29	30	31
요일	木	金	土	日	月	火	水	木	金	土	日	月	火	水	木	金	土	日	月	火	水	木	金	土	日	月	火	水	木	金	土
음력	10/27	28	29	11/1	2	3	4	5	6	7	8	9	10	11	12	13	14	15	16	17	18	19	20	21	22	23	24	25	26	27	28
일진	壬午	癸未	甲申	乙酉	丙戌	丁亥	戊子	己丑	庚寅	辛卯	壬辰	癸巳	甲午	乙未	丙申	丁酉	戊戌	己亥	庚子	辛丑	壬寅	癸卯	甲辰	乙巳	丙午	丁未	戊申	己酉	庚戌	辛亥	壬子
대운 남	2	2	1	1	1	1	대설	9	9	9	8	8	8	7	7	7	6	6	6	5	동지	5	4	4	4	3	3	3	2	2	2
대운 여	8	8	9	9	9	10		1	1	1	1	2	2	2	3	3	3	4	4	4		5	5	6	6	6	7	7	7	8	8

서기 2079년 [단기 4412년]

양력 1월 소한절(乙丑月) 小寒 1월5일 14시12분 大寒 1월20일 7시34분

양력	1	2	3	4	5	6	7	8	9	10	11	12	13	14	15	16	17	18	19	20	21	22	23	24	25	26	27	28	29	30	31
요일	日	月	火	水	木	金	土	日	月	火	水	木	金	土	日	月	火	水	木	金	土	日	月	火	水	木	金	土	日	月	火
음력	11/29	30	12/1	2	3	4	5	6	7	8	9	10	11	12	13	14	15	16	17	18	19	20	21	22	23	24	25	26	27	28	29
일진	癸丑	甲寅	乙卯	丙辰	丁巳	戊午	己未	庚申	辛酉	壬戌	癸亥	甲子	乙丑	丙寅	丁卯	戊辰	己巳	庚午	辛未	壬申	癸酉	甲戌	乙亥	丙子	丁丑	戊寅	己卯	庚辰	辛巳	壬午	癸未
대운 남	1	1	1	1	소	10	9	9	9	8	8	8	7	7	7	6	6	6	5	대	5	4	4	4	3	3	3	2	2	2	1
대운 여	8	9	9	9	한	1	1	1	1	2	2	2	3	3	3	4	4	4	5	한	5	6	6	6	7	7	7	8	8	8	9

양력 2월 입춘절(丙寅月) 立春 2월4일 1시42분 雨水 2월18일 21시27분

양력	1	2	3	4	5	6	7	8	9	10	11	12	13	14	15	16	17	18	19	20	21	22	23	24	25	26	27	28			
요일	水	木	金	土	日	月	火	水	木	金	土	日	月	火	水	木	金	土	日	月	火	水	木	金	土	日	月	火			
음력	12/30	1/1	2	3	4	5	6	7	8	9	10	11	12	13	14	15	16	17	18	19	20	21	22	23	24	25	26	27			
일진	甲申	乙酉	丙戌	丁亥	戊子	己丑	庚寅	辛卯	壬辰	癸巳	甲午	乙未	丙申	丁酉	戊戌	己亥	庚子	辛丑	壬寅	癸卯	甲辰	乙巳	丙午	丁未	戊申	己酉	庚戌	辛亥			
대운 남	1	1	1	입	1	1	1	1	2	2	2	3	3	3	4	4	4	우	5	5	6	6	6	7	7	7	8	8			
대운 여	9	9	10	춘	9	9	9	8	8	8	7	7	7	6	6	6	5	수	5	4	4	4	3	3	3	2	2	2			

양력 3월 경칩절(丁卯月) 驚蟄 3월5일 19시19분 春分 3월20일 19시59분

양력	1	2	3	4	5	6	7	8	9	10	11	12	13	14	15	16	17	18	19	20	21	22	23	24	25	26	27	28	29	30	31
요일	水	木	金	土	日	月	火	水	木	金	土	日	月	火	水	木	金	土	日	月	火	水	木	金	土	日	月	火	水	木	金
음력	1/28	29	2/1	2	3	4	5	6	7	8	9	10	11	12	13	14	15	16	17	18	19	20	21	22	23	24	25	26	27	28	29
일진	壬子	癸丑	甲寅	乙卯	丙辰	丁巳	戊午	己未	庚申	辛酉	壬戌	癸亥	甲子	乙丑	丙寅	丁卯	戊辰	己巳	庚午	辛未	壬申	癸酉	甲戌	乙亥	丙子	丁丑	戊寅	己卯	庚辰	辛巳	壬午
대운 남	8	9	9	9	경	1	1	1	1	2	2	2	3	3	3	4	4	4	5	춘	5	6	6	6	7	7	7	8	8	8	9
대운 여	1	1	1	1	칩	10	9	9	9	8	8	8	7	7	7	6	6	6	5	분	5	4	4	4	3	3	3	2	2	2	1

양력 4월 청명절(戊辰月) 清明 4월4일 23시36분 穀雨 4월20일 6시29분

양력	1	2	3	4	5	6	7	8	9	10	11	12	13	14	15	16	17	18	19	20	21	22	23	24	25	26	27	28	29	30	
요일	土	日	月	火	水	木	金	土	日	月	火	水	木	金	土	日	月	火	水	木	金	土	日	月	火	水	木	金	土	日	
음력	2/30	3/1	2	3	4	5	6	7	8	9	10	11	12	13	14	15	16	17	18	19	20	21	22	23	24	25	26	27	28	29	
일진	癸未	甲申	乙酉	丙戌	丁亥	戊子	己丑	庚寅	辛卯	壬辰	癸巳	甲午	乙未	丙申	丁酉	戊戌	己亥	庚子	辛丑	壬寅	癸卯	甲辰	乙巳	丙午	丁未	戊申	己酉	庚戌	辛亥	壬子	
대운 남	9	9	10	청	1	1	1	1	2	2	2	3	3	3	4	4	4	5	5	곡	6	6	6	7	7	7	8	8	8	9	
대운 여	1	1	1	명	10	10	9	9	9	8	8	8	7	7	7	6	6	6	5	우	5	4	4	4	3	3	3	2	2	2	

양력 5월 입하절(己巳月) 立夏 5월5일 16시21분 小滿 5월21일 5시8분

양력	1	2	3	4	5	6	7	8	9	10	11	12	13	14	15	16	17	18	19	20	21	22	23	24	25	26	27	28	29	30	31
요일	月	火	水	木	金	土	日	月	火	水	木	金	土	日	月	火	水	木	金	土	日	月	火	水	木	金	土	日	月	火	水
음력	4/1	2	3	4	5	6	7	8	9	10	11	12	13	14	15	16	17	18	19	20	21	22	23	24	25	26	27	28	29	30	5/1
일진	癸丑	甲寅	乙卯	丙辰	丁巳	戊午	己未	庚申	辛酉	壬戌	癸亥	甲子	乙丑	丙寅	丁卯	戊辰	己巳	庚午	辛未	壬申	癸酉	甲戌	乙亥	丙子	丁丑	戊寅	己卯	庚辰	辛巳	壬午	癸未
대운 남	9	9	10	10	입	1	1	1	1	2	2	2	3	3	3	4	4	4	5	5	소	6	6	6	7	7	7	8	8	8	9
대운 여	1	1	1	1	하	10	10	9	9	9	8	8	8	7	7	7	6	6	6	5	만	5	4	4	4	3	3	3	2	2	2

양력 6월 망종절(庚午月) 芒種 6월5일 20시4분 夏至 6월21일 12시48분

양력	1	2	3	4	5	6	7	8	9	10	11	12	13	14	15	16	17	18	19	20	21	22	23	24	25	26	27	28	29	30	
요일	木	金	土	日	月	火	水	木	金	土	日	月	火	水	木	金	土	日	月	火	水	木	金	土	日	月	火	水	木	金	
음력	5/2	3	4	5	6	7	8	9	10	11	12	13	14	15	16	17	18	19	20	21	22	23	24	25	26	27	28	29	6/1	2	
일진	甲申	乙酉	丙戌	丁亥	戊子	己丑	庚寅	辛卯	壬辰	癸巳	甲午	乙未	丙申	丁酉	戊戌	己亥	庚子	辛丑	壬寅	癸卯	甲辰	乙巳	丙午	丁未	戊申	己酉	庚戌	辛亥	壬子	癸丑	
대운 남	9	9	10	10	망	1	1	1	1	2	2	2	3	3	3	4	4	4	5	5	하	6	6	6	7	7	7	8	8	8	
대운 여	1	1	1	1	종	10	10	10	9	9	9	8	8	8	7	7	7	6	6	6	지	5	5	4	4	4	3	3	3	2	

己亥年

양력 7월 소서절(辛未月) 小暑 7월7일 6시10분 大暑 7월22일 23시41분

양력	1	2	3	4	5	6	7	8	9	10	11	12	13	14	15	16	17	18	19	20	21	22	23	24	25	26	27	28	29	30	31
요일	土	日	月	火	水	木	金	土	日	月	火	水	木	金	土	日	月	火	水	木	金	土	日	月	火	水	木	金	土	日	月
음력	6/3	4	5	6	7	8	9	10	11	12	13	14	15	16	17	18	19	20	21	22	23	24	25	26	27	28	29	7/1	2	3	4
일진	甲寅	乙卯	丙辰	丁巳	戊午	己未	庚申	辛酉	壬戌	癸亥	甲子	乙丑	丙寅	丁卯	戊辰	己巳	庚午	辛未	壬申	癸酉	甲戌	乙亥	丙子	丁丑	戊寅	己卯	庚辰	辛巳	壬午	癸未	甲申
대운 남	9	9	9	10	10	10	소	1	1	1	1	2	2	2	3	3	3	4	4	4	5	대	5	6	6	6	7	7	7	8	8
대운 여	2	2	1	1	1	1	서	10	10	9	9	9	8	8	8	7	7	7	6	6	6	서	5	5	4	4	4	3	3	3	2

양력 8월 입추절(壬申月) 立秋 8월7일 16시8분 處暑 8월23일 7시3분

양력	1	2	3	4	5	6	7	8	9	10	11	12	13	14	15	16	17	18	19	20	21	22	23	24	25	26	27	28	29	30	31
요일	火	水	木	金	土	日	月	火	水	木	金	土	日	月	火	水	木	金	土	日	月	火	水	木	金	土	日	月	火	水	木
음력	7/5	6	7	8	9	10	11	12	13	14	15	16	17	18	19	20	21	22	23	24	25	26	27	28	29	30	8/1	2	3	4	5
일진	乙酉	丙戌	丁亥	戊子	己丑	庚寅	辛卯	壬辰	癸巳	甲午	乙未	丙申	丁酉	戊戌	己亥	庚子	辛丑	壬寅	癸卯	甲辰	乙巳	丙午	丁未	戊申	己酉	庚戌	辛亥	壬子	癸丑	甲寅	乙卯
대운 남	8	9	9	9	10	10	입	1	1	1	1	2	2	2	3	3	3	4	4	4	5	5	처	6	6	6	7	7	7	8	8
대운 여	2	2	1	1	1	1	추	10	10	9	9	9	8	8	8	7	7	7	6	6	6	5	서	5	4	4	4	3	3	3	2

양력 9월 백로절(癸酉月) 白露 9월7일 19시29분 秋分 9월23일 5시12분

양력	1	2	3	4	5	6	7	8	9	10	11	12	13	14	15	16	17	18	19	20	21	22	23	24	25	26	27	28	29	30
요일	金	土	日	月	火	水	木	金	土	日	月	火	水	木	金	土	日	月	火	水	木	金	土	日	月	火	水	木	金	土
음력	8/6	7	8	9	10	11	12	13	14	15	16	17	18	19	20	21	22	23	24	25	26	27	28	29	9/1	2	3	4	5	6
일진	丙辰	丁巳	戊午	己未	庚申	辛酉	壬戌	癸亥	甲子	乙丑	丙寅	丁卯	戊辰	己巳	庚午	辛未	壬申	癸酉	甲戌	乙亥	丙子	丁丑	戊寅	己卯	庚辰	辛巳	壬午	癸未	甲申	乙酉
대운 남	8	9	9	9	10	10	백	1	1	1	1	2	2	2	3	3	3	4	4	4	5	5	추	6	6	6	7	7	7	8
대운 여	2	2	1	1	1	1	로	10	10	9	9	9	8	8	8	7	7	7	6	6	6	5	분	5	4	4	4	3	3	3

양력 10월 한로절(甲戌月) 寒露 10월8일 11시42분 霜降 10월23일 15시6분

양력	1	2	3	4	5	6	7	8	9	10	11	12	13	14	15	16	17	18	19	20	21	22	23	24	25	26	27	28	29	30	31
요일	日	月	火	水	木	金	土	日	月	火	水	木	金	土	日	月	火	水	木	金	土	日	月	火	水	木	金	土	日	月	火
음력	9/7	8	9	10	11	12	13	14	15	16	17	18	19	20	21	22	23	24	25	26	27	28	29	30	10/1	2	3	4	5	6	7
일진	丙戌	丁亥	戊子	己丑	庚寅	辛卯	壬辰	癸巳	甲午	乙未	丙申	丁酉	戊戌	己亥	庚子	辛丑	壬寅	癸卯	甲辰	乙巳	丙午	丁未	戊申	己酉	庚戌	辛亥	壬子	癸丑	甲寅	乙卯	丙辰
대운 남	8	8	9	9	9	10	10	한	1	1	1	1	2	2	2	3	3	3	4	4	4	5	상	5	6	6	6	7	7	7	8
대운 여	2	2	2	1	1	1	1	로	10	9	9	9	8	8	8	7	7	7	6	6	6	5	강	5	4	4	4	3	3	3	2

양력 11월 입동절(乙亥月) 立冬 11월7일 15시26분 小雪 11월22일 13시8분

양력	1	2	3	4	5	6	7	8	9	10	11	12	13	14	15	16	17	18	19	20	21	22	23	24	25	26	27	28	29	30
요일	水	木	金	土	日	月	火	水	木	金	土	日	月	火	水	木	金	土	日	月	火	水	木	金	土	日	月	火	水	木
음력	10/8	9	10	11	12	13	14	15	16	17	18	19	20	21	22	23	24	25	26	27	28	29	11/1	2	3	4	5	6	7	8
일진	丁巳	戊午	己未	庚申	辛酉	壬戌	癸亥	甲子	乙丑	丙寅	丁卯	戊辰	己巳	庚午	辛未	壬申	癸酉	甲戌	乙亥	丙子	丁丑	戊寅	己卯	庚辰	辛巳	壬午	癸未	甲申	乙酉	丙戌
대운 남	8	8	9	9	9	10	입	1	1	1	1	2	2	2	3	3	3	4	4	4	5	소	5	6	6	6	7	7	7	8
대운 여	2	2	1	1	1	1	동	10	9	9	9	8	8	8	7	7	7	6	6	6	5	설	5	4	4	4	3	3	3	2

양력 12월 대설절(丙子月) 大雪 12월7일 8시39분 冬至 12월22일 2시43분

양력	1	2	3	4	5	6	7	8	9	10	11	12	13	14	15	16	17	18	19	20	21	22	23	24	25	26	27	28	29	30	31
요일	金	土	日	月	火	水	木	金	土	日	月	火	水	木	金	土	日	月	火	水	木	金	土	日	月	火	水	木	金	土	日
음력	11/9	10	11	12	13	14	15	16	17	18	19	20	21	22	23	24	25	26	27	28	29	30	12/1	2	3	4	5	6	7	8	9
일진	丁亥	戊子	己丑	庚寅	辛卯	壬辰	癸巳	甲午	乙未	丙申	丁酉	戊戌	己亥	庚子	辛丑	壬寅	癸卯	甲辰	乙巳	丙午	丁未	戊申	己酉	庚戌	辛亥	壬子	癸丑	甲寅	乙卯	丙辰	丁巳
대운 남	8	8	9	9	9	10	대	1	1	1	1	2	2	2	3	3	3	4	4	4	5	동	5	6	6	6	7	7	7	8	8
대운 여	2	2	1	1	1	1	설	9	9	9	8	8	8	7	7	7	6	6	6	5	5	지	4	4	4	3	3	3	2	2	2

서기 2080년 [단기 4413년]

양력 1월 소한절(丁丑月) 小寒 1월5일 19시58분 大寒 1월20일 13시19분

양력	1	2	3	4	5	6	7	8	9	10	11	12	13	14	15	16	17	18	19	20	21	22	23	24	25	26	27	28	29	30	31
요일	月	火	水	木	金	土	日	月	火	水	木	金	土	日	月	火	水	木	金	土	日	月	火	水	木	金	土	日	月	火	水
음력	12/10	11	12	13	14	15	16	17	18	19	20	21	22	23	24	25	26	27	28	29	30	1/1	2	3	4	5	6	7	8	9	10
일진	戊午	己未	庚申	辛酉	壬戌	癸亥	甲子	乙丑	丙寅	丁卯	戊辰	己巳	庚午	辛未	壬申	癸酉	甲戌	乙亥	丙子	丁丑	戊寅	己卯	庚辰	辛巳	壬午	癸未	甲申	乙酉	丙戌	丁亥	戊子
대운 남	8	9	9	9	소	1	1	1	1	2	2	2	3	3	3	4	4	4	5	대	5	6	6	6	7	7	7	8	8	8	9
대운 여	1	1	1	1	한	10	9	9	9	8	8	8	7	7	7	6	6	6	5	한	5	4	4	4	3	3	3	2	2	2	1

양력 2월 입춘절(戊寅月) 立春 2월4일 7시26분 雨水 2월19일 3시11분

양력	1	2	3	4	5	6	7	8	9	10	11	12	13	14	15	16	17	18	19	20	21	22	23	24	25	26	27	28	29
요일	木	金	土	日	月	火	水	木	金	土	日	月	火	水	木	金	土	日	月	火	水	木	金	土	日	月	火	水	木
음력	1/11	12	13	14	15	16	17	18	19	20	21	22	23	24	25	26	27	28	29	30	2/1	2	3	4	5	6	7	8	9
일진	己丑	庚寅	辛卯	壬辰	癸巳	甲午	乙未	丙申	丁酉	戊戌	己亥	庚子	辛丑	壬寅	癸卯	甲辰	乙巳	丙午	丁未	戊申	己酉	庚戌	辛亥	壬子	癸丑	甲寅	乙卯	丙辰	丁巳
대운 남	9	9	10	입	10	9	9	9	8	8	8	7	7	7	6	6	6	5	우	5	4	4	4	3	3	3	2	2	2
대운 여	1	1	1	춘	1	1	1	1	2	2	2	3	3	3	4	4	4	5	수	5	6	6	6	7	7	7	8	8	8

양력 3월 경칩절(己卯月) 驚蟄 3월5일 1시4분 春分 3월20일 1시43분

양력	1	2	3	4	5	6	7	8	9	10	11	12	13	14	15	16	17	18	19	20	21	22	23	24	25	26	27	28	29	30	31
요일	金	土	日	月	火	水	木	金	土	日	月	火	水	木	金	土	日	月	火	水	木	金	土	日	月	火	水	木	金	土	日
음력	2/10	11	12	13	14	15	16	17	18	19	20	21	22	23	24	25	26	27	28	29	3/1	2	3	4	5	6	7	8	9	10	11
일진	戊午	己未	庚申	辛酉	壬戌	癸亥	甲子	乙丑	丙寅	丁卯	戊辰	己巳	庚午	辛未	壬申	癸酉	甲戌	乙亥	丙子	丁丑	戊寅	己卯	庚辰	辛巳	壬午	癸未	甲申	乙酉	丙戌	丁亥	戊子
대운 남	1	1	1	1	경	10	9	9	9	8	8	8	7	7	7	6	6	6	5	춘	5	4	4	4	3	3	3	2	2	2	1
대운 여	9	9	9	10	칩	1	1	1	1	2	2	2	3	3	3	4	4	4	5	분	5	6	6	6	7	7	7	8	8	8	9

양력 4월 청명절(庚辰月) 清明 4월4일 5시21분 穀雨 4월19일 12시13분

양력	1	2	3	4	5	6	7	8	9	10	11	12	13	14	15	16	17	18	19	20	21	22	23	24	25	26	27	28	29	30
요일	月	火	水	木	金	土	日	月	火	水	木	金	土	日	月	火	水	木	金	土	日	月	火	水	木	金	土	日	月	火
음력	3/12	13	14	15	16	17	18	19	20	21	22	23	24	25	26	27	28	29	30	윤1	2	3	4	5	6	7	8	9	10	11
일진	己丑	庚寅	辛卯	壬辰	癸巳	甲午	乙未	丙申	丁酉	戊戌	己亥	庚子	辛丑	壬寅	癸卯	甲辰	乙巳	丙午	丁未	戊申	己酉	庚戌	辛亥	壬子	癸丑	甲寅	乙卯	丙辰	丁巳	戊午
대운 남	1	1	1	청	10	9	9	9	8	8	8	7	7	7	6	6	6	5	곡	5	4	4	4	3	3	3	2	2	2	1
대운 여	9	9	10	명	1	1	1	1	2	2	2	3	3	3	4	4	4	5	우	5	6	6	6	7	7	7	8	8	8	9

양력 5월 입하절(辛巳月) 立夏 5월4일 22시9분 小滿 5월20일 10시53분

양력	1	2	3	4	5	6	7	8	9	10	11	12	13	14	15	16	17	18	19	20	21	22	23	24	25	26	27	28	29	30	31
요일	水	木	金	土	日	月	火	水	木	金	土	日	月	火	水	木	金	土	日	月	火	水	木	金	土	日	月	火	水	木	金
음력	윤12	13	14	15	16	17	18	19	20	21	22	23	24	25	26	27	28	29	4/1	2	3	4	5	6	7	8	9	10	11	12	13
일진	己未	庚申	辛酉	壬戌	癸亥	甲子	乙丑	丙寅	丁卯	戊辰	己巳	庚午	辛未	壬申	癸酉	甲戌	乙亥	丙子	丁丑	戊寅	己卯	庚辰	辛巳	壬午	癸未	甲申	乙酉	丙戌	丁亥	戊子	己丑
대운 남	1	1	1	입	10	10	10	9	9	9	8	8	8	7	7	7	6	6	6	소	5	5	4	4	4	3	3	3	2	2	2
대운 여	9	9	10	하	1	1	1	1	2	2	2	3	3	3	4	4	4	5	5	만	6	6	6	7	7	7	8	8	8	9	9

양력 6월 망종절(壬午月) 芒種 6월5일 1시56분 夏至 6월20일 18시33분

양력	1	2	3	4	5	6	7	8	9	10	11	12	13	14	15	16	17	18	19	20	21	22	23	24	25	26	27	28	29	30
요일	土	日	月	火	水	木	金	土	日	月	火	水	木	金	土	日	月	火	水	木	金	土	日	月	火	水	木	金	土	日
음력	4/14	15	16	17	18	19	20	21	22	23	24	25	26	27	28	29	30	5/1	2	3	4	5	6	7	8	9	10	11	12	13
일진	庚寅	辛卯	壬辰	癸巳	甲午	乙未	丙申	丁酉	戊戌	己亥	庚子	辛丑	壬寅	癸卯	甲辰	乙巳	丙午	丁未	戊申	己酉	庚戌	辛亥	壬子	癸丑	甲寅	乙卯	丙辰	丁巳	戊午	己未
대운 남	1	1	1	1	망	10	10	9	9	9	8	8	8	7	7	7	6	6	6	하	5	5	4	4	4	3	3	3	2	2
대운 여	9	10	10	10	종	1	1	1	1	2	2	2	3	3	3	4	4	4	5	지	5	6	6	6	7	7	7	8	8	8

▶윤달-3월

庚子年

양력 7월 소서절(癸未月) 小暑 7월6일 12시4분 大暑 7월22일 5시25분

양력	1	2	3	4	5	6	7	8	9	10	11	12	13	14	15	16	17	18	19	20	21	22	23	24	25	26	27	28	29	30	31
요일	月	火	水	木	金	土	日	月	火	水	木	金	土	日	月	火	水	木	金	土	日	月	火	水	木	金	土	日	月	火	水
음력	5/14	15	16	17	18	19	20	21	22	23	24	25	26	27	28	29	6/1	2	3	4	5	6	7	8	9	10	11	12	13	14	15
일진	庚申	辛酉	壬戌	癸亥	甲子	乙丑	丙寅	丁卯	戊辰	己巳	庚午	辛未	壬申	癸酉	甲戌	乙亥	丙子	丁丑	戊寅	己卯	庚辰	辛巳	壬午	癸未	甲申	乙酉	丙戌	丁亥	戊子	己丑	庚寅
대운 남	2	1	1	1	1	소	10	10	9	9	9	8	8	8	7	7	7	6	6	6	5	대	5	4	4	4	3	3	3	2	2
대운 여	9	9	9	10	10	서	1	1	1	1	2	2	2	3	3	3	4	4	4	5	5	서	6	6	6	7	7	7	8	8	8

양력 8월 입추절(甲申月) 立秋 8월6일 22시2분 處暑 8월22일 12시46분

양력	1	2	3	4	5	6	7	8	9	10	11	12	13	14	15	16	17	18	19	20	21	22	23	24	25	26	27	28	29	30	31
요일	木	金	土	日	月	火	水	木	金	土	日	月	火	水	木	金	土	日	月	火	水	木	金	土	日	月	火	水	木	金	土
음력	6/16	17	18	19	20	21	22	23	24	25	26	27	28	29	7/1	2	3	4	5	6	7	8	9	10	11	12	13	14	15	16	17
일진	辛卯	壬辰	癸巳	甲午	乙未	丙申	丁酉	戊戌	己亥	庚子	辛丑	壬寅	癸卯	甲辰	乙巳	丙午	丁未	戊申	己酉	庚戌	辛亥	壬子	癸丑	甲寅	乙卯	丙辰	丁巳	戊午	己未	庚申	辛酉
대운 남	2	1	1	1	1	입	10	10	10	9	9	9	8	8	8	7	7	7	6	6	6	처	5	5	4	4	4	3	3	3	2
대운 여	9	9	9	10	10	추	1	1	1	1	2	2	2	3	3	3	4	4	4	5	5	서	6	6	6	7	7	7	8	8	8

양력 9월 백로절(乙酉月) 白露 9월7일 1시21분 秋分 9월22일 10시55분

양력	1	2	3	4	5	6	7	8	9	10	11	12	13	14	15	16	17	18	19	20	21	22	23	24	25	26	27	28	29	30
요일	日	月	火	水	木	金	土	日	月	火	水	木	金	土	日	月	火	水	木	金	土	日	月	火	水	木	金	土	日	月
음력	7/18	19	20	21	22	23	24	25	26	27	28	29	30	8/1	2	3	4	5	6	7	8	9	10	11	12	13	14	15	16	17
일진	壬戌	癸亥	甲子	乙丑	丙寅	丁卯	戊辰	己巳	庚午	辛未	壬申	癸酉	甲戌	乙亥	丙子	丁丑	戊寅	己卯	庚辰	辛巳	壬午	癸未	甲申	乙酉	丙戌	丁亥	戊子	己丑	庚寅	辛卯
대운 남	2	2	1	1	1	1	백	10	9	9	9	8	8	8	7	7	7	6	6	6	5	추	5	4	4	4	3	3	3	2
대운 여	9	9	9	10	10	10	로	1	1	1	1	2	2	2	3	3	3	4	4	4	5	분	5	6	6	6	7	7	7	8

양력 10월 한로절(丙戌月) 寒露 10월7일 17시33분 霜降 10월22일 20시51분

양력	1	2	3	4	5	6	7	8	9	10	11	12	13	14	15	16	17	18	19	20	21	22	23	24	25	26	27	28	29	30	31
요일	火	水	木	金	土	日	月	火	水	木	金	土	日	月	火	水	木	金	土	日	月	火	水	木	金	土	日	月	火	水	木
음력	8/18	19	20	21	22	23	24	25	26	27	28	29	9/1	2	3	4	5	6	7	8	9	10	11	12	13	14	15	16	17	18	19
일진	壬辰	癸巳	甲午	乙未	丙申	丁酉	戊戌	己亥	庚子	辛丑	壬寅	癸卯	甲辰	乙巳	丙午	丁未	戊申	己酉	庚戌	辛亥	壬子	癸丑	甲寅	乙卯	丙辰	丁巳	戊午	己未	庚申	辛酉	壬戌
대운 남	2	2	1	1	1	1	한	10	9	9	9	8	8	8	7	7	7	6	6	6	5	상	5	4	4	4	3	3	3	2	2
대운 여	8	8	9	9	9	10	로	1	1	1	1	2	2	2	3	3	3	4	4	4	5	강	5	6	6	6	7	7	7	8	8

양력 11월 입동절(丁亥月) 立冬 11월6일 21시17분 小雪 11월21일 18시54분

양력	1	2	3	4	5	6	7	8	9	10	11	12	13	14	15	16	17	18	19	20	21	22	23	24	25	26	27	28	29	30
요일	金	土	日	月	火	水	木	金	土	日	月	火	水	木	金	土	日	月	火	水	木	金	土	日	月	火	水	木	金	土
음력	9/20	21	22	23	24	25	26	27	28	29	30	10/1	2	3	4	5	6	7	8	9	10	11	12	13	14	15	16	17	18	19
일진	癸亥	甲子	乙丑	丙寅	丁卯	戊辰	己巳	庚午	辛未	壬申	癸酉	甲戌	乙亥	丙子	丁丑	戊寅	己卯	庚辰	辛巳	壬午	癸未	甲申	乙酉	丙戌	丁亥	戊子	己丑	庚寅	辛卯	壬辰
대운 남	2	1	1	1	1	입	10	9	9	9	8	8	8	7	7	7	6	6	6	5	소	5	4	4	4	3	3	3	2	2
대운 여	8	9	9	9	10	동	1	1	1	1	2	2	2	3	3	3	4	4	4	5	설	5	6	6	6	7	7	7	8	8

양력 12월 대설절(戊子月) 大雪 12월6일 14시32분 冬至 12월21일 8시31분

양력	1	2	3	4	5	6	7	8	9	10	11	12	13	14	15	16	17	18	19	20	21	22	23	24	25	26	27	28	29	30	31
요일	日	月	火	水	木	金	土	日	月	火	水	木	金	土	日	月	火	水	木	金	土	日	月	火	水	木	金	土	日	月	火
음력	10/20	21	22	23	24	25	26	27	28	29	11/1	2	3	4	5	6	7	8	9	10	11	12	13	14	15	16	17	18	19	20	21
일진	癸巳	甲午	乙未	丙申	丁酉	戊戌	己亥	庚子	辛丑	壬寅	癸卯	甲辰	乙巳	丙午	丁未	戊申	己酉	庚戌	辛亥	壬子	癸丑	甲寅	乙卯	丙辰	丁巳	戊午	己未	庚申	辛酉	壬戌	癸亥
대운 남	2	1	1	1	1	대	10	9	9	9	8	8	8	7	7	7	6	6	6	5	동	5	4	4	4	3	3	3	2	2	2
대운 여	8	9	9	9	10	설	1	1	1	1	2	2	2	3	3	3	4	4	4	5	지	5	6	6	6	7	7	7	8	8	8

서기 2081년 [단기 4414년]

양력 1월 소한절(己丑月) 小寒 1월5일 1시55분 大寒 1월19일 19시10분

양력	1	2	3	4	5	6	7	8	9	10	11	12	13	14	15	16	17	18	19	20	21	22	23	24	25	26	27	28	29	30	31
요일	水	木	金	土	日	月	火	水	木	金	土	日	月	火	水	木	金	土	日	月	火	水	木	金	土	日	月	火	水	木	金
음력	11/22	23	24	25	26	27	28	29	30	12/1	2	3	4	5	6	7	8	9	10	11	12	13	14	15	16	17	18	19	20	21	22
일진	甲子	乙丑	丙寅	丁卯	戊辰	己巳	庚午	辛未	壬申	癸酉	甲戌	乙亥	丙子	丁丑	戊寅	己卯	庚辰	辛巳	壬午	癸未	甲申	乙酉	丙戌	丁亥	戊子	己丑	庚寅	辛卯	壬辰	癸巳	甲午
대운 남	1	1	1	1	소	9	9	9	8	8	8	7	7	7	6	6	6	5	대	5	4	4	4	3	3	3	2	2	2	1	1
대운 여	9	9	9	10	한	1	1	1	1	2	2	2	3	3	3	4	4	4	한	5	5	6	6	6	7	7	7	8	8	8	9

양력 2월 입춘절(庚寅月) 立春 2월3일 13시24분 雨水 2월18일 9시2분

양력	1	2	3	4	5	6	7	8	9	10	11	12	13	14	15	16	17	18	19	20	21	22	23	24	25	26	27	28			
요일	土	日	月	火	水	木	金	土	日	月	火	水	木	金	土	日	月	火	水	木	金	土	日	月	火	水	木	金			
음력	12/23	24	25	26	27	28	29	30	1/1	2	3	4	5	6	7	8	9	10	11	12	13	14	15	16	17	18	19	20			
일진	乙未	丙申	丁酉	戊戌	己亥	庚子	辛丑	壬寅	癸卯	甲辰	乙巳	丙午	丁未	戊申	己酉	庚戌	辛亥	壬子	癸丑	甲寅	乙卯	丙辰	丁巳	戊午	己未	庚申	辛酉	壬戌			
대운 남	1	1	입	1	1	1	1	2	2	2	3	3	3	4	4	4	5	우	5	6	6	6	7	7	7	8	8	8			
대운 여	9	9	춘	10	9	9	9	8	8	8	7	7	7	6	6	6	5	수	5	4	4	4	3	3	3	2	2	2			

양력 3월 경칩절(辛卯月) 驚蟄 3월5일 7시1분 春分 3월20일 7시33분

양력	1	2	3	4	5	6	7	8	9	10	11	12	13	14	15	16	17	18	19	20	21	22	23	24	25	26	27	28	29	30	31
요일	土	日	月	火	水	木	金	土	日	月	火	水	木	金	土	日	月	火	水	木	金	土	日	月	火	水	木	金	土	日	月
음력	1/21	22	23	24	25	26	27	28	29	30	2/1	2	3	4	5	6	7	8	9	10	11	12	13	14	15	16	17	18	19	20	21
일진	癸亥	甲子	乙丑	丙寅	丁卯	戊辰	己巳	庚午	辛未	壬申	癸酉	甲戌	乙亥	丙子	丁丑	戊寅	己卯	庚辰	辛巳	壬午	癸未	甲申	乙酉	丙戌	丁亥	戊子	己丑	庚寅	辛卯	壬辰	癸巳
대운 남	9	9	9	10	경	1	1	1	1	2	2	2	3	3	3	4	4	4	5	춘	5	6	6	6	7	7	7	8	8	8	9
대운 여	1	1	1	1	칩	10	9	9	9	8	8	8	7	7	7	6	6	6	5	분	5	4	4	4	3	3	3	2	2	2	1

양력 4월 청명절(壬辰月) 清明 4월4일 11시16분 穀雨 4월19일 18시0분

양력	1	2	3	4	5	6	7	8	9	10	11	12	13	14	15	16	17	18	19	20	21	22	23	24	25	26	27	28	29	30	
요일	火	水	木	金	土	日	月	火	水	木	金	土	日	月	火	水	木	金	土	日	月	火	水	木	金	土	日	月	火	水	
음력	2/22	23	24	25	26	27	28	29	3/1	2	3	4	5	6	7	8	9	10	11	12	13	14	15	16	17	18	19	20	21	22	
일진	甲午	乙未	丙申	丁酉	戊戌	己亥	庚子	辛丑	壬寅	癸卯	甲辰	乙巳	丙午	丁未	戊申	己酉	庚戌	辛亥	壬子	癸丑	甲寅	乙卯	丙辰	丁巳	戊午	己未	庚申	辛酉	壬戌	癸亥	
대운 남	9	9	10	청	1	1	1	1	2	2	2	3	3	3	4	4	4	5	곡	5	6	6	6	7	7	7	8	8	8	9	
대운 여	1	1	1	명	10	10	9	9	9	8	8	8	7	7	7	6	6	6	우	5	5	4	4	4	3	3	3	2	2	2	

양력 5월 입하절(癸巳月) 立夏 5월5일 3시58분 小滿 5월20일 16시37분

양력	1	2	3	4	5	6	7	8	9	10	11	12	13	14	15	16	17	18	19	20	21	22	23	24	25	26	27	28	29	30	31
요일	木	金	土	日	月	火	水	木	金	土	日	月	火	水	木	金	土	日	月	火	水	木	金	土	日	月	火	水	木	金	土
음력	3/23	24	25	26	27	28	29	30	4/1	2	3	4	5	6	7	8	9	10	11	12	13	14	15	16	17	18	19	20	21	22	23
일진	甲子	乙丑	丙寅	丁卯	戊辰	己巳	庚午	辛未	壬申	癸酉	甲戌	乙亥	丙子	丁丑	戊寅	己卯	庚辰	辛巳	壬午	癸未	甲申	乙酉	丙戌	丁亥	戊子	己丑	庚寅	辛卯	壬辰	癸巳	甲午
대운 남	9	9	10	10	입	1	1	1	1	2	2	2	3	3	3	4	4	4	5	소	5	6	6	6	7	7	7	8	8	8	9
대운 여	1	1	1	1	하	10	10	9	9	9	8	8	8	7	7	7	6	6	6	만	5	5	4	4	4	3	3	3	2	2	2

양력 6월 망종절(甲午月) 芒種 6월5일 7시40분 夏至 6월21일 0시15분

양력	1	2	3	4	5	6	7	8	9	10	11	12	13	14	15	16	17	18	19	20	21	22	23	24	25	26	27	28	29	30	
요일	日	月	火	水	木	金	土	日	月	火	水	木	金	土	日	月	火	水	木	金	土	日	月	火	水	木	金	土	日	月	
음력	4/24	25	26	27	28	29	5/1	2	3	4	5	6	7	8	9	10	11	12	13	14	15	16	17	18	19	20	21	22	23	24	
일진	乙未	丙申	丁酉	戊戌	己亥	庚子	辛丑	壬寅	癸卯	甲辰	乙巳	丙午	丁未	戊申	己酉	庚戌	辛亥	壬子	癸丑	甲寅	乙卯	丙辰	丁巳	戊午	己未	庚申	辛酉	壬戌	癸亥	甲子	
대운 남	9	9	10	10	망	1	1	1	1	2	2	2	3	3	3	4	4	4	5	5	하	6	6	6	7	7	7	8	8	8	
대운 여	1	1	1	1	종	10	10	9	9	9	8	8	8	7	7	7	6	6	6	5	지	5	4	4	4	3	3	3	2	2	

辛丑年

양력 7월 소서절(乙未月) 小暑 7월6일 17시42분 大暑 7월22일 11시7분

양력		1	2	3	4	5	6	7	8	9	10	11	12	13	14	15	16	17	18	19	20	21	22	23	24	25	26	27	28	29	30	31
요일		火	水	木	金	土	日	月	火	水	木	金	土	日	月	火	水	木	金	土	日	月	火	水	木	金	土	日	月	火	水	木
음력		5/25	26	27	28	29	30	6/1	2	3	4	5	6	7	8	9	10	11	12	13	14	15	16	17	18	19	20	21	22	23	24	25
일진		乙丑	丙寅	丁卯	戊辰	己巳	庚午	辛未	壬申	癸酉	甲戌	乙亥	丙子	丁丑	戊寅	己卯	庚辰	辛巳	壬午	癸未	甲申	乙酉	丙戌	丁亥	戊子	己丑	庚寅	辛卯	壬辰	癸巳	甲午	乙未
대운	남	9	9	9	10	10	소서	1	1	1	1	2	2	2	3	3	3	4	4	4	5	5	대서	6	6	6	7	7	7	8	8	8
	여	2	1	1	1	1		10	10	10	9	9	9	8	8	8	7	7	7	6	6	6		5	5	4	4	4	3	3	3	2

양력 8월 입추절(丙申月) 立秋 8월7일 3시36분 處暑 8월22일 18시28분

양력		1	2	3	4	5	6	7	8	9	10	11	12	13	14	15	16	17	18	19	20	21	22	23	24	25	26	27	28	29	30	31
요일		金	土	日	月	火	水	木	金	土	日	月	火	水	木	金	土	日	月	火	水	木	金	土	日	月	火	水	木	金	土	日
음력		6/26	27	28	29	7/1	2	3	4	5	6	7	8	9	10	11	12	13	14	15	16	17	18	19	20	21	22	23	24	25	26	27
일진		丙申	丁酉	戊戌	己亥	庚子	辛丑	壬寅	癸卯	甲辰	乙巳	丙午	丁未	戊申	己酉	庚戌	辛亥	壬子	癸丑	甲寅	乙卯	丙辰	丁巳	戊午	己未	庚申	辛酉	壬戌	癸亥	甲子	乙丑	丙寅
대운	남	9	9	9	10	10	10	입추	1	1	1	1	2	2	2	3	3	3	4	4	4	5	처서	5	6	6	6	7	7	7	8	8
	여	2	2	1	1	1	1		10	10	9	9	9	8	8	8	7	7	7	6	6	6		5	5	4	4	4	3	3	3	2

양력 9월 백로절(丁酉月) 白露 9월7일 6시53분 秋分 9월22일 16시36분

양력		1	2	3	4	5	6	7	8	9	10	11	12	13	14	15	16	17	18	19	20	21	22	23	24	25	26	27	28	29	30
요일		月	火	水	木	金	土	日	月	火	水	木	金	土	日	月	火	水	木	金	土	日	月	火	水	木	金	土	日	月	火
음력		7/28	29	8/1	2	3	4	5	6	7	8	9	10	11	12	13	14	15	16	17	18	19	20	21	22	23	24	25	26	27	28
일진		丁卯	戊辰	己巳	庚午	辛未	壬申	癸酉	甲戌	乙亥	丙子	丁丑	戊寅	己卯	庚辰	辛巳	壬午	癸未	甲申	乙酉	丙戌	丁亥	戊子	己丑	庚寅	辛卯	壬辰	癸巳	甲午	乙未	丙申
대운	남	8	9	9	9	10	10	백로	1	1	1	1	2	2	2	3	3	3	4	4	4	5	추분	5	6	6	6	7	7	7	8
	여	2	2	1	1	1	1		10	9	9	9	8	8	8	7	7	7	6	6	6	5		5	4	4	4	3	3	3	2

양력 10월 한로절(戊戌月) 寒露 10월7일 23시5분 霜降 10월23일 2시33분

양력		1	2	3	4	5	6	7	8	9	10	11	12	13	14	15	16	17	18	19	20	21	22	23	24	25	26	27	28	29	30	31
요일		水	木	金	土	日	月	火	水	木	金	土	日	月	火	水	木	金	土	日	月	火	水	木	金	土	日	月	火	水	木	金
음력		8/29	30	9/1	2	3	4	5	6	7	8	9	10	11	12	13	14	15	16	17	18	19	20	21	22	23	24	25	26	27	28	29
일진		丁酉	戊戌	己亥	庚子	辛丑	壬寅	癸卯	甲辰	乙巳	丙午	丁未	戊申	己酉	庚戌	辛亥	壬子	癸丑	甲寅	乙卯	丙辰	丁巳	戊午	己未	庚申	辛酉	壬戌	癸亥	甲子	乙丑	丙寅	丁卯
대운	남	8	8	9	9	9	10	한로	1	1	1	1	2	2	2	3	3	3	4	4	4	5	5	상강	6	6	6	7	7	7	8	8
	여	2	2	1	1	1	1		10	10	9	9	9	8	8	8	7	7	7	6	6	6	5		5	4	4	4	3	3	3	2

양력 11월 입동절(己亥月) 立冬 11월7일 2시51분 小雪 11월22일 0시40분

양력		1	2	3	4	5	6	7	8	9	10	11	12	13	14	15	16	17	18	19	20	21	22	23	24	25	26	27	28	29	30
요일		土	日	月	火	水	木	金	土	日	月	火	水	木	金	土	日	月	火	水	木	金	土	日	月	火	水	木	金	土	日
음력		10/1	2	3	4	5	6	7	8	9	10	11	12	13	14	15	16	17	18	19	20	21	22	23	24	25	26	27	28	29	11/1
일진		戊辰	己巳	庚午	辛未	壬申	癸酉	甲戌	乙亥	丙子	丁丑	戊寅	己卯	庚辰	辛巳	壬午	癸未	甲申	乙酉	丙戌	丁亥	戊子	己丑	庚寅	辛卯	壬辰	癸巳	甲午	乙未	丙申	丁酉
대운	남	8	9	9	9	10	10	입동	1	1	1	1	2	2	2	3	3	3	4	4	4	5	소설	5	6	6	6	7	7	7	8
	여	2	2	1	1	1	1		9	9	9	8	8	8	7	7	7	6	6	6	5	5		4	4	4	3	3	3	2	2

양력 12월 대설절(庚子月) 大雪 12월6일 20시10분 冬至 12월21일 14시21분

양력		1	2	3	4	5	6	7	8	9	10	11	12	13	14	15	16	17	18	19	20	21	22	23	24	25	26	27	28	29	30	31
요일		月	火	水	木	金	土	日	月	火	水	木	金	土	日	月	火	水	木	金	土	日	月	火	水	木	金	土	日	月	火	水
음력		11/2	3	4	5	6	7	8	9	10	11	12	13	14	15	16	17	18	19	20	21	22	23	24	25	26	27	28	29	30	12/1	2
일진		戊戌	己亥	庚子	辛丑	壬寅	癸卯	甲辰	乙巳	丙午	丁未	戊申	己酉	庚戌	辛亥	壬子	癸丑	甲寅	乙卯	丙辰	丁巳	戊午	己未	庚申	辛酉	壬戌	癸亥	甲子	乙丑	丙寅	丁卯	戊辰
대운	남	8	8	9	9	9	대설	1	1	1	1	2	2	2	3	3	3	4	4	4	5	동지	5	6	6	6	7	7	7	8	8	8
	여	2	1	1	1	1		10	9	9	9	8	8	8	7	7	7	6	6	6	5		5	4	4	4	3	3	3	2	2	2

서기 2082년 [단기 4415년]

양력 1월 소한절(辛丑月) 小寒 1월5일 7시37분 大寒 1월20일 1시4분

양력	1	2	3	4	5	6	7	8	9	10	11	12	13	14	15	16	17	18	19	20	21	22	23	24	25	26	27	28	29	30	31
요일	木	金	土	日	月	火	水	木	金	土	日	月	火	水	木	金	土	日	月	火	水	木	金	土	日	月	火	水	木	金	土
음력	12/3	4	5	6	7	8	9	10	11	12	13	14	15	16	17	18	19	20	21	22	23	24	25	26	27	28	29	30	1/1	2	3
일진	己巳	庚午	辛未	壬申	癸酉	甲戌	乙亥	丙子	丁丑	戊寅	己卯	庚辰	辛巳	壬午	癸未	甲申	乙酉	丙戌	丁亥	戊子	己丑	庚寅	辛卯	壬辰	癸巳	甲午	乙未	丙申	丁酉	戊戌	己亥
대운 남	9	9	9	10	소한	1	1	1	1	2	2	2	3	3	3	4	4	4	5	대한	5	6	6	6	7	7	7	8	8	8	9
대운 여	1	1	1	1		9	9	9	8	8	8	7	7	7	6	6	6	5	5		4	4	4	3	3	3	2	2	2	1	1

양력 2월 입춘절(壬寅月) 立春 2월3일 19시11분 雨水 2월18일 14시59분

양력	1	2	3	4	5	6	7	8	9	10	11	12	13	14	15	16	17	18	19	20	21	22	23	24	25	26	27	28
요일	日	月	火	水	木	金	土	日	月	火	水	木	金	土	日	月	火	水	木	金	土	日	月	火	水	木	金	土
음력	1/4	5	6	7	8	9	10	11	12	13	14	15	16	17	18	19	20	21	22	23	24	25	26	27	28	29	2/1	2
일진	庚子	辛丑	壬寅	癸卯	甲辰	乙巳	丙午	丁未	戊申	己酉	庚戌	辛亥	壬子	癸丑	甲寅	乙卯	丙辰	丁巳	戊午	己未	庚申	辛酉	壬戌	癸亥	甲子	乙丑	丙寅	丁卯
대운 남	9	9	입춘	10	9	9	9	8	8	8	7	7	7	6	6	6	5	우수	5	4	4	4	3	3	3	2	2	2
대운 여	1	1		1	1	1	1	2	2	2	3	3	3	4	4	4	5		5	6	6	6	7	7	7	8	8	8

양력 3월 경칩절(癸卯月) 驚蟄 3월5일 12시49분 春分 3월20일 13시29분

양력	1	2	3	4	5	6	7	8	9	10	11	12	13	14	15	16	17	18	19	20	21	22	23	24	25	26	27	28	29	30	31
요일	日	月	火	水	木	金	土	日	月	火	水	木	金	土	日	月	火	水	木	金	土	日	月	火	水	木	金	土	日	月	火
음력	2/3	4	5	6	7	8	9	10	11	12	13	14	15	16	17	18	19	20	21	22	23	24	25	26	27	28	29	30	3/1	2	3
일진	戊辰	己巳	庚午	辛未	壬申	癸酉	甲戌	乙亥	丙子	丁丑	戊寅	己卯	庚辰	辛巳	壬午	癸未	甲申	乙酉	丙戌	丁亥	戊子	己丑	庚寅	辛卯	壬辰	癸巳	甲午	乙未	丙申	丁酉	戊戌
대운 남	1	1	1	1	경칩	10	9	9	9	8	8	8	7	7	7	6	6	6	5	춘분	5	4	4	4	3	3	3	2	2	2	1
대운 여	9	9	9	10		1	1	1	1	2	2	2	3	3	3	4	4	4	5		5	6	6	6	7	7	7	8	8	8	9

양력 4월 청명절(甲辰月) 清明 4월4일 17시2분 穀雨 4월19일 23시54분

양력	1	2	3	4	5	6	7	8	9	10	11	12	13	14	15	16	17	18	19	20	21	22	23	24	25	26	27	28	29	30
요일	水	木	金	土	日	月	火	水	木	金	土	日	月	火	水	木	金	土	日	月	火	水	木	金	土	日	月	火	水	木
음력	3/4	5	6	7	8	9	10	11	12	13	14	15	16	17	18	19	20	21	22	23	24	25	26	27	28	29	30	4/1	2	3
일진	己亥	庚子	辛丑	壬寅	癸卯	甲辰	乙巳	丙午	丁未	戊申	己酉	庚戌	辛亥	壬子	癸丑	甲寅	乙卯	丙辰	丁巳	戊午	己未	庚申	辛酉	壬戌	癸亥	甲子	乙丑	丙寅	丁卯	戊辰
대운 남	1	1	1	청명	10	10	9	9	9	8	8	8	7	7	7	6	6	6	곡우	5	5	4	4	4	3	3	3	2	2	2
대운 여	9	9	10		1	1	1	1	2	2	2	3	3	3	4	4	4	5		5	6	6	6	7	7	7	8	8	8	9

양력 5월 입하절(乙巳月) 立夏 5월5일 9시41분 小滿 5월20일 22시27분

양력	1	2	3	4	5	6	7	8	9	10	11	12	13	14	15	16	17	18	19	20	21	22	23	24	25	26	27	28	29	30	31
요일	金	土	日	月	火	水	木	金	土	日	月	火	水	木	金	土	日	月	火	水	木	金	土	日	月	火	水	木	金	土	日
음력	4/4	5	6	7	8	9	10	11	12	13	14	15	16	17	18	19	20	21	22	23	24	25	26	27	28	29	30	5/1	2	3	4
일진	己巳	庚午	辛未	壬申	癸酉	甲戌	乙亥	丙子	丁丑	戊寅	己卯	庚辰	辛巳	壬午	癸未	甲申	乙酉	丙戌	丁亥	戊子	己丑	庚寅	辛卯	壬辰	癸巳	甲午	乙未	丙申	丁酉	戊戌	己亥
대운 남	1	1	1	1	입하	10	10	9	9	9	8	8	8	7	7	7	6	6	6	소만	5	5	4	4	4	3	3	3	2	2	2
대운 여	9	9	10	10		1	1	1	1	2	2	2	3	3	3	4	4	4	5		5	6	6	6	7	7	7	8	8	8	9

양력 6월 망종절(丙午月) 芒種 6월5일 13시21분 夏至 6월21일 6시2분

양력	1	2	3	4	5	6	7	8	9	10	11	12	13	14	15	16	17	18	19	20	21	22	23	24	25	26	27	28	29	30
요일	月	火	水	木	金	土	日	月	火	水	木	金	土	日	月	火	水	木	金	土	日	月	火	水	木	金	土	日	月	火
음력	5/5	6	7	8	9	10	11	12	13	14	15	16	17	18	19	20	21	22	23	24	25	26	27	28	29	6/1	2	3	4	5
일진	庚子	辛丑	壬寅	癸卯	甲辰	乙巳	丙午	丁未	戊申	己酉	庚戌	辛亥	壬子	癸丑	甲寅	乙卯	丙辰	丁巳	戊午	己未	庚申	辛酉	壬戌	癸亥	甲子	乙丑	丙寅	丁卯	戊辰	己巳
대운 남	1	1	1	1	망종	10	10	9	9	9	8	8	8	7	7	7	6	6	6	5	하지	5	4	4	4	3	3	3	2	2
대운 여	9	9	10	10		1	1	1	1	2	2	2	3	3	3	4	4	4	5	5		6	6	6	7	7	7	8	8	8

壬寅年

양력 7월 소서절(丁未月) 小暑 7월6일 23시24분 大暑 7월22일 16시52분

양력		1	2	3	4	5	6	7	8	9	10	11	12	13	14	15	16	17	18	19	20	21	22	23	24	25	26	27	28	29	30	31
요일		水	木	金	土	日	月	火	水	木	金	土	日	月	火	水	木	金	土	日	月	火	水	木	金	土	日	月	火	水	木	金
음력		6/6	7	8	9	10	11	12	13	14	15	16	17	18	19	20	21	22	23	24	25	26	27	28	29	30	7/1	2	3	4	5	6
일진		庚午	辛未	壬申	癸酉	甲戌	乙亥	丙子	丁丑	戊寅	己卯	庚辰	辛巳	壬午	癸未	甲申	乙酉	丙戌	丁亥	戊子	己丑	庚寅	辛卯	壬辰	癸巳	甲午	乙未	丙申	丁酉	戊戌	己亥	庚子
대	남	2	1	1	1	1	소	10	10	10	9	9	9	8	8	8	7	7	7	6	6	6	대	5	5	4	4	4	3	3	3	2
운	여	9	9	9	10	10	서	1	1	1	1	2	2	2	3	3	3	4	4	4	5	5	서	6	6	6	7	7	7	8	8	8

양력 8월 입추절(戊申月) 立秋 8월7일 9시20분 處暑 8월23일 0시12분

양력		1	2	3	4	5	6	7	8	9	10	11	12	13	14	15	16	17	18	19	20	21	22	23	24	25	26	27	28	29	30	31
요일		土	日	月	火	水	木	金	土	日	月	火	水	木	金	土	日	月	火	水	木	金	土	日	月	火	水	木	金	土	日	月
음력		7/7	8	9	10	11	12	13	14	15	16	17	18	19	20	21	22	23	24	25	26	27	28	29	윤1	2	3	4	5	6	7	8
일진		辛丑	壬寅	癸卯	甲辰	乙巳	丙午	丁未	戊申	己酉	庚戌	辛亥	壬子	癸丑	甲寅	乙卯	丙辰	丁巳	戊午	己未	庚申	辛酉	壬戌	癸亥	甲子	乙丑	丙寅	丁卯	戊辰	己巳	庚午	辛未
대	남	2	2	1	1	1	1	입	10	10	9	9	9	8	8	8	7	7	7	6	6	6	5	처	5	4	4	4	3	3	3	2
운	여	9	9	9	10	10	10	추	1	1	1	1	2	2	2	3	3	3	4	4	4	5	5	서	6	6	6	7	7	7	8	8

양력 9월 백로절(己酉月) 白露 9월7일 12시41분 秋分 9월22일 22시22분

양력		1	2	3	4	5	6	7	8	9	10	11	12	13	14	15	16	17	18	19	20	21	22	23	24	25	26	27	28	29	30
요일		火	水	木	金	土	日	月	火	水	木	金	土	日	月	火	水	木	金	土	日	月	火	水	木	金	土	日	月	火	水
음력		윤9	10	11	12	13	14	15	16	17	18	19	20	21	22	23	24	25	26	27	28	29	8/1	2	3	4	5	6	7	8	9
일진		壬申	癸酉	甲戌	乙亥	丙子	丁丑	戊寅	己卯	庚辰	辛巳	壬午	癸未	甲申	乙酉	丙戌	丁亥	戊子	己丑	庚寅	辛卯	壬辰	癸巳	甲午	乙未	丙申	丁酉	戊戌	己亥	庚子	辛丑
대	남	2	2	1	1	1	1	백	10	10	9	9	9	8	8	8	7	7	7	6	6	6	추	5	5	4	4	4	3	3	3
운	여	8	9	9	9	10	10	로	1	1	1	1	2	2	2	3	3	3	4	4	4	5	분	5	6	6	6	7	7	7	8

양력 10월 한로절(庚戌月) 寒露 10월8일 4시56분 霜降 10월23일 8시19분

양력		1	2	3	4	5	6	7	8	9	10	11	12	13	14	15	16	17	18	19	20	21	22	23	24	25	26	27	28	29	30	31
요일		木	金	土	日	月	火	水	木	金	土	日	月	火	水	木	金	土	日	月	火	水	木	金	土	日	月	火	水	木	金	土
음력		8/10	11	12	13	14	15	16	17	18	19	20	21	22	23	24	25	26	27	28	29	30	9/1	2	3	4	5	6	7	8	9	10
일진		壬寅	癸卯	甲辰	乙巳	丙午	丁未	戊申	己酉	庚戌	辛亥	壬子	癸丑	甲寅	乙卯	丙辰	丁巳	戊午	己未	庚申	辛酉	壬戌	癸亥	甲子	乙丑	丙寅	丁卯	戊辰	己巳	庚午	辛未	壬申
대	남	2	2	2	1	1	1	1	한	10	9	9	9	8	8	8	7	7	7	6	6	6	5	상	5	4	4	4	3	3	3	2
운	여	8	8	9	9	9	10	10	로	1	1	1	1	2	2	2	3	3	3	4	4	4	5	강	5	6	6	6	7	7	7	8

양력 11월 입동절(辛亥月) 立冬 11월7일 8시43분 小雪 11월22일 6시24분

양력		1	2	3	4	5	6	7	8	9	10	11	12	13	14	15	16	17	18	19	20	21	22	23	24	25	26	27	28	29	30
요일		日	月	火	水	木	金	土	日	月	火	水	木	金	土	日	月	火	水	木	金	土	日	月	火	水	木	金	土	日	月
음력		9/11	12	13	14	15	16	17	18	19	20	21	22	23	24	25	26	27	28	29	10/1	2	3	4	5	6	7	8	9	10	11
일진		癸酉	甲戌	乙亥	丙子	丁丑	戊寅	己卯	庚辰	辛巳	壬午	癸未	甲申	乙酉	丙戌	丁亥	戊子	己丑	庚寅	辛卯	壬辰	癸巳	甲午	乙未	丙申	丁酉	戊戌	己亥	庚子	辛丑	壬寅
대	남	2	2	1	1	1	1	입	10	9	9	9	8	8	8	7	7	7	6	6	6	5	소	5	4	4	4	3	3	3	2
운	여	8	8	9	9	9	10	동	1	1	1	1	2	2	2	3	3	3	4	4	4	5	설	5	6	6	6	7	7	7	8

양력 12월 대설절(壬子月) 大雪 12월7일 2시0분 冬至 12월21일 20시3분

양력		1	2	3	4	5	6	7	8	9	10	11	12	13	14	15	16	17	18	19	20	21	22	23	24	25	26	27	28	29	30	31
요일		火	水	木	金	土	日	月	火	水	木	金	土	日	月	火	水	木	金	土	日	月	火	水	木	金	土	日	月	火	水	木
음력		10/12	13	14	15	16	17	18	19	20	21	22	23	24	25	26	27	28	29	30	11/1	2	3	4	5	6	7	8	9	10	11	12
일진		癸卯	甲辰	乙巳	丙午	丁未	戊申	己酉	庚戌	辛亥	壬子	癸丑	甲寅	乙卯	丙辰	丁巳	戊午	己未	庚申	辛酉	壬戌	癸亥	甲子	乙丑	丙寅	丁卯	戊辰	己巳	庚午	辛未	壬申	癸酉
대	남	2	2	1	1	1	1	대	9	9	9	8	8	8	7	7	7	6	6	6	5	동	5	4	4	4	3	3	3	2	2	2
운	여	8	8	9	9	9	10	설	1	1	1	1	2	2	2	3	3	3	4	4	4	지	5	5	6	6	6	7	7	7	8	8

▶ 윤달-7월

서기 2083년 [단기 4416년]

양력 1월　소한절(癸丑月)　小寒 1월5일 13시25분　大寒 1월20일 6시45분

양력	1	2	3	4	5	6	7	8	9	10	11	12	13	14	15	16	17	18	19	20	21	22	23	24	25	26	27	28	29	30	31
요일	金	土	日	月	火	水	木	金	土	日	月	火	水	木	金	土	日	月	火	水	木	金	土	日	月	火	水	木	金	土	日
음력	11/13	14	15	16	17	18	19	20	21	22	23	24	25	26	27	28	29	12/1	2	3	4	5	6	7	8	9	10	11	12	13	14
일진	甲戌	乙亥	丙子	丁丑	戊寅	己卯	庚辰	辛巳	壬午	癸未	甲申	乙酉	丙戌	丁亥	戊子	己丑	庚寅	辛卯	壬辰	癸巳	甲午	乙未	丙申	丁酉	戊戌	己亥	庚子	辛丑	壬寅	癸卯	甲辰
대운 남	1	1	1	1	소한	10	9	9	9	8	8	8	7	7	7	6	6	6	5	대한	5	4	4	4	3	3	3	2	2	2	1
대운 여	8	9	9	9		1	1	1	1	2	2	2	3	3	3	4	4	4	5		5	6	6	6	7	7	7	8	8	8	9

양력 2월　입춘절(甲寅月)　立春 2월4일 0시57분　雨水 2월18일 20시39분

양력	1	2	3	4	5	6	7	8	9	10	11	12	13	14	15	16	17	18	19	20	21	22	23	24	25	26	27	28			
요일	月	火	水	木	金	土	日	月	火	水	木	金	土	日	月	火	水	木	金	土	日	月	火	水	木	金	土	日			
음력	12/15	16	17	18	19	20	21	22	23	24	25	26	27	28	29	30	1/1	2	3	4	5	6	7	8	9	10	11	12			
일진	乙巳	丙午	丁未	戊申	己酉	庚戌	辛亥	壬子	癸丑	甲寅	乙卯	丙辰	丁巳	戊午	己未	庚申	辛酉	壬戌	癸亥	甲子	乙丑	丙寅	丁卯	戊辰	己巳	庚午	辛未	壬申			
대운 남	1	1	1	입춘	1	1	1	1	2	2	2	3	3	3	4	4	4	우수	5	5	6	6	6	7	7	7	8	8			
대운 여	9	9	10		9	9	9	8	8	8	7	7	7	6	6	6	5		5	4	4	4	3	3	3	2	2	2			

양력 3월　경칩절(乙卯月)　驚蟄 3월5일 18시35분　春分 3월20일 19시9분

양력	1	2	3	4	5	6	7	8	9	10	11	12	13	14	15	16	17	18	19	20	21	22	23	24	25	26	27	28	29	30	31
요일	月	火	水	木	金	土	日	月	火	水	木	金	土	日	月	火	水	木	金	土	日	月	火	水	木	金	土	日	月	火	水
음력	1/13	14	15	16	17	18	19	20	21	22	23	24	25	26	27	28	29	2/1	2	3	4	5	6	7	8	9	10	11	12	13	14
일진	癸酉	甲戌	乙亥	丙子	丁丑	戊寅	己卯	庚辰	辛巳	壬午	癸未	甲申	乙酉	丙戌	丁亥	戊子	己丑	庚寅	辛卯	壬辰	癸巳	甲午	乙未	丙申	丁酉	戊戌	己亥	庚子	辛丑	壬寅	癸卯
대운 남	8	9	9	9	경칩	1	1	1	1	2	2	2	3	3	3	4	4	4	5	춘분	5	6	6	6	7	7	7	8	8	8	9
대운 여	1	1	1	1		10	9	9	9	8	8	8	7	7	7	6	6	6	5		5	4	4	4	3	3	3	2	2	2	1

양력 4월　청명절(丙辰月)　清明 4월4일 22시49분　穀雨 4월20일 5시34분

양력	1	2	3	4	5	6	7	8	9	10	11	12	13	14	15	16	17	18	19	20	21	22	23	24	25	26	27	28	29	30	
요일	木	金	土	日	月	火	水	木	金	土	日	月	火	水	木	金	土	日	月	火	水	木	金	土	日	月	火	水	木	金	
음력	2/15	16	17	18	19	20	21	22	23	24	25	26	27	28	29	30	3/1	2	3	4	5	6	7	8	9	10	11	12	13	14	
일진	甲辰	乙巳	丙午	丁未	戊申	己酉	庚戌	辛亥	壬子	癸丑	甲寅	乙卯	丙辰	丁巳	戊午	己未	庚申	辛酉	壬戌	癸亥	甲子	乙丑	丙寅	丁卯	戊辰	己巳	庚午	辛未	壬申	癸酉	
대운 남	9	9	10	청명	1	1	1	1	2	2	2	3	3	3	4	4	4	5	5	곡우	6	6	6	7	7	7	8	8	8	9	
대운 여	1	1	1		10	10	9	9	9	8	8	8	7	7	7	6	6	6	5		5	4	4	4	3	3	3	2	2	2	

양력 5월　입하절(丁巳月)　立夏 5월5일 15시30분　小滿 5월21일 4시7분

양력	1	2	3	4	5	6	7	8	9	10	11	12	13	14	15	16	17	18	19	20	21	22	23	24	25	26	27	28	29	30	31
요일	土	日	月	火	水	木	金	土	日	月	火	水	木	金	土	日	月	火	水	木	金	土	日	月	火	水	木	金	土	日	月
음력	3/15	16	17	18	19	20	21	22	23	24	25	26	27	28	29	30	4/1	2	3	4	5	6	7	8	9	10	11	12	13	14	15
일진	甲戌	乙亥	丙子	丁丑	戊寅	己卯	庚辰	辛巳	壬午	癸未	甲申	乙酉	丙戌	丁亥	戊子	己丑	庚寅	辛卯	壬辰	癸巳	甲午	乙未	丙申	丁酉	戊戌	己亥	庚子	辛丑	壬寅	癸卯	甲辰
대운 남	9	9	10	10	입하	1	1	1	1	2	2	2	3	3	3	4	4	4	5	5	소만	6	6	6	7	7	7	8	8	8	9
대운 여	1	1	1	1		10	10	9	9	9	8	8	8	7	7	7	6	6	6	5		5	4	4	4	3	3	3	2	2	2

양력 6월　망종절(戊午月)　芒種 6월5일 19시11분　夏至 6월21일 11시42분

양력	1	2	3	4	5	6	7	8	9	10	11	12	13	14	15	16	17	18	19	20	21	22	23	24	25	26	27	28	29	30	
요일	火	水	木	金	土	日	月	火	水	木	金	土	日	月	火	水	木	金	土	日	月	火	水	木	金	土	日	月	火	水	
음력	4/16	17	18	19	20	21	22	23	24	25	26	27	28	29	5/1	2	3	4	5	6	7	8	9	10	11	12	13	14	15	16	
일진	乙巳	丙午	丁未	戊申	己酉	庚戌	辛亥	壬子	癸丑	甲寅	乙卯	丙辰	丁巳	戊午	己未	庚申	辛酉	壬戌	癸亥	甲子	乙丑	丙寅	丁卯	戊辰	己巳	庚午	辛未	壬申	癸酉	甲戌	
대운 남	9	9	10	10	망종	1	1	1	1	2	2	2	3	3	3	4	4	4	5	5	하지	6	6	6	7	7	7	8	8	8	
대운 여	1	1	1	1		10	10	10	9	9	9	8	8	8	7	7	7	6	6	6		5	5	4	4	4	3	3	3	2	

癸卯年

양력 7월 소서절(己未月) 小暑 7월7일 5시14분 大暑 7월22일 22시34분

양력	1	2	3	4	5	6	7	8	9	10	11	12	13	14	15	16	17	18	19	20	21	22	23	24	25	26	27	28	29	30	31
요일	木	金	土	日	月	火	水	木	金	土	日	月	火	水	木	金	土	日	月	火	水	木	金	土	日	月	火	水	木	金	土
음력	5/17	18	19	20	21	22	23	24	25	26	27	28	29	30	6/1	2	3	4	5	6	7	8	9	10	11	12	13	14	15	16	17
일진	乙亥	丙子	丁丑	戊寅	己卯	庚辰	辛巳	壬午	癸未	甲申	乙酉	丙戌	丁亥	戊子	己丑	庚寅	辛卯	壬辰	癸巳	甲午	乙未	丙申	丁酉	戊戌	己亥	庚子	辛丑	壬寅	癸卯	甲辰	乙巳
대운 남	9	9	9	10	10	10	소	1	1	1	1	2	2	2	3	3	3	4	4	4	5	대	5	6	6	6	7	7	7	8	8
대운 여	2	2	1	1	1	1	서	10	10	9	9	9	8	8	8	7	7	7	6	6	6	서	5	5	4	4	4	3	3	3	2

양력 8월 입추절(庚申月) 立秋 8월7일 15시11분 處暑 8월23일 5시58분

양력	1	2	3	4	5	6	7	8	9	10	11	12	13	14	15	16	17	18	19	20	21	22	23	24	25	26	27	28	29	30	31
요일	日	月	火	水	木	金	土	日	月	火	水	木	金	土	日	月	火	水	木	金	土	日	月	火	水	木	金	土	日	月	火
음력	6/18	19	20	21	22	23	24	25	26	27	28	29	7/1	2	3	4	5	6	7	8	9	10	11	12	13	14	15	16	17	18	19
일진	丙午	丁未	戊申	己酉	庚戌	辛亥	壬子	癸丑	甲寅	乙卯	丙辰	丁巳	戊午	己未	庚申	辛酉	壬戌	癸亥	甲子	乙丑	丙寅	丁卯	戊辰	己巳	庚午	辛未	壬申	癸酉	甲戌	乙亥	丙子
대운 남	8	9	9	9	10	10	입	1	1	1	1	2	2	2	3	3	3	4	4	4	5	5	처	6	6	6	7	7	7	8	8
대운 여	2	2	1	1	1	1	추	10	10	9	9	9	8	8	8	7	7	7	6	6	6	5	서	5	4	4	4	3	3	3	2

양력 9월 백로절(辛酉月) 白露 9월7일 18시33분 秋分 9월23일 4시10분

양력	1	2	3	4	5	6	7	8	9	10	11	12	13	14	15	16	17	18	19	20	21	22	23	24	25	26	27	28	29	30	
요일	水	木	金	土	日	月	火	水	木	金	土	日	月	火	水	木	金	土	日	月	火	水	木	金	土	日	月	火	水	木	
음력	7/20	21	22	23	24	25	26	27	28	29	30	8/1	2	3	4	5	6	7	8	9	10	11	12	13	14	15	16	17	18	19	
일진	丁丑	戊寅	己卯	庚辰	辛巳	壬午	癸未	甲申	乙酉	丙戌	丁亥	戊子	己丑	庚寅	辛卯	壬辰	癸巳	甲午	乙未	丙申	丁酉	戊戌	己亥	庚子	辛丑	壬寅	癸卯	甲辰	乙巳	丙午	
대운 남	8	9	9	9	10	10	백	1	1	1	1	2	2	2	3	3	3	4	4	4	5	5	추	6	6	6	7	7	7	8	
대운 여	2	2	1	1	1	1	로	10	10	9	9	9	8	8	8	7	7	7	6	6	6	5	분	5	4	4	4	3	3	3	

양력 10월 한로절(壬戌月) 寒露 10월8일 10시48분 霜降 10월23일 14시9분

양력	1	2	3	4	5	6	7	8	9	10	11	12	13	14	15	16	17	18	19	20	21	22	23	24	25	26	27	28	29	30	31
요일	金	土	日	月	火	水	木	金	土	日	月	火	水	木	金	土	日	月	火	水	木	金	土	日	月	火	水	木	金	土	日
음력	8/20	21	22	23	24	25	26	27	28	29	9/1	2	3	4	5	6	7	8	9	10	11	12	13	14	15	16	17	18	19	20	21
일진	丁未	戊申	己酉	庚戌	辛亥	壬子	癸丑	甲寅	乙卯	丙辰	丁巳	戊午	己未	庚申	辛酉	壬戌	癸亥	甲子	乙丑	丙寅	丁卯	戊辰	己巳	庚午	辛未	壬申	癸酉	甲戌	乙亥	丙子	丁丑
대운 남	8	8	9	9	9	10	10	한	1	1	1	1	2	2	2	3	3	3	4	4	4	5	상	5	6	6	6	7	7	7	8
대운 여	2	2	2	1	1	1	1	로	10	9	9	9	8	8	8	7	7	7	6	6	6	5	강	5	4	4	4	3	3	3	2

양력 11월 입동절(癸亥月) 立冬 11월7일 14시34분 小雪 11월22일 12시14분

양력	1	2	3	4	5	6	7	8	9	10	11	12	13	14	15	16	17	18	19	20	21	22	23	24	25	26	27	28	29	30	
요일	月	火	水	木	金	土	日	月	火	水	木	金	土	日	月	火	水	木	金	土	日	月	火	水	木	金	土	日	月	火	
음력	9/22	23	24	25	26	27	28	29	30	10/1	2	3	4	5	6	7	8	9	10	11	12	13	14	15	16	17	18	19	20	21	
일진	戊寅	己卯	庚辰	辛巳	壬午	癸未	甲申	乙酉	丙戌	丁亥	戊子	己丑	庚寅	辛卯	壬辰	癸巳	甲午	乙未	丙申	丁酉	戊戌	己亥	庚子	辛丑	壬寅	癸卯	甲辰	乙巳	丙午	丁未	
대운 남	8	8	9	9	9	10	입	1	1	1	1	2	2	2	3	3	3	4	4	4	5	소	5	6	6	6	7	7	7	8	
대운 여	2	2	1	1	1	1	동	10	9	9	9	8	8	8	7	7	7	6	6	6	5	설	5	4	4	4	3	3	3	2	

양력 12월 대설절(甲子月) 大雪 12월7일 7시50분 冬至 12월22일 1시52분

양력	1	2	3	4	5	6	7	8	9	10	11	12	13	14	15	16	17	18	19	20	21	22	23	24	25	26	27	28	29	30	31
요일	水	木	金	土	日	月	火	水	木	金	土	日	月	火	水	木	金	土	日	月	火	水	木	金	土	日	月	火	水	木	金
음력	10/22	23	24	25	26	27	28	29	11/1	2	3	4	5	6	7	8	9	10	11	12	13	14	15	16	17	18	19	20	21	22	23
일진	戊申	己酉	庚戌	辛亥	壬子	癸丑	甲寅	乙卯	丙辰	丁巳	戊午	己未	庚申	辛酉	壬戌	癸亥	甲子	乙丑	丙寅	丁卯	戊辰	己巳	庚午	辛未	壬申	癸酉	甲戌	乙亥	丙子	丁丑	戊寅
대운 남	8	8	9	9	9	10	대	1	1	1	1	2	2	2	3	3	3	4	4	4	5	동	5	6	6	6	7	7	7	8	8
대운 여	2	2	1	1	1	1	설	9	9	9	8	8	8	7	7	7	6	6	6	5	5	지	4	4	4	3	3	3	2	2	2

서기 2084년 [단기 4417년]

양력 1월 소한절(乙丑月) 小寒 1월5일 19시14분 大寒 1월20일 12시32분

양력	1	2	3	4	5	6	7	8	9	10	11	12	13	14	15	16	17	18	19	20	21	22	23	24	25	26	27	28	29	30	31
요일	土	日	月	火	水	木	金	土	日	月	火	水	木	金	土	日	月	火	水	木	金	土	日	月	火	水	木	金	土	日	月
음력	11/24	25	26	27	28	29	30	12/1	2	3	4	5	6	7	8	9	10	11	12	13	14	15	16	17	18	19	20	21	22	23	24
일진	己卯	庚辰	辛巳	壬午	癸未	甲申	乙酉	丙戌	丁亥	戊子	己丑	庚寅	辛卯	壬辰	癸巳	甲午	乙未	丙申	丁酉	戊戌	己亥	庚子	辛丑	壬寅	癸卯	甲辰	乙巳	丙午	丁未	戊申	己酉
대운 남	8	9	9	9	소	1	1	1	1	2	2	2	3	3	3	4	4	4	5	대	5	6	6	6	7	7	7	8	8	8	9
대운 여	1	1	1	1	한	10	9	9	9	8	8	8	7	7	7	6	6	6	5	한	5	4	4	4	3	3	3	2	2	2	1

양력 2월 입춘절(丙寅月) 立春 2월4일 6시45분 雨水 2월19일 2시26분

양력	1	2	3	4	5	6	7	8	9	10	11	12	13	14	15	16	17	18	19	20	21	22	23	24	25	26	27	28	29
요일	火	水	木	金	土	日	月	火	水	木	金	土	日	月	火	水	木	金	土	日	月	火	水	木	金	土	日	月	火
음력	12/25	26	27	28	29	1/1	2	3	4	5	6	7	8	9	10	11	12	13	14	15	16	17	18	19	20	21	22	23	24
일진	庚戌	辛亥	壬子	癸丑	甲寅	乙卯	丙辰	丁巳	戊午	己未	庚申	辛酉	壬戌	癸亥	甲子	乙丑	丙寅	丁卯	戊辰	己巳	庚午	辛未	壬申	癸酉	甲戌	乙亥	丙子	丁丑	戊寅
대운 남	9	9	10	입	10	9	9	9	8	8	8	7	7	7	6	6	6	5	우	5	4	4	4	3	3	3	2	2	2
대운 여	1	1	1	춘	1	1	1	1	2	2	2	3	3	3	4	4	4	5	수	5	6	6	6	7	7	7	8	8	8

양력 3월 경칩절(丁卯月) 驚蟄 3월5일 0시24분 春分 3월20일 0시58분

양력	1	2	3	4	5	6	7	8	9	10	11	12	13	14	15	16	17	18	19	20	21	22	23	24	25	26	27	28	29	30	31
요일	水	木	金	土	日	月	火	水	木	金	土	日	月	火	水	木	金	土	日	月	火	水	木	金	土	日	月	火	水	木	金
음력	1/25	26	27	28	29	30	2/1	2	3	4	5	6	7	8	9	10	11	12	13	14	15	16	17	18	19	20	21	22	23	24	25
일진	己卯	庚辰	辛巳	壬午	癸未	甲申	乙酉	丙戌	丁亥	戊子	己丑	庚寅	辛卯	壬辰	癸巳	甲午	乙未	丙申	丁酉	戊戌	己亥	庚子	辛丑	壬寅	癸卯	甲辰	乙巳	丙午	丁未	戊申	己酉
대운 남	1	1	1	1	경	10	9	9	9	8	8	8	7	7	7	6	6	6	5	춘	5	4	4	4	3	3	3	2	2	2	1
대운 여	9	9	9	10	칩	1	1	1	1	2	2	2	3	3	3	4	4	4	5	분	5	6	6	6	7	7	7	8	8	8	9

양력 4월 청명절(戊辰月) 淸明 4월4일 4시39분 穀雨 4월19일 11시26분

양력	1	2	3	4	5	6	7	8	9	10	11	12	13	14	15	16	17	18	19	20	21	22	23	24	25	26	27	28	29	30
요일	土	日	月	火	水	木	金	土	日	月	火	水	木	金	土	日	月	火	水	木	金	土	日	月	火	水	木	金	土	日
음력	2/26	27	28	29	3/1	2	3	4	5	6	7	8	9	10	11	12	13	14	15	16	17	18	19	20	21	22	23	24	25	26
일진	庚戌	辛亥	壬子	癸丑	甲寅	乙卯	丙辰	丁巳	戊午	己未	庚申	辛酉	壬戌	癸亥	甲子	乙丑	丙寅	丁卯	戊辰	己巳	庚午	辛未	壬申	癸酉	甲戌	乙亥	丙子	丁丑	戊寅	己卯
대운 남	1	1	1	청	10	9	9	9	8	8	8	7	7	7	6	6	6	5	곡	5	4	4	4	3	3	3	2	2	2	1
대운 여	9	9	10	명	1	1	1	1	2	2	2	3	3	3	4	4	4	5	우	5	6	6	6	7	7	7	8	8	8	9

양력 5월 입하절(己巳月) 立夏 5월4일 21시21분 小滿 5월20일 10시3분

양력	1	2	3	4	5	6	7	8	9	10	11	12	13	14	15	16	17	18	19	20	21	22	23	24	25	26	27	28	29	30	31
요일	月	火	水	木	金	土	日	月	火	水	木	金	土	日	月	火	水	木	金	土	日	月	火	水	木	金	土	日	月	火	水
음력	3/27	28	29	30	4/1	2	3	4	5	6	7	8	9	10	11	12	13	14	15	16	17	18	19	20	21	22	23	24	25	26	27
일진	庚辰	辛巳	壬午	癸未	甲申	乙酉	丙戌	丁亥	戊子	己丑	庚寅	辛卯	壬辰	癸巳	甲午	乙未	丙申	丁酉	戊戌	己亥	庚子	辛丑	壬寅	癸卯	甲辰	乙巳	丙午	丁未	戊申	己酉	庚戌
대운 남	1	1	1	입	10	10	10	9	9	9	8	8	8	7	7	7	6	6	6	소	5	5	4	4	4	3	3	3	2	2	2
대운 여	9	9	10	하	1	1	1	1	2	2	2	3	3	3	4	4	4	5	5	만	6	6	6	7	7	7	8	8	8	9	9

양력 6월 망종절(庚午月) 芒種 6월5일 1시1분 夏至 6월20일 17시39분

양력	1	2	3	4	5	6	7	8	9	10	11	12	13	14	15	16	17	18	19	20	21	22	23	24	25	26	27	28	29	30
요일	木	金	土	日	月	火	水	木	金	土	日	月	火	水	木	金	土	日	月	火	水	木	金	土	日	月	火	水	木	金
음력	4/28	29	5/1	2	3	4	5	6	7	8	9	10	11	12	13	14	15	16	17	18	19	20	21	22	23	24	25	26	27	28
일진	辛亥	壬子	癸丑	甲寅	乙卯	丙辰	丁巳	戊午	己未	庚申	辛酉	壬戌	癸亥	甲子	乙丑	丙寅	丁卯	戊辰	己巳	庚午	辛未	壬申	癸酉	甲戌	乙亥	丙子	丁丑	戊寅	己卯	庚辰
대운 남	1	1	1	1	망	10	10	9	9	9	8	8	8	7	7	7	6	6	6	하	5	5	4	4	4	3	3	3	2	2
대운 여	9	10	10	10	종	1	1	1	1	2	2	2	3	3	3	4	4	4	5	지	5	6	6	6	7	7	7	8	8	8

甲辰年

양력 7월 소서절(辛未月) 小暑 7월6일 11시2분 大暑 7월22일 4시29분

양력	1	2	3	4	5	6	7	8	9	10	11	12	13	14	15	16	17	18	19	20	21	22	23	24	25	26	27	28	29	30	31
요일	土	日	月	火	水	木	金	土	日	月	火	水	木	金	土	日	月	火	水	木	金	土	日	月	火	水	木	金	土	日	月
음력	5/29	30	6/1	2	3	4	5	6	7	8	9	10	11	12	13	14	15	16	17	18	19	20	21	22	23	24	25	26	27	28	29
일진	辛巳	壬午	癸未	甲申	乙酉	丙戌	丁亥	戊子	己丑	庚寅	辛卯	壬辰	癸巳	甲午	乙未	丙申	丁酉	戊戌	己亥	庚子	辛丑	壬寅	癸卯	甲辰	乙巳	丙午	丁未	戊申	己酉	庚戌	辛亥
대운 남	2	1	1	1	1	소서	10	10	9	9	9	8	8	8	7	7	7	6	6	6	5	대서	5	4	4	4	3	3	3	2	2
대운 여	9	9	9	10	10		1	1	1	1	2	2	2	3	3	3	4	4	4	5	5		6	6	6	7	7	7	8	8	8

양력 8월 입추절(壬申月) 立秋 8월6일 20시55분 處暑 8월22일 11시49분

양력	1	2	3	4	5	6	7	8	9	10	11	12	13	14	15	16	17	18	19	20	21	22	23	24	25	26	27	28	29	30	31
요일	火	水	木	金	土	日	月	火	水	木	金	土	日	月	火	水	木	金	土	日	月	火	水	木	金	土	日	月	火	水	木
음력	6/30	7/1	2	3	4	5	6	7	8	9	10	11	12	13	14	15	16	17	18	19	20	21	22	23	24	25	26	27	28	29	8/1
일진	壬子	癸丑	甲寅	乙卯	丙辰	丁巳	戊午	己未	庚申	辛酉	壬戌	癸亥	甲子	乙丑	丙寅	丁卯	戊辰	己巳	庚午	辛未	壬申	癸酉	甲戌	乙亥	丙子	丁丑	戊寅	己卯	庚辰	辛巳	壬午
대운 남	2	1	1	1	1	입추	10	10	10	9	9	9	8	8	8	7	7	7	6	6	6	처서	5	5	4	4	4	3	3	3	2
대운 여	9	9	9	10	10		1	1	1	1	2	2	2	3	3	3	4	4	4	5	5		6	6	6	7	7	7	8	8	8

양력 9월 백로절(癸酉月) 白露 9월7일 0시13분 秋分 9월22일 9시58분

양력	1	2	3	4	5	6	7	8	9	10	11	12	13	14	15	16	17	18	19	20	21	22	23	24	25	26	27	28	29	30
요일	金	土	日	月	火	水	木	金	土	日	月	火	水	木	金	土	日	月	火	水	木	金	土	日	月	火	水	木	金	土
음력	8/2	3	4	5	6	7	8	9	10	11	12	13	14	15	16	17	18	19	20	21	22	23	24	25	26	27	28	29	30	9/1
일진	癸未	甲申	乙酉	丙戌	丁亥	戊子	己丑	庚寅	辛卯	壬辰	癸巳	甲午	乙未	丙申	丁酉	戊戌	己亥	庚子	辛丑	壬寅	癸卯	甲辰	乙巳	丙午	丁未	戊申	己酉	庚戌	辛亥	壬子
대운 남	2	2	1	1	1	1	백로	10	9	9	9	8	8	8	7	7	7	6	6	6	5	추분	5	4	4	4	3	3	3	2
대운 여	9	9	9	10	10	10		1	1	1	1	2	2	2	3	3	3	4	4	4	5		5	6	6	6	7	7	7	8

양력 10월 한로절(甲戌月) 寒露 10월7일 16시26분 霜降 10월22일 19시54분

양력	1	2	3	4	5	6	7	8	9	10	11	12	13	14	15	16	17	18	19	20	21	22	23	24	25	26	27	28	29	30	31
요일	日	月	火	水	木	金	土	日	月	火	水	木	金	土	日	月	火	水	木	金	土	日	月	火	水	木	金	土	日	月	火
음력	9/2	3	4	5	6	7	8	9	10	11	12	13	14	15	16	17	18	19	20	21	22	23	24	25	26	27	28	29	10/1	2	3
일진	癸丑	甲寅	乙卯	丙辰	丁巳	戊午	己未	庚申	辛酉	壬戌	癸亥	甲子	乙丑	丙寅	丁卯	戊辰	己巳	庚午	辛未	壬申	癸酉	甲戌	乙亥	丙子	丁丑	戊寅	己卯	庚辰	辛巳	壬午	癸未
대운 남	2	2	1	1	1	1	한로	10	9	9	9	8	8	8	7	7	7	6	6	6	5	상강	5	4	4	4	3	3	3	2	2
대운 여	8	8	9	9	9	10		1	1	1	1	2	2	2	3	3	3	4	4	4	5		5	6	6	6	7	7	7	8	8

양력 11월 입동절(乙亥月) 立冬 11월6일 20시12분 小雪 11월21일 18시0분

양력	1	2	3	4	5	6	7	8	9	10	11	12	13	14	15	16	17	18	19	20	21	22	23	24	25	26	27	28	29	30
요일	水	木	金	土	日	月	火	水	木	金	土	日	月	火	水	木	金	土	日	月	火	水	木	金	土	日	月	火	水	木
음력	10/4	5	6	7	8	9	10	11	12	13	14	15	16	17	18	19	20	21	22	23	24	25	26	27	28	29	30	11/1	2	3
일진	甲申	乙酉	丙戌	丁亥	戊子	己丑	庚寅	辛卯	壬辰	癸巳	甲午	乙未	丙申	丁酉	戊戌	己亥	庚子	辛丑	壬寅	癸卯	甲辰	乙巳	丙午	丁未	戊申	己酉	庚戌	辛亥	壬子	癸丑
대운 남	2	1	1	1	1	입동	10	9	9	9	8	8	8	7	7	7	6	6	6	5	소설	5	4	4	4	3	3	3	2	2
대운 여	8	9	9	9	10		1	1	1	1	2	2	2	3	3	3	4	4	4	5		5	6	6	6	7	7	7	8	8

양력 12월 대설절(丙子月) 大雪 12월6일 13시30분 冬至 12월21일 7시40분

양력	1	2	3	4	5	6	7	8	9	10	11	12	13	14	15	16	17	18	19	20	21	22	23	24	25	26	27	28	29	30	31
요일	金	土	日	月	火	水	木	金	土	日	月	火	水	木	金	土	日	月	火	水	木	金	土	日	月	火	水	木	金	土	日
음력	11/4	5	6	7	8	9	10	11	12	13	14	15	16	17	18	19	20	21	22	23	24	25	26	27	28	29	12/1	2	3	4	5
일진	甲寅	乙卯	丙辰	丁巳	戊午	己未	庚申	辛酉	壬戌	癸亥	甲子	乙丑	丙寅	丁卯	戊辰	己巳	庚午	辛未	壬申	癸酉	甲戌	乙亥	丙子	丁丑	戊寅	己卯	庚辰	辛巳	壬午	癸未	甲申
대운 남	2	1	1	1	1	대설	10	9	9	9	8	8	8	7	7	7	6	6	6	5	동지	5	4	4	4	3	3	3	2	2	2
대운 여	8	9	9	9	10		1	1	1	1	2	2	2	3	3	3	4	4	4	5		5	6	6	6	7	7	7	8	8	8

서기 2085년 [단기 4418년]

양력 1월 소한절(丁丑月) 小寒 1월5일 0시55분 大寒 1월19일 18시22분

양력	1	2	3	4	5	6	7	8	9	10	11	12	13	14	15	16	17	18	19	20	21	22	23	24	25	26	27	28	29	30	31
요일	月	火	水	木	金	土	日	月	火	水	木	金	土	日	月	火	水	木	金	土	日	月	火	水	木	金	土	日	月	火	水
음력	12/6	7	8	9	10	11	12	13	14	15	16	17	18	19	20	21	22	23	24	25	26	27	28	29	30	1/1	2	3	4	5	6
일진	乙酉	丙戌	丁亥	戊子	己丑	庚寅	辛卯	壬辰	癸巳	甲午	乙未	丙申	丁酉	戊戌	己亥	庚子	辛丑	壬寅	癸卯	甲辰	乙巳	丙午	丁未	戊申	己酉	庚戌	辛亥	壬子	癸丑	甲寅	乙卯
대운 남	1	1	1	1	소	9	9	9	8	8	8	7	7	7	6	6	6	5	대	5	4	4	4	3	3	3	2	2	2	1	1
대운 여	9	9	9	10	한	1	1	1	1	2	2	2	3	3	3	4	4	4	한	5	5	6	6	6	7	7	7	8	8	8	9

양력 2월 입춘절(戊寅月) 立春 2월3일 12시28분 雨水 2월18일 8시18분

양력	1	2	3	4	5	6	7	8	9	10	11	12	13	14	15	16	17	18	19	20	21	22	23	24	25	26	27	28			
요일	木	金	土	日	月	火	水	木	金	土	日	月	火	水	木	金	土	日	月	火	水	木	金	土	日	月	火	水			
음력	1/7	8	9	10	11	12	13	14	15	16	17	18	19	20	21	22	23	24	25	26	27	28	29	2/1	2	3	4	5			
일진	丙辰	丁巳	戊午	己未	庚申	辛酉	壬戌	癸亥	甲子	乙丑	丙寅	丁卯	戊辰	己巳	庚午	辛未	壬申	癸酉	甲戌	乙亥	丙子	丁丑	戊寅	己卯	庚辰	辛巳	壬午	癸未			
대운 남	1	1	입	1	1	1	1	2	2	2	3	3	3	4	4	4	5	우	5	6	6	6	7	7	7	8	8	8			
대운 여	9	9	춘	10	9	9	9	8	8	8	7	7	7	6	6	6	5	수	5	4	4	4	3	3	3	2	2	2			

양력 3월 경칩절(己卯月) 驚蟄 3월5일 6시9분 春分 3월20일 6시52분

양력	1	2	3	4	5	6	7	8	9	10	11	12	13	14	15	16	17	18	19	20	21	22	23	24	25	26	27	28	29	30	31
요일	木	金	土	日	月	火	水	木	金	土	日	月	火	水	木	金	土	日	月	火	水	木	金	土	日	月	火	水	木	金	土
음력	2/6	7	8	9	10	11	12	13	14	15	16	17	18	19	20	21	22	23	24	25	26	27	28	29	30	3/1	2	3	4	5	6
일진	甲申	乙酉	丙戌	丁亥	戊子	己丑	庚寅	辛卯	壬辰	癸巳	甲午	乙未	丙申	丁酉	戊戌	己亥	庚子	辛丑	壬寅	癸卯	甲辰	乙巳	丙午	丁未	戊申	己酉	庚戌	辛亥	壬子	癸丑	甲寅
대운 남	9	9	9	10	경	1	1	1	1	2	2	2	3	3	3	4	4	4	5	춘	5	6	6	6	7	7	7	8	8	8	9
대운 여	1	1	1	1	칩	10	9	9	9	8	8	8	7	7	7	6	6	6	5	분	5	4	4	4	3	3	3	2	2	2	1

양력 4월 청명절(庚辰月) 淸明 4월4일 10시27분 穀雨 4월19일 17시21분

양력	1	2	3	4	5	6	7	8	9	10	11	12	13	14	15	16	17	18	19	20	21	22	23	24	25	26	27	28	29	30	
요일	日	月	火	水	木	金	土	日	月	火	水	木	金	土	日	月	火	水	木	金	土	日	月	火	水	木	金	土	日	月	
음력	3/7	8	9	10	11	12	13	14	15	16	17	18	19	20	21	22	23	24	25	26	27	28	29	4/1	2	3	4	5	6	7	
일진	乙卯	丙辰	丁巳	戊午	己未	庚申	辛酉	壬戌	癸亥	甲子	乙丑	丙寅	丁卯	戊辰	己巳	庚午	辛未	壬申	癸酉	甲戌	乙亥	丙子	丁丑	戊寅	己卯	庚辰	辛巳	壬午	癸未	甲申	
대운 남	9	9	10	청	1	1	1	1	2	2	2	3	3	3	4	4	4	5	곡	5	6	6	6	7	7	7	8	8	8	9	
대운 여	1	1	1	명	10	10	9	9	9	8	8	8	7	7	7	6	6	6	우	5	5	4	4	4	3	3	3	2	2	2	

양력 5월 입하절(辛巳月) 立夏 5월5일 3시12분 小滿 5월20일 15시58분

양력	1	2	3	4	5	6	7	8	9	10	11	12	13	14	15	16	17	18	19	20	21	22	23	24	25	26	27	28	29	30	31
요일	火	水	木	金	土	日	月	火	水	木	金	土	日	月	火	水	木	金	土	日	月	火	水	木	金	土	日	月	火	水	木
음력	4/8	9	10	11	12	13	14	15	16	17	18	19	20	21	22	23	24	25	26	27	28	29	5/1	2	3	4	5	6	7	8	9
일진	乙酉	丙戌	丁亥	戊子	己丑	庚寅	辛卯	壬辰	癸巳	甲午	乙未	丙申	丁酉	戊戌	己亥	庚子	辛丑	壬寅	癸卯	甲辰	乙巳	丙午	丁未	戊申	己酉	庚戌	辛亥	壬子	癸丑	甲寅	乙卯
대운 남	9	9	10	10	입	1	1	1	1	2	2	2	3	3	3	4	4	4	5	소	5	6	6	6	7	7	7	8	8	8	9
대운 여	1	1	1	1	하	10	10	9	9	9	8	8	8	7	7	7	6	6	6	만	5	5	4	4	4	3	3	3	2	2	2

양력 6월 망종절(壬午月) 芒種 6월5일 6시53분 夏至 6월20일 23시31분

양력	1	2	3	4	5	6	7	8	9	10	11	12	13	14	15	16	17	18	19	20	21	22	23	24	25	26	27	28	29	30	
요일	金	土	日	月	火	水	木	金	土	日	月	火	水	木	金	土	日	月	火	水	木	金	土	日	月	火	水	木	金	土	
음력	5/10	11	12	13	14	15	16	17	18	19	20	21	22	23	24	25	26	27	28	29	30	윤1	2	3	4	5	6	7	8	9	
일진	丙辰	丁巳	戊午	己未	庚申	辛酉	壬戌	癸亥	甲子	乙丑	丙寅	丁卯	戊辰	己巳	庚午	辛未	壬申	癸酉	甲戌	乙亥	丙子	丁丑	戊寅	己卯	庚辰	辛巳	壬午	癸未	甲申	乙酉	
대운 남	9	9	10	10	망	1	1	1	1	2	2	2	3	3	3	4	4	4	5	하	5	6	6	6	7	7	7	8	8	8	
대운 여	1	1	1	1	종	10	10	9	9	9	8	8	8	7	7	7	6	6	6	지	5	5	4	4	4	3	3	3	2	2	

▶윤달-5월

乙巳年

양력 7월 소서절(癸未月) 小暑 7월6일 16시55분 大暑 7월22일 10시18분

양력		1	2	3	4	5	6	7	8	9	10	11	12	13	14	15	16	17	18	19	20	21	22	23	24	25	26	27	28	29	30	31
요일		日	月	火	水	木	金	土	日	月	火	水	木	金	土	日	月	火	水	木	金	土	日	月	火	水	木	金	土	日	月	火
음력		윤10	11	12	13	14	15	16	17	18	19	20	21	22	23	24	25	26	27	28	29	30	6/1	2	3	4	5	6	7	8	9	10
일진		丙戌	丁亥	戊子	己丑	庚寅	辛卯	壬辰	癸巳	甲午	乙未	丙申	丁酉	戊戌	己亥	庚子	辛丑	壬寅	癸卯	甲辰	乙巳	丙午	丁未	戊申	己酉	庚戌	辛亥	壬子	癸丑	甲寅	乙卯	丙辰
대운	남	9	9	9	10	10	소	1	1	1	1	2	2	2	3	3	3	4	4	4	5	5	대	6	6	6	7	7	7	8	8	8
	여	2	1	1	1	1	서	10	10	10	9	9	9	8	8	8	7	7	7	6	6	6	서	5	5	4	4	4	3	3	3	2

양력 8월 입추절(甲申月) 立秋 8월7일 2시48분 處暑 8월22일 17시35분

양력		1	2	3	4	5	6	7	8	9	10	11	12	13	14	15	16	17	18	19	20	21	22	23	24	25	26	27	28	29	30	31
요일		水	木	金	土	日	月	火	水	木	金	土	日	月	火	水	木	金	土	日	月	火	水	木	金	土	日	月	火	水	木	金
음력		6/11	12	13	14	15	16	17	18	19	20	21	22	23	24	25	26	27	28	29	7/1	2	3	4	5	6	7	8	9	10	11	12
일진		丁巳	戊午	己未	庚申	辛酉	壬戌	癸亥	甲子	乙丑	丙寅	丁卯	戊辰	己巳	庚午	辛未	壬申	癸酉	甲戌	乙亥	丙子	丁丑	戊寅	己卯	庚辰	辛巳	壬午	癸未	甲申	乙酉	丙戌	丁亥
대운	남	9	9	9	10	10	10	입	1	1	1	1	2	2	2	3	3	3	4	4	4	5	처	5	6	6	6	7	7	7	8	8
	여	2	2	1	1	1	1	추	10	10	9	9	9	8	8	8	7	7	7	6	6	6	서	5	5	4	4	4	3	3	3	2

양력 9월 백로절(乙酉月) 白露 9월7일 6시6분 秋分 9월22일 15시42분

양력		1	2	3	4	5	6	7	8	9	10	11	12	13	14	15	16	17	18	19	20	21	22	23	24	25	26	27	28	29	30	
요일		土	日	月	火	水	木	金	土	日	月	火	水	木	金	土	日	月	火	水	木	金	土	日	月	火	水	木	金	土	日	
음력		7/13	14	15	16	17	18	19	20	21	22	23	24	25	26	27	28	29	30	8/1	2	3	4	5	6	7	8	9	10	11	12	
일진		戊子	己丑	庚寅	辛卯	壬辰	癸巳	甲午	乙未	丙申	丁酉	戊戌	己亥	庚子	辛丑	壬寅	癸卯	甲辰	乙巳	丙午	丁未	戊申	己酉	庚戌	辛亥	壬子	癸丑	甲寅	乙卯	丙辰	丁巳	
대운	남	8	9	9	9	10	10	백	1	1	1	1	2	2	2	3	3	3	4	4	4	5	추	5	6	6	6	7	7	7	8	
	여	2	2	1	1	1	1	로	10	9	9	9	8	8	8	7	7	7	6	6	6	5	분	5	4	4	4	3	3	3	2	

양력 10월 한로절(丙戌月) 寒露 10월7일 22시19분 霜降 10월23일 1시39분

양력		1	2	3	4	5	6	7	8	9	10	11	12	13	14	15	16	17	18	19	20	21	22	23	24	25	26	27	28	29	30	31
요일		月	火	水	木	金	土	日	月	火	水	木	金	土	日	月	火	水	木	金	土	日	月	火	水	木	金	土	日	月	火	水
음력		8/13	14	15	16	17	18	19	20	21	22	23	24	25	26	27	28	29	30	9/1	2	3	4	5	6	7	8	9	10	11	12	13
일진		戊午	己未	庚申	辛酉	壬戌	癸亥	甲子	乙丑	丙寅	丁卯	戊辰	己巳	庚午	辛未	壬申	癸酉	甲戌	乙亥	丙子	丁丑	戊寅	己卯	庚辰	辛巳	壬午	癸未	甲申	乙酉	丙戌	丁亥	戊子
대운	남	8	8	9	9	9	10	한	1	1	1	1	2	2	2	3	3	3	4	4	4	5	5	상	6	6	6	7	7	7	8	8
	여	2	2	1	1	1	1	로	10	10	9	9	9	8	8	8	7	7	7	6	6	6	5	강	5	4	4	4	3	3	3	2

양력 11월 입동절(丁亥月) 立冬 11월7일 2시6분 小雪 11월21일 23시46분

양력		1	2	3	4	5	6	7	8	9	10	11	12	13	14	15	16	17	18	19	20	21	22	23	24	25	26	27	28	29	30	
요일		木	金	土	日	月	火	水	木	金	土	日	月	火	水	木	金	土	日	月	火	水	木	金	土	日	月	火	水	木	金	
음력		9/14	15	16	17	18	19	20	21	22	23	24	25	26	27	28	29	10/1	2	3	4	5	6	7	8	9	10	11	12	13	14	
일진		己丑	庚寅	辛卯	壬辰	癸巳	甲午	乙未	丙申	丁酉	戊戌	己亥	庚子	辛丑	壬寅	癸卯	甲辰	乙巳	丙午	丁未	戊申	己酉	庚戌	辛亥	壬子	癸丑	甲寅	乙卯	丙辰	丁巳	戊午	
대운	남	8	9	9	9	10	10	입	1	1	1	1	2	2	2	3	3	3	4	4	4	소	5	5	6	6	6	7	7	7	8	
	여	2	2	1	1	1	1	동	9	9	9	8	8	8	7	7	7	6	6	6	5	설	5	4	4	4	3	3	3	2	2	

양력 12월 대설절(戊子月) 大雪 12월6일 19시26분 冬至 12월21일 13시27분

양력		1	2	3	4	5	6	7	8	9	10	11	12	13	14	15	16	17	18	19	20	21	22	23	24	25	26	27	28	29	30	31
요일		土	日	月	火	水	木	金	土	日	月	火	水	木	金	土	日	月	火	水	木	金	土	日	月	火	水	木	金	土	日	月
음력		10/15	16	17	18	19	20	21	22	23	24	25	26	27	28	29	30	11/1	2	3	4	5	6	7	8	9	10	11	12	13	14	15
일진		己未	庚申	辛酉	壬戌	癸亥	甲子	乙丑	丙寅	丁卯	戊辰	己巳	庚午	辛未	壬申	癸酉	甲戌	乙亥	丙子	丁丑	戊寅	己卯	庚辰	辛巳	壬午	癸未	甲申	乙酉	丙戌	丁亥	戊子	己丑
대운	남	8	8	9	9	9	대	1	1	1	1	2	2	2	3	3	3	4	4	4	5	동	5	6	6	6	7	7	7	8	8	8
	여	2	1	1	1	1	설	10	9	9	9	8	8	8	7	7	7	6	6	6	5	지	5	4	4	4	3	3	3	2	2	2

서기 2086년 [단기 4419년]

양력 1월 소한절(己丑月) 小寒 1월5일 6시52분 大寒 1월20일 0시10분

양력	1	2	3	4	5	6	7	8	9	10	11	12	13	14	15	16	17	18	19	20	21	22	23	24	25	26	27	28	29	30	31
요일	火	水	木	金	土	日	月	火	水	木	金	土	日	月	火	水	木	金	土	日	月	火	水	木	金	土	日	月	火	水	木
음력	11/16	17	18	19	20	21	22	23	24	25	26	27	28	29	12/1	2	3	4	5	6	7	8	9	10	11	12	13	14	15	16	17
일진	庚寅	辛卯	壬辰	癸巳	甲午	乙未	丙申	丁酉	戊戌	己亥	庚子	辛丑	壬寅	癸卯	甲辰	乙巳	丙午	丁未	戊申	己酉	庚戌	辛亥	壬子	癸丑	甲寅	乙卯	丙辰	丁巳	戊午	己未	庚申
대운 남	9	9	9	10	소한	1	1	1	1	2	2	2	3	3	3	4	4	4	5	대한	5	6	6	6	7	7	7	8	8	8	9
대운 여	1	1	1	1		9	9	9	8	8	8	7	7	7	6	6	6	5	5		4	4	4	3	3	3	2	2	2	1	1

양력 2월 입춘절(庚寅月) 立春 2월3일 18시25분 雨水 2월18일 14시4분

양력	1	2	3	4	5	6	7	8	9	10	11	12	13	14	15	16	17	18	19	20	21	22	23	24	25	26	27	28
요일	金	土	日	月	火	水	木	金	土	日	月	火	水	木	金	土	日	月	火	水	木	金	土	日	月	火	水	木
음력	12/18	19	20	21	22	23	24	25	26	27	28	29	30	1/1	2	3	4	5	6	7	8	9	10	11	12	13	14	15
일진	辛酉	壬戌	癸亥	甲子	乙丑	丙寅	丁卯	戊辰	己巳	庚午	辛未	壬申	癸酉	甲戌	乙亥	丙子	丁丑	戊寅	己卯	庚辰	辛巳	壬午	癸未	甲申	乙酉	丙戌	丁亥	戊子
대운 남	9	9	입춘	10	9	9	9	8	8	8	7	7	7	6	6	6	5	우수	5	4	4	4	3	3	3	2	2	2
대운 여	1	1		1	1	1	1	2	2	2	3	3	3	4	4	4	5		5	6	6	6	7	7	7	8	8	8

양력 3월 경칩절(辛卯月) 驚蟄 3월5일 12시2분 春分 3월20일 12시34분

양력	1	2	3	4	5	6	7	8	9	10	11	12	13	14	15	16	17	18	19	20	21	22	23	24	25	26	27	28	29	30	31
요일	金	土	日	月	火	水	木	金	土	日	月	火	水	木	金	土	日	月	火	水	木	金	土	日	月	火	水	木	金	土	日
음력	1/16	17	18	19	20	21	22	23	24	25	26	27	28	29	2/1	2	3	4	5	6	7	8	9	10	11	12	13	14	15	16	17
일진	己丑	庚寅	辛卯	壬辰	癸巳	甲午	乙未	丙申	丁酉	戊戌	己亥	庚子	辛丑	壬寅	癸卯	甲辰	乙巳	丙午	丁未	戊申	己酉	庚戌	辛亥	壬子	癸丑	甲寅	乙卯	丙辰	丁巳	戊午	己未
대운 남	1	1	1	1	경칩	10	9	9	9	8	8	8	7	7	7	6	6	6	5	춘분	5	4	4	4	3	3	3	2	2	2	1
대운 여	9	9	9	10		1	1	1	1	2	2	2	3	3	3	4	4	4	5		5	6	6	6	7	7	7	8	8	8	9

양력 4월 청명절(壬辰月) 清明 4월4일 16시16분 穀雨 4월19일 22시59분

양력	1	2	3	4	5	6	7	8	9	10	11	12	13	14	15	16	17	18	19	20	21	22	23	24	25	26	27	28	29	30
요일	月	火	水	木	金	土	日	月	火	水	木	金	土	日	月	火	水	木	金	土	日	月	火	水	木	金	土	日	月	火
음력	2/18	19	20	21	22	23	24	25	26	27	28	29	30	3/1	2	3	4	5	6	7	8	9	10	11	12	13	14	15	16	17
일진	庚申	辛酉	壬戌	癸亥	甲子	乙丑	丙寅	丁卯	戊辰	己巳	庚午	辛未	壬申	癸酉	甲戌	乙亥	丙子	丁丑	戊寅	己卯	庚辰	辛巳	壬午	癸未	甲申	乙酉	丙戌	丁亥	戊子	己丑
대운 남	1	1	1	청명	10	10	9	9	9	8	8	8	7	7	7	6	6	6	곡우	5	5	4	4	4	3	3	3	2	2	2
대운 여	9	9	10		1	1	1	1	2	2	2	3	3	3	4	4	4	5		5	6	6	6	7	7	7	8	8	8	9

양력 5월 입하절(癸巳月) 立夏 5월5일 8시57분 小滿 5월20일 21시33분

양력	1	2	3	4	5	6	7	8	9	10	11	12	13	14	15	16	17	18	19	20	21	22	23	24	25	26	27	28	29	30	31
요일	水	木	金	土	日	月	火	水	木	金	土	日	月	火	水	木	金	土	日	月	火	水	木	金	土	日	月	火	水	木	金
음력	3/18	19	20	21	22	23	24	25	26	27	28	29	4/1	2	3	4	5	6	7	8	9	10	11	12	13	14	15	16	17	18	19
일진	庚寅	辛卯	壬辰	癸巳	甲午	乙未	丙申	丁酉	戊戌	己亥	庚子	辛丑	壬寅	癸卯	甲辰	乙巳	丙午	丁未	戊申	己酉	庚戌	辛亥	壬子	癸丑	甲寅	乙卯	丙辰	丁巳	戊午	己未	庚申
대운 남	1	1	1	1	입하	10	10	9	9	9	8	8	8	7	7	7	6	6	6	소만	5	5	4	4	4	3	3	3	2	2	2
대운 여	9	9	10	10		1	1	1	1	2	2	2	3	3	3	4	4	4	5		5	6	6	6	7	7	7	8	8	8	9

양력 6월 망종절(甲午月) 芒種 6월5일 12시37분 夏至 6월21일 5시8분

양력	1	2	3	4	5	6	7	8	9	10	11	12	13	14	15	16	17	18	19	20	21	22	23	24	25	26	27	28	29	30
요일	土	日	月	火	水	木	金	土	日	月	火	水	木	金	土	日	月	火	水	木	金	土	日	月	火	水	木	金	土	日
음력	4/20	21	22	23	24	25	26	27	28	29	5/1	2	3	4	5	6	7	8	9	10	11	12	13	14	15	16	17	18	19	20
일진	辛酉	壬戌	癸亥	甲子	乙丑	丙寅	丁卯	戊辰	己巳	庚午	辛未	壬申	癸酉	甲戌	乙亥	丙子	丁丑	戊寅	己卯	庚辰	辛巳	壬午	癸未	甲申	乙酉	丙戌	丁亥	戊子	己丑	庚寅
대운 남	1	1	1	1	망종	10	10	9	9	9	8	8	8	7	7	7	6	6	6	5	하지	5	4	4	4	3	3	3	2	2
대운 여	9	9	10	10		1	1	1	1	2	2	2	3	3	3	4	4	4	5	5		6	6	6	7	7	7	8	8	8

丙午年

양력 7월 소서절(乙未月) 小暑 7월6일 22시39분 大暑 7월22일 15시58분

양력	1	2	3	4	5	6	7	8	9	10	11	12	13	14	15	16	17	18	19	20	21	22	23	24	25	26	27	28	29	30	31
요일	月	火	水	木	金	土	日	月	火	水	木	金	土	日	月	火	水	木	金	土	日	月	火	水	木	金	土	日	月	火	水
음력	5/21	22	23	24	25	26	27	28	29	30	6/1	2	3	4	5	6	7	8	9	10	11	12	13	14	15	16	17	18	19	20	21
일진	辛卯	壬辰	癸巳	甲午	乙未	丙申	丁酉	戊戌	己亥	庚子	辛丑	壬寅	癸卯	甲辰	乙巳	丙午	丁未	戊申	己酉	庚戌	辛亥	壬子	癸丑	甲寅	乙卯	丙辰	丁巳	戊午	己未	庚申	辛酉
대운 남	2	1	1	1	1	소	10	10	10	9	9	9	8	8	8	7	7	7	6	6	6	대	5	5	4	4	4	3	3	3	2
대운 여	9	9	9	10	10	서	1	1	1	1	2	2	2	3	3	3	4	4	4	5	5	서	6	6	6	7	7	7	8	8	8

양력 8월 입추절(丙申月) 立秋 8월7일 8시32분 處暑 8월22일 23시19분

양력	1	2	3	4	5	6	7	8	9	10	11	12	13	14	15	16	17	18	19	20	21	22	23	24	25	26	27	28	29	30	31
요일	木	金	土	日	月	火	水	木	金	土	日	月	火	水	木	金	土	日	月	火	水	木	金	土	日	月	火	水	木	金	土
음력	6/22	23	24	25	26	27	28	29	7/1	2	3	4	5	6	7	8	9	10	11	12	13	14	15	16	17	18	19	20	21	22	23
일진	壬戌	癸亥	甲子	乙丑	丙寅	丁卯	戊辰	己巳	庚午	辛未	壬申	癸酉	甲戌	乙亥	丙子	丁丑	戊寅	己卯	庚辰	辛巳	壬午	癸未	甲申	乙酉	丙戌	丁亥	戊子	己丑	庚寅	辛卯	壬辰
대운 남	2	2	1	1	1	1	입	10	10	9	9	9	8	8	8	7	7	7	6	6	6	5	처	5	4	4	4	3	3	3	2
대운 여	9	9	9	10	10	10	추	1	1	1	1	2	2	2	3	3	3	4	4	4	5	5	서	6	6	6	7	7	7	8	8

양력 9월 백로절(丁酉月) 白露 9월7일 11시51분 秋分 9월22일 21시31분

양력	1	2	3	4	5	6	7	8	9	10	11	12	13	14	15	16	17	18	19	20	21	22	23	24	25	26	27	28	29	30	
요일	日	月	火	水	木	金	土	日	月	火	水	木	金	土	日	月	火	水	木	金	土	日	月	火	水	木	金	土	日	月	
음력	7/24	25	26	27	28	29	30	8/1	2	3	4	5	6	7	8	9	10	11	12	13	14	15	16	17	18	19	20	21	22	23	
일진	癸巳	甲午	乙未	丙申	丁酉	戊戌	己亥	庚子	辛丑	壬寅	癸卯	甲辰	乙巳	丙午	丁未	戊申	己酉	庚戌	辛亥	壬子	癸丑	甲寅	乙卯	丙辰	丁巳	戊午	己未	庚申	辛酉	壬戌	
대운 남	2	2	1	1	1	1	백	10	10	9	9	9	8	8	8	7	7	7	6	6	6	추	5	5	4	4	4	3	3	3	
대운 여	8	9	9	9	10	10	로	1	1	1	1	2	2	2	3	3	3	4	4	4	5	분	5	6	6	6	7	7	7	8	

양력 10월 한로절(戊戌月) 寒露 10월8일 4시6분 霜降 10월23일 7시31분

양력	1	2	3	4	5	6	7	8	9	10	11	12	13	14	15	16	17	18	19	20	21	22	23	24	25	26	27	28	29	30	31
요일	火	水	木	金	土	日	月	火	水	木	金	土	日	月	火	水	木	金	土	日	月	火	水	木	金	土	日	月	火	水	木
음력	8/24	25	26	27	28	29	30	9/1	2	3	4	5	6	7	8	9	10	11	12	13	14	15	16	17	18	19	20	21	22	23	24
일진	癸亥	甲子	乙丑	丙寅	丁卯	戊辰	己巳	庚午	辛未	壬申	癸酉	甲戌	乙亥	丙子	丁丑	戊寅	己卯	庚辰	辛巳	壬午	癸未	甲申	乙酉	丙戌	丁亥	戊子	己丑	庚寅	辛卯	壬辰	癸巳
대운 남	2	2	2	1	1	1	1	한	10	9	9	9	8	8	8	7	7	7	6	6	6	5	상	5	4	4	4	3	3	3	2
대운 여	8	8	9	9	9	10	10	로	1	1	1	1	2	2	2	3	3	3	4	4	4	5	강	5	6	6	6	7	7	7	8

양력 11월 입동절(己亥月) 立冬 11월7일 7시54분 小雪 11월22일 5시39분

양력	1	2	3	4	5	6	7	8	9	10	11	12	13	14	15	16	17	18	19	20	21	22	23	24	25	26	27	28	29	30	
요일	金	土	日	月	火	水	木	金	土	日	月	火	水	木	金	土	日	月	火	水	木	金	土	日	月	火	水	木	金	土	
음력	9/25	26	27	28	29	10/1	2	3	4	5	6	7	8	9	10	11	12	13	14	15	16	17	18	19	20	21	22	23	24	25	
일진	甲午	乙未	丙申	丁酉	戊戌	己亥	庚子	辛丑	壬寅	癸卯	甲辰	乙巳	丙午	丁未	戊申	己酉	庚戌	辛亥	壬子	癸丑	甲寅	乙卯	丙辰	丁巳	戊午	己未	庚申	辛酉	壬戌	癸亥	
대운 남	2	2	1	1	1	1	입	10	9	9	9	8	8	8	7	7	7	6	6	6	5	소	5	4	4	4	3	3	3	2	
대운 여	8	8	9	9	9	10	동	1	1	1	1	2	2	2	3	3	3	4	4	4	5	설	5	6	6	6	7	7	7	8	

양력 12월 대설절(庚子月) 大雪 12월7일 1시14분 冬至 12월21일 19시21분

양력	1	2	3	4	5	6	7	8	9	10	11	12	13	14	15	16	17	18	19	20	21	22	23	24	25	26	27	28	29	30	31
요일	日	月	火	水	木	金	土	日	月	火	水	木	金	土	日	月	火	水	木	金	土	日	月	火	水	木	金	土	日	月	火
음력	10/26	27	28	29	30	11/1	2	3	4	5	6	7	8	9	10	11	12	13	14	15	16	17	18	19	20	21	22	23	24	25	26
일진	甲子	乙丑	丙寅	丁卯	戊辰	己巳	庚午	辛未	壬申	癸酉	甲戌	乙亥	丙子	丁丑	戊寅	己卯	庚辰	辛巳	壬午	癸未	甲申	乙酉	丙戌	丁亥	戊子	己丑	庚寅	辛卯	壬辰	癸巳	甲午
대운 남	2	2	1	1	1	1	대	9	9	9	8	8	8	7	7	7	6	6	6	5	동	5	4	4	4	3	3	3	2	2	2
대운 여	8	8	9	9	9	10	설	1	1	1	1	2	2	2	3	3	3	4	4	4	지	5	5	6	6	6	7	7	7	8	8

서기 2087년 [단기 4420년]

양력 1월　소한절(辛丑月)　小寒 1월5일 12시41분　大寒 1월20일 6시4분

양력	1	2	3	4	5	6	7	8	9	10	11	12	13	14	15	16	17	18	19	20	21	22	23	24	25	26	27	28	29	30	31
요일	水	木	金	土	日	月	火	水	木	金	土	日	月	火	水	木	金	土	日	月	火	水	木	金	土	日	月	火	水	木	金
음력	11/27	28	29	30	12/1	2	3	4	5	6	7	8	9	10	11	12	13	14	15	16	17	18	19	20	21	22	23	24	25	26	27
일진	乙未	丙申	丁酉	戊戌	己亥	庚子	辛丑	壬寅	癸卯	甲辰	乙巳	丙午	丁未	戊申	己酉	庚戌	辛亥	壬子	癸丑	甲寅	乙卯	丙辰	丁巳	戊午	己未	庚申	辛酉	壬戌	癸亥	甲子	乙丑
대운 남	1	1	1	1	소한	10	9	9	9	8	8	8	7	7	7	6	6	6	5	대한	5	4	4	4	3	3	3	2	2	2	1
대운 여	8	9	9	9		1	1	1	1	2	2	2	3	3	3	4	4	4	5		5	6	6	6	7	7	7	8	8	8	9

양력 2월　입춘절(壬寅月)　立春 2월4일 0시14분　雨水 2월18일 19시57분

양력	1	2	3	4	5	6	7	8	9	10	11	12	13	14	15	16	17	18	19	20	21	22	23	24	25	26	27	28
요일	土	日	月	火	水	木	金	土	日	月	火	水	木	金	土	日	月	火	水	木	金	土	日	月	火	水	木	金
음력	12/28	29	1/1	2	3	4	5	6	7	8	9	10	11	12	13	14	15	16	17	18	19	20	21	22	23	24	25	26
일진	丙寅	丁卯	戊辰	己巳	庚午	辛未	壬申	癸酉	甲戌	乙亥	丙子	丁丑	戊寅	己卯	庚辰	辛巳	壬午	癸未	甲申	乙酉	丙戌	丁亥	戊子	己丑	庚寅	辛卯	壬辰	癸巳
대운 남	1	1	1	입춘	1	1	1	1	2	2	2	3	3	3	4	4	4	우수	5	5	6	6	6	7	7	7	8	8
대운 여	9	9	10		9	9	9	8	8	8	7	7	7	6	6	6	5		5	4	4	4	3	3	3	2	2	2

양력 3월　경칩절(癸卯月)　驚蟄 3월5일 17시51분　春分 3월20일 18시27분

양력	1	2	3	4	5	6	7	8	9	10	11	12	13	14	15	16	17	18	19	20	21	22	23	24	25	26	27	28	29	30	31
요일	土	日	月	火	水	木	金	土	日	月	火	水	木	金	土	日	月	火	水	木	金	土	日	月	火	水	木	金	土	日	月
음력	1/27	28	29	30	2/1	2	3	4	5	6	7	8	9	10	11	12	13	14	15	16	17	18	19	20	21	22	23	24	25	26	27
일진	甲午	乙未	丙申	丁酉	戊戌	己亥	庚子	辛丑	壬寅	癸卯	甲辰	乙巳	丙午	丁未	戊申	己酉	庚戌	辛亥	壬子	癸丑	甲寅	乙卯	丙辰	丁巳	戊午	己未	庚申	辛酉	壬戌	癸亥	甲子
대운 남	8	9	9	9	경칩	1	1	1	1	2	2	2	3	3	3	4	4	4	5	춘분	5	6	6	6	7	7	7	8	8	8	9
대운 여	1	1	1	1		10	9	9	9	8	8	8	7	7	7	6	6	6	5		5	4	4	4	3	3	3	2	2	2	1

양력 4월　청명절(甲辰月)　清明 4월4일 22시3분　穀雨 4월20일 4시52분

양력	1	2	3	4	5	6	7	8	9	10	11	12	13	14	15	16	17	18	19	20	21	22	23	24	25	26	27	28	29	30
요일	火	水	木	金	土	日	月	火	水	木	金	土	日	月	火	水	木	金	土	日	月	火	水	木	金	土	日	月	火	水
음력	2/28	29	3/1	2	3	4	5	6	7	8	9	10	11	12	13	14	15	16	17	18	19	20	21	22	23	24	25	26	27	28
일진	乙丑	丙寅	丁卯	戊辰	己巳	庚午	辛未	壬申	癸酉	甲戌	乙亥	丙子	丁丑	戊寅	己卯	庚辰	辛巳	壬午	癸未	甲申	乙酉	丙戌	丁亥	戊子	己丑	庚寅	辛卯	壬辰	癸巳	甲午
대운 남	9	9	10	청명	1	1	1	1	2	2	2	3	3	3	4	4	4	5	5	곡우	6	6	6	7	7	7	8	8	8	9
대운 여	1	1	1		10	10	9	9	9	8	8	8	7	7	7	6	6	6	5		5	4	4	4	3	3	3	2	2	2

양력 5월　입하절(乙巳月)　立夏 5월5일 14시43분　小滿 5월21일 3시28분

양력	1	2	3	4	5	6	7	8	9	10	11	12	13	14	15	16	17	18	19	20	21	22	23	24	25	26	27	28	29	30	31
요일	木	金	土	日	月	火	水	木	金	土	日	月	火	水	木	金	土	日	月	火	水	木	金	土	日	月	火	水	木	金	土
음력	3/29	30	4/1	2	3	4	5	6	7	8	9	10	11	12	13	14	15	16	17	18	19	20	21	22	23	24	25	26	27	28	29
일진	乙未	丙申	丁酉	戊戌	己亥	庚子	辛丑	壬寅	癸卯	甲辰	乙巳	丙午	丁未	戊申	己酉	庚戌	辛亥	壬子	癸丑	甲寅	乙卯	丙辰	丁巳	戊午	己未	庚申	辛酉	壬戌	癸亥	甲子	乙丑
대운 남	9	9	10	10	입하	1	1	1	1	2	2	2	3	3	3	4	4	4	5	5	소만	6	6	6	7	7	7	8	8	8	9
대운 여	1	1	1	1		10	10	9	9	9	8	8	8	7	7	7	6	6	6	5		5	4	4	4	3	3	3	2	2	2

양력 6월　망종절(丙午月)　芒種 6월5일 18시23분　夏至 6월21일 11시5분

양력	1	2	3	4	5	6	7	8	9	10	11	12	13	14	15	16	17	18	19	20	21	22	23	24	25	26	27	28	29	30
요일	日	月	火	水	木	金	土	日	月	火	水	木	金	土	日	月	火	水	木	金	土	日	月	火	水	木	金	土	日	月
음력	5/1	2	3	4	5	6	7	8	9	10	11	12	13	14	15	16	17	18	19	20	21	22	23	24	25	26	27	28	29	6/1
일진	丙寅	丁卯	戊辰	己巳	庚午	辛未	壬申	癸酉	甲戌	乙亥	丙子	丁丑	戊寅	己卯	庚辰	辛巳	壬午	癸未	甲申	乙酉	丙戌	丁亥	戊子	己丑	庚寅	辛卯	壬辰	癸巳	甲午	乙未
대운 남	9	9	10	10	망종	1	1	1	1	2	2	2	3	3	3	4	4	4	5	5	하지	6	6	6	7	7	7	8	8	8
대운 여	1	1	1	1		10	10	10	9	9	9	8	8	8	7	7	7	6	6	6		5	5	4	4	4	3	3	3	2

丁未年

양력 7월 소서절(丁未月) 小暑 7월7일 4시27분 大暑 7월22일 21시57분

양력	1	2	3	4	5	6	7	8	9	10	11	12	13	14	15	16	17	18	19	20	21	22	23	24	25	26	27	28	29	30	31
요일	火	水	木	金	土	日	月	火	水	木	金	土	日	月	火	水	木	金	土	日	月	火	水	木	金	土	日	月	火	水	木
음력	6/2	3	4	5	6	7	8	9	10	11	12	13	14	15	16	17	18	19	20	21	22	23	24	25	26	27	28	29	30	7/1	2
일진	丙申	丁酉	戊戌	己亥	庚子	辛丑	壬寅	癸卯	甲辰	乙巳	丙午	丁未	戊申	己酉	庚戌	辛亥	壬子	癸丑	甲寅	乙卯	丙辰	丁巳	戊午	己未	庚申	辛酉	壬戌	癸亥	甲子	乙丑	丙寅
대운 남	9	9	9	10	10	10	소서	1	1	1	1	2	2	2	3	3	3	4	4	4	5	대서	5	6	6	6	7	7	7	8	8
대운 여	2	2	1	1	1	1	소서	10	10	9	9	9	8	8	8	7	7	7	6	6	6	대서	5	5	4	4	4	3	3	3	2

양력 8월 입추절(戊申月) 立秋 8월7일 14시23분 處暑 8월23일 5시18분

양력	1	2	3	4	5	6	7	8	9	10	11	12	13	14	15	16	17	18	19	20	21	22	23	24	25	26	27	28	29	30	31
요일	金	土	日	月	火	水	木	金	土	日	月	火	水	木	金	土	日	月	火	水	木	金	土	日	月	火	水	木	金	土	日
음력	7/3	4	5	6	7	8	9	10	11	12	13	14	15	16	17	18	19	20	21	22	23	24	25	26	27	28	29	8/1	2	3	4
일진	丁卯	戊辰	己巳	庚午	辛未	壬申	癸酉	甲戌	乙亥	丙子	丁丑	戊寅	己卯	庚辰	辛巳	壬午	癸未	甲申	乙酉	丙戌	丁亥	戊子	己丑	庚寅	辛卯	壬辰	癸巳	甲午	乙未	丙申	丁酉
대운 남	8	9	9	9	10	10	입추	1	1	1	1	2	2	2	3	3	3	4	4	4	5	5	처서	6	6	6	7	7	7	8	8
대운 여	2	2	1	1	1	1	입추	10	10	9	9	9	8	8	8	7	7	7	6	6	6	5	처서	5	4	4	4	3	3	3	2

양력 9월 백로절(己酉月) 白露 9월7일 17시43분 秋分 9월23일 3시27분

양력	1	2	3	4	5	6	7	8	9	10	11	12	13	14	15	16	17	18	19	20	21	22	23	24	25	26	27	28	29	30
요일	月	火	水	木	金	土	日	月	火	水	木	金	土	日	月	火	水	木	金	土	日	月	火	水	木	金	土	日	月	火
음력	8/5	6	7	8	9	10	11	12	13	14	15	16	17	18	19	20	21	22	23	24	25	26	27	28	29	30	9/1	2	3	4
일진	戊戌	己亥	庚子	辛丑	壬寅	癸卯	甲辰	乙巳	丙午	丁未	戊申	己酉	庚戌	辛亥	壬子	癸丑	甲寅	乙卯	丙辰	丁巳	戊午	己未	庚申	辛酉	壬戌	癸亥	甲子	乙丑	丙寅	丁卯
대운 남	8	9	9	9	10	10	백로	1	1	1	1	2	2	2	3	3	3	4	4	4	5	5	추분	6	6	6	7	7	7	8
대운 여	2	2	1	1	1	1	백로	10	10	9	9	9	8	8	8	7	7	7	6	6	6	5	추분	5	4	4	4	3	3	3

양력 10월 한로절(庚戌月) 寒露 10월8일 9시56분 霜降 10월23일 13시23분

양력	1	2	3	4	5	6	7	8	9	10	11	12	13	14	15	16	17	18	19	20	21	22	23	24	25	26	27	28	29	30	31
요일	水	木	金	土	日	月	火	水	木	金	土	日	月	火	水	木	金	土	日	月	火	水	木	金	土	日	月	火	水	木	金
음력	9/5	6	7	8	9	10	11	12	13	14	15	16	17	18	19	20	21	22	23	24	25	26	27	28	29	10/1	2	3	4	5	6
일진	戊辰	己巳	庚午	辛未	壬申	癸酉	甲戌	乙亥	丙子	丁丑	戊寅	己卯	庚辰	辛巳	壬午	癸未	甲申	乙酉	丙戌	丁亥	戊子	己丑	庚寅	辛卯	壬辰	癸巳	甲午	乙未	丙申	丁酉	戊戌
대운 남	8	8	9	9	9	10	10	한로	1	1	1	1	2	2	2	3	3	3	4	4	4	5	상강	5	6	6	6	7	7	7	8
대운 여	2	2	2	1	1	1	1	한로	10	9	9	9	8	8	8	7	7	7	6	6	6	5	상강	5	4	4	4	3	3	3	2

양력 11월 입동절(辛亥月) 立冬 11월7일 13시42분 小雪 11월22일 11시28분

양력	1	2	3	4	5	6	7	8	9	10	11	12	13	14	15	16	17	18	19	20	21	22	23	24	25	26	27	28	29	30
요일	土	日	月	火	水	木	金	土	日	月	火	水	木	金	土	日	月	火	水	木	金	土	日	月	火	水	木	金	土	日
음력	10/7	8	9	10	11	12	13	14	15	16	17	18	19	20	21	22	23	24	25	26	27	28	29	30	11/1	2	3	4	5	6
일진	己亥	庚子	辛丑	壬寅	癸卯	甲辰	乙巳	丙午	丁未	戊申	己酉	庚戌	辛亥	壬子	癸丑	甲寅	乙卯	丙辰	丁巳	戊午	己未	庚申	辛酉	壬戌	癸亥	甲子	乙丑	丙寅	丁卯	戊辰
대운 남	8	8	9	9	9	10	입동	1	1	1	1	2	2	2	3	3	3	4	4	4	5	소설	5	6	6	6	7	7	7	8
대운 여	2	2	1	1	1	1	입동	10	9	9	9	8	8	8	7	7	7	6	6	6	5	소설	5	4	4	4	3	3	3	2

양력 12월 대설절(壬子月) 大雪 12월7일 6시59분 冬至 12월22일 1시7분

양력	1	2	3	4	5	6	7	8	9	10	11	12	13	14	15	16	17	18	19	20	21	22	23	24	25	26	27	28	29	30	31
요일	月	火	水	木	金	土	日	月	火	水	木	金	土	日	月	火	水	木	金	土	日	月	火	水	木	金	土	日	月	火	水
음력	11/7	8	9	10	11	12	13	14	15	16	17	18	19	20	21	22	23	24	25	26	27	28	29	30	12/1	2	3	4	5	6	7
일진	己巳	庚午	辛未	壬申	癸酉	甲戌	乙亥	丙子	丁丑	戊寅	己卯	庚辰	辛巳	壬午	癸未	甲申	乙酉	丙戌	丁亥	戊子	己丑	庚寅	辛卯	壬辰	癸巳	甲午	乙未	丙申	丁酉	戊戌	己亥
대운 남	8	8	9	9	9	10	대설	1	1	1	1	2	2	2	3	3	3	4	4	4	5	동지	5	6	6	6	7	7	7	8	8
대운 여	2	2	1	1	1	1	대설	9	9	9	8	8	8	7	7	7	6	6	6	5	5	동지	4	4	4	3	3	3	2	2	2

서기 2088년 [단기 4421년]

양력 1월 소한절(癸丑月) 小寒 1월5일 18시24분 大寒 1월20일 11시49분

양력		1	2	3	4	5	6	7	8	9	10	11	12	13	14	15	16	17	18	19	20	21	22	23	24	25	26	27	28	29	30	31
요일		木	金	土	日	月	火	水	木	金	土	日	月	火	水	木	金	土	日	月	火	水	木	金	土	日	月	火	水	木	金	土
음력		12/8	9	10	11	12	13	14	15	16	17	18	19	20	21	22	23	24	25	26	27	28	29	30	1/1	2	3	4	5	6	7	8
일진		庚子	辛丑	壬寅	癸卯	甲辰	乙巳	丙午	丁未	戊申	己酉	庚戌	辛亥	壬子	癸丑	甲寅	乙卯	丙辰	丁巳	戊午	己未	庚申	辛酉	壬戌	癸亥	甲子	乙丑	丙寅	丁卯	戊辰	己巳	庚午
대	남	8	9	9	9	소	1	1	1	1	2	2	2	3	3	3	4	4	4	5	대	5	6	6	6	7	7	7	8	8	8	9
운	여	1	1	1	1	한	10	9	9	9	8	8	8	7	7	7	6	6	6	5	한	5	4	4	4	3	3	3	2	2	2	1

양력 2월 입춘절(甲寅月) 立春 2월4일 5시57분 雨水 2월19일 1시44분

양력		1	2	3	4	5	6	7	8	9	10	11	12	13	14	15	16	17	18	19	20	21	22	23	24	25	26	27	28	29		
요일		日	月	火	水	木	金	土	日	月	火	水	木	金	土	日	月	火	水	木	金	土	日	月	火	水	木	金	土	日		
음력		1/9	10	11	12	13	14	15	16	17	18	19	20	21	22	23	24	25	26	27	28	29	2/1	2	3	4	5	6	7	8		
일진		辛未	壬申	癸酉	甲戌	乙亥	丙子	丁丑	戊寅	己卯	庚辰	辛巳	壬午	癸未	甲申	乙酉	丙戌	丁亥	戊子	己丑	庚寅	辛卯	壬辰	癸巳	甲午	乙未	丙申	丁酉	戊戌	己亥		
대	남	9	9	10	입	9	9	9	8	8	8	7	7	7	6	6	6	5	5	우	4	4	4	3	3	3	2	2	2	1		
운	여	1	1	1	춘	1	1	1	1	2	2	2	3	3	3	4	4	4	5	수	5	6	6	6	7	7	7	8	8	8		

양력 3월 경칩절(乙卯月) 驚蟄 3월4일 23시36분 春分 3월20일 0시16분

양력		1	2	3	4	5	6	7	8	9	10	11	12	13	14	15	16	17	18	19	20	21	22	23	24	25	26	27	28	29	30	31
요일		月	火	水	木	金	土	日	月	火	水	木	金	土	日	月	火	水	木	金	土	日	月	火	水	木	金	土	日	月	火	水
음력		2/9	10	11	12	13	14	15	16	17	18	19	20	21	22	23	24	25	26	27	28	29	30	3/1	2	3	4	5	6	7	8	9
일진		庚子	辛丑	壬寅	癸卯	甲辰	乙巳	丙午	丁未	戊申	己酉	庚戌	辛亥	壬子	癸丑	甲寅	乙卯	丙辰	丁巳	戊午	己未	庚申	辛酉	壬戌	癸亥	甲子	乙丑	丙寅	丁卯	戊辰	己巳	庚午
대	남	1	1	1	경	10	10	9	9	9	8	8	8	7	7	7	6	6	6	5	춘	5	4	4	4	3	3	3	2	2	2	1
운	여	9	9	9	칩	1	1	1	1	2	2	2	3	3	3	4	4	4	5	5	분	6	6	6	7	7	7	8	8	8	9	9

양력 4월 청명절(丙辰月) 清明 4월4일 3시51분 穀雨 4월19일 10시43분

양력		1	2	3	4	5	6	7	8	9	10	11	12	13	14	15	16	17	18	19	20	21	22	23	24	25	26	27	28	29	30	
요일		木	金	土	日	月	火	水	木	金	土	日	月	火	水	木	金	土	日	月	火	水	木	金	土	日	月	火	水	木	金	
음력		3/10	11	12	13	14	15	16	17	18	19	20	21	22	23	24	25	26	27	28	29	4/1	2	3	4	5	6	7	8	9	10	
일진		辛未	壬申	癸酉	甲戌	乙亥	丙子	丁丑	戊寅	己卯	庚辰	辛巳	壬午	癸未	甲申	乙酉	丙戌	丁亥	戊子	己丑	庚寅	辛卯	壬辰	癸巳	甲午	乙未	丙申	丁酉	戊戌	己亥	庚子	
대	남	1	1	1	청	10	9	9	9	8	8	8	7	7	7	6	6	6	5	곡	5	4	4	4	3	3	3	2	2	2	1	
운	여	9	10	10	명	1	1	1	1	2	2	2	3	3	3	4	4	4	5	우	5	6	6	6	7	7	7	8	8	8	9	

양력 5월 입하절(丁巳月) 立夏 5월4일 20시35분 小滿 5월20일 9시19분

양력		1	2	3	4	5	6	7	8	9	10	11	12	13	14	15	16	17	18	19	20	21	22	23	24	25	26	27	28	29	30	31
요일		土	日	月	火	水	木	金	土	日	月	火	水	木	金	土	日	月	火	水	木	金	土	日	月	火	水	木	金	土	日	月
음력		4/11	12	13	14	15	16	17	18	19	20	21	22	23	24	25	26	27	28	29	30	윤1	2	3	4	5	6	7	8	9	10	11
일진		辛丑	壬寅	癸卯	甲辰	乙巳	丙午	丁未	戊申	己酉	庚戌	辛亥	壬子	癸丑	甲寅	乙卯	丙辰	丁巳	戊午	己未	庚申	辛酉	壬戌	癸亥	甲子	乙丑	丙寅	丁卯	戊辰	己巳	庚午	辛未
대	남	1	1	1	입	10	10	10	9	9	9	8	8	8	7	7	7	6	6	6	소	5	5	4	4	4	3	3	3	2	2	2
운	여	9	9	10	하	1	1	1	1	2	2	2	3	3	3	4	4	4	5	5	만	6	6	6	7	7	7	8	8	8	9	9

양력 6월 망종절(戊午月) 芒種 6월5일 0시19분 夏至 6월20일 16시55분

양력		1	2	3	4	5	6	7	8	9	10	11	12	13	14	15	16	17	18	19	20	21	22	23	24	25	26	27	28	29	30	
요일		火	水	木	金	土	日	月	火	水	木	金	土	日	月	火	水	木	金	土	日	月	火	水	木	金	土	日	月	火	水	
음력		윤12	13	14	15	16	17	18	19	20	21	22	23	24	25	26	27	28	29	5/1	2	3	4	5	6	7	8	9	10	11	12	
일진		壬申	癸酉	甲戌	乙亥	丙子	丁丑	戊寅	己卯	庚辰	辛巳	壬午	癸未	甲申	乙酉	丙戌	丁亥	戊子	己丑	庚寅	辛卯	壬辰	癸巳	甲午	乙未	丙申	丁酉	戊戌	己亥	庚子	辛丑	
대	남	1	1	1	1	망	10	10	9	9	9	8	8	8	7	7	7	6	6	6	하	5	5	4	4	4	3	3	3	2	2	
운	여	9	10	10	10	종	1	1	1	1	2	2	2	3	3	3	4	4	4	5	지	5	6	6	6	7	7	7	8	8	8	

▶윤달-4월

戊申年

양력 7월 소서절(己未月) 小暑 7월6일 10시25분 大暑 7월22일 3시47분

양력	1	2	3	4	5	6	7	8	9	10	11	12	13	14	15	16	17	18	19	20	21	22	23	24	25	26	27	28	29	30	31
요일	木	金	土	日	月	火	水	木	金	土	日	月	火	水	木	金	土	日	月	火	水	木	金	土	日	月	火	水	木	金	土
음력	5/13	14	15	16	17	18	19	20	21	22	23	24	25	26	27	28	29	6/1	2	3	4	5	6	7	8	9	10	11	12	13	14
일진	壬寅	癸卯	甲辰	乙巳	丙午	丁未	戊申	己酉	庚戌	辛亥	壬子	癸丑	甲寅	乙卯	丙辰	丁巳	戊午	己未	庚申	辛酉	壬戌	癸亥	甲子	乙丑	丙寅	丁卯	戊辰	己巳	庚午	辛未	壬申
대운 남	2	1	1	1	1	소서	10	10	9	9	9	8	8	8	7	7	7	6	6	6	5	대서	5	4	4	4	3	3	3	2	2
대운 여	9	9	9	10	10		1	1	1	1	2	2	2	3	3	3	4	4	4	5	5		6	6	6	7	7	7	8	8	8

양력 8월 입추절(庚申月) 立秋 8월6일 20시22분 處暑 8월22일 11시8분

양력	1	2	3	4	5	6	7	8	9	10	11	12	13	14	15	16	17	18	19	20	21	22	23	24	25	26	27	28	29	30	31
요일	日	月	火	水	木	金	土	日	月	火	水	木	金	土	日	月	火	水	木	金	土	日	月	火	水	木	金	土	日	月	火
음력	6/15	16	17	18	19	20	21	22	23	24	25	26	27	28	29	30	7/1	2	3	4	5	6	7	8	9	10	11	12	13	14	15
일진	癸酉	甲戌	乙亥	丙子	丁丑	戊寅	己卯	庚辰	辛巳	壬午	癸未	甲申	乙酉	丙戌	丁亥	戊子	己丑	庚寅	辛卯	壬辰	癸巳	甲午	乙未	丙申	丁酉	戊戌	己亥	庚子	辛丑	壬寅	癸卯
대운 남	2	1	1	1	1	입추	10	10	9	9	9	8	8	8	7	7	7	6	6	6	5	처서	5	4	4	4	3	3	3	2	2
대운 여	9	9	9	10	10		1	1	1	1	2	2	2	3	3	3	4	4	4	5	5		6	6	6	7	7	7	8	8	8

양력 9월 백로절(辛酉月) 白露 9월6일 23시43분 秋分 9월22일 9시17분

양력	1	2	3	4	5	6	7	8	9	10	11	12	13	14	15	16	17	18	19	20	21	22	23	24	25	26	27	28	29	30
요일	水	木	金	土	日	月	火	水	木	金	土	日	月	火	水	木	金	土	日	月	火	水	木	金	土	日	月	火	水	木
음력	7/16	17	18	19	20	21	22	23	24	25	26	27	28	29	8/1	2	3	4	5	6	7	8	9	10	11	12	13	14	15	16
일진	甲辰	乙巳	丙午	丁未	戊申	己酉	庚戌	辛亥	壬子	癸丑	甲寅	乙卯	丙辰	丁巳	戊午	己未	庚申	辛酉	壬戌	癸亥	甲子	乙丑	丙寅	丁卯	戊辰	己巳	庚午	辛未	壬申	癸酉
대운 남	2	1	1	1	1	백로	10	10	9	9	9	8	8	8	7	7	7	6	6	6	5	추분	5	4	4	4	3	3	3	2
대운 여	9	9	9	10	10		1	1	1	1	2	2	2	3	3	3	4	4	4	5	5		6	6	6	7	7	7	8	8

양력 10월 한로절(壬戌月) 寒露 10월7일 15시55분 霜降 10월22일 19시12분

양력	1	2	3	4	5	6	7	8	9	10	11	12	13	14	15	16	17	18	19	20	21	22	23	24	25	26	27	28	29	30	31
요일	金	土	日	月	火	水	木	金	土	日	月	火	水	木	金	土	日	月	火	水	木	金	土	日	月	火	水	木	金	土	日
음력	8/17	18	19	20	21	22	23	24	25	26	27	28	29	9/1	2	3	4	5	6	7	8	9	10	11	12	13	14	15	16	17	18
일진	甲戌	乙亥	丙子	丁丑	戊寅	己卯	庚辰	辛巳	壬午	癸未	甲申	乙酉	丙戌	丁亥	戊子	己丑	庚寅	辛卯	壬辰	癸巳	甲午	乙未	丙申	丁酉	戊戌	己亥	庚子	辛丑	壬寅	癸卯	甲辰
대운 남	2	2	1	1	1	1	한로	10	9	9	9	8	8	8	7	7	7	6	6	6	5	상강	5	4	4	4	3	3	3	2	2
대운 여	8	9	9	9	10	10		1	1	1	1	2	2	2	3	3	3	4	4	4	5		5	6	6	6	7	7	7	8	8

양력 11월 입동절(癸亥月) 立冬 11월6일 19시39분 小雪 11월21일 17시16분

양력	1	2	3	4	5	6	7	8	9	10	11	12	13	14	15	16	17	18	19	20	21	22	23	24	25	26	27	28	29	30
요일	月	火	水	木	金	土	日	月	火	水	木	金	土	日	月	火	水	木	金	土	日	月	火	水	木	金	土	日	月	火
음력	9/19	20	21	22	23	24	25	26	27	28	29	30	10/1	2	3	4	5	6	7	8	9	10	11	12	13	14	15	16	17	18
일진	乙巳	丙午	丁未	戊申	己酉	庚戌	辛亥	壬子	癸丑	甲寅	乙卯	丙辰	丁巳	戊午	己未	庚申	辛酉	壬戌	癸亥	甲子	乙丑	丙寅	丁卯	戊辰	己巳	庚午	辛未	壬申	癸酉	甲戌
대운 남	2	1	1	1	1	입동	10	9	9	9	8	8	8	7	7	7	6	6	6	5	소설	5	4	4	4	3	3	3	2	2
대운 여	8	9	9	9	10		1	1	1	1	2	2	2	3	3	3	4	4	4	5		5	6	6	6	7	7	7	8	8

양력 12월 대설절(甲子月) 大雪 12월6일 12시55분 冬至 12월21일 6시55분

양력	1	2	3	4	5	6	7	8	9	10	11	12	13	14	15	16	17	18	19	20	21	22	23	24	25	26	27	28	29	30	31
요일	水	木	金	土	日	月	火	水	木	金	土	日	月	火	水	木	金	土	日	月	火	水	木	金	土	日	月	火	水	木	金
음력	10/19	20	21	22	23	24	25	26	27	28	29	30	11/1	2	3	4	5	6	7	8	9	10	11	12	13	14	15	16	17	18	19
일진	乙亥	丙子	丁丑	戊寅	己卯	庚辰	辛巳	壬午	癸未	甲申	乙酉	丙戌	丁亥	戊子	己丑	庚寅	辛卯	壬辰	癸巳	甲午	乙未	丙申	丁酉	戊戌	己亥	庚子	辛丑	壬寅	癸卯	甲辰	乙巳
대운 남	2	1	1	1	1	대설	10	9	9	9	8	8	8	7	7	7	6	6	6	5	동지	5	4	4	4	3	3	3	2	2	2
대운 여	8	9	9	9	10		1	1	1	1	2	2	2	3	3	3	4	4	4	5		5	6	6	6	7	7	7	8	8	8

서기 2089년 [단기 4422년]

양력 1월 소한절(乙丑月) 小寒 1월5일 0시20분 大寒 1월19일 17시37분

양력	1	2	3	4	5	6	7	8	9	10	11	12	13	14	15	16	17	18	19	20	21	22	23	24	25	26	27	28	29	30	31
요일	土	日	月	火	水	木	金	土	日	月	火	水	木	金	土	日	月	火	水	木	金	土	日	月	火	水	木	金	土	日	月
음력	11/20	21	22	23	24	25	26	27	28	29	30	12/1	2	3	4	5	6	7	8	9	10	11	12	13	14	15	16	17	18	19	20
일진	丙午	丁未	戊申	己酉	庚戌	辛亥	壬子	癸丑	甲寅	乙卯	丙辰	丁巳	戊午	己未	庚申	辛酉	壬戌	癸亥	甲子	乙丑	丙寅	丁卯	戊辰	己巳	庚午	辛未	壬申	癸酉	甲戌	乙亥	丙子
대운 남	1	1	1	1	소한	9	9	9	8	8	8	7	7	7	6	6	6	5	대한	5	4	4	4	3	3	3	2	2	2	1	1
대운 여	9	9	9	10		1	1	1	1	2	2	2	3	3	3	4	4	4		5	5	6	6	6	7	7	7	8	8	8	9

양력 2월 입춘절(丙寅月) 立春 2월3일 11시53분 雨水 2월18일 7시32분

양력	1	2	3	4	5	6	7	8	9	10	11	12	13	14	15	16	17	18	19	20	21	22	23	24	25	26	27	28			
요일	火	水	木	金	土	日	月	火	水	木	金	土	日	月	火	水	木	金	土	日	月	火	水	木	金	土	日	月			
음력	12/21	22	23	24	25	26	27	28	29	30	1/1	2	3	4	5	6	7	8	9	10	11	12	13	14	15	16	17	18			
일진	丁丑	戊寅	己卯	庚辰	辛巳	壬午	癸未	甲申	乙酉	丙戌	丁亥	戊子	己丑	庚寅	辛卯	壬辰	癸巳	甲午	乙未	丙申	丁酉	戊戌	己亥	庚子	辛丑	壬寅	癸卯	甲辰			
대운 남	1	1	입춘	1	1	1	1	2	2	2	3	3	3	4	4	4	5	우수	5	6	6	6	7	7	7	8	8	8			
대운 여	9	9		10	9	9	9	8	8	8	7	7	7	6	6	6	5		5	4	4	4	3	3	3	2	2	2			

양력 3월 경칩절(丁卯月) 驚蟄 3월5일 5시33분 春分 3월20일 6시5분

양력	1	2	3	4	5	6	7	8	9	10	11	12	13	14	15	16	17	18	19	20	21	22	23	24	25	26	27	28	29	30	31
요일	火	水	木	金	土	日	月	火	水	木	金	土	日	月	火	水	木	金	土	日	月	火	水	木	金	土	日	月	火	水	木
음력	1/19	20	21	22	23	24	25	26	27	28	29	2/1	2	3	4	5	6	7	8	9	10	11	12	13	14	15	16	17	18	19	20
일진	乙巳	丙午	丁未	戊申	己酉	庚戌	辛亥	壬子	癸丑	甲寅	乙卯	丙辰	丁巳	戊午	己未	庚申	辛酉	壬戌	癸亥	甲子	乙丑	丙寅	丁卯	戊辰	己巳	庚午	辛未	壬申	癸酉	甲戌	乙亥
대운 남	9	9	9	10	경칩	1	1	1	1	2	2	2	3	3	3	4	4	4	5	춘분	5	6	6	6	7	7	7	8	8	8	9
대운 여	1	1	1	1		10	9	9	9	8	8	8	7	7	7	6	6	6	5		5	4	4	4	3	3	3	2	2	2	1

양력 4월 청명절(戊辰月) 淸明 4월4일 9시49분 穀雨 4월19일 16시32분

양력	1	2	3	4	5	6	7	8	9	10	11	12	13	14	15	16	17	18	19	20	21	22	23	24	25	26	27	28	29	30	
요일	金	土	日	月	火	水	木	金	土	日	月	火	水	木	金	土	日	月	火	水	木	金	土	日	月	火	水	木	金	土	
음력	2/21	22	23	24	25	26	27	28	29	30	3/1	2	3	4	5	6	7	8	9	10	11	12	13	14	15	16	17	18	19	20	
일진	丙子	丁丑	戊寅	己卯	庚辰	辛巳	壬午	癸未	甲申	乙酉	丙戌	丁亥	戊子	己丑	庚寅	辛卯	壬辰	癸巳	甲午	乙未	丙申	丁酉	戊戌	己亥	庚子	辛丑	壬寅	癸卯	甲辰	乙巳	
대운 남	9	9	10	청명	1	1	1	1	2	2	2	3	3	3	4	4	4	5	곡우	5	6	6	6	7	7	7	8	8	8	9	
대운 여	1	1	1		10	10	9	9	9	8	8	8	7	7	7	6	6	6		5	5	4	4	4	3	3	3	2	2	2	

양력 5월 입하절(己巳月) 立夏 5월5일 2시30분 小滿 5월20일 15시7분

양력	1	2	3	4	5	6	7	8	9	10	11	12	13	14	15	16	17	18	19	20	21	22	23	24	25	26	27	28	29	30	31
요일	日	月	火	水	木	金	土	日	月	火	水	木	金	土	日	月	火	水	木	金	土	日	月	火	水	木	金	土	日	月	火
음력	3/21	22	23	24	25	26	27	28	29	4/1	2	3	4	5	6	7	8	9	10	11	12	13	14	15	16	17	18	19	20	21	22
일진	丙午	丁未	戊申	己酉	庚戌	辛亥	壬子	癸丑	甲寅	乙卯	丙辰	丁巳	戊午	己未	庚申	辛酉	壬戌	癸亥	甲子	乙丑	丙寅	丁卯	戊辰	己巳	庚午	辛未	壬申	癸酉	甲戌	乙亥	丙子
대운 남	9	9	10	10	입하	1	1	1	1	2	2	2	3	3	3	4	4	4	5	소만	5	6	6	6	7	7	7	8	8	8	9
대운 여	1	1	1	1		10	10	9	9	9	8	8	8	7	7	7	6	6	6		5	5	4	4	4	3	3	3	2	2	2

양력 6월 망종절(庚午月) 芒種 6월5일 6시9분 夏至 6월20일 22시42분

양력	1	2	3	4	5	6	7	8	9	10	11	12	13	14	15	16	17	18	19	20	21	22	23	24	25	26	27	28	29	30
요일	水	木	金	土	日	月	火	水	木	金	土	日	月	火	水	木	金	土	日	月	火	水	木	金	土	日	月	火	水	木
음력	4/23	24	25	26	27	28	29	30	5/1	2	3	4	5	6	7	8	9	10	11	12	13	14	15	16	17	18	19	20	21	22
일진	丁丑	戊寅	己卯	庚辰	辛巳	壬午	癸未	甲申	乙酉	丙戌	丁亥	戊子	己丑	庚寅	辛卯	壬辰	癸巳	甲午	乙未	丙申	丁酉	戊戌	己亥	庚子	辛丑	壬寅	癸卯	甲辰	乙巳	丙午
대운 남	9	9	10	10	망종	1	1	1	1	2	2	2	3	3	3	4	4	4	5	하지	5	6	6	6	7	7	7	8	8	8
대운 여	1	1	1	1		10	10	9	9	9	8	8	8	7	7	7	6	6	6		5	5	4	4	4	3	3	3	2	2

己酉年

양력 7월 소서절(辛未月) 小暑 7월6일 16시10분 大暑 7월22일 9시32분

양력		1	2	3	4	5	6	7	8	9	10	11	12	13	14	15	16	17	18	19	20	21	22	23	24	25	26	27	28	29	30	31
요일		金	土	日	月	火	水	木	金	土	日	月	火	水	木	金	土	日	月	火	水	木	金	土	日	月	火	水	木	金	土	日
음력		5/23	24	25	26	27	28	29	6/1	2	3	4	5	6	7	8	9	10	11	12	13	14	15	16	17	18	19	20	21	22	23	24
일진		丁未	戊申	己酉	庚戌	辛亥	壬子	癸丑	甲寅	乙卯	丙辰	丁巳	戊午	己未	庚申	辛酉	壬戌	癸亥	甲子	乙丑	丙寅	丁卯	戊辰	己巳	庚午	辛未	壬申	癸酉	甲戌	乙亥	丙子	丁丑
대	남	9	9	9	10	10	소	1	1	1	1	2	2	2	3	3	3	4	4	4	5	5	대	6	6	6	7	7	7	8	8	8
운	여	2	1	1	1	1	서	10	10	10	9	9	9	8	8	8	7	7	7	6	6	6	서	5	5	4	4	4	3	3	3	2

양력 8월 입추절(壬申月) 立秋 8월7일 2시3분 處暑 8월22일 16시54분

양력		1	2	3	4	5	6	7	8	9	10	11	12	13	14	15	16	17	18	19	20	21	22	23	24	25	26	27	28	29	30	31
요일		月	火	水	木	金	土	日	月	火	水	木	金	土	日	月	火	水	木	金	土	日	月	火	水	木	金	土	日	月	火	水
음력		6/25	26	27	28	29	7/1	2	3	4	5	6	7	8	9	10	11	12	13	14	15	16	17	18	19	20	21	22	23	24	25	26
일진		戊寅	己卯	庚辰	辛巳	壬午	癸未	甲申	乙酉	丙戌	丁亥	戊子	己丑	庚寅	辛卯	壬辰	癸巳	甲午	乙未	丙申	丁酉	戊戌	己亥	庚子	辛丑	壬寅	癸卯	甲辰	乙巳	丙午	丁未	戊申
대	남	9	9	9	10	10	10	입	1	1	1	1	2	2	2	3	3	3	4	4	4	5	처	5	6	6	6	7	7	7	8	8
운	여	2	2	1	1	1	1	추	10	10	9	9	9	8	8	8	7	7	7	6	6	6	서	5	5	4	4	4	3	3	3	2

양력 9월 백로절(癸酉月) 白露 9월7일 5시23분 秋分 9월22일 15시6분

양력		1	2	3	4	5	6	7	8	9	10	11	12	13	14	15	16	17	18	19	20	21	22	23	24	25	26	27	28	29	30
요일		木	金	土	日	月	火	水	木	金	土	日	月	火	水	木	金	土	日	月	火	水	木	金	土	日	月	火	水	木	金
음력		7/27	28	29	30	8/1	2	3	4	5	6	7	8	9	10	11	12	13	14	15	16	17	18	19	20	21	22	23	24	25	26
일진		己酉	庚戌	辛亥	壬子	癸丑	甲寅	乙卯	丙辰	丁巳	戊午	己未	庚申	辛酉	壬戌	癸亥	甲子	乙丑	丙寅	丁卯	戊辰	己巳	庚午	辛未	壬申	癸酉	甲戌	乙亥	丙子	丁丑	戊寅
대	남	8	9	9	9	10	10	백	1	1	1	1	2	2	2	3	3	3	4	4	4	5	추	5	6	6	6	7	7	7	8
운	여	2	2	1	1	1	1	로	10	9	9	9	8	8	8	7	7	7	6	6	6	5	분	5	4	4	4	3	3	3	2

양력 10월 한로절(甲戌月) 寒露 10월7일 21시37분 霜降 10월23일 1시4분

양력		1	2	3	4	5	6	7	8	9	10	11	12	13	14	15	16	17	18	19	20	21	22	23	24	25	26	27	28	29	30	31
요일		土	日	月	火	水	木	金	土	日	月	火	水	木	金	土	日	月	火	水	木	金	土	日	月	火	水	木	金	土	日	月
음력		8/27	28	29	9/1	2	3	4	5	6	7	8	9	10	11	12	13	14	15	16	17	18	19	20	21	22	23	24	25	26	27	28
일진		己卯	庚辰	辛巳	壬午	癸未	甲申	乙酉	丙戌	丁亥	戊子	己丑	庚寅	辛卯	壬辰	癸巳	甲午	乙未	丙申	丁酉	戊戌	己亥	庚子	辛丑	壬寅	癸卯	甲辰	乙巳	丙午	丁未	戊申	己酉
대	남	8	8	9	9	9	10	한	1	1	1	1	2	2	2	3	3	3	4	4	4	5	5	상	6	6	6	7	7	7	8	8
운	여	2	2	1	1	1	1	로	10	10	9	9	9	8	8	8	7	7	7	6	6	6	5	강	5	4	4	4	3	3	3	2

양력 11월 입동절(乙亥月) 立冬 11월7일 1시23분 小雪 11월21일 23시11분

양력		1	2	3	4	5	6	7	8	9	10	11	12	13	14	15	16	17	18	19	20	21	22	23	24	25	26	27	28	29	30
요일		火	水	木	金	土	日	月	火	水	木	金	土	日	月	火	水	木	金	土	日	月	火	水	木	金	土	日	月	火	水
음력		9/29	10/1	2	3	4	5	6	7	8	9	10	11	12	13	14	15	16	17	18	19	20	21	22	23	24	25	26	27	28	29
일진		庚戌	辛亥	壬子	癸丑	甲寅	乙卯	丙辰	丁巳	戊午	己未	庚申	辛酉	壬戌	癸亥	甲子	乙丑	丙寅	丁卯	戊辰	己巳	庚午	辛未	壬申	癸酉	甲戌	乙亥	丙子	丁丑	戊寅	己卯
대	남	8	9	9	9	10	10	입	1	1	1	1	2	2	2	3	3	3	4	4	4	소	5	5	6	6	6	7	7	7	8
운	여	2	2	1	1	1	1	동	9	9	9	8	8	8	7	7	7	6	6	6	5	설	5	4	4	4	3	3	3	2	2

양력 12월 대설절(丙子月) 大雪 12월6일 18시42분 冬至 12월21일 12시51분

양력		1	2	3	4	5	6	7	8	9	10	11	12	13	14	15	16	17	18	19	20	21	22	23	24	25	26	27	28	29	30	31
요일		木	金	土	日	月	火	水	木	金	土	日	月	火	水	木	金	土	日	月	火	水	木	金	土	日	月	火	水	木	金	土
음력		10/30	11/1	2	3	4	5	6	7	8	9	10	11	12	13	14	15	16	17	18	19	20	21	22	23	24	25	26	27	28	29	30
일진		庚辰	辛巳	壬午	癸未	甲申	乙酉	丙戌	丁亥	戊子	己丑	庚寅	辛卯	壬辰	癸巳	甲午	乙未	丙申	丁酉	戊戌	己亥	庚子	辛丑	壬寅	癸卯	甲辰	乙巳	丙午	丁未	戊申	己酉	庚戌
대	남	8	8	9	9	9	대	1	1	1	1	2	2	2	3	3	3	4	4	4	5	동	5	6	6	6	7	7	7	8	8	8
운	여	2	1	1	1	1	설	10	9	9	9	8	8	8	7	7	7	6	6	6	5	지	5	4	4	4	3	3	3	2	2	2

서기 2090년 [단기 4423년]

양력 1월　소한절(丁丑月)　小寒 1월5일 6시7분　大寒 1월19일 23시33분

양력		1	2	3	4	5	6	7	8	9	10	11	12	13	14	15	16	17	18	19	20	21	22	23	24	25	26	27	28	29	30	31
요일		日	月	火	水	木	金	土	日	月	火	水	木	金	土	日	月	火	水	木	金	土	日	月	火	水	木	金	土	日	月	火
음력		12/1	2	3	4	5	6	7	8	9	10	11	12	13	14	15	16	17	18	19	20	21	22	23	24	25	26	27	28	29	1/1	2
일진		辛亥	壬子	癸丑	甲寅	乙卯	丙辰	丁巳	戊午	己未	庚申	辛酉	壬戌	癸亥	甲子	乙丑	丙寅	丁卯	戊辰	己巳	庚午	辛未	壬申	癸酉	甲戌	乙亥	丙子	丁丑	戊寅	己卯	庚辰	辛巳
대운	남	9	9	9	10	소	1	1	1	1	2	2	2	3	3	3	4	4	4	대	5	5	6	6	6	7	7	7	8	8	8	9
	여	1	1	1	1	한	9	9	9	8	8	8	7	7	7	6	6	6	5	한	5	4	4	4	3	3	3	2	2	2	1	1

양력 2월　입춘절(戊寅月)　立春 2월3일 17시41분　雨水 2월18일 13시29분

양력		1	2	3	4	5	6	7	8	9	10	11	12	13	14	15	16	17	18	19	20	21	22	23	24	25	26	27	28
요일		水	木	金	土	日	月	火	水	木	金	土	日	月	火	水	木	金	土	日	月	火	水	木	金	土	日	月	火
음력		1/3	4	5	6	7	8	9	10	11	12	13	14	15	16	17	18	19	20	21	22	23	24	25	26	27	28	29	30
일진		壬午	癸未	甲申	乙酉	丙戌	丁亥	戊子	己丑	庚寅	辛卯	壬辰	癸巳	甲午	乙未	丙申	丁酉	戊戌	己亥	庚子	辛丑	壬寅	癸卯	甲辰	乙巳	丙午	丁未	戊申	己酉
대운	남	9	9	입	10	9	9	9	8	8	8	7	7	7	6	6	6	5	우	5	4	4	4	3	3	3	2	2	2
	여	1	1	춘	1	1	1	1	2	2	2	3	3	3	4	4	4	5	수	5	6	6	6	7	7	7	8	8	8

양력 3월　경칩절(己卯月)　驚蟄 3월5일 11시20분　春分 3월20일 12시1분

양력		1	2	3	4	5	6	7	8	9	10	11	12	13	14	15	16	17	18	19	20	21	22	23	24	25	26	27	28	29	30	31
요일		水	木	金	土	日	月	火	水	木	金	土	日	月	火	水	木	金	土	日	月	火	水	木	金	土	日	月	火	水	木	金
음력		2/1	2	3	4	5	6	7	8	9	10	11	12	13	14	15	16	17	18	19	20	21	22	23	24	25	26	27	28	29	30	3/1
일진		庚戌	辛亥	壬子	癸丑	甲寅	乙卯	丙辰	丁巳	戊午	己未	庚申	辛酉	壬戌	癸亥	甲子	乙丑	丙寅	丁卯	戊辰	己巳	庚午	辛未	壬申	癸酉	甲戌	乙亥	丙子	丁丑	戊寅	己卯	庚辰
대운	남	1	1	1	1	경	10	9	9	9	8	8	8	7	7	7	6	6	6	5	춘	5	4	4	4	3	3	3	2	2	2	1
	여	9	9	9	10	칩	1	1	1	1	2	2	2	3	3	3	4	4	4	5	분	5	6	6	6	7	7	7	8	8	8	9

양력 4월　청명절(庚辰月)　清明 4월4일 15시35분　穀雨 4월19일 22시27분

양력		1	2	3	4	5	6	7	8	9	10	11	12	13	14	15	16	17	18	19	20	21	22	23	24	25	26	27	28	29	30
요일		土	日	月	火	水	木	金	土	日	月	火	水	木	金	土	日	月	火	水	木	金	土	日	月	火	水	木	金	土	日
음력		3/2	3	4	5	6	7	8	9	10	11	12	13	14	15	16	17	18	19	20	21	22	23	24	25	26	27	28	29	30	4/1
일진		辛巳	壬午	癸未	甲申	乙酉	丙戌	丁亥	戊子	己丑	庚寅	辛卯	壬辰	癸巳	甲午	乙未	丙申	丁酉	戊戌	己亥	庚子	辛丑	壬寅	癸卯	甲辰	乙巳	丙午	丁未	戊申	己酉	庚戌
대운	남	1	1	1	청	10	10	9	9	9	8	8	8	7	7	7	6	6	6	곡	5	5	4	4	4	3	3	3	2	2	2
	여	9	9	10	명	1	1	1	1	2	2	2	3	3	3	4	4	4	5	우	5	6	6	6	7	7	7	8	8	8	9

양력 5월　입하절(辛巳月)　立夏 5월5일 8시15분　小滿 5월20일 21시1분

양력		1	2	3	4	5	6	7	8	9	10	11	12	13	14	15	16	17	18	19	20	21	22	23	24	25	26	27	28	29	30	31
요일		月	火	水	木	金	土	日	月	火	水	木	金	土	日	月	火	水	木	金	土	日	月	火	水	木	金	土	日	月	火	水
음력		4/2	3	4	5	6	7	8	9	10	11	12	13	14	15	16	17	18	19	20	21	22	23	24	25	26	27	28	29	5/1	2	3
일진		辛亥	壬子	癸丑	甲寅	乙卯	丙辰	丁巳	戊午	己未	庚申	辛酉	壬戌	癸亥	甲子	乙丑	丙寅	丁卯	戊辰	己巳	庚午	辛未	壬申	癸酉	甲戌	乙亥	丙子	丁丑	戊寅	己卯	庚辰	辛巳
대운	남	1	1	1	1	입	10	10	9	9	9	8	8	8	7	7	7	6	6	6	소	5	5	4	4	4	3	3	3	2	2	2
	여	9	9	10	10	하	1	1	1	1	2	2	2	3	3	3	4	4	4	5	만	5	6	6	6	7	7	7	8	8	8	9

양력 6월　망종절(壬午月)　芒種 6월5일 11시54분　夏至 6월21일 4시35분

양력		1	2	3	4	5	6	7	8	9	10	11	12	13	14	15	16	17	18	19	20	21	22	23	24	25	26	27	28	29	30
요일		木	金	土	日	月	火	水	木	金	土	日	月	火	水	木	金	土	日	月	火	水	木	金	土	日	月	火	水	木	金
음력		5/4	5	6	7	8	9	10	11	12	13	14	15	16	17	18	19	20	21	22	23	24	25	26	27	28	29	30	6/1	2	3
일진		壬午	癸未	甲申	乙酉	丙戌	丁亥	戊子	己丑	庚寅	辛卯	壬辰	癸巳	甲午	乙未	丙申	丁酉	戊戌	己亥	庚子	辛丑	壬寅	癸卯	甲辰	乙巳	丙午	丁未	戊申	己酉	庚戌	辛亥
대운	남	1	1	1	1	망	10	10	9	9	9	8	8	8	7	7	7	6	6	6	5	하	5	4	4	4	3	3	3	2	2
	여	9	9	10	10	종	1	1	1	1	2	2	2	3	3	3	4	4	4	5	5	지	6	6	6	7	7	7	8	8	8

庚戌年

양력 7월 소서절(癸未月) 小暑 7월6일 21시55분 大暑 7월22일 15시24분

양력	1	2	3	4	5	6	7	8	9	10	11	12	13	14	15	16	17	18	19	20	21	22	23	24	25	26	27	28	29	30	31
요일	土	日	月	火	水	木	金	土	日	月	火	水	木	金	土	日	月	火	水	木	金	土	日	月	火	水	木	金	土	日	月
음력	6/4	5	6	7	8	9	10	11	12	13	14	15	16	17	18	19	20	21	22	23	24	25	26	27	28	29	7/1	2	3	4	5
일진	壬子	癸丑	甲寅	乙卯	丙辰	丁巳	戊午	己未	庚申	辛酉	壬戌	癸亥	甲子	乙丑	丙寅	丁卯	戊辰	己巳	庚午	辛未	壬申	癸酉	甲戌	乙亥	丙子	丁丑	戊寅	己卯	庚辰	辛巳	壬午
대운 남	2	1	1	1	1	소서	10	10	10	9	9	9	8	8	8	7	7	7	6	6	6	대서	5	5	4	4	4	3	3	3	2
대운 여	9	9	9	10	10	소서	1	1	1	1	2	2	2	3	3	3	4	4	4	5	5	대서	6	6	6	7	7	7	8	8	8

양력 8월 입추절(甲申月) 立秋 8월7일 7시51분 處暑 8월22일 22시46분

양력	1	2	3	4	5	6	7	8	9	10	11	12	13	14	15	16	17	18	19	20	21	22	23	24	25	26	27	28	29	30	31
요일	火	水	木	金	土	日	月	火	水	木	金	土	日	月	火	水	木	金	土	日	月	火	水	木	金	土	日	月	火	水	木
음력	7/6	7	8	9	10	11	12	13	14	15	16	17	18	19	20	21	22	23	24	25	26	27	28	29	8/1	2	3	4	5	6	7
일진	癸未	甲申	乙酉	丙戌	丁亥	戊子	己丑	庚寅	辛卯	壬辰	癸巳	甲午	乙未	丙申	丁酉	戊戌	己亥	庚子	辛丑	壬寅	癸卯	甲辰	乙巳	丙午	丁未	戊申	己酉	庚戌	辛亥	壬子	癸丑
대운 남	2	2	1	1	1	1	입추	10	10	9	9	9	8	8	8	7	7	7	6	6	6	처서	5	5	4	4	4	3	3	3	2
대운 여	9	9	9	10	10	10	입추	1	1	1	1	2	2	2	3	3	3	4	4	4	5	처서	5	6	6	6	7	7	7	8	8

양력 9월 백로절(乙酉月) 白露 9월7일 11시14분 秋分 9월22일 20시58분

양력	1	2	3	4	5	6	7	8	9	10	11	12	13	14	15	16	17	18	19	20	21	22	23	24	25	26	27	28	29	30
요일	金	土	日	月	火	水	木	金	土	日	月	火	水	木	金	土	日	月	火	水	木	金	土	日	月	火	水	木	金	土
음력	8/8	9	10	11	12	13	14	15	16	17	18	19	20	21	22	23	24	25	26	27	28	29	30	윤1	2	3	4	5	6	7
일진	甲寅	乙卯	丙辰	丁巳	戊午	己未	庚申	辛酉	壬戌	癸亥	甲子	乙丑	丙寅	丁卯	戊辰	己巳	庚午	辛未	壬申	癸酉	甲戌	乙亥	丙子	丁丑	戊寅	己卯	庚辰	辛巳	壬午	癸未
대운 남	2	2	1	1	1	1	백로	10	10	9	9	9	8	8	8	7	7	7	6	6	6	추분	5	5	4	4	4	3	3	3
대운 여	8	9	9	9	10	10	백로	1	1	1	1	2	2	2	3	3	3	4	4	4	5	추분	5	6	6	6	7	7	7	8

양력 10월 한로절(丙戌月) 寒露 10월8일 3시32분 霜降 10월23일 6시58분

양력	1	2	3	4	5	6	7	8	9	10	11	12	13	14	15	16	17	18	19	20	21	22	23	24	25	26	27	28	29	30	31
요일	日	月	火	水	木	金	土	日	月	火	水	木	金	土	日	月	火	水	木	金	土	日	月	火	水	木	金	土	日	月	火
음력	윤8	9	10	11	12	13	14	15	16	17	18	19	20	21	22	23	24	25	26	27	28	29	9/1	2	3	4	5	6	7	8	9
일진	甲申	乙酉	丙戌	丁亥	戊子	己丑	庚寅	辛卯	壬辰	癸巳	甲午	乙未	丙申	丁酉	戊戌	己亥	庚子	辛丑	壬寅	癸卯	甲辰	乙巳	丙午	丁未	戊申	己酉	庚戌	辛亥	壬子	癸丑	甲寅
대운 남	2	2	2	1	1	1	1	한로	10	9	9	9	8	8	8	7	7	7	6	6	6	5	상강	5	4	4	4	3	3	3	2
대운 여	8	8	9	9	9	10	10	한로	1	1	1	1	2	2	2	3	3	3	4	4	4	5	상강	5	6	6	6	7	7	7	8

양력 11월 입동절(丁亥月) 立冬 11월7일 7시21분 小雪 11월22일 5시5분

양력	1	2	3	4	5	6	7	8	9	10	11	12	13	14	15	16	17	18	19	20	21	22	23	24	25	26	27	28	29	30
요일	水	木	金	土	日	月	火	水	木	金	土	日	月	火	水	木	金	土	日	月	火	水	木	金	土	日	月	火	水	木
음력	9/10	11	12	13	14	15	16	17	18	19	20	21	22	23	24	25	26	27	28	29	10/1	2	3	4	5	6	7	8	9	10
일진	乙卯	丙辰	丁巳	戊午	己未	庚申	辛酉	壬戌	癸亥	甲子	乙丑	丙寅	丁卯	戊辰	己巳	庚午	辛未	壬申	癸酉	甲戌	乙亥	丙子	丁丑	戊寅	己卯	庚辰	辛巳	壬午	癸未	甲申
대운 남	2	2	1	1	1	1	입동	10	9	9	9	8	8	8	7	7	7	6	6	6	5	소설	5	4	4	4	3	3	3	2
대운 여	8	8	9	9	9	10	입동	1	1	1	1	2	2	2	3	3	3	4	4	4	5	소설	5	6	6	6	7	7	7	8

양력 12월 대설절(戊子月) 大雪 12월7일 0시38분 冬至 12월21일 18시42분

양력	1	2	3	4	5	6	7	8	9	10	11	12	13	14	15	16	17	18	19	20	21	22	23	24	25	26	27	28	29	30	31
요일	金	土	日	月	火	水	木	金	土	日	月	火	水	木	金	土	日	月	火	水	木	金	土	日	月	火	水	木	金	土	日
음력	10/11	12	13	14	15	16	17	18	19	20	21	22	23	24	25	26	27	28	29	30	11/1	2	3	4	5	6	7	8	9	10	11
일진	乙酉	丙戌	丁亥	戊子	己丑	庚寅	辛卯	壬辰	癸巳	甲午	乙未	丙申	丁酉	戊戌	己亥	庚子	辛丑	壬寅	癸卯	甲辰	乙巳	丙午	丁未	戊申	己酉	庚戌	辛亥	壬子	癸丑	甲寅	乙卯
대운 남	2	2	1	1	1	1	대설	9	9	9	8	8	8	7	7	7	6	6	6	5	동지	5	4	4	4	3	3	3	2	2	2
대운 여	8	8	9	9	9	10	대설	1	1	1	1	2	2	2	3	3	3	4	4	4	동지	5	5	6	6	6	7	7	7	8	8

▶윤달-8월

서기 2091년 [단기 4424년]

양력 1월 소한절(己丑月) 小寒 1월5일 12시1분 大寒 1월20일 5시21분

양력	1	2	3	4	5	6	7	8	9	10	11	12	13	14	15	16	17	18	19	20	21	22	23	24	25	26	27	28	29	30	31
요일	月	火	水	木	金	土	日	月	火	水	木	金	土	日	月	火	水	木	金	土	日	月	火	水	木	金	土	日	月	火	水
음력	11/12	13	14	15	16	17	18	19	20	21	22	23	24	25	26	27	28	29	30	12/1	2	3	4	5	6	7	8	9	10	11	12
일진	丙辰	丁巳	戊午	己未	庚申	辛酉	壬戌	癸亥	甲子	乙丑	丙寅	丁卯	戊辰	己巳	庚午	辛未	壬申	癸酉	甲戌	乙亥	丙子	丁丑	戊寅	己卯	庚辰	辛巳	壬午	癸未	甲申	乙酉	丙戌
대운 남	1	1	1	1	소	9	9	9	8	8	8	7	7	7	6	6	6	5	5	대	4	4	4	3	3	3	2	2	2	1	1
대운 여	8	9	9	9	한	1	1	1	1	2	2	2	3	3	3	4	4	4	5	한	5	6	6	6	7	7	7	8	8	8	9

양력 2월 입춘절(庚寅月) 立春 2월3일 23시29분 雨水 2월18일 19시12분

양력	1	2	3	4	5	6	7	8	9	10	11	12	13	14	15	16	17	18	19	20	21	22	23	24	25	26	27	28			
요일	木	金	土	日	月	火	水	木	金	土	日	月	火	水	木	金	土	日	月	火	水	木	金	土	日	月	火	水			
음력	12/13	14	15	16	17	18	19	20	21	22	23	24	25	26	27	28	29	1/1	2	3	4	5	6	7	8	9	10	11			
일진	丁亥	戊子	己丑	庚寅	辛卯	壬辰	癸巳	甲午	乙未	丙申	丁酉	戊戌	己亥	庚子	辛丑	壬寅	癸卯	甲辰	乙巳	丙午	丁未	戊申	己酉	庚戌	辛亥	壬子	癸丑	甲寅			
대운 남	1	1	입	1	1	1	1	2	2	2	3	3	3	4	4	4	5	우	5	6	6	6	7	7	7	8	8	8			
대운 여	9	9	춘	10	9	9	9	8	8	8	7	7	7	6	6	6	5	수	5	4	4	4	3	3	3	2	2	2			

양력 3월 경칩절(辛卯月) 驚蟄 3월5일 17시5분 春分 3월20일 17시41분

양력	1	2	3	4	5	6	7	8	9	10	11	12	13	14	15	16	17	18	19	20	21	22	23	24	25	26	27	28	29	30	31
요일	木	金	土	日	月	火	水	木	金	土	日	月	火	水	木	金	土	日	月	火	水	木	金	土	日	月	火	水	木	金	土
음력	1/12	13	14	15	16	17	18	19	20	21	22	23	24	25	26	27	28	29	30	2/1	2	3	4	5	6	7	8	9	10	11	12
일진	乙卯	丙辰	丁巳	戊午	己未	庚申	辛酉	壬戌	癸亥	甲子	乙丑	丙寅	丁卯	戊辰	己巳	庚午	辛未	壬申	癸酉	甲戌	乙亥	丙子	丁丑	戊寅	己卯	庚辰	辛巳	壬午	癸未	甲申	乙酉
대운 남	9	9	9	10	경	1	1	1	1	2	2	2	3	3	3	4	4	4	5	춘	5	6	6	6	7	7	7	8	8	8	9
대운 여	1	1	1	1	칩	10	9	9	9	8	8	8	7	7	7	6	6	6	5	분	5	4	4	4	3	3	3	2	2	2	1

양력 4월 청명절(壬辰月) 清明 4월4일 21시19분 穀雨 4월20일 4시6분

양력	1	2	3	4	5	6	7	8	9	10	11	12	13	14	15	16	17	18	19	20	21	22	23	24	25	26	27	28	29	30	
요일	日	月	火	水	木	金	土	日	月	火	水	木	金	土	日	月	火	水	木	金	土	日	月	火	水	木	金	土	日	月	
음력	2/13	14	15	16	17	18	19	20	21	22	23	24	25	26	27	28	29	30	3/1	2	3	4	5	6	7	8	9	10	11	12	
일진	丙戌	丁亥	戊子	己丑	庚寅	辛卯	壬辰	癸巳	甲午	乙未	丙申	丁酉	戊戌	己亥	庚子	辛丑	壬寅	癸卯	甲辰	乙巳	丙午	丁未	戊申	己酉	庚戌	辛亥	壬子	癸丑	甲寅	乙卯	
대운 남	9	9	10	청	1	1	1	1	2	2	2	3	3	3	4	4	4	5	5	곡	6	6	6	7	7	7	8	8	8	9	
대운 여	1	1	1	명	10	10	9	9	9	8	8	8	7	7	7	6	6	6	5	우	5	4	4	4	3	3	3	2	2	2	

양력 5월 입하절(癸巳月) 立夏 5월5일 14시2분 小滿 5월21일 2시41분

양력	1	2	3	4	5	6	7	8	9	10	11	12	13	14	15	16	17	18	19	20	21	22	23	24	25	26	27	28	29	30	31
요일	火	水	木	金	土	日	月	火	水	木	金	土	日	月	火	水	木	金	土	日	月	火	水	木	金	土	日	月	火	水	木
음력	3/13	14	15	16	17	18	19	20	21	22	23	24	25	26	27	28	29	4/1	2	3	4	5	6	7	8	9	10	11	12	13	14
일진	丙辰	丁巳	戊午	己未	庚申	辛酉	壬戌	癸亥	甲子	乙丑	丙寅	丁卯	戊辰	己巳	庚午	辛未	壬申	癸酉	甲戌	乙亥	丙子	丁丑	戊寅	己卯	庚辰	辛巳	壬午	癸未	甲申	乙酉	丙戌
대운 남	9	9	10	10	입	1	1	1	1	2	2	2	3	3	3	4	4	4	5	5	소	6	6	6	7	7	7	8	8	8	9
대운 여	1	1	1	1	하	10	10	9	9	9	8	8	8	7	7	7	6	6	6	5	만	5	4	4	4	3	3	3	2	2	2

양력 6월 망종절(甲午月) 芒種 6월5일 17시44분 夏至 6월21일 10시18분

양력	1	2	3	4	5	6	7	8	9	10	11	12	13	14	15	16	17	18	19	20	21	22	23	24	25	26	27	28	29	30	
요일	金	土	日	月	火	水	木	金	土	日	月	火	水	木	金	土	日	月	火	水	木	金	土	日	月	火	水	木	金	土	
음력	4/15	16	17	18	19	20	21	22	23	24	25	26	27	28	29	30	5/1	2	3	4	5	6	7	8	9	10	11	12	13	14	
일진	丁亥	戊子	己丑	庚寅	辛卯	壬辰	癸巳	甲午	乙未	丙申	丁酉	戊戌	己亥	庚子	辛丑	壬寅	癸卯	甲辰	乙巳	丙午	丁未	戊申	己酉	庚戌	辛亥	壬子	癸丑	甲寅	乙卯	丙辰	
대운 남	9	9	10	10	망	1	1	1	1	2	2	2	3	3	3	4	4	4	5	5	하	6	6	6	7	7	7	8	8	8	
대운 여	1	1	1	1	종	10	10	10	9	9	9	8	8	8	7	7	7	6	6	6	지	5	5	4	4	4	3	3	3	2	

辛亥年

양력 7월 소서절(乙未月) 小暑 7월7일 3시49분 大暑 7월22일 21시10분

양력	1	2	3	4	5	6	7	8	9	10	11	12	13	14	15	16	17	18	19	20	21	22	23	24	25	26	27	28	29	30	31
요일	日	月	火	水	木	金	土	日	月	火	水	木	金	土	日	月	火	水	木	金	土	日	月	火	水	木	金	土	日	月	火
음력	5/15	16	17	18	19	20	21	22	23	24	25	26	27	28	29	6/1	2	3	4	5	6	7	8	9	10	11	12	13	14	15	16
일진	丁巳	戊午	己未	庚申	辛酉	壬戌	癸亥	甲子	乙丑	丙寅	丁卯	戊辰	己巳	庚午	辛未	壬申	癸酉	甲戌	乙亥	丙子	丁丑	戊寅	己卯	庚辰	辛巳	壬午	癸未	甲申	乙酉	丙戌	丁亥
대운 남	9	9	9	10	10	10	소	1	1	1	1	2	2	2	3	3	3	4	4	4	5	대	5	6	6	6	7	7	7	8	8
대운 여	2	2	1	1	1	1	서	10	10	9	9	9	8	8	8	7	7	7	6	6	6	서	5	5	4	4	4	3	3	3	2

양력 8월 입추절(丙申月) 立秋 8월7일 13시48분 處暑 8월23일 4시35분

양력	1	2	3	4	5	6	7	8	9	10	11	12	13	14	15	16	17	18	19	20	21	22	23	24	25	26	27	28	29	30	31
요일	水	木	金	土	日	月	火	水	木	金	土	日	月	火	水	木	金	土	日	月	火	水	木	金	土	日	月	火	水	木	金
음력	6/17	18	19	20	21	22	23	24	25	26	27	28	29	30	7/1	2	3	4	5	6	7	8	9	10	11	12	13	14	15	16	17
일진	戊子	己丑	庚寅	辛卯	壬辰	癸巳	甲午	乙未	丙申	丁酉	戊戌	己亥	庚子	辛丑	壬寅	癸卯	甲辰	乙巳	丙午	丁未	戊申	己酉	庚戌	辛亥	壬子	癸丑	甲寅	乙卯	丙辰	丁巳	戊午
대운 남	8	9	9	9	10	10	입	1	1	1	1	2	2	2	3	3	3	4	4	4	5	5	처	6	6	6	7	7	7	8	8
대운 여	2	2	1	1	1	1	추	10	10	9	9	9	8	8	8	7	7	7	6	6	6	5	서	5	4	4	4	3	3	3	2

양력 9월 백로절(丁酉月) 白露 9월7일 17시12분 秋分 9월23일 2시50분

양력	1	2	3	4	5	6	7	8	9	10	11	12	13	14	15	16	17	18	19	20	21	22	23	24	25	26	27	28	29	30	
요일	土	日	月	火	水	木	金	土	日	月	火	水	木	金	土	日	月	火	水	木	金	土	日	月	火	水	木	金	土	日	
음력	7/18	19	20	21	22	23	24	25	26	27	28	29	8/1	2	3	4	5	6	7	8	9	10	11	12	13	14	15	16	17	18	
일진	己未	庚申	辛酉	壬戌	癸亥	甲子	乙丑	丙寅	丁卯	戊辰	己巳	庚午	辛未	壬申	癸酉	甲戌	乙亥	丙子	丁丑	戊寅	己卯	庚辰	辛巳	壬午	癸未	甲申	乙酉	丙戌	丁亥	戊子	
대운 남	8	9	9	9	10	10	백	1	1	1	1	2	2	2	3	3	3	4	4	4	5	5	추	6	6	6	7	7	7	8	
대운 여	2	2	1	1	1	1	로	10	10	9	9	9	8	8	8	7	7	7	6	6	6	5	분	5	4	4	4	3	3	3	

양력 10월 한로절(戊戌月) 寒露 10월8일 9시30분 霜降 10월23일 12시51분

양력	1	2	3	4	5	6	7	8	9	10	11	12	13	14	15	16	17	18	19	20	21	22	23	24	25	26	27	28	29	30	31
요일	月	火	水	木	金	土	日	月	火	水	木	金	土	日	月	火	水	木	金	土	日	月	火	水	木	金	土	日	月	火	水
음력	8/19	20	21	22	23	24	25	26	27	28	29	30	9/1	2	3	4	5	6	7	8	9	10	11	12	13	14	15	16	17	18	19
일진	己丑	庚寅	辛卯	壬辰	癸巳	甲午	乙未	丙申	丁酉	戊戌	己亥	庚子	辛丑	壬寅	癸卯	甲辰	乙巳	丙午	丁未	戊申	己酉	庚戌	辛亥	壬子	癸丑	甲寅	乙卯	丙辰	丁巳	戊午	己未
대운 남	8	8	9	9	9	10	10	한	1	1	1	1	2	2	2	3	3	3	4	4	4	5	상	5	6	6	6	7	7	7	8
대운 여	2	2	2	1	1	1	1	로	10	9	9	9	8	8	8	7	7	7	6	6	6	5	강	5	4	4	4	3	3	3	2

양력 11월 입동절(己亥月) 立冬 11월7일 13시19분 小雪 11월22일 10시59분

양력	1	2	3	4	5	6	7	8	9	10	11	12	13	14	15	16	17	18	19	20	21	22	23	24	25	26	27	28	29	30	
요일	木	金	土	日	月	火	水	木	金	土	日	月	火	水	木	金	土	日	月	火	水	木	金	土	日	月	火	水	木	金	
음력	9/20	21	22	23	24	25	26	27	28	29	10/1	2	3	4	5	6	7	8	9	10	11	12	13	14	15	16	17	18	19	20	
일진	庚申	辛酉	壬戌	癸亥	甲子	乙丑	丙寅	丁卯	戊辰	己巳	庚午	辛未	壬申	癸酉	甲戌	乙亥	丙子	丁丑	戊寅	己卯	庚辰	辛巳	壬午	癸未	甲申	乙酉	丙戌	丁亥	戊子	己丑	
대운 남	8	8	9	9	9	10	입	1	1	1	1	2	2	2	3	3	3	4	4	4	5	소	5	6	6	6	7	7	7	8	
대운 여	2	2	1	1	1	1	동	10	9	9	9	8	8	8	7	7	7	6	6	6	5	설	5	4	4	4	3	3	3	2	

양력 12월 대설절(庚子月) 大雪 12월7일 6시37분 冬至 12월22일 0시37분

양력	1	2	3	4	5	6	7	8	9	10	11	12	13	14	15	16	17	18	19	20	21	22	23	24	25	26	27	28	29	30	31
요일	土	日	月	火	水	木	金	土	日	月	火	水	木	金	土	日	月	火	水	木	金	土	日	月	火	水	木	金	土	日	月
음력	10/21	22	23	24	25	26	27	28	29	11/1	2	3	4	5	6	7	8	9	10	11	12	13	14	15	16	17	18	19	20	21	22
일진	庚寅	辛卯	壬辰	癸巳	甲午	乙未	丙申	丁酉	戊戌	己亥	庚子	辛丑	壬寅	癸卯	甲辰	乙巳	丙午	丁未	戊申	己酉	庚戌	辛亥	壬子	癸丑	甲寅	乙卯	丙辰	丁巳	戊午	己未	庚申
대운 남	8	8	9	9	9	10	대	1	1	1	1	2	2	2	3	3	3	4	4	4	5	동	5	6	6	6	7	7	7	8	8
대운 여	2	2	1	1	1	1	설	9	9	9	8	8	8	7	7	7	6	6	6	5	5	지	4	4	4	3	3	3	2	2	2

서기 2092년 [단기 4425년]

양력 1월 소한절(辛丑月) 小寒 1월5일 17시59분 大寒 1월20일 11시15분

양력		1	2	3	4	5	6	7	8	9	10	11	12	13	14	15	16	17	18	19	20	21	22	23	24	25	26	27	28	29	30	31
요일		火	水	木	金	土	日	月	火	水	木	金	土	日	月	火	水	木	金	土	日	月	火	水	木	金	土	日	月	火	水	木
음력		11/23	24	25	26	27	28	29	30	12/1	2	3	4	5	6	7	8	9	10	11	12	13	14	15	16	17	18	19	20	21	22	23
일진		辛酉	壬戌	癸亥	甲子	乙丑	丙寅	丁卯	戊辰	己巳	庚午	辛未	壬申	癸酉	甲戌	乙亥	丙子	丁丑	戊寅	己卯	庚辰	辛巳	壬午	癸未	甲申	乙酉	丙戌	丁亥	戊子	己丑	庚寅	辛卯
대운	남	8	9	9	9	소	1	1	1	1	2	2	2	3	3	3	4	4	4	5	대	5	6	6	6	7	7	7	8	8	8	9
	여	1	1	1	1	한	10	9	9	9	8	8	8	7	7	7	6	6	6	5	한	5	4	4	4	3	3	3	2	2	2	1

양력 2월 입춘절(壬寅月) 立春 2월4일 5시27분 雨水 2월19일 1시5분

양력		1	2	3	4	5	6	7	8	9	10	11	12	13	14	15	16	17	18	19	20	21	22	23	24	25	26	27	28	29		
요일		金	土	日	月	火	水	木	金	土	日	月	火	水	木	金	土	日	月	火	水	木	金	土	日	月	火	水	木	金		
음력		12/24	25	26	27	28	29	30	1/1	2	3	4	5	6	7	8	9	10	11	12	13	14	15	16	17	18	19	20	21	22		
일진		壬辰	癸巳	甲午	乙未	丙申	丁酉	戊戌	己亥	庚子	辛丑	壬寅	癸卯	甲辰	乙巳	丙午	丁未	戊申	己酉	庚戌	辛亥	壬子	癸丑	甲寅	乙卯	丙辰	丁巳	戊午	己未	庚申		
대운	남	9	9	10	입	9	9	9	8	8	8	7	7	7	6	6	6	5	5	우	4	4	4	3	3	3	2	2	2	1		
	여	1	1	1	춘	1	1	1	1	2	2	2	3	3	3	4	4	4	5	수	5	6	6	6	7	7	7	8	8	8		

양력 3월 경칩절(癸卯月) 驚蟄 3월4일 23시1분 春分 3월19일 23시32분

양력		1	2	3	4	5	6	7	8	9	10	11	12	13	14	15	16	17	18	19	20	21	22	23	24	25	26	27	28	29	30	31
요일		土	日	月	火	水	木	金	土	日	月	火	水	木	金	土	日	月	火	水	木	金	土	日	月	火	水	木	金	土	日	月
음력		1/23	24	25	26	27	28	29	2/1	2	3	4	5	6	7	8	9	10	11	12	13	14	15	16	17	18	19	20	21	22	23	24
일진		辛酉	壬戌	癸亥	甲子	乙丑	丙寅	丁卯	戊辰	己巳	庚午	辛未	壬申	癸酉	甲戌	乙亥	丙子	丁丑	戊寅	己卯	庚辰	辛巳	壬午	癸未	甲申	乙酉	丙戌	丁亥	戊子	己丑	庚寅	辛卯
대운	남	1	1	1	경	10	10	9	9	9	8	8	8	7	7	7	6	6	6	춘	5	5	4	4	4	3	3	3	2	2	2	1
	여	9	9	9	칩	1	1	1	1	2	2	2	3	3	3	4	4	4	5	분	5	6	6	6	7	7	7	8	8	8	9	9

양력 4월 청명절(甲辰月) 淸明 4월4일 3시13분 穀雨 4월19일 9시58분

양력		1	2	3	4	5	6	7	8	9	10	11	12	13	14	15	16	17	18	19	20	21	22	23	24	25	26	27	28	29	30
요일		火	水	木	金	土	日	月	火	水	木	金	土	日	月	火	水	木	金	土	日	月	火	水	木	金	土	日	月	火	水
음력		2/25	26	27	28	29	30	3/1	2	3	4	5	6	7	8	9	10	11	12	13	14	15	16	17	18	19	20	21	22	23	24
일진		壬辰	癸巳	甲午	乙未	丙申	丁酉	戊戌	己亥	庚子	辛丑	壬寅	癸卯	甲辰	乙巳	丙午	丁未	戊申	己酉	庚戌	辛亥	壬子	癸丑	甲寅	乙卯	丙辰	丁巳	戊午	己未	庚申	辛酉
대운	남	1	1	1	청	10	9	9	9	8	8	8	7	7	7	6	6	6	5	곡	5	4	4	4	3	3	3	2	2	2	1
	여	9	10	10	명	1	1	1	1	2	2	2	3	3	3	4	4	4	5	우	5	6	6	6	7	7	7	8	8	8	9

양력 5월 입하절(乙巳月) 立夏 5월4일 19시55분 小滿 5월20일 8시35분

양력		1	2	3	4	5	6	7	8	9	10	11	12	13	14	15	16	17	18	19	20	21	22	23	24	25	26	27	28	29	30	31
요일		木	金	土	日	月	火	水	木	金	土	日	月	火	水	木	金	土	日	月	火	水	木	金	土	日	月	火	水	木	金	土
음력		3/25	26	27	28	29	4/1	2	3	4	5	6	7	8	9	10	11	12	13	14	15	16	17	18	19	20	21	22	23	24	25	26
일진		壬戌	癸亥	甲子	乙丑	丙寅	丁卯	戊辰	己巳	庚午	辛未	壬申	癸酉	甲戌	乙亥	丙子	丁丑	戊寅	己卯	庚辰	辛巳	壬午	癸未	甲申	乙酉	丙戌	丁亥	戊子	己丑	庚寅	辛卯	壬辰
대운	남	1	1	1	입	10	10	9	9	9	8	8	8	7	7	7	6	6	6	5	소	5	4	4	4	3	3	3	2	2	2	1
	여	9	9	10	하	1	1	1	1	2	2	2	3	3	3	4	4	4	5	5	만	6	6	6	7	7	7	8	8	8	9	9

양력 6월 망종절(丙午月) 芒種 6월4일 23시36분 夏至 6월20일 16시14분

양력		1	2	3	4	5	6	7	8	9	10	11	12	13	14	15	16	17	18	19	20	21	22	23	24	25	26	27	28	29	30
요일		日	月	火	水	木	金	土	日	月	火	水	木	金	土	日	月	火	水	木	金	土	日	月	火	水	木	金	土	日	月
음력		4/27	28	29	30	5/1	2	3	4	5	6	7	8	9	10	11	12	13	14	15	16	17	18	19	20	21	22	23	24	25	26
일진		癸巳	甲午	乙未	丙申	丁酉	戊戌	己亥	庚子	辛丑	壬寅	癸卯	甲辰	乙巳	丙午	丁未	戊申	己酉	庚戌	辛亥	壬子	癸丑	甲寅	乙卯	丙辰	丁巳	戊午	己未	庚申	辛酉	壬戌
대운	남	1	1	1	망	10	10	10	9	9	9	8	8	8	7	7	7	6	6	6	하	5	5	4	4	4	3	3	3	2	2
	여	9	10	10	종	1	1	1	1	2	2	2	3	3	3	4	4	4	5	5	지	6	6	6	7	7	7	8	8	8	9

壬子年

양력 7월 소서절(丁未月) 小暑 7월6일 9시40분 大暑 7월22일 3시6분

양력		1	2	3	4	5	6	7	8	9	10	11	12	13	14	15	16	17	18	19	20	21	22	23	24	25	26	27	28	29	30	31
요일		火	水	木	金	土	日	月	火	水	木	金	土	日	月	火	水	木	金	土	日	月	火	水	木	金	土	日	月	火	水	木
음력		5/27	28	29	30	6/1	2	3	4	5	6	7	8	9	10	11	12	13	14	15	16	17	18	19	20	21	22	23	24	25	26	27
일진		癸亥	甲子	乙丑	丙寅	丁卯	戊辰	己巳	庚午	辛未	壬申	癸酉	甲戌	乙亥	丙子	丁丑	戊寅	己卯	庚辰	辛巳	壬午	癸未	甲申	乙酉	丙戌	丁亥	戊子	己丑	庚寅	辛卯	壬辰	癸巳
대운	남	2	1	1	1	1	소서	10	10	9	9	9	8	8	8	7	7	7	6	6	6	5	대서	5	4	4	4	3	3	3	2	2
	여	9	9	10	10	10		1	1	1	1	2	2	2	3	3	3	4	4	4	5	5		6	6	6	7	7	7	8	8	8

양력 8월 입추절(戊申月) 立秋 8월6일 19시35분 處暑 8월22일 10시29분

양력		1	2	3	4	5	6	7	8	9	10	11	12	13	14	15	16	17	18	19	20	21	22	23	24	25	26	27	28	29	30	31
요일		金	土	日	月	火	水	木	金	土	日	月	火	水	木	金	土	日	月	火	水	木	金	土	日	月	火	水	木	金	土	日
음력		6/28	29	7/1	2	3	4	5	6	7	8	9	10	11	12	13	14	15	16	17	18	19	20	21	22	23	24	25	26	27	28	29
일진		甲午	乙未	丙申	丁酉	戊戌	己亥	庚子	辛丑	壬寅	癸卯	甲辰	乙巳	丙午	丁未	戊申	己酉	庚戌	辛亥	壬子	癸丑	甲寅	乙卯	丙辰	丁巳	戊午	己未	庚申	辛酉	壬戌	癸亥	甲子
대운	남	2	1	1	1	1	입추	10	10	9	9	9	8	8	8	7	7	7	6	6	6	5	처서	5	4	4	4	3	3	3	2	2
	여	9	9	9	10	10		1	1	1	1	2	2	2	3	3	3	4	4	4	5	5		6	6	6	7	7	7	8	8	8

양력 9월 백로절(己酉月) 白露 9월6일 22시55분 秋分 9월22일 8시41분

양력		1	2	3	4	5	6	7	8	9	10	11	12	13	14	15	16	17	18	19	20	21	22	23	24	25	26	27	28	29	30	
요일		月	火	水	木	金	土	日	月	火	水	木	金	土	日	月	火	水	木	金	土	日	月	火	水	木	金	土	日	月	火	
음력		7/30	8/1	2	3	4	5	6	7	8	9	10	11	12	13	14	15	16	17	18	19	20	21	22	23	24	25	26	27	28	29	
일진		乙丑	丙寅	丁卯	戊辰	己巳	庚午	辛未	壬申	癸酉	甲戌	乙亥	丙子	丁丑	戊寅	己卯	庚辰	辛巳	壬午	癸未	甲申	乙酉	丙戌	丁亥	戊子	己丑	庚寅	辛卯	壬辰	癸巳	甲午	
대운	남	2	1	1	1	1	백로	10	10	9	9	9	8	8	8	7	7	7	6	6	6	5	추분	5	4	4	4	3	3	3	2	
	여	9	9	9	10	10		1	1	1	1	2	2	2	3	3	3	4	4	4	5	5		6	6	6	7	7	7	8	8	

양력 10월 한로절(庚戌月) 寒露 10월7일 15시10분 霜降 10월22일 18시40분

양력		1	2	3	4	5	6	7	8	9	10	11	12	13	14	15	16	17	18	19	20	21	22	23	24	25	26	27	28	29	30	31
요일		水	木	金	土	日	月	火	水	木	金	土	日	月	火	水	木	金	土	日	月	火	水	木	金	土	日	月	火	水	木	金
음력		9/1	2	3	4	5	6	7	8	9	10	11	12	13	14	15	16	17	18	19	20	21	22	23	24	25	26	27	28	29	30	10/1
일진		乙未	丙申	丁酉	戊戌	己亥	庚子	辛丑	壬寅	癸卯	甲辰	乙巳	丙午	丁未	戊申	己酉	庚戌	辛亥	壬子	癸丑	甲寅	乙卯	丙辰	丁巳	戊午	己未	庚申	辛酉	壬戌	癸亥	甲子	乙丑
대운	남	2	2	1	1	1	1	한로	10	9	9	9	8	8	8	7	7	7	6	6	6	5	상강	5	4	4	4	3	3	3	2	2
	여	8	9	9	9	10	10		1	1	1	1	2	2	2	3	3	3	4	4	4	5		5	6	6	6	7	7	7	8	8

양력 11월 입동절(辛亥月) 立冬 11월6일 18시59분 小雪 11월21일 16시49분

양력		1	2	3	4	5	6	7	8	9	10	11	12	13	14	15	16	17	18	19	20	21	22	23	24	25	26	27	28	29	30	
요일		土	日	月	火	水	木	金	土	日	月	火	水	木	金	土	日	月	火	水	木	金	土	日	月	火	水	木	金	土	日	
음력		10/2	3	4	5	6	7	8	9	10	11	12	13	14	15	16	17	18	19	20	21	22	23	24	25	26	27	28	29	11/1	2	
일진		丙寅	丁卯	戊辰	己巳	庚午	辛未	壬申	癸酉	甲戌	乙亥	丙子	丁丑	戊寅	己卯	庚辰	辛巳	壬午	癸未	甲申	乙酉	丙戌	丁亥	戊子	己丑	庚寅	辛卯	壬辰	癸巳	甲午	乙未	
대운	남	2	1	1	1	1	입동	10	9	9	9	8	8	8	7	7	7	6	6	6	5	소설	5	4	4	4	3	3	3	2	2	
	여	8	9	9	9	10		1	1	1	1	2	2	2	3	3	3	4	4	4	5		5	6	6	6	7	7	7	8	8	

양력 12월 대설절(壬子月) 大雪 12월6일 12시20분 冬至 12월21일 6시31분

양력		1	2	3	4	5	6	7	8	9	10	11	12	13	14	15	16	17	18	19	20	21	22	23	24	25	26	27	28	29	30	31
요일		月	火	水	木	金	土	日	月	火	水	木	金	土	日	月	火	水	木	金	土	日	月	火	水	木	金	土	日	月	火	水
음력		11/3	4	5	6	7	8	9	10	11	12	13	14	15	16	17	18	19	20	21	22	23	24	25	26	27	28	29	30	12/1	2	3
일진		丙申	丁酉	戊戌	己亥	庚子	辛丑	壬寅	癸卯	甲辰	乙巳	丙午	丁未	戊申	己酉	庚戌	辛亥	壬子	癸丑	甲寅	乙卯	丙辰	丁巳	戊午	己未	庚申	辛酉	壬戌	癸亥	甲子	乙丑	丙寅
대운	남	2	1	1	1	1	대설	9	9	9	8	8	8	7	7	7	6	6	6	5	5	동지	4	4	4	3	3	3	2	2	2	1
	여	8	9	9	9	10		1	1	1	1	2	2	2	3	3	3	4	4	4	5		5	6	6	6	7	7	7	8	8	8

서기 2093년 [단기 4426년]

양력 1월 소한절(癸丑月) 小寒 1월4일 23시46분 大寒 1월19일 17시12분

양력	1	2	3	4	5	6	7	8	9	10	11	12	13	14	15	16	17	18	19	20	21	22	23	24	25	26	27	28	29	30	31
요일	木	金	土	日	月	火	水	木	金	土	日	月	火	水	木	金	土	日	月	火	水	木	金	土	日	月	火	水	木	金	土
음력	12/4	5	6	7	8	9	10	11	12	13	14	15	16	17	18	19	20	21	22	23	24	25	26	27	28	29	1/1	2	3	4	5
일진	丁卯	戊辰	己巳	庚午	辛未	壬申	癸酉	甲戌	乙亥	丙子	丁丑	戊寅	己卯	庚辰	辛巳	壬午	癸未	甲申	乙酉	丙戌	丁亥	戊子	己丑	庚寅	辛卯	壬辰	癸巳	甲午	乙未	丙申	丁酉
대운 남	1	1	1	소한	10	9	9	9	8	8	8	7	7	7	6	6	6	5	대한	5	4	4	4	3	3	3	2	2	2	1	1
대운 여	9	9	9		1	1	1	1	2	2	2	3	3	3	4	4	4	5		5	6	6	6	7	7	7	8	8	8	9	9

양력 2월 입춘절(甲寅月) 立春 2월3일 11시17분 雨水 2월18일 7시5분

양력	1	2	3	4	5	6	7	8	9	10	11	12	13	14	15	16	17	18	19	20	21	22	23	24	25	26	27	28			
요일	日	月	火	水	木	金	土	日	月	火	水	木	金	土	日	月	火	水	木	金	土	日	月	火	水	木	金	土			
음력	1/6	7	8	9	10	11	12	13	14	15	16	17	18	19	20	21	22	23	24	25	26	27	28	29	30	2/1	2	3			
일진	戊戌	己亥	庚子	辛丑	壬寅	癸卯	甲辰	乙巳	丙午	丁未	戊申	己酉	庚戌	辛亥	壬子	癸丑	甲寅	乙卯	丙辰	丁巳	戊午	己未	庚申	辛酉	壬戌	癸亥	甲子	乙丑			
대운 남	1	1	입춘	1	1	1	1	2	2	2	3	3	3	4	4	4	5	우수	5	6	6	6	7	7	7	8	8	8			
대운 여	9	10		10	9	9	9	8	8	8	7	7	7	6	6	6	5		5	4	4	4	3	3	3	2	2	2			

양력 3월 경칩절(乙卯月) 驚蟄 3월5일 4시53분 春分 3월20일 5시33분

양력	1	2	3	4	5	6	7	8	9	10	11	12	13	14	15	16	17	18	19	20	21	22	23	24	25	26	27	28	29	30	31
요일	日	月	火	水	木	金	土	日	月	火	水	木	金	土	日	月	火	水	木	金	土	日	月	火	水	木	金	土	日	月	火
음력	2/4	5	6	7	8	9	10	11	12	13	14	15	16	17	18	19	20	21	22	23	24	25	26	27	28	29	3/1	2	3	4	5
일진	丙寅	丁卯	戊辰	己巳	庚午	辛未	壬申	癸酉	甲戌	乙亥	丙子	丁丑	戊寅	己卯	庚辰	辛巳	壬午	癸未	甲申	乙酉	丙戌	丁亥	戊子	己丑	庚寅	辛卯	壬辰	癸巳	甲午	乙未	丙申
대운 남	9	9	9	10	경칩	1	1	1	1	2	2	2	3	3	3	4	4	4	5	춘분	5	6	6	6	7	7	7	8	8	8	9
대운 여	1	1	1	1		10	9	9	9	8	8	8	7	7	7	6	6	6	5		5	4	4	4	3	3	3	2	2	2	1

양력 4월 청명절(丙辰月) 清明 4월4일 9시5분 穀雨 4월19일 15시57분

양력	1	2	3	4	5	6	7	8	9	10	11	12	13	14	15	16	17	18	19	20	21	22	23	24	25	26	27	28	29	30	
요일	水	木	金	土	日	月	火	水	木	金	土	日	月	火	水	木	金	土	日	月	火	水	木	金	土	日	月	火	水	木	
음력	3/6	7	8	9	10	11	12	13	14	15	16	17	18	19	20	21	22	23	24	25	26	27	28	29	30	4/1	2	3	4	5	
일진	丁酉	戊戌	己亥	庚子	辛丑	壬寅	癸卯	甲辰	乙巳	丙午	丁未	戊申	己酉	庚戌	辛亥	壬子	癸丑	甲寅	乙卯	丙辰	丁巳	戊午	己未	庚申	辛酉	壬戌	癸亥	甲子	乙丑	丙寅	
대운 남	9	9	10	청명	1	1	1	1	2	2	2	3	3	3	4	4	4	5	곡우	5	6	6	6	7	7	7	8	8	8	9	
대운 여	1	1	1		10	10	9	9	9	8	8	8	7	7	7	6	6	6		5	5	4	4	4	3	3	3	2	2	2	

양력 5월 입하절(丁巳月) 立夏 5월5일 1시45분 小滿 5월20일 14시31분

양력	1	2	3	4	5	6	7	8	9	10	11	12	13	14	15	16	17	18	19	20	21	22	23	24	25	26	27	28	29	30	31
요일	金	土	日	月	火	水	木	金	土	日	月	火	水	木	金	土	日	月	火	水	木	金	土	日	月	火	水	木	金	土	日
음력	4/6	7	8	9	10	11	12	13	14	15	16	17	18	19	20	21	22	23	24	25	26	27	28	29	5/1	2	3	4	5	6	7
일진	丁卯	戊辰	己巳	庚午	辛未	壬申	癸酉	甲戌	乙亥	丙子	丁丑	戊寅	己卯	庚辰	辛巳	壬午	癸未	甲申	乙酉	丙戌	丁亥	戊子	己丑	庚寅	辛卯	壬辰	癸巳	甲午	乙未	丙申	丁酉
대운 남	9	9	10	10	입하	1	1	1	1	2	2	2	3	3	3	4	4	4	5	소만	5	6	6	6	7	7	7	8	8	8	9
대운 여	1	1	1	1		10	10	9	9	9	8	8	8	7	7	7	6	6	6		5	5	4	4	4	3	3	3	2	2	2

양력 6월 망종절(戊午月) 芒種 6월5일 5시25분 夏至 6월20일 22시6분

양력	1	2	3	4	5	6	7	8	9	10	11	12	13	14	15	16	17	18	19	20	21	22	23	24	25	26	27	28	29	30	
요일	月	火	水	木	金	土	日	月	火	水	木	金	土	日	月	火	水	木	金	土	日	月	火	水	木	金	土	日	月	火	
음력	5/8	9	10	11	12	13	14	15	16	17	18	19	20	21	22	23	24	25	26	27	28	29	30	6/1	2	3	4	5	6	7	
일진	戊戌	己亥	庚子	辛丑	壬寅	癸卯	甲辰	乙巳	丙午	丁未	戊申	己酉	庚戌	辛亥	壬子	癸丑	甲寅	乙卯	丙辰	丁巳	戊午	己未	庚申	辛酉	壬戌	癸亥	甲子	乙丑	丙寅	丁卯	
대운 남	9	9	10	10	망종	1	1	1	1	2	2	2	3	3	3	4	4	4	5	하지	5	6	6	6	7	7	7	8	8	8	
대운 여	1	1	1	1		10	10	9	9	9	8	8	8	7	7	7	6	6	6		5	5	4	4	4	3	3	3	2	2	

癸丑年

양력 7월 소서절(己未月) 小暑 7월6일 15시29분 大暑 7월22일 8시56분

양력	1	2	3	4	5	6	7	8	9	10	11	12	13	14	15	16	17	18	19	20	21	22	23	24	25	26	27	28	29	30	31
요일	水	木	金	土	日	月	火	水	木	金	土	日	月	火	水	木	金	土	日	月	火	水	木	金	土	日	月	火	水	木	金
음력	6/8	9	10	11	12	13	14	15	16	17	18	19	20	21	22	23	24	25	26	27	28	29	윤1	2	3	4	5	6	7	8	9
일진	戊辰	己巳	庚午	辛未	壬申	癸酉	甲戌	乙亥	丙子	丁丑	戊寅	己卯	庚辰	辛巳	壬午	癸未	甲申	乙酉	丙戌	丁亥	戊子	己丑	庚寅	辛卯	壬辰	癸巳	甲午	乙未	丙申	丁酉	戊戌
대운 남	9	9	9	10	10	소	1	1	1	1	2	2	2	3	3	3	4	4	4	5	5	대	6	6	6	7	7	7	8	8	8
대운 여	2	1	1	1	1	서	10	10	10	9	9	9	8	8	8	7	7	7	6	6	6	서	5	5	4	4	4	3	3	3	2

양력 8월 입추절(庚申月) 立秋 8월7일 1시26분 處暑 8월22일 16시17분

양력	1	2	3	4	5	6	7	8	9	10	11	12	13	14	15	16	17	18	19	20	21	22	23	24	25	26	27	28	29	30	31
요일	土	日	月	火	水	木	金	土	日	月	火	水	木	金	土	日	月	火	水	木	金	土	日	月	火	水	木	金	土	日	月
음력	윤10	11	12	13	14	15	16	17	18	19	20	21	22	23	24	25	26	27	28	29	30	7/1	2	3	4	5	6	7	8	9	10
일진	己亥	庚子	辛丑	壬寅	癸卯	甲辰	乙巳	丙午	丁未	戊申	己酉	庚戌	辛亥	壬子	癸丑	甲寅	乙卯	丙辰	丁巳	戊午	己未	庚申	辛酉	壬戌	癸亥	甲子	乙丑	丙寅	丁卯	戊辰	己巳
대운 남	9	9	9	10	10	10	입	1	1	1	1	2	2	2	3	3	3	4	4	4	5	처	5	6	6	6	7	7	7	8	8
대운 여	2	2	1	1	1	1	추	10	10	9	9	9	8	8	8	7	7	7	6	6	6	서	5	5	4	4	4	3	3	3	2

양력 9월 백로절(辛酉月) 白露 9월7일 4시48분 秋分 9월22일 14시28분

양력	1	2	3	4	5	6	7	8	9	10	11	12	13	14	15	16	17	18	19	20	21	22	23	24	25	26	27	28	29	30
요일	火	水	木	金	土	日	月	火	水	木	金	土	日	月	火	水	木	金	土	日	月	火	水	木	金	土	日	月	火	水
음력	7/11	12	13	14	15	16	17	18	19	20	21	22	23	24	25	26	27	28	29	30	8/1	2	3	4	5	6	7	8	9	10
일진	庚午	辛未	壬申	癸酉	甲戌	乙亥	丙子	丁丑	戊寅	己卯	庚辰	辛巳	壬午	癸未	甲申	乙酉	丙戌	丁亥	戊子	己丑	庚寅	辛卯	壬辰	癸巳	甲午	乙未	丙申	丁酉	戊戌	己亥
대운 남	8	9	9	9	10	10	백	1	1	1	1	2	2	2	3	3	3	4	4	4	5	추	5	6	6	6	7	7	7	8
대운 여	2	2	1	1	1	1	로	10	9	9	9	8	8	8	7	7	7	6	6	6	5	분	5	4	4	4	3	3	3	2

양력 10월 한로절(壬戌月) 寒露 10월7일 21시5분 霜降 10월23일 0시27분

양력	1	2	3	4	5	6	7	8	9	10	11	12	13	14	15	16	17	18	19	20	21	22	23	24	25	26	27	28	29	30	31
요일	木	金	土	日	月	火	水	木	金	土	日	月	火	水	木	金	土	日	月	火	水	木	金	土	日	月	火	水	木	金	土
음력	8/11	12	13	14	15	16	17	18	19	20	21	22	23	24	25	26	27	28	29	9/1	2	3	4	5	6	7	8	9	10	11	12
일진	庚子	辛丑	壬寅	癸卯	甲辰	乙巳	丙午	丁未	戊申	己酉	庚戌	辛亥	壬子	癸丑	甲寅	乙卯	丙辰	丁巳	戊午	己未	庚申	辛酉	壬戌	癸亥	甲子	乙丑	丙寅	丁卯	戊辰	己巳	庚午
대운 남	8	8	9	9	9	10	한	1	1	1	1	2	2	2	3	3	3	4	4	4	5	5	상	6	6	6	7	7	7	8	8
대운 여	2	2	1	1	1	1	로	10	10	9	9	9	8	8	8	7	7	7	6	6	6	5	강	5	4	4	4	3	3	3	2

양력 11월 입동절(癸亥月) 立冬 11월7일 0시54분 小雪 11월21일 22시36분

양력	1	2	3	4	5	6	7	8	9	10	11	12	13	14	15	16	17	18	19	20	21	22	23	24	25	26	27	28	29	30
요일	日	月	火	水	木	金	土	日	月	火	水	木	金	土	日	月	火	水	木	金	土	日	月	火	水	木	金	土	日	月
음력	9/13	14	15	16	17	18	19	20	21	22	23	24	25	26	27	28	29	30	10/1	2	3	4	5	6	7	8	9	10	11	12
일진	辛未	壬申	癸酉	甲戌	乙亥	丙子	丁丑	戊寅	己卯	庚辰	辛巳	壬午	癸未	甲申	乙酉	丙戌	丁亥	戊子	己丑	庚寅	辛卯	壬辰	癸巳	甲午	乙未	丙申	丁酉	戊戌	己亥	庚子
대운 남	8	9	9	9	10	10	입	1	1	1	1	2	2	2	3	3	3	4	4	4	소	5	5	6	6	6	7	7	7	8
대운 여	2	2	1	1	1	1	동	9	9	9	8	8	8	7	7	7	6	6	6	5	설	5	4	4	4	3	3	3	2	2

양력 12월 대설절(甲子月) 大雪 12월6일 18시16분 冬至 12월21일 12시19분

양력	1	2	3	4	5	6	7	8	9	10	11	12	13	14	15	16	17	18	19	20	21	22	23	24	25	26	27	28	29	30	31
요일	火	水	木	金	土	日	月	火	水	木	金	土	日	月	火	水	木	金	土	日	月	火	水	木	金	土	日	月	火	水	木
음력	10/13	14	15	16	17	18	19	20	21	22	23	24	25	26	27	28	29	11/1	2	3	4	5	6	7	8	9	10	11	12	13	14
일진	辛丑	壬寅	癸卯	甲辰	乙巳	丙午	丁未	戊申	己酉	庚戌	辛亥	壬子	癸丑	甲寅	乙卯	丙辰	丁巳	戊午	己未	庚申	辛酉	壬戌	癸亥	甲子	乙丑	丙寅	丁卯	戊辰	己巳	庚午	辛未
대운 남	8	8	9	9	9	대	1	1	1	1	2	2	2	3	3	3	4	4	4	5	동	5	6	6	6	7	7	7	8	8	8
대운 여	2	1	1	1	1	설	10	9	9	9	8	8	8	7	7	7	6	6	6	5	지	5	4	4	4	3	3	3	2	2	2

▶윤달-6월

서기 2094년 [단기 4427년]

양력 1월 소한절(乙丑月) 小寒 1월5일 5시44분 大寒 1월19일 23시3분

양력	1	2	3	4	5	6	7	8	9	10	11	12	13	14	15	16	17	18	19	20	21	22	23	24	25	26	27	28	29	30	31
요일	金	土	日	月	火	水	木	金	土	日	月	火	水	木	金	土	日	月	火	水	木	金	土	日	月	火	水	木	金	土	日
음력	11/15	16	17	18	19	20	21	22	23	24	25	26	27	28	29	30	12/1	2	3	4	5	6	7	8	9	10	11	12	13	14	15
일진	壬申	癸酉	甲戌	乙亥	丙子	丁丑	戊寅	己卯	庚辰	辛巳	壬午	癸未	甲申	乙酉	丙戌	丁亥	戊子	己丑	庚寅	辛卯	壬辰	癸巳	甲午	乙未	丙申	丁酉	戊戌	己亥	庚子	辛丑	壬寅
대운 남	9	9	9	10	소한	1	1	1	1	2	2	2	3	3	3	4	4	4	대한	5	5	6	6	6	7	7	7	8	8	8	9
대운 여	1	1	1	1	소한	9	9	9	8	8	8	7	7	7	6	6	6	5	대한	5	4	4	4	3	3	3	2	2	2	1	1

양력 2월 입춘절(丙寅月) 立春 2월3일 17시16분 雨水 2월18일 12시55분

양력	1	2	3	4	5	6	7	8	9	10	11	12	13	14	15	16	17	18	19	20	21	22	23	24	25	26	27	28			
요일	月	火	水	木	金	土	日	月	火	水	木	金	土	日	月	火	水	木	金	土	日	月	火	水	木	金	土	日			
음력	12/16	17	18	19	20	21	22	23	24	25	26	27	28	29	1/1	2	3	4	5	6	7	8	9	10	11	12	13	14			
일진	癸卯	甲辰	乙巳	丙午	丁未	戊申	己酉	庚戌	辛亥	壬子	癸丑	甲寅	乙卯	丙辰	丁巳	戊午	己未	庚申	辛酉	壬戌	癸亥	甲子	乙丑	丙寅	丁卯	戊辰	己巳	庚午			
대운 남	9	9	입춘	10	9	9	9	8	8	8	7	7	7	6	6	6	5	우수	5	4	4	4	3	3	3	2	2	2			
대운 여	1	1	입춘	1	1	1	1	2	2	2	3	3	3	4	4	4	5	우수	5	6	6	6	7	7	7	8	8	8			

양력 3월 경칩절(丁卯月) 驚蟄 3월5일 10시50분 春分 3월20일 11시20분

양력	1	2	3	4	5	6	7	8	9	10	11	12	13	14	15	16	17	18	19	20	21	22	23	24	25	26	27	28	29	30	31
요일	月	火	水	木	金	土	日	月	火	水	木	金	土	日	月	火	水	木	金	土	日	月	火	水	木	金	土	日	月	火	水
음력	1/15	16	17	18	19	20	21	22	23	24	25	26	27	28	29	30	2/1	2	3	4	5	6	7	8	9	10	11	12	13	14	15
일진	辛未	壬申	癸酉	甲戌	乙亥	丙子	丁丑	戊寅	己卯	庚辰	辛巳	壬午	癸未	甲申	乙酉	丙戌	丁亥	戊子	己丑	庚寅	辛卯	壬辰	癸巳	甲午	乙未	丙申	丁酉	戊戌	己亥	庚子	辛丑
대운 남	1	1	1	1	경칩	10	9	9	9	8	8	8	7	7	7	6	6	6	5	춘분	5	4	4	4	3	3	3	2	2	2	1
대운 여	9	9	9	10	경칩	1	1	1	1	2	2	2	3	3	3	4	4	4	5	춘분	5	6	6	6	7	7	7	8	8	8	9

양력 4월 청명절(戊辰月) 清明 4월4일 14시59분 穀雨 4월19일 21시40분

양력	1	2	3	4	5	6	7	8	9	10	11	12	13	14	15	16	17	18	19	20	21	22	23	24	25	26	27	28	29	30	
요일	木	金	土	日	月	火	水	木	金	土	日	月	火	水	木	金	土	日	月	火	水	木	金	土	日	月	火	水	木	金	
음력	2/16	17	18	19	20	21	22	23	24	25	26	27	28	29	3/1	2	3	4	5	6	7	8	9	10	11	12	13	14	15	16	
일진	壬寅	癸卯	甲辰	乙巳	丙午	丁未	戊申	己酉	庚戌	辛亥	壬子	癸丑	甲寅	乙卯	丙辰	丁巳	戊午	己未	庚申	辛酉	壬戌	癸亥	甲子	乙丑	丙寅	丁卯	戊辰	己巳	庚午	辛未	
대운 남	1	1	1	청명	10	10	9	9	9	8	8	8	7	7	7	6	6	6	곡우	5	5	4	4	4	3	3	3	2	2	2	
대운 여	9	9	10	청명	1	1	1	1	2	2	2	3	3	3	4	4	4	5	곡우	5	6	6	6	7	7	7	8	8	8	9	

양력 5월 입하절(己巳月) 立夏 5월5일 7시34분 小滿 5월20일 20시8분

양력	1	2	3	4	5	6	7	8	9	10	11	12	13	14	15	16	17	18	19	20	21	22	23	24	25	26	27	28	29	30	31
요일	土	日	月	火	水	木	金	土	日	月	火	水	木	金	土	日	月	火	水	木	金	土	日	月	火	水	木	金	土	日	月
음력	3/17	18	19	20	21	22	23	24	25	26	27	28	29	4/1	2	3	4	5	6	7	8	9	10	11	12	13	14	15	16	17	18
일진	壬申	癸酉	甲戌	乙亥	丙子	丁丑	戊寅	己卯	庚辰	辛巳	壬午	癸未	甲申	乙酉	丙戌	丁亥	戊子	己丑	庚寅	辛卯	壬辰	癸巳	甲午	乙未	丙申	丁酉	戊戌	己亥	庚子	辛丑	壬寅
대운 남	1	1	1	1	입하	10	10	9	9	9	8	8	8	7	7	7	6	6	6	소만	5	5	4	4	4	3	3	3	2	2	2
대운 여	9	9	10	10	입하	1	1	1	1	2	2	2	3	3	3	4	4	4	5	소만	5	6	6	6	7	7	7	8	8	8	9

양력 6월 망종절(庚午月) 芒種 6월5일 11시11분 夏至 6월21일 3시41분

양력	1	2	3	4	5	6	7	8	9	10	11	12	13	14	15	16	17	18	19	20	21	22	23	24	25	26	27	28	29	30	
요일	火	水	木	金	土	日	月	火	水	木	金	土	日	月	火	水	木	金	土	日	月	火	水	木	金	土	日	月	火	水	
음력	4/19	20	21	22	23	24	25	26	27	28	29	30	5/1	2	3	4	5	6	7	8	9	10	11	12	13	14	15	16	17	18	
일진	癸卯	甲辰	乙巳	丙午	丁未	戊申	己酉	庚戌	辛亥	壬子	癸丑	甲寅	乙卯	丙辰	丁巳	戊午	己未	庚申	辛酉	壬戌	癸亥	甲子	乙丑	丙寅	丁卯	戊辰	己巳	庚午	辛未	壬申	
대운 남	1	1	1	1	망종	10	10	9	9	9	8	8	8	7	7	7	6	6	6	5	하지	5	4	4	4	3	3	3	2	2	
대운 여	9	9	10	10	망종	1	1	1	1	2	2	2	3	3	3	4	4	4	5	5	하지	6	6	6	7	7	7	8	8	8	

甲寅年

양력 7월 소서절(辛未月) 小暑 7월6일 21시13분 大暑 7월22일 14시33분

양력	1	2	3	4	5	6	7	8	9	10	11	12	13	14	15	16	17	18	19	20	21	22	23	24	25	26	27	28	29	30	31
요일	木	金	土	日	月	火	水	木	金	土	日	月	火	水	木	金	土	日	月	火	水	木	金	土	日	月	火	水	木	金	土
음력	5/19	20	21	22	23	24	25	26	27	28	29	6/1	2	3	4	5	6	7	8	9	10	11	12	13	14	15	16	17	18	19	20
일진	癸酉	甲戌	乙亥	丙子	丁丑	戊寅	己卯	庚辰	辛巳	壬午	癸未	甲申	乙酉	丙戌	丁亥	戊子	己丑	庚寅	辛卯	壬辰	癸巳	甲午	乙未	丙申	丁酉	戊戌	己亥	庚子	辛丑	壬寅	癸卯
대운 남	2	1	1	1	1	소	10	10	10	9	9	9	8	8	8	7	7	7	6	6	6	대	5	5	4	4	4	3	3	3	2
대운 여	9	9	9	10	10	서	1	1	1	1	2	2	2	3	3	3	4	4	4	5	5	서	6	6	6	7	7	7	8	8	8

양력 8월 입추절(壬申月) 立秋 8월7일 7시10분 處暑 8월22일 21시59분

양력	1	2	3	4	5	6	7	8	9	10	11	12	13	14	15	16	17	18	19	20	21	22	23	24	25	26	27	28	29	30	31
요일	日	月	火	水	木	金	土	日	月	火	水	木	金	土	日	月	火	水	木	金	土	日	月	火	水	木	金	土	日	月	火
음력	6/21	22	23	24	25	26	27	28	29	30	7/1	2	3	4	5	6	7	8	9	10	11	12	13	14	15	16	17	18	19	20	21
일진	甲辰	乙巳	丙午	丁未	戊申	己酉	庚戌	辛亥	壬子	癸丑	甲寅	乙卯	丙辰	丁巳	戊午	己未	庚申	辛酉	壬戌	癸亥	甲子	乙丑	丙寅	丁卯	戊辰	己巳	庚午	辛未	壬申	癸酉	甲戌
대운 남	2	2	1	1	1	1	입	10	10	9	9	9	8	8	8	7	7	7	6	6	6	처	5	5	4	4	4	3	3	3	2
대운 여	9	9	9	10	10	10	추	1	1	1	1	2	2	2	3	3	3	4	4	4	5	서	5	6	6	6	7	7	7	8	8

양력 9월 백로절(癸酉月) 白露 9월7일 10시35분 秋分 9월22일 20시15분

양력	1	2	3	4	5	6	7	8	9	10	11	12	13	14	15	16	17	18	19	20	21	22	23	24	25	26	27	28	29	30	
요일	水	木	金	土	日	月	火	水	木	金	土	日	月	火	水	木	金	土	日	月	火	水	木	金	土	日	月	火	水	木	
음력	7/22	23	24	25	26	27	28	29	30	8/1	2	3	4	5	6	7	8	9	10	11	12	13	14	15	16	17	18	19	20	21	
일진	乙亥	丙子	丁丑	戊寅	己卯	庚辰	辛巳	壬午	癸未	甲申	乙酉	丙戌	丁亥	戊子	己丑	庚寅	辛卯	壬辰	癸巳	甲午	乙未	丙申	丁酉	戊戌	己亥	庚子	辛丑	壬寅	癸卯	甲辰	
대운 남	2	2	1	1	1	1	백	10	10	9	9	9	8	8	8	7	7	7	6	6	6	추	5	5	4	4	4	3	3	3	
대운 여	8	9	9	9	10	10	로	1	1	1	1	2	2	2	3	3	3	4	4	4	5	분	5	6	6	6	7	7	7	8	

양력 10월 한로절(甲戌月) 寒露 10월8일 2시54분 霜降 10월23일 6시19분

양력	1	2	3	4	5	6	7	8	9	10	11	12	13	14	15	16	17	18	19	20	21	22	23	24	25	26	27	28	29	30	31
요일	金	土	日	月	火	水	木	金	土	日	月	火	水	木	金	土	日	月	火	水	木	金	土	日	月	火	水	木	金	土	日
음력	8/22	23	24	25	26	27	28	29	9/1	2	3	4	5	6	7	8	9	10	11	12	13	14	15	16	17	18	19	20	21	22	23
일진	乙巳	丙午	丁未	戊申	己酉	庚戌	辛亥	壬子	癸丑	甲寅	乙卯	丙辰	丁巳	戊午	己未	庚申	辛酉	壬戌	癸亥	甲子	乙丑	丙寅	丁卯	戊辰	己巳	庚午	辛未	壬申	癸酉	甲戌	乙亥
대운 남	2	2	2	1	1	1	1	한	10	9	9	9	8	8	8	7	7	7	6	6	6	5	상	5	4	4	4	3	3	3	2
대운 여	8	8	9	9	9	10	10	로	1	1	1	1	2	2	2	3	3	3	4	4	4	5	강	5	6	6	6	7	7	7	8

양력 11월 입동절(乙亥月) 立冬 11월7일 6시45분 小雪 11월22일 4시30분

양력	1	2	3	4	5	6	7	8	9	10	11	12	13	14	15	16	17	18	19	20	21	22	23	24	25	26	27	28	29	30	
요일	月	火	水	木	金	土	日	月	火	水	木	金	土	日	月	火	水	木	金	土	日	月	火	水	木	金	土	日	月	火	
음력	9/24	25	26	27	28	29	30	10/1	2	3	4	5	6	7	8	9	10	11	12	13	14	15	16	17	18	19	20	21	22	23	
일진	丙子	丁丑	戊寅	己卯	庚辰	辛巳	壬午	癸未	甲申	乙酉	丙戌	丁亥	戊子	己丑	庚寅	辛卯	壬辰	癸巳	甲午	乙未	丙申	丁酉	戊戌	己亥	庚子	辛丑	壬寅	癸卯	甲辰	乙巳	
대운 남	2	2	1	1	1	1	입	10	9	9	9	8	8	8	7	7	7	6	6	6	5	소	5	4	4	4	3	3	3	2	
대운 여	8	8	9	9	9	10	동	1	1	1	1	2	2	2	3	3	3	4	4	4	5	설	5	6	6	6	7	7	7	8	

양력 12월 대설절(丙子月) 大雪 12월7일 0시7분 冬至 12월21일 18시12분

양력	1	2	3	4	5	6	7	8	9	10	11	12	13	14	15	16	17	18	19	20	21	22	23	24	25	26	27	28	29	30	31
요일	水	木	金	土	日	月	火	水	木	金	土	日	月	火	水	木	金	土	日	月	火	水	木	金	土	日	月	火	水	木	金
음력	10/24	25	26	27	28	29	30	11/1	2	3	4	5	6	7	8	9	10	11	12	13	14	15	16	17	18	19	20	21	22	23	24
일진	丙午	丁未	戊申	己酉	庚戌	辛亥	壬子	癸丑	甲寅	乙卯	丙辰	丁巳	戊午	己未	庚申	辛酉	壬戌	癸亥	甲子	乙丑	丙寅	丁卯	戊辰	己巳	庚午	辛未	壬申	癸酉	甲戌	乙亥	丙子
대운 남	2	2	1	1	1	1	대	9	9	9	8	8	8	7	7	7	6	6	6	5	동	5	4	4	4	3	3	3	2	2	2
대운 여	8	8	9	9	9	10	설	1	1	1	1	2	2	2	3	3	3	4	4	4	지	5	5	6	6	6	7	7	7	8	8

서기 2095년 [단기 4428년]

양력 1월 소한절(丁丑月) 小寒 1월5일 11시34분 大寒 1월20일 4시54분

양력		1	2	3	4	5	6	7	8	9	10	11	12	13	14	15	16	17	18	19	20	21	22	23	24	25	26	27	28	29	30	31
요일		土	日	月	火	水	木	金	土	日	月	火	水	木	金	土	日	月	火	水	木	金	土	日	月	火	水	木	金	土	日	月
음력		11/25	26	27	28	29	12/1	2	3	4	5	6	7	8	9	10	11	12	13	14	15	16	17	18	19	20	21	22	23	24	25	26
일진		丁丑	戊寅	己卯	庚辰	辛巳	壬午	癸未	甲申	乙酉	丙戌	丁亥	戊子	己丑	庚寅	辛卯	壬辰	癸巳	甲午	乙未	丙申	丁酉	戊戌	己亥	庚子	辛丑	壬寅	癸卯	甲辰	乙巳	丙午	丁未
대	남	1	1	1	1	소	9	9	9	8	8	8	7	7	7	6	6	6	5	5	대	4	4	4	3	3	3	2	2	2	1	1
운	여	8	9	9	9	한	1	1	1	1	2	2	2	3	3	3	4	4	4	5	한	5	6	6	6	7	7	7	8	8	8	9

양력 2월 입춘절(戊寅月) 立春 2월3일 23시6분 雨水 2월18일 18시47분

양력		1	2	3	4	5	6	7	8	9	10	11	12	13	14	15	16	17	18	19	20	21	22	23	24	25	26	27	28			
요일		火	水	木	金	土	日	月	火	水	木	金	土	日	月	火	水	木	金	土	日	月	火	水	木	金	土	日	月			
음력		12/27	28	29	30	1/1	2	3	4	5	6	7	8	9	10	11	12	13	14	15	16	17	18	19	20	21	22	23	24			
일진		戊申	己酉	庚戌	辛亥	壬子	癸丑	甲寅	乙卯	丙辰	丁巳	戊午	己未	庚申	辛酉	壬戌	癸亥	甲子	乙丑	丙寅	丁卯	戊辰	己巳	庚午	辛未	壬申	癸酉	甲戌	乙亥			
대	남	1	1	입	1	1	1	1	2	2	2	3	3	3	4	4	4	5	우	5	6	6	6	7	7	7	8	8	8			
운	여	9	9	춘	10	9	9	9	8	8	8	7	7	7	6	6	6	5	수	5	4	4	4	3	3	3	2	2	2			

양력 3월 경칩절(己卯月) 驚蟄 3월5일 16시41분 春分 3월20일 17시14분

양력		1	2	3	4	5	6	7	8	9	10	11	12	13	14	15	16	17	18	19	20	21	22	23	24	25	26	27	28	29	30	31
요일		火	水	木	金	土	日	月	火	水	木	金	土	日	月	火	水	木	金	土	日	月	火	水	木	金	土	日	月	火	水	木
음력		1/25	26	27	28	29	2/1	2	3	4	5	6	7	8	9	10	11	12	13	14	15	16	17	18	19	20	21	22	23	24	25	26
일진		丙子	丁丑	戊寅	己卯	庚辰	辛巳	壬午	癸未	甲申	乙酉	丙戌	丁亥	戊子	己丑	庚寅	辛卯	壬辰	癸巳	甲午	乙未	丙申	丁酉	戊戌	己亥	庚子	辛丑	壬寅	癸卯	甲辰	乙巳	丙午
대	남	9	9	9	10	경	1	1	1	1	2	2	2	3	3	3	4	4	4	5	춘	5	6	6	6	7	7	7	8	8	8	9
운	여	1	1	1	1	칩	10	9	9	9	8	8	8	7	7	7	6	6	6	5	분	5	4	4	4	3	3	3	2	2	2	1

양력 4월 청명절(庚辰月) 清明 4월4일 20시50분 穀雨 4월20일 3시35분

양력		1	2	3	4	5	6	7	8	9	10	11	12	13	14	15	16	17	18	19	20	21	22	23	24	25	26	27	28	29	30	
요일		金	土	日	月	火	水	木	金	土	日	月	火	水	木	金	土	日	月	火	水	木	金	土	日	月	火	水	木	金	土	
음력		2/27	28	29	30	3/1	2	3	4	5	6	7	8	9	10	11	12	13	14	15	16	17	18	19	20	21	22	23	24	25	26	
일진		丁未	戊申	己酉	庚戌	辛亥	壬子	癸丑	甲寅	乙卯	丙辰	丁巳	戊午	己未	庚申	辛酉	壬戌	癸亥	甲子	乙丑	丙寅	丁卯	戊辰	己巳	庚午	辛未	壬申	癸酉	甲戌	乙亥	丙子	
대	남	9	9	10	청	1	1	1	1	2	2	2	3	3	3	4	4	4	5	5	곡	6	6	6	7	7	7	8	8	8	9	
운	여	1	1	1	명	10	10	9	9	9	8	8	8	7	7	7	6	6	6	5	우	5	4	4	4	3	3	3	2	2	2	

양력 5월 입하절(辛巳月) 立夏 5월5일 13시25분 小滿 5월21일 2시5분

양력		1	2	3	4	5	6	7	8	9	10	11	12	13	14	15	16	17	18	19	20	21	22	23	24	25	26	27	28	29	30	31
요일		日	月	火	水	木	金	土	日	月	火	水	木	金	土	日	月	火	水	木	金	土	日	月	火	水	木	金	土	日	月	火
음력		3/27	28	29	4/1	2	3	4	5	6	7	8	9	10	11	12	13	14	15	16	17	18	19	20	21	22	23	24	25	26	27	28
일진		丁丑	戊寅	己卯	庚辰	辛巳	壬午	癸未	甲申	乙酉	丙戌	丁亥	戊子	己丑	庚寅	辛卯	壬辰	癸巳	甲午	乙未	丙申	丁酉	戊戌	己亥	庚子	辛丑	壬寅	癸卯	甲辰	乙巳	丙午	丁未
대	남	9	9	10	10	입	1	1	1	1	2	2	2	3	3	3	4	4	4	5	5	소	6	6	6	7	7	7	8	8	8	9
운	여	1	1	1	1	하	10	10	9	9	9	8	8	8	7	7	7	6	6	6	5	만	5	4	4	4	3	3	3	2	2	2

양력 6월 망종절(壬午月) 芒種 6월5일 16시59분 夏至 6월21일 9시38분

양력		1	2	3	4	5	6	7	8	9	10	11	12	13	14	15	16	17	18	19	20	21	22	23	24	25	26	27	28	29	30	
요일		水	木	金	土	日	月	火	水	木	金	土	日	月	火	水	木	金	土	日	月	火	水	木	金	土	日	月	火	水	木	
음력		4/29	5/1	2	3	4	5	6	7	8	9	10	11	12	13	14	15	16	17	18	19	20	21	22	23	24	25	26	27	28	29	
일진		戊申	己酉	庚戌	辛亥	壬子	癸丑	甲寅	乙卯	丙辰	丁巳	戊午	己未	庚申	辛酉	壬戌	癸亥	甲子	乙丑	丙寅	丁卯	戊辰	己巳	庚午	辛未	壬申	癸酉	甲戌	乙亥	丙子	丁丑	
대	남	9	9	10	10	망	1	1	1	1	2	2	2	3	3	3	4	4	4	5	5	하	6	6	6	7	7	7	8	8	8	
운	여	1	1	1	1	종	10	10	10	9	9	9	8	8	8	7	7	7	6	6	6	지	5	5	4	4	4	3	3	3	2	

乙卯年

양력 7월 소서절(癸未月) 小暑 7월7일 3시0분 大暑 7월22일 20시30분

양력		1	2	3	4	5	6	7	8	9	10	11	12	13	14	15	16	17	18	19	20	21	22	23	24	25	26	27	28	29	30	31
요일		金	土	日	月	火	水	木	金	土	日	月	火	水	木	金	土	日	月	火	水	木	金	土	日	月	火	水	木	金	土	日
음력		5/30	6/1	2	3	4	5	6	7	8	9	10	11	12	13	14	15	16	17	18	19	20	21	22	23	24	25	26	27	28	29	7/1
일진		戊寅	己卯	庚辰	辛巳	壬午	癸未	甲申	乙酉	丙戌	丁亥	戊子	己丑	庚寅	辛卯	壬辰	癸巳	甲午	乙未	丙申	丁酉	戊戌	己亥	庚子	辛丑	壬寅	癸卯	甲辰	乙巳	丙午	丁未	戊申
대운	남	9	9	9	10	10	10	소	1	1	1	1	2	2	2	3	3	3	4	4	4	5	대	5	6	6	6	7	7	7	8	8
대운	여	2	2	1	1	1	1	서	10	10	9	9	9	8	8	8	7	7	7	6	6	6	서	5	5	4	4	4	3	3	3	2

양력 8월 입추절(甲申月) 立秋 8월7일 12시57분 處暑 8월23일 3시55분

양력		1	2	3	4	5	6	7	8	9	10	11	12	13	14	15	16	17	18	19	20	21	22	23	24	25	26	27	28	29	30	31
요일		月	火	水	木	金	土	日	月	火	水	木	金	土	日	月	火	水	木	金	土	日	月	火	水	木	金	土	日	月	火	水
음력		7/2	3	4	5	6	7	8	9	10	11	12	13	14	15	16	17	18	19	20	21	22	23	24	25	26	27	28	29	30	8/1	2
일진		己酉	庚戌	辛亥	壬子	癸丑	甲寅	乙卯	丙辰	丁巳	戊午	己未	庚申	辛酉	壬戌	癸亥	甲子	乙丑	丙寅	丁卯	戊辰	己巳	庚午	辛未	壬申	癸酉	甲戌	乙亥	丙子	丁丑	戊寅	己卯
대운	남	8	9	9	9	10	10	입	1	1	1	1	2	2	2	3	3	3	4	4	4	5	5	처	6	6	6	7	7	7	8	8
대운	여	2	2	1	1	1	1	추	10	10	9	9	9	8	8	8	7	7	7	6	6	6	5	서	5	4	4	4	3	3	3	2

양력 9월 백로절(乙酉月) 白露 9월7일 16시22분 秋分 9월23일 2시10분

양력		1	2	3	4	5	6	7	8	9	10	11	12	13	14	15	16	17	18	19	20	21	22	23	24	25	26	27	28	29	30	
요일		木	金	土	日	月	火	水	木	金	土	日	月	火	水	木	金	土	日	月	火	水	木	金	土	日	月	火	水	木	金	
음력		8/3	4	5	6	7	8	9	10	11	12	13	14	15	16	17	18	19	20	21	22	23	24	25	26	27	28	29	9/1	2	3	
일진		庚辰	辛巳	壬午	癸未	甲申	乙酉	丙戌	丁亥	戊子	己丑	庚寅	辛卯	壬辰	癸巳	甲午	乙未	丙申	丁酉	戊戌	己亥	庚子	辛丑	壬寅	癸卯	甲辰	乙巳	丙午	丁未	戊申	己酉	
대운	남	8	9	9	9	10	10	백	1	1	1	1	2	2	2	3	3	3	4	4	4	5	5	추	6	6	6	7	7	7	8	
대운	여	2	2	1	1	1	1	로	10	10	9	9	9	8	8	8	7	7	7	6	6	6	5	분	5	4	4	4	3	3	3	

양력 10월 한로절(丙戌月) 寒露 10월8일 8시41분 霜降 10월23일 12시11분

양력		1	2	3	4	5	6	7	8	9	10	11	12	13	14	15	16	17	18	19	20	21	22	23	24	25	26	27	28	29	30	31
요일		土	日	月	火	水	木	金	土	日	月	火	水	木	金	土	日	月	火	水	木	金	土	日	月	火	水	木	金	土	日	月
음력		9/4	5	6	7	8	9	10	11	12	13	14	15	16	17	18	19	20	21	22	23	24	25	26	27	28	29	30	10/1	2	3	4
일진		庚戌	辛亥	壬子	癸丑	甲寅	乙卯	丙辰	丁巳	戊午	己未	庚申	辛酉	壬戌	癸亥	甲子	乙丑	丙寅	丁卯	戊辰	己巳	庚午	辛未	壬申	癸酉	甲戌	乙亥	丙子	丁丑	戊寅	己卯	庚辰
대운	남	8	8	9	9	9	10	10	한	1	1	1	1	2	2	2	3	3	3	4	4	4	5	상	5	6	6	6	7	7	7	8
대운	여	2	2	2	1	1	1	1	로	10	9	9	9	8	8	8	7	7	7	6	6	6	5	강	5	4	4	4	3	3	3	2

양력 11월 입동절(丁亥月) 立冬 11월7일 12시31분 小雪 11월22일 10시20분

양력		1	2	3	4	5	6	7	8	9	10	11	12	13	14	15	16	17	18	19	20	21	22	23	24	25	26	27	28	29	30	
요일		火	水	木	金	土	日	月	火	水	木	金	土	日	月	火	水	木	金	土	日	月	火	水	木	金	土	日	月	火	水	
음력		10/5	6	7	8	9	10	11	12	13	14	15	16	17	18	19	20	21	22	23	24	25	26	27	28	29	30	11/1	2	3	4	
일진		辛巳	壬午	癸未	甲申	乙酉	丙戌	丁亥	戊子	己丑	庚寅	辛卯	壬辰	癸巳	甲午	乙未	丙申	丁酉	戊戌	己亥	庚子	辛丑	壬寅	癸卯	甲辰	乙巳	丙午	丁未	戊申	己酉	庚戌	
대운	남	8	8	9	9	9	10	입	1	1	1	1	2	2	2	3	3	3	4	4	4	5	소	5	6	6	6	7	7	7	8	
대운	여	2	2	1	1	1	1	동	10	9	9	9	8	8	8	7	7	7	6	6	6	5	설	5	4	4	4	3	3	3	2	

양력 12월 대설절(戊子月) 大雪 12월7일 5시50분 冬至 12월21일 24시0분

양력		1	2	3	4	5	6	7	8	9	10	11	12	13	14	15	16	17	18	19	20	21	22	23	24	25	26	27	28	29	30	31
요일		木	金	土	日	月	火	水	木	金	土	日	月	火	水	木	金	土	日	月	火	水	木	金	土	日	月	火	水	木	金	土
음력		11/5	6	7	8	9	10	11	12	13	14	15	16	17	18	19	20	21	22	23	24	25	26	27	28	29	30	12/1	2	3	4	5
일진		辛亥	壬子	癸丑	甲寅	乙卯	丙辰	丁巳	戊午	己未	庚申	辛酉	壬戌	癸亥	甲子	乙丑	丙寅	丁卯	戊辰	己巳	庚午	辛未	壬申	癸酉	甲戌	乙亥	丙子	丁丑	戊寅	己卯	庚辰	辛巳
대운	남	8	8	9	9	9	10	대	1	1	1	1	2	2	2	3	3	3	4	4	4	동	5	5	6	6	6	7	7	7	8	8
대운	여	2	2	1	1	1	1	설	9	9	9	8	8	8	7	7	7	6	6	6	5	지	5	4	4	4	3	3	3	2	2	2

서기 2096년 [단기 4429년]

양력 1월 소한절(己丑月) 小寒 1월5일 17시15분 大寒 1월20일 10시40분

양력	1	2	3	4	5	6	7	8	9	10	11	12	13	14	15	16	17	18	19	20	21	22	23	24	25	26	27	28	29	30	31
요일	日	月	火	水	木	金	土	日	月	火	水	木	金	土	日	月	火	水	木	金	土	日	月	火	水	木	金	土	日	月	火
음력	12/6	7	8	9	10	11	12	13	14	15	16	17	18	19	20	21	22	23	24	25	26	27	28	29	1/1	2	3	4	5	6	7
일진	壬午	癸未	甲申	乙酉	丙戌	丁亥	戊子	己丑	庚寅	辛卯	壬辰	癸巳	甲午	乙未	丙申	丁酉	戊戌	己亥	庚子	辛丑	壬寅	癸卯	甲辰	乙巳	丙午	丁未	戊申	己酉	庚戌	辛亥	壬子
대운 남	8	9	9	9	소	1	1	1	1	2	2	2	3	3	3	4	4	4	5	대	5	6	6	6	7	7	7	8	8	8	9
대운 여	1	1	1	1	한	10	9	9	9	8	8	8	7	7	7	6	6	6	5	한	5	4	4	4	3	3	3	2	2	2	1

양력 2월 입춘절(庚寅月) 立春 2월4일 4시46분 雨水 2월19일 0시33분

양력	1	2	3	4	5	6	7	8	9	10	11	12	13	14	15	16	17	18	19	20	21	22	23	24	25	26	27	28	29		
요일	水	木	金	土	日	月	火	水	木	金	土	日	月	火	水	木	金	土	日	月	火	水	木	金	土	日	月	火	水		
음력	1/8	9	10	11	12	13	14	15	16	17	18	19	20	21	22	23	24	25	26	27	28	29	30	2/1	2	3	4	5	6		
일진	癸丑	甲寅	乙卯	丙辰	丁巳	戊午	己未	庚申	辛酉	壬戌	癸亥	甲子	乙丑	丙寅	丁卯	戊辰	己巳	庚午	辛未	壬申	癸酉	甲戌	乙亥	丙子	丁丑	戊寅	己卯	庚辰	辛巳		
대운 남	9	9	10	입	9	9	9	8	8	8	7	7	7	6	6	6	5	5	우	4	4	4	3	3	3	2	2	2	1		
대운 여	1	1	1	춘	1	1	1	1	2	2	2	3	3	3	4	4	4	5	수	5	6	6	6	7	7	7	8	8	8		

양력 3월 경칩절(辛卯月) 驚蟄 3월4일 22시22분 春分 3월19일 23시2분

양력	1	2	3	4	5	6	7	8	9	10	11	12	13	14	15	16	17	18	19	20	21	22	23	24	25	26	27	28	29	30	31
요일	木	金	土	日	月	火	水	木	金	土	日	月	火	水	木	金	土	日	月	火	水	木	金	土	日	月	火	水	木	金	土
음력	2/7	8	9	10	11	12	13	14	15	16	17	18	19	20	21	22	23	24	25	26	27	28	29	3/1	2	3	4	5	6	7	8
일진	壬午	癸未	甲申	乙酉	丙戌	丁亥	戊子	己丑	庚寅	辛卯	壬辰	癸巳	甲午	乙未	丙申	丁酉	戊戌	己亥	庚子	辛丑	壬寅	癸卯	甲辰	乙巳	丙午	丁未	戊申	己酉	庚戌	辛亥	壬子
대운 남	1	1	1	경	10	10	9	9	9	8	8	8	7	7	7	6	6	6	춘	5	5	4	4	4	3	3	3	2	2	2	1
대운 여	9	9	9	칩	1	1	1	1	2	2	2	3	3	3	4	4	4	5	분	5	6	6	6	7	7	7	8	8	8	9	9

양력 4월 청명절(壬辰月) 清明 4월4일 2시34분 穀雨 4월19일 9시25분

양력	1	2	3	4	5	6	7	8	9	10	11	12	13	14	15	16	17	18	19	20	21	22	23	24	25	26	27	28	29	30	
요일	日	月	火	水	木	金	土	日	月	火	水	木	金	土	日	月	火	水	木	金	土	日	月	火	水	木	金	土	日	月	
음력	3/9	10	11	12	13	14	15	16	17	18	19	20	21	22	23	24	25	26	27	28	29	30	4/1	2	3	4	5	6	7	8	
일진	癸丑	甲寅	乙卯	丙辰	丁巳	戊午	己未	庚申	辛酉	壬戌	癸亥	甲子	乙丑	丙寅	丁卯	戊辰	己巳	庚午	辛未	壬申	癸酉	甲戌	乙亥	丙子	丁丑	戊寅	己卯	庚辰	辛巳	壬午	
대운 남	1	1	1	청	10	9	9	9	8	8	8	7	7	7	6	6	6	5	곡	5	4	4	4	3	3	3	2	2	2	1	
대운 여	9	10	10	명	1	1	1	1	2	2	2	3	3	3	4	4	4	5	우	5	6	6	6	7	7	7	8	8	8	9	

양력 5월 입하절(癸巳月) 立夏 5월4일 19시14분 小滿 5월20일 7시57분

양력	1	2	3	4	5	6	7	8	9	10	11	12	13	14	15	16	17	18	19	20	21	22	23	24	25	26	27	28	29	30	31
요일	火	水	木	金	土	日	月	火	水	木	金	土	日	月	火	水	木	金	土	日	月	火	水	木	金	土	日	月	火	水	木
음력	4/9	10	11	12	13	14	15	16	17	18	19	20	21	22	23	24	25	26	27	28	29	윤1	2	3	4	5	6	7	8	9	10
일진	癸未	甲申	乙酉	丙戌	丁亥	戊子	己丑	庚寅	辛卯	壬辰	癸巳	甲午	乙未	丙申	丁酉	戊戌	己亥	庚子	辛丑	壬寅	癸卯	甲辰	乙巳	丙午	丁未	戊申	己酉	庚戌	辛亥	壬子	癸丑
대운 남	1	1	1	입	10	10	9	9	9	8	8	8	7	7	7	6	6	6	5	소	5	4	4	4	3	3	3	2	2	2	1
대운 여	9	9	10	하	1	1	1	1	2	2	2	3	3	3	4	4	4	5	5	만	6	6	6	7	7	7	8	8	8	9	9

양력 6월 망종절(甲午月) 芒種 6월4일 22시53분 夏至 6월20일 15시29분

양력	1	2	3	4	5	6	7	8	9	10	11	12	13	14	15	16	17	18	19	20	21	22	23	24	25	26	27	28	29	30	
요일	金	土	日	月	火	水	木	金	土	日	月	火	水	木	金	土	日	月	火	水	木	金	土	日	月	火	水	木	金	土	
음력	윤11	12	13	14	15	16	17	18	19	20	21	22	23	24	25	26	27	28	29	5/1	2	3	4	5	6	7	8	9	10	11	
일진	甲寅	乙卯	丙辰	丁巳	戊午	己未	庚申	辛酉	壬戌	癸亥	甲子	乙丑	丙寅	丁卯	戊辰	己巳	庚午	辛未	壬申	癸酉	甲戌	乙亥	丙子	丁丑	戊寅	己卯	庚辰	辛巳	壬午	癸未	
대운 남	1	1	1	망	10	10	10	9	9	9	8	8	8	7	7	7	6	6	6	하	5	5	4	4	4	3	3	3	2	2	
대운 여	9	10	10	종	1	1	1	1	2	2	2	3	3	3	4	4	4	5	5	지	6	6	6	7	7	7	8	8	8	9	

▶윤달-4월

丙辰年

양력 7월 소서절(乙未月) 小暑 7월6일 8시55분 大暑 7월22일 2시18분

양력		1	2	3	4	5	6	7	8	9	10	11	12	13	14	15	16	17	18	19	20	21	22	23	24	25	26	27	28	29	30	31
요일		日	月	火	水	木	金	土	日	月	火	水	木	金	土	日	月	火	水	木	金	土	日	月	火	水	木	金	土	日	月	火
음력		5/12	13	14	15	16	17	18	19	20	21	22	23	24	25	26	27	28	29	30	6/1	2	3	4	5	6	7	8	9	10	11	12
일진		甲申	乙酉	丙戌	丁亥	戊子	己丑	庚寅	辛卯	壬辰	癸巳	甲午	乙未	丙申	丁酉	戊戌	己亥	庚子	辛丑	壬寅	癸卯	甲辰	乙巳	丙午	丁未	戊申	己酉	庚戌	辛亥	壬子	癸丑	甲寅
대운	남	2	1	1	1	1	소	10	10	9	9	9	8	8	8	7	7	7	6	6	6	5	대	5	4	4	4	3	3	3	2	2
	여	9	9	10	10	10	서	1	1	1	1	2	2	2	3	3	3	4	4	4	5	5	서	6	6	6	7	7	7	8	8	8

양력 8월 입추절(丙申月) 立秋 8월6일 18시52분 處暑 8월22일 9시40분

양력		1	2	3	4	5	6	7	8	9	10	11	12	13	14	15	16	17	18	19	20	21	22	23	24	25	26	27	28	29	30	31
요일		水	木	金	土	日	月	火	水	木	金	土	日	月	火	水	木	金	土	日	月	火	水	木	金	土	日	月	火	水	木	金
음력		6/13	14	15	16	17	18	19	20	21	22	23	24	25	26	27	28	29	7/1	2	3	4	5	6	7	8	9	10	11	12	13	14
일진		乙卯	丙辰	丁巳	戊午	己未	庚申	辛酉	壬戌	癸亥	甲子	乙丑	丙寅	丁卯	戊辰	己巳	庚午	辛未	壬申	癸酉	甲戌	乙亥	丙子	丁丑	戊寅	己卯	庚辰	辛巳	壬午	癸未	甲申	乙酉
대운	남	2	1	1	1	1	입	10	10	9	9	9	8	8	8	7	7	7	6	6	6	5	처	5	4	4	4	3	3	3	2	2
	여	9	9	9	10	10	추	1	1	1	1	2	2	2	3	3	3	4	4	4	5	5	서	6	6	6	7	7	7	8	8	8

양력 9월 백로절(丁酉月) 白露 9월6일 22시16분 秋分 9월22일 7시53분

양력		1	2	3	4	5	6	7	8	9	10	11	12	13	14	15	16	17	18	19	20	21	22	23	24	25	26	27	28	29	30
요일		土	日	月	火	水	木	金	土	日	月	火	水	木	金	土	日	月	火	水	木	金	土	日	月	火	水	木	金	土	日
음력		7/15	16	17	18	19	20	21	22	23	24	25	26	27	28	29	30	8/1	2	3	4	5	6	7	8	9	10	11	12	13	14
일진		丙戌	丁亥	戊子	己丑	庚寅	辛卯	壬辰	癸巳	甲午	乙未	丙申	丁酉	戊戌	己亥	庚子	辛丑	壬寅	癸卯	甲辰	乙巳	丙午	丁未	戊申	己酉	庚戌	辛亥	壬子	癸丑	甲寅	乙卯
대운	남	2	1	1	1	1	백	10	10	9	9	9	8	8	8	7	7	7	6	6	6	5	추	5	4	4	4	3	3	3	2
	여	9	9	9	10	10	로	1	1	1	1	2	2	2	3	3	3	4	4	4	5	5	분	6	6	6	7	7	7	8	8

양력 10월 한로절(戊戌月) 寒露 10월7일 14시34분 霜降 10월22일 17시55분

양력		1	2	3	4	5	6	7	8	9	10	11	12	13	14	15	16	17	18	19	20	21	22	23	24	25	26	27	28	29	30	31
요일		月	火	水	木	金	土	日	月	火	水	木	金	土	日	月	火	水	木	金	土	日	月	火	水	木	金	土	日	月	火	水
음력		8/15	16	17	18	19	20	21	22	23	24	25	26	27	28	29	9/1	2	3	4	5	6	7	8	9	10	11	12	13	14	15	16
일진		丙辰	丁巳	戊午	己未	庚申	辛酉	壬戌	癸亥	甲子	乙丑	丙寅	丁卯	戊辰	己巳	庚午	辛未	壬申	癸酉	甲戌	乙亥	丙子	丁丑	戊寅	己卯	庚辰	辛巳	壬午	癸未	甲申	乙酉	丙戌
대운	남	2	2	1	1	1	1	한	10	9	9	9	8	8	8	7	7	7	6	6	6	5	상	5	4	4	4	3	3	3	2	2
	여	8	9	9	9	10	10	로	1	1	1	1	2	2	2	3	3	3	4	4	4	5	강	5	6	6	6	7	7	7	8	8

양력 11월 입동절(己亥月) 立冬 11월6일 18시25분 小雪 11월21일 16시4분

양력		1	2	3	4	5	6	7	8	9	10	11	12	13	14	15	16	17	18	19	20	21	22	23	24	25	26	27	28	29	30
요일		木	金	土	日	月	火	水	木	金	土	日	月	火	水	木	金	土	日	月	火	水	木	金	土	日	月	火	水	木	金
음력		9/17	18	19	20	21	22	23	24	25	26	27	28	29	30	10/1	2	3	4	5	6	7	8	9	10	11	12	13	14	15	16
일진		丁亥	戊子	己丑	庚寅	辛卯	壬辰	癸巳	甲午	乙未	丙申	丁酉	戊戌	己亥	庚子	辛丑	壬寅	癸卯	甲辰	乙巳	丙午	丁未	戊申	己酉	庚戌	辛亥	壬子	癸丑	甲寅	乙卯	丙辰
대운	남	2	1	1	1	1	입	10	9	9	9	8	8	8	7	7	7	6	6	6	5	소	5	4	4	4	3	3	3	2	2
	여	8	9	9	9	10	동	1	1	1	1	2	2	2	3	3	3	4	4	4	5	설	5	6	6	6	7	7	7	8	8

양력 12월 대설절(庚子月) 大雪 12월6일 11시45분 冬至 12월21일 5시45분

양력		1	2	3	4	5	6	7	8	9	10	11	12	13	14	15	16	17	18	19	20	21	22	23	24	25	26	27	28	29	30	31
요일		土	日	月	火	水	木	金	土	日	月	火	水	木	金	土	日	月	火	水	木	金	土	日	月	火	水	木	金	土	日	月
음력		10/17	18	19	20	21	22	23	24	25	26	27	28	29	30	11/1	2	3	4	5	6	7	8	9	10	11	12	13	14	15	16	17
일진		丁巳	戊午	己未	庚申	辛酉	壬戌	癸亥	甲子	乙丑	丙寅	丁卯	戊辰	己巳	庚午	辛未	壬申	癸酉	甲戌	乙亥	丙子	丁丑	戊寅	己卯	庚辰	辛巳	壬午	癸未	甲申	乙酉	丙戌	丁亥
대운	남	2	1	1	1	1	대	9	9	9	8	8	8	7	7	7	6	6	6	5	5	동	4	4	4	3	3	3	2	2	2	1
	여	8	9	9	9	10	설	1	1	1	1	2	2	2	3	3	3	4	4	4	5	지	5	6	6	6	7	7	7	8	8	8

서기 2097년 [단기 4430년]

양력 1월 소한절(辛丑月) 小寒 1월4일 23시10분 大寒 1월19일 16시26분

양력	1	2	3	4	5	6	7	8	9	10	11	12	13	14	15	16	17	18	19	20	21	22	23	24	25	26	27	28	29	30	31
요일	火	水	木	金	土	日	月	火	水	木	金	土	日	月	火	水	木	金	土	日	月	火	水	木	金	土	日	月	火	水	木
음력	11/18	19	20	21	22	23	24	25	26	27	28	29	12/1	2	3	4	5	6	7	8	9	10	11	12	13	14	15	16	17	18	19
일진	戊子	己丑	庚寅	辛卯	壬辰	癸巳	甲午	乙未	丙申	丁酉	戊戌	己亥	庚子	辛丑	壬寅	癸卯	甲辰	乙巳	丙午	丁未	戊申	己酉	庚戌	辛亥	壬子	癸丑	甲寅	乙卯	丙辰	丁巳	戊午
대운 남	1	1	1	소	10	9	9	9	8	8	8	7	7	7	6	6	6	5	대	5	4	4	4	3	3	3	2	2	2	1	1
대운 여	9	9	9	한	1	1	1	1	2	2	2	3	3	3	4	4	4	5	한	5	6	6	6	7	7	7	8	8	8	9	9

양력 2월 입춘절(壬寅月) 立春 2월3일 10시41분 雨水 2월18일 6시18분

양력	1	2	3	4	5	6	7	8	9	10	11	12	13	14	15	16	17	18	19	20	21	22	23	24	25	26	27	28
요일	金	土	日	月	火	水	木	金	土	日	月	火	水	木	金	土	日	月	火	水	木	金	土	日	月	火	水	木
음력	12/20	21	22	23	24	25	26	27	28	29	30	1/1	2	3	4	5	6	7	8	9	10	11	12	13	14	15	16	17
일진	己未	庚申	辛酉	壬戌	癸亥	甲子	乙丑	丙寅	丁卯	戊辰	己巳	庚午	辛未	壬申	癸酉	甲戌	乙亥	丙子	丁丑	戊寅	己卯	庚辰	辛巳	壬午	癸未	甲申	乙酉	丙戌
대운 남	1	1	입	1	1	1	1	2	2	2	3	3	3	4	4	4	5	우	5	6	6	6	7	7	7	8	8	8
대운 여	9	10	춘	10	9	9	9	8	8	8	7	7	7	6	6	6	5	수	5	4	4	4	3	3	3	2	2	2

양력 3월 경칩절(癸卯月) 驚蟄 3월5일 4시17분 春分 3월20일 4시47분

양력	1	2	3	4	5	6	7	8	9	10	11	12	13	14	15	16	17	18	19	20	21	22	23	24	25	26	27	28	29	30	31
요일	金	土	日	月	火	水	木	金	土	日	月	火	水	木	金	土	日	月	火	水	木	金	土	日	月	火	水	木	金	土	日
음력	1/18	19	20	21	22	23	24	25	26	27	28	29	30	2/1	2	3	4	5	6	7	8	9	10	11	12	13	14	15	16	17	18
일진	丁亥	戊子	己丑	庚寅	辛卯	壬辰	癸巳	甲午	乙未	丙申	丁酉	戊戌	己亥	庚子	辛丑	壬寅	癸卯	甲辰	乙巳	丙午	丁未	戊申	己酉	庚戌	辛亥	壬子	癸丑	甲寅	乙卯	丙辰	丁巳
대운 남	9	9	9	10	경	1	1	1	1	2	2	2	3	3	3	4	4	4	5	춘	5	6	6	6	7	7	7	8	8	8	9
대운 여	1	1	1	1	칩	10	9	9	9	8	8	8	7	7	7	6	6	6	5	분	5	4	4	4	3	3	3	2	2	2	1

양력 4월 청명절(甲辰月) 淸明 4월4일 8시29분 穀雨 4월19일 15시10분

양력	1	2	3	4	5	6	7	8	9	10	11	12	13	14	15	16	17	18	19	20	21	22	23	24	25	26	27	28	29	30
요일	月	火	水	木	金	土	日	月	火	水	木	金	土	日	月	火	水	木	金	土	日	月	火	水	木	金	土	日	月	火
음력	2/19	20	21	22	23	24	25	26	27	28	29	3/1	2	3	4	5	6	7	8	9	10	11	12	13	14	15	16	17	18	19
일진	戊午	己未	庚申	辛酉	壬戌	癸亥	甲子	乙丑	丙寅	丁卯	戊辰	己巳	庚午	辛未	壬申	癸酉	甲戌	乙亥	丙子	丁丑	戊寅	己卯	丙辰	辛巳	壬午	癸未	甲申	乙酉	丙戌	丁亥
대운 남	9	9	10	청	1	1	1	1	2	2	2	3	3	3	4	4	4	5	곡	5	6	6	6	7	7	7	8	8	8	9
대운 여	1	1	1	명	10	10	9	9	9	8	8	8	7	7	7	6	6	6	우	5	5	4	4	4	3	3	3	2	2	2

양력 5월 입하절(乙巳月) 立夏 5월5일 1시7분 小滿 5월20일 13시41분

양력	1	2	3	4	5	6	7	8	9	10	11	12	13	14	15	16	17	18	19	20	21	22	23	24	25	26	27	28	29	30	31
요일	水	木	金	土	日	月	火	水	木	金	土	日	月	火	水	木	金	土	日	月	火	水	木	金	土	日	月	火	水	木	金
음력	3/20	21	22	23	24	25	26	27	28	29	30	4/1	2	3	4	5	6	7	8	9	10	11	12	13	14	15	16	17	18	19	20
일진	戊子	己丑	庚寅	辛卯	壬辰	癸巳	甲午	乙未	丙申	丁酉	戊戌	己亥	庚子	辛丑	壬寅	癸卯	甲辰	乙巳	丙午	丁未	戊申	己酉	庚戌	辛亥	壬子	癸丑	甲寅	乙卯	丙辰	丁巳	戊午
대운 남	9	9	10	10	입	1	1	1	1	2	2	2	3	3	3	4	4	4	5	소	5	6	6	6	7	7	7	8	8	8	9
대운 여	1	1	1	1	하	10	10	9	9	9	8	8	8	7	7	7	6	6	6	만	5	5	4	4	4	3	3	3	2	2	2

양력 6월 망종절(丙午月) 芒種 6월5일 4시42분 夏至 6월20일 21시12분

양력	1	2	3	4	5	6	7	8	9	10	11	12	13	14	15	16	17	18	19	20	21	22	23	24	25	26	27	28	29	30
요일	土	日	月	火	水	木	金	土	日	月	火	水	木	金	土	日	月	火	水	木	金	土	日	月	火	水	木	金	土	日
음력	4/21	22	23	24	25	26	27	28	29	5/1	2	3	4	5	6	7	8	9	10	11	12	13	14	15	16	17	18	19	20	21
일진	己未	庚申	辛酉	壬戌	癸亥	甲子	乙丑	丙寅	丁卯	戊辰	己巳	庚午	辛未	壬申	癸酉	甲戌	乙亥	丙子	丁丑	戊寅	己卯	庚辰	辛巳	壬午	癸未	甲申	乙酉	丙戌	丁亥	戊子
대운 남	9	9	10	10	망	1	1	1	1	2	2	2	3	3	3	4	4	4	5	하	5	6	6	6	7	7	7	8	8	8
대운 여	1	1	1	1	종	10	10	9	9	9	8	8	8	7	7	7	6	6	6	지	5	5	4	4	4	3	3	3	2	2

丁巳年

양력 7월 소서절(丁未月) 小暑 7월6일 14시40분 大暑 7월22일 8시0분

양력	1	2	3	4	5	6	7	8	9	10	11	12	13	14	15	16	17	18	19	20	21	22	23	24	25	26	27	28	29	30	31
요일	月	火	水	木	金	土	日	月	火	水	木	金	土	日	月	火	水	木	金	土	日	月	火	水	木	金	土	日	月	火	水
음력	5/22	23	24	25	26	27	28	29	6/1	2	3	4	5	6	7	8	9	10	11	12	13	14	15	16	17	18	19	20	21	22	23
일진	己丑	庚寅	辛卯	壬辰	癸巳	甲午	乙未	丙申	丁酉	戊戌	己亥	庚子	辛丑	壬寅	癸卯	甲辰	乙巳	丙午	丁未	戊申	己酉	庚戌	辛亥	壬子	癸丑	甲寅	乙卯	丙辰	丁巳	戊午	己未
대운 남	9	9	9	10	10	소	1	1	1	1	2	2	2	3	3	3	4	4	4	5	5	대	6	6	6	7	7	7	8	8	8
대운 여	2	1	1	1	1	서	10	10	10	9	9	9	8	8	8	7	7	7	6	6	6	서	5	5	4	4	4	3	3	3	2

양력 8월 입추절(戊申月) 立秋 8월7일 0시32분 處暑 8월22일 15시21분

양력	1	2	3	4	5	6	7	8	9	10	11	12	13	14	15	16	17	18	19	20	21	22	23	24	25	26	27	28	29	30	31
요일	木	金	土	日	月	火	水	木	金	土	日	月	火	水	木	金	土	日	月	火	水	木	金	土	日	月	火	水	木	金	土
음력	6/24	25	26	27	28	29	30	7/1	2	3	4	5	6	7	8	9	10	11	12	13	14	15	16	17	18	19	20	21	22	23	24
일진	庚申	辛酉	壬戌	癸亥	甲子	乙丑	丙寅	丁卯	戊辰	己巳	庚午	辛未	壬申	癸酉	甲戌	乙亥	丙子	丁丑	戊寅	己卯	庚辰	辛巳	壬午	癸未	甲申	乙酉	丙戌	丁亥	戊子	己丑	庚寅
대운 남	9	9	9	10	10	10	입	1	1	1	1	2	2	2	3	3	3	4	4	4	5	처	5	6	6	6	7	7	7	8	8
대운 여	2	2	1	1	1	1	추	10	10	9	9	9	8	8	8	7	7	7	6	6	6	서	5	5	4	4	4	3	3	3	2

양력 9월 백로절(己酉月) 白露 9월7일 3시52분 秋分 9월22일 13시35분

양력	1	2	3	4	5	6	7	8	9	10	11	12	13	14	15	16	17	18	19	20	21	22	23	24	25	26	27	28	29	30
요일	日	月	火	水	木	金	土	日	月	火	水	木	金	土	日	月	火	水	木	金	土	日	月	火	水	木	金	土	日	月
음력	7/25	26	27	28	29	8/1	2	3	4	5	6	7	8	9	10	11	12	13	14	15	16	17	18	19	20	21	22	23	24	25
일진	辛卯	壬辰	癸巳	甲午	乙未	丙申	丁酉	戊戌	己亥	庚子	辛丑	壬寅	癸卯	甲辰	乙巳	丙午	丁未	戊申	己酉	庚戌	辛亥	壬子	癸丑	甲寅	乙卯	丙辰	丁巳	戊午	己未	庚申
대운 남	8	9	9	9	10	10	백	1	1	1	1	2	2	2	3	3	3	4	4	4	5	추	5	6	6	6	7	7	7	8
대운 여	2	2	1	1	1	1	로	10	9	9	9	8	8	8	7	7	7	6	6	6	5	분	5	4	4	4	3	3	3	2

양력 10월 한로절(庚戌月) 寒露 10월7일 20시10분 霜降 10월22일 23시38분

양력	1	2	3	4	5	6	7	8	9	10	11	12	13	14	15	16	17	18	19	20	21	22	23	24	25	26	27	28	29	30	31
요일	火	水	木	金	土	日	月	火	水	木	金	土	日	月	火	水	木	金	土	日	月	火	水	木	金	土	日	月	火	水	木
음력	8/26	27	28	29	9/1	2	3	4	5	6	7	8	9	10	11	12	13	14	15	16	17	18	19	20	21	22	23	24	25	26	27
일진	辛酉	壬戌	癸亥	甲子	乙丑	丙寅	丁卯	戊辰	己巳	庚午	辛未	壬申	癸酉	甲戌	乙亥	丙子	丁丑	戊寅	己卯	庚辰	辛巳	壬午	癸未	甲申	乙酉	丙戌	丁亥	戊子	己丑	庚寅	辛卯
대운 남	8	8	9	9	9	10	한	1	1	1	1	2	2	2	3	3	3	4	4	4	5	상	5	6	6	6	7	7	7	8	8
대운 여	2	2	1	1	1	1	로	10	10	9	9	9	8	8	8	7	7	7	6	6	6	강	5	5	4	4	4	3	3	3	2

양력 11월 입동절(辛亥月) 立冬 11월7일 0시3분 小雪 11월21일 21시51분

양력	1	2	3	4	5	6	7	8	9	10	11	12	13	14	15	16	17	18	19	20	21	22	23	24	25	26	27	28	29	30
요일	金	土	日	月	火	水	木	金	土	日	月	火	水	木	金	土	日	月	火	水	木	金	土	日	月	火	水	木	金	土
음력	9/28	29	30	10/1	2	3	4	5	6	7	8	9	10	11	12	13	14	15	16	17	18	19	20	21	22	23	24	25	26	27
일진	壬辰	癸巳	甲午	乙未	丙申	丁酉	戊戌	己亥	庚子	辛丑	壬寅	癸卯	甲辰	乙巳	丙午	丁未	戊申	己酉	庚戌	辛亥	壬子	癸丑	甲寅	乙卯	丙辰	丁巳	戊午	己未	庚申	辛酉
대운 남	8	9	9	9	10	10	입	1	1	1	1	2	2	2	3	3	3	4	4	4	소	5	5	6	6	6	7	7	7	8
대운 여	2	2	1	1	1	1	동	9	9	9	8	8	8	7	7	7	6	6	6	5	설	5	4	4	4	3	3	3	2	2

양력 12월 대설절(壬子月) 大雪 12월6일 17시26분 冬至 12월21일 11시36분

양력	1	2	3	4	5	6	7	8	9	10	11	12	13	14	15	16	17	18	19	20	21	22	23	24	25	26	27	28	29	30	31
요일	日	月	火	水	木	金	土	日	月	火	水	木	金	土	日	月	火	水	木	金	土	日	月	火	水	木	金	土	日	月	火
음력	10/28	29	30	11/1	2	3	4	5	6	7	8	9	10	11	12	13	14	15	16	17	18	19	20	21	22	23	24	25	26	27	28
일진	壬戌	癸亥	甲子	乙丑	丙寅	丁卯	戊辰	己巳	庚午	辛未	壬申	癸酉	甲戌	乙亥	丙子	丁丑	戊寅	己卯	庚辰	辛巳	壬午	癸未	甲申	乙酉	丙戌	丁亥	戊子	己丑	庚寅	辛卯	壬辰
대운 남	8	8	9	9	9	대	1	1	1	1	2	2	2	3	3	3	4	4	4	5	동	5	6	6	6	7	7	7	8	8	8
대운 여	2	1	1	1	1	설	10	9	9	9	8	8	8	7	7	7	6	6	6	5	지	5	4	4	4	3	3	3	2	2	2

서기 2098년 [단기 4431년]

양력 1월 소한절(癸丑月) 小寒 1월5일 4시55분 大寒 1월19일 22시20분

양력	1	2	3	4	5	6	7	8	9	10	11	12	13	14	15	16	17	18	19	20	21	22	23	24	25	26	27	28	29	30	31
요일	水	木	金	土	日	月	火	水	木	金	土	日	月	火	水	木	金	土	日	月	火	水	木	金	土	日	月	火	水	木	金
음력	11/29	12/1	2	3	4	5	6	7	8	9	10	11	12	13	14	15	16	17	18	19	20	21	22	23	24	25	26	27	28	29	30
일진	癸巳	甲午	乙未	丙申	丁酉	戊戌	己亥	庚子	辛丑	壬寅	癸卯	甲辰	乙巳	丙午	丁未	戊申	己酉	庚戌	辛亥	壬子	癸丑	甲寅	乙卯	丙辰	丁巳	戊午	己未	庚申	辛酉	壬戌	癸亥
대운 남	9	9	9	10	소한	1	1	1	1	2	2	2	3	3	3	4	4	4	대한	5	5	6	6	6	7	7	7	8	8	8	9
대운 여	1	1	1	1		9	9	9	8	8	8	7	7	7	6	6	6	5		5	4	4	4	3	3	3	2	2	2	1	1

양력 2월 입춘절(甲寅月) 立春 2월3일 16시28분 雨水 2월18일 12시12분

양력	1	2	3	4	5	6	7	8	9	10	11	12	13	14	15	16	17	18	19	20	21	22	23	24	25	26	27	28
요일	土	日	月	火	水	木	金	土	日	月	火	水	木	金	土	日	月	火	水	木	金	土	日	月	火	水	木	金
음력	1/1	2	3	4	5	6	7	8	9	10	11	12	13	14	15	16	17	18	19	20	21	22	23	24	25	26	27	28
일진	甲子	乙丑	丙寅	丁卯	戊辰	己巳	庚午	辛未	壬申	癸酉	甲戌	乙亥	丙子	丁丑	戊寅	己卯	庚辰	辛巳	壬午	癸未	甲申	乙酉	丙戌	丁亥	戊子	己丑	庚寅	辛卯
대운 남	9	9	입춘	10	9	9	9	8	8	8	7	7	7	6	6	6	5	우수	5	4	4	4	3	3	3	2	2	2
대운 여	1	1		1	1	1	1	2	2	2	3	3	3	4	4	4	5		5	6	6	6	7	7	7	8	8	8

양력 3월 경칩절(乙卯月) 驚蟄 3월5일 10시3분 春分 3월20일 10시39분

양력	1	2	3	4	5	6	7	8	9	10	11	12	13	14	15	16	17	18	19	20	21	22	23	24	25	26	27	28	29	30	31
요일	土	日	月	火	水	木	金	土	日	月	火	水	木	金	土	日	月	火	水	木	金	土	日	月	火	水	木	金	土	日	月
음력	1/29	30	2/1	2	3	4	5	6	7	8	9	10	11	12	13	14	15	16	17	18	19	20	21	22	23	24	25	26	27	28	29
일진	壬辰	癸巳	甲午	乙未	丙申	丁酉	戊戌	己亥	庚子	辛丑	壬寅	癸卯	甲辰	乙巳	丙午	丁未	戊申	己酉	庚戌	辛亥	壬子	癸丑	甲寅	乙卯	丙辰	丁巳	戊午	己未	庚申	辛酉	壬戌
대운 남	1	1	1	1	경칩	10	9	9	9	8	8	8	7	7	7	6	6	6	5	춘분	5	4	4	4	3	3	3	2	2	2	1
대운 여	9	9	9	10		1	1	1	1	2	2	2	3	3	3	4	4	4	5		5	6	6	6	7	7	7	8	8	8	9

양력 4월 청명절(丙辰月) 清明 4월4일 14시12분 穀雨 4월19일 21시0분

양력	1	2	3	4	5	6	7	8	9	10	11	12	13	14	15	16	17	18	19	20	21	22	23	24	25	26	27	28	29	30
요일	火	水	木	金	土	日	月	火	水	木	金	土	日	月	火	水	木	金	土	日	月	火	水	木	金	土	日	月	火	水
음력	2/30	3/1	2	3	4	5	6	7	8	9	10	11	12	13	14	15	16	17	18	19	20	21	22	23	24	25	26	27	28	29
일진	癸亥	甲子	乙丑	丙寅	丁卯	戊辰	己巳	庚午	辛未	壬申	癸酉	甲戌	乙亥	丙子	丁丑	戊寅	己卯	庚辰	辛巳	壬午	癸未	甲申	乙酉	丙戌	丁亥	戊子	己丑	庚寅	辛卯	壬辰
대운 남	1	1	1	청명	10	10	9	9	9	8	8	8	7	7	7	6	6	6	곡우	5	5	4	4	4	3	3	3	2	2	2
대운 여	9	9	10		1	1	1	1	2	2	2	3	3	3	4	4	4	5		5	6	6	6	7	7	7	8	8	8	9

양력 5월 입하절(丁巳月) 立夏 5월5일 6시48분 小滿 5월20일 19시30분

양력	1	2	3	4	5	6	7	8	9	10	11	12	13	14	15	16	17	18	19	20	21	22	23	24	25	26	27	28	29	30	31
요일	木	金	土	日	月	火	水	木	金	土	日	月	火	水	木	金	土	日	月	火	水	木	金	土	日	月	火	水	木	金	土
음력	4/1	2	3	4	5	6	7	8	9	10	11	12	13	14	15	16	17	18	19	20	21	22	23	24	25	26	27	28	29	30	5/1
일진	癸巳	甲午	乙未	丙申	丁酉	戊戌	己亥	庚子	辛丑	壬寅	癸卯	甲辰	乙巳	丙午	丁未	戊申	己酉	庚戌	辛亥	壬子	癸丑	甲寅	乙卯	丙辰	丁巳	戊午	己未	庚申	辛酉	壬戌	癸亥
대운 남	1	1	1	1	입하	10	10	9	9	9	8	8	8	7	7	7	6	6	6	소만	5	5	4	4	4	3	3	3	2	2	2
대운 여	9	9	10	10		1	1	1	1	2	2	2	3	3	3	4	4	4	5		5	6	6	6	7	7	7	8	8	8	9

양력 6월 망종절(戊午月) 芒種 6월5일 10시22분 夏至 6월21일 3시2분

양력	1	2	3	4	5	6	7	8	9	10	11	12	13	14	15	16	17	18	19	20	21	22	23	24	25	26	27	28	29	30
요일	日	月	火	水	木	金	土	日	月	火	水	木	金	土	日	月	火	水	木	金	土	日	月	火	水	木	金	土	日	月
음력	5/2	3	4	5	6	7	8	9	10	11	12	13	14	15	16	17	18	19	20	21	22	23	24	25	26	27	28	29	6/1	2
일진	甲子	乙丑	丙寅	丁卯	戊辰	己巳	庚午	辛未	壬申	癸酉	甲戌	乙亥	丙子	丁丑	戊寅	己卯	庚辰	辛巳	壬午	癸未	甲申	乙酉	丙戌	丁亥	戊子	己丑	庚寅	辛卯	壬辰	癸巳
대운 남	1	1	1	1	망종	10	10	9	9	9	8	8	8	7	7	7	6	6	6	5	하지	5	4	4	4	3	3	3	2	2
대운 여	9	9	10	10		1	1	1	1	2	2	2	3	3	3	4	4	4	5	5		6	6	6	7	7	7	8	8	8

戊午年

양력 7월 소서절(己未月) 小暑 7월6일 20시21분 大暑 7월22일 13시50분

양력	1	2	3	4	5	6	7	8	9	10	11	12	13	14	15	16	17	18	19	20	21	22	23	24	25	26	27	28	29	30	31
요일	火	水	木	金	土	日	月	火	水	木	金	土	日	月	火	水	木	金	土	日	月	火	水	木	金	土	日	月	火	水	木
음력	6/3	4	5	6	7	8	9	10	11	12	13	14	15	16	17	18	19	20	21	22	23	24	25	26	27	28	29	7/1	2	3	4
일진	甲午	乙未	丙申	丁酉	戊戌	己亥	庚子	辛丑	壬寅	癸卯	甲辰	乙巳	丙午	丁未	戊申	己酉	庚戌	辛亥	壬子	癸丑	甲寅	乙卯	丙辰	丁巳	戊午	己未	庚申	辛酉	壬戌	癸亥	甲子
대운 남	2	1	1	1	1	소	10	10	10	9	9	9	8	8	8	7	7	7	6	6	6	대	5	5	4	4	4	3	3	3	2
대운 여	9	9	9	10	10	서	1	1	1	1	2	2	2	3	3	3	4	4	4	5	5	서	6	6	6	7	7	7	8	8	8

양력 8월 입추절(庚申月) 立秋 8월7일 6시15분 處暑 8월22일 21시10분

양력	1	2	3	4	5	6	7	8	9	10	11	12	13	14	15	16	17	18	19	20	21	22	23	24	25	26	27	28	29	30	31
요일	金	土	日	月	火	水	木	金	土	日	月	火	水	木	金	土	日	月	火	水	木	金	土	日	月	火	水	木	金	土	日
음력	7/5	6	7	8	9	10	11	12	13	14	15	16	17	18	19	20	21	22	23	24	25	26	27	28	29	30	8/1	2	3	4	5
일진	乙丑	丙寅	丁卯	戊辰	己巳	庚午	辛未	壬申	癸酉	甲戌	乙亥	丙子	丁丑	戊寅	己卯	庚辰	辛巳	壬午	癸未	甲申	乙酉	丙戌	丁亥	戊子	己丑	庚寅	辛卯	壬辰	癸巳	甲午	乙未
대운 남	2	2	1	1	1	1	입	10	10	9	9	9	8	8	8	7	7	7	6	6	6	처	5	5	4	4	4	3	3	3	2
대운 여	9	9	9	10	10	10	추	1	1	1	1	2	2	2	3	3	3	4	4	4	5	서	5	6	6	6	7	7	7	8	8

양력 9월 백로절(辛酉月) 白露 9월7일 9시37분 秋分 9월22일 19시23분

양력	1	2	3	4	5	6	7	8	9	10	11	12	13	14	15	16	17	18	19	20	21	22	23	24	25	26	27	28	29	30
요일	月	火	水	木	金	土	日	月	火	水	木	金	土	日	月	火	水	木	金	土	日	月	火	水	木	金	土	日	月	火
음력	8/6	7	8	9	10	11	12	13	14	15	16	17	18	19	20	21	22	23	24	25	26	27	28	29	9/1	2	3	4	5	6
일진	丙申	丁酉	戊戌	己亥	庚子	辛丑	壬寅	癸卯	甲辰	乙巳	丙午	丁未	戊申	己酉	庚戌	辛亥	壬子	癸丑	甲寅	乙卯	丙辰	丁巳	戊午	己未	庚申	辛酉	壬戌	癸亥	甲子	乙丑
대운 남	2	2	1	1	1	1	백	10	10	9	9	9	8	8	8	7	7	7	6	6	6	추	5	5	4	4	4	3	3	3
대운 여	8	9	9	9	10	10	로	1	1	1	1	2	2	2	3	3	3	4	4	4	5	분	5	6	6	6	7	7	7	8

양력 10월 한로절(壬戌月) 寒露 10월8일 1시57분 霜降 10월23일 5시26분

양력	1	2	3	4	5	6	7	8	9	10	11	12	13	14	15	16	17	18	19	20	21	22	23	24	25	26	27	28	29	30	31
요일	水	木	金	土	日	月	火	水	木	金	土	日	月	火	水	木	金	土	日	月	火	水	木	金	土	日	月	火	水	木	金
음력	9/7	8	9	10	11	12	13	14	15	16	17	18	19	20	21	22	23	24	25	26	27	28	29	10/1	2	3	4	5	6	7	8
일진	丙寅	丁卯	戊辰	己巳	庚午	辛未	壬申	癸酉	甲戌	乙亥	丙子	丁丑	戊寅	己卯	庚辰	辛巳	壬午	癸未	甲申	乙酉	丙戌	丁亥	戊子	己丑	庚寅	辛卯	壬辰	癸巳	甲午	乙未	丙申
대운 남	2	2	2	1	1	1	1	한	10	9	9	9	8	8	8	7	7	7	6	6	6	5	상	5	4	4	4	3	3	3	2
대운 여	8	8	9	9	9	10	10	로	1	1	1	1	2	2	2	3	3	3	4	4	4	5	강	5	6	6	6	7	7	7	8

양력 11월 입동절(癸亥月) 立冬 11월7일 5시49분 小雪 11월22일 3시37분

양력	1	2	3	4	5	6	7	8	9	10	11	12	13	14	15	16	17	18	19	20	21	22	23	24	25	26	27	28	29	30
요일	土	日	月	火	水	木	金	土	日	月	火	水	木	金	土	日	月	火	水	木	金	土	日	月	火	水	木	金	土	日
음력	10/9	10	11	12	13	14	15	16	17	18	19	20	21	22	23	24	25	26	27	28	29	30	11/1	2	3	4	5	6	7	8
일진	丁酉	戊戌	己亥	庚子	辛丑	壬寅	癸卯	甲辰	乙巳	丙午	丁未	戊申	己酉	庚戌	辛亥	壬子	癸丑	甲寅	乙卯	丙辰	丁巳	戊午	己未	庚申	辛酉	壬戌	癸亥	甲子	乙丑	丙寅
대운 남	2	2	1	1	1	1	입	9	9	9	8	8	8	7	7	7	6	6	6	5	5	소	4	4	4	3	3	3	2	2
대운 여	8	8	9	9	9	10	동	1	1	1	1	2	2	2	3	3	3	4	4	4	5	설	5	6	6	6	7	7	7	8

양력 12월 대설절(甲子月) 大雪 12월6일 23시12분 冬至 12월21일 17시20분

양력	1	2	3	4	5	6	7	8	9	10	11	12	13	14	15	16	17	18	19	20	21	22	23	24	25	26	27	28	29	30	31
요일	月	火	水	木	金	土	日	月	火	水	木	金	土	日	月	火	水	木	金	土	日	月	火	水	木	金	土	日	月	火	水
음력	11/9	10	11	12	13	14	15	16	17	18	19	20	21	22	23	24	25	26	27	28	29	30	12/1	2	3	4	5	6	7	8	9
일진	丁卯	戊辰	己巳	庚午	辛未	壬申	癸酉	甲戌	乙亥	丙子	丁丑	戊寅	己卯	庚辰	辛巳	壬午	癸未	甲申	乙酉	丙戌	丁亥	戊子	己丑	庚寅	辛卯	壬辰	癸巳	甲午	乙未	丙申	丁酉
대운 남	2	1	1	1	1	대	10	9	9	9	8	8	8	7	7	7	6	6	6	5	동	5	4	4	4	3	3	3	2	2	2
대운 여	8	8	9	9	9	설	1	1	1	1	2	2	2	3	3	3	4	4	4	5	지	5	6	6	6	7	7	7	8	8	8

서기 2099년 [단기 4432년]

양력 1월 소한절(乙丑月) 小寒 1월5일 10시38분 大寒 1월20일 4시1분

양력	1	2	3	4	5	6	7	8	9	10	11	12	13	14	15	16	17	18	19	20	21	22	23	24	25	26	27	28	29	30	31
요일	木	金	土	日	月	火	水	木	金	土	日	月	火	水	木	金	土	日	月	火	水	木	金	土	日	月	火	水	木	金	土
음력	12/10	11	12	13	14	15	16	17	18	19	20	21	22	23	24	25	26	27	28	29	1/1	2	3	4	5	6	7	8	9	10	11
일진	戊戌	己亥	庚子	辛丑	壬寅	癸卯	甲辰	乙巳	丙午	丁未	戊申	己酉	庚戌	辛亥	壬子	癸丑	甲寅	乙卯	丙辰	丁巳	戊午	己未	庚申	辛酉	壬戌	癸亥	甲子	乙丑	丙寅	丁卯	戊辰
대운 남	1	1	1	1	소한	9	9	9	8	8	8	7	7	7	6	6	6	5	5	대한	4	4	4	3	3	3	2	2	2	1	1
대운 여	9	9	9	10		1	1	1	1	2	2	2	3	3	3	4	4	4	5		5	6	6	6	7	7	7	8	8	8	9

양력 2월 입춘절(丙寅月) 立春 2월3일 22시8분 雨水 2월18일 17시51분

양력	1	2	3	4	5	6	7	8	9	10	11	12	13	14	15	16	17	18	19	20	21	22	23	24	25	26	27	28			
요일	日	月	火	水	木	金	土	日	月	火	水	木	金	土	日	月	火	水	木	金	土	日	月	火	水	木	金	土			
음력	1/12	13	14	15	16	17	18	19	20	21	22	23	24	25	26	27	28	29	30	2/1	2	3	4	5	6	7	8	9			
일진	己巳	庚午	辛未	壬申	癸酉	甲戌	乙亥	丙子	丁丑	戊寅	己卯	庚辰	辛巳	壬午	癸未	甲申	乙酉	丙戌	丁亥	戊子	己丑	庚寅	辛卯	壬辰	癸巳	甲午	乙未	丙申			
대운 남	1	1	입춘	1	1	1	1	2	2	2	3	3	3	4	4	4	5	우수	5	6	6	6	7	7	7	8	8	8			
대운 여	9	9		10	9	9	9	8	8	8	7	7	7	6	6	6	5		5	4	4	4	3	3	3	2	2	2			

양력 3월 경칩절(丁卯月) 驚蟄 3월5일 15시41분 春分 3월20일 16시16분

양력	1	2	3	4	5	6	7	8	9	10	11	12	13	14	15	16	17	18	19	20	21	22	23	24	25	26	27	28	29	30	31
요일	日	月	火	水	木	金	土	日	月	火	水	木	金	土	日	月	火	水	木	金	土	日	月	火	水	木	金	土	日	月	火
음력	2/10	11	12	13	14	15	16	17	18	19	20	21	22	23	24	25	26	27	28	29	30	3/1	2	3	4	5	6	7	8	9	10
일진	丁酉	戊戌	己亥	庚子	辛丑	壬寅	癸卯	甲辰	乙巳	丙午	丁未	戊申	己酉	庚戌	辛亥	壬子	癸丑	甲寅	乙卯	丙辰	丁巳	戊午	己未	庚申	辛酉	壬戌	癸亥	甲子	乙丑	丙寅	丁卯
대운 남	9	9	9	10	경칩	1	1	1	1	2	2	2	3	3	3	4	4	4	5	춘분	5	6	6	6	7	7	7	8	8	8	9
대운 여	1	1	1	1		10	9	9	9	8	8	8	7	7	7	6	6	6	5		5	4	4	4	3	3	3	2	2	2	1

양력 4월 청명절(戊辰月) 清明 4월4일 19시50분 穀雨 4월20일 2시37분

양력	1	2	3	4	5	6	7	8	9	10	11	12	13	14	15	16	17	18	19	20	21	22	23	24	25	26	27	28	29	30	
요일	水	木	金	土	日	月	火	水	木	金	土	日	月	火	水	木	金	土	日	月	火	水	木	金	土	日	月	火	水	木	
음력	3/11	12	13	14	15	16	17	18	19	20	21	22	23	24	25	26	27	28	29	30	윤1	2	3	4	5	6	7	8	9	10	
일진	戊辰	己巳	庚午	辛未	壬申	癸酉	甲戌	乙亥	丙子	丁丑	戊寅	己卯	庚辰	辛巳	壬午	癸未	甲申	乙酉	丙戌	丁亥	戊子	己丑	庚寅	辛卯	壬辰	癸巳	甲午	乙未	丙申	丁酉	
대운 남	9	9	10	청명	1	1	1	1	2	2	2	3	3	3	4	4	4	5	5	곡우	6	6	6	7	7	7	8	8	8	9	
대운 여	1	1	1		10	10	9	9	9	8	8	8	7	7	7	6	6	6	5		5	4	4	4	3	3	3	2	2	2	

양력 5월 입하절(己巳月) 立夏 5월5일 12시28분 小滿 5월21일 1시7분

양력	1	2	3	4	5	6	7	8	9	10	11	12	13	14	15	16	17	18	19	20	21	22	23	24	25	26	27	28	29	30	31
요일	金	土	日	月	火	水	木	金	土	日	月	火	水	木	金	土	日	月	火	水	木	金	土	日	月	火	水	木	金	土	日
음력	윤11	12	13	14	15	16	17	18	19	20	21	22	23	24	25	26	27	28	29	4/1	2	3	4	5	6	7	8	9	10	11	12
일진	戊戌	己亥	庚子	辛丑	壬寅	癸卯	甲辰	乙巳	丙午	丁未	戊申	己酉	庚戌	辛亥	壬子	癸丑	甲寅	乙卯	丙辰	丁巳	戊午	己未	庚申	辛酉	壬戌	癸亥	甲子	乙丑	丙寅	丁卯	戊辰
대운 남	9	9	10	10	입하	1	1	1	1	2	2	2	3	3	3	4	4	4	5	5	소만	6	6	6	7	7	7	8	8	8	9
대운 여	1	1	1	1		10	10	9	9	9	8	8	8	7	7	7	6	6	6	5		5	4	4	4	3	3	3	2	2	2

양력 6월 망종절(庚午月) 芒種 6월5일 16시6분 夏至 6월21일 8시40분

양력	1	2	3	4	5	6	7	8	9	10	11	12	13	14	15	16	17	18	19	20	21	22	23	24	25	26	27	28	29	30	
요일	月	火	水	木	金	土	日	月	火	水	木	金	土	日	月	火	水	木	金	土	日	月	火	水	木	金	土	日	月	火	
음력	4/13	14	15	16	17	18	19	20	21	22	23	24	25	26	27	28	29	30	5/1	2	3	4	5	6	7	8	9	10	11	12	
일진	己巳	庚午	辛未	壬申	癸酉	甲戌	乙亥	丙子	丁丑	戊寅	己卯	庚辰	辛巳	壬午	癸未	甲申	乙酉	丙戌	丁亥	戊子	己丑	庚寅	辛卯	壬辰	癸巳	甲午	乙未	丙申	丁酉	戊戌	
대운 남	9	9	10	10	망종	1	1	1	1	2	2	2	3	3	3	4	4	4	5	5	하지	6	6	6	7	7	7	8	8	8	
대운 여	1	1	1	1		10	10	10	9	9	9	8	8	8	7	7	7	6	6	6		5	5	4	4	4	3	3	3	2	

▶윤달-3월

己未年

양력 7월 소서절(辛未月) 小暑 7월7일 2시10분 大暑 7월22일 19시32분

양력		1	2	3	4	5	6	7	8	9	10	11	12	13	14	15	16	17	18	19	20	21	22	23	24	25	26	27	28	29	30	31
요일		水	木	金	土	日	月	火	水	木	金	土	日	月	火	水	木	金	土	日	月	火	水	木	金	土	日	月	火	水	木	金
음력		5/13	14	15	16	17	18	19	20	21	22	23	24	25	26	27	28	29	6/1	2	3	4	5	6	7	8	9	10	11	12	13	14
일진		己亥	庚子	辛丑	壬寅	癸卯	甲辰	乙巳	丙午	丁未	戊申	己酉	庚戌	辛亥	壬子	癸丑	甲寅	乙卯	丙辰	丁巳	戊午	己未	庚申	辛酉	壬戌	癸亥	甲子	乙丑	丙寅	丁卯	戊辰	己巳
대운	남	9	9	9	10	10	10	소	1	1	1	1	2	2	2	3	3	3	4	4	4	5	대	5	6	6	6	7	7	7	8	8
	여	2	2	1	1	1	1	서	10	10	9	9	9	8	8	8	7	7	7	6	6	6	서	5	5	4	4	4	3	3	3	2

양력 8월 입추절(壬申月) 立秋 8월7일 12시9분 處暑 8월23일 2시56분

양력		1	2	3	4	5	6	7	8	9	10	11	12	13	14	15	16	17	18	19	20	21	22	23	24	25	26	27	28	29	30	31
요일		土	日	月	火	水	木	金	土	日	月	火	水	木	金	土	日	月	火	水	木	金	土	日	月	火	水	木	金	土	日	月
음력		6/15	16	17	18	19	20	21	22	23	24	25	26	27	28	29	7/1	2	3	4	5	6	7	8	9	10	11	12	13	14	15	16
일진		庚午	辛未	壬申	癸酉	甲戌	乙亥	丙子	丁丑	戊寅	己卯	庚辰	辛巳	壬午	癸未	甲申	乙酉	丙戌	丁亥	戊子	己丑	庚寅	辛卯	壬辰	癸巳	甲午	乙未	丙申	丁酉	戊戌	己亥	庚子
대운	남	8	9	9	9	10	10	입	1	1	1	1	2	2	2	3	3	3	4	4	4	5	5	처	6	6	6	7	7	7	8	8
	여	2	2	1	1	1	1	추	10	10	9	9	9	8	8	8	7	7	7	6	6	6	5	서	5	4	4	4	3	3	3	2

양력 9월 백로절(癸酉月) 白露 9월7일 15시33분 秋分 9월23일 1시10분

양력		1	2	3	4	5	6	7	8	9	10	11	12	13	14	15	16	17	18	19	20	21	22	23	24	25	26	27	28	29	30
요일		火	水	木	金	土	日	月	火	水	木	金	土	日	月	火	水	木	金	土	日	月	火	水	木	金	土	日	月	火	水
음력		7/17	18	19	20	21	22	23	24	25	26	27	28	29	30	8/1	2	3	4	5	6	7	8	9	10	11	12	13	14	15	16
일진		辛丑	壬寅	癸卯	甲辰	乙巳	丙午	丁未	戊申	己酉	庚戌	辛亥	壬子	癸丑	甲寅	乙卯	丙辰	丁巳	戊午	己未	庚申	辛酉	壬戌	癸亥	甲子	乙丑	丙寅	丁卯	戊辰	己巳	庚午
대운	남	8	9	9	9	10	10	백	1	1	1	1	2	2	2	3	3	3	4	4	4	5	5	추	6	6	6	7	7	7	8
	여	2	2	1	1	1	1	로	10	10	9	9	9	8	8	8	7	7	7	6	6	6	5	분	5	4	4	4	3	3	3

양력 10월 한로절(甲戌月) 寒露 10월8일 7시51분 霜降 10월23일 11시12분

양력		1	2	3	4	5	6	7	8	9	10	11	12	13	14	15	16	17	18	19	20	21	22	23	24	25	26	27	28	29	30	31
요일		木	金	土	日	月	火	水	木	金	土	日	月	火	水	木	金	土	日	月	火	水	木	金	土	日	月	火	水	木	金	土
음력		8/17	18	19	20	21	22	23	24	25	26	27	28	29	9/1	2	3	4	5	6	7	8	9	10	11	12	13	14	15	16	17	18
일진		辛未	壬申	癸酉	甲戌	乙亥	丙子	丁丑	戊寅	己卯	庚辰	辛巳	壬午	癸未	甲申	乙酉	丙戌	丁亥	戊子	己丑	庚寅	辛卯	壬辰	癸巳	甲午	乙未	丙申	丁酉	戊戌	己亥	庚子	辛丑
대운	남	8	8	9	9	9	10	10	한	1	1	1	1	2	2	2	3	3	3	4	4	4	5	상	5	6	6	6	7	7	7	8
	여	2	2	2	1	1	1	1	로	10	9	9	9	8	8	8	7	7	7	6	6	6	5	강	5	4	4	4	3	3	3	2

양력 11월 입동절(乙亥月) 立冬 11월7일 11시41분 小雪 11월22일 9시21분

양력		1	2	3	4	5	6	7	8	9	10	11	12	13	14	15	16	17	18	19	20	21	22	23	24	25	26	27	28	29	30
요일		日	月	火	水	木	金	土	日	月	火	水	木	金	土	日	月	火	水	木	金	土	日	月	火	水	木	金	土	日	月
음력		9/19	20	21	22	23	24	25	26	27	28	29	10/1	2	3	4	5	6	7	8	9	10	11	12	13	14	15	16	17	18	19
일진		壬寅	癸卯	甲辰	乙巳	丙午	丁未	戊申	己酉	庚戌	辛亥	壬子	癸丑	甲寅	乙卯	丙辰	丁巳	戊午	己未	庚申	辛酉	壬戌	癸亥	甲子	乙丑	丙寅	丁卯	戊辰	己巳	庚午	辛未
대운	남	8	8	9	9	9	10	입	1	1	1	1	2	2	2	3	3	3	4	4	4	5	소	5	6	6	6	7	7	7	8
	여	2	2	1	1	1	1	동	10	9	9	9	8	8	8	7	7	7	6	6	6	5	설	5	4	4	4	3	3	3	2

양력 12월 대설절(丙子月) 大雪 12월7일 5시2분 冬至 12월21일 23시3분

양력		1	2	3	4	5	6	7	8	9	10	11	12	13	14	15	16	17	18	19	20	21	22	23	24	25	26	27	28	29	30	31
요일		火	水	木	金	土	日	月	火	水	木	金	土	日	月	火	水	木	金	土	日	月	火	水	木	金	土	日	月	火	水	木
음력		10/20	21	22	23	24	25	26	27	28	29	30	11/1	2	3	4	5	6	7	8	9	10	11	12	13	14	15	16	17	18	19	20
일진		壬申	癸酉	甲戌	乙亥	丙子	丁丑	戊寅	己卯	丙辰	辛巳	壬午	癸未	甲申	乙酉	丙戌	丁亥	戊子	己丑	庚寅	辛卯	壬辰	癸巳	甲午	乙未	丙申	丁酉	戊戌	己亥	庚子	辛丑	壬寅
대운	남	8	8	9	9	9	10	대	1	1	1	1	2	2	2	3	3	3	4	4	4	동	5	5	6	6	6	7	7	7	8	8
	여	2	2	1	1	1	1	설	9	9	9	8	8	8	7	7	7	6	6	6	5	지	5	4	4	4	3	3	3	2	2	2

서기 2100년 [단기 4433년]

양력 1월 소한절(丁丑月) 小寒 1월5일 16시28분 大寒 1월20일 9시45분

양력		1	2	3	4	5	6	7	8	9	10	11	12	13	14	15	16	17	18	19	20	21	22	23	24	25	26	27	28	29	30	31
요일		金	土	日	月	火	水	木	金	土	日	月	火	水	木	金	土	日	月	火	水	木	金	土	日	月	火	水	木	金	土	日
음력		11/21	22	23	24	25	26	27	28	29	12/1	2	3	4	5	6	7	8	9	10	11	12	13	14	15	16	17	18	19	20	21	22
일진		癸卯	甲辰	乙巳	丙午	丁未	戊申	己酉	庚戌	辛亥	壬子	癸丑	甲寅	乙卯	丙辰	丁巳	戊午	己未	庚申	辛酉	壬戌	癸亥	甲子	乙丑	丙寅	丁卯	戊辰	己巳	庚午	辛未	壬申	癸酉
대운	남	8	9	9	9	소한	1	1	1	1	2	2	2	3	3	3	4	4	4	5	대한	5	6	6	6	7	7	7	8	8	8	9
	여	1	1	1	1		10	9	9	9	8	8	8	7	7	7	6	6	6	5		5	4	4	4	3	3	3	2	2	2	1

양력 2월 입춘절(戊寅月) 立春 2월4일 3시59분 雨水 2월18일 23시36분

양력		1	2	3	4	5	6	7	8	9	10	11	12	13	14	15	16	17	18	19	20	21	22	23	24	25	26	27	28			
요일		月	火	水	木	金	土	日	月	火	水	木	金	土	日	月	火	水	木	金	土	日	月	火	水	木	金	土	日			
음력		12/23	24	25	26	27	28	29	30	1/1	2	3	4	5	6	7	8	9	10	11	12	13	14	15	16	17	18	19	20			
일진		甲戌	乙亥	丙子	丁丑	戊寅	己卯	庚辰	辛巳	壬午	癸未	甲申	乙酉	丙戌	丁亥	戊子	己丑	庚寅	辛卯	壬辰	癸巳	甲午	乙未	丙申	丁酉	戊戌	己亥	庚子	辛丑			
대운	남	9	9	10	입춘	9	9	9	8	8	8	7	7	7	6	6	6	5	우수	5	4	4	4	3	3	3	2	2	2			
	여	1	1	1		1	1	1	1	2	2	2	3	3	3	4	4	4		5	5	6	6	6	7	7	7	8	8			

양력 3월 경칩절(己卯月) 驚蟄 3월5일 21시33분 春分 3월20일 22시2분

양력		1	2	3	4	5	6	7	8	9	10	11	12	13	14	15	16	17	18	19	20	21	22	23	24	25	26	27	28	29	30	31
요일		月	火	水	木	金	土	日	月	火	水	木	金	土	日	月	火	水	木	金	土	日	月	火	水	木	金	土	日	月	火	水
음력		1/21	22	23	24	25	26	27	28	29	30	2/1	2	3	4	5	6	7	8	9	10	11	12	13	14	15	16	17	18	19	20	21
일진		壬寅	癸卯	甲辰	乙巳	丙午	丁未	戊申	己酉	庚戌	辛亥	壬子	癸丑	甲寅	乙卯	丙辰	丁巳	戊午	己未	庚申	辛酉	壬戌	癸亥	甲子	乙丑	丙寅	丁卯	戊辰	己巳	庚午	辛未	壬申
대운	남	1	1	1	1	경칩	10	10	9	9	9	8	8	8	7	7	7	6	6	6	춘분	5	5	4	4	4	3	3	3	2	2	2
	여	8	9	9	9		1	1	1	1	2	2	2	3	3	3	4	4	4	5		5	6	6	6	7	7	7	8	8	8	9

양력 4월 청명절(庚辰月) 淸明 4월5일 1시42분 穀雨 4월20일 8시24분

양력		1	2	3	4	5	6	7	8	9	10	11	12	13	14	15	16	17	18	19	20	21	22	23	24	25	26	27	28	29	30	
요일		木	金	土	日	月	火	水	木	金	土	日	月	火	水	木	金	土	日	月	火	水	木	金	土	日	月	火	水	木	金	
음력		2/22	23	24	25	26	27	28	29	30	3/1	2	3	4	5	6	7	8	9	10	11	12	13	14	15	16	17	18	19	20	21	
일진		癸酉	甲戌	乙亥	丙子	丁丑	戊寅	己卯	庚辰	辛巳	壬午	癸未	甲申	乙酉	丙戌	丁亥	戊子	己丑	庚寅	辛卯	壬辰	癸巳	甲午	乙未	丙申	丁酉	戊戌	己亥	庚子	辛丑	壬寅	
대운	남	1	1	1	1	청명	10	9	9	9	8	8	8	7	7	7	6	6	6	5	곡우	5	4	4	4	3	3	3	2	2	2	
	여	9	9	10	10		1	1	1	1	2	2	2	3	3	3	4	4	4	5		5	6	6	6	7	7	7	8	8	8	

양력 5월 입하절(辛巳月) 立夏 5월5일 18시20분 小滿 5월21일 6시56분

양력		1	2	3	4	5	6	7	8	9	10	11	12	13	14	15	16	17	18	19	20	21	22	23	24	25	26	27	28	29	30	31
요일		土	日	月	火	水	木	金	土	日	月	火	水	木	金	土	日	月	火	水	木	金	土	日	月	火	水	木	金	土	日	月
음력		3/22	23	24	25	26	27	28	29	4/1	2	3	4	5	6	7	8	9	10	11	12	13	14	15	16	17	18	19	20	21	22	23
일진		癸卯	甲辰	乙巳	丙午	丁未	戊申	己酉	庚戌	辛亥	壬子	癸丑	甲寅	乙卯	丙辰	丁巳	戊午	己未	庚申	辛酉	壬戌	癸亥	甲子	乙丑	丙寅	丁卯	戊辰	己巳	庚午	辛未	壬申	癸酉
대운	남	1	1	1	1	입하	10	10	9	9	9	8	8	8	7	7	7	6	6	6	5	소만	5	4	4	4	3	3	3	2	2	2
	여	9	9	9	10		1	1	1	1	2	2	2	3	3	3	4	4	4	5	5		6	6	6	7	7	7	8	8	8	9

양력 6월 망종절(壬午月) 芒種 6월5일 21시57분 夏至 6월21일 14시31분

양력		1	2	3	4	5	6	7	8	9	10	11	12	13	14	15	16	17	18	19	20	21	22	23	24	25	26	27	28	29	30	
요일		火	水	木	金	土	日	月	火	水	木	金	土	日	月	火	水	木	金	土	日	月	火	水	木	金	土	日	月	火	水	
음력		4/24	25	26	27	28	29	30	5/1	2	3	4	5	6	7	8	9	10	11	12	13	14	15	16	17	18	19	20	21	22	23	
일진		甲戌	乙亥	丙子	丁丑	戊寅	己卯	庚辰	辛巳	壬午	癸未	甲申	乙酉	丙戌	丁亥	戊子	己丑	庚寅	辛卯	壬辰	癸巳	甲午	乙未	丙申	丁酉	戊戌	己亥	庚子	辛丑	壬寅	癸卯	
대운	남	1	1	1	1	망종	10	10	10	9	9	9	8	8	8	7	7	7	6	6	6	하지	5	5	4	4	4	3	3	3	2	
	여	9	9	10	10		1	1	1	1	2	2	2	3	3	3	4	4	4	5	5		6	6	6	7	7	7	8	8	8	

庚申年

양력 7월　소서절(癸未月)　小暑 7월7일 7시58분　大暑 7월23일 1시23분

양력		1	2	3	4	5	6	7	8	9	10	11	12	13	14	15	16	17	18	19	20	21	22	23	24	25	26	27	28	29	30	31
요일		木	金	土	日	月	火	水	木	金	土	日	月	火	水	木	金	土	日	月	火	水	木	金	土	日	月	火	水	木	金	土
음력		5/24	25	26	27	28	29	6/1	2	3	4	5	6	7	8	9	10	11	12	13	14	15	16	17	18	19	20	21	22	23	24	25
일진		甲辰	乙巳	丙午	丁未	戊申	己酉	庚戌	辛亥	壬子	癸丑	甲寅	乙卯	丙辰	丁巳	戊午	己未	庚申	辛酉	壬戌	癸亥	甲子	乙丑	丙寅	丁卯	戊辰	己巳	庚午	辛未	壬申	癸酉	甲戌
대운	남	2	2	1	1	1	1	소	10	10	9	9	9	8	8	8	7	7	7	6	6	6	5	대	5	4	4	4	3	3	3	2
	여	9	9	9	10	10	10	서	1	1	1	1	2	2	2	3	3	3	4	4	4	5	5	서	6	6	6	7	7	7	8	8

양력 8월　입추절(甲申月)　立秋 8월7일 17시53분　處暑 8월23일 8시46분

양력		1	2	3	4	5	6	7	8	9	10	11	12	13	14	15	16	17	18	19	20	21	22	23	24	25	26	27	28	29	30	31
요일		日	月	火	水	木	金	土	日	月	火	水	木	金	土	日	月	火	水	木	金	土	日	月	火	水	木	金	土	日	月	火
음력		6/26	27	28	29	30	7/1	2	3	4	5	6	7	8	9	10	11	12	13	14	15	16	17	18	19	20	21	22	23	24	25	26
일진		乙亥	丙子	丁丑	戊寅	己卯	庚辰	辛巳	壬午	癸未	甲申	乙酉	丙戌	丁亥	戊子	己丑	庚寅	辛卯	壬辰	癸巳	甲午	乙未	丙申	丁酉	戊戌	己亥	庚子	辛丑	壬寅	癸卯	甲辰	乙巳
대운	남	2	2	1	1	1	1	입	10	10	9	9	9	8	8	8	7	7	7	6	6	6	5	처	5	4	4	4	3	3	3	2
	여	8	9	9	9	10	10	추	1	1	1	1	2	2	2	3	3	3	4	4	4	5	5	서	6	6	6	7	7	7	8	8

양력 9월　백로절(乙酉月)　白露 9월7일 21시14분　秋分 9월23일 6시59분

양력		1	2	3	4	5	6	7	8	9	10	11	12	13	14	15	16	17	18	19	20	21	22	23	24	25	26	27	28	29	30
요일		水	木	金	土	日	月	火	水	木	金	土	日	月	火	水	木	金	土	日	月	火	水	木	金	土	日	月	火	水	木
음력		7/27	28	29	8/1	2	3	4	5	6	7	8	9	10	11	12	13	14	15	16	17	18	19	20	21	22	23	24	25	26	27
일진		丙午	丁未	戊申	己酉	庚戌	辛亥	壬子	癸丑	甲寅	乙卯	丙辰	丁巳	戊午	己未	庚申	辛酉	壬戌	癸亥	甲子	乙丑	丙寅	丁卯	戊辰	己巳	庚午	辛未	壬申	癸酉	甲戌	乙亥
대운	남	2	2	1	1	1	1	백	10	10	9	9	9	8	8	8	7	7	7	6	6	6	5	추	5	4	4	4	3	3	3
	여	8	9	9	9	10	10	로	1	1	1	1	2	2	2	3	3	3	4	4	4	5	5	분	6	6	6	7	7	7	8

양력 10월　한로절(丙戌月)　寒露 10월8일 13시30분　霜降 10월23일 16시59분

양력		1	2	3	4	5	6	7	8	9	10	11	12	13	14	15	16	17	18	19	20	21	22	23	24	25	26	27	28	29	30	31
요일		金	土	日	月	火	水	木	金	土	日	月	火	水	木	金	土	日	月	火	水	木	金	土	日	月	火	水	木	金	土	日
음력		8/28	29	30	9/1	2	3	4	5	6	7	8	9	10	11	12	13	14	15	16	17	18	19	20	21	22	23	24	25	26	27	28
일진		丙子	丁丑	戊寅	己卯	庚辰	辛巳	壬午	癸未	甲申	乙酉	丙戌	丁亥	戊子	己丑	庚寅	辛卯	壬辰	癸巳	甲午	乙未	丙申	丁酉	戊戌	己亥	庚子	辛丑	壬寅	癸卯	甲辰	乙巳	丙午
대운	남	2	2	2	1	1	1	1	한	10	9	9	9	8	8	8	7	7	7	6	6	6	5	상	5	4	4	4	3	3	3	2
	여	8	8	9	9	9	10	10	로	1	1	1	1	2	2	2	3	3	3	4	4	4	5	강	5	6	6	6	7	7	7	8

양력 11월　입동절(丁亥月)　立冬 11월7일 17시19분　小雪 11월22일 15시8분

양력		1	2	3	4	5	6	7	8	9	10	11	12	13	14	15	16	17	18	19	20	21	22	23	24	25	26	27	28	29	30
요일		月	火	水	木	金	土	日	月	火	水	木	金	土	日	月	火	水	木	金	土	日	月	火	水	木	金	土	日	月	火
음력		9/29	10/1	2	3	4	5	6	7	8	9	10	11	12	13	14	15	16	17	18	19	20	21	22	23	24	25	26	27	28	29
일진		丁未	戊申	己酉	庚戌	辛亥	壬子	癸丑	甲寅	乙卯	丙辰	丁巳	戊午	己未	庚申	辛酉	壬戌	癸亥	甲子	乙丑	丙寅	丁卯	戊辰	己巳	庚午	辛未	壬申	癸酉	甲戌	乙亥	丙子
대운	남	2	2	1	1	1	1	입	10	9	9	9	8	8	8	7	7	7	6	6	6	5	소	5	4	4	4	3	3	3	2
	여	8	8	9	9	9	10	동	1	1	1	1	2	2	2	3	3	3	4	4	4	5	설	5	6	6	6	7	7	7	8

양력 12월　대설절(戊子月)　大雪 12월7일 10시39분　冬至 12월22일 4시50분

양력		1	2	3	4	5	6	7	8	9	10	11	12	13	14	15	16	17	18	19	20	21	22	23	24	25	26	27	28	29	30	31
요일		水	木	金	土	日	月	火	水	木	金	土	日	月	火	水	木	金	土	日	月	火	水	木	金	土	日	月	火	水	木	金
음력		11/1	2	3	4	5	6	7	8	9	10	11	12	13	14	15	16	17	18	19	20	21	22	23	24	25	26	27	28	29	30	12/1
일진		丁丑	戊寅	己卯	庚辰	辛巳	壬午	癸未	甲申	乙酉	丙戌	丁亥	戊子	己丑	庚寅	辛卯	壬辰	癸巳	甲午	乙未	丙申	丁酉	戊戌	己亥	庚子	辛丑	壬寅	癸卯	甲辰	乙巳	丙午	丁未
대운	남	2	2	1	1	1	1	대	9	9	9	8	8	8	7	7	7	6	6	6	5	5	동	4	4	4	3	3	3	2	2	2
	여	8	8	9	9	9	10	설	1	1	1	1	2	2	2	3	3	3	4	4	4	5	지	5	6	6	6	7	7	7	8	8

生月 早見表

陰曆(月)	甲·己年 서기 4·9년	乙·庚年 서기 5·0년	丙·辛年 서기 6·1년	丁·壬年 서기 7·2년	戊·癸年 서기 8·3년
1月	丙寅	戊寅	庚寅	壬寅	甲寅
2月	丁卯	己卯	辛卯	癸卯	乙卯
3月	戊辰	庚辰	壬辰	甲辰	丙辰
4月	己巳	辛巳	癸巳	乙巳	丁巳
5月	庚午	壬午	甲午	丙午	戊午
6月	辛未	癸未	乙未	丁未	己未
7月	壬申	甲申	丙申	戊申	庚申
8月	癸酉	乙酉	丁酉	己酉	辛酉
9月	甲戌	丙戌	戊戌	庚戌	壬戌
10月	乙亥	丁亥	己亥	辛亥	癸亥
11月	丙子	戊子	庚子	壬子	甲子
12月	丁丑	己丑	辛丑	癸丑	乙丑

生時 早見表

日干 / 時間	甲·己	乙·庚	丙·辛	丁·壬	戊·癸
23:30~01:30	甲子	丙子	戊子	庚子	壬子
01:30~03:30	乙丑	丁丑	己丑	辛丑	癸丑
03:30~05:30	丙寅	戊寅	庚寅	壬寅	甲寅
05:30~07:30	丁卯	己卯	辛卯	癸卯	乙卯
07:30~09:30	戊辰	庚辰	壬辰	甲辰	丙辰
09:30~11:30	己巳	辛巳	癸巳	乙巳	丁巳
11:30~13:30	庚午	壬午	甲午	丙午	戊午
13:30~15:30	辛未	癸未	乙未	丁未	己未
15:30~17:30	壬申	甲申	丙申	戊申	庚申
17:30~19:30	癸酉	乙酉	丁酉	己酉	辛酉
19:30~21:30	甲戌	丙戌	戊戌	庚戌	壬戌
21:30~23:30	乙亥	丁亥	己亥	辛亥	癸亥

天文 컴퓨터 萬歲曆

초판 발행 – 2015년 12월 28일
초판 2쇄 발행 – 2017년 8월 16일
초판 3쇄 발행 – 2022년 11월 15일

編 者 – 權 甲 鉉
발행인 – 金 東 求
발행처 – 명 문 당(창립 1923년 10월 1일)
서울특별시 종로구 윤보선길 61(안국동)
우체국 010579-01-000682
전 화 (02) 733-3039, 734-4798
FAX (02) 734-9209
Homepage www.myungmundang.net
E-mail mmdbook1@hanmail.net
등록 1977.11.19. 제1-148호

■

* 정가 20,000원

ISBN 979-11-85704-47-0 13140